D1919302

Tragödie und Revolution

Michał Mrugalski

Tragödie und Revolution

Die kritischen Tragödientheorien als Ästhetiken der Praxis in Deutschland, Polen und Russland 1789 – 1848 – 1917

BRILL | WILHELM FINK

Gedruckt mit freundlicher Unterstützung der Alexander von Humboldt-Stiftung

Umschlagabbildung:
Jindřich Štyrský, „Ohne Titel/ Ödipus“ („Bez názvu/ Oidipus“, 1940)

Bibliografische Information der Deutschen Nationalbibliothek

Die Deutsche Nationalbibliothek verzeichnet diese Publikation in der Deutschen Nationalbibliografie; detaillierte bibliografische Daten sind im Internet über http://dnb.d-nb.de abrufbar.

www.fink.de

Einbandgestaltung: Evelyn Ziegler, München
Herstellung: Brill Deutschland GmbH, Paderborn

ISBN 978-3-7705-6625-9 (hardback)
ISBN 978-3-8467-6625-5 (e-book)

δοκῶ γάρ, ὁ θεὸς ἡμᾶς τοὺς ἀποστόλους ἐσχάτους ἀπέδειξεν ὡς ἐπιθανατίους, ὅτι θέατρον ἐγενήθημεν τῷ κόσμῳ καὶ ἀγγέλοις καὶ ἀνθρώποις.

1. Brief des Paulus an die Korinther, 4, 9

Schrecklich diese Überführung eines Gedankens in die Sichtbarkeit.

Alfred Döblin, *Reise in Polen*

Inhalt

Um 1848

Danksagung

Dieses Buch widme ich meiner Frau Julia Lukassek, die dieses mein monströses Idiotenkind, das Du, werte*r Leser*in, gerade in der Hand hältst, adoptiert und uns beiden, vor allem aber mir, alle Liebe und Unterstützung der Welt geschenkt hat, sowie meinen armen Töchtern Matilda und Franka. Mati hat schon mit nicht einmal zwei Jahren ihre erste Habilitationsschrift gemalt; das Schweigen der zweijährigen Franka zu den wissenschaftlichen Themen ist noch vielsagender. Ohne Euch, meine liebe Family, hätte nichts Sinn gemacht, auch dieser signifikante Beitrag nicht.

An der zweiten Stelle möchte ich allen Mitarbeiter*innen und anonymen Gutachter*innen der Alexander-von-Humboldt-Stiftung meinen Dank aussprechen. Dank des Stipendiums konnte ich sowohl an diesem Buch arbeiten als auch die oben genannte Familie in Deutschland gründen; hinzu kommt, dass der finanzielle Zuschuss seitens der AvH-Stiftung das Erscheinen dieses Buchs möglich macht.

Noch in Warschau durfte ich unheimlich viel von meinen Kolleg*innen im Institut für Polnische Literatur an der Universität Warschau und im Institut für Philosophie und Soziologie der Polnischen Akademie der Wissenschaften lernen: Aleksandra Berkieta, Agata Bielik-Robson, Tomasz Bilczewski, Tamara Brzostowska-Tereszkiewicz, Eugeniusz Czaplejewicz, Wincenty Grajewski, Artur Hellich, Joanna Jeziorska-Haładyj, Adela Kobelska, Tadeusz Komentdant, Adam Lipszyc, Zofia Mitosek, Alina Molisak, Paweł Mościcki, Przemysław Pietrzak, Jan Potkański, Witold Sadowski, Magdalena Szczypiorska-Chrzanowska, Anna Skwarska, Danuta Ulicka, Jagoda Wierzejska, Łukasz Wróbel.

Nach der Übersiedlung nach Deutschland habe ich ein anregendes Milieu sowohl an der Tübinger Slavistik im Umfeld von Schamma Schahadat als auch an der Germanistik gefunden, wo meine zweite Gastgeberin Frauke Berndt tätig war. Es seien genannt Natalia Borisova, Gesine Drews-Sylla, Nadežda Grigor'eva, Zakhar Ishov, Daniel Kazmaier, Aleksandra Konarzewska, Anthony Mahler, Sebastian Meixner, Valentin Peschanskyi, Cornelia Pierstorff, David Pister, Elena Pylaeva, Igor' Smirnov, Katja Wetz, Irina Wutsdorff. Als externe Gutachter meiner Habilitationsschrift kamen Jens Herlth und Galin Tihanov hinzu. Nach dem Umzug nach Berlin konnte ich weiter am Text arbeiten, und zwar dank dem fruchtbaren Austausch mit Yaraslava Ananka, Olga Caspers, Matteo Colombi, Mark-Georg Dehrmann, Svetlana Efimova, Christine Gölz, Clemens Günther, Patrick Flack, Susanne Frank, Manuel

Ghilarducci, Konstantin Kaminskij, Zornitza Kazalarska, Philipp Kohl, Stephan Krauze, Heinrich Kirschbaum, Alfrun Kliems, Csongor Lörincz, Erik Martin, Torben Philipp, Barbara Wurm, Susanne Strätling, Christian Zender.

Ich möchte mich bei allen jungen Menschen bedanken, die voller Hingabe meine deutschsprachigen Texte korrigierten und redigierten: Christian Kampkötter, Eduard Voll, Katharina List, Gaia Englert, Daniela Amodio, Peter Oxenknecht, Ricarda Fait, Silke Böschen, Jakob Wunderwald. Das höchste Lob verdienen die Mitarbeiter des Lektorats im Fink-Verlag Milena Baden, Elisabeth Frank und Henning Siekmann.

Alle Personen, die ich übergangen habe, möchte ich um Verzeihung bitten. Mir war der Austausch mit Euch sehr wichtig, aber vielleicht nicht für die Entstehungsgeschichte dieses Buches.

KAPITEL 1

Einführung: Kritische Tragödientheorie als (transzendentale) Ästhetik der Praxis

(Der Sinn des Ganzen – Der Begriff der kritischen Tragödientheorie – Entstehungs- und Wirkungszusammenhang: messianistische Übertragungen – Die (transzendentale) Ästhetik der Praxis – Urszenen der kritischen Tragödientheorie – Überblick)

1.1. Der Sinn des Ganzen

Dieses Buch enthält eine Art Paläontologie eines politisch-utopischen Leitgedankens der Avantgarde sowie seiner Auswirkungen in der Literaturtheorie und Ästhetik; diesem Gedanken zufolge soll vollkommene gesellschaftliche Praxis einerseits begriffen werden als die Kehrseite von Theorie, andererseits als die spontane Selbst-Organisation der Gemeinschaft in einer „kollektiven Sinnlichkeit“ (*kollektivnaja čuvstvennost'*)[1] oder *common sense* im sinne Susan Buck-Morrs,[2] einem Karneval, wie ihn Michail Bachtin auffasste, einem – mit Walter Benjamin sprechend – „Bildraum“ oder „Leibraum“,[3] Nikolaj Evreinovs „autobiorekonstruktiver Aufführung“ des Massenspektakels (*avtobiorekonstruktivnoe predstavlenie*),[4] Allan Kaprows „Happening“[5] oder

1 Igor' Čubarov, *Kollektivnaja čuvstvennost'. Teorii i praktiki levogo avangarda* (Moskva: Izdatel'skij dom Vysšej školy ekonomiki, 2014).

2 Susan Buck-Morss, *Dreamworld and Catastrophe. The Passing of Mass Utopia in East and West* (Cambridge: MIT Press, 2000), 98-133.

3 Walter Benjamin, „Der Sürrealismus. Die letzte Momentaufnahme der europäischen Intelligenz“, *Gesammelte Schifften*, hg. von Rolf Tiedemann (Frankfurt am Main: Suhrkamp, 1990), Bd. 2, 308; einen Überblick über die Avantgarden des revolutionären Bildraumes (Futurismus, Konstruktivismus, Surrealismus, latein- und nordamerikanische Bewegungen (Fluxus, Performancekunst, Pop Art), Situationismus, NSK – die Liste müsste man natürlich noch ausgiebig verlängern – bittet z. B. Aleš Erjavec (Hg.), *Aesthetic Revolutions and Twentieth-Century Avantgarde Movements* (Durham, London: Duke University Press, 2015).

4 Vgl. Schamma Schahadat, *Das Leben zur Kunst machen Lebenskunst in Russland vom 16. bis zum 20. Jahrhundert* (München: Fink, 2004), 130.

5 Allan Kaprow, „Notes on the Creation of a Total Art“ [1958], *Essays on the Blurring of Art and Life* (Berkeley – Los Angeles – London: UOC Press, 1993), 10-13.

 | DOI:10.30965/9783846766255_002

der situationistischen „fête révolutionnaire“[6] – all dies folgt dem Vorbild von Rousseaus universalem Volkstheater,[7] in dem der ‚corps moral et collectif‘ sich mit sich selbst amüsiert und unterhält, indem es sich selbst in einem Spektakel ohne Rampe beobachtet. Wer sich auf die Lektüre einlässt, erkennt in Benjamins folgender Beschreibung des im politischen und ästhetischen Sinne revolutionären Bildraumes eine Anspielung nicht nur auf die monumentalen Feste der Französischen und der Russischen Revolutionen und nicht nur das die griechische Tragödie stiftende Martyrium des Dionysos wieder, den die Titanen als Kleinkind zerrissen, sondern auch Hölderlins Definition der Sophokles'schen Tragödie:

> Überall, wo ein Handeln selber das Bild aus sich herausstellt und ist, in sich hineinreißt und frißt, wo die Nähe sich selbst aus den Augen sieht, tut dieser gesuchte Bildraum sich auf, die Welt allseitiger und integraler Aktualität, in der die „gute Stube“ ausfällt, der Raum mit einem Wort, in welchem der politische Materialismus und die physische Kreatur den inneren Menschen, die Psyche, das Individuum oder was sonst wir ihnen vorwerfen wollen, nach dialektischer Gerechtigkeit, so daß kein Glied ihm unzerrissen bleibt, miteinander teilen.[8]

Wo liegt also das Knochengerüst des Urtiers begraben, dem alle Figuren der sinnlichen kollektiven Praxis entstammen? Dieses Buch beschäftigt sich spezifisch mit den kritischen Ästhetiken der Praxis, die aus den Theorien der griechischen Tragödie herauszulesen sind, welche Denker, Dichter und Politiker im Zeitalter der Revolution 1789-1848[9] sowie um 1917 in Deutschland, Polen und Russland formulierten. Praxis wird hier als gesellschaftliches Handeln verstanden, bei dem sich *actors* zu einer sichtbaren und sinnlichen, anschaulichen Gemeinschaft organisieren. Im Hinblick auf Bedürfnis,

---

6 l'Internationale Situationniste et des étudiants de Strasbourg, *De la misère en milieu étudiant: considérée sous ses aspects économique, politique, psychologique, sexuel et notamment intellectuel et de quelques moyens pour y remédier* [1966] 2018, https://aufhebung.fr/textes/internationale-situationniste/de-la-misère-en-milieu-étudiant.pdf: [6.06.2018].

7 Siehe das Kapitel zum Entstehungszusammenhangs der kritischen Tragödientheorie und das Hegel-Kapitel.

8 Benjamin, „Der Sürrealismus“, 308; auf Seite 310 bestimmt Benjamin näher den Bezug zwischen Bild- und Leibraum und Revolution: „Auch das Kollektivum ist leibhaft. Und die Physis, die sich in der Technik ihm organisiert, ist nach ihrer ganzen politischen und sachlichen Wirklichkeit nur in jenem Bildraume zu erzeugen, in welchem die profane Erleuchtung uns heimisch macht. Erst wenn in ihr sich Leib und Bildraum so tief durchdringen, dass alle revolutionäre Spannung leibliche kollektive Innervation, alle leiblichen Innervationen des Kollektivs revolutionäre Entladung werden, hat die Wirklichkeit so sehr sich selbst übertroffen, wie das kommunistische Manifest es fordert.“ Zu Benjamins Variationen zu den Themen der kritischen Tragödientheorie siehe vor allem das Kierkegaard-Kaptiel.

9 Eric Hobsbawm, *The Age of Revolution: Europe: 1789-1848* [1962] (New York: Vintage, 1996).

das Organisationsprinzip des Sinnlichen zu bestimmen, sodass es als eine leibliche Theorie erscheint, war die Ästhetik – an erster Stelle die von der Tragödie abgeleitete – ausschlaggebend für das kollektive Handeln. Diese Theorie einer aktiven Beschaffenheit des Gesellschaftlichen war zugleich eine polemische Theorie der Freiheit: Benjamin Constant traf 1819 den Nerv der Zeit, als er in seiner „berühmten Rede" zwischen der *liberté des Anciens* und der *des Modernes* (1819) unterschied.[10] Im Gegensatz zur modernen, privaten, liberalen, lediglich negativen und häuslichen Freiheit stand die positive Freiheit der Griechen für schönes Zusammensein auf öffentlichen Plätzen, auf denen unmittelbar politische Entscheidungen gefällt wurden.[11] Das tragische Fest der Griechen, die Dionysien, war die Krönung solcher öffentlicher Freiheit und eine Herausforderung nicht nur für die Tyrannei, sondern auch für die moderne, liberale Freiheit, die sich laut Constant auf die *sécurité dans les jouissances privées*[12] zurückführen lässt.

Den Begründern der kritischen Theorie der griechischen Tragödie genügte solch spießige Freiheit nicht. Es galt vielmehr „das *schöne* öffentliche Leben", das „in der alten Zeit", so Hegel in seiner Jenaer Aufzeichnungen, „die Sitte Aller"[13] war, auf einem höheren Niveau – einem solchen, das die Freiheit des Einzelnen nicht preisgeben würde – wiederaufzunehmen. Diese politische „Schönheit [ist] unmittelbare Einheit des Allgemeinen und Einzelnen, ein Kunstwerk, worin kein Teil sich absondert vom Ganzen, sondern diese

10 Benjamin Constant, „De la liberté des Anciens comparée à celle des Modernes (célèbre discours prononcé en 1819)", *Écrits politiques*, hg. von Marcel Gauchet (Paris: Gallimard, 1997), 591-619; vgl. einen tragödientheoretischen Versuch von Constant: „Quelques réflexions sur la tragédie de Wallstein et sur le théâtre allemande" [1809], https://obvil.sorbonne-universite.fr/corpus/critique/constant_reflexions-wallstein [Zugriff 9.02.2019].

11 Dies war das Ideal und das Spezifikum der deutschen (und gewissermaßen polnischen) Revolution von 1848-49: „Anders als die westeuropäischen und nordamerikanischen Vorbilder beschränkte sich die Frankfurter Nationalversammlung jedoch nicht auf die Verbürgung individueller Freiheitsrechte, wie es der westeuropäisch-naturrechtlichen Sicht entsprach. Unter dem Einfluss der organisch-assoziativen Auffassung der deutschen historischen Rechtsschule ergänzte die Reichsverfassung vielmehr die Individualrechte durch Rechte, der Assoziationen und Korporationen, etwa der Vereine, der Genossenschaften, der Kirchen, der Gemeinden und der nationalen Minderheiten. Sie sollen eine vermittelnde Rolle zwischen dem einzelnen und dem Staat spielen und eine Atomisierung des Staates in Einzelinteressen, einen überzogenen Individualismus, ausdrücklich verhindern" (Dieter Heim, *Die Revolution von 1848/49* (München: Beck, 2007), 103). Meine These, deren Beweis vor allem im Hegel-Kapitel durchgeführt wird, ist, dass diese Vorliebe für das vermittelnde Sich-Organisieren nicht nur in der Rechtsschule, sondern auch (wenn nicht: vor allem) in der Tragödientheorie gründete.

12 Constant, „De la liberté des Anciens", 603.

13 Georg Wilhelm Friedrich Hegel, *Jenaer Systementwürfe: Naturphilosophie und Philosophie des Geistes*, hg. von Rolf-Peter Horstmann (Hamburg: Meiner, 1987), 240.

genialische Einheit des sich wissenden Selbst und seiner Darstellung."[14] Also: nicht stumpfer Kollektivismus, sondern ein Kollektiv, in dem jedes Individuum je seine Natur eines Gemeinschaftswesens gänzlich entwickeln und somit die Entfremdung überwinden kann. Wie aber solch eine positive sinnliche Freiheit aussehen sollte, die die Kehrseite oder die Verwirklichung der Theorie wäre, hat am ausdrücklichsten Karl Marx in den *Ökonomisch-politischen Manuskripten* beschrieben; dieser bis weit ins 20. Jahrhundert nicht publizierte Text führte nichtsdestotrotz[15] die wichtigsten Erzählstränge der im Entstehen begriffenen Theorie der positiven Freiheit als einer Anschauung zusammen:

> Die Aufhebung des Privateigentums ist daher die vollständige *Emanzipation* aller menschlichen Sinne und Eigenschaften; aber sie ist diese Emanzipation grade dadurch, daß diese Sinne und Eigenschaften *menschlich*, sowohl subjektiv als objektiv, geworden sind. Das Auge ist zum *menschlichen* Auge geworden, wie sein *Gegenstand* zu einem gesellschaftlichen, *menschlichen*, vom Menschen für den Menschen herrührenden Gegenstand geworden ist. Die *Sinne* sind daher unmittelbar in ihrer Praxis *Theoretiker* geworden. Sie verhalten sich zu der *Sache* um der Sache willen, aber die Sache selbst ist ein *gegenständliches menschliches* Verhalten zu sich selbst und zum Menschen [...] und umgekehrt. Das Bedürfnis oder der Genuß haben darum ihre *egoistische* Natur und die Natur ihre bloße *Nützlichkeit* verloren, indem der Nutzen zum *menschlichen* Nutzen geworden ist.[16]

Diese doppelte Bewegung der Befreiung der Theorie ins Sinnliche und der Versinnlichung der Theorie – beides durch die Interessenlosigkeit ermöglicht, welche in der Ästhetik nach Kant zuhause ist – kann nur im anschaulichen Kollektiv zustande kommen.

> Ebenso sind die Sinne und der Genuß der andren Menschen meine *eigne* Aneignung geworden. Außer diesen unmittelbaren Organen bilden sich daher *gesellschaftliche* Organe, in der *Form* der Gesellschaft, also z. B. die Tätigkeit unmittelbar in Gesellschaft mit andren etc. ist ein Organ meiner *Lebensäußerung* geworden und eine Weise der Aneignung des *menschlichen* Lebens.[17]

---

14 Hegel, *Jenaer Systementwürfe*, 240.

15 Buck-Morss, *Dreamworld and Catastrophe*, 119: „It is possible to piece together fragments of a different sensitivity existing within Soviet culture, one that might have found nourishment in Marx's early writings. Proving that it did is not the important point. Nor does it matter if historians have failed to find these fragments particularly significant. Even if not representative of their own time, they resonate with ours and, politically, that is what counts." Oder sie drücken auf eine besonders prägende Weise die Inhalte aus, die anderswo nur vereinzelt und verstreut auftreten.

16 Karl Marx, *Ökonomisch-philosophische Manuskripte*, Karl Marx, Friedrich Engels, *Werke* (Berlin: Dietz, 1960), Ergänzungsband, 1. Teil, 540.

17 Marx, *Ökonomisch-philosophische Manuskripte*, 540.

Fasst man die These der vorliegenden Arbeit ganz allgemein, so besagt sie, dass die Tragödientheorie eine Theorie der Beziehung zwischen Theorie und Praxis war, und zwar mit dem Ziel, dass die freie Praxis eine kollektive und ganzheitliche Betrachtung ermöglicht. „Die spezifische, von [der Philosophie] untrennbare Tragik" liegt laut dem wohl kreativsten russischen marxistischen Philosophen Aleksandr Bogdanov, der als Hauptideologe des Proletkul'ts die Theatralisierung des Lebens nach der Oktoberrevolution begünstigte, in der Schlucht zwischen der vereinheitlichenden Tätigkeit der Philosophie, die die menschliche Erfahrung strukturiert, und der verstreuten, spezialisierten gesellschaftlichen Praxis.[18] Die titanische, prometheische Philosophie nimmt sich nicht vor, eine intelligible Ordnung zu kreieren, sondern will das Leben dabei unterstützen, die objektive Zerrissenheit und Fragmentierung, die Spezialisierung zu überwinden. – Tragödientheorien, die den wichtigsten Teil, ja eine Krönung der philosophischen Ästhetiken seit dem deutschen Idealismus ausmachten, sollten als mediale Vermittlung des sich organisierenden Handelns funktionieren, indem sie ihm ‚Urszenen' lieferten, die – in konkreten Kunstwerken virtuell enthalten – Bezugspunkte und Stützen für die kritische Selbstreflexion darstellen, die die Vereinheitlichung, die Durchstilisieurng des Lebens steuert. Nicht nur der erwünschte Zustand einer positiven und der Wahrnehmung zugänglichen sensiblen und sensationellen Freiheit wurde dem Kunstwerk entnommen, der höchsten aller Formen der Organisation – einer Monade des erretteten Universums, die das perfekte ‚Reich der Freiheit' einkapselt – sondern auch die Wege zu diesem Zustand.

Als Prototyp des Kunstwerks, das die schwierigsten Aufgaben im Bereich der Organisation der Erfahrung erfolgreich löst, fungiert bei Bogdanov Shakespeares Tragödie *Hamlet*; er empfiehlt auch dem Revolutionär, sich nach dem Ästheten-Kämpfer Hamlet zu richten. Hamlet verkörpert hier – und nicht verhindert wie sonst – die Revolution, indem er das schwierige organisatorische Problem der Relation von Ideal und Tatsachen stellt und löst.[19] Für Bogdanovs langjährigen Mitstreiter Anatolij Lunačarskij (später dem ersten sowjetischen

---

18 Aleksandr Bogdanov, *Filosofija živogo opyta. Populjarnye očerki* (Peterburg: Semenov, 1913), s. 262: „Философія есть не что иное, какъ именно стремленіе сорганизовать воедино опытъ, раздробленный и разрозненный силою спеціализаціи. Въ этотъ смыслъ и значеніе философіи, въ этомъ ея историческая необходимость. Но въ этомъ также коренное противорѣчіе всякой философіи, своеобразный, неразлучный съ нею трагизмъ."

19 Aleksandr Bogdanov, *Iskusstvo i rabočij klass* (Moskva: Izdanie žurnala Proletarskaja kul'tura, 1918), 44-50; das Fragment über Hamlet publizierte Aleksandr Bodanov auch auf Englisch als „The Workers' Artistic Inheritance", *The Labour Monthly* 1924, 9, 549-597; https://www.marxists.org/archive/bogdanov/1924/artistic-inheritance.htm [24.09.2019].

Kulturkommisar) fassten die Taten von Goethes Faust[20] und Aischylos' Prometheus den Auftrag der kritischen Philosophie zusammen. Lunačarskij spricht um 1905, das Jahr der ersten russischen Revolution, über „die großen Grundlehren" beziehungsweise historisch betrachtet „die großen Anfänge" (*velikie načala*), welche Lucifer und Prometheus dem Mythos gemäß in das Leben der Menschheit brachten: „1) kritische Einstellung zum Leben, die Erkenntnis von Gut und Böse, Wertung aller Werte, 2) blinde Hoffnungen, die es ermöglichen, weit über das Grab hinaus zu blicken, 3) Feuer als Anfang der materiellen Kultur; mit anderen Worten: Erkenntnis, ideelle Ziele, ökonomischer Vorschritt."[21] Lunačarskij suggeriert, dass die attische Tragödie als historische Erscheinung ein Epiphänomen des Zerfalls der traditionellen Gesellschaft, eine Urszene der Philosophie sei. Die prometheischen Anfänge gehen in die Philosophie über, die dadurch Anteil am praktischen Leben gewinnt:

> Es besteht kein Zweifel, dass die Tragiker im Kampf gegen die Lehren der Sophisten, mit dem neuen kühnen Hellas, den Menschen mit Bildern der allen Hochmutigen bevorstehenden Katastrophe Furcht einjagen wollten; aber in der Blütezeit erreichten sie genau das Gegenteil, wie Aristoteles selbst bezeugt. Der Geist der athenischen Tragödie als ein Kampf zweier Prinzipien – des Prometheischen Stolzes und der Kräfte des Elementaren – erlosch, als Furcht und Mitleid einen vollständigen Sieg in Philosophie und Religion errangen.[22]

So wird die Philosophie zum Schauplatz, auf dem die immergleichen, auf Sparsamkeit und Vorhersehbarkeit (die kleinste, stationäre Wirkung) abzielenden Kräfte der Natur mit der Freiheit kämpfen, die immer etwas Neues hervorbringen will, immer einen Unterschied macht. Oder anders: in der Philosophie ringen wie in der Tragödie die konservierenden Mechanismen der Habituation mit der Explosivität der Revolution. Ganz so, als wolle die kritische Philosophie den Mangel gegenüber Shakespeare beseitigen, den Goethe der vorkritischen

---

20 Bogdanov, *Filosofija živogo opyta*, 198; Anatolij Lunačarskij, „Pered licom roka (K filosofii tragedii)", *Etjudy kritičeskie i polemičeskie* (Moskva: Izdanie žurnala Pravda, 1905), 36-110.

21 Lunačarskij, „Pered licom roka", 44: „1) критическое отношение к жизни, познание добра и зла, оценка всех ценностей, 2) слепые надежды, которые дают возможность смотреть много дальше могилы, 3) огонь, как начало материальной культуры, – иными словами – познание, идеальные цели, экономический прогресс."

22 Lunačarskij, „Pered licom roka", 43: „Нельзя сомневаться, что в борьбе с учениями софистов, с новой смелой Элладой трагики хотели застращать человека картинами неминуемого крушения гордецов; но в цветущую эпоху они добивались совершенно противоположного, как свидетельствует сам Аристотель. Дух афинской трагедии, как борьбы двух начал – Прометеевской гордыни и стихийных сил, – угас, когда *страх и сострадание* одержали полную победу в философии и религии."

Philosophie um 1770 vorwarf, als er behauptete, dass Shakespeares Stücke sich alle „um den geheimen Punkt (den noch kein Philosoph gesehen und bestimmt hat) [drehen], in dem das Eigentümliche unsres Ichs, die prätendierte Freiheit unsres Wollens, mit dem notwendigen Gang des Ganzen zusammenstößt."[23] Infolge der Deutung, dass die Tragödie von der Tat als einer Konfrontation zwischen Theorie (bzw. Absicht) und kollektiver Praxis erzählt, wurde die Tragödientheorie zu einer Theorie der Ausführung der Intention[24] (der prätendierten Freiheit) oder eben zur Theorie der Beziehung von Theorie und Praxis. Die regulative Idee dieser Theorie, die den Weg in das Reich der Freiheit skizzieren sollte, ist die Abschaffung oder zumindest Minimalisierung des Abstandes zwischen Vorhaben und Wirken, was im Drama dadurch erreicht wird, dass die Welt in Sprechakten von Helden wie Göttern erschaffen wird. „[H]eißt das nicht", fragt Karl Marx, „die wirkliche, profane Geschichte der Menschen eines jeden Jahrhunderts erforschen, diese Menschen darstellen, wie sie in einem Verfasser und Schausteller ihres eigenen Dramas waren?"[25]

In der Tragödie überschneiden sich also laut der kritischen Tragödientheorie die Hauptkonfliktlinienen der Modernität: der Weg zwischen dem Intellekt und den Sinnen kreuzt mit dem von Freiheit zum Gesetzt; die wissenschaftliche Gesetzmäßigkeit verschränkt sich mit der Gesetzgebung der praktischen Vernunft. Was hat die Tragödie – vor allem die griechische – an sich? Was macht sie so lehrreich?

Laut Aristoteles liefern mimetische Kunstwerke, vor allem die Tragödie als die reinste künstlerische Form, Modelle der Vergangenheit, der Gegenwart und der Zukunft (des Möglichen) einer Gemeinschaft von Zuschauern und Lesern. Der Gegenstand und *raison d'être* der kritischen Tragödientheorien war das Modellieren der Umsetzung von Urszenen, die für die Idee der Freiheit standen. (So wie die Französische Revolution eine Urszene für alle Revolutionen war.[26]) Hierzu betont Eric A. Havelock aber, dass schon in den

23 Johann Wolfgang von Goethe, „Zum Shakespeares Tag", *Werke* (München: dtv, 1998), Bd. 12, 226.

24 Hannah Arendt drückt einen gleichen Gendanken subtiler aus, vorausgesetzt man annimt, dass Erzählungen über das Scheitern einen Ausweg aus der Aporie suggerieren können: „It is because of this already existing web of human relationships, with its innumerable, conflicting wills and intentions, that action almost never achieves its purpose; but it is also because of this medium, in which action alone is real, that it ‚produces' stories with or without intention as naturally as fabrication produces natural things" (Hannah Adrendt, *The Human Condition* (Chicago: CUP, 1998), 184).

25 Marx, „Das Elend der Philosophie. Antwort auf Proudhons *Philosophie des Elends*", übersetzt von Emil Bernstein und Karl Kautsky, Marx, Engels, *Werke*, Bd. 4, 135.

26 Hobsbawm, *The Age of Revolution*, 112: „Unlike the revolutions of the late eighteenth century, those of the post-Napoleonic period were intended or even planned. For the

ältesten, ‚oralen' Gesellschaften die Modelle bzw. die Urszenen des Handelns so gezeigt wurden, dass ihre Verwirklichung auf eine heroische, tragische oder sündige Weise scheiterte – etwa bei Homer, dem großen Lehrer der Griechen, welche in seinen Gedichten alles finden konnten, was das praktische Leben verlangte, oder in der Bibel.[27] Der Schmerz verstärke nämlich die Wirkung einer Lehre oder, mit Aischylos gesprochen:

> τόν φρονείν βροτος οδώ–
> σαντα τόν ‚παθει μάθος'
> θέντα κυρίως έχειν.
> (*Agamemnon*, 176-178)
>
> [Der Zeus], der den Sterblichen den Weg der Einsicht weist:
> Durch leiden lernen heißt sein Gesetz.[28]

Da die positive Freiheit *immer noch nicht* vorhanden ist, sondern immer als approximatives Ziel beziehungsweise regulative Idee fortbestehen muss, entzieht sie sich der Darstellung – es sei denn, der Mensch nähert sich ihr auf einer *via negativa* an, etwa durch die Kontemplation des Scheiterns ihrer Verwirklichung. Hölderlin schrieb bekanntermaßen im Epigramm *Sophokles*: „Viele versuchten umsonst das Freudigste freudig zu sagen/ Hier spricht endlich es mir, hier in der Trauer sich aus."[29] Die zentralen Denkfiguren der Tragödientheorie sind also mit dem Paradoxon verwandt: die glückliche, fruchtbringende Niederlage, die erhebende Erniedrigung, die hoffnungswidrige Hoffnung und Ähnliches. Ernst Bloch schlägt in Anbetracht dieser Paradoxa vor, die tragischen Grundaffekte „Furcht und Mitleid" durch „Trotz und Hoffnung" zu ersetzen und formuliert damit ein Destillat der kritischen Tragödientheorie: Trotz und Hoffnung

---

most formidable legacy of the French Revolution itself was the set of models and patterns of political upheaval which it established for the general use of rebels anywhere." Seit Niccolò Machiavelli ahmte die Revolution (= *rinovazione*) antike oder römische Vorbilder (Tugenden) nach (Hannah Arendt, *Über die Revolution* [1963] (München: Piper, 2011), 44); nach der Französischen Revolution wiederholen die Revolutionen die Revolutionen selbst.

27 Eric A. Havelock, *The Muse Learns to Write: Reflexions on Orality and Literacy from Antiquity to the Present* (Yale: YUP, 1986), 77.

28 Übersetzung von Wolfgang Schadewaldt; beide Zitate nach Andreas Marneros, *Irrsal! Wirrsal! Wahnsinn! Persönlichkeit, Psychose und psychische Konflikte in Tragödien und Mythen* (Stuttgart: Schattauer, 2013), 5-6 (hier eine Zusammenstellung mehrerer deutscher Übersetzungen dieses schwierigen Fragments von Aischylos; nicht alle passen so gut zu meinem Argument).

29 Friedrich Hölderlin, *Sämtliche Werke*, hg. von Friedrich Beißner (Stuttgart Cotta, 1946), Bd. 1, 305.

> sind die beiden tragischen Affekte im revolutionären Verhältnis, und sie kapitulieren nicht vor dem sogenannten Schicksal. Der Trotz schwindet zwar an und in den *Helfend*-Siegreichen, als den Helden der sozialistischen Gesellschaft und Dramatik. Desto wichtiger aber ist er an und in den *Scheiternd*-Siegreichen als den Helden der klassisch-überlieferten Dramatik, die [...] an den großen Schlaf der Welt gerührt haben. Und die spezifische Hoffnung, als eine, die in diesem Scheitern allemal ihr sachgemäßes Paradox trieb und die den besten Grund des Vergnügens an tragischen Gegenstand bildet, kommt im sozialistischen Theater überhaupt erst ohne Paradox nach Hause. [...] Insgesamt erhellt sich so das Theater in seiner moralischen, seiner paradigmatischen Anstalt als eine heiter-antizipierende. Darum ist es heiter auch in der Tragödie, nicht nur in den kritischen Komödien, nicht nur im Lustspiel. Darum spannt sich gerade um die tragischen Helden, [...] um die edlen Untergänge des Trauerspiels der Rundhorizont Morgen.[30]

Die Bloch vorschwebende regulative Idee des Sozialismus kann durchaus als das in die Zukunft projizierte griechische Ideal des guten Allgemeinen verstanden werden, dessen Teile allesamt ihre Potenzen entwickeln können, eben weil sie Teile dieses eines Ganzen sind. (Der realexistierende Sozialismus in Russland konnte sich nie entscheiden, ob er tatsächlich dieser Zustand ist, in dem soziale Konflikte und demensprechend die Tragödie nicht existieren und unmöglich sind,[31] oder ob gerade die Tragödie – wie Theodor Vischer und Marx es wollten[32] – der Königsweg zur Ansteckung des Volks mit dem Pathos der Revolution ist.[33]) Diese Denkfiguren eines hoffnungsbringenden trotzigen

30 Ernst Bloch, *Das Prinzip Hoffnung, Gesamtausgabe* (Frankfurt am Main: Suhrkamp, 1959), Bd. 5, 499.

31 A. Sol'c, „Tragičeskij optimizm", *Pravda* (7.1.1934), zitiert bei: Violetta Gudkova, „Komu mešali učenye, ili kak razgonjali teasekciju, *NLO* 2015, 4(134), http://magazines.russ.ru/nlo/2015/4/14g.html [Zugriff: 23.12.2015].

32 Siehe das Kapitel 2.1.

33 Pavel Kogan, „Socialisitičeskij teatr v gody revoljucii", *Vestnik teatra*, 1919, Nr. 40, 3-4 (http://teatr-lib.ru/Library/Kogan/V_preddverii/#_Toc274156863, Zugriff 28.1.2016). Im stalinistischen literarischen Großunterfangen *Literaturnaja enciklopedija* in 11 Bänden (Moskau 1929-1939) liest man im Eintrag zur „Tragödie": „Проблема создания социалистической Т. [= трагедии] стоит как одна из проблем осуществления метода социалистического реализма в лит-ре и театре. Если уже в Т. прежних веков борьба народа, борьба человека против родовой, феодальной или капиталистической деградации подымала Т. на уровень высокого пафоса, огромного напряжения творческой мысли, – то пафос становления социалистического общества в борьбе со всеми стоящими на его пути препятствиями, в борьбе с капитализмом должен наполнить Т. неизмеримо более высоким содержанием, ибо он связан с неизмеримо более высоким преобразованием общества. В свете понимания действительности как движущегося, противоречивого, вечно изменяющегося целого, в свете величайшей в истории ломки общественных отношений и человеческого сознания, связанной с процессом формирования нового человека, с развитием нового

,*Scheitern*-Sieges' sind aus dem alten Repertoire der griechischen Kunst und der jüdisch-christlichen Religion abgeleitet;[34] nur dass diese altherkömmlichen Gestalten Anfang des 19. Jahrhunderts in einem ganz neuen Kontext funktionieren, in dem sie auf eine bisher nicht dagewesene Weise zur Welt standen: Über die Zeit, die diese Arbeit abdeckt, schrieb Niklas Luhmann mit Recht, dass damals die Fiktion in ihrem klassischen Sinn entstanden sei und zwar als eine „in die Welt eingelassene Differenz, die es der Welt ermöglicht, sich selbst zu beobachten."[35] Diese von der Welt verschiedene und die Welt modellierende Fiktion führe dann ein *re-entry* dieser Differenz innerhalb der Fiktion durch,[36] die Helden der modellhaften fiktionalen Erzählung müssten sich selbst mit der Relation von Modell und Welt herumschlagen. Solch ein *re-entry* identifiziert die kritische Theorie in der alten Tragödie, in den glücklichen Niederlagen von Ödipus und anderen Helden, deren Vorstellung von der Welt an der Welt selbst zu Grunde geht. Das Drama eignete sich besonders gut für ein solches *re-entry.* Victor Turner bezeichnete auf Grundlage der methodologischen Schriften Diltheys das *stage drama* als eine Reflexion über das *social drama*, wobei schon das *social drama* die Strukturen der Gesellschaft reflektiere, da es an einer historischen Zäsur stattfinde, immer dann, wenn Performer einen Streit zu gewinnen oder beizulegen versuchten, der die Grundfesten der Gesellschaft erschüttere.[37] Tragödientheorien reflektieren das *stage drama* und zugleich seine Beziehung zum *social drama* und zum Sozialen schlechthin.

Die kritischen Modelle dessen, wie die Welt modelliert wird, bezogen sich maßgeblich aufs Politische: Schon in den ersten Versuchen bei Platon und

---

героизма, Т. как жанр, способный с особой силой и глубиной воплотить все коллизии борьбы за будущее человеческого общества, раскрыть перспективы великих побед сквозь отдельные поражения, отдельные потери, – в лит-ре социалистического реализма может быть возведена на небывалую высоту.")

34 So z. B. erkennt Otto J. Brenden (zitiert bei Carlo Ginzburg, *Das Schwert und die Glühbirne, Picassos „Guernica"*, übersetzt von Reinhard Kaiser (Frankfurt am Main: Suhrkamp 1999), 19-20) in der Frau mit dem Licht aus Picassos *Guernica*, die „die Stelle der Zuschauer in den älteren Kompositionen einnimmt" und „[s]elbst stilistisch [...], im Kontext von *Guernica*, eine Ausnahme" ist, „eine Maske aus der antiken Tragödie" wieder. „Sie übernimmt den Part des Chors in der griechischen Tragödie." „La victoire de Guernica" hieß das Gedicht von Paul Eluard, der hing in „der Eingangshalle des spanischen Pavillons auf der Pariser Weltausstellung [1937], wo *Guernica* erstmals ausgestellt wurde" (Ginzburg, *Das Schwert und die Glühbirne*, 65).

35 Niklas Luhmann, *Schriften zu Kunst und Literatur*, hg. von Niels Werber (Frankfurt am Main: Suhrkamp, 2008), 284.

36 Luhmann, *Schriften*, 281-291.

37 Victor Turner, „The Anthropology of Performance", Victor Turner (Hg.), *The Anthropology of Performance* (New York: PAJ, 1987), 1-36.

Aristoteles, die Tragödie theoretisch zu fassen, wurde die Tragödientheorie als eine Theorie der *politischen* Beziehung zwischen Erkenntnis und politischer Praxis bestimmt. Die historisch wirksamsten Stellen bei Aristoteles sind diejenigen, die den qualitativen Bestandteilen der Tragödie gewidmet sind, an erster Stelle der Wiedererkennung (ἀναγνώρισις) und der Peripetie (περιπετεία). Die Wiedererkennung steht für die Erkenntnis, weil sie einen Übergang vom Unwissen zum Wissen bezeichnet, während die Peripetie einen pragmatischen Umschlag der Situation bedeutet. Aristoteles' Definition der Wiedererkennung im 11. Kapitel der *Poetik* setzt die Wiedererkennung unmittelbar in den Kontext des Politischen, dessen Hauptkategorien Freundschaft und Feindschaft sind. Die Wiedererkennung wird als eine immer schon politische erkannt:

> Die Wiedererkennung ist, wie schon die Bezeichnung andeutet, ein Umschlag von Unkenntnis in Kenntnis, mit der Folge, dass Freundschaft oder Feindschaft eintritt, je nachdem die Beteiligten zu Glück oder Unglück bestimmt sind.[38]
>
> ἀναγνώρισις δέ, ὥσπερ καὶ τοὔνομα σημαίνει, ἐξ ἀγνοίας εἰς γνῶσιν μεταβολή, ἢ εἰς φιλίαν ἢ εἰς ἔχθραν, τῶν πρὸς εὐτυχίαν ἢ δυστυχίαν ὡρισμένων.[39]

Die Freundschaft (und entsprechend Feindschaft) bestimmte Aristoteles am Anfang des 8. Buches der *Nikomachischen Ethik* als die zentrale Kategorie des Politischen überhaupt. In seiner Tragödientheorie (wie auch in den kritischen Tragödientheorien des 19. und des 20. Jahrhunderts) ist die Wiedererkennung der direkte Übergang ins Politische. Präziser gesagt: wer eine Wiedererkennung erfährt, erfährt, dass er sich in einer politischen Lage befindet, weswegen die Wiedererkennung mit der Peripetie, die ein tatsächliches Geschehnis (auf der Bühne) bezeichnet, so nah wie möglich verbunden werden sollte:

> Am besten ist die Wiedererkennung, wenn sie zugleich mit der Peripetie eintritt, wie es bei der im *Ödipus* der Fall ist.[40]
>
> αλλίστη δὲ ἀναγνώρισις, ὅταν ἅμα περιπετείᾳ γένηται, οἷον ἔχει ἡ ἐν τῷ Οἰδίποδι.[41]

---

38 Aristoteles, *Poetik. Griechisch und deutsch*, hg. und übersetzt von Manfred Fuhrmann (Stuttgart: Reclam, 1982), 35 [1452α].

39 Aristoteles, *Poetik*, 34.

40 Aristoteles, *Poetik*, 35. Weiter schreibt Aristotles: „Doch die zuerst genannte Wiedererkennung ist diejenige, die am besten zur Fabel und zur Handlung passt. Denn eine solche Wiedererkennung und Peripetie bewirkt Jammer oder Schaudern, und es wurde ja vorausgesetzt, dass die Tragödie Nachahmung von Handlungen mit diesen Wirkungen sei. Außerdem ergeben sich gerade aus solchen Wiedererkennungen das Unglück und das Glück."

41 Aristoteles, *Poetik*, 34.

Die Motivation hinter dem ästhetischen Postulat, Wiedererkennung und Peripetie sollten zusammenfallen, gehört zur politischen Ästhetik der Praxis, die dieses Buch rekonstruiert. Platon, der die politikstiftende Zweiteilung ‚Freund versus Feind' in den Diskurs über Komisches und Tragisches einführte (im *Philebos*, der Aristoteles als Grundlage zur Verfügung stand), ließ Sokrates nicht nur von den verdächtigen Schauspielen „auf der Bühne [erzählen], sondern auch in der gesamten Tragödie und Komödie des Lebens und in tausend anderen Fällen, Unlustgefühle mit Lustgefühlen zugleich sich mischen."[42] (Σωκράτης μηνύει δὴ νῦν ὁ λόγος ἡμῖν ἐν θρήνοις τε καὶ ἐν τραγῳδίαις καὶ κωμῳδίαις, μὴ τοῖς δράμασι μόνον ἀλλὰ καὶ τῇ τοῦ βίου συμπάσῃ τραγῳδίᾳ καὶ κωμῳδίᾳ, λύπας ἡδοναῖς ἅμα κεράννυσθαι, καὶ ἐν ἄλλοις δὴ μυρίοις.)[43]

Friedrich Hebbel, der sich als der klassischste und griechischste aller deutschen Tragiker des 19. Jahrhunderts stilisierte und den die polnische Ästhetik der Tat und Tatenlosigkeit als einen solchen rezipierte,[44] schrieb zur Zeit der Revolution von 1848 in einem Brief aus Wien: „Ohnehin wird für mich die Politik jetzt um so sicherer zu Poesie, je gründlicher ich sie selbst durchmache."[45]

1.2. Der Begriff der kritischen Tragödientheorie

Die kritische Theorie der griechischen Tragödie[46] ist etwa zwischen 1789 und 1806 in Deutschland als Antwort auf die Unabgeschlossenheit von Kants System der Philosophie, das die Beziehung zwischen der Willensfreiheit und der Notwendigkeit nicht eindeutig bestimmt hatte, sowie in Reaktion auf die Peripetien der Französischen Revolution entstanden. Karl Marx nannte die kritische Philosophie Kants die *„deutsche Theorie* der Französischen

42 Platon, „Philebos", übersetzt von Ludwig von Georgii, *Sämtliche Werke*. vol 3 (Berlin: Lambert Schneider, 1940), 64, [50β].

43 Plato, *Philebus*, [50β] http://www.perseus.tufts.edu/hopper/text?doc=Perseus%3Atext%3A1999.01.0173%3Atext%3DPhileb.%3Asection%3D50b [Zugriff 23.03.2015].

44 Karol Irzykowski, *Fryderyk Hebbel jako poeta konieczności* [1907]. *Czyn i słowo oraz Fryderyk Hebbel jako poeta konieczności. – Lemiesz i szpada przed sądem publicznym. Prolegomena do charakterologii*, hg. von Andrzej Lam (Kraków: Wydawnictwo Literackie, 1980).

45 Friedrich Hebbel, Wien, an Felix Bamberg, Paris, vom 15. Juni 1848, in: Rolf Weber (Hg.), *Revolutionsbriefe 1848/49* (Leipzig: Reclam, 1973), 174.

46 Einen Überblick über die Geschichte des Philosophierens über die Tragödie verschafft Julian Young, *The Philosophy of Tragedy. From Plato to Žižek* (Cambridge: Cambridge University Press, 2013).

Revolution".[47] Der erste Philosoph des Tragischen, F.W.J. Schelling, übertrug Kants und Fichtes Ideen schon 1795, als er noch Student des Evangelischen Stifts in Tübingen war, auf das Gebiet der Tragödientheorie, indem er in seinem 10. der *Philosophischen Briefe über Dogmatismus und Kritizismus* schrieb, dass der einzige Ort, an dem man die wahre Freiheit tatsächlich in der sinnlich-anschauenden Gestalt sehen konnte, die tragische Bühne der Griechen war;[48] Schelling verglich dann die Tragödie sofort mit der jakobinischen Schreckensherrschaft[49] (zu deren Ungunsten). Damit wurde die bis über die *Dialektik der Aufklärung* hinausreichende Tradition ins Leben gerufen, die Tragödie als *via negativa* zur positiven Freiheit zu betrachten. Die griechische Tragödie soll uns belehren, behauptet Schelling, wie man den Kritizismus wählt, den Dogmatismus verwirft und die Freiheit erlangt, die nicht in die schrecklichste Knechtschaft umschlägt. Von da an begannen die deutschen und nach ihrem Vorbild auch die slavischen Denker sich mit der griechischen Tragödie zu beschäftigen, in der Freiheit sich konkret offenbart, und erhoben die Tragödie in den hohen Rang eines Modells für alle Gebiete des sozialen Lebens. Die Entwicklung der kritischen Tragödientheorie lässt sich in drei Etappen unterteilen, wobei jede von ihnen mit einem epochalen Umsturz verbunden ist – 1798, 1848 und 1917. So ist auch die Arbeit aufgebaut.

Die kritisch-aufklärerische, geschichtlich eingestellte Strömung der deutschen, polnischen und russischen Tragödientheorie, die – wie der oben zitierte Bloch schrieb – vor dem sogenannten Schicksal nicht kapitulierte, ist größtenteils in Vergessenheit geraten. Stattdessen wird die Tragödientheorie als tiefsinniges Nachdenken über das unausweichliche Fatum karikiert, es wird behauptet, das ‚Tragische' habe weder eine Beziehung zu historischen literarischen Erscheinungen noch zu kritischem, umstürzlerischem Denken. Die Tragödie wird dabei auf das Modell einer metaphysischen Überlegenheit des Fatums oder einer ahistorisch betrachteten Moral bezogen; aus dem Vergessen des kritischen Potenzials der Tragödie als Urszene der Moderne – eines Potenzials, das schon von den kritischen Denkern im Tübinger Stift um 1795 aktualisiert wurde – schöpfen Paradoxa ihre Wirkungskraft, wie man sie in Wolfram Ettes Auffassung der Tragödie als Kritik der Tragödie identifizieren

47 Karl Marx, „Das philosophische Manifest der historischen Rechtschule" [1842], *Werke*, Bd. 1, 80 (Hervorhebung im Original).

48 Vgl. das Schelling-Kapitel.

49 Einen Überblick verschafft François Furet „Schreckensherrschaft", François Furet, Mona Ozouf (Hg.), *Kritisches Wörterbuch der Französischen Revolution* (Frankfurt am Main: Suhrkamp, 1996), 193-215.

kann.[50] Letzterer Auffassung zufolge bezieht sich diese Kritik vor allem auf die Tragödientheorie (mit einer Ausnahme: Hölderlins Sophokles-Kommentaren), da diese in der Tragödie nur eine Bejahung der Notwendigkeit sehen könne.[51] Die Behauptung, die Tragödie sei klüger als ihre Theorie (welche man bösartig oder leichtgläubig entstellt) scheint mir der Tragödie einen Bärendienst zu erweisen.

Die Liste der Theoretiker des 20. Jahrhunderts, die das kritische Potenzial der Tragödie und der früheren Tragödientheorie verkannten, ist lang. Beispielsweise ordnete Max Horkheimer in demselben Aufsatz, in dem er den Begriff der ‚kritischen' Theorie darlegte, pauschal jegliche Theorie, die das ‚übermenschliche Schicksal' zulässt, in die Kategorie der traditionellen, antiaufklärerischen und ahistorischen Theorien ein.[52] Damit meinte er, so meine Vermutung, die damals populärsten Tragödientheorien, die alle von der Ohnmacht des Menschen gegenüber dem Fatum ausgingen (Lev Šestov, Miguel de Unamuno, Georg Simmel, Max Scheler)[53] und die die kritische Strömung

---

50 Wolfgang Ette, *Kritik der Tragödie. Über dramatische Entschleunigung* (Velbrück: Weilerswirst, 2011), 1.

51 Ette, *Kritk der Tragödie*, 1-34. Ähnliche antiphilosophische Töne, dass die Theorie das Kritische, das Subversive der Tragik verhindert, erklangen auch in Karl Heinz Bohrer, *Das Tragische: Erscheinung, Pathos, Klage* (München: Hanser 2009), 11-33; Hans-Thies Lehmann, *Tragödie und dramatisches Theater* (Berlin: Alexander, 2013), 34-59.

52 Max Horkheimer, „Traditionelle und kritische Theorie", *Gesammelte Schriften*, Band 4 (München: Fischer, 1988), 178, 203-205; Jürgen Habermas, „Kritische und konservative Aufgaben der Soziologie", *Theorie und Praxis. Sozialphilosophische Studien* (Frankfurt am Main, 1971), 290-306. Auf den antitragischen Aspekt von Horkheimers Aufsatz weist Christopher Menke hin in seinem *Tragödie im Sittlichen. Gerechtigkeit und Freiheit nach Hegel* (Frankfurt am Main: Suhrkamp 1996), 20-21; Menke hängt einer nichtfatalistischen und kritischen Lektüre von Hegels Tragödientheorie an: „Tragisch ist die Notwendigkeit des Konfligierens weder in (speziellen) Situationen noch (generell) für die menschliche Existenz, sondern in einer je bestimmten Welt, einem Weltzustand" (S. 38). Die Kritik der Tragödientheorie als untragisch findet man schon in Walter Benjamin, *Ursprung des deutschen Trauerspiels, Gesammelte Schriften*, Bd. 1, 279-281. Sogar Carl Schmitt bestand auf den historischen Charakter des Tragischen (Carl Schmitt, *Hamlet oder Hekuba. Der Einbruch der Zeit in das Spiel* [1956] (Stuttgart: Klett-Cotta, 2008), 45-55. Karl Jaspers setzte den Begriff des (unkritischen) Pantragismus dem tragischen Wissen gegenüber, das ein offenes, nicht deduktives Wissen ist: Karl Jaspers, *Philosophische Logik*, Bd. 1. *Von der Wahrheit* (München: R. Piper & Co, 1947), 915-959.

53 Lev Šestov, *Dostoevskij i Nicše* (*filosofija tragedii*) (Sankt Peterburg: Stasjulevič, 1903); Georg Simmel, „Der Begriff und die Tragödie der Kultur", *Logos. Internationale Zeitschrift für Philosophie der Kultur* 1911-1912, Bd. 2, 1-25. In derselben Ausgabe von *Logos* findet die Leserin und der Leser Georg von Lucács' Essay „Metaphysik der Tragödie"; im Kierkegaard-Kapitel stelle ich die These auf, dass Ernst Blochs Polemik gegen Lukács einen entscheidenden Impuls der kritischen Tragödientheorie im 20. Jahrhundert gegeben und wiederbelebt hat. Das Gleiche würde ich über Ernst Cassirers Polemik

der Tragödientheorie ignorierten. Niemand anderes als Bertolt Brecht übertrug Horkheimers Konfrontation zwischen Tragödie und kritischem Denken auf die Dramentheorie. Brecht stellt hierbei das kritische Theater der Tragödie gegenüber, welcher bei ihm die Rolle der Sprecherin der ‚traditionellen' Theorie zugeschrieben wird: Das kritische Theater zeige, dass der Mensch Produkt der Verhältnisse sei, die er aber zu ändern imstande ist.[54] Die Tragödie dagegen rufe dazu auf, sich dem blinden Fatum zu ergeben; der Mensch ist nur ein Schausteller, aber kein Verfasser des großen Spektakels der Geschichte.[55] Da die ganze Aufmerksamkeit der Dramatiker und Theoretiker auf den Helden gerichtet wird, übersehne sie sozial-ökonomische Verhältnisse, in denen der Mensch sich selbst als historisches Wesen produziere. Aber Brecht vernachlässigt die *theoretischen* Bedingungen, in denen er seine Theorien hervorbrachte. Was er als besonders irritierend an der Tragödie und am ganzen dramatischen Theater beschreibt, ist die Katharsis, die für ihn eine

---

gegen Simmel behaupten: Ernst Cassirer, „Die ‚Tragödie der Kultur'" [1942], *Zur Logik der Kulturwissenschaften: fünf Studien* (Hamburg: Felix Meiner, 2011), 108-134. Weitere Vertreter der unkritischen Tragödientheorie, die unser Denken über das Tragische geprägt haben: Miguel de Unamuno, *Das tragische Lebensgefühl* [1913], übersetzt von Robert Firese (München: Meier & Jessen, 1925); Max Scheler, „Zum Phänomen des Tragischen", *Abhandlungen und Aufsätze*, Bd. 1 (Leipzig: Weisse Bücher 1915), 275-315; Viačeslav Ivanov, „Dostoevskij i roman-tragedija", *Sobranie sočinenij* (Bruxelles: Foyer Oriental Chretien, 1987), Bd. 4, 401-444. Die große Anzahl russischer Denker soll mit der generellen Ausrichtung ihrer Kultur zusammenhängen. Konstantin Frumkin bezieht die Betonung, das Schicksal sei unausweichlich, auf den russischen Fatalismus („Russkaja koncepcija tragedii", *Topos. Literaturno-filosofskij žurnal* (30.11.2010), http://www.topos.ru/article/7472, letzter Zugang 10.4.2015). Es ist interessant, dass die *Literaturnaja enciklopedija* aus der stalinistischen Zeit das kritische und geschichtsschaffende Potenzial der Tragödie betont; der Eintrag endet mit der Erwägung einer Möglichkeit, die sozialistische Tragödie zu schaffen (elektronische Version: http://feb-web.ru/feb/litenc/encyclop/leb/leb-3531.htm) [letzter Zugang 10.4.2014]; über die polnischen Diskussionen in der zweiten Hälfte des 19. Jahrhunderts schrieb Marek Dybizbański, *Tragedia polska drugiej połowy XIX wieku – wzorce i odstępstwa* (Poznań: Wydawnictwo Poznańskie, 2009), 15-66; 99-116. Meines Erachtens haben zwei Publikationen das Verstehen des Tragischen in den polnischen Geisteswissenschaften entschieden geprägt: Roman Ingardens Übersetzung von Max Schelers „Zum Phänomen des Tragischen" (Max Scheler, *O zjawisku tragiczności* (Lwów: Polskie Towarzystwo Filozoficzne, 1938)) und Maria Janions Essays, auf den Scheler einen sehr großen Einfluss geübt hat, „Tragizm", *Romantyzm, rewolucja, marksizm: colloquia gdańskie* (Gdańsk: Morskie, 1972), 5-30; Maria Janion, „Czyn i klęska. Rzecz o tragizmie", *Gorączka Romantyczna* (Warszawa: PWN, 1975), 5-40; Józef Leszek Krakowiak, *Tragizm ludzkiej egzystencji jako problem filozoficzny* (Warszawa: Scholar, 2005).

54 Bertolt Brecht, „K-Typus und P-Typus in der Dramatik", *Gesammelte Werke* (Frankfurt am Main: Suhrkamp, 1967), Bd. 16, 540-544.

55 Vgl. Karl Marx, „Das Elend der Philosophie", 135.

Art Identifikation des Zuschauers mit dem Dargestellten ist und den Zuschauer dabei stört, die Beziehungen der Protagonisten zu ihrem Milieu nüchtern zu erörtern. Was Brecht in einem kontinuierlichen Text ausführt, lässt sich in tabellarischer Form repräsentieren:[56]

Der Zuschauer des dramatischen Theaters sagt:	**Der Zuschauer des epischen Theaters sagt:**
Ja, das habe ich auch schon gefühlt	Das hätte ich nicht gedacht.
So bin ich.	So darf man es nicht machen.
Das ist nur natürlich.	Das ist höchst auffällig, fast nicht zu glauben.
Das wird immer so sein.	Das muss aufhören.
Das Leid dieses Menschen erschüttert mich, weil es keinen Ausweg für ihn gibt.	Das Leid dieses Menschen erschüttert mich, weil es doch einen Ausweg für ihn gäbe.
Das ist große Kunst: da ist alles selbstverständlich.	Das ist große Kunst: da ist nichts selbstverständlich.
Ich weine mit den Weinenden, ich lache mit den Lachenden.	Ich lache über den Weinenden, ich weine über den Lachenden.

Einem solchen Theater wie dem kritischen (dem epischen) droht die Gefahr, dass es sich in einen politischen Vortrag verwandelt. Diese Gefahr sieht auch Brecht: Damit die Kunst nicht spurlos aus dem Theater verschwindet, soll das Verfahren der *Verfremdung* „einen neuen Kontakt [...] zwischen Bühne und Zuschauer" herstellen und als „neue Basis für den Kunstgenuss"[57] dienen. Wie jedoch soll Brechts idealer Zuschauer vom Theater behandelt werden?

> Er sollte nicht mehr aus seiner Welt in die Welt der Kunst entführt, nicht mehr gekidnappt werden; im Gegenteil sollte er in seine reale Welt eingeführt werden, mit wachen Sinnen. War es möglich, etwa anstelle der Furcht vor dem Schicksal die Wissensbegierde zu setzen, anstelle des Mitleids die Hilfsbereitschaft?[58]

56 Vgl. Bertolt Brecht, „Vergnügungstheater oder Lehrtheater?", *Gesammelte Werke*, Bd. 15, 262-272, hier: 265; siehe auch in demselben Band der *Gesammelten Werke* „Dreigespräch über das Tragische" (309-313), eine Reihe von Aufsätzen überschrieben mit „Kritik der Einfühlung" (240-252).

57 Bertolt Brecht, „Über experimentelles Theater", *Gesammelte Werke*, Bd. 15, 285-305, hier: 301.

58 Brecht, „Über experimentelles Theater", 301.

Hier spielt sich eine Peripetie der Tragödientheorie ab: Brechts neuer Zuschauer ist der Ödipus der kritischen Tragödientheorie höchstpersönlich, der die Furcht vor dem Schicksal bekämpfte, indem er das Schicksal überlistete, sich danach ausschließlich von Wissensbegierde und Hilfsbereitschaft leiten ließ und über den Ursprung des Übels forschte, das die Gesellschaft von Theben heimsuchte. Allzu wissbegierig und allzu hilfsbereit war er und eben darum ist er in seine reale Welt eingeführt worden, mit dermaßen wachen Sinnen, dass er sich blenden musste. Aristoteles sagte, das Schönste am *König Ödipus* sei, dass die Peripetien mit dem Wiedererkennen (*anagnorisis*) zusammenfallen. Brecht ermöglich dem Leser ein tragisches Wiedererkennen, das ihm selbst verwehrt bleibt: Es besteht darin, dass der kritische Zuschauer, der sich nicht mit dem Helden identifizieren *soll*, sich mit Sophokles' Helden identifizieren *muss*, wenn er kritisch sein will. Es scheint, als sei Brechts Gedanke ins Feld eines *strange attractor* geraten, als dieser seine Theorie des epischen Dramas in Abgrenzung zur Tragödientheorie entwickelte: Der Zuschauer seines ganz neuen Theaters muss sich in Ödipus wiedererkennen; will er kritisch sein, so muss er tragisch sein. So wirkt die *kritische* Tragödientheorie aus dem Hintergrund auch in Theorien hinein, die sich ihres tragischen Anteils nicht bewusst sind.[59]

Es geht also über Brechts Verstand, ebenso wie über den der meisten Philologen, dass es eine kritische Tragödientheorie gab, laut der die Tragödie alles andere ist als eine Übung im Hinnehmen dessen, was einem zustößt, und alles andere als eine Vergöttlichung der ungerechten Verhältnisse. Das tragische Schicksal, wie es die von mir rekonstruierte kritische Tragödientheorie auffasst, realisiert sich in einer paradoxen Einheit der Vorbestimmung und Verantwortung. Es ähnelt damit der doppelten *agency* der Moderne. Marx glaubte, das notwendige Endergebnis der Geschichte entdeckt zu haben, aber er kontemplierte nicht quietistisch das Spiel von Wille und Vorstellung, sondern rief zum Handeln auf. Der immanentistische Historizismus stieß

59 Bemerkbar: Die Antigone in Hölderlins Übersetzung verwendet Brecht als Modell der historischen Tragödie der Deutschen während des Zweiten Weltkriegs. Brechts Extrapolationen überführen allerdings die Tragödie ins Unkritische, in die Kontemplation des unausweichlichen Fatums, wie im abschließenden Lied des Chores: „Denn kurz ist die Zeit/ Allumher ist Verhängnis, und nimmer genügt sie/ Hinzuleben, undenkend und leicht/ Von Duldung zu Frevel und/ Weise zu werden im Alter“ (Brecht *Die Antigone des Sophokles, Werke*, Bd. 6, 2327). Dahingegen endet Hölderlins Fassung mit einem Aufruf zum kritischen (obgleich respektvollen) Denken: „Um vieles ist das Denken mehr denn/ Glückseligkeit. Man muß, was Himmlischer ist, nicht/ Entheiligen. Große Blicke aber,/ Große Streiche der hohen Schultern vergeltend,/ Sie haben im Alter gelehrt, zu denken“ (Friedrich Hölderlin, *Sämtliche Werke*, hg. von Friedrich Beißner (Stuttgart: Cotta, 1946), Bd. 5, 262).

auf das Mapping der Dimensionen von menschlicher Praxis, die Räume der Freiheit eröffnet. Die Marxsche Spannung zwischen der Wissenschaft (der Naturwissenschaft der Geschichte), die die grundlegenden Gesetze der ökonomischen und folglich der sozialen Entwicklung aufdeckt, und der revolutionären Gewalt, die eine freie und befreiende Tat ist, lässt sich auf Kants Dualismus von theoretischer und praktischer Philosophie zurückführen. Die Inkongruenz zwischen dem Determinismus des theoretischen Verstandes und der Freiheit der ethischen Vernunft wurde nicht gelöst, sondern so in die Erzählung der Geschichte verflochten, dass diese tragische Züge annahm. Die bei Kant gähnende[60] Kluft zwischen dem Gesetz des Intellekts und dem moralischen Recht war neben dem Verlauf der Französischen Revolution einer der Hauptauslöser der kritischen Tragödientheorie. Kant selbst bestimmte im 35. Paragraf der *Kritik der Urteilskraft* das ästhetische Urteil erstens als modellhafte Instanz des Urteilens selbst, das immer die Einbildungskraft, welche die anschauliche Synthese des Mannigfaltigen ins Einheitliche leiste, mit dem Verstand zusammenstimme, der zumeist einen Begriff der Einheit dieser Zusammensetzung liefere. Zweitens aber zeige sich im ästhetischen Urteil ein besonderer Fall, der ohne Begriff auskommen müsse, eine mögliche Verbindung von Freiheit und Notwendigkeit:

> Weil nun dem Urtheile hier kein Begriff vom Objecte zum Grunde liegt, so kann es nur in der Subsumtion der Einbildungskraft selbst (bei einer Vorstellung, wodurch ein Gegenstand gegeben wird) unter die Bedingungen, daß der Verstand überhaupt von der Anschauung zu Begriffen gelangt, bestehen. D. i. weil eben darin, daß die Einbildungskraft ohne Begriff schematisiert, die Freiheit derselben besteht; so muß das Geschmacksurteil auf einer bloßen Empfindung der sich wechselseitig belebenden Einbildungskraft in ihrer Freiheit, und des Verstandes mit seiner Gesetzmäßigkeit, also auf einem Gefühle beruhen, das den Gegenstand nach der Zweckmäßigkeit der Vorstellung (wodurch ein Gegenstand gegeben wird) auf die Beförderung des Erkenntnisvermögens in ihrem freien Spiele beurtheilen läßt; und der Geschmack, als subjektive Urtheilskraft, enthält ein Prinzip der Subsumtion, aber nicht der Anschauungen unter Begriffe, sondern des Vermögens der Anschauungen oder Darstellungen (d. i. der Einbildungskraft) unter das Vermögen der Begriffe (d. i. den Verstand), sofern das erstere in seiner Freiheit zum letzteren in seiner Gesetzmäßigkeit zusammenstimmt.[61]

---

60 Der Kluft war in *the eye of the beholder*; laut Kant selber wird „eben derselbe Wille in der Erscheinung (den sichtbaren Handlungen) als dem Naturgesetze notwendig gemäß und sofern *nicht frei*, und doch andererseits, als einem Dinge an sich selbst angehörig, jenen nicht unterworfen, mithin als frei gedacht, ohne dass herbei ein Widerspruch vorgeht" (Immanuel Kant, *Kritik der reinen Vernunft, Gesammelte Werke. Akademieausgabe* (Berlin: Reimer, 1911), Bd. 3, 17).

61 Immanuel Kant, *Kritik der Urteilskraft, Gesammelte Werke. Akademieausgabe*, Bd. 5, 287.

Dagegen kann eingewendet werden, dass der Weg von Kant zum karnevalesken „Bildraum" des Massenspektakel unmessbar weit sei. Dass Kant als ein leidenschaftlicher Leser Rousseaus mit dessen Theorie des Massenspektakels ohne Rampe vertraut gewesen sein muss, wäre ein schwaches Argument dagegen, hätten sich nicht die Theoretiker der positiven Massenfreiheit selbst auf Kant berufen. Benjamin spricht ständig über die ‚Erfahrung', einen vom Kantianismus angeeigneter Terminus. Bachtin beruft sich noch viel expliziter auf die Kantische Philosophie, wenn er seine Theorie des Karnevals formuliert. So werden zum Beispiel die Formen des Karnevalssprechens ganz im Geiste der Kantischen Ästhetik von allen praktischen Zwecken abgeschnitten, wodurch sie eine besondere heuristische Kraft bezüglich der Sprache und des Körpers, der Absicht und der Praxis gewinnen: die ambivalenten, vernichtenden und erneuernden Flüche auf die Gottheit erfuhren „[u]nter den Bedingungen des Karnevals [...] einen entscheidenden Bedeutungswandel, sie verloren den magischen und überhaupt jeden praktischen Charakter, wurden zum Selbstzweck und gewannen so Universalität und philosophische Tiefe. In diesem verwandelten Zustand trugen sie zur Schaffung einer ungezwungenen Karnevalatmosphäre und [des anderen Aspekts,] des Lachaspekts der Welt bei."[62] Und so wie die ‚zwecklose Zweckmäßigkeit' des Schönen es laut Kant dazu prädestiniert, als Symbol der ‚Sittlichkeit' zu fungieren (*Kritik der Urteilskraft* § 59), beschreibt Bachtin diese „ungezwungene Karnevalsatmosphäre" mit Hilfe einer Paraphrase der Selbstzweckformel[63] von Kants kategorischem Imperativ: „Feste benötigen keine Sanktionierung durch die Welt der *Mittel* und der praktischen Notwendigkeiten, sondern durch die *höheren Ziele* der menschlichen Existenz, d.h. durch die Welt der Ideale. Ohne diese Sanktion gibt es keine Festlichkeit und kann es sie nicht geben."[64] Hier überlappen

62 Michail Bachtin, *Rabelais und seine Welt. Volkskultur als Gegenkultur* (Frankfurt am Main: Suhrkamp, 1987), 66; Michail Bachtin, *Tvorčestvo Fransua Rable i narodnaja kul'tura srednevekov'ja i renesansa, Sobranie sočinenij v semi tomach* (Moskva: Jazyki slavjanskich kul'tur, 2008), Bd. 4.2, 26: „В условиях карнавала они подверглись существенному переосмыслению: полностью утратили свой магический и вообще практический характер, приобрели самоцельность, универсальность и глубину. В таком преображенном виде ругательства внесли свою лепту в создание вольной карнавальной атмосферы и второго, смехового, аспекта мира."

63 Immanuel Kant, *Grundlegung zur Metaphysik der Sitten, Gesammelte Werke. Akademieausgabe*, Bd. 4, 429 („Handle so, dass du die Menschheit sowohl in deiner Person, als in der Person eines jeden anderen jederzeit zugleich als Zweck, niemals bloß als Mittel brauchst"), 433.

64 Bachtin, *Rabelais und seine Welt*, 57; Bachtin, *Tvorčestvo Fransua Rable*, 17: „Чтобы они стали праздничными, к ним должно присоединиться что-то из иной сферы бытия, из сферы духовно-идеологической. Они должны получить санкцию не

sich die ästhetischen mit moralischen Kategorien, die schon der noumenalen Realität angehören.

Ich kehre in jenem Unterkapitel dieser Einleitung, das der ‚(transzendentalen) Ästhetik der Praxis' gewidmet ist, zu der Frage der sinnlichen und extrasinnlichen Erfahrung zurück, um mit Hilfe von Maurycy Mochnacki, Edward Abramowski und Anatolij Lunačarskij zu zeigen, dass die Tragödientheorie der 1820er und 1830er Jahre einerseits die Spannung zwischen Freiheit und Determiniertheit erforscht hatte, bevor sie bei Marx auftauchte, und dass der polnische und russische Marxismus (‚der soziale Kantianismus') an der Wende zum 20. Jahrhundert andererseits eben diese Spannung für das Wesen der Marxschen Philosophie hielt.

Mittlerweile will ich das bisher nicht beachtete *Kritische* der Theorie der Tragödie und die Tatsache, dass sie in dieser Form im 19. Jahrhundert die prominenteste war, ins Zentrum der Analyse stellen. Insgesamt lässt sich die kritische Tragödientheorie als eine Vorbedingung für das viel spätere Entstehen der kritischen Theorie im engeren Sinne begreifen. Dies wird im Kierkegaard-Kapitel in Bezug auf die sogenannte Frankfurter Schule demonstriert. Genereller gesagt: Alle großen „Meister des Zweifels"[65], sprich der modernistischen Kritik – übten sich in der Tragödientheorie. Die Philosophie von Marx – nicht nur in ihrem sozialen und kulturkritischen Aspekt, sondern auch in ihrem ökonomischen (siehe dazu die Romantik-, Hegel- und Marxkapitel) – wurde von den Tragödientheorien Hegels, Friedrich und August Wilhelm Schlegels sowie Adam Müllers geprägt. Dasselbe gilt natürlich für Nietzsche und Freud – für letzteren bei seiner Arbeit am Ödipus-Komplexes und an der Übertragung.[66] Manche zählen Heideggers Projekt der Destruktion der Metaphysik in diese Reihe;[67] zumindest seine Abhängigkeit von Hölderlin, Schelling und Hegel ist unbestreitbar.

из мира *средств* и необходимых условий, а из мира *высших целей* человеческого существования, то есть из мира идеалов. Без этого нет и не может быть никакой праздничности."

65 Paul Ricouer, *Die Interpretation. Ein Versuch über Freud* (Frankfurt am Main: Suhrkamp, 1969), 45.

66 Joseph Breuer, Sigmund Freud, *Studien über Hysterie* (Leipzig und Wien: Franz Deuticke, 1885), 223-269; Günter Gödde, „Therapeutik und Ästhetik – Verbindungen zwischen Breuers und Freuds kathartischer Therapie und der Katharsis-Konzeption von Jacob Bernays" und Michael Lüthy „Struktur und Wirkung in der Performance Kunst", Martin Vöhler, Dirck Linck (Hg.), *Grenzen der Katharsis in den modernen Künsten. Transformationen des aristotelischen Modells seit Bernays, Nietzsche und Freud* (Walter de Gruyter: Berlin, New York), 2009, 63-92, 199-231.

67 Jacques Derrida, „Die Struktur, das Zeichen und das Spiel im Diskurs der Wissenschaft vom Menschen", *Die Schrift und die Differenz* (Frankfurt am Main: Suhrkamp, 1976), 424.

Wie unterscheidet man aber eine kritische und von einer nicht kritischen Tragödientheorie? Indem man – so meine Annahme – eine Geschichte der inneren Möglichkeiten von Theorien verfasst, ähnlich der Dieter Henrichs in Bezug auf die idealistische Philosophie.[68] Erforscht wird, welche Fragen eine Theorie beantwortet, welche Fragen sie zu beantworten imstande ist und welche Fragen ihr Paradigma sprengen würden. Solche Fragen nach Fragen können nur vor dem Hintergrund der Vorgeschichte der kritischen Tragödientheorie (Aristophanes, Platon und Aristoteles, die französischen Streits um Corneille, die britischen Moralisten, David Hume u.a.) beantwortet werden – und nur unter Bezug auf die spätere Entwicklung der Theorie; die inspirierten oder auch verstrittenen Nachfolger bringen nämlich die immanenten Möglichkeiten einer vorangehenden Theorie an den Tag. Ein Netz von Kategorien muss konstruiert werden, wenn man die kritischen Theorien synchron den moralistisch-rechtlichen (z. B. Schiller) und schicksalhaft-metaphysischen Tragödienauffassungen (z. B. Schopenhauer) gegenüberstellen will – und diachron den prä-revolutionären (prä-kantischen) und post-kritischen Theorien.

Was bedeutet aber, dass jemand ein *kritischer* Tragödientheoretiker war? Natürlich sollte man keinen der Autoren monolithisch betrachten und dadurch die Entwicklung verkennen – z. B. bietet Hegel in seiner recht frühen Schrift *Über die wissenschaftlichen Behandlungsarten des Naturrechts* eine ganz andere, wesentlich ‚kritischere' Theorie der Tragödie an als in seinen Berliner *Vorlesungen über die Ästhetik*. Die insgesamt kritischste ist aber seine mittlere Tragödientheorie aus der *Phänomenologie des Geistes*. Das Beispiel zeigt, dass das Subjekt einer wissenschaftlichen oder einer anderen gesellschaftlichen Praxis in keinem Fall eine einigende Einheit mit eindeutiger Position ist, sondern ein Ort, an dem eine Vielzahl von verschiedenen Größen aufeinandertreffen, um Michel de Certeau zu paraphrasieren.[69] Es ist anderseits aber auch nicht so, dass die theoretisierenden und handelnden Menschen, die diese Arbeit beschreibt, sich ohne Rest in der beschriebenen Praxis dissoziieren. Als Träger der Theoriegene haben sie jedoch auch ein anderes als ein biographisches Leben und erlangen eine andere Ganzheit, die es zu rekonstruieren gilt. So kann Hölderlin etwa den Schlussstein der kritischen Tragödientheorie darstellen, der ihr einen Anschein von Einheitlichkeit verleiht, obschon – von der Perspektive der bewussten Rezeption her – Hölderlins Theoretisieren zur Tragödie bis Anfang des 20. Jahrhunderts verkannt blieb

68 Dieter Henrich, *Fluchtlinien. Philosophische Essays* (Frankfurt am Main: Suhrkamp, 1982), 7-15.

69 Michel de Certeau, *Kunst des Handelns*, übersetzt von Ronald Voullié (Berlin: Merve, 1988), 11.

und seine Einheit somit erst nach seinem Tod fertiggestellt wurde. Die Theorien ‚großer Denker und Dichter' werden hier darüber hinaus unter dem Gesichtspunkt der Tragödientheorie betrachtet, weswegen die Werke dieser Männer (Frauen treten nur als Heroinen auf)[70] unter ungewohnten Gesichtspunkten erscheinen können, sodass dieses Vorgehen Unzufriedenheit bei den Anhängern einer monographischen Herangehensweise erwecken könnte.

Ein Wesensmerkmal der kritischen Tragödientheorie stellt ihre Inter-Nationalität dar; sie bezieht sich nicht nur auf die Entwicklung von Ideen in der Zeit, sondern auch auf die Bewegung im Raum. War die deutsche Philosophie (und Dramatik) das „theoretische Bewusstsein" Europas, so musste Polen (der Meinung deutscher und slavischer Philosophen und polnischer Nationaldichter zufolge) und später im 19. Jahrhundert Russland der Wille oder zumindest die Einbildungskraft sein[71] und die deutsche Theorie zurück ins Leben rufen; hierbei war ein Topos der, dass die Polen die deutsche Gründlichkeit in der Theorie mit dem französischen Willen zur Tat vereinigen müssten, um sich aus dem russischen Gefangenschaft zu befreien.[72] Lenins Reise in einem verplombten Durchgangswagen der 2. und 3. Klasse durch Deutschland bis nach Russland ist eine Situation, wo die Wirklichkeit die Metapher ihrer selbst wird. Die slavische Tat – sei es die polnischen Aufstände, sei es die russischen Revolutionen – geschieht aber so, dass die Realisierung der Theorie *de facto* ihre Entfremdung bedeutet und die Folgen in das Gegenteil der Erwartungen umschlagen. Da aber die Theorie der Tragödie in gewissem Grade eine Theorie der Entfremdung ist – eine Theorie, welche das Verhältnis zwischen der Absicht und ihrer Ausführung oder die Kluft, die Theorie und Praxis trennt, beschreibt – wiederholten die Slaven gerade durch die Niederlage die deutsche Lehre, indem sie ihr Ziel – die praktische Freiheit – nicht

70 Vgl. Michael Shaw, „The Female Intruder: Women in Fifth Century Drama", *Classical Philology* 1975, 70, 255-266; Nicole Loraux, „Épouses tragiques, épouses mortes. La mort des femmes dans la tragédie grecque", *La Femme et la mort. Groupe de recherches interdisciplinaire d'études des femmes* (Touluse: Presses Universitaires de Mirail, 1984), 31-58; Nicole Loraux, *Façons tragiques de tuer une femme* (Paris: Hachette, 1985); Simon Critchley, „I Want to Die, I Hate My Life – Phaedra's Malaise", *New Literary History* 2004, 35; Froma I. Zeitlin, „Playing the Other: Theater, Theatricality, and the Feminine in Greek Drama", *Representations* 1985, 11.

71 Siehe vor allem meine Analysen im Marx- und im Hegelkapitel.

72 Dies betrifft vor allem den Begründer der Philosophie der Tat August Cieszkowski und den polnischen Nationaldichter Adam Mickiewicz: Andrzej Walicki, „Pisma filozoficzne Cieszkowskiego z lat 1838-1842 w kontekstach intelektualnych epoki", August Cieszkowski, *Prolegomena do historiozofii, Bóg i palingeneza oraz mniejsze pisma filozoficzne z lat 1838-1842*, hg. von Jan Garewicz, Andrzej Walicki (Warszawa: PWN, 1972), XIII; Andrzej Walicki, *Filozofia polskiego romantyzmu* (Kraków: Universitas, 2009), 110-116.

erreichten. Sie bereicherten diese Theorie des siegreichen Scheiterns damit sogar. Ehe die *Western Eyes* Ende des Jahrhunderts Russland fixierten, waren in der europäischen Politik die Polen Akteure der Unruhe, im Gegensatz zum „berühmte[n] Volk der Innerlichkeit“,[73] den Deutschen, die – laut Immanuel Kant – während der Französischen Revolution das Publikum im politischen Theater der Franzosen waren.[74] Polen war auch ein Schauspiel für die Deutschen und Franzosen, das sie nicht völlig untätig ließ: Zwar mündete die Polenbegeisterung der 1830er Jahre in keine Revolution (was Heine befürchtet hatte), auch reagierten die Deutschen mit keiner Revolution auf den Krakauer Philosophenaufstand 1846, wie Engels das gewollt hatte,[75] doch lieferte der Januaraufstand 1863 die Gelegenheit, die erste Internationale zu gründen.[76] Durch sein tragisches Aufführen der Freiheitsauffassungen im politischen Theater erweckte Polen damals kathartisches Mitleid und Schrecken;[77] diese Emotionen samt den Erkenntnissen, die der Betrachter dadurch gewann, wurden mitunter zu Taten: „Die Polen!“ – schrieb Ludwig Börne in einem Brief vom 14. Dezember 1830. – „Die Polen!... Das Theater Français hier könnte Gott verklagen, dass er auf seinem Welttheater Stücke aufführen lässt, wozu es privilegiert ist – hohe Tragödien.“[78] Börne hatte dabei eine polnische Revolution im Sinn: den Novemberaufstand 1830.

1.3. Entstehungs- und Wirkungszusammenhang: messianistische Übertragungen

Der Entstehungskontext der kritischen Tragödientheorie ist durch eine nie zuvor erfahrene internationale Solidarität gekennzeichnet, die durch die allgemeine Anteilnahme an der Revolution und Interventionskriege, große Koalitionen der Napoleonischen Kriege, und dann die Welle des

73 Friedrich Nietzsche, „Vom Nutzen und Nachteil der Historie für das Leben“, *Werke*, hg. von Karl Schlechta (München: Hanser, 1954), Band 1, 235.

74 Dazu und zum verwandten Motiv ‚Deutschland-Hamlet‘ ausführlicher im Entstehungszusammenhang-Kapitel.

75 Siehe Hegel-Kapitel.

76 Helga Schulz, *Europäischer Sozialismus – immer anders* (Berlin: BWV, 2014), 127; Adam Ciołkosz, *Karol Marks a powstanie styczniowe* (London: Teki Historyczne, 1963); Andrzej Walicki, „Marks i Engels o sprawie polskiej. Koncepcja narodu i ujęcie kwestii narodowej“, *Polska, Rosja, Marksizm* (Kraków: Universitas, 2011), 144-146.

77 Benedetto Croce, *Geschichte Europas im neunzehnten Jahrhundert* (Zürich: Europa, 1935), 103-105, Andrzej Walicki, *Filozofia polskiego romantyzmu*, 174.

78 Ludwig Börne, *Briefe aus Paris, Sämtliche Schriften*, hg. von Inge und Peter Rippmann (Düsseldorf: Melzer, 1964), 84 (Achtzehnter Brief).

Philhellenismus nach dem Ausbruch des antitürkischen Aufstandes 1821 ausgelöst und angetrieben wurde.[79] Die Liebe zu Griechenland war eine Matrix für spätere Annäherungen von Nationen (wie die deutsche Polenbegeisterung nach 1831) und Übergänge von Träumerei zur Tat, wofür beispielhaft Lord Byron steht, der dem griechischen Unabhängigkeitskampf gegen das Osmanische Reich sein Leben beitrat. Wäre er daran nicht gestorben, hätte der Kampf an der Signifikanz für das europäische Publikum eingebüßt.

Die Tragik als Weltanschauung des bitter-heiteren Scheitern-Sieges sowie der Selbstaufopferung, die den Abstand zwischen utopischer Absicht und Wirklichkeit abschafft, bahnt sich erstmalig in der von mir in der zweiten Urszene (Kapitel 2.1) detailliert dargestellten Formation der russischen und der polnischen ‚adeligen Revolutionären' an – unter den Dekabristen beziehungsweise den Teilnehmern des Novemberaufstandes also, die im Geiste der Inter-Nationalität auf die Ideologie der deutschen Befreiungskriege zurückgreifen. Nikolaj Bestužev erinnert sich an das Gespräch mit dem zweiten Großdichter unter den Verschwörern Kondratij Ryleev am Vorabend des großen Schauspiels, im Zuge dessen die Aufständischen auf dem Petersburger Senatsplatz schlicht dastanden, lauthals Konstantin[80] und Konstitution forderten, sich so einfach blicken, erschießen oder verhaften ließen wie Opfertiere. Bestužev schlägt Ryleev vor, Indizien für das Auffliegen der Verschwörung zu ignorieren und am nächsten Tag wie geplant zu handeln:

> Lieber auf dem Platz festgenommen zu werden als im Bett. Lass allen wissen, warum wir sterben, als dass man überrascht sein wird, wenn wir heimlich aus der Gesellschaft verschwinden, sodass niemand weißt, wo wir sind und warum wir verschwunden sind. / Ryleyev eilte zu meinem Hals. – Ich war mir sicher – sagte er sichtlich bewegt – dass dies Ihre Meinung sein würde. Also mit Gott! Unser Schicksal ist besiegelt, jetzt werden sich natürlich alle Hindernisse zu unseren Zweifeln beifügen. Aber wir werden anfangen. Ich bin sicher, dass wir zugrunde gehen werden, aber das Beispiel wird bleiben. Wir werden ein Opfer für die zukünftige Freiheit des Vaterlandes erbringen![81]

---

79 Christopher Montague Woodhouse, *The Philhellenes*. Fairleigh Dickinson University Press 1971; Małgorzata Borowska et al. (Hg.) *Filhellenizm w Polsce. Rekonesans* (Warszawa: UW, 2007); Anne-Rose Meyer (Hg.): *Vormärz und Philhellenismus* (Bielefeld: Transcript, 2013).

80 D.h. dass der Bruder des frisch angetretenen Zaren Nikolaj II, der Großfürst Konstantin, den Tron besteige.

81 Nikolaj Bestužev, „Vospominanie o Ryleeve", M.K. Azadovskij (Hg.), *Vospominanija Bestuževych* (Moskva-Leningrad: Izdatel'stvo Akademii Nauk SSSR, 1951), 7-41, tutaj S. 34: „Лучше быть взятыми на площади, нежели на постели. Пусть лучше узнают, за что мы погибнем, нежели будут удивляться когда мы тайком исчезнем из общества, и никто не будет знать, где мы и за что пропали./ Рылеев бросился ко мне на шею. – Я уверен был, – сказал он с сильным движением, – что это будет твое мнение. Итак, с

Als sei das Schauspiel, das einem Beobachter erscheint, ausschlaggebender als eine direkte Realisierung des Ziels. In den slavischen Kulturen der ersten Hälfte des 19. Jahrhunderts verringerten das Schauspiel und das Opfer die Distanz zwischen Dichtung und Tat, Theorie und Praxis: Die Aufständischen im November 1830 schrieben auf die Mauern „Das Wort ist Fleisch und Wallenrod Belweder geworden."[82] Die jungen Verschwörer, die als Offiziere dem russischen Zaren, der auch König Polens war, einen Treueschwur abgelegt hatten, verstanden ihren Angriff auf den Sitz des zaristischen Statthalters, Belweder, als Um- oder Fortsetzung der tragischen Dichtung von Mickiewicz: Darin sollte Konrad Wallenrod aus seiner Zerrissenheit zwischen zwei Loyalitäten befreit werden und als offener Rebell auftreten. Auf der Suche nach einem Ausweg aus moralischen Dilemmata sollte Belweder letztendlich von den Zivilverschwörern unter der Leitung des romantischen Dichters Ludwik Nabielak gestürmt werden. Auch der Dichter Seweryn Goszczyński war unter ihnen. Ein Erlös des Novemberaufstandes war das *non plus ultra* der romantischen Tragödie – Mickiewiczs *Ahnenfeier III*. Im Hegel-Kapitel zitiere ich den Philosophenrevolutionär Edward Dembowski, demzufolge die Jugend vor dem Aufstand *Wallenrod* als Vorbild für gerechtes Verhalten las, nach dem Aufstand aber die *Ahnenfeier*, in der Mickiewicz die Erfahrung der Niederlage und die aus der Niederlage entstandene Hoffnung abbildet.

Ein weiteres Beispiel des tragischen Übergangs der Theorie in die Praxis, der Krakauer Aufstand 1846 wurde Aufstand der Philosophen genannt, weil die polnischen Junghegelianer an der Spitze des zum Ausbruch führenden Komplotts standen – Edward Dembowski und indirekt auch der sich in der russischen Verbannung befindende Henryk Kamieński (Dembowskis Cousin) sowie der von der polnischen Geschichtsschreibung Lieblingsschüler Hegels genannte Karol Libelt und Ludwik Mierosławski, der unter anderem Oberbefehlshaber der badischen Revolutionsarmee während der Revolution 1849 war (und außerdem in Italien unter Giuseppe Garibaldi tatkräftig). Dembowski und Libelt schrieben – wie auch ungefähr zu dieser Zeit Nikolaj Černyševskij,

богом! Судьба наша решена, к сомнениям нашим теперь, конечно, прибавятся все препятствия. Но мы начнем. Я уверен, что погибнем, но пример останется. Принесем собою жертву для будущей свободы отечества!"

82 Jarosław Marek Rymkiewicz, Dorota Siwicka, Alina Witkowska, Marta Zielińska, *Mickiewicz. Encyklopedia* (Warszawa: Bertelsmann, 2001), 230. Belweder ist ein Palast in Warschau, der Sitz des zaristischen Statthalter Warschaus war. Der Sturm gegen Belweder inaugurierte den Novemberaustand 1830. Der Spruch wurde Leonard Chodźko zugeschrieben, Vgl. Maria Janion, „Tragizm *Konrada Wallenroda*", w: *Romantyzm. Studia o ideach i stylu* (Warszawa: PIW, 1969), 10. Siehe auch das Demetrius-Wallenrod-Kapitel (2.2).

der Verhaltensmodelle russischer ‚Nihilisten' aufstellte – Ästhetiken die jeweils auf Hegel und Theodor Vischer basierten, indem sie ihre jeweilige Tragödientheorie in den Vordergrund rücken, und eine Ästhetik der sozialen Handlung betonten. Beim jungen Dembowski, der mit 24 Jahren ums Leben kam, war die Kunst des sozialen Lebens sogar die höchste Stufe der Philosophie, die der Position des absoluten Geistes in Hegels Philosophie entsprach.[83] Bevor Dembowski während des Krakauer Aufstands theatralisch an der Spitze einer Prozession ums Leben kam, schrieb er ausgiebig über das Drama[84] und neigte in seiner Dramentheorie dazu, die für die polnische Romantik charakteristische Figur des *poeta wieszcz* (*poeta vates*, Dichterprophet) so zuzuspitzen, dass die Theorie zu dem wurde, was ich – Ernst Blochs Worte über die „heiter-antizipierende" Anstalt der Tragödie folgend – in dieser Arbeit als proleptisches Denken der kritischen Tragödientheorie bezeichnen möchte: ein offenes Denken, das Vollendung von einer zukünftigen Tat erwartet.[85] Ein solches Denken hat seinen Ursprung in Schellings Beschreibung der praktischen Wahl zwischen Dogmatismus und Kritizismus.

Die kritische Tragödientheorie ist also in einem Raum verortet, der von Theorie und Praxis zugleich aufgespannt wird, und zwar um eines Beobachters, um eines Publikums willen, wobei die Nationen sich gegenseitig betrachten: Hier, innerhalb dieses Raumes, verfassten die deutschen Denker und Dichter Theorien – über die Revolution und die griechische Tragödie – und ebenfalls hier organisierten die polnischen und russischen Philosophen, Dichter und Intellektuellen Revolutionen, wenn sie die Tragödientheorien als Theorien der Praxis umsetzten, anwendeten, übersetzten, adaptierten, kritisierten oder

83 Ausführlicher im Hegel-Kapitel.

84 Edward Dembowski, „Kilka słów o poemacie dramatycznym samorodnym", „O dramacie dzisiejszym w piśmiennictwie polskim" [1842-43] in *Pisma* (Warszawa: PWN, 1955), Bd. 3, 314-323, 411-445.

85 Theodor Vischer schreibt 1844: „So muss denn auch die politische Idee ihren Körper dem Dichter schon entgegenbringen, d.h. sie muss schon zur Tat geworden, schon Geschichte sein, sonst wird sie unter seinen Händen nie etwas anderes werden als eine rhetorische, mithin nicht wahrhaft poetische Anmahnung an das Volk, sie erst zur Tat zu erheben; es wird in Form eines abstrakten Enthusiasmus der Gedanke ausgesprochen mit der Erwartung, dass die Zukunft den fehlenden Körper hinzubringe" (Friedrich Theodor Vischer, [„Über das ‚interesselose Wohlgefallen' an der Literatur"] in Bernard Hüppauf (Hg.), *Literaturgeschichte zwischen Revolution und Reaktion. Aus den Anfängen der Germanistik 1830-1870* (Frankfurt am Main: Athenäum, 1972), 72). Aber auch die revolutionären Kräfte, die proleptisch die Vollendung der Tat von der Zukunft erwarteten, bezogen sich auf die Vergangenheit in emphatischer Erinnerung: Mickiewicz zitiert in seiner Vorrede zu *Konrad Wallenrod*, jenem Gedicht, das angeblich den polnischen Novemberaufstand auslöste, Schillers Verse, auf die sich Vischer wahrscheinlich ebenso bezieht: „Was unsterblich im Gesang soll leben,/ Muss im Leben untergehen."

ablehnten. Auf diese Antworten antworteten dann wiederum die Deutschen. Im Geist eines solchen übergreifenden Raumes veranstalteten die Polen nicht nur Revolutionen zu Hause, sondern kämpften im Namen der während des Novemberaufstandes von Joachim Lelewel vorgegebenen und ursprünglich an die Russen adressierten Parole ‚Für eure und unsere Freiheit!' (*Za waszą i naszą wolność*) in ganz Europa – wo immer nur ein Funken Hoffnung auf die Änderung des politischen Status Quo aufleuchtete, an dem das Land der ‚goldenen Freiheit' zu Grunde gegangen war. Friedrich Engels schrieb im Februar 1849 über die Polen:

> Seit achtzig Jahren unterdrückt, geknechtet, ausgesogen, haben sie sich stets auf die Seite der Revolution gestellt, haben die Revolutionierung Polens mit der Unabhängigkeit Polens für unzertrennlich erklärt. In Paris, in Wien, in Berlin, in Italien, in Ungarn haben die Polen bei allen Revolutionen und Revolutionskriegen mitgekämpft, unbekümmert ob sie gegen Deutsche, gegen Slawen, gegen Magyaren, ja ob sie gegen *Polen* kämpften.[86]

Laut Engels sind um 1848 „Pole und Revolutionär identische Worte geworden."[87] Erst Bakunins Tätigkeit und die volkstümlerlische Propaganda der Tat konzentrierte die Aufmerksamkeit des Publikums auf die Russen. Die Entstehung der Achse Frankreich–Deutschland–Polen wurde symbolisch vom Hambacher Fest und der Welle der ‚Polenbegeisterung' (auch: ‚Polenschwärmerei') nach dem Fall des Novemberaufstandes 1830-1831 besiegelt; die Begeisterung anlässlich der Niederlage scheint ein Symptom der Ansteckung durch die Tragödientheorie zu sein, wo diese den Demokraten eine Lehre über

86 Friedrich Engels, „Der demokratische Panslawismus", Marx, Engels, *Werke*, Bd. 6, 283, Siehe auch Engels, „Polendebatte in Frankfurt", *Werke*, Bd. 5, 355-356: „Polen dagegen wurde, infolge von sozialen Verhältnissen [...] der revolutionäre Teil von Rußland, Östreich und Preußen. Seine Opposition gegen seine Unterdrücker war zugleich die Opposition gegen die hohe Aristokratie in Polen selbst. Sogar der Adel, der zum Teil noch auf feudalem Boden stand, schloß sich mit einer beispiellosen Aufopferung der demokratisch-agrarischen Revolution an. Polen war schon der Herd der osteuropäischen Demokratie geworden, als Deutschland noch in der plattesten konstitutionellen und der überschwänglichsten philosophischen Ideologie umhertappte."

87 Engels, „Der demokratische Panslawismus", 283: Hobsbawm, *The Age of Revolution*, 130: „In the centres of refuge the emigres organized, argued, quarrelled, frequented and denounced one another, and planned the liberation of their countries, or in the meantime that of other countries. The Poles and to a lesser extent the Italians (Garibaldi in exile fought for the liberty of various Latin American countries) became in effect international corps of revolutionary militants. No rising or war of liberation anywhere in Europe between 1831 and 1871 was to be complete without its contingent of Polish military experts or fighters; not even (it has been held) the only armed rising in Britain during the Chartist period, in 1839."

fröhliche und fruchtbare Niederlagen vermittelte. Ein gewisser ‚Fitz aus Dürkheim' warnte auf dem Fest davor, dass sich die Reaktion der Deutschen auf die Niederlage, welche Börne die ‚hohe Tragödie' nannte, „auf das weibliche Gesindel des Mitleids" begrenzt bleiben könne, und schlug stattdessen vor:

> Wir wollen zuerst unsere deutschen Brüder auffordern, und die anderen Nationen werden uns folgen, in allen deutschen Ländern Unterschriften von Männern zu sammeln, welche bereit sind, Gut und Blut für die Befreiung Polens zu opfern, und wenn ihre Zahl groß genug geworden, dann einen unserer Fürsten bitten, sich an unsere Spitze zu stellen zu dem Kampfe für die Rechte einer vor den Augen der zivilisierten Welt grenzenlos elend gemachten Nation.[88]

Also: das Handeln im Anbetracht des Leidenspektakels einer Nation. In dieser Arbeit schlage ich vor, die Messianismen aller beteiligen Seiten unter dem Blickwinkel der ‚glücklichen Niederlage' zu betrachten; das Sendebewusstsein geht mit der Tragödientheorie einher. Von den genetischen Beziehungen des sogenannten polnischen Messianismus mit der deutschen Tragödientheorie wird im Hegel-Kapitel ausführlich die Rede sein. Der Messianismus, mit dem die polnische Romantik vor allem assoziiert wird, war ein Versuch, aus der Niederlage das ‚Freudigste' hervorzuzaubern: So entstand aus dem Fall Warschaus eine Vision des freien Europas, für dessen Sünden Polen gestorben ist; die Auferstehung Polens setzte eine radikale Verklärung der Prinzipien voraus, denen die internationale Politik folgte – seit dem Wiener Kongress tat sie dies mit einer unverschämten Scheinheiligkeit (*Heilige* Allianz). Der Messianismus wollte eine wahrhaft heilige Allianz der Nationen inaugurieren, womit sich die bestehende Allianz von Russland, Preußen und Österreich als der Antichrist entpuppen würde, der den Christus der Nationen (nämlich Polen) getötet hat. – Diese Hoffnung auf das Ersetzen der Heiligen Allianz durch ein christliches und durch die Slaven hervorgebrachtes Bündnis der Völker erfüllte Herders nebelhafte Visionen der Zukunft, die den Slaven angehöre, mit einigermaßen konkretem Inhalt.[89] Der polnische Messianismus ist, so meine These, im französisch-deutsch-polnischen Austausch und unter

---

88 Wilhelm Herzberg, *Das Hambacher Fest. Geschichte der revolutionären Bestreibungen in Rheinbayern um das Jahr 1832* [*1908*] (Köln: Pahl-Rugenstein, 1982), 124.

89 Peter Drews, *Herder und die Slaven, Materialien zur Wirkungsgeschichte bis zur Mitte des 19. Jahrhunderts* (München: Sagner, 1990), 11-68, 108-131; Elżbieta Zarych, *Romantycy, myśliciele, inspiratorzy. Badania nad wpływem filozofii niemieckiej – od Kanta do Hegla – na literaturę polskiego romantyzmu* (Gdańsk: słowo / obraz terytoria, 2010), 75-98. Andere Autoren bahandelten Johann Gottlob Fichte als Begründer des deutschen und des polnischen Messanismus; Stanisław Cywiński, „Literatura a filozofia", *Myśl Narodowa*, Nr. 1, 1930, 22.

Mitwirkung der Tragödientheorie entstanden. Die Verbindung zur Tragödie stellte bspw. Herder heraus, als er die zukunftsfähigen Slaven mit dem alten, ewigen Griechenland verglich.[90]

Schon 1823 formuliert Heinrich Heine in seinen Reisebildern *Über Polen* den Gedanken von der besonderen Bestimmung Polens in der Weltgeschichte:

> Dem Forscher offenbart sich der erhabenere Gedanke, dass die Geschichte (Natur, Gott, Vorsehung usw.), wie mit einzelnen Menschen, auch mit ganzen Völkern eigene große Zwecke beabsichtigt und dass manche Völker leiden müssen, damit das Ganze erhalten werde und blühender fortschreite. Die Polen, ein slawisches Grenzvolk an der Pforte der germanischen Welt, scheinen durch ihre Lage schon ganz besonders dazu bestimmt, gewisse Zwecke in den Weltbegebenheiten zu erfüllen. Ihr moralischer Kampf gegen den Untergang ihrer Nationalität rief stets Erscheinungen hervor, die dem ganzen Volke einen andern Charakter aufdrücken und auch auf den Charakter der Nachbarvölker einwirken müssen.[91]

Was ist der Zweck dieses Schauspiels der absurden Agonie des polnischen Staats, das auf alle zuschauenden Nationen einwirkt?

> Dieses Todeszucken des polnischen Volkskörpers ist ein entsetzlicher Anblick! Aber alle Völker Europas und der ganzen Erde werden diesen Todeskampf überstehen müssen, damit aus dem Tode das Leben, aus der heidnischen Nationalität die christliche Fraternität hervorgehe. Ich meine hier nicht alles Aufgeben schöner Besonderheiten, worin sich die Liebe am liebsten abspiegelt, sondern jene von uns Deutschen am meisten erstrebte und von unsern edelsten Volkssprechern, Lessing, Herder, Schiller usw., am schönsten ausgesprochene allgemeine Menschenverbrüderung, das Urchristentum.[92]

Die Polen – meistens partikularistische Katholiken – seien zwar noch weit davon entfernt, den deutschen Traum für die gesamte Menschheit zu verwirklichen, doch sei es ihre Aufgabe, sich zu vervollkommnen und die Erlösung zustande zu bringen.

Heine behauptet – und das ist für diese Arbeit besonders interessant – dass sich dieses besondere Geschick der Polen, auch wenn der Weg noch weit ist, durch einen internationalen Theorietransfer erfüllen solle; die Polen – ein Volk, dessen Charakter bisher „eher militärisch" war – würden nach der menschlichen Fülle trachten, indem sie ihre Tapferkeit an der deutschen Theorie

---

90 Zarych, *Romantycy, myśliciele, inspiratorzy*, 91-92: Diesen Vergleich zwischen den Griechen und den Polen hat vor allem der Messianismus von Kazimierz Brodziński rechtfertigt.

91 Heinrich Heine, „Über Polen", *Werke und Briefe*, hg. von Hans Kaufmann (Berlin, Weimar: Aufbau, 1972), Bd. 3, 574.

92 Heine, „Über Polen", 568.

testeten: „Noch unlängst haben Sie in Berlin jenen freudigen Zusammenfluss junger Polen gesehen, die mit edler Wissbegier und musterhaftem Fleiße in alle Teile der Wissenschaften eindrangen, besonders die Philosophie an der Quelle, im Hörsäle Hegels, schöpften [...].“[93] Eine spiegelverkehrte Wandlung des deutschen Volkes ins Allgemeinmenschliche hatte Hölderlin im Sinn, wenn er es mit Hilfe seiner Sophokles-Übersetzungen martialischer machen wollte. Die Tragödientheorie stelle ich in dieser Arbeit vor als eine Theorie der Umsetzung der Theorie, die eben meistens das Aufeinandertreffen von Kriegerischem und Begrifflichem in Betrachtung zieht.

Viele dieser jungen Menschen aus dem ‚Hörsaale Hegels‘ – zum Beispiel Karol Libelt – nahmen am Novemberaufstand 1830 teil. Noch ein paar Tage vor dem Fall Warschaus im Spätsommer 1831 und der als unvermeidlich erscheinenden Niederlage des Aufstandes setzte sich die messianistische Auslegung der polnischen Geschichte in der deutschen Presse durch. Im *Bayerischen Volksblatt* vom 20. August 1831 standen folgende Worte: „Wir beten, dass Polen siegt, aber wir verzweifeln nicht, wenn es unterliegt. Dann was einst Christus der Menschheit war, das ist dann Polen der Nationen – es stirbt für die Erlösung Europas!“[94] Die Deutschen scheinen den Polen zu soufflieren, wie sie ihr Schicksal auslegen sollten. Auch die in Frankreich nach der Julirevolution 1830 sesshaften deutschen Schriftseller formulierten ähnliche Aussagen, wie sie später ebenso bei dem nach Frankreich übersiedelten Wortführer des Messianismus Adam Mickiewicz zu lesen sind. Einer der deutschen Schriftsteller, die Mickiewicz quasi vorausgingen, war Ludwig Börne. Der reagierte auf die Nachricht vom Fall des Novemberaufstandes, indem er eine Vision des erlösenden Todes und der Auferstehung Polens zu Papier brachte. Zuerst Klage und Beweinen:

> Gibt es einen Gott? heißt das Gerechtigkeit üben? Wir verabscheuen die Menschenfresser, dumme Wilde, die doch nur das Fleisch ihrer Feinde verzehren; aber wenn die ganze Gegenwart, mit Leib und Seele, mit Freude und Glück, mit allen ihren Wünschen und Hoffnungen gemartert, geschlachtet und zerfetzt wird, um damit die Zukunft zu mästen – diese Menschenfresserei

---

93 Heine, „Über Polen“, 574-575. Ein bildhafter Bericht eines dieser Polen: Józef Kremer, „Najcelniejsze filozoficzne nauki o duszy przed sądem krytycznym obecnej nam filozofii“, *Dzieła* (Warszawa: Lewental 1879), Bd. 13, 38-41.

94 Jan Kosim (Hg.), *Dokumente zur Geschichte der deutsch-polnischen Freundschaft 1832-1839* (Berlin: Akademie, 1982), 98; allgemein zu diesen deutsch-polnischen Verflechtungen im Diskurs über Freiheit: Piotr Roguski, „Mickiewiczs *Bücher des polnischen Volkes und der polnischen Pilgerschaft* als Diskurs über die Freiheit 1830-1833“, Eva Mazur-Keblowski, Ulrich Ott (Hg.), *Adam Mickiewicz und die Deutschen* (Wiesbaden: Harrassowitz, 2000), 138-149.

> ertragen wir! was ist Hoffnung, was Glaube? durch die Augen wird kein Hunger gestillt, gemalte Früchte haben noch keinen satt gemacht.[95]

Dann Versöhnung:

> Schmerzlich ist es, dass Polen sich als Saatkorn in die Erde legen musste; aber der Same wird herrlich aufgehen. So laut schreit das vergossene Blut, dass es der taube Himmel selbst hört und Gott schicken wird, wenn auch zu spät zur Hülfe, doch nicht zu spät zur Rache.[96]

So sah Börnes quasi-spontane Reaktion auf die von ihm selbst früher so genannte „hohe Tragödie" aus, noch vor Mickiewicz' Version des Messianismus – etwa in dessen *Büchern der polnischen Nation und des polnischen Pilgertums* und *Ahnenfeier III* (*Dziady III*, 1832). Dem Aufkommen des Messianismus war ein Tsunami von deutschen Polenliedern nach der Niederlage des Novemberaufstandes vorausgegangen, die sowohl von gut gesinnten Amateuren als auch den größten Dichtern stammten (Ludwig Uhland, Friedrich Hebbel, August von Platen, Adelbert von Chamisso, Annette von Droste-Hülshoff) und alle fast ausnahmslos eine komplizierte Freude an der augenblicklichen Trauer verkündeten.[97] Nachdem die Welle des Enthusiasmus abgeklungen war, lachte Heine in seiner Streitschrift gegen Börne die leidenschaftlich mitfühlenden Deutschen und die leichtsinnigen Polen aus. Aber auch er, nachdem er seinen ganzen Zynismus mit dem gnadenlosen Aufzählen polnischer Nationalfehler entladen hatte, fühlte den Zwang, den Abschnitt dennoch in einem anderen Tonfall, dem tragisch-messianischen, zu beenden, als kehrte er zu seinen Ahnungen aus dem Frühwerk *Über Polen* zurück. Auch wenn die folgenden Worte nur augenzwinkernd als ein fremdes Wort und eine Distanzierung von seinen früheren Aussagen gemeint sein sollten (was ich persönlich nicht glaube), betonen sie doch die Popularität der Ansichten, die sie ausdrücken. Die Parodie kanonisiert in gewissem Grade das Parodierte, da sie, um sich als verständlich und relevant zu zeigen, immer etwas allgemein Verbreitetes als ihr Objekt wählt.

> Nein, Polen ist noch nicht verloren [...]. Mit seiner politischen Existenz ist sein wirkliches Leben noch nicht abgeschlossen. Wie einst Israel nach dem Falle Jerusalems, so vielleicht nach dem Falle Warschaus erhebt Polen sich zu den höchsten Bestimmungen. Es sind diesem Volke vielleicht noch Taten vorbehalten, die der Genius der Menschheit höher schätzt als die gewonnenen

95 Börne, „Briefe aus Paris", 212-213 [39. Brief].
96 Börne, „Briefe aus Paris", 221 [40. Brief].
97 Gerhard Kozielek (Hg.), *Polenlieder. Eine Anthologie* (Stuttgart: Reclam, 1982).

> Schlachten und das rittertümliche Schwertergeklirre nebst Pferdegetrampel seiner nationalen Vergangenheit! Und auch ohne solche nachblühende Bedeutung wird Polen nie ganz verloren sein [...]. Es wird ewig leben auf den rühmlichsten Blättern der Geschichte!!![98]

Die in dieser Arbeit zusammengetragenen Analysen beweisen, dass auch der polnische Messianismus von der deutschen und polnischen kritischen Tragödientheorie abhängt, die sich früher als der Messianismus, im Kontext der Französischen Revolution, zu entwickeln begann. Und auch der reinste Ausdruck des russischen Sendebewusstseins – Dostoevskijs Puškin-Rede – fällt in den Bereich des Tragisch-Theatralen, indem Dostoevskij die Quelle der erlösenden Mächt der Russen in deren Einfühlsamkeit, in der im Grunde schauspielerischen Begabung mit allen Kulturen mitzufühlen und alle nachzuahmen, aufspürt. Messianismus und Tragödientheorie sind verwandte Denkfiguren. Schon Hölderlin schlug noch vor 1800, als er in Frankfurt in engem Kontakt mit seinem Nachbar Hegel stand, den Bogen zwischen dem erniedrigenden Tod Christi und der tragischen Katastrophe.[99]

Nicht nur der Messianismus in Polen geht dem Novemberaufstand voran als vielleicht sein Grund – er beginnt wahrscheinlich mit Jan Paweł Woronicz Ende des 18. Jahrhunderts[100] – auch die polnische nachkantische Theorie der Tragödie als eine Garantie der Auferstehung wurde bereits vor dem Novemberaufstand 1830 formuliert. So behauptete der polnische Schellingianer Józef Gołuchowski 1822 – in dem Jahr, das durch Mickiewiczs Debüt *Ballady i romanse* als Anfang der polnischen Romantik gilt – dass eine Nation, in der die Tragödie gestorben sei, aufgehört habe, „in der Idee zu existieren und nur eine leere Erscheinung ist. Ihre Geschichte ist zu Ende, ihr Leben ist ein eitles Spiel; sie braucht nur Brot und Spiele. Eine Nation, die zum tragischen Aufschwung fähig ist, kann nicht zugrunde gehen; ihr Leben glimmert auch unter der Asche."[101] Ein Widerhall dieser Feststellung von Gołuchowski ertönt in der berühmten Stelle in Mickiewiczs *Dziady* III, an der Piotr Wysocki – 1830 Anführer der

---

98 Heinrich Heine, „Ludwig Börne. Eine Denkschrift", *Werke*, Bd. 6, 161-162.

99 Siehe das Entstehungszusammenhangkapitel und das Hölderlin-Kapitel.

100 Hans-Jürgen Bömelburg, „Imaginationskonzepte und Nationkonstrukte zwischen Sarmatismus und Romantik: Jan Paweł Woronicz und Julian Ursyn Niemcewicz", Alfred Gall (Hg.), *Romantik und Geschichte: polnisches Paradigma, europäischer Kontext, deutsch-polnische Perspektive* (Wiesbaden: Harrassimotwitz, 2007), 71-79.

101 Zitiert nach Jan Skoczyński, Jan Woleński, *Historia filozofii polskiej* (Kraków: WAM, 2010), 250: „Naród, w którym tragedia już nie żyje, przestał już w idei istnieć i jest tylko czczym zjawiskiem. Jego dzieje już się skończyły, a jego życie jest igraszką; potrzeba mu jedynie chleba i widowisk. Naród zaś zdolny do polotu tragicznego zginąć nie może: jego życie tli się nawet pod popiołem."

Verschwörung, die durch den Angriff auf Belweder zum Novemberaufstand führte – sein (oder Mickiewiczs) Proto-*narodniki*-Programm der politischen Tat formuliert:

> Nasz naród jak lawa,
> Z wierzchu zimna i twarda, sucha i plugawa,
> Lecz wewnętrznego ognia sto lat nie wyziębi;
> Plwajmy na tę skorupę i zstąpmy do głębi ...[102]

Der messianische Moment in den Beziehungen zwischen deutscher und polnischer Nation war 1848 plötzlich vorüber. Die im auf den Philosophenaufstand folgenden Polenprozess in Berlin 1847 – dem ersten öffentlichen politischen Prozess in Preußen – zum Tode oder zu langjähriger Haft verurteilten Polen wurden noch im März 1848 vom Berliner Volk befreit und bejubelt;[103] im Nachhinein erschien Libelt der Moment dieses Triumphzuges durch die Straßen Berlins jedoch als Palmsonntag vor der Frankfurter Nationalversammlung, welche der Einheit von polnischen und deutschen emanzipatorischen Bestrebungen ein jähes Ende bereitete. Im Namen der Freiheit für Deutschland, die pragmatisch als Verschaffung eines möglichst großen Spielraums verstanden wurde, stimmte die überwältigende Mehrheit von Abgeordneten des ‚Professorenparlamentes' gegen die Autonomie der Provinz Posen. Das Ergebnis war umso unerwarteter, als noch das Vorparlament „die Teilung Polens für ein schmachvolles Unrecht" erklärt hatte und „die heilige Pflicht des deutschen Volkes an[erkannt hatte], zur Wiederherstellung Polens mitzuwirken."[104] Im eigentlichen Parlament wurde dem ‚Polenrausch' ein jäher Abbruch im Namen des ‚gesunden' Egoismus bereitet. Der pro-polnische Beschluss des Vorparlaments wurde mit einer Dreiviertelmehrheit abgelehnt, und zwar mit der Begründung, die Deutschen hätten eine zivilisatorische Mission im Osten zu erfüllen.[105] Was die Deutschen mit den

102 Adam Mickiewicz, *Dziady, Dzieła*, hg. von Julian Krzyżanowski (Warszawa: Czytelnik, 1955), Bd. 3, 210. „Unser Volk ist wie Lava./ Auf der Oberfläche ist es kalt und hart, trocken und derb,/ aber auch 100 Jahre löschen das innerliche Feuer nicht aus./ Spucken wir auf diese Oberfläche und steigen wir in die Tiefe herab" (meine Übersetzung – M.M.)

103 Siehe das Libelt-Kapitel.

104 Die originale Erklärung ist online zugänglich: http://digital.zlb.de/viewer/image/07-2_0385/1/LOG_0000/ [Zugriff: 17.12.2019].

105 „Vom Recht des Stärkeren und von kultureller Überlegenheit der Deutschen über die slawischen Völker, von der ‚welthistorischen Mission' der Deutschen ist gar die Rede. ‚Ein großes Volk braucht Raum, um seinen Weltberuf zu erfüllen', rief der Abgeordnete Franz Schuselka in die Nationalversammlung hinein." (Michael Bechtel, „Polen-Debatte in der Paulskirche: ‚Gesunder Nationalegoismus' setzt sich durch", http://www.bdzv.de/veranstaltungen/alle-termine-archiv/veranstaltungsarchiv/1998/

Polen verbunden hatte, eben das Sendungsbewusstsein der Nation,[106] das die Polen, die Messianisten, eigentlich aus Deutschland genommen hatten und in dem sie von den Deutschen angefeuert wurden, schlug in sein Gegenteil um. 1848 bedeutete nicht nur in den Beziehungen beider Nationen eine sehr klare Zäsur, sondern auch in der mehr als 130 Jahre andauernden Geschichte der kritischen Tragödientheorie. Der in der polnischen Kultur erzogene, jüdisch-britische Historiker Lewis Bernstein Namier bezeichnete 1946 die vermeintlichen deutschen „Liberalen" in der Nationalversammlung als „in reality forerunners of Hitler" vor allem im Hinblick auf die deutsche Politik 1938-39.[107] Das ist gewiss ein extremer, aber kein unberechtigter Standpunkt. Mit Blick auf die intellektuelle Geschichte schrieb Engels, dass 1848 in all seinem robusten Praktizismus die „gesamte Philosophie […] ungeniert beiseite[schob]",[108] auch in der kritischen Theorie fanden gewaltige Umwälzungen statt.

Gegen Ende des 19. Jahrhunderts übertrugen die Deutschen ihre Übertragung auf Russland, welches jetzt für alle Revolutionäre – die konservativen, die sich wie Arthur Moller van den Bruck, Thomas Mann, Oswald Spengler oder aber Ernst Nietkitsch an dem als Tragiker gelesenen Dostoevskij[109] orientierten wie die progressiven – zum globalen Hoffnungsträger.

1.4. Die (transzendentale) Ästhetik der Praxis

Die Entstehung der kritischen Theorie der Tragödie in Deutschland fasse ich als einen Versuch auf, eine Ästhetik zu entwickeln, die dazu fähig wäre, den Ereignissen der Französischen Revolution und vor allem ihrer Bedeutsamkeit für die Weltgeschichte gerecht zu werden. Diese Bedeutsamkeit zu modellieren, heißt die Beziehung von Theorie (Absicht) und Praxis (Umsetzung) zu bestimmen, damit der Wert des Ereignisses sich in der Zukunft gänzlich realisieren kann.

---

freiheit-schuelerwettbewerb-der-deutschen-zeitungen/zum-thema/michael-bechtel24-juli-polen-debatte-in-der-paulskirche-gesunder-nationalegoismus-setzt-sich-durch/ [17.12.2015]); Dietrich Geyer, „Ostpolitik und Geschichtsbewusstsein in Deutschland", *Vierteljahreshefte für Zeitgeschichte* 1986, 2(34), 153.

106 Stefan Garsztecki, „Mickiewicz' Messianismus und romantisches deutsches Sendungsbewusstsein", Zdzisław Krasnodębski, Stefan Garsztecki (Hg.), *Sendung und Dichtung. Adam Mickiewicz in Europa* (Hamburg: Krämer, 2002), 127-170.

107 Lewis Bernstein Namier, *1948. The Revolution of Intellectuals* (Oxford: OUP, 1992), 33.

108 Friedrich Engels, „Ludwig Feuerbach und der Ausgang der klassischen deutschen Philosophie", Marx/ Engels, *Werke*, Bd. 21, 273.

109 Die Tradition der Zusammenstellung von griechischer Tragödie mit Dostoevskij hat sich bis heute aufbewahrt: Gary Rosenshield, *Physical Pain and Justice. Greek Tragedy and the Russian Novel* (Lanham: Lexington Books, 2017).

Diese Ästhetik versteht sich als eine Theorie der Umsetzung, weil ihr Objekt – die Revolution – eine doppelte Natur des Faktischen und des Potenziellen, des Proleptischen, zur Schau stellt. Historiker als Spezialisten für gesellschaftliches Gedächtnis unterschieden und unterscheiden immer noch oder schon wieder[110] die Französische Revolution und eigentlich jede ernsthafte Revolution dadurch von Rebellionen, Krawallen oder Aufrühren, dass sie Ideen materialisieren, umsetzen, zum Ausdruck bringen. Im Moment ihres Ausbruchs selbst fand die Revolution keinen angemessenen Ausdruck für sich – sie blieb als Ereignis unfassbar,[111] obgleich sie von Beginn an zum Theater und zur Theatralität tendierte. In diesem Befund stimmen Marx[112] und de Tocqueville (1856; 1893)[113] überein, obwohl sie ansonsten gegensätzliche Pole des Denkens im 19. Jahrhundert markieren. Als Moment der Ausschöpfung des Paradigmas der Tragödientheorie und des Übergangs in eine andere Gattung gilt *Ursprung des deutschen Trauerspiels* von Walter Benjamin (1928), ein von der Theologie geprägtes Werk, auf dessen Ergebnissen Benjamins spätere, explizit politische Schriften basieren.

Die *deutsche* Tragödientheorie und die *deutsche* Dramatik spielten die Rolle des „theoretischen Gewissens" (Marx im Jahr 1844)[114] von Europa; sie deuteten die Handlungen nicht nur, sondern bestimmten, provozierten und gestalteten sie auch („książki zbójeckie": räuberische, aufrührerische Bücher nennt Gustaw aus Mickiewiczs *Ahnenfeier IV* die neuere deutsche Literatur[115]). In diesem Buch rekonstruiere ich, wie sich im unaufhörlichem Transferprozess eine Ästhetik des Handelns entwickelte, welche den im 20. Jahrhundert

110 Gegen die „new social interpretation" argumentiert Jonathan Israel, *Revolutionary Ideas. An Intellectual History of the French Revolution from „The Rights of Man …" to Robespierre* (Oxford and Princeton: Oxford University Press, 2014), passim und 695: „Obviously, the causes of the French Revolution are very numerous and include many economic, financial, and cultural as well as social and political factors. But all of these can fairly be said to be essentially secondary compared with the one major, overriding cause driving the democratic republican impulse – the Radical Enlightenment."

111 Jean Starobinski, *L'invention de la liberté, 1700-1789* (Genève: Skira, 1964).

112 Karl Marx, „Zur Kritik der Hegelschen Rechtsphilosophie. Einleitung", *Werke*, Bd. 1, 381-383; Karl Marx, „Der achtzehnte Brumaire des Louis Bonaparte", *Werke*, Bd. 8, 115-118.

113 Alexis de Tocqueville, *De la démocratie en Amérique* (Paris: Pagnerre, 1848), Bd. 3, 157-166 (S. 157: „Lorsque la révolution qui a changé l'état social et politique d'un peuple aristocratique commence à se faire jour dans la littérature, c'est en général par le théâtre qu'elle se produit d'abord, et c'est là qu'elle demeure toujours visible"); David Wiles, *Theatre and Citizenship: The History of a Practice* (Cambridge: CUP, 2011), 227.

114 Marx, „Zur Kritik der Hegelschen Rechtsphilosophie. Einleitung", 385: Marx meint natürlich die deutsche Philosophie, deren wichtiger (meines Erachtens zentralen) Teil die Tragödientheorie darstellte.

115 Mickiewicz, *Dziady*, 47.

ausgerufenen – „Kunst des Handelns", „Lebenskunst", „Ästhetik der Existenz" – den Weg bereitete,[116] indem sie erstens der historischen Erfahrung Einheit, Gestalt und Sinn verlieh; zweitens kombinierte die tragische Erfahrung Wahrheit und Wohl, Erkenntnis und Praxis,[117] indem es ein gewisses Verhalten gengenüber als tragische aufgefasste Begebenheiten vorschrieb.

Diese Ästhetik der Praxis verantwortete die Gestalt, die der Verlauf des politischen Denkens und Handelns (ständige Aufstände, permanenter Ausnahmezustand als Normalität, die gesetzmäßige und unaufhaltsame Entwicklung der Gesellschaft in Richtung einer endgültigen Katastrophe) von Denkern, Dichtern und Revolutionären annahm – und zwar sowohl als automatische Reaktion auf das dynamische Milieu als auch nachträglich, in der Selbstreflexion und Selbstrechtfertigung. Dies soll auf keinen Fall bedeuten, dass die Tragödientheorie ein explizites politisches Programm diktierte, das die Revolutionäre ausgeführt hätten. Programme bezogen sich auf die Verfassung und die Selbstbegrenzung der Autokratie, auf die Befreiung der Bauern, darauf, wie man eine Rebellion im russischen Interventionskorpus in Polen provozieren könnte oder wie das Russische Imperium in eine Föderation zu verwandeln wäre. Die Tragödientheorie operierte gleichzeitig auf dem profansten, alltäglichen Niveau quasi-automatischer, natürlich oder habituell genannter Reaktionen – sowohl intellektuelle Reaktionen wie die Deutung einer Situation als auch körperliche, zeit-räumliche wie die Aufnahme des Kampfes wurden von ihr bestimmt – wie auf dem höchsten: Zu dem Versuch, sich über einen nicht operationalen, generellen Sinn seiner Handlungen im Klaren zu sein, gehörte meistens eine Version der Tragödientheorie. Vulgär gesagt: niemand schrieb die Niederlage in sein politisches Programm ein, aber manche – wie etwa die im vorherigen Unterkapitel herbeigerufenen Dekabristen Bestužev und Ryleev – nahmen quasi-intuitiv an, dass der globale Sinn ihres Handelns durch ihre Niederlage zum Vorschein kommen und die Kontemplation ihres Scheiterns letzten Endes erheitern und zur Tat begeisterten würde.

---

116 de Certeau, *Kunst des Handelns*; Michel Foucaults Begriff der „Lebenskunst" bzw. der „Ästhetik der Existenz" stammt aus *Sexualität und Wahrheit*. zweiter, dritter und vierter Band.

117 Als Beispiel solch einer Auffassung der Erfahrung siehe z. B. Michel Foucault, *Sexualität und Wahrheit*, Bd. 4: *Die Geständnisse des Fleisches*, übersetz von Andrea Hemminger, Berlin: Suhrkamp, 2019, 77: „Das ‚Fleisch' ist als ein Modus der Erfahrung zu verstehen, das heißt als ein Modus der Erkenntnis und Transformation von sich durch sich, der auf einem bestimmten Zusammenhang zwischen der Aufhebung des Bösen und der Bekundung der Wahrheit beruht."

Diese Verflechtung spontaner Praxis und ästhetischer Distanz ist für die kritische Tragödientheorie kennzeichnend, vor allem für ihre slavische Abwandlung: Indem August Cieszkowski mit seinen *Prolegomena zur Historiosophie* 1838 die posthegelsche Philosophie der Tat inaugurierte, welche dann von Aleksandr Gercen, dem jungen Michail Bakunin und den Linkshegelianern aufgegriffen wurde, behauptete er, dass Herder und Schiller lediglich eine Ästhetik der Weltgeschichte erfunden hatten, während er, im Namen der Slaven, eine „wahre Philosophie der Weltgeschichte" verkünde, in der das Denken und Bewerten mit dem „soziale[n] Leben" und „Tun" zusammenfallen würde.[118] Cieszkowski drückte damit die doppelte Einheit der kritischen Tragödientheorie aus, die eine verbreitetere Erscheinung als die nach-hegelsche Philosophie der Tat war und die ganze kritische Tragödientheorie kennzeichnete. – Da die kritische Tragödientheorie eine Theorie der Beziehung von Bedingtheit und Freiheit, gesetzmäßigem Handeln und freier Tat war, kann die Theorie Richard Halperns – eine von vielen, die den Tod der Tragödie in der Neuzeit ausrufen[119] – nicht akzeptiert werden, laut der der Aufstieg der politischen Ökonomie eine Krise der Tat auslöste oder signalisierte, welche die Tragödie ausschließt.[120] Die Tragödie stünde in diesem Konflikt einzig auf der Seite der Tat – eben dieser Auslegung stelle ich die Vision der vermittelnden Tragödie gegenüber, die Tragödientheorie als (transzendentale) Ästhetik der Praxis. Die populärste Tragödientheorie – die Hegelsche – deutete das Tragische eben als ein Clash von Politischem und Ökonomischem.

Der die kritische Tragödientheorie charakterisierende Zusammenhang von direkter Wirksamkeit in der Welt der Naturgesetze und höchster Reflexivität kann durch die Tatsache näher beleuchtet werden, dass Kant das Wort ‚Ästhetik' in beiden Bedeutungen verwendet: Kunstlehre und sinnliche

---

118 August Cieszkowski, *Prolegomena zur Historiosophie* (Berlin: Veit, 1838), 86, 108.

119 George Steiner, *The Death of Tragedy* (Yale: YUP, 1961).

120 Richard Halpern, *Eclipse of Action. Tragedy and Political Economy* (Chicago and London: University of Chicago Press, 2017), 2-3 und *passim*; mit Blick auf die andauernde Wirkung der attischen Tragödie auf die Gegenwart siehe Simon Goldhill, *Love, Sex and Tragedy: How the Ancient World Shapes Our Lives* (Chicago: University of Chicago Press, 2004); Simon Goldhill, *Performance Culture and Athenian Democracy* (Cambridge: Cambridge University Press, 1999); Simon Goldhill, *Rethinking Revolutions through Ancient Greece* (Cambridge: Cambridge University Press, 2006); Simon Goldhill, *Sophocles and the Language of Tragedy* (Oxford: Oxford University Press, 2012); ganz allgemein zur Aktualität der griechischen Theorie: Dieter Henrich et al. (Hg.), *Die Gegenwart der Griechen im neueren Denken. Festschrift für Hans-Georg Gadamer zum 60. Geburtstag* (Tübingen: Mohr (Siebeck), 1960); Christopher Rocco, *Tragedy and Enlightenment. Athenian Political Thought and the Dilemmas of Modernity* (Berkeley: University of California Press, 1997); Winkler, John J. „The Ephebes' Song: Tragôidia and Polis", *Representations* 1985, 11, 26-62.

Wahrnehmung in Raum und Zeit.[121] Wenn ich nun in der vorliegenden Arbeit von der ‚(transzendentalen) Ästhetik' der Geschichte bzw. der Praxis spreche, beziehe ich mich nicht wie Kant auf die Wahrnehmung von Gegenständen der Erfahrung, sondern auf die Wahrnehmung des Alltags in einer bestimmten politisch-historischen Situation; diese Wahrnehmung (αἴσθησις) liegt aber der Ästhetik als Theorie des Schönen und Erhabenen zugrunde und zugleich wird diese Wahrnehmung von Kunstwerken und expliziten wie impliziten Kunsttheorien mitbestimmt. Die Künstler, die Genies, gestalten αἴσθησις oder erfinden das Neue Sehen – von Kant bis Rodčenko. Zugleich verleihen die Dichter-Propheten der Geschichte eine teleologische Struktur, wobei eine Teleologie die Beziehung zwischen dem Ganzen und seinen Teilen bestimmt. Auch im Begriff ‚Theorie' findet sich diese Doppeldeutigkeit: Im Altgriechischen verwies θεωρία auf jede Anschauung, Wahrnehmung, später bezeichnete dieser Ausdruck das höchst komplexe Gebilde von wissenschaftlichen Aussagen. In dieser Arbeit soll die Spannung zwischen den beiden Bedeutungen von Theorie sowie den Bedeutungen von Ästhetik beibehalten werden.

Wird laut Kant das, was das Gemüt affiziert, dem Menschen erst durch die transzendentalen Kategorien von Raum und Zeit zugänglich,[122] so werden in der von mir vorgeschlagenen (transzendentalen) Ästhetik der Geschichte Anregungen des Milieus durch den tragischen Chronotopos geformt, ehe sie der notwendig politischen (das wissen wir von Aristoteles) Wiedererkennung vorgelegt werden, die quasi aus sich selbst heraus eine Handlung und Peripetie auslöst. Die kritische Theorie der Tragödie schenkt nämlich den Formen besondere Aufmerksamkeit, die Zeit und Raum in der Tragödie einnehmen, welche diese dann in der Geschichte und im aus der Perspektive der Geschichte betrachteten Alltag wiederfindet. In Kunstwerken werden die abstrakten Dimensionen Raum und Zeit, die laut der kantischen transzendentalen Ästhetik unsere Erkenntnis gestalten, selbst sinnlich und lassen sich in actu und im Wirken beobachten sowie nachahmen bzw. wiederholen. Die Tragödie sei eine Aufführung der Zeit oder Zeitlichkeit als einer Bedingung der Darstellbarkeit, so Hölderlin in seinen Anmerkungen zur *Antigone*.[123] Tragödientheorie wird zu oder mündet in einer (transzendentalen) Ästhetik der geschichtlichen Praxis: Die (transzendentale) Ästhetik führt eine Auslese durch, eine Einordnung und Auslegung der Ereignisse, auf die es auf

121 In ästhetischer Bedeutung: Kant, *Kritik der Urteilskraft*, 169.

122 In erkenntnistheoretischer Bedeutung: Immanuel Kant, *Kritik der reinen Vernunft, Gesammelte Werke. Akademieausgabe*, Bd. 3, 51-73.

123 Siehe das Hölderlin-Kapitel.

eine bestimmte Weise zu reagieren gilt, und deutet die Geschichte als einen tragischen, auf Katastrophen beruhenden Prozess, der einen Sinn und eine sinnliche Gestalt hat. Das historische Geschehen – von der Verzweiflung aus der praktischen Bahn der Interessen herausgerissen – wird zum freien Spiel, das sich dem Auge des Tragödientheoretikers, der sich um die Freiheit bemüht, als interesselose ‚Zweckmäßigkeit ohne Zweck' präsentiert.

Diese Zweiheit von Perzeption und Praxis, Automatismus und ästhetischer Reflexion charakterisiert auch die Arbeiten der britischen *cultural studies*, seitdem der britische Tragödientheoretiker Raymond Willams[124] sie ins Zentrum seiner Theorie gestellt hat. Dieser schrieb 1961 in *The Long Revolution*: „Since our way of seeing things is literally our way of living, the process of communication is in fact the process of community: the sharing of common meanings, and thence common activities and purposes; the offering, reception and comparison of new meanings, leading to the tensions and achievements of growth and change."[125] Die ästhetische Bewertung der Aktivität im Hinblick auf den Telos, der der Handlung eine konkrete Gestalt verleiht, trifft hier auf kaum bewusste Gewohnheiten. William beruft sich auf den anderen kritischen Tragödientheoretiker des 20. Jahrhunderts, Lucien Goldmann,[126] als auf jemanden, der Mentalität und höchste Kunst in Zusammenhang zu bringen wusste. Dieser habe Kategorien erarbeitet, „which simultaneously organize the empirical consciousness of a particular social group, and the imaginative World created by the writer."[127] Was Williams zufolge die Tragödie für die Kultur als Ganzes leistet, ist, dass sie durch Szenen des Scheiterns und der Entbehrung alles bloß Positive und Schon-Erreichte unterminiert, sodass die Revolution niemals verweilen kann und permanent wird.[128] Die Kultur als Ganzes und die Tragödientheorie: Gramsci belegts eben einen Übergang aus der ökonomischen Basis, die dem quasi-automatischen Entspricht, in den bewussten, zielsetzenden Überbau mit dem Wort ‚Katharsis'.[129] Seit der Romantik oder der Französischen Revolution stellt der Moment eines Einblicks ins Ganze, der

124 Raymond Williams, *Modern Tragedy* (London: Chatto & Windus, 1966); eine weitere neuere marxistische Auffassung des Tragischen stellt Terry Eagleton, *Sweet Violence. The Idea of the Tragic* (Hoboken: Blackwell, 2002) dar.

125 Raymond Williams, *The Long Revolution* (London: Chatto & Windus, 1961), 55.

126 Lucien Goldmann, *Der verborgene Gott: Studie über die tragische Weltanschauung in den ‚Pensées' Pascals und im Theater Racines*, übersetzt von Hermann Alois (Frankfurt am Main: Suhrkamp 1985).

127 Zit. nach: Stuart Hall, „Cultural Studies: Two Paradigms", Richard Collins et al. (Hg.), *Media, Culture & Society. A Critical Reader* (Thousand Oakes: Sage, 1986), 33-48; hier: 37.

128 Raymond Williams, *Modern Tragedy* (London: Chatto & Windus, 1966), 75-77; 82-84.

129 Antonio Gramsci, *Gefängnishefte*, Bd. 6: *Philosophie der Praxis*, hg. und übersetzt von Wolfgang Fritz Haug (Hamburg: Argument, 1994), S. 1239.

Wiedererkennung von Freund und Feind, eine Qualität des Revolutionären dar. Die Anagnorisis, die dem in praktische Peripetien versunkenen Protagonisten zustößt, schlägt im Bereich der ästhetischen Kontemplation des Seins in die Katharsis um.

Aber klarsten drückte ein anderer Theoriekomplex den Doppelcharakter aus, der die kritischen Tragödientheorie, eine (transzendentalen) Ästhetik der Praxis, auszeichnet. Die Verbindung der αἴσθησις mit dem Geschichtlich-Schönen bzw. Erhabenen hängt – wie ich in diesem Buch zeige – damit zusammen, was der Ideenhistoriker Andrzej Walicki als eine *osobliwość* bezeichnete, eine Eigenartigkeit oder Singularität des polnischen marxistischen Denkens der Teilungszeit. Edward Abramowski (1868-1918), Kazimierz Kelles-Kraus (1872-1905) und Stanisław Brzozowski (1878-1911) betrachteten den Marxismus als eine Art „Sozialisation von Kants Position", dass der aktive Mensch seine Welt erkennt, indem er sie schafft (und umgekehrt).[130] Die polnische Theorie entstand infolge der gleichen Ideenabenteuer wie Aleksandr Bogdanovs Tektonik der 1920er Jahre, welche die erste allgemeine Organisationslehre war, die die Ambition hegte, sowohl Natur als auch Gesellschaft beschreiben und steuern zu können, und wichtige Elemente der Kybernetik vorwegnahm.[131] Brzozowski unterhielt in Florenz zu dieser Zeit direkte Beziehungen zu Bogdanov und Anatolij Lunačarskij, als diese versuchten, den Marxismus mit dem Empirokritizismus zu verbinden, welcher sich als der eigentliche Erbe der Kantischen Philosophie stilisierte.[132] Genereller gesagt scheint es ein typischer Zug von slavischen Theorien der Praxis zu sein, die sozial bedingte Vermittlung der Perzeption und des Handelns zu betonen. Die Konzentration auf das Kulturelle, das Vermittelte an scheinbar spontanen Reaktionen und Handlungen war schließlich auch ein Charakteristikum von Lev Vygotskijs Tätigkeitstheorie (*teorija dejatel'nosti*), die dann von Alexandr Luria und Alexei Leontev weiterentwickelt wurde und heutzutage einer der dynamischsten globalen Wissenschaftszweige ist.[133] Vygotskijs *Psychologie*

---

130 Walicki, *Polska, Rosja, Marksizm*, 286.

131 George Gorelik, „Bogdanov's *tektologia*, General System Theory, and Cybernetics", *Cybernetics and Systems: An International Journal* 1987, 2(18), 157-75; Klaus-Dieter Sedlacek, *Emergenz: Strukturen der Selbstorganisation in Natur und Technik* (Zürich: BoD, 2013), 12.

132 Andrzej Walicki, „Stanisław Brzozowski i rosyjscy ‚neomarksiści' początku XX wieku", Andrzej Walicki, Roman Zimand (Hg.), *Wokół myśli Stanisława Brzozowskiego* (Kraków: Wydawnictwo Literackie 1974), 195-220.

133 Yrjö Engeström, Reijo Miettinen, „Introduction", Yrjö Engeström, Reijo Miettinen, Raija-Leena Panamäki-Gitai (Hg.), *Perspectives on Activity Theory* (Cambridge: Cambridge University Press, 1999), 1-16; Andy Blunde, *An Interdisciplinary Theory of Activity* (Leiden, Boston: Brill, 2010), 13-23, 119-222; Andy Blunde, „Psicología cultural soviética", *Revista*

der Kunst, seine zu Lebzeiten nicht veröffentliche Dissertation, enthält eine faszinierende Theorie der Tragödie, an erster Stelle der Katharsis.

Zurück zu den polnischen Sozial-Kantianern, die diese Verflechtung von Ästhetik und Praxis am frühesten und unter vielerlei Hinsicht am prägnantesten zum Ausdruck brachten. Kelles-Kraus schrieb über die „Klassenapperzeption“,[134] eine klassenbedingte *aesthesis*, die die menschliche Realität konstruiert. Der kantsche Vorrang der praktischen Vernunft, deren Wirken die Freiheit voraussetzt, gegenüber dem theoretischen Vermögen, ‚Verstand‘, der einen ausnahmslosen Determinismus annimmt, bleibt in dieser Deutung des Marxismus unangetastet. Der Vorrang liegt der Historisierung der Kategorien des Verstandes und der transzendentalen Ästhetik zugrunde, angenommen, die Menschen schaffen ihre Geschichte selbst, als Marxsche „Verfasser und Schausteller ihres eigenen Dramas“.[135]

Diese ambivalente und dem Theater zugewandte Betrachtungsweise der Geschichte hat eine lange tragödientheoretische und revolutionäre Tradition in Polen; sie ist älter als der wissenschaftliche Sozialismus und jünger als Kants Philosophie. Maurycy Mochnacki (1803-1834), Pianist, Schriftsteller, leidenschaftlichster Befürworter und Wegbereiter der Romantik (das heißt der Rezeption der deutschen Literatur und Philosophie) in Polen, mutiger Teilnehmer und tiefsinniger Chronist des Novemberaufstandes,[136] der immer wieder den Glauben an die Verbindung zwischen literarischer und politischer Revolution ausdrückte,[137] verband erstens in seinem auf Deutsch herausgebrachten Büchlein *Über die Revolution in Deutschland* die Teilung Polens mit der pan-europäischen Konterrevolution[138] und zweitens empfahl er den

de Estudios Sociales 40(40), 127-134; David Bakhurst, „Reflections on activity theory“, *Educational Review*, vol. 61, No. 2, May 2009, 197-210.

134 Kazimierz Kelles-Krauz, „Czym jest materializm ekonomiczny?“, *Pisma wybrane*, hg. von Julian Hochfeld (Warszawa: Książka i Wiedza, 1962, Bd. 1, 37.

135 Marx, „Das Elend der Philosophie“, 135.

136 Maurycy Mochnacki, *Powstanie narodu polskiego w roku 1830 i 1831* [1834] (Wrocław: Schletter, 1850), Bd. 1-4.

137 Jarosław Marek Rymkiewicz, „Mochnacki. Ostrygi i rewolucja. Trzy fragmenty“, Marta Piwińska (Hg.), *Romantycy i Europa. Marzenia, doświadczenia, propozycje* (Warszawa: IBL, 2006), 82-84.

138 Mauritz Mochnacki, *Über die Revolution in Deutschland* (Paris: Pinnard, 1830), 3-4: „Russland, Preußen und Österreich sprachen zu Polen gegen das Ende des letzten Jahrhunderts: ‚du muss untergehen, denn du bist eine Jakobinische Republik!‘ und gaben ihm den Todesstreich. Aber in diesen Worten lag Heuchelei. Die Teilnehmer des Raubes hätten sollen ausdrücklich erklären: ‚Wir brauchen neue Kräfte zur Besiegung des westlichen Jakobinismus, damit nicht alle Könige Europas, wie Ludwig XVI., ihr Haupt der Guillotine reichen. Diese Kräfte wirst du, Polen, uns liefern. Durch deinen Fall wirst du unsere drei Ungeheuer so einander nähern, dass sie von nun an eine starke Feste für die faulende

Deutschen – einem Volk, „das die neueren Zeiten verschlief und im Schlafe mehr Bücher schrieb, als im Wachen alle Völker des Altertums zusammen, mehr als die Griechen und Römer, mehr als später die Araber, Spanier, Welschen, Franzosen, Engländer und Polen“[139] – die polnische gescheiterte Revolution 1830-31 aufzugreifen, möchten sie ihre eigene Republik erkämpfen:

> Hätte die Revolution in Polen tätige Verbündete zwischen dem Rhein und der Oder gefunden, so wäre schon das heutige Europa nicht in dem Bedürfnisse, sein Heil auf revolutionärem Wege zu suchen. – Doch, klagen wir die Völker nicht dessen an, was sie nicht getan haben, sondern lasst uns bemühen, ihnen das immer ins Gedächtnis zu bringen, was sie zu tun haben.[140]

Was tun? Woran erinnern, damit die Erinnerung zur Freiheit begeistert? Eben hierfür liefere die Tragödie das Modell:

Mochnacki schrieb im August 1830 – im Vorfeld des Novemberaufstandes, dessen erste Protagonisten sich für Inkarnationen von Mickiewiczs tragischen Helden Konrad Wallenrod hielten – über das Wesen des Tragischen, dass es notwendig historisch, d.h. – wir befinden uns mitten in der „Sattelzeit“[141] – doppelt sei, da die Tragödie die Freiheit gegen die Determination, das Geschehen gegen die Darstellung ausspiele: Die Tragödie als die historische Literaturgattung schlechthin – eine Gattung, die Geschichtlichkeit modelliert – entzweie die ‚Geschichte‘ in die Geschichtsschreibung, die nach einem Notwendigkeitsmuster suche, in das sich die Kette von Ursachen und Folgen einfügt, und das Geschehen, begriffen als die Taten freier Menschen; dann aber versuche sie, das in die deterministische *historia rerum gestarum* und die aus freien Stücken bewirkten *res gestae* Entzweite wieder zu vereinigen.[142]

> Nur die geschichtliche Tragik verstehen wir; es gibt keine andere. Das Prinzip der Geschichte ist auch das Prinzip der Tragödie; hier und dort waltet ein einziges Gesetz. Die Tragödie kann historisch sein, auch wenn ihr Stoff frei erfunden ist,

---

Ordnung Europas gegen die gesellschaftliche Umwälzung in Westen, bilden.“ Und weiter (S. 5-6): „Durch diese Gleichzeitigkeit des Unterganges der Polnischen Nation mit dem Falle der königlichen Gewalt in Westen, wurden wir einigermaßen wider unseren Willen, zu Verbündeten der Revolution, zu Feinden aller solchen europäischen Ordnung der Dinge, welche sich ohne ein selbstständiges Polen erhalten will, oder kann.“

139 Mochnacki, *Über die Revolution in Deutschland*, 26-27.

140 Mochnacki, *Über die Revolution in Deutschland*, 104.

141 Reinhart Koselleck, „Über die Theoriebedürftigkeit der Geschichtswissenschaft“, Werner Conze (Hg.), *Theorie der Geschichtswissenschaft und Praxis des Geschichtsunterrichts* (Stuttgart: Klett Cotta, 1972), 10-28.

142 Maurycy Mochnacki, „O tragedii i tragiczności“, *Reforma* 1903, XII(121), 1.

> es reicht nur, dass das Bühnengeschehen sich nach dem gleichen Gesetz entwickelt wie das Schicksal der Menschheit.[143]

Das ist eben das Gesetz der Zweiheit in der Geschichte:

> Der menschliche Wille und das Vorsehungswalten des Schöpfers, ohne das nichts in der Welt passiert! Das sind die zwei Elemente der Geschichte. Gäbe es den freien Willen des Menschen nicht, könnte nichts in der Geschichte geschehen; unsere Anliegen und unser Wirken ähnelten dem Umlauf der himmlischen Körper, die sichere, ein für allemal bestimmte Wege haben, oder der Vegetation der Pflanze, oder den Gezeiten – mit einem Wort alldem, was in der sichtbaren Natur laut dem göttlichen Gebot notwendig so und nicht anders vorkommen muss. Die Menschengeschichte würde der Naturgeschichte ähneln.[144]

Der Ausgang der Menschheit aus der Naturgeschichte ist eines der Hauptthemen von Benjamin[145] und des kritischen Denkens im 20. Jahrhundert überhaupt, was ich vor allem im Kierkegaard-Kapitel ausführlich behandle. Wäre aber andererseits, so Mochnacki weiter, die Geschichte nicht von der Vorsehung prä-determiniert, sodass sich alle Taten und Tatsachen auf sie beziehen ließen und dadurch sinnvoll würden, wäre solch eine Geschichte eine Katastrophe:

> Die Erde würde eine Anhäufung von Aschen und Knochen zerstörter Völker sein [...] und die Sonne und die Sterne würden nur Ruinen der Ruinen, die Vernichtung der Vernichtung, Fragmente von Fragmenten beleuchten. Die sichtbare Natur wäre nichts als ein Riesengrab des Seins, auf keinen Fall aber die

---

143 Mochnacki, „O tragedii i tragiczności", 1: „Tylko historyczną tragiczność pojmujemy; innej nie masz. Zasada historii jest także zasadą tragedii; i tam i tu jedno prawo rządzi. Tragedia zaś może być historyczną, choćby wreszcie jej osnowa była zmyśloną; to jest: jeżeli zdarzenia tym samym trybem rozwijają się na scenie, według, tego samego prawa, które kieruje losem człowieczeństwa."

144 Mochnacki, „O tragedii i tragiczności", 1: „Wola człowieka i rząd opatrzny stworzyciela, bez którego nic się nie dzieje w niebie i na ziemi! Te są dwa pierwiastki historii. Gdyby nie wolna wola człowieka, nic by się nie mogło ziścić w historii; natenczas sprawy i działania nasze byłyby podobne biegowi ciał niebieskich, opisujących pewne, raz na, zawsze zakreślone drogi, albo krzewieniu się roślin, albo przypływowi i odpływowi wód morskich; jednym słowem temu wszystkiemu, co się w naturze widomej z przejrzenia bożego koniecznie i nieodmiennie tak, a nie inaczej dziać musi. Historia rodu ludzkiego byłaby podobna historii naturalnej."

145 Siehe das Kierkegaard-Kapitel; Richard Wolin, *Walter Benjamin: An Aesthetic of Redemption* (Berkeley, Los Angeles, London: University of California Press, 1994), 165-170; Patrick Baumgärtel, *Mythos und Utopie: zum Begriff der ‚Naturgeschichte der Zerstörung' im Werk W.G. Sebalds* (Bern: Peter Lang, 2009), 21-58.

> Offenbarung der schöpferischen Kraft. [...] [E]s gäbe keine Wissenschaft der Geschichte.[146]

Die Tragödie, wie gesagt, inszeniert, modelliert, veranschaulicht diese doppelte (Super-)Natur der Geschichte:

> Das Wesen des [tragischen] Gedichts besteht aus zwei verschiedenen Atomen, zwei Elementen: Das eine Atom ist des Menschen Willen. Zu ihm gehören Charaktere, Leidenschaften, hervorragende Tugenden und große Verbrechen. Das zweite Atom ist die Notwendigkeit, die, als eine Macht von oben, den Willen der Personen Einhalt gebietet.[147]

Eine säkulare Version der Tragödie, in der der Determinismus der religiösen Sanktion los ist, wäre dann laut Edward Abramowski der Sozialismus und, genereller, die Soziologie. Simmels oder Dürkheims Hang zum Ausschalten des Subjektiven aus der Soziologie ablehnend, stützte sich Abramowski auf den Empiriokritizismus und Jean-Jeacques Gourds phänomenalistische Philosophie, als er um 1899 seine Position eines soziologischen Phänomenalismus ausarbeitete.[148] Der soziologische Phänomenalismus reduziert heuristisch alle sozialen Erscheinungen auf die Tatsachen des individuellen Bewusstseins, die uns als einzig Konkretes und Unmittelbares zugänglich sind. Die zentrale Rolle des Individuums in Abramowskis Gesellschaftstheorie harmoniert mit seiner wichtigsten Problemstellung, der sozialen Ursachenwirkungen und der gewaltsamen sozialen Umwälzungen. Auch bei ihm kollidieren die Freiheit des Einzelnen und die soziale Determinierung (welche die Position der Vorsehung aus der romantischen Tragödientheorie übernimmt). Die Spontaneität des Subjekts lässt sich mit dem von quasi unwandelbaren Gesetzen verwalteten Äußerlichen ein, sodass eine dinghaft-psychische Realität (*rzeczywistość rzeczowo-psychiczna*) entsteht, die an die zwei Dekaden später entstandene Konzeption der symbolischen Formen erinnert, welche laut Ernst Cassirer – wie ein Zeichen – das Dinghafte und das Intelligible

---

146 Mochnacki, „O tragedii i tragiczności", 1: „Ziemia byłaby natenczas składem prochów i kości plemion zniszczonych, [...]; a jasność słońca i nocne gwiazdy przyświecałyby tylko ruinom ruin, zatraceniu zatracenia, szczątkom szczątków. Natura widoma byłaby obszernym grobem jestestw, a nie objawą niewidomej mocy, co ją zrządziła. [...] [N]ie byłoby umiejętności historycznej."

147 Mochnacki, „O tragedii i tragiczności", 1: „Z dwóch także atomów, z dwóch różnych pierwiastków składa się istota tego poematu. Jednym atomem jest wola człowieka. W ten obręb wchodzą charaktery, namiętności, świetne cnoty, i wielkie zbrodnie. Drugim atomem tragedii jest konieczność, mus, zwierzchnią władzą ukracający wolę osób."

148 Jean-Jacques Gourd, *Le phénomène, esquisse de philosophie générale* (Paris: Alcan, 1888).

quasi in einer *characteristica universalis* artikuliert und verbindet.[149] Sowohl Abramowski als auch Cassirer – die Namen Valentin Vološinovs und Michail Bachtins seien auch erwähnt – sprechen in diesem Kontext von einer Synthese a priori, aber dieses a priori ist sozial oder kulturell und nicht im abstrakten Sinne transzendental.

Unter den gerade genannten Autoren trugen nicht nur Cassirer und Bachtin wesentlich zur Tragödientheorie bei;[150] auch die Schriften Abramowskis sind reich an Reminiszenzen verschiedener tragödientheoretischer Konzepte. So nennt er zum Beispiel die Wende des Einzelnen zum Allgemeinen, das in ihm mitdenkt und mit handelt, ‚Gewissen'. Dies deute ich als eine klare Anspielung auf Cyprian Kamil Norwids Theorie der weißen Tragödie (oder hohen Komödie), in der der Zuschauer die „zivilisatorische gesellschaftliche Ganzheit" betrachtet, der er angehört, als, so Norwid, würde sich das Publikum mittels „des allgemeinen *Gewissens*" zu sich selbst wenden.[151] Durch das Gewissen – so entwickelt Abramowski Norwids Thesen weiter – entsteht sowohl „der individuelle Revolutionismus der sozialen Tatsache" als auch „der soziale Revolutionismsus der individuellen Tatsache", da das Gewissen das Individuelle und das Soziale aufeinander bezieht.[152]

Ebenfalls aus der Tragödientheorie – auch wenn das erst nach der Lektüre der Marx-, Romantik- und Hegelkapitel offensichtlich werden wird – stammt Abramowskis Behauptung, dass im Keime jede soziale Erscheinung nichts anderes als ein individuelles Bedürfnis ist und dass dieser Keim, so sehr er

---

149 Ernst Cassirer, *Philosophie der symbolischen Formen* (Darmstadt: Wissenschaftliche Buchgesellschaft, 1955), 17-19.

150 Ernst Cassirer, „Die ‚Tragödie der Kultur'", *Zur Logik der Kulturwissenschaften. Fünf Studien* [1942] (Darmstadt: Wissenschaftliche Buchgesellschaft, 1994), 103-127; Michail Bachtin, „Ritorika, v meru svoej lživosti ...", „Dopolnenija i izmenenija k *Rable*", *Sobranie sočinenij*, Bd. 5, 63-70, 86-96. Auch das Buch über Dostevskij ist voll von Bemerkungen über die Tragödie (vgl. *Sobranie sočinenij*, Bd. 6, 15-34, 123-123, 174-182) – siehe dazu Konstantin Fumkin, „Russkaja koncepcija tragedii"; Ilya Kliger, „Dostoevsky and the Novel-Tragedy: Genre and Modernity in Ivanov, Pumpyansky, and Bakhtin", *PMLA* 2011 1(126), 73-87; Oksana Kravčenko, „Koncepcija ‚romana-tragedii': polemika M. Bachtina s Vjač. Ivanovym", *Novyj Filologičeskij Vestnik* 1 2011.

151 Cyprian Kamil Norwid, *Pisma wszystkie*, hg. von Witold Gomulicki (Warszwa: PIW, 1971-1976), Bd. 5, 186; vgl. Bd. 5, 425; Meine Feststellung ist nicht unbestritten, da Anna Dziedzic in ihrem Aufsatz die zwei Bedeutungen von ‚Gewissen' bei Abramowski Norwid nicht erwähnt (Anna Dziedzic, „Edwarda Abramowskiego dwie koncepcje sumienia", *Etyka* 2003, 46, 63-76).

152 Edward Abramowski, „Pierwiastki indywidualne w socjologii", *Metafizyka doświadczalna i inne pisma*, hg. von Stanisław Borzym (Warszawa: PIW, 1980), 160-162 [§4]: „Rewolucjonizm indywidualny faktu społecznego", „rewolucjonizm społeczny faktu indywidualnego".

sich auch entwickelt und verwandelt, nie verloren geht.[153] Die Verankerung des Objektiv-Sozialen, Unnachgiebigen und Schicksalhaften im menschlichen Bedürfnis und im Wunsch, wodurch eine dinghaft-psychische Realität (*verum factum*) entsteht, liegt jeder sinnvollen Theorie der Entfremdung zu Grunde – auch der in Anbetracht der Oktoberrevolution von Lukács formulierten Theorie des revolutionären Klassenbewusstseins, die auf Kantisch-Deutsch über die klassenbedingte „Apperzeption der Phänomene der Gesellschaft" spricht und die objektiven Krisen des Kapitalismus mit der subjektiven Tatbereitschaft des Proletariats zu vermitteln versucht.[154] Abramowski betont ebenfalls das Moment der Befreiung des Bedürfnisses aus dem ‚Dingzauber' als einen Aspekt der Emanzipation.[155]

Der Sozialismus verfüge Abramowski zufolge über die Macht, das Menschlich-Individuelle vom Dingzauber zu befreien, da er am tiefsten mit der Welt der Dinge sowie mit der der Freiheit sym-pathisiert; der Sozialismus hat die tragische Struktur, die aus ihm sowohl das ethische Ideal, das man frei wählen soll, als auch das notwendige Endergebnis der menschlichen Geschichte macht; der Sozialismus ist damit sowohl Schöpfung, als auch Wissenschaft, sowohl das „Sollen", als auch das „Sein", sowohl explosiver Revolutionismus als auch evolutionistischer Determinismus.[156] Der Sozialismus vermittelt die zwei absolut verschiedenen Welten – die Welt der Ursachen und die Welt der Zwecke – zwischen denen der Mensch nach Kant schwebt. Als ahmte Abramowski die Tragödientheorie des jungen Schelling nach, sucht er nach einem Punkt der „Indifferenz" dieser zwei Realitäten und findet ihn im „denkenden Menschen", sprich in der transzendentalen Apperzeption, die jede Erscheinung bedingt, aber selbst keine Erscheinung und deswegen nichts Bedingtes und Bestimmbares ist.[157] Das ist die paradoxe oder absurde Lösung des kantschen Dualismus, die Schelling und die kritische Tragödientheorie vorgeschlagen hatten: Die absolute Spontanität des Ich liegt der Determination

153 Abramowski, „Pierwiastki indywidualne w socjologii", 139 [§4]: „w zarodku swym każde zjawisko społeczne jest niczym innym, jak tylko indywidualną *potrzebą* człowieka, i zarodek ten, przechodząc przez najrozmaitsze postacie rozwojowe, nie zatraca się nigdy."

154 György Lukács, *Geschichte und Klassenbewusstsein. Studien über marxistische Dialektik, Werke*, hg. von György Markus, Frank Benseler (Neuwied: Luchterhand, 1968), Bd. 2, 177 („Apperzeption der Phänomene der Gesellschaft", 240-260).

155 Abramowski, „Pierwiastki indywidualne w socjologii", 180 [§10]: „Zjawisko społeczne [...] jest to *potrzeba uprzedmiotowiona*, jest to fakt charakteru rzeczowego, który odnajduje swoją wartość psychiczną przy każdym zetknięciu się z człowiekiem w jego potrzebie indywidualnej."

156 Abramowski, „Pierwiastki indywidualne w socjologii", 123-127 [§1].

157 Edward Abramowski, „Zagadnienia socjalizmu", *Zagadnienia socjalizmu. Wybór pism*, hg. von Krzysztof Mazur (Kraków: UJ, 2012), 57-67 [§6-9].

zugrunde, man solle die Erstere frei wählen mit dem Bewusstsein, dass der Determinismus seine Macht über das (psychologische) Subjekt beibehält und es zugrunde richten kann.

Auf welche Art die Spontaneität zum Tragen kommt, werde, so weiter Abramowski, in der Zeit einer Krise wahrnehmbar, wenn der Einzelne zwischen konkurrierenden Kausalketten wählt oder spontan neue initiiert.[158] Der Mensch muss das Äußerliche – seien es Ideen oder Bedingungen – mit dem Wunsch aufladen, mit seinem Begehren das Kausale ins Teleologische umwandeln und auf diese Weise mit der Zauberformel „ich will" ins Reich der Freiheit überführen:[159]

> Die Sterbenstragödie eines veralteten Regimes und die Geburtstragödie einer neuen sozialen Welt ist die Tragödie der individuellen Psychologie, die sich im subjektiven Versteck, jenseits des Schauplatzes der Geschichte abspielt, und das, was sie der Geschichte schickt und was dann die Geschichte macht, sind Resultate der von ihr gespielten Akten.[160]

Abramowski nähert sich durch seine atomistische Psychologie dem Mainstream der deutschen kritischen Tragödientheorie an, wo die Einsamkeit und das Schweigen walten, indem sie das Entstehen des Allgemeinen und Mitteilbaren katalysieren. Was in der und durch die attische Tragödie befreit wird, ist, so Benjamin, eine neue Form der menschlichen Einmaligkeit, die die Hoffnung auf ein erneuertes Zusammensein in Freiheit weckt und aufrechterhält. Angesichts des stumm leidenden Helden – behauptet Walter Benjamin –

> lernt die Gemeinde den ehrfürchtigen Dank für das Wort, mit dem dessen Tod sie begabte – ein Wort, das mit jeder neuen Wendung, die der Dichter der Sage abgewann, an anderer Stelle als erneuertes Geschenk aufleuchtete. Das tragische Schweigen weit mehr noch als das tragische Pathos wurde zum Hort einer Erfahrung vom Erhabenen des sprachlichen Ausdrucks.[161]

158 Abramowski, „Pierwiastki indywidualne w socjologii", 161 [§6].

159 Abramowski, „Pierwiastki indywidualne w socjologii", 181-182 [§9]; Zum Wunsch bei Adorno siehe das Kieregaard-Kapital.

160 Abramowski, „Pierwiastki indywidualne w socjologii", 185-186 [§9]: „Tragedia konania ustroju, który się przeżył, i rodzenia się nowego świata społecznego jest więc tragedią psychologii indywidualnej, która rozgrywa się w ukryciu subiektywnym, poza widownią historyczną, a to, co wysyła do historii i historię tworzy, są to gotowe już wyniki rozegranych jej aktów."

161 Walter Benjamin, *Ursprung des deutschen Trauerspiels*, 288.

Die Erfahrung der erlösenden Macht des Wortes überlebe den Menschen, wie wir ihn kennen, und die Gattung Tragödie. Adorno setzt Benjamins Gedanken wie so oft fort:

> Unterdessen habe ich an späterer dramatischer Produktion gelernt, dass das Drama seine eigene Voraussetzung, die Freiheit des Subjekts, überleben, dass es dessen Niedergang ebenso darstellen kann und wohl muss, wie es einmal, in Athen, den Ursprung der Individualität, die dem Mythos sich entringt, behandelte.[162]

Inwiefern Benjamins und Adornos Ansichten darüber, dass das Menschlich-Individuelle[163] in der griechischen Tragödie geboren wurde, in der jüdischen Religionsphilosophie vom Anfang des 20. Jahrhunderts – bei Herman Cohen und Franz Rosenzweig – wurzeln, bespreche ich im Kierkegaard-Kapitel.

Gewiss ergänzt die Tragödie der Tragödientheoretiker den von ihr generierten Subjektivismus durch einen Kollektivismus, in dem jener sich entfalten kann. Auch dies zeigt sich prägnant und repräsentativ bei Abramowski. Natürlich habe jede Schöpfung, ein Einzelakt schlechthin, Klassencharakter, da das Interesse und das „Engagiertsein" im Rahmen jeden „Weltwollens" klassenbedingt sei;[164] die Antwort auf die Frage des Sozialismus – die Frage nach dem Partikularen und dem Allgemeinen – aber besage, dass sich am Ende der Geschichte die Interessen einer Klasse mit denen der ganzen Menschheit decken würden.[165] Das Partikuläre und das Allgemeine würden übereinstimmen. Wie bei Ödipus und Christus, die – wie wir uns es noch genauer in den Hölderlin- und Hegel-Kapiteln ansehen – in der Urszene der Tragödie für den Menschen stehen, müsse dies in totaler Erniedrigung passieren. Abramowski zitiert Marx:[166]

---

162 Teodor W. Adorno, „Offener Brief an Rolf Hochhuth", *Gesammelte Schriften*, hg. von Rolf Tiedemann (Frankfurt am Main: Suhrkamp, 1974), Bd. 11, 596.

163 Hinzu eine Bemerkung Bergsons: „Wenn im Trauerspiel Leidenschaften und Laster, die eigene Namen haben, auf der Bühne erscheinen, so werden sie doch do durchaus in dem Träger der Handlung verkörpert, dass ihre eigenen Namen fast verschwinden, der allgemeinen Begriff verblasst und wir überhaupt nicht mehr an sie, sondern nur an die Person denken, in der sie wirken; darum kann der Titel eines Trauerspiels kein anderer sein als ein Eigenname. Umgekehrt tragen viele Komödien einen Gattungsnamen: der *Geizhals*, der Spieler, usw." (Henri Bergson, *Das Lachen*, übersetzt von Julius Frankenberger und Walter Fränzel (Jena: Eugen Diederichs Verlag, 1914), 14).

164 Diese Begriffe entleihe ich Karl Mannheims „Das Problem einer Soziologie des Wissens", *Wissenssoziologie. Auswahl aus dem Werk*, hg. von Kurt H. Wolf (Neuwied: Luchterhand, 1970), 308-387.

165 Abramowski, „Pierwiastki indywidualne w socjologii", 220 [§16].

166 Abramowski, „Zadadnienia socjalizmu", 87-88 [§37].

> In der Bildung einer Klasse mit *radikalen Ketten*, einer Klasse der bürgerlichen Gesellschaft, welche keine Klasse der bürgerlichen Gesellschaft ist, eines Standes, welcher die Auflösung aller Stände ist, einer Sphäre, welche einen universellen Charakter durch ihre universellen Leiden besitzt und kein *besonderes Recht* in Anspruch nimmt, weil kein *besonderes Unrecht*, sondern das *Unrecht schlechthin* an ihr verübt wird, welche nicht mehr auf einen *historischen*, sondern nur noch auf den *menschlichen* Titel provozieren kann, welche in keinem einseitigen Gegensatz zu den Konsequenzen, sondern in einem allseitigen Gegensatz zu den Voraussetzungen des deutschen Staatswesens steht, einer Sphäre endlich, welche sich nicht emanzipieren kann, ohne sich von allen übrigen Sphären der Gesellschaft und damit alle übrigen Sphären der Gesellschaft zu emanzipieren, welche mit einem Wort der *völlige Verlust* des Menschen ist, also nur durch die *völlige Wiedergewinnung des Menschen* sich selbst gewinnen kann. Diese Auflösung der Gesellschaft als ein besonderer Stand ist das *Proletariat*.[167]

Demselben Topos folgend stellte um 1832 Mickiewicz die Polen innerhalb der europäischen politischen Ordnung als alles entbehrend, auf reine Menschheit reduziert und deswegen universell dar; mit dieser Entbehrung begründete er die messianistische Rolle der polnischen Nation.[168] Auch Dostoevskijs Russe entleert sich, damit er besser den Charakter anderer Nationen darbieten kann.

Die (transzendentale) Ästhetik der Praxis beruht also – wie die Ästhetik schlechthin, vor allem die Verfremdungsästhetik – auf der Gewohnheit, die in Perzeptionen, Assoziationen und Handlungen zum Vorschein kommt. Die Repräsentanten des russischen und des polnischen phänomenalistischen und aktivistischen Marxismus des Anfangs des 20. Jahrhundert hätten die Tragödientheorie in ihrer transzendental-ästhetischen Ausdehnung mit der in der damaligen Wissenschaft verbreiteten Metapher der ‚Bahnung' beschreiben können. Die Bahnung stelle unter dem Einfluss von äußerlichen Reizen Verbindungen im Gehirn her, die quasi automatisch interpretative und sozusagen tätige Reaktionen durch diese Kanäle ableiten.[169] Wären sie direkte Schüler Hegels gewesen, würden sie einfach über die ‚Sittlichkeit' als ‚zweiter Natur' sprechen, nach der man *gewöhnlich* denkt und handelt:

> Aber in der einfachen Identität mit der Wirklichkeit der Individuen erscheint das Sittliche, als die allgemeine Handlungsweise derselben, als Sitte, – die Gewohnheit desselben als eine zweite Natur, die an die Stelle des ersten bloß natürlichen Willens gesetzt und die durchdringende Seele, Bedeutung und

---

167 Marx, „Zur Kritik der Hegelschen Rechtsphilosophie. Einleitung", 391.

168 Zitate und Analysen in den Kapiteln zu Hegel und zur Romantik.

169 Siegmund Freud, „Entwurf einer Psychologie", *Gesammelte Werke*, hg. von Anna Freud et al. (Frankfurt am Main: Fischer, 1987), 309: „Das Gedächtnis sei dargestellt durch die Unterschiede in den Bahnungen zwischen den ψ-Neuronen."

> Wirklichkeit ihres Daseins ist, der als eine Welt lebendige und vorhandene Geist, dessen Substanz so erst als Geist ist.[170]

(Die griechische Sittlichkeit ist laut Hegel, wie ich in dem ihm gewidmeten Kapitel demonstriere, kritisch-tragisch.) Die Phrase ‚tragische Gewohnheit' oder ‚tragische Sittlichkeit' (eine spezifische Art von Nietzsches „Gedächtnis des Willens"[171]) fasst das Paradoxon gut zusammen – oder man sagt wie Norbert Elias und Pierre Bourdieu in Bezug auf den Körper und sein stillschweigendes angewohntes Wissen: ‚tragischer Habitus',[172] zumal Bourdieu mitunter den Habitus so beschrieb wie Williams Goldmanns ‚tragische Weltanschauung', nämlich als ein Modell für die jede Epoche kennzeichnende „style unity, which unites both the practices and goods of a singular agent or a class of agents (this is what writers such as Balzac or Flaubert have so finely expressed through their descriptions of settings – e.g., the Pension Vauquer in Le Pere Goriot – which are at the same time descriptions of the characters who live in them). Habitus are these generative and unifying principles which retranslate the intrinsic and relational characteristics of a position into a unitary life-style, that is, a unitary set of persons, goods, practices."[173] Habitus erfüllt also Bogadnovs Traum von einem Prozess, der die zerstäubte Praxis vereinheitlich und die tragische Kluft zwischen Leben und Philosophie überbrückt.

Der Unterschied zwischen dem von den Helden meines Buches erlebten und proklamierten tragischen Habitus und Bourdieus Theorie der Praxis ist, dass Bourdieu erstens nie eine umfassende und ergiebige Theorie des Kreisens von Ideen zwischen Milieus vorgelegt hat,[174] infolge deren sie als selbständige Kräfte Wahrnehmungen und Handlungen von Akteuren mitbestimmen würden. Zweitens entsagt Bourdieus Theorie allen teleologischen,

---

170 G.W.F. Hegel, *Grundlinien der Philosophie des Rechts, Werke*, Bd. 8, 301 [§ 151].

171 Friedrich Nietzsche, *Zur Genealogie der Moral, Werke*, Bd. 2, 800.

172 In seiner späten Beschäftigung mit Manet versuchte Bourdieu, eine Theorie der Revolution innerhalb des Feldes der Kultur zu beschreiben, die Revolution von „Wahrnehmung- und Einteilungskategorien" (vgl. Hölderlins „Revolution von Vorstellungsarten"), eine „symbolische Revolution, die von einer sozialen Revolution nicht zu trennen ist" (Pierre Bourdieu, *Eine Symbolische Revolution. Vorlesungen am Collège de France 1998-2000. Mit einem unvollendeten Manuskript von Pierre und Marie-Claire Bourdieu*, hg. von Pascale Casanova et al., übersetzt von Achim Russer, Bernd Schwibs (Berlin: Suhrkamp, 2015), 651-652).

173 Pierre Bourdieu, „First Lecture. Social Space and Symbolic Space: Introduction to a Japanese Reading of Distinction", übersetzt von Gisele Shapiro and Brian McHale, *Poetics Today*, vol. 12, no. 4, 1991, 634.

174 Vgl. Pierre Bourdieu „The Social Conditions of the International Circulation of Ideas", Richard Shusterman (Hg.), *Bourdieu: a Critical Reader* (Oxford, Malden, MA: Blackwell Publishers Ltd, 1999), 220-228.

messianistischen, (post-)theologischen, künstlerischen Aspekten der alten Tragödientheorie; der Habitus ist schon immer da und immer schon vereinigt. Wer – wie die reflexiven und reflektierenden Tragödientheoretiker – behauptet, die Geschichte habe einen Zweck – die Institution der Einheit der sinnlichen Erfahrung – der nimmt die distanzierte Perspektive Gottes ein, was der junge Lukács so pointiert schilderte, als er behauptete, dass die Tragödie ein Spektakel für Gott sein, der die Welt verlassen habe und zum Zuschauer geworden sei. Gott und dem Zuschauer der Tragödie offenbaren sich die Essenzen aller Dinge.[175] Seit Platons *Nomoi* ist die Tragödie ein Spektakel für die Götter – oder aber die Götter haben das chaotische Spektakel der Menschheit als Tragödie oder Komödie ausgelegt.[176] Laut Seneca soll das menschliche Leben wie das Leben Catos würdig sein, um als ein Schauspiel für den Gott betrachtet werden zu können.[177] Die Metapher, die das menschliche Leben einem himmlischen Spektakel gleichsetzt, überlebte die Götter und die stoische Tugend,[178] wie Schopenhauer beweist: „der Wille führt das große Trauer- und

175 György Lukács, „Metaphysik der Tragödie", *Die Seele und die Formen. Essays* (Berlin: Fleischel, 1911), 311: „Gott muss die Bühne verlassen, doch Zuschauer muss Er noch bleiben: das ist die *historische* Möglichkeit der tragischen Zeitalter" (Meine Hervorhebung – M.M.); Gott-Zuschauer Kehrt bei Gerhard Hauptman („Die Götter waren grausame Zuschauer" heißt es in *Griechischer Frühling, Sämtliche Werke*, hg. von Hans-Egon Hass (Berlin: Propyläen, 1996), Bd. 7, 79.

176 Irmgard Männlein-Robert, „Poetik: Komödie und Tragödie (VII 796e-817e)", Christoph Horn (Hg.), *Platon: Gesetze/Nomoi* (Berlin: Akademie, 2013), 123-142.

177 „Siehe, ein Schauspiel, würdig, dass der gesammelt seinem Werk hingegebene Gott darauf achte, siehe, ein Paar von Kämpfern, würdig des Gottes: ein tapferer Mann, einem schlimmen Geschick gegenübergestellt, zumal, wenn er es gar herausgefordert hat. Nicht sehe ich, sage ich, was auf Erden Iuppiter Schöneres finden könnte, falls er überhaupt darauf achten wollte, als Cato zu sehen, wie er, auch als seine Partei mehrfach geschlagen worden war, um nichts weniger zwischen den Trümmern des Staates stand – aufrecht." L. Anneaus Seneca, *Philosophische Schriften*, Band 1: *De providentia*. Dialoge I-VI, 9. Zum Senecas Cato als Held der aufklärerischen Tragödie siehe: Wolfgang Ranke, *Theatermoral: Moralische Argumentation und dramatische Kommunikation in der Tragödie der Aufklärung* (Würzburg: Königshausen & Neumann, 2009), 100-105.

178 Nietzsche, *Zur Genealogie der Moral*, 809-810: „Die Götter als Freunde grausamer Schauspiele gedacht – o wie weit ragt diese uralte Vorstellung selbst noch in unsre europäische Vermenschlichung hinein! man mag hierüber etwa mit Calvin und Luther zu Rate gehen. Gewiss ist jedenfalls, dass noch die Griechen ihren Göttern keine angenehmere Zukost zu ihrem Glücke zu bieten wussten, als die Freuden der Grausamkeit. Mit welchen Augen glaubt ihr denn, dass Homer seine Götter auf die Schicksale der Menschen niederblicken ließ? Welchen letzten Sinn hatten im Grunde trojanische Kriege und ähnliche tragische Furchtbarkeiten? Man kann gar nicht daran zweifeln: sie waren als Festspiele für die Götter gemeint: und, insofern der Dichter darin mehr als die übrigen Menschen ‚göttlich' geartet ist, wohl auch als Festspiele für die Dichter …" Dazu zwei Bemerkungen: Weiter sagt Nietzsche, der freie Wille sei um des Schauspiels willen erfunden, damit es

Lustspiel auf eigene Kosten auf, und ist auch sein eigener Zuschauer."[179] Wenn aber das globale Trauerspiel ein Ziel hätte, wäre die Tragödientheorie mit der Apokalyptik identisch. H. Ehrenberg schrieb 1920:

> Erlaubt, solange als Gott die Welt erhält, ist das Tragische das Merkwort für den niemals kommenden Weltuntergang in einer noch untergangsfremden Welt und sichert so gerade Trotz aller Parusieverzögerung die Bewusstseinsnahe der Apokalyptischen Stunde. Alle Tragik stellt, obwohl vom Individuum geboren, das von Menschen gezeichnete Vorbild der Weltkatastrophe. [...] Das Tragische ist jetzt das Zwischenstück zwischen dem gegenwärtigen Leben und dem zukünftigen Gericht.[180]

Jürgen Thaler kommentiert: „Wer über Tragik im frühen zwanzigsten Jahrhundert spricht, spricht über die letzten Dinge, über letzte Ordnungen: Religion und Erfüllung, Katastrophe und Erlösung."[181] Die Apokalyptik war die Klammer, die das Zeitalter zusammenhielt, das mit Schillers Dictum anfing, die Weltgeschichte sei das Weltgericht. Die Sondersitzungen dieses Gerichts waren die Revolutionen. Die Konservativen wie Joseph Marie de Maistre und die Sozialisten wie Henri de Saint-Simon waren sich einig, als sie die Französische Revolution – oder die eine permanente Revolution, die das ganze Zeitalter durchzog – als eine Miniatur des Jüngsten Gerichts schilderten.[182] Die Bilder der Revolution und des apokalyptischen Spektakels Gottes überlappen sich auch im Spätwerk des letzten wichtigen Tragödientheoretikers, Walter Benjamin: Am Ende des *Kunstwerks im Zeitalter seiner technischen Reproduzierbarkeit* schreibt er über den Weltkrieg als Spektakel und Folge der Ästhetisierung der Politik:

> Die Menschheit, die einst bei Homer ein Schauobjekt für die olympischen Götter war, ist es nun für sich selbst geworden. Ihre Selbstentfremdung hat jenen Grad erreicht, der sie ihre eigene Vernichtung als ästhetischen Genuss ersten Ranges erleben lässt. So steht es mit der Ästhetisierung der Politik, welche der

---

interessanter wird (810); auf diese Passagen aus der *Genealogie der Moral* wies wahrscheinlich Walter Benjamin am Ende des „Kunstwerkaufsatz" hin, als er die alten Schauspiele für Götter erwähnte (siehe Fußnote 178).

179 Artur Schopenhauer, *Die Welt als Wille und Vorstellung, Werke,* von Arthur Hübscher (Zürich: Diogenes, 1977), Bd. 2, 414.

180 Jürgen Thaler, *Dramatische Seelen: Tragödientheorien im frühen zwanzigsten Jahrhundert* (Bielefeld: Aesthesis, 2003), 10.

181 Jürgen Thaler, *Dramatische Seelen,* 10.

182 Walicki, *Filozofia polskiego romantyzmu,* 98, 150, 156.

> Faschismus betreibt. Der Kommunismus antwortet ihm mit der Politisierung der Kunst.[183]

Der Apokalyptik entbehrend, wird die moderne Theorie der Praxis, wie die Bourdieus, dramatisch bzw. theatralisch, aber nicht tragisch oder komisch, da das Telos der Praxis nicht berücksichtigt wird (dass sie nämlich selbstzwecklich wird). Der Vergleich von Bourdieu und der Ästhetik der Praxis des 19. Jahrhunderts fördert jedoch nicht nur Unterschiede, sondern auch Analogien zu Tage: Wie die alte Ästhetik der Praxis ist Bourdieus Theorie der Praxis eine Theorie, die Praktiken, Bewertungen, Einbildungen und Handlungen strukturieren und generieren soll. Auch sie konzentriert sich auf die Dialektik von Innerem und Äußerem, auf die Verinnerlichung des Äußerlichen und die Veräußerung des Innerlichen in halbwegs automatisierten Aktionen. Ebenfalls macht die Theorie alle in der Gesellschaft lebenden Menschen zu Ödipoi, da diese Verinnerlichung der äußerlichen gesellschaftlichen Ordnung sich unbewusst im Körper in Gestalt von ‚Bahnung' und Gewöhnung niederschlägt.[184] In großen Systemen wie dem hegelschen fungierte diese Krönung der Ästhetik (der Kunstlehre) als ein spezielles Modul, das die Erkenntnis und die Verblendung in der Praxis testete und die Relation zwischen dem Wissen und dem Gegenstand des Wissens und Handelns darstellte. Darum ist die Gestalt des Ödipus in ihr so maßgeblich und eben darum spielte die Tragödientheorie solch eine große Rolle im Methodenstreit innerhalb der Kulturwissenschaften (in Webers ‚Polytheismus der Werte' sowie überhaupt in seiner ‚tragischen Soziologie',[185] in Cassirers Polemik gegen Simmel zur ‚Tragödie der Kultur',[186] in Lenks These vom tragischen Bewusstsein der klassischen deutschen Soziologie[187]).

Den finalen, eschatologischen, apokalyptischen Charakter der erneuernden tragischen Ästhetik demonstriert am deutlichsten Tadeusz Zieliński (1859-1944). Der klassische Philologe Zieliński, der als Faddej Francevič Zelinskij eine der führenden Persönlichkeiten des russischen Silbernen Zeitalters und zusammen mit Viačeslav Ivanov Befürworter der dritten slavischen

183 Walter Benjamin, „Das Kunstwerk im Zeitalter seiner technischen Reproduzierbarkeit. Erste Fassung", *Gesammelte Schriften*, Bd. 1, 469.

184 Pierre Bourdieu, „Esquisse d'une théorie de la pratique", *Esquisse d'une théorie de la pratique. Précédé de „Trois études d'ethnologie kabyle"* (Paris: Libraire Dros, 1972), 157-243.

185 Vgl. Stefan Breuer, *Max Webers tragische Soziologie. Aspekte und Perspektiven* (Tübingen: Mohr/ Siebeck, 2006)

186 Cassirer, „Die ‚Tragödie der Kultur'".

187 Kurt Lenk, „Das tragische Bewusstsein in der deutschen Soziologie", *Kölner Zeitschrift für Soziologie und Sozialpsychologie* 1964, 2, 257-287.

Renaissance war, aus der die Theorien von Theater ohne Rampe[188] und Dostoevskijs Tragödien-Roman stammte,[189] übersetzte die Tragödien des Sophokles ins Russische. Nach der Oktoberrevolution und seiner Übersiedlung nach Warschau, in die Hauptstadt des seit 1918 unabhängigen Polen, ließ er seine russischen Einführungen zu Sophokles' Tragödien ins Polnische übersetzten und als *Sofokles i jego tragiczna twórczość* (*Sophokles und sein tragisches Schaffen*) herausgeben. Der erste Essay des Bandes, der Heldentragödie (*tragedia bohaterska*) gewidmet, ist eine *tour de force* des Philologen, der eine fachtypische Akribie mit einer Begeisterung für Wagner und Nietzsche verband.[190] Seine Theorie basiert auf Nietzsches Lebensphilosophie, während er Wagner als Verkörperung der dionysischen Stimmung sah. Zielinskis Tragödientheorie ähnelt scheinbar den typisch konservativen Spät(miss) geburten der Lebensphilosophie wie Ludwig Klages *Der Geist als Widersacher der Seele*, da Zieliński Alltag (das russische ‚byt') dem Leben gegenüberstellt; im Gegensatz zur stumpfen Faszination mit dem Sein oder Leben transzendiert sein Konzept des ‚tragischen Lebens' aber auch das ‚lebendige Leben' der Lebensphilosophie – und zwar in Richtung einer erneuerten Menschheit. Die Tragödie sein Ausdruck des Lebens in seiner Reinheit, von den Plattitüden des Alltags befreit. Der übliche Alltag könne nur Gegenstand der Komödie sein,[191] da die Tragödie gerade darin bestehe, dass sie den Alltag in Richtung einer nie da gewesenen (heroischen) Vergangenheit transzendierte. Diese Vergangenheit sei weder mit der faktischen Vergangenheit, „die einmal Gegenwart war", versöhnbar, noch mit der Kulturgeschichte als einer Geschichte gestorbener Kulturen; aus dieser ‚heroischen' Vergangenheit könne sich kein Konservatismus speisen. Sie sei vielmehr Hort der zukünftigen Emanzipation: „Der Name dieser Vergangenheit ist der heroische Mythos."[192]

---

188 Schahadat, *Das Leben zur Kunst machen*, 85-87, 97.

189 Nina Braginskaja, „Slavjanskoe vozroždenie antičnosti", Sergei. N. Zenkin (Hg.), *Russkaja teorija, 1920-1930-e gody: materialy 10-ch Lotmanovskich čtenij* (Moskva: RGGU, 2004), 49-80.

190 Siehe das Słowacki-Wagner-Bakunin-Kapital.

191 Tadeusz Zieliński, *Sofokles i jego twórczość tragiczna* (Kraków: Krakowska Spółka Wydawnicza, 1928), 10-11. In seiner Rezension für *Wiadomości Literackie* beklagt Eleuter (Jarosław Iwaszkiewicz) die entsetzliche Qualität der Übersetzung aus dem Russischen, die von den Studenten der klassischen Philologie an der Universität Warschau vorbereitet wurde („O Sofoklesie Zielińskiego niektóre uwagi", *Wiadomości Literackie* 1928, 32, 3); sie übersetzten etwa das russische Wort für den Alltag ‚byt', als ginge es um ‚bytie', das Sein.

192 Zieliński, *Sofokles i jego twórczość tragiczna*, 5.

Aus ihr – und aus Nietzsches „monumentaler“ Geschichte[193] – ergibt sich eine Ahnung der Zukunft. Die Dichter und das Publikum

> treffen sich in dieser Ahnung, also auch in dem Wunsch, diese Ahnung als verkörpert zu sehen. [...] Die Wirklichkeit [...] bietet nur einen Alltag, die wir verneinen möchten, die Zukunft – nur eine leblose Utopie. Die Idealität zusammen mit der Verkörperung bietet nur die Vergangenheit, aber nur eine solche, die nie Gegenwart, d.h. Alltag gewesen ist oder, aufgrund verschiedener Bedingungen, sich genug von der Gegenwart getrennt hat, die sie einst war.[194]

Und weiter in dionysisch verworrenem Stil:

> Die Heldentragödie ist eine Vorbereitung. Der Dichter vollbringt das Werk des Lebens. So wie das Leben (wenn man diesen Begriff personifizieren kann), indem es den Keim eines organischen Wesens schöpft, als eine unsichtbare Gestalt diese zukünftige Vollkommenheit meint, um deren Willen der Keim geschaffen wird und um deren Willen er in Zukunft wächst; wie dasselbe Leben, einzelne organische Wesen aneinander anknüpfend, schon wieder eine unsichtbare Gestalt vor seinen Augen hat, die der zukünftigen Vollkommenheit der Rasse, zu den die Einzelnen eine Generation nach der anderen heranwachsen sollen – so bereitet der Dichter vor, unter dem Eindruck der Ansicht der ihn umgebenden Gesellschaft, die zukünftige Vervollkommnung – auch als die unsichtbare Gestalt. Unter einem Aspekt ist er aber mächtiger als das im Schweigen und unbewusst schaffende Leben: der Dichter kann diese unsichtbar in seiner Seele verweilende Gestallt für alle sichtbar machen und er macht es, indem er seine Ahnungen in die Bilder der Vergangenheit eingießt und sie durch diese Metempsychose umwandelt.[195]

---

193 Friedrich Nietzsche, „Vom Nutzen und Nachteil der Historie für das Leben“, *Werke*, Bd. 1, 219-230.

194 Zieliński, *Sofokles i jego twórczość tragiczna*, 7: „zetkną się oni w tem przeczuciu, a więc i w pragnieniu, by przeczucie ujrzeć ucieleśnionem. [...] Rzeczywistość, jak widzieliśmy, daje tylko byt negowany, przyszłość tylko utopję bez życia. Idealność a zarazem ucieleśnienie daje tylko przeszłość, lecz znów taka przeszłość, która albo nigdy nie by a teraźniejszością, a więc bytem, lub też wskutek pewnych warunków dostatecznie oddzieli a się od teraźniejszości, którą by a niegdyś.“

195 Zieliński, *Sofokles i jego twórczość tragiczna*, 7-8: „Tak więc tragedia bohaterska – to przygotowanie. Poeta dokonywa dzieła życia. Jak życie (jeśli wolno uosobić to pojęcie), stwarzając zarodek istoty organicznej, ma na myśli, – jako niewidzialny kształt – ową przyszłą doskonałość, ze względu na którą stwarza się zarodek i do której on w przyszłości dorasta, jak to samo życie, splatając jednostki istot organicznych pomiędzy sobą, ma przed oczyma, znów jako niewidzialny kształt, ową przyszłą doskonałość rasy, do której one w stopniowej kolejności pokoleń winny dorosnąć, tak też poeta na widok otaczającego go społeczeństwa przygotowuje w swej duszy owo przyszłe udoskonalenie, znów jako ów niewidzialny kształt. Pod jednym jednak względem jest on jeszcze potężniejszy, niż w milczeniu i nieświadomie tworzące życie: może ów kształt, niewidzialnie przebywający

Wie bei Benjamin oder Abramowski ist die Tragödientheorie der Schauplatz, auf dem der Ausgang aus der Naturgeschichte zur menschlichen Geschichte modelliert und betrachtet wird; bei Zieliński ist die hohe tragische Kunst samt der fiktiven, nie da gewesenen Vergangenheit, aus der sie schöpft, indem sie sie erschafft, der Königsweg aus der Naturbefangenheit des Menschen. Wenn das lebendige Leben die aktuelle Kultur als ein Ding der antiquarischen, nicht lebendigen Vergangenheit kompromittiert, überbietet es sich selbst in der Kunst – es öffnet sich für die Zukunft, die einer Natur, die immer zyklisch nach Gesetzen verfährt, nicht zusteht. Die Denkformen der kritischen Tragödientheorie haben proleptischen Charakter: Sie verlangen nach einer Tat, die der Schlussstein des Systems von Vorstellungen und Ideen sein könnte; das Modell für eine solche Tat und eine analogisch für die Zukunft offene Form, die eine Reaktion des Zuschauers einfordert, um wirklich vollendet zu sein, erkennen die Kritiker in der griechischen Tragödie wieder. Und doch um die Einmaligkeit zu bewahren, muss die Tragödie die Gesetzmäßigkeiten der Natur aufnehmen und sich im Gegenzug in den großen Zyklus der Natur und des gesellschaftlichen Lebens einschreiben.

Das Echo von Zieliński und der dritten slavischen Renaissance ebbte auch nach der Oktoberrevolution nicht ab und dauert bis heute an, obschon seine Quelle unkenntlich geworden ist. Die gegenwärtige Forscherin Violetta Gudkova schreibt über die Staatsakademie der Kunstwissenschaften (GAChN), gegründet 1921 in Moskau:

> Die regulative Idee der GAChN im Allgemeinen und der Theatersektion im Besonderen war, alle Wissenschaften zu vereinigen, um den Menschen in seiner Beziehung zur Welt zu erforschen. Das vollständige Sein eines Individuums, das ohne Kunst unmöglich ist (zumal in der Situation, wo die Religion als eine ‚höhere Idee' komplett fehlt), verkörperte sich auch im Theater, und zwar in der seltsamen Existenz des Schauspielers auf der Bühne. Diese Existenz vereinigte organisch die öffentlichen Denkweisen – [...] die rationale Konzeption des Stücks – und pure Emotion des Schöpfers.[196]

---

w jego duszy, uczynić widzialnym dla wszystkich, i czyni to [...], wlewając swe przeczucia w obrazy przeszłości i przetwarzając je przez tę metempsychozę."

196 Violetta Gudkova, „Komu mešali učenye": „Основополагающей идеей ГАХН в целом, и ее Театральной секции в частности, было стремление объединить все науки через изучение человека и многообразия его связей с миром. Полноценное бытие индивида, невозможное без искусства (тем более в послереволюционной ситуации тотального отрицания религии как ‚высшей идеи'), воплощалось в том числе в театре. Именно в странном существовании актера на сцене совершалось органическое соединение общественных умонастроений – [...] рациональной концепции спектакля – и чистой эмоциональности творца [...]."

Herman Cohen war in seiner *Ästhetik des reinen Gefühls* (1912) im Hinblick auf die Gattung präziser, in der sich das Individuum bildet.[197] In der attischen Tragödie emergiert das menschliche Einzelne, und zwar als Maske, Persona, die einheitlich handelt. Als Indivi-Duum entspringt diese der Relation von Schauspieler und Zuschauer, die gemeinsam die fiktionale Welt des Bühnengeschehens und die Einheit der Handlung hervorbringen. So entsteht der Mensch ganz im Sinne der (transzendentalen) Ästhetik der Praxis als schöne Erscheinung und Reflexionsobjekt zugleich; reflektiert wird sein Erkenntnisvermögen und die Freiheit seines Willens. In Tadeusz Kantors Manifest von 1975 „Die Puppen tauchen auf" findet sich ein schönes Fragment, welches das Auftauchen der Individualität in der Tragödie eindrucksvoller als Herman Cohen oder Walter Benjamin schildert. Kantors Theater des Todes soll uns zu diesem „revolutionären" und „avantgardistischen" Augenblick zurückbringen, „in dem der Schauspieler zum ersten Mal vor einem Publikum (um das heutige Vokabular zu verwenden) auftrat":[198]

> Aus dem gemeinsamen Kreis der Alltagssitten und religiösen Rituale, der gemeinsamen Zeremonien und gemeinsamen Spiele trat EINER hervor, der den kühnen Entschluss fasste, sich von der Kult-Gemeinschaft LOSZULASSEN: Nicht der Übermut hat ihn geleitet (wie bei Craig), um im Mittelpunkt der Aufmerksamkeit aller dazustehen. Dies wäre eine Vereinfachung. Es muss ein eher rebellischer, anfechtender, ein ketzerischer Geist gewesen sein, frei und tragisch, denn er wagte es, mit seinem Los und Schicksal alleine zurechtzukommen. Wenn wir dem noch hinzufügen würden: „mit seiner Rolle", werden wir den SCHAUSPIELER vor unseren Augen haben.
>
> [...]
>
> Versuchen wir, uns folgende Situation zu vergegenwärtigen: GEGENÜBER jenen, die diesseits geblieben waren, trat EIN MENSCH auf, der ihnen TÄUSCHEND ÄHNLICH sah, und trotzdem (durch irgend eine mysteriöse und geniale „Verwandlung") ungreifbar weit, erschütternd FREMD, wie ein TOTER vorkam, als ob er durch eine unsichtbare BARIERRE von ihnen getrennt wäre – durch eine Barriere, die gerade deswegen so furchtbar und unvorstellbar erscheint, weil sich uns ihr wahrer Sinn und SCHRECKEN lediglich im TRAUM offenbart. Wie vom Blitz geblendet haben sie plötzlich ein grelles, clownhaftes tragisches Abbild des Menschen gesehen, als ob sie ihn zum ERSTEN MAL gesehen, als ob SIE SICH SELBST wiedererkannt hätten.[199]

---

197 Hermann Cohen, *System der Philosophie. Dritter Teil: Ästhetik des reinen Gefühls* (Berlin: Cassirer, 1912), Bd. 2, 61-62.

198 Tadeusz Kantor, „Die PUPPEN tauchen auf", Manfred Brauneck (Hg.), *Theater im 20. Jahrhundert. Programmschriften. Stilperioden. Kommentare* (Reinbek bei Hamburg: Rowohlt, 2009), 193.

199 Kantor, „Die PUPPEN tauchen auf", 194-195.

Indem Kantors Manifest das Schicksal mit der Rolle und die Individualität mit dem Gemeinsamsein korreliert, gehört es zur kritischen Tragödientheorie, da es für Kantors Theater gilt, diese Urkraft des Theatralischen wiederzufinden und einen Unterschied zu machen.

1.5. Urszenen der kritischen Tragödientheorie

Da die kritische Tragödientheorie eine Theorie der Beziehung von Theorie und Praxis ist, würde einem performativen Widerspruch anheimfallen, wer die reine Theorie zu rekonstruieren suchte. Man sollte eher mit besonders anfallenden Verbindungen von Gedanken und Aktivitäten anfangen. Der kritische Charakter einer Tragödientheorie, die sich von Natur aus an der Schnittstelle von Theorie und Praxis befindet, offenbart sich meist durch eine Polemik, wenn sich die Theorie also in einer Situation befindet, in der sie sich dialogisch behaupten muss. Die Urszenen der kritischen Tragödientheorie nehmen dann die Gestalt eines Streits oder eines performativen Selbstwiderspruchs an, in den der sich in einer Situation der Krise befindende Held durch kämpferische Selbstvergessenheit gerät. Dieser Verblendung folgt eine Peripetie des Diskurses, wobei eben jene Theorie, die sich explizit von der Tragödientheorie verabschiedet hat, in die nächste Nähe dieser rückt. Ein Beispiel folgt.

Róża oder Rosa Luxemburg – als tragische Gestellt gefasst – kam am gleichen Mangel ums Leben, den sie an der Oktoberrevolution kritisierte, und zwar am Voluntarismus, der die politische Form des Jakobinismus (Blanquismus) annahm;[200] nur die subjektive Seite des Sozialismus – so kann ihre Kritik in die Begrifflichkeiten Abramowskis Übersetzt werden – kam zum Vorschein, die gesetzmäßige Entwicklung des Proletariats als selbstbewusster Klasse hinkte hingegen weit hinterher, wie ein Ödipus. Das Bewusstsein der Fehler der anderen schützte sie nicht vor deren Wiederholung; sie wusste sogar, sie selbst hat einen notwendigen Fehler begangen. Die Urszene gleicht einer Rechtfertigung der Harmatie und einem Trost. Mit Blick auf die Apologie des bewussten Fehlers, des verfrühten Aufstandes, griff Rosa Luxemburg, der erfolgreichste politische Export aus Polen, in ihrer letzten Schrift vor dem Tod auf polnische Muster und Erfahrungen zurück; der Fall des Spartakusaufstandes 1919 löste in Rosa Luxemburg die Erinnerung an den gescheiterten polnischen

200 Rosa Luxemburg, „Die russische Revolution", *Politische Schriften*, hg. von Ossip K. Flechtheim (Frankfurt am Main: Europäische Verlagsanstalt, 1968), Bd. 3, 106-141.

Novemberaufstand 1830 aus,[201] jenen durch Mickiewicz' Tragik begünstigenden Aufstand, dessen Niederlage messianistische Hoffnungen und eine Welle der Lieddichtung auslöste. Die Autorin von *Die Theorie und die Praxis* (1910) schrieb in ihrem letzten Aufsatz:

> „Ordnung herrscht in Warschau!" teilte der Minister Sebastiani im Jahre 1831 in der Pariser Kammer mit, als Paskiewitschs Soldateska nach dem furchtbaren Sturm auf die Vorstadt Praga in der polnischen Hauptstadt eingerückt war und ihre Henkerarbeit an den Aufständischen begonnen hatte.
>
> „Ordnung herrscht in Berlin!" verkündet triumphierend die bürgerliche Presse, verkünden Ebert und Noske, verkünden die Offiziere der „siegreichen Truppen", denen der Berliner kleinbürgerliche Mob in den Straßen mit Tüchern winkt, mit Hurra! zujubelt.
>
> [...]
>
> „Ordnung herrscht in Warschau!" „Ordnung herrscht in Paris!" „Ordnung herrscht in Berlin!" So laufen die Meldungen der Hüter der „Ordnung" jedes halbe Jahrhundert von einem Zentrum des weltgeschichtlichen Kampfes zum anderen. Und die frohlockenden „Sieger" merken nicht, dass eine „Ordnung", die periodisch durch blutige Metzeleien aufrechterhalten werden muss, unaufhaltsam ihrem historischen Geschick, ihrem Untergang entgegengeht.[202]

An der Stelle taucht das Thema des geschichtlichen Schicksals auf, dessen Name ‚Revolution' ist; als das Prinzip der Freiheit ist die Revolution notwendig unbesiegbar – denn wer möchte ein ‚Naturgesetz' der menschlichen ethischen Welt bezwingen? Wer das versucht, beschleunigt nur seinen Untergang; wer dagegen an der Verwirklichung der Freiheit untergeht, der wird triumphieren. Die apokalyptischen Züge der Revolution, die zum endgültigen Triumph der Gerechten führt, erscheinen als Kehrseite ihrer Beständigkeit – und das ist schon, wie ich weiterhin, allen voran im Höderlin-Kapitel zeige, der tragische Chronotopos schlechthin. Der Koinzidenz von Diskretion und Kontinuität im tragischen Chronotpos entspricht die Erscheinungsform, welche Determination mit Freiheit zusammenflicht. Dem revolutionären Schicksal fehlt es nicht am tragischen[203] Paradox des heiteren Scheiterns, auf das der Leser dieses Buches so oft und in verschiedensten Gestalten treffen wird:

---

201 Maria Janion, „‚Cześć i dynamit.' Literatura a rewolucja", Maria Janion, Maria Żmigrodzka (Hg.), *Literatura polska wobec rewolucji* (Warszawa: PIW, 1971), 7-10; vgl. Maria Janion, „Rewolucja literacka a rewolucja polityczna", *Prace wybrane* (Kraków: Universitas 2001), Bd. 4, 254-325.

202 Rosa Luxemburg, „Die Ordnung herrscht in Berlin", *Gesammelte Werke*, hg. von Dr. G. Radczun et al. (Berlin: Dietz, 1979), Bd. 4, 531-532.

203 Der letzte Aufsatz von Luxemburg wurde 2000 Objekt eines „Dramas mit Chor" von Einar Schleef – *Verratenes Volk* (nach Texten von John Milton, Friedrich Nietzsche, Edwin Dinger und Alfred Döblin), Deutsches Theater Berlin. Zur Rolle von Luxemburgs „Ordnung

> Aus diesem Widerspruch zwischen der Zuspitzung der Aufgabe und den mangelnden Vorbedingungen zu ihrer Lösung in einer anfänglichen Phase der revolutionären Entwicklung ergibt sich, dass die Einzelkämpfe der Revolution formell mit einer Niederlage enden. Aber die Revolution ist die einzige Form des „Krieges" – auch dies ihr besonderes Lebensgesetz –, wo der Endsieg nur durch eine Reihe von „Niederlagen" vorbereitet werden kann! [...] Wo wären wir heute ohne jene „Niederlagen", aus denen wir historische Erfahrung, Erkenntnis, Macht, Idealismus geschöpft haben! Wir fußen heute, wo wir unmittelbar bis vor die Endschlacht des proletarischen Klassenkampfes herangetreten sind, geradezu auf jenen Niederlagen, deren keine wir missen dürfen, deren jede ein Teil unserer Kraft und Zielklarheit ist.[204]

Luxemburg erkennt wie Karl Marx in seiner Polemik gegen Ferdinand Lassalle[205] ausschließlich den objektiven Konflikt zwischen den Massen und „der mangelnden Reife der historischen Voraussetzungen" als den einzig tragischen und hoffnungstragenden Konflikt an; der unentschiedenen, in ihrer Taktik schwankenden Führung spricht Luxemburg dagegen jegliche Tragik ab. Jener Konflikt ist tragisch und unausweichlich, da jede Revolution ‚zu früh' passieren muss, dieser hingegen ist bloß ein schlechtes Schauspiel. Die Vision der notwendigen und freudigen Niederlage ist auch von Marx geliehen, der den Zusammenhang von Untergang und Triumph im „Manifest der Kommunistischen Partei" herstellte und dann im Essay *Die Klassenkämpfe in Frankreich 1848 bis 1850* wiederholte und ausführlicher darstellte.[206] Im „Manifest der Kommunistischen Partei" wird das Tragische mit dem Medialen eng verknüpft. „Von Zeit zu Zeit siegen die Arbeiter, aber nur vorübergehend." Das heißt – sie verlieren letzten Endes, und das ist gut so: „Das eigentliche

---

Herrscht in Berlin", diesem tragischaffinen Drama siehe Christina Schmidt, *Tragödie als Bühnenform: Einar Schleefs Chor-Theater* (Bielefeld: Transcript, 2014), 305-312.

204 Luxemburg, „Die Ordnung herrscht in Berlin", 534.

205 Siehe das Kapitel 2.1.

206 Karl Marx, *Die Klassenkämpfe in Frankreich 1848 bis 1850*, Marx, Engels, *Werke*, Bd. 7, 9-107, hier vor allem 20-21, 30-34, 62-64. Auch der Anti-Held von Marx' „Das Elend der Philosophie" bediente sich in seinem *Confiteor* dergleichen oder einer ähnlichen Bildsprache in Bezug auf die Niederlage der Revolution 1848 in Frankreich: „mögen die Republikaner fallen und untern den Trümmern ihrer Städte begraben werden;/ die Republik bleibt doch das Ideal der Gesellschaften, und bald erscheint die geschändete Freiheit wieder, wie nach der Verfinsterung die Sonne. [...] Sind Italiener, Ungarn, Polen, wie sie schweigend protestieren, darum aus dem Verzeichnis der Völker ausgestrichen? [...] Verzweifelt nicht, Freunde! Wenn die Revolution seit dem Februar unaufhörlich vertagt worden ist, so fordere dies die Erziehung unserer jungen Demokratie. Wir waren noch nicht reif für die Freiheit" (Pierre Joseph Proudhon, *Bekenntnisse eines Revolutionärs um zur Geschichtsschreibung der Februarrevolution beizutragen*, hg. von Günter Hillmann (Reinbek bei Hamburg: Rowohlt, 1969), 7.

Resultat ihrer Kämpfe ist nicht der unmittelbare Erfolg, sondern der immer weiter um sich greifende Vereinigung der Arbeiter. Sie wird befördert durch die wachsenden Kommunikationsmittel, die von der großen Industrie erzeugt werden und die Arbeiter verschiedenen Lokalitäten miteinander in Verbindung setzen."[207] Proletarier aller Länder, euer Heil ist in der Vereinigung, d.h. in der Niederlage und den Medien. Nichts anderes als die Tragödie bedeutet das Medium einer „Trotz alledem" – wie Karl Liebknecht seinen letzten Aufsatz, ein Pendant zu Luxemburgs „... Warschau" – glücklichen Niederlage. Diese Medialität des hoffnungsbringenden Untergangs drücke auf genial konzise, ökonomische Weise die letzte Szene von Vsevolod Pudovkins erstem Tonfilm *Dezertir* (*Der Deserteur*, 1933) aus, in der heitere, triumphierende Musik die Bilder eines Massakers an streikenden Arbeitern, von der Polizei verübt, begleitet, wobei der durch öffentliche Selbstbescheidung und Sühne verklärte Titelheld am Ende die rote Fahne aus dem Wirrwarr rettet, wahrscheinlich, um sie weiterzureichen. Noch durchschaubarer drückt diese Wahrheit eines beglückten Scheiterns im Namen der Revolution das erfolggekrönte Theaterstück von Vsevolod Višnevskij aus, das den augenscheinlich paradoxen, aber eigentlich tautologischen Titel *Die optimistische Tragödie* (*Optimističeskaja tragedija*, 1932) trägt. Der Titel reflektiert den offiziellen Optimismus von Stalins Mobilmachung, nichtdestotrotz passt er bestens zur (transzendentalen) Ästhetik der Revolution, welche im Stück zum Ausdruck kommt. Es ist Bürgerkrieg, die jungfräuliche Kommissarin ‚reinigt' einen Trupp, bis alle Soldaten bereit werden, aus Treue für die Oktoberrevolution zu sterben. Die letzten Worte der Figuren:

> Die Kommissarin: Gibt es für uns den Tod?
> Matrosen: Es gibt für uns keinen Tod?[208]

Dann, in Didaskalien, ertönt eine nietzscheanische Hymne auf die Musik und das unendliche Leben selbst, die schon wieder den Moment des Todes mit Triumphklängen kontrapunktiert, in welchen die Weltrevolution evoziert wird. Nur wird hier die Affirmation des unendlichen Lebens nicht durch die ewige Wiederkunft, sondern durch eine andere kreishafte Bewegung, die Revolution, abgesichert.

Auch die marxistische Literaturwissenschaft wurde dazu angeleitet, die Tragödie – die tragische Niederlage – als Portal zwischen den *res gestae*

---

207 Karl Marx, Friedrich Engels, „Manifest der Kommunistischen Partei", *Werke*, Bd. 4, 471.

208 Vsevolod Višnevskij, *Optimističeskaja tragedija, Novyj Mir* 1933, 2, 29-60; hier 60: „Комиссар: ‚Есть ли смерть для нас?' Матросы: ‚Нет смерти для нас'".

und der Kunst zu betrachten. Michail Lifšic leitete ab der Ausgabe von 1957 seine Basisanthologie *K. Marx i F. Engels ob iskusstve* (dt. *Marx und Engels über Kunst und Literatur*) mit den Fragmenten der Diskussion ein, die die Klassiker mit Ferdinand Lassalle über die Tragödie geführt hatten und die ich im Kapitel 2.1 bespreche.[209] Auch in seinen Aufsätzen kreist Lifšic um Engels' Bestimmung des Revolutionär-Tragischen als „die tragische Kollision zwischen dem historisch notwendigen Postulat und der praktisch unmöglichen Durchführung."[210] Dadurch wird jeder Revolution (bis auf die letzte) notwendig und notwendig verfrüht, verfehlt und deswegen auch hoffnungstragend, fröhlich.

Aber die (transzendentale) Ästhetik der Praxis erschöpft sich nicht in Wertungen und Auslegungen, sondern entlädt sich auch in politischen Entscheidungen. Luxemburg entschuldigt sich unter Berufung auf den Chronotopos der Revolution – ihre Schuld am Ausbruch des verfrühten Spartakus-Aufstands drapiert sie als *felix culpa*. Der Anarchist Ernst Toller beschuldigte dagegen die Kommunisten des gezielten Abzielens auf ein möglichst blutiges Ende der Münchener Räterepublik. Die Kommunisten würden auf umfangreichstes Scheitern spielen – wobei sie den Grad der Glücklichkeit dieses Scheiterns von der Brutalität der Unterdrückung abhängig machten: „Auch die Kommunisten wissen, daß unsere Lage unhaltbar ist, aber sie dringen auf militärische Entscheidung, jede Verhandlung mit der Bamberger Regierung sei Verrat, sie erhoffen von der Niederlage mächtige revolutionäre Antriebe, sie glauben, durch die Niederlage werde das Proletariat reifer und aktiver."[211] Ein die Einbildungskraft herausforderndes Massaker folgte.

Nun zurück zu Luxembourgs Verblendung. Es ist aufschlussreich, dass die Isomorphie von Luxemburgs Essay mit Marx' Argumentation über die Notwendigkeit der Unzeitgemäßheit von der polnischen Literaturwissenschaftlerin Maria Janion festgestellt wurde, während der Ideen- und spezifisch Marxismushistoriker Andrzej Walicki auf den Rückgriff Luxemburgs zu Adam Mickiewicz, Maurycy Mochnacki und polnischer Romantik hinweist: „Exactly the same arguments have been employed, and are still being used" – kommentiert Walicki die Figur der glücklichen Niederlage in Luxemburgs „Ordnung herrscht in Berlin" – „in defense of the Polish national uprisings: all were defeated but nonetheless each embodied a moral victory and strengthened national self-consciousness, thus paving the way for national

209 Michail Lifšic (Hg.), *K. Marx i F. Engels ob iskusstve* (Moskva: Iskusstvo, 1957), 15-72.

210 Engels an Ferdinand Lassalle, *Werke*, Bd. 29, 604; vgl. Michail Lifšic, „Veter istorii", *Sobranie sočinenij v trech tomach* (Moskva: Izobrazitel'noe iskusstvo, 1984), Bd. 1, 292-299; Michail Lifšic, „Čelovek tridcatych godov", *V mire estetiki* (Moskva: Izobrazitel'noe iskusstvo, 1985), 189-312.

211 Ernst Toller, *Eine Jungend in Deutschland* (Berlin: Hofenberg, 2016), 120.

freedom. This reasoning is deeply rooted in the cultural legacy of Polish romanticism, whose greatest bard, Adam Mickiewicz, was Rosa Luxemburg's favorite poet."[212] Luxemburg war jedoch bereit, auch ihren Lieblingsdichter zu opfern und ihm die Rolle eines harmlosen Träumers ohne politisches Gewicht zuzuschreiben, weil dessen Sozialismus ein ‚utopischer' und dazu nationaler war, während ihre Zeit für den Internationalismus bereit sei. Zum 100. Geburtstag Mickiewiczs schrieb sie: „Das aufgeklärte Proletariat ist daher unseres Erachtens geistig reif genug, um den großen Dichter [Mickiewicz] um seinen Dichtergenius willen zu lieben und zu verehren, und braucht nicht erst durch die unklaren mystisch-utopischen sozialen Vorstellungen seiner dichterischen Verfallsperiode bestochen zu werden. So eng darf der Horizont einer Klasse, die die Welt erneuern will, nicht sein."[213] Das literarische Netzwerk scheint trotz allem mit Luxemburgs Versuch, das Freudigste aus dem Fall zu gewinnen, ganz eng verflochten zu sein, wobei die Fäden in die Romantik führen; ihr letzter Aufsatz „Die Ordnung ..." endet mit einer Melange von Zitaten und apokalyptischen Paraphrasen:

> „Ordnung herrscht in Berlin!" Ihr stumpfen Schergen! Eure „Ordnung" ist auf Sand gebaut. Die Revolution wird sich morgen schon „rasselnd wieder in die Höh' richten"[214] und zu eurem Schrecken mit Posaunenklang verkünden:
> Ich war, ich bin, ich werde sein![215]

Lukács stilisierte Rosa Luxemburg in der *Geschichte und Klassenbewusstsein* (1923) zum notwendigen Opfer auf dem Weg der ungezwungenen Revolution (als eine Frau passte sie sehr gut zum *emploi* der tragischen Heroine).[216] Doch der tragische Held kommt zwar mit dem Absoluten (der Freiheit) in Berührung, doch weiß er nicht, was er tut (die Erkenntnis fällt erst mit der Katastrophe zusammen); daher die ironische Lage dieser erhabenen Gestalten. Die letzte Wiedererkennung von Rosa Luxemburg, die die Niederlage hinnehmen und

---

212 Andrzej Walicki, *Marxism and the Leap to the Kingdom of Freedom: The Rise and Fall of the Communist Utopia* (Stanford: SUP, 1995), 249.

213 Rosa Luxemburg, „Adam Mickiewicz", *Gesammelte Werke*, Berlin 1970, Bd. I/1, 307.

214 Ferdinand Freiligrath, „Abschiedswort der Neuen Rheinischen Zeitung", *Neue Rheinische Zeitung. Organ der Demokratie*, Nr. 301, 29 Mai 1849, 1: „Nun ade, nun ade, du kämpfende Welt,/ Nun ade, ihr ringenden Heere!/ Nun ade, du pulvergeschwärztes Feld,/ Nun ade, ihr Schwerter und Speere!/ Nun ade – doch nicht für immer ade!/ Denn sie töten den Geist nicht, ihr Brüder!/ Bald richt ich mich rasselnd in die Höh',/ Bald kehr ich reisiger wieder!" Und: „Dann stehn wir wieder zusammen!/ Mit dem Wort, mit dem Schwert", d.h. mit Theorie und Praxis.

215 Luxemburg, „Die Ordnung herrscht in Berlin", 536.

216 Lukács, *Geschichte und Klassenbewusstsein*, 199-217.

den fröhlichen Charakter dieser Niederlage annehmen muss, betrifft einerseits die Ewigkeit der Revolution und andererseits dessen, dass Mickiewicz doch ihr politscher Patron und ihr Vorbild in politischem Bereich war. Die Ewigkeit der Revolution, eine Form von explosiver Zeit- und Räumlichkeit, versetzt Luxemburgs Gedanken plötzlich – von der unwillkürlichen Erinnerung an den polnischen Novemberaufstand getragen – in die Nähe der polnischen romantischen, nationalistischen Philosophie. ‚In die Nähe' ist eigentlich zu wenig gesagt: Es scheint nicht mehr, dass Luxemburg die polnische Romantik überwand, sondern viel mehr, dass die polnische Romantik Luxemburgs Idee der ewigen Revolution, die sie den zukünftigen Generationen als ihr Vermächtnis verlassen wollte, vorhersah. Solch eine ewige Revolution als das Prinzip der Weltgenese beschrieb etwa Juliusz Słowacki, einer der Helden des letzten Kapitels. Mickiewicz, der Meister der Verwandlung von Niederlagen ins Freudigste, erkannte in einem seiner „unklaren mystisch-utopischen" Artikel über die Revolution(en) von 1848-1849:

> Auf den ersten Blick dreifacher Form ist sie überall dieselbe; dreifach, sagen wir, das heißt universell. Sie ist bei den unterdrückten Völkern national, die um ihre Unabhängigkeit kämpfen wie in Italien, Polen, in Ungarn und bei den Südslaven; sie ist bei den Nationen politisch, die Throne und Sonderrechte aufheben wollen; in der Republik ist sie sozial; sie ist überall universell, wo es Menschen gibt.[217]

Ihren Essay zu Mickiewicz schloss Rosa Luxemburg mit:

> In Deutschland ist das klassenbewusste Proletariat, nach dem Ausdruck von Marx, der Erbe der klassischen Philosophie. In Polen ist es – kraft eines anderen historischen Zusammenhangs – der Erbe der romantischen Poesie, also auch ihrer größten Koryphäe, des Adam Mickiewicz.[218]

Die Peripetie dieser Urszene besteht darin, dass der Begriff der Erbschaft eine ganz andere Bedeutung bekommt, die der Biologie näher als dem

217 „Na pierwsze wejrzenie trojaka w formie, jest ona wszędzie ta sama; trojaka powiadamy, to znaczy ogólnoludzka. Jest ona narodowa u ludów ciemiężonych, które walczą o swą nieodległość, jak we Włoszech, w Polsce, na Węgrzech i u Słowian południowych; jest polityczna wśród narodów, które usiłują obalić trony i przywileje; jest socjalna w Republice; jest ogólnoludzka wszędzie, gdzie są ludzie." Adam Mickiewicz, „Posiedzenie Zgromadzenia Narodowego", *Dzieła*, Bd. 12, 118-119. Vgl. Henryk Kamieński: rewolucja „jest to funkcja organiczna społeczeństwa, którą naród odbywa sam w sobie dla wykształcenia swego wewnętrznego organizmu; wszystko, cokolwiek temu znaczeniu odpowiada, jest rewolucją, bez względu na powierzchowne kształty, akie temu towarzyszyć mogą" (Filaret Prawdowski, *O prawdach żywotnych narodu polskiego* (Bruksela: Młodecki, 1844), 62.

218 Luxemburg, „Adam Mickiewicz", 308.

Familienrecht steht. Kraft dieses Zusammenhangs zeigt sich Luxemburgs ewige Revolution – sowohl der Novemberaufstand des polnischen Adels als auch die von den polnischen Adeligen angeführte Pariser Kommune[219] – als eine romantische, eine schon einmal gescheiterte, eine überwundene und unzeitgemäße.

1.6. Überblick

Die Tragödientheorie war eine Theorie der Beziehung zwischen Theorie und gesellschaftlicher Praxis. In ihrer Auseinandersetzung mit der die Ästhetik vollendenden Kunstform übernahmen die Tragödientheorien innerhalb der großen philosophischen Systeme der Epoche, die den Gedanken und das Sein umfassten bzw. das *produktive* Denken anstrebten, die Rolle eines Moduls, in welchem rekursiv eben die Umsetzung des Gedachten modelliert wurde.

Die wohlbekannte „Sickingen-Debatte" (1858) zwischen Marx und Engels einerseits und Lassalle andererseits ist die erste Ur-Szene der Tragödientheorie und somit das Thema des Kapitels 2.1. Die Debatte wurde um Lassalles historische Tragödie *Franz von Sickingen* geführt, in der die Revolution 1848/49 allegorisiert wird, und bezog sich auf die gängigsten Tragödientheorien der Epoche, sprich Schillers und Hegels Theorien. Die Diskussion über eine und *die* Tragödie überträgt die Hauptspannungen des Sozialismus – mit Blick auf die Strategie, die Rolle der Intellektuellen und das Wesen des Klassenkonflikts – in die Sprache der Ästhetik, welche besonders gut, wahrscheinlich besser als die der politischen Theorie, dazu geeignet schien, Lösungen von Problemen zu erarbeiten – zum Beispiel für die Beziehung von Individuum und Masse in einer revolutionären Situation, die Entfremdung der Absicht unter gewissen historischen Umständen, die Rückkehr von gleichen revolutionären Konstellationen im Pfälzischen Ritteraufstand, polnischen Novemberaufstand und Völkerfrühling. Wie wirkt die Tragödie im revolutionären Kontext? Liefert sie einfach positive Beispiele und fordert auf, die unterbrochene Mission wiederaufzunehmen? Für diese Lösung plädierte Lassalle, während Marx ein auf der Hegelschen und der romantischen Theorie der Kunst fußendes Modell der theatralen Produktion revolutionärer Subjekte vorschwebte. Damit annulliert die kritische Tragödientheorie die populäre, in Hannah Arendts Philosophie verankerte Gegenüberstellung von als einzige Tragik

219 Jarosław Dąbrowski, Walerian Wróblewski.

ermöglichender politischer und ökonomischer Produktion, welche grundsätzlich nicht tragische wäre.[220]

Die zweite Urszene, die sich zwischen Schiller, Puškin und Mickiewicz abspielt, und die die Transformationen des monarchischen Identitätsdiebes (*samozvanec*) schildert, ergänzt die Motivik der Arbeit im Geiste der Inter-Nationalität des 19. Jahrhundert um komparatistische, gesamteuropäische und spezifisch deutsch-slavische Kontexte der Tragödientheorie. Indem die kritischen Tragödientheorien die Relation zwischen Gedanken und Taten untersuchten, mussten sie auch unterschiedliche Bedingungen beachten, unter denen Theorien umgesetzt werden – etwa die Unterschiede zwischen Deutschland, das als ‚theoretisches Bewusstsein', ‚Publikum', oder aber ‚Hamlet' Europas galt, Polen, das Engels als Synonym der Revolution schlechthin bezeichnete, und Russland, dem paradoxalen Land, das einerseits die Reaktion hortete, und das andererseits kraft eigener Rückständigkeit die vorausgesetzte Zukunft, die organische Gemeinschaft durchscheinen ließ. Eine Theorie der Umsetzung der Theorie muss im Hinblick auf die Bedeutung von Bedingungen ‚inter-national' oder, um es in der Begrifflichkeit einer Zeit auszudrücken, die im Unterschied zum 19. Jahrhundert wenig mit der ‚Nation' anfangen kann, ‚transkulturell' beziehungsweise ‚multikontextuell' sein. Die zweite Urszene beweist, dass Ideen selbständige Wirkung nur als wandernde entwickeln: das Eigene und Eigentliche kommt aus der Fremde, aus einem fremden Land oder aus – wie im Fall der revolutionären Führung – aus einer fremden Klasse, deren Mitglieder den revolutionären Massen die Richtung weisen. Pseudo-Dmitrij und Konrad Wallenrod lese ich als eben die Figuren der eigenen Fremde. Aus dem Thema des Eigen- und Fremdbezuges, deren Verbindung den Ideen, Bildern, Urszenen Wirksamkeit spendet, entwachst die Beschreiung der Rekursion, welche in eigentlich allen kritischen Tragödientheorien den Übergang zwischen autonomen Texten und heternomen Bedingungen begünstigt. Das Aufeinandertreffen von Autonomem und Heteronomem, Diskretem und Kontinuierlichem wird im tragischen Chronotops möglich, der ebenfalls in beinahe allen Kapiteln dieser Arbeit erhellt wird. Alle spekulativen Begriffe, die die kritische Tragödientheorie auszeichnen, führen eben den Fremd- und den Eigenbezug zusammen: Schicksal bei Schelling und Hegel, Hölderlins Übersetzung, Anwendung und dramatische Form gegenüber der Innigkeit, Hegels Negation und Goethes Anstand, der Tausch, das Pathos sowie die tragische Ironie der Romantiker.

Nun setzt die eigentliche Ausführung an. Während sich der erste Teil des Buches auf die Folgen der Französischen Revolution und Kants Kritiken

---

220 Halpern, *Eclipse of Action, passim.*

konzentriert, bildet der Völkerfrühling 1848/49 den Schwerpunkt des zweiten Teils. Im Epilog skizziere ich die Wiederaufnehme der kritischen Tragödientheorie als (transzendentaler) Ästhetik der Praxis durch die Befürworter, Weggefährten und Gegner der Russischen Revolutionen von 1905 und 1917.

Die Rekonstruktion der sich formierenden Theorie der Beziehung von Theorie und Praxis beginnt mit dem allgemeinen Kapitel zum Entstehungszusammenhang der kritischen Tragödientheorie und der (transzendentalen) Ästhetik der Praxis an der Schwelle zum 19. Jahrhundert. Die Gründe werden umrissen, wieso infolge von Kants Kritiken und der Französischen Revolution das Bedürfnis nach der Vereinigung von Freiheit und Erscheinung entstand. Warum sollte sich in der griechischen Tragödie die Lösung dieses Problems verbergen? In diesem allgemeinen Kapitel werden solche Fragestellungen unter Rückgriff auf die Allgegenwart der Fiktionalität und der seit Aristoteles mit ihr assoziierten Modalitäten von Möglichem und Notwendigem behandelt. Kants Philosophie wird einerseits mit der Französischen Revolution oder sogar, wie bei Heinrich Heine, mit dem Großen Terror assoziiert, während sie gleichsam schon damals als eine Als-Ob-Philosophie ausgelegt wurde. Dies trägt dazu, dass die Ästhetik auf den Plan gerufen wird mit Blick auf die Herstellung von Modellen historischer Praxis. Darüber hinaus führte die durch den Protestantismus geförderte Verinnerlichung der Revolution zur Entstehung der ‚absoluten Metapher' (Blumenberg) ‚Deutschland-Zuschauer' bzw. ‚Deutschland-Hamlet' sowie zum Motiv der ‚Wohlgeschiedenheit' (Hölderlin), einer auf der Separation und dem Gedenken ruhenden Form der Freiheit, die die Individualität vor der ‚Furie des Verschwindens', dem Terror der Gewalt und der Abstraktion in Schutz nimmt und doch als eine Funktion des Kollektivs auffasst. Das Kapitel schließt in einer Beweisführung, die die Herkunft der zentralen Figuren von Hölderlins Tragödientheorie aus seinem Nachdenken über die Französische Revolution erklärt. Das Denken, im Rahmen dessen die kritische Tragödientheorie bei den Idealisten und den Frühromantikern entstehen konnte, hatte *proleptischen Charakter*, d.h. die endgültige Gestalt des Systems wird ihr durch die Tat verliehen. Dies fällt vor allem beim jungen Schelling auf.

Kapitel 4: In Übereinstimmung mit einer langen Tradition identifiziere ich Schellings *Briefe über Dogmatismus und Kritizismus* (1797) als den Beginn der philosophischen Tragödientheorie, da in diesem Text Sophokles' Tragödien als Lösung für das spezifische Problem der kantschen Philosophie (Bedingtheit vs. Freiheit) und als Gegenprojekt zur Schreckensherrschaft in Frankreich eingeführt werden. Beide Probleme zielen auf die Frage, wie die Freiheit in die durch die deterministische Wissenschaft beschriebene, erfahrbare, anschaubare Wirklichkeit einzuführen wäre. Auch wenn Schelling in diesem Zusammenhang Friedrich Jacobi viel zu verdanken hat, nehmen die beiden

Hauptströmungen der Tragödientheorie – die nicht-kritische und die kritische – in Schellings Beschreibung der ‚intellektuellen Anschauung' ihren Anfang. Die erstere deutet Versöhnung als Unterwerfung unter das absolute Objekt (das Schicksal), während die zweitere auf Freiheit und Spontanität beharrt, welche dem produktiv denkenden Subjekt zustünden, auch wenn diese Dispositionen sich in einer durchdeterminierten Welt nur durch das ödipale Geständnis eines fremden Verbrechens realisieren können. Die Wirkungsgeschichte dieser Freiheitsfigur Schellings in der russischen Kultur, wo sie sich im Auf-sich-Nehmen der Schuld für nicht begangene Verbrechen manifestierte, wird bis hin zu den stalinistischen Schauprozessen rekonstruiert.

Kapitel 5, „Hölderlin der Tragödientheoretiker", entspinnt sich aus der von Hölderlin formulierten Theorie des tragischen Zeichens, in dem sich durch eine absolute Entleerung (Kenosis) die Fülle des Seins mitteilt; diese Theorie wird mit einer zentralen Urszene des Buches in Verbindung gebracht, der Ecce-Homo-Figur, in welcher der finale Monolog des Ödipus durchscheint. Die gleiche Dialektik von Machtlosigkeit und Allmacht ermittle ich bei Jean Paul, den Jenaer Frühromantikern, Mickiewicz, Słowacki, Vischer, Marx, Lukács, Bloch, Benjamin, Adorno. Das leere/ volle Zeichen fungiert – neben der Ontologie und der Ästhetik des Erhabenen – auf dem Gebiet der der politischen Theologie, wie ich anhand von Ernst Kantorowicz' Auslegung von Shakespeares Chroniken beweise. Die unterschiedlichen Versionen von Hölderlins Empedokles-Tragödie stellen den Übergang von der Metaphysik über eine die Metaphysik ins Vorstellbare bringende Ästhetik in die Politik dar – den Übergang aus dem Garten der privaten Kontemplation auf die Agora – und zwar als die tragische Schuld, die ausschließlich durch die An*nihil*ation, das Ins-Nichts-Verwandeln des Empedokles gesühnt werden kann. Hölderlins unvollendete Empedokles-Tragödie gibt einen der Initialimpulse der kritischen Tragödientheorie als einer Abwandlung von *žiznetvorčestvo* (Lebenskunst, -kreation, -theater), die sich speziell mit dem Übergang zwischen Privatem und Öffentlichem, Sein und Schein, Ökonomie und Politik auseinandersetzt; das Kapitel über Hegel – und Goethe, Mickiewicz, Cieszkowski, Gercen, Dąbrowski, etc. – demonstriert, wie folgenreich dieser Ansatz sein sollte. *Der Tod des Empedokles*, an dem Hölderlin arbeitete, als er gemeinsam mit Hegel und Isaak Sinclair einen engen Freundeskreis in Frankfurt bildete, präfiguriert die berühmteste, die hegelsche Deutung von Sophokles' Tragödie in Bezug auf den Antagonismus von Oikos und Polis, sowie Hegels Auffassung der wahren Revolution als ein theater-affines Durchschreiten der Schranke zwischen Schein und Sein. Darüber hinaus drückt sich in der Figur des Zeichens=0 eindrücklich der Topos einer Gruppe aus, die nichts zu verlieren hat als ihre Ketten, und deswegen für die Menschheit steht, und die das Sein, wie es ist, rezipiert und so in Schein umwandelt, die Grenze von Sein und Schein aufhebend: dieser Topos zieht sich durch den polnischen Messianismus nach 1831, das *Manifest der Kommunistischen Partei* (1848), Lukács' bahnbrechende Konzeption des Klassenbewusstseins (1923) sowie die ‚hoffnungswidrige Hoffnung' von Bloch, Benjamin und Adorno. Das Hölderlin-Kapitel enthält darüber hinaus eine neue Erzählung von Hölderlins Entwicklung im Hinblick auf das leere / volle Zeichen – vom Substanzialismus des Fragments „Urteil und Sein" zum Funktionalismus der Sophokles-Kommentare, in denen die Dialektik von Eigen- und Fremdbezug die raffinierte Form annmit. Gerade die Elemente der Dichtung, von denen Hölderlin erwartete, dass sie in der Wirklichkeit revolutionäre Ergebnisse zeitigen könnten – die Evolution von Gattungen, die hermeneutische Anwendung, eine auf die *target culture* wirkende Übersetzung sowie die erzählerische Unterbrechung (‚Zäsur') – machen einen wesentlichen Bestandteil der modernen Literaturtheorie aus.

Das nächste, sechste Kapitel rekonstruiert auf Grundlage von Hegels *Phänomenologie des Geistes*, deren Interpretation hier durch Goethes *Wilhelm Meisters Lehrjahre* inspiriert wird, die ‚Metaphysik des Äußerlichen'. Die Repräsentanten dieser Metaphysik, die auf dem Durchlässigmachen der Schranke zwischen Schein und Sein beruht, sind – neben Hegel und Goethe – Adam Mickiewicz, August Cieszkowski, Aleksandr Gercen, Edward Dembowski (der ‚rote Kastellanensohn', der mit 24 in dem Krakauer Aufstand 1846 ums Leben kam), Marx und Engels. In *Wilhelm Meisters Lehrjahre* erwägt Goethe die politische Dimension des ‚Anstandes' im Leben des Bürgers: Nur auf der Theaterbühne kann ein Bürger, der Kaufmannssohn Wilhelm, nicht nur sein, sondern auch scheinen. Das Scheinen und Erscheinen waren bisher dem Adel vorbehalten, während der Bürger am Sein arbeitete – wie der Knecht aus der *Phänomenologie des Geistes*. Das nachrevolutionäre, bürgerliche, theatralische Erscheinen liegt sowohl Hegels Logik, deren doppelte Negation die ‚Logik' der Performance[221] vorwegnimmt, als auch dem preußischen Staat zugrunde, wie er sich nach dem „tragischsten" (Hegel) Untergang Napoleons und im Zuge der ‚Revolution von oben' modernisierte und Unter den Linden inszenierte. Hegels Tragödientheorie bildete sich zwar gleichzeitig mit der Tragödie von Revolution und Napoleon, aber innerhalb des Berliner Systems funktionierte

221 Andrew Parker, Eve Kosofsky Sedgwick(Hg.), *Performativity and Performance* (London, New York: Routledge, 1995); James Loxley. *Performativity* (London, New York: Routhledge, 2007); Mateusz Borowski, „Spielen als denken/ denken als spielen. Performativität als Paradigma des polnischen Theaters", Mateusz Borowski, Małgorzata Sugiera (Hg.), *Theater spielen und denken. Polnische Texte des 20. Jahrhunderts* (Frankfurt am Main, 2008), 11-36.

die Tragödie wie eine negative Folie für die Gegenwart: Hegels reife Kunst- und politische Philosophie zielten darauf ab, die Tragödie auf die Sache der Vergangenheit zu reduzieren, deren Zähmung das Wesensmerkmal der modernen Gesellschaft darstellte, welche alle Vorteile der Revolution genießen solle, ohne unter ihren Schrecken zu leiden. Die vermittelnde Institution ‚bürgerliche Gesellschaft' sorgt im modernen Staat dafür, dass die politische Macht nicht unmittelbar mit der Familie kollidiert und dass doch der Schein und die Anerkennung fairer verteilt werden. Polis und Oikos werden getrennt voneinander gehalten, darin und dessentwegen besteht Soziales. Im Gegensatz zu dieser staatlich geförderten und förderlichen Revolution, die in den Institutionen auf kontrollierbare Weise stattfindet, enthält Hegels frühe Konzeption des Schicksals eine utopische Vision der guten Verdinglichung in der allumfassenden Gemeinschaft des Seienden oder einer guten Gemeinschaft in der allumfassenden Verdinglichung. Diese Vision wiederholt sich dann in unterschiedlichen Formulierungen der (transzendentalen) Ästhetik der revolutionären Praxis, die auf die positive Freiheit hinzielen.

Schon im Marx-Lassalle-Kapitel demonstriere ich, dass Marx' Figuren der Produktion von Bedürfnissen und deren Trägern, Menschen, und vom Warenfetischismus nicht nur bei Hegel, sondern auch in der frühromantischen Tragödientheorie vorweggenommen wurden. Die These wird durch Kapitel 7, „Der unendliche Genuss an der Revolution. Die romantische Tragödientheorie", auf die polnisch-russischen Beziehungen während der Romantik erweitert. Die Tragödie als ‚das super-natürliche Kunstwerk' wird von den Romantikern in einem Diskurs behandelt, dessen zentrale Figur die des Bedürfnisses ist: Die Kunst sei als eine anthropologische Konstante im System der menschlichen Bedürfnisse verankert. Da die Tragödie die meisten Bedürfnisse – sowohl die niederen, die mit der Körperlichkeit und den Emotionen zusammenhängen, als auch die geistigen, die nach der Freiheit – befriedigt, ist sie das vollkommenste aller Kunstwerke. Ihre organische Gestalt, die der moderne Roman rekursiv wiederholt, gleicht einem Grundriss für die organische, positive Einheit einer befreiten Menschheit. Die Tragödie zeigt also einen durch Katastrophen ausgesteckten Weg aus der Welt, in der menschliche Bedürfnisse entfremdet sind, in ein allgemeines Fest ohne Rampe.

An dieser Stelle beginnt der zweite Teil des Buches, der um den Völkerfrühling 1848/ 49 kreist. Dieser Teil fängt mit dem Kierkegaard-Kapitel an, welches einen Zusammenhang zwischen der frühen kritischen Tragödientheorie und den Entwicklungen im 20. Jahrhundert herstellt. Kierkegaard erscheint hier als ein wichtiger Tragödientheoretiker, unter dessen Einfluss sich in Schriften von Bloch, Kracauer, Benjamin und Adorno das kritische Denken des 20. Jahrhunderts herausbildete. Kierkegaard führt eine charakteristische Art des Unterscheidens zwischen der griechischen Tragödie und dem modernen Trauerspiel samt seinen Figuren (Martyrium, Dezisionismus, Schweigen gegen die Gerede, Allegorie als ‚Nivellierung') ein. Kierkegaards Schriften – inklusive seiner Galerie von Masken und Pseudonymen – drücken die für die kritische Theorie des 20. Jahrhunderts zentralen dialektischen Figuren der Verbindung von Einmalig und Wiederholbarkeit sowie der Hoffnung auf die Überwältigung der Krise durch ihre unendliche Vertiefung aus – darüber hinaus erscheint schon bei Kierkegaard das Märchen als Ausgang aus dem Mythos und der Tragödie. Kierkegaards eifrige Leser Lukács und Kafka (dessen Rolle für die kritische Theorie des 20. Jahrhundert nicht hoch genug eingeschätzt werden kann), Benjamin und Adorno nehmen diesen Weg. Die Menschen der 1840er Jahre – Kierkegaard stelle ich neben den polnischen Dichter Juliusz Słowacki als Übersetzer Calderòns – werden, die von Adorno initiierte Tradition fortsetzend, als die Allegorien ihrer Zeit dargestellt, für die sie sich hielten und zu denen sie von ihren Nachkommen stilisiert wurden.

Im Anschluss geht es bergab – in Richtung der Avantgarde oder vielmehr der avantgardistischen Strömungen, die sich für die Umsetzung der positiven Freiheit einsetzten. Die weiteren Kapitel beschreiben den Zerfall der kritischen Tragödientheorie nach der Katastrophe ihrer klassischen Gestalt um 1848 und die Umwandlung ihrer Elemente.

Das neunte Kapitel kontrastiert die Lektüre Theodor Vischers, eines populären Hegelianers, durch zwei slavische Revolutionäre Nikolaj Černyševskij und Karol Libelt, oder vielmehr zwei Arten des Recyclings seiner ästhetischen Ideen. Černyševskij lehnt die tragische Ästhetik der Praxis als vorwissenschaftlich ab; eine Zusammenstellung seiner Herangehensweise an die Tragödie mit der des ihm zu einem gewissen Punkt folgenden Lunačarskij stellt aber den pseudowissenschaftlichen Charakter dieser Kritik bloß. Der Philosoph und Revolutionär Libelt, einer der wichtigsten Akteure des Völkerfrühlings in Berlin, Posen und Prag, schaffte zwar wie der andere Philosophenrevolutionär Edward Dembowski eine Ästhetik des sozialen Lebens und sogar der ganzen Natur, die die Erhabenheit und die Tragik der nahenden Revolution einbezog (eine Ankündigung des avantgardistischen revolutionären Panästhetismus, welcher seine Antezedenzien in der *narodniki*-Bewegung fand). Im Moment der Wahrheit – des Polenprozesses 1847, des ersten öffentlichen politischen Prozesses in Preußen – stellte sich aber heraus, dass die ästhetische Theorie der Revolution und die revolutionäre Taktik auseinanderdrifteten; Černyševskij triumphierte *in absentia*. Die Tragödie von Libelt schlägt in die Komödie um – in Einklang mit Kierkegaards Beschreibung der Periode.

Cyprian Kamil Norwid, der Protagonist des zehnten Kapitels, übernimmt die frühromantische ökonomische Herangehensweise an die Kunst, um die kritische Tragödientheorie in eine Theorie des arbeitsamen Alltags umzuwandeln (die Theorie und Praxis der ‚weisen' Tragödie).

Das elfte Kapitel widmet sich drei von Volk und Zerstörung besessenen Schriftstellern: Juliusz Słowacki, Richard Wagner (dessen Schriften alle wesentlichen Motive von Nietzsches tragischer Philosophie enthalten) und Michail Bakunin schlossen Zerstörung und den Schaffensprozess kurz; damit kündeten sie das Hauptmotiv der Avantgarde an. Das Element, das Schaffen und Zerstörung verknüpfte, war das Volk – der eigentliche Held der griechischen Tragödie, so Wagner, und einer populistischen Avantgarde, die auf positive, sinnliche Freiheit setzt. Auf diese Weise verwandelt sich die kritische Tragödientheorie in den ‚Bildraum' (Benjamin) der Avantgarde. – Im Epilog beschreibe ich die Rückkehr der Tragödie in der Literaturwissenschaft und der sozialen Praxis – allesamt im Kontext der Avantgarde – während des Großen Krieges, der Oktoberrevolution und des Bürgerkrieges. Die kritische Tragödientheorie nimmt zwei durch einen Fremd- und Eigenbezug aufeinander wirkende Gestalten an: Einerseits schlägt sie in das avantgardistische kollektive (Sich-)Anschauen um, welche die Wirklichkeit nicht mehr abbildet, sondern bildet und dadurch positive Freiheit inauguriert. Andererseits geht die Tragödientheorie in die moderne – ‚formalistische' oder ‚ästhetische' – Literaturtheorie über, die sich eben als eine Theorie der avantgardistischen Praxis und eine kollektive Lebensform in ‚Kreisen' und ‚Gesellschaften' etabliert, deren Mitglieder die Autonomie und die Geschichtlichkeit in gemeinschaftlicher Bemühung in Zusammenhang zu bringen versuchen. Ihr Nachwirken wird also bis hin zu Gegenwart verlängert, wo sie den Forscher vor praktischen Entscheidungen stellt.

* * *

In der Tragödie stecken auch die Wurzeln des wissenschaftlichen Diskurses – diesen Schluss kann der Leser aus Mieczysław Porębskis Konzeption der foralen (nicht kanonischen) Sprache der Wissenschaft ziehen. Die Wissenschaftssprache entsteht nicht im auf der Hierarchie aufgebauten Tempel, sondern auf dem öffentlichen Platz, und sie verfährt nach dem tragischen Prinzip der doppelten Negation (siehe das Hegel-Kapitel): Sie ist weder eine Bildersprache, in der der Mythos seinen Rückzugsort hat, noch die Sprache der alltäglichen Praxis, in der institutionelle Relationen und technische Direktiven bestimmt werden. Sie ist eine Sprache, in der der Mythos mit der Praxis konfrontiert wird, sodass jener rationalisiert und diese valorisiert wird. Aus dieser Auseinandersetzung entsteht eine Theorie des Seins, aus der die

Prämissen einer Theorie des Handelns abgeleitet werden.[222] Platon habe seine Jugendtragödien verbrannt, nachdem er die Gattung erfunden hatte, in der Sokrates' Abenteuer auf dem Marktplatz und auf der Suche nach der Idee des Guten, dem beständigsten Sein und Sinn jeder Praxis, in dialogischer Form dargestellt werden konnten.[223] – Auch die angesichts der französischen, belgischen und polnischen Revolutionen Anfang der 1830er Jahre (mit den Pseudonymen „Erschütterung" oder „Umwälzung" belegt sie Georg Gottfried Gervinus) entstandene germanistische Literaturgeschichte, deren Vorbild die ganze europäische Literaturwissenschaft folgte, wandte sich in der Stunde ihrer Geburt an „*den* Teil des Publikums [...], der das Leben dem Wissen und die Wissenschaft dem Leben nicht entfremdet sehen will" und sich für die Demokratisierung des Wissens und der Öffentlichkeit einsetzte.[224] Die Literaturgeschichte, wie Gervinus sie sich vorstellte, sollte nach dem Vorbild der Tragödie gestaltet werden, wie Hegel den Sinn der Gattung und des Mediums auslegte: „der tragische Untergang eben dieser Männer, die keine Halbheit kannten"[225] wird nicht mehr einem Ödipus oder einer Antigone, sondern realen Schriftstellern zuteil. Diese Literaturwissenschaft – notwendig politisch, weil national – die von der Umsetzung der Idee eines jeden Volkes erzählt, wobei diese Idee sich in revolutionären Erschütterungen offenbart, sei tragisch.

> Doch wenn die Literatur und wenn selbst die Staatsverwaltungen, welche die Völker nach Theorien zu regieren denken, meinten, diese Indifferenz und dieser Schlaf [der Restauration nach 1815 – M.M.] in der politischen Welt hätte von längerer Dauer sein können, so zeigte eben die neueste Zeit, dass dies eine Täuschung war. Wie konnte man vergessen, dass niemals, so lange die Welt steht, eine Nation oder eine Zeit, die einmal angefangen hat, von einer Idee ergriffen zu werden und eine Richtung nach deren Verwirklichung einzuschlagen, aufgehört hat, diese zu verfolgen, bis sie zu dem Ziele gelangt ist, zu dem ihre Kräfte ausreichen![226]

Der ‚unterirdische' Gedanke des Volkes begehrt gegen die theoretische Klarheit der Politik auf; Hegels Antigone fordert noch einmal Kreon heraus.

222 Mieczysław Porębski, *Ikonosfera* (Warszawa: PIW, 1972), 132.

223 Ulrich Wilamowitz-Moellendorff, *Platon* (Berlin: Wedimannsche Buchhandlung, 1920), Bd. 2, 46.

224 Georg Gottfried Gervinus, „Einleitung in die *Deutsche Jahrbücher*", Hüppauf (Hg.), *Literaturgeschichte zwischen Revolution und Reaktion*, 60.

225 Gervinus, „Einleitung in die *Deutsche Jahrbücher*", 67.

226 Gervinus, „Einleitung in die *Deutsche Jahrbücher*", 66.

KAPITEL 2

Urszenen der kritischen Tragödientheorie

2.1. Konflikt der Konflikte, Konflikt der Poetiken. Debatte von Karl Marx und Friedrich Engels mit Ferdinand Lassalle über die historische Tragödie „Franz von Sickingen"

(Verlauf und Preis der Debatte – Thema und Form der Debatte – Passage à l'acte)

> *Die Theorie wird in einem Volke immer nur so weit verwirklicht, als sie die Verwirklichung seiner Bedürfnisse ist.*
>
> Marx, *Zur Judenfrage*

Karl Marx, Friedrich Engels und ihr Kontrahent Ferdinand Lassalle behandelten die Tragödie *Franz von Sickingen* als ein Modell der Revolution 1848/49, aus dem die Ursachen für die Niederlage, die die Demokraten und die Arbeiterbewegung erlitten hatten, abzulesen sind.[1] Durch die aus der Analyse gezogenen Schlüsse sollte diese Niederlage in den Endsieg der proletarischen Revolution verwandelt werden. Die drei Ideologen der Arbeiterbewegung debattieren an einem Schauplatz, an dem sich zwei Entwicklungswege der Tragödientheorie verschränken, die zugleich zwei Theorien des sozialen und politischen Konflikts sind: Marx und Engels folgten eher der Tragödientheorie Hegels, während Lassalle die Linie von Schiller mit seinem *Don Karlos* und den Schriften zum Erhabenen und Pathetischen fortsetzte.[2] Die beiden Tragödientheorien umfassen – neben den widersprüchlichen Direktiven des

1 Die wichtigsten Beiträge zu dieser Debatte – sowohl die Stimmen der drei Protagonisten als auch zahlreiche Kommentare – wurden in einer Anthologie gesammelt: Walter Hinderer (Hg.), *Sickingen-Debatte: ein Beitrag zur materialistischen Literaturtheorie* (Darmstadt-Neuwied: Luchterhand, 1974). Bei der Rekonstruktion der ideologischen Dimension der Debatte und ihrer Wirkungsgeschichte war folgende Monographie von besonderem Belang: Hagen, Wolfgang. „Zur Archäologie der marxistischer Literatur- und Geschichtstheorie. Die sogenannte ‚Sickingen'-Debatte", Heinz Schlaffer (Hg.), *Literaturwissenschaft und Sozialwissenschaften 4: Erweiterung der materialistischen Literaturtheorie durch Bestimmung ihrer Grenzen* (Stuttgart: Metzler, 1974), 7-108.

2 Aus Schillers Schriften zur Tragödie und zum Tragischen – „Über den Grund des Vergnügens an tragischen Gegenständen" (1790/91); „Über die tragische Kunst" (1790/91), „Vom Erhabenen" (1793), „Über das Pathetische" (1793), „Über das Erhabene" (1801), *Sämtliche Werke* (München: Hanser, 1962), Bd. 5, 358-371; 372-394; 486-511; 512-537; 792-809 – sind vor

 | DOI:10.30965/9783846766255_003

Generierens und Bewertens von Kunstwerken und Theorien – ebenfalls zwei konkurrierende Modelle der Vergangenheitsbildung, d.h. des Einordnens verschiedener Ereignisse in sinnvolle Reihen, die der Erkenntnis zugänglich sind, sowie zwei Modelle des Einwirkens auf zukünftige Praxen von Subjekten in der Gesellschaft. Die Tragödientheorien sind Theorien zur Realisierung von Theorien.

2.1.1. *Verlauf und Preis der Debatte*

Die Debatte zwischen Marx-Engels und Lassalle gilt als das Urmodell der materialistisch-dialektischen Literaturtheorie;[3] über sie schrieben unter anderen Franz Mehring, Vladimir I. Lenin und György Lukács. Michail Lifšic stellt den Briefwechsel seiner Anthologie von Marx' und Engels' Aussagen über die Kunst und das Schöne voran.[4] Lassalle, dessen Geburtsort und letzte Ruhestatt Breslau war, war 1863 Gründer und erster Vorsitzender der ersten deutschen Arbeiterpartei (des Allgemeinen Deutschen Arbeitervereins). Nach der Periode der Kooperation während der Revolution 1848/ 49, wurde Lassalle immer stärker zum verachteten und verhassten Konkurrent: Im Jahr 1875, elf Jahre nach Lassalles Tod infolge eines Duells, klagte Marx in seiner Kritik des Gothaer Programms, die später zur Grundlage der Kritik an der Sozialdemokratie von Seiten der Marxisten-Kommunisten wurde und eine der wenigen Quellen darüber darstellt, wie Marx sich den Übergang zum Kommunismus vorstellte, die ganze „Lassallsche Sekte" an. Für die Tragödientheorie ist Marx' Kritik des Gothaer Programms und besonders seine Kritik an Lassalles „ehernem Lohngesetz"[5] von besonderem Interesse, da das beanstandete Gesetz analog zum Fatum in der unkritischen Tragödientheorie zu funktionieren scheint, dem man sich nur unterordnen kann. Marx schreibt:

allem „Vom Erhabenen", „Über das Pathetische" und „Über das Erhabene" für dieses Kapitel von besonderer Bedeutung, da sie sich mit Kants Ästhetik auseinandersetzen.

3 Die Debatte gilt als „Grundmodell materialistischer Literaturkritik": So Walter Hinderer, „Vorbemerkung" *Sickingen-Debatte*, 7; Fritz Wahrenburg, „Lassalle", Wilhelm Kühlmann (Hg.), *Killy-Literaturlexikon* (Berlin, New York: De Gruyter, 2010), Bd. 7, 247.

4 Michail Lifšic (Hg.), *K. Marx i F. Engels ob iskusstve* (Moskva: Iskusstvo, 1957), 15-72.

5 Hagen Krämer fasst Lassalles Theorie zusammen: „Dem ehernen Lohngesetz zufolge kann der durchschnittliche Arbeitslohn längerfristig das Subsistenzniveau nicht über- oder unterschreiten. Liegt der Arbeitslohn über dem Subsistenzniveau, steigt durch Vermehrung der Arbeiterbevölkerung das Arbeitsangebot, sodass der Lohn sinkt; sinkt der Arbeitslohn unter das Subsistenzniveau, führt eine Verminderung des Arbeitsangebots zu seinem Wiederanstieg. Die Vermehrungsrate ist durch die Lohnhöhe mitbestimmt", (http://wirtschaftslexikon.gabler.de/Definition/ehernes-lohngesetz.html [Zugriff 29.5.2015]). Da das Gesetz unausweichlich und quasi-natürlich ist, muss man die Löhne künstlich, auf dem politischen Weg des Parlamentarismus erhöhen.

> Von dem „ehernen Lohngesetz" gehört Lassalle bekanntlich nichts als das den Goetheschen „ewigen, ehernen, großen Gesetzen" entlehnte Wort „ehern". Das Wort ehern ist eine Signatur, woran sich die Rechtgläubigen erkennen.[6] Nehme ich aber das Gesetz mit Lassalles Stempel und daher in seinem Sinn, so muss ich es auch mit seiner Begründung nehmen. Und was ist sie? Wie Lange schon kurz nach Lassalles Tod zeigte: die (von Lange selbst gepredigte) Malthussche Bevölkerungstheorie. Ist diese aber richtig, so kann ich wieder das Gesetz nicht aufheben, und wenn ich hundertmal die Lohnarbeit aufhebe, weil das Gesetz dann nicht nur das System der Lohnarbeit, sondern jedes gesellschaftliche System beherrscht. Grade hierauf fußend, haben seit fünfzig Jahren und länger die Ökonomisten bewiesen, dass der Sozialismus das naturbegründete Elend nicht aufheben, sondern nur verallgemeinern, gleichzeitig über die ganze Oberfläche der Gesellschaft verteilen könne![7]

Das Lohngesetz erinnert also an den unkritischen Begriff des Fatums, den ich in der Einleitung (1.2.) als Gegenpol der kritischen Tragödientheorie beschrieben habe. Aus Marx' Kritik des Gothaer Programms sowie aus dem, was Marx und Engels während der Sickingen-Debatte zur Tragödie und Tragödientheorie behauptet haben, lässt sich die Dialektik eines ganz anderen Schicksals ablesen als das Lasalle'sche eherne Gesetz. In diesem Kapitel werde ich anhand der Debatte zeigen, dass Marx' Gesetze der Geschichte, die die Notwendigkeit mit der Freiheit verbinden, mit dem Begriff des tragischen Schicksals, wie Marx es sich vorstellte, isomorph sind.

Die kritischen Tragödientheorien der ersten Hälfte des 19. Jahrhunderts verbanden Freiheit und Notwendigkeit, distanzierten sich so vom blinden Fatum und machten dadurch den kritischen Begriff des ‚tragischen Schicksals' dafür tauglich, zum Modell deiner Geschichtsphilosophie zu werden, die versuchte, die Notwendigkeit der immanenten Gesetze der Geschichte und der Ökonomie mit der politischen *agency* zu vereinigen – und sowohl Lasalles „eherne" Gesetze als auch Bakunins terroristischen Voluntarismus („Blanquismus")[8] zu

6 Vgl. Georg Brandes, *Ferdinand Lassalle* (London: William Heinemann, 1911), 47: „It is often the case that some favorite word or metaphor will betoken the nature of an author's ideal. Lassalle's favorite word is ‚iron' or ‚bronze.' Years before the words blood and iron became a political cry in Bismarck's mouth, Lassalle had appealed to the ‚iron lot.' He uses no metaphor so constantly. Iron is to him the type of beneficent despotism, the blow which clears the way and removes detriment, the imperial stroke which shortens the painful progress of time and accelerates the difficult birth of the ideal of a new period. Franz von Sickingen praises iron as ‚the god of man,' as the magic wand, the stroke of which brings wishes to fulfillment, as the last resort of the despairing, and the highest pledge of freedom."

7 Karl Marx, „Kritik des Gothaer Programmes", Karl Marx, Friedrich Engels, *Werke* (Berlin: Aufbau, 1962), Bd. 19, 25.

8 „[Die Arbeiterklasse] weiß, dass, um ihre eigne Befreiung und mit ihr jene höhere Lebensform hervorzuarbeiten, der die gegenwärtige Gesellschaft durch ihre eigne ökonomische

verwerfen. In den positiven Bezugstheorien für Marx – der Hegelschen und, wie ich in diesem Buch zu beweisen versuche, der romantischen – nahm die Tragödientheorie die zentrale Stellung ein, indem sie den Übergang (von) der Theorie zur Praxis modellierte. In der Einleitung brachte ich diese Spannung zwischen dem immanentistischen, auf den wissenschaftlichen Gesetzen fußenden Historizismus und der freien Praxis mit der bei Kant auftretenden Zäsur in Verbindung – mit dem Bruch, der den Verstand und die praktische Vernunft trennt und vom ästhetischen Erlebnis und vor allem dem Urteil über das Erlebnis mediatisiert und vermittelt wird. Die Inkongruenz zwischen dem Determinismus des theoretischen Verstandes und der Freiheit der praktischen Vernunft hat Marx nicht gelöst, sondern in die Erzählung der Geschichte verflochten. Dabei orientierte er sich an Hegel, für den die von ihm rekonstruierte tragische Handlung eine Projektion des Widerspruchs auf die Zeitachse war; die Projektion als „das Schicksal und die Notwendigkeit des Begriffes“[9] bereitete die endgültige Versöhnung im absoluten Wissen vor. Marx „Sozialisation von Kants Positionen“ (Kelles-Krauz) bedeutete zugleich ihre Ästhetisierung, weshalb Stanisław Brzozowski 1907 angesichts der Marx'schen Erzählung über die Geschichte der menschlichen Praxis behauptete: „Marx'sche Kunstlehre“ sei ein Pleonasmus.[10] Kunst ist die höchstorganisierte Form der menschlichen Praxis, deren Geschichte Marx modelliert als die Geschichte der Erfahrung mit der Materie oder die Geschichte des Metabolismus.[11] Daher die Relevanz der kritischen Tragödientheorie der ersten Hälfte des 19. Jahrhunderts, die doch eine Reaktion auf Kants Philosophie war, für die Marx'sche Philosophie und die ganze Sozialdemokratie.

Zurück zur Debatte selbst: Sechzehn Jahre vor Marx' Kritik am Gothaer Programm, Anfang 1859, schickte Lassalle Marx und Engels seine historische Tragödie über Franz von Sickingen. Franz von Sickingen, häufig als ‚Letzter

---

Entwicklung unwiderstehlich entgegenstrebt, dass sie, die Arbeiterklasse, lange Kämpfe, eine ganze Reihe geschichtlicher Prozesse durchzumachen hat, durch welche die Menschen wie die Umstände gänzlich umgewandelt werden. Sie hat keine Ideale zu verwirklichen; sie hat nur die Elemente der neuen Gesellschaft in Freiheit zu setzen, die sich bereits im Schoß der zusammenbrechenden Bourgeoisgesellschaft entwickelt haben.“ Karl Marx, „Der Bürgerkrieg in Frankreich“, Marx, Engels, *Werke*, Bd. 17, 343.

9 Georg Wilhelm Friedrich Hegel, *Phänomenologie des Geistes*, Werke, hg. von Eva Moldenhauer, Karl Marcus Michel (Frankfurt am Main: Suhrkamp, 1989), Bd. 3, 584.

10 Vgl. Stanisław Brzozowski, „Der Geschichtsmaterialismus als Kulturphilosophie. Ein philosophisches Programm“, *Die neue Zeit: Wochenschrift der deutschen Sozialdemokratie.* 2. Bd. (1907), H. 31, Nr. 31, 153-160.

11 Diese Position vertrat am konsequentesten Aleksandr Bogdanov, der Gründer der Proletkult, der mit den polnischen „sozialen Kantianer“ (Marxisten) Kontakte unterhielt: Bogdanov, *Filosofija živogo opyta* (Petrograd: Semenov), 269.

deutscher Ritter' bezeichnet, war Anführer des Ritterkriegs 1522/23, der zwischen Martin Luthers Auftritt in Worms und dem großen Bauernkrieg stattfand. Er war auch in Goethes Drama, als dessen *spin-off* Lasalle seine Tragödie am wahrscheinlichsten intendiert, der Schwiegersohn von Götz von Berlichingen. Die Debatte über das Drama war kurz und, vonseiten Lassalles, der Marx' Lässigkeit nicht ertragen konnte, stürmisch. Engels benahm sich wie gewöhnlich freundlich und höflich. Lassalle schickte Marx und Engels je ein Exemplar des Stücks, wobei Marx zusätzlich eine handschriftliche, vertrauliche Schrift über die Idee und die Form dieser Tragödie und der Tragödie im Allgemeinen erhielt. Obwohl Marx und Engels separat auf Lassalles Bitte antworteten, die Tragödie aus künstlerischen und politischen Gesichtspunkten zu beurteilen, waren sie sich einig: Sie kritisierten scharf den ideologischen Inhalt, lobten aber zugleich ihre Form und die emotionale Wirkung auf Jenny Marx (und das alles in der goldenen Zeit der ästhetischen Ideologie, die besagte, dass die Idee und die Form nicht zu trennen sind). Der gekränkte Lassalle schickte Marx einen umfangreichen Brief und bat ihn, diesen nach der Lektüre an Engels weiterzuleiten, da dieser die Idee des Dramas nicht verstanden hätte. Marx und Engels gingen einer weiteren Auseinandersetzung mit Lassalle aus dem Weg und zeigten wenig Verständnis für dessen Diskussionsbedarf und verletzten Stolz. Weitere Diskussionen wurden aus dem Gebiet der Dramentheorie auf das der Politik und Ökonomie verlegt. Der Meinungsaustausch zwischen den zwei Lagern, die – wie die Kritik des Gothaer Programms beweist – von Lassalles Tod nicht unterbrochen wurde, kehrte an ihren Ursprungsort zurück, nämlich zur Strategie und zur Ideologie der Arbeiterbewegung. Gebrochen im Medium des Dramas und der Dramentheorie, zeigte die Diskussion die Argumente beider Seiten in bisher unerreichter, eigentlich unerreichbarer Klarheit und wies eine Reihe überraschender Homologien zwischen dem Diskurs der Politik bzw. der Ökonomie und der Dramentheorie auf. Ein Beispiel hierfür sind das unvermeidbare Fatum und das eherne Lohngesetz; weitere Homologien werden auf den folgenden Seiten behandelt.

Der Preis im Agon über das Drama war für die Diskutanten hoch. Dies kann man am besten aus der inter-nationalen Perspektive oder unter Berücksichtigung von Marx' Anspielungen auf Polen bewerten: von Sickingens Aufstand – das Modell der internationalen Revolution von 1848 – verglich Marx nämlich mit dem polnischen Aufstand 1830.[12] Er hat dies aus gutem Grund gemacht: Wenn sich die polnische Kultur auf ihre eigenen Probleme konzentriert, dann ist sie genauso hermetisch wie ein Resonanzkörper. Heinrich Heine, dessen Meinung Marx schätzte, nannte – vielleicht

12 Siehe die Einleitung und unten.

zu großzügig – die polnische Geschichte ein Modell der deutschen („die Miniaturgeschichte Deutschlands");[13] es ist bekannt, dass in einem Modell das Charakteristische vergrößert und Zufälliges weggelassen wird. Der Diskussion gingen Marx' intensivste Studien zu Polen voraus, zu denen er von Joachim Lelewel (dem Autor der Parole des Internationalismus: „für eure und unsere Freiheit") inspiriert wurde. In einem Brief an Engels, geschrieben am 2. Dezember 1856, berichtete Marx: „Was mich übrigens bei meinem neueren Studium der polnischen Geschichte décidément direkt für Polen entschieden hat, ist das historische Fakt, dass alle revolutions seit 1789 ihre Intensität und Lebensfähigkeit ziemlich sicher an ihrem Verhalten zu Polen messen. Polen ist ihr ‚auswärtiger' Thermometer."[14] Das Thermometer zu sein bedeutet auf keinen Fall non plus ultra zu sein. Manch eine Revolution verläuft zu leidenschaftlich und zu intensiv für Polen (weiter in demselben Brief an Engels erzählt Marx, wie selbst Tadeusz Kościuszko, der Held der amerikanischen Revolution, den französischen Jakobinern verdächtig erschien) und gerade wegen dieser Überhitzung sind solche Revolutionen lebensunfähig, suggeriert Marx. Sie schlagen in Terror um und lösen sich in der ‚Furie des Verschwindens' ab; nach Schelling, der die Tragödie der jakobinischen Schreckensherrschaft als quasi-subtantielles Erscheinen der Freiheit in der phänomenalen Welt gegenüberstellte, kann man definitiv sagen, dass solche überhitzte Revolutionen nicht tragisch sind. Marx' Studien zu Polen dauerten bis 1859, das Jahr der Diskussion mit Lassalle, weshalb er beinahe automatisch „Sickingen und Hutten" mit dem „gebildete[n] polnische[n] Adel von 1830",[15] dem Jahr des Novemberaufstandes, assoziierte; die Studien wurden 1863 unter dem Eindruck des polnischen Januaraufstandes wieder aufgenommen. Die Solidarität britischer und französischer Arbeiter mit den kämpfenden Polen führte zur Entstehung der ersten Internationale. Marx bekämpfte Proudhon und seine Anhänger, die zu behaupten wagten, die Polen sollten sich mit dem Verschwinden der Rzeczpospolita (poln. Respublica) versöhnen, weil Russland und Preußen für den Fortschritt stünden. Marx wäre es lieber, dass Preußen, diese Filiale des russischen Despotismus im Westen, verschwinden und die alte Rzeczpospolita in den Grenzen aus dem Jahr 1772, die mehrere Völker umfassten, als Puffer gegen Russland wiederhergestellt würde.[16]

---

13 Heinrich Heine, „Über Polen", *Werke und Briefe* (Berlin und Weimar: Hoffmann und Campe, 1972), 570.

14 Marx, Engels, *Werke*, Bd. 29, 88.

15 Marx, Engels, *Werke*, Bd. 29 (Briefe Januar 1956-Dezember 1859), 591-592.

16 Helga Schulz, *Europäischer Sozialismus – immer anders* (Berlin: BWV, 2014), 127; Adam Ciołkosz, *Karol Marks a powstanie styczniowe* (London: Teki Historyczne, 1963); Andrzej

Die drei Diskutanten spielten vermehrt auf Polen und ihren Gegenpol Russland an. Engels verglich in seinem Essay *Der deutsche Bauernkrieg* (veröffentlicht zuerst im Jahr 1850 in der *Neuen Rheinischen Zeitung*) als Erster die ritterliche Auflehnung Sickingens mit dem polnischen Novemberaustand 1830, in dem sich auch das Subjektive und das Objektive, das Nationale und das Ökonomische (Klassenbedingte) bis zur Undurchsichtigkeit verschränkten.[17] Engels historische Arbeit gilt „als erstes Werk, das die grundlegenden philosophischen Annahmen von Marx, vom Basis-Überbau-Theorem über den Klassenkampf bis zur Revolution als Scharnier zwischen zwei Gesellschaftsformationen, am historischen Material überprüfte",[18] und zwar auch am Material der polnischen Geschichte. Eine weitere Anspielung: Die Macht von Karl V., wie sie Lassalle in seiner Tragödie darstellt, ähnelt der Position des polnischen Wahlmonarchen, so stark hängt der Kaiser vom Magnaten Sickingen samt seiner Klientele (d.h. dem rheinischen Adel) ab.

Der Gegenstand des dramatischen Konflikts in Lassalles Drama und desjenigen über Lassalles Drama lässt sich in die Form einer Reihe von Gegenüberstellungen bringen, die ein Netzwerk von Kategorien bilden, mit deren Hilfe Menschen aus den mittel- und osteuropäischen Gesellschaften ihre Stellung innerhalb des politisch-ökonomischen Spannungsfeldes bestimmen.

Erstens wird Lassalle als Begründer der Sozialdemokratie im Stil der SPD nach Bernsteins Revisionismus und der Spaltung mit der KPD gefeiert,[19] während der Tragödientheoretiker Marx eher Schutzpatron der sich konsequent als revolutionär gebenden Parteien, der KPD, der polnischen kommunistischen Partei PZPR oder der sowjetischen KPdSU, war, die auf eine miserable Art und Weise die klassisch Marx'sche Spannung von Utopie und Wissenschaft, freier Tat und Determinierung – die Spannung, in der das Erbgut der kritischen

---

Walicki, „Marks i Engels o sprawie polskiej. Koncepcja narodu i ujęcie kwestii narodowej", *Polska, Rosja, Marksizm* (Kraków: Universitas, 2011), 144-146.

17 Friedrich Engels, „Der Deutsche Bauernkreig", Marx, Engels, *Werke*, Bd. 7, 373-376.

18 Peter Blickle, *Der Bauernkrieg. Die Revolution des gemeinen Mannes* (München: Beck, 2006), 47.

19 Rosa Luxemburg hob allerdings in Lassalles Erbe das revolutionäre Potenzial hervor: „Wir sind aber an einer Entwicklungsstufe angelangt, wo die dringendsten und unabweisbarsten Abwehrforderungen des Proletariats – das allgemeine Wahlrecht in Preußen, die allgemeine Volkswehr im Reich – einen tatsächlichen Umsturz der bestehenden preußisch-deutschen Klassenverhältnisse bedeuten. Will die Arbeiterklasse heute im Parlament ihre Lebensinteressen durchsetzen, dann muss sie erst ‚draußen' den tatsächlichen Umsturz vollziehen. Will sie dem Parlamentarismus wieder politische Fruchtbarkeit verleihen, dann muss sie durch außerparlamentarische Aktionen die Masse selbst auf die politische Bühne führen" (Rosa Luxemburg, „Lassalles Erbschaft", *Die Gleichheit* (Stuttgart), 23. Jg. 1913, Nr.18, 277).

Tragödientheorie sichtbar wird – aufrechtzuerhalten versuchten. Zweitens betrifft die Diskussion das endgültige Objekt der Emanzipation: Klasse oder Rasse? So wie im geteilten Polen vor 1918 die Polnische Sozialistische Partei (PPS)[20] für die Unabhängigkeit Polens kämpfte und zwar nicht nur gegen die Teilungsmächte, sondern auch gegen die Sozialdemokratie des Königreichs Polen und Litauen (SDKPiL), die die Klasse über die Nation stellte, so war auch Lassalle preußisch-nationalistischer Sozialist, der sich dem Internationalismus von Marx und Engels widersetzte. Für Józef Piłsudski, dem PPS-Führer, wie für Lassalle war der Sozialismus dagegen der königliche Weg, die Massen für den Nationalstaat zu mobilisieren; das zweite Extremum repräsentierte bekanntermaßen Rosa Luxemburg, die Gründerin der SDKP und die berüchtigte Gegnerin der Wiederherstellung Polens.[21] Engels nennt Lassalles *Franz von Sickingen* „ein in jedem Sinne, nach Stoff und Behandlung, deutschnationales Drama."[22] Im Vorwort zu seinem Stück formuliert Lassalle das Paradoxon, das den historischen Stoff in eine tragische Handlung zusammenbindet, in Nationalkategorien und nicht in Klassenkategorien:

> Gerade mit dieser Zeit nationaler Erhebung und Kämpfe, und gerade durch ihr Resultat haben wir aufgehört ein Volk zu sein, ein nationales Dasein und eine nationale Geschichte überhaupt zu haben.[23]

---

20 Die PPS stiftete direkt nach dem zweiten Weltkrieg – damals wurde sie noch vom kommunistischen Regime geduldet – Lassalles Grabdenkmal.

21 Franz Mehring fasste ihre Argumente zusammen: „Polen ist längst nicht mehr die einzige Angriffsfläche, die der zarische Despotismus der Revolution bietet; wie die anderen Teilungsmächte hat Russland die Revolution längst im eigenen Leibe. Wollte das polnische Proletariat die Wiederherstellung eines polnischen Klassenstaats auf seine Fahne schreiben, eines Klassenstaats, von dem die herrschenden Klassen selbst nichts wissen wollen, so würde es ein historisches Fastnachtsspiel aufführen, was wohl besitzenden Klassen passieren mag, wie dem polnischen Adel im Jahre 1791, aber der arbeitenden Klasse nie passieren darf. [...] [Das] Interesse [der Arbeiterklasse] gebieten durchaus, dass die polnischen Arbeiter in allen drei Teilungsstaaten mit ihren Klassengenossen ohne jeden Rückhalt Schulter an Schulter kämpfen" – so, Franz Mehring, „Die polnische Frage" [1901], *Gesammelte Schriften* (Dietz: Berlin, 1960), Bd. 7, 61. Auf diesen Aufsatz und diese Vorstellungen des Internationalismus knüpfte Lenin an: „Die nationale Frage in unserem Programm", *Werke* (Dietz: Berlin, 1975), Bd. 6, 460: „Die fluchtwürdige Geschichte der Selbstherrschaft hat uns eine sehr große *Entfremdung* der Arbeiterklassen der von dieser Selbstherrschaft unterdrückten verschiedenen Völkerschaften als Erbe hinterlassen. Diese Entfremdung ist das größte Übel, das größte Hindernis im Kampf gegen die Selbstherrschaft, und wir dürfen dieses Übel nicht zum Gesetz erheben."

22 *Sickingen-Debatte*, 46.

23 *Sickingen-Debatte*, 12.

Für die geistige Freiheit hätten die Deutschen demnach mit ihrem nationalen Dasein gezahlt.[24] Es ist nicht verwunderlich, dass der ganze Text von *Franz von Sickingen* ein großes Plädoyer für den Nationalstaat war, den *Das Manifest der kommunistischen Partei* allerdings für eine Erscheinung hielt, die die industrielle Revolution überholt hat.[25] Wenn die Nationen sich wirklich regieren werden, wird der Staat – als Apparat der Klassengewalt – allmählich verschwinden.[26] Wo Lassalle das große Opfer für die deutsche Einheit sieht, sieht Marx ausschließlich die Reaktion, die mit dem Kopf gegen die Wand rennt, die zwischen ihr und der sich stets revolutionierenden Realität gewachsen ist.[27]

Lassalle behauptete, die Revolution müsse nicht immer eine gewaltsame Umwälzung bedeuten, und er verhandelte mit reinem Gewissen mit Bismarck.[28]

---

24 *Sickingen-Debatte*, 16.

25 Die Situation ist schon wieder ambig: Einerseits schreiben Marx und Engels: „Die Kommunisten unterscheiden sich von den übrigen proletarischen Parteien nur dadurch, dass sie einerseits in den verschiedenen nationalen Kämpfen der Proletarier die gemeinsamen, von der Nationalität unabhängigen Interessen des gesamten Proletariats hervorheben und zur Geltung bringen, andrerseits dadurch, dass sie in den verschiedenen Entwicklungsstufen, welche der Kampf zwischen Proletariat und Bourgeoisie durchläuft, stets das Interesse der Gesamtbewegung vertreten" („Manifest der Kommunistischen Partei", *Werke*, Bd. 4, 474). In dem Vorwort zur zweiten polnischen Ausgabe des Manifests aus dem Jahr 1892 schreibt Engels aber: „Die rasche Entwicklung der polnischen Industrie, die der russischen über den Kopf gewachsen, ist aber ihrerseits ein neuer Beweis für die unverwüstliche Lebenskraft des polnischen Volks und eine neue Garantie seiner bevorstehenden nationalen Wiederherstellung. Die Wiederherstellung eines unabhängigen starken Polens ist aber eine Sache, die nicht nur die Polen, sondern die uns alle angeht. Ein aufrichtiges internationales Zusammenwirken der europäischen Nationen ist nur möglich, wenn jede dieser Nationen im eignen Hause vollkommen autonom ist. [...] Denn die Arbeiter des ganzen übrigen Europas haben die Unabhängigkeit Polens ebenso nötig wie die polnischen Arbeiter selbst" (*Werke*, Bd. 22, 283). Es sieht so aus, als wäre die Bourgeoise der Antrieb der gleichschaltenden Globalisierung (S. 373-376), die trotz allem eine Bedingung des zukünftigen wahren Universalismus ist, der alle kleinen Unterschiede bewahrt. (Vgl. Hegels schlechte und gute Unendlichkeit)

26 Andrzej Walicki, *Marxism and the Leap to the Kingdom of Freedom: The Rise and Fall of the Communist Utopia* (Stanford: SUP, 1995), 89-98; Julius Martow, „Marx und der Staat" [1925], Karl-Heinz Neumann (Hg.), *Marxismus Archiv*, Bd. 1 *Marxismus und Politik* (Frankfurt am Main: Makol, 1971), 456-470.

27 *Sickingen-Debatte*, 38-39.

28 Engels neigte dagegen nach Marx Tod dazu, den Kampf im Rahmen der parlamentarischen Demokratie für die günstigste Lösung für die Arbeiterbewegung zu halten, etwa in seiner 1895 publizierten „Anleitung zu Karl Marx' ‚Klassenkämpfe in Frankreich 1848 bis 1850'", Marx, Engels, *Werke*, Bd., 22, 512-526. „Klassenkämpfe in Frankreich" erhält eines der interessantesten tragischen Denkbilder, das Marx je formulierte: „Während der ganzen Dauer ihrer [= der Bourgeoisie] Herrschaft, solange sie im Proszenium die Haupt- und Staatsaktion spielte, wurde im Hintergrund ein ununterbrochenes Opferfest

Wie ich noch weiter zeigen werde, deutete Marx Lassalles Verhandlungen mit Bismarck als eine nachträgliche Realisation dessen ichsüchtiger Phantasie, die die Tragödie *Franz von Sickingen* als psychologische Erscheinung motivierte. Gerade die Diskussion über die Tragödie war die angemessene Grundlage oder das richtige Medium, in dem die Gestalt der Revolution besprochen werden konnte. Der damals berühmte Ästhetiker Friedrich Vischer, aus dessen Werk Marx zu jener Zeit Exzerpte erstellte[29] und den Lassalle seine Tragödie beurteilen ließ, nannte einmal die Tragödie die richtige Form für die Revolution: „Der wahre Inhalt des Tragischen sind [...] Revolutionen, die höchste Darstellung desselben, die Tragödie, ist durch ängstliche Überwachung der Bühne vernichtet."[30] Die Tragödie stellt nicht die Revolution dar, sie erregt aber die Angst, sie könne eine oder die endgütige auslösen. Den polnischen Novemberaufstand bezeichnete Vischer ebenfalls als tragisch.[31] (Ob er wusste, welche Rolle der tragische Roman *Konrad Wallenrod* bei der Auflösung des Aufruhrs spielte oder dass das das Ergebnis der bitteren Niederlage die Erztragödie *Ahnenfeier III* entstehen ließ, ist eher fragwürdig. Wahrscheinlich bezog sich Vischer auf die Empfindungen des deutschen Publikums.) Dabei wiederholte Vischer, indem er die Revolution mit dem Tragischen in Verbindung brachte, als ein Hegelianer, wahrscheinlich unabsichtlich, vielleicht vermittels kryptischer Ausdrücke in der *Phänomenologie des Geistes*, die Idee, die Hölderlin angesichts der *Antigone* von Sophokles als Erster formulierte: Diese Tragödie versteht er als eine solche, die einen „vaterländischen" „Aufruhr" darstellt, bei dem alle Vorstellungsarten umgedreht und die revolutionäre Zeit spürbar werden.[32] Hegels Wortwahl war bedächtiger, seine Bestimmung der Tragödie als eines Konflikts von οἶκος und πόλις ist jedoch nichts anderes als eine euphemistische Paraphrase der bürgerlichen Revolution, in der der dritte Stand, bisher aus der Politik verdrängt, nach der Teilhabe an der Macht verlangt.

Eine andere Spannungslinie, die sich in der Tragödie und der Diskussion über sie wie ein Lichtstrahl im Prisma brach, war eben die mäandrierende Linie, die seit der Antike zwischen der Ökonomie und der reinen Politik, *οἶκος* und πόλις, verlief. Die griechische Tragödie lädt im Übrigen dazu ein, die Gattung anachronistisch als Ausdruck des Konflikts zwischen der

---

aufgeführt – die fortlaufenden standrechtlichen Verurteilungen der gefangenen Juniinsurgenten oder ihre Deportation ohne Urteil" (*Werke*, Bd. 7, 35).

29 Vgl. Georg Lukacs [sic!], „Karl Marx und Friedrich Theodor Vischer", *Deutsche Zeitschrift für Philosophie* 1953, Bd. 1, Heft JG, 473-515.

30 Theodor F. Vischer, *Ästhetik oder Wissenschaft des Schönen*, Bd. 1, (Reutlingen und Leipzig: Macken, 1846), par. 136, 315.

31 Theodor F. Vischer, *Ästhetik oder Wissenschaft des Schönen*, Bd. 2,1, 289.

32 Friedrich Hölderlin, *Sämtliche Werke*, hg. von Dietrich Eberhard Sattler et al. (Frankfurt am Main, Basel: Stroemfeld/ Roter Stern, 1999), Bd. 16, 419.

ökonomischen Notwendigkeit und der freien politischen Entscheidung zu deuten. In der kapitalistischen Gesellschaft trifft der scheinbar freie Agent auf das Fatum des Marktes, der wie eine unbeherrschbare Kraft über unser Leben bestimmt. Im Gegensatz zu Marx zieht Lassalle angesichts der Ehernheit der ökonomischen Gesetze die reine Politik (den reinen Willen zur Tat) der Ökonomie als Darstellungsobjekt vor,[33] was sich in der Rolle widerspiegelt, die er in seinem Drama den rebellierenden Bauern zuschreibt.

Die Diskussion zwischen Marx und Lassalle hat sogar eine theologische Dimension: Im Drama glaubt Ulrich von Hutten – ein *porte-parole* von Lassalle – dass die Reformation nur ein Symptom der Renaissance ist, einer Zeit, in der – um Dostoevskijs Gegenübersetzung aufzurufen – der Menschengott den Gottmenschen absetzt.[34]

> Und stellt sein Evangelium des Menschen
> Entgegen kühn dem von dem Menschensohn![35]

– erblickt die Gefahr auch der apostolische Legat.

2.1.2. *Thema und Form der Debatte*

2.1.2.1. Thema der Debatte

Hauptthema der Debatte ist die Relation zwischen Idee und Wirklichkeit (pars pro toto Politik und Ökonomie), wobei diese Relation hier die Gestalt der Spannung zwischen Absicht und Ausführung annimmt. Das Thema wird von Lassalle aufgeworfen – sowohl im offiziellen Vorwort zum gedruckten Drama, das die Form eines offenen Briefes an Alexander von Humboldt[36] annimmt, als auch im privaten Aufsatz, der dem Brief an Marx beigelegt wurde. Als Marx die Herausforderung annahm, standen sich zwei selbstreflexive und gegenseitig ausschließende Theorien zur Umsetzung von Theorie gegenüber. In einem Brief an Marx, der das Päckchen mit dem Drama und dem rebellischen

33 Lassalles Begriff des „Arbeiterstandes“ wird von der Seite der Produktionsverhältnisse nicht bestimmt, wie etwa der des Volkes. Der Proletarier ist einfach der Nicht-Besitzer des Kapitals: Ferdinand Lassalle, „Arbeiterprogramm. Über den besonderen Zusammenhang der gegenwärtigen Geschichtsperiode mit der Idee des Arbeiterstandes“, *Gesammelte Reden und Schriften*, hg. von Eduard Bernstein, (Berlin: Paul Cassirer, 1919) Bd. 2, 147-202.

34 Fedor Dostoevskij, *Sobranie sočinenij v pjatnadcati tomach* (Leningrad: Nauka, 1988-1996), Bd. 14, 350: „Произошло столкновение двух самых противоположных идей, которые только могли существовать на земле: человекобог встретил богочеловека.“

35 Ferdinand Lassalle, *Franz von Sickingen* (Stuttgart: Reclam, 1974), 71.

36 *Sickingen-Debatte*, 12. Lassalles Bedürfnis danach, die Tragödie mit den Kommentaren zu versehen, entspricht Schillers Verhalten, der sein *Don Karlos* (das große Vorbild für Lassalle) mit literarisch-politischen Abhandlungen umrahmte: F. Schiller, „Briefe über *Don Karlos*“, *Sämtliche Werke* (Stuttgart: Cotta, 1879), Bd. 4, 180-197.

philosophischen Aufsatz begleitete, schrieb Lassalle über die Abschrift des Essays:

> Du brauchst dieselbe freilich nicht, um die spekulative Idee des Dramas zu erkennen. Aber es wird immer für Dich noch das Interesse haben, um mit voller Sicherheit beurteilen zu können, was ich selber wollte, zum Unterschied von dem, was sich etwa bloß hineinlegen lässt, und ebenso, inwiefern Absicht und Ausführung sich decken.[37]

Wenn wir den Platz des idealen Lesers einnehmen, was Lassalle Karl Marx freundlich zutraut, und das Drama und die Theorieschriften, die die im Drama Fleisch werdende Absicht beinhalten, parallel lesen, werden wir sehen, dass der Prozess der Umsetzung der Idee in der ganzen Debatte auf drei Ebenen zum Vorschein kommt. Auf der Ebene

1) der Realisation von Ideen, die den Helden vorschweben; diese Umsetzung von Ideen ist das Thema der historischen Tragödie (dieser Frage widmet sich vor allem das erste Unterkapitel: 2.1.1. Verlauf und Preis der Debatte);
2) der Tragödie selber, des fertigen Kunstwerks als einer Verwirklichung der künstlerischen und politischen Idee, die der Autor-Ideologe der Arbeiterbewegung (auch) in theoretischen Schriften formuliert (diese Frage verorte ich in diesem Unterkapitel: 2.1.2. Thema und Form der Debatte);
3) der Forderung an das Publikum, die Tragödie umzusetzen – entweder sie als Vorbild für die eigenen Handlungen im Rahmen von sozialen Konflikten zu wiederholen (Lassalle) oder die Bedingungen zu bestimmen, in denen die Produktion von revolutionären Subjekten durch die Tragödie zustande kommt (Marx). Diese Frage wird im letzten Unterkapitel behandelt: 2.1.3.

2.1.2.2. Theoretischer Streit

Verschiedene Tragödientheorien bedeuten verschiedene Theorien des Handelns, oder, genauer gesagt, verschiedene Modelle der vergangenen und kommenden Revolution; der Unterschied zweier politischer Ideologien lässt sich am besten in der Sprache der ästhetischen Theorie ausdrücken. Die Griffigkeit des ästhetischen Diskurses beruht jedoch nicht auf der Anwendung der äsopischen Sprache, die im damaligen Europa einen so großen Aufschwung erlebte. Die ästhetischen Kategorien sind keine einfachen Allegorien des Politischen (bestimmt sind sie keine für Karl Marx). Vielmehr war die Motivation, sich der Sprache der ästhetischen Theorie zu bedienen, wissenschaftlich und lässt sich mit der althergebrachten Maxime

37 *Sickingen-Debatte*, 33.

ignotum per gnotum beschreiben, die uns empfiehlt, das neue Problem auf die schon vorhandene Lösung zurückzuführen. Die Sprache der Ästhetik erlaubt zum Beispiel, das ‚verdammte' Problem der Anführer-Massen-Relation mit dem großenteils durch die idealistische Ästhetik gestellten und (verbaliter) gelösten Problem des Individuellen und des Typischen im Drama bzw. mit dem oftmals erörterten Geheimnis von der ‚guten Allgemeinheit' des Chores gegenüber dem tragischen Einzelnen in Zusammenhang zu bringen. Ebenso erleichtert die Ästhetik des Tragischen die Feststellung, wie eine (vorgestellte) Welt konstruiert sein soll, in der ein unausweichliches Gesetz und zugleich die Freiheit gelten könnten. Darauf werde ich im Folgenden genauer eingehen.

Zwei rivalisierende Tragödientheorien stehen sich also in der Sickingen-Debatte gegenüber: eine traditionelle Theorie, der Lassalle anhängt, und eine kritische, die aus Hegels *Phänomenologie des Geistes* stammt. Die beiden Theorien sehen den Ursprung der Tragik in der Spannung zwischen der Absicht und der Ausführung, doch problematisieren sie diese Spannung auf gegensätzliche Weise.

Während Marx und Engels sich, wie bereits angedeutet, auf die Lektion des Ödipus und der Antigone in der *Phänomenologie des Geistes* berufen, vertraut Lassalle Schiller. In erster Linie bezieht er sich auf Schillers *Don Karlos, Infant von Spanien* (1787), eine Tragödie, in der zwischen der Freiheitsidee und den durch die Gesetze vorbestimmten Wirklichkeit verhandelt wird, sowie auf Schillers spätere theoretische Schriften zum Erhabenen und zum Pathetischen (vor allem) in der Tragödie von 1793 und 1801, in denen Schiller die Ideen, die die Form von *Don Karlos* gestaltet hatten, in die Sprache der Kantischen Philosophie zu übersetzen wusste.[38] Für unsere Zwecke kann die Handlung der bekannten Tragödie folgendermaßen zusammengefasst werden: In *Don Karlos* steht der Marquis von Posa zwischen dem von der Idee der Freiheit besessenen Kronprinz Don Karlos (er selber hatte den Prinz mit dem Enthusiasmus für die Freiheit angesteckt) und Don Karlos' königlichem Vater Philip II; Posa will die Freiheit in die Realität einführen, aber er verliert, indem er sowohl die Idee als auch seinen eigenen Realitätssinn verrät. Schiller fand die theoretische Ausarbeitung der politischen Absicht, die hinter seinem *Don Karlos* steht, in der Analytik des Erhabenen aus Kants *Kritik der Urteilskraft* (§§ 23-54). Er wollte nämlich eine Freiheit zeigen, die sich in der den Sinnen zugänglichen Welt offenbart, und genau das ist die Erfahrung unserer noumenalen Freiheit, die in uns das Gefühl der Erhabenheit auslöst. Das Wesen des Tragischen ist laut

38 Vgl. F. Schiller, „Vom Erhabenen", „Über das Pathetische", „Über das Erhabene".

Schiller-Lassalle – ebenso laut Jean Paul, Karl Solger, Friedrich Hebbel[39] – der Entstellungsprozess der von Natur aus freien Idee, der sich bei ihrer Verwirklichung in der bedingten Welt ereignet, als verbrenne das Platonische Urbild beim Eintreten in die Erdatmosphäre. Das Tragische ist, dass die Idee realisiert werden *soll*, ohne Rücksicht auf die *Unmöglichkeit* der Realisierung. Andernfalls verzichtet der Mensch auf seine Freiheit, nach der Idee des Guten zu handeln, und auf seine Freiheit des Handelns nach Ideen ohne Rücksicht auf immer zufällige Bedingungen. Um seine Bestimmung zur Freiheit nicht zu verraten, verrät der Mensch die Idee, indem er ihren Freiheitscharakter dadurch in Frage stellt, dass er ihn bestätigt und die Idee mit Notwendigkeit umsetzt. Soviel zur klassisch-deutschen Dialektik von „Pflicht" und „Freiheit".

Marx und Engels stellen Lassalles Lehre die Hegelsche Theorie der immanenten Tragik des historischen Geschehens gegenüber. Hegels zentrales Vorhaben ist, dem vermeintlichen Konflikt der gefallenen Wirklichkeit und der freien Idee ein Ende zu setzen, dem Konflikt also, der für die Tragödientheorie, der Lassalle anhing, von zentraler Bedeutung ist. Bei Hegel wie bei Goethe soll die Theorie schon in der Erscheinung enthalten sein; es gibt also keinen Raum zwischen der Idee und der Wirklichkeit, in dem sich die Tragik ereignen könnte; der Widerspruch nestet sich in den Begriff ein. Die Idee lebt von den Widersprüchen und Gegensätzen, die sie umfasst. Die Theorie, der der tragische Held anhingt, (oder sein Bewusstsein) ist währenddessen nicht vollständig und damit falsch. Seine ist die Verblendung, die am Ende der Handlung brutal revidiert wird. Mit dem Terminus ‚Idee' bezeichnet Hegel präziser gesagt den Begriff, der sich in der empirischen Welt verwirklicht hat: die Aktivität des Umsetzens des Begriffs ist die Idee selbst und nicht eine Entstellung der Idee. Der Begriff beinhaltet schon in seiner Struktur den Konflikt, den die von der Geschichte mitgerissenen Menschen austragen, performern. Die Geschichte ist das wirkliche Werden des Begriffs, des Begriffs der Freiheit wohlbemerkt,[40] sie ist also Idee und diese Idee ist fortbestehender Kampf um

39 Jean Paul, *Vorschule der Ästhetik, Werke*, hg. von Eduard Berend (München: Hanser 1959-1963), Bd. 5, 105-109, 475-476; Karl Solger, *Vorlesungen über Ästhetik* (Leipzig: Brockhaus, 1829), 315; Friedrich Hebbel, „Mein Wort über das Drama! Eine Erwiderung an Professor Heiberg in Kopenhagen", *Werke* (München: Hanser 1963-67), Bd. 3, 544-575; vgl. *Sickingen-Debatte*, 126, 164-169 (Stimmen von Mehring und Lukács).

40 Georg Friedrich Wilhelm Hegel: *Wissenschaft der Logik, Werke*, hg. von Eva Moldenhauer, Karl Marcus Michel (Frankfurt am Main: Suhrkamp 1979), Bd. 6, 463: „Indem sich aber das Resultat ergeben hat, dass die Idee die Einheit des Begriffs und der Objektivität, das Wahre ist, so ist sie nicht nur als ein *Ziel* zu betrachten, dem sich anzunähern sei, das aber selbst immer eine Art von *Jenseits* bleibe, sondern dass alles Wirkliche nur insofern *ist*, als es die Idee in sich hat und sie ausdrückt." Georg Friedrich Wilhelm Hegel, *Vorlesungen über die Philosophie der Geschichte, Werke*, Bd. 12, 30-32: „das Wesen des Geistes

die Freiheit. Antigone und Kreon, die in den Begriffen ihrer Kultur und ihrer Sittlichkeit gefangen sind, inszenieren für uns das Ringen des Hauses, des Oikos, mit dem Staat, der Polis.[41]

Der Unterschied zwischen den beiden verschiedenen Auffassungen der Tragödie, der Schiller'schen und der Hegelschen, ist am besten anhand des Problems des tragischen Irrens zu bestimmen. Die Hamartia (ἁμαρτία) wird in der Tragödientheorie der *Phänomenologie des Geistes* als die Spannung zwischen dem Bewussten und dem Unbewussten definiert. Hegel verstärkte das ödipale Paradigma in der Tragödienforschung und erweiterte es auf die Tragik im Allgemeinen. Der tragische Held identifiziert sich komplett mit dem eigenen Recht, indem er das Recht der anderen, ihm gegensätzlichen Seite des Begriffes, für ein großes Unrecht hält. Am Ende wird ihm jedoch bewusst, dass er – genauso wie sein Widersacher – nur die halbe Wahrheit repräsentiert, nämlich nur eine Hälfte des Begriffs und des sozialen Lebens: Er repräsentiert damit das Unwahre und geht zu Grunde, da er den ganzen Sinn seiner Existenz in die Illusion setzte, dass er für die Wahrheit und nichts als für die Wahrheit stehe. Sein Tod zerstört die ultimative Illusion, es bestehe ein Unterschied zwischen Wissen und Wirklichkeit, Theorie und Praxis. Der tragische Tod beweist, dass die Theorie und die Praxis eins sind (oder, genauer gesagt, eine Einheit der Einheit und des Unterschieds). Sowohl in der *Phänomenologie des Geistes* als auch im sechs Jahre früher erschienenen *Naturrechtaufsatz*[42] kleidete Hegel das spezifisch postrevolutionäre Problem des Konflikts zwischen dem *bourgeois*, dem Privatmenschen, und dem politischen *citoyen* in antike Masken; das Paar *bourgeois-citoyen* wurde damit als die nächste, moderne Einverleibung der problematischen Relation zwischen *oikos* und *polis* dargestellt. Infolgedessen wurde dem Philosophen das Privileg zuteil, die Antwort auf spezifisch moderne Probleme in der alten Tragödie zu suchen. Ödipus, der allzu familiäre Mensch, sei in Konflikt mit seiner eigenen öffentlichen Funktion geraten; Antigone, stellt sich heraus, rebellierte im Namen des *oikos* gegen die Polis. Die Kritik,

---

[ist] die Freiheit. […] die Philosophie aber lehrt uns, dass alle Eigenschaften des Geistes nur durch die Freiheit bestehen, alle nur Mittel für die Freiheit sind, alle nur diese suchen und hervorbringen; es ist dies eine Erkenntnis der spekulativen Philosophie, dass *die Freiheit das einzige Wahrhafte des Geistes* sei. […] Die Weltgeschichte ist der Fortschritt im Bewusstsein der *Freiheit*, – ein Fortschritt, den wir in seiner Notwendigkeit zu erkennen haben."

41 Zur Unterscheidung zwischen der Despotie (die Herrschaft über das Hausgesinde) bzw. der ehelichen bzw. der väterlichen Macht und der politischen Herrschaft, siehe Aristoteles, Pol. I, 7, 1255 b 16-20; siehe auch das Hegel-Kapitel.

42 Voller Titel: „Über die wissenschaftlichen Behandlungsarten des Naturrechts, seine Stelle in der praktischen Philosophie und sein Verhältnis zu den positiven Rechtswissenschaften", Werke, Bd. 2, 434-531.

die der junge Marx der 1840er Jahre an Hegels Rechtsphilosophie übte, war durch dessen Tragödientheorie vorbereitet und gestaltet. Marx griff wie Hegels Antigone im Namen der ökonomischen Freiheit die politische Halb-Freiheit als eine Täuschung, ein nicht-Sein an. Lenins oder Trockijs Verblendung, ihr Hass auf die bürgerliche Freiheit wird Bände füllen.[43]

Lassalles Vorstellung der Hamartie ist eine völlig andere. Sie besteht in der Verkennung der eigenen Position gegenüber der Stärke des Anderen, die im vollen Bewusstsein seines Interesses besteht:

> Die ewige Stärke aller herrschenden, eine bestehende Ordnung verteidigenden Klassen liegt in der nicht zu täuschenden durchgearbeiteten Bewusstheit, mit welcher sie ihr Klasseninteresse, eben weil es ein bereits herrschendes, ausgearbeitetes ist, durchdringt./ Die ewige Schwäche einer jeden berechtigten revolutionären Idee, die sich zur Praxis kehren will, liegt in dem Mangel an Bewusstheit seitens der Glieder der ihr zugetanen Klassen, deren Prinzip noch nicht verwirklicht ist, sowie in dem hiermit zusammenhängenden Mangel an Organisation der ihr zu Gebote stehenden Mittel.[44]

Auch wenn der funktionelle Zusammenhang von Klassenbewusstsein und Organisation ziemlich marxistisch klingt, wird er von Lassalle auf eine nicht tragische (im Hegelschen Sinne) Weise gesetzt, da hier auf einer Seite das Bewusste und auf der anderen das Sich-Selbst-Nicht-Bewusste miteinander ringen, wohingegen die mit der Praxis identische Theorie und damit das volle Bewusstsein laut der Lehre Hegels erst durch den Konflikt zweier Einseitigkeiten entstehen kann. In der *Phänomenologie des Geistes* liest man über den Helden, dass er sich vollständig mit der ganzen Wahrheit identifiziert, die sich – angesichts der Tatsache, dass die Gesellschaft das auf Konflikte gestützte Ganze ist – als eine Halbwahrheit entpuppt, eine todbringende Parteilichkeit; in Lassalles Aufsatz sowie in den Tiraden seiner Heroen wird dagegen die Geschichte von einer halben Identifizierung mit der ganzen Wahrheit erzählt, der Wahrheit, die der Heros von vornherein kennt, weil er die Inkarnation des Zeitgeistes ist. Die verborgene Prämisse von Lassalles Denken besagt, dass die nicht bewusste Klasse Einzelne braucht, welche bewusst sind; die möglicherweise der höheren, herrschenden, bewussten Klasse entstammen und die Aufklärungsarbeit leisten oder einfach die Führungsrolle übernehmen können. (Explizit behauptete der Narodnik-Anarchist Petr Kropotkin, ein geschworener Feind von Marx und Engels, dass einer wirksamen Revolution

43 Walicki, *Marxism and the Leap to the Kingdom of Freedom*, passim; Alain Besançon, *The Rise of the Gulag. Intellectual Origins of Leninism*, übersetzt von Sarah Matthews (New York: Continuum, 1981), 223-242.

44 *Sickingen-Debatte*, 20.

Repräsentanten der herrschenden Klasse vorstehen müssen: „es muß der unterdrückte Teil der Gesellschaft sich so klar wie möglich über seine Ziele und die dahin führenden Wege werden und die zur Erreichung des Zieles nötige Begeisterung besitzen. Dann wird seine Sache sicher gerade auf die besten und frischesten intellektuellen Kräfte der im Besitze der historisch gewordenen Vorrechte befindlichen Klasse eine unwiderstehliche Anziehungskraft ausüben."[45] Natürlich war das Umgekehrte der Fall, sodass die Privilegierten die Subalternen aufklärten und anfeuerten.) Was Lassalles Theorie verschweigt, verrät die Poetik des Dramas, dessen Helden ausschließlich unter den Adeligen rekrutiert wurden.

Sowohl Lassalle als auch Marx sehen ihre Tragödientheorien – erstens die Theorie, die Lassalle in seinem Aufsatz formulierte und in seiner Tragödie umsetzen wollte sowie zweitens die Theorie, die Marx bei der Kritik an Lassalles Tragödie vorschwebte – als Versuche, auf die Frage zu antworten, wie es zur Niederlage der Revolution 1848/ 49 kommen konnte.[46] Da an dieser Revolution die klassische Philosophie zugrunde ging, wie Engels in seinem Feuerbach-Buch behauptet,[47] beobachten wir hier, wie auch in der Tragödie durch eine ‚glückliche Niederlage' der kritischen Tragödientheorie, die zusammen mit der klassischen deutschen Philosophie von der Revolution beiseitegelegt wird, eine neue Form, die Lassalles Gespenstern der deutschen Klassik entgegengesetzt ist, in Marx'scher Ökonomie gefunden wird. Marx hörte nach 1848 (oder schon 1845 mit der „Heiligen Familie") auf, auf die spekulative Philosophie bzw. die Anthropologie zu setzen und wandte sich der Wissenschaft zu.

Marx schreibt Lassalle, dass dieser gewissermaßen den Mechanismus begriffen habe, warum die Revolution scheiterte, aber indem er einen falschen Helden wählte, bewies er, dass er nichts von der Revolution verstanden habe. Mit der Wahl des Helden und einem bestimmten historischen Ereignis, soll Marx zufolge die Idee (der Revolution) dargestellt werden, was nur dadurch möglich ist, dass man sie und das ihr entsprechende Modell des Handelns mit ihren historischen Bedingungen zugleich zur Anschauung bringt. Die

---

45 Petr Kropotkin, *Memoiren eines Revolutionärs*, autorisierte Übersetzung von Max Pannwitz (Frankfurt am Main: Insel, 1973), 342.

46 „Die beabsichtigte Kollision ist nicht nur tragisch, sondern ist die tragische Kollision, woran die revolutionäre Partei von 1848/49 mit Recht untergegangen ist. Ich kann also nur meine höchste Zustimmung dazu aussprechen, sie zum Drehpunkt einer modernen Tragödie zu machen. Aber ich frage mich dann, ob das behandelte Thema passend zur Darstellung dieser Kollision war?" (*Sickingen-Debatte*, 38)

47 Friedrich Engels, „Ludwig Feuerbach und der Ausgang der klassischen deutschen Philosophie", Marx, Engels, *Werke*, Bd. 21, 256-273, 289 (S. 273: „Einstweilen schob die Revolution von 1848 jedoch die gesamte Philosophie ebenso ungeniert beiseite wie Feuerbach seinen Hegel. Und damit wurde auch Feuerbach selbst in den Hintergrund gedrängt.").

Bedingungen sind doch Bestandteil der Idee. Anstatt seine ganze Aufmerksamkeit und Sympathie für den Ritter Sickingen aufzubringen, solle Lassalle sich lieber auf die Repräsentanten der Bauernbewegung konzentrieren (und diese nicht als Ritter zu stilisieren). Lassalles Explikation scheiterte also an dem Gleichen, woran die Revolution selbst – an der Isolierung der privilegierten Anführer von den Subalternen.

Die Analogie zwischen dem Völkerfrühling und dem Ritter- und Bauernkrieg stellte Friedrich Engels bereits 1850 in seinem großen Aufsatz „Der deutsche Bauernkrieg" her.[48] In ihm beobachtete Engels auch eine politisch-historische Homologie zwischen dem Ritteraufstand und dem polnischen Novemberaustand.[49]

Der von Marx' Anmerkungen über die Unzeitgemäßheit der französischen Jakobiner und ihre „tragischen Täuschung"[50] inspirierte Engels bezog sich auf

48 Friedrich Engels, „Der deutsche Bauernkrieg", 329: „Drei Jahrhunderte sind seitdem verflossen, und manches hat sich geändert; und doch steht der Bauernkrieg unsern heutigen Kämpfen so überaus fern nicht, und die zu bekämpfenden Gegner sind großenteils noch dieselben. Die Klassen und Klassenfraktionen, die 1848 und 49 überall verraten haben, werden wir schon 1525, wenn auch auf einer niedrigeren Entwicklungsstufe, als Verräter vorfinden. Und wenn der robuste Vandalismus des Bauernkriegs in der Bewegung der letzten Jahre nur stellenweise, im Odenwald, im Schwarzwald, in Schlesien, zu seinem Rechte kam, so ist das jedenfalls kein Vorzug der modernen Insurrektion." Inzwischen ist der Vergleich zum Mainstream geworden; so brachte der Bundespräsident Johannes Rau in seiner Rede vom 10. März 2000 das Memmingener Bauernparliament 1525 samt seinen 12 Artikeln mit der Paulskirche in Verbindung. http://www.bundespraesident.de/SharedDocs/Reden/DE/Johannes-Rau/Reden/2000/03/20000310_Rede.html [Zugriff 29.12.2015].

49 Friedrich Engels „Der deutsche Bauernkrieg", 373-376.

50 Karl Marx, Friedrich Engels, „Die heilige Familie oder Kritik der kritischen Kritik", Marx, Engels, *Werke*, Bd. 2, 29: „Robespierre, Saint-Just und ihre Partei gingen unter, weil sie das antike, *realistisch-demokratische Gemeinwesen*, welches auf der Grundlage des *wirklichen Sklaventums* ruhte, mit dem *modernen spiritualistisch-demokratischen Repräsentativstaat*, welcher auf dem *emanzipierten Sklaventum*, der *bürgerlichen Gesellschaft*, beruht, verwechselten. Welche kolossale Täuschung, die moderne bürgerliche Gesellschaft, die Gesellschaft der Industrie, der allgemeinen Konkurrenz, der frei ihre Zwecke verfolgenden Privatinteressen, der Anarchie, der sich selbst entfremdeten natürlichen und geistigen Individualität – in den *Menschenrechten* anerkennen und sanktionieren zu müssen und zugleich die *Lebensäußerungen* dieser Gesellschaft hinterher an einzelnen Individuen annullieren und zugleich den *politischen Kopf* dieser Gesellschaft in *antiker* Weise bilden zu wollen!/ Tragisch erscheint diese Täuschung, wenn Saint-Just am Tage seiner Hinrichtung auf die im Saale der Conciergerie hängende große Tabelle der *Menschenrechte* hinwies und mit stolzem Selbstgefühl äußerte: „C'est pourtant moi qui ai fait cela." [Und doch war ich es, der das gemacht hat.] Eben diese Tabelle proklamierte das *Recht* eines *Menschen*, der nicht der Mensch des antiken Gemeinwesens sein kann, sowenig als seine *nationalökonomischen* und *industriellen* Verhältnisse die *antiken* sind."

Thomas Müntzer und die Arbeiteranführer aus dem Jahr 1848 und formulierte das Modell der tragischen Verblendung in der hoffnungslosen Lage des Anführers mitten in der Revolution. Dieses versuchte Lassalle auf seinen ritterlichen Helden anzuwenden und in die tragische Form zu bringen. Im „Deutschen Bauernkrieg" orientierte sich Engels an Hegel: Er entwickelte sein Modell der fatalen Situation anhand des Bauernanführers und des radikalen Theologen Thomas Müntzer, der sich von der verzweifelten Parteilichkeit des Volkszorns leiten lässt, den er für Gottes Stimme hält, während Lassalle das Modell auf den politisch freien Menschen der Idee übertragen wollte. Dabei betonte Lassalle im Drama mehrmals, dass Sickingen keine ökonomischen Sorgen habe (er leiht dem Kaiser Geld, er unterhält den Etat des Staates und kümmert sich nicht um die Rückzahlung). Sickingens Beweggründe sind rein politisch, auch in dieser Hinsicht ähnelt er dem Marquis von Posa. Aus freiwilliger Bekenntnis zur ideellen deutschen Verfassung tritt Sickingen gegen die Reichsfürsten auf und nur aus taktischen Gründen tarnt er die allgemein deutsche Revolution als eine private Fehde gegen den Erzbischof von Trier, damit die Revolution an Fahrt gewinnt, bevor sie ihre wahren Ziele enthüllt (Vereinigung des Reiches und Verstärkung der Souveränität gegenüber dem Papsttum). Bei Engels wird Müntzer, wie Hegels Antigone, durch die Eigendynamik der Konflikte seiner Kultur zur Lüge und damit zum Tode verurteilt:

> Es ist das Schlimmste, was dem Führer einer extremen Partei widerfahren kann, wenn er gezwungen wird, in einer Epoche die Regierung zu übernehmen, wo die Bewegung noch nicht reif ist für die Herrschaft der Klasse, die er vertritt, und für die Durchführung der Maßregeln, die die Herrschaft dieser Klasse erfordert. [...] Er findet sich so notwendigerweise in einem unlösbaren Dilemma: Was er tun kann, widerspricht seinem ganzen bisherigen Auftreten, seinen Prinzipien und den unmittelbaren Interessen seiner Partei; und was er tun soll, ist nicht durchzuführen. Er ist, mit einem Wort, gezwungen, nicht seine Partei, seine Klasse, sondern die Klasse zu vertreten, für deren Herrschaft die Bewegung gerade reif ist. Er muss im Interesse der Bewegung selbst die Interessen einer ihm fremden Klasse durchführen und seine eigne Klasse mit Phrasen und Versprechungen, mit der Beteuerung abfertigen, dass die Interessen jener fremden Klasse ihre eignen Interessen sind. Wer in diese schiefe Stellung gerät, ist unrettbar verloren.[51]

51 Friedrich Engels, „Der deutsche Bauernkrieg", 400-401: Interessanterweise herrscht der Topos der schiefen Lage des Leaders in der Geschichtsschreibung des 20. Jahrhunderts: Robespierre „had no formal dictatorial powers or even office, being merely one member of the Committee of Public Safety, which was in turn merely one sub-committee – the most powerful, though never all-powerful – of the Convention. His power was that of the people – the Paris masses; his terror theirs. When they abandoned him he fell./ The tragedy of Robespierre and the Jacobin Republic was that they were themselves obliged to alienate this support. The regime was an alliance between middle class and labouring masses; but for the middle class Jacobins, Sansculotte concessions were tolerable only

Lassalle überträgt den von Engels beschriebenen Mechanismus in die Sprache der idealistischen Tragödienästhetik: Der Riss zwischen ‚sollen' und ‚können' geht durch jedes Handeln, unabhängig von der geschichtlichen Stellung des Handelnden, da der freien Idee immer eine Entstellung in der bedingten Welt widerfährt, nur dass im Fall der Revolution der Widerspruch zwischen der Absicht und der Ausführung am deutlichsten zum Vorschein kommt.[52] Es ist demzufolge erlaubt, den tragischen Mechanismus vom Bauernführer auf den Ritter zu übertragen, den Lassalle aus Engels eigenem Buch entnommen hat, um den ewigen und notwendigen Konflikt zwischen der von der Idee besessenen revolutionären Begeisterung und der endlichen Wirklichkeit zu beschreiben.[53] Engels Müntzer war nach den Kategorien Hegels nicht nur darum tragisch, weil er für das Volk, für die unterirdischen Wurzeln des Rechts, für das *ojkos* stand und einen Aufstand anzettelte, sondern auch darum, weil er in Verblendung sich selber und die eigene Partei betrog. Engels' Müntzer ist eine Figur des bürgerlichen Intelligenzlers der 1840er Jahre, der sich so sehr mit der Wahrheit des Proletariats identifiziert, dass er glaubt, das unverfälschte Bewusstsein der revolutionären Klasse zu besitzen, und daher im Namen dieses angeblich nicht entstellten, reicheren Bewusstseins das Proletariat zugunsten der Bourgeoise und die Bourgeoise zugunsten des Proletariats verrät.

In einer analogen ‚schiefen Stellung' wie Müntzer – erinnert Marx Lassalle – befanden sich die adeligen Anführer der polnischen Revolutionen 1830 (und dann 1846, 1863), die die ganze, aus vielen Völkern zusammengesetzte Nation politisch und ökonomisch befreien sollten, deren Bewusstseinsträger doch fast ausschließlich die polnischen Adeligen waren, die „Herren", „Panowies" (Ebner-Eschenbach[54]), *паны*, wie Russen scherzhaft-herablassend die Polen noch heute bezeichnen. Maurycy Mochnacki, der führende Literaturkritiker der polnischen Romantik und zusammen mit Joachim Lelewel der Ideologe der radikalen Partei (Towarzystwo Patriotyczne),[55] die die Absetzung des Zaren Nikolaus I. vom Thron des Königtums Polen während des Novemberaufstandes 1830 durchgesetzt hatte, gewann sogar gleich nach der Niederlage den

---

because, and as far as, they attached the masses to the regime without terrifying property-owners; and within the alliance the middle class Jacobins were decisive" (Eric Hobsbawm, *The Age of Revolution: Europe: 1789-1848* [1962] (New York: Vintage, 1996), 70-71).

52 *Sickingen-Debatte*, 20: „dieser Wiederspruch, welcher der Natur alles Handelns, zumal des revolutionären, innewohnt."

53 *Sickingen-Debatte*, 73.

54 „Weh allen Panowies und Panies, die das nächste Jahr erleben!" – Marie von Ebner-Eschenbach, „Der Kreisphysikus", *Gesammelte Werke in drei Bänden*, hg. von Johannes Klein (München: Winkler 1956-1958), Bd. 3, 270.

55 Władysław Zajewski, *Walki wewnętrzne ugrupowań politycznych w powstaniu listopadowym* (Gdańsk: GTN, 1967); *Ustawy Towarzystwa Patriotycznego* (Warszawa: s.n. 1831).

tragischen Mehrwehrt aus der Schieflage und dem Fall, indem er behauptete, dass sich mit jeder Niederlage der Horizont der Polentums und der Freiheit weite.[56] Demnach würden sich immer breitere Massen mit der Sache der Freiheit identifizieren, als wären sie von der Kraft der Katastrophe angezogen. Eines Tages sei das Ziel des Aufstandes das wahre Allgemeine, das die ganze Menschheit umfasst. In diese Linie gehört auch Mochnackis 1832 veröffentlichter Aufruf an die Deutschen, durch das Gedächtnis der polnischen und französischen Revolutionen Europa zu revolutionieren. Engels sagte 1848 in Brüssel:

> Aber mitten in dieser konservativen Revolution, mitten in der nationalen Regierung gab es einen Mann, der die engstirnigen Ansichten der herrschenden Klasse heftig angriff. Er schlug wahrhaft revolutionäre Maßnahmen vor, vor deren Kühnheit die aristokratischen Vertreter im Parlament zurückwichen; als er das ganze alte Polen zu den Waffen rief, als er so den Krieg für die Unabhängigkeit Polens zu einem europäischen Krieg machte, als er die Juden und die Bauern emanzipierte, als er die Bauern am Eigentum an Grund und Boden teilhaben ließ, als er Polen auf der Grundlage der Demokratie und der Gleichheit wiederherstellte, wollte er die nationale Sache zur Sache der Freiheit machen, wollte er das Interesse aller Völker mit dem des polnischen Volkes identifizieren. Diesen Mann, dessen Genius diesen so gewaltigen und doch so einfachen Plan entwarf, muß ich ihn mit Namen nennen? Dieser Mann war Lelewel.[57]

Nach der durch Lelewels Wirken beschleunigten und grausamer gemachten Niederlage des Novemberaufstandes (die Affäre der Novembernacht in Warschau musste auf keinen Fall zur Entthronung des Zaren und dem ihr folgendem Krieg mit Russland führen) stilisierte Mickiewicz die zwangshafte Emigration der Veteranen als eine christliche Entäußerung, die zugleich eine radikale Ausbreitung – Universalisierung und Internationalisierung – der Nationalgemeinschaft und der Perspektive auf die Weltbühne war:

> Polnischer Pilger, du warst reich, und siehe da, du leidest Armut und Elend, dass du nach der Zurückkunft in deine Heimat sagen könnest: die Armen und Elenden sind meine Miterben.
>
> Pilger, du hast Rechte verliehen, und das Recht zur Krone gehabt, und siehe da, im fremden Lande bist du ausgeschlossen von dem Schutz der Rechte, damit du erkennest dass Unrecht, und danach der Rückkehr in diene Heimat sagen könnest: die Fremden sind bei mir Mitgesetzgeber.

56 Maurycy Mochnacki, *Powstanie narodu polskiego w r. 1830 i 1831* [*1833*], (Wrocław: Zygmunt Schletter, 1850), 7-10.

57 Karl Marx, Friedrich Engels, „[Reden auf der Gedenkfeier in Brüssel am 22. Februar 1848 zum 2. Jahrestag des Krakauer Aufstandes von 1846]“, Marx, Engels, *Werke*, Bd. 4, 523.

> Pilger, du wärest gelehrt, und siehe da, die Wissenschaften, welche du zu schätzen musstest, sind für dich nutzlos geworden, und jene welche du gering schätztest, achtest du jetzt, damit du erkenntest was die Kenntnis dieser Welt ist und nach der Rückkehr in deine Heimat sagen könnest: Die Einfältigen sind meine Mitschüler.[58]

In Lichte dieser Worte zeigt sich die Abstammung des Gedankens des universalen Klassenbewusstseins des Proletariats vom ‚utopischen' oder religiösen Sozialismus nur deutlicher. Das Proletariat ist, so das prägende Beispiel Marx und Engels im *Manifest der Kommunistischen Partei*, die einzige wirklich revolutionäre Klasse, deren Bewusstsein das Ganze der Gesellschaft umfasst (Lukács), weil das Proletariat – wie einst die polnischen ‚Pilger' – überhaupt nichts besitzt, also auch nichts zu verlieren hat und deswegen universalistisch wahrnimmt, denkt und handelt. Bestimmt konnte die polnische Sache nach 1831 nie mehr die Sache der Konservativen sein. Und es sind eben die Niederlagen, die das Bewusstsein erweitern und damit die Organisation der Klasse perfektionieren.

Lassalles Sickingen will die Magnaten betrügen. Engels Müntzer und die polnischen Revolutionäre hingegen betrügen sich selbst, indem sie meinen, ihre schiefe Lage begünstige den Erfolg der Revolution unter den für die Revolution unreifen Bedingungen. Die Revolution führte jedoch direkt zur Niederlage, die sich dann wiederum als eine glückliche entpuppte, da sie sich an die Reihe der zum Sieg führenden und das Bewusstsein und die Handlungsmöglichkeiten erweiternden Niederlagen anschloss. Lassalles Sickingen, obwohl seine Niederlage ebenso als eine fruchtbringende, d.h. für den Kampf begeisternde dargestellt werden sollte, betrügt sich nicht. Er will dagegen die herrschenden Magnaten, die die Einheit des Reichs zerstören, betrügen. Seine tragische Schuld besteht nun darin, dass diese sich nicht betrügen lassen, weil sie im Gegensatz zum mittleren Rittertum und zum Bauernstand ihr Klasseninteresse sehr gut kennen. Die reine Begeisterung ohne Beimischung von Kalkül wird anfangs im Drama durch den Humanisten Franz von Hutten repräsentiert und der Schlauheit von Sickingens gegenüberstellt, die allerdings nicht hinreicht, um die Magnaten in die Irre zu führen – und eben deswegen sein soll. Aber der als Utopist dargestellte von Hutten widersetzt sich nicht dem Konjunkturritter von Sickingen, im Gegenteil – sie übertrumpfen einander gegenseitig in ihrem Edelmut.

Die Schwächen der Theorie spiegeln sich in der Form des Dramas: Das reale politische Problem der revolutionären Führung (die Frage nach der Rolle

---

58 Adam Mieckiewicz, *Die Bücher des Polnischen [sic!] Volkes und des Polnischen [sic!] Pilgerschaft. Aus dem Polnischen des Adam Mickiewicz von P.-J.B.-G..g.r.* (s.n., 1833), 33.

der bürgerlichen Intelligenz für die Arbeiterbewegung oder des polnischen Adeligen für die Befreiung der ganzen Nation) bildet sich im alten Problem des dramatischen Helden ab, der zugleich repräsentativ und interessant (einzigartig) für viele stehen soll. In seinem Aufsatz schreibt Lassalle, dass im Fall des revolutionären Konflikts, wenn die Begeisterung mit der Taktik zusammenstößt, die scheinbar höchste Vernunft sich in der Tat als höchster Unverstand erweist.[59] Darum sei der Instinkt der Masse der Wahrheit und dem Sieg näher als die verstandesmäßigen Entscheidungen der Führer.[60] Sobald aber Engels verlangt, dass Lassalle die „nichtoffiziellen, plebejischen und bäurischen Elemente" im Drama berücksichtigen soll,[61] weil gerade sie der tragischen Konflikte ihrer Zeit zum Opfer gefallen sind, antwortet Lassalle empört:

> Aber diese kritisch-philosophische Geschichtsanschauung, in der sich eherne Notwendigkeit an Notwendigkeit knüpft, und die eben deshalb auslöschend über die Wirksamkeit individueller Entschlüsse und Handlungen hinwegfährt, ist eben darum kein Boden, weder für das praktische revolutionäre Handeln, noch für die vorgestellte dramatische Aktion.

Sowohl „für das praktische revolutionäre Handeln" als auch für „die vorgestellte dramatische Aktion" ist die Individualität „der unerlässliche Boden, ohne den ein *dramatisches* zündendes Interesse ebenso wie kühne Tat nicht möglich ist."[62] Lassalle kann wohl Recht haben, zumindest vom Standpunkt der Kunst des 19. Jahrhunderts aus betrachtet, aber er gerät in Widerspruch mit dem ambitionierten Vorwort des Dramas, in dem er eine Überbietung Schillers ankündigt, bei dem die Weltgeschichte lediglich als Hintergrund für Interessen und Leidenschaften von Heroen dient. Die höchste Aufgabe der historischen Tragödie „und somit der Tragödie überhaupt" sei jedoch

> die großen kulturhistorischen Prozesse der Zeiten und Völker, zumal des eigenen, zum eigentlichen Subjekte der Tragödie, zur dramatisch zu gestaltenden Seele derselben zu machen, die großen Kulturgedanken solcher Wendeepochen und ihren ringenden Kampf zu dem eigentlichen zu dramatisierenden Gegenstand zu nehmen. So dass es sich in einer solchen Tragödie nicht mehr um die Individuen als solche handelt, die vielmehr nur die Träger und Verkörperung dieser tiefinnersten kämpfenden Gegensätze des allgemeinen Geistes sind, sondern um jene größesten und gewaltigsten Geschicke der Nationen, – Schicksale, welche über das Wohl und Wehe des gesamten allgemeinen Geistes entscheiden und

59 *Sickingen-Debatte*, 23.
60 *Sickingen-Debatte*, 20-21.
61 *Sickingen-Debatte*, 49; Vgl. 51.
62 *Sickingen-Debatte*, 57.

> von den dramatischen Personen mit der verzehrenden Leidenschaft, welche historische Zwecke erzeugen, zu ihrer eigenen Lebensfrage gemacht werden.[63]

Lassalle verwickelt sich, indem er seine Motive bekanntgibt, in die die kritische Tragödientheorie kennzeichnende Kreuzung von Allgemeinen und Einzelnen, Gesetzt und Initiative. In der Praxis aber (im Drama selbst) werden die großen Geschicke von Nationen in der von Schiller ausgearbeiteten Poetik entschieden: im – wie Lukács es nannte – Gespräch „welthistorischer Persönlichkeiten" und durch die persönlichen Entscheidungen, die den Gesprächen und Monologen folgen.[64] Friedrich Vischer warf Lassalle die Unfähigkeit vor, Volksmassen darzustellen, worin Shakespeare allen Autoren überlegen sei.[65] Zwar äußert sich Lassalle im Vorwort des Dramas zum historischen Bauernaufstand: Es sei, als wären „vor dem Ausbruch der Bewegung die Männer der leitenden Ideen verschwunden", sodass nur „haltlose Verwirrung und planlose einzelne Gräuel" übrig blieben,[66] aber im Kontext des Dramas klingt es eher wie eine Entschuldigung des Autors und nicht wie ein Vorwurf gegen die faktische historische Bewegung. Engels zufolge seien Müntzer, die deutschen Revolutionäre 1848 und die polnischen 1830 und 1846 von historischem (und ästhetischem) Interesse, weil sie zwischen den allgemeinen, aber noch nicht selbstbewussten Volksmassen und ihrer eigenen Klasse samt ihren Verblendungen schweben. Das Subjekt von Lassalles Drama, das die Rollen zuteilt, verfügt über keine Methode, wie es mit dem inoffiziellen Element im Drama zurechtzukommen soll, wovon humoristische Widersprüche in der Handlung zeugen. Über die Bauern muss man schweigen, so befiehlt Karl V. Sickingen (obwohl er kein Bedürfnis zeigte, über sie zu sprechen); und daran hält er sich solange, bis es zu spät dafür ist, dass der Mann der leitenden Idee, eben Sickingen, an der Spitze des Aufstandes stehen könnte. Er selbst glaubt, mit kleineren Feudalherren gegen die größeren auftreten zu müssen, damit Deutschland vereinigt werden kann. Um die Bauernbewegung zu verstellen – die plötzlich und unvermittelt am Ende des Dramas auftaucht – muss alles Andere übermäßig zerredet werden, weshalb Marx und Engels Lassalle Geschwätzigkeit vorwerfen. Marx und Engels wünschten sich, ebenso wie Vischer, dass die Ideen – wie bei Shakespeare – aus der Entwicklung der Handlung wie von selbst entstehen, und nicht, dass die Heroen – wie angeblich bei Schiller – ständig Monologe zu ihrer eigenen Motivation und zu den mit ihren

63 *Sickingen-Debatte*, 17.

64 *Sickingen-Debatte*, 171.

65 *Sickingen-Debatte*, 106.

66 *Sickingen-Debatte*, 15.

Absichten im Widerspruch stehenden Resultaten halten.[67] Vischer schrieb Lassalle, ganz im Einklang mit Marx und Engels, dass dieser in dem Drama das Medium nicht findet, in dem die Idee oder „der geistige Kern als in einem Naturelement schwimmen soll".[68]

2.1.2.3. Wie ist die Form dieser historischen Tragödie?

Wenn die Eigenschaft ‚historisch' sich nicht in solchem Grade auf Requisiten und Personen bezieht wie auf die Ideen, die durch die Geschichte der Menschheit umgesetzt werden, wie es im Vorwort des Dramas zu lesen ist, so wäre wirklich eine Reihe von Tiraden eben über Ideen Urform des historischen Dramas (angenommen man versteht die Ideen auf eine nicht-Hegelsche Weise). Wären diese in *Franz von Sickingen* nicht ein bisschen unbeholfen in Verse gefasst – das ist die allgemeine Meinung von Lassalles Zeitgenossen – würden sie der Form entsprechen, in der Lassalle Meister war: Lassalle war ein genialer Redner und hat mit seinen Plädoyers vor der Geschworenenbank einen Prozess nach dem anderen zu seinen Gunsten oder zu Gunsten der Idee, für die er stand, entschieden.[69]

Die Protagonisten im Drama debattieren vom ersten Auftritt des ersten Aktes an über das, worüber auch Marxs/ Engels und Lassalle diskutieren: über das Wort und die Tat, über die Absicht und die Ausführung, kurz – über Theorie und Praxis. Indem die *dramatis personae* über die Umsetzung der Idee durch sie selbst, die Heroen, sprechen, sprechen sie auch über das Theatralische, das ihnen bei der Ausführung der Idee-Absicht unbedingt unentbehrlich erscheint (Sickingens Betrug als Bedingung der gelungenen Nationalrevolution). Vorhersehbarerweise endet das Drama mit dem Appell ans Publikum, die Tragödie in ihrem realen Leben zu „versöhnen", sprich ihre Handlung zu Ende zu führen. So umfasst die Diskussion zwischen den dramatischen Figuren alle Probleme der Umsetzung der Idee, die den drei realen Revolutionären den Schlaf rauben: die Probleme auf der Ebene der Handlung, der Gestalt des Dramas als eines Werkes und des Umsetzens der Idee des Dramas in der sozialen Wirklichkeit.

Die unabkömmliche Theatralik jeder Umsetzung einer Idee wird im Drama nicht nur durch den trügerischen Umweg in der Handlung, sondern auch mithilfe der Wirkung inszeniert, die Sickingen auf alle anderen Protagonisten ausübt. Seine heroische Tugend besteht nämlich darin, dass er der geschickteste

67 *Sickingen-Debatte*, 39 (Marx), 50 (Engels), 108 (der berühmte Schauspieler Emil Palleske).

68 *Sickingen-Debatte*, 106.

69 Zur Zeit des „Kassettenprozesses" 1848, dann schon wieder 1849 und vor allem in den 1860er Jahren (vgl. Hans Jürgen Friederici, *Ferdinand Lassalle. Eine politische Biographie* (Berlin: Dietz, 1985).

Redner seiner Zeit ist und das Feuer, das aus seiner Zunge fließt, die Menschen anzündet.[70] Sein Wort erfüllt das Projekt von Cieszkowski oder Moses Hess und eigentlich der ganzen posthegelschen Philosophie und wird im Drama zur Tat: Seine Feder wird zu einer Waffe so stark wie ein Schwert[71] und dank Gutenbergs Erfindung – so stark wie Artillerie.[72] Sickingens überragende Fähigkeit sowohl in der Sprache als auch in der Tat wird im Drama „die deutsche Tugend" genannt. „Mit Recht malt Euch der Ruf gleich groß/ In Wort wie Tat. Die *deutsche Tugend*,/ Sie lebt in Euch noch einmal mächtig auf."[73] Die deutsche Tugend ist die Fähigkeit, die Idee unbehindert in die Tat umzusetzen, „die Geschichte zu machen". Von Hutten echauffiert sich über Sickingens deutsche Tugend:

> Ein Schwert, geschwungen für die Freiheit, ist
> Das fleischgewordne Wort, von dem Ihr predigt,
> Der *Gott*, der in die *Wirklichkeit* geboren.[74]

Wenn das Modell der Tragik, das die Kluft zwischen *Können* und *Sollen*, die sich dem Führer der revolutionären Avantgarde auftut, als Wesen der Tragik oder Bedingung ihrer Möglichkeit bestimmt, in die theatralische Relation zwischen Sprechen und Handeln (oder zwischen Text und Aufführung) übersetzt wird, stellt sich heraus, dass Sickingens Tragödie darin liegt, dass er unter gegebenen Umständen nicht zugleich sprechen und handeln kann. Um seine Kampagne effektiv durchzusetzen muss er (oder so glaubt er zumindest) seine eigentlichen Ziele verschweigen und Theater spielen. Und doch ist er von Natur aus ein Mensch, dessen Edelmut die Unfähigkeit zum Schweigen angesichts des Unrechts mit sich bringt. In einem Redeschwall spricht von Sickingen über die Notwendigkeit, den Zwang des Nicht-Schweigens durchzubrechen. Er habe vor, Karl V. zu stürzen und selber Kaiser werden – im vereinigten und vom Papsttum unabhängigen Deutschland. Aber um Zeit und Kraft zu gewinnen, agiert er, als führe er nur eine private Fehde gegen den Erzbischof von Trier. Damit erreicht er lediglich, seine natürlichen Verbündeten, die Ritter, zu betrügen, für die die Vendetta oder Fehde eine natürliche Geschäftsaktivität

---

70 Lassalle, *Franz von Sickingen*, 22. Balthsar über Franz von Sickingen: „So mächt'gen Redner nirgend hab' gesehn./ Und in der Tat, wenn er sich aufschließt, Fräulein,/ Dann strömt es ihm wie Feuer von der Zunge/ Und reißt dahin mit brausender Gewalt."

71 Lassalle, *Franz von Sickingen*, 29.

72 Lassalle, *Franz von Sickingen*, 37.

73 Lassalle, *Franz von Sickingen*, 34 (wie überall – Lassalles Betonung).

74 Lassalle, *Franz von Sickingen*, 77.

war; die Fürsten dagegen lassen sich nicht auf den Arm nehmen.[75] So verriet die Tat das Wort.

Lassalles Versuch, durch die Niederlage das revolutionäre Bewusstsein und die revolutionäre Bereitschaft zu erweitern, bricht unvermittelt in die Handlung ein, sodass der Erfolg völlig von der rhetorischen Fähigkeit Sickingens abhängt. Als am Ende des Dramas von Hutten dem tödlich verwundeten Sickingen die Nachricht bringt, dass die Bauern – die breiten Massen – Sickingen zum Führer des Aufstandes ausrufen wollen, damit er ihrem Zorn eine zweckmäßige Gestalt gibt, scheint dem Boten, dass die Zeit gekommen ist, dass das Wort zur Tat wird:

> Die *Zeit* ist da! Der Bauer greift zum Schwert!
> Dich heischt zum Führer er. In seinem Auftrag
> Steh ich vor dir. Sprich aus ein Wort – und dir
> Ersteht ein Heer von hunderttausend Bauern.[76]

Aber Sickingen antwortet: „Zu *spät* – du sprichst mit einem – *toten* Mann!" Und von Hutten weiß es schon und spricht es im Endmonolog aus, dass zukünftige Generationen der Deutschen den flüchtigen Kairos an den Haaren packen müssen, wenn die Idee, deren Gestalt die gloriose Niederlage Sickingens offenbarte, reif sein wird, in die Wirklichkeit einzutreten:

> *Künft'gen* Jahrhunderten vermach ich unsre *Rache!* –

– so endet das Drama. Den erträumten Moment der Verwirklichung der Idee nennt von Hutten mitten in der Handlung eine Intervention der antiken Dichtung in die Wirklichkeit: „Es will/ Zur *Wirklichkeit* die Dichtung sich erheben,/ *Umdichtend greift sie in die Welt hinaus.*"[77] Die Dichtung umschreibt die Welt. Alle Tiraden über Wort und Tat, über Hörbarkeit und Sichtbarkeit des epochenmachenden Heroen, übersetzen den politischen Diskurs der Jahre um 1848 in den Theaterdiskurs, wobei die Kategorie des sichtbaren und handelnden Wortes zum ermöglichenden Medium oder *tertium comparationis* zwischen der Revolution und der Tragödie wird. Schon Hölderlin setzte in seiner unvollendeten Tragödie *Tod des Empedokles* das Wesen des Tragischen mit dem theatralischen und politischen Erscheinen und Verschwinden gleich. Die Form des Stücks kann tragisch genannt werden in eben diesem Sinne, in

75 Lassalle, *Franz von Sickingen*, 147, Balthasar: „die *Fürsten* habt Ihr *nicht* getäuscht! [...] Die *Freunde* nur habt sorglich Ihr getäuscht:/ Der *Nation* galt es als solche Fehde!"

76 Lassalle, *Franz von Sickingen*, 176.

77 Lassalle, *Franz von Sickingen*, 92-93.

dem Lassalles Aufsatz das Tragische definierte: Das Drama selbst performt die gehemmte Verwirklichung der Absicht.

Diese Tragödie ist im Gegensatz zu den eiligen griechischen Tragödien so schleppend, dass die Inszenierung des Ganzen unmöglich scheint. Aber die Länge des Stücks, dessen Aufführung wohl zehn schwierige Stunden dauern könnte, kommt lediglich einer Einladung gleich, alle Paradoxa zu explorieren, die diese Form der Durchführung der Undurchführbarkeit hervorruft. Im Vorwort schreibt Lassalle, dass er zwar eine kürzere Version für die Bühne vorbereitet hatte, da er glaubte, dass das Theater das eigentliche Element des Dramas ist. Nachdem sein Bühnendrama aber von einem Theater in Köln abgelehnt wurde, entschied er sich, sein *Literaturdrama* dem Publikum vorzustellen.[78] Nur im *Literaturdrama* sei es möglich, die tragische Idee des Dramas, den Geist und den Konflikt jener Zeit „in unverkürzten Gestik" vorzustellen.[79] Alle Gesten verwirklichen sich eher im Text denn auf der Bühne? Wären Vorstellungen von Gesten realer als deren körperliche Ausführung? In Lassalles Poetik – auf jeden Fall.

Gerade eine Lesetragödie soll nach Lassalle die Tragödie von Gesten und Körperbewegungen sein; auch in dieser Hinsicht soll das Wort Fleisch werden. Fangen wir die Analyse dieser Art von Sichtbarkeit beim Offensichtlichen an: Die Einverleibung der Idee in bedeutende Körperbewegungen wird traditionell in den Didaskalien beschrieben, die bei Lassalle äußerst ausgiebig sind: Fast jeder Auftritt wird mit einer Beschreibung einer Pantomime abgeschlossen. Dem Wort wird die Bedeutsamkeit erst von der körperlichen Geste, die Echo der Bedeutung ist, verliehen. Der Text soll dem Leser Genüge leisten, der – wie Lassalle schreibt – „bei den jetzigen politischen Umständen" eine Aufführung nicht sehen kann.[80]

Schon im ersten Auftritt wird das Theater-im-Theater-Verfahren eingeführt, aber während bei Shakespeare dieser Kunstgriff die Maxime *All the World's a Stage* veranschaulicht, betont er im Fall Lassalle eine totale Unangepasstheit seines Dramas ans Theater: Sickingens Tochter Maria spielt Karl V., vor dem der Famulus Balthasar eine Anklage gegen Sickingen erhebt (eine echt lange Eselsbrücke zur Epochengeschichte). Es scheint, als werde nur darum zum Theater-im-Theater-Verfahren gegriffen, weil dem Dialog auf der Bühne droht, allzu tief ins Monotone zu verfallen. Durch das Nicht-Dramatische am Text wird eine Inszenierung innerhalb des Dramas erzwungen, die jedoch gleichzeitig

78 Schiller bereitete auch zwei Fassungen von *Don Karlos* vor (Friedrich Schiller, *Sämtliche Werke in 5 Bänden* (München: dtv, 2004), 1096-1097 (Kommentar des Herausgebers).

79 Lassalle, *Franz von Sickingen*, 7.

80 *Sickingen-Debatte*, 34.

unterlaufen wird: Engels bemerkt nüchtern, dass die Tiraden der Helden so lang sind, dass die Partnerin des Balthasar nichts mit sich im Theater anzufangen wüsste: Welche Mienen, Gesten, Pirouetten soll sie machen, um sich nicht in eine Salzsäule auf der Bühne zu verwandeln.[81]

In einem anderen Auftritt[82] unterbricht eine der Nebenfiguren, als sie alleine auf der Bühne steht, ihren Monolog – also laut der Konvention von Shakespeares Theater seinen innerlichen Gedankenstrom, den der Zuschauer zu hören bekommt – um sich schweigend in seine Gedanken zu vertiefen. Das ist genau der Moment, in dem das Drama seine Architektonik zur Schau stellt. Die dramatische Form ist als eine Fassade errichtet, hinter der eine andere Absicht verwirklicht werden soll, nämlich eine narrative Intention, die aus taktischen Gründen (wegen der berühmt-berüchtigten Wirkung des Dramas auf die Zuschauer) den extradiegetischen Erzähler in die Bühnenanweisungen verjagt. Das Drama wird eine Narration, aber nicht eine solche, die direkt von den Helden erzählt, sondern von einer Darstellung ihrer Schicksale im Theater: Ihr Thema ist das Handeln mit Worten, das man auf der Bühne sieht. Der Leser soll Zuschauer einer Vorstellung werden, er soll Gesten beobachten und Worte hören, die die Protagonisten machen und aussprechen, die auf der phantasmatischen, auf den Wellen des inneren Zeitbewusstseins getriebenen Bühne aufgestellt sind. So stimmt das ganze schon die oben besprochene erste Szene, die das Verfahren des Theaters-im-Theater einleitet. *Franz von Sickingen* ist ein im Rahmen nicht nur damaliger Theaterkonventionen unaufführbarer Text über einen Menschen, vielleicht den intendierten idealen Leser Marx, der einen Text liest, der wiederum eine Aufführung des Dramas beschreibt; ein trauriger Text also über die Unmöglichkeit des Erscheinens der im Drama ausgedrückten Idee. Auf der Bühne realisiert, würde er stundenlang einen Menschen zeigen, der den Blick auf den Text geheftet hat. Einen Theoretiker, einen bürgerlichen Intelligenzler, der die Massen begeistern, aufklären und führen will.

2.1.3. *Passage à l'acte*

Schiller hat die Devise aphoristisch formuliert, der diejenigen anhingen, die in der Tragödie nach dem Vorbild für die Theorie des Übergangs von der Theorie zum Handeln suchten:

81 *Sickingen-Debatte*, 47 (Vischer war gleicher Meinung, S. 106).

82 Renner im 1. Auftritt des 2. Aktes: Lassalle, *Franz von Sickingen*, 39-40.

> Die Komödie setzt uns in einen höhern Zustand, die Tragödie in eine höhere Tätigkeit.[83]

Lassalle deklariert im Vorwort zu seinem Drama, dass ihm ebenfalls an nichts mehr liegt als daran, dass die alte Idee, der von Sickingen diente, wieder zur Tat werden wird. Marx hielt ihm bösartig vor, seine Identifikation mit Sickingen könne eine Ansteckung mit Unzeitgemäßheit bedeuten: „Bist Du nicht selbst gewissermaßen wie Dein Franz v. Sickingen, in den diplomatischen" – und formalen – „Fehler gefallen, die lutherisch-ritterliche Opposition über die plebejisch Müntzersche zu stellen?"[84]

Lassalle selber identifizierte sich eher mit einem anderen Heroen des Dramas. Sophie von Solutzew schrieb er: „Alles, was ich Ihnen hier sagen könnte, habe ich Hutten aussprechen lassen", der im Übrigen inbrünstige Liebesgespräche mit Sickingens Tochter führt. „Auch er hatte alle Verleumdungen, alle Arten von Hass, jede Feindseligkeit zu ertragen. Ich habe aus ihm den Spiegel meiner Seele gemacht, und ich konnte dies, da sein Schicksal und das meinige einander vollständig gleich und von überraschender Ähnlichkeit sind."[85] Mit von Hutten verband ihn auch das Gefühl, dass ganz Europa Zuschauer seiner Taten und Leiden ist,

> Des großen Trauerspiels, das ich gelebt,

einer Tragödie, der man Beifall klatschen soll.[86] Lassalle war kein Mensch, der Konflikte scheute, und die Umstände seines Todes im Duell (das erste soll er im Alter von zwölf Jahren gehabt haben) sind genauso tragisch wie opernhaft, zumal er Richard Wagner und Hans von Bülow in die Sache hineinziehen wollte.[87]

---

83 Friedrich Schiller, „Tragödie und Komödie", *Sämtliche Werke*, hg. von Wolfgang Riedel (München: dtv, 2004), Bd. 5, 1018.

84 *Sickingen-Debatte*, 39; Rosa Luxemburg identifizierte dagegen Lassalle mit von Hutten: „‚Huttens Irrtum ist nur der aller prophetischen Naturen gewesen, zugleich und in einem als glänzendes Ideal zu schauen und zu begehren, was die Menschheit nur Schritt um Schritt und Stück für Stück in jahrhundertelangem Ringen erreichen kann.' Mit diesen Worten schließt David Friedrich Strauß seinen *Hutten*. Und was von diesem, gilt in gleichem Maße von Lassalle." Luxemburg, „Lassalles Erbschaft", 275 (hervorgehoben von der Autorin).

85 *Sickingen-Debatte*, 111. Zitiert von Eduard Bernstein.

86 Lassalle, *Franz von Sickingen*, 100.

87 Martin Gregor-Dellin, *Richard Wagner. Sein Leben. Sein Werk. Sein Jahrhundert* (München/Zürich: Piper, 1980), 523-533.

Sogar die Tatsache, dass er das Drama verfasste, inszenierte Lassalle wie ein dramatisches Ereignis. Er schrieb Marx: „Was Du für ein verwundert-überraschtes Gesicht ziehen wirst, wenn Du ein Drama von mir erblickst". Das Drama sei wie ein Zwang, eine Schicksalsfügung. Engels machte er das Bekenntnis: „Es war mir zugeteilt. C'était écrit la-haut."[88] Marx und Engels können von dieser Selbstinszenierung nicht verblüfft gewesen sein, da beide Lassalle für einen Poseur hielten, der einen Charakter aus *Don Karlos* (eben Posa) spielte. „Lassalle hat die Partei verraten." – schrieb Marx im Februar 1865 an Ludwig Kugelmann. „Er hat in aller Form ein Bündnis mit Bismarck geschlossen. [...] Lassalle wollte mit dem brandenburgischen Philipp II. den Marquis Posa des Proletariats spielen, wobei er Bismarck die Rolle des Kupplers zwischen ihm und der preußischen Krone zuwies."[89] Abgesehen von den Vermutungen, ob Lassalle seinen *Franz von Sickingen*, in dem der Titelheld wie Schillers Posa mit Karl V., dem Vater von Philipp II., verhandelt, als einen Versuch verfassen wollte, Marx und Engels für sein Lager zu gewinnen, oder ob Lassalle in der Zukunft tatsächlich aus seinem Drama Motivationen für seine Handlungen schöpfte, lässt sich eine Regularität feststellen: Wann immer nur Lassalle in eine Beziehung zu Bismarck eintritt, der seine Schicksalsfigur war, beginnt sein Leben wie ein Drama zu erscheinen. Franz von Mehring schrieb: „Wie den Junker Sickingen, so hielt er den Junker Bismarck für fähig, als typischer Vertreter einer Klasse sich bis zu einem gewissen Grade über deren Vorurteile zu erheben, und von den Gewerkschaften, die nur auch erst den Missbrauch, aber noch nicht den Gebrauch bekämpfen, die das Privateigentum noch nicht als Prinzip verneinen, mochte er nicht viel wissen."[90] In der *„literarischen* Charakteristik" Lassalles betonte Georg Brandes die geistige Verwandtschaft, die seinen Helden mit Bismarck verband. Als deren Beweis könnte Lassalles Fähigkeit dienen, Bismarcks nächste Schritte vorherzusagen. Als man Lassalles Kampagne für das allgemeine Wahlrecht nicht durchgehen lassen wollte und ihn wegen Hochverrat anklagte, kündigte er in einer hinreißenden Rede vor dem Geschworenengericht an, dass in Kürze Herr von Bismarck selber „die Rolle" von Robert Peel spielen und die direkte und allgemeine Wahl einführen wird. Erst nach Lassalles Tod und nach dem Krieg mit Österreich erfüllte Bismarck die Vorhersage (Lassalles Idee) und setzte das allgemeine Wahlrecht durch.[91]

88 *Sickingen-Debatte*, 30, 36.

89 *Werke*, Bd. 31, s. 452.

90 *Sickingen-Debatte*, 135 (eine analoge Meinung äußert Lukács, S. 205).

91 Brandes, *Ferdinand Lassalle*, 98-99.

Das nicht aufführbare Drama *Franz von Sickingen* scheint ein Versuch zu sein, das Wort darzustellen, das Fleisch wird, genauer gesagt: das ein im Namen der politischen Idee handelnder Körper wird. Verwirklichung bedeutet bei ihm Nachahmung oder ein Wiederholen dessen, was proleptisch vorhergesagt, probeweise gespielt wurde. Am Ende des theoretischen Aufsatzes zur Tragödie legt Lassalle eine neue Formulierung der Katharsis vor, die jetzt die revolutionäre Wiederaufnahme des im Drama unternommenen Versuchs, die Idee zu verwirklichen, bedeuten soll. Diese Wiederaufnahme würde diesmal vom Publikum durchgeführt werden. Im Grunde hält sich Lassalle an das Gottsched'sche Paradigma, das die Bewunderung des Zuschauers für den Helden auf das Nacheifern seiner Tugenden zurückführt,[92] nur dass bei Lassalle der Zuschauer als ein Kollektiv gedacht wird und die Tugend ‚die deutsche Tugend' ist, das Fehlen des Abstands zwischen Wort und Tat. Die ergreifende Handlung des Dramas soll das Volk, an das sich das Drama wendet, in einen modernen tragischen Chor verwandeln, der sich durch Mitleid rund um die Praxis und ihre Helden sammelt. Die ‚Versöhnung' der Kräfte, die im tragischen Konflikt spielen, bedeutet nichts anderes als Wiederaufnahme und diesmal zu Ende bringen des Kampfes, den der Heros führte. Genauso wie die Tragödie den krönenden Abschluss durch das Publikum erlangt, erhält das Publikum, jetzt in die tragische Form einbezogen und im Chor verklärt, Trost und Ermunterung zum Weiterkämpfen. Das bedeutet, dass „gerade in dieser Wiederaufnahme des Kampfes nach drei Jahrhunderten, und der hierdurch bewiesenen Ewigkeit dieser Zwecke der höchste Beweis für ihre siegende Notwendigkeit liegt" – schreibt Lassalle in seinem Aufsatz zum Drama, das mit den Worten von Lassalles Doppelgänger von Hutten ausklingt: „*Künft'gen* Jahrhunderten vermach' ich unsere *Rache*". Rache und Ressentiment als Motor des Handelns im Drama und nach dem Drama ist freilich Erbe der Befreiungskriege sowie der Romantik.[93] Die Worte von Huttens, die fordern, in Zukunft wiederholt zu werden, spielen nicht nur auf das Ende des *Götz von Berlichingen* an,[94] dem anderen Sicklingnen-Drama, sondern wiederholen auch Posas Vermächtnis:

> Ob er [Don Karlos – M.M.] vollende oder unterliege –
> Ihm einerlei! Er lege Hand an. Wenn

---

92 Bernhard Greiner, *Die Tragödie. Eine Literaturgeschichte des aufrechten Ganges. Grundlagen und Interpretationen* (Stuttgart: Kröner, 2012), 293.

93 Siehe das Kapitel 2.2.

94 Johann Wolfgang Goethe, *Götz von Berlichingen, Werke. Hamburger Ausgabe in 14 Bänden* (Hamburg: Wagner, 1948-60), Bd. 4, 175: „MARIA. Edler Mann! Edler Mann! Wehe dem Jahrhundert, das dich von sich stieß!/ LERSE. Wehe der Nachkommenschaft, die dich verkennt!"

Jahrhunderte dahin geflohen, wird die Vorsicht einen Fürstensohn, wie er,
Auf dem Thron, wie seiner, wiederholen,
Und ihren neuen Liebling mit derselben
Begeisterung entzünden.[95]

Auf diese Weise wird Karlos Niederlage, die von Posa provoziert wurde, in die Reihe der glücklichen Niederlagen gestellt, die zum Endsieg führen. Die Einheit dieser Reihe wird von dem Urphänomen Nachahmung statuiert, die die menschliche Kultur und Geschichte stiftet. Adam Mickiewicz übersetzte zwar nur ein kleines Fragment von *Don Karlos*, er entwarf aber in seinem *Konrad Wallenrod* (1827) ein Modell der in und auf Zukunft wirkenden Dichtung, das nur ein Element, obschon ein sehr wichtiges, dem Modell Schillers hinzufügt – die mediale Vermittlung, das dichterische Wortes, das im Prozess der Nachahmung zwischen den Seiten vermittelt. Der Mehrwert von *Konrad Wallenrod* gegenüber Schillers Werk kann auf den Gattungsunterschied zurückgeführt werden, da *Konrad Wallenrod* kein Drama, sondern ein tragisches narratives Gedicht ist, das den Erzähler und seine Erzählung reflektieren soll, indem es seine eigene Wirkung in Betracht zieht. Und die Wirkung war gewaltig. In der Einleitung erwähnte ich schon, dass die Aufständischen vom 1830 auf die Mauern die Parole schrieben: „Das Wort wurde Fleisch und Wallenrod wurde Belweder“ (Belweder als *pars pro toto* oder eine Metonymie des Aufstandes). Am Ende von *Konrad Wallenrod* erklärt des Titelhelden Famulus Halban, warum er sich nicht zusammen mit seinem Konrad dem Freitod hingeben will – dem Besingen seiner Taten halber, die eine Welle der Nachahmung provozieren sollen:

Nie, ja przeżyję – i ciebie, mój synu!...
Chcę jeszcze zostać, zamknąć twe powieki,
I żyć – ażebym sławę twego czynu
Zachował światu, rozgłosił na wieki.
Obiegę Litwy wsi, zamki i miasta;
Gdzie nie dobiegę, pieśń moja doleci;
Bard dla rycerzy w bitwach, a niewiasta
Będzie ją w domu śpiewać dla swych dzieci;
Będzie ją śpiewać – i kiedyś w przyszłości
Z tej pieśni wstanie mściciel naszych kości...[96]

95 Schiller, *Sämtliche Werke*, Bd. 2, 172.

96 Adam Mickiewicz, *Dzieła*, hg. von Julian Krzyżanowski (Warszawa: Czytelnik, 1955), Bd. 2, 136-137. In der deutschen Übersetzung von Ernst Rutra, Walther Victor (Hg.), *Mickiewicz. Ein Lesebuch für unsere Zeit* (Weimar: Volksverlag, 1955), 236: „Ich werde leben – auch wenn du geschieden,/ zu schließen deine Augen Qual und Leid,/ Und ich will leben, deinen Ruhm hienieden/ Der Welt zu künden für die Ewigkeit./ Ich will nicht ruhn, bis

Lassalle macht von Hutten Zeuge von von Sickingens Tod, damit auch diese Tat von einem Dichter aufgenommen und den zukünftigen Generationen zum freien Nachahmen überreicht werden konnte – und wohl um dieser erzählerischen Vermittlung willen ist sein Drama ein Lesedrama – nämlich ein Drama über ein Leser. Marx und der spätere Mickiewicz der *Ahnenfeier III* und anderen nach dem Aufstand 1830-31 entstandenen Werke, die ich in den Kapiteln über Hegel und die Romantik bespreche, verfahren jedoch anders und erst dieses andere Verfahren gilt als eine kritische Tragödientheorie in dem Sinne, den ich in dieser Arbeit rekonstruiere.

Sowohl Lassalle (oder der junge Mickiewicz) als auch Marx/ Engels arbeiten an der wahrscheinlich wichtigsten Denkfigur der Tragödientheorie: der Prolepse. Für beide Seiten der Sickingen-Debatte soll die praktische Reaktion des Zuschauers Schlussstein der tragischen Form sein. Damit aber enden die Ähnlichkeiten. Lassalles Modell der vollendenden Wiederholung und des von der Idee vorausgesetzten Sollens ist in gerader Linie mit dem größten Republikaner Cato von Utica, dem tugendhaften Helden aus *Der sterbende Cato* von Gottsched, verwandt. Diesem Modell stellt Marx ein Modell der Theater-Revolution gegenüber, das – wie die Idee im Sinne Hegels – das Sollen mit dem Sein – der ökonomischen, physikalischen Notwendigkeit – koordiniert. Lassalle erklärt, dass er wie Marx die Ökonomie für den einverleibten Gedanken hält oder für den authentischen, wenngleich bisher unbewussten Denkprozess sozialer Akteure, für die Lehre von wirklichen Absichten hinter gesellschaftlicher Organisation und derer reibungsloser Verwirklichung, für kurz und bündig die Idee im Sinne Hegels.[97] Als Lassalle Marx sein Drama schickt, worin er die Ökonomie deutlich auf den zweiten Plan verweist, schreibt er: „Es ist sehr hart, nach 48 und 49, nachdem so vieles Blut geflossen, und so viele Taten um Rache schreien, noch theoretisieren zu müssen (ich nehme nur nationalökonomische Werke aus, weil die zugleich praktische Taten sind)."[98] Lassalle erzählt in dem die Sickingen-Tragödie begleiteten Brief an Engels, dass er selbst seit langem „schwanger" mit einem solchen ökonomischen Werk gehe, aber, schwerfällig, die Hoffnung auf Entbindung aufgegeben habe. In demselben Brief schreibt er, dass sein guter Freund und Verleger Duncker in Berlin ständig den Ausgabetermin von *Zur Kritik der politischen Ökonomie* von Marx verschiebt. Jenny Marx war davon überzeugt, dass Lassalle den Verleger dazu

Litaun ich durchquert,/ Und allerorten soll mein Lied erklingen,/ Der Barde wird's zum Kampf ein Rittern singen/ Und Mütter ihren Kindern einst am Herd./ Sie werden singen, Jahre werden gehen, –/ Und Rächer werden aus dem Lied erstehen."

97 Hegel, *Wissenschaft der Logik*, 23-25.

98 *Sickingen-Debatte*, 31.

drängte, sein Drama zum gescheiterten Ritteraufstand vor der vollendeten Idee-Tat in den Umlauf zu bringen.[99]

Seit Aristoteles beinhaltet der Begriff der ‚Ökonomie der Tragödie' mindestens zwei Bedeutungen: zum einen die geschickte Organisation des Handelns innerhalb der Fabel, zum anderen die (guten) Häuser (*oikoi*), aus denen die Helden stammen.[100] Was die Organisation der Darstellung von Handlungen angeht, darf *Franz von Sickingen* rhetorischer Potlatch genannt werden.[101] Die Ökonomie (oder die Ausführung) der Tragödie Sickingens bewertete Marx in einer Zeit, in der er sich am intensivsten in seinem Leben mit der Ästhetik beschäftigte. 1857 bekam er den Auftrag, den er jedoch nie ausführte, einen Artikel über den Begriff ‚Ästhetik' für die *New American Cyclopaedia* zu schreiben. Dafür machte er Auszüge aus Theodor Vischers ästhetischen Schriften: „Der wahre Inhalt des Tragischen sind [...] Revolutionen."[102] Marx war schon damals Autor mehrerer Texte, in denen er zu beweisen suchte, dass die richtige Form für die Revolution Tragödie und für die Restauration Farce seien. In der Frühschrift *Zur Kritik der Hegelschen Rechtsphilosophie* (1843-1844)[103] stellte er die Tragödie des *ancien régime* der Posse der Restauration gegenüber, in *Die Heilige Familie* leitete die Tragödie der Jakobiner aus einem Abstand zwischen dem Ideal der attischen Demokratie und der modernen Produktionsprozess[104] und im *Achtzenten Brumaire des Louis Bonaparte* (1852) lieferte er eine Meisteranalyse des unveräußerlichen Theatercharakters jeder politischen Revolution, die die Legitimation aller Handlungen inszenieren oder vielmehr sich selber durch die Inszenierung legitimieren muss. Gerade gegen Ende der 1850er Jahre arbeitet Marx an der Theorie des Warenfetischismus und ist sich dessen völlig bewusst, dass die Dramen- und Theatertheorie (im Rahmen der klassischen Ästhetik) ein Modell der sozialen und ökonomischen Konflikte liefert. Diese Überzeugung vom heuristischen Wert des Dramas und seiner Theorie war nicht nur von der Logik und der Phänomenologie

---

99 *Sickingen-Debatte*, 35-411.

100 Aristoteles, *Poetik*, 1453a-b; vgl. D.F. Krell, „A Small Number of Houses in a Universe of Tragedy: Notes on Aritstotle's Περὶ ποιητικῆς and Hölderlin's ‚Anmerkungen'", Miguel de Beistegui, Simon Sparks (Hg.), *Philosophy and Tragedy* (London / New York : Routledge, 2000), 88-116.

101 *Sickingen-Debatte*, 37, 47, 99.

102 Vischer, *Ästhetik*, Bd. 1, par 136; vgl. Inna Osobova, „Chronik der Mitarbeit von Marx und Engels an der New American Cyclopaedia im Jahre 1857", *MEGA-Studien* 1995/2, 90-110; vgl. Lukács, „Karl Marx und Friedrich Theodor Vischer".

103 Marx, „Zur Kritik der Hegelschen Rechtsphilosophie. Einleitung", *Werke*, Bd. 1, 378-391; K. Marx, „Zur Kritik der Hegelschen Rechtsphilosophie. Kritik des Hegelschen Staatsrechts", *Werke*, Bd. 1, 203-333.

104 Karl Marx, Friedrich Engels, „Die heilige Familie", 29.

Hegels beeinflusst, als dessen Schüler Marx sich Zeit seines Lebens, etwa in der Sickingen-Debatte, inszenierte, sondern auch von der Kunstphilosophie der Frühromantik. Marx verdankte den Romantikern viel, vor allem was die Beziehung des Dramas zum gesellschaftlichen und ökonomischen Leben betrifft. Schon in den *Ökonomisch-philosophischen Manuskripten aus dem Jahre 1844* wiederholte er die These seines Bonner Lehrers August Wilhelm Schlegel, dass der Beginn der Geschichte der Menschheit, als Produktion von Gütern und Kunst eins waren,[105] dem Ende der Geschichte entsprechen wird, das dadurch markiert wird, dass Homo Faber wieder Homo Aestheticus, Homo Ludens geworden sein wird. Die Kunst – behauptet Stefan Morawski – liefert Marx ein ideelles Bild oder Modell der Arbeit, in Relation zu welchem die moderne Arbeit bewertet und beschrieben wird, auch wenn der Vergleich nur negativ die Kluft zwischen der Schöpfung und der Bandarbeit hervorhebt.[106] Die Revolution, die in dem Hiatus verborgen liegt, findet ihren vollkommenen Ausdruck in der Tragödie, so Vischer, der höchsten Autorität in Sachen der Ästhetik nach Hegel.

Ende der 1850er Jahre, als Marx Lassalles Tragödie bewertete, zeichnete sich seine Ökonomie durch erstaunliche Ähnlichkeit mit den Schriften zur Kunst – vor allen zur Tragödie – aus, die August Wilhelm Schlegel und andere Romantiker verfasst hatten.[107] Die Romantiker erklärten Kunst anthropologisch: Sie leiteten sie aus der menschlichen Natur her, indem sie sie als Erfüllung angeborener menschlicher Bedürfnisse ansahen. Die Romantiker hielten die Tragödie für die höchste aller Künste, weil sie das größte Spektrum von Bedürfnissen befriedigt, von den niedrigsten bis zu den höchsten. Affekte und Reflexion werden durch die Tragödie gleichermaßen ausgelöst und versöhnt, aufgeregt und befriedigt. Die Sinne und die Vernunft empfinden gleichermaßen Lust, wenn sie dem tragischen Schauspiel beiwohnen,[108] weswegen sie dazu prädestiniert scheint, Schnittstellen von Theorie und Praxis zu untersuchen. In der Zeit, die der Sickingen-Debatte unmittelbar voranging, arbeitete Marx in der *Einleitung [zur Kritik der politischen Ökonomie]* eine Wirtschaftslehre aus, die gleichartig wie die romantische Kunstanthropologie auf die Produktion und die Befriedigung von Bedürfnissen abzielte: „Ohne

105 Marx, *Engels, Werke*, Bd. 1, 537; August Wilhelm Schlegel, „Briefe über Poesie, Silbenmass und Sprache", *Kritische Schriften und Briefe*, hg. von Edgar Lohner (Stuttgart: Kohlhammen, 1962), Bd. 1, 141-180.

106 Stefan Morawski, „The Aesthetic Views of Marx and Engels", *The Journal of Aesthetics and Art Criticism* 1970, 3(28), 304-305, 308.

107 Siehe das Romantik-Kapitel.

108 August Wilhelm Schlegel, *Vorlesungen über dramatische Kunst und Literatur, Kritische Schriften und Briefe*, hg. von Edgar Lohner (Stuttgart: Kohlhammen, 1966), Bd. 5, 42, 63.

Bedürfnis keine Produktion. Aber die Konsumtion reproduziert das Bedürfnis",[109] weil sie Menschen als Träger geistiger und körperlicher Bedürfnisse reproduziert. (Eigentlich ist die Produktion von Bedürfnissen die Schwelle der industriellen Revolution; nach dieser Revolution produziert die Wirtschaft neue und nicht befriedigt bestehende (‚natürliche') Bedürfnisse.[110]) Im Wirtschaftsprozess herrscht eine Homologie zwischen Subjekt und Objekt, die sich laut Hegels Kunstidee[111] im klassischen Kunstwerk realisiert. Marx schreibt daher: „In der Produktion objektiviert sich die Person, in der Konsumtion <In der Handschrift: Person> subjektiviert sich die Sache."[112] Genau diese Eigenschaft des Wirtschaftsprozesses, dass dieser nämlich sowohl Objekte für Menschen als auch Menschen für Objekte produziert,[113] erhebt die Tragödie zum vollkommenen Modell der sozialen Praxis. Die Ökonomie und das Drama entstehen aus menschlichen Bedürfnissen und produzieren Bedürfnisse im Menschen. Die Tragödie *kann* und *soll* die große Subjektfabrik sein, deren Produkte von Natur aus das Bedürfnis haben, nach der Revolution zu streben, da die Revolution aus dem für das Subjekt natürlichen Bedürfnis des Theaters heranwächst. Die Revolution soll dabei die dramatische Natur des Menschen verwirklichen, die der Aufklärung sensu largo als regulative Idee vorschwebt, sodass endlich nicht das abstrakte, epische Fatum[114] der Warenwirtschaft über die Gestalt der Wirklichkeit bestimmt, sondern die bewussten Entscheidungen und Sprechakte der Menschen. Mittlerweile lässt sich eine solche Wirklichkeit,

---

109 Marx, *Werke*, Bd. 13, 621.

110 Hobsbawm, *The Age of Revolution: Europe: 1789-1848*, 32: „industrial *revolution*, i.e. to the creation of a mechanized ‚factory system' which in turn produces in such vast quantities and at such rapidly diminishing cost, as to be no longer dependent on existing demand, but to create its own market."

111 Diese Idee war noch im 20. Jahrhundert aktuell: „Träger der Aktionen und Reaktionen sind nicht nur Schauspieler, sondern die Bühne als Ganzes. Wie alles im Theater ist auch sie in ständiger Bewegung auf der Grenze zwischen Schauspieler und unbelebter Sache: im Moment einer jähen Spannung ist der ‚Faktor' viel eher der Revolver, mit welchem die dramatische Person auf den Widersacher zielt, als der Schauspieler, der die Person darstellt; auch die Dekoration können Schauspieler werden und der Schauspieler umgekehrt Dekoration" (Jan Mukařovský, „Zum heutigen Stand einer Theorie des Theaters" [1940], Klaus Lazarowicz, Christopher Balme (Hg.), *Texte zur Theorie des Theaters* (Stuttgart: Reclam, 2008), 92).

112 Karl Marx, „Zur Kritik der politischen Ökonomie", Marx, *Werke*, Bd. 12, 620.

113 Marx, „Zur Kritik der politischen Ökonomie", 623.

114 In dem Sinne, in welchem Hegel ein solches Fatum dem Epos und Marx der bürgerlichen Gesellschaft zuschrieb. Hegel, *Vorlesungen über die Philosophie der Religion, Werke*, Bd. 17, 133; Hegel, *Phänomenologie des Geistes, Werke*, Bd. 3, 529-530; K. Marx, „Zur Kritik der Hegelschen Rechtsphilosophie. Einleitung", 389; „Zur Kritik der Hegelschen Rechtsphilosophie. Kritik des Hegelschen Staatsrecht", 307.

in der das Wort Tat ist, nur im Theater auf der Bühne beobachten; wenn der Mensch wirklich immer noch das Theater braucht, braucht er auch die Revolution.

Das Medium und die Fabrik der Revolution ist das Theater, das den ganzen Menschen umfasst, alle seine Bedürfnisse befriedigt und (re)produziert. Auch Lassalle erwartet von seiner historischen Tragödie, dass sie die Revolution hervorruft, die die Handlungen von Hutten und Sickingen krönen würde, indem das Drama sowohl „bewusste Erkenntnis" als auch „leidenschaftliche Ergreifung" erweckt.[115] Unabhängig davon, ob diese ‚Erweckung' zum Nacheifern der revolutionären (deutschen) Tugend zwingt oder aber einen neuen revolutionären Menschen produziert, erkennen sowohl Marx und Engels als auch Lassalle (und das ist ihre Versöhnung) die Tragödie als solch ein Medium an, das Entfremdung und Isolation des Menschen überwinden soll, weil es den ganzen Menschen umfängt. Laut Hegels *Wissenschaft der Logik* ist das Mittel (das Medium) schon das Ziel. Das Mittel, das Medium kann nur dann sein Ziel erreichen – schreibt Hegel, auf den sich Lassalle beruft – wenn das Medium schon von vornherein von dem Zweck durchdrungen ist.[116] Der letzte Ritter von Sickingen weiß darum und spricht die Hegelsche Wahrheit aus:

> Das *Ziel* nicht zeige, zeige auch den *Weg*.
> Denn so verwachsen ist hienieden Weg und Ziel,
> Dass eines sich stets ändert mit dem andern
> Und andrer Weg auch andres Ziel erzeugt.[117]

Die Tragödientheorie beschäftigte sich mit solchen Entitäten, in denen, da sie die vollkommensten Kunstwerke waren, das ‚Wie' mit dem ‚Was' am engsten verflochten wurde. Revolutionen sind das Thema der Tragödie schlechthin – das wissen wir schon seit den Kommentaren, mit denen Hölderlin seine Übersetzung der Antigone versah. Der Sinn von Revolutionen – beweisen Lassalle, Engels und Marx – hängt mit der Tragödientheorie zusammen. Diese verwandelte sich in ein Archiv von Niederlagen, von Erklärungen der Notwendigkeit dieser Revolutionen und ihrer Niederlagen, von Hoffnungen für die proleptische Zukunft, die aus den Niederlagen destilliert wurden, von den Gestalten, die das revolutionäre Handeln annehmen soll. Die Tragödientheorie wurde weiterhin der Idee gleich, die sich in neuen Dramen und in neuen

115 *Sickingen-Debatte*, 16-17; (Engels: 47-48).

116 *Sickingen-Debatte*, 22.; Hegel, *Encyklopedie der philosophischen Wissenschaften im Grundrisse, Werke*, Bd. 8, 359-367 (§§ 204-212); Hegel, *Wissenschaft der Logik*, 448-451.

117 Lassalle, *Franz von Sickingen*, 84.

Revolutionen zu verwirklichen versucht; die Idee, die das Drama braucht als das Medium, das den revolutionären Eifer verbreitet und des Eifers Träger ist.

Marx verdreht geistreich die Wahrheit des Mediums, das die Message ist, gegen die Form von *Franz von Sickingen*: „Dass er die Revolte unter dem Schein einer ritterlichen Fehde beginnt, heißt weiter nichts, als dass er sie *ritterlich* beginnt."[118] In der Revolution und im Kunstwerk ist der Schein das Wesen.

2.1.3.1. Ausblick ins Schreckliche

Aber die Gleichsetzung von Weg und Ziel wurzelt nicht unbedingt nur in Hegels Logik. Ein anderes wichtiges und viel zugänglicheres Muster für die Verbindung des kontinuierlichen Fortschritts mit dem plötzlichen Abbruch wurde von Friedrich Schlegel (und unabhängig von Schlegel von Friedrich Hölderlin) in Form des tragischen Chronotopos konstruiert bzw. in Sophokles' Tragödie entdeckt. Auch das Kunstwerk der Zukunft sollte laut Schlegels Studium-Aufsatz – genauso wie der Begriff ‚Revolution' – Bruch mit dem Herkömmlichen und Rückkehr zu den uralten Vorbildern in Einklang bringen. Marx' Philosophie, in der sich der szientifische Glauben an die Gesetze des Fortschritts mit dem utopischen Pathos der (Wieder-)Herstellung des ganzen Menschen überlappten, kann nur in solch einem Chronotopos nicht absurd oder widersprüchlich erschienen haben. Die Tragödie des Marxismus – das Schicksal von Marx' Theorie der Praxis – kann also im Rahmen der (transzendentalen) Ästhetik der Geschichte als ein Narrativ über das Auseinanderfallen von Fortschritt und Revolution erzählt werden; als eine Geschichte über die Desynchronisierung des tragischen Chronotopos. Engels' *Dialektik der Natur*[119] und der Szientismus der Zweiten Sozialistischen Internationale (1889-1914)[120] verdrängten das Utopische am Marxismus. Das Utopische flüchtete ins Zarenreich, wo es unter den Terroristen und Narodniki lebte, die noch immer an die Kongruenz von Archaik und gloriose Zukunft glaubten, dafür aber das Politische, das Parlametarische, die Verhandlungen im Namen der welthistorischen Ideen grundsätzlich und unerbittlich verwarfen. Nachdem Lenin eher als ein Narodnik oder ein Blanquist-Putschist denn als

---

118 *Sickingen-Debatte*, 38.

119 Friedrich Engels, „Dialektik der Natur", *Werke*, Bd. 20, 305-570.

120 Walicki, *Marxism and the Leap to the Kingdom of Freedom*, 208-268 (Die zweite Internationale ist ebenfalls der Hintergrund, vor dem Walicki Stanisław Brzozowski und die anderen polnischen Sozialkantianer in allen seinen Brzozowski gewidmeten Arbeiten platziert sind, vor allem in *Stanisław Brzozowski and the Polish Beginnings of Western Marxism* (Oxford: Clarendon Press, 1989)); Leszek Kołakowski, *Main Currents of Marxism*, (New York: Norton, 2005), vol. 2.; Julius Braunthal, *Geschichte der Internationale* (Hannover: Dietz, 1961), 252-390.

ein wissenschaftlicher Marxist im entscheidenden Moment gehandelt hatte,[121] musste die sowjetische utopische Revolution den regelmäßigen Fortschritt nachjagen, den Kommunismus in einem Staat bauen und diesen Staat in eine totalitäre Dystopie verwandeln. So soll man den berühmten Spruch Lenins auslegen, der Kommunismus sei die Macht der Räte (Sowjets) plus die Elektrifizierung. Laut der Marxschen Standarterzählung soll der Kapitalismus zuerst das Land und die Welt elektrifizieren, damit dann die Räte die Planwirtschaft kuratieren können. Diese Geschichte der marxistischen Bewegung ist allgemein bekannt und wird immer wieder von Autoren erzählt, die nicht wissen, dass die über den tragischen Chronotopos sprechen – eine ödipale Situation.

Die ‚Tragödie' des Marxismus hat aber eine zweite, interessantere Dimension, die eigentlich die erste Erzählung umkehrt, sprich revolutionieret. Der stalinistische Staat bekämpfte zwar, indem er seine Version des wissenschaftlichen „dialektischen und historischen Materialismus" (*Diamat*) in die Köpfe aller Bürger hämmerte, das linksradikale utopische Denken, aber der Staat wollte damit auf keinen Fall auf die Utopie verzichten, sondern sie nur monopolisieren. Er produzierte ein staatliches und von der Autorität der Wissenschaft unterstütztes utopisches Ideal; ein Zeugnis dieses Anspruchs des Staates auf das Monopol der Utopie war das von Stalin verfasste theoretische Kapitel der *Geschichte der KPdSU(B), kurzer Lehrgang*. Gerade ein sehr szientistisches Zitat von Marx wird hier von Stalin um das Voluntaristische ergänzt. Marx schrieb:

> eine Gesellschaftsformation geht nie unter, bevor alle Produktivkräfte entwickelt sind, für die sie weit genug ist, und neue, höhere Produktionsverhältnisse treten nie an die Stelle, bevor die materiellen Existenzbedingungen derselben im Schoß der alten Gesellschaft selbst ausgebrütet worden sind. Daher stellt sich die Menschheit immer nur Aufgaben, die sie lösen kann, denn genauer betrachtet wird sich stets finden, dass die Aufgabe selbst nur entspringt, wo die materiellen Bedingungen ihrer Lösung schon vorhanden oder wenigstens im Prozess ihres Werdens begriffen sind.[122]

Stalins Kommentar zu dieser Stelle keilt noch das Ideelle – den subjektiven Faktor – in die materielle Notwendigkeit ein:

121 Karl Kautsky, *Die Diktatur des Proletariats* (Wien: Brand, 1918); Rosa Luxemburg, „Die russische Revolution", *Politische Schriften* (Frankfurt am Main: Europäische Verlagsanstalt), Bd. 3, 106-141.

122 Karl Marx, „Zur Kritik der politischen Ökonomie", 13-14.

> Hier zeigt sich besonders klar *die gewaltige Rolle* der neuen gesellschaftlichen Ideen, der neuen politischen Einrichtungen, der neuen politischen Macht, die berufen sind, die alten Produktionsverhältnisse gewaltsam zu beseitigen. Auf der Grundlage des Konflikts zwischen den neuen Produktivkräften und den alten Produktionsverhältnissen, auf der Grundlage der neuen ökonomischen Bedürfnisse der Gesellschaft entstehen neue gesellschaftliche Ideen, die neuen Ideen organisieren und mobilisieren die Massen, die Massen schließen sich zusammen zu einer neuen politischen Armee, schaffen eine neue revolutionäre Macht und benutzen sie, um die alten Zustände auf dem Gebiet der Produktionsverhältnisse gewaltsam zu beseitigen und neue Zustände herzustellen und zu verankern. Der elementare Entwicklungsprozess macht der bewussten Tätigkeit der Menschen Platz, die friedliche Entwicklung der gewaltsamen Umwälzung, die Evolution der Revolution.[123]

Stalin musste diese *communio* der gesetzmäßigen Verwaltung und des utopischen Millenarismus mit Gewalt herstellen und bewahren, um die Sowjetunion als eine oder vielmehr als *die* Umsetzung von Marx' Theorie darstellen und legitimieren zu können. Man konnte die Utopie in einem rückständigen Staat, der den von Marx in meisten seiner Schriften postulierten Weg der vollständigen kapitalistischen Entwicklung nicht hinter sich gelegt hat, nicht so einfach loswerden; die Utopie musste wiederbelebt und verstaatlicht werden. Der Chronotopos der Tragödie, der eine Verbindung von Abbruch und Fortsetzung vorstellbar zu machen versprach, wurde – in dieser Erzählung – durch eine Verschmelzung der beiden Seiten entstellt. Oder der tragische Chronotopos war von seinem Anfang in den Schriften von Friedrich Schlegel an auf solch eine Weise strukturiert, dass er bei seiner Verwirklichung in eine Schreckensherrschaft umschlagen musste.

Schauen wir uns aber die von Stalin beschworene „*gewaltige Rolle* der neuen gesellschaftlichen Ideen" genauer an.

---

123 Josef Stalin: *Über Dialektischen und Historischen Materialismus*, vollständiger Text und kritischer Kommentar von Irina Fetscher (Berlin: Aufbau, 1961): Dazu ein Kommentar von Stites zur stalinistischen Praxis: „Stalinism was not simply a negation of utopianism. It was a rejection of ‚revolutionary' utopianism in favor of a single utopian vision and plan, drawn up at the pinnacle of power and imposed on an entire society without allowance for autonomous life experiments" (Richard Stites, *Revolutionary Dreams: Utopian Visions and Experimental Life in the Russian Revolution* (Oxford: OUP, 1989), 226).

2.2. Wanderschauspiel der Legitimität. Die Wandlungen von Pseudo-Dmitrij I

(Der adelige Revolutionär – Tugend, Belinskij und Schillers Traum von der Politik – Puškins und Mickiewicz' doppelter Betrug – Der tragische Chronotopos)

Alle Teilnehmer der Sickingen-Debatte waren sich in einem einig – der historische Stoff von Lassalles Tragödie war einer der Revolution des Adels oder, allgemeiner, einer privilegierten Klasse; strittig blieb hingegen, worin eigentlich die Tragik des Schicksals eines adeligen Revolutionärs liegt. Als die neueste und wahrscheinlich letzte Materialisierung einer Revolution des Adels fällt Marx der „gebildete polnische Adel von 1830" ein.[124] Die selbstverständliche Assoziation von ‚Bildung' und revolutionärer Tätigkeit des Adels sagt hier (fast) alles: Sie liefert erstens weitere Indizien dafür, dass Marx' implizite Tragödientheorie einige Thesen der romantischen Tragödientheorie reformuliert – im Romantik-Kapitel führe ich eine Reihe von Zitaten an, in denen Friedrich Schlegel und andere Romantiker die (griechische) Tragödie als ein Modell der Bildung des Menschengeschlechts bezeichnen, welche im Kampf der Freiheit mit der Notwendigkeit – sei es dem Schicksal, sei es der Natur – fortschreite. Und zweitens zeigt sich hier Marx' Konzeption, dass auch die kommende proletarische Revolution die höchste Spontanität mit der höchsten Einsicht in die Bedingungen, dem wahren Allgemein-Wissen, verquicken muss.

Das Manifest der Kommunistischen Partei verwendet das Wort ‚Bildung' in dessen zwei Hauptbedeutungen, und zwar an strategischen Stellen: „Der nächste Zweck der Kommunisten ist derselbe wie der aller übrigen proletarischen Parteien: Bildung des Proletariats zur Klasse, Sturz der Bourgeoisherrschaft, Eroberung der politischen Macht durch das Proletariat."[125] Diese „Bildung" der Klasse erfolgt durch die Übernahme der von der Bourgeoisie hervorgebrachten Bildung, wobei hier sowohl Inhalte als auch gebildete Menschen ans Proletariat assimiliert werden:

> In allen diesen Kämpfen sieht [die Bourgeoisie] sich genötigt, an das Proletariat zu appellieren, seine Hülfe in Anspruch zu nehmen und es so in die politische Bewegung hineinzureißen. Sie selbst führt also dem Proletariat ihre eigenen Bildungselemente, d.h. Waffen gegen sich selbst, zu./ Es werden ferner, wie wir

---

124 Marx, Engels, *Werke*, Bd. 29, 591-592.

125 Marx, Karl; Engels, Friedrich. „Manifest der Kommunistischen Partei", Karl Marx, Friedrich Engels, *Werke* (Berlin: Dietz Verlag, 1976), Bd. 4, 474.

> sahen, durch den Fortschritt der Industrie ganze Bestandteile der herrschenden Klasse ins Proletariat hinabgeworfen oder wenigstens in ihren Lebensbedingungen bedroht. Auch sie führen dem Proletariat eine Masse Bildungselemente zu.[126]

‚Bildung' bezeichnet hier die für die Bourgeoisie verhängnisvolle Produktion der revolutionären Klasse, die den Prozess des Sichtbar- und Fühlbarwerdens der Freiheit zu Ende bringt. In diesem Prozess spielt die gebildete Avantgarde – oder, wie sie Karol Libelt bezeichnete: die *inteligencja*[127] – eine herausragende Rolle, auch wenn die Theoretiker der Arbeiterbewegung diese Rolle polar unterschiedlich auslegten und intendierten. Die Relation von Intelligenz und Proletariat, innerhalb derer die eine Seite für Ideen, die andere für Spontaneität steht, brachte unterschiedlichste Gestaltungsvorschläge zu Tage, von der entschlossenen Ablehnung aller *inteligencja*-Einflüsse bei Jan Wacław Machajski[128] bis hin zu Karl Kautskys Anerkennung der „bürgerlichen Intelligenz" als „Träger der Wissenschaft", die sowohl die ökonomischen als auch die technischen Bedingungen der Produktion zu verwalten hätte.[129] Lenin negierte die beiden Gegensätze, indem er die Notwendigkeit einer Avantgarde von Berufsrevolutionären – weder typischen Intelligenzlern, noch Repräsentanten der als unreif abgetanen Mentalität der Masse – postulierte,[130] welche das Hauptmerkmal des Bolschewismus ausmachte. Mehr noch als in Deutschland mit seinem seit Jahrhunderten starken Stadtbürgertum formierte sich diese Bildungsschicht in Russland und vor allem in Polen infolge der Deklassierung und der daraus folgenden Radikalisierung des Adels.[131] Man denke an Feliks Dzierżyński und Józef Piłsudski. Lenin – das ist der entscheidende Punkt – stellte diese Berufsrevolutionäre nicht den Massen

126 Marx, Engels, „Manifest der Kommunistischen Partei", 471.

127 Karol Libelt, O miłości ojczyzny, *Samowładztwo rozumu i objawy filozofii słowiańskiej: O miłości ojczyzny, System umnictwa, O panteizmie w filozofii* (Warszawa: Państwowe Wydawnictwo Naukowe, 1967), 61-62 und passim.

128 Jan Wacław Machajski, *Pracownik umysłowy i inne pisma* (Warszawa: WUW, 2016); vgl. Marshall S. Shatz, *Jan Waclaw Machajski. A Radical Critic of the Russian Intelligentsia and Socialism* [1989], https://libcom.org/history/jan-waclaw-machajski-radical-critic-russian-intelligensia-socialism-marshall-s-shatz [letzter Zugriff 16.10.2019].

129 Karl Kautsky, „Die Revision des Programms der Sozialdemokratie in Oesterreich", *Die neue Zeit: Wochenschrift der deutschen Sozialdemokratie*, 1901-1902, 1. Bd.(1902), H. 3, S. 68-82; Siehe auch: Karl Kautsky, „Akademiker und Proletarier", *Die neue Zeit: Wochenschrift der deutschen Sozialdemokratie*, 1900-1901, 2. Bd. (1901), H. 29, S. 89-91.

130 Lenin, Vladimir. „Čto delat'? Nabolevšie voprosy našego dviženia" [1902], *Polnoe sobranie sočinenij* (Moskva: Izdatel'stvo Političeskoj Literatury, 1969), Bd. 6, 38-39.

131 Denis Sdvižkov, *Das Zeitalter der Intelligenz. Zur vergleichenden Geschichte der Gebildeten in Europa bis zum Ersten Weltkrieg* (Göttingen: Vandenhoeck & Ruprecht, 2006), 103-184.

gegenüber, sondern er stellte sie in das schöne und erhabene Massenspektakel ein, so wie Aischylos oder Sophokles auch an Ausführungen ihrer Tragödien teilnahmen:

> Die Revolutionen sind Festtage der Unterdrückten und Ausgebeuteten. Nie vermag die Volksmasse als ein so aktiver Schöpfer neuer gesellschaftlicher Zustände aufzutreten wie während der Revolution. Gemessen an dem engen, kleinbürgerlichen Maßstab des allmählichen Fortschritts ist das Volk in solchen Zeiten fähig, Wunder zu wirken. Es ist aber notwendig, daß in einer solchen Zeit auch die Führer der revolutionären Parteien ihre Aufgaben breiter und kühner stellen, daß ihre Losungen der revolutionären Initiative der Masse stets vorangehen, ihr als Fanal dienen, unser demokratisches und sozialistisches Ideal in seiner ganzen Erhabenheit und seiner ganzen Schönheit zeigen und den nächsten, den direktesten Weg zum vollen, unbedingten und entscheidenden Sieg weisen.[132]

Sie zeigen das Ideal und den Weg wie ein Fanal und nicht lediglich auf sie hinweisen; sie sind Teile, Beobachter und Koryphäen des Festes, das Wunder tut: ein Abbruch des gesetzmäßigen Ablaufes, dessen Folge es darstellt.

2.2.1. *Der adelige Revolutionär*

In diesem Kapitel möchte ich an Maria Janions Interpretation des Tragischen in der Figur des adeligen Revolutionärs anknüpfen, die die Polonistin in ihrem Aufsatz „Die Tragik von *Konrad Wallenrod*" darlegt.[133] Adam Mickiewicz' Konrad Wallenrod – der litauische Identitätsdieb, der Großmeister des Deutschen Ordens wird, um die Organisation aus Rache für sein Volk zugrunde zu richten – drücke die Dilemmata deutscher, russischer und polnischer Adelsrevolutionäre aus. Janion verschränkt zwei Traditionen der Auslegung von Mickiewicz' Roman: die von Maria Konopnicka, Jan Lechoń,

132 Vladimir Lenin, „Zwei Taktiken der Sozialdemokratie in der demokratischen Revolution" [1905], Lenin, *Werke* (Berlin: Dietz, 1957), 104; Vladimir Lenin, „Dve taktiki social-demokratii v demokratičeskoj revoljucii" [1905], Lenin, *Polnoe sobranie sočinenij* (Moskva: Izdatel'stvo Političeskoj Literatury, 1960), Bd. 11, 103: „Революции – праздник угнетенных и эксплуатируемых. Никогда масса народа не способна выступать таким активным творцом новых общественных порядков, как во время революции. В такие времена народ способен на чудеса, с точки зрения узкой, мещанской мерки постепеновского прогресса. Но надо, чтобы и руководители революционных партий шире и смелее ставили свои задачи в такое время, чтобы их лозунги шли всегда впереди революционной самодеятельности массы, служа маяком для нее, показывая во всем его величии и во всей его прелести наш демократический и социалистический идеал, показывая самый близкий, самый прямой путь к полной, безусловной, решительной победе."

133 Maria Janion, „Tragizm *Konrada Wallenroda*", w: *Romantyzm. Studia o ideach i stylu* (Warszawa: PIW, 1969), 9-49.

Zofia Szmydtowa und vor allem Juliusz Kleiner geäußerte Behauptung, dass der Roman nicht eine Apotheose, sondern die Tragik des Verrats schildert,[134] trifft auf die marxistische Leseart (Stefan Żółkiewski), welche den Konflikt der im Mittelalter spielenden Handlung auf die Konflikte der ersten Hälfte des 19. Jahrhunderts in Russland und in Polen bezieht. Die Kategorien wiederum, mithilfe derer all dies in Mickiewicz' in Russland verfasstem Text seinen Ausdruck findet, kämen dabei aus Deutschland. Die „Genese der Tragik"[135] hängt zwar eng mit dem Dekabristen- und dem Novemberaufstand zusammen, aber Janion weist zusätzlich auf Otokar Fischers Aufsatz zur Ideengeschichte des Romans hin, in dem Fischer die anfänglichen deutschen Kontexte der sich von Mickiewicz angeeigneten Konzeptionen aufdeckt.[136] Der ‚Wallenrodismus' als ethisch sanktionierter Verrat entstamme der Ideologie der deutschen antinapoleonischen Nationalbewegung, die ihren Ausdruck in Ernst Moritz Arndts *Geist der Zeit*, Heinrich von Kleists *Hermannschlacht* oder Fichtes Rehabilitierung von Machiavelli fand. Mickiewicz' aufmerksame Lektüre von August von Kotzebues *Preußens ältere Geschichte*, wo all die Ideen zu finden seien, habe sich in seinem Verratsroman niedergeschlagen. Zusammen trügen alle diese Elemente dazu bei, dass sich das „reale Ideal der Politik" (Żółkiewski)[137] bildete – der adelige Revolutionär als einsamer, von der Masse abgeschiedener, unendlich vom Volke entfernter Vergelter, der sich von flammendem Patriotismus und Mitleid fürs Volk entzücken lässt, wobei das Volk selbst eher zuschaut als in eigener Sache handelt. Der tragische Konflikt, der den Helden in den 1820er und 1830er Jahren bewegt, wird zwischen dem gegenüber der legalen Macht geleisteten Eid und dem moralischen Gefühl der Berechtigung der Rebellion ausgetragen.[138] Die rechtliche ringt mit der revolutionären Sanktionierung.[139]

Da der tragische Konflikt des *Konrad Wallenrod* eine historische Genese aufweist, nimmt Janions Auslegung Stellung zu der in der Einleitung erörterten Frage, ob die prototypische Tragödie kritisch oder unkritisch (*metaphysisch*) an die Welt herangeht. Janion distanziert sich von Stefan Kołaczkowskis einst berühmter Monografie über Stanisław Wyspiańskis Tragödien – mindestens, indem diese die metaphysische Tragik, welche sich als maximale Unüberwindlichkeit darstellt, gegenüber dem sich aus einer gewissen sozialen Situation

134 Janion, „Tragizm *Konrada Wallenroda*", 18-19.

135 Janion, „Tragizm *Konrada Wallenroda*", 19.

136 Otokar Fischer, „Zur Ideengeschichte des *Konrad Wallenrod*", *Germanoslavica: Zeitschrift für germano-slawische Studien* 1931-1932, 1, 55-76.

137 Stefan Żółkiewski, *Spór o Mickiewicza* (Wrocław: Ossolineum, 1952), 105.

138 Janion, „Tragizm *Konrada Wallenroda*", 26-27.

139 Janion, „Tragizm *Konrada Wallenroda*", 28.

ergebenden Tragischen aufwertet.[140] Laut Kołaczkowski – und Janion – gehört die Tragik von *Konrad Wallenrod* eben der zweiten Kategorie an. Auf diese Art und Weise weist der Roman eine notwendige Bedingung des Kritizismus auf. Damit die notwendigen Bedingungen auch hinreichend werden, muss zu der historisch-sozialen Verwurzelung des Werkes eine in ihm enthaltene Handlungsaufforderung ans Publikum stoßen. So sei es in Mickiewicz' Versroman gewesen: „Die tragische Diagnose des Schicksals eines Tatmenschen befreite ihn keineswegs von der Pflicht zum Handeln. So lasen auch die Zeitgenossen das Gedicht. Konrad Wallenrod ist zu einem Helden von Generationen geworden, die ihre jeweilige Tat und ihr Schicksal mit einem Verständnis für ihre tragische Unvermeidbarkeit unternommen."[141]

Die Figur des adeligen Revolutionärs wirkt im kritischen Denken und dem revolutionären Handeln im östlichen Europa mindestens bis zur Avantgarde, die auf zahlreiche Aspekte des Anarchismus zurückgriff.[142] Die Rolle des adeligen Revolutionärs, den eine geheimnisvolle Sympathie mit dem Volk verbindet, nehmen die Volkstümler (*narodniki*) und die Anarchisten wieder auf, all diese „aristocratic conspiracies"[143] – wie sie Joseph Conrad nannte; ihrem Jakobinismus oder Blanquismus, dem Glauben an die Durchsetzungskraft der elitären Verschwörung, stellten die Marxisten die Entwicklung des Proletariats als Klasse und Träger des Klassenbewusstseins entgegen. Letzten Endes triumphierten aber die Bolschewiki, die sich für eine avantgardistische Gruppe von auserkorenen, fanatischen Berufsrevolutionären hielten, wodurch sie eine neue Abwandlung der Figur des adeligen Revolutionärs auf den Tag brachten. Als ginge in Russland – inklusive der polnischen Gebiete – nichts vonstatten, was nicht das Erbgut des adeligen Revolutionärs in eine neue Zeit weiterreichte.

Ein Vergleich zwischen zwei scheinbar weitestmöglich voneinander entfernten Texten zeigt die Gestaltungskraft der Situation und der Figur des adeligen Revolutionärs. Sergej Stepnjak-Kravčinskijs *Das unterirdische Russland* (1882) – zweifelsohne die in ganz Europa berühmteste Hagiographie der russischen volkstümlerischen Terroristen – rechtfertigte und legitimierte den Terror durch die Hervorhebung des Edelmutes und des Altruismus der

---

140 Stefan Kołaczkowski, *Stanisław Wyspiański* (*Rzecz o tragedia i tragizmie*) (Poznań-Warszawa: Fiszer i Majewski, 1922), 29.

141 Janion, „Tragizm *Konrada Wallenroda*", 48: „tragiczna diagnoza losu człowieka czynu nie miała zdjąć z niego obowiązku działania. Tak też odczytali poemat współcześni. Konrad Wallenrod stał się bohaterem pokoleń podejmujących swój czyn i los ze zrozumieniem ich tragicznej nieuchronności."

142 Siehe das Słowacki-Bakunin-Kapitel.

143 Joseph Conrad, *Under Western Eyes* (New York: Doubleday, 1924), 142.

Vollstrecker. In seinem Versuch, ‚den Terroristen' als solchen – eine allegorische Verdichtung oder vielmehr Verdünnung von ethischen und ästhetischen Zügen der faktischen Terroristinnen und Terroristen – darzustellen, entdeckt der Leser mit Erstaunen Parallelen mit Mickiewicz *Ahnenfeier III*, einem Drama, das die Erfahrungen des adeligen Novemberaufstandes durcharbeitet. Die Ähnlichkeiten frappieren umso mehr und bestätigen umso mehr die Wirkungskraft der Figur des adeligen Revolutionärs, als Sepnjak sonst keine Vertrautheit mit Mickiewicz verrät. Das gleiche Urphänomen entwickelt sich in unterschiedlichen Texten, vom direkten Einfluss kann wohl keine Rede sein.

Der einsame Kampf von Mickiewicz' Konrad, dem Namensvetter und Nachfolger von Konrad Wallenrod (und dem Dekabristen Kondratij Ryleev, dessen tragische Lebenseinstellung ich in der Einleitung zeige), dem sich dieses Kapitel widmet, mit dem schweigenden Gott in der „großen Improvisation",[144] widerholt sich in der Beschreibung des „Zweikampfs"[145] des Terroristen mit dem Zaren. In beiden Texten wird der Zar mit Gott identifiziert, und der aus erwählte Kämpfer mit Anti-theos (die Urszene der Tragödie laut Hölderlin ist eben der Kampf von Gott und Anti-Gott); der Gegengot repräsentiert das Volk, mit dem er durch ein besonderes Mitgefühl verbunden ist. Konrad meint, er heiße Million, da er die ganze Nation absorbiert habe und ihre Schmerzen wie die Mutter die Schmerzen des Fötus spüre.[146] Gott aber bleibt gleichgültig. Folgende Worte Stepnjaks könnten sowohl über Konrad als auch über den Terroristen gesagt sein: „Er ist schön, schrecklich, unwiderstehlich bezaubernd, weil er in sich die zwei Gipfelpunkte menschlicher Größe vereinigt, das Martyrium und den Heroismus."[147] Sogar die Lebensläufe stimmen überein: Der Terrorist „ist Kämpfer mit Fleisch und Blut und hat nicht das Geringste von dem träumerischen Idealisten des vorhergehenden Lustrums. Er ist ein gereifter Mann, und die unrealisierbaren Träume seiner Jugendzeit sind mit den Jahren entschwunden."[148] Die Tragödie *Ahnenfeier III* beginnt mit der Namensänderung von Gustaw auf Konrad. Der Dichter legt seine alte Persönlichkeit des enttäuschten Suchers nach dem Ideal nieder, um die Rolle des rücksichtslosen Kämpfers anzunehmen. Sogar ihre politischen Ansichten würden sich decken, wenn man die Anschauungen von Mickiewicz auf sein

144 Siehe das Romantik-Kapitel.

145 Sergej Stepnjak-Kravčinskij, *Das unterirdische Russland. Portraits und Skizzen aus der Wirklichkeit*, übersetzt aus dem Italienischen von Max Trautner (Bern: Rudolf Jenni's Buchhandlung, 1884), 30.

146 Mickiewicz, *Dziady, Dzieła wszystkie*, hg. von Juliusz Kleiner (Warszawa: PIW, 1955), Bd. 3, 163-165.

147 Stepnjak-Kravčinskij, *Das unterirdische Russland*, 30.

148 Stepnjak-Kravčinskij, *Das unterirdische Russland*, 30.

dramatisches Alter ego projizieren kann. Der Terrorist ist wie Mickiewicz „entschieden überzeugte[r] Sozialist, sieht aber ein, dass zu einer sozialen Revolution eine lang dauernde, vorbereitende Arbeit erforderlich ist, welche sich erst nach Erlangung der politischen Freiheit vollziehen kann."[149] Ihr Kampf mit dem Zaren, Gott, ist in beiden Fällen erhaben. Stepnjak-Kravčinskij spielt diesbezüglich sogar auf Kants dynamisches und mathematisches Erhabenes an, welches dem Ausmaß der Leidenschaften und des Plans des Terroristen entspreche.[150]

„Welch' ein Schauspiel! Wann wurde je ein ähnliches gesehen?... Allein, unbekannt, arm, erhob er sich zum Vertheideger der vergewaltigten Menschheit und des mit Füßen getretenen Rechts, hat das mächtigste Reich der Erde zum Kampf auf Tod und Leben herausgefordert [...]"[151] – fasst Stepnjak-Kravčinskij unbewusst Mickiewicz' „große Improvisation" zusammen, in der der Dichter Konrad, von Teufeln in teuflischen Stolz, Hybris, getrieben, Gott herausfordert. Mit Stepnjak-Kravčinskijs Worten: „Stolz wie der Satan, der gegen seinen Gott rebelliert, hat er den eigenen Willen dem jenes Mannes gegenüber gestellt, welcher allein in Mitte einer Nation von Sklaven sich das Recht ‚des Wollens' als Attribut gegeben."[152] Genau das fordert Konrad – Gott soll seinen Willen mit ihm teilen, auf sein Monopol des Wollens verzichten, indem er ihm die „Regierung der Seelen" gibt. Sollte Gott sich weigern, den Absolutismus abzulegen, dann schleudere der Dichter seine Stimme wie eine Bombe, die Stimme, die die abscheulichste Blasphemie trägt, dass Gott nicht der Vater, sondern der Zar der Welt sei. Konrad fällt letztendlich in Ohnmacht und spricht diese Worte nicht aus, schleudert die Bombe nicht. Letzten Endes überwiegt die Zerrissenheit, aber für den edlen Revolutionär und sein Volk lohnt sich die Niederlage.

Dem Benehmen Konrads ähnelte die Unentschlossenheit der Dekabristen, die sich auf dem Senatsplatz beinahe erschießen ließen, der Halbherzigkeit, mit der die polnischen Verschwörer den Stadthalter Konstantin verjagten, und diese war andererseits umgekehrt proportional zu dem Eifer, mit dem die Verschwörer nach jemandem Älteren, Anerkannteren suchten, der die Führung übernehmen und dem Aufstand einen Anschein der Rechtsgültigkeit verleihen könnte. Die Polen rühmten sich immer mit der Tatsache, keine Nation von Königsmördern zu sein.

---

149 Stepnjak-Kravčinskij, *Das unterirdische Russland*, 30.
150 Stepnjak-Kravčinskij, *Das unterirdische Russland*, 30-31.
151 Stepnjak-Kravčinskij, *Das unterirdische Russland*, 31.
152 Stepnjak-Kravčinskij, *Das unterirdische Russland*, 31.

In diesem Kapitel möchte ich mich aber auf dem Vorläufer des Konrad aus *Ahnenfeier*, Konrad Wallenrod, konzentrieren und ihn in den Kontext des größten Identitätsdiebstahls in der Geschichte Russlands oder sogar Europas – der Geschichte vom Hochstapler Pseudo-Demetrius[153] – stellen. Der Identitätsdiebstahl rückt in den Vordergrund als eine doppelte Figur: einerseits allegorisiert er die Konspiration, welche das Leben des Verschwörers bestimmt, und andererseits weist das permanente Schauspiel auf die Kondition des Repräsentanten des Volkes hin, die notabene nie des Verdachts der Usurpation los wird. Der Roman *Konrad Wallenrod* bietet durch diese Rekontextualisierung eine Gelegenheit, die Hauptfrage der *Sickingen*-Diskussion zu überdenken, inwiefern Ideen und Bildung wirksam sein können, allerdings im Kontext des Ideentransfers. Ich versuche zu zeigen, wie unter diesen dynamisierten Bedingungen die Kraft von Ideen wächst, deren Ursprungsort in der Fremde liegt. Dies zeigt sich auch bei Schiller, den Marx so herablassend als Lassalles Vorbild behandelte, während er im Gegenzug Shakespare dafür pries, wie dieser die Produktion der Menschen durch Bedingungen und Bedürfnisse modellierte. Im transkulturellen Zusammenhang aber erzeugen die Ideen neue Bedürfnisse und neue Subjekte dieser Bedürfnisse.

Das tragische – und genereller: das literarische – Potential der Geschichte des ersten Pseudo-Dmitrij wurde frühzeitig in der europäischen Literatur entdeckt. Die Moskauer Ereignisse inspirierten viele Tragödiendichter, beginnend mit dem schnell reagierenden Lope de Vega, der schon 1606 – im Todesjahr von Dmitrij – *El gran duque de Moscovia y emperador perseguido* verfasste (War nicht die Geschichte von Dmitrij das Motiv dafür, dass die Handlung von Calderons *La vida es sueño* aus dem Jahr 1634 in Polen spielte?) und John Fletchers *The Loyal Subject*, 1618. Aber im östlichen Teil Europas gewann der Stoff erst an der Wende zum 19. Jahrhundert Popularität. In Deutschland wurden mehr als 100 Tragödien zu Dmitrij geschrieben,[154] die wichtigsten davon: Friedrich Schillers *Demetrius*, 1804-05 (unvollendet), Friedrich Hebbels *Demetrius* (unvollendet) und Paul Ernsts *Demetrios*, 1910. In Russland macht sich eine Entwicklung bemerkbar, von der pathetischen, auf der Grausamkeit basierenden Tragödie von Aleksandr Sumarokov (*Dimitrij Samozvanec*, 1771)

---

153 Im Folgenden kurz Dmitrij bzw. Demetrius.

154 Herbert Kraft, „Schillers *Demetrius* als Schicksalsdrama. Mit einer Bibliographie *Demetrius in deutscher Dichtung*", Ulrich Gaier, Werner Volke (Hg.), *Festschrift für Friedrich Beißner* (Bebenhausen: Rotsch, 1974), 226-236; Siehe auch: Birgit Osterwald, *Das Demetrius-Thema in der russischen und deutschen Literatur. Dargestellt an A.P. Sumarokovs „Dimitrij Samozvanec", A.S. Puskins „Boris Godunov" und F. Schillers „Demetrius"* (Münster: Aschendorff, 1982); Marcia A. Morris, *Writing the Time of Troubles. False Dmity in Russian Literature* (Boston: Academic Studies Press, 2018).

zu historiosophischen Modellen der Macht und des ‚russischen Schicksals': Aleksandr Puškins *Boris Godunov*, 1824-25, und Aleksej Chomjakovs *Dimitrij Samozvanec*, 1832. So wie Mickiewicz es 1828 in *Konrad Wallenrod* tat (wie ich gleich versuche zu demonstrieren), wandelte auch Michail Lermontov den Demetrius-Stoff um – allen voran das Motiv des flüchtenden Mönches, was auf Puškin als Hypotext hinweist – in die zwei ‚poetischen Romane' oder ‚epischen Gedichte' *Bojarin Orša* (1835-1836) und *Mcyri* (1839). Wichtige nichtdramatische Texte in der europäischen Literatur widmeten sich dem Thema: Prosper Mérimée, *Episode de l'histoire de Russie – Les faux Démétrius*, 1854; Rainer Maria Rilke, *Die Aufzeichnungen des Malte Laurids Brigge*, 1910; Marina Cvetaeva, *Marina*, 1921; Harold Lamb, *The Wolf Master*, 1933; Boris Akunin, *Detskaja kniga*, 2005. Hinzu kamen die Opernwerke von Musorgsky, Glinka und Dvořak.

Überraschenderweise überging die polnische Literatur die Geschichte des Dmitrij[155] – mit den kleinen Ausnahmen von Zygmunt Krasińskis Roman *Agaj-Han* aus dem Jahr 1832, der sich den Abenteuern von Dmitrijs Frau Maryna Mniszech widmet und sich auf Julian Ursyn Niemcewicz' romanhafte *Geschichte der Regierung Zygmunt des Dritten* (*Dzieje panowania Zygmunta III*, 1836) stützt, und einer späten Tragödie von Józef Szujski aus dem Jahr 1875, die sich ebenfalls auf Maryna Mniszech konzentriert.[156]

2.2.2. *Tugend, Belinskij und Schillers Traum von der Politik*

Man kann von einem Dmitrij-Fluch in der deutschen Literatur sprechen. Die großen Dmitrij-Tragödien verblieben nämlich allesamt im Reich der Möglichkeiten: Während Dmitrij in Rilkes Roman für eine proto-existentialistische Vision des Menschen steht, der vom Reich der zahllosen Möglichkeiten hinabsteigt, um eine bestimmte Gestalt anzunehmen, wurden die deutschen Dmitrij-Tragödien auf halbem Wege ins Aktuelle durch den Tod ihrer Autoren unterbrochen, sodass wir nicht wissen, wie der Held und seine Tragödie in ihrer finalen Form ausgesehen hätten. Die Tragödien-Stücke, die wir von Schiller und Hebbel haben, sind potenziell großartige Tragödien. Die unvollendete Tragödie von Hebbel ist die einzige, in der er es zu Wege brachte, eine wesentliche Notwendigkeit zu konzipieren, die von Menschen gemacht ist (der

155 Jerzy Fiećko, „Hetman Żółkiewski i rok 1610 w tradycji romantycznej", *Slavia Occidentalis* 2015, 72/2, 137-155, vermutet in diesem Fehlen des Demetrius-Stoffes in der polnischen Literatur den Einfluss von Joachim Lelewel, der die Episode marginalisierte (vgl. 145-147)

156 Übrigens verhält sich Krasiński zu Niemcewicz' historischer Vorlage auf gegensätzliche Art und Weise als Puškin dies gegenüber Karamzins letztem Band tat. Während Puškin größtenteils die Handlung von Karamzins Erzählung in eine andere Gattung überträgt, belasst es Krasiński bei dem schon von Niemcewicz Erzählten und rückt dafür das lyrisch-impressionistische Element in den Vordergrund.

jesuitischen Verschwörung gegen Russland) und nicht aus einer Gleichung abstrakter Ideen besteht, die beweist, dass die konservative Partei im Recht ist. Paul Ernst, der einzige wichtige deutsche Tragödiendichter, der ein Dmitrij-Stück vollendete, widmete sich kurz darauf erneut diesem polnisch-russischen Geschichtsmaterial und gestaltete es um zu einer anderen historischen Tragödie: *Canossa*. Auf Basis dieser Tragödie formulierte der junge Lukács seine These, dass das moderne deutsche Drama ein endloser Versuch ist, die griechische Tragödie mit der Geschichte zu vereinen.[157]

Eine bedeutende russische Dmitrij-Tragödie vor Puškins *Boris Godunov* wurde 1771 von Aleksandr Sumarokov geschrieben, der neben Jakov Knjažnin als Begründer der russischen neoklassischen Tragödie im französischen Stil gilt.[158] Anders als *Boris Godunov* beginnt das Spiel nach der Krönung Dmitrijs und seiner Heirat – zu der Zeit also, als er seine scheußlichen Verbrechen beging:

> Российский я народ с престола презираю
> И власть тиранскую неволей простираю.[159]
>
> („Ich verachte das russische Volk von meinem Thron/ Ich verbreite tyrannische Herrschaft durch Unfreiheit.")

Trotz verstreuten Bemerkungen, das gute Management würde für die fragwürdige Legitimität wiedergutmachen, ist es weder eine Tragödie der Politik noch eine über Dmitrij, sondern vielmehr eine Tragödie der Tugend, die von Dmitrijs Untertanen bewiesen wird, wenn sie im Angesicht des Psychopathen gelassen bleiben müssen.[160] Auch der Katholizismus Dmitrijs trägt alle Züge des Wahnsinns, während die Orthodoxie seines Kontrahenten Georgij der Tugend gleicht. Sumarokov bewegte sich quasi im Rahmen dessen, was er aus dem französischen Klassizismus auf den russischen Boden übertragen konnte.

---

157 György Lukács, „Metaphysik der Tragödie", *Die Seele und die Formen. Essays* (Berlin: Fleischel, 1911), 357-370.

158 Kirill Ospovat, *Terror and Pity: Aleksandr Sumarokov and the Theater of Power in Elizabethan Russia* (Boston: Academic Studies Press, 2016), 9-21.

159 Aleksandr Sumarokov, *Dimitrij Samozvanec. Tragedija predstavlena v pervyj raz v 1771 godu fevralja 1 dnja na Imperatorskoj Teatre v Sanktpeterburge* (Leningrad: Sovetskij pisatel': 1957), 430.

160 Sumarokov selbst behauptet, ihm gehe es um eine Shakespear'sche Tragödie, vgl. John Douglas Clayton, *Ten' Dimitrija: opyt pročtenija puškinskogo „Borisa Godunova"*, übersetzt von L.G. Semenova, J.E. Sakulin (Sankt-Peterburg: Akademičeskij projekt, 2007), 7; Valerij Tjupa, „*Boris Godunov* i žanrovaja priroda tragedii", https://cyberleninka.ru/article/v/boris-godunov-i-zhanrovaya-priroda-tragedii [letzter Zugriff: 13.09.2016].

Schiller übersetzte die klassizistische Tragödie der Tugend, in der eine Pflicht eine Leidenschaft besiegen muss, auf den deutschen, von den aufklärerischen Diskussionen übers Mitleiden gedüngten Boden, in das Idiom von Kants Theorie des Sublimen.[161] (In diesem Abschnitt beziehe ich mich nur auf Schillers explizite Theorie; sein revelatorisches Theoriedrama *Demetrius* zeigt eine ganz andere Ästhetik der Geschichte.) Die Schiller'sche Strömung in der Tragödientheorie lastete schwer auf der russischen Tradition und war für ihren im Großen und Ganzen unkritischen Charakter verantwortlich. Dass die Tragödie unkritisch als eine Praxis gesehen wurde, in der man sich dem Schicksal unterwirft, ist im Fall von Belinskijs Tragödientheorie, die er 1841 im Artikel „Razdelenie poezii na rody i vidy" („Einteilung der Dichtung auf Gattungen und Arten") formulierte, offensichtlich;[162] sie wurde zur einflussreichsten Tragödientheorie in der Geschichte der russischen Literaturkritik. Zwar wendet sich Belinskij explizit gegen die klassizistische Gattungslehre, der Ort aber, an dem er sich auf dem Weg seiner intellektuellen Entwicklung befindet, bannte ihn auf Schillers theoretische Positionen – und wer kann sagen, wie klassizistisch die Weimarer Klassik ist?

Als Belinskij seine Tragödientheorie konzipierte, war er gerade auf der Schwelle von seiner fatalistischen Phase, die mit seiner Hegel-Lektüre zusammenhing, zum militanten Individualismus. Isaiah Berlin, Czesław Miłosz und Andrzej Walicki[163] betrachten den Fatalismus Belinskijs als Vorwegnahme des gespaltenen Bewusstseins der Intellektuellen im Stalinismus, welches das Bestehende anerkenne, weil alles, was besteht, vernünftig und ein Ergebnis der historischen Notwendigkeit sei: „he trew himself" – schreibt Berlin über Belinskij in 1839-40 – „into ‚acceptance of reality' with the same frenzy of passion as that with wich only two years later he was to attack the quetists and demand active resistance to Nicolas I's abominations."[164] Und weiter: „Like many a communist of a later date Belinsky gloried in the very weight of the chains with which he had chosen to bind his limbs, in the very narrowness and darkness which he had willed to suffer; the shock and disgust of his friends was itself evidence of the vastness, and therefore of the grandeur

161 Siehe das Marx-Lassalle und das Schelling-Kapitel.

162 Vissarion Belinskij, „Razdelene poezii na rody i vidy", *Sobranie sočinenij v 9-ti tomach* (Moskva: Chudožestvennaja literatura, 1976), Bd. 3, 294-350.

163 Isaiah Berlin, „A Remarkable Decade", *Russian Thinkers*, hg. Henry Hardy, Aileen Kelly (London: Hogarth, 1978), 114-210, 166-169; Czesław Miłosz, „Bieliński i jednorożec" [1951], *Wielkie pokuszenie* (Toruń: Archiwum Emigracji, 2001), 31-48; Andrzej Walicki, *Idee i ludzie. Próba autobiografii* (Warszawa: Instytut Historii Nauki PAN), 31-50, 159-169.

164 Berlin, „A Remarkable Decade", 167.

and the moral necessity, of the sacrifice. There is no ecstasy to compare to that of self-immolation."[165]

In seiner Tragödientheorie, die die historische Notwendigkeit mit der Tugend identifiziert, basiert Belinskij auf Schiller, und zwar dem Theoretiker und nicht den aufregenden Autor der *Räuber*, von *Kabale und Liebe* oder *Die Verschwörung des Fiesco zu Genua* (Eben diese Werke nennt Belinskij als diejenigen, die ihn dazu verleiteten, gegen das Bestehende aufzubegehren).[166] Für Belinskij liegt die Essenz der Tragödie in der Kollision natürlicher Neigungen des Herzens mit moralischer Pflicht oder unüberwindlichen Hindernissen.[167] Nicht jeder Todesfall ist gemäß Belinskij an sich tragisch – Belinskij bestätigt also auf eine amüsante Art und Weise Stereotype von den Russen, wenn er schreibt: „im Grunde genommen sterben jede Stunde tausende Menschen auf dieser Welt, wenn man Mitleid für jeden einzelnen aufbringen müsste, hätte man keine Zeit mehr, eine Tasse Tee zu trinken."[168] Ein Sterben muss sich also durch seine Allgemeingültigkeit auszeichnen; das Einzelne kommt einer Null, einem Blödsinn gleich, repräsentiert es nicht eine Allgemeinidee. Diese Worte eben parodiert Dostoevskij, so meine These, wo er die Maske des Untergrund-Menschen anlegt: „Soll die Welt untergehen oder soll ich nie wieder Tee trinken?", fragt er rhetorisch. „Ich meine, die Welt mag untergehen, wenn ich bloß weiterhin meinen Tee zu trinken bekomme."[169] Den späteren, auf das Individuum setzenden Belinskij konnte Dostojevskij wohl als Vorbild für Ivan Karamazov nutzen.[170] Und wenn Dostoevskij mit den Worten über das Teetrinken keine Polemik auf die metaphysische, konservative Vision der Tragödie intendierte, so wurden sie doch von den Nachkommen als eine solche erkannt. Die Erklärung des Untergrundmenschen, er würde im Angesicht

165 Berlin, „A Remarkable Decade", 168.

166 Berlin, „A Remarkable Decade", 167; Peter Drews, *Schiller und die Slaven* (München: Sagner, 2005), 49-50.

167 Belinskij, „Razdelenie poezii na rody i vidy", 337: „Сущность трагедии [...] заключается в коллизии, то есть в столкновении, сшибке естественного влечения сердца с нравственным долгом или просто с непреоборимым препятствием."

168 Belinskij, „Razdelenie poezii na rody i vidy", 338: „ведь каждый час на земном шаре умирают тысячи людей, так если жалеть обо всех, некогда будет выпить и чашки чаю!"

169 Fjodor Dostojewski, *Aufzeichnungen aus dem Abseits*, übers. Felix Philipp Ingold (Zürich: Dörlemann, 2016), 206; „Свету ли провалиться, или вот мне чаю не пить? Я скажу, что свету провалиться, а чтоб мне чай всегда пить"(Fedor Dostoevskij, „Zapiski iz podpol'ja", *Polnoe sobranie sočinenij v tridcati tomach* (Leningrad: Nauka, 1972-1990), Bd. 5, 174).

170 Alfred Rammelmeyer, „Dostojevskijs [sic!] Begegnung mit Belinskij (Zur Deutung der Gedankenwelt Ivan Karamazovs): Teil II", *Zeitschrift für Slavische Philologie* 1952, 2 (21), 273-292.

größter Katastrophen auf seinen Tee nie verzichten, schlägt in den Augen von Lev Šestov und Nikolaj Berdjaev in die Essenz des Tragischen um. Die Tragik gebühre nämlich dem höchsten Individualismus, sie sei mit dem Individualismus gleichbedeutend.[171] Der Individualist lehnt prinzipiell die Möglichkeit ab, zwischen wichtigen (gerechtfertigten) und nichtigen Todesfällen zu unterscheiden. Bei Belinskij (und Schiller auch) liegen die Dinge entgegengesetzt. Die Person, die in einer Tragödie geopfert wird, muss die wesentlichen Kräfte der Moral repräsentieren und als ein Märtyrer im Namen dieser allgemeinen Kräfte sterben. Soweit scheint das Opfer hinsichtlich der moralischen Welt nur einen konservativen Effekt zu haben. Aber plötzlich – und hier zeigt sich die Inkonsistenz der Umbruchsphase seines Denkens – gibt Belinskij preis, dass er sich gerade mit revolutionären linken Theorien beschäftigt. Dies zeigt sich daran, dass er seine Kritik an einer verfestigten hierarchischen Sozialordnung in die Sprache der Tragödientheorie übersetzt: „Manchmal kann der Konflikt in einer falschen Situation des Menschen liegen, als eine Folge der Diskrepanz zwischen seiner Natur und der Stelle, an die ihn sein Schicksal stellte."[172] Ist doch nicht alles Bestehende vernünftig? Möglicherweise setzt sich Belinskij hier mit Feuerbachs Theorie der Entfremdung auseinander, laut derer „die Natur" des Menschen durch falsche Bedingungen verformt wird.

In der ein paar Jahre später erschienenen Abhandlung über *Boris Godunov* fantasiert Belinskij über eine andere, nicht so melodramatische Godunov-Tragödie (Puškin habe in seiner Nicht-Tragödie Sumarokov nicht überholt); eine wahre Tragödie muss auf dieser Etappe von Belinskijs Entwicklung ein Individuum, ein Genie ins Zentrum rücken, das *Neues* in die Welt bringt.[173] Das tragische Opfer löst sich also nicht mehr im Allgemeinen – in der Bestätigung

171 Lev Šestov, *Dostoevskij i Nicše (filosofija tragedii)* (Sankt-Peterburg: Stasjulevič, 1903), 52-98; Nikolaj Berdaev, *Sub specie aeternitatis. Opyty filosofskie, socialnye i literaturnye (1900-1906)* (Sankt-Peterburg: Pirožkov, 1907), 247-275, vor allem 255.

172 Belinskij, „Razdelenie poezii na rody i vidy", 338: „Иногда коллизия может состоять в ложном положении человека, вследствие несоответственности его натуры с местом, на которое поставила его судьба."

173 Vissarion Belinskij, „Boris Godunov", *Polnoe sobranie sočinenij* (Moskva: Izdatel'stvo Akademii Nauk, 1955), Bd. 7, 505-534, 516: „В какой бы сфере человеческой деятельности ни проявился гений, он всегда есть олицетворение творческой силы духа, вестник обновления жизни. Его назначение – ввести в жизнь новые элементы и через это двинуть ее вперед, на высшую ступень. Явление гения – эпоха в жизни народа. Гения уже нет, а народ долго еще живет в формах жизни, им созданной, долго – до нового гения"; 523-524: „У Годунова не было великого сердца, и потому он не мог не мучиться подозрениями, не бояться крамолы, не увлекаться личным мщением и, наконец, не сделаться тираном. Словом, он был только замечательный, а не великий человек, умный и талантливый администратор, но не гений."

des Anspruchs einer Handlungsmaxime auf Allgemeinheit – auf, indem es das Generelle mit seinem Fleisch füttert, sondern der tragische Held erlangt umgekehrt durch seine höchste Individualität die geschichtliche Bedeutsamkeit. Die Tragödie wird zu einer Geschichte der qualvollen Emergenz *avant la lettre*. Die von Puškin übersehene wahre Tragödie des historischen Godunov bestehe darin, dass er ein Genie werden soll, um sein Vaterland zu retten, aber nicht sein könne, wohl weil die russische Geschichte vor Peter dem Großen kein Individuum und keine Innovation kenne. Hier bietet Belinskij eine Version des tragischen Chronotopos an, der Individualität mit Allgemeinheit, Umbruch mit Kontinuität kombinieren soll und der im krassen Gegensatz zur Anbetung der historischen Notwendigkeit steht.

Auch Schillers Modell der wahren menschlichen Natur im Drama *Demetrius*, d.h. einer Natur, dessen Medium Täuschung ist, wird vieldeutiger als dasjenige, das seine theoretischen Schiften enthalten, man mag sie so kritisch, dekonstruktivisch lesen, wie man will. Der Wahrheitsgehalt von *Demetrius* rechtfertigt nämlich die durch die Entfremdung der menschlichen triebhaften Natur generierten Phantasmen, die noch in Marx' Beschreibung des Warenfetischismus und im kritischen Denken des 20. Jahrhunderts vorhanden sind. Das Wegräumen des Fetischismus stürzt die Menschen in eine noch schlimmere Situation; die einzige Lösung wäre wahrscheinlich, die Produktion der Illusionen einer professionellen Klasse zu überlassen.

Da Schillers explizite Tragödientheorie dem unkritischen Zweig der Tragödientheorien zugehört, sollte man vermuten, dass Schillers Tragödie zu Dmitrij derjenigen von Sumarokov ähnelt. Aber Schillers unvollendetes Drama von 1804-05 ist im Hinblick auf Modelle von Praxis theoretisch viel raffinerter als seine eigene Tragödientheorie. Puškin (und Mickiewicz) konnten nichts von der Problematik wissen, die Schiller in seiner Behandlung des Demetrius-Stoffes einführte, dennoch wiederholten sie sie. Diese Elemente, so scheint es, lagen im historischen Material und dem Verständnis davon, was Tragödie und Praxis sind.

In der Geschichte des Betrügers arbeitet Schiller die Grundprobleme der griechischen Tragödie heraus, nämlich den Konflikt zwischen *nomos* und *physis*, konventionellem Gesetz und Natur.[174] Die Natur lässt sich aber im Unterschied zu seiner tugendzentrischen Theorie abservieren als etwas notwendig Niedrigeres. Daher eine Tragik, die sich für die Situation der Verschwörer der ersten Hälfte des 19. Jahrhunderts in Deutschland, Polen und Russland perfekt eignet, indem *nomos* auf den Schwur und *physis* auf das

174 Vgl. Hegels Deutung von Antigone als Konflikt zwischen Staat und Physis, Natur, besprochen im Hegel-Kapitel.

angeborene Gerechtigkeitsgefühl übertragen wird. Die Verträglichkeit mit dem Hauptproblem der nachkantschen Tragödientheorie fällt auf: das moralische Recht, das mit der Freiheit einhergeht, kollidiert mit dem deterministischen Naturrecht, das auch in der menschlichen Wirklichkeit waltet. Schiller versucht diese Kluft mit Hilfe der Ästhetik des schönen Scheins zu verschütten.

Was macht einen zu einem legitimen Herrscher? Wird man durch Geburt, wie (angeblich) Dmitrij, oder durch ruhmreiche Taten, wie sein Widersacher, Zar Boris Godunov, dazu berechtigt, ein Volk zu regieren? Die Krönung Napoleons 1804 brachte Verwirrung in diese Sache, die viele kraft der Gewohnheit als schon erledigt betrachteten. Im dritten Artikel der *Déclaration des droits de l'homme et du citoyen* von 1789 wurde die Anerkennung verlangt, dass die Quelle jeglicher Souveränität die Nation sei. Dieses Prinzip lag auch der freien Elektion polnischer Könige spätestens seit 1573 zu Grunde. In Schillers Stück drücken jedoch König Zygmunt, der selbst vom Volk (dem Adel) gewählt worden war, und die Nation der *erlauchten Republik* die überlieferte Idee aus, dass Demetrius' vorgetäuschte Herkunft mehr Gewicht hat als alle von Godunov, dem vom Volk ausgerufenen Herrscher, erbrachten Dienst. Die Söhne Polens – also derjenigen Nation, von der Odowalsky sagt „Hier ist nicht Moskau. Nicht Despotenfurcht/ Schnürt hier die freie Seele zu. Hier darf/ Die Wahrheit wandeln mit erhabnem Haupt"[175] – erzwangen die Einführung der goldenen Freiheit durch militärische Intervention und die Wiedereinsetzung eines despotischen Regenten. Schillers Demetrius zeichnet sich dadurch aus, dass dieser selbst ein Opfer von Täuschung ist: Er glaubt an seine falsche Identität und dieser Selbstbetrug macht ihn tatsächlich zu einem hervorragenden Regenten, einem gütigen und freundlichen König, der vom Himmel bevorzugt scheint. In Tula trifft er dann auf das Äquivalent des Hirten im *Ödipus dem Tyrannen*, der ihm den Ursprung der Verschwörung und seine wahre Identität offenbart. Desillusioniert tötet Demetrius den Boten und wird zu einem Despoten. Seine Tugend als Herrscher hing von der Selbsttäuschung ab.

Schillers Tragödie bietet ein vielseitiges Modell des theatralischen Charakters von Politik. Nur im Framework der Täuschung kann das Problem von Natur vs. Konvention beziehungsweise Ehre vs. Gerechtigkeit auf der Bühne ausgetragen werden. Das Stück war als spektakuläre Show intendiert, mit einem triumphalen Einzug in Moskau etc. Das größte Theater ist jedoch der polnische *Sejm*, der zu Beginn des Stücks abgehalten wird. Er ist ein Spektakel, das das Rampenlicht transzendiert und das Publikum in die *mise-en-scène* zieht. In Schillers Bühnenanweisungen wird das Theaterpublikum durch eine

175 Friedrich Schiller, *Demetrius, Sämtliche Werke*, hg. von Wolfgang Riedel (München: dtv, 2004), Bd. 3, 19.

mise-en-abyme zur Öffentlichkeit im Parlament: *Wenn der Vorhang aufgeht, sieht man die polnische Reichsversammlung in dem großen Senatssaale sitzen.*[176] Nicht nur verwandelt sich die Bühne in den Senatsaal, sondern der Senatsaal verwandelt sich ein Theater, in dem sich noch dazu eine „Estrade" befindet, die rekursiv das Schauspiel der politischen Handlung potenziert: *Die hinterste Tiefe des Theaters ist eine drei Stufen hohe Estrade, mit rotem Teppich belegt, worauf der königliche Thron, mit einem Himmel bedeckt*; [...]. *Unter der Estrade zu beiden Seiten des Theaters sitzen die Bischöfe, Palatinen und Kastellanen* [...]. *Der Erzbischof von Gnesen, als der Primas des Reichs, sitzt dem Proszenium am nächsten.*[177]

In dieser Szene streiten die Mitglieder des polnischen Parlaments; der König schweigt. Der schweigende König wird zu einer Reflektion des theatralischen Herrschers – dem Publikum, dem das Schweigen im damaligen Theater zur Pflicht wird – im Unterschied etwa zu Shakespeares Globe. Prinz Leo Sapieha (Lew Sapieha bzw. auf Ruthenisch Leu Sapega bzw. auf Litauisch Leonas Sapiega) möchte die Parlamentssitzung, die er „ein Spielwerk"[178] nennt, mit einem *veto* abbrechen: Der Sprecher sei korrupt, die Freiheit verflogen und durch Heuchelei ersetzt, was von dem listigen *wojewoda* Mniszech unterstützt werde; Mniszech wolle die Republik zu einem Krieg mit Russland verleiten. In der Eingangshalle entschuldigt sich der König bei Demetrius für das „[böse[]] Schauspiel"[179] von Sapieha, aber Maryna, Demetrius' Frau und Mniszechs Tochter, weißt, dass Sapiehas Veto vom König selbst inszeniert wurde, der sich auf der einen Seite aus dem Moskau-Abenteuer heraushalten und auf der anderen Seite den rebellierenden Adel aus Krakau loswerden und in Moskau einsetzen will; nun müsse die Intervention in Russland als eine Privatfehde der Mniszechs durchgeführt werden. Maryna treibt die Handlung von Schillers Tragödie an: Sie hat keine Illusionen, durchschaut die Politik und sieht nichts als ein Spiel, das an das Pokerspiel erinnert. Sie, die nie auf das politische Theater hereinfällt, weiß, dass man in diesem Spiel bluffen muss, um zu gewinnen. Der Demetrius-Plan ist so unverschämt, dass er erfolgreich sein muss – zu dreist, um ihn zu durchschauen (sogar der Spieler selbst durchschaut ihn anfangs nicht und wird dadurch ein guter Herrscher). Schiller suggeriert, dass Demetrius glaubhaft ist, weil solcher Wagemut unglaublich ist. Die schönen Illusionen – all die Ideologien, die allem Anschein nach als

176 Schlegel, *Demetrius*, 9.

177 Schlegel, *Demetrius*, 9.

178 Schlegel, *Demetrius*, 22.

179 Schlegel, *Demetrius*, 25; die Ergänzung „böses" nach der Ausgabe von Gerhard Fricke und Herbert G. Göpfert, München: Hanser, 1966.

äußerliche Zwecke der Rechtfertigung bloßer Machtspiele dienen – werden negativ, auf die tragische Art und Weise gerechtfertigt. Wenn Demetrius' Illusionen zerstört werden, setzt eine Wirklichkeit des Terrors und der reinen Gewalt ein, die viel schlimmer ist als die Wirklichkeit des rücksichtlosten politischen Spiels; als sei das Spiel durch die Illusionen, die es verhüllen, gemildert. Wenn es überhaupt eine Quelle der Legitimität gibt, die über die reine Gewalt hinausgeht, denn nur im schönen Schein, den das Machtspiel unausweichlich in jedem Zug berücksichtigt, eben weil es nichts als ein Spiel ist, sei es auch das rücksichtsloseste. Und wie soll sich bitte ein Individuum eine Menschenmenge, etwa eine Nation, mithilfe reiner Gewalt unterwerfen? Ohne den schönen Schein wären die Macht und die Politik unmöglich. Er ist die glückliche Schuld der Politik, welche er in eine Gründungslüge verstrickt.

2.2.3. *Puškins und Mickiewicz' doppelter Betrug*

Puškin verfasste die erste Version von *Boris Godunov* im Jahr 1825 – dem Jahr der russischen Revolution des Adels (Dekabristenaufstand); das Publikationsverbot wurde erst 1831 aufgehoben.[180] Diese als ‚Shakespear'isch' angelegte Tragödie unterscheidet sich von derjenigen von Sumarokov, der auch den Namen Shakespeares erwähnt,[181] schon dadurch, dass sie im Gefolge der deutschen Tragödientheorie und romantischen Literaturgeschichte entstand. Ausdrücklich muss hier August Wilhelm Schlegel genannt werden, der ebenfalls eine wichtige Inspiration für den jungen Mickiewicz sowie für die Überführung der Romantik in Polen war.[182] *Boris Godunov* aber wiederholt und variiert auch das im Schiller vorhandene theatralische Modell von Politik – schon bloß aufgrund der Dynamik des historischen Materials.[183]

Bevor ich mich den Motiven von Puškins Tragödie widme, möchte ich auf die verwegenste These dieses Kapitels eingehen. Anders als die Deutschen

180 Katerina Genieva, „Principy šekspirovskoj dramaturgii u Puškina", *Vestnik Evropy* 2010, 28, 239-247; E. Kozina, „Tragedija", *Literaturnaja enciklopedija v 11 tomach* (Moskva: Chudožestvennaja literatura, 1929-1939), 359-377, besonders 367-268.

181 1748 publizierte er seinen eigenen Hamlet (Gamlet).

182 Jurij Lotman, „Istoriko-literaturnyj kommentarij", Aleksandr Puškin, *Boris Godunov, tragedija*, hg. von S.A. Fomičeva (Sankt-Peterburg: Akademičeskij projekt, 1996), 140; Tadeusz Namowicz, „Adam Mickiewiczs ‚Vorwort' zu den *Balladen und Romanzen* und die deutsche Literatur um 1800", Ewa Mazur-Kębłowska, Ulrich Ott (Hg.), *Adam Mickiewicz und die Deutschen. Eine Tagung im Deutschen Literaturarchiv Marbach am Neckar* (Wiesbaden: Harrassowitz, 2000), 50-64.

183 Jurij Lotman, „Istoriko-literaturnyj kommentarij", 139; über die philologische Tradition, Shakespeare als Lehrer von Puškin aufzufassen (von Vinokur bis Lotman) siehe, Nikolaj Zacharov, *Šekspirizm russkoj klassičeskoj literatury: tezaurusnyj analiz* (Moskva: Izdatel'stvo Moskovskogo gumanitarnogo universiteta, 2008), 154-160.

und Russen haben die Polen keine eigene Dmitrij-Tragödie.[184] Meine These ist nun, dass Adam Mickiewicz' *Konrad Wallenrod* die polnische Antwort auf Puškins *Boris Godunov* und eben deswegen die polnische Demetrius-Tragödie und damit ein tragisches Modell von Praxis ist. Ein wenig Kryptophilologie ist angesagt. Mickiewicz hätte wohl eine verschleierte Dmitrij-Tragödie schreiben können – trat er doch selbst maskiert und incognito in vielen Werken Puškins auf. Anna Achmatova schlug beispielweise vor, dass Mickiewicz der italienische Improvisator aus Puškins *Ägyptische Nächte* sowie Mozart in der kurzen Tragödie *Mozart und Salieri* sei (Puškins würde sich angeblich mit Salieri identifizieren).[185] Als ernstzunehmender Hinweis darauf, dass Mickiewicz' *Konrad Wallenrod* auf der zwei Jahre älteren Tragödie seines russischen Dichterkollegen aufbaut, kann zunächst die große Wertschätzung gelten, die Mickiewicz hinsichtlich des Dramas mehrmals ausdrückte.[186] Mickiewicz war einer der ersten, die die gerade geschaffene Tragödie kennen lernen durften.[187] Die intensivste Phase der Bekanntschaft mit Puškin entfiel auf den Winter 1826/27, als dieser gerade *Boris Godunov* in den Moskauer Salons vorstellte. Nach einer Lesung bei Gräfin Aleksandra Laval überredete Mickiewicz den Kollegen zur Wegstreichung eines Aufzugs, der direkt auf die zentrale Szene folgte, in der die vom Mönch-Chronisten Pimen verfasste Erzählung über Dmitrijs Tod Griška Otrep'ev zur Annahme der falschen Identität anspornt.[188] Das ausgelassene

---

184 Mit der Ausnahme von dem schon erwähnten „Drama in zwei Teilen" Józef Szujski, *Maryna Mniszchówna: dramat w dwóch częściach* (Kraków: Przegląd Polski, 1876); sein Autor war allerdings Mitbegründer des Krakauer Konservatismus, was erstaunlicherweise in dem Ausschluss der Literatur vom Leben zum Tragen kommt: (s. 2: „Książka mnie nudzi –/ Nie ma na świecie, co się w książkach chowa./ Mnie trzeba życia, a tam tylko słowa." Das heißt: „Das Buch langweilt mich./ Es gibt in der Welt nichts davon, was man in Büchern vorfindet./ Ich brauche das Lebend, während es dort nur Worte gibt"). Maryna widersetzt sich der Literatur im Namen des Lebens, sie führt sie nicht aus – daher ihre Tragödie. Alles in allem – ein Gegenteil von *Boris Godunov* und *Konrad Wallenrod*.

185 Anna Achmatova, „Dve novye povesti Puškina", *O Puškine. Stat'i i zametki* (Leningad: Sovetskij Pisatel', 1977), 192-206, 197.

186 Im Nachruf auf Puškin bekräftigt Mickiewicz allerdings, dass der russische Dichter zwar hervorragend ist, aber mit Shakespeare nicht mithalten kann: Adam Mickiewicz, „Puschkin und die literarische Bewegung in Rußland", Walther Victor (Hg.), *Mickiewicz. Ein Lesebuch für unsere Zeit* (Weimar: Volksverlag, 1955), 502.

187 Małgorzata Świderska, „Mickiewicz und die russische Literatur. Puschkin, Karolina Pawlowa, Dostojewski", Rolf-Dieter Kluge (Hg.), *Von Polen, Poesie und Politik. Adam Mickiewicz 1798-1855* (Tübingen: Attempto, 1999), 275-276; Mickiewicz schrieb darüber in einem Brief an Edward Odyniec (Mickiewicz, *Dzieła wszystkie*, Bd. 14, 329, 375.

188 Józef Tretiak, *Mickiewicz i Puszkin. Studya i szkice* (Warszawa: Wende, 1906), 210; Jarosław Marek Rymkiewicz, Dorota Siwicka, Alina Witkowska, Marta Zielińska, *Mickiewicz. Encyklopedia* (Warszawa: Bertelsmann, 2001), 446.

Gespräch mit dem bösen Mönch (*zloj černec*)[189] habe Mickiewicz gemäß mit dem Dialog mit Pimen nicht harmonisiert.[190] Dank dieser Verkürzung erhält das Drama einen tollkühnen Sprung von der historischen Erzählung Pimens, die Griška zu denken gibt, zu dem *fait accompli* von Griškas Flucht nach Polen: „И он убежал, отец игумен?"[191] – beginnt die nächste Szene, „Die Kammern des Patriarchen" – „Und er ist geflüchtet, Vater Igumen?" Dies war eine der Umgestaltungen (mehrere sollen durch die Zensur erzwungen worden sein), welche die ursprüngliche „Komödie" über den Zaren Boris und Griška Otrep'ev aud sem Jahr 1825 (*Komedija o care Borise i o Griške Otrep'eve*) in die letztendlich 1831 veröffentlichte Tragödie verwandelte.[192]

Puškin revanchierte sich bei Mickiewicz, indem er die ersten Verse von *Konrad Wallenrod* übersetzte.[193]

In seinen Pariser Vorlesungen vom Anfang der 1840-er Jahre stellte Mickiewicz *Boris Godunov* innerhalb des „chaos des imitations diverses" heraus, das das bestehende slavische Drama sei.[194] Und doch bezeichnet er das Drama im nächsten Atemzug als „une imitation, quant à la forme, des drames de Schiller et de Shakespeare."[195] Es muss also eine ausgezeichnete Imitation Schillers (und Shakespeares) sein, wenn sie aus dem chaotischen Meer anderer Nachahmungen herausragt. Durch diese Folgewidrigkeit lenkt Mickiewicz die Aufmerksamkeit seiner Zuhörer auf die Dominante von *Boris Godunov*, nämlich die Imitation. Das Subjekt des Dramas imitiert große Vorreiter der historischen Tragödie, während sein Held Griška durch die Nachahmung einer historischen Erzählung sein eigenes, konfus in verschwitzten Träumen erahntes Geschick konkretisiert und umsetzt. Mickiewicz beanstandet in der Vorlesung die Beschränkung des Dramas auf das Diesseits; da ihm ein fantastisches Vorspiel fehle, verfalle es gegen Ende in eine bloße politische Intrige.[196] Er scheint also, so meine These, wie Schiller zu glauben, dass die Politik die großen Illusionen braucht, um lebhaft zu funktionieren. Nichtdestotrotz behandelt Mickiewicz das Drama von Puškin im Zusammenhang des slavischen Glaubens an Gespenster und Vampire: die zentrale Rolle

189 Aleksandr Puškin, *Sobranie sočinenij* (Moskva: Chudožestvennaja literatura, 1960), Bd. 4, 499-501.

190 Tretiak, *Mickiewicz i Puszkin*, 210.

191 Aleksandr Puškin, *Sobranie sočinenij*, Bd. 4, 223.

192 Chester S.L. Dunning, Caryl Emerson (Hg.), *The Case for Pushkin's Original „Comedy"* (Madison: University of Wisconsin Press, 2006).

193 Aleksandr Puškin, *Sobranie sočinenij*, Bd. 2, 199-200: „Сто лет минуло, как тевтон", etc.

194 Mickiewicz, *Pisma*, Bd. 10, 307.

195 Mickiewicz, *Pisma*, Bd. 10, 308.

196 Mickiewicz, *Pisma*, Bd. 10, 308.

dieses Glaubens für die kommende Gattung positioniert implizit sein eigenes Drama *Ahnenfeier* als Prototyp des slavischen Dramas.[197] Mickiewicz aber verkennt Puškins Verdienste in der politisch-tragischen Nekromantie. Wie ich in diesem Unterkapitel weiterhin demonstriere, stellt die Art und Weise, auf die das Wort zum Fleisch wird, das Hauptproblem von Puškins Drama dar, in der Gestalt eines Un-Toten, der die Lebendigen packt.

Schon früher hatte Mickiewicz über *Boris Godunov* anlässlich des Todes von Puškin geschrieben. In seinem Nachruf auf Puškin hob Mickiewicz besonders die oben erwähnte Szene hervor, die der von Mickiewicz initiierten Auslassung unmittelbar vorangehent („so originelle" und „so erhabene", „dass ich nicht zögere, [sie] für einzig dastehend in seiner Art zu halten"[198]), in der der alte ‚letopisec' Pimen dem Novizen Grigorij Otrep'ev von der Tötung des Sohnes Ivans des Schrecklichen (also der Tötung des echten Dmitrij) berichtet. Pimen, der Augenzuge der Tat war, von der er glaubt, sie wurde von Boris Godunov veranlasst, möchte mit diesem Ereignis seine Chronik abschließen; Grigorij solle sein Werk fortsetzen – in Schrift. Der Jüngling aber, den wilde Träume von Aufstieg und Erniedrigung heimsuchen, will die Weiterführung kraft seines eigenen Lebens schreiben (natürlich als Dmitrij).[199] Mickiewicz übernimmt in *Konrad Wallenrod* diese rekursive[200] Struktur, wo eine im Haupterzählung eingebettete Metaerzählung[201] das Handeln des Helden der Haupterzählung bestimmt, sodass der empirische Leser dazu verführt werden soll, sich von der in der Haupterzählung vermittelten Entschlossenheit anstecken zu lassen und auch in der außerliterarischen Welt dem literarischen Skript gemäß zu agieren (den literarischen Text als eine Metaerzählung in dem umfangreicheren Text des Lebens zu betrachten). *Konrad Wallenrod* ist wie Puškins *Godunov*

197 Mickiewicz, *Pisma*, Bd. 10, 308.

198 Mickiewicz, „Puschkin und die literarische Bewegung in Rußland", 502.

199 Was aber Mickiewicz behielt? „Ein alter Mönch beendet gerade eine Chronik über die vorausgegangene Regierungszeit. Mit dem Enthusiasmus eines Autors und dem Ernst eines Mönchs legt er sich über die Tragweite seiner Arbeit Rechenschaft ab. Im gleichen Augenblick beginnt sich ein junger Novize, der traumversunken zu Füßen des Chronisten liegt, unter dem Druck eines schrecklichen Traums unruhig hin- und herzuwerfen. Er spricht im Schaft sonderbare Namen aus und erwähnt Ereignisse, die er nicht kennen konnte. Schließlich erwacht, berichtet er über Schlachten, Wirren und einen Umsturz, die er im Traue gesehen hat. Dieser Bericht, dessen Bedeutung er selbst nicht begreift, vervollständigt die Chronik des Mönchs, lässt die Zukunft voraussehen und wird zum prophetischen Symbol des ganzen Dramas. Wir erraten, dass dieser Novize der künftige Prätendent, Dmitri der Usurpator, ist" (Mickiewicz, „Puschkin und die literarische Bewegung in Rußland", 502).

200 Siehe dazu Ausführungen über das Organische im Romantik-Kapitel.

201 Im Sinne von Gérard Genette, *Die Erzählung*, übersetzt von Andres Knop (Paderborn: Fink), Kapitel „Stimme".

eine Tragödie, die vom Fleisch werdenden Wort handelt, das tötet und einen chaotischen Chronotopos einführt, indem es bestimmend wird für die Identität des Helden. (Ich spiele hier auf Friedrich Hölderlins Tragödientheorie an, der sich ein Kapitel dieses Buches widmet. Hölderlin betrachtet das griechische tragische Wort als eines, das den Körper packt, der tötet, *„der wirkliche Mord aus Worten.* [...] [G]riechisch faßlich, in athletischem und plastischem Geiste, wo das Wort den Korper ergreift, daß dieser totet."[202])

Der Sänger des zum Handeln anstiftenden Epos, Halban, verkörpert gemäß Janion als das Fatum einer kritischen, in den Umständen und nicht einer Metaphysik gründenden Tragödie die überpersönliche Kraft der Tradition und den absoluten Anspruch der Gemeinschaft (*bewzględna racja zbiorowości*), den Willen des untergehenden Volkes, der sich mit der Tragödie des Einzelnen abfinde.[203] So wie Halbans episches Gedicht in Mickiewicz' Roman den Titelhelden zum Handeln bewegt, verwirklichte Mickiewicz' Tragödie sich im November 1830. Maria Janion zitiert „die berühmte Aussage" aus der ersten Ausgabe der Zeitung *Nowa Polska* (*Neues Polen*): „Adam Mickiewicz veröffentlichte *Wallenrod*, kündigte seinen Landsleuten an, dass das unglückliche Volk neben Liedern und Andenken auch das Schwert des Erzengels besaß." Die Prolepse wirkt in diesem Fragment besonders bedeutungsvoll: der Dichter kündigt an (*zapowiadać*), was man schon vorrätig hat. Und weiter im Leitartikel: „Wir verstanden die feierliche, große, schauervolle Herausforderung an unsere Unterdrücker. Wir gaben die Bücher auf und das Schwert des Erzengels leuchtete in unseren Händen."[204] Ohne es zu wissen, wählten sie Grigorijs Weg oder vielmehr Grigorijs Sprung über den Weg, der von Gedanken und Träumen zur Tat führt. Die Worte erschienen in *Neues Polen* am 25. Januar 1831, dem Tag also, an dem Nikolaus I vom „im Sejm versammelten polnischen Volk" („Naród [...] polski, na sejmie zebrany"[205]) entthront wurde; das Volk bestätigte damit seine Rolle als Souverän, der frei über die Krone seines Staates verfügt, und erklärte Nikolaj I. zum Vertragsbrecher und Betrüger. Des Zaren hinterhältige Handlungen sollten alle Dilemmata erübrigen, die Verschwörung und das Aufbegehren sind gerechtfertigt. Den Preis, den das polnische Volk dafür zahlen

202 Friedrich Hölderlin, „Anmerkungen zur Antigonä", *Sämtliche Werke*, hg. von Dietrich Eberhard Sattler et al. (Frankfurt am Main, Basel: Stroemfeld/ Roter Stern, 1999), Bd. 16, 418.

203 Janion, „Tragizm *Konrada Wallenroda*", 44.

204 Janion, „Tragizm *Konrada Wallenroda*", 10: „Adam Mickiewicz ogłosił *Wallenroda*, zapowiedział ziomkom, że lud nieszczęśliwy oprócz pieśni i pamiątek ma jeszcze miecz Archanioła. Zrozumieliśmy to uroczyste, to wielkie, to okropne naszym ciemiężcom wyzwanie. Porzuciliśmy księgi, a miecz Archanioła zabłysnął w naszym ręku."

205 „Uchwała Sejmu Królestwa Polskiego z 25 I 1831 r.", https://pl.wikisource.org/wiki/Uchwa%C5%82a_sejmu_o_detronizacji_Miko%C5%82aja_I [15.09.2017].

musste, versuchte Mickiewicz in seinen messianistischen Werken als Opfer dafür darzustellen, dass das Volk das Wort zum Fleisch gemacht hatte.

Der äußeren Form nach ist *Konrad Wallenrod* im Gegensatz zu Puškins Tragödie durchaus ein Versroman, eine epische Form, in der Ereignisse wie ausgestreute Vorwände für lyrische Herzensergießungen des mitfühlenden Erzählers und der Helden funktionieren; diese werden oft wie Monologe im Drama mit den Namen der sprechenden Personen eingeleitet. Diese sich in Richtung Drama hinauslehnende lyrische Erzählform enthält ein beeinflussendes Epos, Halbans Erzählung, welche die zur Vertagung neigende Passivität des Konrad Wallenrod überwindet. Der Phänotyp weist auf den Genotyp hin, auf die Geschichte der Tragödie, die angeblich aus der Fusion von Lyrik und Epik entkeimte. Aus der Verbindung des lyrischen mit dem epischen Element in Mickiewicz' Roman entsteht eine Quasi-Tragödie, und zwar eine, deren rekursive Form als eine Verlockung der Rebellion identifiziert wurde. Diese Mischform deutet – wie Wacław Kubacki vermerkte – auf die paradoxe Zeitlichkeit von *Konrad Wallenrod*: da es sowohl ein historisches als auch ein zeitgenössisches, aktuelles, politisches Gedicht sein sollte, habe es zwischen Epischem und Dramatischem, Präteritum und Präsens oszilliert, wo der Roman mitunter ins Bühnengedicht (*utwór sceniczny*) übergehe. *Konrad Wallenrod* sei damit eine wichtige Etappe auf Mickiewicz' Weg zum romantischen Drama.[206] Die Dramatik des Romans deutet Janion – Maria Konopnicka, Jan Lechoń, Zofia Szmydtowa, und allen voran Juliusz Kleiner folgend – zur Tragik des adeligen, zwischen *physis* (Nation, Volk) und *nomos* (Eid, Staat) zerrissenen Revolutionärs um.[207] Das Epos geht in eine Tragödie über, indem sich das Gedicht in Richtung der Zukunft, die die Gegenwart werden soll, lehnt.

Puškin bezog seine Materialien aus Nikolaj A. Karamzins *Istorija gosudarstva Rossijskogo* (1816-1826) und widmete sein Werk dem Gedenken an Karamzin. Vor allem wurde die Darstellung von Boris als weiser und aufgeklärter Herrscher davon beeinflusst, wie Karamzin im elften Band seines Werkes Dmitrijs Widersacher beschrieb.[208] (Belinskij kritisiert den Dichter dafür, dass er Karamzins melodramatische Darstellung Godunovs übernahm; die sklavenhafte Nachahmung von Karamzin verunmögliche es Puškin,

---

206 Wacław Kubacki, *Arcydramat Mickiewicza. Studia nad 3 cz. Dziadów* (Kraków, M. Kot: 1951), 38.

207 Janion, „Tragizm *Konrada Wallenroda*", 17-19.

208 Nikolaj Karamzin, *Istorija gosudarstva Rossijskogo v dvenadcati tomach* (Moskva: Olima-Press, 2003), Bd. 11, Kap. 1, 605: „сей мудрый правитель, достойно славимый тогда в Европе за свою разумную политику, любовь к просвещению, ревность быть истинным отцом отечества."

eine wahre Tragödie – eine mit lebendigen, genialen Helden – zu schaffen.[209]) Aber Puškin sah im historischen Narrativ der Unruhezeiten und der großen Maskerade etwas Aktuelles, das mit französischen Zuständen in Verbindung steht: „Что за чудо эти 2 последние тома Карамзина! какая жизнь! c'est palpitant comme la gazette d'hier." – schreibt er am 17. August 1825 an Žukovskij über Karamzins Auffassung der Geschichte von Boris und Dmitrij.[210] Jurij Lotman weist in seinem breiten Kommentar zu Puškins Tragödie auf den Einfluss der liberalen französischen Geschichtswissenschaft hin[211] – die Historiker und Staatsmänner Augustin Thierry, François Guizot und François-Auguste-Marie Mignet schrieben auf neuartige Weise über die Französische Revolution, die ihnen Hinweise für ihre politischen Aktivitäten bot. Die unruhigen Zeiten des polnischen Eingriffes in Russland wurden von Puškin unter einem historisierenden Deckmantel als Revolution im modernen Sinne dargestellt, vor allem als Aufbruch zum Neuem und Abkehr von einer wohlvertrauten Realität. Dieser Aspekt entging Petr Čaadaev, dem Vater der russischen Philosophie, nicht. Er schrieb in einem Brief an Puškin, dass in dessen Tragödie „wahrhaft eine Welt untergeht"; in ihr finde man ein „Vorgefühl einer neuen, die die alte ersetzten soll."[212] Diese Anmerkungen klingen wie Hölderlins Kommentare zu seiner eigenen revolutionären Tragödie über den Tod des Empedokles (die erst in den ersten Jahren des 20. Jahrhunderts veröffentlicht wurde) oder wie das Grübeln des jungen Karl Marx über die Tragödie der Revolution, in der die neuentstehende Weltordnung gegen die alte kämpft.

Lotman[213] nennt zwar die wichtigste Inspirationsquelle für die Architektonik von Puškins Tragödie, erwähnt aber deren wichtige Rolle für die Bildung von Handlungs- und politischer Ästhetik nicht. Diese Quelle ist die Darstellung einer Episode aus Tiberius' Leben bei Tacitus. Tiberius wird in dieser Episode vorgeworfen, Augustus' Enkel Agrippa Postumus getötet zu haben, welcher beliebt als Nachfolger legitim war. Wir können in Tiberius leicht einen Vorgänger von Boris Godunov erkennen, der angeklagt war, den echten Dmitrij, den Sohn Ivans des Schrecklichen, getötet zu haben. Ob Tiberius Agrippa tötete oder nicht – Fakt ist, dass Clemens, ein vorheriger Sklave Agrippas, behauptete, der echte, auf wundersame Weise gerettete Agrippa zu sein.

209 Belinskij, „Boris Godunov", 517.

210 Puškin, *Sobranie sočinenij*, Bd. 9, 192. Eigentlich zitiert hier Puškin seinen nicht erhaltenen Brief an Rajevskij.

211 Lotman, „Istoriko-literaturnyj kommentarij", 356-357.

212 Petr Čaadaev, *Filosofskie pis'ma, adresovannye dame* (Moskva: Ripol Klassik, 2017), 2012 „воистину некий мир погибает", „предчувствием нового, имеющего возникнуть на месте старого" (Brief an Puškin vom Herbst 1831).

213 Lotman, „Istoriko-literaturnyj kommentarij", 141.

Tacitus, Cassius Dio und Tiberius berichten von einem Treffen zwischen dem Betrüger und dem Mörder. Als der Betrüger Clemens vor Tiberius gebracht und gefragt wird „Wie wurdest du Agrippa", antwortet er „Auf dieselbe Weise, wie du Caesar wurdest."[214]

Diese antike Anekdote ist die Vorlage für die Auffassung der Tragödie der polnischen Intervention in Russland. In der französischen Übersetzung von Tacitus, die Puškin las, werde der Betrüger als ‚Fantome' bezeichnet, genauso wie Boris Godunov in Puškins Tragödie Dimitrij nenne.[215] Die Anekdote fasst die Architektonik, das Modellhafte des Ganzen zusammen, indem sie – wie Schillers Demetrius – die Unabdingbarkeit des Scheins und der Entfremdung für die politische Macht veranschaulicht. Im Medium des theatralischen Scheins verschmelzen der Zar Godunov und der Betrüger Dmitrij zu einer Person. Oder genauer gesagt: Puškins Tragödie erzählt die Geschichte zweier Betrüger, eine Geschichte, dergemäß alle Macht eine Art Usurpation ist, die sich des Theaters bedient. Boris' und Dmitrijs Theater besteht darin, jeweils eine Theorie der Macht zu inszenieren, und zwar schon in der ersten Szene, wo Boris eine Weigerung vortäuscht, die Macht zu übernehmen; er lässt sich anflehen. Während Boris die Theorie des Gesellschaftsvertrags am Anfang des Stücks (II. Aufführung) auf die Bühne bringt, welche das Volk darstellt, das Boris darum ersucht, Herrscher zu werden, täuscht Dmitrij Gottes Gnade vor. Die beiden gezeigten Legitimationsweisen kollidieren im Stück – die Legitimation durch das Volk und diejenige durch die Geburt, *nomos* und *physis*. Wie bei Schiller findet die politische Theorie der französischen Revolution einen Widerhall in der Geschichte der ersten polnischen Republik, als Volkssouveränität eine echte Option für die Russen des 16. und frühen 17. Jahrhunderts war. Vor Ivan dem Schrecklichen und sogar noch in den ersten Jahren von dessen Herrschaft erschien vielen russischen Bojaren Litauen oder genereller die *Rzeczpospolita* als Modell richtiger Regierung. Und am Anfang der Tragödie darf das Volk – wie in der alten polnischen Republik, und wie auch die Aufständischen von 1830 sich wähnen, dies tun zu dürfen – seinen Herrscher (Boris) zu wählen, auch wenn Einzelne nicht wissen, was sie tun, indem sie weinen und flehen. Die Form ihres Benehmens reicht den Bojaren und Boris vollkommen aus.

Aber die neue Regierung, die auf dem Gesellschaftsvertrag beruht (Boris), hat ein schlechtes Gewissen hinsichtlich des alten Legitimationsprinzips, das Russland als „Phantom" bzw. „leerer Name", „Schatten", „Klang", „Gespenster"

214 Tacitus, *Annales*, 2.40; Cassius Dio, *Historia romana* 57:16.
215 Lotman, „Istoriko-literaturnyj kommentarij", 141.

(„пустое имя", „тень", „звук", „призрак") heimsucht,[216] und welches ironischerweise aus Polen, aus dem angeblichen Land des Gesellschaftsvertrages herüber kommt. Boris *hat* bei Puškin (laut dem Zeugen und Chronisten Pimen) den realen Dmitrij getötet, sodass er ein Geheimnis hat, das ihn von dem Alptraum, den Pseudo-Dmitrij darstellt, befreien könnte, ihn aber zugleich verdammt. Er versucht diesem Dilemma und moralischen Leiden zu entkommen, indem er sich mit dem Prinzip identifiziert, das vom Phantom repräsentiert wird und das Boris' Gewissen wie sein Land heimsucht. Die Gründung einer neuen Dynastie und die Rückkehr zum alten Thronfolger-Prinzip erscheint ihm als einziger Weg, das Phantom Dmitrij nicht nur zu besiegen (er fühlt sich verloren und für ewig verdammt), sondern vielmehr zu übertrumpfen: „Ich kann niemals mich durch die Reue reinigen./ Aber ich fühle – mein Sohn, du bist mir lieber/ als meiner Seele Heil… so geschehe es" (Мне некогда очистить покаяньем./ Но чувствую – мой сын, ты мне дороже/ Душевного спасенья… Так и быть!").[217] Godunov will retroaktiv seine unsägliche Tat und sein ewiges Leiden in ein die neue natürliche (naturalisierte) Ordnung stiftendes Opfer verwandeln; er will sein Verbrechen als das Setzen der neuen Ordnung inszenieren und an diese Inszenierung glauben. Die Pointe und der tragische Twist in Puškins Tragödie ist, dass zwei widerstreitende Kräfte ihren gemeinsamen Ursprung offenbaren und das Volk dann frei die Gottesgnade als Legitimationsprinzip wählt, indem es sich begeistert Dmitrij unterwirft. Dann verkompliziert sich die Sachlage erheblich, sodass sie so faszinierend changiert wie bei Schiller, indem Natur und Gesetz ineinander übergehen. Es bleibt nur ein Spiel, eine Hin-und-Her-Bewegung zwischen den Gegensätzen.

„Wie wurdest du Agrippa?" „Auf dieselbe Weise, wie du Caesar wurdest." Im Unterschied zu der Episode, die bei Tacitus erzählt wird, und in Übereinstimmung mit der tatsächlichen Geschichte treffen Boris und Dmitrij in Puškins Tragödie nie aufeinander. Um beide Handlungsstränge zu verbinden und ihre Verwicklung völlig zu offenbaren, muss Puškin Dmitrij zu einem Aspekt von Boris' Subjektivität machen; Dmitrij muss sich auf der Bühne desubstantialisieren und in eine Illusion umbilden. Aus diesem Grund verwandelt sich die abenteuerliche Erzählung davon, wie Historiographie zu einer tatsächlichen politischen und revolutionären Praxis wird (Grigorijs Ergriffensein von der Erzählung, die ihn in Dmitrij verwandelt), graduell zu einer Darstellung von Boris' Gewissensbissen. Während Schillers Betrüger im

---

216 Puškin, *Sobranie sočinenij*, Bd. 4, 250: „Кто на меня? Пустое имя, тень –/ Ужели тень сорвет с меня порфиру,/ Иль звук лишит детей моих наследства?/ Безумец я! чего ж я испугался?/ На призрак сей подул – и нет его."

217 Puškin, *Sobranie sočinenij*, Bd. 4, 289.

allumfassenden Spektakel der Politik, die nur bewirkt, was sie vortäuscht, an seine Rolle glaubte und wahrscheinlich dadurch tragisch untergegangen wäre, wäre die Tragödie vollendet worden, glaubt Godunov in Puškin trotzt besseren Wissens an Dmitrij und an seine eigene Rolle als Sündenbock um der Dynastie willen; beide, Boris und Dmitrij, müssen – glaubt Boris – der neuen und endgültigen Rechtsordnung halber geopfert werden. Folgerichtig verschmelzen, wie Ekaterina Genieva schreibt, zwei Figuren des Stücks zu einer Person, deren gemeinsamer Name ‚Betrüger' ist (Samozvanec). Damit wird der Umstand erklärt, den Puškins Zeitgenossen nicht verstehen konnten, nämlich, dass die Tragödie nach dem Tod ihres Namensgebers fortdauert und erst dann zu einem Ende kommt, wenn der Traum einer neuen Dynastie vernichtet wurde, da Bors' Sohn Fedor einem frechen, fast öffentlichen Mord zum Opfer fällt.[218]

2.2.4. *Der tragische Chronotopos*

Mit dem Problem der Zeit-Gestaltung im Drama berühren wir bereits das eigentliche Thema von Mickiewicz' *Konrad Wallenrod*. Die Form des tragischen Chronotopos lässt *Boris Godunov* und *Konrad Wallenrod* in einem wichtigen Punkt zusammenlaufen.

In Hinblick auf die Zeit – und Zeit ist die wesentlichste Dimension des Tragischen als Kategorie der Geschichtsästhetik – sollte die Tragödie als eine Form definiert werden, die Aufschub zur Schau stellt. Aufschub kann nur dadurch explizit gemacht werden, dass man eine Figur mit dem Drang konfrontiert, weiter zu handeln. Zu Puškins Lebenszeit schimpften einige Kritiker über den Dichter wegen Godunovs Untätigkeit: Der Zar war – von seinem Gewissen zurückgehalten – unfähig, seine Sache zu verteidigen.[219] Es scheint, als existierten zwei Triebe in Boris: Auf der einen Seite wollte er eine dynamische und stabile Regierung sowie eine neue Dynastie etablieren, er war sogar bereit, sich selbst dafür aufzuopfern, aber auf der anderen Seite hielten ihn seine moralischen Gefühle zurück und unterminierten seinen Glauben an seine Rechtschaffenheit. „Moralisches Gefühl beraubt ihn seiner Selbstgerechtigkeit – ein großer Fehler" – kommentiert Lotman, – „vorausgesetzt man vertritt [wie es Puškin tat] Machiavellis Theorie, der vom Herrscher verlangt, dass er fähig ist, seine Gestalt zu ändern."[220] Dmitrij – in Seiner Funktion als Triebkraft und Gewissensbisse – symbolisiert die tragische

218 Genieva, „Principy šekspirovskoj dramaturgii u Puškina", 245.

219 Lotman, „Istoriko-literaturnyj kommentarij", 158.

220 Lotman, „Istoriko-literaturnyj kommentarij", 158: „Нравственное чувство лишает его уверенности в своей правоте – важная ‚ошибка', если исходить из теории Макиавелли, требовавшего от государя способности ‚менять свой облик'."

Handlung und das tragische Fehlen der Handlung zugleich. Zu Beginn, als das Volk ihn zum Zaren wählt, erscheint Godunov – ich paraphrasiere hier Lotman – als eine Art machiavellischer Herrscher, als ein flexibler Politiker, der lernte, sowohl wie ein Fuchs als auch wie ein Löwe zu handeln.[221]

Mickiewicz' *Konrad Wallenrod* beginnt mit eben dem Zitat von Machiavelli über die Notwendigkeit, ein Fuchs zu sein, wenn man kein Löwe ist. Im Anschluss erzählt der Roman eine Geschichte von Aufschub. Während fast der gesamten Zeit der Handlung wird die Rache am Deutschen Orden aufgeschoben. Konrad Wallenrod wurde als kleines litauisches Kind namens Alf gefangen genommen und als Deutscher aufgezogen; nachdem er seine litauische Abstammung (wieder)entdeckt und erkundet hat, indem er sich Litauens Kampf gegen den Orden anschließt, nimmt er im Anbetracht der Unmöglichkeit, den Orden auf dem Schlachtfeld zu besiegen, die falsche Identität eines deutschen Ritters an, wird zum Hochmeister des Ordens und verliert absichtlich den Krieg mit Litauen.

Generell gesagt verbindet der Chronotopos der Tragödie Kontinuität mit einem plötzlichen Bruch. Der Übergang vom Bereich der Theorie, Freiheit, Möglichkeit zu dem der tatsächlichen Handlung unter bestimmten und bestimmenden Bedingungen kann nur in einem sublimen Augenblick geschehen; dieser ist die Gestalt der Zeit bei der Aktualisierung einer Theorie, wenn alle möglichen Welten auf die eine tatsächliche reduziert werden. Die Revolution hat einen analogen Charakter: plötzliche Offenbarung inmitten von Stillstand, die erst im Nachhinein als gesetzmäßige Folge bestehender Verhältnisse ausgelegt wird (um wieder Hölderlin zu paraphrasieren). Dem entspricht weiterhin die Entscheidung des Souveräns über den Ausnahmezustand sowie – und vor allem – die Offenlegung des theatralischen Charakters des alltäglichen Lebens, d.h. des Faktes, dass es inszeniert ist. Solche Entlarvung des Alltags geschieht im Moment des Übergangs von Verschwörung zu offenem Zusammenprall, in dem – wie man so sagt – die Masken fallen und ihre Maskennatur angeben. Der von Mickiewicz suggerierte Sprung von Pimens Geschichte zu Grigorijs Tätigkeit versinnbildlicht diese Plötzlichkeit. Die Kraft, die sich diesem Bruch widersetzt, kann man tragischen Aufschub nennen; die Kraft, ohne die der Bruch nicht möglich und nicht darstellbar wäre, wirkt auf Godunov und Konrad.

Schon in den Anfängen der modernen Literaturwissenschaft finden wir Überlegungen zum tragischen Chronotopos, die von Schillers und Goethes

---

221 Lotman, „Istoriko-literaturnyj kommentarij", 159: „Подобно ‚государю' Макиавелли, Борис Годунов Пушкина – гибкий политик, способный быть ‚то лисой, то львом'."

Dramentheorie und -praxis stark beeinflusst waren. Ejchenbaum behauptet in seinem Essay „O tragedii i tragičeskom" („Über Tragödie und das Tragische") aus dem Jahr 1919,[222] der Blütezeit des russischen Formalismus, in Bezug auf Schillers *Wallenstein* und theoretische Schriften, dass das Verfahren des Aufschubs, des Zurückhaltens, ein generelles Gesetz der Dichtung ist, welches besonders in der Tragödie zum Tragen kommt. (Die theoretischen Schriften von Schiller interessieren Ejchenbaum wegen der Behauptung, die Form hebe die Brutalität des tragischen Stoffes auf; man kann sie entweder wie Ejchenbaum als Ausdruck des Ästhetizismus oder aber als Ausdruck des Glaubens an die zivilisatorische Macht der Illusion als Bestandteils des brutalen Machspiels auslegen.) Die tragische Handlung ist für Ejchenbaum ein Überbau, der auf Grundlage des Konflikts zwischen einer aufschiebenden und einer beschleunigenden Motivation gebaut ist.[223] Deshalb ist Hamlet sowohl ein Rächer als auch ein Philosoph,[224] wohingegen der Tatendrang von Schillers Wallenstein von astrologischen Warnungen zurückgehalten wird. Man kann dieses Modell, das später von Lev Vygotskij verfeinert wurde,[225] auch mit der griechischen Tragödie verbinden: Die Tragödien von Ödipus und Antigone stießen der Familie Labdacus zu, deren Name mit dem ‚Hinken' konnotiert ist. Vernant und Vidal-Naquet erinnern uns daran, dass diese Kategorie im antiken Griechenland auch auf eine langsame, zurückgebliebene Person verweist.[226]

Konrad Wallenrod schiebt die Realisierung seines Plans, den Deutschen Orden zu zerstören, auf, weil er seine geliebte litauische Frau Aldona, die ihm ins große Schauspiel des Ordenslebens folgte und in der Ordenshauptstadt, in einem Turm, anonym als Einsiedlerin ihre Tage zubringt, nicht verlassen möchte. Die Vergangenheit, die durch Wajdelots Lied und Erzählung mit Nachdruck vermittelt wird, treibt ihn jedoch dazu, seine Absicht zu realisieren und den Orden zu vernichten. Die inspirierende und motivierende Rolle der Vergangenheit in *Konrad Wallenrod* sollte man nun vor dem Hintergrund von Puškins Griška betrachten, der von einer Erzählung dazu inspiriert wird,

---

222 Boris Ejchenbaum, „O tragedii i tragičeskom", *Skvoz' literaturu. Sbornik statej* (Leningrad: Akademia, 1924), 73-83.

223 Ejchenbaum, „O tragedii i tragičeskom", 80.

224 Ejchenbaum, „O tragedii i tragičeskom", 81.

225 Lev Vygotkskij, *Psichologija iskusstva*, hg. von Vjačeslav Ivanov (Moskva: Iskusstvo, 1986), 205-329.

226 Bei den Griechen beschränkt sich die Kategorie der ‚Hinkenden' nicht nur auf eine Gehstörung, sondern schließt metaphorisch alle Verhaltensformen ein, die unausgewogen, normabweichend, verlangsamt oder blockiert sind (Jean-Pierre Vernant, Pierre Vidal-Naquet, *Myth and Tragedy in Ancient Greece*, übersetzt von Janett Lloyd (New York: Zone Books, 1988), 57).

die Maske Dmitrijs anzunehmen, Chaos zu verursachen, d.h. die Geschichte selbst zu machen. Es gebührt nicht nur der Tragödie, zu demonstrieren, dass ein eindringlicher Bezug auf die Vergangenheit die Zukunft verändern, zu etwas nie Dagewesenem machen könne. Es macht ebenfalls die Semantik von ‚Revolution' aus, in der eine ewige Wiederholung mit einem gewaltsamen Abbruch verbunden wird. Viele Revolutionäre sehen eben die ältesten, klassenlosen Formen der Gesellschaft als Orientierungspunkt für die zukünftige, klassenlose Gesellschaft an.[227] Solch eine Verbindung des Ältesten mit dem Neuesten, des Ewigen mit dem Flüchtigen muss ihre Hinweise vom tragischen Spektakel nehmen, weil sie im Grunde den Chronotypos der Tragödie wiederholt. Andererseits ist die Aufladung des Vergangenen etwas Höchstaktuelles, wie die Zeitung von gestern, um Puškins Lob von Karamzins *Geschichte* ... zu wiederholen. 1821 ermahnte die zaristische Schulbehörde die Professoren des Krzemieniec-Gymnasium: „Professoren werden darauf aufmerksam gemacht, dass sie im Unterricht nicht auf [historische] Beispiele eingehen, die bei jungen Menschen Gefühle hervorrufen können, die zur aktuellen Zeit an vielen Orten Schüler angesteckt haben."[228] (Die Ansteckung mit der Vergangenheit, die Vergangenheit als Pest ist eine wichtige Figur in *Konrad Wallendrod*, auf die ich noch zurückkomme.)

Mickiewicz gibt im Prosa-Vorwort zu seiner die Lyrik mit dem Epos rekursiv verbindenden Tragödie zu, dass die Geschichte Litauens jeglichen Bezug zur Gegenwart eingebüßt hat, aber der Nachdruck, mit dem er dies sagt, weckt den Verdacht, dass wir in diesem Fall mit der Verstellung auf mehreren Niveaus zu tun haben – in der Geschichte und um die Geschichte. Dies hängt mit der allgemeinen Verstärkung des Theatralischen im Alltagsleben der Kolonisierten, die der Titel des Erstlings von Frantz Fanon zu schwarzen Gesichtern und weißen Masken versinnbildlicht.[229] In diesem dramatisch-kolonialen Setting können eine Reihe von typischen tragischen Motiven identifiziert werden: der Konflikt zwischen dem Häuslichen und dem Politischen (Hegels Hauptthema sowie ein Motiv von Mickiewicz' messianistischen Schriften): „Myśl, znużonymi

---

227 Engels, Friedrich. „Der Ursprung der Familie, des Privateigentums und des Staats. Im Anschluss an Lewis H. Morgan's Forschungen", Karl Marx, Friedrich Engels, *Werke* (Berlin: Dietz, 1972), Bd. 21, 25-173.

228 Ryszard Przybylski, *Krzemieniec. Opowieść o rozsądku zwyciężonych* (Warszawa: Wydawnictwo Sic!, 2003), 17: „Zwraca się uwagę profesorów, by na swoich lekcjach nie wdawali się w objaśnianie przykładów mogących u młodzieży wzbudzić uczucia, które w danej epoce w wielu miejscach zaraziły uczących się."

229 Frantz Fanon, *Schwarze Haut, weiße Masken* (Frankfurt am Main: Suhrkamp, 1985); vgl. Homi Bhaba, *The Location of Culture* (London: Routledge, 1994).

ulatując póry,/ Spada, w domowe tuli się zacisze";[230] tragische Ironie: Aldonas Weissagen in litauischer Sprache, in denen sie behauptet, dass Konrad den Orden zerstören wird, werden von den Deutschen als Zeichen Gottes für die Wahl Wallenrods zum neuen Großmeister interpretiert (sie verstehen nämlich nur den Namen Konrads); Ressentiment und Hoffnung (Griechische Tragödien, wie die *Oresteia*, erzählen von Rache und Rettung. Nach Wajdelot ist jedoch diejenige Poesie, die unseren Körper anspricht und ergreift, „durch Ressentiment genährt und mit Hoffnung gegossen";[231] interessanterweise ist auch der Terrorismus laut Stepnjak-Kravčinskij „von Hass" gezeugt, „von der Vaterlandsliebe und der Hoffnung [genährt worden]"[232]); der scharfe Gegensatz zwischen Natur und menschlicher Welt, *physis* und *nomos* (wie in der *Einführung* zum Roman, in der die Naturbilder mit menschlichen Konflikten kontrastiert werden); die Einsamkeit des tragischen Helden Konrad Wallenrod:

> Jakżem samotny! pod niebem i w niebie
> Nie mam nikomu, nigdzie, nic, powiedzieć
> W godzinę skonu, – prócz jej i prócz ciebie!...
> Bądź zdrów, Halbanie! Ona będzie wiedzieć[][233]

Der Held, so einsam wie Ödipus oder Antigone, wählt, wie Ödipus und Antigone, seinen eigenen Tod nach seinen eigenen Vorstellungen. So wie Antigone tötet sich Wallenrod genau in dem Moment selbst, als er von anderen getötet werden sollte. Und wie der antike tragische Held nimmt sich Wallenrod selbst als Opferlamm (oder -ziege) wahr. Am Ende ruft er: *Stało się!* („Es ist vollbracht")[234] und bezieht sich damit auf das *Consummatum est!* der christlichen Mythologie. Es verwundert daher nicht, dass der griechische Marmor durch das mittelalterliche Kostüm hindurchscheint und Wallenrod in seinem

---

230 Adam Mickiewicz, *Konrad Wallenrod. Powieść historyczna z dziejów litewskich i pruskich, Dzieła*, red. Julian Krzyżanowski (Warszawa: Czytelnik, 1955), Bd. 2, 102. Da die Flügel (die Federn) des Liedes erschöpft sind, fällt sie herunter, sie versteckt sich in die häusliche Abgeschiedenheit.

231 Mickiewicz, *Konrad Wallenrod. Powieść historyczna*, 101: „Karmić ją żalem i poić nadzieją".

232 Stenjak-Kravčinskij, *Das unterirdische Russland*, 29.

233 Adam Mickiewicz, *Konrad Wallenrod. Geschichtliche Erzählung aus Litauens und Preussens Vorzeit*, übersetzt von Arthur Ernst Rutra (bearbeitet), Walther Victor (Hg.), *Mickiewicz. Ein Lesebuch für unsere Zeit* (Weimar: Volksverlag, 1955), 235: „Wie einsam bin ich! Niergendwo und nie/ Habe ich ein Herz, dem ich zur letzten Stunde/ Vertrauen könnte, habe nur dir und Sie!/Leb wohl, mein Freund, sie weiß um diese Kunde[]".

234 Mickiewicz, *Konrad Wallenrod. Powieść historyczna*, 136.

Harnisch in der Nacht von weitem wie eine Marmorstatue leuchtet („Świeci z daleka, jak posąg z marmuru").[235]

Hegel nannte in den Vorlesungen über die Ästhetik die tragischen Bühnenhelden Marmorstatuen, die zum Leben erwacht sind.[236] Wallenrods Leben war – ganz im Sinne des tragischen Chronotopos – zerrissen zwischen Aufschub und Handlungsdrang.

> I dzień mój cały jest oczekiwaniem,
> A gdy wieczornej doczekam się pory,
> Chcę ją przedłużyć rozpamiętywaniem:
> Ja życie moje liczę na wieczory!
> Tymczasem Zakon spoczynkowi łaje,
> O wojnę prosi, własnej żąda zguby,
> I mściwy Halban wytchnąć mi nie daje.[237]

Nur die emphatische Vergangenheit im Lied und der Erzählung des Barden Wajdelot stoßen Wallenrod zum Handeln an, welches gleichwohl aus Passivität und Untätigkeit besteht: Als Wallenrod schließlich auf dem Schlachtfeld erscheint, verzögert er den finalen Schlag, bis es zu spät ist. Oder in anderen Worten: Nach einem langen Aufschub fängt Wallenrod aufgrund von Litauens Geschichte und seiner eigenen Vergangenheit schließlich einen Krieg mit Litauen an, den er dadurch verliert, dass absichtlich unachtsam und passiv ist.

---

235 Vgl. Roman Jakobson, „The Statue in Puškin's Poetic Mythology [1937]", *Selected Writings* (The Hague: Mouton, 1979), Bd. 5, 237-280; Jörg Schulte, „Aleksandr Puškin, Adam Mickiewicz und die klassische Antike", Alexander Bierich, Thomas Bruns, Henrieke Stahl (Hg.), *Gedächtnisraum Literatur – Gedächtnisraum Sprache: Europäische Dimensionen slavischer Geschichte und Kultur. Festschrift für Svetlana und Gerhard Ressel* (Frankfurt am Main: Peter Lang, 2020), 391-407.

236 Siehe das Hegel- sowie das Norwid-Kapitel, hier handelt es sich um Hegels *Ästhetik III, Werke*, hg. von Eva Moldenhauer und Karl Marcus Michel (Frankfurt am Main: Suhrkamp, 1989), Bd. 15, 507: „Die Szene umher ist teils, wie der Tempel, eine architektonische Umgebung, teils die äußere Natur, beide malerisch aufgefasst und ausgeführt. In diesem Lokale treten sodann die Skulpturbilder beseelt auf und machen ihr Wollen und Empfinden in künstlerischer Ausbildung sowohl durch ausdrucksvolle Rezitation als auch durch ein malerisches Mienenspiel und von innen her geformte Stellungen und Bewegungen des übrigen Körpers objektiv."

237 Mickiewicz, *Konrad Wallenrod. Powieść historyczna*, 92-93; Mickiewicz, *Konrad Wallenrod. Geschichtliche Erzählung*, 200: „Denn jeder Augenblick ist ein heißes Sehnen,/ Und hat der Tag zur Ruhe sich begeben,/ Will ich die Stunden bis zum Morgen dehnen,/ Denn nur nach Nächten zähl ich noch mein Leben!/ Indessen schilt die Orden meine Ruh,/ Will Krieg und rennt auf sein Verderben zu./ Rachgierig läßt an nicht mich Halban denken."

I tak w zapale wojennym ostygnął,
Że ludu swego niewzruszony łzami,
Miecza na jego obronę nie dźwignął:
Z założonymi na piersiach rękami,
Cały dzień dumał lub z Halbanem gadał ...[238]

Die Vergangenheit wird im Epos in ihrer ganzen tragischen Polyvalenz gezeigt: sowohl als Prinzip von Handlung als auch von Untätigkeit. Sie erfüllt die gleiche Funktion wie das Phantom Dmitrij bei Puškin, ihr Träger Konrad wird ebenfalls als ein Opferlamm bzw. Sündenblock stilisiert. Die handlungs-inspirierende Vergangenheit vergleichen Halban und Wallenrod in je ihrem Lied mit der Pest, sodass die Sprache Halbans, die sie evoziert, zur „Sprache [wird] für eine Welt, wo unter Pest und Sinnesverwirrung und allgemein entzündetem Wahrsagergeist, in müßiger Zeit“[239] eine unermessliche Untreue begangen wird. Aber diese Pest ist noch ambivalenter als die allzu teure Erlösung der Tragödie, weil die Deutschen (sind es wirklich Deutsche oder nicht vielmehr maskierte Russen?) genauso mit der Pest verglichen werden.[240] Die Vergnügtheit kann den Helden zur Handlung treiben, aber sie, in der Gestalt Aldonas verkörpert, hält ebenfalls – als eine Rekursion des tragischen Chronotopos – Wallenrod vom Handeln ab. Aldona und Wallenrod sind an ihre Bilder gebunden, als ob sie in Bernstein gefangen wären:

Lecz dotąd w moim zachowałeś łonie,
Też same oczy, twarz, postawę, szaty:
Tak motyl piękny, gdy w bursztyn utonie,
Na wieki całą zachowuje postać...
Alfie, nam lepiej takimi pozostać,
Jakiemi dawniej byliśmy, jakiemi
Złączym się znowu – ale nie na ziemi!...[241]

---

238 Mickiewicz, *Konrad Wallenrod. Powieść historyczna*, 125; Mickiewicz, *Konrad Wallenrod. Geschichtliche Erzählung*, 226: „Und schien auf einmal aller Kreigslust bar./ Selbst Tränen ihn vermochten nicht zu rühren,/ Sein Schwert zu heben und das Heer zu führen./ Untätig achter er nicht der Gefahr,/ Spricht nur mit Halban und verträumt die Tage.“

239 Friedrich Hölderlin, „Anmerkungen zum Ödipus“, *Sämtliche Werke*, Bd. 16, 257-258.

240 Vor allem ist die Pest das Haptthema im Liede von Wajdelota (Halban) und in der Ballade von Konrad Wallenrod.

241 *Konrad Wallenrod. Powieść historyczna*, 132; Mickiewicz, *Konrad Wallenrod. Geschichtliche Erzählung*, 232-233: „Doch bleibst du so mir im Erinnerungsreiche,/ Mit jungen Zügen, in des Knappen Kleid –/ dem Falter gleichend, der im Bernstein ruht/ Und seine Schöhnheit wahrt für alle Zeit./ Laß die uns bleiben –, denn so ist es gut –/ Die wir gewesen; denn ich weiß, wir werden/ Uns wiederfinden, doch nicht hier auf Erden.“

So würden die Leidenschaften der Helden die Menschengeschichte – die die Geschichte von *nomoi* ist, die sich abwechseln – in die *physis* zurückdrängen, mit ihrer geologischen Unzeit. Das sind bei weitem noch nicht alle Mehrdeutigkeiten der Vergangenheit: Indem Mickiewicz das Epos so mit Paratexten versieht, dass eine mehrstöckige Konstruktion entsteht, die auch unsere Geschichte einschließen kann, inszeniert er eine dialektische Bewegung, in der die Macht des Zaren delegitimiert wird. Zunächst behauptet der Dichter im Prosa-Vorwort, dass Litauen vollständig der unwiderruflichen Vergangenheit angehört. Sogar die Volkslieder sind verloren. Dadurch, dass die Verbindung mit den vergangenen Ereignissen abgeschnitten ist, wird die Geschichte für den Dichter so anziehend (Kant definierte das ästhetische Urteil als interesselos). Mickiewicz zitiert Schiller: „Was unsterblich im Gesang soll leben/ Muss im Leben untergehen."[242]

Im Kontrast zu seinen Behauptungen im Vorwort entwirft Mickiewicz – und das ist der zweite Schritt – in Wajdelots Lied die Wirkweise des Volksliedes (der natürlichen Dichtung), welche er mit einem Erzengel vergleicht, der die Toten zu einer neuen, noch nie dagewesenen Zukunft erweckt. Natürlich – typisch Mickiewicz – muss die Jugend das Feuer wiedererwecken, das in der Tradition schwelt, und – wie der anfangs angeführte Leitartikel in *Neues Polen* behauptet – die Jugend muss nach dem Schwert dieses Erzengels greifen. Hierbei handelt es sich um Mickiewicz' Modell davon, wie das Wort (die Intention) Fleisch. Das ist darüber hinaus die zentrale Stelle, an der der Unterschied zwischen Mickiewicz und Puškin sichtbar wird: Während bei Puškin verkörperte Theorien (fertige Allegorien) zusammenstoßen und ins eins verschmelzen, versucht Mickiewicz den Prozess selbst zu zeigen, in dessen Verlauf die Repräsentationsbeziehung zwischen einer Person und einer Theorie (einer Intention) etabliert wird. Griška wird einfach restlos von der historischen Erzählung, die seinem im Traum sich mitteilenden Begehren entspricht, begeistert und macht den Sprung nach Polen, Boris flüchtet sich vor einem Phantom in eine andere Illusion, die der natürlichen Nachfolge, in eine andere Rolle – die des Begründers der neuen Dynastie. Von der Illusion des *nomos* (des Gesellschaftsvertrags) zur Illusion der *physis* – so entwickelt sich Boris. Die Handlung von Mickiewicz' Tragödie ist in dem Riss zwischen den Szenen angesiedelt, die Mickiewicz' Intervention in Puškins Text hinterließ, und zeigt, wie solch ein Ergriffensein zustande kommt. Und sie zeigt dies, zeichnet die Trajektorie des Sprungs, indem der Roman alle von der kritischen Tragödientheorie behandelten Verfahren zitiert.

242 Mickiewicz, *Konrad Wallenrod. Powieść historyczna*, 70.

In einem dritten Schritt modelliert Mickiewicz die symbolische Handlung, die auf die Zukunft – die Zeit nach der Lektüre – gerichtet ist. Er versucht also den konventionslastigen Text in die *physis* seiner Leser zu überführen; diese Illusion in die Mischung aus Gewalt und Illusion, die die Zeitpolitik war, einzuführen. Im Vorwort zur zweiten Ausgabe von *Konrad Wallenrod* aus dem Jahr 1829 – in Russland erschienen – lobt Mickiewicz den Zaren für seine Bemühungen, das verlorene Vermächtnis der alten Zeiten und all die verschiedenen Völker wiederherzustellen, die sein Reich bevölkern. Das ist eine ziemliche Herausforderung des Zaren, zumal im Kontext des Epos. Eigentlich ist es sogar eine Drohung, die dann auch tatsächlich realisiert wird, als Wallenrod Fleisch wird und die herrliche Vergangenheit die Körper der Aufständischen ergreift. Im Gedicht „Reduta Ordona" („Ordons Redoute"), von Mickiewicz nach der Niederlage des Novemberaufstandes geschrieben, nennt der Erzähler den Zaren Nikolaj ‚Wasyls Sohn' und verweist damit auf eine andere Episode der Zeit der Wirren (*smutnoe vremja*): die Hommage von Vasyl Šujskij an den polnischen König Zygmunt in Warschau, den gleichen König, den Schiller als einen ausgewiesenen Spieler darstellte. 1611 (fünf Jahre nach der Handlungszeit von *Demetrius* und *Boris Godunov*) verbeugten sich der Nachfolger Godunovs Šujskij und seine Brüder vor der Majestät der erleuchten Republik.

Unter all diesen Ambivalenzen von Legitimation, Revolution, Handlung und Untätigkeit, die in den Tragödien von Puškin und Mickiewicz inszeniert werden, bleiben drei Sachverhalte offensichtlich: All diese Probleme müssen erstens im Rahmen von theatralischen Modellen inszeniert werden, um sie wahrzunehmen, zu lösen oder sie möglicherweise zurückzulassen. Dies hängt mit dem Problem der Entfremdung der menschlichen *physis* und der theatralischen Produktion der Subjekte zusammen, die im Marx-Lassalle Kapitel behandelt werden.

Zweitens enthalten diese Inszenierungen eine Metaerzählung (Pimens Chronik, Halbans/ Wajdelots Lied), die als Metalepse in die Welt, in der sie erzählt werden, eindringen. Damit spielen diese Metaerzählungen die Rolle der *myse-en-abyme* für das Ganze: sie zeigen, wie die Texte, die sie enthalten, ihren eigenen Rahmen überschreiten sollen. Eine Spannung von Fremdem und Eigenem, Heterogenem und Homogenem übt eine Wirkung auf des Lesers Erfahrung seiner eigenen Realität, die sich auf die tragische Erzählung aufschließt; die Realität bereitet sich auf die Handlung vor. Durch diese Verschachtelung soll das Wort den sich nach Befreiung sehnenden und deswegen Phantasma generierenden Körper ergreifen.

Drittens beweist die Geschichte des Betrügers die Wichtigkeit der Inter-Nationalität als Wesensmerkmal der tragischen Theorie der Umsetzung der

Theorie, denn die Idee ergreift den Körper, nur wenn sie fremd ist oder sich mindestens am Spiel des Eigenen und des Fremden beteiligt; nur wenn sie aus der Vergangenheit, aus der Archaik, aus einem anderen Land (zugegeben: aus dem Westen) kommt – aus einer Gattung in eine andere übergeht (aus der Geschichtsschreibung in die Tragödie und aus der Tragödie in einen poetischen Roman, usw.). Erst dann kann sie als eine selbständige Kraft erscheinen; sie hypostasiert sich, nimmt das phantomhafte Fleisch an und handelt, wirkt. In Fedor Dostoevskijs *Besy* (*Böse Geister*, 1873) etwa spielt Nikolaj Stavrogin im dämonischen Plan von Petr Verchovenskij eben diese Rolle der Verkörperung – der symbolischen Gestalt – der totalen Zerstörung, die die letzte Konsequenz der im Westen angezettelten Aufklärung ist. Stavrogins *jurodivaja* Frau Mar'ja Lebiadkin beschimpft ihn als „samozvanec" und „Griška Otrep'ev",[243] während ihm in Verchovenskijs Vorstellungen die Rolle des „Ivan-carevič", eben „samozvanec" zuteilwird,[244] der der „smuta"[245] (Zeit der Wirren) ein Ende setzt und von dem das Volk glauben soll, er habe sich die ganze Zeit in der Rus' versteckt, während er in Wirklichkeit aus dem Ausland kommt. Oder „seit dem Ausland" („s zagranicy"),[246] wie sich sowohl Stavrogin als auch Verchovenskij ausdrücken, indem sie die Zeit ver-räumlichen: „Я вас с заграницы выдумал"[247] – „Ich habe Sie seit dem Ausland erfunden" – verkündet Verchovenskij gegenüber Stavrogin. – Ivan Karamazov seinerseits nennt den Teufel, der ihm die gottlosen, aus dem Westen kommenden Ideen einflüstert, obschon er sich schon immer in seinem Unbewussten versteckte: „on samozvanec".[248]

Die Debatte, ob Dostoevskijs Romane nicht eigentlich Tragödien sind, scheint mir allzu bekannt zu sein, um sie hier noch einmal zu zitieren.[249]

Das Schicksal der Idee, die als Usurpator aus dem Ausland kommt, um das Vaterländischste zu verwirklichen, brachte explizit erst Ende des 19. Jahrhundert der sozialistische Soziologe Ludwik Krzywicki in seinem Aufsatz über die ‚wanderden Ideen' zum Ausdruck.[250] Diese Konzeption formuliert Krzywicki im Zusammenhang mit der durch den Kapitalismus angekurbelten Globalisierung, die die ganze zivilisierte Welt vereinige und vereinheitliche,

---

243 Fedor Dostoevskij, *Besy, Polnoe sobranie sočinenij*, Bd. 10, 219.

244 Dostoevskij, *Besy*, 325.

245 Dostoevskij, *Besy*, 324.

246 Dostoevskij, *Besy*, 320, 326.

247 Dostoevskij, *Besy*, 326.

248 Fedor Dostoevskij, *Brat'ja Karamazovy*, *Polnoe sobranie sočinenij*, Bd. 15, 86: „Он самозванец".

249 Vgl. Kliger, Ilya. „Dostoevsky and the Novel-Tragedy: Genre and Modernity in Ivanov, Pumpyansky, and Bakhtin", *PMLA* 2011 1(126), 73-87.

250 Ludwik Krzywicki, „Wędrówka idei" [1888], *Pisma socjologiczne*, hg. Adam Schaff (Warszawa: PIW, 1951), 88-109.

sodass die progressiven Ideen immer leichter ihren Weg in rückständigere Regionen finden.[251] In ihrem Entstehungskontext seien die Ideen etwas Sekundäres, lediglich eine Abbildung beziehungsweise ein Ausdruck der Praxis, nicht aber so in den Regionen, wo sich eine analoge Praxis noch nicht entwickelte.[252] Dort entfalteten sie nach einer gewissen Zeit der Latenz eine Eigenaktivität, *agency*, Praxis. Ein „wandernder Parasit" könne in eine Triebkraft der Neuerung umschlagen, angenommen er finde am neuen Ort Bedürfnisse vor, die er befriedigen könne (es müssen nicht unbedingt die gleichen sein, denen er im Ursprungskontext entsprach).[253] Der Körper als Residuum der Geschichte wirkt als Filter:[254] nur manche Ideen können ihn ergreifen, nämlich diejenigen, die mit seinen historisch geprägten Bedürfnissen korrespondieren. Aber die fremden Ideen entdecken oder erzeugen auch neue Bedürfnisse in Körpern, die sich ihnen öffnen und sie auf sich einwirken lassen. Marx, dessen Beschreibung des Kapitalismus Krzywickis Theorie der wandernden Ideen zugrunde liegt, erkannte – dies haben wir im vorherigen Kapitel gesehen – die theatrale Natur der Bedürfnisproduktion. (Hier scheint der Wulst von *nomos* und *physis* am dichtesten verknotet.) In der Marxschen Begründung der kapitalistischen Inter-Nationalität – der gesetzmäßigen Unumgänglichkeit des Ideentransfers – leuchtet die Figur eines Toten auf, der die Lebendigen ergreift – die Figur des Demetrius – auf:

> Das industriell entwickeltere Land zeigt dem minder entwickelten nur das Bild der eignen Zukunft. [...] In allen andren Sphären quält uns [die Deutschen – M.M.], gleich dem ganzen übrigen kontinentalen Westeuropa, nicht nur die Entwicklung der kapitalistischen Produktion, sondern auch der Mangel ihrer Entwicklung. Wir leiden nicht nur von den Lebenden, sondern auch von den Toten. Le mort saisit le vif! <Der Tote packt den Lebenden!>[255]

---

251 Ludwik Krzywicki, „Rozwój społeczny wśród zwierząt i rodzaju ludzkiego" [1913], *Pisma socjologiczne*, 223; vgl. Krzywicki, „Wędrówka idei", 100.

252 Krzywicki, „Wędrówka idei", 92.

253 Krzywicki, „Wędrówka idei", 92.

254 Ludwik Krzywicki, „Przeszłość a teraźniejszość (Przeżytki)", *Pisma socjologiczne*, 148.

255 Karl Marx, *Das Kapital. Bd. 1*, Karl Marx, Friedrich Engels, *Werke* (Berlin: Dietz, 1974), Bd. 23, 14.

Um 1789

KAPITEL 3

Entstehungszusammenhang. Zusammenführung von Freiheit und Phänomenalem in der Tragödie nach Kant und nach der Französischen Revolution

(Baum der Erkenntnis vom Möglichen – Revolution, Philosophie, Reformation, Urzszene: Ecce Oedipus – „Wohlgeschieden“: das Erhabene und die Separation – Modell und Fiktion – Deutsche als Publikum – Theater, Komplott und Schuldgefühle als negativer Beweis der Wirksamkeit)

Such were the last words of the woman revolutionist in this conversation, keeping so close to the truth, departing from it so far in the verisimilitude of thoughts and conclusions as to give one the notion of the invincible nature of human error, a glimpse into the utmostdepths of self-deception.

Joseph Conrad, *Under Western Eyes*

3.1. Baum der Erkenntnis vom Möglichen

sie pflanzten mit Lust die munteren Bäume der Freiheit,
Jedem das Seine versprechend...
Johann Wolfgang v. Goethe, *Hermann und Dorothea*, „Klio“

Hölderlin, Hegel und Schelling haben keinen Freiheitsbaum zu Ehren der Französischen Revolution gepflanzt.[1] Sie machten es nicht in der Nacht, im Fackelschein und verborgen vor der Obrigkeit, die den Enthusiasmus der drei letztendlich gescheiterten, damals aber noch zukünftigen Pfarrer für die

1 Adolf Beck, „Der Tübinger Freiheitsbaum 1793. Eine Legende“, *Schwäbische Heimat*, 1978 3(29), 153. Uwe Jens Wandel, *Verdacht von Demokratismus? Studien zur Geschichte von Stadt und Universität Tübingen im Zeitalter der Französischer Revolution* (Tübingen: Mohr, 1981), 60-61; Wilhelm G. Jacobs, *Zwischen Revolution und Orthodoxie? Schelling und seine Freunde im Stift und an der Universität Tübingen. Texte und Untersuchungen* (Stuttgart-Bad Cannstatt: Frommann-Holzboog, 1989), 11; David Deißner, „Hegels wilde Jahre in der Philosophen-WG“, *Die Welt*, 25.3.2007 (Zugang online am 17.6.2015: http://www.welt.de/wams_print/article776836/Hegels-wilde-Jahre-in-der-Philosophen-WG.html).

 | DOI:10.30965/9783846766255_004

Ereignisse in Frankreich gerne schwinden gesehen hätte.[2] Hölderlin, Hegel und Schelling pflanzten den Freiheitsbaum weder auf dem Marktplatz noch auf einem der Tübingen umgebenden Hügel. Die Erzählung vom Pflanzen des Baumes ist – wie Dieter Henrich sagte – eine „hartnäckige Legende",[3] die ihren Anspruch auf Dauer und Gültigkeit durch den Brauch begründete, republikanische Bäume als Zeichen der Unterstützung für die Französische Revolution zu pflanzen. Die Geschichte der politischen Freiheit in der Neuzeit ist auch eine Geschichte des politischen Pflanzens: Das Vorbild war der *Liberty Tree* in Boston, der schon Jahre vor der Amerikanischen Revolution zum Symbol des Strebens nach Unabhängigkeit wurde (Jefferson hatte wohl auch diesen allegorischen Baum im Kopf, als er sagte: „the tree of liberty must be refreshed from time to time with the blood of patriots and tyrants").[4] Dann begannen die Franzosen ihre Revolution zu legitimieren, indem sie sich auf die amerikanische Freiheit beriefen und ihre öffentlichen Räume von 1790 an mit *arbres de la liberté* bepflanzten.[5] Sowohl republikanisch gesinnte deutsche Bürger als auch solche aus ganz Europa traten in die Fußstapfen der freien Franzosen. Auch direkt vor dem Hambacher Fest 1832 (und währenddessen) pflanzten die europäischen Demokraten Freiheitsbäume und riefen, dass Polen frei sein müsse.[6] So nachhaltig wirkt das Symbol: Noch Flaubert beschrieb in *Bouvard et Pécuchet* die neurotische Bepflanzung von Chavignolle mit Freiheitsbäumchen als Reaktion auf die Revolution 1848.[7]

Zwei Jahrzehnte vor der Bepflanzungswelle in Europa berichtete Rousseau in seinen *Confessions* (1769) von seiner Überzeugung als Kind, „dass das Pflanzen eines Baumes auf einer Terrasse weit schöner sei, als das Aufpflanzen einer

---

2 Vgl. Hermann Zeltner, *Schelling* (Stuttgart: Frommann, 1954), 15; Hans-Wolf Jäger, „Enthusiasmus und Schabernack. Über Wirkungen der französischen Revolution im deutschen Alltag", Holger Böning (Hg.), *Französische Revolution und deutsche Öffentlichkeit: Wandlungen in Presse und Alltagskultur am Ende des achtzehnten Jahrhunderts* (Berlin, New York: De Gruyter, 1992), 413-414.

3 Dieter Henrich, „Leutwein über Hegel. Ein Dokument zu Hegels Biographie", *Hegel-Studien* 1965, III, 74.

4 Victor T. Le Vine, „Violence and the Paradox of Democratic Renewal: A Preliminary Assessment", David C. Rapoport, Leonard Weinberg (Hg.), *The Democratic Experience and Political Violence* (New York, London: Routledge, 2013), 261.

5 Henri Grégoire, *Historie patriotique des arbres de la liberté* (Paris: Havard, 1833), 241-246 (das republikanisch gesinnte Büchlein leitet die Genealogie der Freiheitbäumen aus dem Altertum, 205-219).

6 Wilhelm Herzberg, *Das Hambacher Fest. Geschichte der revolutionären Bestrebungen in Rheinbayern um das Jahr 1832* (Ludwigshafen: Berisch, 1908, Reprint: Paul-Rugenstein Verlag Köln 1982), 88-87 (Exzesse beim Pflanzen: 124).

7 Gustave Flaubert, *Oeuvres: L'Éducation sentimentale. Trois contes. Bouvard et Pécuchet* (Paris: Gallimard, 1952), 845 (das ganze sechste Kapitel widmet sich den politischen Illusionen des 19. Jahrhunderts).

Fahne in einer Bresche"[8] und dass das Welken des Baumes ihm eine „schauerliche Tragödie"[9] war. Rousseaus Bekenntnisse entstanden zu der Zeit, als die Amerikaner *in spe* den König George III. und seine königlichen Steuereintreiber *in effigie*, sozusagen fiktional, oft an *trees of liberty* hängten, um ihrem wirklichen Zorn Ausdruck zu verleihen.[10] Rousseau entwirft in einem der wichtigsten Prä-Texte der kritischen Tragödientheorie, *Lettre à M. d'Alembert sur les spectacles* (1758) das Urbild des Volksfestes, des allgemeinen öffentlichen Schauspiels ohne Rampe, das den kritischen Tragödientheoretikern bis Vjačeslav Ivanov oder aber Walter Benjamin und den Philosophen der alternativen Kultur bis Michail Bachtin vorschweben wird; hier führt er am Ende einen Baum der Freiheit und des sinnlichen Genusses ein:

> Pflanzt in der Mitte eines Platzes einen mit Blumen bekränzten Baum auf, versammelt dort das Volk, und ihr werdet ein Fest haben. Oder noch besser: stellt die Zuschauer zur Schau, macht sie selbst zu Darstellern, sogar dafür, dass ein jeder sich im andern erkennt und liebt, dass alle bessere miteinander verbunden sind. Ich brauche mich nicht auf die alten Griechen zu berufen, es gibt neuere, es leben noch heute welche, und ich finde sie mitten unter uns.[11]

Im Verlauf eines solchen Festes werden Herrschaft und Knechtschaft sowie die Distanz zwischen dem Zuschauer und dem Künstler aufgehoben und es mündet – schreibt Rousseau in *Neue Heloise* – in die *douce égalité*.[12] Die süße Gleichheit der neuen Saturnalien bringt die Naturordnung zurück – wie die

---

8 Jean-Jacques Rousseau, *Bekenntnisse*, übersetzt von Ernst Hardt (Berlin, Wiegandt & Grieben, 1907), 23. (Jean-Jacques Rousseau, *Les Confessions* (Paris: Charpentier, 1841), 20: „il était plus beau de planter un arbre sur la terrasse qu'un drapeau sur la brèche".)

9 Rousseau, *Bekenntnisse*, 23. (Rousseau, *Les confessions*, 19: „L'horrible tragédie".)

10 Paul Downes, *Democracy, Revolution, and Monarchism in Early American Literature* (Cambridge: CUP, 2002), 31-57. Steven Wilf, *Law's Imagined Republic: Popular Politics and Criminal Justice in Revolutionary America* (Cambridge: CUP, 2010), 1; Gabriele Gottlieb, „Class and Capital Punishment in Early Urban North America", Simon Middleton, Billy G. Smith (Hg.), *Class Matters: Early North America and the Atlantic World* (Philadelphia: UPP, 2008), 191.

11 Jean-Jacques Rousseau, „Brief an d'Alembert", *Schriften*, Henning Ritter (München: Hanser, 1978), Bd. 1, 462-463; Jean-Jacques, Rousseau, *Oeuvres complètes* (Paris: Fourne, 1835), Bd. 3, 171: „Plantez au milieu d'une place un piquet couronne de fleurs, rassemblez-y le Peuple, et vous aurez une fête. Faites mieux encore: donnez les spectateurs en spectacle; rendez-les acteurs eux-meures; faites que chacun se voie et s'aime dans les autres, afin que tous en soient mieux unis. Je n'ai pas besoin de renvoyer aux jeux des anciens Grecs: il en est de plus modernes, il en est d'existants encore, et je les trouve précisément parmi nous."

12 Jean-Jacques Rousseau, *Oeuvres complètes. Littérature. La Nouvelle Héloise. Tome II.* (Paris: Dupont, 1824), 323: „Ces saturnales sont bien plus agréables et plus sages que celles des Romains. Le renversement qu'ils affectaient était trop vain pour instruire le maître ni l'esclave : mais la douce égalité qui règne ici rétablit l'ordre de la nature, forme une instsruction pour les uns, une consolation pour les autres, et un lien d'amitié pour tous."

Revolution letztendlich die Entfremdung des Menschen mindestens mildern soll. Das Interesse der Kulturwissenschaften am Karneval als Ausdrucksform der Volkskultur des Mittelalters und der Renaissance verdanken wir Rousseau. Aber Rousseau versuchte auch noch einmal dieses allgemeine Volkstheater in einer praktisch ausgerichteten politischen Schrift *Considérations sur le gouvernement de Pologne* (1771-72) den Status einer zentralen Institution der Politik zu verleihen. Polen, das die Szenerie der wildesten dramatischen Experimente – von Calderons *La vida es sueño* über all die unzähligen Demetrius-Trauerspiele bis hin zu *Roi Ubu ou les Polonais* – war, soll im Moment, wo seine Geschichte sich dem Ende neigt, seine neue Regierung rund um das nationale *plein-air*-Volkstheater gestalten, das kosmopolitische institutionelle Theater ablehnend. Mithilfe der üblichen Vorbilder Lykurg, Numa und der griechischen Tragödie (sowie der olympischen Spiele) versucht Rousseau die Polen dazu zu inspirieren, sich als eine sinnliche und politische Gemeinschaft durch das Schauspiel ohne Rampe neu zu erfinden:

> Le même esprit guida tous les anciens Législateurs dans leurs institutions. Tous cherchèrent des liens qui attachassent les citoyens à la patrie & les uns aux autres: et ils les trouvèrent dans des usages particuliers, dans des cérémonies religieuses qui par leur nature étaient toujours exclusives & nationales; dans des jeux qui tenaient beaucoup les citoyens rassemblés; dans des exercices qui augmentaient avec leur vigueur & leurs forces leur fierté & l'estime d'eux-mêmes; dans des spectacles qui, leur rappelant l'histoire de leurs ancêtres, leurs malheurs, leurs vertus, leurs victoires, intéressaient leurs coeurs, les enflammaient d'un evive émulation, & les attachaient fortement à cette patrie dont on ne cessait de les occuper. Ce sont les poésies d'Homère récitées aux Grecs solennellement assemblés, non dans des coffres, sur des planches, & l'argent à la main, mais en plein air & en Corps de nation; ce sont les tragédies d'Eschyle, de Sophocle et d'Euripide, représentées souvent devant eux; ce sont les prix dont, aux acclamations de toute la Grèce, on couronnait les vainqueurs dans leurs jeux.[13]

Dem Modernismus und der Avantgarde reichte an erster Stelle Lev Tolstoj – ein Verehrer Rousseaus – diese Grundlage des ‚Bildraumes' hinüber – der Vereinigung des Volkes durch die gute, nicht verdorbene Kunst – indem er behauptet, Ziel der Kunst sei es, die Gefühle von Brüderlichkeit und Nächstenliebe zu propagieren, damit sie zur Gewohnheit und zum Instinkt aller Menschen (привычными чувствами, инстинктом всех людей), zur Hegelschen Sittlichkeit als zweiter Natur, werden:

13 Jean-Jacques Rousseau, „Considérations sur le gouvernement de Pologne, et sur sa réformation projetée", *Collection complète des oeuvres*, hg. von du Peyrou (Genève: NN, 1780-1789), Bd. 2, 424.

Соединяя же всех самых различных людей в одном чувстве и уничтожая разделение, всенародное искусство воспитает людей к единению, покажет им не рассуждением, но самою жизнью радость всеобщего единения вне преград, поставленных жизнью.[14]

Nur müsse die Kunst die Raffinesse des Modernismus überwinden, was auch das Ziel vieler Gruppierungen der Avantgarde mit ihrem Hang zum Primitiven war; die Enkelkinder knüpften an die Vorhaben ihrer Großväter an.

Der allzu prosaische Tatbestand, dass die drei zukünftigen Philosophen aus dem Tübinger Stift, die großen Rousseau-Liebhaber Hölderlin,[15] Hegel und Schelling, die gerade anfingen, sich mit Kant – wie sie ein Verehrer Rousseaus[16] – auseinanderzusetzen, keinen Freiheitsbaum pflanzten, trat im allgemeinen Bewusstsein der kommenden Generationen hinter das Höchstmögliche zurück (im Sinne von Aristoteles' Bestimmung, dass das Ziel des Dichters nicht das ist, was passiere, sondern das, was nach der Regel des Wahrscheinlichen oder des Notwendigen geschehen könne oder werde: τὰ κατὰ τὸ εἰκὸς ἢ τὸ ἀναγκαῖον[17]). Dieses Höchstmögliche leitet seine Geltungskraft aus Symbolen und literarischer Topik ab.[18] Die im republikanischen Bund

14 Lev Tolstoj, „Čto takoe iskusstvo?", *Sobranie sočinenij v 22 tomach* (Moskva: Chudožestvennaja literatura, 1983), Bd. 15, 211: „Und wenn die vom ganzen Volk getragene Kunst alle, auch die unterschiedlichsten Menschen, durch ein Gefühl vereint und so bestehende Trennung beseitigt, dann wird sie die Menschen zur Einigung erziehen und ihren nicht durch theoretische Abhandlungen, sondern durch das Leben selbst zeigen, welche Freude eine allgemeine, alle vom Leben errichteten Hindernisse überwindende Vereinigung mit sich bringt" (Lew Tolstoi, „Was ist Kunst?", *Über Literatur und Kunst*, übersetz von Günter Dalitz (Frankfurt am Main: Rödebert, 1980), 190).

15 Vgl. Jürgen Link, *Hölderlin-Rousseau: Inventive Rückkehr* (Opladen, Wiesbaden: Westdeutscher, 2013); David James, *Rousseau and German Idealism. Freedom, Dependence, and Necessity* (Cambridge: CUP, 2013).

16 Karl Vorländer, *Immanuel Kant. Der Mann und das Werk* (Hamburg: Meiner, 1924), Kapitel II.2 und II.3; Ernst Cassirer, „Kant und Rousseau", *Rousseau, Kant, Goethe* (Hamburg: Felix Meiner, 1991), 3-62; Georg Geismann, „Kant als Vollender von Hobbes und Rousseau", *Der Staat* 1982, 21, 161-189.

17 1451a36-38 (http://www.perseus.tufts.edu/hopper/text?doc=Perseus%3Atext%3A1999.01.0055%3Asection%3D1451a; Zugang 24.2.2013).

18 Dass diese Topik ihre Wurzeln tief geschlagen hat, beweist die Möglichkeit, mit ihr zu spielen, wie bei Heinrich Heine, *Über Deutschland. Romantische Schule, Werke und Briefe*, Bd. 5, 45: „Es fehlte, wie schon gesagt, nicht an einer Opposition, die gegen Goethe, diesen großen Baum, mit Erbitterung eiferte. Menschen von den entgegengesetztesten Meinungen vereinigten sich zu solcher Opposition. Die Altgläubigen, die Orthodoxen, ärgerten sich, dass in dem Stamme des großen Baumes keine Nische mit einem Heiligenbildchen befindlich war, ja, dass sogar die nackten Dryaden des Heidentums darin ihr Hexenwesen trieben, und sie hätten gern, mit geweihter Axt, gleich dem heiligen Bonifazius, diese alte Zaubereiche niedergefällt; die Neugläubigen, die Bekenner des

zusammengeschlossenen Stiftler, unter denen Hegel den „derben Jakobiner" spielte (und auch Hölderlin war „dieser Richtung zugetan"),[19] hätten demnach einen Freiheitsbaum pflanzen sollen. Wie Hegel und Hölderlin neigte auch das Wunderkind Schelling zum Republikanismus. Von ihm wurde erzählt, er habe nicht nur die Marseillaise ins Deutsche übersetzt, sondern sich auch in ein Komplott verwickeln lassen.[20] Noch direkt vor dem Ausbruch seiner Geisteskrankheit wurde auch Hölderlin einer Verschwörung verdächtigt.

Die Fiktion des Freiheitsbaumes – die Erzählung von einer kollektiven Performance, wo alle zugleich Teilnehmer und Zuschauer sind, einer Performance im Verborgenen – war *ben trovato*.

Der spätere Hegel beschrieb bildhaft den Ausbruch der Französischen Revolution als eine Zeit, in der die Welt auf den Kopf gestellt wurde.[21] Das erste Mal fing man an, die Realität auf dem Fundament der Gedanken zu bauen.[22] Wahrscheinlichkeit und Fiktion – Modalitäten, die nur im Intelligiblen existieren – nahmen an Bedeutung und augenfälliger, handfester Wirklichkeit zu. Die Romantiker, die allgemein als Träumer galten, auch auf

---

Liberalismus, ärgerten sich im Gegenteil, dass man diesen Baum nicht zu einem Freiheitsbaum und am allerwenigsten zu einer Barrikade benutzen konnte. In der Tat, der Baum war zu hoch, man konnte nicht auf seinen Wipfel eine rote Mütze stecken und darunter die Carmagnole tanzen. Das große Publikum aber verehrte diesen Baum, eben weil er so selbständig herrlich war, weil er so lieblich die ganze Welt mit seinem Wohlduft erfüllte, weil seine Zweige so prachtvoll bis in den Himmel ragten, so dass es aussah, als seien die Sterne nur die goldenen Früchte des großen Wunderbaums."

19 Vgl. Günther Mieth, *Friedrich Hölderlin: Dichter der bürgerlich-demokratischen Revolution* (Würzburg: Könighaus und Neumann, 2001), 28.

20 Klaus von Beyme, *Geschichte der politischen Theorien in Deutschland 1300-2000* (Luxemburg, Berlin: Springer 2009), 268.

21 Georg Wilhelm Friedrich Hegel, *Vorlesungen über die Philosophie der Geschichte, Werke*, hg. von Eva Moldenhauer und Karl Marcus Michel (Frankfurt am Main: Suhrkamp, 1986), Bd. 12, 529: „Solange die Sonne am Firmamente steht und die Planeten um sie herumkreisen, war das nicht gesehen worden, dass der Mensch sich auf den Kopf, d. i. auf den Gedanken stellt und die Wirklichkeit nach diesem erbaut. Anaxagoras hatte zuerst gesagt, dass der νους die Welt regiert; nun aber erst ist der Mensch dazu gekommen, zu erkennen, dass der Gedanke die geistige Wirklichkeit regieren solle. Es war dieses somit ein herrlicher Sonnenaufgang. Alle denkenden Wesen haben diese Epoche mitgefeiert. Eine erhabene Rührung hat in jener Zeit geherrscht, ein Enthusiasmus des Geistes hat die Welt durchschauert, als sei es zur wirklichen Versöhnung des Göttlichen mit der Welt nun erst gekommen."

22 Nach der Periode der Suche nach einer sozial-ökonomischen Begründung der Französischen Revolution kehrt langsam die Einsicht zurück, dass sie allem voran ein Versuch war, die revolutionären Ideen umzusetzen, vgl. Jonathan Israel, *Revolutionary Ideas. An Intellectual History of the French Revolution from „The Rights of Man …" to Robespierre* (Oxford and Princeton: OUP, 2014), passim.

dem Gebiet der Politik und Ökonomie, begeisterten sich für den Triumph des Vernünftigen und Wahrscheinlichen über das Bestehende. Friedrich Genz nannte die Französische Revolution den „erste[n] praktische[n] Triumph der Philosophie."[23] Friedrich Schlegel konnte in Berliner Salons mit seiner nach der neuesten Pariser Mode praktisch-kurzen Frisur tatsächlich schockieren.[24] Genz und die Gebrüder Schlegel wechselten später ins Lager der Restauration, aber dies bedeutete nicht, dass sie ihre Meinung zur Rolle der Philosophie für die Französische Revolution hätten ändern müssen. Edmund Burke, die Ikone der Gegenrevolution, schimpfte über „this philosophic Revolution", ein Komplott, provoziert und organisiert von Schriftstellern und Amateurmetaphysikern.[25] Die Voraussetzungen einer Metaphysik, die als Wissenschaft würde auftreten können, hatte zu der Zeit Immanuel Kant erforscht.[26]

3.2. Revolution – Philosophie – Reformation – Urszene: Ecce Oedipus

Lächelt nicht über den Phantasten, der im Reiche der Erscheinungen dieselbe Revolution erwartet, die im Gebiete des Geistes stattgefunden. Der Gedanke geht der Tat voraus, wie der Blitz dem Donner. [...] *Es wird ein Stück aufgeführt werden in Deutschland, wogegen die französische Revolution nur wie eine harmlose Idylle erscheinen möchte.*

Heinrich Heine, *Zur Geschichte der Philosophie und Religion in Deutschland*

Aller Wahrscheinlichkeit nach wirkte die Verwirklichung der Philosophie in der Französischen Revolution besonders stark auf die Theologiestudenten, die sich ständig mit den Feinheiten der Fleischwerdung peinigen mussten. Als Hegel

23 Helmut Berding, „Die Ausstrahlung der Französischer Revolution auf Deutschland", Böning (Hg.), *Französische Revolution und deutsche Öffentlichkeit*, 10.

24 Der Autor und Theologieprofessor an der Uni Würzburg Klaas Huizing beschreibt in einem seiner Romane den Eindruck, den Friedrich Schlegel auf Frauen machte: „Diese Frisur! Das war so mutig. Er trug sein braunes Haar kurz geschnitten, ungepudert und glatt, wirkte, unterstrichen durch große, oft verwundert dreinblickende Augen, noch kindlich. Er schien nie müde zu werden, war ein krankhaft reizbares Genie, unstet, manchmal auch, wie alle Frühbegabten und Frühvollendeten, anstrengend vorlaut, aber voller Ideen, die er gar nicht alle realisieren konnte." (Klaas Huizing, *Frau Jette Herz. Roman* (München: Albrecht Knaus, 2009), I.3 (e-book))

25 Edmund Burke, *Reflections on the Revolution in France and on the Proceeding in Certain Societies in London Relative to That Event in a Letter Intended to Have Been Sent to a Gentleman in Paris*, (New York: P.F. Collier and Son, 1909-1914) § 306.

26 Immanuel Kant, „Prolegomena zu einer jeden künftigen Metaphysik, die als Wissenschaft wird auftreten können", *Gesammelte Werken. Akademieausgabe* (Berlin: Reimer, 1911), Bd. 4, 365-383.

das damalige Bewusstsein aus der Perspektive der dreißig verflossenen Jahre rekonstruierte, bediente er sich in der erlebten Rede theologischer Begriffe. Es scheint, als würden sich in den *Vorlesungen über die Philosophie der Weltgeschichte* zwei Stimmen und zwei Zeitperspektiven überlappen: Die objektive Erzählung des Weisen interferiert mit dem Bericht des zeitgenössischen Theologen, der die Verwirklichung dessen erblickt, woran er als Theologiestudent zu glauben verpflichtet war, aber eine Verwirklichung, die ganz anders aussieht als vorgegeben. Nur die Begriffe der Inkarnationsdialektik waren ausreichend pathetisch, um dem, wovon man in Presseberichten gelesen hatte, gerecht zu werden – und umgekehrt belebten die politischen Neuigkeiten die verstaubten Begriffe neu. „Eine erhabene Rührung hat in jener Zeit geherrscht, ein Enthusiasmus des Geistes hat die Welt durchschauert, als sei es zur wirklichen Versöhnung des Göttlichen mit der Welt nun erst gekommen."[27] Nun erst gekommen? Man neigt zu denken, der Sinn des Christentums beruhe auf einer solchen, durch Christus geschehenen Versöhnung des Göttlichen mit der Welt, aber es stellt sich heraus, dass das Sichtbarwerden der Philosophie in der Gestalt politischer Organisation die Inkarnation deklassiert. Der Himmel wäre „auf die Erde herunter verpflanzt", setzt Hegel in der *Phänomenologie des Geistes* die botanische Metaphorik der Freiheit fort.[28] Auch Hölderlin schreibt vom Leben in der Epoche, in der „Christus in der Welt auftrat."[29] Es war jedoch kein privates Assoziationsspiel der jungen Theologen: In einem Dorf im französischen Périgord zwangen Bauern ihren Pfarrer, das Allerheiligste mit der dreifarbigen Kokarde zu schmücken und die Tabernakeltür offen zu lassen, damit der Herr Gott frei sei.[30] Die Veranstalter neuer revolutionärer Volksfeste entliehen ihre Symbolik dem alten Sonnenkult, der schon den Einzug des Christentums ins römische Reich des vierten Jahrhunderts erleichtert hatte.[31]

Die Revolution wurde allgemein als praktische Realisierung der Ideen der Philosophen betrachtet, die eine neue Abfolge von Ereignissen initiierten. Die Freiheit ist in die bedingte, mechanistische Welt eingebrochen, die der unaufgeklärten, trägen Tradition unterlag. Lichtenberg staunte: „aber was für ein

27 Hegel, *Vorlesungen über die Philosophie der Geschichte*, 529.

28 Georg Wilhelm Friedrich Hegel, *Phänomenologie des Geistes, Werke*, Bd. 3, 431.

29 Friedrich Hölderlin, *Sämtliche Werke*, hg. von Dietrich Eberhard Sattler (Frankfurt, Basel: Stroemfeld/Roter Stern, 2009), 350; vgl. Robert Charlier, *Heros und Messias: Hölderlins messianische Mythogenese und das jüdische Denken* (Würzburg: Könighaus und Neumann, 1999), 58-84.

30 Georges Bussière, *Études historiques sur la révolution en Périgord* (Paris: Libraire Historique des Provinces, 1908), 236.

31 Jean Starobinski, „Sur quelques Symboles de la Révolution française", *La Nouvelle Revue Française* 1968, 16(188), 41-67.

Sprung von dem *Cogito, ergo sum* bis zum ersten Erschallen des *à la Bastille* im Palais-Royal."[32] Es gälte diese Kluft auszuloten und, wie man vermuten kann, Stufen der Vermittlung vorzuschlagen, damit das Cogito nicht mehr springen muss. Die Relation zwischen der Freiheit und der bedingten Welt ist genau dieses Problem, vor das Kant alle auf ihn folgende Philosophie gestellt hat.

Die Antworten auf die Kant'sche Philosophie werden zu den Antworten auf die Revolution. Heinrich Heine stellte Robespierre und Kant nebeneinander: Zwei Spießer seien zu den zwei größten Mördern in der Menschengeschichte geworden. Jener brachte den König um, dieser – Gott. Jener kippte die Monarchie um, der andere das All, indem er seine ‚kopernikanische Revolution' durchführte.[33] Der brillierende Vergleich zeichnet sich durch Stichhaltigkeit aus. Das Minimum an Religion, das Robespierre in der neuen vernünftigen Welt für unentbehrlich hielt – zu diesem Minimum zählte er das Höchste Wesen, für das er seine Feste veranstaltete, die Unsterblichkeit der Seele und die Freiheit des Willens[34] – stimmt mit den Postulaten von Kants praktischer Vernunft überein.[35] Indem Kant den kategorischen Imperativ von dem hypothetischen Imperativ, der die möglichen Folgen einer Tat in Betracht zieht, scharf abtrennt,[36] verwirft er wie die Reformatoren das Seelenheil durch gute Werke. Es zählt nur die moralische Bestimmung des Willens, Tugend um der Tugend willen – diese tobte in Robiespierres Version in Frankreich auf den Schafotten. Die Welt der kopernikanischen und der Französischen Revolution ist ikonoklastisch gestimmt. Die neue Religion, die Robespierre in Frankreich einführen wollte, hielt sich an die Grenzen der reinen Vernunft, das heißt: sie war eine Religion ohne Wunder, Weihwasser, Geheimnisse, unverständliche Offenbarungen, ohne Bilder zum Anbeten

---

32 Georg Christoph Lichtenberg, *Aphorismen*, (Berlin: Leitzmann, 1902), [J 363] (1790).

33 Heinrich Heine, *Über Deutschland. Zur Geschichte der Religion und Philosophie in Deutschland, Werke und Briefe*, Bd. 5, 258-267. Natürlich muss Heine die Tatsache außer Acht lassen, dass Kant die Exekution des Monarchen am strengsten verurteilt hat: Immanuel Kant, *Grundlegung zur Metaphysik der Sitten, Gesammelte Werke. Akademieausgabe* (Berlin: Reimer, 1911), Bd. 6, 320-322; vgl. Pierre Klossowski, „Sade, mein Nächster", übersetzt von Gabrielle Ricke und Ronald Voullié, *Sade. Stationen einer Rezeption*, hg. von Ursula Pia Jauch (Frankfurt am Main: Suhrkamp, 2014) 182-183: „Die Königsmord als Simulakrum der Tötung Gottes".

34 Maximilien Robespierre, „ Sur le rapport des idées religieuses et morales avec les principes républicains et sur les fêtes nationales", *Oeuvres de Robespierre*, hg. von Auguste Vermorel (Paris: Cournol, 1867), 308-336; vgl. Adolphe Thiers, *Histoire de la Révolution française* (Brüssel: Hauman, 1840), Bd.2, 58-59.

35 Immanuel Kant, *Kritik der praktischen Vernunft, Gesammelte Werke. Akademieausgabe* (Berlin: Reimer, 1911), Bd. 5, 122-134.

36 Immanuel Kant, *Metaphysik der Sitten*, 416-421.

(*une fête complètement déthéâtralisée*).[37] Sie kam aber nicht ohne äußerliche Manifestationen aus, ohne das Volk, das sich zusammenschließt, in Zügen marschiert und Allegorien an die Altäre trägt. Diese Welt brauchte eine neue Bildlichkeit, die den reformierten Ikonoklasmus der Vernunft berücksichtigt.

Der polnische Philosoph Antoni Zygmunt Helcel parallelisierte 1835 Kant eher mit den Enzyklopädisten, denen er allerdings den Ausbruch des Terrors zu Lasten macht. Erst im Idealismus, vor allen Dingen in der Philosophie Hegels würden die Prinzipien des durch die Vernunft mäßigten Fortschritts als dazu prädestiniert erscheinen, die Verwirklichungen der neusten Philosophie zu leisten.[38] Hegel las den Studenten in Berlin im letzten Abschnitt seiner Geschichte der Philosophie über „Kantische, Fichtesche und Schellingsche Philosophie" vor: „In diesen Philosophien ist die Revolution als in der Form des Gedankens niedergelegt und ausgesprochen, zu welcher der Geist in der letzteren Zeit in Deutschland fortgeschritten ist; ihre Folge enthält den Gang, welchen das Denken genommen hat."[39] Seine eigene Philosophie, die die Homologie zwischen dem Gedankengang und dem Gang der Weltgeschichte setzt, wäre dann die vollkommene Revolution.

Auch dem jungen Marx zufolge ist „Kants Philosophie mit Recht als die deutsche Theorie der französischen Revolution zu betrachten."[40] Die angestrebte proletarische Revolution soll allerdings gründlicher ausfallen, damit sie die Erscheinungswelt mit der *realen* und nicht nur mit der lediglich *formalen* Freiheit ausstatte; die letztere Art der Freiheit sei für den spektralen Zustand der bürgerlichen Gesellschaft verantwortlich, die den Menschen in den Geisterzustand einer ‚Allegorie', eines abstrakten Zeichens seines eigenen Bürgerseins bringt. In dem vom Ausbruch der Freiheit im Jahr 1789 verwüsteten Europa schlichen laut Marx moralische, allegorische Rechtspersonen herum.[41] Ihre rein formelle Freiheit wurde ihnen von den Verfassern der Deklaration der Menschenrechte und von Kant verliehen, die solidarisch die Interessen der Bourgeoisie zum Ausdruck brachten.[42] Der neue Materialismus, der seinen vollkommensten Ausdruck in der Wirtschaftslehre finde, begreife die Sinnlichkeit als praktische Tätigkeit und vermöge hinauszublicken über

---

37 Mona Ozouf, *La fête révolutionnaire 1789-1799* (Paris: Gallimard, 1976), 342-352.

38 Antoni Zygmunt Helcel, „O teoretycznej i praktycznej oświacie. Jako wstęp do Kwartalnika", *Kwartalnik Naukowy* 1835, 1, 8.

39 Georg Friedrich Wilhelm Hegel, *Vorlesungen über die Geschichte der Philosophie III, Werke*, Bd. 20, 314.

40 Karl Marx, „Das philosophische Manifest der historischen Rechtsschule", Karl Marx, Friedrich Engels, *Werke* (Berlin: Dietz, 1969), Bd.1, 80.

41 Karl Marx, „Zur Judenfrage", Marx, Engels, *Werke*, Bd. 1, 367-370.

42 Karl Marx, Friedrich Engels, „Die deutsche Ideologie. Kritik der neuesten deutschen Philosophie in ihren Repräsentanten Feuerbach, B. Bauer und Stirner und des deutschen Sozialismus in seinen verschiedenen Propheten", *Werke*, Bd. 3, 168-179.

einzelne Individuen und die bürgerliche Gesellschaft, in Richtung der neuen Organisation.[43]

Die Hegelsche Logik, die als Antwort auf den abstrakten Charakter der Kant'schen Philosophie[44] und der Französischen Revolution entstand,[45] diente dann auch für Engels als Einstieg zu dieser neuen Vision: „Der Konservatismus dieser Anschauungsweise ist relativ", schrieb Engels über Hegels Philosophie, „ihr revolutionärer Charakter ist absolut – das einzig Absolute, das sie gelten lässt."[46] „Die deutsche Arbeiterbewegung ist die Erbin der deutschen klassischen Philosophie"[47] – stellte er fest. (In der Einführung zitierte ich Rosa Luxemburg, die hinzufügte, die polnische Arbeiterklasse sei die Erbin von Mickiewiczs Dichtung. Eine der Vergleichsebenen scheint der Präsenz des Kritisch-Tragischen in dieser Philosophie und in dieser Dichtung zu sein.) Dies war das Dogma der Linkshegelianer und der Arbeiterbewegung, wiederholt von Ruge,[48] Plechanov, Lenin – alle guten Marxisten sollen laut Lenin „eine Art Gesellschaft materialistischer Freunde der Hegelschen Dialektik bilden".[49] Lukács behauptete Ähnliches, sowohl in *Geschichte und Klassenbewusstsein* als auch in *Der Bolschewismus als moralisches Problem*.[50] Und so wie die *Phänomenologie des Geistes* ihre Antigone hatte, so übernahm diese Rolle bei Lukács die tragische Gestalt der Rosa Luxemburg.[51]

---

43 Die 10. These über Feuerbach lautet: „Der Standpunkt des alten Materialismus ist die bürgerliche Gesellschaft; der Standpunkt des neuen die menschliche Gesellschaft, oder die gesellschaftliche Menschheit." Die elfte kündigt eine durch die Philosophie herbeigebrachte Änderung der Welt an, *Werke*, Bd. 3, 6.

44 Vgl. Georg Wilhelm Friedrich Hegel, *Wissenschaft der Logik, Werke*, Bd. 5, 45-46, Bd. 6, 245-268; Georg Wilhelm Friedrich Hegel, *Phänomenologie des Geistes, Werke*, Bd. 3, 442-453.

45 Vgl. Georg Wilhelm Friedrich Hegel, *Phänomenologie des Geistes, Werke*, Bd. 3, 431-441.

46 Friedrich Engels, *Ludwig Feuerbach und der Ausgang der klassischen deutschen Philosophie, Werke*, Bd. 21, 268.

47 Engels, *Ludwig Feuerbach und der Ausgang der klassischen deutschen Philosophie*, 307.

48 Karl Löwith, *Von Hegel zu Nietzsche. Der revolutionäre Bruch im Denken des 19. Jahrhunderts, Sämtliche Schriften* (Stuttgart: Metzler), 1989, Bd. 4, 110-111: „die Hegelsche Philosophie ist [bei Ruge] *‚gleichzeitig' mit der Französischen Revolution*, die den freien Menschen zum Zweck des Staates erhob. [...] Die Geschichte entwickelt durch Negation die in Hegels System beschlossene Wahrheit, indem sie den noch bestehenden Widerspruch zwischen dem ‚Begriff' und der ‚Existenz' durch theoretische Kritik und praktische Revolution beseitigt. Die deutsche Revolution von 1848 ist die praktische Seite dieser theoretischen Korrektur." Das Resultat dieses Scheiterns war das Entstehen der Arbeiterbewegung.

49 György Lukács, *Geschichte und Klassenbewusstsein. Studien über marxistische Dialektik, Werke* (Darmstadt: Luchterhand, 1962), Bd. 2, 31.

50 György Lukács, „Der Bolschewismus als moralisches Problem" [1918], *Brecht-Jahrbuch* 1979, 15-16.

51 György Lukács, *Geschichte und Klassenbewusstsein*, 66-67. Wie im Fall von Hegels Antigone bestätigt Luxemburgs Tod die Einheit von Theorie und Praxis und wie im Fall der polnischen Aufstände und Luxemburgs Revolution (siehe die Einleitung) ist

Im präromantischen Polen nannte man Kant – wahrscheinlich in Würdigung seiner revolutionären Kraft und aus Angst vor ihr – „einen hitzigen, dunkeln, apokalyptischen Kopf."[52] „Die romantische Kant-Legende" (Zygmunt Łempicki) verstrickte seine theoretischen und praktischen Ansichten mit seinem „sozialen Einfluss", den die polnischen Aufklärer für schädlich, die Romantiker hingegen für aus der Entzauberung erlösend hielten, und mit seinem (so wurden manche Stellen von *Zum ewigen Frieden* ausgelegt) Widerspruch gegen die Teilungen Polens.[53] Kants europäischer Ruhm hing mit der Aufregung um die Revolution zusammen; Schelling schrieb von „einer wirklichen inneren Übereinstimmung und Gleichheit" zwischen der Revolution und Kant, von einem gemeinsamen Charakter. Nach Kants Tod fühlte sich Schelling gezwungen, Kant gegen die Behauptung zu verteidigen, dass das große Ereignis der Revolution Kant eine Wirkung verschafft habe, die er allein nie hervorgerufen hätte. Vielmehr habe hier eine wahre Synergie vorkommen:

> Wie es eine Folge der Kantischen Philosophie war, dass in Deutschland schneller sich ein Urteil über die Revolution bildete, so machte dagegen eine Erschütterung, die alle bisherigen Grundsätze in Anspruch nahm, die Überzeugung von den ewig haltbaren, durch sich selbst dauernden Grundsäulen des Rechts und der gesellschaftlichen Verfassung zu einer allgemeinen Angelegenheit und die Kenntnis der Kantischen Philosophie, welche hierüber in oberster Instanz entscheiden zu können das Ansehen hatte, zu einem Bedürfnisse selbst der Weltleute und Staatsmänner.[54]

Ende des neunzehnten Jahrhunderts stimmen Lenin und Benedetto Croce darin überein, dass Kant der bürgerlichen Revolution der Franzosen nahe stünde, während der Idealismus, speziell Hegel, die kommende Revolution zu gestalten verhelfe (da es laut Lenin keine Revolution ohne Theorie gibt).[55] Dieses Zusammenstellung – Kant verhält sich zur französischen Revolution

---

die Niederlage die Bedingung des Endsieges: Aus der Perspektive des Ganzen, die die Revolutionärin annimmt, ist die „Niederlage" fröhlich, sie ist „notwendige[r] Weg zum Siege" (67).

52 Jan Skoczyński, Jan Woleński, *Historia filozofii polskiej* (Kraków: Wydawnictwo WAM, 2010), 242: „głową zagorzałą, ciemną i apokaliptyczną".

53 Elżbieta Zarych, *Romantycy, myśliciele, inspiratorzy. Badania nad wpływem filozofii niemieckiej – od Kanta do Hegla – na literaturę polskiego romantyzmu* (Gdańsk: słowo/obraz terytoria, 2010), 39-60.

54 Friedrich Wilhelm Joseph von Schelling, *Sämtliche Werke* (Stuttgart und Augsburg: Cotta, 1860), Bd. 6, 4.

55 Benedetto Croce, *Geschichte Europas im neunzehnten Jahrhundert*, übersetzt von Karl Vossler und Richard Peters (Zürich: Europa, 1935), 81-82; Vladimir Il'ič Lenin, „Čto delat'?", *Polnoe sobranie sočinenij* (Moskva: GIPL) Bd. 6, 24: „Без революционной теории не может быть и революционного движения."

wie Hegel zur kommenden – stellt einen auffälligen Aspekt der großen Erzählung über die Verinnerlichung und *die historische Prolepsis.*

Die Geschichte wird insofern sinnvoll als sie anagogisch gelesen wird, indem alle Ereignisse sich widerholen müssen, sonst gelten sie nicht. (Wieso sich die Geschichte dadurch in eine kollektive Performance verklärt, welche diese Struktur des verdoppelten Verhaltens aufweist, gehe ich im Hegel-Kapitel am ausführlichsten an.) Und so wäre das Aufkommen der authentischen und ganzheitlichen Revolution ohne Reformation unmöglich gewesen. Hegel stieß sowohl auf den 14. Juli als auch den Reformationstag an.[56] Hegel und, ihm wahrscheinlich folgend, auch Heine teilten die deutsche Geschichte in drei Etappen ein: Zuerst Luther und die große Verinnerlichung der Welt, die auch eine Art Sättigung der Welt mit Freiheit darstellte (oder der Freiheit des ‚innerlichen' Menschen mit einem Phantom der Welt), dann das durchdringende Erlebnis von Machtlosigkeit gegenüber der Französischen Revolution, welches Kants Philosophie am deutlichsten zum Ausdruck bringt, und daraufhin endlich die aktive Antwort der Deutschen auf die Französische Revolution.[57] Auf der letzten Etappe wurden Russland und Polen bedeutend. Die reale Weltrevolution kann sich mit der Konstruktion des vernünftigen Staates zufriedengeben, welcher bei Hegel die blutige Revolution vollkommen ersetzt und erübrigt.[58]

Meine These: Innerhalb dieses Schemas hat die Philosophie, im Rahmen derer die Entstehung der kritischen Tragödientheorie bei den Idealisten und den Frühromantikern möglich war, *proleptischen Charakter*, d.h. die endgültige Gestalt des Systems wird ihr durch die Tat verliehen. Der Gedanke muss auch die Tat sein, sonst gilt sie nicht. Jede progressive Theorie muss eine Subtheorie

---

56 Elke Schmitter, Matthias Matussek, „Hegel hat gewonnen. Ein Gespräch mit den Philosophen Peter Sloterdijk, Konrad Paul Liessmann und Rüdiger Safranski", *Der Spiegel* 2.4.2007 [http://www.spiegel.de/spiegel/print/d-51074774.html; Zugriff 2.02.2017]; Elisabeth von Thadden, „Rotwein für Hegel. Ein Gespräch mit dem Theologen Friedrich Wilhelm Graf", *Die Zeit*, 26. Dezember 2006 [http://www.zeit.de/2006/52/Graf; Zugang 23.06.2015].

57 Claude David, „Goethe und die Französische Revolution", *Deutsche Literatur und Französische Revolution. Sieben Studien* (Göttingen: Vandenhoeck und Ruprecht, 1974), 78: „Noch 1823 wiederholt Goethe, dass Deutschland in den letzten dreißig Jahren das Unheil durchgelebt habe, das Luther von dreihundert Jahren angerichtet habe."

58 Heinrich August Winkler, *Geschichte des Westens: Von den Anfängen in der Antike bis zum 20. Jahrhundert* (München: Beck, 2011), 397-398; Hans Boldt, „Hegel und die konstitutionelle Monarchie", Elisabeth Weisser-Lohmann, Dietmar Köhler (Hg.), *Verfassung und Revolution: Hegels Verfassungskonzeption und die Revolutionen der Neuzeit. Hegel-Studien-Beiheft 42* (Hamburg: Meiner, 2000), 168; mehr dazu im Hegel-Kapitel.

ihrer eigenen Umsetzung beinhalten – eine Theorie der Verwirklichung der Theorie – und es ist erstaunlicherweise meistens eine Tragödientheorie, die diese prominente Stelle einnimmt und die Relation von Idee und ihrem Widerhall, ihrer Wiederholung in der Wirklichkeit, modelliert. Die Tragödientheorie liefert Modelle der phänomenalen Ausführung von Ideen. Anstatt, wie der Positivismus, das Theoriegebäude aus dem Milieu abzuleiten (aus dem Klima, der Rasse, dem geschichtlichen Moment), beschäftigt sich die Tragödientheorie mit dem Konflikt der Idee oder der Tat mit der Umwelt oder – und dies macht spezifisch die *kritische* Tragödientheorie aus – mit dem Konflikt innerhalb der Idee, wenn die Idee das, was sie ist, wird – die energetisch differenzierte Einheit von Sein und Gedanke.[59]

Die durch die Kant'schen Positionen bewirkte Verinnerlichung der Revolution durch die Deutschen, angeleitet von den Philosophen, wurde oft als Reaktion auf die Schreckensherrschaft[60] dargestellt; die noblen, aber abstrakten Ideen hätten ausgeartet, sobald sie mit der sozialen Wirklichkeit in Berührung gekommen seien. Eine Vermittlung erschien lebenswichtig, die Idee – so viel war klar – konnte nicht direkt mit der phänomenalen Wirklichkeit zusammengeführt werden, sonst drohte der Terror. Wenn man „von irgend einer Philosophie Einfluss auf das menschliche Leben selbst" erwarten darf, „so darf man dies von der neuen nur durch gänzliche Umkehrung der Prinzipien möglichen Philosophie"[61] – stellte der junge Schelling fest. Sie muss sich selbst revolutionieren, um die Revolution im Leben durchzuführen. Es gilt aber zu verhindern, dass die Revolution, die auf der Grenze zwischen dem in der Welt eingetauchten Ich und der Philosophie tobt, eine Schreckensherrschaft gebiert, wie es der Tugendlehre Robespierres zugestoßen ist. Robespierre selbst hat diese intime Verbindung zwischen Tugend und Terror – eine Verbindung, die von der Revolution geknüpft wird – in einer Rede am 5. Februar 1794 thematisiert:

> So wie im Frieden die Triebfeder der Volksregierung die Tugend ist, so ist es in einer Revolution *die Tugend und der Schrecken* zugleich; die Tugend, ohne welche der Schrecken verderblich, der Schrecken, ohne den die Tugend ohnmächtig ist. Der Schrecken ist nichts anderes als eine schleunige, strenge und unbiegsame Gerechtigkeit; er fließt also aus der Tugend; er ist also nicht ein

59 Sie das Urszenen-Kapitel.

60 Vgl. François Furet, „Schreckensherrschaft", übersetzt von Eva Schleich, *Kritisches Wörterbuch der Französischen Revolution*, hg. von François Furet, Mona Ozouf (Frankfurt am Main: Suhrkamp, 1996), 193-215.

61 Friedrich Wilhelm Joseph Schelling, „Vom ich als Prinzip der Philosophie oder über das Unbedingte im menschlichen Wissen", *Sämltiche Werke*, Bd. 1, 157.

besonderes Prinzip, sondern eine Folge aus dem Hauptprinzip der Demokratie, auf die dringendsten Bedürfnisse des Vaterlandes angewendet.[62]

Eben mit Blick auf die reine Tugend, die über auch die „dringendsten“ Notwendigkeiten der Zeit und der Lage hinwegreicht, scheinen Fichte die Kantische und seine eigene Philosophie viel wichtiger als die Französische Revolution. 1793 publizierte er den *Beitrag zur Berichtigung der Urteile des Publikums über die französische Revolution*. Der Begriff ‚Publikum' wird für den Kontext der deutschen Reaktionen auf die Revolution in Frankreich oft und in einer höchst typischen Weise benutzt. So stürmisch der „philosophische Titan“ auch war – einen solchen nannte Hölderlin seinen Jenaer Lehrer Fichte in einem Brief, mit dem er dem jungen Kantianer Schelling Fichtes Wissenschaftslehre zu vermitteln versuchte[63] – er wollte nichtsdestotrotz die Schreckensherrschaft vermeiden. Fichte schrieb dazu: „[U]m die gewaltsame Revolution zu verhindern, gibt es ein sehr sicheres [Mittel]; aber es ist das einzige: das Volk gründlich über seine Rechte und Pflichten zu unterrichten. Die französische Revolution gibt uns dazu die Weisung und die Farben zur Erleuchtung des Gemäldes für blöde Augen; eine Andere ungleich wichtigere, auf die ich hier nicht weiter hindeute, hat uns den Stoff gesichert.“[64] Die von Kant angeleitete geistige Revolution der Deutschen – füllt Friedrich Schlegel Fichtes Ellipse aus – ist nicht nur eine wichtigere, sondern auch eine „größere, schnellere, umfassendere Revolution“[65] als die Französische.

Die richtige Antwort der Philosophie auf die Revolution kann ausschließlich eine Revolution der Philosophie als eine Philosophie der Revolution gewesen sein. Der junge Hegel erwartete noch die höchste Vollendung des Kant'schen Systems in der Gestalt „eine[r] Revolution in Deutschland“.[66]

62 Zit. nach Peter Fischer (Hg.), *Reden der Französischen Revolution* (München: dtv, 1974), 349.

63 Manfred Frank, Gerhard Kurz (Hg.), *Materialien zu Schellings philosophischen Anfängen* (Frankfurt am Main: Suhrkamp, 1975), 122 [der Brief konnte in *Sämtlichen Werken* von Hölderlin nicht ausfindig gemacht werden]. Die Kritik von Paralogismen der Philosophie Fichtes befindet sich im Brief an Hegel aus dem Januar 1795 (Hölderlin, *Sämtliche Werke*, Bd. 19, 212).

64 Johann Gottlieb Fichte, „Beitrag zur Berichtigung der Urteile des Publikums über die französische [sic!] Revolution“ (1793), *Schriften zur Revolution*, hg. von. Bernard Willms, (Köln, Opladen: Westdeutscher, 1967), 35.

65 Friedrich Schlegel, *Kritische Ausgabe seiner Werke*, hg. von Ernst Behler (Paderborn: Schöningh, 1975), Bd. 3, 96.

66 Brief an Schelling von 16.4.1795, zit. bei Otto Pöggeler, „Hegel und die Französische Revolution“, Elisabeth Weisser-Lohmann, Dietmar Köhler (Hg.), *Verfassung und Revolution. Hegels Verfassungskonzeption und die Revolutionen der Neuzeit. Hegel-Studien-Beiheft 42* (Hamburg: Meiner, 2000), 220.

In der *Phänomenologie der Geistes* – die eine quasi theatralische Lehre vom Erscheinen und Verschwinden enthält – wohnt der Leser der Bewegung nach innen bei: Man liest, wie die sichtbare wütende Revolution Frankreich verlässt, nachdem sie die bisherige Welt der Bildung zerstörte, und „in ein anderes Land", „das Land des moralischen Bewusstseins" geht, wo sie in ihrer „Unwirklichkeit" – eingeschlossen in das Selbstbewusstsein – „als das Wahre gilt".[67] Sie verschwindet vorläufig, um eine angebrachtere Gestalt zu finden. Hegel betrachtet die Revolution aus einer *inter*-nationalen Perspektive, d.h. er beschreibt, wie diese Theorie zur Umsetzung von Ideen ihr Milieu wechselt und eine wandernde Idee wird, indem sie durch einen Ortswechsel Wirkungskraft gewinnt, nachdem sie in Frankreich gleich einer „Furie des Verschwindens"[68] keine andere Lösung als den Terror gekannt hatte, weil sie zwischen Gedanken und Taten nicht zu vermitteln wusste. In Deutschland nehme, so die *Phänomenologie des Geistes*, die Theorie der Verwirklichung von Theorie einen moralischen Charakter an. Die Subjektivität dieser neuen Form wird objektiv oder, umgekehrt, ihre Objektivität subjektiv und es bedarf jetzt einer Philosophie, die, wie die Hegelsche, die subjektive und die objektive Seite der Revolution ins Gleichgewicht bringt und sie beide als in ihrem Unterschied identisch umfasst – so wie die Tragödie die Einheit der Gesinnung und des Handelns anschaulich beweist.

Der späte Hegel, der sich an die preußische Revolution von oben angeschlossen hatte, meinte, in der Reformation ein Vorbild für eine nicht terroristische Revolution zu finden. Die Funktion, die die Reformation in seinem Nachdenken über die Revolution spielt, kann mithilfe der Metapher des Puffers gegen die unvermittelte Freiheit, d.h. den Terror, erklärt werden. In der *Enzyklopädie der philosophischen Wissenschaften im Grundrisse* erklärt Hegel:

> Es ist nur für eine Torheit neuerer Zeit zu achten, ein System verdorbener Sittlichkeit, deren Staatsverfassung und Gesetzgebung ohne Veränderung der Religion umzuändern, eine Revolution ohne eine Reformation gemacht zu haben, zu meinen, mit der alten Religion und ihren Heiligkeiten könne eine ihr entgegengesetzte Staatsverfassung Ruhe und Harmonie in sich haben und durch äußere Garantien […] den Gesetzen Stabilität verschafft werden.[69]

---

67 Hegel, *Phänomenologie des Geistes*, 362; vgl. Franz Rosenzweig, *Hegel und der Staat*, hg. von Frank Lachmann (Berlin: Suhrkamp, 2010), 261.

68 Hegel, Phänomenologie des Geistes, 436.

69 Georg Wilhelm Friedrich Hegel, *Enzyklopädie der philosophischen Wissenschaften im Grundrisse III*, Werke, Bd. 10, 360-361, § 552.

Nach der Kritik an der Revolution ohne Reformation,[70] d.h. an der Französischen Revolution,[71] begibt sich Hegels Narrativ in der Enzyklopädie nach Griechenland, um sich mit der Abstraktheit und dem Formalismus von Platons politischen Projekten auseinanderzusetzen. Wie die jungen Freunde Hölderlin, Schelling und Hegel, die im *Ältesten Systemprogramm des deutschen Idealismus* einen ersten gemeinsamen Versuch machten, die Abstraktheit und den Formalismus der Philosophie Kants mit Rückgriff auf die Ästhetik, d.h. die Idee der Schönheit, zu kritisieren, postulierte bereits Platon, die Polis so zu gestalten, dass sie wahrhaft schön sein würde.[72] (Wie das schönste und beste Drama, unter Beteiligung aller Mitbürger, ohne Kluft zwischen Schauspielern und Zuschauern.[73]) Zwar drängte Platon laut dem späteren Hegel die damalige, einseitige poetisch-politische Fantasie in den Hintergrund und „hob das Substantielle hervor, vermochte aber nicht seiner Idee des Staats die unendliche Form der Subjektivität einzubilden, die noch vor seinem Geiste verborgen war; sein Staat ist deswegen an ihm selbst *ohne die subjektive Freiheit.*" Und weiter: „Solange nicht die wahrhafte Religion in der Welt hervortritt und in den Staaten herrschend wird, so lange ist nicht das wahrhafte Prinzip des Staates in die Wirklichkeit gekommen."[74] Das Prinzip des Staates ist Freiheit: die wahre Freiheit, die sich im Reich der Phänomene zu behaupten vermag. In der Religion erreicht der Mensch diese Freiheit, man seinen Willen dem Willen Gottes unterordnet (mit dem Willen Gottes harmonisiert); im Staat erkennt der Citoyen die Rechte in seinem religiös gestalteten Gewissen an, indem er den allgemeinen Willen, der den Staat ins Leben gerufen hat, und seine absolute Wahrheit anerkennt. Aber die Rolle der Religion für den Staat erschöpft sich bei weitem nicht hierin: Über die Rechtmäßigkeit eines Staatsprinzips entscheide, so Hegel, die Bedeutung, die man dem Wort Gedächtnis im Abendmahlfeier-Kontext, im „tut dies zu meinem Gedächtnis", zuschreibt. Die Beständigkeit des Staates hängt davon ab, ob man – wie Katholiken es zu tun pflegen – die Hostie „als *äußerliches Ding* der religiösen Anbetung" präsentiert oder ob sie, in der Bewegung der Verinnerlichung fixiert, „als solche erst und nur allein im *Genusse*, d. i. in der Vernichtung der Äußerlichkeit derselben, und im *Glauben*, d. i. in dem zugleich freien, seiner selbst gewissen

70 Vgl. auch Hegel, *Vorlesungen über die Philosophie der Geschichte*, 526-529.

71 Georg Wilhelm Friedrich Hegel, *Vorlesungen über die Philosophie der Religion I, Werke*, Bd. 16, 246.

72 Platon, Rep. 5.476b, http://www.perseus.tufts.edu/hopper/text?doc=Perseus%3Atext%3A1999.01.0167%3Abook%3D5%3Asection%3D476b [Zugriff 24.6.2015].

73 Platon, *Laws* 7.817 http://www.perseus.tufts.edu/hopper/text?doc=Perseus%3Atext%3A1999.01.0165%3Abook%3D7%3Apage%3D817 [Zugriff 24.6.2015].

74 Hegel, *Enzyklopädie der philosophischen Wissenschaften*, Werke, Bd. 10, 363-364, § 552.

Geiste, konsekriert und zum gegenwärtigen Gotte erhoben wird."[75] Auch „die *Gerechtigkeit* durch äußerliche Werke"[76] wird damit vernichtet. Die Gedächtnisformen sind von entscheidender Bedeutung für Hölderlins und Hegels Tragödientheorien.

Für Heine ist es schon eine nicht zu hinterfragende Offensichtlichkeit, dass die Reformation den Auftakt der Revolution bildet (dass die Revolution die „große Tochter der Reformation" darstellt[77]). Gerade solchen Konstruktionen – den großen Bögen der Geschichte, wie z. B. der Erzählung von der Verinnerlichung der Revolution in der Gestalt des Idealismus und der von der Reformation als Mutter der Revolution – die uns heutzutage willkürlich scheinen, die aber in jener Epoche allgemein anerkannt waren, muss der Ideenhistoriker, der das Feld der Möglichkeiten erforscht, seine Aufmerksamkeit schenken. Die Korrelation zwischen Reformation und Revolution wurde zuerst von Herder in seinen *Briefen zur Beförderung der Humanität* festgestellt, dann griffen Klopstock, Hennings und Hertzberg das Motiv auf.[78] Im Fall der Konservativen – etwa bei Adam Müller – motivierte die *correspondance* ihre Konversion zum Katholizismus.[79] Die Gleichsetzung Reformation-Revolution liegt auch der Anthropologie von Ludwig Feuerbach zugrunde, also der modernen, emanzipatorischen Philosophie, die ihren Prometheus nicht ignorieren kann.[80] Sowohl der nationalistisch-konservativ gestimmte Bismarck als auch der liberale Alexis de Tocqueville mussten der Idee zustimmen,[81] dass die Französische Revolution als eine politische Revolution sich religiöser Mittel bediente: Prediger, Propaganda, Fanatismus, Berufung

---

75 Hegel, *Enzyklopädie der philosophischen Wissenschaften*, Werke, Bd. 10, 356-357, § 552.

76 Hegel, *Enzyklopädie der philosophischen Wissenschaften*, Werke, Bd. 10, 357, § 552.

77 Heine, *Die Romantische Schule*, 56.

78 Wolfgang Beutlin, „‚Dass du vorangingst auf der erhabenen Bahn'. Die Französische Revolution im Medium des Vergleichs mit der Reformation und deren Re-Interpretation im Lichte von 1789", Erhard Lange (Hg.),*Französische Revolution und Deutsche Klassik. Beiträge zum 200. Jahrestag*, Weimar 1989.

79 Adam Müller, *Vorlesungen über die Deutsche Wissenschaft und Literatur* (London: Forgotten Books, 2013), 68.

80 Löwith, *Von Hegel zu Nietzsche*, 106-107.

81 Otto Bismarck, *Briefe* (Göttingen: Vandenhoeck & Ruprecht, 1970), 220 (Brief an Leopold von Gerlach, Frankfurt, 20. Mai 1857): „Die Revolution ist viel älter als die Bonapartes und viel breiter in der Grundlage als Frankreich. Wenn man ihr einen irdischen Ursprung anweisen will, so wäre auch der nicht in Frankreich, sondern eher in Rom, je nachdem man die Auswüchse der Reformation oder die der römischen Kirche und die Einführung des römischen Rechtes in die germanische Welt als schuldig ansehen will."

auf die *lex naturalis* und auf die menschliche Natur, den abstrakten Begriff des Menschen als eines solchen, usw.[82]

Die polnischen Philosophen Bronisław Trentowski und Karol Libelt stimmten ebenfalls der Korrelation zwischen der draußen tobenden Revolution und der protestantischen Innerlichkeit zu.[83] Mickiewicz wiederholte Anfang der 1840er Jahre Franz von Baaders Thesen, dass die Französische Revolution das Bedürfnis nach „einer neuen und innigen Verbindung der Religion mit der Politik" herbeigeführt habe; laut Mickiewicz strebt das Volk danach, die evangelischen Zustände (positive, allgemeine Freiheit in der allumfassenden Liebe) auf der Erde zu installieren; bis das passiere, würden die Revolutionen nicht aufhören.[84] Einer der wenigen einflussreichen politischen Denker, die behaupteten, die Französische Revolution sei nicht religiös gewesen, war Friedrich Engels.[85] Allerdings waren sich Marx und Engels des Gespenstes der Religion, das in der Revolution umgeht, völlig bewusst, und als sie 1847 aufgefordert wurden, den ‚Katechismus' des ‚Bundes' von Kommunisten zu verfassen, entschieden sie sich absichtlich für die nicht religiös aufgeladenen Termini „Manifest" und „Partei".[86] Trotz aller Vorsicht beendeten sie *Das Manifest der kommunistischen Partei* mit dem berühmten Ausruf, der vielleicht deshalb so aussagekräftig war, weil er sich der christlichen, ja pietistischen Terminologie bediente: „Proletarier aller Länder, vereinigt euch!" Die Kommunisten rufen zur religiös konnotierten Vereinigung auf anstatt zur

82 Alexis de Tocqueville, *L'Ancien régime et la révolution* (Paris: Michel Lévy Frères, 1856), 15-20.

83 Bronisław Ferdynand Trentowski, *Chowanna, czyli system pedagogiki narodowej jako umiejętności wychowania, nauki i oświaty, słowem: wykształcenia naszej młodzieży* (Poznań: Łukasiewicz, 1846), Bd. 2, 461-463; vgl. Andrzej Walicki, *Filozofia polskiego romantyzmu* (Kraków: Universitas, 209) 244-45. Siehe auch das Libelt-Kapitel.

84 Franz Baader, „Über das durch die Französische Revolution herbeigeführte Bedürfnis einer neuen und innigen Verbindung der Religion mit der Politik" (1815), *Sämtliche Werke. Nach der Ausgabe Franz Hoffmanns von 1850-1860 als PDF-Version aufbereitet und korrigiert von Johannes Saltzwedel* (Hamburg 2013), 11-28; Adam Mickiewicz, *Dzieła* (Warszawa: Czytelnik, 1955), Bd. 10, 34.

85 Friedrich Engels, *Ludwik Feuerbach und der Ausgang der klassischen deutschen Philosophie*, 285: die Französische Revolution „kümmerte sich um die Religion nur so weit, als diese ihr im Wege stand; es fiel ihr aber nicht ein, eine neue Religion an die Stelle der alten zu setzen; man weiß, wie Robespierre damit scheiterte." Merkwürdigerweise stimmte Engels unter diesem Gesichtspunkt mit seinem Gegenpol Bakunin überein, der die Revolution eher als eine Rebellion gegen jegliche Form der Religion Betrachtete (*Gott und der Staat, Ausgewählte Schriften* (Berlin: Kramer, 2007), Bd. 1, Teil II.

86 Reinhart Koselleck, „Linguistic Change and the History of Events", *The Journal of Modern History, The Journal of Modern History* 1989 4(61), 660-661.

neutralen Zusammenschließung.[87] Die kleinen protestantischen Grüppchen sahen im lauten Akt der Vereinigung in der von Konflikten zerrissenen Welt die Erlösung.

Anfänge werden immer sakralisiert.[88] Die Religion existiert nicht ohne die Formen des künstlerischen Ausdrucks und der Vereinigung der Gläubigen zu einer Gemeinschaft. Die Innigkeit drängt nach außen – zur Gemeinde, zur Kirche und zu Reliquien, Kruzifixen, Hostien. All diese ‚Äußerlichkeiten' fachen die Innigkeit an, indem sie nach innen durchdringen. Einen Abbruch dieser Kommunikation zwischen dem Inneren und dem Äußeren versuchte Hölderlin in seiner Tragödie *Tod des Empedokles* zu zeigen.[89] Die Katastrophe dieser Bewegung zwischen dem Inneren und dem Äußeren ist, zumindest auf dieser Etappe, seine Idee von Tragik.

Die zwei ersten Fassungen von Hölderlins *Tod des Empedokles* und der dritte Teil von Mickiewiczs *Ahnenfeier* (*Dziady*) enthalten die vollständigsten Darstellungen der Urszene aller Urszenen der kritischen Tragödientheorie:[90] Das Überlappen des Ausgangs von Sophokles' *Ödipus der Tyrann*, wo der Held vor dem Chor und dem Publikum seine Taten und seine mangelnde Erkenntnis bereut, und der Ecce-Homo-Szene aus dem Johannesevangelium (19: 2-5), in der die Soldaten eine Dornenkrone auf das Haupt Jesu setzen, ihm ein Purpurgewand anlegen und ihn verspotten, indem sie ihn als den König der Juden begrüßen und zugleich ins Gesicht schlagen. So zeigt Pilatus Christus dem Volk und spricht dabei die Worte „ecce homo". Die politisch-theologische Bedeutsamkeit des Ödipus-Dramas wurde von den Helden der vorliegenden Arbeit entdeckt und erforscht, womit sie einer zentralen Denkfigur der (transzendentalen) Ästhetik der Geschichte den Weg bahnten; noch Michel Foucault legt Sophokles' Tragödie während seiner Vorlesungen am Collège de

87 Dieter Henrich, „Die Philosophie in der Sprache", http://www.information-philosophie.de/?a=1&t=584&n=2&y=1&c=1 [Zugriff: 23.5.2010]. Bei einer anderen Gelegenheit wies Henrich auf stoische Quellen der Union: Dieter Henrich, *Between Kant and Hegel. Lectures on German Idealism*, hg. von David S. Pacini (Cambridge: HUP, 2009), 87-88; Bei noch einer anderen Gelegenheit bewies Henrich, dass der Spruch von Marx und Engels mit Wagners Konzept des Gesamtkunstwerkes verwandt ist („Gesamtkunstwerk und Partialkunstwerk", Richard Klein (Hg.), *Narben des Gesamtkunstwerks. Wagners „Ring der Nibelungen"* (München: Fink, 2001), 13-32). Dies wird im Kontext des letzten, Wagner gewidmeten Kapitels dieser Arbeit von Belang.

88 Boris Uspenskij, „Istorija i semiotika (Vosprinjatie vremeni kak semiotičeskaja problema)", *Izbrannye trudy* (Moskva: Gnozis, 1994), Bd. 1, 9-49. Vgl. Die Arbeiten der Forschergruppe „Anfänge (in) der Moderne": http://www.forschergruppe-anfaenge.uni-muenchen.de/publikationen/index.html.

89 Siehe das Hölderlin-Kapitel.

90 Siehe auch 1.3 und 5.1.

France als eine Darstellung der reinen, theologisch-politischen *savoir-pouvoir* aus, welche dann später von den Philosophen (*the usual suspects* Sokrates und Plato) verleugnet worden sei;[91] auch kondensiert die biblische Szene – ergänzen wir die Dublette von Ecce Homo und Ödipus – die Ohnmacht des Allmächtigen mit der Blödheit des Allwissenden. Auf diese Weise wird sie zu einer Matrix aller späteren dialektischen Peripetien, die eigentlich Wiedererkennungen sind.

Hölderlins Empedokles widme ich ein ganzes Kapitel, ich werde hier also nur an Mickiewiczs Konrad aus *Dziady* erinnern, der in zwei Szenen, die von komischen Interludien getrennt sind, von zwei Gesichtspunkten aus betrachtet wird. Aus diesen beiden Perspektiven erscheint er wie ein Held, der das ganze Volk repräsentiert bzw. einverleibt, nur dass Konrad sich selbst in der sogenannten „Großen Improvisation" wie ein verblendeter Ödipus benimmt und Gott besser als sich selbst zu kennen glaubt. Er fordert Gott, den er für den großen Ingenieur der Welten hält, im Namen der Liebe zum Volk heraus, fast bezeichnet er ihn als „Zaren der Welt",[92] was in Polen nach dem Novemberaufstand die schrecklichste Häresie bedeutet. In der nächsten Szene, der Vision des Priesters Piotr tritt Konrad dagegen als der gedemütigte Heiland der Völker auf. Mit den Worten „Sehet – ein freies Land!" – weist Gallus, der neue Pontius Pilatus und eine Allegorie für Frankreich, auf das *rozebrany* (‚entblößte' und zugleich ‚geteilte')[93] Polen hin, für das Konrad steht. Die Verwandlung des Helden kommt durch die Verwandlung von Medium und Stil zustande. Die Vision Konrads und die Vision des Priesters werden mithilfe zweier unterschiedlicher Medialitäten vermittelt: Erstere ist eher dramatisch und tragisch, Zweitere entspringt der biblischen Epik. Durch diese Konfrontation zweier und mehrerer Visionen der Welt knüpfen *Dziady* nicht nur an Hegels Theorie an, sondern beziehen sich vor allem auf die damaligen literarischen Forschungen zum Verhältnis von Vision (Fiktion) und Welt (Wirklichkeit). Wie ich schon in der Einleitung – mich auf Niklas Luhmanns Theorie stützend – betonte, bestimmte diese Epoche die Fiktion neu, und zwar so, dass sie die Unterscheidung Fiktion/ Nichtfiktion innerhalb der Fiktion thematisierte. Die Medialität, die Erzählung, die Fiktion wurden damals mit Rückgriff auf die griechische und Shakespeare'sche Tragödie sowie auf Cervantes in literarischen und theoretischen Werken durchforscht

91 Michel Foucault, „Die Wahrheit und die juristischen Formen", *Schriften zur Literatur*, hg. von Daniel Defert und François Ewald (Berlin: Suhrkamp, 2003), 286-304.

92 Adam Mickiewicz, *Dziady. Część III. Dzieła*, hg. von Julian Krzyżanowski (Warszawa: Czytelnik, 1955), Bd. 3, 167.

93 Auf dieser Zweideutigkeit basiert Cyprian Kamil Norwids scherzhafte Ballade „Rozebrana" (*Pisma wszystkie*, hg. von Juliusz Wiktor Gomulicki (Warszawa: PIW, 1971), Bd. 2, 249-250.

und angewendet als Gesellschaftmodell – das Modell des Bandes, dass die Menschen zur Gesellschaft zusammenschließt und sie zu ganzen Menschen macht. In den theoretischen Werken dienten diesem Zweck die Teile, die die Tragödientheorie beinhalteten.

3.3. „Wohlgeschieden": Das Erhabene und die Separation

Laut Kant wird sich das Subjekt im Erleben des Dynamisch-Erhabenen seiner praktischen Freiheit bewusst.[94] In diesem Erlebnis gerät das Ich in Konflikt mit seinem Selbsterhaltungstrieb. Seine Sinnlichkeit, die sich um jeden Preis vor Vernichtung retten will, offenbart ihre Nichtigkeit angesichts des moralischen Ichs. Konfrontiert mit einem Gegenstand, der das Gefühl des Erhabenen auslöst, empfindet das Subjekt zuerst Angst und Unbehagen, da der Gegenstand droht, es auszurotten. Aber dann erkennt das Subjekt, dass es in ihm etwas gibt, was nicht ausgelöscht werden kann, auch nicht von der größten physischen Macht. Das ist seine moralische Freiheit, die sich über alle äußerlichen Bedingungen und über die von Bedingungen abhängigen, hypothetischen Imperative erhebt.[95]

Bekanntermaßen verlagerte Schiller den Begriff des Erhabenen aus dem Gebiet des Naturschönen in das Gebiet der Tragödientheorie.[96] Im Dynamisch-Erhabenen fand er eine Lösung für zwei Probleme: Erstens löste das stolze Gefühl der moralischen Freiheit im Anschluss an das Erhabene das charakteristische Problem des Vergnügens an tragischen Gegenständen, womit sich zentrale Denker der europäischen Aufklärung auseinandersetzten, etwa l'abbé Dubos[97] (das Wohlgefallen als die Funktion der sicheren Distanz zu grausamen Ereignissen auf der Bühne, deren illusionärer Charakter uns bewusst ist), Joseph Addison[98] (das Wohlgefallen daran, dass das Schreck-

94 Immanuel Kant, *Kritik der Urteilskraft, Gesammelte Werken. Akademieausgabe* (Berlin: Reimer, 1911), Bd. 5, 271-272.

95 Kant, *Kritik der Urteilskraft*, 261-262.

96 Schiller, „Vom Erhabenen", „Über das Pathetische", *Sämtliche Werke*, hg. von Herbert G. Göpfert (München: Hanser, 1962), Bd. 5, 486-511; 512-537.

97 Jean-Baptiste Dubos, *Réflexions critiques sur la poésie et sur la peinture* (Paris: Mariette, 1740), Bd. 1, 421-423 (und passim).

98 Joseph Addison, Richard Steele, The Spectator, Hg. Adam Chalmers (New York: Appleton, 1879), no 418: „When we look on such hideous objects, we are not a little pleased to think that we are in no danger of them. We consider them at the same time, as dreadful and harmless; so that the more frightful appearance they make, the greater is the pleasure we receive from the sense of our own safety."

liche nicht mir passiert), David Hume[99] (das Problem von *mixed emotions*; das Wohlgefallen an der gelungenen Nachahmung ist stärker als das durch das angeborene Mitleid ausgelöste Unbehagen an den schrecklichen Geschehnissen). Laut Schiller ergötzte sich der Zuschauer, indem er Vergnügen am Tragischen empfand, an der Grundlage aller Tugenden: an der Freiheit, wie sie sich im Phänomenalen offenbart.[100]

Das Erhabene hängt mit der Trennung verschiedener Vermögen und Register der Welt zusammen. Schiller sagt, erhaben ist eine Erscheinung, „deren letzter Grund aus der Sinnenwelt nicht kann abgeleitet werden."[101] Es gebe keinen allmählichen Übergang zwischen dem Reich der Freiheit und dem der bedingten Welt. Den plötzlichen Augenblick, in dem das Mathematisch-Erhabene die transzendentale Einbildungskraft samt ihrer Zeit und ihrem Raum einfach zersprengt oder das Dynamisch-Erhabene die unbedingte Freiheit des Subjekts offenbart, können allzu glatte, harmonische Formen nicht ausdrücken.[102] Es bieten sich eher Metaphern des Sprungs (sowohl in sportlicher als auch geologischer Bedeutung), der Kluft oder des Hiatus an. Die Form des Erhabenen – offen und zwingend zugleich – wurde diesem Denken von Kants Oeuvre auferlegt.

Kant nannte die Freiheit den „Schlussstein" seiner multidimensionalen Lehre.[103] Er baute sie – wie man die großen Bauten zu bauen pflegt – von unten nach oben auf. Kant machte allen jüngeren Philosophen, die sein philosophisches System abschließen („vollenden") wollten, indem sie vom Grundsatz (der Freiheit) ausgingen und deduktiv, linear, von oben herab ihre allgemeinen Theorien von allem entwickelten, den Vorwurf, dass sie keine *Arbeit* leisten, sondern *Alchemie* betreiben.[104] Statt eine Konstruktion auszu-

99 David Hume, „Of Tragedy", *Four Dissertations* (London: Millar, 1757), 185-200.

100 Friedrich Schiller, „Vom Erhabenen", 489: „*Erhaben* nennen wir ein Objekt, bei dessen Vorstellung unsre sinnliche Natur ihre Schranken, unsre vernünftige Natur aber ihre Überlegenheit, ihre Freiheit von Schranken fühlt; gegen das wir also *physisch* den kürzern ziehen, über welches wir uns aber *moralisch*, d. i. durch Ideen erheben."

101 Schiller, „Über das Pathetische", 518.

102 Ich lasse den Fall von Schillers schöner Seele in „Anmut und Würde" beiseite, *Sämtliche Werke*, Bd. 5, 433-489.

103 Kant, *Kritik der praktischen Vernunft*, 3-4: „Der Begriff der Freiheit, so fern dessen Realität durch ein apodiktisches Gesetz der praktischen Vernunft bewiesen ist, macht nun den *Schlussstein* von dem ganzen Gebäude eines Systems der reinen, selbst der spekulativen, Vernunft aus, und alle anderen Begriffe (die von Gott und Unsterblichkeit), welche, als bloße Ideen, in dieser ohne Haltung bleiben, schließen sich nun an ihn an, und bekommen mit ihm und durch ihn Bestand und objektive Realität, d. i. die *Möglichkeit* derselben wird dadurch *bewiesen*, dass Freiheit wirklich ist; denn diese Idee offenbaret sich durchs moralische Gesetz."

104 Henrich, *Between Kant and Hegel*, 61-62.

arbeiten, die eine zuverlässige Stütze für die Freiheit sein könnte, bauten sie ihren Bau in den Wolken. Die Freiheit, die aus dem Himmel fällt, entstellt sich ganz einfach. Die alte, vorkritische Metaphysik zwang auch dem Menschen die Freiheit von oben herab auf, um die Bedingungen und Gott zu entschuldigen. Der vollständige Titel des berühmten Werks von Leibniz lautet: *Essais de Theodicée sur la Bonté de Dieu, la liberté de l'homme et l'origine du mal.* Kant trat sogar gegen sein Idol Rousseau an, der selbst vermittels des *vicar savoyar* die Leibnizsche Theodizee vor Voltaires Spott verteidigte und glaubte, dass Gott das Böse zulässt, obwohl Er es nicht will, um das wichtigste Prinzip der Freiheit aufrechtzuerhalten.[105] Während Rousseau wie Leibniz das kleinere Übel für das höchste wirkliche Gute hält, denkt Kant maximalistisch und zugleich mit Rückgriff auf Fiktion: Die durch Freiheit ermöglichte Moralität, deren Befolgung Glückswürdigkeit bedeutet, muss mit der höchsten Glückseligkeit zusammenfallen, auch wenn diese These nur eine Annahme ist, ein Postulat, dass das Leben erträglich macht.[106] Das Postulat soll als eben eine Annahme und nicht eine unumstößliche Tatsache betrachtet werden, das Subjekt bleibt aber seiner Zerrissenheit bewusst.

Das Subjekt bleibt zweigeteilt oder sozusagen von sich selbst geschieden, denn einerseits – hinsichtlich der Welt und seinen Bedürfnissen (seiner Sinnlichkeit) – unterliegt es der äußerlichen Kausalität, anderseits ist es als moralisches Subjekt unbedingt frei. Das Wort, das die erhabene Spaltung wunderbar bezeichnet, finden wir bei Hölderlin in der Hymne *Am Quell der Donau*:

> Und wohlgeschieden, aber darum denken
> Wir aneinander doch.

Am Ursprung ist der Mensch getrennt,[107] und zwar von anderen wie von sich selbst, und es ist gut so (suggeriert die Stimme des Gedichts). Darum kann

---

105 Jean-Jacques Roussau, *Emile ou de l'éducation* (Paris, Néaulme, 1762), Bd. 3, 24: „Si l'homme est actif et libre, il agit de lui-même ; tout ce qui'il fait librement n'entre point dans le système ordonné de la Providence, et ne peut lui être impute. Elle ne veut point le mal que fait l'homme en abusant de la liberté qu'elle lui donne ; mais elle ne l'empêche pas de la faire, soit que de la part d'un être si faible ce mal soit nul à ses yeux, soit qu'elle ne pût l'empêcher sans gêner sa liberté, et faire un mal plus grand en dégradant sa nature."

106 Kant, *Kritik der praktischen Vernunft*, 124-127.

107 Diese Nicht-Identität von Hölderlins Menschen und Ich betonte schon Theodor W. Adorno, „Parataxis. Zur späten Lyrik Hölderlins", *Gesammelte Schriften*, hg. von Rolf Tiedemann (Frankfurt am Main: Suhrkamp, 1974), 447-491.

man „Gespräch sein“,[108] ein Austausch von Repliken. Voll Verdienst, doch dramatisch wohnt der Mensch auf dieser Erde. Ebenfalls am Ursprung der modernen kritischen Tragödientheorie, die mit dem Versuch beginnt, das freie Subjekt ins Phänomenale (die Welt) zu re-integrieren, ohne die Leistungen der destruktiven Kritik einzubüßen, die den Platz schufen für absolute Freiheit, müssen die Menschen ‚wohlgeschieden‘ sein.

Bei Schiller – vor allem in seinem Vorwort zur *Braut von Messina* – stellt sich heraus, dass die Tragödie Atempausen und eine Abwechslung von Dimensionen braucht, die die Auftritte des Chores mit sich bringen, um ihre Wirkung auf den Zuschauer als das freie Subjekt auszuüben. Bei Hölderlin ist die tragische Form extrem heterogen, vielschichtig, multidimensional, sie springt zwischen den widersprüchlichen Teilen beständig hin und her: „der immer widerstreitende Dialog“, „der Chor als Gegensatz gegen diesen“, das „Ineinandergreifen zwischen den verschiedenen Teilen: im Dialog und zwischen dem Chor und Dialog und den großen Partien oder Dramaten, welche aus Chor und Dialog bestehen.“[109] Auch bei den Frühromantikern besteht die vollkommene Form sowohl der Sophokleischen Tragödie als auch des aus der tragischen Form abgeleiteten Romans der Zukunft aus separaten Teilen und aus zuverlässigen Instruktionen sowie deren Verknüpfung. Für viele Theoretiker – so verschiedene wie Hegel und Kierkegaard, Norwid und Benjamin – offenbart sich der Sinn des Tragischen in dem Abstand zwischen der altgriechischen und modernen Tragik. Hermann Cohen zog Anfang des 20. Jahrhunderts den endgültigen Schluss aus der erhabenen Wohlgeschiedenheit in der tragischen Form, indem er die Distanz zwischen dem Schauspieler und dem Zuschauer als die zureichende Bedingung darstellte, das moralische Subjekt hervorzubringen.[110]

3.4. Modell und Fiktion

Im 1802/03 entstandenen Aufsatz *Über die wissenschaftlichen Behandlungsarten des Naturrechts, seine Stelle in der praktischen Philosophie und sein Verhältnis zu den Positiven Rechtswissenschaften* spricht Hegel von „einem absoluten Kunstwerk“, von „der Tragödie im Sittlichen“,[111] die der Bourgeois betrachtet:

---

108 Siehe der Hymnenentwurf „Versöhnender, der du nimmergeglaubt“ (Entwurf zur „Friedensfeier“), *Sämtliche Werke*, Bd. 8, 597.

109 Hölderlin, *Sämtliche Werke*, Bd. 16, 257.

110 Herman Cohen, *Ästhetik des reinen Gefühls* (Berlin: Cassirer, 1912), Bd. 2, 61-83.

111 Hegel, *Werke*, Bd. 2, 495.

Gemeint ist die dem Bourgeois eigene Bürgerlichkeit (sein Citoyen-Dasein), seine Teilnahme an Handlungen des sichtbaren Staates. Zwar „spielt"[112] das Absolute die berühmte „Tragödie im Sittlichen" für und mit sich selbst, aber der Standpunkt, von dem aus sie betrachtet wird, scheint sehr ungünstig, ja begrenzt zu sein.

In dem (relativ) absoluten Standpunkt der späteren Rechtsphilosophie (1820) sieht man es genauer:

> Der Staat ist kein Kunstwerk, er steht in der Welt, somit in der Sphäre der Willkür, des Zufalls und des Irrtums; übles Benehmen kann ihn nach vielen Seiten defigurieren. Aber der hässlichste Mensch, der Verbrecher, ein Kranker und Krüppel ist immer noch ein lebender Mensch; das Affirmative, das Leben, besteht trotz des Mangels, und um dieses Affirmative ist es hier zu tun.[113]

Es gilt die Idee des Staates – oder des „inwendigen Organismus" – aus zufälligen Begebenheiten herauszuwinden, das heißt seinen Zweck zu bestimmen, da jedes Gebilde zweckmäßig sein muss. Der Begriffskomplex ‚Zweckmäßigkeit'/ ‚Organismus'/ ‚Kunst' stammt bekanntermaßen aus Kants *Kritik der Urteilskraft* mit ihren zwei Teilen, die das ästhetische und das teleologische Urteilen behandeln.[114] Die zweite bezieht sich auf das organische Leben. Das Zweckmäßige, Organische, Lebendige, Ästhetische am Staat zu identifizieren bedeutet allerdings nicht, ihn als Kunstwerk zu betrachten. Der Staat muss sich eher im kunstfeindlichen Milieu, „in der Welt, somit in der Sphäre der Willkür, des Zufalls und des Irrtums",[115] behaupten und funktionieren. Genau wegen des Bezugs des Staats zur Kontingenz verehrt Hegel den Staat „als ein Irdisch-Göttliches".[116]

Wie Revolutionen laut Marx (und vielen, vielen anderen) das Theater brauchen, um sich zu legitimieren, so brauchen es auch Staaten, vor allem diejenigen, die – wie Hegels Staat – sich als Ausdruck des allgemeinen Willens begreifen. Hobbes griff in seinen Erklärungen, wie eine Rechtsperson funktioniert, auf den Schauspieler im Theater zurück. Der Souverän muss, damit seine Worte und Taten allgemeine Gültigkeit haben, im Namen jedes Einzelnen handeln und sprechen; eben darum ruft die erste Setzung des Staates zugleich zwei entgegengesetzte Instanzen ins Leben: den Souverän und *the state, the commonwealth*, die Allgemeinheit, die den Souverän als

112 Hegel, *Werke*, Bd. 2, 495

113 Hegel, *Grundlinien der Philosophie des Rechts, Werke*, Bd. 7, 404 (§ 258).

114 Kant, *Kritik der Urteilskraft*, 346-354, 359-362.

115 Hegel, *Grundlinien der Philosophie des Rechts, Werke*, Bd. 7, 404 (§ 258).

116 Hegel, *Grundlinien der Philosophie des Rechts*, 434 (§ 272).

Repräsentanten des Ganzen in ihrem Namen zu handeln und sprechen ermächtigt. Die Allgemeinheit, deren Entstehung mit dem Moment der Amtsübertragung zusammenfällt, beobachtet später das Spektakel der Macht und damit sich selbst.[117] Laut dem jungen Hegel sieht sie die Tragödie oder die Komödie im Sittlichen.

Als Hegel und seine Freunde noch im Tübinger Stift studierten, bedrohte die Kant'sche Freiheit die dogmatische Theologie. In seinem brillanten Debüt, das allgemein für eine Schrift Kants gehalten wurde,[118] stellte der junge Fichte in *Versuch einer Kritik aller Offenbarung* fest, dass nur verdorbene Epochen und Völker die Offenbarung und die Tradition brauchen, da sie es nicht vermögen, selbstständig die Formel des kategorischen Imperativs zu entdecken.[119] Als Kant selbst mit seiner *Religion innerhalb der Grenzen der bloßen Vernunft* (1793) zur Debatte beitrug, reduzierte er die Evangelien auf die bildhafte Propaganda der praktischen Vernunft. In *Ende aller Dinge* (1784) brachte er den moralistischen Kern des Christentums auf den Punkt: „Das Christentum hat zur Absicht: Liebe zu dem Geschäft der Beobachtung seiner Pflicht zu befördern und bringt sie auch hervor."[120] Die Offenbarung wird als eine anmutige Illustration der Postulate der Ethik verstanden. Da aber die Postulate der reinen Vernunft in einem bestimmten Sinne fiktional sind, veranschaulicht die Offenbarung erzählerisch eine Reihe von notwendigen Fiktionen. Die Fiktionalität der Offenbarung symbolisiert die Fiktionalität, die im Herzen der wahren Tugendlehre waltet.

Die Freiheit des Subjekts, die Seelenunsterblichkeit und die Existenz Gottes, die die Tugend mit Glückseligkeit belohnt, können nicht bewiesen werden, und doch muss man ihre Existenz als die unentbehrliche Möglichkeitsbedingung jeder ethischen Handlung annehmen.[121] Die Hypothese der Zweckmäßigkeit der Natur hängt nun mit dem Postulat der Güte Gottes zusammen;

117 Vgl. Quentin Skinner, *Die drei Körper des Staates*, übersetzt von Karin Wördemann (Göttingen: Wallstein, 2012), 55, 67-68.

118 Zumal das Büchlein 1791 in Königsberg im Verlag des Hartungschen Buchhandlung erschienen ist.

119 Johann Gottlieb Fichte, „Versuch einer Kritik der Offenbarung", *Sämtliche Werke*, hg. von Johann Fichte (Berlin: Veit und Comp., 1845), Bd. 5, 114-272.

120 Kant, „Ende aller Dinge", *Gesammelte Werke*, Bd. 8, 338.

121 Kant, *Kritik der praktischen Vernunft*, 113: „In dem höchsten für uns praktischen, d. i. durch unsern Willen wirklich zu machenden, Gute werden Tugend und Glückseligkeit als notwendig verbunden gedacht, so daß das eine durch reine praktische Vernunft nicht angenommen werden kann, ohne daß das andere auch zu ihm gehöre. Nun ist diese Verbindung (wie eine jede überhaupt) entweder analytisch, oder synthetisch. usw." Alle Antinomien der praktischen Vernunft kreisen um das Problem der Notwendigkeit und Fiktionalität der Postulate (113-116).

die Postulate machen unser Fristen im ‚Tal der Tränen' erträglich, indem sie dem Leben und dem ethischen Handeln die Aussicht auf tatsächliches Glück geben. In den Postulaten aber, die die *freien* Menschen trösten sollen, lauert die Gefahr eines neuen Dogmatismus. Jedes willkürliche Dogma könnte als eine für das Leben der Menschen unentbehrliche Wahrheit verkleidet sein und als solche verkauft werden.[122] Darum darf die kritische Tragödientheorie, die mit Schelling anfängt, mit Recht als ein Plädoyer für die Fiktionalität der Postulate verstanden werden. Eine erzählerische Hülle schützt die Fiktionalität der Fiktionen – Schelling findet eine solche Hülle in der griechischen Tragödie, während Kant und Fichte auf die Offenbarung hinwiesen. Die Figur dieser Hülle ist also Ödipus/ Christus des Ecce-Homo.

Von der Aufrechterhaltung der Fiktionalität der ‚Vernunftsfiktionen' hängt das Moralische der Moral ab. Wenn der Imperativ den Status der Fiktion verliert, artet die Tugend in schrecklichsten Wahnsinn und Terror aus. Die Schreckensherrschaft zu zähmen war eine der Hauptaufgaben der kritischen Tragödientheorie. Der französische Terror war den ersten kritischen Tragödientheoretiker nichts anderes als der Dogmatismus der Tugend.

Der Imperativ ist die kategorische Aufforderung zur Fiktion: „Demnach muss ein jedes vernünftige Wesen so handeln, als ob es durch seine Maximen jederzeit ein gesetzgebendes Glied im allgemeinen Reich der Zwecke wäre."[123] „Handle so, als ob die Maxime deiner Handlung durch deinen Willen zum allgemeinen Naturgesetze werden sollte."[124] Der Als-ob-Modus schützt den Handelnden vor der größten Gefahr für die Moral – dem titanischen Stolz, der Hamartie: Niemand darf sich im Ernst mit dem allmächtigen und allwissenden Schöpfer identifizieren, der die Welt nach seinem Willen, der dem Grundgesetz der reinen praktischen Vernunft entspricht, gestalten kann; und ebenso wenig darf man sich mit ‚Heiligen' oder ‚Engeln' verwechseln, deren Handlungsimpulse nur aus dem Gesetz der reinen praktischen Vernunft kommen und nicht zugleich aus der Sinnlichkeit (wie es bei endlichen Vernunftwesen der Fall ist, die von dieser doppelten Quelle an Beweggründen bestimmt werden). Kant möchte der Gefahr der *„bloß moralischen* Schwärmerei"[125] vorbeugen, welche dazu führe, dass Tugend nicht um der Tugend willen die Handlungsabsicht bestimmt, sondern wegen eines Gefühls – aus „Herzensaufwallungen"[126] – bestimmend wird; z. B. wenn man aufgrund der Lust handelt, die die

122 Siehe das Schelling-Kapitel.

123 Kant, *Grundlegung zur Metaphysik der Sitten*, 438.

124 Kant, *Grundlegung zur Metaphysik der Sitten*, 421.

125 Kant, *Kritik der praktischen Vernunft*, A 152.

126 Kant, *Kritik der praktischen Vernunft*, A 153.

Überzeugung mit sich bringt, eine besonders tugendhafte Person zu sein. Oder, in Hegels Begriffen, die ganze Wahrheit einer Kultur zu repräsentieren, wie dies Antigone oder Ödipus *der Tyrann* zu tun pflegten, indem sie die Tyrannei (die Politik), er aber das Häusliche verkannten. Der titanische Stolz resultiert auf diese Weise in einer Zerstörung von Moralität und muss verhindert werden. (Der Als-ob-Modus schützt nicht nur vor dieser Zerstörung, sondern drückt auch Misstrauen gegenüber dem hypothetischen Imperativ aus.)[127]

Diesen fiktionalen Modus entleiht Kant seinem Lieblingsphilosophen, Rousseau, der sowohl seine Erzählung über den Ursprungs der Ungleichheiten unter den Menschen als auch sein Modell des Gesellschaftsvertrags (wie früher Hobbes[128]) in den Begriffen der erklärenden Fiktionalität begründet:

> Man muss die Untersuchungen, die dazu nötig sind, nicht als historische Wahrheiten, sondern, wie es die Naturkundigen zu machen pflegen, wenn sie von dem Ursprung der Welt handeln wollen, als bedingte und hypothetische Vernunftschlüsse betrachten, die mehr die Natur der Dinge beleuchten, als ihren wahren Ursprung zeigen.[129]
>
> Der Mensch ist frei geboren, und überall liegt er in Ketten. [...] Wie ist dieser Wandel zustande gekommen? Ich weiß es nicht. Was kann ihm Rechtmäßigkeit verleihen? Diese Frage glaube ich beantworten zu können.[130]

Kant schreibt selbst über den „ursprüngliche[n] Kontrakt [...] (contractus originaris oder pactum sociale genannt)", dass es

---

127 Kant, *Kritik der reinen Vernunft*, 138-140: vgl. Kant, „Über den Gemeinspruch: ‚Das mag in der Theorie richtig sein, taugt aber nicht für die Praxis'", *Gesammelte Werke*, Bd. 8, 279-280; Henrich, *Between Kant and Hegel*, 159.

128 In Kapitel 13 von *Leviathan*: „It may peradventure be thought, there was never such a time, nor condition of warre as this; and I believe it was never generally so, over all the world: but there are many places, where they live so now. For the savage people in many places of America, except the government of small Families, the concord whereof dependeth on naturall lust, have no government at all; and live at this day in that brutish manner, as I said before. Howsoever, it may be perceived what manner of life there would be, where there were no common Power to feare" (Thomas Hobbes, *Leviathan. Reprinted from the Edition of 1651* (Oxford: Clarendon Press, 1929), 95).

129 Jean Jacques Rousseau, „Abhandlung über den Ursprung und die Grundlagen der Ungleichheit", *Schriften*, übersetzt und hg. von Henning Ritter (München, Wien: Ullstein, 1978), Bd. 1, 193.

130 Jean Jacques Rousseau, *Vom Gesellschaftsvertrag oder die Grundsätze des Staatsrechts*, übersetzt von Hans Brockhardt (Stuttgart: Reclam, 1977), 5; die zwei Zitate von Rousseau wurden in Eberhard Braun, Felix Heine, Uwe Opolka, *Politische Philosophie. Ein Lesebuch. Texte, Analysen, Kommentare* (Reinbek bei Hamburg: Rowohlt, 2008), 229-230, nebeneinandergestellt.

> keineswegs als ein Faktum vorauszusetzen nötig [ist] (ja als ein solches gar nicht möglich); gleichsam als ob allererst aus der Geschichte vorher bewiesen werden müsste, dass ein Volk, in dessen Rechte und Verbindlichkeiten wir als Nachkommen getreten sind, einmal wirklich einen solchen Actus verrichtet und eine sichere Nachricht oder ein Instrument davon uns mündlich oder schriftlich hinterlassen haben müsse, um sich an eine schon bestehende bürgerliche Verfassung für gebunden zu achten. Sondern es ist eine bloße Idee der Vernunft, die aber ihre unbezweifelte (praktische) Realität hat: nämlich jeden Gesetzgeber zu verbinden, dass er seine Gesetze so gebe, als sie aus dem vereinigten Willen eines ganzen Volks haben entspringen können, und jeden Untertan, so fern er Bürger sein will, so anzusehen, als ob er zu einem solchen Willen mit zusammen gestimmt habe.[131]

Die Synthese des Mannigfaltigen erfordert Fiktion – sowohl in der Moral wie in der Politik. Die multidimensionale Form der Organisation, die der Freiheit eine Stütze bieten soll, bedient sich der Fiktion in moderner literarischer Form, d.h. einer Erzählung, die weder wahrhaftig noch falsch, sondern wirksam mit Blick auf Wertungen und Handlungen ist. Die mit kleinen Dosen des Konjunktivs, des Als-Ob geimpften Postulate ermöglichen die Versöhnung zwischen der praktischen Vernunft und der Teleologie – sowohl in der Natur als auch in der Geschichte[132] – und verhindern Ausbrüche des titanischen Terrors, wenn die Idee auf das Phänomen (reine Vernunft auf sinnliche Bedingungen in der Person des endlichen Vernunftwesens) trifft. Man kann sagen, dass die Fiktion die notwendige Bedingung für die Anwendung der Theorie auf die Praxis wird. Das Fingieren sei Einübung der wahren Moralität durch das Ich – des „geliebten Selbst", das der Mensch „von dem Tage an", in dem er anfängt, „durch Ich zu sprechen" „zum Vorschein" bringt.[133] Kant schreibt daher in der Anthropologie:

> Die Menschen sind insgesamt, je zivilisierter, desto mehr Schauspieler; sie nehmen den Schein der Zuneigung, der Achtung vor anderen, der Sittsamkeit, der Uneigennützigkeit an, ohne irgendjemand dadurch zu betrügen; weil ein jeder andere, dass es hiermit eben nicht herzlich gemeint sei, dabei einverständigt ist, und es ist auch sehr gut, dass es so in der Welt zugeht. Denn dadurch, dass Menschen diese Rolle spielen, werden zuletzt die Tugenden, deren Schein sie eine geraume Zeit hindurch nur gekünstelt haben, nach und nach wohl wirklich erweckt, und gehen in die Gesinnung über.[134]

---

131 Kant, „Über den Gemeinspruch", 291.

132 Vgl. Jacques Derrida, „Before the Law", *Acts of Literature*, übersetzt von Derek Attridge (New York: Routledge, 1992), 190.

133 Immanuel Kant, *Anthropologie in pragmatischer Hinsicht, Gesammelte Werke*, Bd. 7, 128.

134 Kant, *Anthropologie in pragmatischer Hinsicht*, 151 („Von dem erlaubten moralischen Schein").

Fake it, until you make it – wie die pragmatischen Amerikaner den Weg der geistigen Entwicklung abstecken. Rousseau verfasste seine *Bekenntnisse* als ein Werk von bisher unerhörter Ehrlichkeit (damit prahlt er in ersten Worten des Werks). Diese Tugend der Ehrlichkeit lernte er aber, indem er Rollen von tugendhaften Helden Plutarchs verkörperte.[135]

Die Rolle der Offenbarung und der Geschichtschreibung wird bei Kant (ganz zu schweigen von den Idealisten oder den Romantikern) interessanter als bei Spinoza gestaltet, der die beiden einfach aus dem Bereich der Philosophie ausklammerte. Spinoza bewies in seinem *Tractatus theologico-politicus*, dass der einzige Gehalt der Offenbarung die Lehre sei, wie man den Gehorsam der gemeinen Menge erzwingt, sodass sie, von Geschichten beschwichtigt oder regelrecht betäubt, nicht rastet und die Philosophen in Ruhe lässt.[136] (Seit Sokrates oder sogar seit Thales zeigte nämlich die Menge eine Schwäche dafür, Weise und Gelehrte wegen ihres selbständigen Denkens zu verfolgen, auszulachen und zu drangsalieren.) Die Theologie ist laut Spinoza Politik pur und hat mit Philosophie nichts zu tun.[137] Die Tragödientheorie des deutschen Idealismus und der deutschen Romantik – beide Richtungen wollten Kant und Spinoza vereinigen[138] – widersetzt sich einer solchen Trennung von

---

135 Rousseau, *Bekenntnisse*, 6; Rousseau, *Les Confessions*, Bd. 1, 5: „De ces intéressantes lectures, des entretiens qu'elles occasionaient entre mon père et moi, se forma cet spirit libre et républicain, ce caractère indomptable et fier, impatient de joug et de servitutde, qui m'a tourmenté tout le temps de ma vie, dans les sitations le moins propres à lui donner l'essor. Sans cesse occupé de Rome et d'Athènes, vivant pour ainsi dire avec leurs grands hommes, né moi-même citoyen d'une république, et fils d'un père dont l'amour de la patrie était la plus forte passion, je m'en enflammais à son example, je me croyais Grec ou Romain, je devenais le personage don't je lisais la vie; le récit des traits de constance et d'intrépidité qui m'avait frappe me rendait les yeux étincelants et la voix forte. Un jouir que je rancontais à table l'aventure de Scévola, on fut effrayé de me voir advancer et tenir la main sur un réchaud, pur représenter son action."

136 Baruch Spinoza, „Vorrede", *Theologisch-politische Abhandlung*, übersetzt von J.H. von Kirchmann (Berlin: L. Heimann, 1870), 2, 7-8: „Nachdem ich so die Grundlagen des Glaubens dargelegt habe, folgere ich, dass der Gegenstand der geoffenbarten Erkenntnis nur der Gehorsam sei, und deshalb von der natürlichen Erkenntnis sowohl dem Gegenstande, wie den Grundlagen und Mitteln nach gänzlich verschieden sei, mithin beide nichts mit einander gemein haben, sondern jede ihr Reich ohne alles Widerstreben der andern besitze und keine die Magd der andern zu sein brauche." Der Beweis dieser These wird vor allem im 13., 14. und 15. Kapiteln durchgeführt.

137 Spinoza, *Theologisch-politische Abhandlung*, 198-208.

138 Neuere Monographien des Problems in Bezug auf den Idealismus sind Beth Lord, *Kant and Spinozism: Transcendental Idealism and Immanence from Jacobi to Deleuze* (London: Palgrave Macmillan, 2011); Eckhart Förster, Yitzhak Y. Melamed (Hg.), *Spinoza and German Idealism* (Cambridge: CUP, 2012); Der Übergang der Romantik vom Kantismus zum Spinozianismus findet in Friedrich Schlegels „Gespräch über die Poesie" statt. Kants

Theologie und Philosophie, Geschichte und Systematik, Politik und Reflexion. Das Sichtbarwerden oder die Offenbarung der göttlichen Freiheit in Form der politischen Organisation, wobei die Fiktion die Separation, den inneren Unterschied hütet, deuten sie als das philosophische Problem schlechthin. Die wahre Freiheit ist schon da und als eine Fiktion bewirkt sie reale Änderungen im Menschen, der mit vollem Bewusstsein einen tugendhaften Bürger spielt, d.h. einen allmächtigen Gesetzgeber, der mit jeder Tat universale Normen schafft, aber nur im Spiel. Das Repertoire der Freiheits-Fiktion breitet sich von dem *imitatio Christi* bis hin zur Verschmelzung der Vernunft mit der anonymen Substanz aus, was laut Spinoza das höchste Glück darstellt.[139]

3.5. Die Deutschen als Publikum

Wie Gottscheds Theaterreform (ab 1729-30)[140] veranschaulicht, erkannte die deutsche Aufklärung der französischen folgend das Repertoiretheater als das wirksamste Medium der Tugendpropaganda an. Bei den in ganz Europa gern gelesenen britischen Moralisten, die im Menschen den *moral sense* oder die *compassion* als Grundlage der Moral sowie der gesellschaftlichen Natur entdeckten, machte die Lust am Zuschauen und an der Teilnahme den Beweis oder das Wesen der menschlichen Tugendhaftigkeit aus. Das Theatralische wäre also nicht etwas, was der Tugend zustößt oder sie verstärkt, sondern ihr eigentliches Milieu, außerhalb dessen sie nicht existieren könne. So schrieb David Hume über *virtue*: „every quality of the mind which is useful or agreeable to the person himself or others, communicates a pleasure to the spectator, engages his esteem, and is admitted under the honorable denomination of virtue or merit."[141] Tugend liegt wie Schönheit im Auge des Betrachters.

Immanuel Kant führte den Topos des deutschen Zuschauens bei der Revolution als Einübung in Tugend ein: Im *Streit der Fakultäten* (1797)

---

und Fichtes herrschen in den Fragmenten und Charakteristiken, während Spinoza der Held der „Rede über die Mythologie" ist *Kritische Friedrich-Schlegel-Ausgabe*, Bd. 2, 311-329). Mit solch einem Versuch, den Spinozismus mit dem Kant'schen Kritizismus in Verbindung zu setzen, beginnt die die kritische Tragödientheorie, wie ich im nächsten Kapitel zeige.

139 Spinoza, *Ethik. In geometrischer Weise behandelt in fünf Teilen*, übersetzt von Jakob Stern (Leipzig: Reclam, 1975), Teil 5, Lehrsetze 22, 23, 29-31, 36.

140 Johann Christian Gottsched, *Versuch einer kritischen Dichtkunst, durchgehends mit den Exempeln unserer besten Dichter erläutert* (Leipzig: Breitkopf, 1751) [Faksimile hergestellt von Darmstadt: Wissenschaftliche Buchgesellschaft, 1962].

141 David Hume, *An Enquiry concerning the Principles of Morals*, Hg. von Tom L. Beauchamp (Oxford: Clarendon Press, 1999), 227 (9.12).

beschreibt er die Beziehung der Deutschen zur Französischen Revolution in theatralisch-moralistischen Kategorien. Die Deutschen beobachteten die Geschehnisse in Frankreich und befänden sich als Zuschauer in einer solchen Situation, in der ihre Passivität oder ihr Widerwille, die Rampe zu überschreiten, schon eine bedeutsame Handlung sei, da verschiedene Interventionen das Spektakel zu Ende zu bringen versuchten.[142] Genauso passiv und lauschend war das deutsche Publikum 1830-31, während des polnischen Novemberaufstandes gegen die Russen und des Spektakels, als die geschlagenen Polen durch Deutschland zogen,[143] sowie während des Berliner Polenprozesses.[144]

Wie kann man aber das Publikum als einen Schauspieler im Theater Europa darstellen? Ein Modell der dramatisch agierenden Passivität fanden deutsche Denker und Dichter bis ins 20. Jahrhundert in der deutschen Nationaltragödie, in Shakespeares *Hamlet*. So ist der berühmt-berüchtigte Topos ‚Deutschland-Hamlet' samt seiner Transformationen entstanden.[145] Was konstant war, war die Interpretation der Figur Hamlets, die Goethe in *Wilhelm Meisters Lehrjahre* (IV.13) formulierte, indem er die Disproportion zwischen der Absicht und der Tat und damit die Unmöglichkeit der *passage à l'acte* hervorhob. *Hamlets* Thema ist:

> eine große Tat auf eine Seele gelegt, die der Tat nicht gewachsen ist. […] Hier wird ein Eichbaum in ein köstliches Gefäß gepflanzt, das nur liebliche Blumen in seinen Schoß hätte aufnehmen sollen; die Wurzeln dehnen sich aus, das Gefäß wird zernichtet.[146]

---

142 Siehe unten.

143 Heinrich Matthaey, „Die große Nacht": „Vater, wach auf!/ Hörest du nicht? – Kein tobend Gewirre?/ Ist's nicht wie fernes Waffengeklirre,/ Laut wie der Freiheit mächtiges Drängen?", Gustav Schwab, „Ein Flüchtling": „Du wirst mir vor der Seele stehen,/ So lang mein Geist noch Bilder treibt,/ So lang mein Blick, was er gesehen,/ Noch vor sich in die Lüfte schreibt." Ebenso ist Uhlands „Mickiéwicz" auf das Hören eingestellt (Gerard Koziełek (Hg.), *Polenlieder. Eine Anthologie* (Stuttgart: Reclam, 1982), 46, 121, 137).

144 Siehe das Büchner-Libelt-Černyševskij-Kapitel.

145 Er wurde mehrmals beschrieben: Walter Muschg, „Deutschland ist Hamlet", *Die Zeit*, 24. April 1964 und 1. Mai 1964, http://www.zeit.de/1964/17/deutschland-ist-heimat; http://www.zeit.de/1964/18/deutschland-ist-hamlet-ii [11.12.2015]; Manfred Pfister, „Germany is Hamlet: The History of a Political Interpretation", *New Comparision* 1986, 2, 106-126; Andreas Höfele, *No Hamlets: German Shakespeare from Nietzsche to Carl Schmitt* (Oxford: Oxford University Press, 2016); Frank Günther, *Unser Shakespeare: Einblicke in Shakespeares fremd-verwandte Zeiten* (München: dtv, 2016).

146 Johann Wolfgang von Goethe, *Wilhelm Meisters Lehrjahre, Werke*, hg. von Erich Trunz (Hamburg: Wagner, 1948-60), Bd. 7, 245-246.

Während aber die kritische Intelligenz des Vormärz Deutschland dazu forderte, die Hamlet-Maske vom Gesicht zu reißen, was endlich Bismarck 1870 vollendete, versuchten die Frühromantiker und die Weimarer Klassiker, allen voran Goethe, die Tatenlosigkeit – die Aktivität des passiven Publikums – tragisch zu potenzieren, sodass diese hamletische Politik die Grundlagen dessen lieferte, was Stanisław Brzozowski in Bezug auf die belle époque die „Tragödie des Zuschauers" nannte.[147] Das berühmte Zitat aus der *Kampagne in Frankreich* kippt die gedanklichen Gewohnheiten, die das Dramatische und das Tragische mit dem Agieren in Verbindung setzen. Bei Goethe werden Taten als nicht tragisch, dafür aber gerade die Unmöglichkeit und die Notwendigkeit der Entscheidung als tragisch bezeichnet: nicht der Held, sondern der unparteiische Dichter „endigt" tragisch (natürlich damals bedeutete das Wort „endigen" auch „beenden", aber mit der Zeit der Wirkungsgeschichte wuchs die Zweideutigkeit von Goethes Feststellung und damit die Passivität des Dichters einerseits und die Tragik dieser Passivität andererseits):

> Übrigens lässt sich hierbei bemerken, dass in allen wichtigen politischen Fällen immer diejenigen Zuschauer am besten dran sind, welche Partei nehmen; was ihnen wahrhaft günstig ist, ergreifen sie mit Freuden, das Ungünstige ignorieren sie, lehnen's ab, oder legen's wohl gar zu ihrem Vorteil aus. Der Dichter aber, der seiner Natur nach unparteiisch sein und bleiben muss, sucht sich von den Zuständen beider kämpfenden Teile zu durchdringen, wo er denn, wenn Vermittlung unmöglich wird, sich entschließen muss, tragisch zu endigen. Und mit welchem Zyklus von Tragödien sahen wir uns von der tosenden Weltbewegung bedroht![148]

Auf diese Weise wird die Nation der Dichter und Denker als der tragische Hamlet stilisiert, der Zuschauer, der sich zur Schau stellt, wie ihn die eigene Tatenlosigkeit zugrunde richtet.

Als Alexis de Tocqueville im Rückblick zu veranschaulichen versuchte, was für ein Spektakel das revolutionäre Frankreich seinen Zeitgenossen darbot, bediente er sich automatisch der aristotelischen Kategorien *pitié* und *terreur* (Mitleid und Schrecken, ἔλεος und φόβος), die laut Aristoteles durch das Erleben der Tragödie im Zuschauer ausgelöst werden und diesen reinigen sollen. So erscheinen die Franzosen als „la plus brillante et la plus dangereuse

147 Stanisław Brzozowski, „Antoni Czechow", *Kultura i życie. Zagadnienia sztuki i twórczości. W walce o światopogląd* (Lwów: Połoniecki, 1907).

148 Johann Wolfgang von Goethe, *Campagne in Frankreich 1792, Werke*, Bd. 10, 361; vgl. Emil Staiger, *Goethe* (Zürich: Atlantis, 1956), Bd. 2, 92.

des nations de l'Europe, et la mieux faite pour y devenir tour à tour un objet d'admiration, de haine, de pitié, de terreur, mais jamais d'indifférence."[149]

Die Deutschen – warnt Immanuel Kant – sollten nicht in dieses tragische Spektakel eingreifen. Der Sinn dessen, was sich auf der Bühne präsentiert, liegt laut Kant nicht in den Absichten und Handlungen von Bühnenpersönlichkeiten, sondern in den Gemütern der Zuschauer (diese Annahme wird später die Grundlage der Konzeption der tragischen Ironie sein,[150] im Moment kann es sich um Mitleid und Angst handeln). Die Verwandlung der Zuschauer als Folge der theatralischen Selbsterkenntnis ist wesentlicher als die Wiedererkennungen und Peripetien (Demaskierungen und Urteile) auf der Bühne. Das Interesse der Deutschen am Spektakel ist rein ästhetisch – interesselos, das heißt „allgemein" und „uneigennützig" – und doch wird die Welt durch das Spektakel oder durch das Zuschauen verändert.

> Diese Begebenheit besteht nicht etwa in wichtigen, von Menschen verrichteten Taten oder Untaten, wodurch, was groß war, unter Menschen klein oder, was klein war, groß gemacht wird, und wie gleich als durch Zauberei alte, glänzende Staatsgebäude verschwinden, und andere an deren Statt wie aus den Tiefen der Erde hervorkommen. Nein: nichts von allem dem. Es ist bloß die Denkungsart der Zuschauer, welche sich bei diesem Spiele großer Umwandlungen öffentlich verrät und eine so allgemeine und doch uneigennützige Teilnehmung der Spielenden auf einer Seite gegen die auf der andern, selbst mit Gefahr, diese Parteilichkeit könne ihnen sehr nachtheilig werden, dennoch laut werden lässt, so aber (der Allgemeinheit wegen) einen Charakter des Menschengeschlechts im Ganzen und zugleich (der Uneigennützigkeit wegen) einen moralischen Charakter desselben wenigstens in der Anlage beweiset, der das Fortschreiten zum Besseren nicht allein hoffen lässt, sondern selbst schon ein solches ist, so weit das Vermögen desselben für jetzt zureicht.[151]

Es bedeutet Fortschritt, dem Handeln zu entsagen, wenn die Unterlassung eine reflexive Wende zu sich selbst bewirkt. Dann aber findet das Spektakel auf zwei Bühnen statt, wie Freud gesagt hätte, oder noch mehr. Der Zuschauer beobachtet das Spektakel in sich selbst, das Spektakel auf der Bühne, das Spektakel der Zuschauer für die Bühne, das Spektakel zwischen den Zuschauern, da er selber durch andere Zuschauer, die er beobachtet, sowie durch die Obrigkeit beobachtet wird; ein Spektakel für die Obrigkeit kommt also auch dazu. Nach Kant ist die verinnerlichte Revolution eine risikogeladene (weil beobachtete) Aufführung des moralischen Charakters durch

149 Tocqueville, *L'ancien régime et la révolution*, 344.

150 Ernst Behler, *Klassische Ironie, romantische Ironie, tragische Ironie. Zum Ursprung dieser Begriffe* (Darmstadt: Wissenschaftliche Buchgesellschaft, 1972), 134-154.

151 Immanuel Kant, *Der Streit der Fakultäten*, *Gesammelte Werke*, Bd. 7, 85.

das Publikum. Dass dieses Spektakel zum Wesen der Moral gehört, beweist die Struktur der Postulate und die des Imperativs. Das Gesellschaftliche, das das Spektakel ermöglicht (es gibt kein Spektakel ohne Zuschauer), wird durch die kathartische Identifizierung mit den Geschehnissen auf der Bühne ausgelöst. So relativiert Kant *nolens volens* seine Philosophie auf ihren historischen Moment und findet anderseits den ewigen Augenblick im Aktuellsten: „diese Revolution, sage ich, findet doch in den Gemütern aller Zuschauer (die nicht selbst in diesem Spiele mit verwickelt sind) eine Teilnehmung dem Wunsche nach, die nahe an Enthusiasm grenzt, und deren Äußerung selbst mit Gefahr verbunden war, die also keine andere als eine moralische Anlage im Menschengeschlecht zur Ursache haben kann.“[152]

Das Publikum weiß, dass es beobachtet wird, darum beginnt es, seine Tat- und Machtlosigkeit zu spielen. Die tatsächliche Machtlosigkeit wird im Spiel verwendet, was zweifelsohne ein Ausdruck der Stärke ist. Die Dialektik der Stärke und der Schwachheit – „was groß war, [wird] unter Menschen klein oder, was klein war, [wird] groß gemacht“ – wird eines der führenden Motive der kritischen Tragödientheorie werden; am deutlichsten zeichnet sie sich bei Schelling, Hölderlin, Nietzsche und Benjamin ab. Diese Dialektik der Größe und Kleinheit ist *tertium comparationis* zwischen Ecce Homo und zerschmettertem Ödipus.

3.6. Theater, Komplott und Schuldgefühle als negativer Beweis der Wirksamkeit

> Mein Teurer!/ Ich zögerte bloß deswegen so lange mit einer Antwort auf Ihren ersten Brief, weil ich fühlte, wie viel darauf zu antworten war, und weil mir kein Moment, wo ich Muße hatte, Ihnen zu schreiben, reich genug war, um Ihnen alles zu sagen, was ich wünschte.[153]

So beginnt der Brief, den Hölderlin am 10. Januar 1797 an Johann Gottfried Ebel schrieb. Ebel war Naturwissenschaftler und begeisterter Anhänger der Französischen Revolution. Das Jahr begann gerade, in dem Kant den *Streit der Fakultäten* und Hölderlin den ersten Band seines *Hyperion* publizierten. Im September 1796 reiste Ebel nach Paris und schon eine Woche später klagte er in einem Brief an Hölderlin, wie sehr das Frankreich des Direktoriums ihn,

152 Kant, *Streit der Fakultäten*, 85.

153 Hölderlin, *Sämtliche Werke*, Bd. 19, 270-271. Alle weiteren Zitate aus dem Brief an Ebel folgen dieser Ausgabe, deswegen verzichte ich auf Quellenangaben.

den deutschen Republikaner, enttäusche.[154] Der Trost, den Hölderlin Ebel in diesem Brief über die Politik und die Freundschaft spendete, kommt – möchte ich nun zeigen – einem Trost gleich, welchen man von der Tragödie erwartet. Die spätere Tragödientheorie Hölderlins wird die Argumente des Briefes fast wörtlich wiederholen, in dem aus Aristoteles hergeleitete Elemente der Tragödientheorie auf die Situation in Frankreich angewendet wird.

Schon in den Höflichkeitsfloskeln, die den Brief eröffnen, erkennt man wichtige Begriffe der Tragödientheorie, die in den sechs Jahre späteren *Anmerkungen zur Antigone* von Hölderlin den Sinn des tragischen Geschehens deuten werden. In der Tragödientheorie von 1804 finden wir eine ästhetische Rechtfertigung des Zögerns und die Theorie des reichen Augenblicks, der nur während der Muße aufleuchten kann – „in müßiger Zeit" der tragischen Handlung.[155] Als Hölderlin 1797 an Ebel schrieb, war er noch nicht imstande, die Beziehung von Muße und Kairos (Augenblick, die erfüllte Zeit, Parusie, Revolution – was auch *immer*) näher zu bestimmen. Im Brief fällt das Wort ‚Tragödie' nicht; es wird nur Sinn und Unsinn der laufenden politischen Situation in Erwägung gezogen, aber diese Situation entpuppt sich – aus der Perspektive der Zeit, nachdem das Nachdenken über die politische Lage in die Tragödientheorie übertragen wurde – als die richtige für die Tragödie und für das Nachdenken über das Tragische. Die Tragödientheorie Hölderlins – seine unvollendete ‚moderne Tragödie' *Tod des Empedokles* samt den flankierenden theoretischen Versuchen, fragmentarischen Aufsätzen zu ‚Dichtarten' und ‚Tönen', den Übersetzungen von Sophokles mitsamt den Kommentaren – ist neben allem anderen eine politische Theorie. Die tragische *Form*, mit der sich Hölderlins Tragödientheorie in erster Linie beschäftigt, erlaubt eine solche Verallgemeinerung der politischen Theorie aufs Ganze der Geschichte. Hölderlins postalischer Trost gehört zu der aristotelischen Tradition der Katharsis. Genauer gesagt nimmt die allgemeine Denkfigur der glücklichen Niederlage eine Gestalt an, die dem Katharsis-Diskurs ähnelt. Wenn man ein Geschehen als eine Tragödie auf der Bühne betrachtet, können die Täuschung und der Schock, die das Spektakel bewirkt, eine wohlwollende Wirkung auf den Zuschauer ausüben. Diese guten Folgen stecken im Zuschauer selbst – als seine δύναμη, was man als Möglichkeit übersetzen könnte. Wie bei Kant passiert das Interessanteste im Zuschauer und nicht auf der Bühne, indem die Idee die

154 Günter Mieth, *Friedrich Hölderlin: Dichter der bürgerlich-demokratischen Revolution* (Würzburg: Königshausen & Neumann, 2001), 82; ein allgemeineres Bild verschafft Wilhelm H. Rey, *Deutschland und die Revolution. Der Zerfall der humanistischen Utopie in Theorie und Drama* (Bern, New York: Peter Lang, 1987).

155 Hölderlin, *Sämtliche Werke*, Bd. 16, 258.

Grenze passiert und wie der *Samozwaniec*, der Betrüger Dmitrij aus der Urszene der Tragödie, durch diesen Übergang Wirkungskraft als Idee erlangt hat.

> Es ist herrlich, lieber Ebel! so getäuscht und so gekränkt zu sein, wie Sie es sind. Es ist nicht jedermanns Sache, für Wahrheit und Gerechtigkeit sich so zu interessieren, dass man auch da sie sieht, wo sie nicht ist, und wenn der beobachtende Verstand vom Herzen so bestochen wird, so darf man wohl sich sagen, dass das Herz zu edel sei für sein Jahrhundert. Es ist fast nicht möglich, unverhüllt die schmutzige Wirklichkeit zu sehen, ohne selbst darüber zu erkranken; das Auge tut wohl, so lang es kann, dem Splitter sich zu verschließen, und dem Rauch und Staube, der sich ihm aufdringt, und so ist's auch ein schöner Instinkt des Menschen, manches, was nicht unmittelbar sein Stoff ist, fröhlicher anzusehen. Aber Sie halten denn doch es aus! und ich schätze Sie eben so sehr darum, dass Sie jetzt noch sehen mögen, als darum, dass Sie zuvor nicht ganz so sahn./ Ich weiß, es schmerzt unendlich, Abschied zu nehmen, von einer Stelle, wo man alle Früchte und Blumen der Menschheit in seinen Hoffnungen wieder aufblühen sah.

Die Hoffnung ist zugleich Möglichkeitssinn und Kraft der Projektion, die zur Wiedererkennung führt. Die διάνοια der Zuschauer (ihre Denkweise) verklärt sich in eine geistige Revolution, die langsam, aber innig reift. Die aufblühenden „Früchte und Blumen der Menschheit" müssten das griechische organische Zusammensein bedeuten, weil die Griechen seit Winckelmann mit naiven Kindern bzw. Autochthonen der Natur identifiziert wurden (Schiller publizierte in demselben Jahr, 1797, *Über naive und sentimentalische Dichtung* und Friedrich Schlegel sein *Studium der griechischen Poesie*; in beiden Werken werden die Griechen als geniale Kinder der Menschheit porträtiert). Diese Wiederbelebung oder Wiedererkennung entpuppt sich unaufgefordert als eine Projektion: Die Griechen leben in unseren Hoffnungen, die alte Pracht kehrt aus der Zukunft zurück. Wie sich aber im Moment herausstellt, wird diese Rückkehr das Kommen der „außerordentlichen Dinge" sein.

Vor unseren Augen entwickelt sich das Urbild der deutschen inwendigen Revolution in eine exemplarische Aussage. Hölderlin rät im Sinne des Inter-*Nationalismus* Ebel, er solle sich zu sich selbst und ein paar Freunden wenden und nach Deutschland, zum Deutschtum zurückkehren. Diese Verengung der Welt soll nicht eng nationalistisch als Ziel an sich betrachtet werden,[156] weil Hölderlin bald darauf zum Allgemeinsten übergeht, womit er nicht nur die Menschheit (Europa), sondern das All, alles, das Absolute versteht. Der wahre Trost ist universell, umfasst sowohl das Innere und Innige im Menschen als

156 Vgl. Jürgen Scharfschwerdt, *Friedrich Hölderlin. Der Dichter des „deutschen Sonderwegs"* (Stuttgart: Kohlhammer, 1994), 95; Jacques Mounier, *La Fortune des écrits de Jean-Jacques Rousseau dans les pays de langue allemande de 1782 à 1813* (Paris: PUF, 1980), 187.

auch die ganze Natur. Zu finden ist der Trost in der stoischen Philosophie, die mit gleichem Eifer, mit dem sie sich um die Seele kümmert, von der Kette der Katastrophen und Wiederherstellungen des Alls erzählt.[157] (Die Form von *Hyperion* ist von der Gestaltung der Erzählzeit her betrachtet eine solche Spirale der Wiederbelebung nach der Katastrophe, nur dass die wiederbelebende Kraft das Gedächtnis ist.)

Der Detailaufnahme des Einzelnen folgt ein übergewaltiger Wechsel der Einstellung, als erlaube es erst der Rückzug in sich selbst, eine richtige Perspektive auf die Sachen zu finden, eine globale Perspektive. Auf dieser Etappe seiner Entwicklung, noch vor dem Scheitern des Empedokles-Projekts und vor den Sophokles-Übersetzungen, behilft sich Hölderlin mit der stoischen Metaphysik und der neuplatonischen Ästhetik der Schule Shaftesburys und Karl Philipp Moritz'. Laut den neuen Platonikern spiegelt sich das ganze Gebilde der Welt im Kunstwerk, und eben darum kann man seinen Inhalt weder erschöpfen noch ganz aussprechen.[158] Das Kunstwerk erzwingt andächtiges Schweigen. Hölderlin liegt es auch an der Diskretion, die die schweigsamen Beobachter Frankreichs und der Natur wahren müssen, damit man die Schönheit sowohl in der Selbstbegrenzung als auch in der verrückten Welt wahrnehmen könne:

> Aber man hat sich selbst, und wenige Einzelne, und es ist auch schön, in sich selbst und wenigen Einzelnen eine Welt zu finden./ Und was das Allgemeine betrifft, so hab' ich einen Trost, dass nämlich jede Gärung und Auflösung entweder zur Vernichtung oder zu neuer Organisation notwendig führen muss. Aber Vernichtung gibt's nicht, also muss die Jugend der Welt aus unserer Verwesung wieder kehren./ Man kann wohl mit Gewissheit sagen, dass die Welt noch nie so bunt aussah, wie jetzt. Sie ist eine ungeheure Mannigfaltigkeit von Wedersprüchen und Kontrasten. Altes und Neues! Kultur und Rohheit! Bosheit und Leidenschaft! Egoismus im Schafspelz, Egoismus in der Wolfshaut! Aberglauben und Unglauben! Knechtschaft und Despotism! unvernünftige Klugheit, unkluge Vernunft, geistlose Empfindung, empfindungsloser Geist! Geschichte ohne Erfahrung, Herkommen ohne Philosophie, Philosophie ohne Erfahrung! Energie ohne Grundsätze, Grundsätze ohne Energie! Strenge ohne Menschlichkeit,

157 Über Ekpyrosis siehe Ioannes ab Arnim [Johannes von Arnim] (Hg.), *Stoicorum Veterum Fragmenta*, Bd. 2, 186 (Fgm. 605); Michael Lapidge, „Stoic Cosmology", John M. Rist (Hg.), *The Stoics* (Cambridge: CUP, 1978), 180-184; in Bezug auf die Tragödie Thomas G. Rosenmeyer, *Senecan Drama and Stoic Cosmology* (Berkeley: UCP, 1989), 149; vgl. Schmidt, Jochen. „Hölderlins dichterische Rezeption der stoischen Ethik und Naturphilosophie", *Text und Kritik* 1996, 7, 33-49.

158 Karl Philipp Moritz, „Über die bildende Nachahmung des Schönen", *Werke* (Berlin, Weimar: Dietz, 1973), Bd. 1, 266: „Jedes schöne Ganze aus der Hand des bildenden Künstlers ist daher im Kleinen ein Abdruck des höchsten Schönen im großen Ganzen der Natur, welche das noch *mittelbar* durch die bildende Hand des Künstlers nacherschafft, was unmittelbar nicht in ihren großen Plan gehörte."

> Menschlichkeit ohne Strenge! heuchlerische Gefälligkeit, *schamlose* Unverschämtheit! altkluge Jungen, läppische Männer! – Man könnte diese Litanei von Sonnenanfang bis um Mitternacht fortsetzen und hätte kaum ein Tausendteil des menschlichen Chaos genannt.

Hölderlin beschreibt auch die Sophokleische Tragödie als eine Reihe von Widersprüchen, die sich gegenseitig aufheben, indem sie den „leeren", „ungebundenen" „Transport" oder ein Zeichen=0 geben;[159] als eine mörderische Muße der tragischen Zeit, während derer die aufgeräumte Wirklichkeit in Chaos abrutscht, damit sie in der Form eines erneuerten politischen Organismus zurückkehren kann. Wenn die griechische Tragödie tatsächlich Trost spendet, so soll auch das Schauspiel der modernen Welt heilsame Wirkungen haben.

> Aber so soll es sein! Dieser Charakter des bekannteren Teils des Menschengeschlechts ist gewiss ein Vorbote außerordentlicher Dinge.

Die stoische, in der späteren tragödientheoretischen Schrift „Das Werden im Vergehen" am klarsten ausgedrückte Auffassung der zirkelhaften Zeit, der zufolge es keinen Untergang und immer eine Zukunft gibt, d.h. eine Wiederholung des Gleichen, überlappt mit der Vision der ungewöhnlichen, einmaligen Zukunft. Hölderlin kann die Relation zwischen den zwei Arten der Zeitlichkeit (Wiederholung und Zukunft) noch nicht bestimmen, dies wird erst später innerhalb der Tragödientheorie ausgearbeitet. Nichtsdestominder musste er sich bewusst sein, dass im Wort *Revolution* selbst die ewige Wiederkehr der himmlischen Kreise sich mit dem Ausbruch des Unerwarteten verschränkt;[160] viele, darunter auch Hölderlin und – wie wir sehen werden – die Frühromantiker sowie Kierkegaard und Słowacki, nahmen an, dass die Entdeckung der richtigen Relation der beiden Zeitformen den wesentlichen Schritt in Richtung der gelungenen Revolution, der deutschen, soliden, dauerhaften, erlebbaren, positiven Freiheit bedeuten würde. Bestimmt versuchte sich Hölderlin in „Das Werden im Vergehen" an einer Erklärung der Wandelmomente der Geschichte, die das Unerwartete mit dem allgemein Angenommenen zu versöhnen imstande wäre. Auch die Handlung der *Antigone* von Sophokles stellt den Übergang vom Wilden zum Gewöhnlichen dar: „vorzüglich aber besteht die tragische Darstellung [...] in der Vernunftsform, die sich in der

---

159 Friedrich Hölderlin, „Die Bedeutung der Tragödien", *Sämtliche Werke*, Bd. 14, 380-383.

160 Reinhart Koselleck, „Revolution als Begriff und als Metapher. Zur Semantik eines einst emphatischen Worts", *Begriffsgeschichten. Studien zur Semantik und Pragmatik der politischen und sozialen Sprache* (Frankfurt am Main: Suhrkamp, 2006), 240-251.

fruchtbaren Muße einer tragischen Zeit bildet, und so wie sie in Gegensätzen sich darstellte, in ihrer wilden Entstehung, nachher, in humaner Zeit, als fest aus göttlichen Schicksaal geborene Meinung gilt."[161] Die Revolution könnte auch eine Umdrehung der Reihenfolge bedeuten: das Gewinnen der Wildheit aus dem bedrückend langweiligen Alltag.

Diese Vision der unerwarteten Zukunft, die plötzlich aus dem Fatum – der Durchdeterminierung aller Dinge, die sich allein als die ewige Widerkehr vorstellen lässt, sodass keine ‚offene Zukunft' auf den Kosmos lauer – herausspringt, wird gemeinsames Gut aller kritischen Tragödientheorien sein. Aus der Misere der ewigen Wiederkehr zaubern sie die Feerie des zukünftigen Glücks hervor, d.h. die Versöhnung des Menschen mit dem naturhaften Fatum, die zugleich die Versöhnung innerhalb des Menschen und die Versöhnung der Natur mit sich selbst bewirkt. In der kritischen Philosophie des Tragischen gilt diese merkwürdige Dialektik der aus der Gefahr herauswachsenden Rettung; je stärker die Anziehungskraft des Fatalismus, desto gewaltsamer können emanzipatorische Kräfte ausgelöst werden. Der Kantische Zurücktreten in den Zuschauerraum ist potenziell umstürzlerischer als ein direktes Kopieren des französischen Experiments, da er der Vorbereitung der endgültigen Kritik dient, die alle Überreste der unaufgeklärten Wirklichkeit wegfegen soll.

> Ich glaube an eine künftige Revolution der Gesinnungen und Vorstellungsarten, die alles bisherige schamrot machen wird.

Die Kreisform der Revolution und das simultane Sprengen dieses Kreises finden in einer grammatischen Zweideutigkeit des Genitivs – als *Genetivus subiectivus* und *Genetivus obiectivus* – ihren Ausdruck: Die Revolution in den Gesinnungen und Vorstellungsarten soll ebenfalls von Gesinnungen und Vorstellungsarten durchgeführt werden. Der Sprung ins Ungewöhnliche wird durch die unterschiedlichen Anwendungen des Genetivs dargestellt. „Vorstellungsart" wird später zu einem der wichtigsten *termini technici* in Hölderlins Tragödientheorie. In den *Anmerkungen zur Antigone* erwägt Hölderlin den Unterschied zwischen den griechischen und den modernen Vorstellungsarten und er führt seine Untersuchung anhand von Vorstellungen der Zeit, des Werdens und des Vergehens durch. In der Kluft zwischen den Epochen habe eine Revolution der Vorstellungsarten stattgefunden, so Hölderlin. 1797 schreibt er an Ebel:

> Ich glaube an eine künftige Revolution der Gesinnungen und Vorstellungsarten, die alles bisherige schamrot machen wird. Und dazu kann Deutschland vielleicht sehr viel beitragen. Je stiller ein deutsch-Staat aufwächst, um so herrlicher wird

161 Hölderlin, *Sämtliche Werke*, Bd. 16, 419.

> er, wenn er zur Reife kommt. Deutschland ist still, bescheiden, es wird viel gedacht, viel gearbeitet, und große Bewegungen sind in den Herzen der Jugend, ohne dass sie in Phrasen übergehen wie sonst wo. Viel Bildung, und noch unendlich mehr! Bildsamer Stoff! – Gutmütigkeit und Fleiß, Kindheit des Herzens und Männlichkeit des Geistes sind die Elemente, woraus ein vortreffliches Volk sich bildet. Wo findet man das mehr als unter den Deutschen? Freilich hat die infame Nachahmerei viel Unheil unter sie gebracht, aber je philosophischer sie werden, umso selbstständiger.

Aus der Perspektive seiner Übersetzungstheorie erschließt sich: Hölderlin geht es nicht nur um die Nachahmung der Franzosen, sondern auch um die mechanistische Nachahmung der Griechen. Auch Friedrich Schlegel, Schelling, Hegel, Kierkegaard, Słowacki, Norwid und Benjamin erwarten von der von ihnen geleisteten begrifflichen Abgrenzung zwischen der griechischen Tragödie und der modernen Tragödie, dass diese ihnen den Sinn der Neuzeit offenbart.

Weiter versucht Hölderlin Ebel zur Rückkehr nach Deutschland zu überreden. Er verspricht dem Republikaner, dass er sich besser als in Frankreich integrieren würde. Unter den Mitgliedern des Kreises hebt er nur eine bescheidene, fleißige Person besonders hervor, mit der eine Welt zu finden ist:

> Hegel ist, seit ich den Brief anfing, hierher gekommen. Sie werden ihn gewiss liebgewinnen./ HE. u. Fr. Gontard lässt dich durch mich grüßen. Auch Henry! Leben sie wohl! Kommen Sie bald.

Neben Hölderlin und Hegel waren der Platoniker und Offizier Jacob Zwilling und Isaak von Sinclair Mitglieder des Kreises in Frankfurt. Zwilling geriet für lange Jahre in Vergessenheit, obwohl sein Einfluss auf Hegel vielleicht größer war als derjenige, den Hölderlin ausübte.[162] Isaac von Sinclair war ein hoher Beamter am Württemberger Hof, Republikaner und der treueste Freund Hölderlins.[163] Er war der Adressat der Ode *An Eduard* aus dem Jahr 1801, ein wichtiger Text über die Beziehung des Dichters zur laufenden, epochenmachenden Politik. In der Ode schreibt Hölderlin dem Dichter die Rolle des Begleiters des Politikers und des Zeugens seiner Taten zu, wie er es schon mehrmals machte: *An die Deutschen* war das Gedicht, dessen Verfasser laut Karl Heinz Bohrer der Titel des Erfinders eines zentralen Topos zusteht:

---

162 Dieter Henrich, *The Course of Remembrance and Other Essays on Hölderlin*, hg. von Eckhart Förster (Stanford: SUP, 1997), 23.

163 Ursula Brauer, *Isaac von Sinclair. Eine Biographie* (Stuttgart: Klett-Cotta, 1993).

Die Philosophie, die die Revolution überholt.[164] Der Dichter legitimiert die Taten des Politikers Eduard und macht sie unvergesslich.[165] In den weiteren Strophen nimmt die Beziehung der Dichtung zur Tat eine charakteristische Gestalt an. Der Dichter überlegt, wohin ihn die Treue und der Wunsch, schöne Taten des Freundes zu verewigen, führen könnten. Es beginnt die Vision des gemeinsamen Kampfs des Dichters, Schulter an Schulter mit dem Politiker.[166] Die ganze Natur nimmt daran teil und unterstützt die Freunde. Zwar endet die Beschreibung des Kampfes mit dem Tod des Sängers, aber der Dichter genießt die Immunität des Konjunktivs und sieht sehr wohl, was nach seinem vermeintlichen und unvermeidlichen Tod passiert. Die Rollen werden dann nämlich getauscht. Die ersten Worte und Taten des Politikers rechtfertigen jetzt das Opfer des Dichters und verleihen seinem Tod Sinn.

> Wenn ich so singend fiele, dann rächest du
> Mich, mein Achil! und sprächest: „Er lebte doch
> Treu bis zuletzt!“ Das ernste Wort, das
> Richtet mein Feind und der Totenrichter!

Nach diesen Worten ersetzt der Indikativ den Konjunktiv: aus der möglichen Zukunft wechseln wir in die Gegenwart. Die Gegenwart ist die Zeit des Wartens im Versteck und des Lesens von geheimen Zeichen.

> Zwar hab ich dich in Ruhe itzt; dich birgt
> Der ernste Wald, es halt das Gebirge dich,
> Das mütterliche, noch den edlen
> Zögling in sicherem Arm, die Weisheit
>
> Singt dir den alten Wiegengesang, sie webt
> Ums Aug ihr heilig Dunkel, doch sieh! es flammt
> Aus fernetönendem Gewölk die
> Mahnende Flamme des Zeitengottes.
> Es regt sein Sturm die Schwingen dir auf, dich ruft,
> Dich nimmt der Herr der Helden hinauf; o nimm
> Mich du! mit dir! und bringe sie dem
> Lächelnden Gotte, die leichte Beute!

Unter den Mitgliedern des ehemaligen Freundeskreises kümmerte sich nur Sinclair um Hölderlin, der nach der fatalen Reise nach Bordeaux 1802 immer

---

164 Karl Heinz Bohrer, *Das absolute Präsens: die Semantik ästhetischer Zeit* (Frankfurt am Main: Suhrkamp, 1996), 27.

165 Hölderlin, *Sämtliche Werke*, Bd. 5, 675.

166 Vgl. Henning Bothe, „Vom Versuch ein deutscher Tyrtäus zu sein“, *Text und Kritik* 1996, 7, 118-131.

tiefer in geistige Umnachtung fiel. Im Jahre der Publikation von *Ödipus des Tyrannen* und *Antigone* samt den Kommentaren (1804) sollen Hölderlin, Sinclair, Christian Friedrich Baz und der Konfident Blankenstein – laut Blankensteins Anzeige gegen die drei – über die Machtergreifung in Württemberg, die Ermordung des Kurfürsten und die Gründung einer schwäbischen Republik durch eine Revolution gesprochen haben.[167] Am 26. Februar 1805 wurde Sinclair unter Verdacht des Hochverrats verhaftet.[168] Dr. Müller aus Homburg bescheinigte, dass der bisher ruhige Hölderlin dem gefährlichen Wahnsinn verfallen war. Das Verfahren gegen den Dichter wurde eingestellt. Der mittlerweile freigelassene Sinclair besorgte den Klinikaufenthalt Hölderlins und dessen Unterbringung bei Ernst Zimmer, dem Schreiner und *Hyperion*-Liebhaber. Das Theatralische am Wahnsinn nahm bei Hölderlin ein solches Ausmaß an, dass manche Forscher wie Werner Kircher oder Pierre Bertraux glaubten, der Wahnsinn sei nur inszeniert gewesen, damit der Verschwörer der Strafe entgehen konnte. Hölderlin habe seinen Wahnsinn „wie eine Maske gegen die Welt" vor sich gehalten.[169] Diejenigen, die so etwas behaupteten, begingen denselben Fehler wie jene, die an den Freiheitsbaum glaubten: Sie folgten der ästhetisch anziehenden Wahrscheinlichkeit und nicht zufälligen Tatsachen.

Der damals von Ludwig Tieck und A.W. Schlegel unermüdlich übersetzte Shakespeare ist auch in diesem Sinne reflexiv, da er zeigt, wie die andauernde Bedrohung durch das allgegenwärtige Komplott ein angemessenes Milieu für eine Art des Astigmatismus wird, der dazu zwingt, die theatralische Maschinerie immer mitzusehen.[170] Worauf auch immer man schaut, sieht man, wie sie durch das Alltäglichste durchscheint. Das Theater wird gerade wegen dieser Maschinerie zum Hervorrufen von Illusionen und wegen der Unehrlichkeit der gesellschaftlichen *actors* als das adäquate Bild der Welt anerkannt.

---

167 Ursula Brauer, „Friedrich Hölderlin und Isaac von Sinclair. Stationen einer Freundschaft", Uwe Beyer (Hg.), *Hölderlin: Lesarten seines Lebens, Dichtens und Denkens* (Würzburg: Königshausen & Neumann, 1997), 43-47.

168 Werner Kirchner, *Der Hochverratsprozess gegen Sinclair. Ein Beitrag zum Leben Hölderlins* (Frankfurt am Main: Insel, 1969), 49.

169 Walter Methlagl, „Versunken in das sanfte Seitenspiel seines Wahnsinns. Zur Rezeption Hölderlins im *Brenner* vor 1815", Walter Methlagl et al. (Hg.), *Untersuchungen zum Brenner. Festschrift für Ignaz Zangerle zum 75. Geburtstag* (Salzburg: Otto Müller, 1981), 57; die ist die Hauptthese der provokanten Arbeit Pierre Bertaux', *Hölderlin und die Französische Revolution* (Frankfurt am Main: Suhrkamp, 1969); eine mehr differenzierte Darstellung ebenfalls aus einer revolutionären Zeit: Lawrence Ryan, „Hölderlin und die Französische Revolution" [1968], *Deutsche Literatur und Französische Revolution*, 129-148.

170 Über die Rolle des Komplottes für die Literatur der polnischen Romantik siehe Maria Janion, „Literatura a spisek", *Pamiętnik Literacki* 1976 4(67), 23-61.

Zwar war Deutschland an der Wende zum 19. Jahrhundert im Gegensatz zu Shakespeares England nicht durch geheime Missionen der Jesuiten bedroht, die bereit wären, den König samt dem ganzen Parlament in die Luft zu jagen, obschon es die berühmte Affäre gab, in der Johann August Starck von den Berliner Aufklärern Gedike und Biester des Kryptokatholizismus und sogar der Teilnahme an einer jesuitischen Verschwörung gegen den Protestantismus in Deutschland verdächtigt wurde.[171] Als aber im Nachbarland, das das ganze 18. Jahrhundert hindurch nachgeahmt worden war (Hölderlins „infame Nachmacherei"), sowohl auf den Höfen als auch beim Bürgertum der Zeitgeist tobte, konnte auch das intimste, passivste, unschuldigste Beiwohnen der Revolution durch die Beobachter des Publikums als Verrat gebrandmarkt werden. Wenn man die Welt in sich selbst und in ein paar Ausgewählten suchte, mit denen man sich mit der Losung ‚Reich Gottes' begrüßte, geriet man beinahe zwangsläufig, durch die Logik der Fiktion und des Wahrscheinlichen hingerissen, in den Sog der Verschwörungstheorie und -praxis. Unabhängig davon, wie intensiv und umfassend geheime Verbindungen und Verschwörungen tatsächlich agierten,[172] wirkten sie auf das Publikum: Die Öffentlichkeit vermutete ihre Allgegenwärtigkeit und Allmacht. „Geheimbünde und Geheimorden, Rosenkreuzer, Freimaurer, Illuminaten, Mystiker und Pietisten, Sektierer aller Art, die vielen ‚Stillen im Lande' und vor allem auch hier wieder der rastlose Geist der Juden" – zählt Carl Schmitt auf.[173]

Die Komplottomanie an der Wende zum 19. Jahrhundert war die Folge der romantischen Vorliebe fürs Geheime, versteckt im Gewöhnlichen, aber auch der Selbstaufklärung der Aufklärung, die das Vorhaben von Kant und anderen Volkspädagogen hinterfragte: Wer soll dem Menschen bei dem Ausgang aus der selbstverschuldeten Unmündigkeit helfen? Wer soll ihm den Weg zeigen? Gibt es eine usurpatorische Kaste von Erziehern? Ist die versprochene Freiheit von dem Aberglauben nicht eine billige Inszenierung, die eine immer tiefere Abhängigkeit von Volkserziehern tarnen soll? Diese Fragen – zuerst von Hamann, Herder und Jacobi formuliert und später von Marx in den

171 Ralf Klausnitzer, *Poesie und Konspiration. Beziehungssinn und Zeichenökonomie von Verschwörungsszenarien in Publizistik, Literatur und Wissenschaft 1750-1850* (Berlin, New York: De Gruyter, 2007), 250-262.

172 Dies Versuchen beispielhaft die Beiträge zu bestimmen, im Sammelband erschienen: Peter R. Campbell et al. (Hg.), *Conspiracy in the French Revolution* (Manchester: Manchester University Press, 2010).

173 Carl Schmitt, *Der Leviathan in der Staatslehre des Thomas Hobbes* [1938] (Köln: Hohenheim, 1982), 92.

Diskurs des 20. Jahrhundert überführt[174] – wurden an der Wende zum 19. Jahrhundert oft gestellt. Der berühmteste Bildungsroman *Wilhelm Meisters Lehrjahre* ist auch ein Bundesroman, er erzählt über einen geheimen Bund. Der ganze Lernprozess Wilhelms wird von der Turmgesellschaft gesteuert, einem Inszenator, der sich am Ende selbst als Inszenierung entpuppt. Die Erfindung des Bundesromans wäre jedoch Friedrich Schiller zuzuschreiben, der genau 1789 das Romanfragment *Der Geisterseher. Eine Geschichte aus den Memoires des Grafen von O*** publizierte. In den 1790er Jahren werden ungefähr zweihundert Romane dieses Typus in Deutschland verlegt, unter anderen Goethes *Wilhelm Meister, Titan* von Jean Paul, *Die Kronenwächter* von Achim von Arnim und *Wilhelm Lovell* von Tieck.[175]

Auch diese Mode begann in Frankreich und auch diesmal bedeutete die deutsche Rezeption der französischen Manie eine Verinnerlichung in dem Sinne, dass sie den Bezug zur christlichen Religion und zur Bildung des Geistes verstärkte. Die schnellen Karrieren der Hochstapler Cagliostro und Mesmer gingen dem allgemeinen Glauben der Franzosen voran, dass die Revolution, vor allem der 14. Juli 1789, Werk der Freimauerei war, an deren Spitze der Prinz von Orléans stand. Schon vor der Revolution glaubte das Publikum, der Hof sei von dem geheimen Bund der Physiokraten beherrscht gewesen. Während der Revolution, genauso wie vor ihrem Ausbruch, hielten sich alle wissenschaftlichen Institutionen für Sanktuarien, in denen die esoterischsten Probleme behandelt werden sollten – wegen des Prestiges der Forschung. Als Anzeichen ihres vernünftigen Charakters tendierten alle revolutionären Feste und Inszenierungen dazu, Elemente des Isis-Kultus und der Ägyptischen Geheimnisse zu verwenden.[176] Hölderlin und seine jungen Verbündeten aus Frankfurt, die das alles eifrig beobachteten, waren stärker vom Pietismus durchdrungen, als sie dies bekennen wollten. Im Gegensatz zu den Franzosen, die den Staat

---

174 Johan Georg Hamann, *Sokratische Denkwürdigkeiten für die lange Weile des Publikums zusammengetragen von einem Liebhaber der langen Weile* (Amsterdam [i.e. Königsberg], 1759); Johann Georg Hamann, „Metakritik über den Purismum [sic!] der reinen Vernunft", *Schriften*, Hg. Friedrich Roth (Leipzig: Reimer, 1825), 1-16; Johann Gottfried Herder, „Verstand und Erfahrung. Eine Metakritik zur Kritik der reinen Vernunft, erster Theil"; „Vernunft und Sprache. Eine Metakritik zur Kritik der reinen Vernunft, zweiter Theil", *Sämtliche Werke*, Hg. Bernhard Suphan, 21. Band, Berlin 1881 (Nachdruck Hildesheim: Olms, 1967); Marion Heinz, „Herders Metakritik", Marion Heinz (Hg.), *Herder und die Philosophie des deutschen Idealismus* (Amsterdam, Atlanta: Rodopi, 1997), 89-106; Marion Heinz (Hg.), *Herders Metakritik. Analysen und Interpretationen* (Stuttgart: Frommann-Holzboog, 2013). Zur Jacobis Kritik von Kant und der Aufklärung siehe das Schelling-Kapitel.

175 Rüdiger Safranski, *Romantik: Eine deutsche Affäre* (Frankfurt am Main: Fischer, 2009), 55-60.

176 Jean Starobinski, *Les Emblèmes de la Raison* (Paris: Flammarion, 1973), Punkt 9.

als esoterisch inszenierten, stellten sie den Staat der Kirche gegenüber. „Wir müssen also auch über den Staat hinaus!" – liest man im Ältesten Systemprogramm,[177] und Hölderlin beschreibt im Brief an seinen Bruder, wo genau dieses „hinaus" sich befindet: in der ästhetischen Kirche, die eine ganz neue Gemeinschaft vorschlägt.[178] Analog zu Fichtes Kirche als Ideal des Sich-Zusammenschließens (der „Wechselwirkung" von Ichs[179]) beschreiben Lessing und Herder die Freimaurerei als eine antistaatliche, unsichtbare Kirche.[180] Wenn man die Unsichtbarkeit durch die einbildungskraftsprengende Erhabenheit ersetzt, bekommt man die Organisation, die dem Idealismus und den Romantikern in der Form der griechischen Tragödie vorschwebte und die die Leserinnen und Leser des vorliegenden Buches die ganze Zeit bis zum letzten, dem Anarchismus in der Tragödientheorie gewidmeten, Kapitel begleiten wird.

Das Hantieren mit Komplotten und unsichtbaren Kirchen im Denken ist Ausdruck der Überzeugung, dass eine Form der Vernunft in der gesellschaftlichen Ordnung wirksam und dass diese Ordnung eine Inszenierung sein muss, eine Inszenierung, die den fiktionalen oder ästhetischen Charakter der Vernunft selbst zum Ausdruck bringt. In den Medien der Fiktionen, in Romanen, (Denk-) Bildern, führenden Metaphern und Theorien wie der Tragödientheorie offenbart sich diese Vernunft.

Man musste wirklich an keinem Komplott teilnehmen, um zu sehen, wie die Welt, in welcher der Verdacht der Verschwörung auftaucht, zum allgegenwärtigen Theater wird. *All the world's a stage/ And all the men and women merely players:/ They have their exits and their entrances.* Um die allgegenwärtige Inszenierung zu entpuppen, reichte es, sich intim, innig, deutsch mit Shakespeare oder dem *Ödipus König* von Sophokles auseinanderzusetzen: Wie geistreich habe doch Ödipus das Spiel Kreons, die heuchlerische Inszenierung der Rückkehr der Delegation aus Theben durchschaut! Die Wiedergabe des frei

177 Georg Wilhelm Friedrich Hegel, Friedrich Hölderlin, Friedrich Schelling, „Das älteste Systemprogramm des deutschen Idealismus", Hegel, *Werke*, Bd. 1, 234.

178 Hölderlin, *Sämtliche Werke*, Bd. 19, 377: „Darstellung des *Ideals aller menschlichen Gesellschaft*, der ästhetischen Kirche" (Hölderlins Hervorhebung).

179 Johann Gottlob Fichte, *System der Sittenlehre nach den Prinzipien der Wissenschaftslehre* (Jena und Leipzig: Gabler, 1789), 303, 452.

180 Gotthold Ephraim Lessing, „Ernst und Falk. Gespräche für Freimäurer", *Werke* (München: Hanser, 1970), Bd. 8, 465; Johann Gottfried Herder, „Gespräch über eine unsichtbar-sichtbare Gesellschaft" [26. Brief], *Briefe zur Beförderung der Humanität* (Berlin, Weimar: Aufbau, 1971), 124-135; vgl. Michael Voges, *Aufklärung und Geheimnis: Untersuchungen zur Vermittlung von Literatur- und Sozialgeschichte am Beispiel der Aneignung des Geheimbundmaterials im Roman des späten 18. Jahrhunderts* (Berlin, New York: De Gruyter, 1987), 167-224; Paul Muller, *Untersuchungen zum Problem Der Freimaurerei Bei Lessing, Herder und Fichte* (Bern: Haupt, 1965).

erfundenen Orakelspruchs sollte zu seiner realen Entthronung führen! Dann musste Ödipus seine Freiheit von Illusionen als die grundsätzliche Illusion erkennen.

In allen Schriften zur kritischen Tragödientheorie, die im Folgenden besprochen werden, wurde der Imperativ gespeichert: „Wirke, als ob du frei wärest, das heißt: Mach gutes Theater, mit der besten Vorlage und einer ihr entsprechenden Inszenierung." Wenn man die Modernität am Maßstab der theatralischen Freiheit misst, stellt sich heraus, dass die Beziehungen zwischen den Menschen sowie die Beziehung des Menschen zu sich selbst und zur Natur nicht theatralisch genug sind, ja, nicht theatralisch genug sein können. Das moderne Selbstbewusstsein ist auf dem falschen Weg, wenn es, vom ödipalen Misstrauen besessen, den Überfluss an Spektakel beklagt. Es kann durchaus sein, dass die Lähmung der Theatralik das moralische Fortschreiten des Menschen verhindert.

Die Tragödientheorien beweisen, dass *das Denken schuldig sein kann.* Das Schuldigsein verifiziert die Theorie der Beziehung des Denkens zur Welt, die Unschuld bringt dagegen die ganze Theorie zu Fall. Am liebsten würde diese Tragödientheorie sich wie der Held der Tragödie bei Schelling oder wie Ödipus benehmen und die Schuld und die Strafe unabhängig von der realen Täterschaft auf sich nehmen. Dennoch bleibt sie leider in einer Grauzone. Ist Hegel für Kolyma und Katyń verantwortlich? Sowohl die positive als auch die negative Antwort auf diese Frage sind negativ und bedeuten eine Verdammung der Theorie.

KAPITEL 4

Schellings *Briefe über Dogmatismus und Kritizismus* als Ursprung der Distinktion zwischen kritischer und nicht kritischer Tragödientheorie

(Theorie im Austausch und Jakobis Darleihen – Zwei Stämme aus einer Wurzel: Dogmatismus und Kritizismus – Auftritt Sophokles – Medium der Freiheit durch den Fall – Fortsetzung in Marx und Russland: Über Selbst-Beschuldigung zur Freiheit)

4.1. Theorie im Austausch und Jakobis Darleihen

Laut Peter Szondi beginnt mit dem zehnten der *Philosophischen Briefe über Dogmatismus und Kriticismus*, die Friedrich Wilhelm Joseph Schelling[1] 1795 publizierte,[2] die deutsche Philosophie des Tragischen.[3] Szondis These ist zwar weitgehend unumstritten, aber die meisten Monographien zur Schelling'schen Philosophie legen nicht viel Wert auf die Briefe, deren Bedeutung für Schellings Entwicklung geringer geschätzt wird als die von *Vom Ich als Prinzip der Philosophie* (auch 1795) oder etwa von *Ideen zu einer Philosophie der Natur* (1797) – und das trotz der entscheidenden Bedeutsamkeit der in den Briefen enthaltenen Tragödientheorie für die intellektuelle Geschichte des 19. und 20. Jahrhunderts. Da diese Tragödientheorie sowohl die Ästhetik als auch das gesellschaftliche (ethische) Leben umfasste, wurde sie zu einer Ästhetik der Tat. Die Tragödienphilosophie forderte zum Handeln oder zur Tatenlosigkeit auf, sowohl dem einen als auch der anderen eine Gestalt und einen Sinn verleihend. Wegen dieser Doppelheit trifft es sich gut, dass sie bei Schelling, dem paradoxesten der Philosophen des 19. Jahrhunderts, anfing. In diesem Kapitel werde ich mich auf eine Facette des Paradoxes Schelling begrenzen, indem

---

1 Schellings Rolle in der Entwicklung der polnischen Philosophie beschreibt ausführlich Elżbieta Zarych, *Romantycy, myśliciele, inspiratorzy. Badania nad wpływem filozofii niemieckiej – od Kanta do Hegla – na literaturę polskiego romantyzmu* (Gdańsk: słowo / obraz terytoria 2010), 99-127.

2 Friedrich Wilhelm Joseph Schelling, „Philosophische Briefe über Dogmatismus und Kriticismus", *Historisch-Kritische Ausgabe*, hg. von Michael Baumgartner et al. (Stuttgart: Frommann-Holzboog, 1982), Bd. 3, 47-112; fortan Nachweise direkt im Text.

3 Peter Szondi, *Versuch über das Tragische* (Frankfurt am Main, 1961), 13.

 | DOI:10.30965/9783846766255_005

ich zeige, wie sich aus seiner frühen revolutionären, gegen die Wiedergeburt des Dogmatismus gerichteten Theorie eine dogmatische, nicht kritische Tragödientheorie ableiten lässt,[4] ebenfalls wie die kritische, deren Genese zu rekonstruieren, mein Hauptanliegen ist.

Der zwanzigjährige Schelling, Student am Tübinger Stift und Autor der ersten deutschen Übersetzung der Marseillaise, stellte in *Briefen über Dogmatismus und Kritcismus* die titanische Größe der griechischen Tragödie der schlechten Gegenwart gegenüber, die nach den Paroxysmen des Terrors und der Intervention im Thermidor steckenblieb. 46 Jahre später, als einer der führenden Professoren der Berliner Universität, dessen Philosophie Karl Marx in einem Brief an Ludwig Feuerbach als „preußische Politik *sub specie philosphiae*" bezeichnete,[5] wohnte Schelling zusammen mit dem König und ganz Berlin der ersten neuzeitlichen Inszenierung der griechischen Tragödie bei. Am 20. Oktober 1841 wurde in Potsdam *Antigone* von Sophokles mit der Musik von Mendelssohn gezeigt.[6] Ein Sonderzug brachte die königlichen Gäste dorthin.

Die *kritische* Tragödientheorie konnte nicht anders auf die Welt kommen als im literarischen Brief, einer von Natur aus polemischen Gattung, in dem sie ihren Platz unter der Sonne (um den Schlechten Stil des „Thermidorianers"[7] Stalins herbeizurufen) unter den verschiedensten Stimmen erkämpfte. 1795, als Schellings *Briefe über Dogmatismus und Kriticismus* entstanden, erlebte der literarische Brief seine Blüte. Der engste Freund des jungen Schelling, Friedrich Hölderlin, arbeitete gerade an seinem Briefroman *Hyperion oder der Eremit in Griechenland*, der als eine Antwort – unter anderem – auf Schillers *Über die ästhetische Erziehung des Menschen, in einer Reihe von Briefen* intendiert war.[8]

---

4 Ein Paradebeispiel wäre Fedor Stepun, „Teatr buduščego (tragedija i sovremennost)", *Osnovnye problemy teatra* (Berlin: Slovo, 1922), 99-128.

5 Zit. nach Andreas Arndt, „‚Neue Unmittelbarkeit'. Zur Aktualisierung eines Konzepts in der Philosophie des Vormärz", Walter Jaeschke (Hg.), *Philosophie und Literatur im Vormärz: Der Streit um die Romantik (1820-1854)*, (Hamburg: Meiner, 2013), 215.

6 Hellmut Flashar, *Inszenierung der Antike. Das griechische Drama auf der Bühne. Von der frühen Neuzeit bis zur Gegenwart* (München: Beck, 2009), 72.

7 Leon Trotsky [Lev Trockij], „The Workers' State, Thermidor and Bonapartism" [1935], https://www.marxists.org/archive/trotsky/1935/02/ws-therm-bon.htm [18.9.2015]; Lev Trockij, *Predannaja revoljucija. Čto takoe SSSR i kuda on idet?* [1936] (Moskva: Direktmedia, 2015), Kapitel 5: „Sovetskaja Termidor", 137-177.

8 Henriette Herwig, „Schiller und Hölderlin. Die ‚Neuen Briefe über die ästhetische Erziehung'", Jürgen Bolten (Hg.), *Schillers Briefe über die ästhetische Erziehung* (Frankfurt am Main: Suhrkamp, 1984), 290-313; Cyrus Hamlin, „‚Schönheit als Erscheinung'. Schiller und Hölderlin between Kant and Hegel", Hans-Friedrich Fulda, Rolf-Peter Horstmann (Hg.), *Hegel und die Kritik der Urteilskraft* (Stuttgart: Klett-Cotta, 1990), 20-24; Gabriele von Bassermann, „‚Verborgenen Sinn enthält das Schöne!' Zur Liebes- und Schönheitsthematik in den frühen Fassungen von Hyperion-Texte', Roland Duhamel, Guillaume van Gemert (Hg.), *Nur Narr?*

In der Neuzeit, vor allem zur Zeit der Aufklärung, nahm der philosophische Brief die Position des polemischen Ausdrucksmittels schlechthin ein. Um das zu zeigen, genügt die Erwähnung von Pascals *Les Provinciales*, Voltaires *Lettres philosophiques* (*Lettres anglaises*), Rousseaus *Brief an d'Alembert über das Schauspiel* oder Diderots *Brief über den Blinden zum Gebrauch der Sehenden*. Nachdem Diderot wegen dieses Briefes ein paar Monate in der Festung Vincennes verbrachte, überbot er das vorherige *opusculum* – an seine gestärkte soziale Position glaubend – mit *dem Brief über die Taubstummen*. In Deutschland war der ‚Magus im Norden', Johann Georg Hamann, Hauptbriefschreiber; auf seine Herausforderungen antworteten seine Anhänger Herder, Goethe und Schiller.[9] Öffentliche oder private Briefe (oder Briefe gemischten Charakters), die Philosophen und Machthabern miteinander austauschten, wurden zum Medium der Philosophie mit Anspruch auf eine authentisch praktische Wirkung, da sie entweder von den möglichen Verursachern einer solchen Wirkung, den Machthabern, selbst oder aber für den Gebrauch dieser Verursacher geschaffen wurden. Schelling äußerte explizit die Erwartung, dass seine Briefe eine praktische Wirkung auf den Leser haben sollen. Sonst wären sie missverstanden.

Nach den Kant'schen Kritiken und dem Ausbruch der Französischen Revolution aktualisierte sich schlagartig die Tradition der apostolischen Briefe; sie kündeten nun von der guten Nachricht (εὐαγγέλιον), dass die Freiheit in der Welt ankam. Das neue ewige Evangelium der Menschenliebe, das von den Elementarevangelien des Neuen Testaments versprochen wurde, kündigte Lessing schon 1778 an;[10] Schelling selber kommentierte den Brief des Paulus an die Philipper während seines Predigerexamens;[11] eine andere studentische Hausarbeit bestand in einer Verteidigung Marcions gegen den Vorwurf, er habe Paulus Briefe gefälscht. Seine *Briefe über Dogmatismus und Kriticismus* waren tatsächlich Hirtenbriefe, die die Anhänger des Kritizismus dazu ermahnten, im Glauben nicht nachzulassen, da der Dogmatismus umhergeht – und zwar nicht wie ein brüllender Löwe, sondern in den noblen Gewändern des

---

Nur Dichter? Über die Beziehungen von Literatur und Philosophie (Würzburg: Königshausen & Neumann, 2008), 174; Lawrence Ryan, „'Was bildet aber, stiften die Dichter.' Zu Hölderlins Konzeption von ‚Bildung'", *Hölderlin-Jahrbuch*, Bd. 36 (Eggingen: Isele, 2008-2009), 49-52; Lars Meier, *Konzepte ästhetischer Erziehung bei Schiller und Hölderlin* (Bielefeld: Aisthesis, 2015), 126-246.

9 Johann Georg Hamann, *Briefwechsel*, Bände 1-3, hg. von Walther Ziesemer, Arthur Henkel (Wiesbaden: Insel 1955-1957); Bände 4-7, hg. von Arthur Henkel (Wiesbaden, Frankfurt am Main: Insel 1957, 1965-1979).

10 Gotthold Ephraim Lessing, „Die Erziehung des Menschengeschlechts", *Werke*, hg. von Herbert G. Göpfert (München: Hanser, 1979), Bd. 8, 507-508 (§ 86-89).

11 Xavier Tilliette. *Schelling. Biografie* (Stuttgart: Klett-Cotta, 2004), 42.

Kritizismus. Die Propaganda der Französischen Revolution, die sich auf die römische Tugend berief, zusammen mit der Kant'schen Freiheit, die erfordert, moralisch zu sein ohne Rücksicht auf die Umstände, erneuerten die stoische Theorie,[12] deren Grundgattung der Brief war, vgl. Ciceros Briefe an Atticus oder Senecas Briefe an Lucilius. Indem der Brief an einen bestimmten Adressaten appellierte, sein Leben nach den persönlichen Erfahrungen des Verfassers zu gestalten, demonstrierte er, inwiefern der Philosoph, der wirklich nach seinen Prinzipien lebt, sich vom Sophisten unterscheidet.[13] Die Tragödientheorie aus Schellings Briefen steht augenscheinlich unter dem Einfluss der Theorie des tragischen Erhabenen, die Schiller drei Jahre zuvor als eine Erweiterung beziehungsweise Amplifikation des stoischen Erhabenen aus Kants Kritiken formulierte. Ihr Ziel lag darin, dass das Erhabene nicht nur natürliche Phänomene, sondern auch Kunstwerke abdeckt. In dem Augenblick, in dem der Tragödienheld erhaben standhaft bleibt, offenbart sich die moralische Freiheit in der Welt der Erscheinungen – eine unbedingte, freie Tat wird in

12 Philippe Joseph Benjamin Buchez, Prosper Charles Roux, *Histoire parlementaire de la Révolution française ou Journal des Assemblées Nationales depuis 1789 jusqu'en 1815* (Paris: Paulin, 1834), Bd. 8, 77: über eine Rede Jean-Pierre Brissots in der Nationalversammlung 1790: „Ce n'est que lorsqu'il arrive à la nécessité de la science philosophique chez le démocrate, que Brissot, après avoir flerti les *déclamations et les tirades* de Barnave contre la philosophie, nous livre sa propre pensée sur le caractère essentiel du patriote. / Il commence par citer des philosophes qui appartiennent tous à la secte des stoïciens: Sénèque, Epictète, Marc-Aurèle, et surtout le philantrope Plutarque. Rousseau s'y trouve aussi, à cause sans doute, de ce qu'il a écrit sur Fabricius, Brutus et Caton. Lisez la vie de Caton d'Utïque dans Plutarque, de César ou d'Antoine, ajoute Brissot, et je vous demanderai ensuite à qui aimeriez mieux ressembler; et je vous demanderai einsuite auquel d'entr'eux vous confieriez le gouvernement d'une société ; et si, sans vous accuser d'une corrutpion profonde, vous ne pouviez la refuser à Caton, je vous demanderai comment vous oseriez persister dans votre mépris pour la philosophie? Car Caton fut l'ovrage du seul stoïcisme. Ce fut lui seul qui en fit un être presque céleste. Autant un homme libre est au-dessus d'un esclave, autant un philosophe patriote est au-dessus d'un patriote ordinaire […]." Robespierre sagt 1794, als er in der Nationalversammlung die Unsterblichkeit der Seele verteidigt: „Le stoïcisme enfanta des émules de Brutus et de Caton jusque dans les siècles affreux qui suivirent la perte de la liberté romaine: le stoïcisme sauva l'honneur de la nature humaine, dégradée par les vices des successeurs de César, et surtout par la patience des peuples." Der Stoizismus rettet die Würde des Menschen, indem er ihn zur theatralen Nachahmung von Vorbildern provoziert (Adolphe Thiers, *Histoire de la Révolution française* (Brüssel: Hauman, 1840), Bd. 2, 59); Tadeusz Zieliński, *Cicero im Wandel der Jahrhunderte* (Leipzig, Berlin: Teubner, 1912), 257-267.

13 Pierre Hadot, „Exercices spirituels", *École pratique des hautes études, Section des sciences religieuses. Annuaire* 1975-1976, 84, 25-70 (Später das erste Kapitel von Hadots berühmtem Buch *Exercices spirituels et philosophie antique* (Paris: Études augustiniennes, 1981).

einer Wirklichkeit vollzogen, die nur aus bedingten Gegenstanden besteht, die sich im allumfassenden Kausalzusammenhang gegenseitig bedingen.

Unter dem Gesichtspunkt der argumentativen Struktur antworten Schellings Briefe am direktesten, obschon implizit, auf das sechs Jahre früher erschienene Werk von Friedrich Heinrich Jacobi *Über die Lehre des Spinoza in Briefen an den Herrn Moses Mendelssohn*, das fast zeitgleich mit der Französischen Revolution erschien.[14] Bei Jacobi findet Schelling die Dialektik von menschlicher Freiheit und Unfreiheit verschränkt mit der Kritik des Dogmatismus, der sich als eine Lehre von Freiheit ausgibt. Letzteres bezieht sich auf Kant. Indem Schelling aus eigenem Antrieb auf Jacobis Briefe antwortet, wendet er sich also gleichzeitig Kant zu, da die ganze öffentliche Polemik Jacobis mit Mendelssohn für Kants Augen bestimmt gewesen zu sein scheint – so sehr verbitterte Jacobi Kants Stellungsname zu Gunsten Mendelssohns.[15] Die zweite Fassung der Spinoza-Briefe versucht, die Enttäuschung über Kant in der Weise zu verarbeiten, dass Jacobi Kants kritische Philosophie als eine Art philosophischen Dogmatismus darstellt, der vom wahren Leben und der wahren Freiheit unendlich weit entfernt bleibt. Schellings Briefe muten dagegen so an, als wäre er nicht fähig, Kant zu lesen, ohne sich selbst Jacobis Metakritik der *Kritik der praktischen Vernunft* vor Augen zu halten. Schelling bleibt in seinen Jugendbriefen Jacobi erstaunlich treu, wenn man bedenkt, dass die beiden 15 Jahre später einen erbitterten Streit führen werden.[16] Dies ist aber eine ganz andere Geschichte.

Jacobis Briefe über Spinoza lösten den größten philosophischen Skandal des ausgehenden 18. Jahrhunderts aus und waren in hohem Maße für die Karriere der spinozistischen Metaphysik in Deutschland und damit in ganz Europa verantwortlich.[17] Der schon im Titel genannte Dogmatismus aus Schellings Briefen kommt am deutlichsten in Spinozas Werk *Ethik*, das entgegen des Titels Metaphysik ist, zum Ausdruck, aber auch Kant kann vorgeworfen werden, dass sein Kritizismus zum unreflektierten Dogmatismus führen könnte. Um

---

14 Breslau 1785, zweite, erweiterte Auflage: Friedrich Heinrich Jacobi, *Über die Lehre des Spinoza in Briefen an Herrn Moses Mendelsohn* (Breslau: Löwe, 1789).

15 Frederick C. Beiser, *The Fate of Reason: German Philosophy from Kant to Fichte* (Cambridge: Harvard University Press, 2009), 109-126; Axel Hutter, „Vernunftglaube. Kants Votum im Streit um Vernunft und Glauben", Walter Jaeschke, Brigit Sandkaulen (Hg.), *Friedrich Heinrich Jacobi: Ein Wendepunkt der geistigen Bildung der Zeit* (Hamburg: Meiner, 2004), 241-256; Susan Neiman, *The Unity of Reason: Rereading Kant* (Oxford: OUP, 1994), 153-160;

16 Vgl. Frank Buttner et al. (Hg.), *Vernunft – Freiheit – Offenbarung. Der Streit zwischen Jacobi und Schelling 1811/1812* (München: Fink, 2015).

17 Kai Neubauer, *Heinrich Heines heroische Leidenschaften. Anthropologie und Sinnlichkeit von Bruno bis Feuerbach* (Stuttgart: Metzler, 2000), 24, spricht von einem von Jacobi verursachten „Spinoza-Renaissance".

dies zu veranschaulichen, ergänzte Jacobi die zweite, erweiterte Ausgabe seiner Briefe um seine Reaktion auf Kants *Kritik der praktischen Vernunft*, die ein Jahr zuvor die Presse verlassen hatte. Das Vorbild für das intellektuelle Gerüst von Schellings Briefen war eine Diskussion in diesen Briefen Jacobis über die menschliche Freiheit, die sich in zwei Sammlungen zu zwei widersprüchlichen Thesen entfaltete. Die erste, aus 23 Behauptungen bestehende Sammlung soll darlegen, dass der Mensch keine Freiheit habe; die zweite, aus 29 Feststellungen bestehende Sammlung trägt die Überschrift „Der Mensch hat Freiheit".[18] Diese beiden Thesen entsprechen bei Kant der sogenannten dritten Antinomie der reinen Vernunft. Antinomien bestehen in Kantischer Terminologie aus zwei Behauptungen, die widersprüchlich und dennoch beide jeweils gut begründet sind. Die widersprüchlichen Thesen der dritten Antinomie lauten nun: ‚Die gesamte Natur ist kausal determiniert' und ‚Es gibt Freiheit'.[19] Beide Assertionen sind in Kants System wahr, sie beziehen sich nur auf zwei verschiedene Welten, in denen der Mensch lebt und die die nachkantische Tragödientheorie in Verbindung zu setzen versuchen wird: Die Erfahrungswelt, in der vollständige Kausalität herrscht, und die noumenale Welt der Dinge an sich, in der Freiheit für den Menschen gilt. Kant sieht daher im transzendentalen Idealismus, der zwischen diesen beiden ‚Welten' unterscheidet, den „Schlüssel",[20] die widersprüchlichen Thesen vereinbar zu machen, ohne sie zu hybridisieren. Während er sich so mit einem Dualismus zufriedengibt und ihn sogar als eine Bedingung der Moralität stilisiert, deren Träger immer Freiheit über Bedingungen *wählen* muss, stellt Jacobi fest – und Schelling wird das wie ein Mantra wiederholen – dass die von Kant vorgeschlagene Freiheit genauso dogmatisch geprägt ist wie die mechanistische Welt der Bedingungen. Die beiden Welten, in denen Kants Mensch lebt, stellen dogmatische Häuser der Dienstbarkeit dar. Jacobi gestaltet seine Sammlung der Thesen, die für die Freiheit des Menschen sprechen, anders als die Begründung der Freiheit in der *Kritik der reinen Vernunft*; und diese Verschiebung wird Schelling in seinen Briefen nachahmen (wir werden sehen, dass er diese Verschiebung performativ in dem Moment wiederholt, als seine Argumentation von der Beschreibung der intellektuellen Anschauung zu der des kritischen Lebens übergeht). Während die Argumente dafür, dass der Mensch keine Freiheit hat, weil er in seinem Denken und Agieren vom äußerlichen Sein ohne Rest abhängt, Spinoza und der Kantischen Darstellung des

18 Jacobi, *Über die Lehre des Spinoza*, XXVI-XLVIII.

19 Vgl. Kant, *Kritik der reinen Vernunft Gesammelte Werke. Akademie-Ausgabe* (Berlin: Reimer, 1900), Bd. 3, 308 (B471f.).

20 Kant, *Kritik der reinen Vernunft. Akademieausgabe*, Bd. 3, 333 (B519).

'pathetischen' (d.h. leidenden oder rezeptiven oder psychologischen) Teil des Ichs folgen, ähnelt Jacobis Freiheit der Kantischen Theorie von der Freiheit, die man als formale Bedingung des moralischen Handelns fassen kann, nicht. Die Form von Jacobis Abhandlung weist auf Martin Luthers wohl meistgelesene Schrift „Von der Freiheit eines Christenmenschen" aus dem Jahre 1520 hin, in der er ebenfalls zwei parallele Themen ausarbeitet, die die paradoxe Situation des Christen zwischen der Befreiung von der Erbsünde durch das Opfer Christi und die endgültige Erlösung (aus) der Welt zum Ausdruck bringen:

> Ein Christenmensch ist ein freier Herr über alle Dinge und niemandem untertan. Ein Christenmensch ist ein dienstbarer Knecht aller Dinge und jedermann untertan.[21]

An dieser Stelle kommt die zentrale Rolle Luthers in der Entstehungsgeschichte der kritischen Tragödientheorie anhand textueller Bezüge zutage und nicht in Form von Beschreibungen der generellen kulturellen Prozesse à la Heine oder der junge Marx, auf die ich mich im Entstehungszusammenhang-Kapitel begrenzte. Luther löst das Paradox durch einen Rückgriff auf den Köper-Geist-Dualismus auf, indem er die Unfreiheit dem leiblichen, immer noch alten Menschen, zuschreibt; frei ist dagegen der neue, geistliche, innerliche Mensch. Seine Freiheit ist komplett unabhängig von äußerlichen Dingen, Taten, Werken und allen Umständen, da ihre Substanz der Glauben, eine besondere Zuwendung dem Anderen zu, ausmacht.

Um Luthers Vorbild gerecht zu werden sowie seine Abhängigkeit von den großen Vorläufer zu signalisieren, greift Jacobi auf seine eigene Kritik der Kritik Kants zurück, die ein transzendentaler Egotismus und Skeptizismus („der durchgängigen absoluten Unwissenheit"[22]) sei, der nur im Ich Rückhalt findet und Glauben und Vermutung ausschließt. Diese Kritik hatte er schon in *David Hume über den Glauben oder Idealismus und Realismus: ein Gespräch* (1787) durchgeführt.[23] In diesem Dialog über Humes Dialog über die natürliche Religion wird die ethische Erfahrung der Freiheit aus der Situation abgeleitet, in der ein finites Ich mit einem genauso finiten Du konfrontiert wird. Im Dialog macht das Ich die Erfahrung eigener Freiheit, eigener Begrenzung und Selbstbegrenzung, seiner Aktivität und Passivität, sodass das negative

21 Zitiert nach: Martin Luther, *Von der Freyheith eines Christenmenschen* (*De libertate christiana*): https://www.luther2017.de/de/martin-luther/texte-quellen/lutherschrift-von-der-freiheit-eines-christenmenschen/ [10.12.2016].

22 Friedrich Heinrich Jacobi, *David Hume über den Glauben oder Idealismus und Realismus: ein Gespräch* (Breslau: Loewe, 1787), 230.

23 Jacobi, *David Hume über den Glauben*, 209-230.

Bewusstsein eines infiniten und unbegrenzten Seins entsteht, das die eigene Freiheit und Verantwortlichkeit erfahrbar macht. „Das Ich und das Du wird gleich bei der ersten Wahrnehmung unterschieden. Aber in demselben Maße wie das Du deutlicher wird, wird auch das Ich deutlicher. – Es entsteht Begriff, Wort, Person" – schreibt Jacobi.[24] Indem das Kant'sche Ich in sich selbst verlorengeht, geht für es auch das Du verloren und damit Gott. „Gott ist für den Menschen nur durch die ‚Menschen der Gott der Menschen.' [...] Daher soll auch ein Mensch den andern ‚nicht durch Bilder und Worte, sondern durch sein Thun zur Religionslehre emporheben.'"[25]

Die Thesen für die menschliche Freiheit aus der zweiten Ausgabe der Spinoza-Schrift werden bald darauf eine sehr wichtige Rolle in der Debatte um das einheitliche System der Philosophie spielen, das mithilfe eines Grundsatzes aus der Kantischen Kritik abzuleiten wäre (oder auch nicht); dies vor allem in der Diskussion um Karl Leonhard Reinhold.[26] In der Freiheit, die sich in der gegenseitigen Begrenzung realisiert, deuten auf Fichtes Wechselerweis zwischen dem Ich und Nicht-Ich voraus. Schelling konstruiert auf der Etappe der Briefe kein eigenes System der Gegensätze, er bietet dafür in der Gestalt der griechischen Tragödie so etwas wie ein Medium, in dem das Aufleuchten der Freiheit infolge des Konflikts, des Niedergangs, des Verrats und der Lüge sichtbar würde. Schelling richtet die Bedenken und Vorschläge, die Jacobi vorzüglich in Bezug auf die *Kritik der praktischen Vernunft* in seinen Spinoza-Briefen formulierte, auf die *Kritik der reinen Vernunft*. Seine Einstellung gegenüber der neuen idealistischen Philosophie ist anders als bei Jacobi jedoch enthusiastisch. Schelling will die von Jacobi aufgestellte Alternative Philosophie-Freiheit daher entschärfen und eine Philosophie der nichtdogmatischen Freiheit anschaulich – in der und durch die Tragödie – demonstrieren.

Zwar betrachtet auch Schelling Spinozas Philosophie als schlechthin dogmatisch, aber durch die Antwort, die Kant seinen Kritikern – unter anderem Jacobi – in der Vorrede zur zweiten Ausgabe der *Kritik der reinen Vernunft* gab, gerät seine Philosophie in Augen Schellings vom Regen in die Traufe; sie ermöglicht das Wiederauftauchen eines mutierten Dogmatismus, welcher sich als Kritizismus ausgibt. In seiner Antwort betonte nämlich Kant, dass die Kritik der reinen Vernunft sich nur auf die unvollkommene Erkenntnis der phänomenalen Welt bezieht. Die Metaphysik, die Erkenntnis der letzten Wahrheiten, bleibe das Ziel des Philosophierens, das nur den Dogmatismus

---

24 Jacobi, *David Hume über den Glauben*, 177.

25 Jacobi, *David Hume über den Glauben*, 205.

26 George di Giovanni, *Freedom and Religion in Kant and His Immediate Successors. The Vocation of Humankind. 1774-1800* (Cambridge: CUP, 2005), 66-107.

vermeiden soll, d.h. es soll nicht der Anmaßung anheimfallen, „mit einer reinen Erkenntnis aus Begriffen (der philosophischen), nach Prinzipien, so wie sie die Vernunft längst im Gebrauche hat, ohne Erkundigung der Art und des Rechts, womit sie dazu gelanget ist, allein fortzukommen."[27] Solch eine Begrenzung des Kritizismus auf das Erkenntnisvermögen, die darüber hinaus die Absicht hatte, „das Wissen auf[zu]heben, um zum Glauben Platz zu bekommen",[28] erschreckt die jungen Kritiker Schelling, Hegel und Hölderlin. Wo der Glaube ohne Wissen auftaucht, folgen die Dogmen.

Völlig bewusst, dass man den Raum der Freiheit dialogisch, in gegenseitiger Bestimmung zu erkämpfen hat, inszeniert Schelling in seinen Briefen ein „Schauspiel der Kommunikation".[29] Drei hierarchisch organisierte Senderinstanzen der *Philosophischen Briefe über Dogmatismus und Kritcismus* sowie die gleiche Zahl an Empfängern sind zu unterscheiden: Auf dem höchsten kommunikativen Niveau verstand der reale Empfänger – das damalige Leserpublikum – dass der reale Sender, der junge Idealismus-Enthusiast Schelling, das Subjekt der philosophischen Briefe emanierte, damit es sich in Gegenwart der Gelehrtenrepublik an Schiller, Jacobi und Kant wendet. Das literarische Subjekt des Ganzen, das sich in zahlreichen Fußnoten und in der Vorerinnerung offenbart und vom Erzähler zu unterscheiden ist, ruft eben diesen Erzähler ins Leben, der auf Briefe eines anonymen Freundes antwortet. Diese werden nicht zitiert, sondern nur in der dialogischen, auf ‚Du' (eigentlich ‚Sie') eingestellten Form berücksichtigt. Über die Briefe des Freundes erfährt der Leser nur, dass sie auch zum Zwecke der Suche nach dem wahren Kritizismus geschrieben wurden. Diesen fände man nur zu zweit, im Gespräch und in der gegenseitigen Begrenzung.

4.2. Zwei Stämme aus einer Wurzel: Dogmatismus und Kritizismus

Ziel der Briefe ist es – lesen wir in der „Vorerinnerung" – die Grenze zwischen Kritizismus und Dogmatismus abzustecken, damit nicht ein neuer, noch schlimmerer Dogmatismus auf dem Boden der Kantischen Kritiken wächst. Der Dogmatismus besteht laut Schelling darin, das eigene intellektuelle Leben zu hypostasieren, d.h. bloß gedanklichen Objekten gegenständliche

27 Immanuel Kant, *Kritik der reinen Vernunft*, 21.

28 Immanuel Kant, *Kritik der reinen Vernunft*, 19.

29 Kazimierz Bartoszyński, „Zagadnienie komunikacji literackiej w utworach narracyjnych", Janusz Sławiński (Hg.), *Problemy socjologii literatury* (Wrocław: Ossolineum, 1971), 127 („widowisko sytuacji komunikacyjnej").

Wirklichkeit zuzuschreiben wie beispielsweise Götter, Objekte, ja auch das absolute Objekt, dem man sein Leben aufopfern soll, wie es das Mastermind des Dogmatismus, Baruch Spinoza, fordert, der ein Träumer gleichen Ranges mit Leibniz und Wolf, den Kabbalisten, Brachmanen, „Sinesischen Philosophen" sowie neueren Mystikern war (96). Der Kritizismus dagegen befreit den Menschen aus dem Umstand, eine Marionette des biologischen, sozialen, geschichtlichen und metaphysischen Zwanges zu sein, indem er ihn für seine Taten verantwortlich macht. Auch das Wissen ist nach Kants Kopernikanischer Revolution eine Aktivität.

Die Befreiung des Menschen ist die wichtigste Aufgabe überhaupt; die *Kritik der reinen Vernunft* wird von geistigen Faulenzern jedoch für etwas mehr gehalten, als sie wirklich ist: Lediglich der erste Schritt auf dem Weg zum wahren Kritizismus. Es ist aber auch ein Weg, der ebenso gut zu einem neuen beispiellosen Dogmatismus führen könnte. Der Fehler der kurzsichtigen Kritizismusanhänger, die nicht weiter als die Kant'schen Kritiken sehen, besteht darin, dass man mit Kant den Dogmatismus auf die Versuche reduziert, mittels der theoretischen Vernunft die Wahrheiten zu finden, die zum Bereich der praktischen Vernunft gehören und damit nur derjenigen Kritik zugänglich sind, die die Bedingungen der Möglichkeit von Moralität auslotet (68). Wir haben eben gesehen: Kant selber, durch Jacobi *et consortes* moralisch erpresst, bekannte, dass die Metaphysik im alten Stil, wünschenswert wäre. Da wir jedoch ein für diese Zwecke zu schwaches Erkenntnisvermögen haben, müssen wir den Dogmen aufs Wort glauben und in einer Orwellischen Verdrehung das Schimpfwort ‚Dogmatismus' auf Versuche anwenden, die Dogmen mit der Vernunft zu ergründen oder hinterfragen versuchen (57-61). Von der Selbstbegrenzung des Kritizismus, der nur der Erkenntnis Grenzen zieht und den Glauben verstärkt, zehrt der neue Dogmatismus, der sich ein genial einfaches Verfahren ausgedacht hat: Was man nicht erkennen kann, wird als ein „Postulat" mit dem Stempel der praktischen Vernunft versehen (58). Wovor der Verstand aufgibt, wird zur ‚Wahrheit' ernannt, die zwar für den Verstand unbeweisbar, aber für das Leben unentbehrlich ist – dies geschieht nach dem Vorbild der unsterblichen Seele oder Gottes, der das Gute mit Lust belohnt, das Böse bestraft und der genauso unbeweisbar wie unvermeidlich ist, wenn das Leben auf der Erde unter den triumphierenden Ungerechten laut Kant einen Sinn haben soll, und daher postuliert werden muss. Der angeekelte Schelling schrieb in demselben Jahr 1795 in einem privaten Brief an Hegel, der gerade sein Studium abschloss und aus Tübingen wegzog: „Alle möglichen Dogmen sind schon zu Postulaten der praktischen Vernunft gestempelt und, wo theoretisch-historische Beweise nimmer ausreichen, da zerhaut die praktische (Tübinger) Vernunft den Knoten. Es ist Wonne, den Triumph dieser philosophischen

Helden mit anzusehen. Die Zeiten der philosophischen Trübsal, von denen geschrieben wird, sind nun vorüber!"[30]

Die öffentlichen Briefe über Dogmatismus und Kritizismus beginnen mit gleicher Verachtung gegenüber den Postulaten: „Ich verstehe Sie, theurer Freund! Es dünkt Ihnen größer, gegen eine absolute Macht zu kämpfen und kämpfend unterzugehen, als sich zum Voraus gegen alle Gefahr durch einen moralischen Gott zu sichern" (50). Nur die Anerkennung der Fiktionalität dieser Vernunftsfiktionen könnte das Gesicht des Kantischen Kritizismus retten.

Der wahre Kritizismus müsste überdies seine eigene Grenze, die er sich gesetzt hat, überschreiten (was der Kantianismus – laut Jacobi – sowieso schon macht, indem er das Wirken des Dings an sich auf die Erkenntnis annimmt)[31] und nicht nur Begrenzungen des Verstandes aufzählen und kategorisieren, sondern die Ursache der Begrenzungen zur Anschauung bringen. Jacobi zeigte der Vernunft den Weg zum Unbedingten, von dem aus alles lebendige, dialogische Denken seinen Anfang nehmen und nach dem es trachten soll.[32] Schelling wollte den Weg, den Jacobi für den Glauben vorbehielt, für die Philosophie passierbar machen und am Ende der Briefe gelangt er zur griechischen Tragödie, die schon vom ersten Brief an in verschleierter Form als „Schauspiel" des Kampfes gegen das Absolute ohne jegliche Hilfe vonseiten eines „moralischen" Gottes angekündigt war (50).

Ad fontes: Das synthetische Urteil, dessen Kritik (Überprüfung) Kant sich widmet, wird nur dann zum Problem – meint Schelling – wenn ein Unterschied zwischen dem Subjekt und dem Objekt besteht. Eine korrekte Proposition strebt nach der Aufhebung dieses Unterschieds; sie soll die Identität setzen – und zwar sowohl zwischen dem Subjekt des Satzes und dessen Prädikat als auch zwischen dem erkennenden Subjekt und dem erkannten Objekt. Schelling übersetzt diese Feststellung in die Sprache des Neoplatonismus und sagt, dass der Anfang und das angenommene Ende allen Philosophierens das Absolute ist, in dem es weder einen Unterschied zwischen Subjekt und Objekt noch folglich das Problem der synthetischen Sätze gibt. Nur im mittleren Gebiet zwischen den beiden Polen des Schweigens benötigt man synthetische Urteile. Aus der *Kritik der reinen Vernunft*, die sich nur mit der mittleren Sphäre auseinandersetzt, kann man sowohl das System des Kritizismus als auch das

30 Manfred Frank, Gerhard Kurz (Hg.), *Materialien zu Schellings philosophischen Anfängen* (Frankfurt am Main: Suhrkamp, 1975), 118.

31 Jacobi, *David Hume über den Glauben*, 210-230.

32 Dieter Henrich, *The Course of Remembrance and Other Essays on Hölderlin*, hg. von Eckhart Förster (Stanford: SUP, 1997), 52-53. Hinzu kommt Fichtes ‚Ich', das ein Grund sein soll, der selbst keinen Grund außerhalb sich selber hat.

des Dogmatismus ableiten (69), sowohl das System der Freiheit als auch das System der Knechtschaft, des Idealismus und des Realismus (70). Dies hängt von der Auslegung der fundamentalen Erfahrung ab: der Aufwertung des absoluten Subjekts bzw. des absoluten Objekts.

Auf einem graphischen Schema würde das ganze folgendermaßen aussehen: Wir hätten die Kritik der reinen Vernunft als eine Wurzel, aus der zwei Stämme wachsen: der Kritizismus und der Dogmatismus, das System der Freiheit und das System der Unterwerfung, beide unwiderlegbar und unbeweisbar mittels der theoretischen Vernunft, aus deren Kritik sie herauswachsen (72). Man kann aber die Wahl zwischen den beiden nicht umgehen: sowohl der Satz vom ausgeschlossenen Dritten als auch die Unabdingbarkeit des Ethischen zwingen dazu, sich zu einer der beiden Seiten zu bekennen. So muss man entweder dem Kritizismus oder dem Dogmatismus anhängen. Die Wahl eines Systems ist ein freier Akt der praktischen Vernunft, der das erkenntnistheoretische Modell der Welt revolutionieret (und umgekehrt). Die Vernunft kann sich selber wählen, d.h. die Freiheit, sie kann sich aber auch der Welt, wie sie ist, unterordnen. Ein Jahr vorher schrieb Tadeusz Kościuszko in einem Aufruf nach der erfolgreichen Schlacht mit der russischen Armee im April 1794 bei Racławice (dem letzten Funken Hoffnung auf Polens Freiheit): „Nation, wolle frei sein!“[33] Fichte provozierte zur selben Zeit an anderem Ort: „Welche Philosophie man wähle, hängt sonach davon ab, was für ein Mensch man ist.“[34] Sage mir, welcher Philosophie du anhängst, und ich sage dir, wer du bist. So wie jeder eines der beiden Systeme wollen muss, kann jedes der Systeme ausschließlich durch die Tat (eine praktische Tat in Wirklichkeit) vollendet werden. Schelling stellt sogar eine Proportion auf: „Je mehr sich eine Philosophie dem System

33 Tadeusz Kościuszko, „Raport narodowi polskiemu po zwycięstwie pod Racławicami“, *Jego odezwy i raporta*, hg. von Ludwik Nabielak (Paris: Księgarnia Luxemburska, 1871), 15: „Narodzie! to jest wierne dnia czwartego kwietnia pod Racławicami opisanie. Racz poczuć na koniec twą siłę, dobądź jej całkowitej, chciej być wolnym i niepodległym; jednością i odwagą dojdziesz to tego szanownego celu!“ Tadeusz Kościuszko, „Odezwa do obywatelów“, *Jego odezwy i raporta*, Bd. 1, 50-51: „Pierwszy krok do zrzucenia niewoli jest, odważyć się być wolnym.“ Stanisław Brzozowski leugnet, dass Fichte die polnische Kultur beeinflusst habe. Seine Rolle habe Kościuszko (neben Napoleon und den Legionären vom General Dąbrowski) erfüllt; Soldaten haben Philosophen abgelöst (Stanisław Brzozowski, *Filozofia romantyzmu polskiego* (Lwów: Spółka Akcyjna Wydawnnicza, 1924), 21).

34 Und weiter: „... denn ein philosophisches System ist nicht ein toter Hausrat, den man ablegen oder annehmen könnte, wie es uns beliebte, sondern es ist beseelt durch die Seele des Menschen, der es hat. Ein von Natur schlaffer oder durch Geistesknechtschaft, gelehrten Lexus, und Eitelkeit erschlaffter, und gekrümmter Charakter wird sich nie zum Idealismus erheben“ (Johann Gottlieb Fichte, *Versuch einer neuen Darstellung der Wissenschaftslehre: Vorerinnerung, Erste und Zweite Einleitung, Erstes Kapitel* (1797/98) (Hamburg: Meiner, 2014), 17).

annähert, desto mehr Anteil hat die Freiheit und Individualität daran, desto weniger Anspruch auf Allgemeingültigkeit kann sie machen" (72).

Dank der Tat erlangt das System (des Kritizismus oder des Dogmatismus) reale Existenz. Die Ästhetik dieses Philosophierens ordnet nämlich jedes System der rhetorischen Denkfigur der Prolepsis unter. Jedes System ist lediglich die Prolepsis oder die Antizipation der Tat, die den Sätzen des Systems Wirklichkeit verleihen wird (73, 80-81). Schon die Wahl eines Systems ist praktische Tat, auch die Wahl der Passivität ist ein Willensakt. – Wenn schon die Rede von Antizipation ist, soll hier erwähnt werden, dass Jacobi Ludwig Feuerbachs dialogische Philosophie vorwegnahm und Schelling seinerseits, indem er Jacobis Gedanken zugunsten der idealistischen Philosophie zu benutzen versuchte, ungefähr das Gleiche behauptete, was Marx in der zweiten seiner Feuerbach-Thesen sagte: „Die Frage, ob dem menschlichen Denken gegenständliche Wahrheit zukomme – ist keine Frage der Theorie, sondern eine *praktische* Frage. In der Praxis muss der Mensch die Wahrheit, i.e. die Wirklichkeit und Macht, Diesseitigkeit seines Denkens beweisen. Der Streit über die Wirklichkeit oder Nichtwirklichkeit des Denkens – das von der Praxis isoliert ist – ist eine rein *scholastische* Frage."[35]

Die Kritik der reinen Vernunft, aus der die beiden Systeme herauswachsen, ruft das Nachbild des Absoluten hervor, in dem es keine synthetischen Sätze gibt. Beide Systeme – theoretisch gleichwertig und praktisch unvereinbar – antworten auf das Rätsel des Absoluten. Der Einfluss, den die Gedanken aus (wahrscheinlich) Hölderlins *Urteil und Sein* auf Schelling und den entstehenden Idealismus ausübten, zeichnet sich am deutlichsten auf der Ebene der Argumentation ab. Das Absolute – das Sein, in dem es keine Teilung zwischen Subjekt und Objekt gibt – kann kann nicht diskursiv erschlossen werden, sondern nur in der intellektuellen Anschauung. Laut dem Schelling der Briefe entsteht die intellektuelle Anschauung, wenn wir aufhören, ein Objekt für uns zu sein, als welches uns unser empirisches, psychologisches ‚Ich' als eines der vielen Objekte in der phänomenalen Welt gewöhnlich erscheint. Um die intellektuelle Anschauung zu erlangen, sollen wir uns in uns zurückziehen, sodass unser anschauendes Selbst mit dem identisch wird, was wir anschauen. „In diesem Moment der Anschauung schwindet für uns Zeit und Dauer dahin: nicht wir sind in der Zeit, sondern die Zeit – oder vielmehr nicht sie, sondern die reine absolute Ewigkeit ist in uns. Nicht wir sind in der Anschauung der objectiven Welt, sondern sie ist in unserer Anschauung verloren" (88). Die Ur-Teilung zwischen dem Subjekt und dem Objekt (dem Subjekt und

35 Karl Marx, „Thesen über Feuerbach", *Werke* (Berlin: Dietz, 1969), Bd. 3, 5; Hervorhebungen von Marx.

dem Prädikat) wird aufgehoben sowie die Frage nach der Möglichkeit der synthetischen Sätze oder der Sätze *tout court*.

Die fundamentale Erfahrung kann hinsichtlich der Frage, was hier eigentlich passiert ist oder was ich getan habe, auf zweierlei Weisen ausgelegt werden: Entweder war das Subjekt mit dem Absoluten oder das Absolute mit dem Subjekt identisch. Im ersten Fall war die Anschauung eine Anschauung des absoluten Objekts, im zweiten Fall eine Anschauung seiner selbst (88). Der Dogmatismus erliegt einer Täuschung und wählt immer die erste der möglichen Antworten auf das Rätsel der Grunderfahrung. Im Namen der ekstatisch-erlöschenden Erfahrung der intellektuellen Anschauung fordert Spinoza vom absoluten Objekt (der Substanz), dass es von uns volle Identifikation und totale Unterwerfung fordert – im Namen der kosmischen Harmonie (86). Der Kritizismus betrachtet dagegen die Unterordnung unter das Objekt als moralischen sowie kognitiven Fehler (hier widerspricht Schelling also seiner Feststellung der intellektuellen Gleichrangigkeit beider Systeme). Eine vollkommene Unterordnung des Ichs unter das Objekt scheint a priori unmöglich zu sein, weil wir niemals unser Ich aus einer Anschauung ausblenden können (89). Diese Behauptung kann durch einen Bezug auf Descartes, den Schelling sozusagen revolutioniert (im wörtlichen Sinne umkehrt). Descartes bewies mit seinem berühmten ‚Cogito ergo sum'-Argument, dass die Existenz unseres Ichs ein unbezweifelbares Wissen darstellt, da das Ich nichts, sogar sich selbst, bezweifelt kann, ohne es bei diesem Akt des Zweifelns wieder vorauszusetzen. Durch den Aufweis dieses performativen Widerspruchs erreichte Descartes jedoch nicht nur sein Beweisziel: ein unbezweifelbares Wissen als ‚fundamentum inconcussum' (unerschütterliches Fundament). Er demonstrierte zugleich, so kann man Schellings Überlegungen zusammenfassen, dass ich Existenz nicht denken kann, ohne dabei gleichzeitig an mein Denken zu denken. Kant verbesserte mit seiner ‚transzendentalen Apperzeption' die daraus folgende kartesianische Konzeption von Selbstbewusstsein: Ich denke nicht ständig an mein Ich, wenn ich denke (das widerspricht unserer Erfahrung von unseren Denkakten). Es ist vielmehr so: „Das ‚Ich denke' muss alle meine Vorstellungen begleiten *können*."[36] Das Selbstbewusstsein als transzendentale Apperzeption bei Kant wäre damit nicht ein Ich, das ständig als Zusatz an meinen Vorstellungen (von ‚äußerlichen' Objekten oder meinem empirischen, psychologischen Ich) klebt, sondern das reine Ich, das sich zwischen mir und dem Objekt ausdehnt, indem es beide ermöglicht. In diesem reinen Ich soll Ich mich (oder das Ich sich) – so nun Schellings eigene Konzeption, die nicht mehr Kant folgt – in intellektueller Anschauung auflösen. Anderseits aber kann das reine

36 Kant, *Kritik der reinen Vernunft*, Bd. 3, 108 (B 131f.).

Ich alleine nicht diskursiv denken, wenn es des ‚äußerlichen' Objekts entbehrt. Ohne das äußerliche, endliche, abgrenzte Objekt würde das Ich in der leeren, stummen, zeitlosen Anschauung seiner selbst hängen bleiben. Derjenige, der zu seinem Freund und zu uns aus den Briefen spricht, löste sich von der reinen Anschauung seiner selbst und kehrte zu uns zurück, gleichsam in die Höhle.

Schellings proleptischer Kritizismus, der ohne reale Wahl und Tat unvollendet bleiben würde, erlaubt es uns in diesem Moment der Ausführung, als der Briefeschreiber eine dramatische Wende in Richtung Jacobi macht, Michail Bachtins Motive besser zu verstehen. Dieser ist von einer Philosophie der Tat zum Dialogismus und vom Dialogismus zum Bildraum des Karnevals übergangen.[37] Der Fall Bachtin erhellt die Hintergründe, die hinter den intellektuellen Entscheidungen Schellings standen. Schelling gab sich nämlich mit der narzisstischen intellektuellen Anschauung nicht zufrieden und kehrte zu den Menschen und Objekten zurück. Der wahre Kritizismus, der Bestand in der phänomenalen Welt haben soll, kommt nicht in der stummen intellektuellen Anschauung zum Stehen. Indem der wahre Kritizismus vielmehr an Jacobis Beschreibung der Freiheit durch den Anderen erinnert, operiert er in der ‚Zwischenwelt' (um Herders Begriff für das Mediale an der Sprache zu nutzen), in der der Mensch unbedingt urteilen und sprechen, in der Zeit dauern und sich im Raum ausdehnen muss. Indem der Kritiker sich seiner eigenen Verortung und Verzeitlichung völlig bewusst ist, soll er – damit er frei und kritisch wird – verantwortlich sprechen und handeln. Er realisiert die Freiheit in sich, wenn er selbstständig und im eigenen Namen die Sätze und Postulate des Systems ausarbeitet (74-75) und diesen Prolepsen mit der Tat Wirklichkeit verleiht. Der Kritiker soll ferner nicht nur sein Leben dem Kritizismus widmen, sondern auch das Bestehen und die intellektuelle (wie wir gesehen haben allerdings fragwürdige) Gleichrangigkeit des zweiten Systems, des Dogmatismus, anerkennen, dessen ständige Mitexistenz bewirkt, dass das kritische System sich nicht in eine geschlossene Fülle verwandeln kann, d.h. in den schlimmsten Dogmatismus, die Schreckensherrschaft der Freiheit (74-75). „Die ganze Erhabenheit seiner Wissenschaft bestand eben darin, dass sie nie vollendet sein würde. In dem Augenblicke, da er selbst sein System vollendet zu haben glaubte, würde er sich selbst unerträglich werden. Er hörte in dem Augenblick auf, Schöpfer zu sein, und sänke zum Instrument seines Systems

37 *Die gesammelten Werke* von Bachtin beginnen mit der Skizze „Zur Philosophie der Tat" und erst dann kommt die Skizze über die „ästhetische Tätigkeit", genauer gesagt über die Rolle des Autors und des Helden in der ästhetischen Tätigkeit: Michail Bachtin, „K filosofii postupka"; „Avtor i geroj v estetičeskoj dejatel'nosti", *Sobranie sočinenij* (Moskva: Russkie Slovari, 1995), Bd. 1, 5-62, 63-268.

herab" (74). Hinzu kommt noch die Tatsache, dass der Kritiker unendlichen Genuss aus der selbstständigen Produktion/ Eroberung unendlicher Wahrheit schöpft (74-75).

Sich inkognito an Hölderlins *Urteil und Sein* bedienend, belehrt Schelling uns, dass die absolute Freiheit, so wie wir sie in der intellektuellen Anschauung erfahren sollen, Selbstbewusstsein ausschließt. Die intellektuelle Anschauung hebt nämlich den Widerstand des Objekts auf, von dem man zu sich selbst zurückkehren müsse, um sich seiner selbst bewusst zu sein. Ohne Selbstbewusstsein wiederum gäbe es auch kein Bewusstsein, das wir uns zuschreiben könnten; das Bewusstsein muss durch das Selbstbewusstsein, welches erst durch objektbedingte Einschränkung zustande kommt, begrenzt und verortet werden. Die Intension unseres Bewusstseins ist antiproportional zur Extension unseres Lebens. Nur die begrenzte Realität ist für uns wirklich, die intellektuelle Anschauung in diesem Sinne unwirklich (94).

Das Lob des Übergangs von der intellektuellen Anschauung zum Leben in der kritischen „Zwischensphäre" stilisierte Schelling als eine Antwort auf den Römerbrief 6, 1-23, in dem Paulus den Topos des Lebens aus dem und durch den Tod stiftete:[38]

---

38 In der modernisierten Version von Luthers Bibel (1984, http://www.bibleserver.com/text/LUT/R%C3%B6mer6,12-13, Zugriff 10.7.2015) klingt die Passage so: „1. Was sollen wir nun sagen? Sollen wir denn in der Sünde beharren, damit die Gnade umso mächtiger werde? 2. Das sei ferne! Wie sollten wir in der Sünde leben wollen, der wir doch gestorben sind? 3. Oder wisst ihr nicht, dass alle, die wir auf Christus Jesus getauft sind, die sind in seinen Tod getauft? 4. So sind wir ja mit ihm begraben durch die Taufe in den Tod, damit, wie Christus auferweckt ist von den Toten durch die Herrlichkeit des Vaters, auch wir in einem neuen Leben wandeln. 5. Denn wenn wir mit ihm verbunden und ihm gleich geworden sind in seinem Tod, so werden wir ihm auch in der Auferstehung gleich sein. 6. Wir wissen ja, dass unser alter Mensch mit ihm gekreuzigt ist, damit der Leib der Sünde vernichtet werde, sodass wir hinfort der Sünde nicht dienen. 7. Denn wer gestorben ist, der ist frei geworden von der Sünde. 8. Sind wir aber mit Christus gestorben, so glauben wir, dass wir auch mit ihm leben werden, 9. und wissen, dass Christus, von den Toten erweckt, hinfort nicht stirbt; der Tod kann hinfort über ihn nicht herrschen. 10. Denn was er gestorben ist, das ist er der Sünde gestorben ein für alle Mal; was er aber lebt, das lebt er Gott. 11. So auch ihr, haltet dafür, dass ihr der Sünde gestorben seid und lebt Gott in Christus Jesus. 12. So lasst nun die Sünde nicht herrschen in eurem sterblichen Leibe, und leistet seinen Begierden keinen Gehorsam. 13. Auch gebt nicht der Sünde eure Glieder hin als Waffen der Ungerechtigkeit, sondern gebt euch selbst Gott hin als solche, die tot waren und nun lebendig sind, und eure Glieder Gott als Waffen der Gerechtigkeit. 14. Denn die Sünde wird nicht herrschen können über euch, weil ihr ja nicht unter dem Gesetz seid, sondern unter der Gnade. 15. Wie nun? Sollen wir sündigen, weil wir nicht unter dem Gesetz, sondern unter der Gnade sind? Das sei ferne! 16. Wisst ihr nicht: wem ihr euch zu Knechten macht, um ihm zu gehorchen, dessen Knechte seid ihr und müsst ihm gehorsam sein, es sei der Sünde zum Tode oder dem Gehorsam zur Gerechtigkeit? 17. Gott sei aber gedankt, dass ihr Knechte der Sünde gewesen seid, aber nun von Herzen

> Der höchste Moment des Seins ist für uns Übergang zum Nichtsein, Moment der Vernichtung. Hier, im Momente des absoluten Seins, vereinigt sich die höchste Passivität mit der unbeschränkten Aktivität. Unbeschränkte Tätigkeit ist – absolute Ruhe, vollendeter Epikureismus./ Wir erwachen aus der intellektuellen Anschauung, wie aus dem Zustande des Todes. Wir erwachen durch Reflexion, d.h. durch abgenötigte Rückkehr zu uns selbst. Aber ohne Widerstand ist keine Rückkehr, ohne Objekt keine Reflexion denkbar. Lebendig heißt die Tätigkeit, die bloß auf Objekte gerichtet ist, tot eine Tätigkeit, die sich in sich selbst verliert. (94)

Der Mensch soll weder leblos noch bloß lebendig und damit tierisch sein; er muss durch die Erfahrung des Todes in ein verwandeltes Leben eintreten welche die Erfahrung des Karnevals ist. „Sei!" – ist der höchste Imperativ des Kritizismus (106). Sei Mensch, sei sterblich, sei begrenzt, schreibe Briefe. Der Brief ist eine Metonymie des Raums und der Zeit, deren Emblem er oft in der Ecke trägt.

4.3. Auftritt Sophokles

In der Gattung der Apostelbriefe der Freiheit herrscht Spiegelsymmetrie: Die Auferstehung zur kritischen Reflexion unter Menschen und Sachen, zweifelsohne inspiriert von der paulinischen Bewegung vom Sterben zum Leben, bildet sich im Tod ab, den der tragische Held wählt, indem er gegen das absolute Objekt kämpft – gegen die ganze Welt, das Sein, das Schicksal.

Die Rahmenkomposition des Zyklus *Philosophische Briefe über Kriticismus und Dogmatismus* besteht darin, dass der erste Brief mit den Problemen der Lebensästhetik anfangen – nämlich mit der Ästhetik des Sterbens – und das Ganze von einer Tragödientheorie abgeschlossen wird. Schon im ersten Brief übersetzt Schelling – nach dem Vorbild von Schillers Schriften zum Tragischen sowie seinen *Briefen über die ästhetische Erziehung des Menschen* – die technisch-philosophische Opposition Kritizismus/Dogmatismus in ästhetische

gehorsam geworden der Gestalt der Lehre, der ihr ergeben seid. 18. Denn indem ihr nun frei geworden seid von der Sünde, seid ihr Knechte geworden der Gerechtigkeit. 19. Ich muss menschlich davon reden um der Schwachheit eures Fleisches willen: Wie ihr eure Glieder hingegeben hattet an den Dienst der Unreinheit und Ungerechtigkeit zu immer neuer Ungerechtigkeit, so gebt nun eure Glieder hin an den Dienst der Gerechtigkeit, dass sie heilig werden. 20. Denn als ihr Knechte der Sünde wart, da wart ihr frei von der Gerechtigkeit. 21. Was hattet ihr nun damals für Frucht? Solche, deren ihr euch jetzt schämt; denn das Ende derselben ist der Tod. 22. Nun aber, da ihr von der Sünde frei und Gottes Knechte geworden seid, habt ihr darin eure Frucht, dass ihr heilig werdet; das Ende aber ist das ewige Leben. 23. Denn der Sünde Sold ist der Tod; die Gabe Gottes aber ist das ewige Leben in Christus Jesus, unserm Herrn."

Kategorien, sodass die Bilder des Kampfes gegen das absolute Objekt und der gloriosen Niederlage im Namen der Freiheit im Zuschauer das Gefühl des Erhabenen erzeugen (50). Die dogmatische Subalternation und die Suche nach Linderung in der Umarmung der Welt entsprechen dagegen dem Gefühl des Schönen. So kann man den Kampf mit dem Fatum erhaben und die unvermeidliche Niederlage schön nennen. Außerhalb vom Pulsieren des Schönen und Erhabenen dehnt sich das ästhetisch belanglose Gebiet der stoischen Gelassenheit aus (das ist eine implizite Polemik gegen Schillers direkte Übersetzung des Erhabenen in die stoische Moralität der Beharrung). Der angenommene gerechte Gott der Moral ist weder ästhetisch noch philosophisch relevant (51). In den Briefen beobachten wir das embryonale Stadium der Erhabenen-Ästhetik des 20. Jahrhunderts. Das von Schelling entworfene moderne Erhabene ist kritisch und dialogisch, gehorcht den Imperativen Sei! und Sei bewusst!, während das Schöne ohne Kampf vor dem Dogmatismus kapituliert. In den acht bis zehn Jahre später gehaltenen Vorlesungen über die Kunstphilosophie – in deren Buchausgabe die der Tragödie gewidmeten Fragmente der philosophischen Briefe in extenso zitiert werden – wird das Formale an der Kunst als ein Analogon der intellektuellen Anschauung wiedergegeben, die laut der Lektion der früheren Briefe den Tod bringt.[39] Die Form der Philosophie der Kunst selber wird Spinozas Ethik nachahmen mit ihrem ganzen Repertoire an Paragraphen, Sätzen, Beweisen und ihrem *quasi*-Euklidischen Rigorismus.

In den Briefen erklärt der extradiegetische Erzähler – Kants, Schillers und Jacobis Polemiker, der für die „Vorerinnerung" zu den Briefen verantwortlich ist – dass er die Form des Briefes wählte, weil er glaubte, dass sie seine

39 Friedrich Wilhelm Joseph Schelling, *Philosophie der Kunst, Sämtliche Werke*, hg. von Karl V.A. Schelling (Stuttgart: Cotta 1859), Bd. 5, 139: „Im Verhältnis zur Phantasie bestimme ich Einbildungskraft als das, worin die Produktionen der Kunst empfangen und ausgebildet werden, Phantasie, was sie äußerlich anschaut, sie aus sich hinauswirft gleichsam, insofern auch darstellt. Es ist dasselbe Verhältnis zwischen Vernunft und intellektueller Anschauung. In der Vernunft und gleichsam vom Stoff der Vernunft werden die Ideen gebildet, die intellektuelle Anschauung ist das innerlich Darstellende. Phantasie also ist die intellektuelle Anschauung in der Kunst." Eine gleiche Feststellung der zentralen Präsenz der intellektuellen Anschauung in der Kunst ist am Anfang des ersten Briefes über den Dogmatismus und Kritizismus zu finden: „Wahre Kunst, oder vielmehr das θειον in der Kunst, ist ein inneres Prinzip, das den Stoff von innen heraus sich anbildet, und jedem rohen Mechanismus, jeder regellosen Anhäufung des Stoffes von außen her allgewaltig entgegenwirkt. Dieses innere Prinzip verlieren wir zugleich mit der intellektuellen Anschauung der Welt, die durch augenblickliche Vereinigung der beiden widerstreiten Prinzipien in uns entsteht, und sobald verloren ist, als es in uns weder zum Kampfe noch zur Vereinigung kommen kann." (51).

Ideen klarer als irgendeine andere darzustellen fähig sei „und um Deutlichkeit musste er hier mehr als irgendwo besorgt sein" (50). Die Form des Briefes entspricht dem Kritizismus, um den es in den Briefen geht. Der Kritizismus wächst nicht nur aus der Erfahrung der Freiheit heraus, sondern er drückt auch „die Mitautorschaft des Adressaten" aus – um Stefania Skwarczyńskas Begriff aus *Teoria listu* („Eine Theorie des Briefes", 1937) heranzuziehen. Schellings Briefe realisieren den höchsten Typus des Dialogismus, den Bachtin in der zweiten Fassung seines Dostoevskij-Buches entwickelt: Weder zitieren sie noch machen sie die ‚Stimme' des Anderen nach, dafür aber stellen sie ihre ganze Konstruktion auf seine Antwort ein. Erst die Antwort des Lesers – des impliziten oder jedes einzelnen? – verleiht dem System des Kritizismus Sinn und praktische Wirklichkeit. Die Briefe voller Apostrophe und Antworten auf imaginierte Einwände des Gesprächspartners fordern auf: Wähle die Freiheit, es geht mir darum, dass gerade du den freien Gedanken mit der Tat be(s)tätigst. Mein System drücke ich so und nicht anders aus, damit du es mit deiner Aktivität ergänzt.

Schon den ersten der Briefe, der die Theorie des schönen Untergangs und des erhabenen Kampfes beinhaltet, formulierte Schelling als eine Antwort auf einen Brief eines Freundes: „Ich verstehe Sie, theurer Freund!", so beginnt der Zyklus, in dem persönlich und in der zweiten Person philosophiert wird. Die Aufteilung des Ganzen in zehn kurze Briefe – die wie jeder Brief eine Anrede und einen Abschiedsgruß aufweisen, also einen Rahmen haben, der bewirkt, dass der Briefschreiber immer von vorne anfangen muss, während er den Gedankengang fortsetzt (vgl. der tragische Chrontopos, rekonstruiert im Hölderlin-Kapitel) – gestattet diesen Genuss vom unendlich vertagten Erreichen der Freiheit, wenn die Themen in immer neuen Fragmenten, immer verkehrt und aus einer neuen Perspektive betrachtet aufkommen. Was Schiller von den unterbrechenden Interventionen des Chores erwartete und Hölderlin in der Form der Sophokles'schen Tragödie zu finden glaubte, versuchte Schelling in der Form des spiralen Philosophierens in Briefen umzusetzen. Der Zyklus endet – indem er die kritische Tragödientheorie inauguriert – mit einer Theorie derjenigen Gattung, die laut den Anthropologen, die sich mit der Antike befassten, im Rahmen des Konflikts entstand, der zwischen der oralen Kultur und dem triumphalen Einzug der Schrift in Athen ausbrach.[40] Ein

---

40 Eric A. Havelock, „Oral Composition in the Oedipus Tyrannus of Sophocles", *New Literary History* 1984, 1(16), 175-197; Charles Segal, „Tragedy, Orality, Literacy", Bruno Gentili, Giuseppe Paioni (Hg.), *Oralità: Cultura, Letteratura, Discorso: Atti del Convegno Internazionale* (Roma: Edizioni dell'Ateneo, 1986), 199-231.

Emblem des Kampfes soll der Brief in den Händen der toten Phädra sein.[41] Die griechische Tragödie selbst war der Form nach eine Brieferzählung: Wer waren diese Abgesandten (ἄγγελοι), die über Geschehnisse außerhalb der Raumzeit der Bühne berichteten, wenn nicht redende Briefe?

Die Theorie alleine – ohne Tat nicht vollendet und des Ausdrucksformbewusstseins beraubt – kann weder den Kritzismus begründen noch die Präsenz der Freiheit in der sinnlichen Welt der Bedingungen zeigen. Aber auch wenn die Möglichkeit einer solchen Offenbarung der Freiheit vor den Scheinwerfern der Vernunft unendlich lange davonläuft, muss sie nach Schelling „für die Kunst – für das Höchste in der Kunst – aufbewahrt werden" (106). Vorerst nimm Schelling bloß an, dass das Höchste in der Kunst die Tragödie ist; ‚geometrisch' beweisen wird er dies erst in den Vorträgen zur Philosophie der Kunst und damit ein Vorbild für alle Systemästhetiker des 19. Jahrhunderts setzen. Die Tragödie stellt genau das schon im ersten Brief gepriesene „Schauspiel des Kampfes" dar, worin der Mensch sich „in höchster Moment seiner Selbstmacht" zeigt (50), indem er sich traut, mit der absoluten Objektivität – wie man das Fatum paraphrasieren kann – zu kämpfen. Die Tragödie präsentiert den Kritizismus im Einsatz; als Gegenleistung hebt die kritische Philosophie das furchtbare Paradoxon der griechischen Tragödie, das bisher in Werken angeschaut, aber nicht (begrifflich) ausgedrückt wurde, ins Bewusstsein: „Ein Sterblicher – vom Verhängnis zum Verbrecher bestimmt, selbst gegen das Verhängnis kämpfend, und doch fürchterlich bestraft für das Verbrechen, das ein Werk des Schicksals war!" (106) Für das Verbrechen, vor dem er sich, das Schicksal herausfordernd, am sorgsamsten hütete. Der Tragödienheld – prototypisch Ödipus – musste „nothwendig unterliegen, und doch, weil er nicht ohne Kampf unterlag, für sein Unterliegen selbst bestraft werden" (106). Das Paradoxon der Tragödie besteht aber darin, dass die schreckliche Strafe für den gerechten Versuch, die Strafe zu vermeiden, etwas Fröhliches, ja Lustbereitendes ist, weil sie die Freiheit gegenüber „der objectiven Welt" (106) ermöglicht. Sie gestattet nämlich die praktische Wahl der Freiheit. Die Strafe für den Verbrecher, der dem Schicksal unterlag, war

> Anerkennung menschlicher Freiheit, Ehre die der Freiheit gebührte. Die griechische Tragödie ehrte menschliche Freiheit dadurch, dass sie ihren Helden gegen die Übermacht des Schicksals kämpfen ließ: um nicht über die Schranken

41 Paola Ceccarelli, *Ancient Greek Letter Writing: A Cultural History (600 BC-150 BC)* (Oxford, OUP, 2013), 216-223; Charles Segal, „Signs, Magic and Letters in Euripides' *Hippolytus*", Ralph Hexter, Daniel L. Seldon (Hg.), *Innovations of Antiquity* (London: Routledge, 1992), 420-56; Charles Segal, *Euripides and the Poetics of Sorrow. Art, Gender, and Commemoration in Alcestis, Hippolytus, and Hecuba* (Durham, London: Duke University Press, 1993), 117-18.

> der Kunst zu springen, musste sie ihn unterliegen, aber, um auch diese, durch die Kunst abgedrungene, Demütigung menschlicher Freiheit wieder gut zu machen, musste sie ihn – auch für das durchs Schicksal begangene Verbrechen – büßen lassen. So lange er noch frei ist, hält er sich gegen die Macht des Verhängnisses aufrecht. So wie er unterliegt, hört er auf frei zu sein. Unterliegend klagt er noch das Schicksal wegen Verlustes seiner Freiheit an. Freiheit und Untergang konnte auch die griechische Tragödie nicht zusammenreimen. Nur ein Wesen, das der Freiheit beraubt war, konnte dem Schicksal unterliegen. – Es war ein großer Gedanke, willig auch die Strafe für ein unvermeidliches Verbrechen zu tragen, um so durch den Verlust seiner Freiheit selbst eben diese Freiheit zu beweisen, und noch mit einer Erklärung des freien Willens unterzugehen. (107)

So wird die griechische Tragödie weder durch das pathetische Leiden und Klagen noch durch die ruhige Resignation, sondern erst durch das willentliche Schuldbekenntnis zum Medium der Freiheit. Die Tragödie bietet sich als das längst gesuchte Medium der Freiheit. In *Abhandlungen zur Erläuterung des Idealismus der Wissenschaftslehre* klagt Schelling Kants Philosophie an, dass „seine ganze Philosophie ohne Haltung“ sei, „woferne er uns nicht das *Medium* angibt, wodurch das *Geistige* in uns (die reine Vernunft, wie er sich ausdrückt) zum *Sinnlichen* (*Empirischen*) spricht, und wenn nicht endlich unser ganzes Wesen in eitle Begriffe aufgelöst werden soll, so muss er wohl zuletzt auf eine *Anschauung* kommen, die *rein-intellektuell* und höher ist dann alles Vorstellen und Abstrahieren.“[42] Die griechische Tragödie als Erscheinung deutet auf das rein-intellektuelle Anschauung hin; so wie das Schöne bei Kant das Symbol des Sittlich-Guten ist, symbolisiert hier die Tragödie die der intellektuellen Anschauung gebührende Einheit von Subjekt und Objekt, Theorie und Tat.

In dieser Entdeckung der griechischen Tragödie als eines Mediums ist schon die ganze spätere Entwicklung der Theorie, die sich auf den tragischen Chronotopos konzentriert, enthalten. Für Kant ist nämlich die Zeit das Medium aller synthetischen Urteile:

> Also zugegeben: dass man aus einem gegebenen Begriffe hinausgehen müsse, um ihn mit einem andern synthetisch zu vergleichen: so ist ein Drittes nötig, worin allein die Synthesis zweier Begriffe entstehen kann. Was ist nun aber dieses Dritte, als das Medium aller synthetischen Urteile? Es ist nur ein Inbegriff, darin alle unsre Vorstellungen enthalten sind, nämlich der innere Sinn und die Form desselben a priori, die Zeit. Die Synthesis der Vorstellungen beruht auf der Einbildungskraft, die synthetische Einheit derselben aber (die zum Urteile erforderlich ist) auf der Einheit der Apperzeption.[43]

42 Friedrich Wilhelm Joseph Schelling, *Werke*, Bd. 1: *Jugendschriften* (München: Beck, 1927), 345.

43 Immanuel Kant, *Kritik der reinen Vernunft*, 109.

Schellings Innovation besteht in dem Versuch, das Synthetisieren in der Zeit aus der Ebene der subjektiven Vorstellung auf den Schauplatz zu verlagern, wo die Sinnlichkeit auf die Begrifflichkeit trifft; dies soll die Kunst leisten und zwar vor allem die höchste Kunst, die tragische, mit ihrer vollkommenen Gestaltung der Zeit – im tragischen Chronotpos. Infolge dieser Übertragung lässt sich auch hoffen, dass die noumenale Freiheit der Vernunft sich im Medium der tragischen Zeit offenbart.

Um die griechische Tragödie als das Medium einer solchen Freiheit vorzustellen, die nicht eine dogmatische Pseudo-Freiheit wäre, musste Schelling Schillers Tragödientheorie, ebenfalls aus dem Kantischen System herausgewachsen, sozusagen optimieren. So wie Schiller Kants Begriff des Erhabenen ausdehnte, damit er durch diese Intervention literarische Phänomene abdeckt, modifizierte Schelling die Theorie von Schiller in einer Art, die einen gigantischen und gerne verdrängten Einfluss auf seinen späteren Werdegang und auf die gesamteuropäischen Denk- und Handelsweisen hatte.

Schillers Modell arbeitete im Zweitakt: Die physische Existenz wird bedroht, es herrschen Angst und Leiden. Die Vernunft interveniert, sie erhebt sich über Angst und Leiden und legt die übersinnliche Natur des Menschen dar. Das Erhabene tritt an die Stelle des Pathetischen, sodass man eine Proportion aufstellen kann: je größer das Pathos, das mit der Handlung aufschwillt, desto größer die Erhabenheit der Lösung. Manchmal werden sowohl das Pathetische als auch das Erhabene, wie Schiller es in den Schriften zum Erhabenen fordert, von den Helden auf der Bühne präsentiert; manchmal stellt das Stück – etwa die Abhandlung über das Pathetische oder *Wallenstein*, den der junge Hegel als nihilistisch verpönte[44] – nur Leiden und Chaos dar und zählt auf eine erhabene Ergänzung vonseiten des Zuschauers. Es sind jedoch immer zwei Akte.

Schellings Modell ist beunruhigender und komplizierter. Die Freiheit offenbart sich bei ihm nicht durch eine Herausforderung der Begebenheiten und durch die Treue gegenüber der eigenen vernünftigen Natur, sondern durch den Verrat an sich selbst, der sich als eine Art Treue auf höherem Niveau herausstellt. Schellings Held nimmt eine unverschuldete Schuld auf sich. Indem er seine Schuld hinsichtlich der Tat und des anfänglichen Widerstandes gegen das Schicksal anerkennt, setzt er das scheinbar Unmögliche um: Er sprengt die Grenzen der darstellenden Kunst nicht und doch trägt er dazu bei, dass die

44 Günter Oesterle, „Schiller und die Romantik Eine kontroverse Konstellation zwischen klassizistischer Sympoesie und romantischer Sympolemik", Walter Hinderer (Hg.), *Friedrich Schiller und der Weg in die Moderne* (Würzburg: Könighausen und Neumann, 2006), 419; Bernhard Greiner, *Die Tragödie. Eine Literaturgeschichte des aufrechten Ganges. Grundlagen und Interpretationen* (Stuttgart: Kröner, 2012), 439: „es endigt nicht als eine Theodizee. […] Dies ist nicht tragisch, sondern entsetzlich!" – schrieb Hegel.

Freiheit wahrgenommen werden kann, nachdem sie den Schein des Verrats und der Selbstanklage annahm. So wie man zwischen dem Dogmatismus und dem Kritizismus wählen *muss*, so muss man in der tragischen Situation sich selbst als entweder unschuldig oder schuldig bestimmen. Wenn man aber sich selbst angesichts der widerlichsten Ungerechtigkeit als unschuldiges Opfer der Bedingungen versteht, verweigert man sich das Recht, sich selbst als freien Akteur wahrzunehmen. Nur indem man die Schuld auf sich nimmt, steht man über den Bedingungen – erhoben, frei, unantastbar.

Das ist der Ödipus am Ende von Sophokles' Tyrannentragödie, der die Leistung Christi erbringt – den Tod bezwingt und den Menschen befreit.

In den Briefen kommt schon die Grundfigur des späteren Denkens Schellings zum Ausdruck, um die sich alle späteren Umkehrungen und Verrate seiner selbst drehen werden: Immer wieder wird sich die Freiheit – es wird Schelling immer um die Freiheit gehen – nur um den Preis als möglich erweisen, dass man etwas ‚Positives' (im Schelling'schen Sinne) und Fremdes hinnimmt, was nur ist, fortbesteht, einfach da, ‚pervers' ist. Man muss das gründlich Fremde als eigenes anerkennen, damit man werden kann, was man ist: der freie Mensch.[45] Schellings Philosophie bleibt damit bis zum Ende tragisch, obschon der Philosoph die literarische Gattung Tragödie nach 1803 aus den Augen verlor. Als hätte ein Tausch für Schellings Verzicht auf das Wort ‚Tragödie' stattgefunden, wurde alle darauffolgende kritische Tragödientheorie *nolens volens* Schellingianisch. Die Herausgeber von Hegels Vorlesungen über die Ästhetik haben ihm die Worte zugeschrieben, die sein damalig schärfster Kritiker, was die Freiheit des Menschen und Gottes betrifft, eigentlich sagen könnte und sollte: „Es ist die Ehre großer Charaktere, schuldig zu sein."[46]

45 Manfred Frank, *Eine Einführung in Schellings Philosophie* (Frankfurt am Main: Suhrkamp, 1985), 24, 117-121; Wilhelm G. Jacobs, *Schelling lesen* (Stuttgart: Frommann-Holzboog, 2004), 121-130. Der Name „positive Philosophie" selbst ist ein Bekenntnis dazu. Vgl. Fragmente über die Sprache in *Weltalter* oder das Unbewusste an Gott in *Philosophische Untersuchungen über das Wesen der menschlichen Freiheit und die damit zusammenhängenden Gegenstände*. „Die positive Philosophie gehe nicht wie die negativ-rationale vom Denken zum Sein, sondern vom ‚geradezu Sein' zum Denken. Ihr Denken ist ein freies, weil *wollendes* Denken und ihr System ein ‚apriorischer Empirismus', dessen Ausgang das ‚Blindseiende' oder ‚geradezu Existierende' ist. Der wahre Weg des philosophierenden Menschen und selbst Gottes ist: sich vom blindlings vorgefundenen Sein, dem ‚Extatischen', zu sich selbst zu befreien, sich ‚loszureißen' zur Selbständigkeit gegenüber dem Blindexistierenden, das für seine Existenz ‚nicht dafür kann' und das ‚*zufällig* Notwendige ist'" – Karl Löwith, *Von Hegel zu Nietzsche. Der revolutionäre Bruch im Denken des 19. Jahrhunderts, Sämtliche Schriften* (Stuttgart: Metzler, 1988), 153.

46 Georg Wilhelm Friedrich Hegel, *Werke* (Frankfurt am Main, 1986), Bd. 15, 546.

In der Tragödientheorie liegt die Quelle des Gedankens, der wahrscheinlich den größten Einfluss auf die Praxis der folgenden Jahrhunderte ausübte: Die Freiheit sei bewusstgewordene Notwendigkeit. (Sowie das angebliche Gegengift, das Dostoevskij zubereitete: ich bin an allem – an allem – schuld.) In den Tragödien wird die Notwendigkeit nicht nur theoretisch bewusst, sondern sie lässt sich auch in der Gestalt der Freiheit betrachten, wie sie proleptisch zur Vervollständigung auffordert.

4.4. Medium der Freiheit durch den Fall

Schellings Rolle in der Entwicklung der Tragödientheorie begrenzte sich nicht darauf, das Denken von Hegel, Schopenhauer, Wagner und Nietzsche mitzugestalten, die er allesamt mit der Obsession für den metaphysisch potenzierten Willen und das Dionysische ansteckte (Dionysos wurde zuvor von Friedrich Schlegel und Friedrich Hölderlin entdeckt).[47] Für die späteren kritischen Denker – damit sind vor allem Kraucauer, Scholem, Benjamin, Adorno gemeint – rettete Schelling die Eschatologie, indem er die Hoffnung auf das ‚Reich Gottes' auf Erden aufgab, also auf diejenige organische Verfassung der Welt, die sich um das vollkommene Kunstwerk der Griechen aufbauen soll. Wagners und Nietzsches Vorläufer war Schelling im Hinblick auf den Gedanken, dass das vollkommene Kunstwerk mit dem vollkommenen öffentlichen Leben der Griechen korreliert war,[48] sowie hinsichtlich des Beweises a contrario für diese Wechselbeziehung: Als erster deutete er das Groteske an der Oper (fast alles an ihr) als Kind der Zeit, in der die athenische Demokratie nicht mehr existierte.[49] Was aber Schelling von Wagner und dem jungen Nietzsche unterschied, war, dass er kleineren Größenwahn auf den Tag legte – wie anders könnte man den Grundsatz von Nietzsches Wiedergeburt der Tragödie charakterisieren, namentlich die Behauptung, dass die große tragische Kunst dank Wagner und des Sieges über Frankreich 1870 zurückkehre. Schelling betrachtete die große Kunst und die große Gesellschaft als unwiederbringlich verloren. Schon in den Briefen weigerte er sich, den Zeitgeschehnissen, der

47 Ernst Behler, „Die Auffassung des Dionysischen durch die Brüder Schlegel und Nietzsche", *Nietzsche-Studien* 12 (1983), 335-354; Jochen Schmidt, *Kommentar zu Nietzsches „Die Geburt der Tragödie"* (Berlin, New York: De Gruyter, 2012), 93-94; Burghard Dedner, „Dionysos versus Bacchus. Die wissenschaftliche Verdrängung einer Erinnerung", Bodo Plachta (Hg.), *Literatur als Erinnerung: Winfried Woesler zum 65. Geburtstag* (Berlin, New York: De Gruyter), 30.

48 Schelling, *Philosophie der Kunst*, 645.

49 Schelling, *Philosophie der Kunst*, 734.

Französischen Revolution und vor allem dem Terror den ästhetischen Rang der griechischen Tragödie zuzuerkennen: „Aber ein solcher Kampf ist auch nur zum Behuf der tragischen Kunst denkbar“ (108). Kein aktuelles System des Handelns lässt sich direkt aus der Tragödie ableiten, da sie das Titanische voraussetzt, das den tragischen Helden gebührt. Sich Anspielungen bedienend verweigert Schelling das Titanische sowohl den Revolutionären (den Devoten der Tugend) als auch den Scheinheiligen, die die Koalition gegen Frankreich bildeten. Es besteht keine Möglichkeit zur Wiedergeburt der Tragödie in einer Welt, aus der die öffentliche Freiheit nach dem Fall Athens verschwand. In der *Philosophie der Kunst* urteilte Schelling gnadenlos über das Leben auf der Erde. Die letzte Komödie mit Leib und Seele waren die mittelalterlichen Kirchenparodien,[50] der letzte Überrest der Tragödie bleibt die Heilige Messe:

> Musik, Gesang, Tanz, wie alle Arten des Drama leben selbst nur im öffentlichen Leben und verbünden sich in diesem. Wo dieses verschwindet, kann statt des realen und äußerlichen Dramas, an dem, in allen seinen Formen, das ganze Volk, als politische oder sittliche Totalität, Theil nimmt, ein innerliches, ideales Drama allein noch das Volk vereinigen. Dieses ideale Drama ist der Gottesdienst, die einzige Art wahrhaft öffentlicher Handlung, die der neueren Zeit, und auch dieser späterhin nur sehr geschmälert und beengt geblieben ist.[51]

Nach der Auseinandersetzung mit der Tragödie träumte Schelling nicht mehr von einem Staat, der ein vollkommenes Kunstwerk wäre, auch opferte er – im Gegensatz zu Hegel – die Tragödie nicht der als unzerstörbar angelegten Form des modernen Staates. Schelling, der echte preußische Staatsphilosoph, bleibt seiner Verachtung für den Staat treu, die schon das so genannte „Älteste Systemprogramm des deutschen Idealismus“ ausdrückte und die die späteren Tragödientheorien – am deutlichsten bei Wagner und Słowacki – in Schauplätze des expliziten Anarchismus verwandeln wird. Der irdische Staat – auch Preußen – ist Unheil und dieses Unglück muss der freie Mensch als Unglück hinnehmen.[52] Den Staat als potenzielle Quelle der Glückseligkeit und der

50 Schelling, *Philosophie der Kunst*, 733-735.

51 Schelling, *Philosophie der Kunst*, 736.

52 Hans Jörg Sandkühler, „Einleitung. Positive Philosophie und demokratische Revolution“, Friedrich Wilhelm Joseph Schelling, *Das Tagebuch 1848. Rationale Philosophie und demokratische Revolution*, hg. von Hans Jörg Sandkühler (Hamburg: Meiner, 1990), XXXIV; Schon in den Stuttgarter Privatvorlesungen aus dem Jahr 1810 bezeichnete Schelling den Staat als „eine Folge des auf der Menschheit ruhenden Fluchs. [...] Es ist bekannt, wie viel Mühe man sich, besonders seit der Französischer Revolution und den Kantischen Begriffen gegeben hat, eine Möglichkeit zu zeigen, wie mit der Existenz freier Wesen Einheit vereinbar, also ein Staat möglich sei, der eigentlich nur die Bedingung der

Freiheit zu betrachten ist Hirngespinst oder Schmähung: „Die wahre Republik kann nur in Gott sein."[53]

Die Enttäuschung über die Politik und die gefallene Öffentlichkeit – über den Terror und Gegenterror, diese Kette von Revolutionen und Gegenrevolutionen, die, wie Karol Libelt später sagte, nichts restaurieren, sondern nur die Zerstörung fortsetzen[54] – weist der Kunst die Rolle des Mittlers zwischen der alten Demokratie und dem kommenden Reich Gottes zu – die Rolle des Mediums der Freiheit. Die sich dem Denken aufdrängende griechische Tragödie lässt sich nicht damit abfertigen, dass man sie Illustration, Symbol, Metapher oder Zeugnis der unwiederbringlich verlorenen Zeit nennt oder dass man den Zuschauer mit Versprechungen baldiger Rekonstruktion der Öffentlichkeit verblendet, die ein ähnliches Kunstwerk zu generieren (gebären) fähig sein würde. Die Tragödie ist weder ein Vergnügen der Kenner noch ein Lehrmittel für die ästhetische Erziehung des Menschen, sondern ein Ort, an dem wir die Freiheit, die wir verloren haben, real empfinden – und wir empfinden sie genau und nur als aussichtslos vergangen. Es ist nicht einmal Phantomschmerz, eher Scham.

Die zweite der von Schelling in Betracht gezogenen Möglichkeiten – die Unterordnung unter das absolute Objekt – wird zum Träger der unkritischen Tragödientheorie, die die Resignation angesichts des Fatums als schön empfiehlt. Aus den Briefen über Dogmatismus und Kritizismus wachsen die beiden Stämme der Tragödientheorie.

4.5. Fortsetzung in Marx und Russland: Über Selbst-Beschuldigung zur Freiheit

Karl Marx beschreibt in seinen Schriften zu den Revolutionen in Frankreich um 1848-1852, besonders im *Achtzehnten Brumaire des Louis Bonaparte*, eine Art von schlechtem Gewissen, das die Revolutionäre zwingt, Masken und Kostüme anzuziehen, Künstlernamen anzunehmen, die aus früheren (bereits legitimierten) Revolutionen übernommen werden – womit die Revolution zum Theater gemacht wird. Marx beschreibt die Bewegung hinter die Maske in

höchstmöglichen Freiheit sei. Allein dieser ist unmöglich" Friedrich Wilhelm Joseph Schelling, *Sämtliche Werke*, hg. von Karl F.A. Schellling (Stuttgart, Augsburg: Cotta, 1861), VII 461.

53 Zit. nach Sandkühler, „Einleitung. Positive Philosophie und demokratische Revolution", XXXVI.

54 Karol Libelt, *Estetyka, czyli umnictwo piękne. Część ogólna. Filozofia i Krytyka* (Poznań: Żupański, 1875), Bd. 4, 148; Siehe auch das Libelt-Kapitel sowie das Kierkegaard-Kapitel.

den ersten Worten seines Essays als die Last eines Erbes; die Last steht aus sich selbst heraus mit den tragischen Fabeln in Zusammenhang, in denen Schuld von Generation zu Generation vermacht wurde: „Die Tradition aller toten Geschlechter lastet wie ein Alp auf dem Gehirne der Lebenden",[55] und dementsprechend spielen die Lebenden das Schicksal ihrer Wegbereiter nach, als wären sie von einem Gefühl der Schuld oder Verschuldung angetrieben. Das deutsche Wort ‚Schuld' trägt sowohl finanzielle wie moralische Implikationen, welche sich wie ein Leitmotiv in verschiedenen, nur im Deutschen so möglichen Variationen durch das Essay ziehen – *Schulden, Staatsschulden, Verschuldung, Hypothekarschuld, Nationalschuld, zu schulden, zu beschuldigen, unschuldig, schuldend, schuldenhalber, Schuldhaft, Schuldturm, schuldenzerrüttete Tafelrunde* – und so ausnahmslos die Motivation aller theatralischen und restaurativen Handlungen der Revolutionären bezeichnet. Alle Akteure agieren aus Schuld, indem Verschuldung die Kehrseite der politischen Maskerade ist: „Und in Bonaparte verschmolz der kaiserliche Prätendent so innig mit dem heruntergekommenen Glücksritter, daß die eine große Idee, er sei berufen, das Kaisertum zu restaurieren, stets von der anderen ergänzt ward, das französische Volk sei berufen, seine Schulden zu zahlen" (150).

Und in dieser Form sind Revolution und Konterrevolution nach Marx die Performance einer historischen Tragödie (oder Farce), aufgeführt eingedenk einer Schuld (und Verschuldung), die die Akteure dazu zwingt, auf schon legitimierte Modelle zurückzugreifen. Die Revolutionäre von 1848 nahmen die Rolle der Helden von 1789 an, die wiederum den alten Römern nachgeeifert hatten. In dieser Art und Weise hat dann, könnten man hier fortfahren, Lenin die Gruppierung der Bol'ševiki nach dem Vorbild der Jakobiner gestalten können[56] und wurde ein Kontrafaktum (das Setzen eines neuen Textes zur alten Melodie) der Marseillaise unter dem einfachen Titel *Rabočaja Marsel'eza* zur ersten russischen Hymne nach dem Oktobrerputsch. Diese Hymne wurde auf Massenveranstaltungen aufgeführt, auf denen die Festessen der Französischen Revolution imitiert wurden,[57] in welchen wiederum die

55 Karl Marx, *Der achtzehnte Brumaire des Louis Bonaparte*, Karl Marx, Friedrich Engels, *Werke* (Berlin: Dietz Verlag, 1976), Bd. 8, 115; weitere Verweise direkt im Haupttext.

56 Tamara Kondrat'eva, *Bol'sheviki-jakobincy i prizrak termidora*, perevod E. Lebedeva, T. Posherstik (Moskva: 1993), 38-54.

57 Was von ihren Urhebern eingestanden wird: Nikolai Evreinov, „Sturm auf den Winterpalast. Rückblick auf die Inszenierung zu Ehren des 3. Jahrestags der Oktoberrevolution (unveröffentliches Typoskript)", Nikolaj Evreinov et al.: *Sturm auf den Winterpalast*, hg. von I. Arns, I. Chubarov, S. Sasse (Zürich-Berlin: 2017), 53; Petr Kogan, *V preddverii griaduščego teatra* (Moskva: 1921), 13-17, 22-28, 33-35; Aleksej Gvozdev, Adrian Piotrovskij, „Petrogradskie teatry i prazdnestva v epochu voennogo kommunizma", V.E. Rafalovič (Hg.), *Istorija sovetskogo teatra: Očerki razvitiia* (Leningrad: 1933), Bd. 1,

Feiertage der alten Griechen nachgespielt wurden. Stalins Machtergreifung 1924 wurde von Trockij mit dem Termidor gleichgesetzt,[58] usw. usf.

Marx und Luxemburg (man denke an den in der Einleitung erörterten Essay „Die Ordnung herrscht in Berlin") bringen die Frage der Theatralität revolutionärer Praxis auf, um auf die entscheidendste revolutionäre Performance hinzuweisen – die Performance der Kontinuität von Revolution. Revolutionäre führen ihre Revolutionen als *Fortbestehenlassen der ewigen Revolution* auf, indem sie ein Gefühl der Schuld gegenüber ihren Vorgängern performen, die beim Versuch, das Endziel zu erreichen, gescheitert sind; die Nachfolger handeln, als ob sie ihren Vorgängern gegenüber in der Schuld stehen, genauso wie sie, die Revolutionäre der Gegenwart, den zukünftigen Generationen *alles* schulden. Gleichzeitig aber, infolge der Annahme anachronistischer Rollen, machen sich Nachfolger und Ausführer schuldig – sie nehmen ihre Aufgabe nicht ernst; sie distanzieren sich von einem Vorhaben, das vollständige Hingabe und bedingungslosen Glauben erfordert. Marx versucht, aus dieser Sackgasse hinauszugelangen, indem er vorschlägt, dass die Revolutionäre eines Tages fähig sein werden, eine eigene Stimme zu erlangen, eine eigene Sprache und ein eigenes Gesicht, und dass sie nur dann, wenn sie die Autorität und die Requisiten vergangener Revolutionen abgeschüttelt haben, siegreich sein werden[59] – jedoch ist es gleichzeitig dieser Moment, in dem Marx selbst die Schuld des Hochmutes ziemlich unverhüllt auf sich nimmt. Da *die* Revolution ausbleibt, mutmaßt Marx lediglich in einem Ton, der keinen Widerspruch duldet.

Die Kontinuität des revolutionären Kampfes – und die einzige Art von Konflikt, die den Namen Revolution verdient, ist die Art, die auf die Fertigstellung des Werkes aller bisherigen Revolutionen abzielt – ist also derivativ, nachträglich, theatralisch und, am allerwichtigsten, von einem Gefühl der Schuld getrieben. Sogar dann, wenn Semen Frank und Nikolaj Berdjaev auf der einen Seite und Anatolij Lunačarskij auf der anderen, die schuldgetriebenen *narodniki* missbilligen,[60] weisen sie darauf hin, dass das Ablegen von schlechtem Gewissen und Mitgefühl eine *moralische* Pflicht gegenüber jeweils

---

264-290; James R. von Geldern, „Putting the masses in Mass Culture: Bolshevik Festivals, 1918-1920", *The Journal of Popular Culture* 1998, 31(4), 123-144; James R. von Geldern, *Festivals of the Revolution, 1917-1920: Art and Theater in the Formation of Soviet Culture* (Ph.D. Brown University).

58 Lev Trockij, *Predannaia revoljucija*, glava 5: „Sovetskaja Termidor"; Lev Trotsky, „The Workers' State, Thermidor and Bonapartism", passim.

59 K. Marx, „Der achtzehnte Brumaire", 115, 118-119.

60 Andrzej Walicki, *Zarys myśli rosyjskiej. Od oświecenia do renesansu religijno-filozoficznego* (Kraków: Wydawnictwo Uniwersytetu Jagiellońskiego, 2005), 725.

dem *Einzigen* oder dem zukünftigen Proletariat, unserem Heiland darstellt. Für den revolutionären Realisten bedeutet das Fühlen von Schuld, genauso wie für den „religiösen Realisten", schuldig zu sein durch das Fühlen von Schuld. „Weil wir leiden, anerkennen wir, daß wir gefehlt" – so zitiert Hegel[61] die religiöse Revolutionärin Antigone, die im Leid zwischen zwei Arten der Schuld wählt, der Schuld des passiven Erleidens und der Schuld der Rebellion.

Die Schuld der Performance fällt in der Revolution mit der Performance von Schuld zusammen, welcher ich den Rest des Kapitels widmen will. „Die erlösende Performance vererbbarer Schuld" schlage ich als eine Arbeitsdefinition der Tragödie vor. Der Ausklang des Kapitels widmet sich spezifisch einer kursorischen, aber hoffentlich verständlichen Untersuchung von Schellings Theorie der Tragödie in der Philosophie und Kultur der Russischen Revolution. Zuerst werde die Überbleibsel von Schellings kritischer Tragödientheorie in den Hauptauseinandersetzungen der langen russischen Revolution unübersehbar werden, speziell in den Diskussionen zwischen den Gottesbauern und den Gottessuchern, die schlussendlich zu Lenins dogmatischer Reaktion auf Lunačarskijs und Bogdanovs Begründung der proletarischen Kultur führen. In einem zweiten Schritt werde ich dann die Elemente von Schellings Modell der Schuld in der postrevolutionären Kultur aufzeigen, d.h. in der Mystifizierung des Tschekisten in der Literatur der Zwanziger und in den Anklagen und Geständnisse der Moskauer Schauprozesse.

Arsenij Gulygas berühmte Bemerkung, dass man die russische Philosophie ohne Berücksichtigung von Schelling nicht verstehen könne,[62] scheint noch mehr Material zu umfassen, als man normalerweise annimmt. Schelling wird üblicherweise mit der konservativen Strömung der russischen Philosophie von Vladimir Odoevskij über die Slavophilen bis zu der religiös-philosophischen Renaissance in Verbindung gebracht, während revolutionäre Bewegungen sich dem Augenschein nach mehr auf Hegel und spezifisch auf die die hegelianische Linke beziehen.[63] Slawische Kulturen zogen scheinbar Gewinn aus der späten Philosophie von Mythologie und Religion Schellings, und zwar im Einklang mit seiner Naturphilosophie. Aber Schellings Ausgangspunkt als junger Student am Tübinger Stift war der eines glühenden Anhängers der Französischen Revolution, und dementsprechend lief der Beginn von Schellings Erforschen von Mythologie, Natur und Religion parallel zu seinem

61 Georg Wilhelm Friedrich Hegel, *Phänomenologie des Geistes, Werke*, hg. von Eva Moldenhauer, Karl Marcus Michel (Frankfurt am Main: Suhrkamp, 1989), Bd. 3, 348.

62 Arsenij Gulyga, „Wir leben im Zeitalter des Kosmismus", *Deutsche Zeitschrift für Philosophie* 8(40) 1992, 871; Arsenij Gulyga, *Schelling* (Moskva: Molodaja gvardija, 1984), 289-309.

63 Zachar Kamenskij, *Russkaja filosofija načala XIX veka i Šelling* (Moskva: Nauka, 1980), 3-15.

Verständnis von Revolution als praktische Philosophie *par excellence* oder, wenn man so will, als verwirklichte Philosophie.

4.5.1. *Ramifikationen: Tragische Schuld und revolutionäres Denken am Vorabend der Revolution*

Eine Spannung zwischen Kritizismus und Dogmatismus, analog zu der, die laut Schelling in der Tragödie verhandelt wird, manifestierte sich am Beginn des zwanzigsten Jahrhunderts in Denken und politischer Praxis Russlands. Der Nachhall von Schellings Theorie des Tragischen kann am stärksten und explizitesten in der Reaktion der angehenden Gotterbauer (*bogostroiteli*) Gor'kij, Bogdanov und Lunačarskij auf den Sammelband *Die Probleme des Idealismus* wahrgenommen werden, in dem, unter anderem, Essays von Frank, Berdjaev, Sergej Bulgakov und Petr Struve (von letzterem unter dem Alias P.G.) zu finden waren.[64] Die führenden Gotterbauer Lunačarskij, Bazarov, Bogdanov antworteten, zusammen mit anderen, auf *Die Probleme des Idealismus* (*Problemy idealizma*, 1902) mit den *Essays zur Realistischen Weltanschauung* (*Očerki realističeskogo mirovozzrenija: Sbornik statej po filosofii, obščestvennoj nauke i žizni*, 1905).[65]

Die kritische Bewertung und Widerlegung der *Probleme des Idealismus*, das heißt des ersten Manifests der zukünftigen *Vechy*-Gruppe,[66] halfen dabei, die philosophischen Positionen der Gotterbauer zu konsolidieren, und beeinflussten im Folgenden die russische revolutionäre Kultur in ihrer Gesamtheit, in der sie alle eine entscheidende Rolle spielten. Die ‚Realisten' und ‚Konstruktivisten' entliehen ihre Requisiten und Verfahren der nach-Kant'schen Philosophie. Dies betrifft – wie ich gleich ausführlicher demonstriere – vor allem die Reaktion auf Bulgakovs Beschreibung des eigenen Wegs vom Materialismus und Positivismus zum Idealismus, was als eine Wende hin zum Dogmatismus aufgenommen wurde.

---

64 Petr Novgorodcev (Hg.), *Problemy idealizma. Sbornik statej* (Moskva: Izdanie Moskovkogo psichologičeskogo obščestva, 1902); weitere Verweise direkt im Haupttext. Zur Geschichte des Sammelbandes: Modest Kolerov, *Sbornik „Problemy idealizma" (Moskva: 1902). Istorija i kontekst* (Moskva: Tri kvadrata, 2002), bes. 17-24, 50-87 – hier wird die Auseinandersetzung zwischen Sozialismus und Idealismus behandelt.

65 Aleksandr Charyšnikov (Hg.), *Očerki realističeskogo mirovozzrenija: Sbornik statej po filosofii, obščestvennoj nauke i žizni* (Sankt-Peterburg: Izdatel'stvo S. Dorovatovskogo i A. Čarušnikova, 1905); weitere Seitenangaben von ORM im Haupttext vermerkt.

66 Novogrodcev war kein Teilnehmer des Vechi-Almanachs (1909, Hg. M. Geršenson), veröffentlichte aber in Petr Struve (Hg.), *Iz glubiny. Sbornik statej o russkoi revoljucii* (Moskva: Izdatel'stvo Moskovskogo universiteta, 1918).

Andererseits warf Lenins Antwort auf die Philosophie der Gotterbauer[67] den Materialismus zurück auf die Positionen des Dogmatismus, d.h. auf die Unterwerfung des Subjekts unter das verabsolutierte Objekt, welches das erstere eher spiegelt, anstatt seine eigene Wahrnehmung als Produkt einer praktischen, durch die Gesellschaft gestellten Aufgabe wahrzunehmen. Diese Ineinandersetzung von epistemologischem Kritizismus und Idealismus sollte später die Prämisse der offiziellen Philosophie der Sowjetunion werden, des Diamat[68] (dialektischer Materialismus).

Die in den *Problemen des Idealismus* versammelten früheren „legalen Marxisten“[69] (Struve, Berjaev, Bulgakov), zu Idealisten gewandelt, wiederholten die Polemiken des jungen Schelling gegen den Dogmatismus, den sie als angstgetriebene Unterwerfung unter das verabsolutierte Objekt verstanden, wenngleich für sie dieses absolute Objekt nicht ideal, sondern materiell war, nicht ein persönlicher Gott, sondern Fortschritt und Szientismus. Die Gottessucher wie die Gotterbauer beschuldigten also beide ihre jeweiligen Gegner dessen, Dogmatiker zu sein. Beide Parteien hingen, genau wie Schelling, einem kantischen Erbe an, von dem sie behaupteten, dass sie es hin zu einem neuen Realismus transzendierten; wo die Gottessucher sich auf den neukantischen Idealismus bezogen, dem sie einen ontologischen oder platonischen Dreh gaben,[70] konnten sich die kritischen Marxisten[71] sowohl auf das Narrativ vom Marxismus als Erfüllung des Deutschen Idealismus als auch auf den aufregenden phänomenalistischen Transzendentalismus des Empiriokritizismus berufen. Beide Parteien griffen zurück auf das tragische Imaginäre, um die Dialektik von Unterwerfung und Erlösung auszudrücken, was freilich direkt auf Nietzsches Einfluss auf ihr Verständnis von kantischer Philosophie – wenn auch in negativer Weise – zurückzuführen ist.[72]

---

67 Vladimir Lenin, *Materializm i empiriokriticizm. Kritičeskie zemetki ob odnoj reakcjonnoj filosofii* [1909], *Polnoe sobranie sočinenij* (Moskva: Izdatel'stvo političeskoj literatury, 1968), Bd. 18.

68 Joseph Maria Bocheński, *Der sowjetrussische dialektische Materialismus* (*Diamat*) (Bern: Francke, 1960), 70-71.

69 Neil Harding, „Legal Marxism“, Tom Bottomore (Hg.), *The Dictionary of Marxist Thought* (London: Blackwell, 1991), 307-308; Andrzej Walicki, *The Controversy over Capitalism: Studies in the Social Philosophy of Russian Populists* (Oxford: OUP, 1969).

70 Nina Dmitrieva, *Russkoe neokantianstvo: „Marburg“ v Rossii. Istoriko-filosofskie očerki* (Moskva: ROSSPEN, 2007), 207-262; A. Walicki, *Zarys myśli rosyjskiej*, 714.

71 Daniela Steila, „Istorija i idealy: Značenie nekotorych neokantianskich tem v sporach russkich marksistov na rubeže XIX i XX vekov“, Irina Grifcova, Nina Dmitrieva (Hg.), *Neokantianstvo nemeckoe i russkoe: meždu teoriej poznanija i kritikoi kultury* (Moskva: ROSSPEN; 2010), 328-362.

72 Nikolaj Plotnikov, „Kant i Nicše“, *Neokantianstvo nemeckoe i russkoe*, 373-378.

Und so setzen die Gottessucher in *Probleme des Idealismus* Materialismus und Positivismus mit Dogmatismus gleich, d.h. mit der Kapitulation von moralischem Bewusstsein im Angesicht der Faktizität. In seinem Artikel, geplant als Besprechung oder Reaktion auf Ranskijs Monograph über Michailovskij, fordert Struve eine Erneuerung des Kant'schen oder post-Kant'schen Idealismus, sodass der Einzige und seine oder ihre Freiheit eine Zuflucht vor dogmatischem Materialismus, Utilitarismus und Eudämonismus finden könnte, welche sowohl die Bewegung der *narodniki* als auch den Marxismus der Zweiten Internationalen beherrschten (PI 72-90); Struve bezeichnet seine früheren, legalmarxistischen *Kritischen Anmerkungen zur Ökonomischen Entwicklung in Russland* (*Kritičeskie zametki k voprosu ob ekonimičeskom razvitii Rossii*, 1894)[73] als ein *sacrificium intellectus* gegenüber der *objektuellen* Realität (PI 84-88). In der Äußerung von Selbstkritik objektiviert Struve eindeutig sein altes materialistisches Ich: P.G. schreibt über Struve in der dritten Person.

Aber gleichzeitig wurden eben die Kritiker des Materialismus selbst von den kritischen Materialisten als dogmatisch verurteilt. Aus Richtung der Gotterbauer wurde besonders Bulgakov heftig für seine Entlarvung der Religion des Fortschritts als Form eines neuen Dogmatismus verurteilt, welchem dieser die *persönliche* Verbundenheit zu persönlichem Gott gegenüberstellte (PI 1-47). In den *Essays zu einer Realistischen Weltanschauung* erachtet Vladimir Bazarov (Rudnjev) Bulgakovs Absolutes als zutiefst autoritär (ORM 183-278), und so wird aus dem Akt des Aufgebens nicht eine persönliche, tragische Freiheit im Angesicht Gottes, sondern die Bevorzugung von Dogmatismus gegenüber Autonomie. Bogdanov war so angewidert von der Wandlung des ehemaligen Marxisten Bulgakov zu einem dogmatischen Theisten, dass er Gor'kij Vorhaltungen über dessen angenommene Nähe zu Bulgakov machte, diesem Bekenner eines persönlichen Absoluten, einer unterwürfigen Abhängigkeit.[74] Lunačarskij schrieb 1904 in der *Metamorphose eines Denkers* (gemeint ist Bulgakov) von „Sklaven" (im nietzscheanischen Sinne) „mit ihrer Kant'schen Moral" (*рабов с их кантианской моралью*); die sich an „metaphysische Garantien" klammern würden, mithilfe derer sie ihren Drang danach stillen würden, „ihre Augen vor der tragischen Situation vernünftiger Existenzen in der Welt zu schließen – tragisch, aber inspirierend, anziehend, konfrontativ, faszinierend, für aktive Naturen gar unterhaltsam."[75] In diesen Warnungen

73 Petr Struve, *Kritičeskie zametki k voprosu ob ėkonomičeskom razvitii Rossii* (S-Peterburg: 1894).

74 A. Walicki, Zarys myśli rosyjskiej, 718-719.

75 Anatolij Lunačarskij, „Metamorfoza odnogo myslitelja", *Etjudy kritičeskie i polemičeskie* (Moskva: Idzanie žurnala „Pravda", 1905), 284-345, 322, 325: „жажда закрыть глаза на трагическое положение разумных созданий среди громады вселенной, – трагическое,

Lunačarskijs klingt nicht nur Nietzsche an, sondern auch der Beginn von Schellings *Briefen über Dogmatismus und Kritizismus*, in denen Schelling (pseudo-)kantische Garantien anprangert und die Thematik des tragischen Kampfes einführt: „Ich verstehe Sie, theurer Freund! Es dünkt Ihnen größer, gegen eine absolute Macht zu kämpfen und kämpfend unterzugehen, als sich zum Voraus gegen alle Gefahr durch einen moralischen Gott zu sichern" (50).

Bulgakovs spätere Selbsteinschätzung legt nahe, dass die Vorwürfe gegen ihn nicht grundlos sein könnten, wenn auch aus einer Falle heraus geäußert, die Bulgakov den Materialisten gestellt hat. Die Bewertung von Bulgakovs Philosophie zwingt den Kritiker, einen der Pfade einzuschlagen, die Schellings Subjekt nach dem Erfahren der intellektuellen Intuition gewählt hat: er muss entweder die objektive oder die subjektive Seite der All-Einheit betonen. Als Bulgakov in den frühen 1920ern sein Traktat *Tragödie der Philosophie. Philosophie und Dogma* (*Tragedija filosofii. Filosofija i dogmat*)[76] schrieb, stellte sich heraus, dass die philosophische Tragödie in der Notwendigkeit besteht, mit der die Philosophie christliche Dogmata beachten muss, welche die von der Freiheit gequälte Vernunft aus Antinomien und Aporien erretten. Es bleibt nichtsdestominder unklar, ob diese Unterwerfung der Philosophie unter das Dogma einen Ausdruck von Dogmatismus oder einer höheren Freiheit darstellt, die sich im Aufgeben der Beschränkungen des post-aufklärerischen Kritizismus und der Akzeptanz der Tradition mit all ihren Vor- und Nachteilen ausdrückt. Das *sacrificium intellectus* wäre dann – in einer Art und Weise, die für Schelling echte Tragik ausdrückt – die letzte Zuflucht der Freiheit.

4.5.2. *Permanente Tragödie: Schellings Schuld in der frühen Sowjetunion*

Trotz Lenins hartem Vorgehen gegen den kritischen Materialismus zugunsten eines neuen Dogmatismus wurden die Elemente des tragödienaffinen Kritizismus weitergereicht – nicht nur im Proletkult und in Gor'kijs neuer Mythologie, die den Zyklus vom Tschekisten enthält.[77] Wenn Mark Lipoveckij und Dmitrij

но вдохновляющее, но зовущее, боевое, увлекательное, даже веселое для натуры активной." Der Band, in dem dieser Essay enthalten ist, *Etiudy kritičeskie i polemičeskie* (1905), ist voll mit Anspielungen auf die Philosophie des Tragischen, besonders in den Essays *Pered licom roka, Russkij Faust, Tragizm žizni i belaja magija.*

76 Sergej Bulgakov, *Tragedija filosofii* (*filosofija i dogmat*), *Sočinenija v dvuch tomach* (Moskva: Nauka, 1993), Bd. 1, besonders das Abschlusskapitel „Postulat troičnosti i ee dogmat".

77 Sergej Alymov, Anna Berzin', Vsevolod Ivanov, Valentin Kataev, Grigorij Korabel'nikov, Lev Nikutin, Jakov Rykačev, Viktor Šklovskij, „Čekisty", Maksim Gor'kij, Leopol'd Averbach, Semen Firin (Hg.), *Belomorsko-Baltijskiii kanal imeni Stalina: Istorija stroitel'stva*, 1931-1934 gg. (Moskva: OGIZ, 1934), 155-230.

Bykov[78] vielleicht auch recht haben mögen, wenn sie behaupten, dass nicht der Bolschewik, sondern der Trickster die dominierende Figur der russischen erzählerischen Prosa besonders der 1920er darstellte, so gedieh das *erhobene* Genre, das Tschekisten und Rotarmee-Kämpfer darstellte, ebenso stark und war zudem der Schelling'schen tragischen Figur der Akzeptanz unschuldiger oder „objektiver" Schuld zum Zwecke der Freiheit nachgebildet. Ein paar Beispiele machen meinen Punkt deutlich.

In Aleksandr Tarasov-Rodionovs *Schokolade* (*Šokolad*, 1922) stimmt der Tschekist trotz bewiesener Unschuld seiner Erschießung durch ein Exekutionskommando zu, um so die makellose Reputation der Tscheka zu erhalten.[79] Eine ähnliche Kulmination beschließt *Fahle Wahrheit* (*Blednaja pravda*, 1923) von Vladimir Zazubrin, in dem ein unschuldig Verurteilter, durch seine Güte und Vertrauen in die falschen Leute in einen Korruptionsskandal verwickelt, noch in der Todeszelle Revolution und revolutionäre Justiz lobt, deren Opfer er ist. Die Helden in Boris Lavrenevs *Der Einundvierzigste* (*Sorok pervyj*, 1926) und Il'ja Erenburgs *Das Leben und Sterben des Nikolaj Kurbov* (*Žizn' i gibel' Nikolaja Kurbova*, 1922) sind zerrissen zwischen Liebe und Revolution. Lavrenevs jungfräuliche Heldin Marjutka tötet wie befohlen und beweint danach in wahrhaft tragischer Manier den von ihr geliebten Weißen Leutnant, obwohl dieser gerade erst auf ihre, die richtige Seite übergelaufen war. Erenburgs Kubrin beginnt als tödlicher Automat des kommunistischen Terrors. Die Liebe zu einer Frau, die der Konterrevolution anhängt – was er bis zur tragischen Auflösung ignoriert – erweckt ihn für das wahre Leben, sodass er im Folgenden den Tod für die Ideale des Kriegskommunismus frei wählen kann, in Ablehnung der aufziehenden NEP und als symbolische Entschädigung für seine verbotene Liebe.

Natürlich war die Übernahme ‚objektiver' Schuld, also von Schuld für nicht begangene Verbrechen, eine grundlegende Denkfigur in der Poetik der Moskauer Schauprozesse: das Geständnis scheint für die Ermöglichung (oder Beschwörung) des Kommens des Königreichs der Wahrheit weit essentieller als der materielle Beweis. Tatsächlich ersetzte das Geständnis materielle

---

78 Mark Lipoveckij, „Trikster i ‚zakrytoe' obščestvo", *NLO* 2009, 100, http://magazines.russ.ru/nlo/2009/100/li19.html [03.09.2018]; Lipoveckij erwähnt Chulio Churenito, Benia Krik, Ostap Bender, Voland, Vasilij Terkin, Sandro iz Čegema, Ivan Babičev aus Jurij Olešas *Zavist'* – man könnte hier noch Leonid Leonovs *Dieb* (*Vor*) und Lazar Lagins Starik Chottabyč hinzufügen.

79 Zum politischen Kontext der Erzählung David Fel'dman, Anna Ščerbina, „Grani skandala: povest' A.I. Tarasova-Rodionova *Šokolad* v političeskom kontekste 1930-ch godov", *Voprosy literatury* 2007, no 5, http://magazines.russ.ru/voplit/2007/5/fe8.html [3.09.2018].

Beweise fast vollständig[80] – was oft keinen Sinn ergab, wie im Fall Pjatakov, der angeblich in einem Flugzeug der Gestapo nach Oslo geflogen war, wohingegen in Wirklichkeit, wie die norwegischen Behörden bestätigten, kein Flugzeug zur von der Anklage genannten Zeit hätte landen können.[81] Nichtsdestotrotz war die Anschuldigung zulässig, da der Angeklagte ja gestanden hatte. Der selbsternannte antitragische[82] Dichter Brecht geißelte Stalin dafür, seinem Volk nicht das Fordern von Beweisen beizubringen, sondern stattdessen mit dem Glauben oder der Entscheidung zu glauben vorlieb zu nehmen[83] (die Wahl des Dogmatismus in Schellings Begriffen). Die Aufwertung des Geständnisses zu einer Schuld, die schlussendlich nicht bewiesen werden kann, wenn das Geständnis nicht seine Autonomie verliert und zu einer reinen Anerkennung bestätigter Fakten degeneriert, fällt zusammen mit noch einer weiteren Renaissance des Tragischen, die die Poetik der Prozesse direkt beeinflusste. Nach Susanne Strätling, die sich wiederum auf Julie Cassidy bezieht, wurde die Reorganisation der Rechtsprechung in der jungen Sowjetunion begleitet von einer Neudefinition des Theaters, die das Drama zurückführte in die antike Einheit von Tragödie und Jurisprudenz.[84] Der qualitative Sprung von den früheren politischen Rechtsstreiten hin zu den Schauprozessen der späten 1930er wird gespiegelt im Wechsel der literarischen Schablone, durch die die Vorgänge für die Öffentlichkeit wiedergegeben und präsentiert wurden. Die geänderte Motivation der Prozesse korrespondierte mit einem Übergang vom Bildungsromans, in dem der Schuldige eine Chance angeboten bekommt, seine Fehler einzusehen und sich zu bessern (Gor'kijs: „Von ‚Feinden der Gesellschaft' zu Helden der Arbeit", *Ot „vragov obščestva" – k gerojam truda*, 1936[85]), zur Säuberung einer pestbefallenen Stadt durch die Vertreibung eines

80 Theo Pirker (Hg.), *Die Moskauer Schauprozesse 1936-1938* (München: dtv, 1963), 61; Robert Conquest, *Der große Terror: Sowjetunion 1934-1938* (München: Langen Müller, 2001), 190-192 (Radek spricht dies in seinem Abschlussplädoyer indirekt an).

81 Vadim Rogovin, *1937: Stalin's Year of Terror*, übersetzt von Frederick S. Choate (Oak Park: Mehring Books, 1998), 121.

82 Bertolt Brecht, „Vergnügungstheater oder Lehrtheater?", *Gesammelte Werke* (Frankfurt am Main: Suhrkamp, 1967), Bd. 15, 262-272; „K-Typus und P-Typus in der Dramatik", *Gesammelte Werke*, Bd. 16, 540-544; „Dreigespräch über das Tragische", *Gesammelte Werke*, Bd. 15, 309-313; „Kritik der Einfühlung", *Gesammelte Werke*, Bd. 15, 240-252; „Über experimentelles Theater", *Gesammelte Werke*, Bd. 15, 285-305.

83 Bertolt Brecht, „Me-ti: Buch der Wandlungen", *Gesammelte Werke*, Bd. 12, 421-585, 537-539.

84 Julie Cassidy, *The Enemy on Trial. Early Soviet Courts on Stage and Screen* (DeKalb: Northern Illinois University Press 2000); Susanne Strätling, *Hand am Werk. Poetik der Poiesis in der russischen Avantgarde* (München: Fink, 2017), 356.

85 Maksim Gor'kij, „Ot ‚vragov obščestva' – k gerojam truda", *Sobranie sočinenij v 30 tomach* (Moskva: 1949-1956), Bd. 27, 507-580.

Sündenbocks.[86] Letzteres ist natürlich die Urszene der Tragödie, welcher die Schauprozesse mit ihrer Betonung der Selbstbeschuldigung des Sündenbocks einen Schelling'schen und einen Sophokleischen Dreh geben. Gleichzeitig bekräftigen die Romane, die die Rezeption der Großen Säuberung im Westen bestimmten – im besonderen Arthur Koestlers *Sonnenfinsternis* (*Darkness at noon*, 1940) und Victor Serges *L'Affaire Toulaev* (1945) – das Schelling'sche Erbe in der Revolution, ohne welches die gerichtlichen Aufführungen für die Öffentlichkeit unverständlich und inakzeptabel wären als erbärmliche Folgen von Folter und Bestechung frei von ideologischen Motivationen. Die angeblich enthüllenden Romane romantisierten (und ‚tragisierten') das Säubern.

Die Realität passt sich den Regeln der tragischen Fiktion an: die „Fließbandmethode" (*conveyor*) garantierte im Verhör die tragische Einheit von Raum und Zeit; öffentliche Geständnisse formen sich im Einklang mit zwei Hauptinterpretationen der aristotelischen Katharsis. In seiner Abschlusserklärung im Prozess um das Parallelzentrum säubert sich Drobnis von seinem inneren Trotzkisten, treibt seinen inneren Trotzkismus aus, während Pjatakov seinen inhärenten Trotzkismus läutert, indem er zu guter Letzt realisiert, dass er die ganze Zeit ein echter Trotzkist gewesen war.[87] Was ihm zu Beginn des Prozesses noch als organisatorisches Durcheinander und für die russische Wirtschaft typisches Chaos erschienen war, zeigt seine wahre Natur, die der Sabotage. Jetzt, nach dieser allerschwierigsten Läuterung, in der Erkenntnis seines inneren Trotzkisten, ist er bereit, sich für die Freiheit zu opfern.

Tragische Schuld umgrenzt alle Positionen im politischen Spiel. Stalin wurde zum Beispiel von Alexander Weißberg-Cybulski[88] als eine große Umkehrung des tragischen Helden dargestellt, als einer, der sich obsessiv dem Zugeständnis seiner Schuld verweigert und dementsprechend alle Zeugen seiner schwachen militärischen, politischen und ökonomischen Entscheidungen tötet. Lenin, der die Regression des Materialismus zum Dogmatismus verfestigt hatte, war der erste bolschewistische Führer, der eine solche Umkehrung tragischer Schuld eingeleitet hatte, als er 1906 in Verteidigung seiner Methode die Men'ševiki mit dem neuen Begriff des „objektiven

86 Brigitte Suder, „L'être perfectible. La formation du cadre stalinien par le ‚travail sur soi'", *Genèses: Sciences sociales et histoire* 51/2 (2003), 93-113; Berthold Unfried, „Selbstkritik im Stalinismus. Erziehungsmittel und Form des Terrors", Wladislaw Hedeler (Hg.), *Stalinistischer Terror 1934-41. Forschungsbilanz* (Berlin: BasisDruck, 2002), 159-178, 163; Berthold Unfried, *„Ich bekenne". Katholische Beichte und sowjetische Selbstkritik* (Frankfurt am Main: Campus, 2006), 213.

87 R. Conquest, *Der große Terror*, 174-195.

88 Alexander Weißberg-Cybulski, *Hexensabbat. Russland im Schmelztiegel der Säuberungen* (Frankfurt am Main: Verlag der Frankfurter Hefte, 1951).

Verrats"[89] verleumdete, was natürlich das Unterstellen beliebiger Verbrechen rechtfertigte. Die objektive Unschuld dagegen, auf die die Führer der Bol'ševiki einen Anspruch hatten, wandelte sich in den Schauprozessen zur tragischen Schuld: zur subjektiven Anerkennung eines objektiven Verrats. Wenn man die Situation in den Kategorien der tragischen Ästhetik der Praxis auffasst, ergibt sich: Einmal in der tragischen Situation gefangen, erschien den Revolutionären die Selbstaufopferung durch Annahme der Rolle des Kriminellen und Sündenbocks als einziger Weg, die Revolution zu verewigen und zur Befreiung der Menschheit beizutragen. Die freiste aller Handlungen bestand dann folgerichtig in einer noch tieferen Verwicklung in Schuld, im Hineinziehen eines anderen Kandidaten zum tragischen Helden. Diese Erklärung der eigenen Komplizenschaft war gleichwohl so losgelöst von der unbarmherzigen Gegenwart, dass sie sich selbst untergrub und aufhob. Die Tragödie wandelte sich zu einer Komödie, in der entweder Individuen zu sehen sind, die sich selbst so methodisch und mechanisch betrügen, dass es unterhaltsam wird – oder aber der komische Kontrast zwischen einfacher Angst und tragischer Persona, aus der Requisitenkammer der Revolutionsgeschichte entnommen, angezeigt wird.

Es zeigt sich also, dass Schuld – die Inszenierung von Schuld und die Schuld der Inszenierung – zwar eine *conditio sine qua non* für die Revolution darstellt, speziell für die russische Revolution, dass sie aber gleichzeitig die Möglichkeit der Revolution ausschließt, spezifisch der russischen Revolution, die im Terror stecken blieb.

---

89 Vladimir Lenin, „Doklad V s'ezdu RSDRP po povodu peterburgskogo raskola i svjazannogo c nim učreždenija partijnogo suda", *Polnoe sobranie sočinenij*, Bd. 15, 291-308, vor allem 295-298; A. Walicki, *Zarys myśli rosyjskiej*, 671.

KAPITEL 5

Hölderlin der Tragödientheoretiker

(Urszene der kritischen Tragödientheorie: Ecce Oedipus – Entwicklung der Tragödientheorie Hölderlins – *Der Tod des Empedokles*: vom Substanzialismus zum Funktionalismus der Zäsur – Kommentare zu Empedokles und Sophokles – Orientalisation in den Sophokles-Übersetzungen – Unterwegs zu Hegel)

5.1. Urszene der kritischen Tragödientheorie: Ecce Oedipus oder das Verschwinden zeigen

In der Urszene[1] der kritischen Tragödientheorie treffen Christus und Ödipus aufeinander. Der letzte Auftritt des verstümmelten Ödipus, der sich die Augen mit der Brosche seiner Mutter und Frau herausgeklaubt hat, um sich für seine metaphorische Blindheit zu bestrafen, und das thebanische Volk um Verbannung bittet, überlappt sich mit Jesus' letztem Auftritt vor dem Volk Jerusalems: Die Kriegsknechte des Landpflegers

> nahmen Jesus zu sich in das Richthaus und sammelten über ihn die ganze Schar und zogen ihn aus[2]

– so beginnt Matthäus Erzählung vom Zu-Schau-stellen (27, 27-28). Was weiter passierte, ist am besten bei Markus (15, 16-20) nachzulesen. Die Kriegsknechte

> riefen zusammen die ganze Schar und zogen ihm einen Purpur an und flochten eine dornene Krone und setzten sie ihm auf, und fingen an, ihn zu grüßen: Gegrüßet seist du, der Juden König! Und schlugen ihm das Haupt mit dem Rohr und verspeiten ihn und fielen auf die Kniee und beteten ihn an. Und da sie ihn verspottet hatten, zogen sie ihm den Purpur aus und zogen seine eigenen Kleider an und führten ihn aus, daß sie ihn kreuzigten.

Die Aufeinanderfolge des Entblößens und des Verkleidens kontrapunktiert den Rhythmus, in dem Spott und Macht, Überlegenheit und Dummheit, Allwissenheit und Narrheit ineinander übergehen. Es ist der Rhythmus, in dem

1 Siehe auch das Entstehungszusammenhangkapitel.

2 Ich zitiere nach dem Text der Lutherbibel 1912; http://bibeltext.com/l12/matthew/27.htm [Zugriff: 14.7.2018].

 | DOI:10.30965/9783846766255_006

Schellings Modell der höchsten Schuld funktioniert, die die höchste Unschuld ist und deren Verneinung den Helden in der Zeit aus der Zeit ins Reich der noumenalen Freiheit katapultiert, welche sich überdies sinnlich Darbietet. Und in der Bibel versichert Johannes sein Publikum:

> Da ging Pilatus wieder heraus und sprach zu ihnen: Sehet, ich führe ihn heraus zu euch, dass ihr erkennt, dass ich keine Schuld an ihm finde. Also ging Jesus heraus und trug eine Dornenkrone und ein Purpurkleid. Und er spricht zu ihnen: Sehet, welch ein Mensch! (19, 4-5)

‚Es ist der Mensch' war auch die Lösung des' Rätsels der Sphinx, das Ödipus erriet. Dank der Lösung durfte er sich für den klügsten und glücklichsten aller Menschen halten (klüger als Tiresias). Und doch singt der Chor der Thebaner am Ende seiner Regierungszeit, der auch das Ende der Tragödie von Sophokles markiert:

> Ihr im Lande Thebe Bürger, sehet diesen Ödipus,
> Der berühmte Rätsel löste, der vor allen war ein Mann,
> Der nicht auf der Bürger Eifer, nicht gesehen auf das Glück,
> Wie ins Wetter eines großen Schicksaals er gekommen ist,
> Darum schauet hin auf jenen, der zuletzt erscheint, den Tag,
> Wer da sterblich ist, und preiset glücklich keinen, eh denn er
> An des Lebens Ziel gedrungen, Elend nicht erfahren hat.[3]

Zu den vielen merkwürdigen Änderungen, die der Übersetzer Hölderlin vornahm, gehörte, den letzten Auftritt des Ödipus in die Nähe der biblischen Ecce-Homo-Szene zu rücken: Wo das griechische Original sagt κράτιστος ἦν ἀνήρ („er war der mächtigste Mann"), steht in Hölderlins Übersetzung: „der vor allen war ein Mann". Die Präposition ‚vor' kann sich nicht nur auf die Hierarchie beziehen, sondern auch (und primär) auf räumliche Beziehungen, etwa eine Gegenüberstellung dessen, der vor allen steht und von dem gesagt wird „schauet euch diesen Mann an" oder „Sehet, welch ein Mensch!" oder „Es ist der Mensch", „Eis ecce homo", „Ἰδοὺ ὁ ἄνθρωπος". (Hinzu kommt die temporale Bedeutung, der Präposition, Christus bzw. der Logos als der Mensch vor allen Menschen, der vor der Zeit bereits mit und in Gott existierende. Und jetzt kommt er zur völligen Realisation in der vollkommenen Erniedrigung.)

Die merkwürdige Konkordanz des Christus mit Ödipus in der klassischen deutschen Ästhetik und Politik wird durch Friedrich Nietzsches

---

3 Friedrich Hölderlin, *Sämtliche Werke. Frankfurter Ausgabe* (Frankfurt am Main, Basel: Stroemfeld/ Roter Stern, 1988), Bd. 16, 245. Fortan finden sich die Belege aus dieser Ausgabe direkt im Text versehen mit dem Sigel HW.

Auseinandersetzung mit Friedrich Theodor Vischer zu Tage gefördert.[4] Die Polemik betrifft Hölderlin und die Bedeutung seiner Neuentdeckung Griechenlands für die deutsche und gesamteuropäische Kultur. In der ersten Fassung der Tragödie *Der Tod des Empedokles* spielt Hölderlin auf beide Vorbilder – Ödipus und Ecce Homo – an, und zwar in der Szene I, 2, in der Hermokrates erzählt, wie Empedokles vor dem Volk stand und – infolge eines semantischen *Quid pro quo* – sich selbst Gott genannt hat (HW XIII 702). Wie das *Quid pro quo* zustande kam, wird das Thema des folgenden Unterkapitels sein. Für den Moment gilt: Die eher aus Zerstreutheit als aus Stolz begangene ironische Usurpation der Macht wird zu Empedokles' Schuld und Schwachheit, die sein freiwilliges Lebensopfer im Ätna versöhnen soll. Zu betonen ist, dass weder Vischer noch Nietzsche das Drama kannten, als sie das Phänomen Hölderlin zu begreifen versuchten und zu dem Zwecke Christus mit Ödipus vertauschten. Und doch scheint Nietzsches Polemik dieser damals nicht veröffentlichten Tragödie einen Kommentar beizufügen. Nietzsche klagt Vischer an, dass er die ganze Stärke des Gegenbilds Christus-Ödipus verkennt und sie nach dem einzigen Vorbild, das Vischer zugänglich war, namentlich dem des Spießbürgers, banalisiert und eindämmt. Durch dieses Mittel versucht Nietzsche Vischer und seinen Kollegen die Rolle der thebanischen Philister aufzudrängen, wie Richard Wagner sie beschrieb: Die ewigen Spießer haben sich von dem Liebesübermaß des Ödipus und der Antigone lediglich skandalisieren und nicht tragisch erschüttern lassen und waren froh, als nach der Selbstverbannung des Helden oder dem Selbstmord der Heldin endlich alles wie früher war.[5]

Der von der Wiedergeburt der Tragödie und Deutschlands träumende Hölderlin scheint Nietzsche von Spießern – wie Dionysos von Titanen – zerrissen und als Speise gekocht worden zu sein. Nietzsche stilisierte sich so, als gebäre er Hölderlin noch einmal aus seinem Oberschenkel, sodass Hölderlin lange Zeit als ein Dionysos-Dichter und Vorläufer Nietzsches betrachtet wurde. 1919 sprach Stefan George sein Enkomion *Hölderlin*: „Dionysos und Orpheus waren noch verschüttet und Er allein war der entdecker. Er bedurfte keines äusserlichen hinweises: ihm half das innere gesicht. Er riss wie ein blitz den himmel auf und zeigte uns erschütternde gegenbilder wie Herakles-Christos: vor seinen weitesten einigungen und ausblicken aber stehen wir noch verhüllten hauptes und verhüllter hände."[6] Die kraftvolle Dichtung, die Gegenbilder

4 Friedrich Nietzsche, „David Strauß. Der Bekenner und der Schriftsteller", *Werke*, hg. von Karl Schlechta (München: Hanser, 1954), Bd. 1, 147-148.

5 Siehe das Słowacki–Wagner-Kapitel.

6 Stefan George, *Tage und Taten. Aufzeichnungen und Skizzen, Gesamt-Ausgabe der Werke* (Berlin: Bondi, 1933), Bd. 17, 69.

wie Herakles-Christos oder Ödipus-Jesus produziert und dank derer er „durch aufbrechung und zusammenballung" „der verjünger der Sprache und damit der verjünger der seele" sowie „der eckstein der nächsten deutschen zukunft und der rufer des Neuen Gottes" geworden ist,[7] verdankt ihren Schwung und ihr Ausmaß Nietzsche. Aber das Dionysische ist eine merkwürdige Stiftungskraft, sie ist eigentlich eine Kraft des Verschwindens, des Verlierens und der Schwäche und damit selbst ein „Gegenbild".

In *David Strauß. Der Bekenner und der Schriftsteller* (1873) erkämpft Nietzsche Hölderlin für sich, indem er sich direkt gegen Theodor Vischer wendet.[8] Der dionysische Hölderlin wurde laut Nietzsche durch Philister zerstört, die jetzt heuchlerisches Mitleid mit ihrem eigenen Opfer haben. Ein „namhafter Ästhetiker aus der Hegelschen Vernünftigkeits-Schule", Friedrich Theodor Vischer, verriet ungewollt das ganze Quid pro quo. Als man im „lauten Philisterkreise das Andenken eines wahren und echten Nicht-Philisters, noch dazu eines solchen, der im allerstrengsten Sinne des Wortes an den Philistern zugrunde gegangen ist: das Andenken des herrlichen Hölderlin"[9] feierte, fühlte sich Vischer in seinem Element, wurde ungezwungen und ließ die Katze aus dem Sack. Vischer „hatte deshalb ein Recht, bei dieser Gelegenheit von den tragischen Seelen zu reden, die an der ‚Wirklichkeit' zugrunde gehen, das Wort Wirklichkeit nämlich in jenem erwähnten Sinne als Philister-Vernunft verstanden."[10] Jetzt, nach 1870, dem Jahr, das Nietzsche selbst als „Wirbel und Wendepunkt" in der „Mitte der deutschen Hoffnungen" auf die Wiedergeburt des Tragischen sehen wollte,[11] müsste Hölderlins Seele Vischer als noch tragischer erscheinen, da die Bedingungen inzwischen härter geworden waren; denn die Tragik entstehe doch dort, wo die Seele mit ihren fixierten Ideen auf die Realität trifft. Die Behauptung der Philister-Vernunft schwächte Hölderlin zusätzlich, weil sie – starrsinnig und süffisant – noch stärkeren Widerstand gegen die Wiedergeburt der Tragödie leistet, die Hölderlin und Nietzsche vorschwebte. Vischer weiß nicht, berichtet Nietzsche, ob Hölderlin den Krieg 1870 und „das Verdorbene", das nach dem Krieg gewisse Fortschritte machte, hätte aushalten können. „Vielleicht wäre er wieder in die Trostlosigkeit zurückgesunken" zitiert Nietzsche Vischer – und weiter in Vischers Worten:

> Er war eine der unbewaffneten Seelen, er war der Werther Griechenlands, ein hoffnungslos Verliebter; es war ein Leben voll Weichheit und Sehnsucht, aber

7 George, *Tage und Taten*, 70.
8 Nietzsche, „David Strauß. Der Bekenner und der Schriftsteller", 147.
9 Nietzsche, „David Strauß. Der Bekenner und der Schriftsteller", 147.
10 Nietzsche, „David Strauß. Der Bekenner und der Schriftsteller", 147.
11 Nietzsche, „Vorwort an Richard Wagner", *Werke*, Bd. 1, 19.

> auch Kraft und Inhalt war in seinem Willen, und Größe, Fülle und Leben in seinem Stil, der da und dort sogar an Aischylos gemahnt. Nur hatte sein Geist zu wenig vom Harten; es fehlte ihm als Waffe der Humor; *er konnte es nicht ertragen, dass man noch kein Barbar ist, wenn man ein Philister ist.*[12]

Indem Vischer Hölderlin den Humor verweigert, schmuggelt er eine Häresie in seine Rede ein: er sagt Hölderlin die Tragik ab. Nietzsche, der Vischers *Über das Erhabene und das Komische. Ein Beitrag zu der Philosophie des Schönen* (1837) gewiss kannte, wusste, dass laut Vischer das wahre Erhabene ins Komische übergehen muss;[13] derjenige, dem es – wie angeblich Hölderlin – am Sinn für Komik mangelt, kann nicht wirklich tragisch sein. Die wahre, substantielle Tragik mündet geradlinig ins Komische; Hölderlin verbleibt im pseudotragischen Gefühl eines Lassalles oder vielleicht eines verdünnten Schillers, der sich sentimentalistisch nach Griechenland sehnt. Als Vischer Hölderlin das humorvolle Philistertum gegenüberstellte, stellte er eine Falle gegen alle Feinde des Spießertums, da es sich am Ende, nachdem man alle Konsequenzen der Humorlosigkeit durchdacht hat, herausstellt, dass alle Nichtspießer des Humors entbehren. Wenn der Humor doch die Kehrseite aller Tragik darstellt, wird das Spießertum zur einzigen Tragödie, die in der Welt nach 1870 fortbesteht. Im Hegel-Kapitel wird sichtbar werden, inwiefern das Gespenst des Tragischen anhaltend die Bourgeoisie heimsucht, die sich immer Vorwürfe machen muss, nicht tragisch genug zu existieren. In diesem Moment ist die Tatsache gewichtiger, dass die spießige Tragik der Hegelianer – sei es Vischer oder sei es Marx, von dem Nietzsche schweigt – Nietzsches Tragödien- und Hölderlin-Auffassung herausfordert:

> Ja, man gibt zu, Philister zu sein, – aber Barbar! Um keinen Preis. Der arme Hölderlin hat leider nicht so fein unterscheiden können. Wenn man freilich bei dem Worte Barbarei an den Gegensatz der Zivilisation und vielleicht gar an Seeräuberei und Menschenfresser denkt, so ist jene Unterscheidung mit Recht gemacht; aber ersichtlich will der Ästhetiker uns sagen: man kann Philister sein und doch Kulturmensch – darin liegt der Humor, der dem armen Hölderlin fehlte, an dessen Mangel er zugrunde ging.[14]

---

12 Nietzsche, „David Strauß. Der Bekenner und der Schriftsteller", 147.

13 Friedrich Theodor Vischer, *Über das Erhabene und Komische, ein Beitrag zu der Philosophie des Schönen* (Stuttgart: Imle und Krauß, 1837), 155: „Hat nämlich im Erhabenen das eine der beiden Momente des Schönen, die Idee, das Uebergewicht bekommen, so wird das andere, die Erscheinung, nun auch sein Recht haben wollen, und, wo immer möglich, der Idee ein Bein stellen. Dies geht aus dem einfachen logischen Gesetze hervor, daß Gegensätze einander bedingen, und erweist sich in der Erfahrung durch den anerkannten Satz, daß vom Erhabenen zum Lächerlichen nur ein Schritt ist."

14 Nietzsche, „David Strauß. Der Bekenner und der Schriftsteller", 147.

So verspottet Nietzsche Vischer samt dem Teil der Menschheit, für den dieser steht, und beginnt eine durch viele Denküberschläge humoristische Inszenierung der Dialektik von Schwäche und Stärke. Als Elemente dieser Inszenierung, die wohlbemerkt die Tragik Hölderlins demonstrieren soll, indem die Annahme ins Lächerliche gezogen wird, Hölderlin fehle es am Humor, dienen Fragmente der Ecce-Homo-Szene, mit der die Handlung der ersten Fassung von *Der Tod des Empedokles* ihren Anfang nimmt. Auch bei Nietzsche interferiert der Prozess Jesu mit dem Selbsturteil, das Ödipus mindestens fünf Jahrhunderte vor Christi Geburt gefällt hatte. Der Purpur, die Schwachheit der Allmacht, der Spott, der sich als Wahrheit erweist, und zwar in dem Moment, wo die größte Gewalt ihre größte Schwäche erduldet – das alles wird zum Bestandteil der Requisitenkammer, aus der Nietzsche schöpft:

> Bei dieser Gelegenheit entfiel dem Redner noch ein zweites Geständnis: „Es ist nicht immer Willenskraft, *sondern Schwachheit*, was *uns* über die von den tragischen Seelen so tiefgefühlte Begierde zum Schönen hinüberbringt" – so ungefähr lautete das Bekenntnis, abgelegt im Namen der versammelten „Wir", das heißt der „Hinübergebrachten", der „durch Schwachheit Hinübergebrachten"! Begnügen wir uns mit diesen Geständnissen! Jetzt wissen wir ja zweierlei durch den Mund eines Eingeweihten: einmal, dass diese „Wir" über die Sehnsucht zum Schönen wirklich hinweg, ja sogar hinübergebracht sind, und zweitens: durch Schwachheit![15]

Das anschließende Fragment von *Unzeitgemäße Betrachtungen* ist mit Blick auf die Relationen zwischen Kraft und Schwachheit der Keim der späteren *Genealogie der Moral* (1887).[16] Am Anfang des nietzscheanischen Pessimismus

15 Nietzsche, „David Strauß. Der Bekenner und der Schriftsteller", 147-148.

16 Friedrich Nietzsche, *Zur Genealogie der Moral. Eine Streitschrift, Werke*, Bd. 2, 762-900. Zwar wertet Nietzsche in der *Genealogie der Moral* bekanntermaßen die Gesundheit und die Krankheit auf die entgegensetze Weise als im folgenden Zitat aus der David-Strauß-Streitschrift (siehe vor allem 776-778, 835), doch lässt er sich trotzdem an einer Stelle auf eine analoge Kritik des Spießertums von der Perspektive der edlen Krankheit her ein: „Hybris ist heute unsre ganze Stellung zur Natur, unsre Natur-Vergewaltigung mit Hilfe der Maschinen und der so unbedenklichen Techniker- und Ingenieur-Erfindsamkeit; Hybris ist unsre Stellung zu Gott, will sagen zu irgendeiner angeblichen Zweck- und Sittlichkeits-Spinne hinter dem großen Fangnetz-Gewebe der Ursächlichkeit – wir dürften, wie Karl der Kühne im Kampfe mit Ludwig dem Elften, sagen *‚je combats l'universelle araignée'* –; Hybris ist unsre Stellung zu *uns*, denn wir experimentieren mit uns, wie wir es uns mit keinem Tiere erlauben würden, und schlitzen uns vergnügt und neugierig die Seele bei lebendigem Leibe auf: was liegt uns noch am ‚Heil' der Seele! Hinterdrein heilen wir uns selber: Kranksein ist lehrreich, wir zweifeln nicht daran, lehrreicher noch als Gesundsein – die *Krankmacher* scheinen uns heute nötiger selbst als irgendwelche Medizinmänner und ‚Heilande'. Wir vergewaltigen uns jetzt selbst, es ist kein Zweifel, wir Nußknacker

der Stärke tritt Hölderlin auf, dessen Schwäche Nietzsche im Kampf gegen das Spießertum im Namen der Schönheit und Griechenlands ausnutzt. Nietzsche ist bereit, sich gegen die Philister mit dem Christus der Evangelien zu verbrüdern, den er – ganz im Sinne Hölderlins – mit Dionysos korreliert. In der Weise verstärkt reitet Nietzsche eine tragisch-biblische Attacke:

> Eben diese Schwachheit hatte sonst in weniger indiskreten Momenten einen schöneren Namen: es war die berühmte „Gesundheit" der Bildungsphilister. Nach dieser allerneuesten Belehrung möchte es sich aber empfehlen, nicht mehr von ihnen als den „Gesunden" zu reden, sondern von den *Schwächlichen* oder, mit Steigerung, von den *Schwachen*. Wenn diese Schwachen nur nicht die Macht hätten! Was kann es sie angehen, wie man sie nennt! Denn sie sind die Herrschenden, und das ist kein echter Herrscher, der nicht einen Spottnamen vertragen kann. Ja, wenn man nur die Macht hat, lernt man wohl gar über sich selbst zu spotten. Es kam dann nicht viel darauf an, ob man sich eine Blöße gibt: denn was bedeckt nicht der Purpur! was nicht der Triumphmantel! Die Stärke des Bildungsphilisters kommt ans Licht, wenn er seine Schwachheit eingesteht: und je mehr und je zynischer er eingesteht, um so deutlicher verrät sich, wie wichtig er sich nimmt und wie überlegen er sich fühlt.[17]

In den Evangelien wird das Höchste, das sich durch Kenosis in eine Gestalt der Schwäche gekleidet hat, mit Attributen der Macht – eben mit dem Purpurtriumphmantel und der Dornenkrone – ausgestattet. Es lässt sich wie eine Puppe ausziehen und anziehen, es lässt Spott und Verachtung über sich ergehen, aber es bekennt sich ironisch zu seiner Macht, sodass es die Spötter lächerlich macht: „Jesus sprach zu ihm: Du sagst es. Doch ich sage euch: Von nun an wird's geschehen, dass ihr werdet sehen des Menschen Sohn sitzen zur Rechten der Kraft und kommen in den Wolken des Himmels. Da zerriss der Hohepriester seine Kleider" (Mt 26, 64-65). (Martin Luther kommentierte Jesus Weigerung, auf Pilatus Frage, was die Wahrheit sei (Johannes XVIII, 38), zu antworten: „*Ironia est*"[18].) Der Philister, die hochmütige Macht der Erde, gesteht seine Blöße, aber er legt nicht einmal ab und behält seinen Purpurmantel an. Im Gegensatz zu Jesus, der laut der Tradition nie gelacht hat, demonstriert der Philister gerne seinen Sinn für Humor und ist fähig, über sich

der Seele, wir Fragenden und Fragwürdigen, wie als ob Leben nichts andres sei, als Nüsseknacken; ebendamit müssen wir notwendig täglich immer noch fragwürdiger, *würdiger* zu fragen werden, ebendamit vielleicht auch würdiger – zu leben?..." (853-854).

17 Nietzsche, „David Strauß. Der Bekenner und der Schriftsteller", 148.

18 *D. Martin Luthers sowohl in deutscher als auch lateinischer Sprache verfertigte* [...] *Sämtliche Schriften*, hg. von Johann Georg Walch (Saale: Gebauer, 1749), Bd. 21, 810 und weiter: „Ist eine Spottrede, als wollte er sagen: willst du von der Wahrheit reden, so bist du verloren." Willst du aber nicht, dann kompromittierst du dich.

selbst zu lachen, aber nur weil seine Macht über die Erde ungefährdet bleibt. Er ist so mächtig, dass er sogar entscheidet, wem es an Humor fehlt! Und es ist immer die tragische Seele, der der Humor abgesprochen wird. Sie kann zwar so kraftvoll wie Aischylos erdröhnen, aber ihrer Position in der Welt mangelt es an Stärke, dass sie eine humorvolle Distanz zu ihrer eigenen Person unterhalten könnte. Wo aber Stärke und Humor fehlt, kann laut Vischers Theorie keine Tragik bestehen. Die in der *Genealogie der Moral* enthaltene Beschreibung der ‚Schlechten' und der Scheinheiligen nimmt ihren Ausgangspunkt oder hat ihre Antezedenz in der Empörung über Vischers Überheblichkeit gegenüber Hölderlins „tragische" Seele. Um die Lächerlichkeit des Spießerhumors bloßzulegen, stellt Nietzsche nicht nur die Evangelien auf den Kopf, sondern parodiert auch Vischers Tragödientheorie, die auf folgende Weise das tragische Schicksal definierte:

> Den wahren Begriff des tragischen Schicksals bilden [...] zwei Momente: das Absolute und das Subjekt. Beide stehen in dem Verhältnisse zu einander, dass das Letztere, das Subjekt, zwar dem Absoluten sein Bestehen, seine Kräfte, seine Größe verdankt und dadurch als eine bedeutende Macht erscheint: aber auch nur erscheint; denn dass es diese Größe jenem Höheren verdankt, und dass diese Größe selbst, verglichen mit jenem, nur eine relative, an Schwachheiten und Blößen krankende ist,

– es ist immer die Blöße, die tragisch oder komisch wirkt! Wer aber das Tragische hinter sich gelassen hat, weil er sich als eine unangefochtene, praktisch nicht relative Macht behauptet fühlt, kann mit Recht mit Nietzsches Worten bezeichnet werden: „Es kam dann nicht viel darauf an, ob man sich eine Blöße gibt: denn was bedeckt nicht der Purpur!" Das Zitat aus Vischers Traktat geht aber weiter –

> [...] denn dass es diese Größe jenem Höheren verdankt, und dass diese Größe selbst, verglichen mit jenem, nur eine relative, an Schwachheiten und Blößen krankende ist, dies erweist sich im Tragischen, die menschliche Größe schlägt um in menschliche Kleinheit, und wir rufen aus: „o, was ist Menschengröße, Menschenruhm!" Aber weil sich im Untergange der menschlichen Erhabenheit eben die göttliche offenbart, so geht dieser Schmerz bei dem Zuschauer in ein Gefühl der Versöhnung über, das umso reiner ist, je klarer ebendiese Offenbarung auch der tragischen Person zum Bewusstsein kommt.[19]

Vischer orientiert sich an Ödipus, den Lieblingshelden der klassischen Tragödientheorie, die im Übrigen oft die Form des Rätsels annimmt, als wollte

19 Vischer, *Über das Erhabene und Komische*, 93.

sie an Universalität gewinnen, indem sie den Titel des partikularen Werkes verschweigt, auf dessen Grundlage sie die allgemeine Theorie der Sittlichkeit oder des politischen Handelns formuliert. So beruht Hegels Beschreibung der schönen Sittlichkeit der Griechen in der *Phänomenologie des Geistes* auf Sophokles *Antigone*, aber Hegel nennt den Titel nicht einmal. Er spielt ebenso anonym auf *Sieben gegen Theben, Ödipus der Tyrann* und *Ödipus in Kolonos* an,[20] als solle erst das Erraten der literarischen Rätsel oder sogar das Erraten, dass sich überhaupt ein literarisches Rätsel in der Abhandlung versteckt, die Beweiskraft verstärken, so wie der Reim die Wirkungskraft des Slogans erhöht. Was in dem Fragment aus Vischers Arbeit rätselhaft bleibt, ist, ob wir auch Jesus unter den Begriff des Tragischen subsumieren können. Er könnte auch als ein Hintergrund dienen, vor dem die Tragik Ödipus' günstiger erscheint. Einerseits war Jesus im Gegensatz zum ‚glücklichsten und klügsten' Ödipus keine relative, sondern eine reale Verbindung des Absoluten mit dem Subjekt, anderseits aber bewies seine Ironie, die den grausamen Humor der Folterknechte als albern entpuppte, dass es einen Abstand von ihm selbst mitten in ihm selbst, also einen Spielplatz für Zweideutigkeiten gibt.

Wenn die von Hegel so genannte „allgemeine Ironie der Welt"[21] tatsächlich den Verlauf der Geschichte bestimmt, muss sie auch damals wirksam gewesen sein, als 1962 im vierten Band der Stuttgarter Ausgabe von Hölderlins Schriften ein theoretisches Fragment publiziert wurde, das 1798-1800 entstand, zu derselben Zeit also, als Hölderlin an *Der Tod des Empedokles* gearbeitet hat. In manchen Ausgaben trägt das Fragment die Überschrift *Die Bedeutung der Tragödien*, obschon es eher ‚Die Bedeutungslosigkeit der Tragödien' genannt werden sollte. Weder Vischer noch Nietzsche kannten es, als sie über die Macht und die Machtlosigkeit im Tragischen und im Humor diskutierten, obwohl nicht ausgeschlossen werden kann, dass Schelling und vor allem Hegel das Konzept kannten, der damals in Frankfurt einen Freundeskreis mit Hölderlin, Zwingli und Sinclair bildete.

> Die Bedeutung der Tragödien ist am leichtesten aus dem Paradoxon zu begreifen. Denn alles Ursprüngliche, weil alles Vermögen gerecht und gleich geteilt ist, erscheint zwar nicht in ursprünglicher Stärke [...], sondern eigentlich in seiner Schwäche, so dass recht eigentlich das Lebenslicht und die Erscheinung der Schwäche jedes Ganzen angehört. Im Tragischen nun ist das Zeichen an sich selbst unbedeutend, wirkungslos, aber das Ursprüngliche ist gerade heraus.

20 Siehe das Hegel-Kapitel.

21 Georg Wilhelm Friedrich Hegel, *Vorlesungen über die Geschichte der Philosophie I, Werke*, hg. von Eva Moldenhauer (Frankfurt am Main: Suhrkamp, 1986), Bd. 18, 460: „Alle Dialektik lässt das gelten, was gelten soll, als ob es gelte, lässt die innere Zerstörung selbst sich daran entwickeln, – allgemeine Ironie der Welt."

> Eigentlich nämlich kann das Ursprüngliche nur in seiner Schwäche erscheinen, insofern aber das Zeichen an sich selbst als unbedeutend = 0 gesetzt wird, kann auch das Ursprüngliche, der verborgene Grund jeder Natur sich darstellen. Stellt die Natur in ihrer schwächsten Gabe sich eigentlich dar, so ist das Zeichen, wenn sie sich in ihrer stärksten Gabe darstellt = 0. (HW XIV 383)

Wenn Hölderlins Leben überhaupt eine tragische Dimension hat, dann nicht deswegen, weil Fr. Gontard verheiratet war (wie Dilthey suggerierte[22]) oder weil das Publikum nicht seiner Dichtung gewachsen war oder weil er keinen Sinn für Humor hatte. Das Tragische an Hölderlin, insofern es überhaupt festzustellen ist, dürfte im oben zitierten Fragment beschrieben sein. Die Geschichte seiner Wirkung und seiner Wirkungslosigkeit gegenüber der Macht, die die Gestalt seiner Wirkungsgeschichte als mächtiger Dichter bestimmt haben, scheint sehr präzise abgemessen zu sein. Das Nachleben Hölderlins ist tragisch, da es die ursprünglichen Kräfte der (Literatur-)Geschichte ins Licht rückte, und zwar in der Gestalt der unbändigen Gewalt der Deutung, die ihr Objekt schafft, indem sie ihr Objekt zerstört, sodass es ihr gegenüber als ein leeres Zeichen erscheint, dessen Sinn beliebig ist, dessen Bedeutung aber auf den stärksten aller Dichter fixiert wird. Im Angesicht der primitiven Stärke dieses Krieges aller gegen alle (der Philister gegen die Dionysier), in dem Hölderlin seine Gestalt annahm, könnte man tatsächlich eine Analogie zwischen dem Dichter, dem tragischen Zeichen=0 und dem Schicksal derer aufstellen, die mit dem „wir" aus der zweiten Fassung der *Mnemosyne* angesprochen werden: „Zeichen sind wir, deutungslos,/ Schmerzlos sind wir und haben fast/ Die Sprache in der Fremde verloren" (HW VIII 860). Wenn auch die Methode von den folgenden Generationen der starken Dichter auf Hölderlins Wahnsinn projiziert wurde, hat das Theatralische und gerade das Tragische an seinem Wahnsinn eine praxeologische, genauer gesagt politische Dimension.

Die Tradition reicht bis hin zu Giorgio Agamben, der das Zeichen ‚gleich Null' in den Diskurs seiner postsekulären Philosophie einführt, als er die Deaktivierung des Rechts in Walter Benjamins Essay zu Franz Kafka bespricht.[23] Die Urszene, die dereinst Ödipus und Christus aufgeführt hatten, tauchte sowohl bei Shakespare als auch in der Tagespolitik zu Hölderlins Zeit

---

22 Wilhelm Dilthey, *Das Erlebnis und die Dichtung. Lessing, Goethe, Novalis, Hölderlin. Vier Aufsätze* (Leipzig: Teubner, 1906), 317: „Die Beziehungen zu dieser Frau wurden das höchste Glück im Leben Hölderlins, ein wesentlicher Inhalt all seiner späteren Dichtung und eines der Verhängnisse, die ihn niedergezogen."

23 Giorgio Agamben, *Homo Sacer. Sovereign Power and Bare Life*, übersetzt von *Daniel Heller-Roazen* (Stanford: SUP, 1998), 34-35. An dieser Stelle bespricht Agamben Benjamins Briefwechsel mit Scholem, der dem Kafka-Essay von Benjamin gewidmet ist: Walter Benjamin, Gershom Scholem, *Briefwechsel 1933-1940*, hg. von Gershom Scholem (Frankfurt am Main:

auf. Eine ihrer Episoden ging unter dem Namen des 9. Thermidor des Jahres II in die Annalen der Weltgeschichte ein. Beginnen wir aber mit Shakespeare:

Ein zentrales Kapitel von Ernst Kantorowicz' *The King's Two Bodies* widmet sich einer von Shakespeares historischen Chroniken. Es wird die Szene analysiert, in der Richard II sich selbst der Macht beraubt, und zwar in der Westminster-Kathedrale, wo die Macht ihm zuvor verliehen wurde. Aus der Perspektive betrachtet, die Schelling für uns öffnete, ist Richards Handeln gänzlich tragisch: Er weiß, dass er seiner Macht beraubt werden wird und eben darum verwirft er sie im freien Akt des Willens – damit er souverän bleibt. Da er als König der Gesalbte ist – auf Griechisch χριστός – darf niemand ihn berühren, darum zieht er sich selbst an dem Ort aus, wo er als der Nachfolger Christ gesalbt wurde.

> Now mark me how I will undo myself ...
> (IV, I, 203)

Beobachtet, sagt der König, wie ich mich entblöße und damit meine unerschütterliche Macht beweise. Wer absolut frei ist, hat die absolute Handlungsfähigkeit, sogar die Macht, sich selbst, den Mächtigsten, zu entmachten. Er legt nicht nur die Embleme der Macht ab und zieht die königliche Tracht aus, seine Entblößung verfällt ins Extreme, da er zusammen mit seiner Macht seine Identität loswerden muss, um sich als freie Person zu behaupten:

> I have no name [...]
> And know not what name to call myself.

Indem er seine Macht mit dieser Selbstentmachtung bestätigt, erklärt der Namenlose Richard, dass sein Reich und sein Königtum von ihm verinnerlicht werden (IV, I, 192 nn.). Die Performance des Königs auf der Westminster-Bühne deutete auf die große deutsche Verinnerlichung des Politischen und des Aktiven voraus. Richard für seinen Teil einverleibte die äußerliche und die innerliche Macht. Im Laufe dieses – wie es Walter Pater nannte[24] – ‚umgedrehten Rituals' vergleicht der tragische und nackte König sich selbst mit dem vor Pilatus stehenden Christus (IV, I, 237), aber plötzlich stellt er sich auf die andere Seite der Ecce-Homo-Szene dar und wird zu einem der Richter, zu Pilatus:

Suhrkamp, 1988), 175. Carlo Salzani, „In a Messianic Gesture. Agamben's Kafka", Brendan Moran, Carlo Salzan (Hg.), *Philosophy and Kafka* (Plymouth: Lexington, 2013), 147-163.

24 Walter Pater, „Shakespeare's English Kings", *Appreciations. With an Essay on Style* (London, New York: Macmillan, 1895), 205-206 („inverted rite", „rite of degradation").

For I have given here my soul's consent
T'undeck the pompous body of a king;
Made glory base and sovereignty a slave,
Proud majesty a subject, state a peasant.

Derselbe Akt der Zustimmung, der seine Macht rettete und verewigte, war der schlimmste Verrat gegen seine Macht und seine Person. Die Tragödie kulminiert im Zerbrechen des Spiegels, der für den Abstand zwischen den beiden Körpern des ödipalen Richard-Christus steht, des Richters und des Opfers. (Bekanntermaßen war Richard von seiner königlichen Majestät so benommen, dass er verbot, ihm ins Gesicht zu schauen.) Wie Kantorowicz betont: Nach der Kenosis Christi sind alle christlichen Könige „christomimētēs", d.h. Schauspieler Christi oder seine Nachahmer („the ‚actor' or ‚impersonator' of Christ – who on the terrestrial stage presented the living image of the two-natured God, even with regard to the two unconfused natures. The divine prototype and his visible vicar were taken to display great similarity, as they were supposed to reflect each other."[25]). Die extreme Erhebung der Könige bedeutet zugleich eine extreme Erniedrigung und Entleerung. Keine Macht und keine Gewalt lassen sich aufgrund dessen ohne die Paradoxie des Zeichens=0 und des mit ihr korrelierten tragischen Schauspiels denken. Deswegen konsultiert Kantorowicz Shakespeares Tragödie als vollkommeneres Modell als historische Quellen.

Eines der vielen Beispiele für eine tagespolitische Wiederholung der Urszene, die Christus und Ödipus aufführten, liefert das Schicksal des Maximilien Robespierre in der Nacht nach seinem Sturz am 9. Thermidor des Jahres II. Es war seine letzte Nacht auf der Erde, am nächsten Tag wurde er, den viele für einen Königmörder hielten, samt seinen einundzwanzig Anhängern, den Mitgliedern des Wohlfahrtsausschusses, hingerichtet. Der französische Name dieses Auschusses – *Comité de salut public* – beinhaltet das theologisch geprägte ‚Heil': *salut.* Am Kiefer verwundet liegt Robespierre – derjenige der ‚heilt', der Erlöser – auf dem Tisch in der Conciergerie. Er schoss sich in den Mund, als die Nationalgarde sein Versteck stürmte. Jetzt liegt derjenige auf dem Tisch, der das höchste Wesen und die unsterbliche Seele, die sein Pendant Kant lediglich postulierte, mit einem Dekret in eine vollbrachte Tatsache verwandeln wollte, derer sich das ganze gesunde Volk sicher ist.[26] Darum wurde über Robespierre in Pamphleten gesagt, er gebe sich mit der Tatsache, der neue

25 Ernst Kantorowicz, *The King's Two Bodies: A Study in Medieval Political Theology* (Princeton: PUP), 46.

26 Siehe das Kapitel zum Entstehungszusammenhang.

blutige König Frankreichs zu sein, nicht zufrieden und wolle Gott werden.[27] Das von Jacques-Louis David mitgestaltete Spektakel das Fest zur Ehre des höchsten Wesens war Robespierres Palmsonntag; jetzt ist er gestürzt.

> Ein ganzer Zug begleitet ihn auf dem Weg zu dem Ort, wo sich nun die Menge drängt, um ihn zu sehen. Sie heben seinen Arm, um sein blutbeschmiertes Gesicht zu betrachten, bewerfen ihn ununterbrochen mit Beleidigungen. Unter diesen Beleidigungen taucht ununterbrochen unser Gemunkel auf, wie ein Refrain: „Ist er nicht ein schöner König?"; „Sire, Eure königliche Hoheit leidet"; „Ach, ich muss dir die Wahrheit sagen: Du hast mich nicht übel betrogen, Du Schurke"; „Weicht zurück, die Herren [Saint-Just, Dumas, Payan, die gerade herbeigeführt wurden] sollen sehen, wie ihr König wie ein gewöhnlicher Mensch auf dem Bett schläft". Robespierre bediente sich – um das Blut, dessen sein Mund voll war, zu stoppen – eines Beutelchens aus weißem Leder, auf dem diese Worte geschrieben standen: „Dem großen Monarchen, Lecourt, Waffenmeister des Königs und sein Soldat, rue Saint-Honoré". […] Der Chirurg, der Robespierre den gebrochenen Kiefer vor der Verbringung in die Consergerie versorgt, umwickelt ihm den Kopf mit einer Bandage; dies liefert den Grund für eine neue Serie von Sarkasmen: „Oh, sieh an, ihre königliche Hoheit hat schon ein Diadem auf dem Kopfe![28]

Es fehlt nichts im Vergleich zum Original: Es gibt (einen) Gott, der geopfert werden soll, es gibt Ohrfeigen und Hohngelächter, eine Banderole mit einer Inschrift, die spöttisch intendiert, aber inhaltlich korrekt war, und eine karikaturistische Krone. Es fehlte auch nicht der ironischen Spruch ‚Du sagst es', auch wenn Couthon zu viele Signale der Ironie preisgibt, um als so witzig wie Jesus zu gelten:

> „Ihr wolltet ein Triumvirat formulieren", antwortet Fréron, „das an die blutige Ächtung Sullas erinnern würde. Ihr wolltet euch einen Thron auf den Ruinen der Republik errichten. Ihr, das heißt Robespierre, Saint-Just und Couthon!"
>
> „Du lugst, du Ganove!" antwortete Robespierre […].
>
> „Ja, ich wollte den Thron besteigen; ich wollte König werden", wirft Couthon verächtlich ein, indem er auf seinen gelähmten Leib deutet.[29]

Gleichwohl ist das Absolute beim Ausbruch der Revolution das erste Mal in der Geschichte unter Menschen erschienen. Dem zeitgenössischen Beobachter muss es aber so geschienen haben, dass das Absolute trotz aller Frische und

27 Jean-François Fayard, *Les 100 jours de Robespierre* (Paris: Grancher, 2005), 37.

28 Bronisław Baczko, *Comment sortir de la Terreur. Thermidor et la Révolution* (Paris: Gallimard, 1989), 25; über das quasi-rituelle Auslachen des gefallenen Robespierre schreibt auch Antoine de Bæcque, „Rire après la Terreur. Alphonse Martainville, comique muscadin", Alain Vaillant (Hg.), *Esthétique du rire* (Nanterre: Presses universitaires de Paris Nanterre, 2012), 153-190.

29 Bronisław Baczko, *Comment sortir de la Terreur*, 29.

Kraft seiner Erscheinung etwas wiederholt, etwas nachahmt, etwas spielt. Die vom Absoluten besessenen (für die Revolution begeisterten) Menschen bedienten sich nicht nur der Elemente alter Situationen, sondern sie kannten auch im gewissen Sinne die Spielregeln, nach denen die ursprünglichen dramatischen Urszenen sich entwickelten. So machten die Putschisten alles, damit Robespierre nicht tragisch wurde: Sie erlaubten ihm nicht das unvermeidliche Schicksal auf sich zu nehmen und sich selbst zu töten. Ihnen lag es nicht daran, dass er stirbt, sondern daran, dass er nicht tragisch stirbt. Seine Entmündigung schien ihnen wichtiger zu sein als sein Tod. Darum konzentrierten sie sich darauf, Robespierres Wunden lächerlich und nicht wie Ödipus' Augenhöhlen tragisch erscheinen zu lassen; bei diesen Versuchen hat sie aber die tragische Ironie überholt, sodass Robespierre dank ihrer Bemühungen, ihn zu erniedrigen, endlich begann, wie Gott auszusehen, was ihm zur Zeit seiner Allmacht nicht unbedingt gelungen ist, als er als Hohepriester den Festzug zur Ehre des Höchsten Wesens führte, der damit endete, dass ein Freiheitsbaums auf dem Marsfeld gepflanzt wurde.[30] Die zwei ersten Fassungen von Hölderlins Tragödie *Der Tod des Empedokles* erzählen eine ähnliche Geschichte von Versuchen, die die säkularen und geistlichen Behörden Arigents unternehmen, um Empedokles potenzielle Tragik zu neutralisieren. Der Weg zum Ätna ist für Empedokles ein Rennen, aber nicht gegen das Schicksal, das ihn schon längst erwischt hat, sondern gegen die menschlichen Mächte, die ihm seine erhabene Tat im Namen der Freiheit, den selbsterwählten Tod im Vulkan, wegnehmen wollen.

Hölderlin versuchte in seinem *Empedokles* und in seinen Übersetzungen dem Wesen der Schauspielkunst, die dem Zeichen=0 zusteht, und den Entwicklungsregeln tragischer Situationen nachzugehen. Dabei schuf er ein Korpus, das Gewalten der Deutung provoziert; wie sie wirken, versuchte er anhand von Ödipus zu darzulegen.

5.2. Entwicklung der Tragödientheorie Hölderlins

Hölderlin ist Tragiker und der folgerichtigste unter den kritischen Tragödientheoretikern. Sein früher Einfluss auf die Idealisten, auf Nietzsche und auf Walter Benjamin entschied über die Gestalt der kritischen Tragödientheorie. Da Hölderlin sowohl Autor als auch Theoretiker war, untergräbt sein Schaffen die populäre Gegenüberstellung von der idealistischen und nachidealistischen

---

30 Hans Maier, *Revolution und Kirche. Zur Frühgeschichte der christlichen Demokratie* (Freiburg: Herder, 1988), 275-277.

Philosophie des Tragischen auf der einen Seite und der Poetik der Tragödien auf der anderen Seite; der Poetik, die die aristotelische Linie fortsetzt. Hier soll die kritische Tragödientheorie auch als eine Poetik dargestellt werden, die – als eine Theorie der Umsetzung der Theorie – weniger beschreibend als generativ ist und eben darum den Unterschied zwischen der expliziten (verkündeten) und impliziten (realisierten) der Poetik in Betracht zieht. Man kann Hölderlin kaum unterstellen – wie die Anhänger der oben genannten Trennung es tun würden – dass er sich nicht für die Dichtung interessiert und stattdessen eine tragische Weltanschauung formuliert. Eine solche allgemeine Theorie der Welt könnte man durch eine Schicksalsfügung auch in populären Werken der Weltliteratur finden, vorzugsweise in der attischen Tragödie, als illustrierten die Griechen entgegenkommend allgemeine und immer aktuelle philosophische Thesen. Hölderlins Tragödientheorie ist bestimmt nicht eine solche Allegorese.

In diesem Kapitel möchte ich die Entwicklung von Hölderlins Tragödientheorie in sozusagen dichterisch-theoretischen Dubletten besprechen. α) Hyperions Bekenntnisse über die attische Schönheit am Ende des ersten Bandes des eponymischen Romans (1797) entsprechen Hölderlins frühen metaphysischen Schriften, beginnend mit *Urteil und Sein* (1795); β) die drei Fassungen der unvollendeten Tragödie *Der Tod des Empedokles* werden von „Grund zum Empedokles“ und „Das Werden im Vergehen“ begleitet; γ) Die beiden Bände von *Die Trauerspiele des Sophokles* enthielten „Anmerkungen zum Ödipus“ und „Anmerkungen zur Antigone“.

Die tragischen Schriften liefern immer neue Antworten auf die Fragen, die die Urszene aufwirft. Die zentrale lautet: Wie kann sich das Stärkste und das Allumfassende in der höchsten Schwachheit darstellen?

Die Entwicklung der Tragödientheorie Hölderlins und die mit den immer neuen Antworten auf die Urszene zusammenhängenden Änderungen der Beziehungen zwischen dieser Theorie und der Dichtung wiegt umso schwerer für die *intellectual history*, als Hölderlins Tragödientheorie eine Theorie der Entwicklung, der Geschichte, der Revolution und der Evolution umfasst. Diese Tragödientheorie berücksichtigte auch ihre eigene Entwicklung mit, indem sie gleichzeitig eine allgemeine Theorie der Geschichte formulierte, die nicht nur einen großen Einfluss auf die auf sie folgende Geschichte der Geschichtsbetrachtung hatte, sondern auch fortwährend neue Möglichkeiten des Einflusses enthält. Es war Schillers größer Verdienst, Kants ‚Erhabenes‘ mit der Gattung Tragödie korreliert zu haben, aber die Operation wurde so durchgeführt, dass die Tragödie zu einer Antigeschichte geworden ist. Das moralische Recht, das das Gefühl des Erhabenen auslöst, prätendiert (in beiden Bedeutungen des Wortes), universell zu sein; das Partikuläre und Kontingente, woraus die Geschichte besteht, kann der Tugend nur als negativer Hintergrund voller Selbstsucht und Wahnsinn dienen. Die Idee, die große Absicht, scheitert nur immer an der Wirklichkeit, die als ein nihilistisches Land der Willkür erscheint. Auch Schellings Tragödientheorie war in erster Linie ein Beitrag zur modernen postsäkularen Eschatologie und nicht eine Theorie der Geschichte, oder nur eine negative. Nichtsdestominder hatten die von Schelling eingeführten Abweichungen von Schillers Modell zur Folge, dass die Tragödie ohne das Geschichtliche nicht aufgehen konnte. Während Schiller an der historischen Tragödie arbeitete, die die griechische Tragik mit dem modernen, durch das Christentum wesentlich geprägten Geschichtsbewusstsein versöhnen würde, machte Schelling die Geschichte zur Bedingung des Tragischen schlechthin – das Auf-Sich-Nehmen der Geschichte (dessen, was einem zustößt), sei es der persönlichen, sei es mehr oder weniger allgemeinen, ist das Tragische. Nach Schelling schien also keine andere Tragödie als die historische möglich zu sein. Indem der Held nach Schelling gerade das Kontingente, was ihm der Zufall oder das Schicksal zuteilt, frei auf sich nimmt, benötigt die Freiheit das Historische und das Bedingte zur Selbstoffenbarung, und zwar nicht als eine immer kontingente Kulisse, sondern als ihr Wesen. Hinzu kommt, dass die Tragödie bei Schelling als etwas Unmögliches gesetzt wird, als etwas schon – aus historischen Gründen – Verlorenes, als eine Sache der Geschichte. So wirkt die Geschichte im Werk und auf die Gattung. Die Geschichte richtet das Tragische zu Grunde, wie das Schicksal es mit dem Helden tut. Dadurch entsteht aber ein Schein der Rekursion, sodass das tragische Gedicht die Wirklichkeit wiederholt und verdichtet, so wie die Wirklichkeit eine Chance bekommt, die Tragödie nachzumachen.[31]

Hölderlin stellt die Tragödie eben als das Medium der Geschichte und der Naturgeschichte dar, die aus einer Kette von Revolutionen (Katastrophen) besteht beziehungsweise bestehen. Während der Revolutionen bricht die Freiheit – verstanden als eine Vielzahl von Möglichkeiten für die weitere Entwicklung – in die notwendigerweise kontingente Welt ein. Wie ich weiter zeige, begreift Hölderlin die Tragödien des Sophokles als Darstellung der Veränderung als solcher, die dadurch zustande kommt, dass die Freiheit (das Unendliche) in die Bedingtheit (das Begrenzte) einbricht. In der Tragödie käme eine Selbstoffenbarung der Zeit zustande – und zwar in einem leeren Zeichen, da die Tragödie sich entleert, wenn sie als Medium verstanden und vor allem als Medium dargestellt wird. (So wie auch Empedokles, der Held, zu einem leeren Zeichen wird.) Hölderlin verfährt unter diesem Aspekt konsequenter als Hegel, der sich nicht entscheiden konnte, ob er die Tragödie als etwas Einmaliges und Griechisches oder aber, wie Hölderlin, als das universelle Medium

---

31 Siehe dazu vor allem die Urszene 2.2.

der Geschichte behandeln sollte, in der sich die Zeitlichkeit der Zeit als ‚reine Formen' und die Theatralik der Geschichte als Medium zu Schau stellen, in dem der Unterschied selbst zwischen der unseren und der griechischen Epoche darstellbar wäre (vor allem durch die „Manipulation der Übersetzung").

Nur ein selbstsüchtiger Leser – der vielleicht Hölderlins Oeuvre entleeren möchte, damit er seine eigene Philosophie in ihrer ursprünglichen Macht erscheinen lassen kann – würde behaupten, dass Hölderlin die Philosophie zugunsten der Dichtung verworfen hat, die dahin gelangt, wo die Philosophie nicht hinreicht. Tatsächlich aber setzt Hölderlin damit den Grundgedanken des Idealismus um: Das Vernünftige dürfe nicht eine leere (‚tote') Abstraktion bleiben. Die Idee soll sich als Kraft beweisen, die die „Phänomenalisierung der Begriffe" (HW XIX 499) in Gang setzt und die Einheit von Unterschied und Einheit zusammenhält. Die Umsetzung des idealistischen Grundgedankens zog einen Wechsel der theoretischen Gattungen nach sich. Hölderlin ging von der Ontologie und der Erkenntniskritik aus und gelangte zur Proto-Literaturtheorie oder zur Literaturästhetik. Er verwarf ein dilettantisches Nachdenken über das Wesen des Alls (des Seins), um die Gattungstheorie, die Theorie der Literaturgeschichte, den Kommentar zu den Tragödien von Sophokles und zur eigenen Übersetzungspraxis in Angriff zu nehmen. Das Nachdenken über die Literatur lotete aber ihrerseits die im künstlerischen Sinne ‚formalen' Bedingungen aus, unter denen die Darstellung der fundamentalsten Prozesse und Regelmäßigkeiten möglich wäre.

Bevor ich mich mit Hölderlins Tragödientheorie auseinandersetze, ist ein Blick auf den generellen Sinn seiner Kunstphilosophie zu werfen mit besonderem Augenmerk auf das Konzept der Zäsur und die Gegenübersetzung Substanz vs. Funktion. Ich stelle die These auf, dass sich Hölderlins Verständnis der Zäsur – und der Kunst – vom Pol der Substanz zum Pol der Funktion verschiebt. Laut Ernst Cassirer ist „das Grundprinzip des kritischen Denkens" das Primat „der Funktion von dem Gegenstand."[32] Anhand des Entwicklungsgangs von Hölderlins Tragödientheorie kann das Entstehen des kritischen Denkens schlechthin – das auch seine Funktion gegenüber der Gesellschaft bestimmen muss – beobachtet werden.

Den kleinsten gemeinsamen Nenner aller kunsttheoretischen Versuche von Hölderlin fand Dieter Heinrich, als er in Harvard unterrichtete. Hölderlin beginnt mit der Unterscheidung dreier

32 Ernst Cassirer, *Philosophie der symbolischen Formen* (Darmstadt: Wissenschaftliche Buchgesellschaft, 1953), Bd. 1, 11.

> incompatible tendenices of life. No two of these, he says, can ever dominate human life at the same time; but all of them are essential for a fully developed humanity. […]
>
> We begin to grasp the dynamism of life and also of history in a beautiful work of art. But we can understand such dynamism adequately in poetry, because poetry is at once successive and symbolic. Poetry must be symbolic because of the three different tendencies of life that associate with different types of words and phrases in a language. The three tendencies of which Hölderlin is thinking are (1) the tendency toward independence; (2) the tendency to surrender to the finite in love; (3) the tendency toward awareness of an ideal that reaches out to the origin of the world.[33]

Es fällt nicht schwer, in der zweiten der Tendenzen Schellings Dogmatismus und in der dritten die intellektuelle Anschauung zu erkennen. Der Kritizismus trachtet immer nach Unabhängigkeit, muss also die erste Tendenz als eine zum Dogmatismus komplementäre Antwort auf die intellektuelle Anschauung aufweisen. Heinrich las weiter vor:

> Now it is in terms of these tendencies and their antagonisms (as well as their association with different constellations of language) that Hölderlin interprets impressively the experiences we have in our lives. These types of linguistic elements in literature he calls „tones" – using the association with music. We have to combine these elements by alteration in the work of art. Note that this is an entirely formalistic approach to the work of art in which we conduct the alternation in a regular way. By means of this alternation, we can become aware of the common source from which all tendencies spring. […]
>
> … there must be a unifying element in the poem that is not identical with the alteration of the various tones, the types of words and phrases. Accordingly, in a harmonious sequence of the poem an *interruption* must occur somewhere. […]
>
> The harmonious interruption is the „perfect moment", according to Hölderlin.[34]

Die perfekte Unterbrechung kann mit der tragischen Null (0) bezeichnet werden; ihre vollkommenste Ausarbeitung ist in den Kommentaren zu Sophokles' Tragödien zu finden, wo eine Theorie der ‚Zäsur', der gegenrhythmischen Unterbrechung, ausgearbeitet und die Tragödie selbst als eine im Limes leere Unterbrechung des Zeitflusses dargestellt werden. Indem Hölderlin das Bewusstsein des grundlegenden Idealen zu einem der drei Töne herabsetzt und die Zäsur einführt, die die rhythmischen Wechsel der Töne und nicht einen Ton, ein Bild oder eine Anschauung offenbart, wiederholt

33 Dieter Henrich, *Between Kant and Hegel: Lectures on German Idealism*, hg. von David S. Pacini (Cambridge: Harvard University Press, 2003), 228-229.

34 Dieter Henrich, *Between Kant and Hegel*, 229.

er, obschon eleganter, die Geste, die Schelling machte, als er seinem mit dem Sinn fürs Tragische begabten Kritiker aus dem Reich des Absoluten wiederaufzuerstehen und unter die Lebendigen und die Sterblichen zurückzukehren empfahl. Indem der kritische Denker in der Zwischenwelt schwebt – suggeriert die Anwendung von Hölderlins Kategorien auf Schellings Denken – muss er sich seiner relativen Position zwischen der Hingabe an das absolute Objekt und an die absolute Freiheit bewusst sein. Die Zäsur ist in Hölderlins Tragödientheorie das Schibboleth des Kritischen. Ohne sie würde die Theorie nur ein willenloses Sich-Dem-Absoluten-Objekt-Oder-Dem-Schicksal-Ergeben postulieren.

Mit Hilfe des leeren Zeichens=0 offenbart sich das Sein, die Zeit, das Ursprüngliche, das Freie. Das leere Zeichen zeichnet sich durch eine extreme Flüchtigkeit, Proteus-Beweglichkeit aus: Es kann die ganze Tragödie umfassen oder eine Szene, so wie beispielsweise die Auftritte von Teiresias in *Ödipus der Tyrann* und *Antigone* für Hölderlin das privilegierte Beispiel der Zäsur sind: „Er tritt ein in den Gang des Schicksals, als Aufseher über die Naturmacht, die tragisch, den Menschen seiner Lebenssphäre, dem Mittelpunkt seines inneren Lebens in eine andere Welt entrückt und in die exzentrische Sphäre der Toten reißt" (HW XVI 251). Das leere Zeichen kann aber ein kleines Wort sein wie das „oder" in einem Fragment der Elegie *Brot und Wein*. Das Wort „oder" sabotiert plötzlich den Duktus und wirft ihn in einen ganz anderen Ton, sodass das berühmt-berüchtigte Gegenbild Christus-Dionysos an der Grenze zwischen den Tönen erscheint:

> Warum schweigen auch sie, die alten heilgen Theater?
> Warum freuet sich denn nicht der geweihete Tanz?
> Warum zeichnet, wie sonst, die Stirne des Mannes ein Gott nicht,
> Drückt den Stempel, wie sonst, nicht dem Getroffenen auf?
> Oder er kam auch selbst und nahm des Menschen Gestalt an
> Und vollendet' und schloss tröstend das himmlische Fest. (HW VI 250)

So wird dank diesem „oder" ein Wechsel der Töne spürbar, indem die Sehnsucht nach der verlorenen Quelle der gerundeten Präsenz weicht. Der Wechsel hält Hölderlin immer konsequenter für ursprünglicher als jeder der Töne, auch derjenige, der der intellektuellen Anschauung entspricht.

An die Freiheit, die jeder Geschichte zu Grunde liegt, kann man generell auf zweierlei Weise theoretisch herangehen.[35] Anders gesagt: es gibt zwei Strategien der konzeptionellen Ausarbeitung des Begriffs von Freiheit. Beide

35 Der Absatz wurde inspiriert von Dieter Henrich, Wolfgang Iser, „Entfaltung der Problemlage", Dieter Henrich, Wolfgang Iser (Hg.), *Funktionen des Fiktiven. Poetik und Hermeneutik X* (München: Fink, 1983), 9-14.

Herangehensweisen hat Hölderlin in seiner Entwicklung versucht, zumal sie miteinander verbunden und voneinander abhängig sind. Die erste Strategie besteht im Versuch, substanziell den Ursprung aller Dinge zu identifizieren; technisch betrachtet besteht sie darin, dass einer der Töne, der idealistische, zur Tonika des Denkens und der Dichtung wird, sodass der Duktus immer zum Grundton der Tonika gehen würde. Nur der Ursprung als Bedingung allen Bedingtes ist frei mit der ursprünglichen Freiheit, die es dem Dichter erlaubt, Fiktionen zu schaffen, die die Sprache von Tatsachen, vor allem vom unmittelbaren Kontext abreißen, um Analoga zu geglückten Sprachgebärden herzustellen. Diese Strategie hypostasiert aber die Freiheit als den ausdruckslosen, nicht darstellbaren, undefinierbaren (weil von nichts anderem bestimmten) Ursprung; jede Aussage nimmt die Gestalt des Symbols an, in dem dieser allumfassende Grund zum Ausdruck kommt, und da er allumfassend ist, ist jede Aussage ein Symbol. Aber nur in der dichterischen Fiktion drückt sich diese *qualitas occulta* aus. Schon bei Schelling offenbarte sich die Freiheit ausschließlich in der tragischen Dichtung, die intellektuelle Anschauung selbst war stumm und alle anderen Sätze drückten ihre eigene Separation von der intellektuellen Anschauung mit aus, wovon auch immer sie sonst sprachen. In der Sprache des ausgehenden 20. Jahrhunderts könnte diese Strategie heißen, dass sie eine ‚Metaphysik der Präsenz' mittels der aufgewerteten Fiktionalität zu bauen versucht. Diese Strategie läuft Gefahr des Dogmatismus, der entsteht, wenn die Fiktionalität der Erzählung (*largo sensu*) verdrängt wird; wenn diese zu irritieren aufhört, was gezwungenermaßen mit der Zeit auftritt. Eben die Gefahr motivierte Schelling zur Arbeit an der Theorie der Tragödie als künstlerischsten Kunstwerkes, wo sich die symbolischen Kräfte der Kunst in höchster Konzentration auftreten. Indem Hölderlin seinerseits die Unterbrechung in den harmonischen Wechsel der Töne einführt, versucht er ein noch wirksameres Mittel als Schelling stufenweise operierende Philosophie der Kunst gegen den Dogmatismus einzuführen.

Die zweite Strategie verschiebt nämlich den Focus von der Natur des Ursprungs und seines Ausdrucks auf die reine Tätigkeit der Trennung oder Absonderung, die den Freiheitsraum der Dichtung absteckt. Diese Strategie basiert auf der Aufnahme, dass die Tätigkeit des Unterscheidens zwischen Fiktion und Ernst das Ursprüngliche ist, oder vielmehr das Trennen an sich, die Artikulation selber. Das Emblem dieser Strategie ist das leere Zeichen, ihr Moment – der transzendentale Augenblick, wenn das Göttliche seine verheerende Tätigkeit offenbart, indem es den Unterschied in der bedingten Welt macht. Das Göttliche kann das, indem es sich von sich selbst absondert und sich als mit der höchsten Schwäche verbunden offenbart. Eine Orgie des Trennens und Verbindens ist die Tragödie von Sophokles:

> Die Darstellung des Tragischen beruht vorzüglich darauf, dass das Ungeheure, wie der Gott und Mensch sich paart, und grenzenlos die Naturmacht des Menschen Innerstes im Zorn Eins wird, dadurch sich begreift, dass das grenzenlose Eineswerden durch grenzenlosen Scheiden sich reinigt. (HW XVI 257)

Die zweite Strategie ist theatralisch und zugleich historisch. Ihre Theatralik liegt darin, dass sie Katastrophen in der rhythmischen Aufeinanderfolge der Bilder und der Töne auslöst. Der von dem Dichter berechnete verursachte Einsturz des Rhythmus fingiert historische Zäsuren, reale Katastrophen, welche Hölderlin hauptsächlich in der stoischen Physik, der Tagespolitik und Fichtes Lehre über die Einbildungskraft vorfindet und welche mit fundamentalen Änderungen der Einstellung zum Sein einhergehen. Indem die Zeitlichkeit des Mediums zu Tage gebracht wird, fingiert die Strategie rekursiv das Fingieren: Freiheit braucht, um sich mitzuteilen, zu artikulieren, ein zeitliches Medium; um sich zu offenbaren braucht sie ein fiktionales, wirkungsloses Medium – „die Vorstellung selber" – sagt Hölderlin in „Anmerkungen zum Ödipus" (HW XVI 250) – wodurch sie ihre Macht spüren lassen kann.

Die Feststellung, dass in der Tragödie „nicht mehr der Wechsel der Vorstellung, sondern die Vorstellung selber erscheint", entwickelt Fichtes Theorie der Einbildungskraft weiter. In Fichte unterscheidet das absolute Ich zwischen der unendlichen Tätigkeit (B) und sich selbst als bestimmtes, endliches Ich (A). Die Vernunft versucht nun diese unendliche Tätigkeit ins endliche Ich aufzunehmen, wodurch das Unendliche wieder endlich wird und erneut die Spaltung zwischen endlichem Ich (A) und unendlicher Tätigkeit auftritt (B). Dieser kurze Augenblick des Gegensatzes zwischen bestimmtem Ich und unendlicher Tätigkeit bleibt nur in den Momenten des Sublimen, d.h. im Zustand des Staunens, länger bestehen und wird ansonsten durch die Reflexion des reinen Ich aufgelöst, indem das Unendliche in das bestimmte, nicht-absolute Ich aufgenommen wird, wodurch der Vorgang von neuem beginnt. Die Einbildungskraft ist nun nach Fichte das Vermögen zwischen Bestimmen (Endlichkeit) und Nicht-Bestimmung (Unendlichkeit) zu *schweben*:

> Dieses Schweben der Einbildungskraft zwischen unvereinbarem, dieser Widerstreit derselben mit sich selbst ist es, welcher, wie sich in der Zukunft zeigen wird, den Zustand des Ich in demselben zu einem *Zeit*-Momente ausdehnt. (Für die bloße, reine Vernunft ist alles zugleich; nur für die Einbildungskraft gibt es eine Zeit.) Lange, d. i. länger, als einen Moment (außer im Gefühl des Erhabenen, wo ein *Staunen*, ein Anhalten des Wechsels in der Zeit entsteht), hält die Einbildungskraft dies nicht aus; die Vernunft tritt ins Mittel (wodurch eine Reflexion entsteht), und bestimmt dieselbe, B in das bestimmte A (das Subjekt) aufzunehmen; aber nun muss das als bestimmt gesetzte A abermals durch ein unendliches B begrenzt werden, mit welchem die Einbildungskraft gerade so verfährt, wie oben; und so geht es fort, bis zur vollständigen Bestimmung der (hier

> theoretischen) Vernunft durch sich selbst, wo es weiter keines begrenzenden B außer der Vernunft in der Einbildungskraft bedarf, d. i. *bis zur Vorstellung des Vorstellenden.*[36]

Die Geschichtlichkeit der Strategie, mithilfe sublimer Momente „die Vorstellung selber", das Hölderlin – wie ich glaube – mit dem Subjekt des Dramas identifiziert als dem reinen „Vorstellenden", zu Erscheinung zu bringen, begrenzt sich dabei nicht auf die Aufwertung der Aufeinanderfolge und das Bloßlegen der zeitlichen Bedingungen des Medialen. Die göttlichen Abbrüche müssen sich ständig ändern und verschieben, damit sie fühlbar bleiben. So entsteht eine Geschichte der diskreten Augenblicke des Fingierens, die vom Publikum weder als Norm noch als Aberration empfunden werden dürfen. Die Zäsur soll überraschen, den Rezipienten aus dem Konzept ins leere Wort bringen. Da die Tätigkeit des Absonderns aus ontologischen und deontischen Gründen nie innehalten darf, erzählt die theatralische Geschichte über die Setzungen der Freiheit eine Geschichte der unaufhörlichen Niederlagen und Misserfolge – eine tragische (oder komische) Geschichte. Darum kann der Idealist behaupten, die schlimmste Katastrophe wäre das Fehlen an Katastrophen, sodass alles, was uns im Leben widerfährt, sich als nötig, in letzter Instanz gut herausstellt. Die berüchtigte Weisheit, die sich das Spektakel des Todes und der Zerstörung unerschütterlich anschaut, das die Weltgeschichte ist, kann auch das wahre Mitleiden sein, das mit dem Schmerz so intensiv sympathisiert, dass es nicht zulassen will, dass auch nur ein kleinstes Leiden umsonst wäre.

Hölderlins Entwicklung ist eine Verschiebung von der ersten zur zweiten Strategie der Offenbarung der Freiheit, des Absoluten. Der Pansymbolismus von *Urteil und Sein* weicht dem Fingieren des Fingierens, aber niemals wandte sich Hölderlin vom symbolischen Ursprung ab. Das wäre nicht in seinem Stil, der die Kontinuität mit den Abbrüchen in einer Einheit der Einheit und des Unterschieds zu verbinden versucht. Das auffälligste formale Merkmal seiner theoretischen Schriften (vor allem in „Über die Verfahrungsweise des poetischen Geistes", „Über den Unterschied der Dichtarten" sowie vornehmlich in den tragödientheoretischen Schriften „Das Werden im Vergehen", „Grund zum Empedokles") ist die Vorliebe des Autors für den Komparativ und die Pronomen ‚mehr' und ‚weniger'. Als wäre das Wahre tatsächlich das Ganze,

---

36 Johann Fichte, „Grundlage der gesamten Wissenschaftslehre", *Gesamtausgabe der Bayerischen Akademie der Wissenschaften* (Stuttgart: Frommann-Holzboog, 1962-2012), Bd. 1, 360-361; Ich folge bei der Gegenüberstellung der störenden Arbeit der Caesura mit diesem speziellen Fragment von Fichte Dieter Henrich. *The Course of Remembrance and Other Essays on Hölderlin* (Stanford: Stanford University Press, 1997), 136; Henrich, *Between Kant and Hegel*, 230.

das sich blicken lässt, wenn man den Schwerpunkt gewaltsam verschiebt. Den Begriff ‚Zäsur' führt Hölderlin in den Sophokles-Kommentaren im Kontext des Gleichgewichts des Stücks ein, das doch leer ausgehen muss. Tragödie erscheint hier im Einklang mit dem Fragment „Die Bedeutung der Tragödien …" als ein „0"-Summenspiel. Darum nivelliert die Zäsur alle Gleichgewichtsstörungen:

> Der tragische *Transport* ist nämlich eigentlich leer, und der ungebundenste.
>
> Dadurch wird in der rhythmischen Aufeinanderfolge der Vorstellungen, worin der *Transport* sich darstellt, das, was man im Silbenmaße Zäsur heißt, das reine Wort, die gegenrhytmische Unterbrechung notwendig, um nämlich den reißenden Wechsel von Vorstellungen, auf seinen Summum, so zu begegnen, dass alsdann nicht mehr der Wechsel der Vorstellung, sondern die Vorstellung selber erscheint.
>
> Dadurch wird die Aufeinanderfolge des Kalküls, und der Rhythmus geteilt, und bezieht sich, in seinen zweien Hälften so aufeinander, dass sie, als gleichwiegend, erscheinen. (HW XVI 250)

Wenn die hier zitierte Passage in die Sprache der Narratologie übersetzt wird, stellt die Zäsur einen Moment der Unterbrechung dar, der die erzählerische Darstellung als solche (als zeitliche) ausstellt. Ebenso wie Tzvetan Todorov oder Algirdas Greimas, die Klassiker der Narratologie, nimmt Hölderlin an, dass der Ausgangspunkt und das Ziel der Erzählung das Gleichgewicht ist: Die Erzählung strebt einen Zustand des Gleichgewichtes an,[37] nachdem ein momentanes Ungleichgewicht die Handlung in Gang gesetzt hat.[38] Sophokles' Tragödie steht für alle narrativen Formen, da sie, als Genre, nichts Besonderes außer ihrer eigenen Form der zeitlichen Entwicklung – eine Entwicklung hin zum Gleichgewicht – darstellt. Laut Hölderlin wurde die tragische Form bei Sophokles dazu bestimmt, jeden Inhalt zu annullieren (oder den Inhalt als verworfen darzustellen),[39] sodass die reine Form der Zeitlichkeit hervorgehoben wird.

Die Zäsur mag ein Lexem sein, wie in manchen ‚leeren Worten' in Hölderlins Hymnen, ein Bild oder eine Szene in einem Drama, wie in dem Beispiel,

---

37 Man nimmt an, dass das bereits Aristoteles Position war – vgl. Edward Adams, *Paul's Story of God and Creation, Narrative Dynamics in Paul: A Critical Assessment*, hg. von. Bruce W. Longenecker (Westminster: John Knox Press, 2002), 23.

38 Vgl. Tzvetan Todorov, *Poétique* [1968], *Qu'est-ce que c'est le structuralisme?* hg. von François Wahl und Oswald Ducrot (Paris: Seuil, 1973), 82.

39 „Darum der immer widerstreitende Dialog, darum der Chor als Gegensatz gegen diesen. Darum das allzukeusche, allzummechanische und faktisch endigende Ineinandergreifen zwischen den verschiedenen Theilen, im Dialog, und zwischen dem Chor und Dialog und den großen Partien oder Dramaten, welche aus Chor und Dialog bestehen. Alles ist Rede gegen Rede, die sich gegenseitig aufhebt" (HW XVI 257).

das Hölderlin anbietet: Die Auftritte des Priesters Tiresias in *Oedipus* und in *Antigone* (HW XVI 251). Ebenso wurde das tragische Festspiel in Athen selbst sehr oft als Zäsur beschrieben: Eine Muße, eine Unterbrechung, die ein kosmisches und soziales Gleichgewicht wiederherstellt, sodass die Dinge im Kosmos reibungslos verlaufen können. Hölderlin drückte es auf seine typische kryptische Art und Weise aus: „vorzüglich [...] besteht die tragische Darstellung [...] in der Vernunftsform, die sich in der furchtbaren Muße einer tragischen Zeit bildet, und so wie sie in Gegensätzen sich darstellte, ihn ihrer wilden Entstehung, nachher, in humaner Zeit, als feste aus göttlichem Schicksaal geborene Meinung gilt" (HW XVI 419). Die Allgegenwart der Zäsur geht mit der Rekursivität des Tragischen oder der beiderseitigen Durchlässigkeit der Grenze zwischen der literarischen Form und dem Aufbau einer Welt einher. Die Tragödie – eine Unterbrechung beinhaltend, die die kompositorischen Strukturen des Genres enthüllt – verortet die Bühnenhandlung zu einer Zeit, in welcher das Chaos über die Welt hereinbricht, woraufhin eine neue Ordnung aus der kosmischen Katastrophe geboren wird. Manchmal unterbricht das Publikum solch ein unterbrechendes Fest, um dessen reinigenden Effekt zu betonen, d.h. seinen kathartischen Charakter, den die Autoritäten zu Gunsten der stärkenden und erhaltenden Funktionen der Tragödie zu unterdrücken versuchen. So unterbrachen 1849 in Berlin Unruhestifter die Aufführung von Hölderlins *Antigone* eben genau in jenem Moment, in welchem laut Hölderlin die Zäsur im Drama verortet ist, d.h. während der Rede Tiresias; ebenso unterbrach das politisch aufgeladene Publikum 1968 in Warschau die Aufführung von Adam Mickiewicz' Tragödie *Dziady* an den Stellen, die so scheinen, als ob sie aus der Zeit gerissen und ‚ewig aktuell' sind (konkret sind es diejenigen Stellen, die die russische Fremdherrschaft über Polen verunglimpfen).[40] In beiden Fällen wollten die Störer der Aufführung dem tragischen Spiel das entnehmen, um was es ihnen eigentlich ging: Freiheit und Gleichgewicht in Form von Fairness und Gerechtigkeit.

Gemäß einiger Autoren sollte jede Erzählung aus strukturellen Gründen als irgendeine Art Unterbrechung aufgefasst werden: „traditional narrative is a quest after that which will end questing; [...] it is an interruption of what will be resumed", schreibt J. Hillis Miller.[41]

Die Zäsur ist eine Funktion des Unterbrechens uns Anknüpfens.

---

40 Helmut Flashar. *Inszenierung der Antike. Das griechische Drama auf der Bühne der Neuzeit 1585-1990* (München: Beck, 1991), 75; Joanna Ostrowska, Hanna Wróblewska et al. (Hg.), *„Teatr", '68 – polityka, kontestacja, kontrkultura, enviroment, ulica* (Warszawa: Zachęta Narodowa Galeria Sztuki, 2008), 59-66.

41 J. Hillis Miller, *Narrative and its Discontents: Problems of Closure in the Traditional Novel* (Princeton: Princeton University Press. 1981), 272.

Nachdem Hölderlins Strategie sich änderte, sodass eher fingierend (funktionalistisch) und weniger symbolistisch verfuhr, änderten sich natürlich viele Teilaspekte seiner Poetik. Auf dem Weg vom Hyperion zur Antigone verliert die Naturmetaphysik samt der Auffassung vom Menschen als einem Teil des Ganzen an Bedeutung. Von diesem Verlust profitiert eine Dialektik von Erinnerung und Vergessen, Treue und Betrug, Zugehören und Weggehen. In Spinozas Begriffen wertete Hölderlin die Theologie auf Kosten der Philosophie auf und die Politik auf Kosten der Ethik (letztere verstanden als eine – in Schellings Begriffen – dogmatische Glücks- und nicht Freiheitslehre). Das höchste Glück war bei Spinoza, in der Kontemplation eins mit Gott (oder der Natur) zu werden (in Schellings Sprache: sich mit dem absoluten Objekt durch eine restlose Hingabe zu identifizieren). Hölderlins Empedokles hängt zuerst dem Spinozismus an, als er sich noch in seinem Garten mit der Natur in der Betrachtung, der θεωρία, vereinigte. Dann aber hat er die Schwelle überschritten und verfiel ins Politische, das sich auf der Agora tummelte. Dieselben Worte – „ich bin ein Gott" – die im ethischen und metaphysischen Garten der Theorie so gerecht waren, weil sie die heilige Einheit des Seins ausdrückten, stellten sich auf der Agora als eine Blasphemie heraus; diese Instanz der tragischen Ironie *avant la lettre* war eben die unverschuldete Schuld, die es jetzt tragisch auf sich zu nehmen galt.

Die Abkehr von der Ethik zur Theologie entlastet das in *Hyperion* gepriesene Schöne, verstanden als die Versöhnungsort der entgegensetzten Tendenzen. Der Akzent verschiebt sich auf das Erhabene des leeren Zeichens. Das „Zusammenbringen des Schönen der Erde" wird nicht mehr die Lösung des ödipalen Rätsels vom Menschen, sondern einer der Töne in dem Fließen sein, das sich im erhabenen Moment der Zäsur offenbart. Zusammen mit dem Fließen kommt schon in den ersten Worten des Ödipus-Kommentars das „μηχανῆ" der Alten zu Tage, deren Enthüllung dem Künstler eine stabile Position und würdige Existenz in der bürgerlichen Gesellschaft garantieren soll. Die Gesellschaft weiß doch ein solides Fach zu schätzen. „Es wird gut sein, um den Dichtern, auch bei uns, eine bürgerliche Existenz zu sichern, wenn man die Poesie, auch bei uns, den Unterschied der Zeiten und Verfassungen abgerechnet, zur μηχανῆ der Alten erhebt" (HW XVI 249). Aber das griechische μηχανῆ bedeutete nicht nur das Handwerk, das *know-how* des Dichters, sondern auch eine List, wie dieser Betrug, den Prometheus beim Stiften des Opfers für die Götter beging. So kann auch die Zäsur als Rezept für die Übertölpelung des Göttlichen behilflich sein.

In Hinblick darauf, die Schönheit im Gleichgewicht zu sammeln, vertraute *Hyperion* der Analogie aus dem Hohelied (8, 6), laut dem die Liebe so stark wie der Tod ist. In der Vorstellungswelt des Hyperions mutet allerdings letzten

Endes die Versöhnung der Liebe mit dem Tod als misslungener Kompromiss an. Die beiden halten sich gegenseitig in Schach und derjenige, der zwischen ihnen schwebt, kann nur den Selbstmord Alabandas mutlos anfeuern: „Ja! stirb nur, rief ich, stirb! Dein Herz ist herrlich genug, dein Leben ist reif, wie die Trauben am Herbsttag. Geh, Vollendeter! ich ginge mit dir, wenn es keine Diotima gäbe" (HW XI 757). Hyperion wiederholt hier wohlbemerkt die Pointe des Gedichts *Empedokles*: „Und folgen möchte' ich in die Tiefe,/ Hielte die Liebe mich nicht, dem Helden" (HW V 430). Der Tatenmensch Alabanda springt tatsächlich in den Vulkan. Gleich danach stirbt Diotima, aber der Liebhaber kann dem Freund Alabanda und dem Philosophen Empedokles doch nicht folgen; seine larmoyante Tatenlosigkeit, seine Verzweiflung soll – so suggeriert die Form und die Ideologie des Romans – als Tat der Liebe die Kraft des Todes ausgleichen. So wie in den Teilen des Romans, in denen Hyperion und Alabanda gegen die Türken um die Freiheit Griechenlands kämpfen, versucht der Dichter auch in der Tragödie *Der Tod des Empedokles* ein Abfallen des Helden von der reinen Kontemplation darzustellen, der, sich ergebend, beobachtet, wie die Liebe und der Hass (φιλία und νεῖκος) zyklisch die Welt schaffen und zerstören.[42] In der Philosophie des historischen Empedokles herrschte – wie es in *Hyperion* sein sollte – ein dynamisches Gleichgewicht zwischen der Liebe als einer Kraft, die das Vielfältige vereinigt, und dem Hass, der Trennung, die das Einzige vervielfältigt. Hölderlins Drama zeigt den Versuch, diese absolute Philosophie in der politischen Wirklichkeit anzuwenden. Höderlins Tragödie ist auch – wie seiner Auffassung nach die Sophokleische – eine Tragödie der hermeneutischen ‚Anwendung' des Allgemeinen auf einen Einzelfall. Diesem Gedanken folge ich im nächsten Unterkapitel.

In der verfallenen Welt der Politik wird Hölderlins Empedokles von seiner glücklichen Theorie betrogen. In keiner der bewahrten Fassungen der Tragödie ist die Handlung so weit fortgeschritten, dass Empedokles tatsächlich in den Vulkan springt, in die große Einsamkeit und zugleich in die Einheit mit Allem zurückkehrend. Wenn endlich Hölderlin bei Sophokles eine andere Beziehung der Liebe und des Hasses als das vom historischen Empedokles postulierte

---

42 Herman Diels (Hg.), *Fragmente der Vorsokratiker. Griechisch und Deutsch*, Bd. 1, 159-160 [Fgm. 37, 40], 184-185 [Fgm. 29-35]. Es gibt eine Tradition, die nach der poetischen Mediatisierung von Empedokles' Metaphysik sucht: Über die Versuche, Empedokles Philosophie mit Homers Erzählung über Ares und Afrodita, von Hephaistos gefangen, in Verbindung zu bringen, siehe Michael Hillgruber, *Die pseudoplutarchische Schrift „De Homero". Kommentar zu den Kapiteln 74-218* (Berlin, New York: De Gruyter, 1999), 224-227; Zur φιλία und νεῖκος in *Argonautika* des Apollonios von Rhodos siehe Damien P. Elis, „The Reading of Orpheus. The Orphic Agronautica and the Epic Tradition", Michael Pasqualis (Hg.), *Roman and Greek Imperial Epic* (Herakleion: Crete University Press, 2007), 180-183.

Pulsieren erblickt, nämlich die wilde Paarung des Menschen mit dem Gott, der die Gestalt des Todes annimmt, erklärt er in den Bemerkungen zur Tragödie, dass er die Technik gelernt hat (und zu lehren qualifiziert ist), wie man die Wendungen der Zeit, die Revolutionen provoziert und wie man diese Offenbarungen des Göttlichen für die Anderen bewahrt.

5.3. *Der Tod des Empedokles*: die Verschiebung vom Substanziellen zum Funktionellen in den drei Fassungen. Zäsur als hermeneutische Anwendung und die Tragödie der Deutung

In Hölderlins Entwicklung liegt *Der Tod des Empedokles* an der Schwelle des Tragischen. Der frühere Hyperion befand sich größtenteils außerhalb der Tragik, die späteren *Ödipus der Tyrann* und *Antigone* sind ohne Rest tragisch: Sie arbeiten am Vorbild des Tragischen und reinigen sich von allem, was nicht tragisch ist, sodass sie den Zustand = 0 erlangen.

Ein Keim der sophokleischen Tragik versteckt sich aber in *Hyperion*. Eines der Fragmente des Romans ist in gewissem Sinne ein Embryo der Zäsur. Im ersten Band, erschienen 1797, kommt ein Kunstgriff vor, der zwischen der Zäsur und der romantischen Ironie schwebt (wenn die romantische Ironie als Ahnin der narratologischen Metalepse verstanden wird, d.h. des Eindringens des extradiegetischen Erzählers in die Erzählwelt). Der Diskurs des Romans verwickelt die erzählte Geschichte in eine Spirale, da der Erzähler direkt nach seiner Rückkehr aus Deutschland nach Griechenland anfängt, über sein Leben in einer Serie von Briefen an Ballarmin zu berichten; und er endet seinen Bericht im Moment der Entscheidung für die Rückkehr. In die Spirale der narrativen Sequenz wird ein „strange loop“[43] eingebaut, als Diotima Hyperion bittet, ihr von seinem Leben zu erzählen. Eine autobiografische Erzählung, die doch eine Wiederholung des ganzen Romans bis auf diesen bestimmten Punkt der Handlung ist, in dem die Wiederholung auftaucht, wird natürlich nicht auf mimetische Weise repräsentiert (HW XI 661-662). Das heißt: Die Erzählung

---

43 Douglas R. Hofstadter, Gödel, Escher, Bach. *An Eternal Golden Braid* (New York: Basic Books, 1979); Douglas R. Hofstadter, *I Am a Strange Loop* (New York: Basic Books, 2007), 101-102: „What I mean by ‚strange loop‘ is […] an abstract loop in which, in the series of stages that constitute the cycling-around, there is a shift from one level of abstraction (or structure) to another, which feels like an upwards movement in a hierarchy, and yet somehow the successive ‚upward‘ shifts turn out to give rise to a closed cycle. That is, despite one's sense of departing ever further from one's origin, one winds up, to one's shock, exactly where one had started out. In short, a strange loop is a paradoxical level-crossing feedback loop.“

in der Erzählung wird nicht in der Form dargestellt, in der sie ausgesprochen wurde; über sie wird lediglich diegetisch berichtet, als betrachtete sich der Erzähler von außen. Andererseits aber ist der ganze Roman eine mimetische Darstellung dieser innerhalb des Romans eingepflanzten Meta-Erzählung. Der Leser wird damit Zeuge einer kleiner narratologischen Katastrophe: Die getrennten Erzählungsebenen überlappen sich, sodass diese merkwürdige und einmalige Verschränkung ihre übliche und notwendige Trennung zu Tage fördert. Indem Hyperion seine schöne Form flüchtig unterbricht, um sie zu verdeutlichen, sieht er sich selbst als eine chthonische Gestalt, von der Art wie Tiresias bei Sophokles (dessen Auftritte die Zäsur markieren sollen). In der Rolle des Helden innerhalb der vorgestellten Welt kommentiert Hyperion seine eigene Erzählung (die Erzählung des Protagonisten? Die des Haupterzählers, durch die wir die Erzählung des Protagonisten kennen?): „nun wirst du sagen, setzt' ich lächelnd hinzu, spottet dieses Vulkans nicht, wenn er hinkt, denn ihn haben zweimal die Götter vom Himmel auf die Erde geworfen" (HW XI 662). Der Fall ins Chthonische, das Aus-sich-selber-geraten ist die Quintessenz der Zäsur als einer Endversion des Zeichens = 0. Im Hyperion spürt man den Keim der Zäsur auf, indem man den Roman rückblickend betrachtet, aber das Tragische, das diese Rückwendung begründet, wird erst recht im Empedokles-Projekt bearbeitet.

Empedokles ist derjenige, der in den Bereich des Tragischen hineinfällt, indem er seinen Garten verlässt, der für die reine Theorie steht.[44] Der Bereich des Tragischen liegt an der Grenze zwischen Naturzustand, hier: dem Zustand der Zugehörigkeit zum Sein, und Politik. Der Naturzustand, den Hobbes, Locke, Spinoza oder Rousseau in ihren politischen Theorien modellierten, begann immer – trotz aller Unterschiede zwischen den Theorien – mit den isolierten Einzelnen, auch wenn sie eine undifferenzierte gewaltsame Menge (*the lonely crowd*) bildeten. Einsam ist Hyperion, der „Eremit in Griechenland", der sich nach allen bitteren Enttäuschungen, die ihm das Leben unter den Menschen nicht ersparte, immer zurück in den Schoß der Natur flüchtete, wie auch Empedokles, bevor die tragische Handlung anfing. Als Empedokles aber seinen Sprung in die Ätna plante und seinen letzten Schüler wegschickte, war das schon eine andere, tragische Einsamkeit, die eigentlich das orgastische ‚Paaren' mit der Naturmacht war. Sie stimmt kompositionell mit der Einsamkeit des königlichen Schlafzimmers überein, in der Ödipus sich blendet, und der Einsamkeit des Hungerkerkers, in dem Antigone sich erhängt. Die tragische Abgeschiedenheit bedeutet auch die intensivste Gemeinschaft mit Allem.

44 Vgl. die Topoi vom Olivenhain Akademos, Epikurs Garten, Voltaires „cultiver son jardin", Philosophischer Garten in Stuttgart und so weiter.

Vom Standpunkt der künstlerischen Technik aus gestaltet sich diese Didaktik so aus, dass die Helden im Moment ihrer höchsten Einsamkeit natürlich nicht präsent auf der Bühne stehen, nicht für die Zuschauer da sind. Ihre für die Gemeinschaft grundlegenden Taten werden nur nachträglich und im epischen Ton berichtet – als fertiges Material zum Erinnern, Nachdenken, Propagieren, Loben, Verehren, Wiederholen.

Die Mnemosyne, der Platon huldigte und der laut Hölderlin die Dichter dienen, findet beim späteren Hölderlin keinen Halt am neoplatonischen Ursprung oder an Gott, wofür noch Augustinus plädierte,[45] oder am Göttlichen. „Denn nicht vermögen/ Die Himmlischen alles. Nämlich es reichen/ Die Sterblichen eh' an den Abgrund" – liest man in der zweiten Fassung der *Mnemosyne* (HW VIII 860). Das Gedächtnis – als Medium oder Grundlage der Zeit – wurde zur quasi-Substanz und die Tragödie, die selbst eine Erinnerung an die mythischen Geschehnisse vermittelt, stellt etwas dar, was als ‚Selbstvergessenheit in Zorn' genannt werde kann,

> wo unter Pest und Sinnesverwirrung und allgemein entzündenden Wahrsagergeist, in müßiger Zeit, der Gott und der Mensch, damit der Weltlauf keine Lücke hat und das Gedächtnis der Himmlischen nicht ausgeht, in der allvergessenden Form der Untreue sich mittheilt, denn göttliche Untreue ist am besten zu behalten. (HW XVI 257-258)

Es gibt ein polnisches Wort, das den Sinn der tragischen Form ausdrückt: ‚zapamiętać się'. In seiner nicht reflexiven Form, als ‚zapamiętać', bedeutet das Wort ‚etwas behalten', ‚sich etwas merken'. Mit dem reflexiven Pronomen ‚się' versehen bedeutet das Wort aber ‚sich verlieren', ‚völlig versinken', ‚sich selbst vor Zorn vergessen'. So etwas widerfährt dem Gott und dem Menschen in der Tragödie, indem sie sich aneinander zuwenden: Sie behalten sich in der Form der wütenden Vergessenheit. Diese Form wirkt durch die Entleerung. So wie die Aufführung der Tragödie eine Zäsur in der Zeit einer Gesellschaft setzten soll, bewirkte oder bedeutete die Entstehung der Tragödie in Athen die gegenrhythmische Unterbrechung der Geschichte. Sogar die historische Bedeutsamkeit der Tragödie gründet in der Leere. Hölderlins Sophokles-Kommentare – vornehmlich der zur *Antigone* – heben die globale Untreue des Übersetzers dem Original gegenüber als seine Hauptleistung heraus und katalogisieren die wohldurchdachten Änderungen, die er einführte, damit die Tragödie den zeitgenössischen Deutschen von Nutzen sein konnte. Eben die Symmetrieachse zwischen den beiden Texten der Tragödie (dem griechischen und dem deutschen, ‚hesperischen') soll sich vor allem zeigen. Die Änderung

45 Henrich, *Between Kant and Hegel*, 97-100.

als solche, die Zeit, die Substanz soll durch die Inkongruenz, die Lücke zwischen den zwei Fassungen zum Empfinden gebracht werden.

Aber wenn *Der Tod des Empedokles* tatsächlich als Schwelle zum (sich) durch die Absonderung reinigenden Tragischen daliegt, keimt die Vermutung auf, dass eine Zäsur auch zwischen verschiedenen Fassungen der Tragödie lokalisiert werden soll. Eine Zäsur im Stil des Sophokles gähnt in der dritten Fassung der Empedokles-Tragödie. Deswegen ermöglicht der Vergleich der dritten mit den früheren Fassungen, die Konzeption der Zäsur im Prozess ihrer Entstehung einzusehen.

Die Zäsur in der dritten Fassung von *Der Tod des Empedokles* folgt denen in *Ödipus* und *Antigone* und deutet auf die Tragödientheorie der Sophokles-Kommentare voraus. In der dritten Fassung der Empedokles-Tragödie aus dem Jahr 1799 (5-6 Jahre vor den Sophokles-Kommentaren) tritt ein Doppelgänger des Sophokles'schen Tiresias auf – ein im Erscheinen und Verschwinden geschickter Trickser. Der Ägypter Menes taucht als Agent der Unterwelt auf, da er aus einem Land nach Sizilien kommt, das dem Tode geweiht und vom Tod besessen ist; das ganze Leben in Ägypten widmet sich dem Tode und dem Leben nach dem Tod.[46] Menes' Gespräch mit Empedokles am Fuße des Ätna korrespondiert mit den Zäsuren des Sophokles, in denen sich Ödipus oder Kreon mit Tiresias unterhalten. Nicht nur erfüllt Menes eine analoge Funktion für die Entwicklung des Dramatisch-Tragischen zu derjenigen, die Tiresias bei Sophokles ausfüllte, da Menes den Gedanken Empedokles ins Totenreich übersetzt, sondern ersetzt Menes' Erscheinung auch den Namens Sophokles, der in der ersten Fassung als Hommage zitiert und später getilgt wird. Den Tragiker und der Staatsmann Sophokles ruft in der ersten Fassung ein athenisches Mädchen herbei, das, indem es das erste Mal von Empedokles hört, ihn mit dem großen Dichter und Politiker seiner Stadt in Verbindung bringt (HW XIII 700). In der dritten Fassung beendet „der Allerfahrene, der Seher" Menes seinen Wortwechsel mit Empedokles, dem er die Selbstaufopferung suggerierte,[47] mit derselben Frage, die sich nach Tiresias' Auftritt Ödipus stellen musste: „Bist du der Mann?" Das ist auch die Frage der Urszene der kritischen Tragödientheorie, dessen Antwort lautet: „Sehet den Mann!"

---

46 Vgl. Georg Wilhelm Friedrich Hegel, *Vorlesungen über die Ästhetik I*, *Werke*, Bd. 13, 458-460.

47 Aus dem Projekt der Fortsetzung der Tragödie: „Manes, der Allerfahrene, der Seher, erstaunt über das Reden des Empedokles und seinem Geiste, sagt, er sei der Berufene, der töte und belebe, in dem und durch den eine Welt sich zugleich auflöse und erneue" (HW XIII 948).

„Bist du *der* Mann?" Die Unterbrechung hängt also mit dem hermeneutischen Problem der Anwendung zusammen,[48] die bei Sophokles, wenn Hölderlin ihn liest und nachmacht, nicht nur eine Anwendung einer allgemeinen Regel auf einen besonderen Fall, sondern auch das Festnageln des Menschen auf sein Schicksal bedeutet. Diese hermeneutische Dimension der Zäsur zeigt sich am bestem anhand der Verschiebung im Verstehen des *nefas* oder der *hybris* des Empedokles, anhand der Verschiebung in Richtung Zäsur und Menes' Vertretung von Tiresias. In der ersten Fassung des Dramas verkündet Empedokles vor dem Volk, er sei ein Gott und damit begeht er Lästerung. Seine Schuld folgt aus Dekontextualisierung: Dieselben Worte, die in seinem privaten Garten die am weitesten getriebene Identifizierung mit dem Heiligen in der Natur bedeuten, verwandeln sich auf dem öffentlichen Platz in eine Herausforderung der politisch-theologischen Ordnung, weil das Volk darauf eingestellt war, Empedokles wie ein Gott anzubeten und zu verleugnen. Tritt seine glückliche Theorie ins Politische, entstellt sie sich.

In der zweiten Fassung spricht Empedokles nicht mehr von sich selbst als Gott. Hochmutig spricht er dafür von seinem Sprechen, seiner göttlichen Kraft des schaffenden Nennens: „was sind/ die Götter und ihr Geist wenn ich sie nicht/ Verkündige – nun! Sage, wer bin ich?" (HW XIII 831) Der Exzess in der Sprache markiert tatsächlich ein Schritt in Richtung Zäsur und ihrer hermeneutischen Wirkung, die die Vorstellung selbst und nicht das Vorgestellte vorstellt. Eine Serie ergibt sich: Zuerst Hochmut, Maßlosigkeit in der Identifikation mit dem Göttlichen, die Empedokles zur fatalen Deifikation antreibt. Dann findet in der zweiten Fassung eine Wende zur Sprache als einem Medium des Erscheinens und Verschleierns statt – und die Sprache präsentiert sich als eine, die erhebt und vernichtet. In der dritten Fassung erscheint Menos der Ägypter, der Spezialist im Erscheinen und Verschwinden; er erkennt in Empedokles einen idealen Sündenbock, dessen Vertreibung die Kette alltäglicher Ereignisse unterbricht und die Zeit erneuert, da der Akt der Vertreibung die Menschen untereinander und mit (dem) Gott versöhnt. Menos fragt Empedokles: „Bist du der Mann"?

---

48 Ich benutze hier das Wort im spezifischen Sinn, den es in Gadamers Hermeneutik hat: Anwendung ist „in allem Verstehen gelegen" und damit „das zentrale Problem der Hermeneutik überhaupt", weil „im Verstehen immer so etwas wie eine Anwendung des zu verstehenden Textes auf die gegenwärtige Situation des Interpreten stattfindet", sodass der Text „in jeder konkreten Situation, neu und anders verstanden werden muss. Verstehen ist hier immer schon Anwenden." (Hans-Georg Gadamer, *Wahrheit und Methode. Grundzüge einer philosophischen Hermenutik, Gesammelte Werke 1* (Tübingen: Mohr-Siebeck, 2010), 312, 313, 314). Ein Modell des Verstehens-Anwendens ist die Tätigkeit des Richters, der die allgemeine Vorschrift auf den Einzelfall beziehen muss.

Menos wird zum Platzhalter von Tiresias, weil er sich in gleichem Maße in der hermeneutischen Anwendung des Generellen auf das Spezifische wie in der chthonischen Phänomenologie des Verschwindens und des Erscheinens spezialisiert. *Ödipus der Tyrann* ist ein Drama der Deutung und die Auftritte des Tiresias kondensieren nur die hermeneutische Natur dieses Dramas, indem sie ständig die eindringliche Frage „bist du der Mann" aufwerfen. Dass das hermeneutische Problem des Ödipus gerade dem Problem der Anwendung gleichkommt, beweist Hölderlin in seinen Anmerkungen. Das Problem mit Sophokles' Ödipus bestehe darin, dass er eine Ausschweifung in der Anwendung begeht, er deute den Orakelspruch allzu spezifisch und nicht ausreichend allgemein. Er legt ihn zu pragmatisch aus: Die hermeneutische Anwendung konkretisiert doch das Allgemeine im Hinblick auf die bestimmte Situation, in der zu entscheiden und zu handeln ist, aber der tragische Held übertreibt damit, sodass er die Furie der Deutung auslöst. Ödipus deute den hermetischen Orakelspruch,[49] der „Richtet, allgemein, ein streng und rein Gericht, haltet gute bürgerliche Ordnung" (HW XVI 252) bedeuten kann, in einer allzu spezifischen („geht ins besondere", XVI 252), ja auf eine „priesterliche" (HW XVI 252) Art und Weise, sodass der Spruch plötzlich zu besagen beginnt, dass die Stadt vom Makel des Mörders des Lajos gereinigt werden solle: „So wird der Orakelspruch und die nicht notwendig darunter gehörige Geschichte von Lajos' Tode zusammengebracht" – schreibt Hölderlin (HW XVI 252).[50] Dann tritt Tiresias in einer Zäsur auf und versucht zuerst das Gleichgewicht in der Anwendung wiederherzustellen, da Ödipus ihn aber provoziert, ändert er plötzlich die Richtung, vollbringt die Anwendung und sagt direkt: „Du bist der Mann!" und jetzt handle, wie du angekündigt hast. Ödipus sträubt sich anfangs gegen diese Deutung des Orakels, die er selbst initiiert und der von ihm provozierte Tiresias vollbrachte, aber von diesem Moment an kann er nicht aufhören, sich selbst zu fragen, ob er nicht der Mann ist, der gerichtet werden soll. Die lebendige Möglichkeit der Bedeutung, die

49 „Geboten hat uns Phöbos klar, der König,/ Man soll des Landes Schmach, auf diesem Grund genährt,/ Verfolgen, nicht unheilbares ernähren" (HW XVI 89).

50 Hölderlin verhilft seiner Deutung auf eine nicht besonders lobwürdige Weise – indem er die Übersetzung manipuliert: Schadewaldt behauptet, dass „seine Übersetzung ‚des Landes Schmach' statt ‚Blutschuld' und ‚nicht Unheilbares ernähren' statt ‚die Blutschuld nicht unheilbar wieder nähren', diese Auffassung unterstützt, ja erst begründet" (Wolfgang Schadewaldt, „Hölderlins Übersetzungen des Sophokles", *Antike und Gegenwart. Über die Tragödie* (München: dtv, 1966), 140); vgl. Karl Reinhardt, „Hölderlin und Sophokles", *Krise des Helden. Beiträge zur Literatur und Geistesgeschichte* (München: dtv), 89-106.

vom Orakel stammt, wurde durch die Anwendung, die Ödipus unternahm, in eine abstrakte Entität verwandelt, die dank Tiresias in der Zäsur konkret, tötend und verstümmelnd wird.

Die Tragödie des Ödipus ist eine der praktischen Anwendung. Die Anwendung funktioniert kraft des zerstörerischen Willens zur Macht, auch wenn sie vorgibt, im gutmütigen guten Willen zum Verstehen zuhause zu sein. Der Exzess im guten Willen wandelt ihn in eine zerstörerische und selbstzerstörerische Kraft um: „Eben dies Allessuchende, Allesdeutende ist's auch, dass sein Geist am Ende der rohen und einfältigen Sprache seiner Diener unterliegt" (HW XVI 256). *Antigone* ist dagegen eine Tragödie der nicht aufzuhaltenden Re-Interpretation, die die Natur der Zeitlichkeit entdeckt, und zwar in Form des Umdrehens und Revolutionierens. „Die Art des Hergangs in der Antigone ist die bei einem Aufruhr, wo es, sofern es vaterländische Sache ist, darauf ankommt, dass jedes, als von unendlicher Umkehr ergriffen, und erschüttert, in unendlicher Form sich fühlt, in der er erschüttert ist" (HW XVI 419). Die Auslegung und Anwendung der Begriffe – im Falle der Antigone bspw. die Auslegung des Begriffs Δίκη (Gerechtigkeit, Strafe) – ist mit der Politik in dem Sinne verbunden, dass sich die Menschen in der Politik in verschiedenen Formen organisieren, deren Unterschiede sich im Medium der Tragödie als revolutionäre Aufbrüche beobachten lassen.

Die zwei von Hölderlin übersetzten und kommentierten Tragödien führen zwei Stufen der Anwendung auf: Die Handlung des Ödipus demonstriert die Gefahren der Anwendung, deren Ambivalenz zu Tage kommt. Hölderlins Übersetzung der *Antigone* gemeinsam mit den Kommentaren zu den Änderungen, die seine Übersetzung gegenüber dem Original machte, legen dar, dass eine Tragödie auf eine besondere Welt angewendet werden soll; alle Welten haben je ihr eigenes Klima, ihre eigenen Formen der Einbildungskraft, des Erscheinens und Verschwindens. Diese speziellen Formen des Vergessens und Behaltens, die eine bestimmte Welt kennzeichnen, sollen durch die Anwendung (die Übersetzung) des Fremden ergänzt werden, so wie jede neue Anwendung ihrerseits die Gestalt der ursprünglichen Welt ändert. *Antigone* ist sie eine Anwendung zweiten Grades – eine Anwendung der Anwendung. Wenn Hölderlins Zeitgenossen Antigones Tätigkeit der Deutung zu deuten versuchen, weil sie durch diese Deutung ihre Heimat und ihre Zeit fühlbar machen können, kommt der große ‚Behälter' zu Tage, innerhalb dessen all diese Verschiebungen und Verstärkungen zustande kommen, d.h. die (transzendentale) Ästhetik der Geschichte wird verständlich und greifbar, und zwar im Moment des Übergangs, des Übersetzens aus einer Welt in eine andere. Die Lücke zwischen diesen zwei Formen des historischen Wahrnehmens ist die globale

Zäsur, von der Hölderlins Übersetzungen durch ihre revolutionäre Form und explizit in den begleitenden Kommentaren sprechen.

Dem Helden und seinem Dichter wird das Schicksal zuteil, die Gemeinschaft in der Art und Weise zu konsolidieren, dass die Gemeinschaft sich an das Erinnern erinnert, auch wenn das Erinnern das Selbstopfer bedeutet. Etwa in dem Nachtgesang *Blödigkeit* entblößt sich der Dichter bis aufs Äußerste („Drum, mein Genius! tritt nur/ Bar ins Leben"), damit im Publikum nicht das Gedächtnis der Allmacht des Vergessens erlischt. Letzteres wird hier als ein Schlaf „zur Wende der Zeit" auf dem Schoß „unseres Vaters", des himmlischen Gottes dargestellt (HW V 699-700).

5.4. Hölderlins Kommentare zum Empedokles-Projekt und ihre Fortsetzung in seinen Sophokles-Kommentaren

Realistische Künstler betonen das Moment des Werdens und Vergehens. Sie denken in all ihren Werken historisch.

Bertold Brecht

Dieses Unterkapitel bespricht allgemein die theoretischen Schriften, die gemeinsam mit den verschiedenen Fassungen der Tragödie *Der Tod des Empedokles* einen Pol des künstlerisch-theoretischen Empedokles-Projekts ausmachen. Das besondere Interesse gilt dem tragischen Charakter des weltgeschichtlichen Umbruchs, in dem eine Ausprägung oder eine Ableitung der Zäsur erkannt werden kann. In den Mittelpunkt rückt die Genese des Tragischen, die auch die Genese oder vielmehr eine dynamische Zusammenfassung der gegebenen Welt mit ihren Formen der Einbildungskraft ist. Das nächste Unterkapitel wendet sich der Übersetzungstheorie hinter Hölderlins *Trauerspielen des Sophokles* zu.

Die theoretischen Versuche zur Tragödie, die im Kontext des Empedokles-Projekts entstanden, blieben – wie die Tragödie selbst – unvollendet. In der idealen Welt der ‚klassischen Kunst' würde sich das richtige Verstehen der Idee, deren Umsetzung der freiwillige Sprung des Empedokles in den Ätna ist, in der vollkommenen Form der Tragödie widerspiegeln. Aber in der modernen Literatur, die ein Bewusstsein ihres gefallenen Charakters kennzeichnet, kreisen alle theoretischen Pläne, Kommentare um das (un)reine literarische Werk, mit dem sie ein aktives Sinnesteilchen bilden; nur dass *Der Tod des Empedokles* sich auf das Niveau der Quantenphysik begibt, indem die Tragödie nur ein Bündel von Möglichkeiten und ein fundamentales Unvermögen bleibt.

Die zwei großen theoretischen Trabantenschriften zu *Der Tod des Empedokles* sind bekanntermaßen „Das Werden im Vergehen" und „Grund zum Empedokles".[51]

Obwohl „Das Werden im Vergehen" [„Das untergehende Vaterland ..."] wahrscheinlich später entstand als „Grund zum Empedokles",[52] bespreche ich jenen Aufsatz seiner Allgemeinheit halber zuerst. „Das Werden im Vergehen" enthält nämlich eine Beschreibung der Geschichtsdialektik, die ihren Sinn und ihre ganze Gestalt zum Zeitpunkt großer historischer Umbrüche offenbart. Erst wenn eine bestimmte historische Welt zugrunde geht und eine neue ihren Platz einnimmt, offenbart sich „die Welt aller Welten, welche immer *ist* und sein muss, deren Sein als das Alles in Allen angesehen werden muss" (HW XIV 174) und eine absolute Matrix aller bestimmten Formen der Welt. Der geschichtliche Moment des Falls und des Anfangs, den Cieszkowski „Zäsur der Weltgeschichte", „średniówką dziejów",[53] nennen würde (so nannte er in Wirklichkeit Christus), „ist wie die Sprache Ausdruck Zeichen Darstellung" – Hölderlin wählte letzten Endes keine von diesen drei Varianten – „eines lebendigen, aber besondern Ganzen" (HW XIV 174). So wie in jedem Ausdruck sich zwischen Geist und Buchstabe unterscheiden lässt – oder zwischen einem quasi-materiellen Signifikanten und einem bezeichneten Sinn – so herrscht auch im Moment des Umbruchs auf der Seite der vergehenden Welt tödliche Starre, während auf der anderen Seite, die gerade dabei ist, sich zu bilden, die lebendige Möglichkeit verschiedenster Beziehungen überwiegt. Und das Zeichen ist das durch die Kluft, durch den Abbruch vereinte Ganze. Die Entstehung der neuen Welt verläuft aber in einem Prozess des Absterbens einzelner Möglichkeiten, sodass immer mehr Relationen unter den möglichen eliminiert werden, bis nur eine übrig bleibt, deren Exklusivität ihre Realität beweist oder sogar verursacht. Die Tragödie ist der Geschichtsschreibung darum überlegen – Hölderlin entfaltet schöpferisch Aristoteles *Poetik*[54] – weil jene, indem sie am Reich des Möglichen (des Wahrscheinlichen und des Fiktionalen) arbeitet, nicht am Faktischen festhält, sondern fähig ist, sich über

---

51 Das zur selben Zeit wie „Das Werden im Vergehen" niedergeschriebene Fragment „Verfahrensweise des poetischen Geistes" scheint sich vor allem auf die Lyrik zu beziehen.

52 Johann Kreuzer (Hg.), *Hölderlin-Handbuch. Leben – Werk – Wirkung* (Stuttgart: Metzler, 2002), 133-136, 150-154, 213-217.

53 Zitiert nach Andrzej Walicki, *Filozofia romantyzmu polskiego* (Kraków: Universitas, 2009), 144.

54 In Aristoteles *Poetik* (1451a-b) wird bekanntermaßen festgestellt, dass die Dichtung philosophischer und ernster als die Geschichte ist, da sie sich nicht für das Vereinzelte und Faktische interessiert, sondern für das generell Mögliche und Wahrscheinliche.

die zufällige Gestalt der gegebenen Welt emporzuheben und im Zuschauer/Leser sowohl das Gefühl der Auflösung der alten Welt als auch die Erinnerung daran, was aufgelöst wurde, hervorzurufen. Dabei nimmt die Tragödie selbst die Setzung einer bestimmten Welt wieder auf. Dadurch erkennt und fühlt der Zuschauer auch „die Welt aller Welten" sowie die besondere Gestalt der aufgehenden Welt, aus der durch die Eliminierung mehrerer lebendiger Möglichkeiten die neue konkrete Welt geronnen ist. Im Übrigen strafen die klaren Anspielungen auf Aristoteles *Poetik* und *Über das Entstehen und Vergehen* (Περὶ γενέσεως καὶ φθορᾶς) der Binsenweisheit Lüge, die Philosophie der Tragödie werde bei Aristoteles der Poetik gegenüberstellt. Die Durchbruchmomente funktionieren bei Hölderlin analog zum aristotelischen ‚jetzt', das keine Substanz hat und reine Möglichkeit bleibt, die die erstarrte Vergangenheit mit der der ankommenden Zukunft verbindet, indem es sie voneinander trennt.[55] Die Tragödie erlaubt es dem Zuschauer, die Absonderung und Verbindung zu erfahren. So interpretiert Hölderlin die Kategorie Katharsis: eine unendliche Verbindung durch unendliche Scheidung.[56]

In „Anmerkungen zur Antigone" setzt Hölderlin den Umbruch dieser Art mit der *Darstellung* der Revolution gleich; die Tragödie wird zum Medium der Revolution, da man „unter Menschen, bei jedem Dinge, vor allem darauf zu sehen [hat], dass Es etwas ist, d.h. dass es in dem Mittel (moyen) seiner Erscheinung erkennbar ist, dass die Art, wie es bedingt ist, bestimmt und gelehrt werden kann." Wenn also die Tragödie die Revolution als Revolution in ihrer realen Form erscheinen lässt, erweist sich als notwendig, das Know-how der Tragödiendichtung – wie sie das Gleichgewicht, die Null erlangt – zu rekonstruieren. So kann man aus der *Antigone* eine Theorie der wirksamen Politik entspinnen, deren Effekt medial bedingt ist:

> Die Vernunftform, die hier tragisch sich bildet, ist politisch und zwar republikanisch, weil zwischen Kreon und Antigone, förmlichen und gegenförmlichen, das Gleichgewicht zu gleich gehalten ist. Besonders zeigt es sich am Ende, wo Kreon von seinen Knechten fast misshandelt wird. (HW XVI 421)

„Das zu gleiche Gleichgewicht" klingt wie ein Synonym der tragischen Null; ein gesetzmäßiges Ende der tragischen Handlung wäre also die politische

---

55 Aristoteles, *Physik* [218a5-30].

56 Ich erinnere an dieser Stelle an Hölderlins oben zitierte Definition der tragischen Darstellung: „Die Darstellung des Tragischen beruht vorzüglich darauf, dass das Ungeheure, wie der Gott und Mensch sich paart, und grenzenlos die Naturmacht und des Menschen Innerstes im Zorn Eins wird, dadurch sich begreif, dass das grenzenlose Einswerden durch grenzenloses Scheiden sich *reinigt*" (HW XVI 257, meine Hervorhebung – M.M.).

Gleichheit, und zwar eine gewaltaufgeladene. Die Tragödie beschreibt nicht bloß, was bei einem Umbruch passierte, sie lässt den Zuschauer das Werden im Vergehen und das Vergehen des Werdenden fühlen und sie macht das auf eine sehr technische Weise. Die Welt aller Welten, Alles in Allem ist doch das, was man auch mit dem Wort ‚Zeit' benennt und die Zeit ist der Stoff, aus dem die spannende Handlung gemacht wird, die die finale Katastrophe und damit das Tragische an der Tragödie bestimmt. Die Zeit wird mithilfe der Gestaltung der Sprache manipuliert. Auch die besondere Sprache der Tragödie, um deren deutsches Pendant Hölderlin sich bemühte, wodurch er die Zeit der Rezeption ins Extrem verlängerte (den zeitlichen Abstand zwischen dem Klang und dem Moment der Einsicht in den Sinn der Tragödie vergrößerte), spiegelt die Entstehung des Individuellen und des Realen aus dem Möglichen wider. Beispiele hierfür sind die Frage „Bist du der Mann?" und die verschiedensten Deutungen des Orakelspruchs in *Ödipus der Tyrann*, der sich von der lebendigen Möglichkeit der Bedeutung bis zum Urteil konkretisiert hat. Der Sinn gehe vom generell Möglichen ins tödlich Bestimmte über. Diese Bestimmtheit bleibt allerdings innerhalb des Reiches der Möglichkeiten; die Formen der Sprache sorgen dafür. Die klassische Harmonie der Sprache, die ein Trademark der Sophokleischen Tragödie sei, bewirke es, dass der Streit, der Tod, die Trennung und die Absonderung harmonisch, verständlich und lebendig würden.

Auch in der zweiten Empedokles-Schrift – „Grund zum Empedokles" – finden sich Spuren von Aristoteles' *Poetik*, diesmal in der Schilderung des Entstehungsprozesses der Tragödie aus dem Dithyrambus. Darum schreibt Hölderlin am Anfang von „Grund zum Empedokles" weder über das Drama allgemein noch über das Empedokles-Drama, sondern über „die tragische Ode" (HW XIII 868), wie man den Dithyrambus paraphrasieren kann. Mit dem „Tragischen" an der Ode meint Hölderlin wohl die reine tragische Stimmung und den reinen Ausdruck dieser besonderen Stimmung. Die Lyrik drückt doch am unmittelbarsten das Gefühl aus und steht im krassen Gegensatz zum Drama samt seinen Masken und den Personen, die eine gewisse Selbständigkeit dem Autor gegenüber erlangen. Zwischen der Lyrik und dem Drama lokalisiert das nachplatonische Schema der Gattungen die Epik, in der der Erzähler in seinem Namen spricht und gleichzeitig autonome, dramatische Personen ins Leben ruft. Das tragische Gefühl der Dithyramben scheint nichts anderes als eine Steigerung des lyrischen Gefühls schlechthin zu sein, das jede Form der Lyrik begründet. Die Quantität geht hierbei in die Qualität über: Das tragische Gefühl ist das potenzierte Gefühl der ‚Innigkeit', das Medium aller Gefühle und aller wesentlichen Beziehungen. Wie fast alle Begriffe, derer sich Hölderlin bedient, hat auch die ‚Innigkeit' eine politische und eine philosophische Bedeutung. Auf die in der Historiographie und Publizistik der Epoche angenommenen politischen Wirksamkeit der deutschen Verinnerlichung wurde schon in den vorherigen Kapiteln hingewiesen und auch das nächste Unterkapitel handelt unter anderem davon. In „Grund zum Empedokles" stellt sich die ‚Innigkeit', die auf so vielen Weisen mit der Verinnerlichung verstrickt ist, als der Ursprung des Tragischen heraus. Zur Ergänzung sei noch gesagt, dass die postkantische Philosophie der ‚Innigkeit' jene besondere Bedeutung verliehen hat, das Grundwerkzeug der Erkenntnis und die Bedingung der ethischen Handlung zu sein.[57] Im allgemeinen Bewusstsein macht die ‚Innigkeit' das Merkmal solch einer Philosophie aus, die eine praktische Ausrichtung aufweist und nach der Ausführung im Leben sucht. Ein Beispiel aus der Epoche:

> Freilich bei [Jakobi] zeigt sich weit mehr Innigkeit. Aber wie leicht erklärt sich dieser Umstand daher: weil Jakobi vom Praktischen ausging, indes [Kant] auf seinem Lebenswege mehr zur trockenen Spekulation gebildet war! [...] War ist es: in der reinen, ursprünglichen Innigkeit lebt und webt allein das höhere Prinzip, sofern dieses *Geist des Menschen* ist. Und wohl ist diese Ansicht sehr wichtig, wenn nur das Intellektuelle vergessen wird. Auch lässt diese Innigkeit nicht ohne das *moralische* Gefühl, folglich nicht ohne die Tätigkeit des freien Willens sich denken. Da nun in dieser Tätigkeit die innere, ursprüngliche Praxis besteht; so könnte man nicht fragen, dass die Innigkeit vor aller *guten* Praxis hergehe.[58]

Bei Fichte hat ‚innig' eine formelle Bedeutung und bezeichnet die Synthese differenzierter Tätigkeiten in einer einzelnen „Tathandlung".[59] Fichtes begeisterter Jenaer Schüler Hölderlin nennt eine solche Relation ‚innig', die das Mannigfaltige in eins bringt. Am innigsten ist somit das ‚Seyn', der Ursprung von allem, was ist und was sein kann. Die „Welt aller Welten", das Allumfassende wäre dann das Innigste und damit der Ursprung und das Ziel des

---

57 Zwar liest man in älteren Kommentaren zum „Grund zum Empedokles": „Der Begriff Innigkeit ist eine originale Prägung Hölderlins von großer Tragfähigkeit und Bestimmtheit" (Friedrich Hölderlin, *Sämtliche Werke. Historisch-kritische Ausgabe*, hg. von Norbert Hellingrath, Friedrich Seebass, Ludwig Pigenot (Berlin: Propyläen, 1922), Bd.3, 582), aber es ist offensichtlich, dass der Begriff in die philosophischen Diskussionen der Zeit verwickelt war: Erich Kleinschmidt, *Die Entdeckung der Intensität: Geschichte einer Denkfigur im 18. Jahrhundert* (Göttingen: Wallenstein, 2004), 101-116; Gideon Stiening, *Epistolare Subjektivität. Das Erzählsystem in Friedrich Hölderlins Briefroman „Hyperion oder der Eremit in Griechenland"* (Berlin, New York: De Gruyter, 2005), 250-253; Herbert Holl, „Hölderlin et Heidegger, Hölderlin et Fichte, la mesure et Diotima : l'*Innigkeit* comme ressentir transcendantal", *Études Germaniques* 2/2007 (n° 246), 473-478.

58 Jakob Salat, *Über den Geist der Philosophie mit kritischen Blicken auf einige der neueren und merkwürdigen Erscheinung im Gebiete der philosophischen Literatur* (München: Lentner, 1803), 455.

59 Dieter Henrich, *The Course of Remembrance*, 276-277.

Tragischen (HW XIII 868; HW XIX 343). Wie in der Ecce-Ödipus-Urszene geht das Größte in das kleinste und vertrauteste über und zurück.

Die potenzierte lyrische Stimmung, die ihren Ausdruck in der tragischen Ode findet, entspricht demgemäß einer Empfindung des allumfassenden und alleinigenden ‚Seyns' und damit der Schelling'schen intellektuellen Anschauung. Anders gesagt wählt Hölderlin im „Grund zum Empedokles" die erste seiner zwei Strategien, die symbolistisch-substanzielle Strategie, die Freiheit (das Absolute) in Erscheinung treten zu lassen. Deswegen kann gerade die elegante Erklärung der Genese der Tragödie am Anfang des Aufsatzes, wo die tragische Form als Ausdruck einer allumfassenden ‚Innigkeit' dargestellt wird, ein bitteres Ende für das Empedokles-Projekt bedeuten: Im vorherigen Unterkapitel zeigte ich, wie schwer die Aufgabe ist, die intellektuelle Anschauung eines hypostasierten Ursprungs mit der kathartischen Wirkung der Zäsur in Einklang zu bringen. Die Partizipation am Ursprung, dessen Emanation bzw. Ausdruck die Tragödie sein sollte, stimmt nicht mit der reinen Tätigkeit der Artikulation überein. Und für diese Tätigkeit steht die Zäsur, die schon in *Der Tod des Empedokles* (vor allem in der dritten Fassung) auftritt.

Aus „Das Werden im Vergehen" folgt unmissverständlich, dass die weltgeschichtliche Rolle des Empedokles und seines Opfers ihn dazu prädestiniert, die Rolle einer Zäsur der Geschichte einzunehmen.[60] Empedokles' Verschwinden soll eine Welt stiften. Um all seine theoretischen Vorhaben umzusetzen, hätte Hölderlin jedoch die Substanz mit der Funktion verschmelzen müssen, die intellektuelle stumme Anschauung mit der Zäsur in der Zeit. Aus diesem Umstand stammt die Schwellenposition des Empedokles-Projekts für Hölderlin und die Notwendigkeit seines Scheiterns: Das bedauernswerte Kunstwerk konnte so viele Hoffnungen und Annahmen nicht ertragen und kollabierte. Oder es versuchte allzu bewusst die paradoxe Tätigkeit über die Bühne zu bringen, welche Künstler meistens instinktiv schaffen – eine Vision zu kommunizieren – und wurde verlegen, *self-conscious* im negativen Sinne. Das Paradox der ‚klassischen Kunst' besteht darin, dass sie, wenn vollendet, unendlich viel zu denken gibt, aber sich weigert, zu viele theoretische Inhalte bewusst in sich hineinstecken zu lassen. Das Paradox findet in der Formästhetik und der Ideologie des Genies seine Entwicklung und Erweiterung.

Wegen dieses Paradoxes musste Hölderlin auf die Pläne der eigenen Tragödie verzichten und alle theoretischen Vorhaben in die Übersetzung und das Kommentieren des klassischen Werks von Sophokles investieren. Dies werde ich im nächsten Unterkapitel anhand des Aufsatzes „Verfahrensweise

---

60 Katharina Grätz, „Der Übergang vom Alten zum Neuen. Hölderlins Geschichtsauffassung in seiner Tragödie *Der Tod des Empedokles*", *Text und Kritik* 1996, 7, 99-117.

des poetischen Geistes", worin Hölderlin sein Vorgehen beschrieb, ausführlich demonstrieren.

Als Hölderlin aber noch ans Empedokles-Projekt glaubte, versuchte er die Substanz mit der Funktion auf die Art und Weise zu verbinden, dass das Substantielle symbolistisch oder expressionistisch durch die Lyrik ausgedrückt wird, während das Drama die intellektuelle Anschauung in die dialogische Form übersetzt, in der das ständige Sich-Unterscheiden nie aufhört. Das lyrische Genre drückt die ‚Innigkeit' in reiner Form aus. Die Innigkeit bedingt diejenige Gestalt, welche eine lyrische Aussage annimmt; sie ist zugleich aber auch eine Gestalt der Direktheit, die nach immer größerer Unmittelbarkeit und Reinheit des Ausdrucks trachtet, weshalb sich die Lyrik bis hin zum übermäßigen Enthusiasmus steigert, d.h. in die Tragik umschlägt, die sich ums Übermaß, um die Hybris, dreht. Wenn die lyrische Ode den eigenen Enthusiasmus nicht ertragen kann, geht sie in die dramatische Ausdrucksform über. Hier endet der Teil, der sich der ‚Innigkeit' widmet, und Hölderlin rückt den Fokus – wie die Tragik selbst dies epochemachend machte – auf das Dramatische.

Im nächsten Schritt, als „Allgemeiner Grund" betitelt (HW XIII 868-870), zeigt Hölderlin, dass dieses Brechen des Tragischen in der dramatischen Form der ‚Innigkeit', deren Einsicht ins ‚Seyn' die Grenze zur Hybris überschritt, endlich eine Ausdrucksmöglichkeit für eben diese ‚Innigkeit' liefert. Diese Möglichkeit wird durch den Stoff einer Welt eröffnet, die dem Dichter fremd ist. Den Stoff, in dem die gesteigerte ‚Innigkeit' sich selbst behalten und enthalten kann, benennt Hölderlin mit dem biblischen Wort ‚Gleichnis'. Je ferner und fremder die Wirklichkeit der Masken, der Personen und des Dramas der innigen Dichterwelt bleibe, desto größer die Resonanz des Tragischen: Am deutlichsten drücke es sich in einer Welt aus, die so entfernt, dass geradezu mythisch, sei:

> Eben darum verleugnet der tragische Dichter, weil er die tiefste Innigkeit ausdrückt, seine Person, seine Subjektivität ganz, so auch das ihm gegenwärtige Objekt, er trägt sie in fremde Personalität, in fremde Objektivität über. (HW XIII 870)

Die Geschichte der Gattung, die aus der dithyrambischen Chorlyrik entstand, spiegelt sich im Entstehungsprozess des tragischen Werkes wider, das im (vom) Dichter als gesteigerte ‚Innigkeit' geboren wird und das in einer Welt, die durch ihre Fremdheit die Hybris der Einsicht wettzumachen versucht, nach einer komplexen Gestalt für sich sucht. Die Ontogenese wiederholt die Phylogenese – oder umgekehrt? Sicher ist nur, dass Hölderlin im nächsten Teil des Aufsatzes, der rekursiv „Grund zum Empedokles" heißt, beweist, dass eine Tragödie über Empedokles von Natur ihres Helden aus eine reflexive Tragödie sein müsse, d.h. eine Tragödie über das Tragische und über den Übergang des Tragischen von der Lyrik zum Drama, weil die Geschichte des Dichter-Philosophen Empedokles die Geschichte der Tragödie – sowohl die intime (die ontogenetische) als auch die öffentliche (die phylogenetische) – eben rekursiv wiederholt. (Über die Signifikanz der Rekursion für die (transzendentale) Ästhetik der Geschichte und der Praxis schreibe ich vor allem im Dmitrij-Wallenrod-Kapitel (2.2).)

Empedokles, das Genie der ‚Innigkeit', geht aus seinem Garten hinaus, in dem er in inniger und intimer Harmonie mit der Natur lebte, und gelangt auf den öffentlichen Platz, wo seine innige Verbindung mit dem Volk Arigentes ihr tragisches Übermaß offenbart. Empedokles zeigt sich, stellt sich zur Schau in einem anderen Element (Medium) und wird dadurch tragisch. Die ‚Liebe' (φιλία), die für den historischen Empedokles den Gestaltungsinstinkt pseudonymisiert und der ‚Innigkeit' nach Fichte entspricht, ordnet ihm an, dem unbändigen politischen Element der Stadtrepublik eine einheitliche Form zu verleihen, aber in dem Moment, in dem er die göttliche Naturordnung in der menschlichen Gesellschaft erblickt oder postuliert, löst er das Chaos oder – wie der historische Empedokles es nennen würde – den Hass, νεῖκος, aus. Paradoxerweise bedeutet „Naturzustand" in der politischen Philosophie[61] einen wesentlichen Mangel an Organisation – fast eine Gesetzlosigkeit, νεῖκος aller gegen alle, während die Betrachtung der Natur, womit sich Empedokles im Garten beschäftigte, nichts außer Gesetzen und Gesetzmäßigkeiten entdeckt. In der Tragödie kommt es auf das Medium (*moyen*) an.

Die Tragödie der Tragödie, die ein Modell der Geburt der Tragödie innerhalb der Tragödie anstrebt, um dann die Welt außerhalb der Textgrenzen mit der Tragik anzustecken, ist damit auch eine Tragödie über die Theatralik aller politischen Handlungen sowie über die Kunst und ihre Beziehung zur Natur. Diese Relation überträgt Hölderlin auf jene Beziehung, die der Mensch mit der Natur unterhält, wobei dem Menschen die Rolle des lebendigen Signifikanten und der Natur die Rolle des Signifikats zugeteilt wird. Zwischen dem menschlichen Geist und der schönen Gestalt der Natur installiert Hölderlin Fichtes

61 Hier beziehe ich mich natürlich auf die Philosophen, die wie Hobbes in seinem *Leviathan* (part. 1, chapter XIII, „Of the Natural Condition of Mankind as Concerning Their Felicity and Misery") eine pessimistische Vision der menschlichen Natur als eines stolzen und habsüchtigen Wesens annehmen, und nicht etwa auf John Locke (*Two Treatises of Government* (1690), *The Second Treatise of Civil Government*, chapter II. „Of the State of Nature") oder Jean-Jacques Rousseau, „Quelle est l'origine de l'inégalité parmi les hommes, et est-elle autorisée par la loi naturelle?"), die der Ideologie des guten Wilden anhängen. Vgl. Leo Strauss, *Naturrecht und Geschichte* [1950] (Frankfurt am Main: Suhrkamp, 1977); Jürgen Habermas „Naturrecht und Revolution", *Theorie und Praxis. Sozialphilosophische Studien* [1963] (Frankfurt am Main: Suhrkamp, 1978), 89-127.

Schema des Schwebens, des Oszillierens der Einbildungskraft zwischen dem Ich und dem Nicht-Ich. Der Rollentausch, nach dem der Mensch das Signifikat der lebendigen Natur wird, ist freilich unabdingbar. Aber die gestaltende Tätigkeit des Ichs gegenüber dem Nicht-Ich wird trotz allem vor allem dem Menschen zuteil, der, um die ihm eigentliche Tätigkeit völlig entwickeln zu können, den Garten der Natur verlassen muss, damit er der Öffentlichkeit mit seinen Handlungen eine kunstvolle Natürlichkeit verleihen kann. Dann wird er jedoch allzu sichtbar und allzu aufräumend und stört dasjenige, was sich schon geformt hat.[62] Er verfällt der Hybris, indem er seine Einheit mit dem Gott verkündet – und das ist die Hybris des Übermaßes an ‚Innigkeit'.[63] Empedokles wird allmählich klar, dass nur ein Opfer von ihm selbst, der Sprung in den Ätna, das scheinbare Gleichgewicht wiederherstellen kann. Sein Sprung soll diese Schelling'sche Qualität der freien Wahl des schicksalhaft Zugestoßenen haben. Der tragische Fehler musste gerade dem Theoretiker Empedokles passieren, da die ganze Theorie nach Kant, für die Empedokles bei Hölderlin steht, in dialektischen Gegensätzen verfährt: Die Einsamkeit des Gartens fordert den öffentlichen Platz, wie die ‚Innigkeit' das Allumfassende, das Plus das Minus oder die Farbe Gelb Blau fordert (Beispiele aus der damaligen Natur- und Kunstwissenschaft).[64] Wegen dieser Notwendigkeit des schauspielerischen Sich-Zeigen-Müssens wählte Hölderlin wahrscheinlich Empedokles als Helden seiner Tragödie, der – um es vorsichtig zu formulieren – damals nicht zu den erstrangigen Philosophen gehörte.

Empedokles' schauspielerisch-politisches Sich-Zeigen-Müssen bildete eine Konstellation mit den aktuellen Ereignissen in Frankreich und ganz Europa.

---

62 Vgl. Antigone „in hohem Bewusstsein vergleicht sie sich dann immer mit Gegenständen, die kein Bewusstsein haben, aber in ihrem Schicksal des Bewusstseins Form annehmen. [...] [Das] Schicksal der unschuldigen Natur, die überall in ihrer Virtuosität in eiben dem Grade ins Allzuorganische geht, wie der Mensch sich dem Aorganischen nähert, in heroischen Verhältnissen, und Gemütsbewegungen" (HW XVI 415).

63 In der ersten Fassung.

64 Beispiele aus Goethes *Farbenlehre* „zur Erzeugung der Farbe [werde] Licht und Finsternis, Helles und Dunkles, oder, wenn man sich einer allgemeineren Formel bedienen will, Licht und Nichtlicht gefordert." „Das Auge verlangt dabei ganz eigentlich Totalität und schließt in sich selbst den Farbenkreis ab. In dem vom Gelben geforderten Violetten liegt das Rote und Blaue; im Orange das Gelbe und Rote, dem das Blaue entspricht; das Grüne vereinigt Blau und Gelb und fordert das Rote, und so in allen Abstufungen der verschiedensten Mischungen. Daß man in diesem Falle genötigt werde, drei Hauptfarben anzunehmen, ist schon früher von den Beobachtern bemerkt worden." Johann Wolfgang Goethe, *Gedenkausgabe der Werke, Briefe* und *Gespräche* (Stuttgart, Zürich: Artemis, 1949-1965), Bd. 16, 21, 43: Cf., Stephan Kammer, „Eins und doppelt. Goethes Poetik der Ambiguität", Frauke Berndt, Stephan Kammer (Hg.), *Amphibolie, Ambiguität, Ambivalenz* (Würzburg: Königshausen und Neumann, 2009), 160.

Nach dem Verschwinden des Empedokles wäre es wahrscheinlich in Hölderlins Sinne, dass ein Phantom, Nach- oder Vorbild der heilen, postrevolutionären Menschheit auftaucht. „Er erwarb sich das Verdienst" – fasst Hegel Diogenes Laertios' Bericht über Empedokles zusammen – „dass er nach dem Tode des Meton, Beherrschers von Agrigent, es dahin brachte, dass Agrigent sich eine freie Verfassung und gleiche Rechte allen Bürgern gab."[65] Vielleicht verleiht sein Verschwinden der Verfassung eine gewisse Selbständigkeit und Unantastbarkeit, die sie zuvor nicht hatte, als er sie ständig vor den nach Macht und Einflussnahme strebenden Bürgern verteidigen musste.

Der Name Empedokles kann zusammen mit seinen Konnotationen als Pseudonym mancher aktuelleren Probleme der Philosophie, des Theaters und der revolutionären Politik dienen. Der Mythos, den Empedokles als seine Theorie vorlegte und laut dem die Welt sich in einem rhythmischen Austausch der ektropischen und der entropischen Kräfte, die er Liebe und Hass nannte, zusammensetzt und auflöst, könnte durchaus fasslich mit Spinozas ‚Freude' und ‚Trauer' assoziiert werden, die in Spinozas Ethik den Grad des durch das Subjekt erreichten Einklangs mit der allumfassenden Substanz ausdrücken.[66] Die Rolle Spinozas, des Erzdogmatikers für die Entstehung der kritischen (und dogmatischen) Tragödientheorie bespreche ich genauer im Schelling-Kapitel. Eine reflexive Tragödie der Tragödie wie *Der Tod des Empedokles* kann um Spinoza nicht umhin. Ich vermute, dass die verschiedenen Fassungen der Tragödie nicht nur eine Bewegung von der Substanz zur Zäsur bedeuten, sondern auch drei Etappen des Versuchs darstellen, den alle progressiven Geister der Epoche wagten: nämlich Spinoza mit Kant zu verbinden (Substanz mit Funktion).

Spinoza lebte jedoch weltabgeschieden. Der dialektische Drang von Empedokles' Philosophie nach außen – auf den öffentlichen Platz – deutete hingegen auf spezifische Probleme der Dramentheorie hin, genauer gesagt auf ein damals sehr populäres Büchlein: Antoine François Riccobonis *L'art du théâtre*.[67] Als sei Riccoboni ein moderner Empedokles und neuer Spinoza, reduziert er alle theatralischen Affekte auf zwei: die Liebe und die Wut (*amour, colère*). Riccoboni, der das Schauspiel kodifizierte, kann sogar als Patron des Übergangs vom Substantiellen zur Zäsur betrachtet werden: Einerseits modelliert er die Kunst des Schauspiels als ein „Hin und Her" zwischen

65 Georg Wilhelm Friedrich Hegel, *Vorlesungen über die Geschichte der Philosophie I.*, 235 (Diogenes Laertios VIII, § 72, 61-66).

66 Baruch de Spinoza, *Ethik. In geometrischer Weise behandelt in fünf Teilen*, übersetzt von Jakob Stern (Leipzig: Reclam, 1975), Teil 3, 155-254.

67 Antoine François Riccoboni, *L'art du théâtre, Á madame* *** (Paris: Simmon, Giffart, 1750).

den Polen ‚Liebe' und ‚zerstörerische Wut'.[68] Andererseits führte er auch das Prinzip der Pause als Bedingung der erfolgreichen Darstellung der Emotionen ein, weswegen ihm die Rolle von Hölderlins Vorläufer mit Blick auf die Theorie der Zäsur zuteil werden kann.[69] Um das Oszillieren der dargestellten Welt zwischen dem Hass und der Liebe zu sehen, brauche der Zuschauer eine Pause. Dies suggeriert, dass Hölderlin die Zäsur – und generell den Übergang zum reinen Funktionalismus des Scheidens und Verbindens – als eine Bedingung der Übersetzung der Philosophie in die Erscheinung, für die das Theater steht, intendierte. Dies alles zielt auf ein harmonisches Sich-Organisieren der Menschen in einem großen utopischen Spektakel, kurz – auf die positive Freiheit auf dem öffentlichen Platz.

Rüdiger Kampe bewies, dass *Der Tod des Empedokles* eine Tragödie des Verschwindens und des Erscheinens ist, die die zwei Grundbestandteile allen Theaters ausmachen.[70] Ergo: Hölderlin intendiert *Empedokles* als eine Tragödie der generellen Medialität, welche die reine Form der Zeitlichkeit fühlen lässt; nichtsdestotrotz bleibt sie auch eine Tragödie ihrer Zeit. Das Frage des theatralischen Erscheinens und Verschwindens, ja des Erscheinens im Verschwinden (des Sichtbar-Werdens im Vergehen) wurde der Theorie der politischen und ästhetischen Handlung durch die spontanen Handlungen der in die Französische Revolution verstrickten Menschen gestellt. Man musste sich also nicht unbedingt Gedanken über das pathetische Untergehen und Aufgehen von Welten, die Auflösung der alten und die Bildung einer neuen machen, um mit dem Problem des theatralen Auftritts und Abtritts als dem Wesen des Politischen konfrontiert zu werden. Mona Ozouf zählt die Symptome der Zeit auf: Die Dramaturgie der Feste der Französischen Revolution kristallisierte sich um „l'apparition et la disparition. Partout, le trône de carton cache l'autel de la patrie, que l'incendie découvre par consequent; ou bien une vaste tente, dont les plies portent les attributs de la royauté, flambée par l'explosion d'un pot à feu; toutes les decorations tombent, et au milieu d'un salon parfaitement éclairé on aperçoit un autel de la patrie sur lequel est placée la statue de la Liberté."[71]

68 Riccoboni, *L'art du théâtre*, 45-46.

69 Riccoboni, *L'art du théâtre*, 84-91.

70 Rüdiger Campe, „Erscheinen und Verschwinden. Metaphysik der Bühne in Hölderlins *Empedokles*", Bettina Menke, Christoph Menke (Hg.), *Tragödie – Trauerspiel – Spektakel. Recherche Nr. 38* (Berlin: Theater der Zeit, 2007), 53-71.

71 Mona Ozouf, *La fête révolutionnaire 1789-1799* (Paris: Gallimard, 1976), 163-164.

Oder ein Schleier wurde aufgerissen und ein Tabernakel der Vernunft bloßgelegt.[72] Herman Uhrig hat in letzter Zeit – der Logik der Anwendung folgend – mehrere Details in Hölderlins Tragödie enthüllt, die Chiffren der revolutionären Situation sein sollen; die aufeinanderfolgenden Fassungen folgen auch der Entwicklung der politischen Situation in Frankreich und Schwaben. Die Weltkatastrophen und –umkehrungen würden sich in den Ereignissen im Ländle spiegeln.[73] Licht und Dunkel, Aufdecken und Zudecken, Widererkennen und Anwenden: *Der Tod des Empedokles* wurde wie *Ödipus der Tyrann* als eine Tragödie der Deutung oder eine Tragödie der Ironie geplant, in der der Held die eigenen Worte voller Entsetzen beobachtet und sieht, wie ihr Sinn sich um 180 Grad dreht. Das Verbrechen der ‚Innigkeit' besteht darin, dass die Worte ‚Ich bin ein Gott' jeweils etwas ganz anderes bedeuten, je nachdem, ob sie von einem Philosophen gedacht werden, der sich in der Abgeschiedenheit seines Gartens mithilfe seiner glücklichen Theorie mit der ganzen Natur identifiziert, oder aber von einem Leader vor dem Volk stehend. Aber – in der Tragödie – hat der Rezipient immer Recht. Das Volk hat immer Recht, zumal der Philosoph nur als die Marx'sche Gattungswesen ein Mensch, und dementsprechend ein Gott ist. Die Menschheit – das Volk – ist das Subjekt der Arbeit und jeder anderen kreativen Beziehung zur Natur. In Hölderlins Tragödie zeigt das Volk tragisch-ironisch – nicht wissend, was es tut – dass die Worte ‚Ich bin ein Gott', die die absolute Wahrheit der allgemeinen Identität von allem im Absoluten ausdrücken, ebenfalls den absoluten Unterschied mitmeinen hinsichtlich der Bedeutungen ein und desselben Satzes. Die absolute Einheit ist absolut unterschiedlich. Nicht so sehr Empedokles' Weltanschauung wie sein *façon de parler* zeigt dem Zuschauer die Tragik des unendlichen Vereinigens und Scheidens.

Die Zeit, in der sich das Sprechen wie in einem Medium offenbart, scheint solch ein ‚Seyn' zu sein, das unendlich vereinheitlicht und unterscheidet. Hölderlin relativiert die wichtigste ‚Tathandlung' von Empedokles, sein Verschwinden im Vulkan, auf seine Zeit:

> So sollte also Empedokles ein Opfer seiner Zeit[74] werden. Die Probleme des Schicksals, in dem er erwuchs, sollten in ihm sich scheinbar lösen, und diese

72 Ozouf, *La fête révolutionnaire 1789-1799*, 163.

73 Hermann Uhrig, *Hölderlins „Empedokles" und die Französische Revolution* (Nordhausen: Bautz, 2016).

74 Den philologisch-historischen Kontext der Empedokles-Tragödie erörtert Wolfgang Schadewaldt, „Die Empedokles-Tragödie Hölderlins. Ein Vortrag", *Antike und Gegenwart. Über die Tragödie* (München: dtv, 1966), 97-112.

> Lösung sollte sich als eine scheinbare temporäre zeigen, wie mehr oder weniger bei allen tragischen Personen, die alle in ihren Charakteren und Äußerungen mehr oder weniger Versuche sind, die Probleme des Schicksals zu lösen, und alle sich insofern und in dem Grade aufheben, in welchem sie nicht allgemein gültig sind, wenn nicht anders ihre Rolle, ihr Charakter und seine Äußerungen sich von selbst als etwas Vorübergehendes und Augenblickliches darstellen, so dass also derjenige, der scheinbar das Schicksal am vollständigsten löst, auch sich am meisten in seiner Vergänglichkeit und im Fortschritte seiner Versuche am auffallendsten als Opfer darstellt. (HW XIII 873)

Das Opfer soll seine eigene Scheinbarkeit im Augenblick des Verschwindens mit zeigen, sonst kommt die ‚Welt aller Welten', das einzig Nicht-Provisorische nicht zum Ausdruck. Das bedeutet aber, dass die reflexive Tragödie, die Tragödie der Tragödie, sich als ein Kunstwerk selbst aufopfern oder genauer gesagt kompromittieren soll; sie soll ihre eigene Nichtigkeit des Zeichens=0 zeigen. Damit büßt sie den Hochmut, uns die Welt aller Welten zu erschließen. Dass die Tragödie sich als eine leere Form (‚leerer Transport') präsentieren soll, folgt klar aus den Bemerkungen zu *Ödipus der Tyrann* und zur *Antigone*. Die Blitze, die Nietzsche auf Sokrates schleuderte – sein Intellektualismus habe die Tragödie und die tragische Weltempfindung zerstört – wurden in der Schmiede unseres Titanen angefertigt: Hölderlin glaubte, dass man, um das Unmögliche zu tun – die alte Tragödie unter modernen Bedingungen zu schaffen – gerade einen Philosophen, sei es auch einen vorsokratischen, zum Helden des Oxymorons machen muss. Im Brief an Neuffer aus dem Mai 1794 verkündet Hölderlin, er wolle den Tod des Sokrates nach den griechischen Idealen bearbeiten.[75] Die Oper war anfangs als die Auferweckung der alten Tragödie beabsichtigt und in einer der ersten Opern, Monteverdis *Krönung der Poppea*, begeht Seneca Selbstmord auf der Bühne.

Das schauspielerische Modell der tragischen, negativen Relation von Theorie und Gesellschaftlichem blieb – wie *Der Tod des Empedokles* und die theoretischen Teile der Dublette – unvollendet; Hölderlins Interesse richtete sich danach auf die Übersetzung und die Unterbrechung, zwei kaum substanzbezogene, fast rein funktionelle Begriffe, durch die die Präsenz der Theorie in der Geschichte erforscht und gefördert werden sollen. Eine nicht substanzielle und doch schauspielerische Theorie der Praxis-Theorie rekonstruiere ich im Hegel-Kapitel.

---

75 Friedrich Hölderlin, *Sämtliche Werke und Briefe*, hg. von Jochen Schmidt (Frankfurt am Main: Hanser, 1992), Bd. 2, 550.

5.5. Das Orientalisieren des Sophokles in Hölderlins Übersetzungen

Vom Höchsten will ich schweigen.
Verbotene Frucht, wie der Lorbeer, aber ist
Am meisten das Vaterland. Die aber kost'
Ein zuletzt.

F. Hölderlin, *Einst hab ich die Muse gefragt*[76]

Reden ist übersetzen – aus einer Engelsprache in eine Menschensprache, das heißt, Gedanken in Worte, – Sachen in Namen, – Bilder in Zeichen; die poetisch oder kyriologisch, historisch, oder symbolisch oder hieroglyphisch – – und philosophisch oder charakteristisch sein können. Diese Art der Übersetzung (verstehe Reden) kommt mehr, als irgendeine andere, mit der verkehrten Seite von Tapeten überein.

J.G. Hamann, *Aesthetica in nuce*[77]

5.5.1. *Das Eigene und das Fremde*

Einem Stereotyp zufolge hat sich die deutsche Nation, eine Kulturnation, kraft der Übersetzung ihrer heiligen Texte aus den exotischen Sprachen des Ostens und des Südens gebildet. In seiner *Deutschen Grammatik* (1819) nannte Jakob Grimm das Neuhochdeutsche „protestantischer Dialekt".

> Unsere Sprache ist, nach dem unaufhaltbaren laufe aller Dinge, in Lautverhältnissen und Formen gesunken, meine Schilderung neu hochdeutscher Buchstaben und Flexionen dürfte es nicht verhehlen sondern hervorheben; was aber ihren Geist und leib genährt, verjüngt, was endlich Blüten neuer Poesie getrieben hat, verdanken wir keinem mehr, als Luthern.[78]

130 Jahre nach Grimm wurde das Erbe Luthers in die Ätiologie der deutschen Erbkrankheit aufgenommen. Nach Jahren des Exils ergriff der Romanist Leo Spitzer 1946 wieder das Wort in der Presse, indem er den später berühmten Artikel „Das Eigene und das Fremde. Über Philologie und Nationalismus" publizierte. In ihm behauptete er in aller Ernst, der deutsche Mensch sei durch eine doppelte Bewegung des Protestantismus entstanden, nämlich die innige Verinnerlichung der Göttlichkeit, der das völligere, gründlichere Engagement

76 Friedrich Hölderlin, *Sämtliche Werke. Stuttgarter Ausgabe*, hg. von Friedrich Beißner (Stuttgart: Kohlhammer, Cotta, 1943-85), Bd. 2.1, 220.

77 Johann Georg Hamann, *Kreuzzüge des Philologen, Sämtliche Werke*, hg. von Josef Nadler (Wien: Herder 1950), Bd. 2, 199.

78 Jacob Grimm, *Deutsche Grammatik. Erster Teil* (Göttingen: Dieterische Buchhandlung), 1822, XI-XII.

in die Außenwelt folgte.[79] Eine paradoxe Folge der „lutherischen Innerweltlichkeit" sei dies gewesen, dass der deutsche Mensch einen solchen „Weltsinn" in sich ausgebildet hat, der sich nur gegenüber dem Weltfernen aktiviert. Nach der lutherischen Verinnerlichung könne der Deutsche nicht, seine nächste Umgebung kritisch als einen Schauplatz seiner unmittelbaren alltäglichen Tätigkeit zu betrachten. Er brauche das Pathos der Entfernung und die Aura; von dieser Perspektive aus übersieht er das Spezifische an Orten und Zeiten. Zum Beispiel Hegel: Um sich in Berlin wie zuhause fühlen zu können, muss er in der Stadt und im preußischen Staat den Mittel- und Endpunkt der Weltgeschichte sehen, d.h. die vollkommene Revolution, die die Freiheit endlich endgültig auf der Erde installiert.[80] Es lässt sich kaum ein gleichrangiges Beispiel von Spießigkeit in höchster, globaler Potenz finden, außer vielleicht Heideggers in der frühen Nazi-Zeit (1935) formulierte Behauptung, Deutschland sei in die rechnerische Zange der USA und Sowjetrusslands genommen und seine geschichtliche Rolle bestehe darin, dass das deutsche Denken Hand in Hand mit Hölderlins und Sophokles Dichten die Verwurzelung im Wesentlichen wieder einsetzt. Der Weg aus dem „Zangendruck" führt freilich durch die Innerlichkeit, einen „Wiederhall in sich selbst" und dann die „Entfaltung der Kräfte aus der Mitte". Sonst – die Vernichtung![81]

---

79 Vgl. die politische Auslegung des Abendmahls in Paragraph 552 von Hegels *Enzyklopädie der philosophischen Wissenschaften*, die ich im Kapitel zum Entstehungszusammenhang der kritischen Tragödientheorie ausgeführt habe.

80 Zit. nach Leo Spitzer, „Das Eigene und das Fremde. Über Philologie und Nationalismus", *Lendemains* 1993, 69-70, 188. Vgl. Leo Spitzer, „Geistesgeschichte vs. History of Ideas as Applied to Hitlerism", *Journal of the History of Ideas*, 1944, 2, und Helmuth Plessner, *Die verspätete Nation: Über die politische Verführbarkeit bürgerlichen Geistes* (Stuttgart: Kohlhammer, 1959) – das ganze Buch ist eine Geschichte der deutschen Innerlichkeit *gone wild*.

81 Martin Heidegger, *Einführung in die Metaphysik, Gesamtausgabe* (Frankfurt am Main: Klostermann, 1983), Bd. 40, 40-42: „Russland und Amerika sind beide, metaphysisch gesehen, dasselbe; dieselbe restlose Raserei der entfesselten Technik und der bodenlosen Organisation des Normalmenschen. [...] Wir liegen in der Zange. Unser Volk erfährt als in der Mitte stehend den schärfsten Zangendruck, das nachbarreichste Volk und so das gefährdetste Volk und in all dem das metaphysische Volk. Aber aus dieser Bestimmung, derer wir gewiss sind, wird sich dieses Volk nur dann ein Schicksal erwirken, wenn es in sich selbst erst einen Widerhall, eine Möglichkeit des Widerhalls für diese Bestimmung schafft und seine Überlieferung schöpferisch begreift. All das schließt in sich, dass dieses Volk als geschichtliches sich selbst und damit die Geschichte des Abendlandes aus der Mitte ihres künftigen Geschehens hinausstellt in den ursprünglichen Bereich der Mächte des Seins. Gerade wenn die große Entscheidung über Europa nicht auf dem Wege der Vernichtung fallen soll, dann kann sie nur fallen durch die Entfaltung neuer geschichtlich geistiger Kräfte aus der Mitte." Die Stelle, in der die USA und Sowjetrussland gleichgesetzt

Obwohl Spitzers klischeehafte Beschreibung des deutschen literarischen Nationalismus dasjenige Gespür für Feinheiten fehlen lässt, das Spitzers Schriften sonst immer auszeichnete, erklärt sie die merkwürdige Blindheit der Deutschen gegenüber der polnischen Kultur, die als etwas innerlich Fremdes und darum Verdrängtes fungiert. Russland hingegen ist ausreichend exotisch und mächtig, um als ein Bezugspunkt in einem Weltmächtespiel beachtet zu werden, nur muss man es ein bisschen weiter exotisieren. Obwohl Hegel von einer Menge polnischer Studenten und Anhänger umkränzt wurde – de Savigny beschreibt Scharen von Polen, die kaum ein Wort davon verstehen, was Hegel sagt, ihn dafür aber leidenschaftlich verehren – hat er Polen weder eine philosophische noch eine politische Schrift gewidmet. Und trotzdem war er – wie ich im Hegel-Kapitel demonstriere – dank einer eleganten Ausrede Vorbote der „slavischen Philosophie", die sich als die Philosophie der Zukunft und der Tat verstand:

> [die Slaven] haben bisweilen als Vortruppen, als ein Mittelwesen in den Kampf des christlichen Europa und unchristlichen Asien eingegriffen, die Polen haben sogar das belagerte Wien von den Türken befreit, und ein Teil der Slawen ist der westlichen Vernunft erobert worden. Dennoch aber bleibt diese ganze Masse aus unserer Betrachtung ausgeschlossen, weil sie bisher nicht als ein selbständiges Moment in der Reihe der Gestaltungen der Vernunft in der Welt aufgetreten ist. Ob dies in der Folge geschehen werde, geht uns hier nicht an; denn in der Geschichte haben wir es mit der Vergangenheit zu tun.[82]

Und so wurde Hegel und die ganze deutsche Theorie von August (von) Cieszkowski und seinen Nachfolgern als eine Sache der Vergangenheit und der reinen Innerlichkeit betrachtet, während die Zukunft den Slaven zufiel, wie es schon Herder prognostizierte. Mit anderen Worten: Die Slaven glaubten, die Theorie aus der deutschen Innerlichkeit holen und mitten in die Welt stellen zu können.

In seinen Vorträgen zur Philosophie der Kunst übergeht Hegel Friedrich Hölderlin stillschweigend, dessen Sophokles-Übersetzungen einen enorm wichtigen Beitrag zur Diskussion über den literarischen Nationalismus und die weltgeschichtliche Verinnerlichung hätten leisten können, wären sie nicht komplett verkannt gewesen. Hölderlins Übersetzungen von *Ödipus dem Tyrannen* und *Antigone* waren 1804 in zwei Bänden unter dem Sammeltitel *Die Trauerspiele des Sophokles* herausgegeben und mit Anmerkungen

werden, wurde in letzter Zeit von Michael Hardt und Antonio Negri kommentiert in *Common Wealth. Das Ende des Eigentums* (Frankfurt am Main: Campus, 2010), 63-65.

82 Georg Wilhelm Friedrich Hegel, *Vorlesungen über die Philosophie der Geschichte, Werke*, Bd. 12, 422.

versehen worden; diese Kommentare betrafen den Sinn jener Tragödien und der Tragödie überhaupt, den Sinn des Umgangs mit einer Sache, die der Gegenwart so fremd ist wie die griechische Tragödie, den Sinn des Übersetzens und generell die Art und Weise, in der eine Sache so fremd werden kann, dass ihre Übersetzung zum Verstehen dessen, was das Eigene ist, unabdingbar wird. „Anmerkungen zum Ödipus" und vor allen die zur *Antigone* betreffen auf einem höheren Niveau der Abstraktion die Mechanismen der Geschichte und der Zeit. Die Nachahmung der Alten, die Winkelmann[83] den zukünftigen Deutschen auferlegte, soll, so Hölderlin, die Form der Übersetzung haben – am besten einer Übersetzung der Tragödie. Hölderlins Sophokles-Übersetzungen sind dabei eine dieser utopischen Möglichkeiten, die die Vergangenheit birgt und die immer offenblieben, weil sie nicht verwirklicht wurden: sie wurden nicht in die Kette von Ursachen und Folgen eingegliedert, aus der der Reigen bestimmter Welten entstand (ein Prozess, der sich im *Tod des Empedokles* nicht darstellen ließ). *Die Trauerspiele des Sophokles* bleiben eine mögliche Welt: Sogar Hölderlins philosophische Freunde Schelling und Hegel schweigen von ihnen.[84] Zu ihrer Zeit änderten sie die Beziehung der Deutschen zu den alten Griechen nicht und als Norbert von Hellingrath sie Anfang des 20. Jahrhunderts im Fahrwasser der noch unbändigeren Pindar-Übersetzungen[85] aus der Vergessenheit holte, waren der Grieche und das wild Orientalische an ihm so genau durch Nietzsche bestimmt worden, dass die deutsche Sprache Hölderlins, durch die der Grieche sich in den Übersetzungen äußerte, genauso wie die Figur Hölderlin selbst von Nietzsche erobert und bestimmt war.

Die Chance, die sich in *Trauerspielen des Sophokles* verbirgt, lässt sich in Spitzers Kategorien benennen (wobei die Kategorien ein bisschen verfeinert werden müssen): Die Übersetzungen führen die lutherische Verinnerlichung des Fremden durch, von dem man auch eine wirksamere politische Intervention erwarten könnte, und doch vermeiden sie, so meine These, den literarischen Nationalismus. In einem Brief an den Verleger Friedrich Wilmans

83 Vgl. Johann Joachim Winckelmann, *Gedanken über die Nachahmung der griechischen Werke in der Malerei und Bildhauerkunst* [1754-1755], *Werke in einem Band*, hg. von Helmut Holtzhauer (Berlin, Weimar: Aufbau, 1969), 1-38.

84 Die Geschichte der unmittelbaren Rezeption wird höchst nachvollziehbar erzählt in Hartmut Fröschle, *Goethes Verhältnis zur Romantik* (Würzburg: Königshausen & Neumann, 2002), 269-274.

85 In seiner Vorrede zum fünften Band der von ihm initiierten Ausgabe der *Sämtlichen Werke* Hölderlins wiederholt Hellingrath die von Nietzsche verfasste Erzählung über die Kunstvergessenheit, deren Opfer derjenige fiel, der als einziger den griechischen Geist verstanden hat (Hölderlin, *Sämtliche Werke. Historisch-kritische Ausgabe*, Bd. 5).

vom 28. Sept. 1803 bezeichnet Hölderlin die protestantische Revolution, die er in Sophokles' Tragödien auszulösen suchte, mit dem Begriff ‚Orientalisierung':

> Ich hoffe, die griechische Kunst, die uns fremd ist, durch Nationalkonvenienz und Fehler, mit denen sie sich immer herumbeholfen hat, dadurch lebendiger als gewöhnlich dem Publikum darzustellen, dass ich das Orientalische, das sie verleugnet hat, mehr heraushebe und ihren Kunstfehler, wo er vorkommt, verbessere. (HW XIX 502)

Die Griechen waren auch nicht frei von Nationalkonvenienz; ihre Formen können uns fremd erscheinen, da sie schematisch und fehlerhaft sind, und deswegen von einer Art Orientalisierung profitieren können (maßt sich Hölderlin an). Aber was bedeutet das Orientalische, das diese Kunst verleugnet hat? Zur Zeit Hellingraths und des tobenden Nationalismus schien es offensichtlich zu sein, dass ‚Orientalisierung' die Hervorhebung des dionysischen Elements in der Tragödie und dessen Einimpfung in die allzu ordentliche Sprache der Philosophie und die deutsche Sprache der Spießer bedeutet, die dank dessen zu ihrer geschichtlichen Rolle erwacht, der Welt die ‚welsche' Last von den Schultern zu nehmen. Schon Nietzsche klagte die Griechen an, das orientalistisch Dionysische verloren zu haben, und erwartete von den Deutschen, dass sie den Pessimismus der Stärke zurückbringen.[86] Es schien nicht nicht plausibel (um die im Hegel-Kapitel dieses Buches so prominente Logik der Negation anzuwenden), dass wir unser ganzes Wissen über Dionysos den Griechen zu verdanken haben und sie dennoch zu kritisieren, da sie ihn ablehnten. Der junge Walter Benjamin[87] verband allerdings – sich gegen diese Tradition wendend – den Orientalismus der Sophokles-Übersetzungen mit

86 Etwa Friedrich Nietzsche, *Die Geburt der Tragödie, oder Griechentum und Pessimismus*, Werke, Bd. 1, 71, und 108-109: „Wenn wir aber mit Recht in der hiermit angedeuteten Exemplifikation das Entschwinden des dionysischen Geistes mit einer höchstauffälligen, aber bisher unerklärten Umwandlung und Degeneration des griechischen Menschen in Zusammenhang gebracht haben – welche Hoffnungen müssen in uns aufleben, wenn uns die allersichersten Auspizien *den umgekehrten Prozess, das allmähliche Erwachen des dionysischen Geistes* in unserer gegenwärtigen Welt, verbürgen! Es ist nicht möglich, dass die göttliche Kraft des Herakles ewig im üppigen Frondienste der Omphale erschlafft. Aus dem dionysischen Grunde des deutschen Geistes ist eine Macht emporgestiegen, die mit den Urbedingungen der sokratischen Kultur nichts gemein hat und aus ihnen weder zu erklären noch zu entschuldigen ist, vielmehr von dieser Kultur als das Schrecklich-Unerklärliche, als das Übermächtig-Feindselige empfunden wird, *die deutsche Musik*, wie wir sie vornehmlich in ihrem mächtigen Sonnenlaufe von Bach zu Beethoven, von Beethoven zu Wagner zu verstehen haben."

87 Walter Benjamin, „Dichtermut-Blödigkeit. Zwei Gedichte von Friedrich Hölderlin", *Gesammelte Schriften*, hg. von Rolf Tiedemann (Frankfurt am Main: Suhrkamp, 1972), Bd. 2, 105-126.

dem nahen Orient, mit der biblischen Dichtung. Ihm stand nicht mehr der arische Orient von Indien und Iran vor Augen, der Nietzsche vorschwebte, ein Orient von Zarathustra, sondern ein semitischer. Dieser war tatsächlich verdrängt.

Aus der Perspektive der Ideengeschichte ist Benjamins Argument legitim. Maurice Olender hat in seiner bahnbrechenden Monographie gezeigt, wie sich die Schicksalsgegenübersetzung von Semitischem und Arischem an der Wende zum 19. Jahrhundert gestaltet hat, indem die protoindoeurpäische (indogermanische) Sprache an die Seite des Hebräischen gestellt wurde.[88] Die Sprachen, die aus dem Protoindiogermanischen stammten – wie Griechisch oder Deutsch – neigten dazu, die bunten Bilder der Mythologie zu erzeugen, während in den semitischen Sprachen laut Robert Lowth und Herder die erhabene, bilderlose Dichtung entstand. Es ist wahrscheinlicher, dass sich Hölderlin auf diese große Gegenübersetzung stützte, als dass er die griechische Kultur dekonstruierte und eine bestimmte Konvention gegen eine andere wandte.

Nur wenn man anerkennt, dass der ‚Orientalismus' eine Eigenschaft der Bibel und das ‚Orientalisieren' das Zusammenprallen der griechischen Sprache Sophokles' mit Luthers Übersetzungen aus dem Bibel-Griechischen und dem Hebräischen bedeutet,[89] wird allmählich deutlich, mit welch schwierigem und raffiniertem translatorischen Unternehmen der Leser der Sophokles-Übersetzungen zu tun hat. Aber nicht nur wegen der Perspektiven, die eine solche Einbeziehung der Bibel der Deutung Hölderlins und der wissenschaftlichen Disziplin der Translatologie bietet, sollte man Benjamin zustimmen; dass er einfach Recht damit hat, zeigt sich vor allem in Anbetracht der Ecce-Ödipus-Urszene der Tragödientheorie und findet in den zeitgenössischen Abhandlungen zur Ästhetik Unterstützung. Mustergültig erinnert Jean Paul (der eifrige Leser von Lowths and Herders Schriften) in seiner *Vorschule der Ästhetik*, die 1804 gleichzeitig mit Hölderlins Sophokles-Übersetzungen erschien, dass das Modell des erhabenen Zeichens=0 jüdischer Abstammung ist (wobei Jean Paul das Adjektiv ‚jüdisch' – wie Hölderlin – durch ‚orientalisch' ersetzt):

> Das Erhabene ist ferner zwar immer an ein sinnliches Zeichen (in oder außer uns) gebunden, aber dieses nimmt oft gar keine Kräfte der Phantasie und der Sinne in Anspruch. So ist z. B. in jener orientalischen Dichtung, wo der Prophet

88 Maurice Olender, *Les Langues du Paradis. Aryens et Sémites: un couple providentiel* (Paris: Seuil, 1989).

89 Über die Nähe von Hölderlin und Luther siehe Antoine Berman, *The Experience of the Foreign. Culture and Translation in Romantic Germany* (Albany, SUNY-Press, 1992), 159-161.

> das Merkmal der vorübergehenden Gottheit erwartet, welche nicht kommt hinter dem Feuer, nicht hinter dem Donner, nicht hinter dem Sturmwinde, sondern die endlich kommt mit einem linden, leisen Wehen, offenbar das sanfte Zeichen erhabener, als ein majestätisches wäre. So steht ästhetische Erhabenheit des Handelns stets im umgekehrten Verhältnis mit dem Gewichte des sinnlichen Zeichens, und nur das kleinste ist das erhabenste; Jupiters Augenbraunen bewegen sich weit erhabener in diesem Falle als sein Arm oder er selber.[90]

In seiner Beschreibung des Erhabenen spielt Jean Paul auf das Treffen des Propheten Elia mit Gott an.[91] Die Tradition der figurativen Auslegung des Alten Testaments sieht in dieser sanft erhabenen Erscheinung Gottes eine verschlüsselte Ankündigung der Kenosis[92] oder, spezifischer, der Urszene der Tragödientheorie Hölderlins: ‚Ecce Homo'. Diese Szene war auch ein Leitmotiv in Luthers Schriften. Bei Luther ist die Figur des negativen Erscheinens, die Jean Paul und der spätere Hölderlin-Tragödientheoretiker kunsttheoretisch im Kontext des Erhabenen zu deuten tendieren, mit dem Erkenntnisinteresse verbunden, das früher in Hölderlins *Urteil und Sein* zum Ausdruck kam. So redete Luther eines Abends zu seiner Tischgesellschaft:

> Summa, niemand kann Gott in seiner Majestät begreifen oder erkennen, darum hat er sich herunter gelassen in der aller geringsten Gestalt, und ist Mensch worden, ja zur Sünde, zum Tode und Schwachheit selbst worden. Er ist klein genug worden, da er Knechts Gestalt an sich genommen hat, wie Sanct Paulus zu den Philippern (2, 7) saget. Aber wer kann es glauben? Wir meinen, der türkische Kaiser sei viel mächtiger, Erasmus viel gelehrter, ein Mönch viel frommer, denn Gott ist.[93]

Das muss eine extreme Schwachheit sein, die Luthers Crescendo noch nach Sünde und Tod als allerletzte unter die Elemente des Schicksals aufgezählt wird, das Gott annimmt. Gottes Unerkennbarkeit und Unaussprechbarkeit findet eine andere Ausdrucksform im allumfassenden Sein aus dem philosophischen Frühwerk Hölderlins; erst die Teilung der ursprünglichen Einheit macht ihre verschiedenen Aspekte erkennbar und im Urteil aussprechbar. Vergleichbar wird die intellektuelle Anschauung von Schelling als die unaussprechbare Matrix aller Urteile gesetzt. Die Bilderwelt von Luthers Bibel und von Luther selbst bestimmt die Entwicklung von Schellings und Hölderlins Tragödientheorien und generell ihre (transzendentale) Ästhetik der Geschichte. Luthers Auffassung der Ecce-Homo-Urszene kann daher als ein Bindeglied zwischen

---

90 Jean Paul, *Vorschule der Ästhetik, Werke* (München: Hanser, 1959-1963), Bd. 5, 104-105.

91 1. Buch der Könige, 19, 8-15.

92 Brief des Paulus an die Philipper 2, 6-7.

93 Martin Luther, *Tischreden* (Berlin: Gebauersche Buchhandlung, 1848), 83.

der Gegenüberstellung Urteil/ Sein (bzw. Urteil/ Anschauung), die auf Fichte antwortet, und der ästhetischen Theorie des Erhabenen betrachtet werden, die sich seit Schillers Schriften aus den Jahren 1792-93 auf die Tragödie konzentrierte. Die Übersetzung der Erkenntnistheorie in ästhetische Formen und sprachliche Ausdrücke macht den Kern der Übersetzungstheorie, wie Hölderlin sie verstand, aus.

Eine solche auf das Treffen des Propheten Elia mit Gott gestützte Theorie des Erhabenen, die mit Hölderlins Tragödientheorie synoptisch ist, bezeichnet Jean Paul gleichzeitig als eine Theorie des Handelns. Seine ästhetische Theorie der Praxis formuliert Jean Paul auf die Weise, dass er das umgekehrte Verhältnis zwischen dem unvorstellbaren Sein und seinem Zeichen das „sittliche oder handelnde" Erhabene nennt.[94] Der Intimität und der Innigkeit des Erhabenen sollten und könnten vor allem wesentlich große Taten folgen. Das Kleinste muss nämlich ins Größte umschlagen, das Passivste ins Aktivste – dieses Denkklima, diese Struktur des Gefühls herrschte damals. Sowohl bei Jean Paul als auch bei Hölderlin ist die Theorie des tragisch Erhabenen, des Zeichens mit dem Grenzwert Null, eine Praxeologie, die über die Taten forscht, die in der Innigkeit des Zuschauers ihren Anfang nehmen.[95] Auf der Agenda der Sophokles-Übersetzung steht, die ‚orientalische' Praxeologie in der deutschen Sprache wachzurufen.

Erst wenn das ‚Orientalische' mit dem ‚Biblischen' identifiziert wird, bekommen die Lesenden gleichsam ein Gegengift gegen den literarischen Nationalismus. Nicht weil das Jüdische *an sich selbst* – substantiell verstanden – dem Forschenden aus jeder Verlegenheit hilft, sondern weil gerade die Berücksichtigung dieses Orientalismus die Ausschließung der Formel ‚an sich selbst' mit sich führt, indem sie eine negative Dialektik des Eigenen und des Fremden betätigt. Die griechische (und unsere ‚hesperische') Nationalkonvenienz beruht auf einer radikalen Ausschließung; die Rückkehr des Verneinten muss einen Widerwillen verursachen. Ein bisschen naiv und (was die Terminologie betrifft) anachronisch formuliert: Diese Rückkehr kann keine leichten Verschiebungen innerhalb der arischen, indogermanischen Familie bedeuten, sondern eine Eröffnung auf das radikal andere. Dies meint aber keine abgöttische Zelebration des Fremden. Die lutherische Dialektik des Aneignens und des Sich-der-Fremde-Auslieferns ist eine Aufgabe speziell für den Seiltänzer: Schütze ich um jeden Preis die Wildheit und hebe ich die Fremdheit in den Himmel, so höre ich auf mit dem Wilden und Fremden etwas Gemeinsames zu haben; es verliert jede Bedeutung für mich. Was zählt,

94 Jean Paul, *Vorschule der Ästhetik*, 106.
95 Jean Paul, *Vorschule der Ästhetik*, 109.

ist meine Toleranz und mein Beitrag zur universellen Emanzipation. Wenn ich andererseits den Fremden domestiziere, verliere ich den äußerlichen Bezugspunkt und werde durch die Eigenliebe aufgezehrt. Vom dünnen Seil fällt man – wenn man nicht aufpasst – immer in den Nationalismus, nach links oder nach rechts.

Die These, dass Hölderlin nicht primär die deutsche Sprache orientalisierte (sie nicht mit Dionysos-Raserei ansteckte), sondern Sophokles orientalisierte (ihm die Bibeldichtung einimpfte), widerspricht Stereotypen der Translatologie, die sich um Hölderlins Sophokles-Übersetzungen ranken. Sie werden immer angeführt, um einseitige und sich gegenseitig ausschließende Thesen zu unterstützen. ‚Das Dionysische' der letzten Jahrhundertwende wurde in letzter Zeit durch die Phrasen über die unbestimmte (ungezähmte) Alterität ersetzt, die einen Wert für sich haben soll: „for Hölderlin, translating first and foremost means liberating the violence repressed in the work through a series of intensifications in the translating language – in other words, accentuating ist strangeness."[96] Am meisten müsste Berman eine solche einfache und gerechte Situation erfreuen, in der nichts übersetzt wird und das Publikum nur zur Unkenntnis der Fremdsprachen sowie zum Verehren des Unverständlichen um des Missverständnisses willen erzogen wird. Symmetrisch irrt sich Paul Ricoeur, wenn er Hölderlins Unternehmen als einen Versuch deutet, das Ideal der vollkommenen Übersetzung zu verwirklichen. Nicht mehr eine wilde Wildheit, wie bei Berman, ist der Wahnsinn dieser Methode: Hölderlin soll an der Homologie der Sprachen einen Narren gefressen haben (Hölderlin als Märtyrer der historischen Sprachwissenschaft der Präindogermanischen?). Der Unterschied zwischen den Sprachen und den Zeiten soll aufgehoben werden Hölderlin wurde „brisé par son ambition de fondre la poésie allemande et la poésie grecque dans une hyper-poésie où la différence des idiomes serait abolie" – schreibt Ricoeur.[97]

Die Wahrheit ist interessanter.

Hölderlins Projekt trachtet weder danach, die Wuchtigkeit der Sprache im Namen der unbestimmten Fremdheit anzufachen, noch nach einer transhistorischen Koine. Hölderlin versucht vielmehr die Kultur, die von seiner Übersetzung Impulse zur Entwicklung erhalten soll, vor der Einseitigkeit der beiden Glieder der Alternative zu schützen. Die Flucht in die Barbarei ist eine selbstverlogene Nachahmung. Sie prahlt mit der eigenen Originalität, obwohl

---

96 Antione Berman, „Translation and the Trials of the Foreign", translated by Lawrence Venuti, Lawrence Venuti (Hg.), *The Translation Studies Reader* (London, New York: Routledge, 2000), 284-285.

97 Paul Ricoeur, *Sur la traduction* (Paris: Bayard, 2004), 42.

sie auffallend reaktiv und nicht aktiv wirkt, indem sie versucht, nicht zu wissen, dass und wen sie plagiiert. Wer aber die Einheit der Zeiten und der Kulturen als sein Ziel ansieht, endet in der „Knechtschaft", d.h. der einfachen Nachahmung (HW XIV 84) im „Dienste des griechischen Buchstabens" und nicht im Verstehen der „große[n] Bestimmtheit dieser Schriftsteller als eine[r] Folge ihrer Geistesfülle" (HW XIX 486). Hölderlins Übersetzungen und seine theoretischen Schriften tun wirklich viel, um sich sowohl vor dem Zelebrieren der Wildheit als auch vor der Gleichschaltung des Lokalen und des Fremdsprachigen zu schützen. Diese beiden Tendenzen haben sich in der Epoche des vollendeten literarischen Nationalismus gegenseitig gestärkt.

Von der Perspektive unserer Zeit aus, die jegliche Revolutionshoffnungen längst wirtschaftlich instrumentalisiert hat, erscheint die Epoche, in der Hölderlins Übersetzungen und Kommentare entstanden, als eine Epoche der Übersetzung, des Übergangs, der Transformation, des Transports, aber gleichzeitig auch der monströsen Stagnation. Das Erstarren zwang einerseits zur protestantischen Verinnerlichung, anderseits provozierte es energische Versuche, der Zeit etwas Fremdes einzuimpfen, damit sie sich ihres eigenen Transfercharakters bewusst wird: Sie sollte etwas Anderes anerkennen und ihren Egotismus damit sprengen, damit die Menschen erkennen, wer sie gerade sind. Das eigene Vaterland kostet man doch als letztes, nachdem man lange der Fremdheit ausgesetzt war.

Die Erfindung der Historizität an der Wende zum 19. Jahrhundert benötigte, um sich zu behaupten, eine Unterstützung seitens der Kunstlehre. Die lange Tradition der Rechtsphilosophie, die ihre Leitbilder seit Platon aus dem Bereich der Theatralik holte, wurde von Hölderlin und seinen Mitdenkenden aufgegriffen, sodass das tragische Theater zum Medium politischer Formen wurde, z. B. einer republikanischen, deren explosive Gestaltung Sophokles' Antigone darstellt. „Die Vernunftform, die hier tragisch sich bildet, ist politisch und zwar republikanisch" – schreibt Hölderlin in den „Anmerkungen zur Antigone" – „weil zwischen Kreon und Antigone, förmlichen und gegenförmlichen, das Gleichgewicht zu gleich gehalten ist. Besonders zeigt sich dies am Ende, wo Kreon von seinen Knechten fast misshandelt wird" (HW XVI 421). Auch die Idee, dass politische Formen sich wie alle Formen gegenseitig verdrängen müssen, war nicht neu. Schon Herodot, Platon oder Aristoteles beschrieben die ‚Revolution' der Verfassungen, die ständig den Weg Monarchie-Oligarchie-Isonomie durchliefen. Die Französische Revolution war jedoch der Wendepunkt der politischen Theatralik, die die Auflösung und Entstehung politischer Formen aufführte, da hier der Begriff der Freiheit den der Gerechtigkeit ablöste, die der Leitbegriff und die Antriebskraft von Revolutionen – sprich: Formabwechslungen – seit Platon war.[98] Seit der Französischen Revolution nahm die Freiheit diesen Platz ein. Sie – oder zumindest ihre Ahnung – sollten die endlichen Formen ausdrücken; demgemäß hat auch die Kategorie des Symbols ihren Anfang in der Epoche gehabt und eine überwältigende Kariere gemacht, die Schellings *Philosophie der Kunst* reichlich begünstigte.[99] Der neue Begriff des Politischen zieht die Annahme nach sich, dass die Freiheit ein Medium braucht, um sich darzustellen, und dass das Medium das vollkommene Kunstwerk sein muss: das Drama, die Tragödie. Eigentlich ist ein Medium der Freiheit, obschon vage und von schlechter Qualität, die Geschichte der Menschheit selbst, die von einer Katastrophe in die andere fortschreitet; im tragischen Kunstwerk wird aber die Innigkeit aller Beziehungen gesteigert und unterbrochen und damit sichtbar.

Der menschliche Körper war das traditionelle Modell der Gesellschaft von Platon über Johannes von Salisbury und Thomas Hobbes bis zur Biopolitik Foucaults. Bei Hölderlin, Hegel und Schelling wird der politische Körper zu einem theatralen oder dramatischen (von δράω: machen, wirken), der beobachtet werden soll, um in den Interaktionen, die er aufnimmt, den absoluten Sinn der Form zu erblicken. Im athenischen Dionysos-Theater, wo – so Hölderlin – der Gott sich mit dem Menschen „paart", wodurch er den „sterblichen Gott" erzeugt, wie Hobbes seinen Leviathan nannte, wird die Kritik „der Einseitigkeit" der „dichtenden Phantasie" Homers[100] und der griechischen Religion schlechthin durchgeführt. Die kritische Leistungsfähigkeit der griechischen Tragödie haben sich auch die von den von der jüdischen Tradition inspirierten Kritikern der Tragödie (Cohen, Rosenzweig, Benjamin) auf die Fahnen geschrieben.[101] Sie ist auch der Aufmerksamkeit Hegels und Hölderlins nicht entgangen. In *Phänomenologie des Geistes* überbot die durch die Tragödie unternommene Kritik des Mythos diejenige von Platon, da sie real die organisch begrenzte schöne Sittlichkeit der Polis zersprengte und dem

98 Ernst Cassirer, *Vom Mythus des Staates* (Hamburg: Meiner, 2002), 91.

99 Auch wenn Henning Ottmann, „dem Historiker Lefebvre" folgend, die Französische Revolution in zwei Phasen teilt: die der Freiheit und die der Gleichheit (Henning Ottmann, *Geschichte des politischen Denkens* (Stuttgart: Metzler, 2008), Bd. 3/2, 83-87).

100 Georg Wilhelm Friedrich Hegel, *Enzyklopädie der philosophischen Wissenschaften im Grundrisse III, Werke*, Bd. 10, 363 [§ 552].

101 Vgl. Joachim Jacob, „Tragische Fülle. Kultur, Erinnerung und Apokalypse bei Georg Simmel", Jürgen Brokoff, Joachim Jacob (Hg.), *Apokalypse und Erinnerung in der deutsch-jüdischen Kultur des frühen 20. Jahrhunderts* (Göttingen: Vandenhoeck und Ruprecht, 2002); Daniel Fulda, „Zwischen Assimilation und Selbstbehauptung. Die jüdisch-deutsche Aneignung der Tragödie in der klassischen Moderne", Daniel Fulda, Thorsten Valk (Hg.), *Die Tragödie der Moderne. Gattungsgeschichte – Kulturtheorie – Epochendiagnose*, Berlin, New York: De Gruyter 2010, S. 207-233. Mehr zu diesem Thema im Kierkegaard-Kapitel.

römischen Recht und dem Christentum Platz machte. Hölderlin lutheranisierte Sophokles selbst.

5.5.2. *Anschauung der Zeit*

Den konzeptuellen Rahmen des Übersetzungsprojekts findet Hölderlin im dritten Grundsatz der Wissenschaftslehre Fichtes: „*Ich setze im Ich dem theilbaren Ich ein theilbares Nicht-Ich entgegen.*“[102] Fichte postuliert in diesem Grundsatz die gegenseitige Begrenzung und die gegenseitige Bestimmung des Ichs und des Nicht-Ichs innerhalb des absoluten und unbestimmten Ichs, das laut dem ersten Grundsatz sein (existieren) soll.[103] Die Übersetzung soll ihrerseits laut Hölderlin dynamisch als Prozess der Zusammenwirkung des Eigenen und des Fremden betrachtet werden, dessen Endeffekt eine Vision des allumfassenden Ganzen wäre. Der Prozess muss sich in der Zeit entwickeln oder aber er löst die Zeit aus.

Die generellen Voraussetzungen von Hölderlins Übersetzungstheorie, die sich auf den Transzendentalismus stützt und die unten anhand von Hölderlins theoretischen Texten genauer rekonstruiert wird, können im ersten Versuch folgendermaßen dargestellt werden: Im Falle der Sophokles-Übersetzungen findet der nach dem Vorbild des dritten Grundsatzes von Fichte gestaltete Prozess zuerst auf zwei Ebenen statt. Die erste breitet sich zwischen den griechischen Originalen und Hölderlins *Die Trauerspiele des Sophokles* aus. Mit ihr verschränkt sich eine andere Ebene, die zwischen der transzendentalen Philosophie nach dem Vorbild Fichtes und der Sprache, vornehmlich der poetischen, liegt. Auf den beiden Ebenen wird die Übersetzung zusammen mit der Theorie der Übersetzung, die die Übersetzung gestaltete und in den „Anmerkungen zur Antigone“ explizit, obschon kryptisch formuliert wurde, eine Theorie zur Umsetzung der Theorie: Der Transzendentalismus und die Poesie sollen sich gegenseitig bestimmen – und der Prozess der Umsetzung einer Philosophie, die an der Zeit ist, weil sie die Dichtung in sich aufnimmt, ist gerade die Suche nach einem Gleichnis für die Philosophie. Die Suche

---

102 Johann Gottlieb Fichte, *Grundlage der gesamten Wissenschaftslehre, Sämtliche Werke*, hg. von Immanuel Hermann Fichte (Berlin: Veit und Comp., 1845/1846), Bd. 1, 110, Hervorhebung des Autors.

103 Johann Gottlieb Fichte, *Grundlage der gesamten Wissenschaftslehre*, 95: „Das Ich *setzt sich selbst*, und es *ist*, vermöge dieses blossen Setzens durch sich selbst; und umgekehrt: das Ich *ist*, und es *setzt* sein Seyn, vermöge seines blossen Seyns. – Es ist zugleich das Handelnde, und das Product der Handlung; das Thätige, und das, was durch die Thätigkeit hervorgebracht wird; Handlung und That sind Eins und ebendasselbe; und daher ist das: *Ich bin*, Ausdruck einer Thathandlung; aber auch der einzig-möglichen, wie sich aus der ganzen Wissenschaftslehre ergeben muss“ (Fichtes Hervorhebungen).

nach einem Gleichnis für das Innige ist doch – so Hölderlin in „Grund zu Empedokles“ – das eigentliche Verfahren des dramatischen Dichters. Das Innige ist – das ist wiederum das Resultat der Auslegung der Ecce-Ödipus-Urszene – das Allumfassende; die innigste Philosophie widmet sich dem Seyn. Das Gleichnis für die Philosophie wäre damit auch ein Gleichnis für die Zeit sowie für die von dem Transzendentalismus und der Zeit angefeuerten und nach der tragischen Form trachtenden Innigkeit. Ein richtiges Gleichnis würde ebenfalls den Weg der Tat bestimmen, die aus der Innigkeit in die Erscheinung – wie im Drama – treten soll. All diese großen Vorhaben hängen von der literarischen Übersetzung ab, die das Fremde im originellen Eigenen vorfindet. Die Übersetzung aus einer Fremdsprache befreit die Energie der Translation, die in jedem Original steckt, das doch nur insofern auf das Publikum wirkt, als es die innige Erkenntnis des Absoluten wirksam in Zeichen der Sprache übersetzt. Die Übersetzung aus einer Fremdsprache macht das Eigentlichste an der Dichtung lesbar: Die Zeit und der Raum, in denen das Werk wirkt („lebt“), breiten sich im Chronotopos der gegenseitigen Übersetzung des Gedankens und des Ausdrucks aus oder: der Transzendentalphilosophie und der poetischen μηχανῇ.

Das ist noch bei Weitem nicht alles: Hölderlin behauptet etwa in „Über die verschiedenen Arten zu dichten“ oder „Über den Unterschied der Dichtarten“, dass das Original sich uneinheitlich in der Zeit erstreckt. Der Grundsatz der Konstruktion des Gedichts sei ‚harmonischer Wechsel‘, der dank dem goldenen Moment der Unterbrechung zum Vorschein komme. Dieser Wechsel ähnelt sehr der Übersetzung: Das Gedicht lässt verschiedene Töne ausklingen, die mit verschiedenen Sphären der Sprache und des Lebens räsonieren, damit es mithilfe der Zäsur eine ideale Empfindung bewirken kann. Dies wäre die Empfindung der Veränderung als einer solchen. Die verschiedenen Töne, indem sie um das Eins (um 0) kreisen, verbinden sich miteinander auf der Basis der Übersetzbarkeit und der Unübersetzbarkeit. Sie wiederholen oft das schon Gesagte in einer anderen Subsprache oder erproben die eigene Aussagekraft an dem Einzigen und Allgegenwärtigen. Wenn solch ein innerlich uneinheitliches Gedicht – und die Teile der attischen Tragödie sind extrem heterogen wie auch ihre Sprache, da die Chorlieder in einem anderen Dialekt als das übrige Stück geschrieben waren – übersetzt wird, so soll der Übersetzungsprozess den originalen Übersetzungscharakter des Gedichts ans Licht bringen, das zwischen Anschauung und Ausdruck sowie zwischen verschiedenen Tönen schwebt. Hölderlins Kommentare machen auf die stilistische Verschiedenheit vor allem des Ödipus aufmerksam (HW XVI 252-257). Sobald eine Tragödie auf diese Art betrachtet wird, dass sie sich horizontal und vertikal übersetzt, wird sie zum Modell der Beziehung der Theorie und der Praxis. Mit anderen

Worten: Die Tragödie wird eine modellhafte Übersetzung der Erkenntnis in die Handlung und ins Handeln beziehungsweise eine Übersetzung einer vergangenen, erfahrenen Handlung in eine werdende. Das Publikum folgt gespannt, wie die Anschauung von innen nach außen drängt und ihren Ausdruck in der Welt findet.

Fichtes Bewusstseinstheorie führt bekanntermaßen das Prinzip der antagonistischen Synthese ein,[104] die später in der Philosophie *sensu largo* Karriere machen wird und den Aufstieg der auf die Synthese der Gegensätze beruhenden Komik- und Tragiktheorien innerhalb der Großsystemen fördern wird; solch eine dynamische, prozessuale Synthese von Gegensätzen bildet die Rüstung der Übersetzungstheorie und -praxis Hölderlins. Seine Sophokles-Übersetzungen führen eine quasi- oder post-Fichte'sche Synthese durch, d.h. sie synthetisieren *nicht* zwei verschiedene Sprachen in einer Hypersprache dritten Grades. Die Tragödien des Sophokles trachten nach der Identität der Identität und des Unterschieds, worunter eine solche Einengung (des Fremden durch das Heimische und des Heimischen durch das Fremde) verstanden werden soll, in der das Eigene und das Fremde gegenseitig aufeinander wirken, indem sie sich gegenseitig begrenzen und bestimmen, damit der Ursprung aller Unterscheidungen zwischen dem Heimlichen und dem Nichtheimlichen, zwischen ‚damals' und ‚heutzutage', alt und neu innig gefühlt werden kann. So soll die Zeit gefühlt werden können, und zwar als eine Form, als eine Reihe von Formen oder – im äußersten Ausdruck – als Form aller Formen der Kunst und der Freiheit. So wie laut Aristoteles das Gefühl der Katharsis oder die Katharsis des Gefühls das eigentliche Ziel der Tragödie darstellt, so soll die Übersetzung der sophokleischen Tragödien uns erlauben, „den Geist

104 In Immanuel Kants *Kritik der reinen Vernunft* (Gesammelte Werke. Akademie-Ausgabe, Königlich Preußische Akademie der Wissenschaften (Berlin, Reimer, 1900), Bd. 3, 96) steht in der zweiten Anmerkung zur Kategorientafel, dass „allerwärts eine gleiche Zahl der Kategorien jeder Klasse, nämlich drei sind, welches eben sowohl zum Nachdenken auffordert, da sonst alle Einteilung a priori durch Begriffe Dichotomie sein muss. Dazu kommt aber noch, dass die dritte Kategorie allenthalben aus der Verbindung der zweiten mit der ersten ihrer Klasse entspringt./ So ist die *Allheit* (Totalität) nichts anders als die Vielheit als Einheit betrachtet, die *Einschränkung* nichts anders als Realität mit Negation verbunden, die Gemeinschaft ist die *Kausalität* einer Substanz in Bestimmung der andern wechselseitig, endlich die *Notwendigkeit* nichts anders, als die Existenz, die durch die Möglichkeit selbst gegeben ist. Man denke aber ja nicht, dass darum die dritte Kategorie ein bloß abgeleiteter und kein Stammbegriff des reinen Verstandes sei." Diesen Gedanken wagte jedoch Fichte zu denken. Fichtes Wissenschaftslehre führe die antagonistische Synthese der Gegensätze in die Philosophie als das Grundprinzip der Philosophie ein. Vgl. Wolfgang Janke, „Limitative Dialektik. Überlegungen im Anschluss an die Methodenreflexion in „Fichtes Grundlage 1794/ 95 § 4", *Fichte-Studien* 1990, 1, 9-24.

der Zeit [...] festzuhalten und zu fühlen“ (HW XVI 421), wie im letzten Satz der „Anmerkungen zur Antigone“ zu lesen ist, der das Übersetzungsdiptychon abschließt. Erst nachdem wir den Geist der Zeit – die Anschauungsform, in der alles, was sich zeigen kann, aufgeht – gefühlt und behalten haben, können wir in der Unermesslichkeit der Welt und der Geschichte unsere eigene Identität finden. Dies gleicht dem Prozess des aufgeklärten Handelns.

Hölderlin ändert tatsächlich viel im Vergleich zu Sophokles' Original, um „Nationalkonvenienz“ zu überwinden und „Kunstfehler“ zu verbessern, wie er im Brief an den Verleger schreibt. Er intensiviert den originalen Ausdruck auf verschiedene Weisen, und zwar ab den ersten Worten des ersten Stücks im Diptychon, mit denen sich Ödipus an die Priesterdelegation aus dem verpesteten Theben wendet. Im Moment, in dem Ödipus ihnen und damit den Lesern (den Zuschauern) erzählt, was er sieht, bedient er sich des zweideutigen Verbes θοάζω, das entgegensetzte Tätigkeiten ausdrücken kann: sowohl „ich sitze“ als auch ich „bewege mich rabiat“.[105] Ödipus sieht Büßer, ein häufiges Personal der griechischen Tragödie.[106] Laut dem Brauch des Landes sollen Büßer am Fuß des Altars sitzen, mit den flehentlichen Garben versehen. Dessen ungeachtet wählt Hölderlin von den zwei Möglichkeiten, die θοάζω bietet, die gewaltsame Bewegung, sodass die Flehenden, anstatt in Ruhe das Erbarmen Gottes und die Audienz bei dem Tyrannen zu erwarten, Ödipus in höchster Aufregung bestürmen:

> O ihr des alten Kadmos Kinder, neu Geschlecht,
> In welcher Stellung hier bestürmt ihr mich,
> Ringsum gekränzt mit bittenden Gezweigen? (HW XVI 81)

Von diesen ersten Worten der Tragödie an versucht der Übersetzer durchaus auf das Original zurückzuwirken. Hier beging Hölderlin den pragmatischen (ethnographischen) Fehler mit Überlegung, damit θοάζω aufhörte, eines von

105 All die Abweichungen vom griechischen Original werden vom Herausgeber Friedrich Beißner in seinem Kommentar zu Hölderlins Sophokles-Übersetzungen aufgezählt: Friedrich Hölderlin, *Sämtliche Werke* (Stuttgart: Kohlhammer, 1955), Bd. 5, 450-508. Beißner Widmete Hölderlins Übersetzungen seine 1933 verteidigte Dissertation *Hölderlins Übersetzungen aus dem Griechischen* (Stuttgart: Metzler, 1961); eine Ausführliche Analyse von Hölderlins offensichtlichen Fehler und wohl intendierten Änderungen („schöpferische Fehler“, S. 125) liefert Wolfgang Schadewaldt, „Hölderlins Übersetzungen des Sophokles“, *Antike und Gegenwart. Über die Tragödie*, 113-174.

106 Beginnend mit Aeschylus *Perser* und *Schutzflehenden*. Natürlich die Stimmung und Funktion des Chores in der griechischen Tragödie sind sehr labil, worauf Hölderlin – als wir noch sehen werden – besonders empfindsam war, indem er postulierte, dass die Summe all der Stimmungsschwankungen null, dem leeren Zeichen gleich.

vielen Worten aus dem Wortschatz des Altgriechischen zu sein, und eine dynamische, zwischen dem Original und der Übersetzung aufgespannte Synthese der Gegensätze wurde. Die Übersetzung interveniert ins Original, weil θοάζω nicht mehr wie bei Sophokles als nur eines der zwei Lexeme fungieren sollte, die lediglich durch eine Homophonie miteinander verbunden sind. Nach dem Eingriff des Übersetzers soll θοάζω den Status eines dialektischen Wortes gewinnen, das die zwei gegensätzlichen Bedeutungen der Ruhe und der Bewegung vereinigt, um sofort, unmittelbar am Anfang des Trauerspiels das Paradoxon der tragischen Zeit zu exponieren, die sowohl leer als auch fortreißend ist.

Stillstand und gewaltige Umwälzung werden von einem anderen griechischen Wort – στάσις – ebenso verbunden. Στάσις bedeutet Aufrichtung, Stiftung, Ruhe, Status sowie Unruhe, Aufruhr, Aufstand, Bewegung, Brandstiftung und Bürgerkrieg. Platon bedient sich des Wortes in seiner Πολιτεία, wenn er das Ethos des einzelnen körperlichen Menschen mit der Form der politischen Verfassung in Parallele bringt. Zwischen dem Einzelmenschen und der Stadt könne entweder die tragische Dichtung vermitteln oder die Philosophie. Sei die Philosophie das Medium, das Einzelne in die Stadt einbezieht, herrsche sowohl im Individuum als auch in der Polis Harmonie, innere Stärke, Integrität. Synthetisiere sich die Verfassung des Menschen und der Stadt aber nach den Regeln der Tragödie, beginnt sich in beiden στάσις zu verbreiten.[107] Wenn Sokrates berichten soll, wie die vollkommenste und deswegen die dauerhafteste aristokratische Verfassung in die Brüche geht, sagt er:

> Oder wollen wir, wie Homer, die Musen anrufen, uns anzusagen, wie zuerst Zwietracht (στάσις) hineingeraten, und wollen wir sagen, sie hätten mit uns wie mit Kindern auf eine rätselhafte Weise Scherz und Neckerei getrieben und, als gäben sie ernstliche Aufschlüsse, zu uns im erhabenen Stil der Tragödie gesprochen?[108]

Und Sokrates – von der στάσις angesteckt und den tragischen Dichter parodierend – beginnt Spekulationen über die Notwendigkeit der zyklischen Abwechslung von Verfassungsformen, die die erste Bedeutung des Wortes ‚Revolution' war. Zusammen mit Herodot wird Sokrates damit der Stifter dieser Gattung der tragischen Geschichtsspekulation, die Hölderlin im Empedokles-Projekt und in den Sophokles-Übersetzungen weiterentwickelte. Die tragische Dichtung ist das Medium der στάσις. Man muss die tragischen

---

107 Platon, *Republik*, 5.470b.

108 Platon, *Republik*, 5.545d; die deutsche Übersetzung Platon, *Sämtliche Werke*, übersetzt von Friedrich Schleiermacher *u.a.*, hg. von Erich Loewenthal (Berlin: Lambert Schneider, 1940), B 2, S. 291.

Musen herbeirufen, um den Anfang des Zerfalls der Einigkeit zu erklären. Στάσις bedeutet andererseits auch Stillstand und Hölderlin spricht in seinen Kommentaren häufig über die leere Muße der tragischen Zeit, so wie er im Brief an Gottfried Ebel die Leere deutscher Existenz beklagt.[109]

Indem er die Übersetzung auf die Art gestaltet, dass eine dialektische Zweideutigkeit der Schlüsselwörter sowie die Doppelheit des Zeitraums der vorgestellten Welt in dem Spannungsfeld zwischen dem Original und der Übersetzung aufgespannt wird, verfährt Hölderlin sowohl im Geiste seiner Epoche (soweit sich dieser Geist in Fichtes Wissenschaftslehre ausdrückt) als auch dem der griechischen Tragödie. Diese entstand doch im Moment des Übergangs von der Tyrannei zur isonomischen Polis und zeigte das gesellschaftliche und politische Denken *in statu nascendi*. Dies war mithilfe des Herausstellens von zweideutigen Rechts- und Moralbegriffen (Δίκη, Κράτος, Νομός, usw.) realisierbar, die aus dem Mythos herauswuchsen und dabei waren – wie die Gattung der Tragödie bezeugt – sich in Bestandteile des Wortschatzes der ‚Gesellschaft' zu verwandeln.[110] Laut Jean Pierre Vernant waren die Spannungen, die die tragische Handlung inszenierte, semantischer Natur, die höchste aber kennzeichnete die tragische Zeitlichkeit: im Drama offenbare sich blitzhaft das Göttliche im Verlauf menschlicher Handlugen selbst.[111] Die Zeit der Götter – behauptet der angesehene französische Altphilologe – soll sich gerade durch Leere und die wesentliche Unvollendetheit menschlicher Taten offenbaren, die sich durch diese ihre fehlerhafte Natur von den Göttertaten unterscheiden; die Götter kennen nämlich keinen Abstand zwischen Handelnden und Handlung, Intention und Ausführung.[112] Noch Vernant, ein Strukturalist des 20. Jahrhunderts, versteht die Tragödie als eine Form, die den Unterschied zwischen dem Vorhaben und der Umsetzung als eine besondere, auf die Gegensätze zielende Gestaltung der Zeit zur Schau stellt.

Die in der kritischen Tragödientheorie engagierten deutschen Philosophen liebten solche dialektischen Worte, die Gegensätzliches aufsammeln. Neben θοάζω oder στάσις beispielsweise auch κατέχων, das Erinnerung und Aufhebung in sich versammelt. Auch der Reflexion steht eine doppelte Bedeutung

109 Besprochen im Kapitel zum Entstehungszusammenhang.

110 Vgl. Jean-Pierre Vernant, „Le moment historique de la tragédie en Grèce : quelques conditions sociales et psychologiques", Jean-Pierre Vernant, Pierre Vidal-Naquet, *Mythe et tragédie en Grèce ancienne* (Paris: Maspero, 1977), Bd. 1, 15-16, Jean-Pierre Vernant, „Tensions et ambiguïtés dans la tragedie grecque", Vernant, Vidal-Naquet, *Mythe et tragédie en Grèce ancienne*, Bd. 1, 21-40.

111 Vernant, „Tensions et ambiguïtés dans la tragedie grecque", 36.

112 Jean-Pierre Vernant, „Ebauches de la volonté dans la tragédie grecque", Jean Pierre Vernant, Pierre Vidal-Naquet, *Mythe et tragédie en Grèce ancienne*, Bd. 1, 73.

zu, besonders bei Hölderlin, der mit Spiegelbild und Umdrehung Revolution im Selbstbewusstsein spielt. Eine permanente Revolution aller Vorstellungsformen und Begriffe findet statt, die Reflexion selbst geht in die Praxis über. Von Hölderlins treustem Freund von Sinclair, dem ‚Eduard' aus der Ode über den Dichter und den Tatenmenschen, schrieb Jacob Zwilling: „So oft ich die Wissenschaftslehre ansehe freue ich mich über den erhabenen Gedanken von der Einbildungskraft. Sinclair der der Griechischen Sprache sehr mächtig ist, sagte mir, dass Prometheus soviel als die Reflexion bedeute; diesem Prometheus, der uns vom Olympus losgerissen, stelle ich die Einbildungskraft entgegen die uns wieder hinaufgetragen hat."[113]

All diese Worte – Erinnerung, Aufhebung, Reflexion (Prometheus), Stasis – beziehen sich auf die paradoxe Natur der Zeit, die eine Synthese der Bewegung mit dem Bleiben, der Zerstörung und des Aufbewahrens, der Kontinuität und des einzelnen Moments ist:

> In der äußersten Grenze des Leidens bestehet nämlich nichts mehr, als die Bedingungen der Zeit oder des Raums.
> In dieser vergisst sich der Mensch, weil er ganz im Moment ist; der Gott, wie er nichts als Zeit ist; und beides ist untreu. (HW XVI 258)

Diese Synthese der Gegenwart des Vergangenen und des vorausgesehenen Vergangenseins des Zukünftigen, erlaubt es, Objekte ins Gedächtnis zu rufen, er-innern und ihnen mithilfe der Voraussage, deren Eintreffen Gesetzmäßigkeiten bestätigt, die Objektivität und Gesetze zu verleihen. Als solche muss die Zeit und die Voraussage in jeder Theorie der Praxis berücksichtigt werden, da jede geplante Handlung als eine zukünftig vergangene („vollbrachte") betrachtet werden muss.

Da in der tragischen στάσις sowohl gewaltige Umwälzung als auch Stillstand steckt, hilft die griechische Tragödie laut Hölderlin, die Einseitigkeit seiner Gegenwart zu überwinden; er beschuldigte nämlich die Deutschen an der Wende zum 19. Jahrhundert des Mangels „an Elastizität, an Trieb, an mannigfaltiger Entwicklung der Kräfte" (HW XIX 369). Das Trauerspiel des Sophokles könnte die gebremste Geschichte nur dann in Gang bringen, wenn die deutsche Übersetzung (um der Deutschen willen) die Kehrseite der Stagnation, στάσις, verstärkt. In diesem Sinne verfährt Hölderlin auch zum Beispiel mit dieser für uns ungreifbaren Stelle aus der Antigone, die Goethe in solchem Grad beunruhigte, dass er den Wunsch ausdrückte, sie möge

113 Zitiert nach Andreas Arndt, *Dialektik und Reflexion: Zur Rekonstruktion des Vernunftbegriffs* (Hamburg: Meiner, 1996), 106.

eine spätere Interpolation und nicht eine Schöpfung des Sophokles sein.[114] Antigone erklärt nämlich ihr Beharren damit, dass es doch um einen Bruder geht. Wäre ihr Mann ums Leben gekommen, könnte sie einen neuen haben; hätte sie ein Kind verloren, würde sie ein neues gebären. Jetzt aber sind die beiden Eltern tot und sie wird folglich keine weiteren Brüder mehr haben, weshalb sie sich für das Verbrechen entschlossen hat. Anstatt die perverse Aussage zu beschwichtigen, fügt Hölderlin Aufstand und Bürgerkrieg zum möglichen Inzest (zur Überbewertung der Geschwisterliebe) hinzu. In Antigones Selbstdarstellung als bruderlose Schwester ersetzt er das einfache βίᾳ πολιτῶν („[handeln] gegen die Bürger) durch Gewalt und Aufstand: „Nie nämlich, weder, wenn ich Mutter/ von Kindern wäre, oder ein Gemahl/ Im Tode sich verzehret, hätt' ich mit Gewalt,/ Als wollt ich einen Aufstand, dies errungen" (HW XVI 395). Daraus folgt, dass sie – da es Antigone um den Bruder geht und die Eltern, die einen neuen zeugen könnten, verstarben – tatsächlich versucht, einen Aufstand in Athen anzuzetteln. Die Brüderlichkeit scheint ihr der Treibstoff des Aufstandes zu sein. In den „Anmerkungen zur Antigone" steht:

> Die Art des Hergangs in der Antigone ist die bei einem Aufruhr, wo es, sofern es vaterländische Sache ist, darauf ankommt, dass jedes, als von unendlicher Umkehr ergriffen, und erschüttert, in unendlicher Form sich fühlt, in der es erschüttert ist. Denn vaterländische Umkehr ist die Umkehr aller Vorstellungsarten und Formen. (HW XVI 419)

Die unendliche Form, in der man sich selbst zur revolutionären Zeit fühlt, muss die Zeit selbst sein: nicht mehr eine bloße Form der Anschauung als eine Bedingung dafür, dass Gegenstände gegeben werden können, sondern ein

114 Dies findet sich im Gespräch am 28. März 1827: *Goethes Gespräche*, hg. von Woldemar Freiherr von Biedermann (Leipzig: Divan, 1889-1896), Bd. 6, 73: „So kommt in der Antigone eine Stelle vor, die mir immer als ein Flecken erscheint, und worum ich vieles geben möchte, wenn ein tüchtiger Philologe uns bewiese, sie wäre eingeschoben und unecht." Jean-Pierre Vernant deutet Antigones Bruderliebe lediglich als die höchste Form von Philia oder Familienpietät („Œdipe sans complexe", Vernant, Vidal-Naquet, *Mythe et tragédie en Grèce ancienne*, 77-98). Goethes folgende Äußerung trägt jedoch dazu bei, dass der Leser eine solche Auslegung der Stelle bezweifelt: „‚Ich dächte', erwiederte [sic!] Goethe, „dass die Liebe von Schwester zur Schwester noch reiner und geschlechtloser wäre! Wir müssten denn nicht wissen, dass unzählige Fälle vorgekommen sind, wo zwischen Schwester und Bruder, bekannter- und unbekannterweise, die sinnlichste Neigung stattgefunden ..." (70). Vernants Deutung wird vertreten von: George Steiner, *Antigones. How the Antigone Legend Has Endured in Western Literature, Art, and Thought* (Yale: YUP, 1996), 17 (Philia als Aufhebung von Eros und Agape) und Judith Butler, *Antigone's Claim: Kinship Between Life and Death* (New York: Columbia University Press, 2000), besonders das dritte Kapitel „Promiscuous Obedience"; Jacques Lacan teilt dagegen Goethes Beunruhigung in *L'Éthique de la psychanalyse*, hg. von Jacques-Allain Miller (Paris: Seuil, 1986), 298.

Gegenstand der Anschauung selbst; eine fühlbare Kunstform, die ihre Medialität nicht verbirgt, oder ein Medium, das sich selbst mit seiner Message offenbart. In „Anmerkungen zur Antigone" rechtfertig sich der Autor kryptisch für die Änderungen, die er im Vergleich zum Original unternommen hat. Alle lassen sich jedoch auf ein Prinzip zurückführen. Sie heben das Thema der Zeit und der gewaltsamen Änderung hervor; die Anmerkungen und die Interventionen ins Original verhelfen der Tragödie, ihr eigentliches Ziel zu erreichen: die Anschauung dessen hervorzurufen, was unverändert die Änderung mit sich bringt.

5.5.3. *Das Diptychon: synthetische intellektuelle Anschauungen*

Der paratextuelle Rahmen von *Die Trauerspiele des Sophokles* gibt Aufschluss über die Natur der Verbindung der zwei Dramen in ein Ganzes voller Spannung. Er besteht aus einer Widmung „Der Prinzessin Auguste von Homburg" und aus den Anmerkungen des Übersetzers. (Eine Einführung, die Hölderlin mehrmals angekündigt hatte,[115] ging in das Diptychon nicht ein; stattdessen bekam der Leser eine lange Zusammenstellung von Druckfehlern.) „Anmerkungen zur Antigone" sind weitgehend den Unterschieden zwischen den griechischen und ‚hesperischen' bzw. ‚vaterländischen' (sprich: modernen, deutschen) Formen gewidmet und den Gründen, weswegen die modernen vorzuziehen sind. Der Unterschied zwischen den Formen kann ebenso gut mit dem Wort ‚Reflexion' wie mit ‚Revolution' benannt werden, da er sich auf denselben Mechanismus wie die beiden zurückführen lässt. Reflexiv betrachtet sind Hölderlins Änderungen in Bezug auf Sophokles im tiefsten Sinne revolutionär. Das, was Hesperien mit Griechenland vereinigt und was die zwei Formen voneinander unterscheidet, ist diese Identität der Identität und des Unterschieds, die ‚Zeit' heißt und schon in „Das Werden im Vergehen" als eine Reihe von Katastrophen und Revolutionen (‚Umdrehungen' und ‚Umkehrungen') aufgefasst wurde.

Wenn nach dem Kriterium gesucht wird, nach dem die modernen von den alten Formen sich unterscheiden – und sie müssen laut Hölderlin unterschieden werden, damit die modernen bevorzugt und weitergebildet werden können (HW XIV 418, 421) – dann würde ein besonderes Charakteristikum ins Auge springen, welches aber zunächst wegen seiner Offensichtlichkeit übersehen wird: das Umranden von modernen Texten mit Nachworten, Kommentaren, Einführungen, Widmungen und Lobreden. Die Paratextualität[116] ist ein zuver-

---

115 Siehe zum Beispiel Friedrich Hölderlin, *Sämtliche Werke und Briefe*, hg. von Günter Mieth (Berlin: Aufbau, 1970) Bd. 2, 935, 936.

116 Gérard Genette, *Palimpseste. Die Literatur auf zweiter Stufe*, übersetzt von Wolfram Bayer, Dieter Hornig (Frankfurt am Main: Suhrkamp, 1996), 11: „Titel, Untertitel, Zwischentitel;

lässiges materielles Zeichen dessen, was zur Zeit Hölderlins als das für die moderne Dichtung charakteristische bezeichnet wurde: Reflexivität, Subjektspaltung, Autothematismus, Ironie, ‚Sehnsucht nach dem Unendlichen', ‚unendlicher Fortschritt', ‚idealer Charakter', usw. Die Übersetzung selbst setzt das Bewusstsein der eigenen Verspätung – sprich den Sinn der eigenen Modernität – voraus, und wirkt als eines der Antriebskräfte der Neuzeit, wie dies die Geschichte der Reformation beweist. Für die vormodernen Völker sind diejenigen, die eine Fremdsprache sprechen, Barbaren oder ‚Niemcy' (die Stummen und die Deutschen zugleich).

Die Trauerspiele des Sophokles als kommentierte Übersetzung sind dementsprechend modern hoch zwei. In der Widmung der Prinzessin Auguste von Homburg artikuliert Hölderlin das Ziel des Projekts: Er möchte durch die Übersetzung „etwas zum Nötigen oder zum Angenehmen" tun, *docere et placere*. Die Dichtung „bei uns", in Hesperia, findet ihre Identität und ihr eigentliches Ziel oder anders gesagt: sie bekommt nur dann Bürgerrechte im modernen Staat, wenn sie sich mit einem Gegenstand auseinandersetzt, der „zwar in fremden, aber festen und historischen Gesetzen gebunden ist. Sonst will ich, wenn es die Zeit gibt, die Eltern unserer Fürsten und ihre Sitze und die Engel des heiligen Vaterlandes singen" – fügt Hölderlin hinzu (HW XVI 76). Schon an dieser Stelle, in der Widmung, bevorzugt er moderne Formen und Selbsterkenntnis, und nicht gelungene Nachahmung. Der Weg zu sich selbst führt jedoch durch das Fremdsein. Erst mit dem Fremden konfrontiert erkennen der Dichter und sein Volk die beharrlichen Gesetze der Ereignisgeschichte und der Kunst, so dass der Dichter die Heimatgeschichte besingen und für seine Heimatmenschen unentbehrlich werden kann. (Wir sprechen die ganze Zeit über die Übersetzungen der griechischen Dramen.) Nur in Gustav Schlesiers Abschrift bewahrte sich ein Entwurf eines nie verschickten Briefes an dieselbe Prinzessin Augusta, des letzten nicht spurlos verschwundenen Schreibens Hölderlins vor der Verwicklung in den Hochverratsprozess und der Entmündigung:

> „Durchlauchtige Prinzessin. Ich schicke Ihnen den ersten Band der Übersetzung der Sophokleischen Tragödien." Er spricht darin von der Größe der Alten, aber auch von dem „unbegreiflich Göttlicheren unserer heiligen Religion in seiner Originalität, u. den Wert des Vergleichens der antiken u. unserer Zustände." (HW XIX 510)

Vorworte, Nachworte, Hinweise an den Leser, Einleitungen usw.; Marginalien, Fußnoten, Anmerkungen; Motti; Illustrationen; Waschzettel, Schleifen, Umschlag und viele andere Arten zusätzlicher, auto- oder allographer Signale, die den Text mit einer (variablen) Umgebung ausstatten."

‚Unsere', d.h. die lutherische Religion hat eben deswegen das unendlich Göttlichere an sich, weil sie erlaubt, die Aktivität der Zeit und der Übersetzung gründlicher zu erfahren, und zwar dank des Unterschieds von und der bestimmten Einheit mit der griechischen Religion und der griechischen Dichtung (der Einheit, die es erlaubt, Christus auf Dionysos zu projizieren oder die Mnemosyne der Dichter durch das ‚Andenken' Christi zu erregen).

Die inneren Unterschiede und Einklänge werden durch die Konstruktion des Diptychons demonstriert. Sie ist nicht so offensichtlich, wie unsere Lehrpläne (oder eher die Lehrpläne des 19. Jahrhunderts) es suggerieren. Hölderlin, der die Art und Weise erforschte, auf die die Geschichte in Meisterwerken enthalten sein und aus ihnen geholt werden kann (die wichtigste Art war die Übersetzung), übersetzte auch (Fragmente von) *Ajax* und *Ödipus auf Kolonos*. Über den *Ödipus auf Kolonos* schieb er in den Kommentaren zur Antigone, dass die Tragödie, was die Form und die Sprache, vor allem das fatale Missglücken des Sprechakts angeht, der den Tod mit sich bringt, der Neuzeit besser entspricht als *Ödipus der Tyrann* oder *Antigone* (HW XVI 418-419). *Ajax*, in dem laut Hölderlin die verfeinerte Kultur des Odysseus der Einfalt des unkultivierten wilden Kriegers Ajax gegenübersteht oder der schlaue Ödipus den „griechischen Landleute[n]" (HW XVI 416-417), konnte wohl durch eben diese Gegenüberstellung zur Zeit, als die Kolonisierung in Schwung kam (ein Impuls dazu gab Napoleons Ägyptenexpedition), Interesse wecken. Man könnte sich ein Diptychon vorstellen, das zwei Ödipus-Figuren gewidmet wäre – einem griechischeren und einem hersperischeren, dem König und dem Vertriebenen, dem Tyrannen und dem Propheten. Oder zwei Antigone-Figuren: einmal in Theben und einmal in Kolonos, nach dem Tod des Bruders und den Vater zum Hades begleitend. Oder ein Diptychon, das zentripetal die Ankunft und die Vertreibung des Fremden, des Ödipus, zeigt und zentrifugal die Expeditionen des Odysseus gegen Ajax oder sogar Philoktetes schildert.

Eine Erklärung der Form des Diptychons *Die Trauerspiele des Sophokles* findet der Interpret im erweiterten Paratext. In Hölderlins Nachlass ist ein Aufsatz zur spekulativen Gattungslehre erhalten, den die Hellingrath-Ausgabe mit dem Titel „Über den Unterschied der Dichtarten" versehen haben und der aus der Zeit der Arbeit am Empedokles-Projekt stammt. Er rechtfertigt und belegt die im vorherigen Unterkapitel formulierte Hypothese, das Sophokles-Diptychon würde bestimmungsgemäß das Unlösbare am Empedokles-Projekt lösen. In besagtem Aufsatz steht, dass die drei Hauptgattungen der Dichtung – die lyrische, die epische und die tragische – immer in verschiedenen Synthesen der drei Töne entstehen: des idealen, des naiven und des heroischen. Die drei Töne werden für die Bestandteile des dreifachen Schemas des dichterischen Werkes substituiert. Jedes Werk habe nämlich einen ‚äußeren Schein', eine

Bedeutung und einen Geist, der zwischen dem Schein und der Bedeutung vermittelt. (Man sieht in diesem Schema ein Analogon der berühmt-berüchtigten ‚inneren Form' des Wortes, die zwischen dem Äußeren des Wortes und seiner Bedeutung vermittelt und die dank Wilhelm von Humboldt, Alexandr Potebnja und Gustav Špet (und andererseits Ernst Cassirer) die Entwicklung des europäischen Strukturalismus und des Funktionalismus mit bestimmte;[117] dadurch wirkt das Schema bis heute auf die Kulturwissenschaften.)

In der tragischen Gattung sind die Beziehungen zwischen den Tönen folgendermaßen gestaltet: „Das tragische, dem Schein nach heroische Gedicht ist in seiner Bedeutung idealisch. Es ist die Metapher einer intellektuellen Anschauung."[118] Dass Hölderlin hier etwas anderes meint als Schelling, der die Tragödie ebenfalls aus der intellektuellen Anschauung abgeleitet hatte, deutet der unbestimmte Artikel an: Hölderlin schreibt über ‚*eine* intellektuelle Anschauung' – und meint damit höchstwahrscheinlich die im „Werden im Vergehen" eingeführte Kategorie einer bestimmten Welt, einer Weltform, die im Umbruchsmoment der tragischen „müßige[n] Zeit" (HW XVI 258), zu der die Welt aus den Fugen gerät, entweder zugrunde geht oder aufgeht. Wäre der tragischen Dichtung *die* intellektuelle Anschauung zugänglich, in der die Welt aller Welten erfahrbar wird, bräuchte man kein Diptychon, dessen Teile zwei Tragödien des Sophokles sind. Eine eigentliche Tragödie hätte die Sache erledigt. Da aber *die* intellektuelle Anschauung fehlt, müssen dem Zuschauenden zwei bestimmte Anschauungen angeboten werden, damit er oder sie auf die Idee einer Welt aller Welten kommen und diese Idee als den Grund des Diptychons spüren kann.

Das Empedokles-Projekt ist wahrscheinlich daran gescheitert, dass Hölderlin in ihm *die* intellektuelle Anschauung zu synthetisieren und doch einen Wechsel der Welten zu zeigen versuchte. Nach dem Scheitern der Hypertragödie, die laut „Grund zum Empedokles" den ganzen dialektischen Austausch im Hass und in der Liebe zwischen Nicht-Ich (der Natur, dem politischen Element) und Ich, dem innigen und einigenden, zeigen sollte,

---

117 Siehe z. B. Nikolaj Plotnikov, „Struktura kak ključevoe ponjatie germenevtičeskogo iskusstvoznanija. K istorii nemecko-russkich idejnych svazej 1920-ch gg", *Logos* 2010, 2(75), 35-51; Rainer Grübel, „Sinn versus Präsenz: ‚(Innere) Form' bei Špet, in der GAChN, im Formalismus und bei Bachtin"; Maryse Dennes, „Die Hauptthesen Gustav Špets zur Wort- und Ausdrucksstruktur und ihre Anwendung als methodologisches Prinzip (insbesondere an der GAChN)"; Ludmila Gogotišvili, „Die innere Form als sprachlicher Algorithmus im Denken Gustav Špets", Aage A. Hansen-Löve, Brigitte Obermayr, Georg Witte (Hg.), *Form und Wirkung. Phänomenologische und empirische Kunstwissenschaft in der Sowjetunion der 1920er Jahre* (München: Fink, 2013), 19-92.

118 Hölderlin, *Sämtliche Werke. Stuttgarter Ausgabe*, Bd. 4, 276, vgl. HW XX 195.

versuchte Hölderlin in *Ödipus* und *Antigone* zwei intellektuelle Anschauungen besonderer Welten zusammenzustellen – einer sich auflösenden und einer, die sich in sich sammelt – damit im Unterschied zwischen ihnen das Nachbild der allumfassenden Identität der Welt aller Welten aufgehen könnte. *Der Tod des Empedokles* soll beide Pole der Metaphysik des Empedokles umfassen: den auflösenden Hass und die versammelnde Liebe, aber jede von ihnen in einer einzelnen Tragödie. Das Diptychon *Die Trauerspiele des Sophokles*, das aus zwei Tragödien (zwei Metaphern zweier verschiedener intellektueller Anschauungen) und aus den Paratexten besteht, soll den Abstand zwischen der besonderen Welt und der Welt aller Welten negativ und funktionell zu Tage fördern. Der Sprung zwischen Ödipus und Antigone ist auch eine Art Zäsur. Aber der Reihe nach:

Jedes dichterische Werk ist eine Metapher und sein ‚Geist' ist die Interaktion des Scheins mit der Bedeutung; der ‚Geist' schwebt über dem Vehikel und dem Tenor (und spielt eine analoge Rolle wie Humboldts innere Sprachform, die die Bedeutung mit dem Klangbild vermittelt[119]). Der lyrische Geist der Tragödie umfasst sowohl die heroischen, hektischen Handlungen, die sich gegenseitig aufheben und ins nichts laufen, den „leeren Transport" (HW XVI 250), als auch eine besondere intellektuelle Anschauung. Es scheint, als ermögliche die Entleerung der Handlungen und Gesten den Sprung aus der Welt der Erscheinungen in die nicht diskursive Intuition des Ganzen. Aber in dem Traktat „Über den Unterschied der Dichtarten" [„Das lyrische dem Schein nach idealische Gedicht ...", HW XIV 369-372] spricht Hölderlin von zwei Polen der „in der intellektuellen Anschauung vorhandene[n] Einigkeit" (HW XIV 371); um die wahre Einigkeit zu sein, muss sie sich ‚versinnlichen', d.h. im Raum und in der Zeit zerstreuen, sonst wäre sie zu einseitig. (Dies weiß ein Leser der Neuplatoniker, des Spinoza, Riccoboni und Fichte allzu gut.) So pulsiert die Einigkeit zwischen den Extremen der maximalen Einheit, die Hölderlin „Willkür des Zeus" (HW XIV 371) nennt, und des Zerfalls:

> Der Übergang von der ersten zur zweiten ist wohl eben jene höchste Spannung des Widerstreits. Und der Ausgang bis zu ihm unterscheidet sich vom Rückgang, dass der erste idealer, der zweite realer ist, dass im ersten das Motiv ideal bestimmend, reflektiert, mehr aus dem Ganzen, als individuell ist, im zweiten aus Leidenschaft und den Individuen hervorgegangen ist. (HW XIV 371-372)

119 Ich vereinfache einen sehr komplizierten und faszinierenden Theoriebestand: Tilman Borsche, „Die innere Form der Sprache. Betrachtungen zu einem Mythos der Humboldt-Herme(neu)tik", Hans Werner Schaft (Hg.), *Wilhelm Humboldts Sprachdenken. Symposium zum 150. Todestag* (Essen: Hobbing, 1971), 47-65.

Ödipus der Tyrann und *Antigone* sind Metaphern besonderer Anschauungen der separaten Pole der pulsierenden Einigkeit. Die Anschauungen sind vollkommen einseitig und parteiisch und dank dessen erstellen sie einen Zyklus, dessen Sinn allumfassend und eben darum leer ist. Das Diptychon *Die Trauerspiele des Sophokles* gibt zwei gegensätzliche intellektuelle Anschauungen, deren Unterschied negativ auf das absolut Ganze hinweist, dass sich nämlich nicht offenbart. Hölderlin schreibt in „Über den Unterschied der Dichtarten", dass die intellektuelle Anschauung der Antigone, einer vom Stil her lyrischeren Tragödie, subjektiver ist und „vorzüglich von den konzentrierenden Teilen" ausgeht, während die intellektuelle Anschauung des *Ödipus* „von dem höchsten Trennbaren, von Zeus"[120] ausgehe, wodurch der Stil des Dramas tragisch ist. Indem das Diptychon Ödipus und Antigone nebeneinanderstellt, soll sich die ganze Aufeinanderfolge der Revolutionslehre präsentieren: Anfangs herrscht die höchste Innigkeit, einzelne Menschen kehren sich ab von ihren Leidenschaften oder es kommt sogar zu jener maximalen Einheit (‚Willkür des Zeus') – und dann der Ausgang, die Zerstreuung. Genau in der Reihenfolge, die die lutherische Weltanschauung kennzeichnet: Verinnerlichung, um gewaltsamer aus sich herauszugehen. Die Konstruktion des Diptychons ist die allgemeine Orientalisation, in deren Rahmen die kleineren Orientalismen – Änderungen am Original – funktionieren können.

Die Änderungen in der Übersetzung von *Antigone*, denen die Anmerkungen gewidmet sind, betonen den Moment der Zerstreuung, indem sie in ihr unsere hesperische Konzentration, die Konzentrierung ‚unseres Zeus' hervorheben:

> Sie zählte dem Vater der Zeit
> Die Stundenschläge, die goldnen.
>
> Statt [wie bei Sophokles – M.M.]: verwaltete dem Zeus das goldenströmende Werden. Um es unserer Vorstellungsart mehr zu nähern. Im Bestimmteren oder Unbestimmteren muss wohl Zeus gesagt werden. Im Ernste lieber: Vater der Zeit oder: Vater der Erde, weil sein Charakter ist, der ewigen Tendenz entgegen, das Streben aus dieser Welt in die andere zu kehren und zu einem Streben aus einer anderen Welt in diese. Wir müssen die Mythen nämlich überall beweisbar darstellen. Das goldenströmende Werden bedeutet wohl die Strahlen des Lichts, die auch dem Zeus gehören, insofern die Zeit, die bezeichnet wird, durch solche Strahlen berechenbar ist. (HW XVI 415-416)

Sophokles' *Antigone* ist – in den Kategorien aus dem „Grund zum Empedokles" – ein Gleichnis unserer Weltempfindung, da sie uns so grundsätzlich und diametral fremd und doch, sei es auch durch die Grundsätzlichkeit dieser Fremdheit, innig vertraut bleibt. Im „Grund zum Empedokles" stellte

120 Hölderlin, *Sämtliche Werke. Stuttgarter Ausgabe*, Bd. 4, 282.

Hölderlin diese Proportion auf: je fremder das Gleichnis, desto geeigneter, das Eigene auszudrücken.[121] Die Zäsur zwischen den Beiden beschwört den Geist aller Vermittlungen. Die *Trauerspiele des Sophokles* haben nicht nur je eine Zäsur in den beiden Tragödien, sondern auch eine globale dazwischen; vermutlich gleichgewichtshalber veröffentlichte Hölderlin letzten Endes keine Einführung in den Zyklus, damit er nur aus zwei Teilen und einer Lücke besteht. Das Diptychon hat seinen eigenen, durch die Zäsur zu offenbarenden Rhythmus, der mit dem Rhythmus der sich aus und in den Katastrophen entwickelten Welt und des durch das Nicht-Ich bestimmten Ich interferieren soll, damit die Töne des Werkes ertönen können. Erst das synthetische Ganze, das aus zwei Tragödien besteht, erfüllt die Aufgabe der Dichtung, deren Formulierung „Anmerkungen zur Antigone" und damit das Ganze abschließt: es stellt „die Welt im verringerten Maßstab" dar (HW XVI 421). *Die* Welt und nicht *eine*.

5.5.4. *Der Geist ist die höchste Vermittlung, höchste Innigkeit*

Die Tätigkeit des teilenden und vereinigenden Geistes begrenzt sich im Diptychon nicht auf die Mediation zwischen den zwei Tragödien des Sophokles. Nicht nur schwebt er überdies zwischen der griechischen und der deutschen Sprache, sondern er überführt auch die Theorie in die Dichtung, die Innigkeit in das fremde Gleichnis, indem er die innige Anschauung mit dem poetischen Konkret supplementiert; der ‚Geist' ist die höchste Vermittlung, die auch die Dichtung mit dem ihr fremdesten Element, der prosaischen Wirklichkeit, verbinden können soll.

Vor den Trauerspielen des Sophokles versuchte sich Hölderlin an dem Thema der unendlichen Trennung und Verbindung in *Der Tod des Empedokles*. Die Antwort auf die Frage, warum er die Tragödie nicht zu Ende brachte und sich stattdessen der Übersetzung zuwandte, gibt ein fragmentarischer und wahnsinnig verworrener Theorietext voller logischer Überschläge: „Die Verfahrungsweise des poetischen Geistes". Er baut auf den im Vergleich zu ihm unvollständigen Ansätzen aus den Texten „Grund zum Empedokles" und „Das

121 „aber wie dieses Bild der Innigkeit überall seinen letzten Grund in eben dem Grade mehr verleugnet und verleugnen muß, wie es überall mehr dem Symbol sich nähern muß, je unendlicher, je unaussprechlicher, je näher dem nefas die Innigkeit ist, je strenger und kälter das Bild den Menschen und sein empfundenes Element unterscheiden muß, um die Empfindung in ihrer Grenze festzuhalten, um so weniger kann das Bild die Empfindung unmittelbar aussprechen, es muß sie sowohl der Form als dem Stoffe nach verleugnen, der Stoff muß ein kühneres fremderes Gleichnis und Beispiel von ihr sein, die Form muß mehr den Charakter der Entgegensetzung und Trennung tragen" (Hölderlin, *Sämtliche Werke. Stuttgarter Ausgabe*, Bd. 4, 154-155).

Werden im Vergehen" auf. Hölderlin folgt in der „Verfahrungsweise ..." der Bedeutung des griechischen Wortes ποίησις,[122] wie es Aristotles verstand: Wenn man nach dialektischen, Gegensätze vereinigenden Worten sucht, bietet sich ποίησις an, die das (Nach-)Denken mit dem Erzeugen paart. Auch Hölderlin versucht die Reflexionstheorie mit der Theorie der Produktion zu vereinigen, was als Endergebnis eine pseudo-generative Poetik *avant la lettre* und ferner eine quasi-generative Theorie der Übersetzung ergibt.

Wenn das originale Werk eine Synthese der innigen intellektuellen Anschauung des Absoluten und des konkreten historischen und sprachlichen Materials (des Gleichnisses) durchführt, so wird es solange auf den ganzen Zuschauer – auf „Vorstellung und Empfindung und Räsonnement" (HW XVI 411) – wirken, bis es den Charakter des Übersetzens (der Anschauung in die Zeichen der Sprache) nicht verliert. Das Werk soll ein dynamisches Selbst-Darstellen des ursprünglichen Teilens (Ur-teilens) sein und den Moment des Übergangs des ‚Lebens überhaupt' in konkrete Formen enthalten. In diesen Momenten erscheint das Leben (das Seyn), indem es sich durch die Formen bestimmt, und sich fühlen, begreifen und lernen lässt (HW XVI 421).

Das poetische Verfahren gleicht Übersetzung. Hölderlin verlangt von einer gelungenen Übersetzung die scheinbar unmögliche Aufgabe zu meistern, in zwei Richtungen innerhalb des Gleichnisses zu operieren: Das Gedicht soll das Schweben zwischen Ich und Nicht-Ich, dem Eigenen und dem Fremden genau als Schweben aufgreifen, enthalten und zur Schau stellen, sodass es dem Leser mit jeder Lektüre vergegenwärtigt wird. Damit aber die Pendelbewegung als eine Bewegung gezeigt werden kann, benötigt eine solche Darstellung den plötzlichen Halt, das Gedicht bedarf der Zäsur. Eine solche in Ruhe festgehaltene Bewegung kann man natürlich von den alten Griechen lernen; im zweiten Brief an Böhlendorf (November 1802) berichtet Hölderlin über seinen Aufenthalt in Paris:

> Der Anblick der Antiken hat mir einen Eindruck gegeben, der mir nicht allein die Griechen verständlicher macht, sondern überhaupt das Höchste in der

122 In der *Nikomachischen Ethik* (1140 a ff., 1254 a7, 1074 b 33) erscheint nicht nur das Wesen des Denkens ‚poietisch' (wenn nicht poetisch), sondern auch das der Natur. Poietisch ist das Denken, das die Einheit von Gedachtem und Denken stiftet; dank der Einheit von Poiesis und Poiema (Erzeugen und Erzeugnis) erlangt das Denken einen Anteil an der Göttlichkeit. Zum Problem der Poiesis siehe Dirk Cürsgen, *Phänomenologie der Poiesis* (Würzburg: Königshausen und Neumann, 2012). Für die Rolle der Poesis für Hölderlins dichterisches Projekt siehe Gerhard Kurz, *Mittelbarkeit und Vereinigung. Zum Verhältnis von Poesie, Reflexion und Revolution bei Hölderlin* (Stuttgart: Metzler, 1975), 77-156; Gert Hofmann, *Dionysos Archemythos. Hölderlins transzendentale Poiesis* (Tübingen, Basel: Francke, 1996), 44-97.

> Kunst, die auch in der höchsten Bewegung und Phänomenalisierung der Begriffe und alles ernstlich Gemeinten dennoch alles stehend und für sich selbst erhält, so dass die Sicherheit in diesem Sinne die höchste Art des Zeichens ist. (HW XIX 499)

Der Anfang des poetischen Verfahrens sei laut dem „Verfahrungsweise"-Fragment das Treffen mit dem Fremden. Das Hinausgehen aus sich selbst zum Anderen ist der erste Stritt des Fingierens – wenn Fingieren als das Teilen und das Vereinigen, das immer neue Grenzensetzen zwischen dem Faktischen und dem Erdachten, verstanden wird. Nach Kant muss jeder den Schritt wagen, der wissen will, wer er ist und wonach er trachten kann. Als das merkwürdigste Phänomen seines Transzendentalismus erkannte Kant nämlich die Teilung des Subjekts an, in dem das logische Ich (die transzendentale, ursprünglich-synthetische Einheit der Apperzeption) vom psychologischen Ich zu unterscheiden ist. Das logische Ich sei jenes formale, allgemeine (d.h. individuell nicht verschiedene) Selbstbewusstsein, das die Einheit von Gegenständen und individuellem, psychologischem Ich ermöglicht. Es ist eine solche Bedingung von Erkenntnis, die selbst absolut unerkennbar bleibt: der lichtspendende Grund, der im Dunkeln liegt. Nüchterner ausgedrückt kann nur durch einen Regress – von der Wirklichkeit des Ermöglichten zum Ermöglichenden – das ‚Dass' dieses transzendentalen Subjekts festgestellt werden. Bei Kant gibt es gerade keine intellektuelle Anschauung des transzendentalen Ich.[123] Laut Hölderlin kann ausgerechnet die Poesie die Zweibahnübersetzung (vom Noumenalen ins Phänomenale und andersherum) durchführen, die auf das nicht leere, sondern konkrete Bewusstsein zielt. Sein Produktionsort ist die Poesie als die Synthese der Veränderung und der Beständigkeit. Diese Synthese veranschalicht die paradoxe Natur der Zeit. Die Zeit hört durch die Dichtung auf, eine bloße Form der Anschaulichkeit (wie sie es bei Kant ist) zu sein und zum spürbaren Bild des universellen Ursprungs wird. (Wobei der Ursprung nicht hypostasiert werden soll, sondern als das Ur-Teilen und Ur-Vereinigen verstanden wird.)

In „Verfahrungsweise des poetischen Geistes" behauptet Hölderlin, dass das Ich, damit es die Erfahrung seiner Grenzen machen kann, eine ‚freie Beziehung' mit dem Anderen setzt. In *Empedokles* war das Nicht-Ich die Natur und das Volk Aringents, in „Verfahrungsweise …" übernimmt diese Aufgabe zuerst die eine bestimmte Welt und dann eine fremde Dichtung; sie nehmen

---

123 Rudolf Eisler, *Wörterbuch der philosophischen Begriffe* (Berlin: Mittler & Sohn, 1904), Bd. 1, 62-63; Andrew Brook, „Kant's View of the Mind and Consciousness of Self", Edward N. Zalta (Hg.), *The Stanford Encyclopedia of Philosophy* (Fall 2013 Edition), http://plato.stanford.edu/archives/fall2013/entries/kant-mind/ [Zugriff 23.7.2017].

nacheinander die Stelle des Anderen ein, mit dem das Ich eine Beziehung eingeht. Das Ich und das Nicht-Ich bestimmen sich gegenseitig, sodass die Wahl eines Anderen die Gestalt des Ich verantwortet. Die ‚freie Beziehung' zwischen Ich und Anderem kann auch als ‚ursprüngliche Übersetzung' bezeichnet werden – und diese wird vom Gedicht inszeniert. Die Dichtung – und vorzüglich die Tragödie – bietet sich als ein fachgemäßes Medium dazu an, weil sie in ihrer dramatischen Form, die nur der Dichtung eigen ist, das Ethos und die Lage des Helden ausschließlich durch eine Serie von Konfrontationen mit Anderen und mit (einem) Gott bestimmt, dessen Gestalt wiederum sich in den verflochten Relationen zwischen den Bühnenpersonen (den Anderen) abzeichnet; oder aber er erscheint *ex machina*.

Exakt diese Entwicklung der innigen Relation von Ich und fremdem Ich, des Inneren mit dem Äußeren, des allumfassenden Ganzen mit den einzelnen Teilen, des innigen Erlebnisses mit den fremden Begebenheiten eines Gleichnisses verseht Hölderlin in „Verfahrungsweise des poetischen Geistes" mit dem Terminus „das hyperbolische Verfahren" (HW XX 194).[124] Hierbei spielt er auf die doppelte, spekulative Bedeutung des griechischen Wortes ὑπερβολή an, das einerseits ‚den Übergang, die Überquerung, das Übersetzen' bedeutet, anderseits aber ‚den Exzess, die Übertreibung (die Vorstufe der Hybris)' bezeichnet. Übermaß macht, wie es sich schon aus den Umrissen des *Empedokles* ablesen ließ, das Wesen der Tragik aus, insofern sie eine Tragik des Umsetzens ist: der Held wechselt das Medium (wechselt etwa vom Gedanken zum Handeln) und wird sich plötzlich dessen bewusst, dass er gerade eine Hybris begangen hat; er weiß jedoch nicht, wie es zustande kam, dass er jetzt schuldbeladen dasteht, weil sein Delikt sich aus dieser Kluft zwischen den Milieus ergab, wodurch die Schuld sich an ihn festklammerte und in ihn hineinfraß. Die Hyperbel (ὑπερβολή) gehört als eine Art Übertreibung dem Rhetorikorganon an. Die zweite Bedeutung des Terminus, die des Übergangs, erlaubt es dagegen, an Fichtes Transzendentalismus anzuknüpfen: In Fichtes Wissenschaftslehre aus dem Jahr 1794 heißt die ungebundene Tätigkeit der Einbildungskraft, die zwischen Ich und Nicht-Ich oszilliert, ‚Übergehen'. Das Übergehen ist auch ein Übersetzen, und zwar durch den Bewusstseinsfluß. Hölderlins Konzept der Hyperbel übersetzt den Transzendentalismus in konkrete, phänomenale Kunstformen, die der Theorie als Gegenleistung Konkretheit und Bestimmtheit verleihen. Erst in der poetischen Aufführung – wo der Dichter die Rolle des Dolmetschers als Mittler zwischen dem Transzendentalismus und den

---

124 Hölderlin, *Sämtliche Werke. Stuttgarter Ausgabe*, Bd. 4, 255; vgl. Henrich, *Between Kant and Hegel*, 254.

Elementen einer empirischen Welt annimmt – erscheint das Ganze des Menschen, da die Philosophie

> nur ein Vermögen der Seele behandelt, so dass die Darstellung dieses Einen Vermögens ein Ganzes macht, und das bloße Zusammenhängen der Glieder dieses Einen Vermögens Logik genannt wird; so behandelt die Poesie die verschiedenen Vermögen des Menschen, so dass die Darstellung dieser verschiedenen Vermögen ein Ganzes macht, und das Zusammenhang der selbstständigeren Theile der verschiedenen Vermögen der Rhythmus, im höheren Sinne, oder das kalkülable Gesetz genannt werden kann

– schreibt Hölderlin in den „Anmerkungen zur Antigone" (HW XVI 411).

Die Texte von Sophokles werden jedoch auch der Hyperbolisation im zweiten, rhetorischen Sinne des Wortes ausgeliefert und das schon, wie bereits gezeigt wurde, von den ersten Worten der ersten Szene an, wo die Thebaner Ödipus bestürmen. Das Ergebnis dieser Hyperbel soll die Anschauung der Beziehung zwischen dem innigen Gefühl und dem Gleichnis sein. Sophokles wird zweifach hyperbolisiert: Indem Hölderlin die eigene Innigkeit in Einklang mit dem fremden Material bringt, macht er Sophokles zum Gleichnis des eigenen Gefühls gegenüber Deutschland nach der Revolution (Hyperbel im Sinne von Übersetzung) und passt ihn dabei der Situation so an, dass er ein Gleichnis (ein Gegenstück) der abgestandenen Zeit werden kann (Hyperbel-Übertreibung). Hölderlin wählt Sophokles als das fremde Objekt, durch das er seine Identität gewinnen kann, und gleichzeitig ändert er Sophokles' Poetik: Er rückt Eile, Gewaltsamkeit in den Vordergrund sowie die reißende, schmerzhafte und leere Zeit, die gefühlt wird und durch die man leidet und verliert.

Zurück zu „Verfahrungsart": Der ‚Geist' des Gedichts vermittele ferner zwischen zwei Gegensätzen, die selbst Vermittlungen seien: In den konkreten, sinnlichen Gehalten und Formen der dichterischen Erkenntnis mediatisieren sich der ‚geistige Gehalt' und die ‚geistige Form', indem sie aufeinander wirken. Zu diesen vier extraverbalen Momenten, die in der dynamischen Relation gefangen bleiben, komme noch die Sprache als eine Form für die Form hinzu – und auch die Sprache sei eine Vermittlung, namentlich des Klanges mit der Idealität des Sinns. Nur „[i]n eben diesem Augenblicke" des Übergangs der innigen Erkenntnis in die Sprache, wo die Sprache sich „als geistiges Ganze[s] im lebendigen Ganzen befindet", ist sie „nicht mehr auflösend und verallgemeinernd, verteilend, und ausbildend, bis zur bloßen Stimmung", sondern „mit einem Zauberschlage um den andern ruft sie das verlorene Leben schöner hervor, bis es wieder so ganz sich fühlt, wie es sich ursprünglich fühlte."[125]

125 Hölderlin, *Sämtliche Werke. Stuttgarter Ausgabe*, Bd. 4, 272; vgl. HW XX 203 sowie Henrich, *Between Kant and Hegel*, 271-272.

Das Gedicht kehrt einerseits zum Zustand vor der Reflexion zurück, d.h. zur Situation vor dem Ur-Teilen, in der alles Eins war in der ‚Willkür des Zeus', auch die Sprache und der Gedanke; aber andererseits bewahrt das Gedicht, indem es die pulsierende Bewegung des Ganzen fixiert, zugleich alle Vorteile, die sich daraus ergaben, dass die Reflexion auftrat und mit ihr der Ausgang aus der ursprünglichen Einheit.

Im Gegensatz zu den einflussreichen Aussagen der Frühromantiker Friedrich Schlegel und Novalis, die sich desgleichen als Fichtes Nachfolger betrachteten, postulierte Hölderlin keine Gleichzeitigkeit des Denkens mit dem Sprechen. Er könnte unmöglich Novalis Bonmot wiederholen: „Denken ist Sprechen".[126] Laut Hölderlin soll sich die durch das poetische Verfahren geformte Reflexion andauernd in die Sprechzeichen übersetzen, so wie umgekehrt das Sprechen in die transzendentale Stimmung immerfort übertragen werden muss. Während die frühromantische Auffassung der Sprache daraus resultierte, dass das synthetische Verfahren, wie es Fichte 1794 formulierte, von der Erkenntnistheorie auf die Sprachphilosophie übertragen wurde,[127] behauptete Hölderlin, dass die Tonarchitektonik des Gedichts das Übergehen der Reflexion in die Sprache und der Sprache in die Reflexion ständig aufführen soll. So erscheint das Gedicht als eine lebendige Metapher, eine nicht funktionalisierte und eine dank dem ständigen Austausch zwischen der Innigkeit und den konkreten Zeichen nicht funktionalisierbare. Im Falle einer echten Tragödie verkehrt der Zuschauer mit der Metapher einer intellektuellen Anschauung, die sich in verschiedenen Teilen des Gedichts und in verschiedenen Formen verschieden ausdrückt.

Hölderlins Theorie ist jedoch nicht rückständig im Vergleich zum *linguistic turn* der Frühromantik.[128] Sie macht vielmehr die wichtigste Theorie der Avantgarde – die der durch die Sprache verfremdeten sprich verlangsamten, sogar vertagten Erkenntnis – plausibler, weil sie einen Abstand zwischen Sprechen und Erkennen annimmt, der durch das Kunstwerk vergrößert oder überbrückt werden kann. Die Frühromantiker leugneten in ihrer Kritik an Kant einen solchen Abstand. Kant konzipierte – wie oben dargestellt – als Quelle aller Kategorien ein transzendentales Subjekt, das selbst außerzeitlich sein

126 Novalis, *Schriften. Die Werke Friedrich von Hardenbergs*, hg. von Paul Kluckhohn, Richard Samuel (Stuttgart: Kohlhammer, 1968), Bd. 3, Fragment 297 [3].

127 Vgl. Winfried Menninghaus, „Die frühromantische Theorie von Zeichen und Metapher", *The German Quarterly* 1989, 1(62), 48-58.

128 Richard Rorty, *The Linguistic Turn: Recent Essays in Philosophical Method* (Chicago, London: University of Chicago Press, 1967); Jürgen Habermas, „Hermeneutische und analytische Philosophie. Zwei komplementäre Spielarten der linguistischen Wende", *Wahrheit und Rechtfertigung. Philosophische Aufsätze* (Frankfurt am Main: Suhrkamp, 1999), 65-101.

muss, da Zeit nach Kant eine Form der Anschauung ist und so nicht auf das Subjekt selbst angewandt werden kann. Dieses Subjekt der Erkenntnis ist von der Sprache verschieden. Die Frühromantiker setzten im Gegenzug Erkenntnis und Sprache in eins, indem sie die von Natur aus kontingente, bedingte Sprache zur eigentlichen Quelle aller Kategorien ernannten. Das hatte jedoch zur Folge, dass sie das Gute am Transzendentalismus zusammen mit dem in ihren Augen Schlechten – der Präsenz und der Selbsttransparenz des außerzeitlichen Subjekts – verabschiedeten, sodass anstelle der Synthese von Gegensätzen, die das Fortschreiten der Freiheit in der bedingten Welt ermöglicht, die ironische Aporie eintritt, von der aus man nur in die katholische Offenbarungsreligion springen kann. Hölderlin verfährt vollkommen anders. Die Freiheit dieser romantischen Sprache, die (mittlerweile) das letzte Absolute wäre, ist für ihn so abstrakt und unbestimmt, dass sie quasi-automatisch in die höchste Versklavung umschlagen würde (diesen Mechanismus hat Hegel in der *Phänomenologie des Geistes* in Bezug auf die jakobinische Schreckensherrschaft beschrieben).[129] Durch diese Freiheit bräche die jakobinische Sprachenherrschaft aus, die differenzlos differenzieren, zum ungezwungenen Spiel zwingen und dadurch krankhaft argwöhnisch gegenüber allen Rudimenten der alten Verfassung sein würde. Es gäbe keine Flucht vor solcher Sprache. Um der Freiheit willen, die das Versprechen und der Ausgangspunkt des Transzendentalismus ist, wählt Hölderlin Hamanns Option und nicht die der Frühromantiker. Nicht: ‚Denken ist Sprechen', sondern: ‚Reden ist Übersetzen'.[130] Um das Übersetzen (den Abstand) im Sprechen zu erhalten, verfährt Hölderlin wie Fichte selber in seinem Beitrag zur Sprachphilosophie,[131] das heißt er erhält den klassischen Aristotelischen Leitgedanken der Sprachphilosophie aufrecht, nach dem der Gedanke dem arbiträren Zeichen vorangeht, das ihn bezeichnet und dem Anderen kommuniziert. Hölderlin verleiht dieser Unzeitgemäßheit dennoch eine neue, moderne, postreformatorische Funktion – jetzt dynamisiert der Sprung zwischen Gedanke und Sprechen das Gedicht, sodass die Zeit des Gedichts das Maß der harmonischen Bewegung der Übersetzung zwischen dem Transzendentalen und dem Konkreten ist (die Bewegung des Absoluten):

> So wie Erkenntnis die Sprache ahndet, so erinnert sich die Sprache der Erkenntnis.[132]

---

129 Georg Wilhelm Friedrich Hegel, *Phänomenologie des Geistes, Werke*, Bd. 3, 431-440.

130 Johann Georg Hamann, *Kreuzzüge des Philologen*, 199.

131 Johann Gottlieb Fichte, „Von der Sprachfähigkeit und dem Ursprunge der Sprache", *Sämtliche Werke*, Bd. 8, 301-341.

132 Hölderlin, *Sämtliche Werke. Stuttgarter Ausgabe*, Bd. 4, 271, vgl. HW XX 203.

„Über die Verfahrungsweise des poetischen Geistes" enthält eine Sprachgeschichte in Miniatur von der Sprache des Adam bis hin zu den Sophokles-Übersetzungen, die die Abhandlung, obwohl sie fünf Jahre früher entstand, anzukündigen scheint; laut dem ungefähr zur gleichen Zeit verfassten „Grund zum Empedokles" soll analog die Empedokles-Tragödie die Geschichte der Gattung enthalten. In „Über die Verfahrungsweise …" verfährt die Sprache folgendermaßen:

> *Das Produkt dieser schöpferischen Reflexion ist die Sprache.* Indem sich nämlich der Dichter mit dem reinen Tone seiner ursprünglichen Empfindung in seinem ganzen inneren und äußern Leben begriffen fühlt, und sich umsieht in seiner Welt, ist ihm diese eben so neu und unbekannt, die Summe aller seiner Erfahrungen, seines Wissens, seines Anschauens, seines Denkens, Kunst und Natur, wie sie in ihm und außer ihm sich darstellt, alles ist wie zum erstenmale, ebendeswegen unbegriffen, unbestimmt, in lauter Stoff und Leben aufgelöst, ihm gegenwärtig

– und jetzt beginnt die dichterische Wechselbestimmung nach dem dritten Grundsatz von Fichtes Wissenschaftslehre, demzufolge sich Ich und Nicht-Ich innerhalt des absoluten Ichs bestimmen und begrenzen:

> und es ist vorzüglich wichtig, dass er in diesem Augenblicke nichts als gegeben annehme, von nichts positivem ausgehe, dass die Natur und Kunst, so wie er sie kennen gelernt hat und sieht, nicht eher spreche, ehe für ihn eine Sprache da ist, d.h. ehe das jetzt Unbekannte und Ungenannte in seiner Welt ebendadurch für ihn bekannt und namhaft wird, dass es mit seiner Stimmung verglichen und als übereinstimmend erfunden worden ist, denn wäre vor der Reflexion auf den unendlichen Stoff und die unendliche Form irgend eine Sprache der Natur und Kunst für ihn in bestimmter Gestalt da, so wäre er insofern nicht innerhalb seines Wirkungskreises, er träte aus seiner Schöpfung heraus.[133]

Um nicht aus seinem Wirkungskreis auszutreten, was mit dem Verlust der Möglichkeit der Selbsterkenntnis durch das Fremde gleichbedeutend wäre, antwortet der Dichter weder der Welt, noch bedient er sich fertiger Zeichen, die er in ihr zahlreich findet, sondern er zwingt der Welt seine eigene Artikulation auf. Die Welt liegt vielmehr vor ihm wie ein Vorrat potenzieller Signans, die allerdings bedeutungslos und deswegen fremd sind. Der Dichter wird jetzt mithilfe seiner transzendentalen Stimmung aus den Dingen die eigentlichen Namen machen. Wo aber das Rettende ist, wächst auch Gefahr: Im Moment, in dem er die Dinge auf vollkommene Weise benennt, sodass die Namen den Dingen und der Stimmung entsprechen, würde der Dichter das Fremde

133 Hölderlin, *Sämtliche Werke. Stuttgarter Ausgabe*, Bd. 4, 274; vgl. HW XX 204.

verlieren – und nur in der Relation mit dem Anderen kann er seine Identität beibehalten und entwickeln. Um das Fremde und damit sich selbst nicht zu verlieren, provoziert Hölderlin den gewaltsamen Umschlag des poetischen Verfahrens.

Was bis zu diesem Moment wie eine Sammlung origineller Grundsätze erscheint, die sich gegen den frühromantischen *linguistic turn* positionieren, würde sich ins Arbiträre des Allegorischen umformen, dessen Gespenstigkeit der Hölderlin-Kommentator Benjamin in seinem Trauerspielbuch ausführlich beschrieben hat,[134] hätte Hölderlins Diskurs nicht plötzlich eine gewaltsame Kehrtwende gemacht. In der Narration über die Verfahrungsweise erscheint ein anderer, früherer Dichter, der schon eine Übersetzung der Stimmung in die Zeichen zustande brachte. Fließend, ohne Warnung geht die Beschreibung, wie das Ich Natur und Kunst in die Eigennamen verwandelt, in eine Beschreibung des Übertragens *seines* (des anderen Dichters) Materials in *mein* (Hölderlins) Zeichen über, einer außerordentlich komplizierten Prozedur der gegenseitigen Bestimmung zweier Dichter, die sich nicht gegenwärtig sind. Ihr Ergebnis ist nicht bloß ein neues Zeichen, das der Stimmung des Übersetzers entspricht, der mit dem Text in einer Fremdsprache und aus einer fremden Welt konfrontiert wird, sondern ein momentanes Einbrechen dessen, was alle Seiten der freien Beziehung verbindet. Es bricht die „Zusammenstimmung" eines „Wohlklangs" ein, der

> einen Wechsel des Hellern und Leisern annimmt, und sich beide in der Langsamkeit und Schnelligkeit endlich im Stillstande der Bewegung negativ vereinigen, immer durch ihn und die ihm zum Grunde liegende Tätigkeit, die unendliche schöne Reflexion, welche in der durchgängigen Begrenzung zugleich durchgängig beziehend u. vereinigend ist.[135]

Bei dieser gewaltsamen Wende vom Benennen zum Übersetzen opfert der Dichter dem Anschein nach seine Originalität auf, aber er macht es nur, um seine eigentliche Identität zu bewahren, was nur dank der Rettung der Bedeutsamkeit des Anderen möglich ist, weil es immer der Andere ist, der die Dinge – als Adam – ursprünglich benennt und die Sprache des Dichters nur insofern Anteil an der Sprache des Adam hat, inwiefern er sich an den Anderen erinnert (und eine andere Sprache ahnt). Die Akzeptanz der Notwendigkeit des Übersetzens, die eine Version der tragischen Anerkennung des Zufälligen durch den Helden ist, der es als Teil des eigenen Wesens anerkennt, ruft eine Revolution hervor, die die Beziehung zwischen Erkenntnis und Sprache umdreht und die

---

134 Siehe das Kierkegaard-Kapitel.

135 Hölderlin, *Sämtliche Werke. Stuttgarter Ausgabe*, Bd. 4, 275, vgl. HW XX 205.

höchste Mediation vollbringt. „Die unendliche schöne Reflexion" spiegelt das Original, das die Übersetzung ahnt, und die Übersetzung erinnert ans Original. Die Reflexion wird nur deswegen möglich, weil das Original Erkenntnis und die Übersetzung Sprache wird. Die Sprache des Originals abstrahiert von sich selbst, entäußert sich bis zur reinen Erkenntnis und ahnt die Sprache der Übersetzung, die das Original konkretisiert, ihm eine Gestalt verleiht und sein verlorenes Leben zurückgibt, sodass es schöner als vorher ist, bis es sich wieder so ganz fühlt, wie es sich ursprünglich fühlte. Die Sprache der Übersetzung entleert sich in eine Anhäufung von Phänomenen, die auf Bedeutungen warten, oder vielmehr in die reine Natur, die der Kunst des Originals bedürftig ist, damit sie sinnvoll und kommunikativ sein kann. Die Übersetzung von einer Sprache in eine andere ist eine Hyperdichtung, weil sie das eigene der originalen Dichtung steigert: den Charakter der Vermittlung, die in der Zeit stattfindet und die sowohl die eigene Zeitlichkeit als auch die Zeit, an der sie teilhat, zeigt.

5.5.5. *Wozu die alten Griechen? (Alte Dichtung, neue Praxis)*

Ist das Hauptproblem der Kunst, den „Stillstand[] der Bewegung" (der Bewegung der Phänomenalisierung von Begriffen) zu befestigen und zur Schau zu stellen, so helfen uns, den nördlichen Völkern nach der Revolution, die alten Griechen dabei, das Problem zu lösen, weil sie uns in der Geschichte am schärfsten entgegensetzt sind. Sowohl im Fragment „Der Gesichtspunkt, aus dem wir das Altertum anzusehen haben" als auch im ersten Brief an Böhlendorf vom Dezember 1801 setzt Hölderlin die Achse der Spiegelsymmetrie (einer reflexiven Symmetrie) zwischen den Griechen und den Bewohnern Hesperiens, sprich uns.

Die Weltgeschichte wird in Hölderlins Schriften nach denselben Regeln des synthetischen Verfahrens gestaltet wie die Dichtung. Die Form, in der die historischen Geschehnisse aufgefasst werden, spiegelt die Form des gelungenen Werkes, da in den beiden gleiche Kräfte miteinander spielen und schwierige Harmonien zusammensetzen. Die Weltgeschichte sowie ihre wichtigeren Glieder präsentiert Hölderlin als den Stillstand der Bewegung der schönsten Reflexion. Die Literatur- und Kunstgeschichte ist der Schlüssel zur Geschichte; die dem Dichter verbürgte Erkenntnis der Gesetze, nach denen die Geschichte sich entspinnt, erschließt der Menschheit ihre Zukunft und Vergangenheit. Was die Formen der Geschichte und der Dichtung gemeinsam haben, ist, dass in ihnen die höchste Bewegung der Tätigkeit auf die höchste Ruhe trifft. Das erste nennt Hölderlin „das Feuer vom Himmel", das zweite „die Klarheit der Darstellung" (HW XIX 492). Aus ihrem Aufeinandertreffen heraus, das Nietzsches Genesis der Tragödie aus der Paarung des Dionysischen und des Apollinischen präfiguriert, entstehen die Formen der geschichtlichen Einbildungskraft, die in der vorliegenden Arbeit als der tragische Chronotopos auftreten und deren reinste Formen laut Hölderlin in der tragischen Kunst der Griechen zu finden sind, wenn sie übersetzt (hyperbolisiert) wird.

Feuer und Klarheit kommen sowohl den Griechen als auch den Hesperiern zu, die Elemente wechseln nur – und das ist die Spiegelsymmetrie dieser Geschichte – ihre Positionen im Schema: angeboren/ ausgebildet oder innerlich/ äußerlich. Laut Hölderlins Maxime ist die eigene Identität am schwächsten ausgebildet und ihrem Träger bzw. Subjekt am wenigsten bewusst. Er behauptet, dass den klassischen Griechen mit ihrer scheinbaren edlen Einfalt und stillen Größe das Feuer vom Himmel angeboren ist. Mit den Deutschen ist es umgekehrt: Hätten sie nicht in sich Rohheit und Kindheit künstlich entwickelt, hätten sie nicht Wildheit gelernt (HW IX 95); hätten sie sich nicht in „Zweifel und Leidenschaft" erhalten, so hätten sich die „kalten Nordländer" „aus lauter lieber Ordnung und Sicherheit" „zum Schneckenleben organisiert" (HW XIX 448), da ihnen die Ruhe und die Klarheit der Darstellung angeboren ist.

Wir übertreffen die Griechen in der Darstellung nicht – behauptet Hölderlin – wir können mit ihnen nur in „schöner Leidenschaft" (HW XIX 492) wetteifern, die ihnen angeboren ist und demzufolge von ihnen vernachlässigt wurde. In seinen Sophokles-Übersetzungen projizierte Hölderlin daher nicht das den Deutschen angeborene Formelle auf die Tragödien, sondern Enthusiasmus und Leidenschaft, mit denen die Deutschen geschickt umgehen, weil sie gerade diese Eigenschaften auf Kosten der Darstellungsklarheit in sich ausgebildet haben. Indem Hölderlin das Original zum Genuss der deutschen Bildung und des deutschen Geschmacks ändert, facht er bei Sophokles, dem formellsten der großen Tragiker und fast spekulativ zweideutigen, das Feuer vom Himmel an. Aber dabei gibt es (auf dem ersten Blick) einen Rückschlag. Die deutsche Sprache, die die Wildheit so gut erlernte und den angeborenen Formalismus einbüßte, sodass alles Formelle an ihr wie schwache, stumpfe Nachahmerei aussah, nimmt jetzt spontan die klaren, schockierend präzisen Formen der sophokleischen Tragödie an und lernt ihre eigene Natur kennen. Sie erinnert sich *involontairement* an die eigene Gabe der Form – und jetzt ist die deutsche Sprache die Erinnerung an die griechische, die wiederum die deutsche geahnt hat.

Eine Version dieser Theorie schließt die „Anmerkungen zur Antigone" ab, wo man erfährt, dass die Griechen vor allem in sich selbst, in ihrer eignen Form bleiben und dass in dem allzu Formalen ihres Lebens ihre Begrenztheit besteht. Wir, die Menschen des Westens, sind dagegen formlos und dadurch unglücklich, wie es das spekulative griechische Wort δυσμορον ausdrückt (es bedeutet eben „formlos" und „unglücklich" zugleich, XVI 418). Wir haben keinen klaren Abriss unseres Selbst und kein klares Nicht-Ich, mit dem wir zusammenstoßen könnten, um uns eine Form zu verleihen. Darum ist das griechische Wort physischer und zugleich kämpferischer. Immer das Nicht-Ich ergreifend sucht das griechische Wort den spekulativ *geschickten* Köper heim (sein „Geschick" wird als Fatum und als Begabung gedeutet), sodass er schicksalhaft einen anderen körperlichen Menschen tötet. Unser Wort verführe und töte als eben das Wort, als ein sozusagen Sprechakt:

> Und so ist wohl *das Todlichfaktische, der wirkliche Mord aus Worten, mehr als eigentümlich griechische und einer valterlandischeren Kunstform subordinierte Kunstform zu betrachten.* Eine vaterländische mag, wie wohl beweislich ist, mehr totendfaktisches als todlichfaktisches Wort sein; nicht eigentlich mit Mord oder Tot endigen, weil doch hieran das Tragische muss gefaßt werden, sondern mehr im Geschmacke des Ödipus auf Kolonos, so daß das Wort aus begeistertem Munde schrecklich ist, und tötet, nicht griechisch faßlich, in athletischem und plastischem Geiste, wo das Wort den Korper ergreift, daß dieser totet. (HW XVI 418)

Die hyperbolische, hyperboreische Übersetzung entsendet den rasenden Geist in den griechischen Körper, damit wir die Form bekommen, in der wir uns und unsere Zeit fühlen können.

Fühlt der nachrevolutionäre Hesperien-Bewohner die eigene vergessene Natur erst dann, wenn er auf das spiegelhaft gegenübergesetzte Gleichnis trifft, so behält und merkt er sich endgültig, wer er in seiner konkreten Gestalt ist und wer er sein könnte, erst dann, wenn er die Umkehrung aller Formen selbst fühlt. Sich selbst empfinden kann der Mensch erst im dynamischen, pulsierenden, sich teilenden und einigenden Ganzen – auf dem Hintergrund aller offenen Möglichkeiten. Dazu aber benötigt er die Konfrontation mit dem eigentlichen Fremden. Das Fremdeste, sprich das aktuellste und dringendste, ist laut Hölderlin die griechische Tragödie. Das Maximum an Fremdheit bestimmt die Identität, dem die gegebene Sache am radikalsten fremd bleibt und dessen Grundmangel sie befriedigen kann: „die ehrwürdige tragische Form ist zum Mittel herabgewürdigt worden" – schrieb er Christian Ludwig Neuffer am 3. Juli 1799 –

> um gelegenheitlich etwas glänzendes oder zärtliches zu sagen. Was konnte man aber auch mit ihr anfangen, wenn man den Stoff nicht wählte, zu dem sie paßte, und mit welchem gepaart sie Sinn und Leben allein behielt. Sie war tot geworden, wie alle andre Formen, wenn sie die lebendige Seele verloren, der sie wie ein organischer Gliederbau dienten, aus sie sich ursprünglich hervor bildeten, wie z. B. die republikanische Form in unsern Reichstädten tot und sinnlos geworden

> ist, weil die Menschen nicht so sind, daß sie ihrer [...] bedürften, um wenig zu sagen. (HW XIX 385)

Republikanisch, allzu republikanisch war doch die Form der *Antigone* und sie ist, als das Fremdeste für die Menschen zu Hölderlins Zeit, das eigentliche Gleichnis für das Weltgefühl des Dichters. Sie ist die konträre paradiesische Form, an die sich die deutsche Sprache erinnern soll, um ihre Natur zu ahnen – nach dem Unterricht der „Verfahrungsart"-Abhandlung. Es gibt auch Ähnlichkeiten zwischen den beiden Sprachen und den Welten, sie sind am dem anderen Ende des Diptychons – zu Beginn des *Ödipus* – zu suchen: Da die Menschen die Freiheit nicht brauchen, ähnelt die moderne Gesellschaft „eine[r] verpestete[n] Stadt" (HW XIX 341), so wie das bestürmte Theben am Anfang der unendlich reinigenden Tragödie des Ödipus eine war. In dieser Tragödie wurde die Stadt vom ‚Gott der Pest' Apollo getroffen („Und Feuer bringt von innen/ Der Gott der Pest und leert des Kadmos Haus", HW XVI 83). Hölderlin bekennt gegenüber der Mutter, er möchte die ihm gegenwärtige verlogene Menschheit

> wie eine verpestete Stadt [...] verlassen und auf die Berge zu flüchten, wo reiner Luft ist und Sonn und Sterne näher sind, und wo man heiter in die Unruhe der Welt hinabsieht, das heißt wo man zu Gefühle der Gottheit sich erhoben hat, und aus diesem alles betrachtet, was da war und ist und sein wird. (HW XIX 341)

Infolge der emphatischen Konfrontation mit der Geschichte werden wir zu uns selbst, „so dass wir im Urgrunde aller Werke und Taten der Menschen uns gleich und einig fühlen mit allen, sie seien so groß oder so klein" (HW XIV 94). Der Weg aus dem literarischen Nationalismus zum gemeinsamen Handeln (zur Arche der Taten) führt durch die Übersetzung, die zeigt, dass Reden Übersetzen ist – aus einer Engelsprache in eine Menschensprache. Darunter fällt das Übertragen von Gedanken in Worte, Sachen in Namen, Bilder in Zeichen, Theorie in Taten – oder auch aus dem Mythos ins Recht, aus der Tyrannei in die republikanische Form. Übersetzen heißt die Zeit und durch sie sich selbst in der freien Beziehung mit dem Anderen zu fühlen. Die freie Beziehung geht dabei in die Erinnerung ein, die, indem sie etwas Neues, Noch-nie-Gewesenes ist, ewige Veränderung mit sich bringt.

Die Figur der Erinnerung, die die eigentliche Erwartung ist, kommt aus dem Christentum, auch wenn ihre direkte Vorfahrin die Kantische Spontanität der Synthese ist, die antizipiert, was erinnert werden wird.[136] Diese verwandelnde Erinnerung stammt aus dem Neuen Testament und seiner Übersetzung durch

---

136 Henrich, *The Course of Remembrance*, 221.

Luther: Die Sophokles-Übersetzungen wären laut Hölderlin ohne Belang, wäre nicht in der Zeit nach Sophokles und in ungefähr seiner Sprache „das unbegreiflich Göttlichere“ (HW XIX 510) Christentum entstanden, oder gäbe es nicht die luthersche Deutung der ἀνάμνησις, „Gedächtnis“ (Lk 22,19-20), das die Hesperiden rituell und zwanghaft wiederholen sollen, damit ein neues Bündnis und ein neues Erbe, ἡ καινὴ διαθήκη, aufkeimt. In der eucharistischen Anamnese (im Lutherischen Gedächtnis) sei die Pendelbewegung zwischen dem Inneren und dem Äußeren heilig, und nicht das äußerliche Artefakt der Katholiken.

5.6. Unterwegs zu Hegel: Abbruch und Fortsetzung

Dass Hölderlin die idealistische Philosophie mitbegründete, ist unumstritten. Gleichzeitig fungiert er – dank seiner prominenten Leser wie Nietzsche, Heidegger, Benjamin, Adorno – als eine Art Alternative zum Hegelschen Panlogismus. Das Problem mit dem Panlogismus besteht aber darin, dass er die Möglichkeit des Abbruchs mit dem Gleichen und des Einbruchs des Andersseins schon von vornherein inbegriffen hat. Über die Relation Hegel-Hölderlin kann heute nicht anders gedacht werden als in diesem Rhythmus des Einflusses und des Abbruchs, der doch die Transmission negativ bestätigt. Oder: Nur die Figur des Rhythmus kann dieser Relation gerecht sein.

Der Rhythmus ist eines der Bilder, die bei Hegel häufig wiederkehren. Als Hegel in der *Phänomenologie des Geistes* eine allumfassende Philosophie der Geschichte vorstellte, in der die griechische Tragödie die Rolle der Zäsur spielte und den Unterschied zwischen den alten und den modernen Zeiten bestimmte, scheint er sich Hölderlins Modell des gegenrhythmischen Unterbrechens zum Vorbild genommen zu haben. Er beschrieb dort nämlich die Logik der Bilderwechsel, die die Weltgeschichte und ihre phänomenologische, propädeutische Beschreibung aufteilt, ordnet und präsentiert. Seine direkte Inspirationsquelle war zwar Fichtes Beschreibung der Einbildungskraft und nicht Hölderlin, der 1805 zusammengebrochen ist, also ein Jahr vor der Erscheinung der *Phänomenologie des Geistes*. Nichtsdestominder zeigte unter anderem Hölderlin Hegel den Weg zu der Selbständigkeit.[137] Um die Identität des Unterschieds und der Identität zu postulieren, was das Zentralanliegen seiner Logik der Negation und damit seines ganzen philosophischen Gebildes darstellt, vergleicht Hegel in der Einleitung in die *Phänomenologie des Geistes*

137 Dieter Henrich, „Hegel und Hölderlin“, *Hegel im Kontext* (Frankfurt am Main: Suhrkamp, 1971), 9-40.

die Beziehung zwischen der logischen Form des Satzes und der logischen Form des Begriffes mit der Beziehung zwischen dem Metrum und dem Wortakzent im dichterischen Rhythmus. Die Form des Satzes ‚a ist b' zieht immer einen Unterschied nach sich, während der Begriff ‚a' und ‚b' als identisch setzt. Das synthetische Urteil inszeniert wie ein Gedicht das Spiel des Mechanischen mit dem Lebendigen. In Hölderlins „Anmerkungen zum Ödipus" bestand der Rhythmus „im höheren Sinne" aus dem generellen „Kalkül" und dem lebendigen Gehalt; Hegel bezieht die Figur des Rhythmus, der zwischen dem generellen Metrum und dem einzigartigen Akzent schwebt, auf die doppelte Natur des Urteilens:

> Dieser Konflikt der Form eines Satzes überhaupt und der sie zerstörenden Einheit des Begriffs ist dem ähnlich, der im Rhythmus zwischen dem Metrum und dem Akzent stattfindet. Der Rhythmus resultiert aus der schwebenden Mitte und Vereinigung beider. So soll auch im philosophischen Satze die Identität des Subjekts und Prädikats den Unterschied derselben, den die Form des Satzes ausdrückt, nicht vernichten, sondern ihre Einheit [soll] als eine Harmonie hervorgehen. Die Form des Satzes ist die Erscheinung des bestimmten Sinnes oder der Akzent, der seine Erfüllung unterscheidet; daß aber das Prädikat die Substanz ausdrückt und das Subjekt selbst ins Allgemeine fällt, ist die *Einheit*, worin jener Akzent verklingt. (PD 58)

Der bestimmte Akzent soll sich nicht restlos im allgemeinen Metrum auflösen, da es sonst keine Einheit und keine in der Mitte schwebende Vereinigung gäbe. Wäre dies passiert, würde der lebendige Gedanke dem seelenlosen, naiven und leeren Formalismus anheimfallen, den Hegel in derselben „Vorrede" als die Nacht „worin, wie man zu sagen pflegt, alle Kühe schwarz sind" abtut (PD 22). Die Erkenntnis wäre leer ohne das Individuelle, das im gelungenen Gedicht wie im wahren Satz sowohl das Allgemeine als auch das Charakteristische zugleich spürbar macht. Damit die philosophische Erzählung Hegels das gute Individuelle aufweisen kann, das das Allgemeine mit dem Partikularen wie der Rhythmus vermittelt und den Rhythmus als Rhythmus erscheinen lässt, sollen plötzliche Abbrüche im mechanischen Fließen implementiert werden. Jede individuelle Gestalt ist zugleich als Fortfahren und Bruch zu konzipieren, sonst wäre sie weder intelligibel noch selbständig und als Gestalt abgegrenzt. Als Beispiel für die Zäsur, die das Wesen seiner negativen Methode zur Darstellung bringt, dient Hegel die zu der Zeit des Schreibens fortschreitende und sich verwandelnde Revolution der Franzosen. Die Zäsur ist nämlich ein revolutionäres Verfahren, das die radikale Umkehrung aller Vorstellungen spüren lässt. Es lohnt sich, die berühmte Passage auch hier zu zitieren:

> Es ist übrigens nicht schwer zu sehen, dass unsere Zeit eine Zeit der Geburt und des Übergangs zu einer neuen Periode ist. Der Geist hat mit der bisherigen Welt seines Daseins und Vorstellens gebrochen und steht im Begriffe, es in die Vergangenheit hinab zu versenken, und in der Arbeit seiner Umgestaltung. Zwar ist er nie in Ruhe, sondern in immer fortschreitender Bewegung begriffen. Aber wie beim Kinde nach langer stiller Ernährung der erste Atemzug jene Allmählichkeit des nur vermehrenden Fortgangs abbricht – ein qualitativer Sprung – und jetzt das Kind geboren ist, so reift der sich bildende Geist langsam und stille der neuen Gestalt entgegen, löst ein Teilchen des Baues seiner vorhergehenden *Welt* nach dem andern auf, ihr Wanken wird nur durch einzelne Symptome angedeutet; der Leichtsinn wie die Langeweile, die im Bestehenden einreißen, die unbestimmte Ahnung eines Unbekannten sind Vorboten, dass etwas anderes im Anzuge ist. Dies allmähliche Zerbröckeln, das die Physiognomie des Ganzen nicht veränderte, wird durch den Aufgang unterbrochen, der, ein Blitz, in einem Male das Gebilde der neuen Welt hinstellt. (PD 17-18)

Das war freilich Hölderlins Einfall, die Zäsur mit der Revolution zu vergleichen. Die Zäsur überhaupt als solche ist Hölderlins Denkbild, obschon er wahrscheinlich nicht dazu geneigt gewesen wäre, die Zäsur, die bei ihm als eine Urszene des Trennens und Verbindens sowie des erhabenen Entleerens (Entfremdens) tätig war, in die Sprache der Logik, wie Hegel es vermochte, zu übersetzen. Dies hätte er als das für die Philosophie charakteristische Fetischisieren eines der vielen menschlicher Vermögen verstanden, gegen das die Zäsur – oder die Tragödie samt ihrer Zäsur – zu kämpfen hat. Hegel wiederholt jedoch nicht alte Fehler (er macht höchstens seine eignen). Die Übersetzung aus der Versbaulehre ins Logische und Erkenntnistheoretische schafft eine ganz neue Logik, die der Negation, und nicht die, die Hölderlin kritisierte. Mit dem Modell des Rhythmus meint Hegel, wie er erklärt,

> daß die Natur des Urteils oder Satzes überhaupt, die den Unterschied des Subjekts und Prädikats in sich schließt, durch den spekulativen Satz zerstört wird und der identische Satz, zu dem der erstere wird, den Gegenstoß zu jenem Verhältniße enthält. (PD 59)

Hegel spricht hier vom gewaltigen Umschlagen des Unterschieds in die Identität, was jedoch keine Verschmelzung der beiden nach sich zieht, sondern ein Moment des Verstehens ist, in dem der vereinigende Sinn das erzählerische, zeitliche und diskrete Medium einholt. Die Sequenz wird zerstört, damit sie demjenigen, der versteht, als heiles Ganzes erscheinen kann. Der Augenblick der Zerstörung ist für Hegel der Nicht-Ort des Übergangs des Phänomenalen in die Erinnerung, die die Substanz seiner großen Geisteserzählung ist. Den gleichen Charakter hatte die Zäsur in Hölderlins Tragödientheorie, auch wenn man zu Recht behaupten kann, dass Hölderlins Mnemosyne extatischer als Hegels kommemorative logische Innerlichkeit ist; bei dem Ersteren wird der ganze Mensch mit allen seinen Vermögen durch den lebendigen Rhythmus in direkten Kontakt mit dem Behaltenen gesetzt, während bei dem Letzteren die Erinnerungen „to the mind's eye" geliefert werden. Die Tragödie, so Hölderlin, transportiert das an sich selbst gewandte Publikum in die Zeit und den Raum, wo der Tragödie Gedächtnis – das Medium, in dem Objekte als Objekte erscheinen – durch das Ringen des Mannes mit dem Gott brutal gestiftet wurde, „damit der Weltlauf keine Lücke hat und das Gedächtnis der Himmlischen nicht ausgeht, in der allvergessenden Form der Untreue sich mittheilt, denn göttliche Untreue ist am besten zu behalten" (HW XVI 257-258).

Es ist die Dialektik des ‚*zapamiętać się*' – des Behaltens, das durch die Reflexivität supplementiert wird, sodass es ins (Sich-selbst-)Vergessen umschlägt. Das Übermaß an Gedächtnis wird zur Schuld des wütenden Verkennens, dessen Katharsis die Tragödie ist. Die Zäsur der Aufführung der Tragödie, die ihrerseits eine Zäsur enthielt, büßt diese Schuld so, dass dank der Tragödie das Gedächtnis sich an ihre gewaltsame und rein formelle Herkunft, an das Teilen und Verbinden erinnert. Sowohl bei Hölderlin als auch bei Hegel ermöglicht der erhabene und zerstörerische Moment der Handlung jedes Erzählen und Erkennen und im Resultat jedes Handeln.

Meine Arbeit kann nicht auf die Frage antworten: Ist Hölderlins Tragödientheorie die vergessene Herkunft der Hegelschen Logik?[138] (diese gibt sich selbst als dionysisch an: „Das Wahre ist so der bacchantische Taumel, an dem kein Glied nicht trunken ist", PD 45). Hier darf nur festgestellt werden, dass nicht nur die Logik, nicht nur die Revolution, sondern auch Hegels Person zum Vergleich mit einem besonderen Rhythmus zwingt, der durch gewaltsame Abbrüche das eigentlich Individuelle an ihm und seiner Entwicklung präsentiert. Franz Rosenzweig, ein großer jüdisch-deutscher Tragödientheoretiker, hat Hegel folgendermaßen porträtiert:

> Das Schwäbische, jene um den eigenen Genius wie eine Schutzdecke herumgezogene ehrenfest altväterliche Bürgerlichkeit, blieb die Grundlage seiner Lebenshaltung wie seiner Gedankenführung; meteorhaft erschienen in seinem dickflüssigen Vortrag, rückwärts und vorwärts das Dunkel der dialektischen

138 Solch einen Versuch wagt dagegen Martin J. Schäfer, *Szenischer Materialismus. Dionysische Theatralität zwischen Hölderlin und Hegel* (Wien: Passagen, 2003); Schadewaldt behauptet, dass Hegels Vorlesungen zur Ästhetik und zur Philosophie der Religion „[a]n der Wurzel mit Hölderlins Deutung" der Antigone „verwandt" sind („Hölderlins Übersetzung des Sophokles", 155-156).

> Entwicklung erhellend, jene Satze, die mit ihrer grotesken Bildhaftigkeit, ihrem überraschenden Tiefsinn, ihrer schlagenden Fassung sich dem Gedächtnis einprägten … in der Wüste der Abstraktion die Oase der Intuition erreicht werden würde – und sie doch mit Gewissheit erreicht wurde: das gerade sicherte ihm die Aufmerksamkeit einer Stadt, die schon damals ihren geistigen Zwingherren nicht so übel nahm, als wenn sie sich auslernen ließen.[139]

Nicht selten waren die Bilder, die Hegels Rhythmus erhellten, Bilder der Rhythmus. Seit *Hyperion*, seit ihrer pränatalen Entwicklung bildet die Zäsur mit der Rekursion eine Konstellation.

139 Franz Rosenzweig, *Hegel und der Staat* (Frankfurt am Main: Suhrkamp, 2010), 248.

KAPITEL 6

Metaphysik des Äußerlichen. Hegels Phänomenologie, Goethes Anstand und die Slaven

(Eine ganz kritische Theorie, eine ganz kritische Zeit – Ewige Gegenwart: der Sohn seiner Zeit – Hegel und die Stadt. Hegel und Goethe – Hegels theatralischer Generativismus, slavische Nachfolger und Konsequenzen (August Cieszkowski, Aleksandr Gercen, Edward Dembowski, Marx und Engels über den Krakauer Aufstand, Adam Mickiewicz) – Ökonomie und Schicksal: Gute Verdinglichung und Trauer – Tragödie in der *Phänomenologie des Geistes*)

> *Der Geist ist aber auf dem Theater, auf dem wir ihn betrachten, in der Weltgeschichte, in seiner konkretesten Wirklichkeit; dessenungeachtet aber, oder vielmehr um von dieser Weise seiner konkreten Wirklichkeit auch das Allgemeine zu fassen, müssen wir von der Natur des Geistes zuvörderst einige abstrakte Bestimmungen vorausschicken.*
>
> Hegel, *Vorlesungen über die Philosophie der Weltgeschichte*

> *So ist die Weltgeschichte das* Sensorium commune *des Universums.*
>
> Cieszkowski, *Prolegomena zur Historiosophie*

Hegels Tragödientheorie ist so bekannt, dass nicht alle, die sie kennen, wissen, dass sie sie kennen; sie verbreitete sich global in unzähligen Handbüchern der Ästhetik, in Literaturgeschichten sowie Zeitungsbeiträgen, wurde zu ästhetischem Grundwissen und anonymisierte sich damit. Hegel selbst verstand, seine eigene Theorie zu vulgarisieren, wenn er sie beiläufig in einem Vortrag erwähnte. Damals nahm die Theorie beispielsweise folgende Gestalt an:

> Das blinde Schicksal [des Epos – MM.] ist etwas Unbefriedigendes. In diesen Tragödien wird die Gerechtigkeit begriffen. Auf eine plastische Weise wird die Kollision der beiden höchsten sittlichen Mächte gegeneinander dargestellt in dem absoluten Exempel der Tragödie, *Antigone*; da kommt die Familienliebe, das Heilige, Innere, der Empfindung Angehörige, weshalb es auch das Gesetz der unteren Götter heißt, mit dem Recht des Staates in Kollision. Kreon ist nicht ein Tyrann, sondern ebenso eine sittliche Macht. Kreon hat nicht Unrecht; er behauptet, dass das Gesetz des Staates, die Autorität der Regierung geachtet werde[n muss] und Strafe aus der Verletzung folgt. Jede dieser beiden Seiten verwirklicht nur die eine der sittlichen Mächte, hat nur die eine derselben zum Inhalt. Das ist die Einseitigkeit, und der Sinn der ewigen Gerechtigkeit ist, dass

 | DOI:10.30965/9783846766255_007

> beide Unrecht erlangen, weil sie einseitig sind, aber damit auch beide recht. Beide werden als geltend anerkannt im ungetrübten Gang der Sittlichkeit; hier haben sie beide ihr Gelten, aber ihr *ausgeglichenes Gelten*. Es ist nur die Einseitigkeit, gegen die die Gerechtigkeit auftritt./ Eine andere Kollision ist z. B. im Ödipus dargestellt. Er hat seinen Vater erschlagen, ist scheinbar schuldig, aber schuldig, weil seine sittliche Macht einseitig ist. Er fällt nämlich *bewusstlos* in diese grässliche Tat. Er ist aber der, der das Rätsel der Sphinx gelöst hat: dieser hohe *Wissende*. So stellt sich als Nemesis ein Gleichgewicht her: der so wissend war, steht in der Macht des Bewusstlosen, so dass er in tiefe Schuld fällt, als er hoch stand. Hier ist also der Gegensatz der beiden Mächte: der des Bewusstseins und der Bewusstlosigkeit.[1]

Können solche Formulierungen ein Bestandteil der *kritischen* Tragödientheorie sein? Um diese Frage zu beantworten, werden im Folgenden Hegels Beziehungen zu seiner Zeit und zu seiner Stadt Berlin beschrieben, wobei ein Vergleich mit Goethe als unentbehrlich erscheint, um den medialen Charakter von Zeit und Stadt zu erklären. Im nächsten Schritt wird dann gezeigt, wie diese Medialität durch eine Logik der Negation bedient wird und wie durch Negation Welten erschaffen werden, vor allem die moderne Welt. Diese Idee einer schauspielerischen Negation wandert in Raum und Zeit und gestaltet sowohl die polnische und die russische Theorie der Praxis als auch das für das revolutionäre Denken in ganz Europa grundlegende Ideal der guten Verdinglichung mit. Die enorme Popularität des Begriffs ‚Schicksal' im 19. und zu Beginn des 20. Jahrhunderts ist bloß ein Epiphänomen dieses Denkens einer guten Verdinglichung, dessen Anlass die Erfahrung der Deutung der tragischen Form war (die ästhetische Formung als gute Verdinglichung). Das gegenseitige Überlappen von Schicksal und Ökonomie[2] erklärt zahlreiche Transfers zwischen der Religionsphilosophie und dem Marxismus: Sigfried Kracauer, György Lukács, Walter Benjamin sind hierfür die prominentesten Beispiele. Am Ende des Kapitels, nachdem dem Resonanzfeld der Hegel'schen Tragödientheorie nachgespürt worden ist, eröffnet sich die Möglichkeit, der Rekonstruktion der tragischen Medialität aus der *Phänomenologie des Geistes* den ihr zustehenden Wert beizumessen.

---

1 Georg Wilhelm Friedrich Hegel, *Vorlesungen über die Philosophie der Religion II, Werke*, hg. von Eva Moldenhauer, Karl Markus Michel (Frankfurt am Main: Suhrkamp, 1986), Bd. 17, 133; fortan Belege direkt im Haupttext.

2 Es ist in der Jenaer Periode, von der *Phänomenologie des Geistes* (1806) gekrönt, dass sich Hegel den Fragen der Wirtschaftslehre zugewandt hat. Cf klassische Kommentare von Franz Rosenzweig, Herbert Marcuse, György Lukács, Karl-Heinz Ilting, Jürgen Habermas, Manfred Riedel in Georg Wilhelm Friedrich Hegel, *Frühe politische Systeme. System der Sittlichkeit. Über die wissenschaftlichen Behandlungsarten des Naturrechts. Jenaer Realphilosophie*, hg. von Gerhard Göhler (Frankfurt am Main: Ullstein, 1974), 613-838.

6.1. Eine ganz kritische Theorie, eine ganz tragische Zeit

Im eben zitierten Fragment aus den Vorlesungen zur Religionsgeschichte ist die *nicht*-kritische Tragödientheorie leicht zu erkennen. Das Unkritische an der Definition derselben wird vorzüglich von drei der Tragödie zugeschriebenen Charakteristika bestimmt: Erstens sei die Gerechtigkeit ewig, zweitens bestehe sie im formalen *Ausgleichen* und drittens seien Sophokles Dramen lediglich anschauliche *Illustrationen* allgemeiner Konflikte der griechischen Religion und Gesellschaft, bloße Zusätze zu Konflikten, die sowieso auch ohne die Tragödie stattgefunden hätten.

Die äußerliche und im Grunde zufällige Beziehung des dramatischen Kunstwerkes zu seiner Kultur („seiner Welt") steht im krassen Widerspruch zum Generativismus-Prinzip,[3] das Hegels *Phänomenologie des Geistes* und speziell die in ihr enthaltene Tragödientheorie herausarbeitet. In der *Phänomenologie des Geistes*, wie bei allen anderen Helden der vorliegenden Arbeit, fungiert die Tragödie als Modell der Umsetzung von Theorie oder, präziser, als Modell der Übertragung von Wissen in die Tat, nur dass bei Hegel das Wissen, die Tat sowie die Relation zwischen beiden in Wechselwirkung mit verschiedenen Gestalten des ‚Geistes' stehen; der Geist als Netzknoten aller Vermittlungen bestimmt ihr immer relationales Wesen. Hegels Theorie zur Umsetzung der Theorie – seine Tragödientheorie – kann wegen dieser Wechselwirkung mit dem Wort ‚Geist', das als ideologische Weltstruktur fungiert, als ‚kultureller Generativismus' bezeichnet werden. Im Hinblick auf das Konzept des Generativismus wirkt Hegels Theorie bis heute kritisch. Dieses Kapitel nimmt sich zur Aufgabe, dieses kritische Potenzial zu fördern oder es vielmehr aus dem apologetischen Erz – eine derartige Zusammensetzung von Kritischem und Beruhigendem stellt die Tragödientheorie aus der *Religionsphilosophie* dar – auszuschmelzen. So wie Schellings kritisches Potenzial verkannt wurde – größtenteils auf dessen eigenen Wunsch – und wie Hölderlins Übersetzungs- und Rhythmustheorie erst mit hundertjähriger Verspätung unter seinem Namen und nicht mehr implizit zu wirken begann, so wurde Hegel sowohl von der Hegel'schen Rechten, die die Herausgeberschaft seines Nachlasses (der Vorlesungen) übernahm, als auch von der Hegel'schen Linken auf Positionen der Apologetik verschoben. Die Linke musste schließlich im Vormärz ihre eigene Radikalität auf Kosten Hegels behaupten, obschon sie durch und durch, bis hin zum Begriff

3 Gemeint ist nicht Chomskys Grammatik, sondern ein medialer Generativismus; das ganze Kapitel kann als seine Definition dienen und eigentlich soll es dies tun, da der Begriff hier, ein besonderes Werden des Wissens bedeutet, das sich nicht auf erstarrte Formeln reduzieren lässt.

der Revolution, von ihm abhing. Im Kierkegaard-Kapitel lege ich dar, wie einerseits Marx und andererseits Kierkegaard das verschüttete Revolutionspotenzial befreiten. Hegel war der Kritischste unter den Tragödientheoretikern – und der Unkritischste zugleich.

Im Gegensatz zu zeitgenössischen Philologen beschrieb Hegel die Tragödie in der *Phänomenologie des Geistes* nicht als eine literarische Gattung im Sinne eines Vorbilds für textuelle Gestaltungen, die sich ähnlich sind, sondern als ein Medium, das die ganze Gesellschaft samt dem, was als das aus der Gesellschaft Ausgeschlossene die Gesellschaft mitbestimmt, in die Aufführung einbezieht und gestaltet. Die Tragödie, sollte sie generativistisch und kritisch behandelt werden, kann keine ‚ewigen' Wahrheiten illustrieren – sofern das Wort ‚ewig' als Synonym von ‚ahistorisch' und ‚unbeweglich' angesehen wird. In Hegels Gebrauch des Wortes ‚ewig' zeigt sich die ganze Spannung seiner zwischen Kritizismus und Quietismus schwebenden Tragödientheorie: In den posthumen *Vorlesungen über die Ästhetik*, die aus inzwischen verschollenen Manuskripten von den konservativ gesinnten Schülern herausgegeben wurden, liest man über die Lieder des Chores, dass sie die *ewig* ausgleichende Gerechtigkeit ausdrücken würden. Der Chor stehe für „das Gleichmaß unbewegten Lebens", das den gewaltigen Kollisionen gegenüberstellt wird, zu denen die Worte und Taten der Helden auf dem Proszenium führen müssen. „Dass aber dieses gesicherte Asyl wirklich vorhanden sei, davon gibt uns der Chor das Bewusstsein" (Ä III 541).[4] Ein solches „gesichertes Asyl" könnte der absolute Geist dem Philosophen bieten, der sich vom objektiven Bestehen des Staates zurückgezogen hat, um Kunstwerke, Vorstellungen der Religion und philosophische Begriffe zu kontemplieren. Schon Schelling nannte den Chor in seiner Kunstphilosophie „die objektivierte und repräsentierte Reflexion, die die Handlung begleitet"[5] und über die gesellschaftlichen Konflikte hinaussieht. Der Chor ist Schelling und dem Vorlesungs-Hegel ein vielzähliger Weiser. In der *Phänomenologie des Geistes* aber, die 30 Jahre vor den *Vorlesungen* geschrieben wurde, hatten die Philosophen nichts auf der Orchestra zu suchen, da dem Chor nur „hilfloses Bedauern und als Ende die leere Ruhe der Ergebung in die Notwendigkeit [bleibt], deren Werk nicht als die notwendige Handlung des Charakters und nicht als das Tun des absoluten Wesens in sich selbst erfasst wird" (PD 536). Gerade diese Spannung zwischen Verzweiflung

4 Georg Wilhelm Friedrich Hegel, *Vorlesungen über die Ästhetik III, Werke*, Bd. 15, 541: fortan Belege aus der Ästhetik direkt im Text, versehen mit dem Sigel Ä (Ä II = Bd. 14, Ä III = Bd. 15).

5 Friedrich Wilhelm Joseph Schelling, *Philosophie der Kunst, Sämtliche Werke*, hg. von Karl V.A. Schelling (Stuttgart: Cotta 1859), Bd. 5, 706.

und verallgemeinerter Bequemlichkeit (Sicherheit des Absoluten) macht den Gedanken Hegels so kritisch. Der verzweifelte Chor der *Phänomenologie* sieht nämlich zu, wie seine Welt, die im Medium der Tragödie sichtbar wurde, zugrunde geht. Die Welt und die griechische Tragödie verschwinden unwiederbringlich und der Chor als Vermittler zwischen dem Leben und der Bühne muss mit ihnen vergehen. Für ihn gibt es nichts Ewiges außer dem Fehlen eines sicheren Zufluchtsortes.

Die konservativen Schüler Hegels, die seinen Nachlass verwalteten, scheinen viel Wert darauf gelegt zu haben, die Tragödie zu etwas Ahistorischem umzudeuten und sie auf die Seite der Statik zu übertragen. Einer dieser Schüler, Hermann Friedrich Wilhelm Hinrichs, konkretisierte noch 1827 in seinem *Wesen der antiken Tragödie…* die Hegel'sche Ausarbeitung der Tragödienbedeutung beziehungsweise machte diese – weniger wohlwollend formuliert – weitschweifiger (Goethe kritisierte während eines der Gespräche mit Eckermann das Buch von Hinrichs und nicht direkt Hegels Theorie, wenn er auch an Hinrichs dessen steifen Hegel'schen Formalismus bemäkelte).[6] Hinrichs behauptet, dass die Familie *immer wieder* in Konflikt mit dem Staat gerate und am Ende alles *immer wieder* ins Gleichgewicht komme.[7] Ein anderes Beispiel von unkritischem Fatalismus, das – womöglich – auf Hegels Konto geht, ist der fatale Satz, mit dem in Hegels *Vorlesungen über die Ästhetik* die Überlegungen zum Sinn der Tragödie pointiert werden: *Dies ist für alle Zeiten gültiger Inhalt.*[8] Ist dies eine Inkonsequenz Hegels oder eine Erfindung Hothos, des Herausgebers der *Vorlesungen*?

Meistens bedient sich Hegel des Wortes ‚ewig' in einer dialektischen Weise, welche den dialektischen Worten ähnelt, die an Hölderlins Himmel Ideen

---

6 Hermann Friedrich Wilhelm Hinrichs, *Das Wesen der antiken Tragödie in ästhetischen Vorlesungen durchgeführt an den beiden Ödipus des Sophokles im Allgemein und an der Antigone insbesondere* (Halle: Ruff, 1827). Vgl. Ivan Boldyrev, „Formalismus Hemmungslos? Die Rezeption von Hegels Tragödientheorie bei H.F.W. Hinrichs", Andreas Arndt et al. (Hg.), *Gebrochene Schönheit: Hegels Ästhetik – Kontexte und Rezeptionen* (Berlin, New York: De Gruyter, 2014), 185-198, zu Goethes kritischer Meinung siehe 186-187.

7 Hellmut Flaschar, „Die Entdeckung der griechischen Tragödie für die deutsche Bühne", Otto Pöggeler, Annemarie Gethmann-Siefert (Hg.), *Kunsterfahrung und Kulturpolitik in Berlin Hegels. Hegel-Studien*, Beiheft 22 (Bonn: Bouvier, 1983), 300; Hellmut Flaschar, *Inszenierung der Antike. Das griechische Drama auf der Bühne der Neuzeit* (München: Beck, 2009), 65; ein polnisches Beispiel solch einer unkritischen und auf dem Konflikt basierenden Auffassung des Dramas wäre Henryk Życzyński, *Teoria dramatu. Systematyczny wykład, obejmujący zasady kompozycji i techniki dramatycznej, oraz charakterystykę stylów i gatunków w poezji dramatycznej, uzupełniony wzorami krytycznego rozbioru utworów dramatycznych* (Cieszyn: Kresy, 1922), 43-64.

8 Flaschar, „Die Entdeckung der griechischen Tragödie", 301.

waren; so z. B. in seiner ersten Abhandlung zur Tragödie überhaupt, die einen Teil des der *Phänomenologie des Geistes* fünf Jahre vorausgegangenen Aufsatzes „Über die wissenschaftlichen Behandlungsarten des Naturrechts, seine Stelle in der praktischen Philosophie und sein Verhältnis zu den positiven Rechtswissenschaften" (1802/03) ausmacht. Es handelt sich freilich um das Fragment, das traditionell als *Tragödie im Sittlichen* betitelt wird und mit den Worten beginnt:

> Es ist dies nichts anderes als die Aufführung der Tragödie im Sittlichen, welche das Absolute ewig mit sich selbst spielt, – daß es sich ewig in die Objektivität gebiert, in dieser seiner Gestalt hiermit sich dem Leiden und dem Tode übergibt und sich aus seiner Asche in die Herrlichkeit erhebt. Das Göttliche in seiner Gestalt und Objektivität hat unmittelbar eine gedoppelte Natur, und sein Leben ist das absolute Einssein dieser Naturen. Aber die Bewegung des absoluten Widerstreits dieser zwei Naturen stellt sich an der göttlichen, welche darin sich begriffen hat, als Tapferkeit dar, mit welcher sie von dem Tode der anderen widerstreitenden sich befreit, jedoch durch diese Befreiung ihr eigenes Leben gibt, denn dieses ist nur in dem Verbundensein mit diesem anderen, aber ebenso absolut aus ihm aufersteht, denn in diesem Tode, als der Aufopferung der zweiten Natur, ist der Tod bezwungen; – an der anderen erscheinend aber stellt sich die göttliche Bewegung so dar, daß die reine Abstraktion dieser Natur, welche eine bloß unterirdische, reine negative Macht wäre, durch die lebendige Vereinigung mit der göttlichen aufgehoben ist, daß diese in sie hineinscheint und sie durch dies ideelle Einssein im Geist zu ihrem ausgesöhnten lebendigen Leibe macht, der als der Leib zugleich in der Differenz und in der Vergänglichkeit bleibt und durch den Geist das Göttliche als ein sich Fremdes anschaut.[9]

„Ewig", das im ersten Satz dieses Fragmentes zweimal anklingt, bezieht sich auf die Entwicklung des Begriffes und beinhaltet als ein dialektisches Wort „unmittelbar" innerliche „Differenz" und „Vergänglichkeit". „Ewig" – sprich ‚logisch' – ist die notwendige Selbstaufführung des Absoluten, und zwar in der tragischen Form (oder auch der komischen, in erster Linie aber in der tragischen). Die tragische Form aber, in der das Absolute sich darstellt, verleiht ihm Veränderlichkeit und Vergänglichkeit, da sie als Form eine Handlung (d.h. eine Entwicklung und Veränderung) enthält; an dieser Handlung nimmt die „unterirdische" Seite, der unterirdische Zeus, teil, der Antigone *ihre* perverse Gerechtigkeit diktiert.[10] Das Unterirdische, Weibliche, Sippenhafte wird neben dem Heroischen und Staatsbegründenden in die Ewigkeit einbezogen, weshalb diese unveränderlich veränderlich ist – darum bezeichnet Hegel die Frau

9 Georg Wilhelm Friedrich Hegel, „Über die wissenschaftlichen Behandlungsarten des Naturrechts, seine Stelle in der praktischen Philosophie und sein Verhältnis zu den positiven Rechtswissenschaften", *Werke*, Bd. 2, 495.

10 Hegel, „Über die wissenschaftlichen Behandlungsarten des Naturrechts", 494-498.

in der *Phänomenologie des Geistes* als die „ewige Ironie des Gemeinwesens" (PD 352). (Wenn man die Funktionen des Wortes ‚ewig' bei Hegel beobachtet, wie es Beständigkeit der konflikthaften Veränderung bedeutet, versteht man, warum der Barock erst nach Hegel ‚entdeckt' oder ‚konstruiert' werden konnte.)

In der *Phänomenologie des Geistes* wird dementgegen das Tragische, das in der „Tragödie im Sittlichen" die modellhafte Unveränderlichkeit der Änderung bezeichnete, ins antike Griechenland zurückgedrängt, und demgegenüber würden alle anderen Epochen durch das Fehlen der Tragödie gequält. Das Tragische fehlt ewig, es wirkt als das große Abwesende negativ auf die Weltgeschichte. Diese Außergewöhnlichkeit eines Griechenlands, das über die Tragödie verfügte, wird jedoch durch Hegels Worte über „die ewige Notwendigkeit des furchtbaren Schicksals" (PD 342), welche von den Taten der Helden hervorgerufen werde, kontrapunktiert. Griechenland, das Land der Tragödie, stellt für Hegel eine anschauliche Demonstration der unantastbaren Gesetze der Logik dar, es verkörpert das Ewige. Aber gleichzeitig war Griechenland auch einmalig, erst die irreversible Selbstzerstörung ermöglichte dem Absoluten, der Logik der Negation, ihre Wirkung modelhaft zum Erscheinen, ins Medium, zu bringen. Hier präsentiert sich Hegel eher als ein Vorläufer des in den 1980er und 1990er Jahren populären Diskurses über Idiom und Institution, Einzigartigkeit und notwendig institutionelle Literarität[11] und nicht unbedingt als ein Denker des tragischen Gefühls, das die Kontemplation des unabwendbaren Schicksals und der menschlichen Machtlosigkeit begleitet. Dass eine Spannung von Individuellem und Institutionellem das Wesensmerkmal des eigentlich Kritisch-Tragischen ist (und nicht etwa die Be- oder Entgeisterung hinsichtlich eines ewigen Schicksals), postulierten – wie ich zu beweisen versuchte – Hölderlins Empedokles-Projekte und Sophokles-Kommentare. Dieser Konflikt ‚Einzeln gegen Allgemein' wird nicht nur innerhalb der Tragödie ausgetragen, sondern operiert auch im idealistischen Gattungssystem: Hegels Vorlesungen zur Ästhetik bestimmen den Konflikt des Einzelnen mit der Allgemeinheit als Grundlage der dramatischen Architektonik von Tragödien und Komödien. In der Tragödie gewinnt das Allgemeine die Oberhand, die Komödie verfährt spiegelsymmetrisch dazu (Ä III 520-521).

Wenn die Tragödie exklusiv das alte Griechenland zusammengeschweißt und zersprengt hat, könnte ihr folgendes Fehlen der Moderne zugutekommen, die sich ja laut Hegel, dem ersten Verfechter des Endes der Geschichte, durch Dauerhaftigkeit auszeichnen soll. Für diese Dauerhaftigkeit bürgt die Einführung der bürgerlichen Gesellschaft als Puffer zwischen Familie und Stadt,

11 Vgl. Derek Attridge, „This Strange Institution Called Literature. An Interview with Jacques Derrida", Derek Attridge (Hg.), *Acts of Literature* (New York: Routledge, 1992), 33-75.

deren Zwist der Konflikt der Tragödie (im Sittlichen) war. Die *Tragödie im Sittlichen* und die auf die Tragödie bezogenen Fragmente der *Phänomenologie des Geistes* projizierten den Konflikt zwischen dem Bürger und dem körperlichen, arbeitenden, produzierenden und verzehrenden Menschen (*homo oeconomicus*) auf Griechenland beziehungsweise auf die dialektisch bewegte Ewigkeit. In der sittlichen Tragödie tritt genau wie in der (prä-)revolutionären Gesellschaft der *bourgeois* gegen den *citoyen* an.[12] In der *Phänomenologie des Geistes* überfiel der *homo oeconomicus* vom Inneren der Familie aus die Polis,[13] sein Gott war der unterirdische Zeus der Frauen. Der größte Unterschied zwischen einer Neuzeit, die ihre Lehren aus der Französischen Revolution gezogen hat, und dem Altertum war jedoch laut Hegels späteren Arbeiten aus den *Grundlinien der Philosophie des Rechts* die Erfindung der freien Berufswahl (der „Freiheit der Besonderheit" innerhalb des in sich ausdifferenzierten Prozesses der Bedürfnisbefriedigung).[14] Die freie Wahl des Berufs begründet die bürgerliche Gesellschaft, in der jeder seine partikulären Ziele verfolgt und sich auf diese Weise am allgemeinen Guten beteiligt.[15] Auch bei der Beschreibung der „unsichtbaren Hand",[16] die die ökonomischen Verhältnisse innerhalb der bürgerlichen Gesellschaft einrenkt, kann sich Hegel der theatralischen Metaphorik nicht enthalten:

> Es ist ein interessantes Schauspiel, wie alle Zusammenhänge hier rückwirkend sind, wie die besonderen Sphären sich gruppieren, auf andere Einfluss haben und von ihnen ihre Beförderung oder Hinderung erfahren. Dies Ineinandergehen, an das man zunächst nicht glaubt, weil alles der Willkür des Einzelnen anheimgestellt scheint, ist vor allem bemerkenswert und hat eine Ähnlichkeit mit dem Planetensystem, das immer dem Auge nur unregelmäßige Bewegungen zeigt, aber dessen Gesetze doch erkannt werden können.[17]

Revolutionibus orbium coelestium anstelle von Revolution: Es sieht so aus, als sei das ganze Projekt der modernen Sittlichkeit mit ihren drei Schichten (der

---

12 Siehe Jean Jacques Rousseau, *Vom Gesellschaftsvertrag oder die Grundsätze des Staatsrechts*, übersetzt von Hans Brockhardt (Stuttgart: Reclam, 1977), 16-17.

13 Die Unterscheidung geht natürlich auf Aristoteles zurück, Pol. I, 7, 1255 b 16-20.

14 Georg Wilhelm Friedrich Hegel, *Grundlinien der Philosophie des Rechts, Werke*, Bd. 7, 406 [§ 260], 359-360 [§ 207].

15 Georg Wilhelm Friedrich Hegel, *Grundlinien der Philosophie des Rechts*, 346-347 [§ 189].

16 Vgl. Gavin Kennedy, „Adam Smith and the Invisible Hand: From Metaphor to Myth", *Econ Journal Watch* 2009, 6(2), 239-263.

17 Hegel, *Grundlinien der Philosophie des Rechts*, 347 [§ 189]; ein bisschen früher in moralistischem Tonfall: „Die bürgerliche Gesellschaft bietet in diesen Gegensätzen und ihrer Verwicklung das Schauspiel ebenso der Ausschweifung, des Elends und des beiden gemeinschaftlichen physischen und sittlichen Verderbens dar" (S. 341 [§ 185]).

Familie, der bürgerlichen Gesellschaft, der Verwaltung) spezifisch so und nicht anders von Hegel aufgestellt worden, um das Tragische zu vermeiden, auch wenn das Theatralische als das Medium der (transzendentalen) Ästhetik des Staates unberührt bleibt; der Konflikt zwischen Familie und Staat wäre nämlich dazu fähig, die Moderne in den Abgrund der Weltgeschichte zu stürzen, in dem schon so viele monumentale Kulturen zu Erinnerungen sublimiert wurden. Die Neuzeit allerdings überträgt listig die Ökonomie als Puffer in die bürgerliche Gesellschaft, sodass der tragische Konflikt an Daseinsberechtigung einbüßt.

Merkwürdig ist an dieser Stelle die „ewige Notwendigkeit des furchtbaren Schicksals", der die Modernität nur ausweichen kann, wenn sie dem Projekt des Philosophen folgt, der ihre implizite Rationalität fördern will. Mit Recht bezeichnet Christoph Menke die Tragödie als Urszene der Moderne.[18] Die Entsprechung reicht so weit, dass diese Urszene wie die Freud'sche verdrängt wurde, doch gerade kraft dieser Ausklammerung wirken kann. Das Verdrängte droht. Die Tragik zeigt sich immer als noch fehlende. Die Projektion moderner Ängste auf das Antik-Tragische ähnelt dem Export der Konflikte des Kapitalismus in die Kolonien – letzteres wurde von Hegel befürwortet (genauso aber die Befreiung der Kolonien).[19] Die Tragik spielt die Rolle eines exotischen Objekts des Begehrens, dessen Exotik Funktion seiner Verdrängung seitens der Metropole ist.

Die klassischen Analysen von György Lukács und Siegfried Kracauer haben erschlossen, inwiefern der Begriff des Tragischen durch das Unbewusste des ‚Klassenbewusstseins' der Bourgeoise produziert worden ist.[20] Die Bourgeoise

18 Christoph Menke, *Tragödie im Sittlichen: Gerechtigkeit und Freiheit nach Hegel* (Frankfurt: Suhrkamp, 1996), 73.

19 Hegel, *Grundlinien der Philosophie des Rechts*, 392-393 [§ 248].

20 Das Streben nach der unmöglich gewordenen tragischen Form ist das Leitmotiv von Lukács' *Die Seele und die Formen* (Berlin: Fleischel, 1911) und „Die Theorie des Romans: ein geschichtsphilosophischer Versuch über die Formen der großen Epik", *Zeitschrift für Ästhetik und allgemeine Kunstwissenschaft*, Jg. 11, 1916, Heft 3, 225-272, Heft 4, 390-431; Siegfried Kracauer, „Über Erfolgsbücher und ihr Publikum", *Schriften*, hg. von Inka Mülder-Bach (Frankfurt am Main: Surhkamp, 1990), Bd. 5.2, 340: „Wo [das Individuum] auftritt, ist *Tragik* unausbleiblich. Sie bettet das bürgerliche Dasein tief in die Metaphysik ein und übt daher auch oder gerade in ihren Dasein Zerrformen eine starke Anziehung auf das Publikum. [...] Da die Mittelschichten ihre Zwischenposition wohl als Verhängnis empfinden, sich jedoch unter allen Umständen in ihr behaupten wollen, neigen sie natürlich dazu, sämtliche Verhängnisse zu tragischen Ereignissen zu erhöhen. Das Individuum, das, die Idee bewährend, tragisch untergeht, ist auch ein Bestandstück idealistischer Weltanschauung, und so übernehmen die Favoriten begreiflicherweise den *Idealismus*. Nicht den echten, der vergangen ist, wohl aber seine verschwommenen Nachbilder." (Kracauers Hervorhebungen).

erfindet das Tragische, ebenso aber klagt zur Zeit ihrer Herrschaft ununterbrochen über das Fehlen des Tragischen, zeitgleich also zur Erfindung des Tragischen. Diese Nicht-Tragik der Zeit erscheint erst aus der Perspektive der tragödienbefangenen Weltanschauung des postrevolutionären Bürgertums als problematisch.[21] Schon im Naturrechts-Aufsatz, der das Fragment zur ‚Tragödie im Sittlichen' enthält, schreibt Hegel über die Neigung der Bourgeoise zu historischen Projektionen;[22] und geht auch in diesem Falle Marx voran, der sich über die Robinsonaden von Nationalökonomen und über Darwins Bilder einer Natur lustig machte, die merkwürdigerweise der hochkapitalistischen Gesellschaft ähnelten.[23]

Die objektive, feste, stabile, eherne, monumentale Form der Tragödie ist nur ein Pendant des bürgerlichen Subjektivismus; im entsprechenden Kapitel mache ich sichtbar, dass Kierkegaards Tragödientheorie in diesem obskuren Sachverhalt ihren Ursprung hat, wobei Kierkegaard das aufgreift, ausarbeitet und ausbreitet, was Hegel nur am Rande behandelt und kaum beachtet hatte. Die griechische Tragödie ist nur negativ objektiv: Im Gegensatz zu dem auf seine eigene Innerlichkeit konzentrierten Großstadtbürger existiert der

---

21 Vgl. George Steiner, *The Death of Tragedy* (Yale: YUP, 1961), passim; Albrecht Koschorke, *Wahrheit und Erfindung. Grundzüge einer Allgemeinen Erzähltheorie* (Frankfurt am Main: Fischer, 2012), 214; Juliane Vogel, „Verstrickungskünste, Lösungskünste. Zur Geschichte des dramatischen Knotens", *Poetica: Zeitschrift für Sprach- und Literaturwissenschaft*; 2008, ¾, 269-288; dass die Tragik mit einer besonderen Etappe der gesellschaftlichen Entwicklung zusammenhängt, stellten schon Goethe und Schiller fest: „die Personen stehen am besten auf einem gewissen Grade der Kultur, wo die Selbsttätigkeit noch auf sich allein angewiesen ist, wo man nicht moralisch, politisch, mechanisch; sondern persönlich wirkt" („Über epische und dramatische Dichtung", Friedrich Schiller, *Sämtliche Werke* (München: Hanser, 1962), Bd. 5, 790; Johann Gottfried Herder („Adrastea", *Sämtliche Werke*, hg. von Bernhard Suphan (Berlin: Weidmannsche Buchhandlung, 1885), Bd. 23, 389) stellt fest, dass „je geordneter die Menschen und die Staaten werden, der Zunder zur tragischen Flamme sich mindre. Atreus, Thyeste, Klytemnestren u.f. gibt es nur in den sogenannt heroischen Zeiten; in andern spielen sie ihre Rollen hinter dem Vorhange oder gar in der Kulisse, sittlicher, verdeckter"; Friedrich Dürrenmatt, „Theaterprobleme", Peter Langemeyer (Hg.), *Dramentheorie. Texte vom Barock bis zur Gegenwart* (Stuttgart: Reclam, 2011), 469-470: „Die echten Repräsentanten fehlen, und die tragischen Helden sind ohne Namen. Mit einem kleinen Schreiber, mit einem Kanzlisten, mit einem Polizisten lässt sich die heutige Welt besser wiedergeben als mit einem Bundesrat, als mit einem Bundeskanzler. Die Kunst dringt nur noch bis zu den Opfern vor, dringt sie überhaupt zu Menschen, die Mächtigen erreicht sie nicht mehr. Kreons Sekretäre erledigen den Fall Antigone."

22 György Lukács, *Der junge Hegel. Über die Beziehung von Dialektik und Ökonomie* (Zürich, Wien: Europa, 1948), 518-537.

23 Die Kritik der historischen Rechtschule: Hegel, „Über die wissenschaftlichen Behandlungsarten des Naturrechts", 526-528.

tragische Held nur angesichts der Substantialität seiner Kultur, indem er ihr unmittelbarer Ausdruck ist – ohne Zögern, Wählen oder Abstand zwischen Denken und Handeln. Die Gegensätze ziehen sich im Medium der Logik an, und diese parallelisiert ihre Entwicklung.

> Als Hauptpunkte, welche in Rücksicht hierauf in Betracht kommen, sind im allgemeinen diejenigen Momente hervorzuheben, deren Vermittlung das Wesentliche in jeder wahrhaften Handlung ausmacht: einerseits das der *Substanz* nach Tüchtige, Große, die Grundlage der weltlichen wirklichen Göttlichkeit als der echte und an und für sich ewige Gehalt des individuellen Charakters und Zwecks; andererseits die *Subjektivität* als solche in ihrer ungefesselten Selbstbestimmung und Freiheit. Das an und für sich Wahrhafte erweist sich zwar in der dramatischen Poesie, in welcher Form sie auch immer das Handeln zur Erscheinung herausführen mag, als das eigentlich Durchgreifende; die bestimmte Art aber, in welcher diese Wirksamkeit zur Anschauung kommt, erhält eine unterschiedene, ja entgegengesetzte Gestalt, je nachdem in den Individuen, Handlungen und Konflikten die Seite des Substantiellen oder umgekehrt die Seite subjektiver Willkür, Torheit und Verkehrtheit als die bestimmende Form festgehalten ist. (Ä III 520-521)

> (Die erste Form ist die tragische, die zweite die komische)

> Ich bin in mir selbst als unendlich gegen mich als endlich und als endliches Bewusstsein gegen mein Denken als unendliches bestimmt. Ich bin das Gefühl, die Anschauung, die Vorstellung dieser Einigkeit und dieses Widerstreites und das *Zusammenhalten* der Widerstreitenden, die Bemühung dieses Zusammenhaltens und die Arbeit des Gemüts, dieses Gegensatzes Meister zu werden. Ich bin also die Beziehung dieser beiden Seiten, welche nicht abstrakte Bestimmungen, wie „endlich und unendlich“, sondern jede selbst die *Totalität* sind. Die beiden Extreme sind *jedes selbst Ich*, das Beziehende; und das Zusammenhalten, Beziehen ist selbst dies in Einem sich Bekämpfende und dies im Kampfe sich Einende. Oder *Ich bin der Kampf*; denn der Kampf ist eben dieser Widerstreit, der nicht *Gleichgültigkeit der beiden als Verschiedener*, sondern das *Zusammengebundensein* beider ist. Ich bin nicht *einer* der im Kampf Begriffenen, sondern Ich bin *beide* Kämpfende und der Kampf selbst.[24]

> (‚Ich‘ bin eine Tragödie)

Die Tragödie des Selbst spiegelt sich in der Handlung der objektiven Tragödie. Der Mechanismus ist derselbe: auf beiden Seiten eine Feststellung der Gleichheit von Absolutem und Subjektivem.

Wie die Tragödie als Gespenst diejenige Epoche heimsucht, die sich wegen des Fehlens des Tragischen ständig Vorwürfe macht, so ist das Objektive der tragischen Form das Nachbild des bürgerlichen Subjektivismus. Die beidseitige

24 Hegel, *Vorlesungen über die Philosophie der Religion I*, *Werke*, Bd. 16, 69.

Entsprechung des tragischen Spektakels und der Reflexion demonstriert nochmals, dass die Karriere des Griechisch-Tragischen von dem von Kant aufgeworfenen Problem der Relation zwischen dem empirischen und dem transzendentalen Ich, zwischen dem Bedingtsein und der Freiheit, der pathetischen Introspektion und der transzendentalen Deduktion zehrte; eben deswegen gestaltet die Handlung der griechischen Tragödie die Narration der *Phänomenologie des Geistes* dermaßen, dass der ganze, zentrale Griechenland-Teil aus einer Mischung von Zusammenfassungen und Deutungen verschiedener griechischen Tragödien besteht, deren Titel meistens nicht genannt werden. Aber diese Bedeutung der Tragödie für den Prozess des Erwachens der Substanz zum Selbstbewusstsein – die Beschreibung dieses Prozesses liefert die *Phänomenologie des Geistes* – kann ihr nur als einer besonderen Kunstform zukommen: Dem für das besondere θέατρον geschriebenen Drama, nicht einer generellen und abstrakten Weltempfindung, wie sie ihren plastischen Ausdruck in den gelungenen Werken von Sophokles findet. Nur ein Medium, in dem oder zumindest um das sich die ganze Polis sammelt, und nicht bloß eine Ansicht, könnte die Aufspaltung der griechischen Sittlichkeit zum Ausdruck bringen oder sogar herbeiführen. Die griechische Sittlichkeit an sich hatte keinen Platz für die tragische Weltanschauung, die Sittlichkeit wollte nur Ruhe und schnelles Vergessen von Unruhen und von deren Stiftern, so schnell, wie es einer oralen Kultur ziemt. Und doch war dieses Gleichgewicht so konstruiert, dass es ohne den Konflikt nicht auskommen konnte. Die *Phänomenologie des Geistes* begreift die tragische Kunst nicht bloß, wie es die Vorlesungen zuzulassen scheinen, als Ausdruck einer allgemeinen Meinung oder als eine Art der Darstellung, die zu einem gegebenen Zeitpunkt populäre Ansichten sinnlich und anziehend illustriert. Die Tragödie kann nicht auf das Geben schicklicher Zusammenfassungen reduziert werden, weder dessen, was die Griechen des IV. Jahrhunderts vor unserer Zeitrechnung über die Polis dachten, noch eben des bürgerlichen Fatalismus. Als Poesis im Sinne von Hölderlin[25] durchdringt und gestaltet die Tragödie die Welt bis in ihre fernsten und niedersten Teile und offenbart sich auf der Bühne im Moment der Krise, um ein Ende dieser Welt (einer Gestalt des Geistes) zu markieren oder anzusetzen. Dieser Moment kann wohl nur für denjenigen lesbar werden, der zu spät, weil am Ende der Zeit, kommt – für den Philosophen:

> Diese einfache Gewissheit des Geistes in sich ist das Zweideutige, ruhiges Bestehen und feste Wahrheit sowie absolute Unruhe und das Vergehen der Sittlichkeit zu sein. Sie schlägt aber in das letztere um, denn die Wahrheit des

---

25 Siehe das Hölderlin-Kapital.

> sittlichen Geistes ist nur erst noch dies substantielle Wesen und Vertrauen, worin das Selbst sich nicht als freie Einzelheit weiß und das daher in dieser Innerlichkeit oder in dem Freiwerden des Selbsts zugrunde geht. Indem also das Vertrauen gebrochen, die Substanz des Volks in sich geknickt ist, so ist der Geist, der die Mitte von bestandlosen Extremen war, nunmehr in das Extrem des sich als Wesen erfassenden Selbstbewusstseins herausgetreten. Dieses ist der in sich gewisse Geist, der über den Verlust seiner Welt trauert und sein Wesen, über die Wirklichkeit erhoben, nun aus der Reinheit des Selbst hervorbringt./ In solcher Epoche tritt die absolute Kunst hervor; früher ist sie das instinktartige Arbeiten, das, ins Dasein versenkt, aus ihm heraus und in es hinein arbeitet, nicht an der freien Sittlichkeit seine Substanz und daher auch zum arbeitenden Selbst nicht die freie geistige Tätigkeit hat. Später ist der Geist über die Kunst hinaus, um seine höhere Darstellung zu gewinnen, – nämlich nicht nur die aus dem Selbstgeborene *Substanz*, sondern in seiner Darstellung als Gegenstand *dieses Selbst* zu sein, nicht nur aus seinem Begriffe sich zu gebären, sondern seinen Begriff selbst zur Gestalt zu haben, so dass der Begriff und das erzeugte Kunstwerk sich gegenseitig als ein und dasselbe wissen. (PD 513-514)

„Die absolute Kunst" herrscht nur kurzzeitig auf der Bühne der Weltgeschichte. Ihr gehört nur ein Augenblick, während dessen der Geist sich über seine eigene Welt hinausarbeitet, seine Freiheit feuerwerksartig aufschießt. Dabei erhält der Geist das Bild der ganzen Welt, über der er schwebt, denn er ist oben, während sie untertaucht und sich auflöst. Die Kunst selbst wird danach eine Sache der Vergangenheit sein, weil der Geist sein Vergnügen an rein intellektuellen Gegenständen findet. Da die Kunst der Krise als ‚absolut' aufgefasst wird, ist es ausgeschlossen, dass sie sich auf eine gewisse Ansicht stützt oder – Gott bewahre! – dass sie aus einer ihr vorangehenden Weltanschauung abgeleitet wird. Als absolute Form geht die Tragödie in der Zäsur der Weltgeschichte auf, da nur eine globale Katastrophe die Logik der gesetzmäßigen Entwicklung zu einer vollkommenen Darstellung zwingen könnte. (Wir werden sehen, dass die Tragödie diese Logik verkörpert.)

Hegels Tragödientheorie, vor allem in der *Phänomenologie des Geistes*, ist damit ein ausschlaggebender Teil der kritischen Tragödientheorie. Die *Vorlesungen über die Ästhetik* und die anderen Schriften Hegels – sowohl die früheren wie *Der Geist des Christentums und sein Schicksal*, der Naturrecht-Aufsatz, die Jenaer Manuskripte (nach 1800) als auch die späteren wie die *Wissenschaft der Logik* (1812, 1816), die *Enzyklopädie der philosophischen Wissenschaften im Grundrisse* (1817), *Grundlinien der Philosophie des Rechts und Staatswissenschaft im Grundrisse* (1820), die Vorlesungen über Religion, Welt- und Philosophiegeschichte – werden in diesem Kapitel immer nur in Bezug auf die *Phänomenologie* zu Hilfe genommen und als Verstärkung, Kontrast oder Hinweis auf eine andere Möglichkeit in den Gang der Argumentation platziert. Die zuverlässigste Quelle unter den Vorlesungen, deren Autorschaft ansonsten kein Vertrauen erweckt, sind die Notizen des Studenten von Pfordtens, der 1826 der Vorlesung *Aestheticen sive philosophiam artis* folgte. Was in von Pfordtens Notizen *nicht* benannt wird, ist – unter anderen Mängeln – die Bestimmung der Position der Kunst im System der Philosophie als ein Bestandteil des Bereiches „absoluter Geist"; diese Bestimmung enthielt jedoch die *Enzyklopädie der philosophischen Wissenschaften*, die als ein Skript für die Vorlesungsreihe benutzt wurde.[26] Die Bücher, die Hegel selbst veröffentlichte, immer wieder verbesserte, umarbeitete, aus Präfabrikaten kompilierte, sowie diejenigen, die unter seinem Namen als das Berliner System von Schülern herausgegeben wurden, haben den Charakter eines Palimpsests, innerhalb welchem sich die Schichten überlappen und miteinander interferieren, Spannungen und Ambiguitäten produzierend, die der griechischen Tragödie wert sind. Die Überlegenheit der *Phänomenologie des Geistes* gegenüber anderen Abwandlungen der Tragödientheorie besteht in der stärksten Ausarbeitung des Generativismus, der die Tragödie ins Gewebe der Kultur verwickelt und sie zugleich als das, was im Untergang dieser Kultur erscheint von ihr als ihr Bild, als einzigartiges und universelles Bild der Kultur, absondert. Die Tragödie erlangt damit die Position des Stellvertreters der Logik der Negation in der sinnlichen Welt. In der *Phänomenologie des Geistes* kommt die Tragödie in einer gigantischen Prosopopeia selbst zu Wort. Sie nähert sich für zwei Abschnitte der Erzählung dem Geiste innig an, sodass die beiden zusammen die Welt inszenieren und zu Grunde richten; in anderen Werken wird lediglich über die Tragödie gesprochen.

6.2. Ewige Gegenwart: Der Sohn seiner Zeit

Die Tragödientheorie aus der *Phänomenologie* ist aufgrund ihrer Auffassung der Zeitlichkeit kritisch. Ihr ‚Ewiges' räsoniert mit dem politisch Flüchtigen, wenn sie ihre Gestalt im Moment der Zäsur annimmt.

Franz Rosenzweig und György Lukács, zwei Autoren großer Monographien zur Hegel'schen Philosophie der Politik aus dem frühen 20. Jahrhundert, deuten übereinstimmend – obschon die Arbeit von Lukács eine weitschweifige Polemik mit Rosenzweigs Buch ist – auf einen archimedischen Punkt des Hegel'schen Systems. Von diesem Punkt ausgehend sei Hegel fähig, er selbst zu werden: der große Berlin-Hegel. Es handelt sich um sein Epigramm „Entschluss":

---

26 Georg Wilhelm Friedrich Hegel, *Enzyklopädie der philosophischen Wissenschaften im Grundrisse III, Werke*, Bd. 10, 367-372 [§ 556-563].

Kühn mag der Götter Sohn der Vollendung Kampf sich vertrauen,
Brich den Frieden mit dir, brich mit dem Werke der Welt!
Strebe, versuche nicht, als die Zeit, aber aufs Beste sie sein.[27]

Sowohl in der liberalbürgerlichen Monographie Rosenzweigs als auch bei dem Marxisten Lukács soll diese Entscheidung, eins mit seiner Zeit zu werden, das Ende der Periode der Hypochondrie markieren. Die Hypochondrie sei auf den Frankfurt-Aufenthalt zurückzuführen, den Hegel in direkter Nähe von Hölderlin verbrachte.[28] Im Lichte der neueren Forschung kann jedoch der Einfluss Hölderlins gerade als Katalysator der Versöhnung mit der Zeit und als eine Vorbedingung des aktiven Eingreifens in die Wirklichkeit gelten – davon erzählt das Empedokles-Projekt sowie Hegels *Geist des Christentums.* Die Klassiker der deutschen Philosophiegeschichte Rosenzweig, Lukács,[29] Karl Löwith[30] behaupteten, dass Hölderlins Unglück der Unmöglichkeit entsprang, die hypochondrische Sehnsucht nach der Wiederherstellung antiker Bedingungen zu überwinden. Eine solche Krisis drückte sich in dem Weltschmerz aus, der sich mit Ekel von der Gegenwart abwendet, weil die eigene Zeit sich mit der ausgegrübelten Vision der Antike nicht messen kann. Hegel selbst erkannte dagegen diese Verinnerlichung, das Versinken in einem selbst,

---

27 Johannes Hoffmeister (Hg.), *Dokumente zu Hegels Entwicklung* (Stuttgart: Frommann, 1936), 388. Vgl. Otto Pöggeler, *Hegels Kritik der Romantik* (München: Fink, 1997), 69-70. Das Zitat ist auch Leitmotiv von Rosenzweigs und Lukács' Hegel-Monografien.

28 Günther Nicolin (Hg.), *Hegel in Berichten seiner Zeitgenossen* (Hamburg: Meiner, 1970), 64; Hans Friedrich Fulda, Hegel (München: Beck, 2003), 40-46; Sebastian Soppa, *Scheiternde Subjektivität: das unglückliche Bewusstsein bei Hegel und Kierkegaard* (Berlin: Logos, 2010), 99-101; diese Hypochondrie Hegels hat einen Eindruck auf der French Theory hinterlassen, da die legendären Vorlesungen von Kojève mit ihr ausklingen: „Hegel le sait et le dit. Mais il dit aussi, dans une de ses lettres que ce savoir lui a coûté cher. Il parle d'une période de dépression totale qu'il a vécue entre la 25ᵉ et la 30ᵉ année de sa vie : d'une ‚Hypochondrie' qui allait ‚bis zur Erlähmung aller Kräfte', ‚jusqu'à la paralysie de toutes ses forces' et qui provenait précisément du fait qu'il ne pouvait pas accepter l'abandon nécessaire de l'*Individualité,* c'est-à-dire en fait de l'humanité, qu'exige l'idée du Savoir *absolu.* Mais, finalement, il a surmonté cette ‚Hypochondrie'. Et, devenant un Sage par cette acceptation dernière de la mort, il a publié, peu d'années après, la Iʳᵉ Partie du ‚Système de la Science', intitulée ‚Science de la Phénoménologie de l'Esprit', où il se réconcilie définitivement avec tout ce qui est et a été, en déclarant qu'il n'y aura jamais plus rien de nouveau sur terre" (Alexandre Kojève, *Introduction à la lecture de Hegel,* hg. von Raymond Queneau (Paris: Gallimard, 1947), 443; Hervorhebungen von Kojève).

29 György Lukács, *Der junge Hegel. Über die Beziehungen von Dialektik und Ökonomie* (Zürich, Wien: Europa, 1948), 131, 269-270.

30 Karl Löwith, *Von Hegel zu Nietzsche. Der revolutionäre Bruch im Denken des 19. Jahrhunderts, Sämtliche Schriften* (Stuttgart, Metzler, 1988), Bd. 4, 209: „Diese Krise hat Hegel gemeinsam mit Hölderlin durchlebt, und die stillschweigende Trennung von dem Freund seiner Jugend ist der Anfang zu seiner Versöhnung mit der Welt, wie sie ist."

wo man dann das alte Griechenland findet, kurz die Hypochondrie, als eine Vorbedingung fürs Engagement in der Welt an, schrieb immer wieder von ihr: in der *Phänomenologie des Geistes*, als er die schöne Seele behandelt, in Paragraph 369 der *Enzyklopädie der philosophischen Wissenschaften* sowie in einem Brief an einen Freund.[31] Die anbahnende Frankfurter Krisis löst bei ihm den Reflex aus, die antike Tragödie zum hohen Gericht seiner Begrifflichkeit, der historischen Welt und zum negativen Maßstab seiner Gegenwart zu machen. Wenn er über das Unheroische seines Zeitalters lästert oder umgekehrt sich darum bemüht, die Gegenwart vor der Tragik zu schützen, macht er dies immer um der Tragödie und zugleich um seiner Zeit willen. Ein entschiedenes ‚ja!' zur Gegenwart sagt der berühmte Aphorismus aus der Vorrede zu den *Grundlinien der Philosophie des Rechts*:

> Was vernünftig ist, das ist wirklich;
> und was wirklich ist, das ist vernünftig. (*Werke*, Bd. 7, 24)

Die Deutungen dieses Aphorismus – die konservative und die wunschorientierte, die apologetische und die tragische – gaben im Rest des 19. und dem größten Teil des 20. Jahrhunderts den Ton an. Der Aphorismus, der alles auf die Gegenwart setzte, verlieh dem modernen gesellschaftlichen Leben das gleiche Gewicht, das der antiken Sittlichkeit zustand.[32] Im Griechenland-Teil der *Phänomenologie des Geistes* hießt es doch, dass das, „was *sittlich* ist, *wirklich* sein müsse" (PD 348). Hier klärt die Katastrophe der Tragödie den Helden über die Vernünftigkeit seiner gegenwärtigen Welt auf, die sich erst, als sie verloren ist, in voller Entfaltung dem Geiste präsentiert. Die tragische Versöhnung ist die Versöhnung mit dem ephemerischen Jetzt, dass vergeht, ehe es sich selbst in seiner ewigen Notwendigkeit im Dionysios-Theater erblicken konnte:

> Die vollbrachte Tat verkehrt seine Ansicht; die *Vollbringung* spricht es selbst aus, dass, was *sittlich* ist, *wirklich* sein müsse; denn die *Wirklichkeit* des Zwecks ist der Zweck des Handelns. Das Handeln spricht gerade die *Einheit* der *Wirklichkeit* und der *Substanz* aus, es spricht aus, dass die Wirklichkeit dem Wesen nicht zufällig ist, sondern mit ihm im Bunde keinem gegeben wird, das nicht wahres Recht ist. Das sittliche Bewusstsein muss sein Entgegengesetztes um dieser Wirklichkeit willen und um seines Tuns willen als die seinige, es muss seine Schuld anerkennen;
> *weil wir leiden, anerkennen wir, dass wir gefehlt* (PD 348).

– zitiert Hegel die *Antigone*.

31 Hegel, *Enzyklopädie der philosophischen Wissenschaften III* 78, 83-84 [§ 396].
32 Rosenzweig, *Hegel und der Staat*, 187.

Der der Revolution abgeneigte Goethe schätzte Hegels Philosophie vor allem für ihre Nüchternheit sowohl in den praktischen Umsetzungsmöglichkeiten als auch in der methodischen Gewissenhaftigkeit.[33] Das Opfer tragischer Helden war nicht umsonst: Mit ihrem Tod haben sie bewiesen – behauptet Hegel in der *Phänomenologie des Geistes* – dass das Denken wirkt und Wirklichkeit ist; auch so kann man den Spruch verstehen, das Wirkliche sei das Vernünftige. Was sie dachten und sagten, hat sie faktisch umgebracht. Die tragischen Helden sind Märtyrer der Philosophie.

Lukács beschrieb die vom Epigramme „Entschluss" und „Was vernünftig ist ..." zum Ausdruck gebrachte dialektische Wende in Hegels Leben folgendermaßen: Der junge Hegel, zerrissen zwischen der athenischen Utopie und der Beschreibung der Gegenwart, die doch Akzeptanz, mindestens Verständnis derselben verlangt, wählte die scheinbar konservative Beschreibung. Aber dank dessen schuf er die präzise dialektische Methode, die darauf zielt, unparteiisch das Ganze zu umfassen. Da das Bewusstwerden des Ganzen laut des marxistischen Dogmas objektiv revolutionär wirkt und in Lukács' *Geschichte und Klassenbewusstsein* (1922) sogar mit der Revolution gleichbedeutend ist, stellt sich Hegels Unparteilichkeit heraus, die ihm den Ausblick auf das relative Ganze bewahrt – die objektive Bedingung der praktischen, revolutionären Wirkung seines Denkens.[34] Aischylos' Prometheus zeugte die Hegel'sche Logik, die Logik zeugte Marx, Marx zeugte Lenin. Im Jahr seines Todes, als er eine Rede zum Jahrestag der Augsburger Konfession hielt, definierte Hegel die Philosophie als die Versöhnung mit der Wirklichkeit, die im Kreuz der Gegenwart die Rose der Vernunft erkennt (so wie laut Luthers Wappen „Des Christen Herz auf Rosen geht, wenn's mitten unterm Kreuz steht").[35] Auch die Versöhnung muss hier dialektisch verstanden werden. Obschon Hegel sich vorsetzte, die Rose im Kreuz zu erkennen („Zu erkennen! Nichts weiter", so Rosenzweig[36]), revolutioniert seine Methode des Beschreibens die Disziplin selbst, indem sie das Ewige mit dem Flüchtigen paart, sodass dem Aktuellsten der Ernst des Ursprungs verliehen wird. Dadurch wird die Philosophie revolutionstüchtig,

---

33 Vgl. Goethe an Hegel am 7. Oktober 1820 in Johannes Hoffmeister (Hg.), *Briefe von und an Hegel: 1813 bis 1822* (Hamburg: Meiner, 1969), 236-237.

34 György Lukács, *Geschichte und Klassenbewusstsein, Werke* (Neuwied, Wien: Luhterhand, 1968), Bd. 2, 331-397.

35 Georg Lasson, „Kreuz und Rose. Ein Interpretationsversuch", *Beiträge zur Hegelforschung* (Berlin: Trowitsch und Sohn, 1909), Bd. 1, 43-70; Löwith, *Von Hegel zu Nietzsche*, 27-45; Henning Ottmann, „Die Rose im Kreuz der Gegenwart", *Hegel-Jahrbuch* 1999, 142-148.

36 Franz Rosenzweig, *Hegel und der Staat*, hg. von Frank Lachmann (Frankfurt am Main: Suhrkamp, 2010), 358.

indem sie dazu geeignet wird, das Ganze aufzufassen. Utopie kann konservativ sein,[37] die dialektische Logik – nie und niemals, weil sie „nirgends verweilen kann".[38]

„Das *was ist* zu begreifen, ist die Aufgabe der Philosophie, denn das *was ist*, ist die Vernunft. Was das Individuum betrifft, so ist ohnehin jedes ein *Sohn seiner Zeit*, so ist auch die Philosophie *ihre Zeit in Gedanken erfasst*."[39] Aber es gibt auch nichts anderes zu verstehen als die Zeit, die, wie bei Hölderlin, das tragische Schicksal des Begriffes ist. Von der Perspektive des absoluten Wissens aus sieht der Weise am Ende der Geschichte, dass das Allwissen, das er auf dem ganzen Weg der Erzählung über die Subjekt-Substanz gesammelt hat, ein Wissen um die Zeit ist, ein Wissen, dessen höchste Leistung es ist, dass es die Zeit negiert:

> Die *Zeit* ist der *Begriff* selbst, der *da ist* und als leere Anschauung sich dem Bewußtsein vorstellt; deswegen erscheint der Geist notwendig in der Zeit, und er erscheint so lange in der Zeit, als er nicht seinen reinen Begriff *erfaßt, d.h.* nicht die Zeit tilgt. [...] Die Zeit erscheint daher als das Schicksal und die Notwendigkeit des Geistes, der nicht in sich vollendet ist. (PD 584-585).

Tragischerweise braucht der Geist die Zeit, die Veränderung, den Tod und den Abschied, bevor und damit er vollendet sein kann. Da der Geist das ‚Bevor' auch am Ende der Zeit in sich trägt, gibt es nichts zu begreifen als die Zeit, als die Ewigkeit, die das Flüchtigste ist. Die Tragödie bot laut Hölderlin nichts anderes als die Anschauung der Zeit, die als Form, als universeller Behälter, fühlbar wird. Die *Phänomenologie des Geistes* ist eine logisch ausgearbeitete transzendentale Ästhetik der Geschichte, welche sich in verschiedenen Medien, vorzüglich der Tragödie, zeigt. In all diesen Medien, die jede nach dem Vorbild der Tragödie modelliert ist, offenbart sich die mit Ereignissen ausgefüllte Zeit.

Bekanntermaßen betrieb Hegel Zeit seines Lebens politische Publizistik und war 1807 Chefredakteur der *Bamberger Zeitung*; die zu selber Zeit veröffentlichte *Phänomenologie des Geistes* könnte man als Zeitung des jüngsten Tages bezeichnen. „Das Zeitungslesen des Morgens ist eine Art von realistischem Morgensegen. Man orientiert seine Haltung gegen die Welt an

37 Der Begriff „konservative Utopie" wurde von Karl Mannheim geprägt (*Ideologie und Utopie* (Frankfurt am Main: Suhrkamp, 1969), 201-204). Vgl. Michael Th. Greven, „Überlegungen zur kritischen und konservativen Utopie", *Kritische Theorie und historische Politik* (Wiesbaden: Springer, 1994), 205-215.

38 Hans Georg Gadamer, „Das Erbe Hegels", Hans Georg Gadamer, Jürgen Habermas, *Das Erbe Hegels* (Frankfurt am Main: Suhrkamp, 1980), 84.

39 Hegel, *Grundlinien der Philosophie des Rechts*, 26. Hervorhebungen von Hegel.

Gott oder an dem, was die Welt ist. Jenes gibt dieselbe Sicherheit, wie hier, dass man wisse, wie man daran sei."[40] Die Zeitungen seiner Zeit beschrieben drei große Prozesse, die die Logik der Hegel'schen Philosophie in ihrer Form berücksichtigen sollte: die britische industrielle Revolution, die Französische Revolution und die Napoleonischen Kriege. Hinzu kam die Negation der Revolution – die Negation der Negation, auch Restauration genannt. Die Restauration ist die Konterrevolution, die sich nicht wie ein Komplott versteckt, sondern sich umgekehrt im Stil des alten Regimes zur Schau stellt. Sie legitimiert sich dadurch, dass sie das legitimierende Theater des alten Regimes wiederholt, während die Revolution die antiken Republiken nachahmte und Napoleon klassische und Renaissance-Kunstwerke aus dem eroberten Italien nach Paris brachte.[41]

Das Interesse an der industriellen Revolution trug zur generativistischen Kraft der Tragödie als Medium bei, denn die Ökonomie lässt sich als eine Kraft und eine Theorie beschreiben, die das gesellschaftliche Ganze durchdringt, mitgestaltet und von jedem Element des Ganzen mitgestaltet wird. Die gestaltende Poesis der Tragödie wurde nach dem Vorbild der Arbeit in der Gesellschaft verstanden. Die Arbeitsteilung entscheidet immer über die Gestalt der jeweiligen Gesellschaft, über das Sichtbare und Unsichtbare. Kant berücksichtigte die Ökonomie in seiner politischen Philosophie kaum oder überhaupt nicht.[42] Indem Hegel sie in seinen Versuch einbezog, Kants Dualismus zu überwinden, fand er dabei eine Formvorlage für seinen Begriff des Mediums und der Vermittlung. Eben diese Ökonomisierung der Tragödie ist für die Rolle der Tragödie für das spätere revolutionäre Denken verantwortlich; und eben darum kann das Modell des tragischen Schicksals auf die Verdinglichung wie auf die Revolution als Befreiung aus der Verdinglichung im Moment des Bewusstseinwerdens des Ganzen übertragen werden.

Schon in der *Tragödie im Sittlichen* sowie im ebenso frühen *System der Sittlichkeit* (1802/ 3) löst gerade die Ökonomie den tragischen Konflikt mit der Politik – der Sphäre bewusster Entscheidungen – aus; zur Versöhnung beider

40 Georg Wilhelm Friedrich Hegel, „Aphorismen aus Hegels Wastebook" [1803-1806], *Werke*, Bd. 2, 547.

41 Cf David Bindman, „Revolution. Eine Nation erfindet sich neu", David Bindman, „Das Umreißen einer Idee. Ein künstlerischer Neubeginn", Mareike Bückling, Eva Mongi-Vollmer (Hg.), *Schönheit und Revolution. Klassizismus 1770-1820* (München: Hirmer, 2013) 191-196, 177-182; Karlheinz Stierle, „Zwei Hauptstädte des Wissens: Paris und Berlin", Pöggeler (Hg.), *Kunsterfahrung und Kulturpolitik im Berlin Hegels*, 83-111; Hans Harten, *Transformation und Utopie des Raums in der Französischen Revolution* (Basel: Birkhäuser, 1994), 90-143.

42 Hardy Bouillon, „Ökonomische Freiheit. Eigentum und Wohlfahrtsstaat bei Kant", *Aufklärung und Kritik* 1999, 2, 10-26.

Bereiche trägt die Wirtschaftslehre bei, die den Abstand zwischen Theorie und Wirklichkeit aufhebt. Im *System der Sittlichkeit* heißt diese Arbeit der Versöhnung ‚Schicksal', sie trägt also den Namen des Begriffes, der in der früheren Frankfurter Abhandlung *Geist des Christentums und sein Schicksal* (1798-1800) den Kantischen Moralismus überwinden sollte. Hegel entnahm den Begriff Schicksal seinen Überlegungen zum Tragischen oder generell zum Wesen des Griechischen und gab ihn, durch Anwendung auf den Tod und die Einverleibung Christi umgewandelt, der Tragödie – dem tragischen Konflikt von Politik und Ökonomie – zurück. Die Arbeit – genauso wie das Schicksal und die Tragödie – führt zur Versöhnung, die dialektisch verstanden werden soll.

Das Schlagwort *Tragödie im Sittlichen* weist auf den Kampf und die Versöhnung zweier Seiten des gesellschaftlichen Lebens hin: auf der einen Seite das niedere ökonomische Bedürfnis, das sowohl die biologische Substanz aufrechterhält als auch von ihr aufrechterhalten wird und seine Zuflucht in der Familie hat; auf der anderen Seite die sonnenhafte Freiheit des Staates. Diese Zerrissenheit zwischen dem Privaten und dem Öffentlichen läuft durch das Leben eines jeden Staatsbürgers und kann nur dadurch abgewendet werden, dass die Theorie faktisch wirksam wird und zwischen den zwei in Konflikt stehenden Kräften vermittelt. Als der junge Marx die *Grundlinien der Philosophie des Rechts* rezensierte, ein Werk, das eine Therapie oder eine Affirmation dieser schon sehr früh diagnostizierten Zerrissenheit zu sein versuchte, stellte er fest, dass das Leben des Großstadtbürgers, der nach der lediglich politischen Revolution der Franzosen zwischen seinen Konditionen als *bourgeois* und als *citoyen* zerrissen bleibt, ein unmenschliches Leben ist.[43] Es gilt jetzt eine ökonomische Revolution durchzuführen, die zur (Wieder-) Vereinigung beider Seiten – der ökonomischen und der politischen – führen würde. Die Bedingung der Revolution sei natürlich Theorie, dabei gehe es aber nicht um eine Utopie, sondern um den wissenschaftlichen Kommunismus. In Hegels *Phänomenologie des Geistes* tritt der *bourgeois* und Produzent als Familienmensch auf. Die Familie:

> steht als der *bewusstlose*, noch innere Begriff seiner sich bewussten Wirklichkeit, als das *Element* der Wirklichkeit des Volks dem Volke selbst, als *unmittelbares*

43 Karl Marx, „Zur Kritik der Hegel'schen Rechtsphilosophie. Kritik des Hegelschen Staatsrechts", Karl Marx, Friedrich Engels *Werke* (Berlin: Dietz, 1976), Bd. 1, 231-233, 264-268, 281-282, (der Fürst ist aber genauso geteilt wie der Bürger in die formelle (repräsentative) und die private Seite, siehe 314-315, ebenfalls die Abgeordneten, 330). Die Repräsentation soll dementsprechend mit dem Privaten in Verbindung gebracht und das Spektakel allumfassend werden.

> sittliches Sein der durch die *Arbeit* für das Allgemeine sich bildenden und erhaltenden Sittlichkeit, – [als] die Penaten dem allgemeinen Geiste gegenüber. (PD 330)

In der *Phänomenologie des Geistes* wird sogar der Götterkult der Griechen als Arbeit und Genuss des eigenen Produktionsvermögens dargestellt, dessen Früchte im Tempel als Gaben für die Götter ausgestellt werden. So bewundert und vergöttlicht der Grieche seine eigene Arbeit (PD 524, 535). In der reifen Berliner Version des Systems der Philosophie hat der Besitz und die Entfremdung des Eigentums das performative Potenzial, das bisher nur dem Verbum, dem slavischen *słowo* (Wort) zugeschrieben wurde oder aber auf der Theaterbühne wirkte.[44] Bei der Transaktion, durch welche das Eigentum entfremdet wird, wird das Wort zur heroischen Tat, die keinen Abstand zwischen Absicht und Ausführung kennt, „da der Wille hier nicht als moralischer (ob es ernstlich oder betrügerisch *gemeint* sei) in Betracht kommt, vielmehr nur Wille über eine äußerliche Sache ist."[45] Ich sage, wem das Ding gehört, und das Wort wohnt schon im Ding. Bei Hegel hat die kapitalistische Warenwirtschaft den dramatischen Charakter einer Wirklichkeit, die durch geglückte Sprechakte geschaffen wird. Auch die Frühromantik erkannte eine Isometrie der Warenwirtschaft und des Dramas: Dieser Entdeckung ist das nächste Kapitel gewidmet. Karl Marx, der sowohl frühromantische als auch Hegels Impulse empfing, brachte die Ambivalenz der Theatralität zum Ausdruck, indem er einerseits die Illusion verpönte, die bei ihm die Gestalt der Ideologie oder des Fetischismus annahm, anderseits aber sich die errettete Wirklichkeit ausschließlich in der Gestalt der dramatischen Handlung vorstellen konnte, in der die Bedingungen des Erfolgs von Sprechakten für den Sprecher/ Produzenten völlig durchsichtig sind.

Die ökonomische Revolution hat Hegels Logik durchdrungen, gesprochen wird aber in seinen Schriften vor allem von der politischen Revolution der Franzosen, die ebenso eine Matrix der Ambivalenz wurde. Joachim Ritter sagte bekanntermaßen: Das Ereignis, „um das sich bei Hegel alle Bestimmungen der

---

44 Siehe unten.

45 Hegel, *Die Enzyklopädie der philosophischen Wissenschaften III*, 308 [§ 493], vgl. 278 [§ 462]: „Der *Name* ist so die *Sache*, wie sie im *Reiche der Vorstellung* vorhanden ist und Gültigkeit hat. Das ββ) *reproduzierende* Gedächtnis hat und erkennt im Namen die Sache und mit der Sache den Namen, ohne Anschauung und Bild. Der Name als *Existenz* des Inhalts in der Intelligenz ist die *Äußerlichkeit* ihrer selbst in ihr, und die *Erinnerung* des Namens als der von ihr hervorgebrachten Anschauung ist zugleich die *Entäußerung*, in der sie innerhalb ihrer selbst sich setzt. Die Assoziation der besonderen Namen liegt in der Bedeutung der Bestimmungen der empfindenden, vorstellenden oder denkenden Intelligenz, von denen sie Reihen als empfindend usf. in sich durchläuft."

Philosophie im Verhältnis zur Zeit, in Abwehr und Zugriff das Problem vorziehend, sammeln, ist die Französische Revolution, und es gibt keine zweite, die so sehr und bis ihrer innersten Antriebe hinein Philosophie der Revolution ist wie die Hegels."[46] Habermas sah nur die Abwehr: Die ganze Philosophie Hegels sei nur eine Negation der Revolution oder vielmehr eine Verneinung ihrer, sprich eine Abwehrreaktion.[47] Hegels bestimmte Negation bewahrt aber das Negierte, dies wusste Habermas so gut wie Ritter.

Was Hegel selbst als das Tragischste an der durch die Französische Revolution gestalteten politischen Gegenwart empfand, war der Aufstieg und Fall Napoleons. Diese Tragödie ereignete sich gerade, als er an der *Phänomenologie des Geistes* schrieb und an den *Grundlinien der Philosophie des Rechts* arbeitete. In seinem berühmten Brief an Schelling beschrieb Hegel, wie er „in der Mitternacht vor der Schlacht bei Jena" das Manuskript fertigstellen musste (die letzten Partien sollen deswegen so verworren sein),[48] sodass das Buch noch nicht im Verlag war, als sein Autor „die Weltseele" „durch die Stadt zum Rekognoszieren hinausreiten" sah. „[E]s ist in der Tat eine wunderbare Empfindung, ein solches Individuum zu sehen, das hier auf einen Punkt konzentriert, auf einem Pferde sitzend, über die Welt übergreift und sie beherrscht."[49] Hegels Philosophie wäre nicht (an der) Zeit gewesen, hätte er nicht über den Kaiser der Franzosen philosophiert. In der *Jenaer Realphilosophie* (1805/06) identifizierte Hegel – wenn ich seine Andeutungen richtig entziffere, da der jüngere Hegel sehr ungerne Eigennamen anführte – Napoleon, der sich für den *Code civil* mit dem eigenen Namen verantwortlich gemacht hatte, mit dem von Rousseau erträumten Rechtsgeber.[50] Die Staaten werden nicht von den Dichtern gestiftet, behauptet Hegel, sondern durch die erhabene Gewalt großer Menschen. Sie werden nicht durch ihre physische Kraft groß, da die Menge mehr Kraft als der Einzige aufbringen kann, sondern der charismatische Rechtsgeber soll etwas in seinen Gesichtszügen haben, was es erlaubt, ihn Herr zu nennen. Die Menschen sind ihm wider Willen untertänig, wider Willen ist sein Wille ihr Wille. Ihr unmittelbarer reiner Wille ist

46 Joachim Ritter, *Hegel und die Französische Revolution* [1957] (Frankfurt am Main: Suhrkamp, 1996), 192.

47 Jürgen Habermas, „Hegels Kritik der Französischen Revolution" [1962], *Theorie und Praxis. Sozialphilosophische Studien* (Frankfurt am Main: Suhrkamp, 1978), 128-147.

48 Brief von Hegel an Schelling vom 1. Mai 1807 in Hoffmeister (Hg.), *Briefe von und an Hegel. 1785-1812*, 161.

49 Brief von Hegel an Schelling Niethammer vom 13 Oktober 1806, in Hoffmeister (Hg.), *Briefe von und an Hegel. 1785-1812*, 120.

50 Georg Wilhelm Friedrich Hegel, *Jenaer Systementwürfe: Naturphilosophie und Philosophie des Geistes*, hg. von Rolf-Peter Horstmann (Hamburg: Meiner, 1987), 234-240.

sein Wille, obschon ihr bewusster Wille anders ist. Sein Wille geschehe und der große Mensch wird für sie zu einem Gott. So hat Theseus Athen gegründet, so ergriff in der französischen Revolution

> eine fürchterliche Gewalt den Staat, das Ganze überhaupt. Diese Gewalt ist nicht Despotismus, *sondern Tyrannei*, reine entsetzliche Herrschaft; aber sie ist *notwendig* und *gerecht*, insofern sie den Staat als dieses wirkliche Individuum *konstituiert und erhält*. Dieser Staat ist der einfache absolute Geist, der seiner selbst gewiss ist und dem nicht[s] Bestimmtes gilt als er selbst, keine Begriffe von gut und schlecht, schändlich und niederträchtig, Arglist und Betrug; es ist über alles Dieses erhaben, denn das Böse ist in ihm mit sich selbst versöhnt.[51]

Nach dem Terror – belehrt uns die *Phänomenologie des Geistes* – kam Napoleon als dessen logische Krönung und Überwindung. Die Charakteristik des großen Heroen schließt den dem Geist gewidmeten Teil des Buches ab und bereitet den Grund für dessen letzte Form: das absolute Wissen. Das Wissen wird vom Philosophen kontempliert, der das große Spektakel der Weltgeschichte nur betrachtet und beschreibt, aber als ein Ganzes – und es damit revolutioniert. Als die in die Wirrnis des großen Terrors 1793-94 verfallene *bourgeois* durch die *citoyen*-Tugenden mit dem Tod bedroht wurden, sodass sie wie der Knecht aus dem vorherigen Kapitel „Selbstbewusstsein" die Todesangst erfuhren, lernten sie die allherkömmlichen Negationen und Unterschiede unter sich zu schätzen, ordneten sich in Stände und kehrten zu ihren bescheidenen Jobs zurück, die trotz oder dank ihrer Beschränkung die substanzielle Wirklichkeit für diese Menschen ausmachten (PD 438-440). Der neue Heros waltet über die durch die Schreckensherrschaft gereinigte Welt, die schon weiß, dass sie nicht nur der allgemeine Wille ist, sondern auch, dass der Wille sich selbst beschränken (negieren) muss, damit seine Kreation sich nicht im Chaos des Terrors, in „der allgemeinen Freiheit" ohne „positives Werk noch Tat", dem des „negativen Tuns", der „Furie des Verschwindens" auflöst (PD 434-435). Die Welt hat seit der griechischen Tragödie solch einen Helden nicht gesehen, der der Nachfolger des „absoluten Herrn", des Todes (PD 152), ist und der die Schuld auf sich nimmt, um die Sittlichkeit zu erneuern und den Geist auf sein wahres Königreich hinzuweisen – die Weltgeschichte und ihr Medium: die Zeit (FD 490-493). So wie oft die Helden der antiken Tragödien ihr Schicksal zum Ausdruck brachten (auch wenn ihre Aussagen freien Raum für Ironie lassen), so sprach Napoleon seine historische Rolle aus, als er Goethe in Erfurt mitteilte, die Schicksalstragödie sei überholt, da die Politik heute zum Schicksal

---

51 Hegel, *Jenaer Systementwürfe*, 235-236.

geworden sei.[52] Diese berühmten Worte zitierte Hegel in der 1826 gehaltenen Vorlesung zur Ästhetik, als er den Unterschied zwischen der alten und der modernen Tragödie einführte – so als sei Napoleon für ihn eine literaturwissenschaftliche Autorität gewesen. In der *Phänomenologie*, die zum unmittelbaren Ausdruck der Weltumwälzung Napoleons stilisiert wurde, wird dank Napoleon der Unterschied zwischen der Antike und der Moderne in Frage gestellt und zugleich bestätigt: Die Moderne kann nämlich dank Napoleon das letzte Mal das Tragische auferwecken sowie die Fähigkeit zur höchsten Tat und höchsten Reflexion wiederherstellen. Dann aber kommt der Weise, der nur beschreibt; ihm gehört die Moderne nach der Wasserscheide Napoleon. Hegels Buch versucht zugleich laufender Kommentar zur Tagespolitik zu sein und deren ewige Gesetze zu umfassen; den Untergang Napoleons aber sah es nicht vorher.

Elf Jahre nach der *Phänomenologie des Geistes*, nach zwei Untergängen des Gesetzgebers Napoleon, nannte Hegel die Geschichte Napoleons auf Griechisch „das tragischste, das es gibt". Die neueste Geschichte wird als die Urszene begriffen, mit der höchsten Konzentration von Tragik:

> Es sind große Dinge um uns geschehen. Es ist ein ungeheures Schauspiel, ein enormes Genie sich selbst zerstören zu sehen. – Das ist das τραγικοτατν, das es gibt. Die ganze Masse des Mittelmäßigen mit seiner absoluten bleiernen Schwerkraft drückt ohne Rast und Versöhnung so lang bleiern fort, bis es das Höhere herunter, auf gleichem Niveau oder unter sich hat. Der Wendepunkt des Ganzen, der Grund, dass diese Masse Gewalt hat und als der Chor übrig und obenauf bleibt, ist, dass die große Individualität selbst das Recht dazu geben muss und somit sich selbst zugrunde richtet.[53]

Nach dem Spasmus des Tragischen, als der letzte Held, als Repräsentant seiner Nation, sich den mittelmäßigen Menschen aufopferte, wurde die Modernität nicht-tragisch, das heißt endgültig versöhnt, wozu das die bürgerliche Gesellschaft regulierende Zivilrecht, das Erbe des Helden, wesentlich beigetragen hat. Man kann – der Ausführung der Hegel'schen Tragödientheorie zuvorkommend – sagen, dass Napoleons Tragödie nicht nur die größte war, sondern dass sie sich auch an alle Regeln der griechischen Tragödie hielt, die den Konflikt zwischen dem Ökonomischen und dem Politischen darstellt: Der größte Mensch der Politik ging an der Ökonomie zugrunde. Das russische Klima und die Ressourcen haben das Ihrige getan und den großen Träger der

52 Johann Wolfgang Goethe, *Begegnungen und Gespräche*, hg. von Ernst Grumach, Renate Grumach (Berlin, New York: De Gruyter, 1999), Bd. 6, 1808; Gustav Seibt, *Goethe und Napoleon: eine historische Begegnung* (München: Beck, 2008), 126-127.

53 Brief von Hegel an Niethammer vom 29. April 1814 in Hoffmeister (Hg.), *Briefe von und an Hegel: 1813 bis 1822*, 28.

Freiheit in Nichts verwandelt. Die Modernität soll Hegel zufolge aber nicht mehr tragisch sein. Diesem Ziel der Detragisierung des modernen Staates dient die zwischen Familie und Staat eingeschobene bürgerliche Gesellschaft samt dem Prinzip der freien Berufswahl und dem magischen Schauspiel des Marktes einschließlich des Handelsvertrags, in dem das Wort wirklich wirkt. Nachdem das tragische Frankreich seine geschichtliche Rolle zu Ende gebracht hat, betritt das bürgerliche Preußen die Weltbühne. In den *Grundlinien der Philosophie des Rechts* werden just jene Schwellenmomente, die mit dem Ausbruch des Tragischen drohen, besonders sorgfältig entschärft. Der Übergang vom Recht zur Moralität und von der Moralität zur Sittlichkeit wird als ein graduelles Fortschreiten der Gerechtigkeit geschildert; die Zäsuren, in denen das Recht, die Moralität und die Sittlichkeit aufgehoben sind, werden geebnet.[54] Die heroische Verantwortung wird durch Verteilung auf verschiede Institutionen und Instanzen zerstreut. Der tragische Held, an dieser Stelle im Sinne von Schellings Verständnis vorgestellt, dient als ein negativer Bezugspunkt bei der Bestimmung des modernen Handelns, die ihre Folgen verantwortet und nicht verantwortet:

> Das *heroische* Selbstbewußtsein (wie in den Tragödien der Alten, Ödipus usf.) ist aus seiner Gediegenheit noch nicht zur Reflexion des Unterschiedes *von Tat* und *Handlung*, der äußerlichen Begebenheit und dem Vorsatze und Wissen der Umstände, sowie zur Zersplitterung der Folgen fortgegangen, sondern übernimmt die Schuld im ganzen Umfange der Tat.[55]

Die Gewalt und die Ungerechtigkeit, welche die Suspension des Rechts, der Moralität und der Sittlichkeit im Übergangsmoment notwendigerweise begleiten, werden in den Bereich der internationalen Beziehungen exportiert: Unter den Nationen herrscht der Naturzustand.[56] Die polnischen

54 Das beste Beispiel dafür ist aber die Bestimmung des Vertrags in § 495 der *Enzyklopädie der Philosophischen Wissenschaften III*, 308-309. Wie ich weiter demonstrieren werde, hält sich jede Seite des tragischen Konflikts in der *Phänomenologie des Geistes* für das Recht für und an sich, während der Kontrahent zum Unrecht schlechthin herabgestuft wird. Beim späten Hegel der *Enzyklopädie* ist eine jede Vertragsschließung ein Konflikt des Rechts und des Unrechts, des allgemeinen und eines partikulären Willens; es versteht sich von selbst, dass es in solch einer Rechtsordnung keinen Platz für den entscheidenden, tragischen Konflikt zwischen dem (subjektiv) absoluten Recht und ebenso (subjektiv) absoluten Unrecht gibt.

55 Hegel, *Grundlinien der Philosophie des Rechts*, 219 [§ 118].

56 Hegel, *Grundlinien der Philosophie des Rechts*, 497-502 [330-340]; es gibt kein „Völkerstaatsrecht[] (ius gentium)“ oder „Weltbürgerrecht (ius cosmopoliticum)“, das Kant 1797 in „Die Metaphysik der Sitten“ postulierte, *Gesammelte Werke. Akademieausgabe*, Bd. 6, 311.

Denker – eingeschlossen die direkten Schüler Hegels wie Karol Libelt oder die der Hegel'schen Schule wie August Cieszkowski – kehrten das Hegel'sche Anti-Modell der internationalen Politik um, deren Opfer Polen geworden war. Die Polen, mit Adam Mickiewicz an der Spitze, versuchten die internationale Politik mithilfe der Ideologie des Messianismus zu lindern, in der Polen die Christusrolle des Opfers spielte. Der nüchterne Kern dieses Denkens, das so einfach in nationale Megalomanie ausarten konnte, war, dass die potenzielle Auferstehung Polens eine radikale Verklärung der ganzen politischen Lage nach sich ziehen würde, oder eher: dass Polens Wiederherstellung eine Wundermetamorphose europäischer Beziehungen voraussetzte. – Was Ursache und was Folge ist, rückt bei solch einer gewaltigen Verwandlung der Politik in den Hintergrund.

Viele Polen – allen voran Adam Mickiewicz – behaupteten, dass der große Held, ein neuer Napoleon, die neue Ordnung in Europa einführen sollte. Der neue Held bedeutete eine neue Tragödie, den „allgemeinen Krieg für Völker-Freiheit."[57] Diese Insistenz auf die Notwendigkeit des großen Menschen, des charismatischen Individuums, bezeichnete Mickiewicz in seinen Vorträgen am Collège de France als die Eigenschaft, die die slavische Literatur und die slavische Philosophie von der westlichen unterscheide; letztere glaube naiv, dass Gedanken und nicht charismatische Männer die Welt verändern würden.

Mit der Gerechtigkeit unter den Völkern beschäftigt und in ganz Europa – Deutschland, Italien, Ungarn, Türkei, Frankreich – „za naszą i waszą wolność" („für eure und unsere Freiheit") kämpfend, kämpften die polnischen politischen Gruppierungen auch miteinander, da sie sich untereinander nicht einigen konnten, wie sie zum tragischen Zwist der Produzenten mit den ideologischen Entscheidungsträgern (den Bauern mit den Adeligen also) standen. Zwar versteckte sich das in der Öffentlichkeit verpönte Polentum in den Familien, ihren Wohn- und Schlafzimmern, aber es handelte sich praktisch ausschließlich um Adelsfamilien. Die eigentlichen Produzenten, die Bauern, blieben meist indifferent. Der Konflikt des Adels mit den Bauern sabotierte die nationalen Aufstände, die an mangelnder Unterstützung der ‚breiten Schichten der Bevölkerung' scheiterten, macht bis heute Polens schlechte *publicity* aus und rechtfertigte die kolonisatorische Gewalt vonseiten der Deutschen.[58] Aus irgendeinem Grund musste es den Polen unmöglich bleiben,

---

57 Adam Mickiewicz, *Die Bücher des Polnischen [sic!] Volkes und der Polnischen [sic!] Pilgerschaft*, übersetzt von P.J.B. Gauger (Paris: Heiderloff, 1833), 122.

58 Wolfgang Büscher, *Berlin-Moskau. Eine Reise zu Fuß* (Reinbek bei Hamburg: Rohwolt, 2003), 56; eine Meisterin dieses stumpfen deutschen Nationalismus, der sich für den Retter des polnischen Bauers vor dem nationalistischen „Panowies" hielt, war freilich Marie von Ebner-Eschenbach „Jacob Szela", „Der Kreisphysikus", *Gesammelte Werke*, hg.

die Tragödie im Sittlichen zu entschärfen, selbst dann, wenn sie konsequenterweise Hegels Dreierschema übernommen hätten, in dem zwischen Oikos und Staat die Puffer der bürgerlichen Gesellschaft installiert werden sollten.[59] Unter der Vermittlung der bürgerlichen Gesellschaft wäre auch die Familie mehr an die Ökonomie und weniger an die (meist katholische) Kirche und rein patriotische Angelegenheiten angebunden. Da aber die ‚Polizei', um Hegels Begriff zu benutzen, den Kolonisatoren gehörte, kontrollierten sie ohne Mühe das Spielfeld und kümmerten sich darum, dass Tragödien in Polen immer wieder vorkamen, wenn sie aus der Perspektive der Kolonisten nötig waren. Das galizische Massaker 1846 ist das schrecklichste Beispiel dafür. Auch die Polen können nicht anders, als im Rahmen jenes Zweierschemas von Bauern und Adeligen über Polen nachzudenken, welches die politische Einbildungskraft erobert hat. Ein Beweisstück dafür ist noch Stanisław Wyspińskis *Wesele* (*Hochzeit*, 1901), das Meisterwerk der Neoromantik: Es müssen die Bauern sich mit den Adeligen vereinigen, damit Polen auferstehen kann. Bis zu dieser Erlösung aber müsse der Pole ein Synonym für den Revolutionär in Europa sein, so Marx, da der polnische Messianismus besage, dass es erst in der erretteten Welt einen Platz für das auferstandene Polen geben würde; oder aber die Polin oder der Pole – Rosa Luxemburg, Julian Marchlewski, Karl Radek oder Feliks Dzierżyński etwa – verzichtet auf ihr oder sein Polentum, um an der Erlösung des industriellen Deutschlands, des großen Russlands und des Restes der Welt mitzuarbeiten. Die nächste Revolution muss dann das Ganze umfassen, den ganzen Menschen und alle Nationen. Die Befreiung der Polen wird zum Bestandteil der großen Aufgabe der Befreiung des Menschen überhaupt. Dass es aber kein Polen und keine Polen ohne die absolute Verwandlung der Welt und des Menschen geben kann, wussten schon die polnischen Romantiker

von Michael Holzinger (München: Winkler, 1956-1958), Bd. 3. 210-244, 245-306. Was den geringen Anteil von Bauern an den Aufständen geht, spreche ich über die soziale Vorstellung, die vor allem von Stefan Żeromskis Prosa geformt wurde, als von den Zahlen, die Historiker zitieren und die überraschen (35-45% für das Königtum Polen: Stefan Kieniewicz, *Powstanie styczniowe* (Warszawa: PWN 1983), 555-556).

59 In diesem Kontext sollten Cieszkowskis ökonomische und schriftstellerische Tätigkeit sowie Karol Libelts Essays über die Zivilcourage und die Vaterlandsliebe aus den 1840er Jahren genannt werden (Karol Libelt, *Rozprawy o odwadze cywilnej, miłości ojczyzny, wychowaniu ludów* (Kraków: Czas, 1869), 21-160; Barbara Skarga, *Narodziny pozytywizmu polskiego 1831-1864* (Warszawa: PWN, 2013), 141-196); die bewusste Arbeit an der „organischen" Struktur der Gesellschaft war die Kampfparole der nächsten Epoche der polnischen Kultur nach dem Scheitern des Januaraufstandes 1863-64 (vgl. Aleksander Świętochowski, „Praca u podstaw" [1873], „Praca organiczna" [1886]), Stanisław Fita (Hg.), *Publicystyka okesu pozytywizmu 1860-1900* (Warszawa: IBL PAN, 2002), 146-153, 229-332.

und Messianisten; was sie nicht wussten, war, dass die Produktionsverhältnisse A und O dieser Metamorphose sein würden.

Auf dem Sekretär in Goethes häuslichem Arbeitszimmer steht eine kleine, vielleicht acht Zentimeter hohe Büste von Napoleon aus Opal. Goethe bediente sich ihrer bei seinen optischen Experimenten, wenn er über die Farben als Urphänomene forschte. Das Bildnis Napoleons, des einzigen Menschen der Tat,[60] „*ens realissimum*", auf den Goethe je, so Nietzsche, getroffen sei[61] und von dem er sich über das politische Wesen der Tragödie belehren lies, diente ihm als das Urphänomene offenbarende Medium. Diese Funktion erfüllte die Büste Napoleons dadurch, dass sich in ihr, wenn Goethe sie gegen die Sonne hielt, die Gegensätze – das Sonnenlicht und die Dunkelheit der Materie – vereinigten, um Farben zu erzeugen. Ein trübes Gläschen, das zu gleichartigen Versuchen diente, schickte Goethe Hegel am 13. April 1821 mit der Widmung: „Dem Absoluten empfiehlt sich schönstens zu freundlicher Aufnahme das Urphänomen. Weimar Sommers-Anfang 1821."[62]

6.3. Hegel und die Stadt. Hegel und Goethe

Der Begriff ‚Medium' machte Furore, als Hegel noch jung war. Über die Medien liest man etwa bei Herder oder Novalis;[63] für Hegels Tragödientheorie

---

60 Vgl. Wulf Wülfing, „‚Eine der größten Verwirklichungen des Individuums im okzidentalen Sinn'. Zum Napoleon-Mythos von Goethe zum Hofmannsthal als einem Weg aus der Provinzialität", Udo Schöning (Hg.), *Internationalität nationaler Literaturen: Beiträge zum ersten Symposion des Göttinger Sonderforschungsbereichs 529* (Göttingen: Wallstein, 2000), 235-238; Brigitte Schulze, „Prometheus in Polen. Nationalisierung und Internationalisierung des Mythos um 1900", Schöning (Hg.), *Internationalität nationaler Literaturen*, 239-265.

61 Friedrich Nietzsche, *Götzendämmerung, Werke*, hg. von Karl Schlechta (München: Hanser, 1954), Bd. 2, 1024-25; Nicholas Martin, „Nietzsche's Goethe: In Sickness and in Health", *Publications of the English Goethe Society*, Vol. lxxvii, No. 2, 2008, 113-124 (hier befindet sich eine ausgiebige Bibliografie).

62 Zitiert nach Markus Semm, *Die Sache Selbst in Hegels System* (München: Grin, 2008), 79; Siehe dazu Friedrich Kittter, Cornelia Vismann, „Goethes Gabe", *Vom Griechenland* (Berlin: Merve, 2001), 113-138 (über die Homologie und den Unterschied zwischen (Goethes) Tragödie und (Hegels) Dialektik: 127-130).

63 Johann Gottfried Herder, *Ideen zur Philosophie der Geschichte der Menschheit* (Berlin, Weimar: Aufbau, 1965), Bd. 1, 84-85 (hier entsprechen spezifische Medien der spezifischen Organisation der Erfahrung der Welt bei dem Menschen und anderen Tieren); Novalis, *Schriften. Die Werke Friedrich von Hardenbergs*, hg. von Richard Samuel (Stuttgart: Kohlhammer, 1960), 96, 100 (Natur als Medium der Verständigung vernünftiger Wesen), 104 (ein Sinn für die Natur, der Shaftesburys, Hutchesons, Humes und Adam Smiths „moral sense" oder Dubos, Shaftesburys, Hutchesons, Humes und Adam Smiths, Reids „internal

als eine Poesis der Zeit war jedoch die Feststellung aus der *Kritik der reinen Vernunft* von höchster Bedeutung, der „innere Sinn und die Form derselben a priori, die Zeit" sei „Medium aller synthetischen Urteile."[64] (Wie ich schon demonstrierte: Schelling und Hölderlin versuchten dieses Medium, in dem die Phänomenalisierung der Begriffe stattfindet, konkret zu machen, indem sie es als tragischen Chronotopos verstanden.) Von dieser Stelle bei Kant aus führt der Weg über Schelling und Hölderlin zu dem die *Phänomenologie des Geistes* krönenden Spruch über die Zeit als Schicksal des Begriffs (das absolute Wissen als die Versöhnung dieses Schicksals) und zur persönlichen und heuristischen Entscheidung Hegels, eins mit der eigenen Zeit zu sein. Das tragische Theater ist als ein Medium eine sehr wichtige Etappe auf dem Weg des Geistes zu diesem Finale. In der *Phänomenologie des Geistes* – einem Buch, das von der Realisierung erzählt, die Erkenntnismethode sei die erkannte Sache selbst – ist eine Masse von Medien zu finden. Wie schon die *Einleitung* es mithilfe einer Metapher aus dem Bereich der Optik – der Farbenlehre – klarstellt, bedeutet der Begriff ‚Medium' die für die wesentliche Erkenntnis unentbehrliche Präsenz der erforschten Sache in der phänomenalen Beschreibung selbst.

> [W]enn die Prüfung des Erkennens, das wir als ein *Medium* uns vorstellen, uns das Gesetz seiner Strahlenbrechung kennen lehrt, so nützt es ebenso nichts, sie im Resultate abzuziehen; denn nicht das Brechen des Strahls, sondern der Strahl selbst, wodurch die Wahrheit uns berührt, ist das Erkennen, und dieses abgezogen, wäre uns nur die reine Richtung oder der leere Ort bezeichnet worden. (PD 68)

Die Medialität, die hier bedeutet, dass die Wissenschaft nicht nur Regularitäten von Phänomenen beschreibt, sondern auch das Wesen dieser Phänomene bloßlegt (sei es auch nur in seiner Beziehung zu anderen Phänomenen vorhanden), unterscheidet Hegels Methode vom leeren Formalismus; dies trifft auch auf den Rhythmus seines Denkens zu, der immer Zäsuren bewahrt.[65]

Das ‚Medium' hat als ein dialektischer Begriff, in dem die verwickelte Substanz aufgehen soll, viele Bedeutungen. In diesem Kontext sollte an drei von ihnen erinnert werden. Die grundlegende ist der *terminus medinus* des Syllogismus: Als ein solcher mediatisiert das Medium zwei Extreme – das Allgemeine und das Besondere. Da die Phänomenologie sich sowohl der Logik der Negation als auch der Reihenfolge der Bewusstseinsformen widmet, hat

sense of beauty" entspricht, indem der Sinn die direkte Empfindung der Natur zustande bringt).

64 Immanuel Kant, *Kritik der reinen Vernunft, Gesammelte Werke. Akademieausgabe*, Bd. 4, 109.

65 Siehe das Ende des Hölderlin-Kapitals.

das ‚Medium' auch eine grammatische Bedeutung: die reflexive Form des Verbes, die die Tätigkeit oder den Zustand immer auf das Subjekt bezieht. Neben der Logik und der Grammatik gehört das ‚Medium' zum Organon der Rhetorik und ist hier Synonym des *tertium comparationis*: Das Medium erweitert die Erkenntnis, weil das Vergleichen und das Feststellen einer Analogie unentbehrlich für das Modellieren bleiben. Um der Einheit des Subjekts und der Substanz willen bleibt bis hin zu den posthumen Vorlesungen über die Ästhetik das vollkommenste Medium der Mensch.

> Gott ist Geist, und im Menschen allein hat das Medium, durch welches das Göttliche hindurchgeht, die Form des bewussten, sich tätig hervorbringenden Geistes; in der Natur aber ist dies Medium das Bewusstlose, Sinnliche und Äußerliche, das an Wert dem Bewusstsein bei weitem nachsteht. (Ä 50)

Die höchste Medialität steht dem Helden zu, in dem sich die Weltgeschichte sammelt und zerlegt; sein Bild ist die die Urphänomene zerstreuende Opalfigur in Weimar.

Nicht nur dank des konzeptuellen Gerüsts, das verschiedene Formen des Geistes mit dem für jede Epoche charakteristischen und führenden Medium in Verbindung bringt, sondern auch dank der vermittelnden Rolle des Begriffes ‚Medium' für das ganze System der Philosophie bleibt Hegel bis heute der wichtigste Philosoph der Medien. Der spekulative Begriff ‚Medium' erhellt in seiner Entwicklung fast alle Facetten von Hegels Philosophie, so wie diese Philosophie wiederum in den Begriff ‚Medium' einsickert und ein Teil seines Gedächtnisses und seiner Wirkung wird. Es reicht, einen Blick auf die Schriften der sogenannten Kanadischen Schule zu werfen,[66] deren Beschreibungen der Mediengeschichte bis heute nicht überholt werden konnten, um das leicht abgeänderte Hegel'sche Schema der Geschichte und das Hegel kennzeichnende Bewusstsein des Endes der Geschichte in – sagen wir – McLuhans Visionen einer vollendeten Kommunikation zu entdecken. Den medialen Apriorismus entliehen die Kanadier unmittelbar der *Phänomenologie des Geistes*, mit dem Unterschied, dass sie die herrschenden Formen des Selbstbewusstseins durch die führenden Medien ersetzten. Das gleiche Schema setzte sich fast selbsttätig bei Vilém Flusser, Friedrich Kittler, Niklas Luhmann und an erster Stelle bei den Marxisten sowie den Repräsentanten der *cultural studies* durch. Die Entwicklung der neuen Medien hat vor allem die Wünsche der Linken, die deren kritisches Denken antreiben, kompromittiert. Die Wünsche wurden durch ihre Erfüllung bloßgestellt, leben wir doch zurzeit in der vollbrachten

66 Harold A. Innis, Eric Havelock, Marschal McLuhan, Walter J. Ong, Jack Goody, Ian Watt, Derrick de Kerckhove.

Medienutopie. Das Radio ist – genau wie Bertold Brecht es erträumte[67] – interaktiv, die Presse im Internet wird von den Lesern selbst gestaltet, das 3D-Kino liefert uns kosmische Schocks; es muss also, wie Benjamin vorhersah, der seit der Antike abgebrochene Kontakt mit dem All aufgenommen worden sein.[68]

Die Antwort auf die Frage, warum es um unser Spektakel der positiven Freiheit und des gegenseitigen Genusses so schlecht steht, erfordert eine Rückkehr in die Zeit, als das mächtigste Duumvirat des mitteleuropäischen und globalen Denkens, Johann Wolfgang von Goethe und Georg Wilhelm Friedrich Hegel, den Rahmen bestimmte, in dem wir denken und handeln können: die Medialität – über welche wir nachdenken und in der allein wir handeln. Im Zentrum des Goethe-Hegel-Komplexes steht die Aufhebung der Barriere – aber nicht des Unterschieds! – zwischen Schein und Sein und zwischen Denken und Handeln. Das Medium wird hier auf einfachste Weise als ein Komplex von (u.a. technischen) Möglichkeiten und Notwendigkeiten des Erscheinens verstanden. Das Aufheben der Barrieren zwischen Sein und Schein und zwischen Denken und Handeln ist eine revolutionäre Tätigkeit und vollzieht damit selbst das, wovon es spricht: Es ist Denken, das handelt. Dementsprechend gehört es nicht nur äußerlich, weil es eben zur selben Zeit geschieht, sondern wesentlich zum Zeitraum des Deutschen Bundes, Preußens nach der Revolution sowie des tragischsten Napoleon. Die Beschreibung der Arten des Aufhebens ist daher gleichbedeutend mit der Ortung der Theorie Goethes und Hegels im genannten Zeitraum. Im Folgenden wird nun zunächst die Theorie des Mediums in ihren zeit-räumlichen Kontext zurückgeführt, um dem abstrakten Begriff ‚Medium' seine konkrete Bedeutung als das zu restituieren, was sich in der Mitte, dazwischen, inzwischen, im Zentrum befindet. Die heute geltende Bedeutung des Mediums bildete sich im Zentrum der modernen Stadt[69] und zwar derjenigen, die gerade in der Gestalt der *Hauptstadt* eines mitteleuropäischen Reichs entstand und mit anderen Zentren um den Titel ‚Nabel der Welt' konkurrierte: Berlin. Die Stadt – zusammen mit ihren Bürgern, die an der goldenen Mitte festhielten und von diesem Gleichgewichtspunkt aus ihren Einfluss auf das gesellschaftliche Ganze ausübten – liefert ein sinnliches Bild des Mediums, das als eine geordnete Menge von Bedingungen

67 Vgl. Bertolt Brecht, „Rede über die Funktion des Rundfunks. Der Rundfunk als Kommunikationsapparat", *Gesammelte Werke* (Frankfurt am Main: Suhrkamp, 1967), 127-134.

68 Walter Benjamin, „Einbahnstraße", *Gemeinsame Schriften*, hg. von Rolf Tiedemann (Franfurt am Main, 1989), Bd. 4, 146-148.

69 Friedrich A. Kittler, „Die Stadt ist ein Medium", Hans Ulrich Gumbrecht (Hg.), *Die Wahrheit der technischen Welt. Essays zur Genealogie der Gegenwart* (Berlin: Suhrkamp, 2013), 181-197.

und Direktiven zu verstehen ist, wie man in der Stadt, unter Menschen, erscheinen soll.

Im nächsten Schritt wird mithilfe der wechselseitigen Erhellung von Goethes und Hegels Schiften die Homologie von Stadt (Bürgertum) und Medium ausgelotet.[70] Während Hegels Diskurs erlaubt, die in Goethes Roman *Wilhelm Meisters Lehrjahre* einverleibten Inhalte in die Sprache einer wissenschaftlichen Abhandlung zu übersetzen, verhilft Goethe dem theoretischen Diskurs zurück in die Welt, aus der er stammt. Im Anschluss soll die Logik der Negation/ Inszenierung rekonstruiert werden, die wie Heraklits Blitz alles steuert; das in der Stadt herrschende Nachdenken über das Erscheinen schöpfte Hegel aus (wörtlich) alltäglichen Theatererfahrungen, die alltäglichen Erfahrungen wurden dagegen in der Hegel'schen Logik der Negation formalisiert. Die Vorbildrolle der Kunst als einer Musterumsetzung der Logik der Negation wird in einem weiteren Schritt betrachtet, dem eine Überlegung über das messianische Potenzial der slavischen, aus dem Goethe-Hegel-Komplex entsprossenen Theorie gegenüber der aktuellen Krise der Medien folgt.

6.3.1. *Goethes und Hegels Metaphysik des Äußeren*

Nachdem Hegel sich 1818 in Berlin niedergelassen hatte, pflegte er der Legende nach den Jahrestag der Französischen Revolution mit einem Gläschen Wein zu feiern. Aber Hegel brachte auch Toasts auf das Wohl des Königs zu dessen Geburtstag oder auf den Reformationstag aus.[71] Ein wahrer Mensch der Mitte also, mitten in einer Stadt, die ins Zentrum Europas rückte. Da sich Hegel bewusst war, dass er – seinem Wunsch entsprechend – nur im Zentrum eins mit seiner Zeit sein können würde (alle anderen Orte nämlich seien entweder verspätet oder ihrer Zeit voraus), nahm er den Ruf an den Lehrstuhl für Philosophie der Berliner Universität an und ließ schon in seinem Inaugurationsvortrag wissen, dass er in der Hauptstadt, im Mittelpunkt, eine Wissenschaft des Mittelpunktes zu betreiben vorhabe.[72] Am 7. Oktober 1820 beglückwünschte ihn Goethe: „Es tut freilich not, dass in dieser wunderlichen Zeit irgendwo aus einem Mittelpunkt eine Lehre sich verbreite, woraus theoretisch und praktisch ein Leben zu fördern sei."[73] Hegel wurde eine bekannte Gestalt in Berlin-Mitte,

70 Vgl. Löwith, *Von Hegel zu Nietzsche*, 13-45.

71 Johannes Ritter, „Hegel und die Reformation", *Metaphysik und Politik. Studien zu Aristoteles und Hegel* (Frankfurt am Main: Suhrkamp, 2003), 311.

72 Rosenzweig, *Hegel und der Staat*, 246.

73 Hoffmeister (Hg.), *Briefe von und an Hegel*, Bd. 2, 237.

wo er zwischen Uni, Oper, Theater und Salons hin und her geisterte;[74] eine besondere Schwäche hatte er für Sängerinnen (die Stimme als *objet a* hätte man vor ein paar Jahren gesagt). Ein Zitat Hegels wurde am Gendarmenmarkt, ein Stück links vom Karl-Schinkel-Schauspielhaus, ins Berliner Pflaster eingefügt: „Ein guter Berliner Witz ist besser als eine schöne Landschaft." Also sprach Hegel, der noch in Frankfurt so empfindsam gegenüber der Natur gewesen, lange Ausflüge mit Hölderlin und Sinclair gemacht, von der Vereinigung mit der Natur geträumt und in gebundener Sprache ein nächtliches Bad im Mondschein beschrieben hatte.[75]

Das Bürgertum bindet sich zu dieser Zeit nach der Revolution und der Napoleonischen Tragödie – noch bevor in Frankreich die Epoche des *juste milieu*[76] anbrach – an die Mitte und an das Medium: Es will sich im Medium (und) als Medium inszenieren. Diesen Prozess erschließen Hegels Logik und Goethes Dichtung, vor allem der von den Romantikern als unübertroffenes Meisterwerk gepriesene Roman *Wilhelm Meisters Lehrjahre*. Wilhelm Meister behauptet auf der Mitte seines Weges (in der Mitte der Erzählung), dass ein Bürger, der in der Gesellschaft etwas mehr als ein tüchtiger Produzent von Gütern sein möchte, Schauspieler werden müsse – nicht im Theater des Alltags, sondern ganz professionell am Theater. Will ein Bürger, so Wilhelm, an Persönlichkeit gewinnen, so muss er sich auf das Theater verlassen, weil er ohne Theater bloß eine Person bleibt. Wilhelm behauptet dies auf der Mitte seines Weges, da er letzten Endes am Ende des Romans dem professionellen Theater entsagt. Er verzichtet erst darauf, nachdem er erfahren hat, dass sein ganzer Weg im Theater und außerhalb des Theaters (sein ‚privates' Leben) eine Inszenierung gewesen war. Die Inszenierung wurde von einer Turmgesellschaft aufgeführt, die auch selbst wie ein Spektakel lebt, ein Spiel von Geheimnissen und Einweihungen. Wilhelm wird nie ein Adeliger, aber dank der vorteilhaften

---

74 Nicolin (Hg.), *Hegel in Berichten seiner Zeitgenossen*, 344; Walter Jaeschke, *Hegel-Handbuch: Leben – Werk – Schule* (Stuttgart: Metzler, 2003), 51-52: „Theodor Mundt erinnert sich später: Man habe Hegel gesehen, „sobald die Universitätsglocke sechs geschlagen und er eben seinen Satz beendigt hatte: *dass die Musik die Kunst des leeren Träumens*, nun hastig in das geradüberliegende Opernhaus hinüberzuschaffen, wo eine Oper von Gluck gegeben wurde und er die Sängerin Milder enthusiastisch beklatschte. Oder er nahm sich wohl eine Droschke und fuhr nach dem königstädtischen Theater hinaus, um die Sontag zu hören".

75 Hoffmeister (Hg.) *Dokumente zu Hegels Entwicklung*, 380-390.

76 Vgl. Elena Esposito, *Die Fiktion der wahrscheinlichen Realität* (Frankfurt am Main: Suhrkamp, 2007), 42, zitiert Quételet, demzufolge der *homme moyen* nicht einfach nur eine mathematische Abstraktion sein sollte, sondern auch „ein sittliches Ideal, ein Gleichgewichts- und Harmoniezustand frei von Exzessen und Fehlern. Damit erfolgte eine Art Modernisierung und Systematisierung der klassischen *aurea mediocitas*."

Investition von Gefühlen führt er in dem Augenblick, als die Lehrjahre an ihr Ende kommen, das Leben eines Adeligen, worauf er einerseits Anspruch und andererseits keinen Anspruch hat.

Wilhelms Brief an Werner,[77] seinen Schwager und Kindheitsfreund, einen Kaufmann, könnte zur Erläuterung beitragen, warum sich Hegel seit der *Tragödie im Sittlichen* immer auf die theatralen Prozeduren und Begebenheiten berief, wenn er den in der Gesellschaft sowie im Subjekt tobenden Konflikt zwischen dem *citoyen* und *bourgeois* beschrieb. Die alte Tradition, das gesellschaftliche Leben in den Kategorien des Theaters zu beschreiben, wurde von Hegel und Goethe in neuer Form wiedereingeführt. Wenn sie später etwa bei Marx auftaucht, erscheint sie in der verklärten Berliner Form; Hegels und Goethes Reform wird nur fortgesetzt und radikalisiert. Die *Phänomenologie des Geistes* und *Wilhelm Meisters Lehrjahre* gaben der allumfassenden Theatralität den Antrieb, der sie und uns mit ihr bis heute trägt. Wilhelm Meister schreibt Werner, der ihn auffordert, auf die Karriere im Theater zu verzichten, von der Persönlichkeit des Stadtbürgers und behauptet, dass diese sich nur auf der Bühne entwickeln könne.

> Ich weiß nicht, wie es in fremden Ländern ist, aber in Deutschland ist nur dem Edelmann eine gewisse allgemeine, wenn ich sagen darf, personelle Ausbildung möglich. Ein Bürger kann sich Verdienst erwerben und zur höchsten Not seinen Geist ausbilden; seine Persönlichkeit geht aber verloren, er mag sich stellen, wie er will. Indem es dem Edelmann, der mit den Vornehmsten umgeht, zur Pflicht wird, sich selbst einen vornehmen Anstand zu geben, indem dieser Anstand, da ihm weder Tür noch Tor verschlossen ist, zu einem freien Anstand wird, da er mit seiner Figur, mit seiner Person, es sei bei Hofe oder bei der Armee, bezahlen muss, so hat er Ursache, etwas auf sie zu halten und zu zeigen, dass er etwas auf sie hält. Eine gewisse feierliche Grazie bei gewöhnlichen Dingen, eine Art von leichtsinniger Zierlichkeit bei ernsthaften und wichtigen kleidet ihn wohl, weil er sehen lässt, dass er überall im Gleichgewicht steht. Er ist eine öffentliche Person, und je aus gebildeter seine Bewegungen, je sonorer seine Stimme, je gehaltner und gemessener sein ganzes Wesen ist, desto vollkommner ist er. Wenn er gegen Hohe und Niedre, gegen Freunde und Verwandte immer ebenderselbe bleibt, so ist nichts an ihm auszusetzen, man darf ihn nicht anders wünschen. Er sei kalt, aber verständig; verstellt, aber klug. Wenn er sich äußerlich in jedem Momente seines Lebens zu beherrschen weiß, so hat niemand eine weitere Forderung an ihn zu machen, und alles übrige, was er an und um sich hat, Fähigkeit, Talent, Reichtum, alles scheinen nur Zugaben zu sein. (WM 290-291)

77 Johann Wolfgang Goethe, *Goethes Werke. Hamburger Ausgabe in 14 Bänden*. Hamburg 1948, Bd. 7, 289-293 (Im Roman: Band V, Kapitel 3); weitere Zitate werden direkt im Text nachgewiesen und mit der Sigel WM versehen, es sei denn, sie sind in den oben genannten Seiten 289-293 enthalten.

Alle Fertigkeiten und Tugenden des Adeligen sind nur Epiphänomene seines reinen Erscheinungsvermögens. Die eigentliche Bedeutung des „Anstandes", der in Goethes Roman der Kondition des vollkommenen Menschen gleichkommt, offenbart sich in der Phrase „anständig aussehen" und nicht in der guten Sitte.[78] Anständig aussehen heißt nicht wie ein guter Mensch auszusehen, sondern sich gut zu präsentieren. Ebenso enthält die Hegel'sche Sittlichkeit die Eigenschaft des Sich-Günstig-Zur-Schau-Stellens. Die Sittlichkeit, die in der *Phänomenologie* Griechenland zugeschrieben wird, hängt mit der Religion der Kunst zusammen, in der sich der Geist würdevoll, anständig und schön, weil ohne Rest, präsentiert. Der griechische Geist ist ganz in seinem Medium. Weiter schreibt Wilhelm:

> Nun denke Dir irgendeinen Bürger, der an jene Vorzüge nur einigen Anspruch zu machen gedächte; durchaus muss es ihm misslingen, und er müsste desto unglücklicher werden, je mehr sein Naturell ihm zu jener Art zu sein Fähigkeit und Trieb gegeben hätte.

Im Gegensatz zu Molière, der in *Bürger als Edelmann* demonstrierte, in welchem Grade sich die Natur des Bürgers nicht dazu eignet, den edlen Schein anzunehmen, da sie von der Natur des Adeligen allzu verschieden ist, behauptet Wilhelm, dass die menschliche Natur immer dieselbe ist. Wilhelms Ansicht stimmt mit der Erklärung der Bürger- und Menschenrechte 1789 überein, was überraschen mag, wenn man den Unmut Goethes gegenüber der Französischen Revolution bedenkt.[79] Die Natur eines jeden Menschen ist ein und dieselbe, die Frustration aber, ein Bürger zu sein, besteht darin, dass der Adel Schein, Äußerliches und Erscheinen monopolisierte. Der Adel herrscht über das Medium des öffentlichen Lebens und steckt dem Bürgertum die Grenzen ab: vornehmlich Grenzen zwischen Sein und Haben, Sein und

78 Es ist ein *terminus technicus* der Theaterkennerschaft. Wilhelm von Humboldt schreibt über den französischen Tragiker Talma: „Auf dem Theater ist jede seiner Bewegungen schön und harmonisch, sein Anstand durchaus edel und gratios" (Wilhelm von Humboldt, „Über die gegenwärtige französische tragische Bühne", *Prophyläen. Eine periodische Schrift herausgegeben von Goethe*, Bd. 3.1, 1800, 69). Oder Heine über das Posener Theater: „die Polen hätten kein Anstand [...]. [E]s fehlte ihnen jene traditionelle Theateretikette und pompöse, präziöse und graziöse deutscher Komödianten. Die Polen spielen im Lustspiel, im bürgerlichen Schauspiel und in der Oper nach leichten, französischen Mustern; aber doch mit der original-polnischen Unbefangenheit" (Heinrich Heine, *Über Polen, Sämtliche Schriften*, Klaus Brigleb, München: dvt, 2005), 94.

79 Vgl. Gustav Seibt, *Mit einer Art von Wut. Goethe in der Revolution* (München: Beck, 2014). Vgl. Walter Müller Seidl, „Deutsche Klassik und Französische Revolution" und Claude David, „Goethe und die Französische Revolution", *Deutsche Literatur und Französische Revolution. Sieben Studien* (Göttingen: Vandenhoeck und Ruprecht, 1974), 39-62, 63-86.

Darstellen. Die Grenze zwischen Sein und Schein gilt nur für diejenigen, die vom Schein ausgeschlossen sind; dieser Umstand gilt übrigens für die meisten Grenzen und Grenzlinien, Distinktionen in der Gesellschaft. Der Bürger ist derjenige, der das Gespür für diese Grenzlinien haben muss:

> Wenn der Edelmann im gemeinen Leben gar keine Grenzen kennt, wenn man aus ihm Könige oder königähnliche Figuren erschaffen kann, so darf er überall mit einem stillen Bewusstsein vor seinesgleichen treten; er darf überall vorwärts dringen, anstatt dass dem Bürger nichts besser ansteht, als das reine, stille Gefühl der Grenzlinie, die ihm gezogen ist. Er darf nicht fragen ‚Was bist du?', sondern nur ‚Was hast du? welche Einsicht, welche Kenntnis, welche Fähigkeit, wieviel Vermögen?' Wenn der Edelmann durch die Darstellung seiner Person alles gibt, so gibt der Bürger durch seine Persönlichkeit nichts und soll nichts geben. Jener darf und soll scheinen; dieser soll nur sein, und was er scheinen will, ist lächerlich oder abgeschmackt. Jener soll tun und wirken, dieser soll leisten und schaffen; er soll einzelne Fähigkeiten ausbilden, um brauchbar zu werden, und es wird schon vorausgesetzt, dass in seinem Wesen keine Harmonie sei noch sein dürfe, weil er, um sich auf eine Weise brauchbar zu machen, alles übrige vernachlässigen muss.

Im Adelsstand kippt nicht nur die Grenze zwischen Sein und Schein, dieses Gehege für Bürger, sondern wird auch das Handeln in einem bestimmten Sinne entgrenzt: Indem der Adelige agiert, realisiert er sich ganz (ist er der ganze Mensch), während der Bürger nur Verdienste erwirbt und verdient, indem er in der Öffentlichkeit abstirbt und aus ihr verschwindet. Wilhelm gibt zu, dass für diese Situation die „Verfassung der Gesellschaft" verantwortlich ist, nicht persönliche Charakterfehler von Adeligen und Bürgern, aber er verwirft die Revolution und das Nachdenken über das Ganze einer Gesellschaft, die den Bürger vom Schein ausschließt und im Sein gefangen hält. Das Bewusstsein des Ganzen ist nicht, wie etwa prototypisch in Lukács' *Geschichte und Klassenbewusstsein* (1923), ein Synonym der realen Revolution.[80] Wilhelm Meister ist kein Proletarier, dessen Einsicht ins Ganze durch keine Interessen verfälscht wäre, da er nichts als seine Ketten zu verlieren hätte, Wilhelm ist bürgerlicher Individualist. Er denkt an und für sich selbst und er denkt, dass es ihm an der Tragik Shakespeares fehlt, um er selbst werden zu können. Seine Lösung, die nur für ihn als einen gleichsam Auserwählten gilt, ist das Theater. Die Künstlichkeit des Theaters erlaubt der Bürgernatur, sich zu einer Persönlichkeit zu entwickeln, weil im Theater die Barriere zwischen Schein und Sein aufgehoben ist.

80 Lukács, *Geschichte und Klassenbewusstsein*, 177,196-197, 214-215, 245-249.

> Ich habe nun einmal gerade zu jener harmonischen Ausbildung meiner Natur, die mir meine Geburt versagt, eine unwiderstehliche Neigung. Ich habe, seit ich dich verlassen, durch Leibesübung viel gewonnen; ich habe viel von meiner gewöhnlichen Verlegenheit abgelegt und stelle mich so ziemlich dar. Ebenso habe ich meine Sprache und Stimme ausgebildet, und ich darf ohne Eitelkeit sagen, dass ich in Gesellschaften nicht missfalle. Nun leugne ich dir nicht, dass mein Trieb täglich unüberwindlicher wird, eine öffentliche Person zu sein und in einem weitern Kreise zu gefallen und zu wirken. Dazu kommt meine Neigung zur Dichtkunst und zu allem, was mit ihr in Verbindung steht, und das Bedürfnis, meinen Geist und Geschmack auszubilden, damit ich nach und nach auch bei dem Genuss, den ich nicht entbehren kann, nur das Gute wirklich für gut, und das Schöne für schön halte. Du siehst wohl, dass das alles für mich nur auf dem Theater zu finden ist und dass ich mich in diesem einzigen Elemente nach Wunsch rühren und ausbilden kann. Auf den Brettern erscheint der gebildete Mensch so gut persönlich in seinem Glanz als in den obern Klassen; Geist und Körper müssen bei jeder Bemühung gleichen Schritt gehen, und ich werde da so gut sein und scheinen können als irgend anderswo.

War das Ancien Régime Theater gewesen, als welches es die Moralisten des dritten Standes anklagten, so bot *Wilhelm Meister* dem nach der *conditio* des ganzen Menschen strebenden Bürger keine andere Lösung, als sich schlussendlich in die Institution des Theaters einzufügen. Der Bürger konnte – so schien es Wilhelm – nur im Medium des Theaters wirklich handeln, d.h. scheinen und zugleich sein. Nur in der und dank der theatralen Präsentation wird er der ganze Mensch – *citoyen* und *homme* in einem. Davon spricht die „Sendung", nach deren Grundsätzen die Turmgesellschaft angeblich wirkte, als sie Wilhelms Leben beobachtete und als ein Spektakel über die Bildung der sich im Medium des Bürgers offenbarenden menschlichen Natur gestaltete. Die „Sendung" liest Wilhelm Meister während der Einweihung in die Riten der Turmgesellschaft, die sich am Ende selbst als Humbug entpuppt: „Die Worte sind gut, sie sind aber nicht das Beste. Das Beste wird nicht deutlich durch Worte. Der Geist, aus dem wir handeln, ist das Höchste. Die Handlung wird nur vom Geiste begriffen und wieder dargestellt".[81]

„Die Handlung wird nur vom Geiste […] *wieder* dargestellt." Wenn der Geist aber wieder darstellt, muss er eine Phänomenologie haben, wahrscheinlich eine in Romanform, welche zur Einheit des Phänomens und des Gedankens führen würde. *Wilhelm Meisters Lehrjahre* ist eine Phänomenologie des Geistes, deren Kern das Theatrale ausmacht, das zwischen Sein und Schein

81 In diesem Kontext ist es lohnend, die Aufmerksamkeit auf die mediale Rolle der Bilder im geistigen Leben der Schönen Seele zu lenken, deren Geständnisse das sechste Buch von *Wilhelm Meisters Lehrjahre* füllen. Die Geständnisse erheben die Bilder eben als dieses Medium – als Vermittler – zur unbeschreiblichen und inkongruenten Kontemplation.

vermittelt. In der „Sendung", die als *myse en abime* dieses Romans zu lesen ist, benutzt Goethe die Begriffe ‚Handlung' und ‚Darstellen', die sich mindestens genauso oft auf die Literatur wie auf ein gutes Leben beziehen. Sie lassen sich mit den später von den Formalisten aufgegriffenen Begriffen *fabula* und *sjužet*, Material und Form, zusammenstellen, entsprechen aber auch dem Unterschied zwischen dem Realen und dem Nachgemachten. So verdoppeln sich negativ die beiden Begriffe ‚Handlung' und ‚Darstellung', sodass ersterer reale Taten und literarisches Material, zweiterer genaue Abbildung und künstlerische Deformation zugleich bezeichnet. Durch diese Zersplitterung in Gegensätze vermitteln sie zwischen dem Leben und der Kunst. Als das Theatrale, das Leben mit Kunst verbindet, machen sie die (transzendentale) Ästhetik des Lebens aus.

Wilhelm liest weiter: „Des echten Künstlers Lehre schließt den Sinn auf; denn wo die Worte fehlen, spricht die Tat" (WM 496-497). Mit diesem Mysterium der Kunst, dass sich in ihrer Konstruktion mehr zeigt, als explizit zu sagen möglich wäre, setzte sich unter anderem Walter Benjamin gegen Ende seines Essays zu Goethes *Wahlverwandtschaften* auseinander.[82] Diese populäre Betrachtung, *theoria*, der zufolge dem Leser erst im Aufbau der vorgestellten Welt Werte erschlossen werden, bewahrheitet sich am offensichtlichsten im Drama, das von Natur aus mehr zeigen muss, als die sprechenden Subjekte ausdrücken können, zumal es auf die Bühne stattfindet; Goethes Roman domestiziert das Drama, indem er es in einen dicken Diskurskokon einwickelt, dessen Ränder am häuslichen Alltag rühren. Indem die theatrale Aktivität die Schranke zwischen Schein und Wirken zunichtemacht, zersprengt sie auch die metaphysische Distinktion zwischen Wirklichkeit und Schein und degradiert diese Distinktion auf die Rolle der Standesbarriere schlechthin. So soll das griechische Ideal des ganzen Menschen, der in der Öffentlichkeit handelt, durch das gesellschaftlich verortete Theater, das die Seite der emporsteigenden Klasse einnimmt, wiederhergestellt werden. Was die Theorie Hegels und Goethes auszeichnet und ihr den Weg zum Erfolg bahnt, ist, dass die Aufhebung der Grenze zwischen Sein und Schein in keinem Fall eine Verschmelzung der Gegensätze zu einem undialektischen Brei meint (die Nacht, in der alle Kühe schwarz sind). Der alte freie Grieche kontemplierte den Unterschied zwischen Sein und Schein bestimmt anders als der von der Distinktion erpresste moderne Bürger; eine solch zwanglose Theorie (und dadurch im wahrsten Sinne des Wortes: freie Betrachtung) des vom Schein abhängigen Seins gilt es unter neuen Bedingungen zurückzubringen. Diese Bedingungen werden von dem sich emanzipierenden Bürgertum geschaffen

82 Siehe das Kierkegaard-Kapitel.

und erschaffen wiederum, mit etwas Glück, den neuen Menschen. Versuche, diese Art Theorie zu restituieren, waren neben *Wilhelm Meisters Lehrjahren* die Theorie des Urphänomens und die *Phänomenologie des Geistes.*

Hegel dominierte das Berliner Mittelfeld so deutlich, dass Rudolf Heym ihm in den 1850er Jahren, als er mitten in der Hitze der Abrechnung mit der Hegel'schen Philosophie stand und versuchte, sich von ihr und überhaupt von jener Vorstellung von Philosophie loszumachen, die diese zur führende Instanz der Gesellschaft nach den Revolutionen 1848-1489 bestimmte, das Etikett verschaffte, das bis heute an ihm klebt: Heym nannte Hegel „Preußens Staatsphilosophen".[83] Dieser Spitzname, der als Beleidigung intendiert war (und für das Empfinden des europäischen Publikums tatsächlich insultierte), kam auch bei den Deutschen gut an, da er den beruhigenden Bogen vom ersten (ost-)preußischen Philosophen Kant zu Hegel, dem Vollender, schlug. Andere Polemiker zogen eine gerade Linie von Hegel zu Bismarck, unter dessen Führung Berlin Paris erniedrigte und das geopolitische Zentrum Europas einnahm.[84] Bevor man aber Hegel eine spontane Verehrung der preußischen Disziplin, Bürokratie oder sonstiger Charakterisierungen, vor denen sich der moderne Europäer, vorzüglich der Deutsche, gewöhnlich schüttelt, zuschreibt, sollte das zur Verfügung stehende Angebot Beurteilung finden: Was gab es in Europa nach dem Fall Napoleons außer Preußen? Entgegen der heutigen Stereotypen bedeutete die Wahl Preußens die Wahl des Fortschritts und der Reformen im Geiste der Anfänge der Französischen Revolution; die Wahl Preußens bedeutete, dass man sich der medialen und theatralen Ausbreitung des Menschentums anvertraute und Teil seiner Zeit, ohne Verspätung und ohne Übereiltheit, sein wollte. Die Brüder Schlegel und Adam Müller traten in österreichische Dienste und verbündeten sich mit Franz von Baader und Joseph Görres, den erzkonservativen Philosophenbeamten. Unter der Führung der guten Bekannten Hegels, von Steins und von Hardenbergs, verwandelte Preußen den Schock über die Niederlage bei Jena und Auerstedt in Energie für Reformen, die auf die Begründung eines explizit und implizit modernen Staates abzielten, während Österreich und vor allem Russland letzten Endes ihre meiste Energie in die Restauration der alten Ordnung investierten. Preußen folgte Kants Programm, wohltuende Folgen der Revolution von oben,

83 Rudolf Haym, *Hegel und seine Zeit. Vorlesungen über Entstehung und Entwicklung, Wesen und Werth der Hegel'schen Philosophie* [1857] (Hildesheim: Olms, 1962), 358-380.

84 Vgl. Domenico Losurdo, *Zwischen Hegel und Bismarck. Die achtundvierziger Revolution und die Krise der deutschen Kultur* (Berlin: Akademie, 1993). Solche Stimmen führte Franz Rosezweig als veraltet im 20. Jahrhundert an, als er an *Hegel und der Staat* arbeitete.

gewaltlos, auf dem Weg der Reformen einzuführen.[85] Dass solch ein Programm der Vereinigung und Modernisierung von oben Gefahren mit sich brachte, die sich im 20. Jahrhundert herauskristallisierten, konnte kaum jemand vor 1848 erraten. Wenn Hegel dem preußischen Staat diente, bedeutete der Dienst auf keinen Fall Unterwürfigkeit. Rosenzweig, der Sinn für das Theatrale der Hauptstadt hatte, verstand, dass Hegel eine andere Art Beziehung mit Preußen führte als bloße Untertänigkeit: Es war eine Schicksalsgenossenschaft in Europa nach Napoleon.

> So kann man deshalb allerdings sagen, dass Hegel der Philosoph des preußischen Staats war, aber nur wie man ebensogut sagen kann, der preußische Staat von 1820 sei ein Gedanke der Hegelschen Philosophie. Eines ist so wahr und unwahr wie das andere.[86]

Der Staat ist laut Hegel „die Wirklichkeit des substantiellen *Willens*"[87]. Der substantielle Wille ist eine besondere Form des Denkens, das in dieser Form objektiv wirkt und eine authentisch praktische Natur hat, auch wenn „sein

---

85 Fünf Jahre vor dem Ausbruch der Französischen Revolution schrieb Kant: „Durch eine Revolution wird vielleicht wohl ein Abfall von persönlichem Despotism und gewinnsüchtiger oder herrschsüchtiger Bedrückung, aber niemals wahre Reform der Denkungsart zu Stande kommen; sondern neue Vorurteile werden, eben sowohl als die alten, zum Leitbande des gedankenlosen großen Haufens dienen" (Immanuel Kant, „Beantwortung der Frage: Was ist Aufklärung?", *Gesammelte Werke. Akademieausgabe*, Bd. 8, 36). Nach der Revolution beharrt Kant bei dieser Meinung, nur dass er die Restauration und die Intervention für ein noch schlimmeres Übel hält als die gewalttätige Revolution, solange die Revolution dem Naturrecht folgt: „Ein Staat kann sich auch schon republikanisch regieren, wenn er gleich noch, der vorliegenden Konstitution nach, despotische Herrschermacht besitzt: bis allmählich das Volk des Einflusses der bloßen Idee der Autorität des Gesetzes (gleich als ob es physische Gewalt besäße) fähig wird, und sonach zur eigenen Gesetzgebung (welche ursprünglich auf Recht gegründet ist) tüchtig befunden wird. Wenn auch durch den Ungestüm einer von der schlechten Verfassung erzeugten Revolution unrechtmäßigerweise eine gesetzmäßigere errungen wäre, so würde es doch auch alsdann nicht mehr für erlaubt gehalten werden müssen, das Volk wieder auf die alte zurück zu führen, obgleich während derselben jeder, der sich damit gewalttätig oder arglistig bemengt, mit Recht den Strafen des Aufrührers unterworfen sein würde. Was aber das äußere Staatenverhältnis betrifft, so kann von einem Staat nicht verlangt werden, dass er seine, obgleich despotische, Verfassung (die aber doch die stärkere in Beziehung auf äußere Feinde ist) ablegen solle, so lange er Gefahr läuft, von andern Staaten sofort verschlungen zu werden; mithin muss bei jenem Vorsatz doch auch die Verzögerung der Ausführung bis zu besserer Zeitgelegenheit erlaubt sein" (Immanuel Kant, „Zum ewigen Frieden. Ein philosophischer Entwurf", *Gesammelte Werke*, Bd. 8, 372-373).

86 Rosenzweig, *Hegel und der Staat*, 438.

87 Hegel, *Grundlinien der Philosophie des Rechts*, 399 [§ 258].

zu seiner Allgemeinheit erhobenes Selbstbewusstsein"[88] wegen dieser Allgemeinheit hinter dem Rücken des Einzelbewusstseins wirkt. Diese Einsicht in die Natur des Staates kommt erst am Ende der Geschichte und wird von der richtigen Philosophie des Rechts gewährt.

Ödipus im Theater stellt den idealen Bürger desjenigen Staates dar, dessen Hauptstadt, Berlin, sich zweckmäßig als Dekoration für das Machtspektakel anbot. Eine beabsichtigte oder unbeabsichtigte Anerkennung der Ödipalität Preußens zeigte sich im ersten Versuch seit dem XVI. Jahrhundert, die griechische Tragödie auf die Bühne zu bringen: Eben den König Ödipus, musikalisch untermalt von Felix Mendelsohn Bartholdy. Diese Aufführung fand in Potsdam zehn Jahre nach dem unerwarteten Tod Hegels statt. Ein Sonderzug fuhr *tout le mond*, ganz Berlin, mit dem König und Schelling an der Spitze, ins Theater.

Der Ödipus repräsentiert im Theater den Bürger, da der staatsschaffende Wille, der zwar immer mein Wille ist, aber mir erst zum Ende als dieser bewusst wird, der theatralischen Repräsentation gleichkommt. Dies folgt aus der prominentesten Strömung der neuzeitlichen Philosophie der Politik, die sich laut Quentin Skinner auf die Fiktion stützt.[89] Hegels theatralischer Generativismus zog nur die letzte Konsequenz aus der Gleichförmigkeit der politischen und der theatralen Repräsentation, von der sowohl die neuzeitliche als auch die antike Philosophie ausging. Die Repräsentation wurde zudem als Grundlage alles Politischen gesetzt.[90] Beispielhaft für diese Tradition zitiert Hobbes, der den Auftakt der neuzeitlichen Philosophie des Politischen markiert, im 16. Kapitel des *Leviathan* Ciceros Reflexionen über die rechtlichen Repräsentation (*De Officiis* I, xxxi-xxxii, xxxv-xxxvi, *De Oratore* II 24. 102): Cicero[91] begreife sowohl die Repräsentation des Kunden durch den Anwalt als auch die Repräsentation der *civitas* durch den Richter im Rahmen der Theatermetapher. Der Richter und der Anwalt tragen *personae*, Theatermasken, wenn sie öffentlich auftreten; wenn man viele Ämter innehat, wechselt man die Masken. In Ciceros *De oratore* erzählt Antonius davon, wie er sich auf seine Auftritte vorbereitet. Er stellt sich den Verlauf der ganzen Verhandlung vor und spielt die Rolle („trägt eine Maske") jeder beteiligten Person: Seine eigene,

88 Hegel, *Grundlinien der Philosophie des Rechts*, 399 [§ 258].

89 Quentin Skinner, *Die drei Körper des Staates*, übersetzt von Karin Wördemann (Göttingen: Wallstein, 2012), 43-70.

90 Quentin Skinner, „Hobbes on Representation", *European Journal of Philosophy* 2005, 2 (13).

91 Vgl. Hubert Cancick, „Text and Context: The Four Personae (masks, roles) of Man (Panaitios – Cicero) (Cicero, De officiis, 1, 107, 115)", Albert I. Baumgarten et al. (Hg.), *Self, Soul, and Body in Religious Experience* (Leiden: Brill 1998), 335-446.

die des Gegners und die des Richters („tres personas unus sustineo [...] meam, adversarii, iudicis“, 2,24,102).

Im *Leviathan* geht ein eher fiktiver, ein eher möglicher und wahrscheinlicher als faktisch einmal oder überall bestehender Zustand[92] der totalen Gesetzlosigkeit, in dem der Mensch dem Menschen ein Wolf ist, dem Rechtszustand voran, sowohl die Genese aber als auch das Funktionieren des Staates werden ebenfalls in den Kategorien der theatralischen Inszenierung wiedergegeben. Hobbes beruft sich auf Cicero, um die Repräsentation, und spezifisch die theatralische Repräsentation, zum Prinzip des Sozialen zu erheben, nachdem er im Kapitel XIII bewiesen hat, dass der Naturzustand ein zerstreutes Chaos und das Tal der Tränen darstellt.[93] Die Theatersaal-Repräsentation[94] ist ein Pendant der Hegel'schen Negation als Grundsatz des philosophischen und politischen Systems sowie als Gegensatz des Chaos des Naturzustandes. Sowohl der Repräsentant als auch das repräsentierte Volk existieren nur als die verschiedenen Seiten der Repräsentation. Vor dieser Repräsentations-Beziehung existierten weder das Volk noch der Souverän; ohne theatralische Repräsentation gäbe es weder Einzelnen noch Allgemeinheit.[95] Hobbes

92 Thomas Hobbes, *Leviathan. Reprinted from the Edition of 1651* (Oxford: Clarendon Press, 1929), 95.

93 Thomas Hobbes, *Leviathan*, 94-98.

94 Dass Hobbes eher auf die Bilder des Theaters zurückgreift, wenn er seine Denkbilder des Staates schaffen möchte, als auf die Rhetorik und die rhetorische *actio*, die Cicero zum A und O des Politischen machen wollte, ergibt sich aus Hobbes schwankender Einstellung gegenüber der Rhetorik; zunächst verwarf er sie schlechthin, um sich dann partiell mit ihr auszusöhnen – vgl. Quentin Skinner, *Reason and Rhetoric in the Philosophy of Hobbes* (Cambridge: CUP, 1996), 250-437; zur ästhetischen und theatralischen Repräsentation bei Hobbes siehe Mónica Brito Vieira, *The Elements of Representation in Hobbes: Aesthetics, Theatre, Law, and Theology in the Construction of Hobbes's Theory of the State* (Leiden: Brill, 2009), 15-144.

95 Eine der effektvollsten Formulierungen des Paradoxes der Repräsentation liefert *De Cive*, der dritte Band von Hobbes *The Elements of Philosophy: Thomas Hobbes, Man and Citizen* (*De Homine and De Cive*), hg. von Bernard Gert (New York: Anchor Books, 1972), 196 [VI.7]: „Democraty is not framed by contract of particular persons with the *People*, but by mutuall compacts of single men each with other. But hence it appears in the first place, that the Persons contracting, must be in being before the contract it selfe. But the *People* is not in being before the constitution of government, as not being any Person, but a multitude of single Persons; wherefore there could then no contract passe between the People and the Subject. Now, if after that government is framed, the subject make any contract with the People, it is in vain, because the People contains within its will, the will of that subject to whom it is supposed to be obliged; and therefore may at its own will and pleasure disengage it selfe, and by consequence is now actually free. But in the second place, that single Persons doe contract each with other may be inferred from hence, that in vain sure would the City have been constituted, if the Citizens had been engaged by no

setzte die Repräsentation als Grundsatz der Vergesellschaftlichung sowie der Politik und zielte damit gegen die Apologeten des revolutionären Parlaments, die behaupteten, dass es so etwas wie ein freies und souveränes Volk gäbe, das sich einen Repräsentanten wählen kann. Vor der Repräsentation ist kein Volk vorhanden, so Hobbes, erst die Repräsentation erzeugt das Volk und seinen Repräsentanten, in dem sich das Volk betrachtet und als eine Seite der ursprünglichen Relation erkennt.[96] Die Repräsentation stellt sich bei Hobbes – wenn der Engländer von Hegels Position aus gelesen wird – als die Bedingung der Tragödie im Sittlichen heraus: Die Repräsentation (*persona*) wird zum Gerüst der Person: „A PERSON is he *whose words or actions are considered, either as his own or as representing the words or actions of another man, or of any other thing, to whom they are attributed, whether truly or by fiction*" – beginnt das Kapitel XVI.[97] Jeder ist eine Person, auch derjenige, der nur für sich selbst steht; in der Gesellschaft der Repräsentation ist jeder Schauspieler („So that a *Person* is the same that an *Actor* is, both on the stage and in common conversation; and to *Personate* is to *Act*, or *Represent*, himself or another"[98]). Es kommt darauf an, ob der „Actor, or Representer"[99] sich selbst spielt oder nur Worte und Handlungen anderer Personen repräsentiert. Im ersten Falle haben wir es mit der physischen („natürlichen") Person, in zweiterem mit der Rechtsperson („*Feigned* or *Artificial person*") zu tun.[100] Demzufolge gibt es eine Trennung auf zwei Ebenen: Einerseits ist der private, natürliche Mensch bereits von sich selbst durch Repräsentation eben dieser natürlichen Person, die er spielt, getrennt; andererseits teilt sich die Repräsentation selbst in eine private und eine öffentliche, von der der natürliche Mensch wiederum einen repräsentierenden Teil darstellt. Der tragische, innerliche Konflikt ist so einer jeden Gesellschaft angeboren. Es ist ein theatraler Konflikt, weil er durch die getrennte und trennende Repräsentation ausgelöst wird. Repräsentation

contracts to doe, or omit what the City should command to be done or omitted. Because therefore such kind of compacts must be understood to passe as necessary to the making up of a City, but none can be made (as is already shewed) between the Subject and the People; it followes, that they must be made between single Citizens, namely that each man contract to submit his will to the will of the major part, on condition that the rest also doe the like, as if every one should say thus, I give up my Right unto the People for your sake, on condition, that you also deliver up yours, for mine." Analoges sagt Hobbes, wenn auch viel kryptischer, in *The Elements of Law Natural and Politic*, hg. von Ferdinand Tönies (London: Cass, 1969), 119 [II.2.2].

96 Skinner, *Die drei Körper des Staates*, 24-42.

97 Hobbes, *Leviathan*, 123.

98 Hobbes, *Leviathan*, 123.

99 Hobbes, *Leviathan*, 124.

100 Hobbes, *Leviathan*, 123.

ist hier das gedoppelte Ganze, das Absolute aus dem Fragment der frühen Naturrechtsschrift.

Rousseau, der Lieblingsphilosoph des jungen Hegel, bestätigte negativ die fundierende Rolle der schauspielerischen Repräsentation, indem er sie aus dem Vertragsschluss, der die Gesellschaft fundiert, ausschloss. Doch schloss er die Repräsentation nur scheinbar aus, da sein Vertrag den von Hobbes beschriebenen Mechanismus auf einem anderen Niveau wiederholte. Bei Rousseau[101] existiert das Volk ebenso wie bei Hobbes nicht, bevor es selbst sich nicht irgendwie als ein Volk bestimmt. Doch diese Bestimmung soll keine Repräsentation sein,[102] da das Theater der Tugend schadet. Das Volk setzt sich selbst als Volk in einer stiftenden Geste des Willens, während die Repräsentation aus der Demokratie ausgeschlossen zu sein scheint. (Die Demokratie ist analytisch wie die antike eine unmittelbare.) Aber erst in Folge dieser Negation der Repräsentation wird die Repräsentation allumfassend, sodass das ganze Volk ein Volkstheater für sich spielt, was vorzüglich am Ende des *Briefes an d'Alembert über das Schauspiel* sichtlich wird, wo ein allgemeines Volksfest als die vollkommene Präsenz der Tugend und der Freiheit dargestellt wird.[103] Ödipus im Theater weiß nicht, dass er im Theater auftritt. – Hobbes und mehr noch Mickiewicz wollten eine eher offensichtliche Repräsentation; vor allem Mickiewicz' Sehnsucht nach dem charismatischen Mann, die Hand in Hand mit dem Napoleon-Kult ging, der Merkmal der Romantik in Polen ist, bezeugt das Bedürfnis nach dem Theatralen in der Geschichte.

Die Berliner Kulisse wurde, schon als Hegel in die Stadt einzog, vom Boulevard Unter den Linden in einer Sichtachse umfasst: Die Straße war einmalig unter den Städten Europas, da alle architektonischen Attribute des Staates an einem Ort versammelt waren, um einander zu spiegeln und zu potenzieren. Unter den Linden, so Karlheinz Stierle, hatte keine andere Funktion, als sich selbst, d.h. die konzentrierte Selbstdeutung des Staates, auszudrücken.[104]

Der Blick vom Boulevard konnte in einem Panorama das Zeughaus, das königliche Schloss, den lutherischen Dom, Karl Schinkels Museum (heute

---

101 Jean-Jacques Rousseau, *Du contrat social ou Principes du droit politique* (Paris: Union Générale d'Éditions, 1963), 1.6.

102 Jean-Jacques Rousseau, *Du contrat social ou Principes*, 3:15: „La souveraineté ne peut être représentée, par la même raison qu'elle peut être aliénée; elle consiste essentiellement dans la volonté générale, et la volonté ne se représente point: elle est la même, ou elle est autre; il n'y a point de milieu. Les députés du peuple ne sont donc ni ne peuvent être ses représentants, ils ne sont que ses commissaires; ils ne peuvent rien conclure définitivement."

103 Siehe das Kapitel zum Entstehungszusammenhang der kritischen Tragödientheorie.

104 Karlheinz Stierle, „Zwei Hauptstädte des Wissens: Paris und Berlin", 106.

Altes Museum), die Universität, die Börse und die Apotheke erfassen.[105] Alle wichtigen Organe des Staates waren urban durch Gebäude und zusammengehalten vom Panorama des Boulevards als Einheit repräsentiert. Die Gebäude und die in ihnen beherbergten Institutionen, die altertümlichen und die frisch entstandenen, machten die Kulisse des Boulevards aus, dessen Architektur-Prinzip die Versöhnung der Einzelnen im Staat ist. Ein zeitgenössischer Stadtforscher schreibt über den modernen Boulevard im Allgemeinen:

> Der utopische Glanz ist für ihn konstitutiv. […] Es ist gerade die Ambivalenz seiner Geschichte, es sind die gesellschaftlichen Widersprüche, aus denen das öffentliche Schauspiel der Moderne freigekämpft wird, die das Bild des Boulevards gegen alle Zerstörungen ‚urbaner Betätigung' immun gemacht haben. Mit anderen Worten: Der Boulevard ist ein Bild der Versöhnung.[106]

Der preußische Staat stellte mit dem Boulevard Unter den Linden sein Idealbild aus, in dem sich der Bürger als Mensch und Staatsbürger zugleich empfinden sollte, sprich als Teil des kollektiven Willens, der ganz sein Wille ist und der damit sein Bild durch den Boulevard selbst stiftet. Nach 1815 war Karl Schinkel der Beauftragte für Urbanistik des beschleunigenden Staates. Schinkel verstand sich sehr gut auf Medialität: Gleich im Jahr 1812 inszenierte er für das Berliner Publikum ein bewegliches Panorama des Brandes von Moskau, in dem der Kreml, eine Brücke über den Fluss Moskwa, blitzende Lichter und mechanische Figuren zu sehen waren. Zu hören gab es einen auf dem Klavier gespielten Soundtrack, der das Zusammenbrechen von Dachbalken imitierte.[107]

Hegel glaubte, dass die Dekoration, in der sich der Wille besieht und wiedererkennt, von der Universität in dynamischer, gestaltgebender Einheit geschaffen wird. Die Universität produziert die Versöhnung mit der Wirklichkeit und der Zeit – dies zumindest sei der Zweck der zentralen Philosophischen Fakultät.[108] In der Vorrede zu den *Grundlinien der Philosophie des Rechts* schreibt Hegel,

105 Die letzten beiden Institutionen entstanden nur aufgrund des durch die Hand Karl Schinkels entworfenen urbanistischen Plans. *Geschichte und Poesie. Karl Friedrich Schinkel (1781-1841)*, [Ausst-Kat., Kunsthalle der Hypo-Kulturstiftung] München 2013, 123.

106 Klaus Hartung, „Corso-Avenue-Boulevard. Die Utopie des Boulevards", *Boulevards. Die Bühnen der Welt* (Berlin: Siedler, 1997), 20.

107 Mario Alexander Zadow, *Karl Friedrich Schinkel: Leben und Werk* (Fellbach: Menges, 2003), 51.

108 Zur Rolle der Universität für die Demokratie siehe z. B. Ernst Fraenkel, „Universitas litterarum und pluralistische Demokratie", Jürgen Habermas, „Universität in der Demokratie – Demokratisierung der Universität", *Universität und Demokratie. Universitätstage 1967*, hg. von der Freien Universität Berlin (Berlin: De Gruyter, 1967), 5-19, 67-79; Zur Positionierung der Philosophie in Berlin siehe Volker Gerhardt, Reinhard

dass die Philosophie nicht mehr wie etwa bei den Griechen eine „private Kunst“ sei – dementgegen habe sie „eine öffentliche, das Publikum berührende Existenz, vornehmlich oder allein im Staatsdienste.“[109] Sogar die Aufgabe der scheinbar abstraktesten Wissenschaft, der Logik, ist nichts anderes, als uns die ödipal unbewusste Naturlogik, mit deren Hilfe wir reflexartig in der bürgerlichen Gesellschaft zurechtkommen, ins Bewusstsein zu rücken. Die Hegel'sche Logik vergegenwärtigt die implizite Vernünftigkeit jeder unseren *Handlungen*. „[J]enes erworbene Material, die bekannten Denkformen“ wurzelten in der natürlichen Sprache.[110] Im preußischen, Humboldt'schen Modell der Universität, das von Hegel und von Hegels Vorgänger am Lehrstuhl für Philosophie, Fichte, unterstützt worden war, war der Philosoph ein Beamter; noch heute fällt dem Neuankömmling aus Polen auf, dass jeder Professor seine eigene Sekretärin hat und den Lehrstuhl leitet – kleine Administrationszelle einer Behörde, die wissenschaftliche und nichtwissenschaftliche Mitarbeiter anstellt. Die Philosophinnen und Philosophen produzieren dabei Versöhnung in Form konzessionierter Kontestation. Hegels Philosophie, die noch auf die explizite und dauerhafte Versöhnung abzielte, drückte, so Reinhard Koselleck, das Selbstbewusstsein der preußischen Beamtenklasse aus.[111]

Karl vom Stein zum Altenstein galt als Philosoph.[112] Während seines Philosophiestudiums geriet Altenstein unter den starken Einfluss Fichtes; von dessen *Reden an die deutsche Nation* begeistert, die zum Freiheitskampf gegen den französischen Besatzer aufriefen, formulierte er am 11. September 1807 die Rigaer Denkschrift für den König sowie von Hardenberg und legte damit einen grundlegenden Plan für die künftigen Reformen des Staates an, die der Revolution zuvorkommen sollten (die Reformen wurden nach 1815 tatsächlich umgesetzt).[113] So verhalf der Politiker dem Idealismus, zuerst dem Kant'schen und dem Fichte'schen, dazu, Wirklichkeit zu werden, da er diese Philosophie als Medium von Nationalerwachen und -vereinigung nach der Jena-Schlacht anerkannte.[114] Altenstein holte Hegel nach Berlin; zwar gelang es ihm nicht,

---

Mehring, Jana Rinder, *Berliner Geist: Eine Geschichte der Berliner Universitätsphilosophie bis 1946* (Berlin, New York: De Gruyter, 1999).

109 Hegel, *Grundlinien der Philosophie des Rechts*, 20.

110 Georg Wilhelm Friedrich Hegel, *Wissenschaft der Logik I, Werke*, Bd. 5, 19-22.

111 Reinhard Koselleck, *Preußen zwischen Reform und Revolution. Allgemeines Landrecht, Verwaltung und soziale. Bewegung von 1791 bis 1848* (Stuttgart: Klett, 1975), 263.

112 Zu Hegels Beziehugen mit Altenstein siehe z. B. Hermann Klenner, „Des Königs Universität und Hegels König. Eine Bagatelle“, *Topos* Nr. 19 http://toposzeitschrift.de/19_klenner.htm [Zugriff 5.8.2017].

113 Vgl. Gerd Fesser, „Ein preußischer Mythos“, *Die Zeit*, Nr. 51/2008.

114 Vgl. Wilhelm Dilthey, „Jahresbericht von der 1887 und 1888 erschienenen Literatur über die deutsche Philosophie seit Kant“, *Zur Geschichte des 19. Jahrhunderts, Gesammelte*

Hegel die Position zu verschaffen, auf welche er gehofft hatte – Hegel wurde weder Vorsitzender der Königlichen Akademie der Wissenschaften noch Hofgeheimrat[115] – aber hohe Beamte, vor allem die für das Universitätswesen verantwortlichen Johannes Schulze und Christoph Ludwig Schulz, besuchten jeden Abend Hegels Vorlesungen, unterhielten Freundschaften mit diesem, begeisterten sich zusammen mit ihm für Goethes *Farbenlehre* und machten Versuche mit Prismen.[116] Vielleicht benutzten sie dabei auch das trübe Gläschen, das Goethe Hegel hatte zukommen lassen mit der Widmung, dass das Urphänomen sich dem Absoluten schönstens empfehle.[117] Das Absolute, die Freiheit, braucht das Medium, die Verdunkelung.

Nachdem Hegel es sich in der Mitte der Staatspolitik und -selbstdarstellung bequem gemacht hatte, musste er selbst Politik innerhalb der Universität betreiben. Der Begründer der Universität, des zentralen Mediums des Staates, Wilhelm von Humboldt[118], schrieb seinem Freund Friedrich von Gentz (Metternichs Sekretär), dass Hegel zu den Philosophen gehöre, die, wenn es um Bedeutsamkeit und Wirkung gehe, sich nie allein auf die Ideen verlassen würden: „*er macht Schule und macht sie mit Absicht.*"[119] Diese Politik stieß auf den Widerstand der anderen Schulen,[120] etwa vonseiten Friedrich Carl von Savignys historischer Rechtsschule oder der romantischen Schule. Der Hauptgegner der Aufnahme Hegels in die Akademie war Friedrich Schleiermacher, der hinterhältig die Philosophie des absoluten Geistes für seine Zwecke nutzte. Schleiermacher behauptete, dass die Spekulation eine weltabgewandte Beschäftigung sei, die jeder in der Stille[121] des eigenen Gartens

Schriften (Göttingen: Vandenhoeck und Ruprecht, 1970), Bd. 15, 321 (Besprechung des Artikels von W. Germann, „Altenstein, Fichte und die Universität Erlangen"). Volker et al., *Berliner Geist*, 65 (Hardenbergs und Altensteins Formulierung von den „demokratischen Grundsätzen" des erneuerten Staates soll aus Kants Schriften stammen).

115 Jaeschke, *Hegel-Handbuch*, 45.

116 Jaeschke, *Hegel-Handbuch*, 48; Hartmut Fröschle, *Goethes Verhältnis zur Romantik* (Würzburg: Königshausen und Neumann, 2002), 92.

117 Zit. bei Semm, *Die Sache selbst in Hegels System*, 79.

118 Vgl. Kurt Mueller-Vollmer, „Humboldts Bildungspolitik und die Französische Revolution", Friedrich A. Kittler, Manfred Schneider, Samuel Weber (Hg.), *Diskursanalysen 2: Institution Universität* (Opladen: Westdeutscher Verlag, 1990), 63-81.

119 Nicolin (Hg.), *Hegel in Berichten seiner Zeitgenossen*, 380.

120 Jaeschke, *Hegel-Handbuch*, 55.

121 Jaeschke, *Hegel-Handbuch*, 48; Vgl. Heltmut Thielicke, *Glauben und Denken in der Neuzeit: die großen Systeme der Theologie und Religionsphilosophie* (Tübingen: Mohr, 1988), 288-291; Adolpho Murguía, „Abhängigkeit und Selbstbehauptung. Bemerkungen zum Streit zwischen Hegel und Schleiermacher – Ein Beitrag zur Systematik des deutschen Idealismus", J. Oroz Arizcuren et al. (Hg.), *Navicula Tubingensis: studia in honorem Antonii Tova* (Tübingen: Narr, 1984), 309-318.

betreiben müsse, und sich als solche nicht ins öffentliche Rampenlicht begeben dürfe – dementsprechend solle Hegel nicht mit öffentlichen Tätigkeiten belastet werden. Schleiermacher übersah offensichtlich die tragische Ausdehnung von Hegels Philosophie, in der gerade Transfers zwischen dem Intimen und dem Öffentlichen, Transgression zwischen den Sphären und das Verlassen von Empedokles' Garten von zentraler Bedeutung waren. Um die eigene Zeit zu werden, musste Hegels Philosophie die Grenze überschreiten, hinter der sie Schleiermacher halten wollte.

Unbeschadet der scheinheiligen Ermahnungen seiner Konkurrenz betrieb Hegel sowohl Publizistik als auch Politik. Als hätte eine (später von den polnischen Hegelianern postulierte) Umdrehung des Systems stattgefunden, zehrte der objektive Geist – oder sein höchster Ausdruck: der Staat – den Absoluten Geist auf. Die Wechsel zwischen den Gattungen und Problemfeldern fiel ihm leicht, da in Preußen die Aufklärung vom Staat organisiert wurde, wonach Kant in seinem Entwurf *Zum ewigen Frieden* (1795) und im *Streit der Fakultäten* (1797) verlangte hatte.[122] So wie man annehmen kann, dass die Revolution in Frankreich eine Folge der Aufklärung war, so kann man die deutsche Konzeption von Universität als eine gewaltlose und durch den Staat organisierte Entsprechung nicht nur der Aufklärung, sondern auch der Revolution ansehen: In Deutschland entstanden die wichtigen Kultur- und Wissenschaftsinstitutionen, indem der Staat die Revolution durch Reformen ersetzte und damit der Aufklärung nachkommen wollte; in Frankreich wurden diese Institutionen – das Museum des Louvre etwa – durch die Revolution gegründet oder zu öffentlichen gemacht. Die Deutschen organisierten die Humboldt-Universität darüber hinaus im Kontrast zu den spezialisierten *grandes écoles*, die Kader für die Revolution erschaffen haben sollen.[123] Als gemeinsame Grundlage des Vergleichs zwischen deutschen und französischen Institutionen kann die Begeisterung für das Altertum gelten. Der deutsche Jakobiner Georg Foster, der im jungen Hegel vor dessen Frankfurtaufenthalt den Athenischen Traum angefacht hatte, beschrieb in den Briefen aus Paris, wie sich die Pariser Bürger der „Übung, im Schauspiel attische Feinheiten zu

---

122 Immanuel Kant, „Streit der Fakultäten", *Gesammelte Werke*, Bd. 7, 89 (genauer gesagt soll der Staat die unabhängigen Volksaufklärer, die Philosophen, nicht daran verhindern, dem Volk seine „Pflichte und Rechte in Ansehung des Staates, dem es angehört" vorzutragen; es handelt sich schon wieder um eine gewisse Wohlgeschiedenheit der Institutionen, namentlich der Philosophie und des Staates). Die entsprechenden Stellen im *Zum ewigen Frieden* zitierte ich schon oben in Bezug auf die „Revolution von oben".

123 Bernard Maitte, *La Lumière* (Paris: Seuil, 1981), 194-198; Jacques Godechot, *Les Institutions de la France sous la Révolution et l'Empire* (Paris: PUF, 1968).

empfinden", widmeten,[124] um sich in der revolutionären Tugend zu stärken. In diesem Geiste stellte Humboldt in seinem Projekt der Universität – sowie im Projekt des auf die Universität vorbereitenden Gymnasiums – neben der Philosophie die Altertumswissenschaften und andere Einrichtungen heraus, die zur Entstehung eines klassischen historischen Bewusstseins beitragen sollten.[125]

Die Universität – das theoretische Bewusstsein des Staates – vermittelte zwischen den Institutionen, indem sie die Gestalt der zurückgehaltenen und verinnerlichten Revolution annahm. Von Hardenberg, der große Reformator des preußischen Staates, erklärte, der Staat solle „eine Revolution im Innen so bewirke[n], dass alle wohltätigen Folgen einer solcher Revolution eintreten" sowie alle schmerzliche Zuckungen, „wie bei einer selbst sich bildenden Revolution der Fall ist", vermieden werden.[126] Die Mitte, von der aus sich die Staatsrevolution verbreitete, war die Universität: Sie lockerte die Standesstruktur der Gesellschaft, indem sie zur sozialen Mobilität beitrug und den die Tragödie (im Sittlichen) verhindernden Puffer der bürgerlichen Gesellschaft dicker und elastischer machte. Der Staat lässt der Wissenschaft freien Raum – frei auch von Verpflichtungen gegenüber der Praxis – und erzieht auf diese Weise die Studenten zur moralischen Autonomie und zur bürgerlichen Gesellschaft. Der Staat zeigt sich Unter den Linden und bildet zugleich junge Männer aus Deutschland und dem ehemaligen Polen zu Personen der Öffentlichkeit (des öffentlichen Lebens) aus, *id est* zu Personen, die sowohl ihr Sein als auch ihr Scheinen beherrschen. Die Universität, an der Hegel unterrichtet, soll eine Revolution verkörpern, die eine günstige Erscheinungsform gefunden hat, um den Staat zu verwandeln, ihm endgültige Beständigkeit zu verleihen und ihm zu erlauben, sich würdig (mit Anstand) zu inszenieren. Aus der selbstbewussten Kontemplation seiner selbst anhand dieser Inszenierung könnte der Staat das Wissen vom Willen schöpfen, das ihn stiftet – das Wissen vom Gedanken, der die Tat ist. Rosenzweig nannte die *Phänomenologie des Geistes* das „Riesengrab der Revolution". Anfang des 21. Jahrhunderts scheint nunmehr die Metapher treffend, die *Phänomenologie* ähnele dem Sarkophag eines Atomreaktors, von dem aus stetig Strahlung abgegeben wird. Die Revolution negierte den Spektakelstaat des Ancien Régime, um das Spektakel

---

124 Georg Forster, *Parisische Umrisse, Werke in vier Bänden* (Leipzig: Insel, 1971), 773.

125 Vgl. Kjeld Matthiessen, „Wilhelm von Humboldt und das Studium des Altertums", Gerhard Lohse (Hg.), *Aktualisierung von Antike und Epochenbewusstsein. Erstes Bruno Snell-Symposium der Universität Hamburg am Europa-Kolleg* (München, Leipzig: Saur, 2003), 179-197.

126 Leopold von Ranke (Hg.), *Denkwürdigkeiten des Staatskanzlers Fürsten von Hardenberg* (Leipzig: Duncker & Humblot, 1877), Bd. 4, 116.

des modernen Staats zu stiften. Es war ein Spektakel, das sich negativ gegenüber der Tragödie bestimmte. Deswegen machte die Tragödie sein Wesen aus.

6.3.2. *Negation/Inszenierung*

Bert O. States stellte fest, dass es eine Grenze gibt, an die jedes Sprechen über Performance stößt: So wie die Bestimmungsmöglichkeit von Subjekt oder Welt dadurch eingeschränkt wird, dass man sich nicht außerhalb des Subjekts bzw. der Welt als unbeteiligter Beobachter positionieren kann, da Welt- und Subjektsein durch die Position als Beobachter immer schon mitgegeben und ein Außerhalb also unmöglich ist, so gibt es auch kein Außerhalb der Performance beim Sprechen über sie; die Welt ist auch in diesem Sinne Bühne.[127] In der 2. Hälfte des XX. Jahrhunderts bescherte die *performance theory* den Geisteswissenschaften einen Blitzkrieg, Künstler wie John Cage, Allen Kaprow, Bruce Nauman, Matta Clark, Richard Long, Tadeusz Kantor, Zbigniew Warpechowski, Joseph Beuys oder Wolf Vostell zielten mit ihrem Tun darauf ab, uns die Welt des Kunstwerks heimisch werden zu lassen, damit wir dann in ihr wohnen und leben könnten. ‚Die Welt ist Performance' ist ein Aufgreifen langer Traditionen.[128] Eine Liste der Denker, die die Welt (die Öffentlichkeit) mit der theatralischen Handlung gleichsetzten, würde wahrscheinlich länger sein als das Berliner Telefonbuch. Sie würde mit Platons *Gesetzen* beginnen, worin von Marionetten die Rede ist, die in den Händen Gottes nicht wüssten, wozu sie geschaffen wurden, aber als Gemeinschaft die schönste Tragödie aufführen könnten,[129] und weitergeführt werden mit Aristoteles These, dass

---

127 Bert O. States, „Performance as Metaphor", Phillip Auslander (Hg.), *Performance. Critical Concepts in Literary and Cultural Studies* (London, New York: Routledge, 2003), Bd. 1, 108-109.

128 Vgl. Ernst Robert Curtius, *Europäische Literatur und lateinisches Mittelalter* (Bern: Francke, 1948), 146-152; Erica Fischer-Lichte, „Inszenierung und Theatralität", Herbert Willems, Martin Jurga (Hg.), *Inszenierungsgesellschaft. Ein einführendes Handbuch* (Opladen: Westdeutscher Verlag, 1998), 81-90; Jörg Zimmermann, „Mutmaßungen über die Regie des Lebens. Stationen einer Metaphysik der Inszenierung", Josef Früchtl, Jörg Zimmerman (Hg.), *Ästhetik der Inszenierung. Dimensionen eines künstlerischen, kulturellen und gesellschaftlichen Phänomens* (Frankfurt am Main: Suhrkamp, 2001), 103-125; Ralf Konersmann, „Rolle", Joachim Ritter et al. (Hg.), *Historisches Wörterbuch der Philosophie* (Basel: Schwabe, 1992), Bd. 8, 978-988; Ralf Konersmann, „Welttheater als Daseinsmetapher", *Der Schleier des Timanthes. Perspektiven der historischen Semantik* (Frankfurt am Main: Fischer, 1994), 84-199. J.M. González García, Ralf Konersmann, „Theatrum Mundi", Ritter et al. (Hg.), *Historisches Wörterbuch der Philosophie.*, Bd. 10, 1051-1054.

129 *Nomoi* 643b–645c. Vgl. Jörn Miller, „Der M*ensch als Marionette: Psychologie und Handlungstheorie*", Christoph Horn (Hg.), *Platon: Gesetze – Nomoi* (Berlin: Akademie, 2013), 45-66.

die Tragödie das Wirkliche und Wahrscheinliche modelliere,[130] woraufhin die stoische Ethik der Rolle (der Maske) einen Eintrag erhalten würde,[131] den dann wiederum Kant aufgreift. Kant beschreibt in seiner *Anthropologie* die notwendige Verbindung zwischen den Fortschritten der Zivilisation und der fortschreitenden Theatralisierung des Lebens:

> Die Menschen sind insgesamt, je zivilisierter, desto mehr Schauspieler: sie nehmen den Schein der Zuneigung, der Achtung vor anderen, der Sittsamkeit, der Uneigennützigkeit an, ohne irgend jemand dadurch zu betrügen; weil ein jeder andere, dass es hiermit eben nicht herzlich gemeint sei, dabei einverständigt ist, und es ist auch sehr gut, dass es so in der Welt zugeht. Denn dadurch, dass Menschen diese Rolle spielen, werden zuletzt die Tugenden, deren Schein sie eine geraume Zeit hindurch nur gekünstelt haben, nach und nach wohl wirklich erweckt, und gehen in die Gesinnung über.[132]

Es ist die gleiche Maxime, *fake it until you make it*, nach der sich auch Goethes Wilhelm Meister richtete. Oder, genauer gesagt: Die wahre Aufrichtigkeit ist nur als eine (zunächst) bewusst vorgetäuschte Aufrichtigkeit möglich. Da alle wissen, dass sie mit einer Täuschung verkehren, und da alle selbst ständig zu Täuschungen greifen, trägt die Gesellschaft den Stempel des Theaters – und eines universellen dazu. Im Aus-dem-Täuschen-Lernen steckt schon virtualiter die Utopie des allgemeinen Theaters ohne Rampe; eine Unaufrichtigkeit jedoch verdunkelt dies Bild:

> „Fürtrefflich!" sagte Wilhelm, „denn in einer Gesellschaft, in der man sich nicht verstellt, in welcher jedes nur seinem Sinne folgt, kann Anmut und Zufriedenheit nicht lange wohnen, und wo man sich immer verstellt, dahin kommen sie gar nicht. Es ist also nicht übel getan, wir geben uns die Verstellung gleich von Anfang zu und sind nachher unter der Maske so aufrichtig, als wir wollen."

Hier ist sich das Widerspruchspaar von Maske und Aufrichtigkeit gegenseitig zu Diensten. Die Maske dient dazu, die zwischenmenschlichen Beziehungen naturgemäßer, ehrlicher und gerechter zu gestalten (Anmut schließt gekünstelte Unehrlichkeit aus), genau wie die antike Kulisse, die Schiller für

130 Siehe das Entstehungszusammenhangskapitel.

131 Hubert Cancik, *Europa – Antike – Humanismus: Humanistische Versuche und Vorarbeiten*, hg. von Hildegard Cancik-Lindemaier (Bielefeld: Transcript, 2014), 311-355; Hubert Cancick, „Text and Context", 336-346.

132 Immanuel Kant, *Anthropologie in pragmatischer Hinsicht, Gesammelte Werke. Akademieausgabe*, Bd. 7, 151 („Von dem erlaubten moralischen Schein").

die langsam zum Republikanismus erwachsende Gesellschaft entwirft:[133] Man wird, wer man ist, indem man auf griechischen Bühnen und mit Masken schauspielt. Die Maske, die die bestimmte Negation der Aufrichtigkeit zu sein scheint, wird bei Goethe ihre Bedingung, wenn denn nur alle wissen, dass sie und wie sie mit Masken umzugehen haben. Dies kann als ein Denkbild der Hegel'schen Negation gelesen werden: Der Weg zu sich selbst führt durch das Anderssein.

Kant hat sein System als ein multidimensionales entworfen. In Sprüngen zwischen den Welten der Freiheit und der Bedingtheit, die seine Nachfolger peinigten, erkannte er die Garantie für Freiheit; die Philosophie der Freiheit müsse daher, so dachte er, ein multidimensionales System sein.[134] Ein jeder stufenweiser Übergang zu Freiheit schließt sie an das System der Bedingtheit an, sodass sie in Unfreiheit umschlägt. Die Geschichte der Philosophie nach Kant ist eine Geschichte von Versuchen, Kants System zu einer geschlossenen Gestalt *more geometrico* zu führen, d.h. es in ein System zu verwandeln, dass aus einem absoluten Grundsatz abzuleiten wäre. Die wichtigsten Stationen dieser Entwicklung waren bekanntermaßen Reinholds Satz des Bewusstseins („Im Bewusstsein wird die Vorstellung vom Vorstellenden und Vorgestellten unterschieden und auf beides bezogen"),[135] Salomon Maimons und Gottlob Ernst Schulzes Skeptizismus[136] und dessen Widerlegung in Fichtes Wissenschaftslehre mit ihrem dynamischen Grundsatz „Das Ich soll sein".[137] Der junge Schelling setzte auf die intellektuelle Anschauung, Hölderlin versprach in den „Anmerkungen zum Ödipus", dass die Dichtung ein multidimensionales System verschiedener Vermögen sein könnte, das Einigkeit in Pluralität ermöglichte. Die unendliche Tätigkeit des Teilens und Verbindens, die zuerst in *Urteil und Sein* besprochen und dann als Grundsatz der tragischen

133 Friedrich Schiller, „Über die ästhetische Erziehung des Menschen in einer Reihe von Briefen", *Sämtliche Werke* (München: Hanser, 1962), Bd. 5, 581-582.

134 Dietrich Henrich, *Between Kant and Hegel. Lectures on German Idealism*, hg. von David S. Pacini (Cambridge, London: Harvard University Press), 2008, S. 73.

135 Zit. nach Frank Wunderlich, *Kant und die Bewusstseinstheorien des 18. Jahrhunderts* (Berlin: De Gruyter, 2005), 250.

136 Vgl. Jan Bransen, *The Antinomy of Thought: Maimonian Scepticism and the Relation between Thoughts and Objects* (Dordrecht, Boston: Kluwer, 1991); Zu Schulze siehe z. B. Luis Eduardo Hoyos Jaramillo, *Der Skeptizismus und die Transzendentalphilosophie. Deutsche Philosophie am Ende des 18. Jahrhunderts* (Freiburg., München: Alber, 2008), 99-224.

137 So hat Friedrich Schlegel den ersten Grundsatz von Fichtes Wissenschaftslehre umformuliert in seinem „Versuch über den Begriff des Republikanismus", *Kritische Ausgabe seiner Werke*, hg. von Ernst Behler (Paderborn: Schöningh, 1979), Bd. 7, 15; siehe auch das Hölderlin-Kapitel.

Dichtung postuliert wurde, ähnelte freilich deswegen dem ‚Schweben' der Frühromantiker, da beide Grundmechanismen der Dichtung von Fichtes Beschreibung der zwischen den Extremen oszillierenden ‚Einbildungskraft' abgeleitet wurden. (Das romantische ‚Schweben' wird im nächsten Kapitel auf den noch einfacheren Mechanismus des Tausches zurückgeführt.) Auch die Entwicklung des jungen Hegel lässt sich als eine Suche nach der richtigen Grundlage des Systems beschreiben.[138] Letztendlich, in seinem ersten reifen Werk, der *Phänomenologie des Geistes*, ist es der Grundbegriff der Negation, der den Schlüssel zur Hegel'schen Logik, folglich auch zu allen philosophischen Wissenschaften und damit zur Universität, *urbi et orbi*, darstellt, obwohl Hegel selbst die Grundlagenarbeit, die die Negation leistet, nie so genial einfach beschrieben hat, wie es der Hegelforscher Dieter Heinrich tat.[139]

Omnis determinatio est negatio. Die Negation ist der logische Grundbegriff, da sie alles bestimmt. Sie ist schon in der ethischen Utopie der Liebe zu erkennen, der Konzeption, die Hegel zusammen mit Hölderlin in der gemeinsamen Frankfurter Zeit ausarbeitete.[140] Ein anderes Erzeugnis dieser Utopie ist Hölderlins Übersetzungstheorie. Laut den jungen Hölderlin und Hegel bedeutet Liebe so viel wie sich selbst durch die Beziehung zu einem anderen zu setzen; die jungen Philosophen versprachen sich von der Liebe, dass sie ein besseres Werkzeug wäre, um die Vergesellschaftlichung des Menschen zu erforschen, als die Theorien von Hobbes, Spinoza, Rousseau, Kant, welche alle juristisch verfuhren, von der Fiktion eines Vertrages ausgingen. Die Negation funktioniert analog zur Liebe: Sie bildet Strukturen, die einerseits reflexiv sind, andererseits aber zwischen Gegensätzen eine derart gestaltete Relation bestimmen, dass diese eins werden.[141] Die Negation bezieht

138 So z. B. Dieter Henrich, *Between Kant and Hegel*, 299-315.

139 Dieter Heinrich, „Formen der Negation in Hegels Logik", *Hegel-Jahrbuch* 1974, 245-256; Dieter Henrich, „Hegels Logik der Reflexion. Neue Fassung", *Hegel-Studien. Beihefte 1978*, XVIII, 203-324.

140 Neben Spinozas *amor dei intellectus* war Frans Hemsterhuis die wichtige Inspirationsquelle des Liebediskurses in der damaligen Philosophie: Frans Hemsterhuis, *Lettres de Socrate à Diotime. Cent cinquante lettres du philosophe néerlandais Frans Hemsterhuis à la Princesse de Gallitzin*, hg. von Marcel Franc Fresco (Frankfurt am Main et al: Verlag der deutschen Hochschulschriften, 2007); vgl. Jans Joachim Mähl, *Die Idee des goldenen Zeitalters im Werk des Novalis: Studien zur Wesensbestimmung der frühromantischen Utopie und zu ihren ideengeschichtlichen Voraussetzungen* [1965] (Tübingen: Niemeyer, 1994), 255-304; Gerhard Kurz, *Mittelbarkeit und Vereinigung: zum Verhältnis von Poesie, Reflexion und Revolution bei Hölderlin* (Stuttgart: Metzler, 1975), 22-30: Volker Stanslowski, *Natur und Staat: Zur politischen Theorie der deutschen Romantik* (Wiesbaden: Springer, 2013), 31-39; Andreas Kubik, *Die Symboltheorie bei Novalis: eine ideengeschichtliche Studie in ästhetischer und theologischer Absicht* (Tübingen: Mohr Siebeck, 2006), 196-200.

141 Henrich, *Between Kant and Hegel*, 317.

sich dabei nur dann reflexiv auf sich selbst, wenn sie sich auf einen anderen bezieht. Wieso?

Soll die Negation die Grundlage des Systems sein, so muss sie am Anfang singulär und autonom sein. Sinngemäß kann es nur eine Grundlage geben, eine autonome Negation kann dann aber nur die Negation der Negation sein. Die Negation ist ursprünglich selbstreflexiv, weil sie transitiv ist: Um ausschließlich sie zu haben (die *eine* Grundlage), müssen wir sie verdoppeln und erhalten die negierte Negation, sprich das Nichtvorhandensein der Negation, als Ausgangspunkt. Allem Anschein entgegen ist dieser Gedanke sehr einfach: Da die Negation eine Relation ist, erfordert sie ein Objekt. Sie ist *ex definitione* Negation von etwas. Wenn aber im Ausgangspunkt des Systems nur die Negation vorhanden ist und kein Objekt, kann und muss die Negation nur sich selbst, d.h. die Negation, negieren und bestimmen. Die ursprüngliche Negation, die eine negierte Negation ist, ist damit der Gegensatz der Negation: Die Negation als Grundlage des Systems ist der Zustand der Abwesenheit der Negation. Die Nicht-Negation ist die Positivität, auf die sich die Negation bezieht, indem sie sich reflexiv auf sich selbst bezieht, sodass das Resultat der Selbstaufhebung der Negation ihre Beziehung zu sich selbst ist.[142] Jede Relation zwischen zwei Elementen des allumfassenden Systems ist, als Negation d.h. Determination, eine Relation der Negation zu sich selbst. Der Selbstbezug der Negation führt zum Anderssein, d.h. zur Bestimmtheit, und umgekehrt: Das Andere offenbart dem Logiker seine Natur als Selbstbezug der Negation.[143] Die Absicht der *Wissenschaft der Logik*, vorwiegend ihres Teils über den Begriff, ist laut Heinrich, die Struktur der Reflexion (den Selbstbezug) und die Struktur des Andersseins in Bezug zu setzen, um ihre gegenseitige Identität festzustellen und dabei ihre Verschiedenheit zu wahren.

Diese Struktur der Identität von Identität und Nicht-Identität wird in der Entscheidung des Willens am deutlichsten realisiert: „Ich will, dass dies und das vorkommt". Das Urteil enthält sowohl den Selbstbezug als auch eine Bestimmung des Anderen, das nicht der Wille ist.[144] Darum ist der Staat als Produkt des Willens vernünftig, logisch und *last but not least* real, da eben der Wille umgesetzt werden muss.[145] Seine Realität ähnelt dem Bild des Staates, wie es Unter den Linden ausgestellt wurde, wo es nicht einfaches Scheinen der Idee ist, sondern eine Versinnlichung gespannter und harmonischer Relationen zwischen den Teilen des Ganzen oder sogar eine Narration, die

---

142 Henrich, *Between Kant and Hegel*, 318-319.

143 Henrich, *Between Kant and Hegel*, 321.

144 Henrich, *Between Kant and Hegel*, 325.

145 Henrich, *Between Kant and Hegel*, 326.

sich vor dem Spaziergänger oder Bittsteller ausbreitet. In den Vorlesungen zur Ästhetik erkennt Hegel Schillers Verdienst darin, dass er die Natur des Menschen mit der des Staates auf eine moderne Art und Weise in Einklang gebracht habe (Ä 90-91). Der ganze Staat ist der ganze Mensch, dessen Wille sein Hauptvermögen und Bedingung der freien Tat ist.

Unter den Linden standen eher anschauliche Zeichen von Relationen und nicht Abbildungen einfacher Ideen, eher ein Diagramm als eine Schilderung. Der absoluten Idee entspricht eher die Relation zwischen den verschiedenen sichtbargewordenen Instanzen des Staates und dem menschlichen Willen – und nicht der Staat selbst,[146] da die Idee genau die Relation der Negation zwischen dem Begriff und seiner Umsetzung ist.[147] Genauso logisch ist die Relation zwischen dem Staat und den ihn aufführenden Institutionen, die auf dem Boulevard auftreten: dem Zeughaus, der Kirche, dem Tempel der antiken Kunst, der Börse dem königlichen Schloss und der Universität (in der Reserve hatte man zudem noch die Apotheke). Die Relation zwischen diesen Institutionen, deren Natur relational ist, ist – genau wie ihre Relation zum Bürger – das Substanz-Subjekt, das sich in Szene setzt und den Schein für ewig aufrechterhält. Dank dessen ist das Substanz-Subjekt nichts mehr als die aktive Beziehung zu sich selbst. Solch ein Subjekt kann in jeder Tat und Erscheinung ganz es selbst sein. Im Subjekt gibt es nichts – behauptet Hegel – was seinem Selbstbezug zu Grunde liegen würde. Alles was ist, ist der Selbstbezug und das Negieren. Die Substanz ist das Subjekt, das sich infolge der Arbeit der Negation als sich manifestierend manifestiert.[148] Gegen diese Autarkie der Negation trat Schellings spätere positive Philosophie auf. Während Hegel behauptete, im Subjekt gibt es nichts Positives, was von draußen den Prozess der Negation bewirken würde,[149] ließ Schelling das Subjekt dasjenige tragische ‚Ding' auf sich nehmen, das fremde ‚Etwas' (die unverschuldete Schuld etwa), das sich nicht im Selbstbezug auflöst. Für Hegel war gerade die Bewusstwerdung dessen

146 Henrich, *Between Kant and Hegel*, 328.

147 Vgl. Hegel, *Wissenschaft der Logik II*, 462-573, am deutlichsten auf Seite 464: 646: „Indem sich aber das Resultat ergeben hat, daß die Idee die Einheit des Begriffs und der Objektivität, das Wahre ist, so ist sie nicht nur als ein Ziel zu betrachten, dem sich anzunähern sei, das aber selbst immer eine Art von Jenseits bleibe, sondern dass alles Wirkliche nur insofern ist, als es die Idee in sich hat und sie ausdrückt. Der Gegenstand, die objektive und subjektive Welt überhaupt sollen mit der Idee nicht bloß kongruieren, sondern sie sind selbst die Kongruenz des Begriffs und der Realität; diejenige Realität, welche dem Begriffe nicht entspricht, ist bloße Erscheinung, das Subjektive, Zufällige, Willkürliche, das nicht die Wahrheit ist"; vgl. Hegel, *Enzyklopädie der philosophischen Wissenschaften*, 17-23 [§ 381].

148 Henrich, *Between Kant and Hegel*, 290.

149 Henrich, *Between Kant and Hegel*, 290.

tragisch, dass das Andere, gerade weil es anders ist, sich nur im Identischen bewahren konnte, und zwar kraft des ödipalischen Willensurteils: ‚Ich will es! Ich wähle frei das Zufällige, damit es notwendig wird!' Ich identifiziere mich mit dem Anderssein, damit eine Identität des Identischen mit dem Nicht-Identischen entstehen kann. Diese Identifikation des Subjekts mit dem Staat entspricht dem Tragischen, insofern es eine Anerkennung der Identität mit demjenigen ist, was man als Unrecht und Unwesen von sich gestoßen hat.

Wie auch immer sich das Tragische zum Negativen und zum Positiven verhält, die Identität der Subjekt-Substanz ist eine theatralische. Sie ist die Identität des Schauspielers auf der Bühne oder des Goethe'schen Bürgers, der nur auf der Bühne er selbst werden und aufrichtig nur im Spiel sein kann. Dass die Reflexivität des Menschen und vor allem der Gesellschaft anhand des Theaters am besten erschlossen wird; dass eine Distanznahme von sich selbst, um sich selbst als Schauspieler zu beobachten, eine Voraussetzung der Reflexion in der Gesellschaft ist – dies alles wurde freilich von den Klassikern Georg Herbert Mead und Victor Turner betont.[150] Diese Anthropologen verkannten aber die Rolle der logischen Negation. Wie ein tragischer Held, der nicht ahnt, was er eigentlich sagt, stellte Richard Schechner, der Guru der *performative studies*, eine Homologie zwischen der Arbeit der Negation und der Arbeit des Schauspielers fest.[151] Schechner beschreibt die Identität des Schauspielers, als würde er den Leser in die Geheimnisse der Hegel'schen Negation einweihen, die immer verdoppelt und auf sich selbst bezogen ist. Lawrence Olivier ist nicht

---

150 Victor Turner, *From Ritual to Theatre. The Human Seriousness of Play* (New York: PAJ, 1982), 103-123 (Kapitel: „Acting in Everyday Life and Everyday Life in Acting"); Victor Turner, „Frame, Flow and Reelection. Ritual and Drama as Public Liminality", *Japanese Journal of Religious Studies* 1979, 6/4, 465: „What, at first glance, could be less close, less akin than drama and reflection? Drama demands a stage, actors, a heightened atmosphere, spectators, the smell of the crowd, the roar of the greasepaint. Reflection is at least one of the things one does with one's solitude. But to counter this opposition an anthropologist tends to think in terms not of solitary but of plural reflection, or, much better, plural reflexivity, the ways in which a group or community seeks to portray, understand, and then act on itself. Essentially, public reflexivity takes the form of a performance." Der Begriff ‚public reflexivity' wurde von Georg Herbert Mead in die Anthropologie eingeführt in *Mind, Self, and Society: From the Standpoint of a Social Behaviorist* [1932], Chicago (CUP, 2009), 122-142, 173-174, 309-310. Der brasilianische Anthropologe Roberto DaMatta suchte nach der politischen Wirksamkeit der reflexiven Performance, indem er den Karneval in zwei Typen geteilt hat: in den egalitären Gesellschaften hierarchisiert der Karneval die Gesellschaft, während er in den hierarchischen Gesellschaften die Gleichheit schafft: Roberto DaMatta, „Karnawał równości i karnawał hierarchii", übersetzt von Leszek Kolankiewicz, *Konteksty. Polska Sztuka Ludowa* 2002, ¾, 171-179.

151 Robert Schechner, *Between Theater and Anthropology* (Philadelphia: University of Pennsylvania, 1985), 110.

Hamlet, aber er ist auch nicht Nicht-Hamlet. Die umgekehrte Feststellung ist ebenso richtig: Hamlet ist nicht Olivier, aber er ist auch nicht Nicht-Olivier. Im Feld oder im Framework „der doppelten Negation" – schreibt Schechner – schließen sich die Wahl und die Aktivität nicht aus, so wie sich vollendeter und unvollendeter Aspekt, Virtualität und Realität, Sein und Schein gegenseitig nicht unterbinden.[152]

Von der Seite des Zuschauers aus näherte sich der britische analytische Philosoph J.O. Urmson dem Paradox an: „Was von den Schauspielern Meier und Schmidt wahr ist, stimmt für die Dramenfiguren Macbeth und Banquo nicht; und was von Macbeth und Banquo wahr ist, stimmt nicht für Meier und Schmidt. Aber was von Macbeth und Banquo wahr ist, ist wahr auf Grund dessen, was von Herrn Meier und Herrn Schmidt wahr ist."[153] Die Wahrheit des Spektakels stammt aus der doppelten Negation und die Relation zwischen den zwei sich negierenden Wirklichkeiten der Bühnenfiktion und des Bühnenpersonals ist bilateral: So wie es ohne Herrn Meier und Schmidt weder Blanquo noch Macbeth gäbe, so wären auch Meier und Schmidt ohne Blanquo und Macbeth nicht sie selbst – die Schauspieler nämlich, die nicht Blanquo und Macbeth sind. Die Bühne zeigt augenfällig, klar, zugänglich, mitreißend die Arbeit der Negation, und sie ist der beste Ort, um sich mit ihr vertraut zu machen. All die Störungen der Identität, die durch die Negation gestiftet werden, lassen sich aus jener Konzeption ableiten, die Hegel aus Diderots *Paradox über den Schauspieler* genau kannte: Die Bühnengestalt ist nur dann wahr, wenn sie nicht wahr ist. (Auch wenn es sich nur um eine einfach festzustellende Verwechslung zweier Bedeutungen von ‚Wahrheit' handelt, erscheint die Bühne als ein Medium, in dem die einfache Wahrheit zersplittert, sodass Treue gegenüber der Realität und Effekt auf den Zuschauer sich gegenseitig bedienen und negieren.) Diderots Büchlein zum Schauspielerparadox ist wahrscheinlich wichtiger für die Konstruktion der *Phänomenologie des Geistes* als *Rameaus Neffe*, auf den sich Hegel anonym, mithilfe von Anspielungen beruft, wenn er die Hypokrisie (griechisch für Schauspielkunst) des Ancien Régime beschreibt (PD 384-390).

Die Negation steuert nicht nur das Erscheinen der Rolle – die Art, wie der Mensch auf der Bühne in seiner Rolle aufgeht – sondern sie kontrolliert auch technisch den Prozess des Ausführens dieser Identität, die sich als Nachbild

152 Schechner, *Between Theater and Anthropology*, 110-111.

153 J.O. Urmson, „Darstellung auf der Bühne", Dieter Henrich, Wolfgang Iser (Hg.), *Theorien der Kunst* (Frankfurt am Main: Suhrkamp), 553. Urmson versucht, das Paradox auf eine von Alfred Tarski suggerierte Weise zu entschärfen, aber das einzige Ergebnis, zu dem er gelangt, ist eine Bestätigung der Binsenwahrheit, dass die Zuschauer wissen, dass die Schauspieler nur simulieren.

der unaufhörlichen Negation und als Selbstnegation manifestiert.[154] Nichts drückte das deutlicher aus als Vsevolod Mejerchol'ds Biomechanik, die reifste avantgardistische Theorie-Praxis der Bühnenarbeit. Der Biomechanik und der auf ihr aufbauenden Logomechanik zufolge, welche die aus dem Körperlichen entstandenen Gedanken modelliert,[155] soll jede Phase der Übung mit *otkaz* anfangen: mit einer Ablehnung, Weigerung, einem Verzicht. Die Bewegung des Körpers und die aus dieser Bewegung stammenden Gefühle setzen mit einer Absage an diese Bewegung und diese Gefühle ein.[156] Das an Mejerchol'd anschließende Prinzip der Negation[157] machte sich Eugenio Barbas sowohl in der Ausbildung von Schauspielern als auch bei der konkreten Arbeit auf der Bühne zunutze. Jede Aktion sollte in umgekehrter Richtung zu derjenigen Richtung initiiert werden, in die sie am Ende ausgeführt wird: Bevor man den Todesstoß versetzt, muss man die Hand wegziehen, vor dem Sprung werden die Knie gebeugt, *on recule pour mieux sauter*. Klaus Kinski übernahm dieses Prinzip auf eine besondere Weise, indem er die Szenen, in denen er in die intimstmögliche Beziehung zum Zuschauer treten wollte, mit dem Rücken zur Kamera stehend begann und sich dann ins Bild hineindrehte.[158]

Wilhelm Meister bewies in seinem Brief an Werner, dass der Bürger, der sich ausbilden will, Schauspieler werden muss, während der Adelsmann sich vollständig entwickelt, indem er mit anderen vornehmen Menschen umgeht, und zwar so, dass er sich in deren Gesellschaft anständig[159] (vorteilhaft und gut) präsentiert. Dem Bürger wird es in der revolutionären Zeit oder im Theater zuteil, den Anstand in Erscheinung treten zu lassen. Als der Theaterdirektor Serlo erklären wollte, wie man den Anstand auf der Bühne präsentiert, war er zu keiner anderen Erklärung fähig als zu einer Reihe von Negationen:

---

154 Freddie Rokem, „Theatrical and Transgressive energies", Auslander (Hg.), *Performance*, Bd. 1, 300-301.

155 Wsewolod Meyerhold, „Aus einer Rede während einer Diskussion über Die schöpferische Methode des Meyerhold-Theaters" [1930] *Schriften*, übersetzt von M. Schilov und andere (Berlin: Henschenverlgag, 1979), Bd. 2, 233.

156 Katarzyna Osińska, *Teatr rosyjski wobec tradycji. Kontynuacje, zerwania, transformacje* (Gdańsk: słowo/obraz terytoria, 2009), 179, 187.

157 Eugenio Barba, Nikcola Savrese, *A Dictionary of Theater Anthropology. The Secret Art of the Performer* (Oxon: Routledge, 2006), Ebook ohne Pagination, Kaptiel „The Negation Principle"; Rokem, „Theatrical und Transgressive energies", 301.

158 Nach Werner Herzogs Worten in seinem Dokumentarfilm *Mein liebster Feind* aus dem Jahr 1999.

159 Vgl. Adolph Knigge, *Umgang mit Menschen* (Hannover: Schmidtsche Buchhandlung, 1788); Lily Tonger-Erk, *Actio: Körper und Geschlecht in der Rhetoriklehre* (Berlin, Boston: DeGruyter, 2012), 318-420 (Kapitel „Anstand im Leibe: *Actio* in der Anstandsliteratur").

> „Der vornehme Anstand", sagte er, „ist schwer nachzuahmen, weil er eigentlich negativ ist und eine lange anhaltende Übung voraussetzt. Denn man soll nicht etwa in seinem Benehmen etwas darstellen, das Würde anzeigt; denn leicht fällt man dadurch in ein förmliches, stolzes Wesen; man soll vielmehr nur alles vermeiden, was unwürdig, was gemein ist, man soll sich nie vergessen, immer auf sich und andere achthaben, sich nichts vergeben, andern nicht zu viel, nicht zu wenig tun, durch nichts gerührt scheinen, durch nichts bewegt werden, sich niemals übereilen, sich in jedem Momente zu fassen wissen und so äußeres Gleichgewicht erhalten, innerlich mag es stürmen, wie es will. Der edle Mensch kann sich in Momenten vernachlässigen, der vornehme nie. Dieser ist wie ein sehr wohlgekleideter Mann: er wird sich nirgends anlehnen, und jedermann wird sich hüten, an ihn zu streichen; er unterscheidet sich vor andern, und doch darf er nicht allein stehenbleiben; denn wie in jeder Kunst, also auch in dieser soll zuletzt das Schwerste mit Leichtigkeit ausgeführt werden: so soll der Vornehme, ungeachtet aller Absonderung, immer mit andern verbunden scheinen, nirgends steif, überall gewandt sein, immer als der Erste erscheinen und sich nie als ein solcher aufdringen./ Man sieht also, dass man, um vornehm zu scheinen, wirklich vornehm sein müsse. (WM 352-353, V, 16)

Um zu scheinen, etwas zu sein, muss man es wirklich sein; wenn man richtig scheint, ist man wirklich. Die Negation zersprengt die Schranke, die Sein und Schein teilt. Um etwas wirklich zu sein, muss man negative Schauspielkunst betreiben und die Negation negieren. So wirkt laut Hegel die Kunst – und eben darum nimmt sie eine zentrale Stelle im System und im Staat ein. 1826 las Hegel den Studenten, die seinen Kurs zur Philosophie der Kunst besuchten, folgendes vor:

> Das Existierende wird immer als das Negative gesetzt, durch diese Negation, dass es real ist, [ist] der Begriff als Subjektivität gesetzt, die Realität existiert als Erscheinung. Erscheinung, d.h. dass etwas ist. Diese Realität ist zugleich als negiert gesetzt, diese Negation ist zugleich affirmativ für sich, und dies ist eine andere Wirklichkeit, ist dann die Seele. (PK 76)[160]

6.4. Hegels theatralischer Generativismus und slavische Nachfolger

Die Logik der Negation schreibt der Kunst eine zentrale Rolle in Hegels System zu; dank der Logik wird das Drama als die Vollendung der Kunst behauptet, die klar ersichtlich zeigt, wie die Negation funktioniert. In der

160 Georg Wilhelm Friedrich Hegel, *Philosophie der Kunst. Vorlesung von 1826*, hg. von Annemarie Gethman-Siefert, Jeong-Im Kwon, Karsten Berr (Frankfurt am Main: Suhrkamp, 2004), 76, weitere Belege direkt im Text, versehen mit der Sigel PK. Vgl. Jean-Luc Nancys Begriff der Biopolitik als einer doppelten Negation, „Note sur le terme ‚biopolitique'", *La création du monde ou la mondalisation* (Paris: Galilée, 2002), 137-143.

Mitte von Hegels System ist die Medientheorie (eigentlich die Tragödientheorie) platziert, d.h. in Hegels Worten die Wissenschaft von der Möglichkeit und Notwendigkeit des Erscheinens des Seins; ich möchte sie mit dem Begriff ‚theatralischer Generativismus' bezeichnen. Der theatralische Generativismus ist eine Wissenschaft, die bereits Goethe in *Wilhelm Meisters Lehrjahren* vor ihrer Entwickelung durch Hegel performierte. Dieser theatrale Roman enthielt die gleichen Versprechen wie Hegels System: der allgemeine Zugang zum Scheinen, zum Glänzen gar, bedeutete die wesentliche Erfüllung der Postulate der großen bürgerlichen Revolution. Die Revolutionen müssen also nicht unbedingt wegen eines Seinsmangels – der bedrohten Existenz oder der Ressourcen – ausbrechen, sondern können dies auch um der Redistribution des Scheins willen tun. Die Revolutionäre greifen genauso eifrig nach dem Schein, wie sie die ökonomische Basis erobern. In Berlin konzipierte Hegel die Revolution mit als eine, die von oben herab und ohne Blutvergießen durchgeführt werden sollte – und das etwa während der Vorlesungen an einer Universität, die die sichtbare, mit Wänden, Putz und Bänken ausgestattete Erscheinung des Staatsgeistes und der Geschichte war.

Es ist der größte Skandal in der Publikationsgeschichte von Hegels Vorlesungen, dass ihm die Worte vom Schönen als dem Scheinen der Idee in den Mund gelegt wurden (Ä 151). In den überlieferten Aufzeichnungen von Schülern findet man diese Formulierung nicht; es ist unwahrscheinlich, dass solch ein Schlagwort von den Zuhörern nicht aufgegriffen worden wäre, wäre es einmal geäußert worden. Nicht nur gibt es keine Spur einer solchen Formulierung, sie verstößt auch gegen zentrale (nämlich die logischen) Voraussetzungen des Hegel'schen Generativismus. Während der Ästhetik-Vorlesungen bediente sich Hegel Formulierungen, die alles andere ausdrückten als das ruhige Scheinen: Die Kunst funktioniert eher als das lebendige (tote) Wirken der Idee. Das Schöne drückt die Struktur des dynamischen Begriffes aus, der sich immer teilen und verdinglichen muss – und dann das Verdinglichte vernichtet und in der Vernichtung aufgeht.

Aristoteles erfasst die Wiedererkennung als den wichtigsten Bestandteil der Tragödie;[161] Hegel dehnt dies auf das Ganze der generativen Logik der Negation aus, sodass dies Ganze, da es das Ganze ist, sich nur in sich selbst wiedererkennen kann. Die Wiedererkennung – Erkenntnis als Wiedererkennung – macht also nicht nur das Hauptverfahren der Tragödie, sondern des Denkens überhaupt aus, in dem sich das Unbewusste einnistet. Daher die Vorbildrolle der Kunst für das System, die dem sich entäußernden Geiste erlaubt, sich in der Sinnlichkeit wiederzuerkennen und dank dieser Wiedererkennung in

161 Siehe die Einleitung zu dieser Arbeit.

die Innerlichkeit zurückzukehren (Ä 27-28), d.h. sich sichtbar auszustellen. „Doch der *Schein* selbst ist dem *Wesen* wesentlich, die Wahrheit wäre nicht, wenn sie nicht schiene und erschiene, wenn sie nicht *für* Eines wäre, *für* sich selbst sowohl als auch für den Geist überhaupt" (Ä 21). Indem das Subjekt den wesentlichen Schein empfängt, wird es zu sich selbst, da der Schein Anteil an der unheimlichen Wahrheit hat, die zwei Jahrhunderte des Nachdenkens über Medien in der Formel zusammenfasst, dass, was wirklich ist, vernünftig ist: „Das Wesen ist nicht Wesen, insofern es ist und nicht erscheint; und das Wahre scheint nicht wahr zu sein, insofern es nicht das Wirkliche ist; [aber] das Erscheinen ist dem Wesen selbst wesentlich" (PK 65).

Goethes und Hegels Generativismus bekämpft die Annahme, es bestehe eine unüberschreitbare Grenze zwischen Kompetenz und Performance, Langue und Parole, Sein und Schein und vor allem zwischen Theorie und Praxis. Der Begriff des Begriffes ist Dasein: Die Wirklichkeit besteht nicht in einem Übergang vom Begriff zur Realisierung dieses Begriffes (PK 77); Begriffe sind vielmehr sinnlich vorhanden, wie es Kunstwerke zeigen, indem sie das wesentliche Scheinen inszenieren. Goethes Urphänomen – etwa die Farbe – hat sich tatsächlich Hegels Absolutem empfohlen, dem notwendig das theatrale Sein zusteht. Es belehrte die Logik der Negation über das Erscheinen und Verschwinden:

> So sind die Vorstellungen Mensch, blau usf. zunächst nicht Begriffe, sondern abstrakt-allgemeine Vorstellungen zu nennen, die erst zum Begriff werden, wenn in ihnen dargetan ist, daß sie unterschiedene Seiten in Einheit enthalten, indem diese in sich selbst bestimmte Einheit den Begriff ausmacht; wie z. B. die Vorstellung „blau" als Farbe die Einheit, und zwar spezifische Einheit, von Hell und Dunkel zu ihrem Begriffe hat und die Vorstellung „Mensch" die Gegensätze von Sinnlichkeit und Vernunft, Körper und Geist befaßt, der Mensch jedoch nicht nur aus diesen Seiten als gleichgültigen Bestandstücken zusammengesetzt ist, sondern dem Begriff nach dieselben in konkreter, vermittelter Einheit enthält. (Ä 147)

Vor allem wenn der Mensch sich ästhetisch frei auf der Bühne präsentiert.

Die Jahre während und unmittelbar nach der größten Tragödie Napoleons stecken das Feld der späteren Spekulationen über das mögliche Erscheinen ab. Die Opalfigur Napoleons in Goethes Kabinett versammelt den Menschen – Ecce homo! – und bunte Urphänomene.

Neue Master des kritischen Denkens wiederholten die Thesen der alten Deutschen, nicht immer ohne peinliche Missverständnisse. Zwei Beispiele aus Frankreich: Als Derrida über Antonin Artaud schrieb, kreiste er die ganze Zeit um die Negativität und die nietzscheanische Affirmation, die als eine ständig bei uns ankommende und doch nicht präsente erscheint; sie kommt nur an (und erscheint also als die eigene Negation).[162] Eher kompromittierend als innovativ ist das symptomatische Fragment bei Guy Debord, der in *La Société du Spectacle* Hegels Worte zitiert, der den Geldverkehr „das sich in sich bewegende Leben des Toten" nennt;[163] Debord gibt Hegel so wieder, als ginge es diesem um kapitalistischen Vampirismus oder andere Zombies und nicht um die lebensspendende Arbeit der Negation. Adam Mickiewicz und Karol Libelt verstanden besser (fruchtbarer), wie im Medium des Hegel'schen Denkens dessen Zeit ausgedrückt wird. Adam Mickiewicz hatte bekanntlich für Hegels Ausdrucksweise sowie für den Stil der ganzen deutschen Philosophie nichts übrig,[164] aber er drückte in seinen Vorlesungen am Collège de France die den Schein befreiende Intention besser aus, als es den polnischen Philosophen gelang, die sich von Hegels Stil und generelle Performance haben verführen lassen. Mickiewicz' Faszination für *Wilhelm Meister*[165] (und andere Werke Goethes, vornehmlich *Faust* und *Herman und Dorothea*, deren polnische Pendants er mit *Ahnenfeier* und *Pan Tadeusz* schuf) half ihm gewiss, Hegels Methode – besser als die meisten Hegelianer – zu durchdringen, dessen Werke er als der Mühe der Interpretation nicht wert brüskierte. Der Dichter Mickiewicz, dem der Philosoph Libelt in dieser Hinsicht folgte, bestimmte nämlich das Theater und seine Nation, die Nation und ihr Theater als eine große Gemeinschaft von Toten und Lebendigen – nach dem Vorbild der katholischen Kirche, die laut dem Hl. Thomas alle Gläubigen umfasst, die vergangenen, die lebendigen und zukünftigen, die wirklichen und die potenziellen.[166] Die Nation, die Kirche, die Armee – all die Institutionen leben und manifestieren

---

162 Vgl. Jacques Derrida, „La parole soufflée", „Le théâtre de la cruauté et la clôture de la représentation", *L'écriture et la différence* (Paris: Seuil, 1967), 253-292, 341-368.

163 Guy Debord, *La Société du Spectacle* [1967] (Paris: Gallimard, 1992), 129: das deutsche dialektische „sich in sich bewegende Leben des Toten" wird zum kraftlosen „la vie de ce qui est mort, se mouvant en soi-même".

164 Adam Mickiewicz, *Cours de littérature slave professé au Collège de France. IV. L'Église officielle et le Messianisme, Pisma. Wydanie zupełne* (Paris: Martinet, 1860), Bd. 10, 318-359, 409-480.

165 Nicht nur übersetzte Mickiewicz Mignons Lied aus dem dritten Buch von *Wilhelm Meisters Lehrjahre*, sondern schickte er auch an seine ideelle Geliebte Maryla die französische Übersetzung des Romans; die vergötterte Maryla schickte den Roman zurück, dessen erster Band sie so gewalttätig gelangweilt hat, dass sie das Buch nicht weiter lies: „eine hässliche Intrige unter Schauspielern" (Piotr Chmielowski, *Kobiety Mickiewicza, Słowackiego i Krasińskiego* (Kraków: Zwoliński, 1895), 27-28).

166 *Summa theol*, III, q. VIII, a. 3. Noch im heute herrschenden Glaubensbekenntnis *Ecclesia terrestris*, Populus Dei hic in terris peregrinans, *et Ecclesia caelestibus bonis ditata; germen et initium Regni Dei* (*Acta apostolicae sedis. Commentarium officiale. Acta Pauli* VI, 440).

sich dank des Todes, der Negation. Auch solche Ergebnisse bringt die *Reflexion* über die aufklärerische Banalität, das Theater gestalte die Nation, mit sich.[167]

Mickiewicz predigte am Collège de France den Sieg der slavischen Idee, aber diese Idee war – bewusst oder auch nicht bewusst – nach dem Hegel'schen und theatralen Muster der Körperlichkeit des Ideellen konzipiert;[168] er spricht nicht nur über die „harmonia" zwischen befreitem Geist und Körper,[169] sondern über das Durchlassen („przepuszczanie") des Geistes durch den Körper, das erst den Sieg über das Böse (Adornos rein Körperliches oder rein Geistiges?) ermöglicht.[170] „Der Geist, die Seele, das Genie ist nichts anderes als das innerliche Wesen, das unsichtbare Wesen, das im Körper wohnt, der als ein Ganzes konzipierte Mensch, der nicht in verschiedene Vermögen geteilt ist."[171] So war das Widererkennen der Hauptmechanismus der lediglich sinnlichen Erkenntnis klarer Ideen, bevor Hegel es verallgemeinre und den Übergang von Schein zu Sein entrümpelte.

Die polnische Theorie vollführte den performativen oder theatralen *turn* so früh und so gründlich, dass im 20. Jahrhundert auch die nach dem gesunden Menschenverstand gebildeten Literaturtheorien aus den goldenen 60er und 70er Jahren quasi von Natur aus den performativen Filter beinhalteten; durch diesen beobachteten sie das literarische ‚Leben', das zweifelsohne den Namen des Lebens im (und aus dem) Tod verdient. Die Rekonstruktion des polnischen post-hegelschen und post-goetheschen Generativismus muss in den 1840er Jahren einsetzen, als die führenden Philosophen der polnischen

---

167 „[M]it einem Wort, wenn wir es erlebten, eine Nationalbühne zu haben, so würden wir auch eine Nation" (Friedrich Schiller, „Was kann eine gute stehende Schaubühne eigentlich wirken", *Sämtliche Werke*, Bd. 5, 830). Direkt nach der dritten Teilung Polens tritt Goethe mit dem Projekt auf, die polnische Bevölkerung mit Hilfe zahlreicher Wandertheater zu germanisieren: Johann Wolfgang von Goethe, „Vorschlag zur Einführung der deutschen Sprache in Polen", Gerhard Koziełek (Hg.), *Das Polenbild der Deutschen 1772-1848* (Heidelberg: Winter, 1989), 132-134; mit Hilfe eines zu den Goetheschen Wandertruppen analogen Volkstheaters, ohne sich aber auf Goethe zu beziehen, wollte Stefan Żeromski nach der Wiederherstellung Polens 1918 die Bevölkerung Polens re-polnisieren (Stefan Żeromski, *Snobizm i postęp* (Warszawa, Kraków: Mortkowicz, 1926), 104-109).

168 Dies richtet sich gegen die Mär von Mickiewicz-Dualist, vgl. Piotr Chmielowski, *Filozoficzne poglądy Mickiewicza* (Warszawa: Sikorski, 1899), 26-43; kritisch dazu Bernadetta Żynis, „Niewystarczalność – o wybranych aspektach cielesności u Mickiewicza", Michał Kuziak (Hg.), *Romantyzm i nowoczesność* (Kraków: Universitas, 2009), 231-256.

169 Adam Mickiewicz, *Dzieła*, hg. von Julian Krzyżanowski (Warszawa: Czytelnik, 1955), Bd. 13, 56.

170 Mickiewicz, *Dzieła*, Bd. 13, 57.

171 Mickiewicz, *Dzieła*, Bd. 11, 381: „Duch, dusza, geniusz to nie co innego jak jestestwo wewnętrzne, jestestwo niewidome, mieszkające w ciele, człowiek pojęty jako całość, nie podzielony na odrębne władze."

Romantik August Cieszkowski und Edward Dembowski das Erbe Hegels in eine Philosophie der Tat verwandelten. Parallel zu ihnen wirkte performativ Mickiewicz in Paris (mit einem Gastauftritt im Rom). Cieszkowski seinerseits gab wichtige Impulse nicht nur der deutschen ‚Philosophie der Tat' (etwa Moses Hess, Arnold Ruge und die übrigen Linkshegelianer bis auf Marx), sondern auch dem Vater des ‚russischen Sozialismus' Aleksandr Gercen. Ein russischer – genauer gesagt Moskauer – Hegelianer zu sein, bedeutete Ende der 1830er und Anfang 1840er Jahre – sich dazu zwingen, sich mit der Wirklichkeit des Nikolaj-Absolutismus zu versöhnen, sie als das Vernünftige und deshalb das Notwendige anzuerkennen. Nikolaj Stankevič, Vissarion Belinskij und Michail Bakunin taten so, als bedeute der russische Hegelianer der rechte Hegelianer.[172] Obschon Cieszkowski selbst ein Konservativer und immer konservativerer war, enthielt seine Philosophie das Zeug dazu, einen russischen, aus dem Hegel'schen Geistes entstandenen verkörperten Aktivismus anzuregen, der sich zugegeben nicht so aufwieglerisch anstellte wie das Pendant Cieszkowskis Edward Dembowski oder eben der spätere Bakunin.

Die polnische Philosophie verstärkte die bei Hegel und Goethe vorhandene Tendenz zum medialen Handeln. Bronisław Baczko und Andrzej Walicki behaupten, dass die 1840er Jahre in Polen die Epoche der Philosophie anbrach,[173] die mit der Dichtung um die Herrschaft über die Seelen kämpfte. „Gib mir die Regierung über die Seelen!", *Daj mi rząd dusz!* – verlangt Konrad von Gott in *Ahnenfeier*. Der Nationalphilosoph Bronisław Trentowski wandte die Worte gegen Mickiewicz, indem er explizit einen solchen Anspruch zu der Zeit erhob,[174] als Mickiewicz praktisch nichts mehr schrieb, bis auf Entwürfe seiner französischen Vorlesungen und Gelegenheitsdichtung – etwa eine lateinische Ode an den Bonaparte II. Der Streit der Philosophie mit der Dichtung war aber im damaligen Polen sowie in Deutschland nichts mehr als ein Kampf um die Verlagerungen der Energie innerhalb der Grenzen der theatralen Negation. Die Negation war Mutter aller Diskurse.

Zwei polnische Philosophen verdienen es, als Figuren der Bewegung ‚Philosophie der Tat' genannt zu werden: August Cieszkowski und der ‚Göttergünstling' Edward Dembowski (er kam bereits 1846, d.h. mit 23 Jahren, ums Leben); zwei polar verschiedene Typen (oder die zwei Seiten des Faust). August Cieszkowski widmete die zweite Hälfte seines Lebens Meliorationsarbeiten und der Agrikultur (die Posener Agraruniversität trägt seinen

172 Mehr dazu im Demterius-Kapitel.

173 Bronisław Baczko, *Człowiek i światopoglądy* (Warszawa: Książka i Wiedza, 1967), 214; Andrzej Walicki, *Filozofia polskiego romantyzmu* (Kraków: Universitas, 2009), 236-237.

174 Walicki, *Filozofia polskiego romantyzmu*, 237-245.

Namen), Dembowski starb zwar jung für die Umsetzung seiner Ideen, doch war er bereits Autor zahlreicher Beiträge, unter anderen der in Fragmenten erhaltenen Tragödie *Twardowski*.[175] Bei Twardowski handelt es sich um den polnischen Faust.[176] Ein Zauberer und Alchemist aus dem 16. Jahrhundert, der einen Pakt mit dem Teufel schloss. Dembowskis Faust, so wenig wir über die Tragödie wissen, hält einen Monolog, der dem Leser als eine Variation auf das Thema „habe nun, ach! Philosophie" erscheint.[177]

Wenn man Antoni Odyniec – dem treuen aber ziemlich beschränkten Freund von Mickiewicz – glauben kann, dachte Mickiewicz in der Nacht nach der Uraufführung von Goethes *Faust* in Weimar, der Mickiewicz und Odyniec als Gäste des Autors beiwohnten, über seine Antwort auf *Faust* nach: Der Held des Dramas wäre Twardowski, die Handlung – eine larmoyante Geschichte der Erlösung mit Mutter Gottes *ex machina*.[178] Der angebliche Plan der Faust-Tragödie wurde glücklicherweise nie umgesetzt; die *Dziady III* (*Ahnenfeier III*) war die endgültige Antwort auf Goethes *Faust*.[179] Den faustischen Charakter Konrads, des Helden von *Dziady III*, erkannte schon George Sand, als sie im „Essai sur le drame fantastique: Goethe, Byron, Mickiewicz" (1839)[180] Manfred mit Faust und Konrad verglich. Seitdem verbleibt er, meistens anonym, im Pantheon europäischer literarischer Rebellen; nur noch Comte de Lautréamont berief sich in *Die Gesänge des Maldoror* auf Konrad.[181] Zugespitzt kann man sagen, dass die polnische Große Emigration sich bei den Franzosen für ihre Gastfreundschaft nach dem Novemberaufstand mit einer wichtigen Inspirationsquelle für den Surrealismus, dieser verspäteten Romantik, bedankten.

Cieszkowski und Dembowski – die zwei Seiten des Faust – formulierten zwei gegensätzliche Versionen der Philosophie des einverleibten Willens,

---

175 Fragmente erhalten in Edward Dembowski, *Pisma*, hg. von Anna Śledkowska, Maria Żmigrodzka (Warszawa: PIW), Bd. 2, 303-304, Bd. 3, 103-108.

176 Auch im deutschen Roman repräsentiert: Johann Nepomuk Vogl, *Twardowski, der polnische Faust: Ein Volksbuch* (Wien: Kober und Markgraf, 1861); Matthias Werner Kruse, *Pan Twardowski oder Der polnische Faust* (Frankfurt am Main: Eichborn, 1981).

177 Dembowski, *Pisma*, Bd. 2, 303-304.

178 Antoni Edward Odyniec, *Listy z podróży z Warszawy do Rzymu* (Warszawa: Gebethner i Wolff, 1875), Bd. 1, 213-217.

179 Elżbieta Zarych, *Romantycy, myśliciele, inspiratorzy. Badania nad wpływem filozofii niemieckiej – od Kanta do Hegla – na literaturę polskiego romantyzmu* (Gdańsk: słowo / obraz terytoria 2010), 194-200 (hier wird die Geschichte dieses Vergleichs rekonstruiert).

180 George Sand, „Essai sur le drame fantastique: Goethe, Byron, Mickiewicz", *Revue de deux mondes*, 1er déc. 1839, Bd. 20, 593-645.

181 Lautréamont, *Das Gesamtwerk*, übersetzt von Ré Soupault (Reinbek bei Hamburg: Rowohlt, 1988), 195, 197.

derzufolge sich die Tat als der denkende Wille und als der wollende Gedanke realisiert. In den Biographien der beiden Philosophen hat sich die Tat in langfristige Arbeit (Cieszkowski) und revolutionäre ‚Tathandlung' (Dembowski) zerspalten. Die beiden Denker schlugen dabei zwei Versionen der Philosophie der Zukunft vor, die den Ereignishorizont auf- und zugleich abschlossen, da sie bestimmten, was in der, für die und von der Philosophie geöffneten Zukunft gelten soll. Mit dieser Festlegung wurde die Zukunft teilweise geschlossen und, um mit Hölderlin zu argumentieren, auf eine bestimmte mögliche Welt reduziert, während die Zukunft pur die Welt aller Möglichkeiten sei. Ob Cieszkowskis und Dembowskis Eröffnung und Schließung der Zukunft durch die Philosophie Platz für die Eschatologie schaffte, die eine entscheidende Rolle in der Entwicklung des kritischen Denkens in der Zukunft spielen sollte, bleibt umstritten.[182]

6.4.1. *August Cieszkowski*

Cieszkowski, der 1838 seine *Prolegomena zur Historiosophie* in Berlin auf Deutsch erscheinen ließ, war Wegbereiter der Philosophie der Tat, die gleich darauf 1840 von Arnold Ruge – der übrigens vergleichbar mit Mickiewicz ein paar Jahre zuvor für die Teilnahme an einem Jugendbund im Gefängnis saß, wo er Aischylos und Sophokles übersetzte[183] – und 1841 von Moses Hess aufgegriffen und weiterentwickelt wurde (hinzu kamen Impulse von Bruno Bauer).[184] Ein Jahr nachdem Cieszkowski den Begriff ‚Historiosophie' prägte und in Umlauf brachte, publizierte er sein französisches Traktat zur Ökonomie: *Du crédit et de la circulation*. In dieser frühen Phase seines Schaffens versuchte er die beiden Seiten der Tragödie im Sittlichen – die politisch-vornehme und die ökonomische – zu verbinden. Diese Unterscheidung verschränkte er mit der stereotypen Gegenüberstellung von französischem Pragmatismus und

182 Unter den zahlreichen Arbeiten zu diesem Thema bleiben Karl Löwith, *Weltgeschichte und Heilsgeschehen* [1949], *Sämtliche Schriften*, Bd. 2, und Jacob Taubes, *Abendländische Eschatologie* [1947] (Berlin: Matthes & Seitz, 2007) aktuell; spezifisch zur kritischen Theorie im engeren (Frankfurter) Sinn: Pierre Bühler, *Kreuz und Eschatologie: eine Auseinandersetzung mit der politischen Theologie, im Anschluss an Luthers theologia crucis* (Tübingen: Mohr Siebeck, 1981), 330-357; Günter Hartung, „Jacob Taubes und Walter Benjamin", Micha Brumlik, „Jacob Taubes und die kritische Theorie", Richard Faber et al. (Hg.), *Abendländische Eschatologie. Ad Jacob Taubes* (Würzburg: Königshausen & Neumann, 2001), 413-430, 473-484.

183 Sophokles, *Oedipus in Kolonos*, übersetzt von Arnold Ruge (Jena: Schmid, 1830).

184 Karl Löwith, *Von Hegel zu Nietzsche*, 87-157; Klaus von Beyme, *Politische Theorien im Zeitalter der Ideologien: 1789-1945* (Wiesbaden: Springer, 2002), 173-179; Moses Hess, „Philosophie der Tat", *Philosophische und sozialistische Schriften 1837-1850*, hg. von Wolfgang Mönke (Berlin: Akademie, 1961), 210-240.

deutscher Veranlagung zum Theoretisieren. Der Glaube daran, dass Frankreich die praktische Antwort auf alle europäischen Probleme liefert, während die Deutschen erst darüber nachdenken, was die Frage eigentlich war, war typisch für die polnischen Denker der 1830er und 1840er Jahre; als ihre Urszene fungiert die peinliche Audienz Adam Mickiewicz' beim Papst am 5. März 1848, den Mickiewicz an Knopf gepackt und angeschrien hat: „wisse, dass der Geist Gottes heute in den Hemden des Pariser Volks weht!"[185] Er bezog sich damit auf die Februarrevolution. Nachdem Mickiewicz' Legion in Italien 1848 berufen wurde, gegen den französischen Entsatz für den Papst zu kämpfen, gründete Mickiewicz die Zeitung *La Tribune des Peuples*: eine deutliche Anspielung auf Gracchus Babeuf *Le Tribun du peuple* (Babeuf, Gründer der *Conjuration des Égaux* während des Direktoriats, gilt als Vorbild des kommunistischen Putschisten). Im Leitartikel seiner *Tribune* nannte Mickiewicz die große Französische Revolution, deren Fortsetzung die Februarrevolution gewesen sei, die legitime Erbin des Christentums.[186] Was auch immer Mickiewicz über das charismatische Wort sagt, das den ganzen Menschen überkommt (siehe unten), meint er das Wort der Revolution oder das Wort ‚Revolution' selbst. – Er positioniert das Wort analog zur Form der *Antigone*, die laut Hölderlin eine Form der revolutionären Umdrehung ist.

Das offizielle Pressorgan der Polnischen Vereinigten Arbeiterpartei (PZPR) wurde nach dem Vorbild von Mickiewicz' Zeitung *Trybuna Ludu*, ‚Tribüne des Volkes' betitelt. Der romantisch inter-nationalistische Plural „der Völker" wurde durch den Singular ersetzt; eine der Implikationen dieser politischen Änderung war auch methodologischer Natur. Mickiewicz, Cieszkowski und der ganze Rest der polnischen Denker der Epoche zwischen den Revolutionen setzten auf die Inter-Nationalität des Handelns und des Denkens. Nur im Zusammenhang mit den anderen europäischen Nationen könne sich das Besondere einer jeder Nation völlig entwickeln. Als internationales Vorbild der gelungenen Revolution galt aber eher die Amerikanische, sodass die Unabhängigkeit einer Nation als Bedingung der vernünftigen, sprich: gerechten Verfassung verstanden wurde. Auch Napoleon, der verkörperte Gott, betrug die Sache, indem er eng nationalistisch handelte; er musste untergehen. Ebenso störte die polnische Teilung die internationale Harmonie. Kurz: Ganz

---

185 Roman Koropeckyj, *Adam Mickiewicz. The Life of a Romantic* (Ithaka, London: Cornell University Press, 2008), 385.

186 Adam Mickiewicz, *Dzieła*, Bd. 12, 16: „Wielka Rewolucja Francuska, spadkobierczyni chrześcijaństwa, odwoływała się ustami swych wybitnych mężów do zasady bezwzględnej, wieczystej sprawiedliwości przeciwko nadużyciom starego świata; ale zasada owa musiała sama zdobyć nowy stopień mocy i ekspansji, aby móc oddziaływać na wszystkie narodowości."

Europa war krank, gezwungen zum Bezwingen, unterdrückend unterdrückt. Statt harmonisch ihre vernünftigen Ideale zu verwirklichen, sammelten die Nationen ihre Kräfte, um andere Nationen zu unterjochen. Die genannten polnischen Denker betrachteten jedoch keine Nation als eine einsame Insel. Polen sollte die deutsche Theorie mit der französischen Tat verbinden, damit es ihrer slavischen Bestimmung gerecht werden könne. Die Frankfurter Nationalversammlung stellte die internationale Solidarität und vernünftige allgemeine Freiheit aber als Hirngespenster bloß und die Preußen begannen mit ihrer Kolonisierung Deutschlands.

Cieszkowski war Abgeordneter der Frankfurter Nationalversammlung, genauso wie sein Mitstreiter oder Missdeuter in der Philosophie der Tat Arnold Ruge, der sich am 24. Juli 1848 eindeutig und nachdrücklich für die Autonomie der polnischen Provinz aussprach.[187] Die Entscheidung der Nationalversammlung, die polnischen Gebiete dem deutschen Nationalstaat einzuverleiben und die zuerst versprochene Autonomie letztendlich nicht zu gewähren, endete jäh die beidseitige Begeisterung der zwei Nationen. An die Stelle gemeinsamer Pläne und eschatologischer Erwartungen für Europa trat harter Nationalismus. Cieszkowski war jedoch dazu fähig, seine Begeisterung für das Eschatologische mit der alltäglichen, bodennahen Arbeit zu verbinden, und ließ sich mehrmals zum Mitglied des preußischen Parlaments wählen. Da die militärische Revolution 1848 so kläglich scheiterte, kämpfte er Zeit seines Lebens für die Gründung einer Universität in Posen, die die Rolle der Revolution übernehmen hätte können – ohne Erfolg. Nebenher widmete er sich wie der alte, bodenständige Faust der Agrikultur. Seinen Einfluss auf die späteren blutigen Revolutionen der Europäer bleibt unklar; der Anarchist Pierre Proudhon bekannte sich offen zu Cieszkowski, mit dem er in Paris in Berührung kam. Einige anerkannte Autoren wie György Lukács, der oben zitierte Karl Löwith, Leszek Kołakowski, David McLellan, Norman Davies oder aber behaupten, Cieszkowski war Autor einiger Ideen, die sich Karl Marx

187 Friedrich Engels, „Die Polendebatte in Frankfurt" [*Neue Rheinische Zeitung*, Nr. 70 vom 9. August 1848], *Werke*, Bd, 5. 5, S. 319-363; Johannes Kuber, „Strukturwandel des deutschen Nationalismus? Die Haltung der Frankfurter Nationalversammlung zu den nationalen Minderheiten am Beispiel der Posen-Debatte", *aventinus nova*, Nr. 40 [http://www.aventinus-online.de/neuzeit/restauration-und-revolution-1815-1849/art/Strukturwandel/html/ca/23459c6708aa5dda19b5c88b42239296/indexee27.html?tx_mediadb_pi1%5BmaxItems%5D=10; Zugriff 10.8.2015]; Wolfram Siemann, *Vom Staatenbund zum Nationalstaat: Deutschland 1806-1871* (München: Beck, 1995), 383; Niklas Lenhard-Schramm, *Konstrukteure der Nation: Geschichtsprofessoren als politische Akteure in Vormärz und Revolution 1848/49* (Münster: Waxmann, 2014), 246-258.

aneignete.[188] Das polnische Sprichwort sagt: ‚Erfolg hat viele Väter', nichtsdestominder bleibt die Entwicklung der Hegel'schen Linken ohne Cieszkowski schwer vorstellbar.

In seinen bahnbrechenden Werken *Prolegomena zur Historiosophie* (1838) und *Gott und Palingenese* (1842) räumt Cieszkowski Hegel die höchste Stelle in der von ihm so genannten Vernunftphilosophie ein. Jetzt gilt es aber nicht mehr, die Wirklichkeit bloß zu beschreiben. Das Theoretisieren soll nicht mehr als die höchste Form des Eingreifens ins Alltägliche gelten. Cieszkowski wiederholt die Worte von *Faust* als ein Motto für die Zeit nach dem Maximum der Philosophie: „Mir hilft der Geist! Auf einmal seh' ich Rat!/ Und schreibe getrost: *Am Ende wird die Tat.*"[189]

Auf dem Weg zur Philosophie der Tat scheinen Cieszkowski und den anderen polnischen Denkern – ungeachtet ihrer ansonsten tiefen Unterschiede – drei Verschiebungen im Hegel'schen System unerlässlich zu sein: Erstens muss die Philosophie des Absoluten ihre Stellung am Ende der Geschichte verlassen und nicht alles, was geschehen ist, auf diesen Status-quo hin zu deuten, sondern sich auf die Zukunft öffnen. Die Philosophie steht Anfang der 1840er Jahre nicht am Ende der Zeit, sondern in einer Zäsur. Wie das absolute Kunstwerk Tragödie in der *Phänomenologie des Geistes* oder in Hölderlins „Werden im Vergehen" erscheint die Philosophie der Tat an der revolutionären Schwelle zwischen den Epochen. In seinem späteren vierbändigen und auf Polnisch geschriebenen Hauptwerk *Ojcze nasz* („Vaterunser", 1848) deutet Cieszkowski das Herrengebet als einen prophetischen Hinweis, wie die Wirklichkeit in der Zukunft gestaltet werden soll, um vernünftig zu sein und Bestand zu haben. Das Einlassen der Zukunft ins System deutet auf die Möglichkeit der Tragödie hin, die der Staat, wie ihn Hegel entwarf, ausschloss, indem er die aktuelle bürgerliche Gesellschaft als einen ewigen und endgültigen Puffer gegen den tragischen Zweikampf zwischen der Familie und der Politik konzipierte. Das Verlangen danach, die Tragödie auszuschalten, war laut Cieszkowski bei Hegel so stark, dass er in seinen Vorlesungen über die Philosophie der Geschichte sein eigenes Prinzip der logischen Dreiteilung nicht befolgte und die Weltgeschichte in vier Epochen aufteilte: den Orient, die griechische Welt, das römische Reich und das germanische Reich, das die Erfüllung der Geschichte

188 György Lukács, *Moses Hess und die Probleme in der idealistischen Dialektik* (Leipzig: Hirschfeld, 1926); David McLellan, *The Young Hegelians and Karl Marx (London: McMillan, 1970), 8-12*; Leszek Kołakowski, *Main Currents of Marixism. Its Rise, Growth, and Dissolution*, übersetzt von Paul Stephen Falla (New York, London: Norton & Company, 2005), Bd. 1, 143-144; Norman Davies, *Im Herzen Europas. Geschichte Polens*, übersetzt von Friedrich Griese (München: Beck, 2006), 186-187.

189 August Cieszkowski, *Prolegomena zur Historiosophie* (Berlin: Veit, 1838), 78.

darstellt. „Dieses ist das Ziel der Weltgeschichte, und wir haben den langen Weg zu machen, der eben übersichtlich angegeben ist. Doch Länge der Zeit ist etwas durchaus Relatives, und der Geist gehört der Ewigkeit an. Eine eigentliche Länge gibt es für ihn nicht."[190] Cieszkowskis Historiosophie restituierte die Dreiteilung der Geschichte, indem sie zwischen vorchristlicher, christlicher und kommender Zeit unterschied, die sich voneinander durch die jeweils andere Relation zwischen dem Willen und dem Denken unterscheiden: In der vorchristlichen Zeit gewann der Wille die Oberhand über das Denken; dann, in der Epoche von Jesus bis Jena, dominierte das Denken über den Willen. In der Zeit nach Hegel gilt es, die Identität des Denkens und des Willens herzustellen. Dies soll die Epoche des Heiligen Geistes sein (nach der Epoche des Vaters und des Sohnes), *id est* eine Epoche der Slaven.

Der Eröffnung der Zukunft sollte – als die zweite Verschiebung im Hegel'schen System – eine intensivere und extensivere Exploration des Materiellen und des Körperlichen folgen. Die Polen brachten sich ins deutsche Spiel mit ein, indem sie ihre Vorläufer der Abstraktheit beschuldigten, die ihnen den ganzen Menschen zu sehen und behandeln nicht erlaubte. Der Geist ist der Mensch als ein Ganzes, das sich im Handeln bildet, und nicht bloß die Summe verschiedener kognitiver Vermögen. Dem Exzess des Intellektuellen stellt Cieszkowski das Volitionale und das Sinnliche entgegen, die sich im Handeln als Bestandteile des Geistes zeigen, der selbst wiederum auch nur im Handeln zutage tritt:

> Es soll jetzt der absolute Wille zu einer solchen Höhe der Spekulation emporgehoben werden, wie es bereits mit der Vernunft geschah, wozu sich schon sehr tiefe Andeutungen bei Fichte dem Älteren finden, welche jedoch, so gewichtig sie auch sind, doch immer nur Andeutungen bleiben, analog den wahrhaft spekulativen Andeutungen, welche wir bei Kant auftauchen sehen, deren wirkliche vollständige Entdeckung wir aber erst Hegeln verdanken.[191]

Diese Reintegration des Geistes in die Tat soll – gewiss auf einem höheren Niveau – dem Beispiel der Kunst folgen, sodass im Entwicklungsprozess dies der Philosophie zustößt, „was die Romantik für die Kunst bedeutet."[192] Hegels Philosophie entspräche in diesem Bezugsrahmen der klassizistischen Kunst, die Romantiker wegen ihrer Abstraktheit und steifen Konventionalität beanstandeten.

---

190 Georg Wilhelm Friedrich Hegel, *Vorlesungen über die Philosophie der Geschichte, Werke*, Bd. 12, 141.

191 Cieszkowski, *Prolegomena zur Historiosophie*, 114; zur Sinnlichkeit siehe 123-128.

192 Cieszkowski, *Prolegomena zur Historiosophie*, 114.

In *Prolegomena* spricht Cieszkowski kurz über die „wahre Rehabilitation der Materie, und die absolute, beiderseitig gleich berechtigte und substanzielle Versöhnung des Reellen mit dem Ideellen."[193] In *Gott und Palingenese* geht Cieszkowski noch weiter und postuliert den Begriff der Materie als einen Bestandteil des Wesens Gottes[194] (hier wird mehr als sichtbar, dass man sich im Zuge der Umarbeitung der negativen Philosophie Hegels in eine Philosophie der Tat oft der späteren Willensphilosophie Schellings bediente;[195] das verworrene Verhältnis zwischen Kritizismus und Konservatismus ist auch im Falle Schellings zu beobachten). Im *Ojcze nasz* (*Vaterunser*, 1848) greift Cieszkowski Sait-Simons Forderung auf, den christlichen Spiritualismus aufzugeben, der der Sorge um das Materielle weichen sollte – oder besser noch: Gott solle so integriert werden, dass er sowohl das Spirituelle als auch das Materielle umfasst.[196] Für Cieszkowski war dieser Versuch der Reintegration Gottes und der „Heiligung der Arbeit"[197] die Beschwörung einer Philosophie, die endlich die Etappe der lutherischen Verinnerlichung überwindet und sich dem Materiellen widmet. Cieszkowski benannte die Kategorien Hegels um, sodass die Synthese aus ‚in sich' und ‚für sich' nicht mehr tautologisch ‚in sich und für sich', sondern ‚aus sich' – ins Äußerliche – heißt.[198] Die esoterische Philosophie weicht der exoterischen, genauso wie alle anderen Bereiche des gesellschaftlichen Lebens in einer tiefen Umwälzung begriffen sind. Die Liturgie wird in Kunst verwandelt, das Gebet wird durch gemeinsame Arbeit für das Gemeingut und den Wohlstand ersetzt. Das allgemeine Bildungssystem soll alle Bürger in Künstler und Wissenschaftler verwandeln.[199] Der Aberglaube verschwindet

193 Cieszkowski, *Prolegomena zur Historiosophie*, 127.

194 Andrzej Walicki, *Filozofia polskiego romantyzmu*, 63.

195 Friedrich Wilhelm Joseph Schelling, „Philosophische Untersuchungen über das Wesen der menschlichen Freiheit und die damit zusammenhängenden Gegenstände", *Sämtliche Werke*, hg. von Karl Friedrich August Schelling (Stuttgart, Augsburg: Cotta), Bd. 7, 366-370, 374-376.

196 Hans C. Schmidt am Busch, *Religiöse Hingabe oder soziale Freiheit: Die saint-simonistische Theorie und die Hegelsche Sozialphilosophie* (Hamburg: Meiner, 2007), 83-85.

197 Moritz Veit, *Saint Simon und der Saintsimonismus: allgemeiner Völkerbund und ewiger Friede* (Leipzig: Brockhaus, 1834), 152: „Der Saintsimonismus dagegen soll gleichsam eine Religion des Diesseit [sic!] werden, um die diesseitigen und endlichen Äußerungen der menschlichen Tätigkeit, z. B. die Arbeit, durch das Anknüpfen an einen höheren und allgemeinen Zweck, zu vergeistigen. Denn die Arbeit, sei es nun im Felde des Gott-Geistes (*dieu-espirit*) oder der Gott-Materie (*dieu-matière*) ist selber Gottesdienst. Es ist ein großes Verdienst des Saintsimonismus die ‚Heiligung der Arbeit' mit so konsequenter Energie ausgesprochen zu haben."

198 Cieszkowski, *Prolegomena zur Historiosophie*, 115-118.

199 „That now God is to be worshipped with the whole world of art, to be confessed by the whole field of science, and His will is to be done in the full devotion of man's life

im neuen Wohlfahrtstaat und der Glaube wird in unmittelbares Wissen umgeformt, das durch die Vernunft dem Willen übersetzt und zugeführt wird, damit eine soziale Handlung geschehe; die soziale Arbeit sei namentlich Gott selbst.[200]

Neben der Orientierung an der Zukunft und dem Körperlichen und Materiellen rückt – als dritte Verschiebung, die die polnischen Denker dem Hegel'schen System unterziehen wollten – die Inter-Nationalität als eine Eigenschaft der Philosophie der Tat in den Vordergrund: Die materiell gesicherte Zukunft spielt sich nicht mehr in einem geschlossenen Staat ab, der sich mit anderen Staaten im Naturzustand gegenseitig bekämpft, sondern sie verwirklicht sich nur in einer internationalen Gemeinschaft, in der zwischen den Völkern *caritas* herrscht. Das vom verwundeten Kościuszko angeblich ausgestoßene *finis Poloniae* – er selbst bestritt diese Äußerung – war eine Warnung und Ermahnung an alle Völker; Polens Wiedergeburt sollte dagegen ein Zeichen der Umwälzung sein. Der polnische Messianismus war auf keinen Fall als ein enger Nationalismus angelegt, sondern eher als ein Ausdruck der gesamteuropäischen Solidarität: Wer von der Solidarisierung der Menschheit träumt, sollte sich laut Cieszkowski jedoch merken, dass die Einheit immer eine Zusammensetzung von verschiedenen Einzelheiten ist: Die Gemeinschaft dürfe die Nationen nicht in einer kosmopolitischen Verwischung der Identität verschwinden lassen.[201]

Die Aufwertung des fruchtbaren Unterschieds zwischen Nationen hängt konsequenterweise mit dem Respekt für die Vergangenheit zusammen, da es die Geschichte ist, die Identitäten stiftet. Cieszkowskis Utopie hat auf keinen Fall einen restaurativen Charakter, aber es liegt dem polnischen Philosophen

---

to social duties! To be then a real worshipper and servant of the Holy Spirit, must one be an artist, a learned, and a public spirited man? Yes; but this will not be so hard for men of good-will: and every man born of the Holy Spirit will be such. We shall see later that one of the foundation principles of the third age will be free and universal popular education; the training of the people whether in physical or in moral things, and that not mere instruction, but full education (August Cieszkowski, *The Desire of All Nations. Being an English Edition (Abridged) of August Cieszkowski's „Our Father" („Ojcze Nasz")*, übersetzt von William John Rose (London: Student Christian Movement, 1919), 258; hierbei handelt es sich um eine von Cieszkowskis Sohn autorisierte englische Ausgabe dieses monumentalen Werkes von Cieszkowski).

200 Cieszkowski, *The Desire of All Nations*, 257.

201 „Rzeczywista jedność jest zawsze Jednością wielu, czyli zjednoczeniem, pojednaniem, jest zawsze organizmem, skojarzeniem różnorodnych żywiołów, nie zaś stopieniem ich w jedną martwą formę"; Wer würde träumen über „... zatarciu narodowości, o zamalowaniu wszystkich ludów jedną barwą, i przypasowaniu ich do jednej miary, tenby marzył tylko o Prokrustowem łożu dla ludów" (August Cieszkowski, *Ojcze nasz* (Poznań: Leitgeber, 1906), Bd. 4, 84, 100).

genauso wie seinem deutschen Lehrer daran, gewaltsame Revolutionen zu vermeiden. Cieszkowski versuchte den Weg zu finden, die Menschheit reibungslos in die neue Epoche zu überführen, das heißt die Theorie umzusetzen, ohne die Welt dabei der revolutionären Zerstörung preiszugeben. Im Jahr 1848, zu der Zeit also, als die Polen in ganz Europa ziemlich brutal kämpften, beschwur Cieszkowski die Wirklichkeit und berief sich, wie der von Mickiewicz in *Ahnenfeier III* ausgelachte Brodziński 20 Jahre zuvor dies tat, auf die angeborene Sanftmut der Slaven (eine Erfindung Herders),[202] die für den friedlichen Übergang ins neue Reich des Heiligen Geistes bürgen soll.

6.4.2. *Aleksandr Gercen*

Auch wenn Ludwig Feuerbach den größten Einfluss auf die russischen linken Intellektuellen ausübte, hatte auch Cieszkowski seinen beträchtlichen Anteil an der Begründung des ,russischen Sozialismus' oder, allgemeiner, der Philosophie der persönlichen Aktivität. Aleksandr Gercens (Herzens) Lektüre von *Prolegomena* ... Ende der 1830er Jahre in der provinziellen Verbannung – drei oder vier Jahre bevor er sich mit Feuerbach vertraut machte – stellt ein wichtiges Ereignis dar für die intellektuelle Geschichte Russlands.[203] Cieszkowski legte Herzen nahe, wie er die Intention seiner Hegel-Studien konkret durchsetzen kann, sodass er eine begrifflich solide Denkweise ausarbeitet, die aber nicht in den Quietismus der Stankevič-Anhänger (Bakunin, Belinskij) herabrutscht. Sich mit dem russischen Absolutismus nicht auszusöhnen – dies motivierte seine und seines Freundes Nikolaj Ogarev Tätigkeit, deren Bezugspunkt von Anfang an bis zur späten, reifen Periode[204] die brutale Niederschlagung des Dekabristenaufstandes 1825 ausmachte. So wie Hegels Philosophie die Struktur der Französischen Revolution rekursiv darstellte und dabei erläuterte, so sollte der Dekabristenaufstand die gleiche Rolle für Gercen und Ogarev

---

202 Kazimierz Brodziński, *O klasyczności i romantyczności, tudzież o duchu poezji w polskiej* [1818], hg. von Aleksander Łucki (Kraków: Biblioteka Narodowa, 1957), 88-131; Brodziński folgte natürlich Johann Gottfried Herder, *Ideen zur Philosophie der Geschichte der Menschheit* (Berlin, Weimar: Aufbau, 1965), Bd. 2, 279-282 (S. 280: die Slaven „führten nach ihrer Art ein fröhliches, musikalisches Leben. Sie waren mildtätig, bis zur Verschwendung gastfrei, Liebhaber der ländlichen Freiheit, aber unterwürfig und gehorsam, des Raubens und Plünderns Feinde").

203 Gustav Špet, der als erster die Bedeutung von Cieszkowski für Gerzens Entwicklung betonte, machte dies, um den Einfluss von Feuerbach in Frage zu stellen; Andrzej Walicki scheint die richtigen Proportionen wiederherzustellen: Gustav Špet, *Filosofskoe mirovozzrenie Gercena* (Petrograd: Kolos, 1921); Andrzej Walicki, „Cieszkowski a Hercen", Bronisław Baczko (Hg.), *Polskie spory o Hegla 1830-1860* (Warszawa: PWN, 1966), 153-203.

204 Evgenija Rudnickaja, Aleksandr Tartakovskij (Hg.), *14 dekabrja 1825 goda i ego istolkovateli (Gercen i Ogarev protiv barona Korfa)* (Moskva: Nauka, 1994).

spielen. Der durch eine besondere Sympathie mit dem Volk verbundene ‚adelige Revolutionär'[205] bleibt also auch im ‚russischen Sozialismus' sowie der späteren revolutionären Bewegung der Prototyp für Aktivität; dies vereinfacht die spätere (Ende 1840er Jahre) Rezeption von Mickiewicz' Ideen durch Gercen.

In die Verbannung geschickt wurde Gercen infolge des Auffliegens eines Geheimkreises, den er später in seinen dem Mitstreiter und dem Mitbegründer des Kreises Ogarev gewidmeten Erinnerungen als ein Gegenstück des Stankevič-Kreises stilisierte,[206] und zwar im Rahmen des Inter-Nationalismus, der auch Cieszkowskis und Mickiewicz' Ästhetik der Praxis prägte. Dem Stankevič-Kreis habe die fast ausschließlich politische Ausrichtung des Herzen-Kreis, dem Herzen-Kreis die fast ausschließlich spekulative missfallen. „Sie hielten uns für Frondeure und Franzosen, wir hielten sie für Sentimentalisten und Deutsche."[207]

In Russland wiederholte sich der Zerfall des großen Gedankengebäudes[208] in die Hegel'schen und quasi automatisch auch die Goethe'schen – die Vertrautheit mit Goethe, vor allem mit *Faust II* (entweder weil der Teil schlechter oder schwieriger als der erste sei) sei genauso unentbehrlich gewesen wie (anständige?) Kleidung[209] – Rechen und Linken, Konservatoren und Richtigsteller. Das Buch von Cieszkowski verhalf Gercen seine Stellungnahme gegenüber die hegelschen ‚Buddhisten'[210] auf eine diszipliniertere Weise zu formulieren. Ihre Eintracht mit dem Autoritarismus leite sich aus einer wörtlichen, d.h. ‚formalistischen' Herangehensweise an Hegels Erbe her, laut der alles Bestehende vernünftig sei, während Hegel *richtig* zu verstehen, bedeute, Hegel hinter sich zu lassen. Hegel solle – wie Cieszkowski es postulierte – in Richtung der Tat transzendiert werden, d.h. in Richtung der Persönlichkeit,

205 Siehe das Demetrius-Kapitel

206 Walicki, *Zarys myśli rosyjskiej*, 212: in Wirklichkeit waren die Unterschiede nicht so krass.

207 Aleksandr Gercen, *Byloe i dumy 1852-1866*, čast' iv, In: *Sobranie sočinenij v tridcati tomach* (Moskva: Izdatel'stvo Akademii nauk SSSP, 1956), Bd. 9, 17: „До ссылки между нашим кругом и кругом Станкевича не было большой симпатии. Им не нравилось наше почти исключительно политическое направление, нам не нравилось их почти исключительно умозрительное. Они нас считали фрондерами и французами, мы их – сентименталистами и немцами."

208 Siehe das Kierkegaard-Kapitel.

209 Gercen, *Byloe i dumy 1852-1866*, čast' iv, 20: „Знание Гёте, особенно второй части *Фауста* (оттого ли, что она хуже первой, или оттого, что труднее ее), было столько же обязательно, как иметь платье."

210 Der polemischte Teil von Gercens Abhandlung, die er im Anschluss an den Sibirienaufenthalt publizierte, namentlich *Diletantizm v nauke*, heißt „Buddizm v nauke", *Sobranie sočinenij v tridcati tomach*, Bd. 3, 64-87.

die Gercen genau als die Dynamik des Handelns begreift: „Действование – сама личность."[211] – so das berühmte Zitat: „Handeln ist die Persönlichkeit als solche." Cieszkowski folgend verkündet Gercen, dass sich die Menschheit an der Schwelle der neuen, dritten, letzten Epoche der Tat und der Persönlichkeit findet; Hegels Philosophie schließt die zweite Epoche – die des Denkens – ab, die aber wegen ihrer Abstraktheit die Entwicklung der vollen, sich im Handeln verwirklichenden Persönlichkeit nicht zulasse. Die dritte Epoche synthetisiere also den allgemeinen Gedanken mit der natürlichen Unmittelbarkeit, die die erste Phase, das Leben des Altertumsmenschen auszeichne, der – rastlos und reaktiv – sich aber in Partikularitäten verloren habe: Damit die aktive Persönlichkeit beides – Individualität und Allgemeingeltung – verbinden könne.

Die reife, nach der Revolution 1848 entwickelte Konzeption des ‚russischen Sozialismus'[212] – ein Meilenstein auf dem Weg zum Volkstümlertum (*narodničestvo*) – erfolgt aus der Auseinandersetzung mit den Problemen, auf die die Persönlichkeit in ihrem Versuch zu handeln stieß. Einerseits rückt Gercen wegen seiner Option für die Persönlichkeit in die Nähe der Westler, andererseits kann er nicht umhin, die Verfremdung des Westeuropäers festzustellen. Es scheint, als bedeutete das nichtige Resultat des Völkerfrühlings ein Aus für Hegels und vor allem Cieszkowskis Geltung. In dem 1850 auf Deutsch erschienen Werk *Vom anderen Ufer*[213] nimmt Gercen Abschied von allen historiosophischen Schemata und nimmt eine skeptische Stellung gegenüber allen Entwicklungsautomatismen an. Zukunft ist, was unsicher, ergebnisoffen ist. Nur weil die Geschichte des immanenten Sinnes entbehre, könne der Mensch frei und verantwortlich handeln. In der Widmung an seinen fünfzehnjährigen Sohn, die die russische Ausgabe des *Vom anderen Ufer* aus dem Jahr 1855 eröffnet, setzt Gercen den Imperativ, trotz der nicht vorhandenen Hoffnung auf ein Erdenparadies zu handeln, mit der Reife gleich. Und doch – Inkonsequenzen halten Gedanken am Leben – endet die russische Version des Buchs mit einem Glaubensbekenntnis an die Unausweichlichkeit des Fortschritts. Die Konservativen, die rücksichtlos die Revolution zurückdrängten, werden mit den Menschen des Altertums verglichen, die den Einzug des Christentums verhindern wollten: „Und all diese Schrecken, Blutvergießen, Massakern, Verfolgungen führten zu dem berühmten Verzweiflungsschrei der klügsten der Reaktionäre, Julian dem Abtrünnige, zu dem Schrei: „Du hast

211 Gercen, „Buddizm v nauke", 69.

212 Martin Malia, *Alexander Hercen and the Birth of Russian Socialism, 1812-1855* [1961] (Cambridge: Harvard University Press, 2014); Walicki, *Zarys myśli rosyjskiej*, 252-269.

213 [Aleksandr Gercen], *Vom anderen Ufer. Aus dem Russischen* [*sic!*] *Manuskript* (Hamburg: Hoffman und Campe, 1850); Aleksandr Gercen, *S togo berega, Sobranie sočinenij*, Bd. 6, 7-142.

gewonnen, Galiläer!"[214] (Ironischerweise endet das Drama des konservativen Grafen Zygmunt Krasiński *Nie-Boska komedia* (*Un-Göttliche Komödie*, 1833), welches die gewaltsame Revolution als Böses schlechthin schildert, mit dem gleichen Zitat aus Julian, nur dass es in diesem Kontext eher die Nichtigkeit aller revolutionären Handlungen und ein Glaubensbekenntnis trotz Verzweiflung über die Modernität ausdrückt.) Unter diesen unsicheren Umständen versucht Gercen in seinem russischen Sozialismus die Persönlichkeit mit der Gemeinschaftlichkeit – den Westen mit dem Osten – zu verbinden, wobei ihm die Vorträge von Mickiewicz am Collège de France begreiflich machen, dass der gemeinsame Besitz[215] eine allgemeinslavische und nicht eine exklusiv russische Angelegenheit sei, so Walicki.[216] Mickiewicz – trotz des abstoßenden Katholizismus und Mystizismus – habe Gerzen verholfen, den konservativen Moskauer Slavophilentum ins revolutionäre Slavophilentum überzuleiten. Die Slaven, das auf seinen Anteil an der Weltgeschichte immer noch wartende Volk, hätten den Kommunismus als ihr Erbgut und damit alle Chancen, Europa zu erneuern.

Karol Libelts sowie Michail Bakunins Varianten der Philosophie der Tat wurde je ein eigenes Kapitel dieser Arbeit, das vorletzte und das letzte, gewidmet. An dieser Stelle gilt es, ein polnisches Pendant zu Cieszkowski und eine Präfiguration des Terroristen aus den 1870er Jahre und der ersten Dekade des 20. Jahrhunderts in dem Zarenreich zu besprechen.

6.4.3. *Edward Dembowski*

Als Cieszkowski den ersten Band seiner zukunftsorientierten Auslegung des Vaterunsers (*Ojcze nasz*, 1848-1906) publizierte, war Edward Dembowski schon seit zwei Jahren tot. Er kam infolgedessen ums Leben, was Stefan Żeromski als die „Tragödie der Polnischen Demokratischen Gesellschaft (PTD)" bezeichnete[217]

214 Gercen, *S togo berega*, 142: „И все эти ужасы, кровопролития, мясничества, гонения привели к известному крику отчаяния умнейшего из реакционеров, Юлиана Отступника,– к крику: ‚*Ты победил, Галилеянин!*'".

215 Siehe das Romantik-Kapitel.

216 Andrzej Walicki, „‚Rosyjski socjalizm' Aleksandra Hercena jako odpowiedź na mesjanizm polski", *Polska, Rosja, marksizm* (Kraków: Universitas, 2011), 29-128.

217 Stanisław Kasztelowicz, Stanisław Eile (Hg.), *Stefan Żeromski. Kalendarz życia i twórczości* (Kraków: Wydawnictwo Literackie, 1961), 437, ein Brief an Stanisław Witkiewicza am 7.3.1910 „Tu w Paryżu mogę znaleźć źródło nieocenione do trzech momentów, to jest Rok 31, Rok 46 i Rok 63, co będzie stanowić całość: *Popioły*, stara ramotka z czasów Napoleona, będzie rodzajem przdmowy do tego obrazu przeszłości w którym tragedia roku 46, tragedia Towarzystwa Demokratycznego, które kona pod nożem Szeli – przerasta swym ogromem wszystko, co było w Polsce straszliwego, no i przerośnie oczywiście moje siły. Ale cóż robić?"

und was eigentlich die Tragödie der emanzipatorischen Bewegung schlechthin war: Das Galizische Massaker 1846 war entsprach grob der Tragödie im Sinne Hegels, da sie zwischen den Bauern, der ökonomischen Substanz der Nation, und den Adeligen, der politischen Substanz der Rzeczpospolita (der Republik der Adeligen), ausgetragen wurde; hinzu kommt, dass ein intellektuelles Fehler die Katastrophe auslöste. Die Umstände des Massakers lassen sich wie folgt beschreiben: Die Polnische Demokratische Gesellschaft war die größte der Emigrationsgruppierungen, die sich nach der Niederlage des Novemberaufstandes in Frankreich etablierten. Ihr Programm entstammte der Einsicht, dass die Wiederherstellung Polens nur in Zusammenhang mit einer gründlichen Verwandlung ökonomischer Verhältnisse möglich wäre. Als die Emissäre der Demokratischen Gesellschaft den Krakauer Aufstand 1846 vorbereiteten, den die Geschichtsschreibung oft als der ‚Philosophenaufstand' bezeichnet, machten sie es zu ihrer Hauptaufgabe, endlich der Leibeigenschaft der Bauern ein Ende zu setzen. Juden und andere Minderheiten sollten gleichberechtigt werden. Die bemitleidenswerten, verblendeten Aufständischen – vor allem der Emissär Dembowski – glaubten, dass es ausreicht, die Bauern rechtlich – per Dekret – zu befreien, damit sie, von ihrem Polentum und der neuen Nationalsolidarität begeistert, zur treibenden Kraft der gesamtpolnischen Revolution würden. Die galizischen Bauern jedoch bekamen niemals die Chance, Stellung zu den Vorschlägen der Demokratischen Gesellschaft zu beziehen. Die österreichischen Behörden (durch den Kreisrat Joseph Breinl von Wallerstern) verbreiteten unter ihnen ein Gerücht, die polnischen Adeligen würden gegen den guten Kaiser rebellieren, um die mit der Leibeigenschaft verbundenen Belastungen der Bauern zu vergrößern. Den Bauern wurde für 24 Stunden freie Hand gelassen. Sie rächten sich für die althergebrachten und die angeblich geplanten Sünden des Adels. Mehr als 500 Anwesen wurden verbrannt, bis zu 3000 Personen wurden grausam getötet.[218] Das Absägen der gutsherrlichen Köpfe ist bis heute das mit dem Massaker assoziierte Bild. Die österreichischen Behörden fachten nicht nur Angst und Zorn bei den Bauern an und ließen ihnen dann freie Hand, sondern zahlten darüber hinaus ein Preisgeld für die Köpfe getöteter Adeliger, wobei der Lohn für einen toten Adeligen höher war als für einen lebendigen. Die Straße vor dem Landratsamt in Tarnów war blutüberströmt, viele gefangene Adelige tötete man kurz vor der Abgabe.[219]

Die Nachrichten vom Massaker mussten den jungen Philosophen Edward Dembowski, der sich damals nicht weit von Tarnów im rebellierenden Krakau

218 Stefan Kieniewicz, *Ruch chłopski w Galicji w 1846 roku* (Wrocław: Ossolineum, 1951).

219 Wojciech Wiśniewski, „Jeszcze o Macieju Boguszu Stęczyńskim i rabacji 1846 roku. Nieznany poemat o rzezi galicyjskiej", *Płaj* 2006, 32, 27-45.

befand, besonders kränken, da er die Verwandlung des Unabhängigkeitskampfes in die radikale Sozialrevolution leidenschaftlich befürwortete. Das Leben des „Roten Kastellanensohnes" (Czerwony Kasztelanic) direkt vor den Ereignissen des Jahres 1846 scheint die Wanderungen der russischen Narodniki ‚zum Volke' aus den Jahren 1873-1874 antizipiert zu haben,[220] während deren, „Tausende junger Menschen beiden Geschlechts spontan, oft ohne ihre Pläne miteinander zu verabreden, die einfache Bauerntracht anzogen und sich unter das Volk begaben",[221] um die revolutionäre Propaganda zu verbreiten. Die ganze Tätigkeit Dembowskis war eine unendliche Maskerade. Wincenty Pol verfasste 1850 ein Gedicht mit dem Titel „Emisariusz" („Der Emissär"), in dem er die Konspiration als eine unendliche Kette von Verkleidungen darstellte.[222] Im Gedicht spielt Dembowski einen Hirten, einen Schornsteinfegergehilfen, einen Zigeuner, einen Italiener, einen Moskowiter, einen Holzflößer, einen Händler und einen Bettler in Kalwaria Zebrzydowska (ein barockes Modell von Jerusalem, nur so groß wie ein Dorf, in dem die Leidensgeschichte Christi inszeniert wurde), wo er die Thesen der messianistischen und sozialistischen Philosophie in der Form eines Volksliedes besingt; er taucht in einer Krakauer Gasse und in einem Wirtshaus auf, doch kaum ist er erschienen, verschwindet er schon wieder; überall aber spricht er von der „Auferstehung", *zmartwychwstanie.*[223]

Als letzten Versuch, die Bauernbevölkerung nach dem Galizischen Massaker für den Krakauer Philosophenaufstand zu gewinnen, organisierte Dembowski eine große Prozession, die aus Krakau in Richtung Wieliczka aufbrach. Die österreichische Armee versperrte den Weg und eröffnete das Feuer. Dembowski kam im Gefecht ums Leben. Für die Bauern aus dem Chochołowska Tal wurde

---

220 Andrzej Walicki, *Filozofia polskiego romantyzmu*, 407.

221 Andrzej Walicki, *Zarys myśli rosyjskiej. Od oświecenia do renesansu religijno-filozoficznego* (Kraków: Wydawnictwo Uniwesystetu Jagiellońskiego, 2005), 356.

222 Laut manchen Quellen war Władysław Anczyc der Autor des anonym kolportieren Gedichts (Kazimierz Wyka, *Historia literatury polskiej dla klas X. Cz. 1. Romantyzm* (Warszawa: PZWS, 1954), 320; Stanisław Wasylewski, *Historie lwowskie* (Lwów: Wydawnictwo Polskie, 1921), 97). Siehe auch Maria Janion, „Romantyczni jakobini: Dembowski – Berwiński", *Pamiętnik Literacki* 1971 2(62), 3-30; Władimir A. Diakow, „Edward Dembowski i rewolucyjne spiski na początku lat czterdziestych XIX wieku", übersetzt von Wiktoria Śliwowska, *Pamiętnik Literacki* 1973, 2, 261-283. Im Übrigen schreib auch der große ukrainische Dichter Ivan Franko über Dembovs'kij, „Edvard Dembovc'kij i Teofil Višn'ovs'kij", *Zibrannaja tvoriv u 50-i tomach* (Kiiv: Naukova dumka, 1985), Bd. 46.1, 367-374; Über den Revolutionär Teofi Wiśniowski siehe, Stanisław S. Nicieja, Mariusz Patelski, „Rok 1846 we Lwowie. Stracenie Kapuścińskiego i Wiśniowskiego i ich kult we Lwowie", Michał Śliwa (Hg.), *Rok 1846 w Galicji. Ludzie wydarzenia tradycje. Zbiór studiów* (Kraków: Wydawnictwo Naukowe WSP, 1997), 77-100.

223 Wincenty Pol, *Dzieła wierszem i prozą* (Lwów: Richter, 1878), Bd. 9, 439-441.

er zu einer legendären Gestalt; sie glaubten, er wäre noch am Leben und würde sich verstecken, um in der Zukunft zurückzukehren und die Gerechtigkeit wiederherzustellen.

Dembowskis Theorie der sozialrevolutionären Schöpfung basiert – ähnlich wie Cieszkowskis Philosophie der Tat – auf Hegels Berliner System. Dembowski nennt in seinen Schriften Hegel selten anders als den ‚Berliner Weisen' („mędrzec berliński"). Der Revolutionär Dembowski übernahm vom konservativen, mit der Aristokratie verbundenen Cieszkowski die generelle Konzeption einer Philosophie, die den Primat auf die praktische Tätigkeit und die Sinnlichkeit legt, korrigierte aber die von Cieszkowski postulierte Beziehung von Tat und Gedanken, um die nicht-kritische Unterscheidung von Idee und Ausführung zu unterlaufen. Was Cieszkowskis diachronisch als eine Aufeinanderfolge betrachtet – erst die deutsche Theorie und dann die slavische Tat – soll sich simultan ereignen und gegenseitig verstärken. Die Tat ist nicht vorbestimmt, den Gedanken als Dominante der neuen Epoche abzulösen, sondern die beiden sollen – durch *twórczość* (das ‚Schaffen' oder, wie Dembowski vorschlägt, die „Schöpfungskraft"[224]) vereint – ein neues Ganzes schaffen. Nicht die Tat also, sondern die Schöpfungskraft, welche Tat und Theorie umfasst, soll die Dominante der neuen, großen philosophischen Nation (der polnischen) sein.

In „Rys rozwinięcia się pojęć filozoficznych w Niemczech" („Ein Abriss der Entwicklung der philosophischen Begriffe in Deutschland"), den Dembowski 1842 mit 20 Jahren schrieb, schlägt er – Hegels Berliner System zusammenfassend und verändernd – vor, die Struktur des absoluten Geistes mit der *Geschichte* der Philosophie zu krönen.[225] Hegels Auffassung der Philosophie als der höchsten Stufe des absoluten Geistes war systematisch begründet; ihre Darstellung in der *Enzyklopädie* folgt der Struktur des Syllogismus und mündet in die Aristotelische Vorstellung des Philosophierens als ewige, tugendhafte, beste Tätigkeit der Vernunft, welches in der selbstbezüglichen Form des ‚Denkens des Denkens' (noêsis noêseôs) zugleich das Wesen der Gottheit ausmacht.[226] Dank der wesentlich revolutionären Institution der Universität kann die in ihren Wänden geschlossene Kontemplation annehmen, sie würde durch die Selbstbezüglichkeit ihre reale Wirkungskraft nicht einbüßen müssen; im Gegenteil – sie wirkt umso gründlicher. Für Dembowski

---

224 Edward Dembowski, „Stanowisko przyszłości filozofii", *Pisma*, Bd. 3, 124.

225 Edward Dembowski, „Rys rozwinięcia się pojęć filozoficznych w Niemczech", *Pisma*, hg. von Anna Śladkowska, Maria Żmigrodzka (Warszawa PWN, 1955), Bd. 1, 386-391.

226 Hegel, *Enzyklopädie III*, 395 [§ 577]. Hegel zitiert Aristoteles' *Metaphysik*, XII, 7 (1072 b 18-30).

hingegen spielt die faktische Entwicklung der Systeme, wie sie Hegels posthum veröffentlichte Vorlesungen zur Geschichte der Disziplin darstellen, diese absolute Rolle der Krönung des Wissens, das auch Handeln, Energeia, Leben ist. Dembowski legt ein solches Gewicht auf die faktische Entwicklung des Geistes in der Geschichte der Philosophie, um im letzten Schritt seiner Ausführung Cieszkowski zu kritisieren wegen dessen Aufforderung, aus der Epoche der Gedanken in die der Taten zu übergehen. Die Geschichte der Philosophie ist nämlich, so Dembowski, bereits eine andauernde Tat des Gedankens. Die Gedanken und die Handlungen wirken parallel; der absolute Geist, wie ihn Hegel beschrieben hat, entwickelt sich sowohl im Inneren als auch im Äußeren – als Philosophie und als Handeln. Der Gedanke kann die Tat nicht lediglich vorbereiten, was laut Dembowski aus Cieszkowskis System folgen würde.[227] Ein kleines Paradox: Der konservative Cieszkowski postuliert den Übergang vom Denken zum Handeln, während der Kritiker Dembowski auf die vom reifen Hegel postulierte Untrennbarkeit von Interpretation und Intervention pocht.

Der Begriff *twórczość*, „Schöpfungskraft",[228] vereinigt also bei Dembowski den Gedanken mit dem Handeln. Schon in den „Ułamki badań o umnictwie" („Fragmente der Forschung über das Schöpfen/ Bildung/ Kunst", ebenso 1842 veröffentlicht) schlägt er eine neue Hierarchie der Gestalten vor, die der absolute Geist annimmt: Anstelle von Hegels Triade aus Kunst, Religion und Philosophie tritt eine neue, auf deren untersten Stufe sich das Wissen, das reine Denken befindet. Eine Ebene höher platziert Dembowski die Geschichte als das Wirken des Gedankens in der Faktizität. Das Wissen und die Geschichte vereinigen sich auf dem höchsten Niveau in *umnictwo*,[229] d.h. Schaffen, Kunst, Tätigkeit der Einbildungskraft („um" in *umnictwo* bezeichnet in damaliger philosophischer Terminologie gerade die Einbildungsraft), während die Religion aus dem absoluten Geist unbemerkt verschwindet oder vielmehr *incognito* als ein Organisationsprinzip des Volkes, welches dadurch in uneingeschränkter Brüderlichkeit sich vereinigt, aufbewahrt und damit eben vom Begriff *umnictwo* erfasst wird.

Dembowski legt dieses Schaffen so breit an, dass es das ganze soziale Leben umfasst, und zwar als einen kreativen Prozess, der zur schönsten Organisation führt. So verschiebt sich in der polnischen demokratischen Philosophie der objektive Geist – die Kultur – an die Spitze des Absoluten. In „Myśli o przyszłości filozofii" („Gedanken über die Zukunft der Philosophie", 1845) schlägt Dembowski den Begriff „das gesellschaftliche Schaffen" (*twórczość*

227 Edward Dembowski, „Rys rozwinięcia się pojęć filozoficznych w Niemczech", 410-411.

228 Edward Dembowski, „Stanowisko przyszłości filozofii", *Pisma*, Bd. 3, 124.

229 Edward Dembowski, „Ułamki z badań o umnictwie", *Pisma*, Bd. 2, 170.

społeczeńska) vor als die Bezeichnung der objektiven Krönung des Absoluten. Nach diesem Umtausch innerhalb des absoluten Geistes arbeiten die Philosophie, die Geschichte und das gesellschaftliche Schaffen solidarisch daran, dass das Einzelne sich in der Allgemeinheit der Gesellschaft völlig entwickeln kann. Das Einzelne ist hier der Mensch, der nur öffentlich als ganzer leben kann: Das Schaffen, *twórczość*, die Hauptkategorie von Dembowskis Denkens, konzipiert er als eine Tätigkeit, die das Denken und das Fühlen (das Volitionale) in eine Synthese bringt, die höher und vollkommener als ihre beiden Komponenten ist.[230] Das Denken habe er von Hegel, das Gefühl von Cieszkowski entliehen.[231] Der Umfang des Begriffs ‚Schaffen' wird wie bei Karol Libelt auf die ganze Gesellschaft und die Natur ausgedehnt.[232] Der soziale Organismus („układ społeczny") gleicht der höchsten Schöpfung, weil er aus schöpferischen Einzelnen besteht und sich unendlich vervollkommnen kann.[233]

So wird der Schein revolutionär umverteilt in einem Welt-Bild. Das post-Hegel'sche Nachdenken über das Welt-Bild, in dem das Gesellschaftswesen Mensch positiv frei sein kann, reicht bis in die Schriften von Surrealisten, russischen Futuristen und Frankfurter Schule hinaus.

Diese soziale Schöpfung bleibt, so Dembowski, eine besondere Prärogative der polnischen Gesellschaft, die doch – als eine Gesellschaft ohne Staat und unterirdisch, familiär, inoffiziell – an Fiktion grenzte; *twórczość* sei das Lebenselement der spontanen, eingeborenen, polnischen Philosophie, die im Begriff sei zu entsprießen.[234] Die Philosophie der Schöpfung ist die eigentliche polnische Philosophie und die Philosophie der Zukunft, weil die polnische Nation als eine philosophische auferstehen und (auch hier ist Dembowski der Sohn seine Zeit) das französische Handeln mit dem deutschen Nachdenken kombinieren wird. Dembowski bleibt im Rahmen der *Inter*-Nationalität, da bei ihm die volle Entwicklung der Partikularität den Weg zur universellen Entwicklung ebnet. Der polnische Messianismus solle dementsprechend in die Erfindung der *twórczość* münden, da die ganze Misere der Welt, deren Symptom der Tod Polens war und deren Ende Polens Auferstehung sein wird, in der Trennung von Denken und Handeln besteht.[235] Die letzteren vereinigen sich aber in der Schöpfung.

---

230 Edward Dembowski, „Ułamki z badań o umnictwie", *Pisma*, Bd. 2, 170.

231 Edward Dembowski, „Stanowisko przyszłości filozofii", Bd. 3, 122.

232 Edward Dembowski, „Ułamki z badań o umnictwie", *Pisma*, Bd. 2, 173; siehe auch das Libelt-Kapitel.

233 Edward Dembowski, „Myśli o przyszłości filozofii", *Pisma*, Bd. 4, 367.

234 Edward Dembowski, „Twórczość jako żywioł samorodnej, naszej, polskiej, filozofii", *Pisma*, Bd. 3, 109-115.

235 Dembowski, „Myśli o przyszłości filozofii", 363-364.

Der Weg zur eigentlichen polnischen Philosophie trägt laut Dembowski einen objektiv tragischen Charakter im Sinne Hegels, da die Geschichte Polens den Streit zweier Elemente darstellt, des Häuslich-Slavischen und des Lateinischen, wobei das zweite für das Offizielle steht. Die Geschichte Polens ist, kurz gesagt, eine Geschichte des sich entäußernden Nationalgeistes, der aus seinem lateinischen Schlummer zu einem noch volleren Polentum erwacht.[236] Dembowskis Theorie der Schöpfung und des Dramas der Geschichte als Konflikt zweier Prinzipien korrespondiert mit Gercens russischem Sozialismus und kündigt darüber hinaus die *narodniki*-Bewegung an. Dembowskis Volksverehrung steht im Einklang mit der der Tragödientheoretiker Juliusz Słowacki, Michail Bakunin und Richard Wagner, die im letzten Kapitel dieser Arbeit als die direkten Vorreiter der Avantgarde dargestellt werden. Dembowski betrachtet – wie Słowacki, Bakunin und Wagner es tun – das Volk als das eigentliche schöpferische (und zerstörerische, schöpferische weil zerstörerische) Element. Die Zukunft – also auch die polnische Philosophie der Schöpfung – gehört dem Volke; dies ist so offensichtlich, dass auch das im Kontext von Gercens Glauben an den Vorschritt erwähnte Erz-Drama des polnischen Konservatismus, Zygmunt Krasińskis *Nie-Boska komedia* (*Un-Göttliche Komödie*), den endgültigen Sieg des Volkes angekündigt habe – in den Augen von Dembowski. Krasiński zeigte in der letzten Szene seines visionären Dramas über die europäische Revolution, wie die Vision des Gekreuzigten dem Revolutionär Pankracy direkt nach dem Endsieg seiner Sache über dem Lager der Aristokraten erscheint. Er stirbt dann plötzlich mit dem Spruch von Julian dem Apostaten im Munde: „Galilee, vicisti!" Obwohl Krasiński heute wie damals mit Recht als Hauptgestalt des aristokratischen, konservativen Lagers gilt, legt Dembowski das Ende der Tragödie aus als eine Prophezeiung des Endsieges des Volkes:

> Und auch wenn der Führer des Volkes Pankracy auf das Kreuz blickend stirbt, so stirbt nicht die Sache des Volkes, sondern lediglich ihr Anführer, der noch nicht das Ideal der evangelischen Liebe für die Sache verkörperte. Er ist also krepiert, damit das in der Brüderlichkeit lebende Volk, das mit dieser Liebe strahlt, über die Christus lehrte, an seine [des Führers] Stelle tritt. Dies ist die Bedeutung der letzten Worte von Pankracy und *Nieboska komedia: Galilee, vicisti.* In ihnen steckt der Begriff der totalen Sozialreform, die von dem Sieg der Volkselemente zustande gebracht werden wird.[237]

---

236 Andrzej Walicki, *Polska-Rosja, Marksizm* (Kraków: Universitas, 2011), 41.

237 Edward Dembowski, „O dramacie w dzisiejszym piśmiennictwie Polskim", Bd. 3, 443: „A jeśli wódz ludu Pankracy kona spozierając na krzyż, to nie kona sprawa ludowa, tylko jej przywódca, który nie był jeszcze ideałem ewangelicznego umiłowania sprawy. Skonał więc, a w jego miejsce tchnący taką miłością, jakiej Chrystus nauczał, wstąpi cały lud

Tatsächlich betrachtet Dembowski die Religion als Blaupause der sozialen Schöpfungskraft, welche eine neue Form des freien Miteinanderseins zustande bringt.

Die ganze Maskerade von Dembowski, von der Pols Gedicht *Emisariusz* berichtete, kann als ein Versuch gedeutet werden, mit dem ganzen Volk, allen seinen Gruppen und Elementen, eins zu werden. Das Schauspiel zeigt die Auflösung des Führers – des Adeligen, des *inteligent* – im Volk, stellt also die Emergenz des Welt-Bildes dar. Auch Dembowskis unvollendete Tragödie *Twardowski* lässt sich mit seiner Faszination für das Volk erklären. *Twardowski* hätte – wäre das Drama vollendet worden – eine Volkslegende zu einer gesamteuropäischen Dignität erhoben, welche ihm die Affinität mit dem deutschen *Faust* garantieren würde. Edward Antoni Odyniec behauptete, Mickiewicz schwärmte in der Nacht nach der *Faust*-Uraufführung in Weimar, wo er sich als Goethes Gast aufhielt, von einer nationalen Twardowski-Tragödie, die jedoch nicht entstand. Der Meister Twardowski, der polnische Faust, wurde dafür 1839, also in der Zeit der Formation der polnischen Philosophie der Tat und der Schöpfung, von einem eponymischen Roman von Józef Ignacy Kraszewski popularisiert – *Mistrz Twardowski. Powieść z podań gminnych* (*Der Meister Twardowski. Ein Roman aus Volkssagen*). Die Volkstümlichkeit wurde dann durch ein 1874 in Dresden geschriebenes Vorwort in eine inter-nationale Perspektive gestellt, da Kraszewski zugibt, dass das polnische Volk den Stoff seiner Sagen aus Deutschland bekam und dass es bisher keinen wahren Dichter gab, der Twardowski einen wirklichen Nationalcharakter verleihen konnte. Er selbst habe es Ende der 1830er Jahre auch nicht geschafft.[238] Gerade sein eklektischer, volkstümlicher und fremder, angeblich autochtonischer aber im Wesentlichen importierter Charakter macht den Meister Twardowski zum idealen Emblem der polnischen Philosophie der Schöpfung oder des theatralischen Handelns. Twardowski korrespondiert mit Pseudo-Dmitrij und Wallenrod aus Kapitel 2.2, diesen Allegorien der wirksamen, weil wandernden Ideen.

Aber nicht ein Roman – auch nicht einer über Twardowski – sondern eine Tragödie war das eigentliche Medium der Philosophie der Schöpfung oder das Medium der Schöpfung *tout court*. Dies folgt aus der Stellung des Dichters in der polnischen Romantik: Adam Mickiewicz prägte die starke

---

w braterskości żyjący. To znaczenie wyrazów ostatnich Pankracego i *Nieboskiej komedii: Galilee, vicisti*. W nich pojęcie zupełnej reformy społecznej, którą zwycięstwo żywiołów ludowych sprawi."

238 Józef Ignacy Kraszewski, *Mistrz Twardowski. Powieść z podań gminnych* (Lwów: Gubrynowicz i Schmidt, 1874), Bd. 1, 10.

Figur des Dichter-Propheten, des charismatischen Sehers, der die Zukunft vorhersieht und das Volk zur Erfüllung seiner Prophezeiung begeistert. Die Visionen des Sehers zeigen sich im Drama deutlicher und ausdrücklicher als in allen anderen Gattungen und Medien. Über die höchste Anschaulichkeit des Dramas schreibt Dembowski in seinem Essay „O dramacie w dzisiejszym piśmiennictwie Polskim" („Über das Drama in der heutigen polnischen Literatur", 1843). Wie bei Hölderlin, Hegel und Mickiewicz (siehe unten) beginnt auch diese Dramentheorie und -geschichte mit der Theorie der historischen Krise, der Zäsur der Geschichte.[239] Die Zeit des Dramas ist – wie in Hölderlins *Werden im Vergehen* – eine, zu der die alte Welt modert, während ein neuer organischer Gedanke, eine neue Vergesellschaftlichungsart auftaucht. „In solchen Momenten des Nationallebens erfüllt die Dichtung, neben der ihr eigentlichen, eine große Sendung – sie leitet den Fortschritt der Vergesellschaftlichung."[240] Die Dichtung beschränkt sich auf keinen Fall auf das Hinweisen, sondern sie bahnt den Weg in die gloriose Zukunft. „Das Gesang ist die Tat, die Ur-Tat, die das Tor des fortschrittlichen Wegs aufmacht."[241] Solch eine dichterische Tat kann nicht ein undeutliches Vorgefühl, eine Suggestion oder ein lyrischer Ausguss sein; sie ist Sehen, dichterisches Prophezeien.[242] Weil das Drama die Vision der Zukunft am klarsten präsentiert, verfügt es über die höchste schöpferische Tatkraft. Das Drama muss dazu die Konfliktstruktur der Tragödie aufweisen. Dembowski schwärmt allerdings für eine merkwürdige Tragödie, der vielleicht Büchner, Stanisława Przybyszewska oder Brecht Rechnung tragen könnten: Das Drama müsse laut Dembowski politisch sein und den Kampf der Gruppierungen und Faktionen zeigen, da im Trachten einer jeden Faktion, in ihren jeweiligen Tendenzen, die zukünftige Orientierung, sprich der proleptische Charter der Dichtung zutage kommt.[243] Den proleptischen Charakter der Tragödie bespreche ich im Schelling-Kapitel als Sprungbrett der kritischen Tragödientheorie.

---

239 Edward Dembowski, „O dramacie w dzisiejszym piśmiennictwie Polskim", *Pisma*, Bd. 3, 411.

240 Dembowski, „O dramacie w dzisiejszym piśmiennictwie Polskim", 411. „W podobnych żywotu narodu chwilach, oprócz zawsze właściwego sobie, ma poezja olbrzymie posłannictwo – przewodniczenia postępowi uspołecznienia."

241 Dembowski, „O dramacie w dzisiejszym piśmiennictwie Polskim", 412: „Pieśń to czyn, czyn pierwotny, rowierajacy podwoje postępowego toru."

242 Dembowski, „O dramacie w dzisiejszym piśmiennictwie Polskim", 414-415.

243 Dembowski, „O dramacie w dzisiejszym piśmiennictwie Polskim", 415-416.

6.4.4. *Marx und Engels über den Krakauer Aufstand*

Dembowskis Tragödie über die Philosophie der Schöpfung blieb unvollendet, nicht aber die Tragödie seiner Philosophie. Sein Tod sowie der ganze Philosophenaufstand wurden von Karl Marx und Friedrich Engels in ihren Reden zum zweiten Jahrestag dieser fruchtbringenden Niederlage als eine regelrechte Tragödie, mit Versöhnung und erfreulicher Katastrophe versehen, ausgelegt. Die beiden Gründungsväter bedienten sich der Kategorien der nach-hegelschen Tragödientheorie, um den Platz des Krakauer Philosophen- und Demokratenaufstandes in der Geschichte der Freiheitsbewegung zu bestimmen. Die Feierlichkeiten anlässlich des zweiten Jahrestages des Aufstandes von 1846 fanden am 22. Februar 1848 in Brüssel statt (wo Joachim Lelewel lebte, der Erfinder der Parole „Für Eure und unsere Freiheit“, einer der Entdecker des slavischen kollektiven Eigentums und derjenige, der Bakunin in die altslavische, gemeinschaftliche Freiheit einweihte[244]). Ein Tag zuvor, am 21. Februar, fielen zwei folgenreiche Ereignisse zusammen: Das *Manifest der Kommunistischen Partei* erschien in London und die Februarrevolution brach in Paris aus (die heftigsten Straßen- und Barrikadenkämpfe begannen erst am 23. Februar). Der Vormärz nahte gewiss seinem Ende, eine anschwellende Revolution suchte nach Präzedenzfällen als Legitimationsquellen. Marx’ Konzeption der historischen Inversion jeder Revolution, die sich anhand der idealisierten Vergangenheit zu rechtfertigen, beglaubigen und verstehen versucht, nahm schon damals ihre Gestalt an, wie die Rede zum Jahrestag des Krakauer Aufstandes beweist. Was in den Essays über die französischen Revolutionen 1848-1852 völlig zum Ausdruck kommt,[245] kristallisiert sich bereits in Brüssel und bereits in den ersten Worten seiner Rede heraus:

> Meine Herren!
>
> Es gibt in der Geschichte auffallende Analogien. Der Jakobiner von 1793 ist zum Kommunisten unserer Tage geworden. [...] Die drei [Teilungs-]Mächte [Polens] sind mit der Geschichte mitgegangen. Als sie Krakau im Jahre 1846 Österreich einverleibten und den Polen die letzten Reste der nationalen Selbstständigkeit raubten, bezeichneten sie als Kommunismus alles, was sie früher Jakobinertum genannt hatten.[246]

244 Antoni A. Kamiński, „Joachim Lelewel a Michaił Bakunin“, Łukasz Adamski, Sławomir Dębski (Hg.), *Myślą i słowem. Polsko-rosyjski dyskurs ideowy XIX wieku* (Warszawa: Centrum Polsko-Rosyjskiego Dialogu i Porozumienia, 2014), 103-116.

245 Karl Marx, „Der achtzehnte Brumaire des Louis Bonaparte“, *Werke*, Bd. 8, 115-123.

246 Karl Marx, Friedrich Engels, „Reden auf der Gedenkfeier in Brüssel am 22. Februar 1848 zum 2. Jahrestag des Krakauer Aufstandes von 1846“ [Die Rede von Karl Marx], *Werke*, Band 4, 519.

Die auf die vergangenen Präzedenzfälle gestützte Legitimation der Revolution ist auch eine spätneuzeitliche Abwandlung des Glaubens, die Geschichte sei die Lehrerin der Politiker,[247] die aus ihr, gleichsam einem Tresor voller Urszenen, wie von einem Modell ablesen, was in dieser und jener Situation zu tun und was sein zu lassen wäre. Marx' und Engels' Philosophenaufstandsreden versuchen geschichtliche Ereignisse so auszulegen, dass man die vergangenen Handlungen als Anweisungen für zukünftige wirksame Aktionen quasi selbstverständlich aufnimmt. Diese Art der Deutung kennzeichnet einerseits die Tragödientheorie und das kritisch-revolutionäre Denken *sensu largo*, das den vitalen Teil der Tragödientheorie ausmacht, anderseits aber lässt sich hier des Grafen Cieszkowskis Schema der Philosophie der Tat sehr leicht wiedererkennen. Eine quasi eschatologische Zukunft eröffnet sich kraft des richtigen Verstehens des Vergangenen – der vergangenen Niederlagen. Marx verbindet Cieszkowski mit Hegels Lektion über die Tragödie des objektiven Geistes aus *Phänomenologie des Geistes*, indem er die zukunftweisende Tragik des Krakauer Aufstandes in Hegels Kategorien des Oikos und der Polis sowie vor allem der der Versöhnung auffasst. Nach dem Aufstand erkennen die Polen und ihr Weltpublikum, dass die zwei Bereiche untrennbar miteinander verbunden sind: „Niemand wird leugnen, dass in Polen die politische Frage mit einer sozialen verknüpft ist. Seit jeher ist die eine untrennbar von der anderen."[248] Natürlich war der Ansatz von Marx und Engels durchweg, die politische Revolution mit der ökonomischen (sozialen) zu synchronisieren; durch die Anwendung dieses narrativen Schemas auf die Krakauer Revolution versuchten sie, den Aufstand und die polnische Unabhängigkeitskampf an die durch eine Reihe von Niederlagen fortschreitende Weltrevolution anzuschließen. Der tragische Untergang des Krakauer Aufstandes bringt Keime der glorreichen Verklärung mit sich sowohl für das noch ausbleibende Polen, das dank der Versöhnung der Ökonomie mit der Politik eine Chance auf ein reales Bestehen bekommt, als auch für ganz Europa:

> Die Krakauer Revolution hat ganz Europa ein ruhmreiches Beispiel gegeben, weil sie die Sache der Nation mit der Sache der Demokratie und der Befreiung der unterdrückten Klasse identifizierte. [...] [S]eit diesem Zeitpunkt ist seine [Polens] Befreiung Ehrensache aller Demokratien Europas geworden.[249]

247 Über die Zerstörung dieses Glaubens schieb ein paar Mal Reinhart Koselleck – z. B., „Historia Magistra Vitae. Über die Auflösung des Topos im Horizont neuzeitlich bewegter Geschichte", *Vergangene Zukunft. Zur Semantik geschichtlicher Zeiten* (Frankfurt am Main: Suhrkamp, 1979), 38-66.

248 Marx, Engels, „Reden auf der Gedenkfeier" [Die Rede von Karl Marx], 520.

249 Marx, Engels, „Reden auf der Gedenkfeier" [Die Rede von Karl Marx], 521.

Hier bedient sich Marx, wie Lassalle in seiner Tragödientheorie dies tut,[250] noch der Kategorien des Beispiels und der Pflicht, mit denen er versucht, für den Übergang von der Deutung des Vergangenen zu dem zukünftigen Handeln zu bürgen; in Kapitel 2.1. wurde ersichtlich, dass er dieses Schema zugunsten eines anderen, das der theatralen Produktion der revolutionären Subjekte, verwarf. Die Pflichterfüllung gegenüber Politikern vergangener Generationen stuft er zu einer notwendigen Stelbsttäuschung herunter, die den Marasmus und die angeborene Trägheit zu überwinden erlaubt.

Bei Friedrich Engels' Versuch, den Krakauer Aufstand zum Gebrauch der bevorstehenden Revolution zu deuten, greift er nach Bildern und Kategorien, die aus Mickiewicz' Dichtung hätten stammen können; freilich sind diese auch in Hegels Logik der gespenstischen Negation und im kommunistischen Manifest vorhanden. Zuerst identifiziert Engels Polen mit dem Kommunismus, wobei das Medium des Vergleiches nicht wie bei Marx der Jakobinismus, sondern gerade das Gespenst ist. Das in Europa zwischen den Nationen umhergehende Gespenst konnte man leicht – wie etwa die Leser von Mickiewicz' *Ahnenfeier* dies taten – mit Polen identifizieren:[251]

> Der Aufstand, dessen Jahrestag wir heute feiern, ist gescheitert. Nach einigen Tagen heldenhaften Widerstandes wurde Krakau genommen, und das blutige Gespenst Polens, das sich einen Augenblick lang vor den Augen seiner Mörder erhoben hatte, ist wieder ins Grab hineingestiegen.[252]

Das Gespenst repräsentiert hier, als eine Allegorie hoch zwei, die Negation der bestehenden internationalen Ordnung und den notwendigen Schein der kommenden Demokratie. *Der achtzehnte Brumaire des Louis Bonaparte* enthält Feststellungen, die einem Leser der polnischen Romantik besagen, dass der Übergang von der revolutionären Absicht zur Tat nur im Medium einer schauspielerischen Totenfeier stattfinden kann. Ein Zusammensein mit dem Toten wird theatralisch inszeniert, damit die bejahrte Ordnung gestürzt werden kann:

> Die Totenerweckung in jenen Revolutionen diente also dazu, die neuen Kämpfe zu verherrlichen, nicht die alten zu parodieren, die gegebene Aufgabe in der Phantasie zu übertreiben, nicht vor ihrer Lösung in der Wirklichkeit

---

250 Siehe das Marx-Lasalle-Kapitel.

251 Auch auf dem Niveau des Feuilletons hat sich diese Assoziation von Polen und „upiór", Gespenst, erhalten, ein Beispiel: Stefanie Peter, „Warum die Polen Zombies und Vampire lieben" http://www.welt.de/kultur/literarischewelt/article130596264/Warum-die-Polen-Zombies-und-Vampire-lieben.html [Zugriff: 12.8.2015].

252 Marx, Engels, „Reden auf der Gedenkfeier" [Die Rede von Friedrich Engels], 522.

zurückzuflüchten, den Geist der Revolution wiederzufinden, nicht ihr Gespenst wieder umgehen zu machen.[253]

Genau solch eine theatrale Totenerweckung fand auch in der Ahnenfeier Mickiewicz' (1823, 1832) statt, ja, schon in *Konrad Wallenrod* (1827) behauptete der Sänger im reflexiven Lied des Weideloten (einem reflexiven Lied über Lieder), dass die Erinnerungen, die sein Gesang speichert, eines Tages – wie am jüngsten Tag – auferstehen, zum Handeln begeistern, eine neue Welt inaugurieren werden.[254] Auch Engels betrachtet das Opfer der Polnischen Demokratischen Gesellschaft als tragisch, sodass der Jahrestag des Aufstandes eine Atmosphäre der fröhlichen Trauer ausstrahlt. Das durch Tragödien geschulte Auge findet in der Niederlage ein Versprechen des zukünftigen Sieges:

> Nein, meine Herren! Der Jahrestag von Krakau ist nicht nur ein Tag der Trauer, er ist für Demokraten ein Tag frohen Mutes; denn die Niederlage birgt den Sieg in sich, und die Früchte dieses Sieges sind uns gewiss, während die Folgen der Niederlage nur von kurzer Dauer sind.[255]

(War diese Gewissheit von Engels, der sich wähnt, den Sinn und die Entwicklung der Geschichte durchdrungen zu haben, nicht seine tragische Verblendung und eigentlich eine der ganzen revolutionären Bewegung?) Und genauso wie die Proletarier, die laut dem Kommunistischen Manifest nichts zu verlieren hätten „als ihre Ketten"[256] – woraus sich die heuristische Kraft ihrer Erkenntnisse speisen würden, die von einem interesselosen Interesse gewonnen worden seien und daher das gesellschaftliche Ganze umfassen würden – hätten die polnischen Demokraten nichts zu verlieren (im folgenden Zitat fällt darüber hinaus auf die Auffassung der Revolution als eines perfekt sichtbaren Schauspiels):

> In Krakau – und es lag auf der Hand – hatten die Menschen nicht mehr viel zu verlieren. Da gab es keine Aristokraten; da trug jeder Schritt, der unternommen wurde, den Stempel jener demokratischen, fast möchte ich sagen, proletarischen Kühnheit, die nichts als ihr Elend zu verlieren und ein ganzes Vaterland, eine ganze Welt zu gewinnen hat.[257]

---

253 Marx, „Der achtzehnte Brumaire des Louis Bonaparte", 116.

254 Adam Mickiewicz, *Konrad Wallenrod. Powieść historyczna z dziejów litewskich i pruskich. Dzieła*, red. Julian Krzyżanowski (Warszawa: Czytelnik, 1955), Bd. 2, 100-103.

255 Marx, Engels, „Reden auf der Gedenkfeier" [Die Rede von Friedrich Engels], 522.

256 Karl Marx, Friedrich Engels, *Manifest der Kommunistischen Partei*, Marx, Engels, *Werke*, Bd. 4, 492.

257 Marx, Engels, „Reden auf der Gedenkfeier" [Die Rede von Friedrich Engels], 523.

Was an der Tragödie der gescheiterten Revolution wirklich erfreut, ist die Verbrüderung der Völker am Vorabend der nicht mehr lange auf sich warten lassenden europäischen Revolution:

> Und besonders muss sich unser Deutschland zu diesem Ausbruch der demokratischen Leidenschaften in Polen beglückwünschen. Wir stehen unmittelbar vor einer demokratischen Revolution; wir werden zu kämpfen haben gegen die barbarischen Horden Österreichs und Russlands. Vor 1846 konnten wir Zweifel hegen, welche Partei Polen im Falle einer Demokratischen Revolution in Deutschland ergreifen würde. Die Krakauer Revolution hat jeden Zweifel beseitigt. Von nun an sind das deutsche und das polnische Volk unwiderruflich verbündet.[258]

Die kleine Tragödien- und Revolutionstheorie von Engels ist eine Theorie zur Umsetzung der Theorie. Am Vorabend des Völkerfrühlings verfährt Engels, dem Zeitgeist gemäß, *inter*-nationalistisch. Polens Opfer diene der Umsetzung der deutschen Theorie – für ganz Europa:

> Das Bündnis der beiden Nationen ist also keineswegs ein schöner Traum, eine lockende Illusion; nein, meine Herren, es ist eine unabdingbare Notwendigkeit, die den gemeinsamen Interessen beider Nationen entspringt und die durch die Krakauer Revolution zur Notwendigkeit geworden ist. Das deutsche Volk hat es in eigener Sache bisher fast nur zu Worten gebracht; für seine polnischen Brüder wird es Taten vollbringen.[259]

Schon Heine beklagte im dritten Teil seiner Ludwig-Börne-Streitschrift die Tatsache, dass Deutsche nach 1830 fast eine Revolution für die Sache der Polen gemacht hätten, während sie nicht imstande gewesen seien, für ihre eigenen Interessen zu kämpfen.[260] Was Heine spöttisch behauptete, bestätigt Engels in allem Ernst. Den Deutschen ist Polen notwendig, damit sie überhaupt von der Theorie zur Praxis übergehen können. Hier scheint Engels sich auch dem polnischen Opfer verpflichtet zu fühlen. Damit die deutsche Revolution endlich passieren kann, muss sie laut Engels am Vorabend der Veröffentlichung des Kommunistischen Manifests als Gabe an die Polen oder als eine Wiedergutmachung gedacht werden. Ein Bestandteil der Wirklichkeit wird die Theorie nur als (Wieder-)Gabe, die sich auf die unglücklich verfehlte Tat bezieht, wobei der Tausch im Rahmen des *inter*-nationalen Messianismus stattfindet. Der deutsche Übergang von der Theorie zur Tat rettet die Tragödie

258 Marx, Engels, „Reden auf der Gedenkfeier" [Die Rede von Friedrich Engels], 524.

259 Marx, Engels, „Reden auf der Gedenkfeier" [Die Rede von Friedrich Engels], 524-525.

260 Heinrich Heine, „Ludwig Börne. Eine Denkrschrift", *Werke und Briefe*, hg. von Hans Kaufmann (Berlin, Weimar: Aufbau, 1972), 158-159.

des Philosophenaufstands, der sinnlos in Blut ertränkt wurde. Die Deutschen gaben den Polen die Theorie der Freiheit, nach deren verfehlter Umsetzung das Gespenst Polens mit einer Tat beschwichtigt werden sollte – wie die Gespenster in Mickiewicz' *Ahnenfeier II* und *IV*, die ihre Ruhe auf der Erde nicht finden können, bevor die am Ritual teilnehmenden Lebendigen ihnen das geben, was ihnen vor dem Tod fehlte.[261] Dies aber bedeutet hier, dass die Polen, die von den Deutschen die Theorie bekamen hatten, den Deutschen die Fähigkeit zu handeln gaben. Auch auf diese Weise – in der Gestalt der Ökonomik der Gabe – verbinden sich Ökonomie und Politik in der Tragödientheorie.

6.4.5. *Adam Mickiewicz*

Edward Dembowski war nicht nur *das* tragische Opfer der Philosophie der Tat, sondern auch Literaturhistoriker, der auf eine andere Tragödie hindeutete, um die sich die Kräfte der polnischen Revolution sammelten: Adam Mickiewicz' *Ahnenfeier*. Über Mickiewicz' Werk schrieb Dembowski: „Wenn die Jugend sich vor der Revolution des Jahres 1830 nie von der *Ode an die Jugend* und dem *Konrad Wallenrod* trennte und quasi das Leben dieser Dichtung lebte, stellt jetzt die *Ahnenfeier* der Fokus aller Gedanken und aller Gefühle dar",[262] aller theoretischen und volitionalen Anstrengungen. *Konrad Wallenrod* war eine empörende Apotheose des Verrates, welche die jungen Offiziere der Armee im Königtum Polen, dessen König der Zar war, wohl mit großer Spannung gelesen haben, als sie den Komplott des Häuslichen gegen die Politik der Restauration vorbereiteten. Die *Ahnenfeier* ist (auch), suggerierte Mickiewicz schon 1823 im Vorwort zum ersten Teil des Dramas, eine Art Tragödie: Im Vorwort zum Drama behauptete er, dass die Feier, der das Drama entwächst, bevor sie ‚dziady' hieß, zur Zeit des Heidentums das ‚Festmahl des Ziegenbocks' genannt wurde. Dieses Festmahl sei von einem „Koźlarz, Huslar, Guślarz, zugleich Priester und Poet"[263] geleitet worden. Die Verbindung zur Tragödie ist nun, anhand dieses

261 So die Voraussetzung des dargestellten Rituals: *Ahnenfeier* als eine Tragödie belehrt den Zuschauer, indem sie Entstellungen des Rituals zeigen, d.h. Handlungen, die die Rituale zum Scheitern bringen und die Gespenster nicht erlösen.

262 Edward Dembowski, „Piśmiennictwo polskie w zarysie", *Pisma*, Bd. 4, 322: „Jeżeli przed rokiem 1830 młodzież z *Odą do Młodości* i *Wallenrodem* ani na chwilę nie rozstawała się i nimi żyła niejako, to teraz *Dziady* byłby ogniskiem myśli i uczuć wszystkich." Zur literarischen Faszinationen der Revolutionäre Anfang der 1840er Jahre siehe Władimir A. Diakow, „Literackie zainteresowania konspiratorów polskich z lat trzydziestych i czterdziestych XIX wieku", übersetzt von Janina Sidorska, *Pamiętnik Literacki* 1974, 4, 209-215.

263 Mickiewicz, *Dzieła*, Bd. 3, 11: „Uroczystość ta początkiem sowim sięga czasów pogańskich i zwała się niegdyś ucztą kozła, na której przewodniczył Koźlarz, Huslar, Guślarz, razem kapłan i poeta (gęślarz)."

diskreten Kalauers im Still von Nabokov, nicht schwer zu schlagen. Etymologisch kann nämlich der Name τραγωδία als ‚Gesang des Ziegenbocks' ausgelegt werden. Hinzu kommt, dass wenn man aber Mickiewicz' ‚Festmahl des Zeigebockes' ins Altgriechische zu übersetzen versucht, bekommt man *tragu dais*, was an die entstellte *tragodia* erinnert. Damit bekommt der Leser einen deutlichen Hinweis, dass es sich hier um den Versuch einer Synthese des slavischen und des griechischen Nationalelementes handelt. Das Drama versöhnt darüber hinaus das Heidentum des urslavischen Totenfestes mit der Form des christlichen Mysteriums. Es gibt freilich noch mehr Zutaten. Die Architektonik des Dramas ist enorm kompliziert, sodass man ganz wörtlich behaupten kann, es spricht über Gott und die Welt. Diejenigen, die es mit Goethes *Faust* vergleichen, haben Recht: Auch *Ahnenfeier III* ist eine Tragödie der ungeduldigen Tat oder vielmehr eines kraftvollen, wirklichkeitsschaffenden, kurz: dramatischen Wortes, das hochmütig – wie das von Hölderlin gedeutete Wort Ödipus[264] – die Wirklichkeit zu überholen scheint und in Gotteslästerung verfällt. Der Prahler kann nicht errettet werden, bevor er die Anwesenheit Gottes in der Zukunft und die Keime des Wunderbaren in der Gegenwart erblickt; ob er sich dafür eignet, was eine Verwandlung von ihm erfordert, bleibt im Drama offen.

Eine politische Schrift, die als Pendant zu *Ahnenfeier III* gilt, sind die gleich nach dem letzten Teil des Dramas 1832 entstandenen *Księgi narodu polskiego i pielgrzymstwa polskiego* (*Bücher der polnischen Nation und des polnischen Pilgertums*). Während die Tragödie *Dziady* das Drama der polnischen Philosophie der Tat und des polnischen Messianismus ist, enthalten die *Bücher...* ihre Prosa. Diese projiziert mitunter zentrale Figuren der Hegel'schen Tragödientheorie auf die polnische und europäische Geschichte. In anderen Worten: Die biblische Prosa der *Księgi* ... hat die Hegel'sche Deutung der Tragödie (im Sittlichen) einverleibt und gleichsam auf die Situation Polens übertragen. Mickiewicz' Allegorien, deren allgemeiner Charakter der polnischen Sache eine möglichst weite Resonanz verschaffen sollte, verhalten sich wie Gestalten der von Hegel ausgelegten Tragödie. Mickiewicz' Allegorien *in praesentia* – Allegorien, die ihre eigene Bedeutung explizit formulieren – wiederholen die Aufteilung der Kultur auf das Häusliche und das Öffentliche als zentrales Merkmal ihres Begriffs, jenes mit der Unterwelt und dieses mit der Oberfläche identifizieren und beide auf das Faktum des Todes beziehen.

> Bo naród polski nie umarł, ciało jego leży w grobie, a dusza jego zstąpiła z ziemi, to jest z życia publicznego, do otchłani, to jest do życia domowego ludów

264 Siehe das Hölderlin-Kapital.

> cierpiących niewolę w kraju i za krajem, aby widzieć cierpienia ich./ A trzeciego dnia dusza wróci do ciała, i naród zmartwychwstanie, i uwolni wszystkie ludy Europy z niewoli.[265]

Der Gedanke von der unterirdischen Existenz Polens wurde auch in der *Ahnenfeier* zum Ausdruck gebrachte:

> Bo teraz Polska żyje, kwitnie w ziemi cieniach,
> Jej dzieje na Sybirze, twierdzach i więzieniach.[266]

An die Stelle der tragischen Versöhnung tritt bei Mickiewicz Polens Auferstehung; während die Versöhnung grundsätzlich retroaktiv wirkt, sich eher auf das Bestehende bezieht, deutet die Auferstehung eindeutig auf die Zukunft hin und so stimmt sie inhaltlich mit der slavischen Philosophie der Tat überein. Polen drängt in die politische Ordnung ein, als hätte Antigone ihren Bruder aus dem Tod zurückgeholt und nicht lediglich mit einer Schicht Erde bedeckt, um diese Ordnung komplett zu negieren und letzten Endes zu verklären. Mickiewicz rät den Polen sich in einem solchen Grad mit dem unterirdischen Zeus zu identifizieren, dass sie – genauso wie die für das Ökonomische stehende Antigone – für das Politische blind werden: „Nie rozprawiajcie wiele of formie przyszłego rządu w Polsce. Nie ci najlepiej urządzą, którzy rozprawiają, ale ci, którzy najmocniej czują i najpełniejsi są poświęcenia się."[267] Die vollständige Verwerfung des Politischen kann nur auf zwei Weisen plausibel gemacht werden. Eine Erklärung beruft sich auf die Geschichte der sogenannten Großen Emigration und besagt, dass Mickiewicz mit seinem Rat die politischen Streitereien dämpfen wollte. Nur *viribus unibus* wäre die Unabhängigkeit wiederherzustellen. Die zweite Erklärung, die der ersten nicht widerspricht, sondern sie verstärkt, sieht der Wahl der politischen Blindheit eine Konsequenz, die sich daraus ergibt, dass Mickiewicz die polnische Geschichte so modellieren wollte, damit sie heilig und tragisch

265 Mickiewicz, *Dzieła*, Bd. 6, 17; Mickiewicz, *Bücher der Polnischen* [*sic!*] *Nation und der Polnischen* [*sic!*] *Pilgerschaft*, übersetzt von J.P.B. Gaugen (Paris: Heideloff, 1833), 24: „Denn das Polnische Volk starb nicht; sein Körper liegt im Grabe und seine Seele wanderte aus der Erde d.h. dem öffentlichen Leben der Völker, zum Abgrunde, d.h. dem häuslichen Leben der Völker, die Sklaverei leiden im Lande und außer dem Lande, um ihre Leiden zu sehen./ Und am dritten Tage kehrt die Seele wieder zurück zu ihrem Körper, und das Volk wird auferstehen und alle europäischen Völker von der Sklaverei befreien."

266 Mickiewicz, *Dzieła*, Bd. 3, 207: „Denn Polen lebt jetzt, es blüht in Schatten der Erde,/ Seine Geschichte findet in Sibirien, in Festungen und Gefängnissen statt."

267 Mickiewicz, *Dzieła*, Bd. 6, 50; Mickiewicz, *Bücher*, 100: „Streitet euch nicht über die Gestalt der künftigen Regierung in Polen. Nicht die, die sich streiteten, werden sie am besten einrichten, sondern sie, die am meisten fühlen und die, die voll Aufopferung sind."

wird – wie Ecce Homo zwischen dem Profanen und Heiligen changierend. Die Polen müssen tragisch einseitig sein, damit die Versöhnung eintreten kann. „Zaprawdę powiadam Wam: nie badajcie, jaki będzie rząd w Polsce, dosyć Wam wiedzieć, że będzie lepszy niż wszystkie, o których wiecie; nie pytajcie o jej granicach, bo większe będą, niż były kiedykolwiek."[268]

Mickiewicz hielt von 1840 bis 1844, als er aus theologisch-politischen Gründen – konkret wegen der Propaganda des slavischen Messianismus in der Prägung von Andrzej Towiańskis – entlassen wurde, im Collège de France Vorlesungen. Der Titel seiner Veranstaltung, der dem Umfang der von Mickiewicz behandelten Themen bei weitem nicht entspricht, lautete *Cours de littérature slave*. Die populäre Etymologie leitet das polnische und das russische Wort für ‚Slaven' (*słowianie, slavjane*) von *słowo* beziehungsweise *slovo*, das ‚Wort', ab (wobei der ‚Deutsche', *Niemiec/ nemec* von *niemy/ nemoj* ‚stumm', stammt: ein Deutscher ist jener, der nicht sprechen kann.) Wegen der solchermaßen etymologisch angedeuteten *correspondance* zwischen den Slaven und den Worten ist die am 7. Februar 1844 gehaltene Vorlesung von essenzieller Bedeutung und relativ großer Berühmtheit, da Mickiewicz an diesem Tag auf die Frage zu antworten versuchte, was das Wort sei: *qu'est-ce que c'est la parole?*[269] Für den Slaven sei das Wort eine begeisterte Tat, die vom ganzen Menschen ausgeht und den ganzen Menschen ergreift. Angesichts der Hochachtung, die die Polen Mickiewicz entgegenbrachten, sollte der 7. Februar 1844 als der Inaugurationstag des polnischen theatralen Generativismus gefeiert werden, auch wenn der bescheidene Mickiewicz sich auf seinen Wegbereiter Stanisław Potocki beruft (anderseits aber Hegel, Cieszkowski, Henryk Kamieński oder Dembowski verschweigt). Mickiewicz begreift das Wort und andere Formen des geistigen Erscheinens (*formes de manifestation spirituelle*) – „Bücher", „Denkmäler" oder „Meisterwerke" – als Medien, denen sich die Geister bedienen, damit sie voreinander erscheinen können (*moyens dont se servent les espirits pour aparaître les uns aux autres*). In der offizellen polnischen Übersetzung liest man jedoch über die ‚Medien' (*środki*) von *obcowanie duchów*, Gemeinschaft der Geister, was eine Anspielung auf das katholische Dogma des *communio sanctorum*, der ‚Gemeinschaft der Heiligen' darstellt, die alle Getauften, auch die Verstorbenen, umfasst.[270] Das Erscheinen und die Medien mit der Gemeinschaft zu ersetzen, heißt jedoch, die Intention von Mickiewicz

---

268 Mickiewicz, *Dzieła*, Bd. 6, 52; Mickiewicz, *Bücher*, 104: „Wahrlich, wahrlich ich sage euch, forschet nicht nach, was für eine Regierung in Polen sein wird, es sei euch genug zu wissen, dass sie besser sein wird, als alle welche sie kennet, und fragt nicht nach den Grenzen, denn diese werden größer sein als je."

269 Mickiewicz, *Dzieła*, Bd. 11, 394-409.

270 Mickiewicz, *Pisma*, Bd. 11, 110, 396-398.

nur wenig zu entstellen, da er selbst die *communio sanctorum* zum reinsten Modell der Kommunikation macht: „La communion des esprits, ce dogme du christianisme, est en même temps la première condition de tout progress."[271] (Die Gemeinschaft ist auch – man denke an: Proletarier aller Länder vereinigt euch! – eine Bedingung der Revolution.) Darüber hinaus fügt Mickiewicz im Geiste Goethes und Hegels hinzu, dass die kollektiven Geister, das heißt die politischen Staaten, demselben Recht unterlägen.[272]

In der Vorlesung zum *słowo* stellt Mickiewicz die slavische Vision des Wortes, *verbum*, das das Heiligtum und die schöpferische Macht des ganzen, sinnlich-sittlichen Menschen impliziert (114), dem französischen *parole* entgegen. Letzteres sei nichts mehr und wolle nichts mehr sein als lediglich ein sinnliches Bild des mentalen Begriffes (*une répresentation de la pensée*, 115). Wie in Deutschland Goethe und Hegel dies mit dem Staat und dem Theater gemacht hatten, zerstört auch Mickiewicz' Sprachmystik die Schranke zwischen Sein und Schein, Wollen und Werden: Der französischen rationalen Philosophie der Sprache zu Trotz, die den sinnlichen Schein und das mentale Wesen des Wortes voneinander absonderte, zersprengt gerade das Wort die Barriere zwischen dem Körper und dem Geist.

Das Wort sei das Medium, das den Schein und das ewige Wesen im Menschen umfasse sowie Menschen ergreife und Gemeinschaften erschaffe – Dembowskis und jede andre Kunst der Gesellschaft als Kunst der positiven Freiheit ermöglichend. Das französische Volk – anders als für französische Philosophen – halte das Wort für keine sinnliche Repräsentation des abstrakten Gedankens, sondern etwas Körperliches, das man „gibt", „hält" und „bricht". Es ist ein sinnlich spürbares Ding oder ein Ereignis. Das französische Volk praktiziert instinktiv die polnische Theorie: „Pour lui, la parole c'est l'homme tout entière" (116). Das Wort ist der ganze Mensch oder der Mensch wird erst im Wort ganz. Man fühlt sich vom charismatischen Wort gänzlich erschüttert und hingerissen. Das Feuer Gottes verbindet den Körper mit dem Geist, damit das Wort auftritt und in ihm der Mensch, der handelt: „La parole donc, c'est le chair et l'esprit fondus ensemble par le feu divin qui réside dans l'homme" (117). (So wird die Szene des Abendmals in *Konrad Wallenrod* konstruiert: Der zerrissene, zweifelnde Held, in dem zwei Identitäten kämpfen – der innerliche Litauer mit dem äußerlichen Deutschen – wird unter dem Einfluss des dichterischen Wortes zur handelnden Einigkeit gebracht.)

Der beharrliche Bezugspunkt dieser Lehre vom Wort – ihre Urszene – ist weder die Beziehung zwischen dem Ausdrucks- und dem Inhaltsplan noch der

271 Mickiewicz, *Pisma*, Bd. 11, 111.
272 Mickiewicz, *Pisma*, Bd. 11, 394.

Unterschied zwischen Kompetenz und Ausführung, sondern eine konkrete und sehr bestimmte Situation des Kommunizierens: die Entsendung oder die Ausgießung des Heiligen Geistes (Apg, 2, 1-41). Die zeitgenössische ,offizielle' Kirche habe die Gabe der Sprachen und des Wortes verloren.

Wo aber die Gabe erschien, verschwand der Klang der Stimme im Geistigen nicht. Das Sinnliche löste sich nicht im Spirituellen auf. Der Unterschied der Sprachen, ihrer sinnlichen Gestalten und ihrer oft skandalösen Klänge, motiviert überhaupt die Urszene der Entsendung des Geistes. Aller Entkörperung zuwider wird „Le son de la voix" auf der Welle „eines solchen Stromes des Lebens und der Kraft" getragen, dass – auch wenn wir die Worte der Sprache nicht verstünden, mit der der charismatische Mensch uns anspricht – unsere Seele augenblicklich dazu fähig wäre, den „inneren Sinn", die „göttliche Intention" des Wortes zu begreifen; unser Verstand würde von sich selbst diese Klänge ins Französische übersetzten (127-128).[273] Der Klang gleiche der Welle der Begeisterung, die Menschen und Dinge mit sich reiße. Das Äußerliche sei das Geistige; das Medium der Vermittlung, das Wort, sei das Unmittelbare. Die Energie des Wortes sorgt dafür, dass das Erscheinen der Person und ihre Gesten – wie es im Theater passiert – dem Leben Sinn verleihe und es verkläre: Pius V habe zahlreiche Protestanten bekehrt, ohne sich mit einem Wort an sie zu wenden, als er nur in ihrer Gegenwart erschienen sei (das behaupte der protestantische Historiker Ranke). Man könne aber den Menschen nicht bekehren, ohne auf seinen Geist zu wirken. Der heilige Papst habe also gewirkt, bevor er zu sprechen angefangen habe. Er habe das Wort hören lassen, das er in sich selbst getragen habe – ohne es auszusprechen. Er sei wirklich das gewesen, was der Dichter Garczyński die lebendige Hälfte des Wortes nenne (128-129).[274]

Das Wort als der lebendige, ganze Mensch verschwindet im Schweigen einer intellektuellen Anschauung nicht; es erklingt kraft der Bedingungen, in denen es erscheinen kann und muss. Für Mickiewicz wird das Wort zum Fleisch im Medium, das die Barriere zwischen Schein und Sein nivelliert. Ein Semester vor der gerade besprochenen Vorlesung zum Ursprung des Wortes trug Mickiewicz zum Wesen des slavischen Dramas vor.[275] Mickiewicz' Ideen – unter anderem das in der 16. Vorlesung des dritten Kurses umrissene Projekt des großen Theaters – wurden von Leon Schiller und früher noch von Stanisław

273 Mickiewicz, *Pisma*, Bd. 11, 404.

274 Mickiewicz, *Pisma*, Bd. 11, 405.

275 Zur Stelle dieser Sitzung im ganzen Kurs und ihrem Einfluss auf die polnische Tragödientheorie siehe: Marek Dybizbański, *Tragedia polska drugiej połowy XIX wieku – wzorce i odstępstwa* (Poznań: Wydawnictwo Poznańskie, 2009), 15-66.

Wyspiański in seinen Theater- und Hamlet-Studien rezipiert. Auf diese Weise gefiltert sind sie dann in Edward Gordon Craigs Theater-Konzeption eingeflossen: „Ich flog hoch" – schrieb er Leon Schiller über ihr gemeinsames Gespräch über Wyspiański in Florenz.[276] Das slavische Theater wird durch die Kraft des Wortes bestimmt und zwar als die kraftvollste Realisation der Dichtung („la plus forte réalisation de la poésie"[277]). Als wolle Mickiewicz Hegels Worte über die große Kunst wiederholen, die am Ende einer Welt emporschießt, behauptet er, dass das Drama fast immer das Ende einer Epoche und den Anfang einer anderen verkündet (301). So wird das Drama zum Analogon des ‚dramatischen Gedichts', wie es Hölderlin in seinen Schriften um das Empedokles-Projekt beschrieb, d.h. eines Spiels von Erinnerung und Ahnung.[278] Dembowski bescheinigte der *Ahnenfeier*, dass sie revolutionäre Unruhe auslöse, indem sie an ein altertümliches Erinnerungsfest erinnere. Durch die Erinnerung wird das Drama für die Menschen zur Ahnung der Tat, die gleichsam das Leben des Dramas lebten so wie die vorherige Generation der Revolutionären von „Ode an die Jugend" *Konrad Wallenrod* körperlich ergriffen war.[279]

Das Drama ist in diesem Paradigma der slavischen Philosophie der Tat Nachahmung und Ahnung, eine retro- und proaktive Wiederholung. Diese doppelte Ausrichtung entspricht den Unterschieden zwischen den Menschen, deren Geister laut Mickiewicz mal schneller, mal langsamer sind: Wenn nur der Gedanke, der eine Nation bewege, seine Repräsentation in der Realität gefunden habe und wenn nur er einen Heros produziert habe, strebe der Gedanke danach, die Erinnerung an seine Taten in der Kunst zu fixieren; er produziere das Drama. Das Drama sei eine Kunstform, die zum Antreiben (*pousser*), oder vielmehr zum Determinieren der verzögernden Geister diene, damit sie handeln (301-302). Zu diesem Zwecke, um eben für die Tat zu begeistern, benütze das Drama alle möglichen Künste und Mittel. Das Drama umfasse die Totalität der Kunstmittel, wie der Staat die Totalität des Politischen sei, betont Mickiewicz (302). Freilich sei die griechische Tragödie eine Einübung ins Politische gewesen, da griechische Politiker und Demagogen die Repliken des Dramas nachgeahmt hätten (Mickiewicz schließt sich nicht

276 Magdalena Grzebałkowska, *Wytrąceni z milczenia* (Wołowiec: Czarne, 2013), 276-277; Craigs Begeisterung war so groß, dass er in *On the Art of Theatre* den Namen Wyspiańskis nicht ohne Rechtschreibfehler schreiben konnte. Oder er dachte, dass Polnisch kyrillisch Geschieben und wie Russisch transkribiert wird (Wyspiansky).

277 Mickiewicz, *Pisma*, Bd. 10, 301.

278 Siehe das Hölderlin-Kapitel.

279 Edward Dembowski, „Piśmiennictwo polskie w zarysie", *Pisma*, Bd. 4, 322; siehe oben in diesem Kapitel.

den Theoretikern an, die wie Nietzsche behaupteten, die edle Tragödie an Demokratie gestorben sei). Derzeit, so Mickiewicz, verweile das Drama im Exil des institutionellen Theaters, das nur über begrenzte Mittel verfüge, deren Beschränktheit ihren Niederschlag in der kleinmütigen Thematik von Dramen finde. Das kommende slavische Drama jedoch, das die 16. Vorlesung projiziert, solle all die Grenzen sprengen, alles sagen und alles zeigen – alle Realitäten (Himmel, Hölle und Erde), alle sozialen Klassen, alle Ekstasen der Zeit, alle Gattungen und Töne, alle theatralen Mittel ins Spiel bringen. Die Bühne für ein solches Drama sei allerdings noch nicht vorhanden; es ist eine Sache der Zukunft.

Es gibt bei Mickiewicz eine merkwürdige Spannung zwischen Gigantomanie und Bescheidenheit, da das ganze enorme Welt-Theater sich in das Sprachliche, das Wort, schließen lassen soll. In das Wort, das ergreift und Staunen auslöst (das griechische θαυμάζειν). Die Dramatiker sollen, so Mickiewicz, auf die stolpernde Entwicklung der Theatermaschinerie nicht achten, sondern sich der Arbeit am Wort widmen. Als Vorbild solle ihnen der bäuerliche Märchenerzähler dienen, der mit Worten und einfachen Gesten das Staunen in seinen Zuhörern anstiftet (312). Das ganze Theater zielt ab auf das kraftvolle Wort, das neue Epochen stiftet. Obwohl dieses Konzept, wonach der ganze Kosmos ins charismatische Wort hineingezogen wird, der deutschen Verinnerlichung ähnelt, bleibt das Spezifikum Mickiewicz' nicht übersehbar: Hier steht das Wort im Vordergrund, das die Grenze zwischen Innerem und Äußerem gerade auflöst, den ganzen Menschen durchbrennt. Das Wort ist der handelnde Mensch, der Pilger und der Revolutionär. Es ergreift und tötet, wie Hölderlin sich *à propos* der griechischen Tragödie ausdrückte.

Das charismatische Wort Mickiewicz' hat auch die Deutschen ergriffen, obwohl sie seine polnische Dichtung meistens nicht lesen konnten. Seine Präsenz und sein Ton – wie einst die Präsenz des Papstes Pius – reichten Ludwig Uhland dazu, mit dem Gedicht „Mickiéwicz" auf sein Schaffen zu antworten. Es lohnt sich, das zu Unrecht vergessene Gedicht Uhlands zu zitieren – auch wegen seines programmatischen Charakters, der die Positionierung des politischen Dichters exakt bestimmt. Mickiewicz scheint hier ein *role model* für liberal gesinnte Dichter des Vormärz zu sein, ein Dichter also, der eine Art Aktivität unter den Umständen der gezwungenen Passivität erfand. Auch bei Uhland wird Deutschland als passives Publikum dargestellt, das dem Novemberaufstand 1830 und seiner Niederlage lauscht (das ganze Gedicht setzt eher auf auratische Elemente als auf visuelle):

An der Weichsel fernem Strande
Tobt ein Kampf mit Donnerschall,
Weithin über deutsche Lande,

Rollt er seinen Wiederhall.
Schwert und Sense, scharfen Klanges,
Dringen her zu unsern Ohren,
Und der Ruf des Schlachtgesanges:
Noch ist Polen nicht verloren!

Und wir horchen und wir lauschen,
Stille waltet um und um,
Nur die trägen Wellen rauschen,
Und das weite Feld ist stumm;
Nur wie Sterbender Gestöhne,
Lufthauch durch gebrochne Hallen,
Hört man dumpfe Trauertöne:
Polen, Polen ist gefallen!

Mitten in der stillen Feier
Wird ein Seitengriff getan;
Ha! wie schwillet diese Leier,
Voller stets und mächtg'er an!
Leben schaffen solche Geister,
Dann wird Totes neu geboren;
Ja! mir bürgt des Liedes Meister:
Noch ist Polen nicht verloren![280]

Es entsteht hier der Eindruck, dass Uhland Mickiewicz' Wort besser verstand, als der polnische Dichter selbst, vor allem was den Einfluss der deutschen Philosophie der Negation angeht, den Mickiewicz immer verneinte: Uhlands Antwort auf Mickiewicz' Charisma vereinigt gekonnt das Sängerische an der Sprache mit Hegels dialektischer Triade, wobei die drei Strophen jeweils für These, Antithese und Synthese stehen. Die singende Dialektik rückt vor allem im Refrain in den Vordergrund: „Noch ist Polen nicht verloren!" – „Polen, Polen ist gefallen" – „Noch ist Polen nicht verloren!" Das nicht verlorene Leben Polens ist am Ende des Gedichts ein verändertes: Es ist ein Leben in der Dichtung, das als Resultat aus der Synthese des lauten Lebens (1. Strophe) mit der Todesstille (2. Strophe) entstand. Dieses Leben in Dichtung antizipiert als Erinnerung an den vergangenen Kampf einen zukünftigen, aus der die Erfahrung des

280 Ludwig Uhland, „Mickiéwicz", Gerard Koziełek (Hg.), *Das Polenbild der Deutschen*, 202; vgl. Rolf-Dieter Kluge, „‚Für Polens Freiheit'. Schwäbische Dichter und die polnische Emigration 1831", Rolf-Dieter Kluge (Hg.), *Von Polen, Poesie und Politik. Adam Mickiewicz 1798-1855* (Tübingen: Attempto, 1999), 33-53; vgl., Manfred Mack, „Adam Mickiewicz in deutscher Sprache. Ein bibliographischer Überblick", Bonifacy Miązek (Hg.), *Adam Mickiewicz, Leben und Werk* (Peter Lang, 1998), 409-414; Marian Szyrocki, „Zur Mickiewicz-Rezeption in Deutschland", Bonifacy Miązek (Hg.) *Adam Mickiewicz, Leben und Werk* (Frankfurt am Main: Peter Lang, 1998), 395-408.

Schweigens enthaltenden Dichtung entspringenden Kampf. Indem Uhland den Sänger ins Bild setzt, werden die Bilder des Gedichts zum Vorbild für den deutschen Dichter. Mickiewicz kann – und soll deswegen auch – der deutschen Dichtung die rettende Tätigkeit des Erinnerns beibringen (sagt der Dichter aus Tübingen). 1834 veröffentlichte Mickiewicz sein angeblich von Goethes *Hermann und Dorothea* inspiriertes Erinnerungsepos *Pan Tadeusz*. Diese Erinnerung an das Land der Kindheit bricht im Moment der unvollendeten Hoffnung ab, als Napoleons Russlandfeldzug in die idiotische und putzige polnische (litauische) Provinz einrückt.

6.5. Ökonomie und Schicksal: Gute Verdinglichung und Trauer

6.5.1. *Gute Verdinglichung*

Die Einstellung auf das Endresultat, das immer komisch oder tragisch sein muss, macht wahrscheinlich den Hauptunterschied zwischen Hegels Modell der Geburt (sowie des Todes) der Tragödie und den generativen Grammatiken literarischer (narrativer) Formen aus dem 20. Jahrhundert. Diese sündigen von Hegels Standpunkt aus durch ihre Abstraktheit, da sie sich mit den rudimentären Erzählformen beschäftigten, die sie außerhalb der in die philosophische Ästhetik verbannten finalistischen Kategorien des Komischen und tragischen betrachteten. Gewiss verfügte die generative Gattungspoetik der Idealisten nicht über die Errungenschaften der strukturalistischen Poetik, nichtsdestominder hatte auch sie ihre Vorzüge: Einer von ihnen stellte wie gesagt die Tatsache dar, dass sie nicht eine Poetik rudimentärer – und damit in Hegels Terminologie abstrakter – Erzählungen, sondern der Komödie und der Tragödie ist, die in konkreten Meisterrealisationen erscheinen. Die Teleologie der Erzählung verband sich – dank der Hervorhebung des ständig erneuten Zielverfehlens – nur in den alten Modellen der Tragödie und der Komödie untrennbar mit der Entwicklung der Erzählung. Der Generativismus ist damit selbst zu einer Erzählung geworden. Er erzählt von Fehlern, Missverständnissen, Abweichungen, Teilungen, von der Unmöglichkeit, perfekt zu sein, von Zerrissenheit. Er konzentriert sich immer auf Unzulänglichkeiten, ständig darauf achtend, wo man noch die Konjunktion ‚aber' anfügen könnte, mit der die Ausführung gespickt wird, die ununterbrochen von Peripetien der Wiederkennung erzählt: Von einer Niederlage, die sich als ein Sieg entpuppt, oder von einem Sieg, der eigentlich einen Verlust mit sich bringt. Dieses Generieren findet immer in einem bestimmten Milieu statt, da die Idee, wie uns die Kunst belehrt, immer die Einheit des allgemeinen Begriffes und des Konkreten gründet.

Im Kunstideal herrscht die (Nicht-)Identität von Idee und Ding – darin liegt das Modellhafte der klassischen Kunst für die ganze Wirklichkeit. Da jeder Erzeugungsprozess zielorientiert ist und da jeder Versuch die Idee umzusetzen immer komisch oder tragisch das Ziel verfehlt (wenigstens bevor das absolute Wissen erlangt wird), kann man zwischen der besseren und der schlechteren Verdinglichung unterscheiden. Die Religion und die klassische Kunst, als Entäußerungen des Geistes betrachtet, sind Archetypen der guten Verdinglichung. Die Logik der guten Verdinglichung verflicht sie ineinander, sodass die Hegel'sche Kunstphilosophie direkt aus der Philosophie der Religion emporwächst[281] und sich von der Religion nie endgültig trennt, in der es sich am deutlichsten zeigt, dass die Bestimmung des Begriffes – und jede Bestimmung ist ja Negation – das Sich-Manifestieren bedeutet:[282] Das Austreten aus der Abstraktion und das Wohnen unter uns und dann die Rückkehr in die innige Kontemplation. Zwar behielt *Phänomenologie des Geistes* den Begriff „die Kunstreligion" (PD, 512f) für die griechische Religion vor, aber die Kunst generell funktioniert bei Hegel, als wiederhole sie unendlich den christlichen Mythos der Einverleibung. Der christliche Mythos stellt die Einheit dar, die sich aufteilen und ins Anderssein übergehen musste, um sich mit sich selbst zu versöhnen. In dieser christlichen Trennung und Wiedervereinigung ist die Negation so wirksam, dass sie ebenso gut vom Subjekt beginnen und sich dann zur Objektivität durchkämpfen kann wie umgekehrt. Ist der Anfang die scheinbar vom Geist nicht verklärte Substanz, die jetzt vermenschlicht werden soll, oder ist es die substanzlose Subjektivität – immer endet die Ausführung mit der Einheit des Subjektiven und des Objektiven, sodass sich das Subjekt in der Substanz wiedererkennt und das Prädikat im Subjekt.[283] Hegel bestreitet zwar in seiner frühen Schrift *Der Geist des Christentums und sein Schicksal*, dass es dem historischen Christus gelungen ist, diese Versöhnung zu erlangen, doch bleibt diese Entsprechung des Subjektiven und des Objektiven das Vorbild der guten Verdinglichung sowie des guten Schicksals.

---

281 Die eigentliche Epoche der Kunst ist die Epoche der Kunstreligion.

282 Hegel, *Ezyklopädie III*, 372-374 [§ 564].

283 Hegel, *Ezyklopädie III*, 259-267, 366, [§ 453-455, 553]; Laut Hegels Vorlesungen über die Religion ist so „immer der Gang in aller Wissenschaft: zuerst der Begriff, dann die Bestimmtheit des Begriffs, die Realität, Objektivität und endlich dies, dass der erste Begriff sich selbst Gegenstand ist, für sich selbst ist, sich selbst gegenständlich wird, sich zu sich selbst verhält" (Georg Wilhelm Friedrich Hegel, *Vorlesungen über die Philosophie der Religion*, hg. von Walter Jaeschke (Hamburg: Meiner, 1983-85), Bd. 3, 177); der Prozess lässt sich auch umgekehrt beschreiben: „Das erste ist also das Substantielle, das zweite der Standpunkt des Bewusstseins, das dritte ist dann das Aufheben dieses endlichen Standpunkts des Bewusstseins, die Vereinigung beider Seiten, der Kultus" (Hegel, *Vorlesungen über die Philosophie der Religion*, Bd. 1, 55-56).

Es ist die griechische Tragödie, die das ‚Schicksal' im guten (und d.h. kritischen) Sinn entwickelt, auch wenn – vor allem wenn – sie negative Beispiele führt, wie die Versteinerung Niobes in Hölderlins Übersetzung der Antigone:

> Ich habe gehört, der Wüste gleich sei worden
> Die Lebensreiche, Phrygische,
> Von Tantalos im Schoße gezogen, an Sipylos' Gipfel;
> Höckricht sei worden die und, wie eins Efeuketten
> Antut, in langsamen Fels
> Zusammengezogen; und immerhin bei ihr,
> Wie Männer sagen, bleibt der Winter;
> Und waschet den Hals ihr unter
> Schneehellen Tränen der Wimpern.
> (854-861)

Niobe, einstmals von Achill in *Illias* beschwört,[284] kommt zu Antigones Klage aus der Epik. In der *Phänomenologie des Geistes* korreliert Hegel den historischen Übergang vom Epos zur Tragödie mit einer wesentlichen Reinigung des Begriffes ‚Schicksal'; in der Tragödie hört es auf, das blinde Verhängnis zu sein, dem die epischen Götter und Sterblichen unterliegen. Die traditionelle Gegenüberstellung von christlicher Freiheit (die die Sünde ermöglicht) und heidnischem Fatum tritt, mindestens partiell, außer Kraft.

Über die griechische Kunst sprach Hegel in einer seiner Vorlesungen zur Religionsgeschichte:

> Wenn vielmehr die Naturprodukte nur unter der Bedingung für sie *äußerlicher* und *zufälliger* Umstände und unter dem von außen kommenden Einfluss derselben gedeihen, so ist es im Kunstwerk *die* Notwendigkeit, welche als die innere Seele und als der Begriff der Äußerlichkeit erscheint. *Die* Notwendigkeit nämlich heißt hier nicht, dass Gegenstände notwendig sind und die Notwendigkeit zu ihrem *Prädikate* haben, sondern die Notwendigkeit ist das *Subjekt*, das in seinem Prädikate, im äußerlichen Dasein erscheint.[285]

Die Kunst als eine Darstellung der Notwendigkeit, die das Subjekt mit seiner Bestimmung fusioniert, ist das verdinglichte Schicksal. Die Tragödie, die das Schicksal in Erscheinung treten lässt, verleiht der Kunst ein höheres Maß an Künstlichkeit; diese potenziert sich in der Tragödie bis zur Reflexivität und

284 Christine Schmitz, „Denn auch Niobe ...': die Bedeutung der Niobe-Erzählung in Achills Rede (Ω 599-620)", *Hermes* 2001, 2(129), 145-157.

285 Georg. Wilhelm Friedrich Hegel, *Vorlesungen über die Philosophie der Religion II, Werke*, Bd. 17, 123.

deswegen gilt die Tragödie als das Kunstwerk des Kunstwerkes. Im Fall eines jeden Kunstwerks ähnelt die Beziehung des Künstlers zu seinem Produkt dem tragischen Schicksal; darum stellt die Kunst das Modell der guten Entäußerung der guten Verdinglichung dar. Die Tragödie führt diese künstlerische Relation des Menschen mit der Welt der Gegenstände reflexiv und anschaulich auf, und zwar durch negative Beispiele. In Hegels dynamischer Welt der Negation schließt sich die vollkommene Form in sich selbst und überschreitet zugleich sich selbst. Das Paradox der tragischen Form besteht darin, dass die Tragödie das Ideal der Verdinglichung und zugleich das schlimmste Verfehlen derselben in denselben Bildern enthält.

In Hegels Entwurf der Rechtsphilosophie des modernen Staates wird die Sphäre des Ökonomischen aus dem Tragödien auslösenden Konflikt mit dem Staat zurückgezogen. Die Produktion der Dinge und die Verdinglichung der eigenen Arbeitskraft hören auf familiäre Angelegenheiten zu sein, indem sie in den Schutzgürtel der bürgerlichen Gesellschaft eingeschlossen sind, der den Staat und die Familie trennt und sich zugleich ins Schicksal in Miniatur verwandelt. Das Treiben der bürgerlichen Gesellschaft wird erst recht bei Marx zum Schicksal des Menschen, das man durch das Aufheben der Warenwirtschaft und des Geldes zu überwinden hat; diese Entfremdung, die darin besteht, dass die Menschen unter die Macht der kreisenden Dinge und Scheine fallen, muss bis zur letzten Konsequenz erduldet und zugleich durch eine revolutionäre Tat unterbrochen werden.

Nicht so bei Hegel. Der Besitz errettet die abstrakte Rechtsperson und verleiht ihr die volle Menschlichkeit. Die abstrakte Rechtsperson muss sich namentlich im Äußerlichen verankern, um eine Person *tout court* zu werden: „Die Person muss sich eine äußere *Sphäre ihrer Freiheit* geben, um als Idee zu sein.“[286] Um ein ganzer Mensch zu werden, muss man über das Eigentum verfügen – ganz im Sinne bürgerlicher Verfassungen, die das Zensuswahlrecht enthielten. Die völlige Äußerlichkeit einer Sache ist mein Gebrauchen dieser Sache – und wenn mir der Gebrauch zusteht, besitze ich sie. Diese Eigentumsverhältnisse – die Sachen selbst – werden durch das Wort des Vertrags erschaffen. Durch das Wort hört das Äußerliche auf fremd zu sein; ich muss es nur reibungslos und rechtmäßig benutzen oder aber auch dem Benutzen entsagen: Der höchste Beweis des Besitzes liefert die Entäußerung im Sinne des Loswerdens der Sachen. Ich erscheine als der ganze Mensch dank der Alienation und der Entsagung des Gebrauchs, der mich zuerst zum Besitzer machte. Diese Vermischung des Gebrauchs mit der Alienation – des

---

286 Hegel, *Grundlinien der Philosophie des Rechts*, 102 [§ 41].

Gebrauchswertes mit dem Tauschwert – wird zum Ansatzpunkt von Marx' Kritik des Warenfetischismus der bürgerlichen Gesellschaft.

Der Begriff ‚Entäußerung' – der die Selbstpräsentation des Geistes bezeichnet – war eine Übersetzung des englischen Wortes ‚alientation'; diesen Begriff hat der junge Hegel den Klassikern der britischen Ökonomie entliehen, bei denen er das Loswerden der Ware, des Eigentums bedeutete. Auch die klassischen Anhänger der Gesellschaftsvertrag benutzten das Wort, wenn sie die Übertragung der Freiheit auf den Souverän meinten, sei er ein Einzelmensch oder eine Nation.[287] Der Begriff verbindet also die Vergesellschaftungsformen mit den Weisen, auf die sich der Mensch zu Dingen beziehen kann.

Die Tragödie in ihrer reinen Form muss nämlich laut Hölderlin und Hegel zeigen, dass auch das Positive und dem Menschen Widerstandleistende menschlicher Herkunft ist (dass das Schicksal der Charakter, der Ethos, der Dämon ist). So deutete Hölderlin Ödipus' Niedergang als eine Folge seiner Fehldeutung des Orakels, wobei er sich als Priester aufspielt und seine Befugnisse überschreitet, eine Fehldeutung, die erst eine höhere, positive Ordnung provoziert oder produziert, der der Mensch sich unterordnen soll. Genauso führt Hölderlin die Tragödie *Antigone* auf das Politisch-Theologische zurück, gegenüber dem sich erst das Unmenschliche, als seine Negation und Wiederherstellung, überhaupt offenbaren kann. Auch bei Hegel, wie wir noch sehen werden, entsteht die Tragödie durch einen kognitiven Fehler bezüglich der Natur der Sittlichkeit; die Sittlichkeit ist doch ein menschliches Konstrukt und gerade ihre menschliche Natur wird verkannt. Auch Schelling modellierte die Tragödie als die Aneignung des Positiven durch eine heroische Entscheidung des Subjekts, sich mit dem Objektiven zu identifizieren oder sich für das Objektive zu verantwortlichen. Die kritischen Tragödientheoretiker wollen der Welt einen dramatischen Charakter verleihen, damit das, was der Mensch als äußere Welt erlebt, als ein menschliches Produkt erscheinen kann, das der Produzent frei umgesetzt hat.

Die Verwandlung des Positiven in mein eigenes Schicksal war das große Thema des damaligen Bildungsromans; als Beleg reicht es aus, *Hyperion* oder *Wilhelm Meisters Lehrjahre* zu nennen. Hegels Begriff des Schicksals bildete sich in der zweiten Hälfte der 1790er Jahre, zu der Zeit also, als die großen Romane entstanden und er in Frankfurt, in intimer Nähe zu Hölderlin, an seinem *Geist des Christentums und sein Schicksal* arbeitete. Dilthey folgend[288]

---

287 Vgl. Susanne Schreedhar, „Authorisation and Alienation", S.A. Lloyd (Hg.), *The Bloomsbury Companion To Hobbes* (London, New York: Bloomsbury, 2013), 152-153.

288 Wilhelm Dilthey, *Das Erlebnis und die Dichtung. Lessing, Goethe, Novalis, Hölderlin* (Leipzig: Teubner, 1906), 348-371.

erkennt Rosenzweig in Hegels Tragödie Jesu die Züge des Empedokles, wie ihn Hölderlin schilderte, wieder[289] und auch Lukács wiederholt diese Feststellung.[290] Die Affinität von Hölderlins Tragödie mit der Christus-Abhandlung fällt umso mehr auf, als Hegels Jesus Ödipus sehr ähnelt. Wichtiger noch als seine komplizierten Beziehungen zur Mutter Gottes und Gott dem Vater erscheint die intime Verbindung der Erkenntnis mit der Liebe. Ecce Homo interferiert erneut mit Ödipus' Kommos. Ihre persönlichen Niederlagen (Hegel berücksichtigt die Auferstehung Christi nicht) beweisen *ex negativo* diese enge Verbindung der Theorie mit der Praxis, der Sinnlichkeit mit der Vernunft. Aus ihren Niederlagen erhebt sich der wesentliche Schein des Schicksals, der die beiden Seiten versöhnt.

In *Geist des Christentums* unterscheidet er zwischen drei Typen des Schicksals: dem jüdischen, dem christlichen und dem Schicksal schlechthin. Letzteres rekonstruiert Hegel anhand der griechischen Kunst, damit es als Ideal der guten Verdinglichung dient. Das Judentum mit seinem Hass gegenüber der Natur verdient Macbeths Schicksal und Hegels Verachtung. Als ein Vorgänger der unerklärten Aufklärung aus Adornos und Horkheimers *Dialektik der Aufklärung* bricht sich der Judaismus aus der Natur heraus und verstrickt sich damit in der Schuld, die sich in Zwangsneurosen *avant la lettre* entlädt. Das gegen die Natur (-götter) erschaffene Recht verschlingt den Menschen, dessen ganze Existenz sich in eine unendliche Schuld dem Recht gegenüber verwandelt. Indem Jesus sich gegen das jüdische Recht wandte – hier folgte Hegel dem Heiligen Paulus und Martin Luther – wollte er natürlich die Restitution des „ganzen Menschen",[291] denn das jüdische Recht, genauso wie das kantische und dasjenige aus der *Deklaration der Menschenrechte*, reduzierte den Menschen auf das bloß Formale. Das Schicksal Jesu ist aber die unendliche Oszillation zwischen dem Positiven und dem Geistigen, ohne die wahre Subjektivität oder Verdinglichung erlangen zu können. Rosenzweig und Lukács sind sich einig: Jesus hat sein Schicksal provoziert, indem er versuchte, vor dem Schicksal der Juden zu fliehen.[292] Unglücklicherweise gelang es ihm

289 Rosenzweig, *Hegel und der Staat*, 117-119.

290 Lukács, *Der junge Hegel*, 269.

291 Georg Wilhelm Friedrich Hegel, „Der Geist des Christentums und sein Schicksal", *Werke*, Bd. 1, 300.

292 Hegel, „Der Geist des Christentums und sein Schicksal", 317: „Jesus bekämpfte nicht nur einen Teil des jüdischen Schicksals, weil er nicht von einem anderen Teil desselben befangen war, sondern stellte sich dem Ganzen entgegen; war also selbst darüber erhaben und suchte sein Volk darüber zu erheben. Aber solche Feindschaften, als er aufzuheben suchte, können nur durch Tapferkeit überwältigt, nicht durch Liebe versöhnt werden; auch sein erhabener Versuch, das Ganze des Schicksals zu überwinden, mußte darum in seinem Volke fehlschlagen und er selbst ein Opfer desselben werden."

nicht, eine Religion zu stiften, die eine ganzheitliche Lebensform wäre – wie die griechische Sittlichkeit aus der *Phänomenologie des Geistes*. Jesus verliert, aber das Ideal, das sein Misserfolg verdeutlichte, bleibt. Hegels Ausführung erweckt den Eindruck, dass gerade die Niederlage das Projekt Jesus theoretisch so interessant macht, wobei die griechische Sittlichkeit stumm bleibt und uns nichts zu sagen hat, bis sie sich mitten in der Katastrophe befindet und die Tragödie hervorbringt.

Das Recht operiere durch Teilen und Unterscheiden: schuldig gegen unschuldig. Schicksal vereinige dagegen. Das Schicksal bedeute kein mechanisches Anwenden des Gesetzes, sondern die Kraft des organischen, lebendigen Ganzen, zu dem das Einzelne gehöre:

> Schicksal ist das Gesetz selbst, das ich in der Handlung (diese sei Übertretung eines anderen Gesetzes oder nicht) aufgestellt habe, in seiner Rückwirkung auf mich; die Strafe [als ein Begriff des Gesetzes und nicht des Schicksals] ist nur die Folge eines anderen Gesetzes – die notwendige Folge eines Geschehenen kann nicht aufgehoben werden, die Handlung müßte ungeschehen gemacht werden; wo nichts als Ursachen und Wirkungen, als Getrennte sind, da ist keine Unterbrechung der Reihe möglich. Das Schicksal hingegen, d.h. das rückwirkende Gesetz selbst, kann aufgehoben werden; denn ein Gesetz, das ich selbst aufgestellt habe, eine Trennung, die ich selbst gemacht habe, kann ich auch vernichten.[293]

Das Schicksal, das hier in Bezug auf *König Ödipus* und wahrscheinlich auf *Der Tod des Empedokles* bearbeitet wird, besteht in einer reflexiven Relation zu sich selbst, die gleichzeitig die eigene Beziehung zum anderen bestimmt. Während der Mensch sich selbst durch Schicksal als Teil des aus konkreten Relationen zusammengesetzten Ganzen bewusst wird, gibt es im Recht nur eine zufällige Verbindung von Mensch und Gesetz: Die Strafe und das Gericht, das die Strafe durch das Recht bestimmt, vollziehen solchermaßen das Recht, indem der Einzelfall mechanisch unter eine generelle Regel[294] subsumiert wird, sodass die Relation für immer „etwas Zufälliges" bleibt[295] und d.h. a priori ungerecht. Indem ich mich aus dem Ganzen absondere, etwa um mich dem Recht anzuvertrauen, verfalle ich in Schuld. Antigone hat daher Recht mit ihrer Behauptung, dass, wenn wir leiden, wir es verschuldet haben müssen, da noch niemand unschuldig gelitten hat.[296] Andererseits aber rettet mich genau

293 Hegel, „Der Geist des Christentums und sein Schicksal", 305-306.

294 Hegel, „Der Geist des Christentums und sein Schicksal", 335.

295 Hegel, „Der Geist des Christentums und sein Schicksal", 306-307.

296 Hegel, „Der Geist des Christentums und sein Schicksal", 346-347: „Aber das Schicksal hat ein ausgedehnteres Gebiet als die Strafe; auch von der Schuld ohne Verbrechen wird es

das, dessen Leugnung mich in die Schuld stürzte, weil das Schicksal nur dank der Teilnahme am Ganzen – und durch die Liebe – besänftigt werden kann. Das Gesetz als das Fremde, durch welches wir leiden, entsteht nur, indem man sich aus der Einheit des Lebens, das weder rechtswidrig noch -konform ist, heraustrennt, also nur durch das Töten des Lebens. Dieses Töten bedeutet aber nicht das Nicht-Sein, sondern die Spaltung; aus der Spaltung entsteht die Fremdheit. Das Leben ist unsterblich

> und getötet erscheint es als sein schreckendes Gespenst, das alle seine Zweige geltend macht, seine Eumeniden losläßt. [...] Der Verbrecher meinte es mit fremdem Leben zu tun zu haben; aber er hat nur sein eigenes Leben zerstört; denn Leben ist vom Leben nicht verschieden, weil das Leben in der einigen Gottheit ist; und in seinem Übermut hat er zwar zerstört, aber nur die Freundlichkeit des Lebens: er hat es in einen Feind verkehrt. Erst die Tat hat ein Gesetz erschaffen, dessen Herrschaft nun eintritt; dies Gesetz ist die Vereinigung im Begriffe der Gleichheit des anscheinend fremden verletzten und des eigenen verwirkten Lebens.[297]

Das Schicksal basiert auf Rückkoppelungseffekte, die die Tat auf den Täter ausübt; es kann dem Täter allerdings vergeben, ohne zu verleugnen, was tatsächlich stattfand. Nur das griechische Schicksal – nicht das auf halbem Wege steckengebliebene Christentum – ermöglicht die wahre Vergebung und Versöhnung. Das Recht könne die Tat zwar gezielt vergessen, indem es sie als nichtexistent anerkenne; vergeben könne das Recht im Gegensatz zum Schicksal jedoch nicht. Ignoriere das Recht die Tat und versehe sie mit einer Strafe nicht, werfe das Verbrechen sowieso auf das ganze Leben einen Schatten; etwas Nichtexistierendes habe Schaden dem heiligen Ganzen zugefügt. Das Verbrechen wirkt in solchen Fällen auf das Leben – und zwar nicht, obwohl die Tat vergessen wurde, sondern dank dessen: seine zerstörerische Kraft wird vom Recht nur verstärkt, ungeachtet dessen ob die Strafe die Gewalt fortsetzt, oder aber ob das rechtliche Ignorieren das Fehlen am Leben vertieft. Im allgemeinen Verständnis, zu dem sich die jungen Tragödientheoretiker freilich nicht bekannten, bedeutet das Recht einen enormen Fortschritt dem mythischen Schicksal gegenüber. Beim jungen Hegel entspricht das Recht dagegen nicht einem zivilisatorischen Progress, sondern – wie später bei Słowacki, Bakunin, Wagner, Kafka, Benjamin, Adorno, Agamben[298] – der

---

aufgereizt und ist darum unendlich strenger als die Strafe; seine Strenge scheint oft in die schreiendste Ungerechtigkeit überzugehen, wenn es der erhabensten Schuld, der Schuld der Unschuld gegenüber um so fürchterlicher auftritt."

297 Hegel, „Der Geist des Christentums und sein Schicksal", 342-343.

298 Siehe das Kierkegaard-Kapitel und das letzte Słowacki-Kapitel.

Verstärkung und Vermummung einer schrecklichen, primitiven, mythischen Kraft, sodass seine Beschreibung, wie das Recht funktioniert, scheint direkt aus Aischylos' *Orestie* übernommen worden zu sein: Das Recht sie eine Erynie, die ihr Opfer niemals aus den Krallen lässt; als die Allgemeinheit waltet es rücksichtlos über das Einzelne. Mit dem Schicksal hingegen kann der Mensch sich auseinandersetzen, da es mein persönliches Schicksal ist, das ich als ein Glied der Lebensgemeinschaft habe.[299] Wenn man mit dem Schicksal kämpfen kann, kann man sich auch mit ihm versöhnen – die ödipale Wiedererkennung seiner selbst im Feinde nennt Hegel „Liebe".[300]

Das Recht gleicht dem mythischen, epischen Fatum, das wahre Schicksal dagegen – die Einheit aller Verbindungen zwischen den Menschen und zwischen Menschen und Dingen – kommt erst in der Tragödie zum Ausdruck. Das Schicksal bedeutet eine gleichzeitige Erlösung des Menschen und der Dinge (des menschlichen Milieus), die sich außerhalb des Schicksals gegenseitig unterdrücken und versklaven. Der Mensch verliert aber letztendlich immer (außerhalb des Schicksals).

6.5.2. *Außerhalb des Schicksals: Trauer*

Im Gegensatz zur Freude, die Hegel mit dem Schicksalsbegriff der Tragödie verknüpfte, benannte er mit dem Wort ‚Trauer' denjenigen Zustand, im dem das Schicksal und damit die Gestalt fehlen (vgl. Hölderlins δυσμορον, das ‚Schicksalslose', d.h. wir, moderne Menschen); dieses Fehlen des Schicksals führt dazu, dass man das Äußerliche (das Positive und Widerstandleistende) nicht in etwas Eigenes verwandeln kann, sodass die Versöhnung ausbleibt. Wenn kein Schicksal vorhanden ist, verfällt der Mensch in die schlechte Verdinglichung, deren Ausmaß jedoch diesem nicht einmal dämmert, da das Subjekt sich selbst in seinem Produkt nicht wiedererkennen kann. Das Subjekt kann sich mit seinem Werk und seiner Substantialität weder auseinandersetzen noch in der Liebe, die immer Feindesliebe ist, versöhnen; das Äußerliche greift ihn unaufhörlich mit kontingenten Ereignissen an, in denen er seinen Willen nicht wiedererkennt: „Den Göttern des klassischen Ideals fehlt es [...] nicht an einem Zug von Trauer, an dem schicksalsvollen Negativen, welches das Scheinen der kalten Notwendigkeit an diesen heiteren Gestalten ist" (Ä III 42). Die Kälte misst Hegel auf der Skala der Unversöhnlichkeit. Wie die Götter, so auch ihre Günstlinge, z. B. Achilles: „Diese bloße Trauer ist jedoch leer und wird besonders dann eine nur schreckliche, äußerliche Notwendigkeit, wenn wir in sich selbst edle, schöne Gemüter in solchem Kampfe an dem

299 Hegel, „Der Geist des Christentums und sein Schicksal", 312.
300 Hegel, „Der Geist des Christentums und sein Schicksal", 363.

Unglück bloß äußerer Zufälle untergehen sehen“ (Ä III 566). Nach dem Zerfall des schönen Griechenland „ist die Welt in Trauer versenkt, es ist ihr das Herz gebrochen, und es ist aus mit der Natürlichkeit des Geistes“ (*Werke* XII 339). Doch schon in Griechenland selbst waren die Götter unter dem homerischen Lachen traurig, da sie die Nemesis nicht zum Schicksal zu verklären wussten. – Die Abstammung von Benjamins Trauer und seiner Allegorie von dieser Trauer ist so offensichtlich, dass sie keines Beweises bedarf.[301]

Dem ganzen Hegel'schen System droht Trauer, weil es Trauer nicht konsequent in sich einschreibt. Trauer sucht Hegels Welt ständig heim, vor allem wenn die Rede von der Kunst und der Kunstreligion ist, den vollkommenen Verdinglichungen. Es muss also nicht so sein, wie Hegel immer wieder betont, dass Trauer als etwas Kontingentes erfahren wird; das Schicksal *in optima forma*, die Kunst, erfüllt sich in höchstem Grade mit Trauer, wenn die Negativität sich selbst aufführt:

> Ein solches Schattenreich ist das Ideal, es sind die *Geister*, die in ihm erschienen, abgestorben dem unmittelbaren Dasein, abgeschieden von der Bedürftigkeit der natürlichen Existenz [...]. Ebensosehr aber setzt das Ideal seinen Fuß in die Sinnlichkeit und deren Naturgestalt hinein, doch zieht ihn wie das Bereich des Äußeren zugleich zu sich zurück, indem die Kunst den Apparat, dessen die äußere Erscheinung zu ihrer Selbsterhaltung bedarf, zu den Grenzen zurückzuführen weiß, innerhalb welcher das Äußere die Manifestation der geistigen Freiheit sein kann. (Ä 207)

Die Arbeit der Negativität wird auch hier mit Hilfe der Allegorie des lebenspendenden Todes zur Erscheinung gebracht, welcher „der geistigen Freiheit“ einen Anschein des Gespenstischen verleiht; der „Apparat“ wir zur Höllenmaschine. Tatsächlich gehen in Hegels *Ästhetik* wie in Mickiewicz *Ahnenfeier* Gespenster um, ebenso in Goethes *Braut von Korinth* sowie bei Marx und Engels – und bei allen diesen sind es zweifelsohne griechische Gespenster: „In der klassischen Kunst dagegen ist die Sinnlichkeit nicht getötet und gestorben, aber dafür auch nicht zur absoluten Geistigkeit auferstanden“ (Ä III 24).

6.6. Tragödie in der *Phänomenologie des Geistes*

Marx zitierte am Anfang seines Napoleon-III-Aufsatzes Hegel: Alles Wichtige passiert zweimal. Die Handlungen der Helden sind immer *twice behaved behavior*, wie Richard Schechner die Grundstruktur der *Performances*

301 Siehe jedoch das Kapitel, das sich dem Vermittler zwischen den zwei Arten der Trauer widmet: Kierkegaard.

bestimmte;[302] die Performance ist – wie die Negation – die ursprüngliche Wiederholung oder vielmehr der Ursprung als Wiederholung. Der Diskurs über die Urszenen der Tragödientheorie beruht auf diesem Gesetz der mindestens zweimaligen Wiederholung. Goethes ‚Geist' stellt die Handlung ‚wieder' dar. Die *Phänomenologie des Geistes* hält sich konsequent an das performative Prinzip *„never for the first time"*[303], was zur augenscheinlich absurden, aber im Lichte des Prinzips völlig gerechtfertigten Aussage führt: „Wie vorhin nur Penaten im Volksgeiste, so gehen die lebendigen Volksgeister durch ihre Individualität jetzt in einem allgemeinen Gemeinwesen zugrunde" (PD 354). Die Allegorie besagt, dass ganz Hellas den Untergang des Helden wiederholt, dem es im Dionysos-Theater beiwohnte, wobei die Tragödie nur im Moment des Untergangs der griechischen Sittlichkeit entstehen konnte; die Tragödie hat den Untergang in ihrer Darstellung wiederholt, und jetzt wiederholt der reale Untergang den Untergang der Tragödie. *Never for the first time.*

Als solche wiederholte und wiederholende Wiederholung kehrt die Tragödie in weiteren Kapiteln der *Phänomenologie* immer wieder zurück.[304] Was sich wiederholend wiederholt werden soll, muss zugleich vollkommen und unvollständig sein. In der klassischen kritischen Theorie, etwa bei Benjamin, bewahrte sich diese paradoxe Natur der Tragödie als schwache messianische Hoffnung: Als Benjamin im *Ursprung des deutschen Trauerspiels* den Sinn des Ursprungs bestimmte, rief er ein Phänomen ins Leben, das so gesättigt ist und zugleich der Sättigung durch den rettenden Kritiker bedarf wie die vollkommene und lange nicht abgeschlossene Tragödie bei Hegel. Einzig „einer Doppeleinsicht", so Benjamin, steht die „Rhythmik" des Ursprünglichen offen: „Sie will als Restauration, als Wiederherstellung einerseits, als eben darin Unvollendetes, Unabgeschlossenes anderseits erkannt sein."[305] Nach der Französischen Revolution weist die Revolution die gleiche Qualität wie Benjamins Ursprüngliches aus: Sie stilisieren sich immer als Wiederholungen. Die Wiederholung kann allerdings niemals zu Ende geführt werden: Revolutionen werden nicht erfüllt, sondern entweder permanent oder unterbrochen, manchmal betrogen. Darum zelebrierte Rosa Luxemburg, von Marx

302 Richard Schechner, *Between Theater and Anthropology* (Philadelphia: Pennsylvania University Press, 1985), 52.

303 Schechner, *Between Theater and Anthropology*, 52.

304 In der dem Feudalismus entsprechenden ‚Welt der Bildung' wird der Konflikt der Antigone (und der Tragödie im Sittlichen) erneut von vorne ausgetragen. Die sich durchzusetzende Staatsmacht stößt auf den Reichtum (PD 359-391). Diese Welt hat ihren Tragiker in Racine und ihren Aristophanes in Diderot. Danach wiederholen die Fraktionen der französischen Revolutionäre das tragische Schicksal, da sie eben Fraktionen sind, die sich anmaßen, für das Ganze zu stehen (PD 437).

305 Walter Benjamin, *Ursprung des deutschen Trauerspiels*, *Gesammelte Schriften*, hg. von Rolf Tiedemann (Frankfurt am Main: Suhrkamp, 1991), Bd. 1, 226.

und der polnischen romantischen Dichtung belehrt, in der in der Einleitung angeführten Urszene der kritischen Tragödientheorie das Zu-früh-Kommen aller Revolutionen, die zusammen eine ewige, ergo unbesiegbare, ergo siegreiche Revolution ausmachen.

Entspricht die *Phänomenologie des Geistes*, die laut Hegel „das werdende Wissen" darstellt,[306] tatsächlich dem damals blühenden Bildungsroman, so muss sie solch ein Bildungsroman sein, der wie *Wilhelm Meisters Lehrjahre* das Theater samt den dramatischen Gattungen präsentiert, damit die eigene Darstellungskraft des Romans zum Thema des ironischen Diskurses wird. Die Phänomenologie ist als die Wissenschaft von dem Erscheinen und Verschwinden eine dramatische Disziplin. Auch wenn Kant selbst zu dieser Lösung nicht griff, eignet sich diese szenische Methode, das kantische Problem der Beziehung von Begriffen und Anschauungen, die gegenseitige Übersetzbarkeit von Phänomenen und intelligiblen Begriffen heuristisch in Szene zu setzen. Um dies zu erläutern, sollen Kants grundlegende epistemologische Überzeugungen kurz genannt werden: Erkenntnis kommt laut Kant nur dann zustande, wenn Begriffe, die der Verstand hervorbringt, und Anschauungen, die aus der Sinnlichkeit stammen, auf eine bestimmte Weise zusammenwirken. Diese beiden Quellen der Erkenntnis haben zudem jeweils apriorische Elemente, die die Bedingungen der Möglichkeit dieser Quellen darstellen: die Verstandesbegriffe (Kategorien wie Kausalität oder Substanz) auf Seiten des Verstandes und reine Formen der Sinnlichkeit (Raum und Zeit). ‚Sinnliche Daten' (Anschauungen) sind bei Kant daher kein rohes Eindrucksmaterial, sondern werden schon im Vorhinein durch die Medien der transzendentalen Ästhetik – Zeit und Raum – gestaltet. Kants Beschreibung der Erkenntnis, in der Begriffe und Anschauungen nur als zwei Seiten einer Sache auftreten, entspricht dem Funktionieren des Zeichens – so Cassirer in seiner Grundlegung der Geisteswissenschaften.[307] Die theatralischen Zeichen eignen sich aber besonders dazu, die Probleme der Beziehungen von Begriffen und Anschauungen heuristisch in Szene zu setzen, da sie einen zeit-räumlichen Charakter haben. Dieses Zur-Schau-Stellen der Zeit-Räumlichkeit des Zeichens liegt einem jeden Spektakel zu Grunde; erst hier wird das Wort verortet, aus einer bestimmten Position ausgesprochen und in einem Zeitablauf verankert.

---

306 Hegels Selbstanzeige (Intelligenzblatt der *Jeaner Allgemeinen Literatur-Zeitung*, 28. Oktober 1807), PD 593: „Dieser Band stellt das werdende Wissen dar. Die Phänomenologie des Geistes soll an die Stelle der psychologischen Erklärungen oder auch der abstrakteren Erörterungen über die Begründung des Wissens treten."

307 Ernst Cassirer, *Die Philosophie der symbolischen Formen* (Darmstadt: Wissenschaftliche Buchgesellschaft, 1953), Bd. 1, 6, 12, 17-18, 25.

Das Erscheinen und das Verschwinden, das Hauptthema der *Phänomenologie des Geistes*, lag auch den neuen revolutionären Festen (vor allem dem Fest der Vernunft) und dem großen Fest der Revolution zu Grunde, so Mona Ozouf.[308] Die Feste der Französischen Revolution, unter anderem von Jacques-Louis David entworfen,[309] waren die ersten Versuche, die Tugend und die Freiheit dem Volke sinnlich darzustellen. Nicht umsonst vergleicht Hegel die Revolution mit dem Sonnenaufgang (während die Philosophie gegen Sonnenuntergang anhebt). Als Hegel noch sein Nachbar in Frankfurt war, bearbeitete Hölderlin in seinem *Empedokles* die Tragödie des Auf- und Untergehens. Das Auf- und Untergehen stoßen der Tragödie bei Hölderlin nicht zu, so als falle dieser Gedanke in die Welt des Spektakels, sondern decken sich de facto mit dem Tragischen.[310] Kants Einbildungskraft neigte dagegen zu Bildern des permanenten (iterativen) Fallens. Ein Beispiel hierfür ist das zentrale Theorem von Kants praktischer Philosophie: Durch seine Unabhängigkeit von den Naturgesetzen kann die praktische Vernunft als eine solche Fähigkeit gedacht werden, die eine neue, vom bisherigen Geschehen nicht bedingte Reihe von Ereignissen initiieren kann. Nur dadurch, so Kant, verantwortet der Akteur seine Handlung, und nur dadurch ist die Moral überhaupt möglich. Aus der Konstellation von Moral, Willensfreiheit und Handlungsursprung ergibt sich, dass der Ursprung von Handlungen außerhalb der Zeit (und der durch Naturgesetze determinierten erfahrbaren Welt) liegt und Handlungen „immer als ein *ursprünglicher* Gebrauch seiner [des Akteurs] Willkür beurteilt werden“[311] müssen. Jedes Mal, wenn wir Böses tun, wiederholt sich also der Sündenfall; jedes Mal erneut sich ein wiederholbarer Ursprung. Die einzige Art des Spektakels, das den Anforderungen dieser Vision von Moral gerecht wäre, sind die Performances von Bas Jan Ader (1942-1975). Bas Jan Ader machte seine Kunst aus dem Fallen – er ist einfach mehrmals gefallen. Filmdokumentationen mancher Fälle sind erhalten, etwa als er von einem Dach in Los Angeles und in einen Kanal in Amsterdam fiel (*Fall* 1970 und *Fall 2* 1970). Andere wichtige Arbeiten Aders sind *Broken Fall* (*Geometric*), der in der West

308 Mona Ozouf, *La fête révolutionaire 1789-1799* (Paris: Gallimard, 1976) 163-164.

309 David L. Dowd, *Pageant-Master of the Republic: Jacques-Louis David and the French Revolution* (Lincoln: University of Nebraska Press, 1948); Wolfgang Kemp, „Das Revolutionstheater des Jacques-Louis David. Eine neue Interpretation des Schwurs im Ballhaus“, *Marburger Jahrbuch für Kunstwissenschaft* 1986, 21, 165-184.

310 Rüdiger Campe, „Erscheinen und Verschwinden. Metaphysik der Bühne in Hölderlins *Empedokles*“, Bettine Menke, Christoph Menke (Hg.) *Tragödie, Trauerspiel, Spektakel. Recherchen* 2007, 38, 55.

311 Immanuel Kant, „Die Religion innerhalb der Grenzen der bloßen Vernunft“, *Gesammelte Werke. Akademieausgabe*, Bd. 6, 41 – meine Hervorhebung, M.M.

Kapelle in Holland aus- oder aufgeführt wurde, und der mit Humor benannte *Nightfall*, der auf den Flug von Minervas Eule zu antworten scheint.

Neben dem Erscheinen und Verschwinden gibt es noch eine weitere dramatisch-theatralische Eigenschaft der Welt, wie sie die *Phänomenologie des Geistes* beschreibt. Es ist die dialogische Natur dieser Welt. Dass dieses Werk von Hegel diese Eigenschaft hat, weist auf seine Abstammung von der antiken Dialektik hin.[312] Bei Platon, der seine (durchaus negative) Erfahrung der griechischen Öffentlichkeit in seine Schriften überträgt, bedeutet die Dialektik eine sehr besondere Kunst der Gesprächsführung. Diese Methode der Philosophie wird durch folgende Annahme gerechtfertigt: Platons Sokrates geht davon aus, dass das Wissen das Ganze ist. Daraus folgt, dass es keine falsche Meinung gibt – sie kann so gemein oder dumm sein, wie man will – deren Negation uns der Wahrheit nicht annähern würde. Es reicht, den Dummkopf zu provozieren, damit er sich selbst widerspricht, oder – das ist schon Hegels Methode – zu zeigen, dass er, indem er ein beliebiges Urteil ausspricht, sich selbst widerspricht. Platon verbrannte zwar angeblich sein tragisches Jugendwerk, doch übernahm er mit der dialogischen Form seiner philosophischen Werke *nolens volens* die ödipale Ironie ihrer großen Vorläuferin.

Der theatralische Generativismus der *Phänomenologie des Geistes* inszeniert genau diese auf die Negation gestützte Gegenübersetzung von Bewusstem und Unbewusstem, die Hegel bisweilen in eine andere, nämlich die des Wesens und des Scheins übersetzt (PD 343-344), sodass der Leser am Anfang des Kapitels zur griechischen Sittlichkeit (zur Tragödie) zurück auf ein früheres Kapitel des physikalischen Teils des Buches verwiesen wird. Es handelt sich um das Kapitel V „Gewissheit und Wahrheit der Vernunft“, das sich mit den Paradoxa des Wesens und der Erscheinung auseinandersetzt (das Wesen und die Erscheinung stellen sich freilich als das Gleiche und Unterschiedliche heraus).

Hier wird es begreiflicher, warum gerade die griechische Tragödie oder überhaupt die Tragödie von Hegel und, in einer parallelen Geste, von Goethe herbeigerufen wird, wenn die Reden vom Zersprengen der Barriere zwischen Schein und Sein ist. Da die Modernität anfängt, wo der Anspruch auf die freie Zugänglichkeit und die faire Verteilung des Scheins erhoben wird, muss sie eine rettende Negation der Tragödie sein. Die tragische Katastrophe präsentiert laut Hegel eine *singularity*, wo Schein und Sein, Theorie und Praxis ihre ursprüngliche Einheit in Verschiedenheit darstellen. Die wichtigsten Begriffe der traditionellen Tragödientheorie werden bei Hegel zu den Beziehungen des

312 Hans Georg Gadamer, „Hegel und die antike Dialektik“ [1961], *Gesammelte Werke* (Tübingen: Mohr-Siebeck, 1985), Bd. 3, 3-28.

unzureichenden Bewusstseins, was das Wesen des Wesens betrifft: Harmateia, Hybris, Pflicht (als Motiv die bewusste Seite der Tat). Dem tragischen Subjekt, das seine eigentliche Position in der Sittlichkeit nicht kennt, erscheint der Gegensatz der zweiten wesentlich gleichberechtigten Rechte als eine unglückliche Kollision seiner kategorischen Pflicht mit der rechtswidrigen Wirklichkeit (PD 344). Die Logik der Negation ist insofern tragisch, als die Tragödie zeigt wie der Held sich dadurch Bestimmt, dass er sich unterscheidet und seinen Gegensatz negiert, um endlich festzustellen, dass er sich selbst negiert, indem er den anderen negiert.

Der Held, indem er sich durch die Negation bestimmt und zugrunde richtet, wiederholt rekursiv die Arbeit des Geistes. Dem tragischen Geist Griechenlands (doppelt gemoppelt) nähert sich Hegel in der *Phänomenologie des Geistes* zweimal – wie denn sonst? Einmal eher von der Seite der Kultur, der Institutionen und des Staates her (Kapitel VI.A. „Der wahre Geist. Die Sittlichkeit") und einmal von der Seite der Religion her (VII.B. „Die Kunstreligion"), obschon Hegel freilich der religiöse Aspekt der antiken Institutionen nicht entgeht und ihn an der Religion vor allem die Organisation des Lebens der Gemeinde interessiert. Beim ersten Versuch spricht Hegel quantitativ mehr über *Antigone*, obwohl das Wesen der Tragödie von *Ödipus dem Tyrannen* offenbart wird, der den Konflikt zwischen dem Bewussten und Unbewussten, Schein und Sein repräsentiert. Bevor Hegel wiederholt – in der Welt der Performance ist einmal tatsächlich keinmal – worin der Schein und das Wesen der Tragödie besteht, verankert er sie in einer Reihe von Formen des Geistes, von anderen Medien. Er bestimmt sie gegenüber der Architektur und der Skulptur (PD 515-516) sowie gegenüber den Objektivationen des Bewusstseins im Kultus (PD 521), dessen Hauptformen die kollektiven Dionysien, die auf den individuellen Erfolg eingestellten Sportspiele (PD 535-36), die Mysterien, die die Eucharistie ankündigen (PD 527), und das Opfer sind, das dem Geiste sich in der Freiheit zu befestigen erlaubt (PD 523). Der Kultus, der als eine Form der Arbeit dargestellt wird (PD 534), hatte zwei sprachliche Ausdrucksformen: die begeisterte Hymne und die dunkle Sprache des Orakels (PD 518-519). Über die Mysterien schweigt man.

Den entzückenden Erlebnissen der Dionysien fehlte es zuvor am adäquaten Ausdruck, die Spiele waren dagegen ganz äußerlich, als ob sie jeglicher Innerlichkeit entbehrten. Das Gleichgewicht des Inneren und des Äußeren wurde daraufhin von einer ganz neuen Form der Sprache gestiftet, die weder der zufälligen Sprache des Orakels noch derjenigen der Hymne, die der Begeisterung über einzelne Götter dient, noch dem inhaltslosen Gestammel von bacchischen Rasereien ähnelt.

> Sondern [die Tragödie] hat ihren klaren und allgemeinen Inhalt gewonnen, – ihren *klaren* Inhalt, denn der Künstler hat sich aus der ersten ganz substanziellen Begeisterung heraus zur Gestalt gearbeitet, die eigenes, in allen seinen Regungen von der selbstbewussten Seele durchdrungenes und mitlebendes Dasein ist, – ihren *allgemeinen* Inhalt, denn in diesem Feste, das die Ehre des Menschen ist, verschwindet die Einseitigkeit der Bildsäulen, die nur einen Nationalgeist, einen bestimmten Charakter der Göttlichkeit enthalten. (PD 528-529)

Die Überschaubarkeit der tragischen Form sorgt dafür, dass das Weltwissen, das sie präsentiert, einem Qualitätssprung gegenüber dem Epos gleichkommt, aus dem die Tragödie, wenn auch sehr selektiv, ihr narratives Material schöpft. Die asketische Form der Tragödie, durch die Notwendigkeiten der Bühne und des Kultes bedingt, verleiht der Gattung die Würde der ersten Aufklärung, der ersten wahren Philosophie, die zudem als eine Philosophie der Freiheit sich in der Negation der herrschenden Meinungen und Vorstellungen realisiert:

> Die Vertreibung solcher wesenlosen Vorstellungen, die von Philosophen des Altertums gefordert wurde, beginnt also schon in der Tragödie überhaupt dadurch, dass die Einteilung der Substanz von dem Begriffe beherrscht, die Individualität hiermit die wesentliche und die Bestimmungen die absoluten Charaktere sind. (PD 540)

Der Grundbegriff dieser Theorie ist Handlung: Die Handlung versinnlicht die Bewegung des globalen Begriffes, die Erregung der ganzen Sittlichkeit, die die Tragödie – wie es einer Performance ziemt – wiederholt, sodass das Stück ein anschauliches Modell des Begriffes wird. Die Handlung teilt den Geist in die Substanz und das Bewusstsein der Substanz auf, indem sie die beiden jeweils weiterverdoppelt: Die Allgemeinheit des gemeinsamen Ziels und die realen Einzelnen (PD 327). Auf der Seite der Substanz bekommen wir Gegenübersetzungen: Volk gegen Familie, Männlich gegen Weiblich – auf der Seite des Bewusstseins entsprechen dem verschiedene Bewusstseinsformen (PD 329).

Die zwei parteiischen Bewusstseinsformen, die die zwei Seiten der geteilten Substanz repräsentieren, stoßen in der Tragödie zusammen, sodass die Relation zwischen den Repräsentanten und der Substanz der Gegenüberstellung des Besonderen und des Allgemeinen entspricht. Hegel zufolge habe das ganze Einzelne dem Begriff nach im Schoß der Sittlichkeit geruht und der Geist habe sich harmonisch durch die Mehrzahl separaten Bewusstsein ausgedrückt (PD 329). Die Tragödie zeige trotzdem, wie sich das Bewusstsein aus dieser Harmonie in eine ganz andere Welt losreiße, indem es nach der Restitution der unmittelbaren Gerechtigkeit trachte. Die Sittlichkeit wird so von der eigenen Unmittelbarkeit zerstört, die zugleich „die bewußtlose Ruhe der Natur“ und „die selbstbewusste unruhige Ruhe des Geistes“ ist (PD 354). Mit anderen Worten: Als die Tragödie dem Bewusstsein den Widerspruch einimpft, löst sich das Bewusstsein von sich selbst ab, weil es sich von seiner eigenen Welt ablöst, die es als seine unmittelbare Welt erschaffen und aufgenommen hatte. Die Erkenntnis einer Sache ist mit ihrem Verlust gleichbedeutend: „So tritt [die] Religion[des sittlichen Bewusstseins] in ihrer Vollendung erst im Scheiden von seinem Bestehen auf" (PD 513). Das Kunstwerk, das Medium dieser Religion, entspringt aus dem Augenblick der ultimativen Krise der Kultur. Indem es die griechische Religion vollendet, setzt es ihr ein Ende.

Die tragische Handlung ist eine Kollision, aber sie ist – den neukantianischen Deutungen Max Schelers und Max Webers zu Trotz[313] – keine Kollision innerhalb des Subjekts, das zwischen zwei Pflichten und zwei Werten zerrissen ist, da solch eine begreifende Subjektivität erst in der Komödie vorhanden sein wird (PD 343). Der tragische Held kennt nur eine Pflicht und keine Bedenken; mit der Ausnahme seiner Pflicht scheint ihm die Wirklichkeit nur Rechtslosigkeit zu sein. Das Pflichtgefühl schließt alle anderen Leidenschaften aus, sodass Hegel den Kant'schen Konflikt zwischen Leidenschaft und Pflicht, dessen Lösung zugunsten der Pflicht das Wesen des Tragischen laut Schiller ausmacht, mit dem lakonischen „das schlechte Schauspiel" quittiert (PD 342-343). Die Pflicht ist *die* Leidenschaft des Helden.

Die Tat – die Gestalt also, in die die bestimmte Sittlichkeit auf der Bühne eingeht – ist dasselbe wie das Wissen und das Wissen – das Halbwissen des Helden – dasselbe wie die Tat (PD 345). Indem die Heldentat des Sprechens die Negativität auslöst, führt diese die Sittlichkeit heraus aus dem Zustand der einfachen Sicherheit der bekannten Wahrheit. Die Negativität liegt hier in der aktiven Teilung innerhalb der Sittlichkeit. Die Tat provoziert das Schicksal, indem sie das Ganze des Volkslebens verletzt, aber in dieser medialen Welt kann schuldlos (da tatenlos) nur ein Stein sein, nicht einmal mehr ein Kind (PD 346). Das Grundgesetz der tragischen Handlung besagt, dass die Tat, indem sie die Ganzheit verletzt und schuldig wird, eine Reaktion des verletzten Ganzen hervorruft, das auch den Helden umfasst. Diese Newtonsche Theorie der Handlung nimmt an, dass die Reaktion auf jede Aktion entweder tragisch oder komisch sein muss (PD 347).

Die „vollbrachte Tat ist der aufgehobene Gegensatz des wissenden Selbst und der ihm gegenüberstehenden Wirklichkeit" (PD 347). Der Beweis dafür ist der tragische Tod.[314]

313 Max Weber, „Wissenschaft als Beruf", *Gesammelte Aufsätze zur Wissenschaftslehre* (Tübingen: Mohr, 1922), 574; Max Scheler, „Zum Phänomen des Tragischen", *Abhandlungen und Aufsätze* (Leipzig: Weisse Bücher, 1915), Bd. 1, 275-315.

314 Aber genauso wie bei Hölderlin, demzufolge die Tragödie der Moment der Krise ist, der eine bestimmte Welt setzt und performiert, nach dem aber alles in den Alltag zurückkehren muss, geht die Versöhnung der Absicht mit ihrer Umsetzung in eine gewisse Stumpfheit der Routine über. *Post festum* gibt es in der Tragödie nämlich entweder die

In der Tragödie erscheint die Notwendigkeit in Gestalt der individuellen Tat, „die notwendige Handlung des Charakters". Hegel interpretiert die neue Sprache des Helden, mit der dieser in der Tragödie spricht, analog zur Logik des Begriffes. Der Begriff verdoppelt sich negativ und bezieht sich auf sich selbst (als nicht-selbst), so wie der Held über sich selbst und die Sache spricht, nachdem die Sprache aufhörte, die Sprache der epischen Erzählung zu sein, und in die Handlung eintrat. Das Sprechen wird den Helden zu ihren Kunstwerken, deswegen gleicht die Schauspielkunst dem authentischen Dasein:

> Sie [die Helden oder die Schauspieler? – M.M.] sind Künstler, die nicht, wie die das gemeine Tun im wirklichen Leben begleitende Sprache, bewusstlos, natürlich und naiv das *Äußere* ihres Entschlusses und Beginnens aussprechen, sondern das innere Wesen äußern, das Recht ihres Handelns beweisen und das Pathos, dem sie angehören, frei von zufälligen Umständen und von der Besonderheit der Persönlichkeiten in seiner allgemeinen Individualität besonnen behaupten und bestimmt aussprechen. Das *Dasein* dieser Charaktere sind endlich *wirkliche* Menschen, welche die Personen der Helden anlegen und diese in wirklichem, nicht erzählendem, sondern eigenem Sprechen darstellen. So wesentlich es der Bildsäule ist, von Menschenhänden gemacht zu sein, ebenso wesentlich ist der Schauspieler seiner Maske, – nicht als äußerliche Bedingung, von der die Kunstbetrachtung abstrahieren müsse; oder insofern davon in ihr allerdings zu abstrahieren ist, so ist eben dies damit gesagt, daß die Kunst das wahre eigentliche Selbst noch nicht in ihr enthält. (PD 534-535)

„Das wahre eigentliche selbst" ist immer „noch nicht da". Die tragische Maske scheint hingegen dem Philosophen eine Allegorie des notwendigen Scheins zu sein, der einen Teil des Wahrheitsausdrucks ausmacht. In dieser Hinsicht und auf dem Hintergrund der Verwirrung des Chores erscheint die tragische Handlung, die von den wirklichen und repräsentierenden Menschen vollführt wird,

‚Versöhnung' durch die Lethe der Unterwelt oder die Lethe der Polis. Die erste bedeutet den Tod des Helden, zum Beispiel der Antigone. Die zweite ist Ausdruck der menschlichen Gerechtigkeit und bringt eine Befreiung mit sich. Diese ist jedoch noch nicht die Befreiung von Schuld, die laut *Phänomenologie* mit der Tat und dem Handeln unzertrennlich verbunden ist und von der (anders als im *Christentum und sein Schicksal*) erst der Protestantismus befreit; es ist bloß eine Befreiung von der Strafe, die der Besänftigung ähnelt, die Ödipus in Kolonos erfuhr (PD 539-540). Die Stumpfheit dieser Versöhnung besteht darin, dass ihre beiden Formen – von unten und von oben – das Vergessen (Lethe) bedeuten; die Tat wird vom abstrakten Gedanken des Helden über das Gute und das Böse verdrängt – und sie verschwindet. Alles scheint zur Tatenlosigkeit und Starre des Familien- und Staatslebens zurückzukehren, was an die unkritische ‚Versöhnung' erinnert, der keine Theorie-Tat vorangegangen ist (PD 540). Aber gerade durch das Vergessene wird endlich die griechische Kultur zersprengen, in der solche Konflikte zugleich nötig und unmöglich waren.

das Modell für die moderne Gesellschaft, deren Mitglieder den freien Zugang zum Schein genießen.

Die Zeit nach dem Fall der Tragödie und Griechenlands bis hin zur Entstehung der *Phänomenologie des Geistes* kann man als die Periode der Suche nach der neuen Tat bezeichnen. Die Tragödie legte die Messlatte hoch an, indem sie das Wissen zeigte, das ohne Rest und Vorbehalt das Handeln mit Worten und Gesten ist, wobei diese Identität von Theorie und Handeln mit dem Tod des Helden besiegelt wurde. Die Tat – die den tragischen Helden so natürlich und leicht fiel, dass sie sich von ihren Gedanken nicht unterschied – kehrt erst am Ende des dem Geist gewidmeten Kapitels, wo der Heros der Weltgeschichte auftritt, zurück. Der letzte Tatenmensch Napoleon braucht jedoch zum Ausgleich (dem griechischen Gleichgewicht) den Philosophen mit seinem absoluten Wissen, damit das Wissen und die Tat endlich einander entsprechen können. Der Fluch der Welt nach dem Fall Griechenlands – dieses Leitmotiv wandert bis zu Benjamins Barockbuch und zu Adornos Kierkegaard-Buch – besteht darin, dass das Medium fehlt, in dem der Geist sich vorbehaltlos zeigt und welches den reinen Geist und die reine Materie zu verknüpfen fähig wäre (PD 437-438).

KAPITEL 7

Der unendliche Genuss an der Revolution. Die romantische Tragödientheorie

(Logik der Romantik. Der Tausch – Der Tausch in der Sprache: Ironie und Hermeneutik – Der Tausch in der politischen Ökonomie – Das theologische und geistige Kapital – Organizität – Die dramatische Theorie – Die ökonomische Ästhetik von Bedürfnis und Genuss – Mickiewicz' Vollendung der polnisch-russischen Tragödie. Abschluss von *Ahnenfeier*, Tjutčevs Replik und Übergang zum russischen Terrorismus – Die Tragödie als das super-natürliche Kunstwerk)

7.1. Logik der Romantik: Der Tausch

Die Romantiker haben uns beigebracht, das Denken als *Spiel* zu betrachten.[1] Es gehört wesentlich zum Spiel, die wahrscheinlichste Entwicklung der Situation auf dem Tisch vorherzusehen: Was wird der nächste Zug sein? Um dies zu erraten, muss man die Spielregel kennen. Um die Regeln eines Denkspiels aber zu rekonstruieren, soll man vorzugsweise – so verfuhren die Philosophen nach Kant, die die kritische Tragödientheorie erzeugten – nach dem Grundsatz suchen, der alle andere Begriffe des Systems aufeinander bezieht (es sei so chaotisch oder ‚entropisch', wie es wolle), indem er die Regeln des Beziehens selbst bestimmt. In Hölderlins Theorie des Trauerspiels offenbarte die ‚Zäsur' das Grundsetzen, bei Schelling hieß der Grundsatz ‚intellektuelle Anschauung'. Bei Hegel spielte ‚Negation' diese Rolle, ein logischer Begriff, der sich – nach der Art von Münchhausen – durch sich selbst aufführte und das besonders intensiv in der griechischen Tragödie, die im Rahmen der globalen Selbstdarstellung der Subjekt-Substanz entstand und bald erlosch.

1 Novalis nennt beispielweise „unser Wissenstrieb" „Lebenstrieb der Intelligenz [...], ein Spiel der intellektuellen Kr[äfte]" („Aus dem allgemeinen Brouillon", Friedrich Strack, Martina Eicheldinger (Hg.), *Fragmente der Frühromantik* (Berlin, Boston: De Gruyter, 2011), Bd. 1, 224 [Frgm. 1006]; eine Art des Witzes ist „nur magisches Farbenspiel in höhern Sphären" (Fragmente (*Athenäums*-Fragmente), *Fragmente der Frühromantik*, 54 [Frgm. 289]; „Fantasie und Witz sind dir Eins und Alles! – deute den lieblichen Schein und mache Ernst aus dem Spiel, so wirst du das Zentrum fassen und die verehrte Kunst in höherm Lichte wieder finden" (Friedrich Schlegel, „Ideen", *Fragmente der Frühromantik*, Bd. 1, 92 [Frgm 109]).

 | DOI:10.30965/9783846766255_008

Für die polnischen und die russischen Denker übte die ‚Tat' diese Funktion aus und die Inszenierung bezog sich auf die ‚soziale Kunst', auf die ‚Gemeinschaft'. Die Grundregel und der Grundbegriff des romantischen Denkens, so meine These, ist der ‚Tausch'. Unter diesem Aspekt betrachtet entspricht die Romantik Karl Marx ökonomischer Theorie der Gesellschaft und Geschichte, da sich auch aus dem Nukleus der Relation von Verkäufer und Käufer – eben aus dem Tausch – ableiten lässt. Die Romantik würde in diesem Zusammenhang eine Art Ökonomie, die den Tausch zu ihrem zentralen Begriff ernennt. Der gründlich ökonomische Charakter der Romantik tritt am deutlichsten im Fall der romantischen Tragödientheorie in Erscheinung. Adam Müllers spätere politisch-ökonomische Schriften sind daher als Vollendung seiner Dramentheorie zu betrachten, die er als junger Mann verfasste, sowie als Konsequenzen der früh- und nicht-so-frühromantischen Ansätze der Brüder Schlegel.

Nun zu der globalen Bedeutung dieses Kapitels: Eine auf den Tausch konzentrierte Ökonomie macht das Mark der Romantikstruktur aus, deren Hauptorgane die Theorie der Sprache, des Geldes und der Gesellschaft darstellen. Die Sprache wird zum Organ der Ironie, die ständig die Bedeutungen von Worten austauscht, sodass man nach den Regeln des Denkspiels das Wort ‚Tausch' mit ‚Kunst' substituieren darf, die im allgemeinen Bewusstsein dem A und O der Romantik – mit ihrer ‚Lebenskunst', ‚Staatskunst' oder der ‚Kunst der Gesellschaft' – gleichkommt.[2] Die authentische Kunst – die Grundlage aller dieser Entlehnungen oder Metaphern, die Sprachzeichen austauschen – wurde als eine Art Hinweisen und Hinausweisen gesetzt und nicht so sehr als ein Verweisen. Ursprüngliche Stilisierung (im slawistischen Sinne der Still-Nachahmung) kann man diese Auffassung von Kunst nennen, die alle ihre Formen als Substitute der absoluten Darstellung behandelt und deswegen so agil jede gegen eine andere austauscht.[3] Die Kunst bringe ihre Formen in Umlauf, wechselt und hybridisiert sie, um die Künstlichkeit der Darstellung sowie die Freiheit und die Unbedingtheit des darstellend dargestellten Absoluten auf einen Schlag hervortreten zu lassen. Formen seien nur Ur-Substitute des Absoluten. Die absolute Darstellung, die – wie ich weiter ausführlich vorweise – laut Friedrich Schlegel exklusiv der Tragödie zukomme, stellt gerade diesen substituierenden Charakter ihrer selbst mit dar – daher die tragische Ironie. Das Absolute führe sich aber vor allem in der Natur auf,

2 Adam Müllers Staatskunst widme ich unten viel Platz; vgl. Niklas Luhmann, *Die Kunst der Gesellschaft* (Frankfurt am Main: Suhrkamp, 1995), die viele Elemente des romantischen Denkens implizit wiederaufnimmt (Autonomie/ Heteronomie, Sichtbarkeit/ Unsichtbarkeit, Gleichgewicht, usw.).

3 Michał Mrugalski, „Romantyzm: najnowszy antyk. Greckie źródło niemieckiego i polskiego romantyzmu", *Prace Filologiczne. Seria Literaturoznawcza* 2010, 3(9), 55-78.

indem es Organismen gestaltet, deren Leben im Metabolismus – Stoffwechsel – besteht. Die Kunst (den schönen Tausch) verstehen die Romantiker als natürliche, organische Ressource der sich zur Freiheit bildenden Menschheit. Die Freiheit offenbart sich am deutlichsten in der romantischen Theorie der griechischen Tragödie, die dem Romantiker als organischste, künstlichste und kommunikativste aller Kunstformen galt, welche alle Bedürfnisse des Menschen befriedigt. Es gilt zu zeigen, wie die Form der griechischen Tragödie mit der Geschichte und der Geschichtsschreibung, die die Geschichte als eine Geschichte der fortschreitenden Freiheit versteht, in Wechselbeziehung steht. Dies zeigt sich vor allem an den wesentlichen Merkmalen der tragischen Form: am tragischen Chronotopos, an der tragischen Ironie und am tragischen Pathos. Die qualitativen Bestandteile der Tragödie sollen, so die Romantiker, in die Geschichte in beiden Bedeutungen des Wortes eingeführt werden, um die vollkommene Revolution durchzuführen. Abschließend legt das Kapital dar, wie die romantische ökonomische Tragödientheorie das mächtigste Werkzeug der kritischen Theorie, den Warenfetischismus, geprägt hat.[4]

Der schlechte Ruf der Romantik,[5] welcher etliche wohlwollendere Stimmen – etwa die von Friedrich Meinecke, Thomas Mann, Ernst Troeltsch, Karl Mannheim und Martin Greiffenhagens[6] – übertönte, muss vor allem mit

4 Die Reaktion der Frühromantiker auf die Französische Revolution ist ein oft bearbeitetes Thema, z. B. Emil Staiger, *Stilwandel. Studien zur Vorgeschichte der Goethezeit* (Zürich: Atlantis, 1963), 7-24; Richard Brinkmann, „Deutsche Frühromantik und die Französische Revolution", *Deutsche Literatur und Französische Revolution. Sieben Studien* (Göttingen: Vandenhoeck und Ruprecht, 1974), 172-191; Ernst Behler, *Unendliche Perfektibilität: europäische Romantik und Französische Revolution* (Paderborn: Schöningh, 1989); Gonthier-Louis Fink (Hg.), *Les romantiques allemands et la Révolution française* (Strasbourg: Recherche Germaniques, 1989); Gerard Koziełek (Hg.), *Deutsche Romantik und Französische Revolution* (Wrocław: UWr, 1990).

5 Heinrich Heine, „Die romantische Schule", *Werke und Briefe*, hg. von Hans Kaufmann (Berlin, Weimar: Aufbau, 1972) Bd. 5., 15-17; Arnold Ruge, Theodor Echtermeyer, „Der Protestantismus und die Romantik. Zur Verständigkeit über die Zeit und ihre Gesetze", *Hallische Jahrbücher* 1839, Nr. 245 und 246; David Friedrich Strauß, *Der Romantiker auf dem Throne der Cäsaren, oder Julian der Abtrünnige. Ein Vortrag* (Mannheim: Wassermann, 1847); Harm-Peer Zimmermann, *Ästhetische Aufklärung: zur Revision der Romantik in volkskundlicher Absicht* (Würzburg: Königshausen & Neumann, 2001), 21. Siehe auch die Texte von Arnim, v. Eichendorff, Feuerbach, Fichte, Hegel, Heine, Immermann, Schlegel, Schleiermacher, Stahl, Tieck und Ullmann gesammelt in Walter Jaeschke (Hg.), *Der Streit um die Romantik (1820-1854)* (Hamburg: Meiner, 1999); Benedikt Koehler, *Ästhetik der Politik. Adam Müller und die politische Romantik* (Stuttgart: Klett-Cotta, 1980), 12-30; Carl Schmitt, *Politische Romantik* (München, Leipzig: Duncker & Humblot), 20-23: „Ocassionisten".

6 Friedrich Meinecke, *Weltbürgertum und Nationalstaat. Studien zur Genesis des deutschen Nationalstaates* (München, Berlin: Oldenbourg, 1911), 58-198; Thomas Mann, *Betrachtungen eines Unpolitischen* (Berlin: Fischer, 1920), 372-431; Ernst Troeltsch, *Der Historismus und seine Probleme: Erstes Buch: Das logische Problem der Geschichtsphilosophie (1922), Kritische*

der Form ihrer Schriften, die sich auf den Begriff ,Tausch' stützte, zusammenhängen, nicht so sehr mit den Inhalten. Leo Strauss etwa pries Edmund Burke in seinem berühmten Naturrecht-Buch als Sinnstifter des modernen Konservatismus.[7] Derselbe Burke, Autor von *On the Sublime and Beautiful* und *Reflexions on the Revolution in France*, diente zumindest den Romantikern der zweiten Generation als Vorbild im Hinblick auf die Verknüpfung von politischer Ökonomie mit Ästhetik, vornehmlich der Ästhetik des Erhabenen (die Ästhetik des Erhabenen ist hier als Vorstufe der Tragödientheorie zu betrachten). „Die wichtigste Epoche in der Bildungsgeschichte der deutschen Staatswissenschaft war die Einführung Edmund Burkes auf deutschen Boden" (DW 101)[8] – schrieb Adam Müller, der mit seiner ,Staatskunst' dasselbe erreichen wollte, worauf auch Leo Strauss und alle seine Lieblingsdenker abzielten: Erzieher der Herrscher zu werden.[9] Wie Edmund Burke zu sein – der „Vermittler" (DW 102) – und in einer Art *performance* die politische Ökonomie mit der Kunst(-lehre) zu vereinen, war jedes Romantikers Traum. Burke kommt jedoch ungestraft davon trotz vieler Aussagen, die einen Romantiker kompromittieren würden. Der Stein des Anstoßes, der die Kritik an der Romantik auslöste, muss demzufolge das Element sein, das bei Burke fehlt: der freie, unbegrenzte Tausch, der bei den in Gegensätzen denkenden Romantikern das Prinzip der Organizität ergänzt. Burke beförderte nämlich das organische Denken in der Politik, die Romantiker ergänzten Burkes Organizität mit dem Begriff des Tausches, der sowohl Konservative als auch linke Denker irritiert.

Gesamtausgabe, hg. von Friedrich Wilhelm Graf (Berlin: De Gruyter, 2008), Bd. 16, 483-535; Karl Mannheim, „Das konservative Denken. Soziologische Beiträge zum Werden des politisch-historischen Denkens in Deutschland", *Wissenssoziologie. Auswahl aus dem Werk*, hg. von Kurt H. Wolff (Neuwied: Luchterhand, 1970), 408-507; Martin Greiffenhagen, *Das Dilemma des Konservatismus in Deutschland* (München: Piper, 1971), 65-198.

7 Leo Strauss, *Natural Right and History* (Chicago: University of Chicago Press, 1953), 294-322.

8 Das Sigel bezieht sich auf Adam Müller, *Vorlesungen über die deutsche Wissenschaft und Literatur, Kritische, ästhetische und philosophische Schriften*, hg. von Walter Schroeder, Werner Siebert (Neuwied, Berlin, Luchterhand, 1967), Bd. 1, 13-140.

9 Adam Müller, *Die Elemente der Staatskunst* (Berlin: Sander 1809), Bd. 1, 16: „Wie sich der wahre Staatsmann und der echte Staatsgelehrte zu einander verhalten, kann, nach diesen einleitenden Betrachtungen, keine schwierige Frage sein. Vor Gott sind sie einander gleich, wie auch die Welt sie unterscheiden möge: der eine regiert den Staat; der andre erzieht Staatsmänner. Aber sobald die Staatsgelehrsamkeit einzeln, und abgesondert und leblos, für sich auftritt, sehen wir einen von den gemeinen Handwerkern, welche wir im Leben Theoretiker zu nennen pflegen. Eben so hört die Staatskunst auf Kunst zu sein, wenn sie sich von der Staatsgelehrsamkeit absondert und nun in der Gestalt des bloßen dürren Praktikers auftritt." Vgl. Leo Strauss, *On Tyranny. An Interpretation of Xenophon's „Hiero"* (New York: Political Science Classics, 1948), passim.

Laut Burke[10] war die Beschlagnahmung des kirchlichen Vermögens durch die revolutionäre Regierung Frankreichs, um die Deckung für das frisch emittierte Papiergeld zu versichern, die Wurzel oder das Sinnbild allen Übels.

Während Adam Müller behaupten würde, nur kleingläubige Menschen bräuchten eine andere Garantie für das Papiergeld als ihr eigenes Vertrauen (der Kredit wird dank ihm zum *credo*, die Erlösung zum Erlös, der Glaubende zum Gläubiger, der auf die Offenbarung wartet[11]) in den Staat und das Geld solle frei kreisen und wachsen, indem es kreist, ekelte sich Burke vor Papiergeld, da es – ohne jeglichen Eigenwerts – ihm ein bloßes Zeichen des Zeichens schien. Es müsse doch einen unbeweglichen Grund allen Wachstums geben – die Erde mit ihren Ernten und Erzen. Da Burkes Logik der Vererbung und des organischen Wachstums[12] so beruhigend wirkt, wird ihm viele Ansichten vergeben: Die ganze Revolution sei von den Spekulanten und Juden, Wucherharpyien und Illuminati hervorgerufen worden.[13] Das Geldkapital hasse den Adel und die Kirche, die ihren Gewinn aus dem Erdreich ziehen, und alliiere sich also mit den Literaten – so schmiedeten Schriftsteller (*the literary cabal*) und Börsenspieler eine Verschwörung gegen die christliche Religion und die organische Ökonomie. Das wichtigste – so Burke – für diese Schreiberlinge wäre, alle Kanäle des Werteumlaufs (alle Medien) in den Griff zu bekommen und im Geiste des Proselytismus und Fanatismus die Kirche zu verfolgen und das Geldkapital zu nobilitieren.[14] Nach der Beschlagnahmung der kirchlichen Güter und der Einführung des Papiergeldes seien alle Bürger notgedrungen Teilhaber der verbrecherischen Regierung geworden, die mit dem Papiergeld unbegrenzte Macht über das Leben aller Franzosen gewonnen habe. Am widerlichsten wirkte auf Edmund Burke die wirtschaftliche Kontamination: ständiger Austausch von Erde und Geld; die Spekulation mit Grundstücken vermischte Natur und Abstraktion.[15] Alles Ständische und (Be-)Stehende

---

10 Leslie G. Mitchell, „Introduction", Edmund Burke, *Writings and Speeches*, hg. von L.G. Mittell, William B. Todd (Oxford: OUP, 2003), Bd. 8, 1-51: Burke wurde als Krypto-Jesuit, Wahnsinniger, Don Quixote, schlechter Schauspieler, usw. ausgelacht.

11 Vgl. Dirk Backer (Hg.), *Kapitalismus als Religion* (Berlin: Kadmos, 2003); Adam Simth, *Wealth of Nations*, IV.iii.3-10, V, iii (über Staatsschulden und Vertrauen), Giorgio Agamben, *Herrschaft und Herrlichkeit. Zur theologischen Genealogie von Ökonomie und Regierung. Homo sacer II.2*, übersetzt von Andreat Hiepko (Frankfurt am Main: Suhrkamp, 2013).

12 Edmund Burke, „Reflexions on the Revolution in France", *Writings and Speeches*, Bd. 8, 83; Die Positionen Burkes sind mit denen der anderen englischen Romantiker zusammengestellt in: Jon Mee (Hg.), *Romanticism and Revolution: a Reader* (Malden: Wiley-Blackwell, 2011).

13 Edmund Burke, „Reflexions on the Revolution in France", 103-106, 154-157.

14 Edmund Burke, „Reflexions on the Revolution in France", 160-162, 171, 237-238.

15 Edmund Burke, „Reflexions on the Revolution in France", 238-239.

verdampft, alles Heilige wird entweiht und die Menschen sind am Ende gezwungen, ihre Stellung im Leben sowie ihre gegenseitigen Beziehungen für immer zu verlassen.[16] Was Burke also am meisten erschüttert und ekelt, entspricht der Hegelschen Urszene der Tragödie im Sittlichen – dem Zusammenstoß von Erde und Staat, Blutprinzip und Verhandlung.

Burkes Schriften zur französischen Revolution setzen die englische *querelle des anciens et des modernes* aus dem 18. Jahrhundert fort;[17] jene konnte die Romantiker dazu inspirieren, Antworten auf die Fragen hinsichtlich des Sinns der Geschichte und der Bildung des Menschengeschlechts in der Schnittmenge von politischer Ökonomie und Altertumskunde zu suchen. Die Tories, die sich mit den fremden Federn der *anciennes* schmückten, stilisierten den athenischen Bürger und dessen Freiheit, die er als Soldat und Landbesitzer ausübte und die für seine politische Tugend bürgte, als Gegenbild zum Whig-Regime. Die Modernen (Whigs) verteidigten die Allianz des großen Kapitals mit dem Thron, die ihre Regierung bestimmte, indem sie den alten Griechen ökonomische Unterentwicklung vorhielten, aus der auch ernster Mangel an Bildung entstand. Da der Kredit im Gegensatz zu Wucherei noch nicht erfunden wurde, mussten die Alten die barbarische Institution der Sklaverei aufrechterhalten. Vor allem aber verursachte der unterentwickelte Geldmarkt den Missstand, dass die alten Griechen in ihrer Gesellschaft sozusagen isoliert lebten und nicht in vielfältigen sozialen Beziehungen standen, die nur ein entwickeltes System des Handels hervorbringen kann.[18] Im Gegensatz dazu sind – den Whigs zufolge – die vom Handel erregten Beziehungen der Modernen durch *politeness* bestimmt. Die *Politeness* vermitellt also zwischen den Bereichen der Ökonomie und der Bildung. Die Begriffe *taste* und *politeness* waren somit von zentraler Bedeutung für die Whig-Ideologen, die übrigens die prominentesten Ästhetiker des 18. Jahrhunderts in Europa waren: Anthony Ashley Cooper, Earl of Shaftesbury, Francis Hutcheson, David Hume und Adam Smith. Die Whig-Ästhetik entschied die Querele zugunsten der Modernen, weil die ökonomische Entwicklung zum Fortschritt des Geschmacks, des Mitgefühls und

16 John G.A. Pocock, „The Political Economy of Burke's Analysis of the French Revolution", *Historical Journal* 1982, 25, 333: „ the Whig regime was founded on an assumed identity of interests between a managerial landed aristocracy and a system of public credit, in which rentier investment in government stock stimulated commercial prosperity, political stability, and national and imperial power."

17 Pocock, „The Political Economy of Burke's Analysis of the French Revolution", 333-338.

18 Pocock, „The Political Economy of Burke's Analysis of the French Revolution", 333-334, 337, 343.

der *politeness* beitrage. (Burke kehrte diese Beziehung um: „Chivalry" sei die Bedingung der gesunden Ökonomie des Mittelalters gewesen.)[19]

In Deutschland wurde die romantische Umarbeitung der englischen Ökonomie in die Nationalästhetik vorzugsweise durch Lessings Erwägungen über Katharsis und Mitleid aus der *Hamburgischen Dramaturgie* befähigt.[20] Lessings Mitleid verband *the moral sense* nämlich mit dem ästhetischen *taste*,[21] auch wenn schon die englischen Ästhetiker den Moralsinn auf dem Gebiet der Ästhetik (des Geschmacks) angeimpft hatten.[22] Der Prüfstein der britischen Theorie war die Tragödie: Ist es moralisch, Genuss aus einer Darstellung des Schrecklichen und Schändlichen zu schöpfen?[23] Warum ergötzt sich der von Natur aus mitleidende Mensch an tragischen Darstellungen des Schmerzes?[24]

Carl Schmitts Angriff auf Adam Müller und die ganze politische Romantik soll im Kontext seiner Bemühungen gelesen werden, den Bereich des Politischen vom Gebiet der Ökonomie abzugrenzen, wobei die Interferenz dieser Felder in der nach-Hegelschen Tradition die Tragödie generiert. In

19 Pocock, „The Political Economy of Burke's Analysis of the French Revolution", 333, 347.

20 Lessing hat Francis Hutchesons *A System of Moral Philosophy* (1755) prompt nach der Veröffentlichung ins Deutsche übersetzt: *Sittenlehre der Vernunft* (Leipzig: Wendler, 1756), 2. Bde; Zum Einfluss des Sensualismus (bzw. der Cambridge School of Moralists) auf die Theorie des Trauerspiels und des Mitleids siehe Irmela von der Lühe, „Das bürgerliche Trauerspiel", Werner Frick (Hg.), *Die Tragödie: eine Leitgattung der europäischen Literatur* (Göttingen: Wallenstein, 2003), 203-205; zur Verstärkung der englischen Diskussion des Mitgefühls durch Rousseaus Philosophie siehe Elke Oberparleiter-Lorke, *Der Freiheitsbegriff bei Rousseau: Rousseaus praktisches System der Freiheit im Kontext der deutschen Transzendentalphilosophie und eines modernen, interpersonalen Freiheitsbegriffs* (Würzburg: Königshausen & Neumann, 1997), 110-144.

21 Zu Lessings Mitleid-Ästhetik siehe Hans-Jürgen Schings, *Der mitleidigste Mensch ist der beste Mensch. Poetik des Mitleids von Lessing bis Büchner* (München: Beck, 1980); Wilhelm Amann, *„Die stille Arbeit des Geschmacks": Die Kategorie des Geschmacks in der Ästhetik Schillers und in den Debatten der Aufklärung* (Würzburg: Königshausen & Neumann, 1999), 272-274.

22 Christoph Henke, *Common Sense in Early 18th-Century British Literature and Culture: Ethics, Aesthetics, and Politics, 1680-1750*, (Berlin, Boston: De Gruyter, 2014), 51: „[In Shaftesbury, t]he relationship between the senses of beauty and moral truth is in fact not one of analogy [as in Hutcheson] but of identification. To judge moral actions [...] is to use the same common sense as in judgement of taste. This is possible because both moral and aesthetic judgments are based on the same values of beauty, such as harmony, balance and wholeness. As example of this would be that in sound moral judgments we also value the larger whole (the common good) more than the individual part (anyone's private good, e.g. our own self-interest)."

23 David Hume, „Of Tragedy", *Four Dissertations* (London: Millar, 1757), 185-200; vgl. E.M. Dadlez, „Pleased and Afflicted: Hume on the Paradox of Tragic Pleasure", *Hume Studies* 2004, 2, 213-236.

24 Die Antworten auf die Frage sind im Entstehungszusammenhangkapitel aufgelistet.

diesem Vorhaben hat Schmitt eine eher unerwartete Verbündete in Hannah Arendt, auch wenn ihr Werk unterschwellige Bedenken erahnen lässt, ob das rein Politische nicht ausschließlich im Theater vorkommt.[25] In letzter Zeit versucht Giorgio Agambens eklektisches Projekt diese beiden Linien fortzuführen;[26] ebenso pathetisch plädierten Chantal Mouffe und Ernesto Laclau für die Autonomie des Politischen gegenüber der Ökonomie, was eigentlich eine totale Umwälzung des linken Denkens ist.[27] Diese Denker, die allesamt von Michel Foucault abhängen, vergessen dabei, dass Foucaults Modellfigur für *pouvoir-savoir* derselbe Ödipus von Sophokles war,[28] der für Hegel und seine Nachfolger bis zu Lukács die fatalen Folgen illustrierte, die auftreten, wenn man sich ausschließlich auf das Politische konzentriert und das Ökonomische, d.h. das Häusliche aus den Augen lässt. Mit Hilfe der kritischen Tragödientheorie kann man tatsächlich die quasi selbsttätige Entwicklung des Denkens vorhersehen: Die romantische Ökonomie kehrt nicht nur in Schmitts Spätschrift zum Tragischen *Hamlet oder Hekuba. Der Einbruch der Zeit in das Spiel* mit aller Macht zurück, sondern gerade auch in seiner frühen Kritik der Romantik. Wenn Schmitt das Tragische als Einbruch der Zeit ins Spiel definiert (derzeit würde man eher sagen: „Einbruch des Realen"), wiederholt er mit einer kleinen Veränderung die Definition des Tragischen, die August Wilhelm Schlegel in den *Vorlesungen über dramatische Kunst und Literatur*, auch *à propos* Shakespeare, formulierte.[29] Tragödie fängt dort an, sagen Schlegel und Schmitt, wo das Spiel aufhört. Diese romantische Definition des Tragischen kehrte Schmitt gegen die Romantik selbst, indem er seine Streitschrift gegen Adam Müller und die politische Romantik, die angeblich nur spielen kann, mit einem hohen Lob an den Burschenschaftler abschließt, welcher aus

---

25 Hannah Arend, *Über die Revolution* (München: Piper, 1974); Plädoyer für das Auseinanderhalten von Politik und Herstellen: Hannah Arendt, *Vita activa* (München: Piper, 1983), 127-139; Hannah Arendt, *Vita activa*, 180: „So ist das Theater denn in der Tat die politische Kunst par excellence; nur auf ihm, im lebendigen Verlauf der Vorführung kann die politische Sphäre menschlichen Lebens überhaupt soweit transfiguriert werden, dass sie sich der Kunst eignet. Zugleich ist das Schauspiel die einzige Kunstgattung, deren alleinigen Gegenstand der Mensch in seinem Bezug zur Mitwelt bildet."

26 Giorgio Agamben, *Homo sacer: Die souveräne Macht und das nackte Leben*, übersetzt von Hubert Thüring (Frankfurt am Main: Suhrkamp, 2002).

27 Chantal Mouffe, Ernesto Laclau, *Hegemonie und radikale Demokratie. Zur Dekonstruktion des Marxismus*, übersetzt von Michael Hintz, Gerd Vorwallner (Wien: Passagen, 2012).

28 Michel Foucault, „Die Wahrheit und die juristischen Formen", *Schriften zur Literatur*, hg. von Daniel Defert et al. (Frankfurt am Main: Suhrkamp, 2003), 286-304.

29 Christoph Mencke, „Ästhetik der Tragödie. Romantische Perspektiven", Bettine Menke, Christoph Menke (Hg.), *Tragödie – Trauerspiel – Spektakel. Recherchen* 2007 38, 181-182.

ideologischen Gründen den Dramatiker August von Kotzebue ermordete.[30] Der Meuchelmord soll den Einbruch der Tat ins romantische Spiel der Ironie präzise abbilden. Schmitt fällt aber der Schicksalsironie zum Opfer, indem er sich genau im Moment des Abgrenzens ins romantische Spiel hereinziehen lässt. Sein Ernst ist doch das Tragische A.W. Schlegels (der doch nicht der Begabteste unter den in diesem Kapitel besprochenen Romantikern war). Schmitts Diatriben gegen die Romantiker scheinen dagegen verschiedenen Stellen im Werk Friedrich Schlegels entnommen zu sein, wo er den antiken Occasionalismus, die erste Sophistik, beanstandet: „Der Redner lässt das Notwendige dem Zufälligen gehorchen, und unterwirft die ewige Wahrheit seiner kleinlichen *Veranlassung.*“[31] Schmitt bezieht implizit oder unbewusst diese Definition auf die Romantik selbst: „Romantik ist subjektivierter Occasionalismus, d.h. im Romantischen behandelt das romantische Subjekt die Welt als Anlass und Gelegenheit seiner romantischen Produktivität.“[32] Schmitt tauscht die Sophistik gegen die Romantik aus.

Schmitts Definition des Autonom-Politischen stammt nicht nur Aristoteles' *Nikomachische Ethik* und *Poetik* der Tragödie (siehe die Einführung 1.1), sondern auch Müllers Hauptanliegen wiederholt, der Theorie und Praxis auf der Basis des Modells des ursprünglichen, dramatischen Gegensatzes unterscheiden wollte. Auch bei Müller findet sich eine Philosophie des Politischen, die auf die Gegenüberstellung von Feind und Freund hinausläuft. Karl Löwith kommentierte: „Zu dieser Romantik und ihrem vielgewandten politischen Repräsentanten Adam Müller, dem Erfinder der totalen Staatstheorie, hat Carl Schmitt eine unverkennbare Affinität, die seine verständnisvolle Kritik besonders aufschlussreich macht, ‚wie denn überhaupt die deutsche Romantik, von der es neulich hieß, dass sie überwunden werden müsse, ein unermessliches Reservoir ist, in dem alles, was heute nicht platt exakt denkt, seine geistige Quelle hat.‘“[33]

---

30 Schmitt, *Politische Romantik*, 205-207.

31 Friedrich Schlegel, *Kritische Friedrich-Schlegel-Ausgabe*, hg. von Ernst Behler (München, Paderborn, Wien, Zürich: Schöningh, 1967), Bd. 1, 621-622; forthin direkt im Haupttext zitiert als KA.

32 Schmitt, *Die politische Romantik*, 23; siehe auch 125-136, 172-177 (172-173: „Das ist also der Kern der politischen Romantik: der Staat ist ein Kunstwerk, der Staat der historischen-politischen Wirklichkeit ist *occasio* zu der das Kunstwerk produzierenden schöpferischen Leistung des romantischen Subjekts, Anlass zur Poesie und zum Roman, oder auch zu einer bloßen romantischen Stimmung“). Man soll übrigens diese Produktivität nicht nur als Synonym der Lüge, sondern auch im ursprünglichen, ökonomischen Sinn verstehen

33 Karl Löwith, „Der okkasionelle Dezisionismus von Carl Schmitt“, *Gesammelte Abhandlungen* (Stuttgart: Kohlhammer, 1960), 95. Löwith zitiert Schmitts *Th. Däublers Nordlicht* (1916).

Adam Müller ist peinlicher Vorreiter der modernen Theorie, und zwar insofern ist er dies, als er die romantische kritische Tragödientheorie repräsentiert.

7.2. Der Tausch in der Sprache: Ironie und Hermeneutik

Auf dem Gebiet der Sprache kommt die Logik des Tausches in der Ironie und in der Theorie der Hermeneutik zum Ausdruck. Dies hängt mit vielen Aspekten der kritischen Tragödientheorie zusammen: der tragischen Ironie, der Verfangenheit in der Vergangenheit, oder aber der hermeneutischen Anwendung, die sich so prominent bei Hölderlin präsentierte.

Das augenfälligste Charakteristikum der Ironie besteht darin, dass sie die Sprache mit Eigenleben zu erfüllen scheint. Auf der unendlichen Produktivität der Ironie beruht die romantische *analogia prima* zwischen dem Tausch und dem Organismus. Sie wiederholt sich in vielen Fragmenten von Friedrich Schlegel.[34] Auch Adam Müller dreht, um diese Analogie hervorzuheben, die traditionelle, paulinische Beziehung zwischen dem Buchstaben und dem Geist um, sodass jetzt das Klangbild und nicht der Sinn zum Pneuma des Zeichens wird, das in seiner ‚Super-Sinnlichkeit' mit allen anderen Worten in die Relation des Hinweisens und des Hinausweisens eintritt:

> Jedes Wort hat einen Körper, d.h. einen bestimmten festen Begriff, den es als Seele bewohnt; aber wie dieser Begriff durch den Philosophen in Beziehung auf alle andere Begriffe des Universums gebracht werden kann, ebenso das Wort durch den Dichter auf alle andere Worte. Demnach ist sowohl Wort als Begriff, wie treu sie auch ihrem ursprünglichen Sinn und Gehalt bleiben mögen, einer unendlichen Erweiterung fähig und damit erwiesen, dass das Wort wie der Begriff ein lebendiges Wesen sei. (IS 41)[35]

---

34 Nur in den Athenäums-Fragmenten (zusammen mit Friedrich Schleiermacher) findet sie sich in 116 Fragmenten (Romantische Poesie „ist der höchsten und der allseitigsten Bildung fähig; nicht bloß von innen heraus, sondern auch von außen hinein; indem sie jedem, was ein Ganzes in ihren Produkten sein soll, alle Teile ähnlich organisiert, wodurch ihr die Aussicht auf eine grenzenlos wachsende Klassizität eröffnet wird"), [214], [220], [304], [338], [338], [355], [336], [412] („[...]nur der vollendete Geist könnte Ideale organisch denken"), [426] 248-249 („[...]Revolutionen sind universelle nicht organische, sondern chemische Bewegungen. [...] Nach der Analogie jenes Gedankens würde auf das chemische ein organisches Zeitalter folgen"), [445] – Friedrich Schlegel, KA II 182, 198, 200, 216-217, 225, 226, 228, 238, 243, 254.

35 Dieses Sigel verweist auf Adam Müller, *Von der Idee der Schönheit, Kritische, ästhetische und philosophische Schriften*, Bd. 2, 9-152.

Der durch den ironischen Tausch potenziell ins Unendliche ausgedehnte Kreislauf des lebendigen und autonomen Wortes stellt sich als ein dramatisches Phänomen heraus, wenn nur die Kombinierbarkeit der Sprache auf die sozialen Beziehungen der Menschen übertragen wird. Es ist doch der ganze Mensch, der das ganze Wort und nicht nur den Sinn in den Mund nimmt, wie es die schon von Hölderlin in seinem Ödipus-Kommentar abservierten Philosophen tun. So wie sich das Wort mit allen anderen Worten verbindet, so wird auch jeder Mensch ein super-sinnliches Zeichen für alle anderen Beteiligten.

In der englischen Sprache bedeutet *exchange* nicht nur Börse und Tausch, sondern auch Wortwechsel. Die populärste Erfindung Adam Müllers, der der größte Anglophile unter den Romantikern war,[36] besteht in der Unterscheidung dreier menschlicher Naturen: der monologischen, der dialogischen und der dramatischen. Dass eine Art und Weise, sich im Sprechen zurechtzufinden, als eine „Natur" bezeichnet wird, beweist die Identifikation des Tausches mit dem Organischen, welche die romantische Logik des *exchange* ausmacht; zumal diese dreifache Natur des Menschen auf allen Ebenen des gesellschaftlichen und wirtschaftlichen Lebens auftrete.[37]

Monologische Naturen sprechen und lehren monologisch, „ohne selbst wieder zu hören oder ohne eigentlich eines Hörers zu bedürfen" (DP, 141).[38] Im krassesten Unterschied zu diesen Dusseln stellt Adam Müller dialogische Naturen dar als würde es sich bei ihnen um Hofschranzen aus dem Drama der Aufklärung handeln, die französische Wörter ins Gespräch einschieben. Dialogische Naturen sind gleichermaßen wie Schlegels Sophisten Prototypen der ‚Okkasionalisten'. Durch „Flüchtigkeit und Entzündbarkeit" gekennzeichnet, übt sich eine solche Natur „der Torheit und der Weisheit gleich fasslich und mundrecht zu sprechen" (DP 142). Diese Entgegensetzung der monologischen und der dialogischen Natur wird von der dramatischen Natur vermittelt. Die dramatische Natur schwebt über diesen beiden Gattungen des Menschen in ihrer Mitte, die vorteilhaften Eigenschaften beider entgegengesetzter Parteien akkumulierend. Eine dramatische Natur führt ein flüchtiges Gespräch und hält zugleich eine entscheidende Rede. Ihr *exchange* „verweilt

36 Hans-Joachim Schoeps, *Das andere Preußen. Konservative Gestalten und Probleme im Zeitalter Friedrich Wilhelm IV, Gesammelte Schriften* (Hildesheim: Olms, 2001), Bd. 14, 107-110; Robert M. Berdahl, *The Politics of the Prussian Nobility: The Development of a Conservative Ideology, 1770-1848* (Princeton: PUP, 2014), 163.

37 Adam Müllers „Fragmente über die dramatische Poesie und Kunst" (*Kritische, ästhetische und philosophische Schriften*, Bd. 1, 141-157) beginnen mit einer Abhandlung „Monologische, dialogische und dramatische Naturen" (141-143).

38 Das Sigel bezieht sich auf Adam Müllers *Über die dramatische Kunst, Kritische, ästhetische und philosophische Schriften*, Bd. 1, 141-291.

weder bloß noch bewegt es sich bloß: es ist lehrreich und nachgiebig, tief und leicht, ernst und spielend zugleich, und wenn die monologischen Naturen peinigen und zurückschrecken, die dialogischen hingegen verführen, so zwingen und reizen die dramatischen dahin, wohin man gern folgt und wo man auch ewig bleiben kann“ (DP 142). Die dramatischsten Naturen müssen Helden der Tragödie sein, da es der von den Romantikern beschriebene *Chronotopos* der griechischen Tragödie ist, der die festeste Beständigkeit mit der flüssigsten Bewegung zusammenfügt. Anders gesagt verbindet die Tragödie, die dramatischste und ökonomischste aller Gattungen, die Beharrlichkeit des Pathos mit der Flüchtigkeit – und bietet sich damit als Modell sowohl für die Ironie als auch die politische Ökonomie an.

Die Gegensätze annullieren sich Müller zufolge gegenseitig nicht, sondern sie steigern einander, indem sie ihre Eigenschaften austauschen, bis eine neue, dritte Entität entsteht, die das Kapital der Eigenschaften erbt und akkumuliert. So bestehen Sprecher und Hörer ausschließlich in einer wechselseitigen Beziehung, wie etwa + und – (LG 215-216).[39] Überall herrscht dieselbe Logik des Gegensatzes und der Vermittlung. Zum Beispiel kritisiert Adam Müller in *Prolegomena einer Kunst-Philosophie* Fichte, der in seinem *Grundlagen des Naturrechts* die Rechte des Mannes über die Frau in der Ehe „auf die vermeintliche absolute Tätigkeit des Mannes und die Untätigkeit der Frau im Beischlaf“ begründe.[40] Bei Müller ist es immer Wechselbestimmung und ein dramatischer Austausch des Leidens und der Tätigkeit zwischen den Geschlechtern. Der dramatische Geschlechtsakt spiegelt sich nicht nur im Sprechen. Er ist Urszene der Ökonomie, welche sich tatsächlich, wie bei Freud,[41] im Schlafzimmer abspielt und welche uns belehrt, dass

> die wesentliche Bedingung aller Produktion in der Wechselwirkung zweier Kräfte liege: Werkzeug und Material, die Kraft des Bodens und der Arbeit müssen in ein Verhältnis lebhafter Gegenseitigkeit treten, wenn ein Produkt erfolgen soll, und der Prozess der Erzeugung des Menschen ist das einzige vollständige und allumfassende Schema jeder gedankbaren Produktion. […] [A]uch von dieser Seite ist die Ehe nach christlichen Vorstellungen das genügendste Schema für alle ökonomischen Zustände und Funktionen. Hierin wenigstens wird uns die Industriephilosophie unserer Zeit beipflichten: Auch sie verlangt, dass sich der

39 Das Sigel bezieht sich auf Adam Müller, „Lehre vom Gegensatze“, *Kritische, ästhetische und philosophische Schriften*, Bd. 2, 195-250.

40 Adam Müller, *Kritische, ästhetische und philosophische Schriften*, Bd. 2, 167.

41 Jean Laplanche, Jean-Bertrand Pontalis, *Das Vokabular der Psychoanalyse* (Frankfurt am Main: Suhrkamp, 1973), 576-578; Christian Maier, „Urszene“, Wolfgang Mertens, Bruno Waldvorgel (Hg.), *Handbuch psychoanalytischer Grundbegriffe* (Stuttgart: Kohlhammer, 2002), 775-777.

> Produzent auf eine bestimmte ökonomische Funktion ausschließlich und für die Dauer beschränke oder in einer Art Monogamie mit seinem Gewerbe lebe.[42]

In einer *économie libidinale*, die uns vor die Augen führt, wieso Hegel Ödipus' eheliche Probleme quasi automatisch mit der Ökonomie identifizierte, zeigt sich die Produktivität der romantischen Ironie, die der Wechselwirkung entspricht oder entspringt. Dies ist nicht so sehr eine Philosophie, die ihren Anfang im Boudoir nimmt, sondern eine solche, die nie die Etymologie des Begriffes Ökonomie vergießt, der bekanntermaßen aus dem griechischen Wort stammt, das Haushalt bedeutete. Als Hausmann im Schlafzimmer beging Ödipus seine Verbrechen, die er als Staatsmann bestrafen musste, was ihn in den Augen Hegels und seiner zahlreicher Schüller wie Marx zum Vorbild des modernen Zwiespaltes zwischen Mensch und Bürger macht. Gerade diesen Zwiespalt wollte die romantische Kunst- und Staatslehre lindern oder bis zur Revolution steigern (abhängig von der politischen Gesinnung).

Der ökonomische Aspekt der Hermeneutik wurde bisher unbefriedigend erforscht,[43] wozu Müllers Kunstlehre – vor allem seine Tragödientheorie – eine gute Gelegenheit bietet. Die religiöse Bedeutung der Tragödie deutet Adam Müller folgendermaßen: Es ist „die Einsicht, dass die Vergangenheit noch edler und schöner, noch gegenwärtiger werde, als sie es je gewesen, durch die Berührung der religiösen Kunst" (DP 221). Noch gegenwärtiger soll sie erscheinen als damals, als sie gegenwärtig war: ist dies nicht Zielińskis heroische Vergangenheit der Sophokleischen Tragödie,[44] die eine nie richtig da gewesene Vergangenheit darstellt, in der sich eine Möglichkeit der gloriosen Zukunft offenbart? Gleichzeitig versucht Müller den Wahrheitsgehalt der Kunst so zu verstehen, dass diese als Intensivierung aller Verbindungen fungiert, die die Struktur des Vergangenen bilden, obwohl Müller es nicht so verpflichtend und logisch wie Hegel zu formulieren vermag, der zur ungefähr selben Zeit auf dieser Grundannahme seine Medientheorie in der *Phänomenologie des Geistes* entworfen hat. Die Intensivierung der Vergangenheit durch das tragische, sprich über die alles bestimmende Vergangenheit sprechende Kunstwerk sei potenziell endlos, da die Tragödie im Prozess der Rezeption wächst:

42 Adam Müller, *Versuch einer neuen Theorie des Geldes mit besonderer Rücksicht auf Großbritannien* (Leipzig, Altenburg: Brockhaus, 1816), 40-41.

43 Vgl. Thomas Wirtz, „Vom Geiste der Speculation'. Hermeneutik und ökonomischer Kredit in Weimar", *Athenäum* 1998, 8, 10-32; Georg Simmel, *Philosophie des Geldes*, hg. von David P. Frisby, Klaus Christian Köhnke (Frankfurt am Main: Suhrkamp, 1989), Bd. 6, 305; Georg Simmel, „Das Geld in der modernen Cultur", *Aufsätze und Abhandlungen 1984 bis 1900*, Heinz-Jürgen Dahme und David P. Frisby (Frankfurt am Main: Suhrkamp, 1992), 191.

44 Siehe die Einleitung.

> Wie ein Trauerspiel des Shakespeare jedesmal, dass wir von neuem zu demselben zurückkehren, größer erscheint, wie wir an und in demselben gleichsam uns selbst oder unsern Shakespeare ganz deutlich wachsen sehen, so mit allen Erscheinungen der Welt überhaupt; ihr Wachstum an sich, ihr absoluter Fortschritt, ihre absolute Bewegung mag den Augen Gottes sichtbar sein.[45]

Kraft des Mediums Trauerspiel erscheint die hermeneutische Beziehung zur Vergangenheit als etwas Organisches und Ökonomisches zugleich, da nicht nur unser geistiges Kapital, sondern auch unsere Verpflichtungen gegenüber den Ahnen ständig wachsen. Nachkommen können ihren Verpflichtungen nie nachkommen: Religion ist nichts anderes als diese unendliche Schuld. Von diesem Schuldgefühl, das hinter dem romantischen Konservatismus steckt, scheint Hegel sich gänzlich befreit zu haben im Moment der *Entscheidung* und der Aufopferung des Tragischen auf dem Altar der Modernität. Adam Müller entscheidet sich für die Vergangenheitsabhängigkeit:

> Die ganze gegenwärtige Welt ist demnach eine große Tradition von allen früheren Zuständen, und wenn die Vergangenheit auch von jedem ihrer Helden, ihrer Begebenheiten, ihrer Taten einen Buchstaben, irgendeine Ruine, ein echtes wohlerhaltenes Zeichen zurückgelassen, so ist dieser doch nur dadurch zu begreifen, dass er auch in der Tradition, d.h. in den unzähligen Variationen, die sein ehemaliger Geist, sein Sinn erlitten, bis er auf unsere Zeit herabgekommen, betrachten werde. (DW 88)

Die Geschichte wird als eine natürliche Ressource des Menschen aufgefasst, die unendlich wächst und sich ändert; die lebt.

Auch die Staatslehre der Romantiker gestaltet sich hermeneutisch und ökonomisch. Schon 1794 formulierte Friedrich Schlegel, Fichtes Grundsatz parodierend, in seinem *Versuch über den Begriff des Republikanismus* den Grundsatz der romantischen Staatskunst: „Gemeinschaft der Menschen soll sein, oder das Ich soll mitgeteilt werden."[46] In diesem Geiste wiederholt Adam Müller 1806 Giambattista Vicos Kritik des Cartesianismus, ohne jedoch Vicos Namen zu nennen, um die weit verbreitete und (wie die Französische Revolution beweise) fatale Illusion zu zerstreuen, es gebe einen archimedischen Punkt, von dem aus, quasi von außen, die Gemeinschaft sich umgestalten lasse, wie es sich französische Denker des 18. Jahrhunderts und der Schweizer Rousseau vorgestellt hätten. Was ursprünglich ist, ist die schon dramatisch und ökonomisch gestiftete Gemeinschaft: „Der Staat „ist die innige Verbindung der

---

45 Adam Müller, „Vom Organismus in Natur und Kunst", *Kritische, ästhetische und philosophische Schriften*, 271.

46 Friedrich Schlegel, „Versuch über den Begriff des Republikanismus", KA VII 15.

gesamten physischen und geistigen Bedürfnisse, des gesamten physischen und geistigen Reichtums, des gesamten inneren und äußeren Lebens einer Nation, zu einem großen energischen, unendlich bewegten und lebendigen Ganzen."[47] Die lebendige Gemeinschaft – in Müllers Sprache der Staat – ist der natürliche Zustand des Menschen. Der Staat sei „das Bedürfnis aller Bedürfnisse des Herzens, des Geistes und des Leibes."[48] Der Urheber der modernen Lehre von den Bedürfnissen und Befriedigungen, Adam Smith, glaubte gleichermaßen, dass die menschliche Natur eine unendliche Zivilisierung sei.[49] Der Naturzustand des Menschen wäre nicht ein nacktes Einzeltier, sondern eins mit den Mitmenschen zu sein und in *exchange* zu stehen.

7.3. Der Tausch in der politischen Ökonomie

David Ricardo (1772-1823), der Systematiker der klassischen Nationalökonomie und begabte Börsenspieler, hat einmal gesagt, es gibt nichts Praktischeres als eine gute Theorie.[50] Adam Müllers Ergänzung von Ricardos Losung soll lauten: Es gibt keine praktischere Theorie als die Nationalökonomie. Die Ökonomie wäre das, wovon Hegel für seine *Wissenschaft der Logik* träumte, nämlich eine Theorie des alltäglichen Handelns, das Sein mit Schein im allumfassenden, die Gesellschaft bildenden Spektakel, das nicht mehr dem Adel vorbehalten ist, vermittelt. Wer in der Gesellschaft handelt (und es gibt keine andere menschliche Handlung), betreibt Ökonomie. Sie ist ein in die Allgemeinheit des reinen Bewusstseins erhobenes Modell des universellen und nur halbwegs seiner Ziele bewussten Handelns, kurz: eine lebendige Theorie

---

47 Adam Müller, *Die Elemente der Staatskunst*, Bd. 1, 51.

48 Adam Müller, *Die Elemente der Staatskunst*, Bd. 1, 42.

49 Knud Haakonssen, „Introduction. The Coherence of Smith's Thought", Knud Haakonssen (Hg.), *The Cambridge Companion to Adam Smith* (Cambridge: CUP, 2006), 9: „Smith suggested that artifice is ‚natural' to humankind, that is to say, there is no condition in which people do not generate moral, aesthetic, and other conventions. Smith, therefore, completely rejected the traditional idea of a state of nature that is antecedent, whether historically or conceptually, to a civil condition, and accordingly he had no room for a social contract as a bridge between the natural and the artificial (civil) life of humanity. At the same time, he saw morality as something conventional in the sense that it is part of humanity's adaptation to the circumstances in which it happens to find itself."

50 John E. King, *David Ricardo* (Basingstoke: Palgrave Macmillan, 2013), 6 (etliche deutsche Autoren schreiben die Phrase „es gibt nichts Praktischeres als eine gute Theorie" Immanuel Kant zu, jedoch ohne die Quelle des Zitats zu nennen. Dieses wissenschaftliche Gerücht scheint mir sehr aufschlussreich zu sein. Vgl. *Deutschland: Exportweltmeister von Arbeitsplätzen – Mythos oder Wirklichkeit?* Friedrich-Ebert-Stiftung, Juli 2006, 11 oder Andrea Beyer, „Editorial", *Update*, FH Mainz Nr. 12 WS 11/12, 3).

der vernünftigsten Praxis bzw. eine praktische Theorie des vernünftigen Verhaltens. Sie ist ein Beweis dafür, dass die gesellschaftliche Wirklichkeit nicht dem blinden Fatum unterliegt, sondern dass sie *dramatisch* sich bildet, d.h. sie entsteht als eine Zwischenwelt aus Verhandlungen und Mitteilungen der sozialen Akteure. Nicht umsonst bedeutet das dialektische Wort Ökonomie sowohl die Gesamtheit von wirtschaftlichen Bedingungen, Verhältnissen und Prozessen als auch eine Wirtschaftswissenschaft. Die Wissenschaft ist der Realität gleichbedeutend und doch unterscheidet sie sich von ihr; so arbeiten die Negation und die romantische Negativität, der man ‚Ironie' nennt.

Die romantischen Tragödientheoretiker waren – genauso wie Goethe – Berufspolitiker; es gab bessere oder schlechtere, wirksamere oder ohnmächtigere unter ihnen, trotzdem hatten sie Einfluss auf das Geschehen in Europa. Der polnische romantische Nationaldichter Mickiewicz beanspruchte eine Führungsrolle unter den Mitgliedern der Großen Emigration nach dem gescheiterten Novemberaufstand 1830-31 und überging, obschon selbst ständig unter Geldnot leidend, nicht stillschweigend die Fragen der Ökonomie.[51] Hinsichtlich der Politik stufte Heine die Romantiker auf ahnungslose Nachahmer des Mittelalters und auf Träumer herab, die keine Ahnung von der Wirtschaftslehre hätten. Und doch behauptet er, dass die Romantiker literarische Kritik als Politik betrieben. „Die romantische Schule ging damals Hand in Hand mit dem Streben der Regierungen und der geheimen Gesellschaften, und Herr A.W. Schlegel konspirierte gegen Racine zu demselben Ziel, wie der Minister Stein gegen Napoleon konspirierte."[52] Von Heines Beschreibungen der literarischen Intrigen scheint Karl Marx viel gelernt zu haben: Sein wohl berühmtester Essay *Der achtzehnte Brumaire des Louis Bonaparte* kann als eine hohe Welle ausgelegt werden, die Goethes Artikel „Über die christlich patriotisch neudeutsche Kunst", in dem er sich von den Brüdern Schlegel distanziert, geschlagen hat. Gerade den Artikel stellte Heinrich Heine als den 18. Brumaire Goethes dar: „denn indem er so barsch die Schlegels aus dem Tempel jagte und viele ihrer eifrigsten Jünger an seine eigne Person heranzog, und von dem Publikum, dem das Schlegelsche Direktorium schon lange ein Gräuel war, akklamiert wurde, begründete er seine Alleinherrschaft in der deutschen Literatur."[53]

Die Spannweite der literarischen Politik erschöpfte sich jedoch nicht darin, die Leser, die Kollegen oder die Mäzene auf die eigene Seite zu ziehen. Das Literarische betrachten die Romantiker als ein Synonym des Politischen;

---

51 Vgl. Andrzej Walicki, *Filozofia polskiego romantyzmu* (Kraków: Universitas, 2009), 185-186.
52 Heine, „Die Romantische Schule", 379-380.
53 Heine, „Die Romantische Schule", 389.

die Dichtung hat oder macht Sinn nur als politische Handlung. Nicht nur werden besondere künstlerische Formen mit bestimmten Formen der Regierung korreliert, etwa bei Adam Müller die Tragödie mit der Tyrannei des Peisistratus und die Komödie mit der nachstehenden Einführung der Demokratie (DP 209-210; die Schlegels haben dagegen die Tragödie mit der Demokratie in Verbindung gebracht). Literarische Formationen sind im Rahmen einer romantischen Definition *per analogiam* mit den Regierungsformen austauschbar: „Immer aber hat das Interessante in der Poesie nur eine *provisorische Gültigkeit*, wie die despotische Regierung" – heißt es in Friedrich Schlegels *Studium*-Aufsatz aus dem Jahr 1795 (SA 215).[54] Höchstwahrscheinlich enthält das politische Zeitgeschehen das griffigste Vorbild für eine mögliche begriffliche Struktur einer Geschichte der Poesie; zumindest übertrug der junge Schlegel politische Schemen auf das Gebiet der Literatur. Nichtsdestominder soll die Kritik – und die Kritik war der Kometenkopf der kommenden Literatur – nicht nur in politischen Kategorien gefasst werden, sondern auch politisch wirken:

> Eine entartete und mit sich selbst uneinige Kraft bedarf einer Kritik, einer Zensur, und diese setzt eine *Gesetzgebung* voraus. Eine vollkommne ästhetische Gesetzgebung würde das erste *Organ* der ästhetischen Revolution sein. Ihre Bestimmung wäre es, die blinde Kraft zu lenken, das Streitende in Gleichgewicht zu setzen, das Gesetzlose zur Harmonie zu ordnen; der ästhetischen Bildung eine feste Grundlage, eine sichre Richtung und eine gesetzmäßige Stimmung zu erteilen. Die *gesetzgebende Macht* der ästhetischen Bildung der Modernen dürfen wir aber nicht erst lange suchen. Sie ist schon konstituiert. Es ist die Theorie: denn der Verstand war ja von Anfang an das lenkende Prinzip dieser Bildung. (SA 272)

Dieses Schema wird in einer anderen Marxschen Narration widerhallen, nämlich derjenigen über die Diktatur des Proletariats als Vorstufe (Vorbote) der endgültigen Volksherrschaft, die die Gesellschaft wirklich dramatisch organisieren wird.[55] Bei Schlegel, der Schemata und Urszenen der Französischen Revolution auf das Gebiet der Literatur übertrug, kommt paradoxerweise schon die Diktatur der „Theorie" einer wahren Demokratie und nicht einer Vorstufe zu ihr gleich: „Die Gesetze der ästhetischen Theorie haben aber nur insofern wahre *Auktorität*, als sie von der Majorität der öffentlichen Meinung anerkannt und sanktioniert worden sind" (SA 272-273).

54 Das Sigel bezieht sich auf den „Studium-Aufsatz": Friedrich Schlegel, „Über das Studium der griechischen Poesie", KA I 205-367.

55 Karl Marx, „Die Klassenkämpfe in Frankreich 1848-1850", Karl Marx, Friedrich Engels, *Werke* (Berlin: Dietz, 1960), Bd. 7, 33, 62, 84-94.

(Diese Vision der Diktatur des Proletariats entspricht Rosa Luxemburgs Vorstellungen.) Hier trägt Schlegel eine Kampf aus, den auch Marx führen wird, mit den Konsequenzen der kantischen Definition des Geschmacksurteils, das absolut allgemeingültig sein und zugleich in jedem Fall absolut frei gefällt werden muss.[56] Da die Romantiker einen Sinn für Analogien entwickelten, mussten sie einfach erkennen, dass die Struktur des Geschmacksurteils die Paradoxie der *volonté générale* wiederholt, wie Rousseau sie formuliert hat, wie sie die Paradoxie von Fichtes Grundsatz ahnen lässt.[57] Das Volk setzt sich selbst im Akt des Vertragsschließens, das es erst zum kollektiven Subjekt des generellen Willens macht. Das Geschmacksurteil und die Verfassung, schlussfolgern die Romantiker, muss zugleich diktatorisch und demokratisch sein. Sie werden diese Struktur auf das vollkommenste aller Kunstwerke übertragen, die Tragödie, und damit den *partage du sensible*, den alle großen politischen Theorien gelegentlich betreiben, weiter beeinflussen.

Jacques Derrida hat durch seine in *Economimesis* performte Lektüre der *Kritik der Urteilskraft* demonstriert, wie sich die Ökonomie im Mark der modernen Ästhetik einnistet (wie immer bei Derrida ist der Stein, den die Bauleute verwarfen, zum Eckstein geworden).[58] Bedauerlich nur, dass Derrida

---

56 Immanuel Kant, „Kritik der Urteilskraft", *Gesammelte Werke. Akademieausgabe* (Berlin: Reimer, 1911) Bd. 5, 204-205, 211-212, 221-223. Dies geht seinerseits auf die cartesianische (vgl. *Princ. philos.* I, 45) Unterscheidung von klaren (offensichtlichen) und distinkten, deutlichen Ideen zurück; eine distinktive Idee zu haben, heißt, ihre konstitutiven Merkmale auflisten zu können. Ästhetische Ideen wären klar, aber nicht distinkt.

57 Jean-Jacques Rousseau, *Du contrat social*, I, 6: „‚Trouver une forme d'association qui défende et protège de toute la force commune la personne et les biens de chaque associé, et par laquelle chacun, s'unissant à tous, n'obéisse pourtant qu'à lui-même, et reste aussi libre qu'auparavant.' Tel est le problème fondamental dont le Contrat social donne la solution." Diese allgemeine Gültigkeit und Freiheit charakterisieren auch Fichtes ersten Grundsatz.

58 Jacques Derrida, „Economimesis", 4. Adam Müller kann unter diesem Aspekt als Derridas Vorläufer gelten. Zuerst rückt er die Frage der Economimesis in den theologischen Kontext, wie auch Derrida es tat, und dann führt eine Dekonstruktion üblicher Wertungen durch: Es ist nicht so, dass das Papiergeld Edelmetalle ersetzt, sondern die Edelmetalle stehen als bloße Zeichen für das Vertrauen und den Glauben, die durch das Papiergeld zum Ausdruck kommen. Den titanischen Stolz der unaufgeklärten Aufklärung beschreibt Müller als den allgemeinen „Drang nach einem Surrogate des vergessenen Gottes. […] Solche Surrogate wurden die Begriffe Staat, Gesetz, Volk; mit abgöttischer Ehrfurcht ausgesprochen und erörtert. […] Der neue Staatsbegriff, ungeachtet seiner verderblichen Konsequenzen, erscheint als eine Art von einstweiligem Gerüste, *als ein unvermeidlicher Unterbau, der angelegt wurde, um das Gewölbe unserer bürgerlichen Einrichtungen, dessen Schlussstein, nämlich Gott, hinwegenommen war, zu unterstutzen*" („Von der Notwendigkeit einer theologischen Grundlage der gesamten Staatswissenschaften und der Staatswirtschaft insbesondere", *Gesammelte Schriften* (München: Franz, 1839),

sich die *Kritik der Urteilskraft* und nicht Schlegels *Studium*-Aufsatz zuwandte: Er hätte der offenbaren Wirkung politischer Ökonomie in der Ästhetik beigewohnt, etwa bei der Beschreibung natürlicher Ressourcen Athens[59] oder der Kunstenergetik, die die ganze Abhandlung zusammenschweißt. Letztendich würde Derrida den Ansatz seiner Dekonstruktion antreffen: Eine eigenartige Logik erlaubt Schlegel zu behaupten, dass gerade das von Kant geforderte Ausschließen aller ökonomischen Faktoren – des Interesses, des Bedürfnisses, der Zweckmäßigkeit – aus dem Prozess des ästhetischen Urteilens sich ins eigene Gegenteil verkehrt, nämlich in das ökonomischste Phänomen, d.h. in die Befriedigung aller Bedürfnisse, alles Interesses durch die vollkommene Schönheit, die die absolute Zweckmäßigkeit aufweist:

> Das *Schöne* […] ist der allgemeingültige Gegenstand eines uninteressierten Wohlgefallens, welches von dem Zwange des Bedürfnisses und des Gesetzes gleich unabhängig, frei und dennoch notwendig, ganz zwecklos und dennoch unbedingt zweckmäßig ist. Das Übermaß des Individuellen führt also von selbst zum Objektiven, das Interessante ist die Vorbereitung des Schönen, und das letzte Ziel der modernen Poesie kann kein andres sein als das *höchste Schöne*, ein Maximum von objektiver ästhetischer Vollkommenheit. (SA 253)

Das Bedürfnis gehört dem ‚Übermaß' und dem ‚Maximum' zu den wichtigsten Kategorien der romantischen Ökonomie, weil jene auf die maximale Befriedigung und auf den absoluten Genuss zielt, den die Tragödie bring.

Bd. 1, 21). „Wenn man also in neueren Zeiten die Sache so darstellt, als sei ein Staatspapier ein bloßes Substitut der Metalle, oder als könne ein Versprechen des Staates die Metalle nur repräsentieren, und als sei selbiges ohne Beziehung auf die Metalle wesenlos, so hat man die Ordnung der Dinge umgekehrt: die Metalle sind die Repräsentanten; das große Bedürfnis des Zusammenhaltens, welches schon vor aller Teilung der Arbeit die einzelnen Organe des Menschen verbindet, dann später alle die verschiedenen ökonomischen Funktionen unaufhörlich zurückzieht; das, was die Metalle durch den Stempel, wie durch eine Art von Creditiv erst zum Gelde erhebt, und was endlich bei weiterer Entwicklung des bürgerlichen Lebens durch das Staatspapier ausgedrückt wird – ist das Prinzipale" (*Versuch einer neuen Theorie des Geldes*, 157). Der Staffellauf der Dekonstruktion *avant la lettre* wurde von Carl Schmitt fortgesetzt, *Politische Romantik*, 22: „die Menschheit, die Nation, das Individuum, die geschichtliche Entwicklung das Leben als Leben seiner selbst wegen. Metaphysik ist etwas Unvermeidliches und, wie Otto v. Gierke treffend bemerkt hat, man kann ihr nicht dadurch entgehen, dass man darauf verzichtet, sich ihrer bewusst zu werden."

59 SA 299: „Nur da, wo Erfindsamkeit, Geselligkeit, Beredsamkeit und Schonung gleichsam eingeboren waren; wo die vollständige Bildung die einseitigen Vorzüge der Dorischen und Jonischen Bildung umfasste; wo bei der unbeschränktesten Freiheit und Gesetzesgleichheit alles Innere in kecker Gestalt ans Licht treten durfte, und durch den lebhaftesten Kampf, die vielseitigste Friktion von außen gewetzt, gereinigt, gerundet und geordnet wurde: nur in *Athen* war die *Vollendung* der Griechischen Sprache möglich."

Nachdem Walter Benjamin in seinen Studien über Baudelaire das interesselose Kunstwerk als im photographischen Sinne Negativ der Ware enttarnte,[60] ist es banal geworden, die sozioökonomische Bedingtheit des Ästhetizismus oder der Avantgarde als Feld der Anomie oder des Paradoxons zu behaupten.[61] Im *Studium*-Aufsatz findet man jedoch eine Stelle, wo das Umschlagen des schönen Spiels in das Realste mit solcher Prägnanz zum Ausdruck kommt, dass der Leser einen enormen Verlust erfahren würde, wenn ich das Zitat hier nicht anführen würde: „Die objektive Poesie weiß von keinem Interesse, und macht keine Ansprüche auf Realität. Sie strebt nur nach einem Spiel, das so würdig sei, als der heiligste Ernst, nach einem Schein, der so allgemeingültig und gesetzgebend sei, als die unbedingte Wahrheit“ (SA 211).

Die Poesie stempelt ihr Streben im Material der Sprache ab, welche seit Herders Ursprung-Abhandlung in Kategorien der Kräfteökonomie geframed wird. Die Sprache als Facette der Besonnenheit betrachtet sei ein angeborenes Vermögen des physikalisch schwachen Menschen, der sich ihrer gemäß ökonomischen Prinzipen bedient, um sich einen Vorteil zu verschaffen.[62]

7.4. Das theologische Kapital

„Im klassischen Griechenland herrschte ein Brauch – verbreitet vor allem unter den ärmeren Menschen – den eigenen Mund als Portemonnaie zu benutzen. Viele Griechen haben die Stadt mit dem Mund voller Münzen durchmessen.“[63] Vielleicht ist so der Spruch entstanden, Schweigen sei Gold. Oder aber sein produktiver Gegensatz – die Analogie zwischen Geld und Sprache, eine der prägnantesten romantischen Gleichnisse. Wahrscheinlicher scheint jedoch, dass das traditionelle Gleichsetzen der Sprache mit dem Geld, das selbst ein universeller Gleichschalter ist, nicht auf metonymischer Nachbarschaft der Münze und der Zunge, sondern auf tropologischer (ironischer) Konvertierbarkeit der Währung gegen das Wort basiert. Die Blütezeit der monetären Identifikation der Sprache war das Barock, bei Leibniz findet sich

60 Walter Benjamin, „Über einige Motive bei Baudelaire“, *Gesammelte Schriften*, hg. von Rolf Tiedemann (Frankfurt am Main: Suhrkamp, 1991), Bd. 1, 605-654.

61 Pierre Bourdieu, *Die Regeln der Kunst. Genese und Struktur des literarischen Feldes* übersetz von Bernd Schwibs, Achim Russer, (Frankfurt am Main: Suhrkamp, 1999); Niklas Luhmann, *Die Kunst der Gesellschaft*, Frankfurt am Main: Suhrkamp, 1996.

62 Herder, Johann Gottfried, *Sturm und Drang. Weltanschauliche und ästhetische Schriften* (Berlin, Weimar: Aufbau, 1978),186-198.

63 Lidia Winniczuk, *Ludzie, zwyczaje i obyczaje starożytnej Grecji i Rzymu* (Warszawa: PWN, 2008), 134.

z. B. ein prägnantes Bild der Geldsprache. In seinem auf Deutsch verfassten Traktat über die deutsche Sprache funktioniert das Geld als eine Allegorie der Sprache, die ihrerseits wie eine Matrix eine unendliche Zahl von Allegorien umfasst:

> Daher braucht man oft die Worte als Ziffern, oder als Rechen-Pfennige, an statt der Bildnisse und Sachen, bis man Stufenweise zum Fazit schreitet, und beym Vernunft-Schluss zur Sache selbst gelanget. Woraus erscheint, wie ein Großes daran gelegen, daß die Worte als Vorblide und gleichsam als Wechsel-Zedel des Verstandes wohl gefasset, wohl unterschieden, zulänglich, häufig, leichtließend und angenehm seyn.[64]

Den Grund dafür, Geld und Sprache zu vergleichen, bietet bei Leibniz die Produktivität des reinen Umlaufes. Das Geld und die Worte generieren den (Erkenntnis-)Gewinn, indem sie am freisten kreisen und erst am Ende einer Etappe gegen Güter, Waren oder Tatbestände ausgetauscht werden. Darum ist die Arbitrarität der Sprachzeichen für das Denken günstig, genauso wie die Einführung des Papiergeldes die Wirtschaft und, so die Whigs, *politeness* katalysiert. Die Fruchternte der monetären Sprachauffassung hat im späteren 18. Jahrhundert stattgefunden. Auf deutschem Boden (und auf Deutsch) beschäftigten sich etwa Hamann, Herder, Lavatier und Goethe mit dem Problem der Arbitrarität des Zeichens – und das nicht so lange vor dem von John Law erfundenen und in Frankreich eingeführten Papiergeld, das einen unabwendbaren Bezugspunkt anbot.[65] Novalis hat diese Linie verlängert, wenn er „unsere Bücher" mit „Papiergeld" verglich.[66] Friedrich Schlegels Fragmente changieren zwischen Gold, Silber, Kupfer und Gewinnschuldverschreibungen (KA II 153 [49],

---

64 Gottfried Wilhelm Leibniz, *Unvorgreifliche Gedanken, betreffend die Ausübung und Verbesserung der deutschen Sprache* [1717]. *Zwei Aufsätze*, hg. von Uwe Pörksen (Stuttgart: Reclam, 1984), 6-7.

65 Lawrence Lande, Tim Congdon, „John Law and the invention of paper money", *RSA Journal* 1991, Vol. 139, No. 5414, 916-928; Erich Achermann, *Worte und Werte: Geld und Sprache bei Gottfried Wilhelm Leibniz, Johann Georg Hamann und Adam Müller* (Tübingen: Niemeyer, 1997), 303-304; Johann Georg Hamann, „Briefe", *Schriften*, hg. von Friedrich Roth (Berlin: Reimer, 1821), Bd. 1, 303-304; Johann Gottfried von Herder, „Über die neuere deutsche Literatur. Erste Sammlung von Fragmenten. Eine Beilage zu den Briefen, die neueste Literatur betreffend", *Werke*, hg. von Martin Bollacher et al. (Frankfurt am Main: Deutscher Klassiker Verlag, 1985), Bd. 1, 195; Christian Mittermüller, *Sprachskepsis und Poetologie: Goethes Romane ‚Die Wahlverwandtschaften' und ‚Wilhelm Meisters Wanderjahre'* (Tübingen: Niemeyer, 2008), 39; c.f Jochen Hörisch, *Kopf oder Zahl. Die Poesie des Geldes* (Frankfurt am Main: Suhrkamp, 1999).

66 Novalis, „Vermischte Bemerkungen", *Werke*, hg. von Gerhard Schulz (München: Beck, 2001), 348 [110]; vgl. Reinhard Saller, *Schöne Ökonomie: die poetische Reflexion der Ökonomie in frühromantischer Literatur* (Würzburg: Königshausen & Neumann, 2007), 91-92.

KA II 154 [59], KA II 156 [77], KA II 232 [367]). In *Ideen* fordert Schlegel vom Künstler, dass er die ganze Gesellschaft bilde; „daß er Politiker und Ökonomen zu Künstlern erhebe“ (KA II 261 [54]). Vom Standpunkt des Biographismus aus würden die früh im Leben in Leipzig gemachten Schulden, von denen sich Friedrich Schlegel nie zu befreien vermochte, die unerschöpfliche Produktivität des Frühromantikers erklären.[67]

Bei Müller steigt die Sprache zum Modell des Besitzes empor:

> Die Sprache ist nationale und Privatsprache zugleich, Gemeingut und Besondergut, *feod* und *allod* zugleich, wie es der Reichtum überhaupt sein sollte. Aber die Sprache, wie alles Nationaleigentum überhaupt, wird heutzutage vielmehr als Summe aller Privatrede, denn als nationales Gemeingut eines sprechenden Volkes betrachtet. Desungeachtet sollte niemand etwas in andrer Art besitzen, als in welcher der Einzelne seine Sprache besitzt. Keine Parallele ist für die Staatswirtschaft fruchtbarer und befreiender als diese.[68]

Das Ökonomische webt mit dem Hermeneutischen eine einzigartige Textur: „Die drei Formen des Eigentums – Privateigentum (*Allod*), Gemeindeeigentum (*Feod*) und das die beiden Formen umfassende Staatseigentum – entsprechen in der Gesprächstheorie Müllers dem monologischen, dem dialogischen und dem dramatischen Sprechen.“[69]

Ein Einfluss auf die Romantiker kam von Übersee, der Seite Adam Smiths, der der englischen Tradition gemäß die Relation von Sprechen und Prestigebedürftigkeit im Kontext der *mind*-Philosophie einbettete. Die Quelle der Arbeitsteilung sei dieselbe universelle Neigung zu „truck, barter and exchange“, deren anderer Ausdruck die menschliche Sprache und das Denkvermögen sei. In seinen Vorträgen über die Jurisprudenz beschreibt Smith die ökonomische *exchange* als eine Art Rhetorik, wobei das Ziel der beiden Tätigkeiten, der sprachlichen und der wirtschaftlichen, nämlich das Überzeugen, als *tertium comparationis* dient. Sowohl Tauschen als auch Reden entspringen der *natürlichen* Neigung der Menschen zum Überzeugen: „the offering of a shilling, which to us appears to have so plain and simple a meaning, is in reality offering an argument to persuade one to do so and so as it is for his interest. (…) And

---

67 Hans Eichner, *Friedrich Schlegel im Spiegel seiner Zeitgenossen*, hg. von Hartwig Mayer, Hermann Patsch (Würzburg: Königshausen & Neumann, 2012), Bd. 1, 15-97 sowie die Rezension von Mark-Georg Dehrmann (http://edoc.hu-berlin.de/hostings/athenaeum/documents/athenaeum/2013-23/dehrmann-mark-georg-185/PDF/dehrmann.pdf, Zugang 23.9.2017).

68 Adam Müller, *Die heutige Wissenschaft der Nationalökonomie kurz und fasslich dargestellt* [1816]; Zit nach: Ackermann, *Worte und Werte*, 271.

69 Ackermann, *Worte und Werte*, 272.

in this manner every one is practicing oratory on others through the whole of his life."[70] Laut Smith sei der Tausch ein angeborener Instinkt und ein natürliches Bedürfnis, dass eng mit dem exklusiv dem Mensch gebührenden ‚language instinct'[71] zusammenhängt, ja – der Tauschinstinkt scheint „the necessary consequence of the faculties of reason and speech" zu sein.[72] Die kritischen Denker haben Smiths Analogie zwischen dem Sprechen und den Transaktionen fortgesetzt und erweitert: Karl Marx („Logik – das Geld des Geistes, der spekulative, der Gedankenwert des Menschen und der Natur – ihr gegen alle wirkliche Bestimmtheit vollständig gleichgültig gewordnes und darum unwirkliches Wesen – das entäußerte, daher von der Natur und dem wirklichen Menschen abstrahierende Denken"[73]), Søren Kierkegaard,[74] Friedrich Nietzsche. Der hier in Gang gesetzte Vehikel erreicht die Avantgarde und den Formalismus samt ihrer Betonung der Autonomie des Wortes: während Velimir Chlebnikov über das „Lautgeld" (*zvučnye den'gi*) lästert, das die Verständigung verhindert, und von den Künstlern das Erschaffen einer friedenstiftenden *characteristica universalis* fordert, behauptet Roman Jakobson in seinem Chlebnikov gewidmetem Aufsatz, Puškins Verse seien heute so einfach herzustellen wie falsche Rubel.[75] Siegmund Freud konstruierte „ökonomische"

---

70 Adam Smith, *Lectures on Jurisprudence* (1762-63), zit. nach David M. Levy, Sandra J. Peart, „Adam Smit and the State: Language and Reform", Christopher J. Berry, Maria Pia Paganelli, Craig Smith (Hg.), *The Oxford Handbook of Adam Smith* (Oxford: OUP, 2012), 376; siehe auch Adam Smith, *An Inquiry into the Nature and Causes of the Wealth of Nations*, I.ii.4.

71 Vgl. Steven Pinker, *The Language Instinct. How the Mind Creates Language* (New York: William Morrow, 1994).

72 Smith, *Wealth of Nations*, I.ii.2.

73 Karl Marx, *Ökonomisch-philosophische Manuskripte, Werke*, Ergänzungsband, 1. Teil, 571-572.

74 Søren Kierkegaard, *Eine literarische Anzeige*, übersetzt von Emanuel Hirsch (Düsseldorf: Diederichs, 1954), 22.

75 Velimir Chlebnikov, „An die Maler der Welt", *Werke*, hg. von Peter Urban (Reinbek: Rowohlt, 1985) Bd. 2, 311: „Jede Ordnung des Lautgeldes beansprucht die Oberhoheit für sich, und auf diese Weise dienen die Sprachen als solche der Desintegration der Menschheit und führen durchsichtige Kriege. […] Die stummen geometrischen Zeichen werden die Vielzahl der Sprachen miteinander aussöhnen."; das Original: „Каждый строй звучных денег притязает на верховенство, и, таким образом, языки как таковые служат разъединению человечества и ведут призрачные войны. […] Немые – начертательные знаки – помирят многоголосицу языков" (Velimir Chlebnikov, „Chudožniki mira", *Tvorenija* hg. von M. Poliakov et al. (Moskva: Soveckij pisatel', 1986), 621). Das Vergleichen von literarischen und ökonomischen Erscheinungen war verbreitet in der damaligen russischen Literaturkritik, vgl. Sergej Bulgakov, *Filosofija chozjajstva* [1912] (Moskva: Institut russkoj civilizacii, 2009); Vladislav Chodasevič, *Poetičeskoe chozjajstvo Puškina* (Leningrad: Mysl', 1923); Roman Jakobson, „Novejšaja russkaja poezija. Podstupy k Chlebnikovu", *Raboty po poetike* (Moskva: Progress, 1987), 273: „Пушкиноподобные

Modelle des Unbewussten, das die „libidinale Energie“ investierte, fixierte, übertrug. Lacans Rückkehr zu Freud bestand unter anderem darin, die Rolle der Exkremente und überhaupt der analen Fixierung hervorzuheben im Falle der *exchanges* des Subjekts mit Anderen und mit dem großen Anderen.[76] Lacan betonte auch die Rolle des sublimierten Gegenstücks von Exkrementen, des Geldes, in den Beziehungen zwischen dem Analytiker und dem Patienten.[77] Die Übertragung der Freud'schen Übertragung ins Französische verdeutlichte die finanzielle Natur der Relation zwischen dem Patienten und dem Analytiker: *transfert* findet zwischen den Konten statt und stiftet die analytische Situation. Sicher ließ sich Lacan vom Vater des Strukturalismus und von des Strukturalismus *doktor angelicus* inspirieren, da sowohl Ferdinand de Saussure als auch Claude Lévi-Strauss Analogien zwischen den beiden Zirkulationsarten herstellten.[78] Derrida wollte nicht zurückbleiben und schuf *La fausse monnaie*, Lyotard gab ebenfalls seinen Senf dazu: *Économie libidinale*. In diesem Zusammenhang ist zweifellos auch der Zyklus *Kapitalismus und*

стихи сейчас так же легко печатать, как фальшиве керенки: они лишены самостоятельной ценности и лишь имеют хождение взамен звонкой монеты.“ Derselbe Roman Jakobson: „Private property, in the domain of language, does not exist: everything is socialized. The verbal exchange, like every form of human relation, requires at least two interlocutors; an idiolect, in the final analysis, therefore can only be a slightly perverse fiction“ (Zit. nach: Brian Richardson, *Narrative Dynamics: Essays on Time, Plot, Closure, and Frames* (Ohio State, 2002), 122).

76 Vgl. Gerald Moore, *Politics of the Gift: Exchanges in Poststructuralism* (Edinburgh: EUP, 2011), 65-72.

77 Natalia Avtonomova, *Lacan avec les philosophes* (Paris: Michel, 1991), 176-178; Jacques Lacan, *Les quatre concepts fondamentaux de la psychanalyse* (Paris: Seuil, 1973), 34.

78 Ferdinand de Saussure, *Cours de linguistique générale* [1916], hg. von Charles Bally et al. (Paris: Payot, 1971), 164 „D'ailleurs il est impossible que le son, élément matériel, appartienne par lui-même à la langue. Il n'est pour elle qu'une chose secondaire, une matière qu'elle met en œuvre. Toutes les valeurs conventionnelles présentent ce caractère de ne pas se confondre avec l'élément tangible qui leur sert de support. Ainsi ce n'est pas le métal d'une pièce de monnaie qui en fixe la valeur ; un écu qui vaut nominalement cinq francs ne contient que la moitié de cette somme en argent ; il vaudra plus ou moins avec telle ou telle effigie, plus ou moins en deçà et au delà d'une frontière politique. Cela est plus vrai encore du signifiant linguistique ; dans son essence, il n'est aucunement phonique, il est incorporel, constitué, non par sa substance matérielle, mais uniquement par les différences qui séparent son image acoustique de toutes les autres.“ Claude Lévi-Strauss, *Les structures élémentaires de la parenté* [1948] (Berlin, New York: De Gruyter, 2002), 549: „Il en est donc des femmes comme de la monnaie d'échange dont elles portent souvent le nom, et qui, selon l'admirable mot indigene, ‚figure le jeu d'une aiguille à coudre les toitures, et qui, tantôt dehors, tantôt dedans, mène et ramène toujours la même liane qui fixe la paille‘.“ Vgl. Marcel Mauss, *Schriften zum Geld*, hg. von Hans Peter Hahn, Mario Schmidt, Emanuel Seitz, übersetzt von Eva Moldenhauer (Frankfurt am Main: Suhrkamp, 2015).

Schizophrenie von Deleuze und Guattari entstanden. Joseph Beuys, der Papst der sogenannten kritischen Kunst, fasste Rudolf Steiners Gleichsetzung des Geldes mit dem Geist, die aus der hermeneutischen und romantischen Tradition erwachsen war, in der Formel „Kunst = Kapital“ zusammen. Die Medienwissenschaft erweitert die Ausdehnung des Vergleiches, indem sie alle Medien und nicht nur das primäre Medium der Sprache neben das Geld stellt. (McLuhans Lehrer und Gründer der neuen Lehre über Medien, Harold Innis, war Wirtschaftswissenschaftler von Beruf.[79]) Elena Esposito hat mit Recht behauptet, dass die beste Allegorie des Mediums, wie Niklas Luhmann es beschreibe, das Geld sei – vor allem wegen der analogen Struktur der Zeitlichkeit.[80] All diese notwendigerweise auszugsweise, im Modus des *name dropping* aufgezählten Strömungen, die ich so freizügig aneinandergereiht habe, wären ohne die romantische Kunstökonomie nicht möglich.

Die auffallendste Ähnlichkeit zwischen einer respektablen modernen Theorie und den altmodischen Jeremiaden der Romantiker ist allerdings das Konzept des geistigen Kapitals, das bekanntlich von Pierre Bourdieu in Umlauf gebracht wurde.[81] Natürlich interessierte Bourdieu sich auch für wirtschaftliche Aspekte des Wortwechsels,[82] aber seine romantischste Eigenschaft, die uns im Gegenzug die Romantiker zugänglicher macht, findet sich zusammengefasst in einem Satz über das geistige Kapital, der genauso gut aus einer Schrift von Adam Müller, etwa aus seiner *Neuen Theorie des Geldes*, stammen könnte: „Die gesellschaftliche Welt ist akkumulierte Geschichte.“[83] Analog zu Bourdieu setzte Adam Müller das Kapital mit der Vergangenheit gleich, die sprachlich und hermeneutisch zu umfassen ist. Im Unterkapitel zur Hermeneutik (7.2.) wurde es klar, dass des Menschen Abhängigkeit vom Vergangenen – jetzt wissen sich, dass es sich um das Kapital handelt – am klarsten in der Tragödie zu sehen ist; mit jeder Wiederholung klarer.

Wenn Müller Quellen des Reichtums betrachtet, die sich traditionell auf den Landbesitz, die Arbeit und das Kapital begrenzen, nennt er den Kapitalisten Repräsentant der Vergangenheit. (Der Kapitalist kommt dem Tragiker, dem

---

79 Vg. T.W. Easterbrook, „Innis and Economics“, *Canadian Journal of Economics and Political Science* 1953, 3(19), 304-315.

80 Elena Esposito, „Die normale Unwahrscheinlichkeit der Medien: der Fall des Geldes“, Stefan Münker, Alexander Roesler (Hg.), *Was ist ein Medium?* (Frankfurt am Main: Suhrkamp, 2008), 112-130 (vor allem 120-127).

81 Pierre Bourdieu, „Le marché des biens symboliques“, *L'Année sociologique. Troisième série*, Vol. 22 (1971), 49-126.

82 Pierre Bourdieu, *Ce que parler veut dire. L'économie des échanges linguistiques* (Paris, Fayard: 1982).

83 Pierre Bourdieu, „Ökonomisches Kapital, kulturelles Kapital, soziales Kapital“, Reinhard Kreckel (Hg.), *Soziale Ungleichheiten. Soziale Welt.* Sonderband 2, Göttingen 1983, 183.

Spezialisten im Wirken der Vergangenheit auf das Jetzt, nahe.) Der Mensch wird im frühkapitalistischen Zeitalter samt seiner Arbeitsteilung eine Allegorie: „insofern er die Natur repräsentiert, ist er *Landeigentümer*; insofern er sich selbst repräsentiert, *Arbeiter*; insofern er die Vergangenheit vorstellt, *Kapitalist*."[84] *Sich selbst repräsentiert!* Sich selbst kann man nur als ein Zeichen, eine Allegorie seiner selbst sein, auch wenn man nichts anzubieten hat denn den eigenen Körper. Kongruent setzt Bourdieu den Gedanken Müllers fort:

> Die gesellschaftliche Welt ist akkumulierte Geschichte. Sie darf deshalb nicht auf eine Aneinanderreihung von kurzlebigen und mechanischen Gleichgewichtszuständen reduziert werden, in denen die Menschen die Rolle von austauschbaren Teilchen spielen. Um einer derartigen Reduktion zu entgehen, ist es wichtig, den Kapitalbegriff wieder einzuführen, und mit ihm das Konzept der Kapitalakkumulation mit allen seinen Implikationen. Kapital ist akkumulierte Arbeit, entweder in Form von Material oder in verinnerlichter, ‚inkorporierter' Form.[85]

Das Kapital entspricht bei Müller ungefähr dem Habitus bei Bourdieu: ein Netz möglicher Handlungen, innerhalb dessen die Akteure ihre Erfolgsstrategien bestimmen müssen. Die Handlungen sind möglich, da sie von der Vergangenheit ermöglicht, das heißt nicht eliminiert, worden sind: Hölderlins

84 Adam Müller, *Elemente der Staatskunst*, Bd. 3, 7. An dieser Stelle stützt sich Müller auf William Pettys Theorie, es gebe „drei Quellen allen Reichtums, nämlich Land, Kapital, Rente." John Locke verband in Paragraph 46 seines zweiten Traktats über die Regiereung die Erfindung des Geldes mit dem Bedürfnis nach dem Überdauern von Gütern: „The greatest part of things really useful to the life of man, and such as the necessity of subsisting made the first commoners of the world look after – as it doth the Americans now – are generally things of short duration, such as – if they are not consumed by use-will decay and perish of themselves. Gold, silver, and diamonds are things that fancy or agreement hath put the value on, more than real use and the necessary support of life. [...] it was a foolish thing, as well as dishonest, to hoard up more than he could make use of If he gave away a part to anybody else, so that it perished not uselessly in his possession, these he also made use of. And if he also bartered away plums that would have rotted in a week, for nuts that would last good for his eating a whole year, he did no injury; he wasted not the common stock; destroyed no part of the portion of goods that belonged to others, so long as nothing perished uselessly in his hands. Again, if he would give his nuts for a piece of metal, pleased with its colour, or exchange his sheep for shells, or wool for a sparkling pebble or a diamond, and keep those by him all his life, he invaded not the right of others; he might heap up as much of these durable things as he pleased; the exceeding of the bounds of his just property not lying in the largeness of his possession, but the perishing of anything uselessly in it" (*The Works of John Locke, Esq: In Three Volumes: to which is Now First Added, The Life of the Author [by Jean Le Clerc], and a Collection of Several of His Pieces*, hg. von Mr. Desmaizeaux (London: Birth et al., 1751), Bd. 2, 180).

85 Bourdieu, „Ökonomisches Kapital, kulturelles Kapital, soziales Kapital", 183.

,Welt aller Welten' aus „Werden im Vergehen" verengt sich zu einer Welt, der aktuellen. Bourdieu schreibt: „Das Kapital ist eine der Objektivität der Dinge innewohnende Kraft, die dafür sorgt, dass nicht alles gleich möglich oder gleich unmöglich ist."[86] Die Kraft, die den Dingen innewohne, ist ihre akkumulierte Vergangenheit. Das Kapital und nicht unbedingt die Politik ist das Schicksal der modernen Gesellschaft.

Die ,kapitalistische' Auffassung der Literaturgeschichte reicht bis auf die gräzistischen Anfänge Friedrich Schlegels zurück, als er „Vom Wert des Studiums der Griechen und Römer" (1795-96, KA I 621-642) verfasste. Eine Summe der ,Werte' verwandelt sich in Kapital und wird in die Zukunft, die dritte Epoche der völlig befriedigenden Kunst, investiert. Den Wert des Studiums setzt Schlegel mit seinem Ziel gleich: den zerstreuten geschichtlichen Phänomenen Einheit zu verleihen (Wert 633), die Gegenwart besser zu kontrollieren, indem man sie mit dem durch die Auswertung aufgeräumten Altertum vergleicht (potenzieller Austausch, Wert 626). Der Wert einer Nation konzentriere sich in ihrer Dichtung. Die Dichtung sei der echte Wohlstand einer Nation: „Wie groß aber die Sache selbst nach ihrer ursprünglichen Bestimmung, wie wichtig die Literatur für den Wert und Wohlfahrt einer Nation sei, das ist wohl unzweifelhaft, klar und leicht zu entscheiden; wir mögen nun auf die innere Natur derselben, oder auf ihre vielfältigsten Folgen und ihren großen Einfluss sehen" (Geschichte 13).[87] Den Wert einer Nation misse man mit Hilfe der in ihrer Dichtung versammelten Vergangenheit, sodass jeder ,Kulturkampf' durch die Größe des nationalen Gedächtnisses entschieden werde. „Solche National-Erinnerungen, das herrlichste Erbteil, das ein Volk haben kann, sind ein Vorzug, der durch nichts anders ersetzt werden kann", der aber eine Grundlage bietet für Vergleich und Konkurrenzkampf der Nationen. Dank „Große[r] Vergangenheit", „Erinnerungen aus uralter Vorzeit", „Poesie" wird eine Nation „auf eine höhere Stufe gestellt" (Geschichte 15-16). „Es muss ein Volk, wenn dieses einen Wert haben soll, auch zum klaren Bewusstsein seiner eigenen Taten und Schicksale gelangen. Dieses in betrachtenden und darstellenden Werken sich aussprechende Selbstbewusstsein ist die Geschichte" (Geschichte 16); diese ist das geistige Kapital, das die (transzendentale) Ästhetik der Geschichte bestimmt. Damit ist die ins Kapital verwandelte Literatur nicht nur als die Theorie der Praxis, beziehungsweise die reflexive Theorie zur Umsetzung der Theorie zu lesen, sondern sie ist auch selbst die Praxis, wie auch die Ökonomie einer Theorie-Praxis gleichkommt. Diese ökomische Herangehensweise an

86 Bourdieu, „Ökonomisches Kapital, kulturelles Kapital, soziales Kapital", 184.

87 Dieses Sigel bezieht sich auf Friedrich Schlegel, *Geschichte der alten und neuen Literatur*, KA VI.

die antike Literatur steht im krassen Gegensatz zu den Behauptungen von Autoren wie Goerge Steiner oder Richard Halpern, die Tragik wäre heute wegen der Vorherrschaft ökonomischer Interessen in modernen Gesellschaften unmöglich, da sie im politisch-heroischen besteht.[88] Diese Stimmen fußen auf der Theorie, die griechische Welt entsteht infolge der Verdrängung des Oikos aus dem Politischen (Arendt, Agamben, usw.); die Tragödie, wie Hegel und die Romantiker sie sehen, nämlich als Konflikt zweier gleichrangiger Partner – Staat *versus* Ökonomie – beziehungsweise als die ökonomischste aller Formen, unterminiert die Grundlage der Theorien der Unmöglichkeit der Tragödie.

Dem Literaturkritiker würde im Rahmen des romantischen Denkspiels die Rolle des Ressourcenmanagers zuteil. Die ökonomische Rolle der Kritik bestehe darin, zwischen Schriftstellern und Lesern zu vermitteln, und zwar so, dass sie Zeit und Aufwand der Leser spart, indem sie den Wert der Werke sowie der Nationen entweder bestätigt oder als Falschgeld aus dem Umlauf nimmt (Zeitalter[89] 49-50). Adam Müller als Kritiker der deutschen Wissenschaft und Literatur teilte dem ganzen Schrifttum der Deutschen die kritische Rolle des Mittlers zwischen den Nationen und den Epochen zu (DW 73-81). Mehr als 20 Jahre danach übernahm Goethe das Bild des Mittlers auf dem Markt, als er den Begriff der ‚Weltliteratur' schmiedete. Die Deutschen hätten seit langer Zeit zu einer Vermittlung zwischen den Völkern und zu ihrer wechselseitigen Ankerkennung beigetragen. „Wer die deutsche Sprache versteht und studiert, befindet sich auf dem Markte, wo alle Nationen ihre Waren anbieten; er spielt den Dolmetscher, indem er sich selbst bereichert."[90] Die moderne ‚Weltliteratur' und damit die Komparatistik entspross unter dem Zeichen des ökonomischen Diskurses der Bedürfnisse: Das Treffen mit einer fremden Kultur bewirkte, dass moderne Menschen „bisher unbekannte geistige Bedürfnisse hie und da empfunden. Daraus entstand das Gefühl nachbarlicher Verhältnisse, und anstatt dass man sich bisher zugeschlossen hatte, kam der Geist nach und nach zu dem Verlangen, auch in den mehr oder weniger freien geistigen Handelsverkehr mit aufgenommen zu werden."[91] Weg mit der geschlossenen Nationalliteratur! Marx und Engels proklamieren im „Manifest der Kommunistischen Partei", dass die neue internationale Wirtschaft gänzlich neue literarische Verhältnisse mit sich bringt, in denen *die ursprüngliche Stilisierung* (der Begriff

---

88 Siehe die Einleitung.

89 Das Sigel bezieht sich auf Friedrich Schlegel, „Das lyrisch-dramatische Zeitalter", KA XI 46-97.

90 Johann Wolfgang Goethe, „German Romance", *Berliner Ausgabe*, hg. von Siegrfried Seidel (Berlin: Aufbau, 1984), Bd. 18, 396.

91 Johann Wolfgang Goethe, „[Einleitung zu:] Thomas Carlyle, *Leben Schillers*", *Berliner Ausgabe*, Bd. 18, 398-399.

wurde zu Anfang dieses Kapitels angeführt) von Erzeugnissen aller Länder und Klimate verlangt wird.

> An die Stelle der alten, durch Landeserzeugnisse befriedigten Bedürfnisse treten neue, welche die Produkte der entferntesten Länder und Klimate zu ihrer Befriedigung erheischen. An die Stelle der alten lokalen und nationalen Selbstgenügsamkeit und Abgeschlossenheit tritt ein allseitiger Verkehr, eine allseitige Abhängigkeit der Nationen voneinander. Und wie in der materiellen, so auch in der geistigen Produktion. Die geistigen Erzeugnisse der einzelnen Nationen werden Gemeingut. Die nationale Einseitigkeit und Beschränktheit wird mehr und mehr unmöglich, und aus den vielen nationalen und lokalen Literaturen bildet sich eine Weltliteratur.[92]

Marx und Engels benutzen wohlbemerkt ebenfalls den Diskurs der Bedürfnisse und Befriedigungen (der natürlich auch die Grundlage von Goethes Gattungslehre ausmachte und deswegen an der Emergenz der modernen Literaturtheorie in Osteuropa beteiligt war.) Ihre Auffassung der Weltliteratur wiederholt die Thesen der Frühromantik, und zwar mit Blick auf die Verbindung der Produktion der Bedürfnisse und Subjekte mit der Ur-Stilisierung, der Demonstration der unendlichen Produktivität der Literatur durch uneingeschränkte Wiederholbarkeit von Formen.

Um die unendliche Produktivität in einer geschlossenen Form mit darzustellen, welche sich als ironische Stilisierung präsentieren muss, bräuchte man, so Müller, das antike Gleichgewicht zwischen Haben und Sein wiederherzustellen. Die Annahme, der Grieche würde das Sein zuungunsten vom Haben wählen, wird nicht einmal angesprochen. Haben und Sein zu verbinden würde bedeuten, das Endliche mit dem Unendlichen zu verbinden, was das Ziel der progressiven Universalpoesie sein solle, welche sich mit dem sentimentalistischen Anbetung des als unerreichbar aufgefassten Ideals nicht begnügte (DW 35). Das Ideal, der diese Entzweiung von Haben und Sein heilt, kennen finden die Romantiker in Goethes *Wilhelm Meisters Lehrjahren*, wo im Medium des Theaters, mitten im Austausch, das Gelten (der „Schein") das Sein oder das Sich-Beschäftigen einholt.[93]

7.5. Organizität

Und nun zum letzten Attribut der Tragödie, dessen besonders wirksame Präsenz ihr den Status des Models verleiht.

---

92 *Manifest der Kommunistischen Partei. Veröffentlicht im Februar 1848* (London: Bildungs-Gesellschaft für Arbeiter, 1848), 5-6.

93 Siehe das Hegel-Kapitel.

Die kommende Epoche der Literatur hätte das Provisorische, das die auf das Interessante eingestellte moderne Kunst auszeichnet, mit dem im griechischen Ideal verwirklichten Ewigen so verbinden sollen, dass sich endlich die unerschöpfliche Quelle aller vergänglichen Vorstellungen mit darstellt. „[D]ie Hoffnung einer endlichen Befriedigung" (SA 223) kehrt zurück. Als das Vorbild der Form einer absoluten Darstellung galt[94] die griechische Tragödie, deren Chronotopos den Stillstand und die Beweglichkeit zu verbinden kann. Die erreichbare, konkrete, fassbar umgerissene Unendlichkeit orientiert sich an dem Organismus. Die Organizität ähnelt der Rekurrenz, welche eine konkrete Gestalt potenziell unendlich wiederholen kann; dank der Rekurrenz wird der Organismus unendlich und abgeschlossen zugleich. Adam Müller bestätigt freundlich die Äquivalenz der guten Unendlichkeit mit der Organizität, indem er diese Gleichwertigkeit mitten in der romantischen Kunstphilosophie einbettet: „Deshalb hatte Friedrich Schlegel recht, die organische Ganzheit und Geschlossenheit und dann wieder die Unendlichkeit im Kunstwerk (den Körper desselben) und den unendlichen Zusammenhang (die Seele desselben) als eins und dasselbe zu betrachten [...] Er mußte [...] *eine gegensätzliche Identität* [...] behaupten, Körper und Seele des Kunstwerks seien eins insofern und in dem Maße, als sie entgegensetzt und getrennt sein."[95]

Es war Shaftesbury, der als erster den Organismus in moderner Weise beschrieb als eine rekursive Struktur, deren Bestandteile die Struktur des Ganzen wiederholen, indem sie alle auf ein gemeinsames Ziel eingestellt sind.[96] In jeder Zelle spiegelt sich der ganze Organismus, was wahrscheinlich aus dem neuplatonischen Gedanken vom Mikrokosmos und Makrokosmos stammt. Auch Winckelmann war Neo-Neo-Platoniker. Das Ideal des Organischen fand dementsprechend seinen Ausdruck in Winckelmanns Verehrung der antiken Kunst. 1759 beschrieb Winckelmann den Torso von Herkules als eine rekursive Struktur: „In jedem Teile des Körpers offenbart sich, wie in einem Gemälde, der ganze Held in seiner besonderen Tat, und man sieht, so wie die richtigen Absichten in dem vernünftigen Baue eines Palastes, hier den Gebrauch, zu welcher Tat ein jedes Teil gedient hat."[97] Als ein perfektes Beispiel dieser Art Organizität können Friedrich Schlegels

94 Siehe Unterkapitel 7.9.

95 Adam Müller, „Vom Organismus in Natur und Kunst", *Kritische Schriften*, Bd. 2, 268. Vgl. Friedrich Schlegel, „Von den Organen der griechischen Poesie. Deduktion des Rhythmus", KA XI 218-225.

96 Anthony Ashley Cooper, „The Moralists, a Philosophcal Rapsody", *Characteristics of Men, Manners, Opinions, Times*, hg. von Lawrence E. Klein (Cambridge: CUP, 1999), 274-275.

97 Johann Joachim Winckelmann, „Beschreibung des Torso im Belvedere zu Rom", *Ausgewählte Schriften*, hg. von Karl Maria Guth (Berlin: Hofenberg, 2014), 45.

Fragmente fungieren, deren Struktur beweist, dass auch der Fragmenten-Schlegel die organische Form der griechischen Kunst nachzuahmen versuchte. Die umfassende und sich wiederholende Struktur ist in ihnen Fichtes ‚Schweben' der Einbildungskraft zwischen den Gegensätzen. Alles kann das Thema eines Fragments von Schlegel werden: Liebe, Ehe, Selbstmord, Philologie, Philologen, Texte und Leser, Sprechen (KA II 172 [50], KA II 170 [34], KA II 167 [15], KA II 156 [75], KA II 161 [112]). Das Schweben der Einbildungskraft kreiert die Einheit in der Mannigfaltigkeit, indem es sich in jedem Fragment in – wie Winckelmann sagen würde – seiner besonderen Tat reproduziert. Jedes Fragment, wovon immer es spricht, verweist damit auf den Transzendentalismus und wird zur Allegorie der weltgründenden, absoluten Spontaneität des Ich; es ist progressive Universaldichtung, die poetisch philosophiert. Das Fragment philosophiert über ein Spezialgebiet und über das ganze poetische Philosophieren zugleich.[98]

Der Rekursivität – dies sollten uns vor allem die Analysen der Urszenen im zweiten Kapitel veranschaulichen – gebührte es, eine Brücke zwischen der abgeschlossenen Welt der tragischen Dichtung und der angeschlossenen, fertigen Wirklichkeit schlagen, sodass sie sich durch eine Wechselwirkung umwandeln.

Den organischen Charakter der attischen Tragödie weist nicht nur ihr Aufbau auf, sondern auch ihre Beziehung zum Publikum. Mehrmals wiederholt Friedrich Schlegel, dass die griechische Tragödie popularisierte Poesie ist, beziehungsweise eine Popularisierung der Epik. Um die dadurch sich anbahnende Pöbelherrschaft über die Kunst zu verhindern, hat die Gattung in einer typisch romantischen Geste des Gegensetzens zum hohen Stil gegriffen.[99] Anhand der organischen Soziologie soll der paradoxe Charakter der tragischen Ästhetik erklärt werden, die das ganze Volksvergnügen des Spektakels mit einer höchst intellektuellen Poesie ins Gleichgewicht bringen muss. „Aus diesem ihrem besonderen Zweck" – nämlich die Poesie zu popularisieren – „sind auch die Hauptcharaktere des Dramas abzuleiten: die *Vereinzelung*, das Herausheben eines einzelnen Gegenstandes aus dem Ganzen der Mythologie, Tradition und Geschichte, und die außerordentlich *sinnliche Darstellung* durch Beihilfe aller übrigen Künste" (Charakteristik 84). Der ganze Kosmos der Darstellung sowie die strukturelle Anforderung der Einheit von Handlung, Zeit und Raum würden der sozialen Charakteristik der

98 Schon im SA 357-358 sucht Friedrich Schlegel nach dem Fichte-ähnlichen Grundsatz, der das Material ordnen würde (dritte Periode).

99 Friedrich Schlegel, „Charakteristik der griechischen Tragödie", KA XI 78; forthin zitiert direkt im Haupttext und versehen mit dem Sigel Charakteristik.

Tragödie entspringen, einer Gattung, die auch A.W. Schlegel „die weltlichste von allen" nennt (AW 36). Die letzte Instanz bleibt aber der Organismus, genauer: die besonderen Dispositionen des menschlichen Körpers. Körper sollen sich auf der Bühne präsentieren um der menschlichen Körperlichkeit willen – in ihrer ganzen Schwäche und Herrlichkeit: Die Tragödie greift nach dem Tanz, dem Gesang, der Architektur, der Malerei, um

> mittelst der Beihilfe aller übrigen Künste den stumpfen Sinn der Menge kräftig aufzuregen und für die poetische Ansicht des Ganzen empfänglich zu machen. Und damit dieser Zweck nicht durchaus verfehlt werde, muss das dramatische Gedicht so poetisch sein, als es innerhalb der Grenzen der Gattung nur immer möglich ist. Die Poesie des Witzes wie der Leidenschaft muss daher unendlich sein. Die vereinzelte Geisteskraft muss ins Unendliche erweitert werden, um Beschränktheit zu verhüten. Es muss in der Tragödie ein unendliches Gefühl und unendliche Leidenschaft, in der Komödie eine unendliche Fülle des Witzes dargestellt werden.[100]

So verbindet die Tragödie den sinnlichen Pöbel mit dem Unendlichen – damit eine organische Einheit des „unendlichen Gefühls" der „unendlichen Leidenschaft" alle Körper und Gedanken einverleibt. Das Natürlichste wird durch die Tragödie zum Super-Natürlichstem: Wie die Leidenschaft wird auch ihre Befriedigung unendlich – sinnlich und übersinnlich. Die Körper und die Gedanken des Publikums werden in ein organisches Ganze gefügt.

7.6. Die dramatische Theorie

Die Unendlichkeit und die Begrenztheit, die höchste Kunst und eine gewisse Stumpfsinnigkeit der Menge, der Tausch und das organische Wachstum, die Poesie und die Praxis – immer wieder vermittelt die romantische Kritik zwischen entgegengesetzten Grundbegriffen. In seinen philosophischen Notizen und Vorträgen wiederholte Friedrich Schlegel immer wieder, dass sein System im Gegensatz zum Fichte'schen mit zwei entgegengesetzten Grundsätzen beginnt. „In meinem System ist der letzte Grund wirklich ein Wechselerweis. In Fichtes ein Postulat und ein unbedingter Satz" (KA XVIII 521[22]). Wenn Schlegel und ihm folgend Adam Müller die Grundverdoppelung ihres Denkspiels betonen, so machen sie es in Anbetracht des dramatischen Charakters der Theorie. Die zwei Grundsätze, die in dem Wechselerweis auftreten, sind nämlich zwei Anschauungen (zwei intellektuelle Anschauungen

100 Friedrich Schlegel, „Charakteristik der griechischen Komödie", KA XI 92.

genauer gesagt), deren Gegenübersetzung und Vermittlung die Wirklichkeit samt ihren Subsystemen dramatisch stiftet. Es sei daran erinnert, dass die kritische Tragödientheorie bei Schelling mit einer intellektuellen Anschauung beginnt, die auf zwei Weisen – den Kritizismus oder den Dogmatismus inaugurierend und begründend – ausgelegt werden kann. Friedrich Schlegel, die wirklich dramatische Natur, beginnt aber mit zwei Anschauungen; für ihn ist der Streit grundlegender für das Sprechen und Denken als die Aussöhnung aller Dinge in der intellektuellen Anschauung. Die dramatische Auffassung der Sprache und des Denkens schreibt bei Schlegel der Sprache Anschauungen, spezifische übersinnliche Bildlichkeit, Dialog, Streit, ein Quantum Missverständnis zu, die der Sprache und dem Sprecher dabei helfen, nie müde im Fortschreiten zu werden. Darum behauptet Schlegel, dass jede prosaische Periode dramatisch konstruiert sein soll (LN 2045).[101] Nicht nur sind die beiden Kolone der Periode gegenübergesetzt, sondern ihre Gegenübersetzung ruft auch eine Anschauung hervor, die man mit dem griechischen Wort Theorie am bequemsten benennen kann. Die Theorie betrachtet, wie der Sinn des Satzes dramatisch fortschreitet. Laut Schlegel wird man am einfachsten missverstanden, wenn man die Worte in ihrer ursprünglichen Bedeutung benutzt;[102] so entstehen auch bei ihm die produktivsten Missverständnisse immer dann, wenn er den Begriff ‚Theorie' verwendet, da er hierbei auf die griechischen Anfänge zurückgreift, als *theōréin* noch ‚Betrachtung' bedeutete. Aus demselben Stamm ist das ‚Theater' entstanden. Die Romantheorie sei „eine geistige Anschauung des Gegenstandes mit ruhigem, heitern ganzen Gemüt, wie es sich ziemt, das bedeutende Spiel göttlicher Bilder in festlicher Freude zu schauen."[103] Früher im *Gespräch über die Poesie* suggeriert Schlegel, dass die Anschauung der Romantheorie quasi eine theatralische Anschauung sei, und er sagt es in der charakteristischen Weise, die sich organisch in allen seinen Aussagen wiederholt, die so konstruiert sind wie eine dramatische Handlung: Zuerst löst er den Konflikt zweier Begriffe (hier: Roman und Schauspiel) aus, um *deus ex machina* Ordnung und Friede zu schaffen (indem man z. B. hier das Drama zur Grundlage des Romans ernennt (KA II 335-336).

Auf diese dramatische Weise, in verschiedenste *exchanges* gefangen, werden andere gegenübergesetzte Paare der romantischen Theorie ausgespielt: Glauben und Wissen, Bewusstsein und das Unendliche, Bedingtheit und Freiheit, Vergangenheit und Gegenwart, Spiel und Ernst, Pathos und

101 Friedrich Schlegel, *Literary Notebooks 1797-1801*, hg. von Hans Eichner (Toronto: UOT, 1957), 202 [2045].

102 Friedrich Schlegel, „Über die Unverständlichkeit", KA II 366-367.

103 Friedrich Schlegel, *Gespräch über die Poesie*, KA II 337.

Ironie, Poesie und Praxis, Ökonomie und Politik. Das Spiel zweier Grundsätze hat letztens Jacques Rancière bei Karl Marx aufgespürt. In Rancières Typologie der möglichen Antworten auf Schillers Feststellung, der Mensch sei nur da ganz Mensch, wo er spielt (15. Brief über die ästhetische Erziehung des Menschen),[104] belege Marx die mittlere Position: Marx wolle nicht, dass das Leben naturalistisch zur Kunst, noch dass die Kunst zum Leben wird, wonach die Avantgardisten angeblich strebten, sondern Marx lasse die beiden Grundsätze miteinander spielen. Im Kontext der hier rekonstruierten romantischen Tragödientheorie würde aus Marx' Zwischenspiel folgen: Darum können die prosaischsten Gegenstände sich wahrhaft romantisch potenzieren, sodass die Ware zum Fetisch der Moderne wurde, der die Antwort auf die Schlüsselfrage der Modere aufbewahrte und sie dem Weisen offenbarte. Dass auch die Marx'sche Doktrin des Klassenkampfes, an dem zwei grundsätzliche Arten des Menschen teilnehmen, *the haves and the haves not* (was allerdings bei Marx nicht den Besitz von Gütern, sondern den Besitz der Produktionsmittel angeht), dramatisch konstruiert ist, hat Kenneth Burke[105] in seiner Dramatik gezeigt.

> Translated dramatistically: the sheer work in a factory would not be an act. It would be little more than motion. And this motion becomes actus only when the workers' status is understood in terms of socialist organization. This act is of revolutionary import since the sheer ownership of the factories is a state: hence the property relation becomes increasingly passive, while the proletarian relation becomes increasingly active. However, reversals in keeping with the antinomies of substance complicate the patters. For the owner's state, in its governmental aspect, is anything but passive.[106]

Das Geheimnis des Mehrwertes dramatisiert die Relation der beiden Seiten, sodass sie abwechselnd handeln und leiden, wie es den Figuren eines Dramas ziemt.

7.7. Die ökonomische Ästhetik von Bedürfnis und Genuss

Die romantische Ökonomie zeichnet sich dadurch aus, dass sich auf die physikalische und metaphysische Anthropologie, der Lehre also von der Natur

104 Jacques Rancière, „The Aesthetic Revolution and its Outcomes", *New Left Review* 2002, 14, 133-151.

105 Kenneth Burke, *A Grammar of Motives* (Berkeley, Los Angeles: University of California Press, 1967), 38-39.

106 Burke, *A Grammar of Motives*, 45.

des ganzen Menschen, zurückgreift. Adam Müller stellt den Begriff ‚Bedürfnis' ins Zentrum seiner Staatskunst, die gleichsam den Super-Organismus seiner Theorien verkörpert. Der Staat „ist die innige Verbindung der gesamten psychischen und geistigen Bedürfnisse, des gesamten physischen und geistigen Reichtums, des gesamten inneren und äußeren Lebens einer Nation, zu einem großen energischen, unendlich bewegten und lebendigen Ganzen."[107] Natürlich ist das System organisch und seine Teile spiegeln das Ganze und umgekehrt: „Wachstum der Ökonomie selbst geht also nach demselben Gesetze vor sich, wonach alle Produkte dieser Ökonomie wachsen: es ist ein ewiges Wechselstreben von Innen und Außen, und von Außen wieder nach Innen zurück, vom Mittelpunct zur Oberfläche, und von der Oberfläche zum Mittelpuncte."[108]

Nach dem ökonomischen Modell der Bedürfnisse und der Befriedigungen, deren Universalität das Geld als verkörperte Austauschbarkeit symbolisiert, operiert die romantische Kunstlehre, die zumeist in eine ökonomische Anthropologie umschlägt, da es ihr Hauptziel ist, die Natur der menschlichen Bedürfnisse und ihrer Befriedigung zu erkennen. Die Verfassung des Menschen erklärt in demselben Grade die Kunst, wie sie von ihr erklärt wird: ein perfekter Kreis der Ökonomie, die doch immer über den Umsatz, den Umlauf und den zirkelhaften Lauf der Dinge (das Schicksal der Waren) berichtet.

Schon Aristoteles' *Poetik* begründet die anthropologische Tradition, die die Entstehung der Sprache und der Dichtung auf angeborene Eigenschaften des Menschengeschlechts zurückführt. Die menschliche Natur funktioniert bei dem Stagirit als die letzte Erklärung der sozialen und künstlerischen Phänomene: Das Nachahmen sei für den Menschen von klein auf natürlich, genauso wie *poein* und die Reinigung der Affekte.[109] Spezifisch romantisch ist dagegen eine Anthropologie des Super-Naturalismus, die sich in einem dramatischen Diskurs ausdrückt. Wo Aristotles eine Rangordnung unterschiedlicher Seelen von der Pflanze über das Tier bis hin zu dem Menschen sieht, spricht der Romantiker Mickiewicz über ein Gesetz des Lebens, *loi de la vie que nous avons fait observé dans le règne végétal et dans l'histoire des nations.*[110] Die Nation, deren Bindungskraft doch das charismatische Wort und das Welt-Theater sein sollen, definiert damit Mickiewicz als ein supernatürliches Wesen: die Göttliche Berufung und die vegetative Organizität.

---

107 Müller, *Die Elemente der Staatskunst*, Bd. 1, 85.

108 Müller, *Versuch einer neuen Theorie des Geldes*, 130.

109 Aristot. Poet. 1448b.

110 Adam Mickiewicz, *Pisma. Wydanie zupełne*, hg. von Juliusz Klaczko, Eustachy Januszkiewicz (Paris: Martinet, 1860), Bd. 9, 218 (das ist tatsächlich eine alte Gesamtausgabe, nichtdestotrotz die letzte (einzige?), in der die halbwegs originalen (Mickiewicz sprach meistens frei) französischen Versionen seiner Vorlesungen enthalten sind).

Der innerlich widersprüchliche Diskurs des Wechselerweises spielt mit zwei Grundsätzen: mit dem Grundsatz des Bedürfnisses, das die strengste Bedingtheit, sogar Naturbefangenheit bedeutet, und mit dem Grundsatz der absoluten Unbedingtheit oder Freiheit (in diesem Fall decken sich tatsächlich zwei Grundsätze Friedrich Schlegels mit Schellings zwei Auslegungen der intellektuellen Anschauung): „Die Sprache ist nach dieser Ansicht ein Bedürfnis des nach Freiheit strebenden Menschen, um sich mit gemeinsamen Kräften gegen die Übermacht der Welt zu stärken und davon zu befreien" (KA XII 345).[111] Die Sprache definiert Schlegel also als natürliche Anlage zur gesellschaftlichen Überschreitung der Natur. Den Konflikt zwischen den endgültigen Grundsätzen, Freiheit und Bedingtheit, aus dem die Sprache und die Schrift sprühen,[112] stellt die griechische Tragödie dar. Im Rahmen der Ökonomie der Kunst wären die Sprache und die Kunst ein natürliches Bedürfnis des Menschen und ein geteiltes Mittel seiner Befriedigung. Da das Mittel zwischenmenschlich ist und da ein Mensch nur als Mitmensch denkbar ist, braucht der Mensch das Drama, wo er als ein Mitmensch *par excellence*, unter Menschen und Göttern, auftritt und wo er von anderen ohne Rest bestimmt wird und sie zugleich mitbestimmt. Die anthropologische Dimension des romantischen Denkspiels erklärt, warum die romantische Kunsttheorie sich vor allem in Form einer Gattungspoetik realisiert: Verschiedenen Bedürfnissen entsprechen verschiedenste Gattungen, verschiedenen Befriedigungen entsprechen verschiedene Genüsse.[113]

Die romantische Kunstgeschichte und Kritik orientieren sich deutlich am Wachstum und der Leistung im Rahmen der freundlichen Konkurrenz zwischen Nationen und Epochen. Im Modell, das A.W. Schlegel für den

111 Auch moderne Sprachforscher nehmen an, dass die Sprache als ein Werkzeug der Kooperation zwischen den nach der Befreiung vom Naturzwang strebenden Menschen entstand: Michael Tomasello, *Die Ursprünge der menschlichen Kommunikation* (Frankfurt am Main: Suhrkamp, 2012).

112 Schlegel, *Geschichte*, 14: „Die Natur konnte den Menschen keine schönere Gabe verleihen als die Stimme, die zu jedem Ausdruck des Gefühls im Gesange fähig, durch ihre Biegsamkeit zu den künstlichen Sonderungen und Verknüpfungen der mannigfaltigsten Laute, den Stoff herleiht zu dem künstlichen Gebilde der Sprache. Von allem aber, was der menschliche Geist erfunden hat, ist die Schrift ohne Vergleich das Wunderbarste und das Wichtigste. [...] So unzertrennlich ist Geist und Sprache, so wesentlich eins Gedanke und Wort."

113 Zeitalter 40: „Die Theorie lässt sich auf die Geschichte der griechischen Poesie am bequemsten anwenden: denn diese ist, sozusagen, systematisch" Das Epos ist „[k]lare Besonnenheit, ruhige Darstellung des Fortschreitenden. Gleichmut gegenüber traurigen und fröhlichen Begebenheiten", die Lyrik ist „der musikalische Ausdruck von Gemütsbewegungen durch die Sprache".

Gebrauch seiner *Vorlesungen über dramatische Kunst und Literatur* konstruiert, folgt die Literaturgesichte, vor allem wenn sie sich auf die alten Griechen konzentriert, dem organischen Wachsen der Dichtung selbst, das im Altertum stattgefunden hat (AW 18).[114] Das prominenteste Modell der Kulturgeschichte, nämlich Schillers Gegenüberstellung der naiven und der sentimentalistischen Dichtung, übersetzt Schlegel ins Ökonomische: „die Poesie der Alten war die des Besitzes, die unsrige ist die der Sehnsucht" – natürlich der Sehnsucht nach dem Besitz. Daraus ergibt sich: „jene steht fest auf dem Boden der Gegenwart, diese wiegt sich zwischen Erinnerung und Ahnung" (AW 25). Diese Ekstasen der Zeit, die der Geschichte und der Geschichtlichkeit zugrunde legen, entwachsen der menschlichen Natur, die die Theorie der Kunst erforscht. Die Kunst hat ihre Quellen in der durch Anlagen und Bedürfnisse bestimmen Natur des Menschen. „Die allgemeine Theorie [...] zergliedert eine der menschlichen Natur wesentliche Eigenschaft: die Fähigkeit das Schöne zu empfinden, woraus das Bedürfnis der schönen Künste und das Wohlgefallen daran entsteht; sie zeigt das Verhältnis zwischen dieser Fähigkeit und allen übrigen sittlichen und erkennenden Fähigkeiten des Menschen" (AW 17). Am einfachsten lässt sich nach diesem Schema die Naturgeschichte des Theaters schreiben, was schon Aristoteles auf sich nahm. Die ersten naiven Versuche einer solchen ökonomischen Theatertheorie, die die Bedingungen des romantischen Denkspiels befriedigt, befinden sich in den philologischen Jugendschriften Friedrich Schlegels: dass sich „besonders bei einem so lebhaften Volk wie die Griechen, <zwingend> irgendeine Art dramatischer Darstellung entwickeln musste, war natürlich und lag in der Natur des Menschen, die sich überhaupt sehr zur sinnlichen Darstellung neigt" (Zeitalter 72). Die mimetische Natur der Sprache und des Menschen verantwortet die Tatsache, dass im romantischen Denkspiel das Theater und das Drama regelmäßig als das erste Beispiel der Verdichtung der Kunstökonomie fungieren.

In einer elaborierteren Form tritt die ökonomisch-anthropologischen Erklärung der Kunst in August Wilhelm Schlegels Vorlesungen auf. „Das Dramatische" wird hier in biologischer Metaphorik aufgefasst als „diese lebendige Bewegung in dem Gedankengange, diese Spannung auf den Ausgang" (AW 29). August Wilhelms Ausganspunkt – der, soweit ich es sehe, den Romantikern gemeinsam war – wurde schon 1719 von Jean-Baptiste Dubos bestimmt. Dubos beginnt sein Werk, das die sogenannte wechselseitige Erhellung der Künste inauguriert (*Réflexions critiques sur la poésie et sur la*

114 August Wilhelm Schlegel, *Vorlesungen über dramatische Kunst und Literatur 1, Kritische Schriften und Briefe*, hg. von Edgar Lohner (Stuttgart: Kohlhammer, 1966), Bd. 5, 18; forthin Zitate direkt im Haupttext mit dem Sigel AW.

peinture), mit der Langeweile und dem menschlichen Bedürfnis, diese Langeweile mit Hilfe der Bewegung – sei es die körperliche, sei es die *passion* (die Gemütsbewegung) – zu zerstreuen.[115] Die Langeweile, oft mit der Gewohnheit korreliert (siehe unten), wurde als die anthropologische Quelle des Kunstbedürfnisses zum festen Bestandteil der ästhetischen Theorie mindestens bis hin zum russischen und mitteleuropäischen Formalismus. Die Tragödie schien prädestiniert, im Zentrum dieses Paradigmas zu stehen: Sie zeigte bewegte Körper, die das Gemüt betätigen.

Das Drama wird bei A.W. Schelling als eine literarische Erscheinung in die gesellschaftliche Situation der Aufführung eingebettet.[116] Die besondere Situation der theatralischen Aufführung im Lebenszusammenhang des Menschen soll betrachtet werden. „Tätigkeit ist der wahre Genuß des Lebens, ja das Leben selbst" (AW 29). Ein wichtiger Teil des gesellschaftlichen Lebens ist aber die *Gewohnheit*; die Gewohnheit stellte schon Hegel dar als die Substanz der von der Tragödie zersprengten Sittlichkeit, der zweiten Natur (§ 151 der Rechtsphilosophie), aber A.W. Schlegel scheint sie zu dämonisieren und folglich zu personifizieren. Bei A.W. Schlegel ist die Gewohnheit, welche den meisten es nicht erlaubt, aus einem engen Kreis unbedeutender Tätigkeiten auszubrechen, die Mutter des Dramas, in dem Sinn wie die Notwendigkeit *mother of invention* ist. Seine Theorie der Kunst gehört zu den kompensatorischen.[117] Das Bedürfnis nach Tätigkeit, das, wie es scheint, ein Hauptbedürfnis des Lebens sein muss, findet eine Ersatzbefriedigung im Schauspiel, dem lustigsten aller Spiele: „Aus dem Mißbehagen, das sie darüber empfinden", dass sie der Gewohnheit unterliegen,

> suchen sie sich durch allerlei Spiele zu retten, welche immer in einer willkürlich aufgegebenen, mit Schwierigkeiten kämpfenden, dennoch leichten Geschäftigkeit bestehen. Unter allen Spielen ist aber das Schauspiel unstreitig das unterhaltendste. Wir sehen handeln, wenn wir nicht selbst bedeutend handeln können. Der höchste Gegenstand menschlicher Tätigkeit ist der Mensch, und

---

115 Jean-Baptiste Dubos, *Réflexions critiques sur la poésie et sur la peinture* (Paris: Mariette, 1740), Bd. 1, 5-11.

116 AW 34: „Da […] schon in der dramatischen Form die Voraussetzung der sichtbaren Darstellung und der Anspruch darauf liegt, so kann ein dramatisches Werk immer aus einem doppelten Gesichtspunkt betrachtet werden, inwiefern es poetisch, und inwiefern es theatralisch ist." Die polnische Dramentheorie stellt die dramatische der theatralischen Theorie des Dramas gegenüber: vgl. Janusz Degler (Hg.), *Problemy teorii dramatu i teatru* (Wrocław: Wydawnictwo Uniwersytetu Wrocławskiego, 2003), Bd. 1. *Dramat* und Bd. 2. *Teatr*.

117 Diese Theorien werden im 20. Jahrhundert von Joachim Ritter und seinem Schüler Odo Marquard formuliert.

> im Schauspiele sehen wir Menschen in freundlichem oder feindseligem Verkehr ihre Kräfte aneinander messen, als verständige und sittliche Wesen durch ihre Meinungen, Gesinnungen und Leidenschaften aufeinander einwirken und ihre Verhältnisse gegenseitig entscheidend, bestimmen. (AW 29)

Als ob A.W. Schlegel den absoluten Gegensatz zu Brechts kritischem Theater entwerfen würde – ein Theater nämlich, das im Unterschied zum epischen nur verführen und Emotionen anregen soll – verlangt er „Absonderung alles nicht zum Wesen der Sache gehörigen", um die Spannung der „Aufmerksamkeit und Erwartung", ja Einfühlung „in einen engen Raum" aufrechtzuhalten und „ein verjüngtes Bild des Lebens", „ein Auszug des Beweglichen und Fortrückenden im menschlichen Dasein" zu geben. Um Intensität des einzufühlenden Modells willen schafft der dramatische Dichter die distanzschaffende Instanz des die Epik bezeichnenden Erzählers ab[118] und führt Schauspieler ein als „Stellvertreter der Geschöpfe seiner Einbildungskraft" (AW 30). Diese Stellvertreter beteiligen sich an der dramatischen Form, das heißt die „Vorstellung einer Handlung durch Gespräche ohne alle Erzählung" (AW 34). Im Gegensatz zu Brechts Annahmen bedeutet hier das Einfühlen in keinem Fall, der Einfühlende gebe sich einer Illusion hin. In der griechischen Tragödie ist das Darstellen und nicht das Dargestellte die Hauptquelle des Genusses.

Die Gewohnheit spielt auch eine ansehnliche Rolle in Richard Wagners Tragödientheorie, wird aber zum Erzfeind der modernen Kunsttheorie bei den russischen Formalisten und LEF-Anhängern Viktor Šklovskij und Sergei Tret'jakov sowie bei den polnischen Formalisten Franciszek Siedlecki und Leon Chwistek. Die Bekämpfung der Gewohnheit und der aus ihr resultierenden Vergessenheit über die Natur der Welt (wo wir uns befinden und warum) bestimmte die Entwicklung und Abwechslung der Kunstformen.[119] Paradoxerweise ist die Theorie des Linken Front des Kunst (LEF) romantischer als

118 AW 40-41: „Der dramatische Dichter stellt uns zwar auch, wie der epische, äußerliche Vorfälle dar, aber als wirklich und gegenwärtig. Er nimmt unsere Teilnahme in Anspruch, aber nicht so genugsam wie der lyrische Dichter, sondern weit unmittelbarer als dieser will er uns erfreuen und betrüben. Er ruft alle Regungen hervor, die bei dem Anblick der Handlungen und Schicksale wirklicher Menschen in uns wirksam sind, und will diese Regungen erst durch die Gesamtheit der hervorgebrachten Eindrücke in die Befriedigung einer harmonischen Stimmung auflösen."

119 Michał Mrugalski, „Die Macht der Gewohnheit. Der mathematische und ästhetische Formalismus von Leon Chwistek im Kampf gegen die Phänomenologie und die Langeweile", übersetzt von Christian Nastal, Mrugalski, Schamma Schahadat (Hg.), *Schwerpunkt: polnische Literaturtheorie. Welt der Slaven. Internationale Halbjahresschrift für Slavistik*, Jahrgang 61 (2016), Heft 1, 164-190.

diejenige der OPOJAZ-Formalisten, weil in jener die Konfrontation mit der Gewohnheit in soziologischeren Begriffen geführt wurde, während die frühen Formalisten die Tendenz aufweisen, den Kunstrezipienten in einer *spendid isolation* zu betrachteten. Der Gewohnheit-Diskurs, der noch heute voll im Gang ist, und zwar vor allem in der ‚artworld', und dessen fruchtbarer Boden die Kunstanthropologie der Frühromantiker war, nahm seine Anfänge in Frankreich. Nachdem Dubois wirkte, muss der Diskurs enorm verbreitet sein, da schon die ersten Worte der „Erklärung der Menschen und Bürgerrechte" aus dem 26. August 1789 die Wurzel allen gesellschaftlichen Übels in Vergessen, Trägheit, Routine, Ignoranz auffinden:

> Les Représentants du Peuple Français, constitués en Assemblée Nationale, considérant que l'ignorance, l'oubli ou le mépris des droits de l'Homme sont les seules causes des malheurs publics et de la corruption des Gouvernements, ont résolu d'exposer, dans une Déclaration solennelle, les droits naturels, inaliénables et sacrés de l'Homme, afin que cette Déclaration, constamment présente à tous les Membres du corps social, leur rappelle sans cesse leurs droits et leurs devoirs.[120]

Der Diskurs der Gewohnheit verflicht also das Politische mit dem Ästhetischen eng. Soweit ich weiß, hat die Mickiewicz-Forschung noch nie die Verwurzelung der berühmten Pointe des Gedichts „Do przyjaciół Moskali" („An meine russischen Freunde"), das Mickiewicz' Tragödie *Ahnenfeier* abschließt, im Kontext des künstlerisch-anthropologischen Gewohnheitsdiskurses ausgelegt. Die Lieder, die Mickiewicz den Freunden schickt, nachdem die russische Armee den Novemberaufstand 1830-31 erstickte – den Freunden wie Vasilij Žukovskij und Aleksandr Puškin, die diese Erstickung besungen[121] – sollen die Freiheit verkünden wie Kraniche den Frühling; die Tränen der Polen oder des Dichters-Repräsentanten, die die symbolischen Vögel mit sich bringen, sollen wie Säure wirken, aber nicht indem sie die Russen töten, sondern ihre Fesseln durchschmelzen. Mickiewicz rückt Geld und Gnaden als Motivationen für die Unterwürfigkeit dem Zar gegenüber in den Hintergrund, indem er das Verhalten der Freunde vor allem als Produkt der Gewöhnung an die Unfreiheit (gibt es überhaupt andere Formen von Gewohnheit?) abstempelt:

---

120 http://www.conseil-constitutionnel.fr/conseil-constitutionnel/francais/la-constitution/la-constitution-du-4-octobre-1958/declaration-des-droits-de-l-homme-et-du-citoyen-de-1789.5076.html [10.12.2018].

121 Vasilij Žukovskij, Aleksandr Puškin, *Na vzjatie Varšavy. Tri stichotvorenija* (Sankt-Peterburg: Voennaja tipografija, 1831).

Kto z was podniesie skargę, dla mnie jego skarga
Będzie jak psa szczekanie, który tak się wdroży
Do cierpliwie i długo noszonej obroży,
Że w końcu gotów kąsać – rękę, co ją targa.[122]

Diese letzten Worte des polnischen Erz-Dramas werden im ersten Monolog von Konrad angekündigt, in dem dieser – wie Šklovskij – alles Unglück der Menschheit auf die Gewohnheit zurückführt, die sie blind im moralischen und erkenntnisbezogenen Sinne macht:

Ciemności kryją ziemię i lud we śnie leży,
Lecz dlaczego śpią ludzie, żaden z nich nie bada.
Przebudzą się bez czucia, jak bez czucia spali –
Nie dziwi słońca dziwna, lecz codzienna głowa.[123]

Die Korrelation von Gewohnheit und Unfreiheit ist der rote Faden von Mickiewicz' *Ahnenfeier*. So sagt einer der gefangenen Polen:

Kto tu był, sekret kuchni i mieszkań przeniknął:
Jeść, mieszkać, źle czy dobrze – skutek przywyknienia.
Pytał raz Litwin, nie wiem, diabła czy Pińczuka:
„Dlaczego siedzisz w błocie?" – „Siedzę, bom przywyknął".[124]

Mickiewicz' Anklage gegen die Gewohnheit, der eine fatale Macht innewohnt, die aber durch Dichtung – vor allem durch das Drama und speziell die Tragödie (reflexiv die *Ahnenfeier* selbst) – zerschlagen werden kann, hat Schule gemacht. Als Cyprian Kamil Norwid in seinen Vorlesungen über Juliusz Słowacki Lord Byron als das Vorbild des modernen Dichters lobte, der seine Dichtung in die Tat umzusetzen wusste, schreibt er:

---

122 Mickiewicz, *Dziady, Część III. Dzieła*, Bd. 3, 308; Adam Mickiewicz, *Ein Lesebuch für unsere Zeit*, hg. von Walther Victor (Weimar, Volksverlag, 1955), 374: „Klagt einer wider mich – die Klage soll mir heißen/ Das Bellen eines Hundes, der sich in den Zwang/ Des Halsbandes eingelebt so knechtisch und so lang,/ Dass er gar beißt die Hand, die's will zerreißen."

123 Mickiewicz, *Dziady*, 129; Mickiewicz, *Ein Lesebuch für unsere Zeit*, 247: „Nacht hüllt die Erde, – alle Welt im Schlaf:/ Warum doch schlafen sie? Sie fragen's nicht:/ Fühllos ihr Schaf und Fühllos ihr Erwachen;/ Denn Sonn' alltäglich Wunder wundert niemand." Im Originell *dziwny*, wie russisch *strannyj*.

124 Mickiewicz, *Dziady*, 141; Mickiewicz, *Ein Lesebuch für unsere Zeit*, 255: „Was das Geheimnis sei von Küch' und Wohnung,/ Lernt man erst hier: Gewohnheit ist's – und basta!/ Einst fragt' ein Litauer – (ich weiß nicht mehr/ Den Teufel oder einen Pinsker): ‚Freund,/ Was sitzest du im Kot?' ‚Weil ich's gewohnt bin.'"

> Pierwsze słowa jego w parlamencie angielskim powiedziane były: *„Nie poświęcajcie człowieka dla machinacji i machin*“; ostatnie w Grecji: *„Nie poświęcajcie narody dla rutyny*.“ Pomiędzy tymi dwoma wszakże są całe dzieje Europy aż do dzisiaj jeszcze![125]

Um den romantischen Gewohnheitsdiskurs auf den Punkt zu bringen: Die Rolle der Kunst bestünde darin, das System der angeborenen Bedürfnisse anzuregen, damit der Organismus nicht in Routine erstarrt, welches in schlechter Kunst und bösartiger Politik resultiert. Freiheit gebührt dem Körper, der sich ‚außergewöhnlich‘ und doch naturgemäß (unbezwungen) bewegt und somit sein Training – seine Routine – so abwechslungsreich macht, dass es den ganzen super-natürlichen Menschen anspricht und beansprucht. Die Klasse der erwünschten Bewegungen umfasst *natürlich* die Emotionen (Gemütsbewegungen) und Gedankengänge. Die Rekonstruktion der Tragödientheorie verführte uns wieder zur Auffassung der positiven Freiheit als Gemeinschaft der Körper auf dem öffentlichen Platz, die mit beweglichem Blick beobachten und sich als beweglich zur Schau stellen.

Die Bestimmung der politischen Dichtung als einer Zerstörerin der Gewohnheit gilt bis zum Endpunkt der kritischen Tragödientheorie. In „Erfahrung und Armut“ beschreibt Walter Benjamin gnostisch – so wie Mickiewicz das noch nicht erwachte, noch nicht geborene Russland und die schlafende Menschheit in *Anhnenfeier III* gnostisch beschrieb – das Leben im Traum des Großbürgertums mit seinen Wohnungen, die Futterale für Spuren sind: das Intérieur „nötigt […] den Bewohner, das Höchstmaß von Gewohnheiten anzunehmen, Gewohnheiten, die mehr dem Intérieur, in welchem er lebt, als ihm selber gerecht werden.“[126] Die Bestimmung der Dichtung, die insofern politisch wirkt, als sie die Gewohnheit stört, wurde weiterhin von politischen Dichtern wie Brecht oder von Architekten wie Alfred Loos, Le Corbusier oder den Bauhaus-Meistern und -Schülern aufgenommen, die dazu aufforderten, die Spuren zu verwischen und die Bahnungen der Gewohnheit durcheinanderzubringen. Diesem Ziel dienen die sich ständig erneuernden Formen der Dichtung nach der Romantik; das war der politisch-anthropologische Sinn, die Ökonomie der – um mit Friedrich Schlegel zu

---

125 Cyprian Kamil Norwid, *Pisma wszystkie*, hg. von Wiktor Juliusz Gomulicki (Warszawa: PIW, 1971), Bd. 6, 421: „Seine ersten Worte im englischen Parlament waren: ‚*Opfert nicht den Menschen den Machinationen und Machinen auf*‘. Seine letzten Worte in Griechenland waren: ‚*Opfert nicht die Nationen der Routine auf*.‘ Zwischen den beiden Aussagen breitet sich bis heute noch die ganze Geschichte Europas aus.“

126 Walter Benjamin, „Erfahrung und Armut“, *Gesammelte Schriften*, hg. von Rolf Tiedemann (Frankfurt am Main: Suhrkamp), Bd. 2, 217.

sprechen – „interessanten" Poesie der Moderne. Šklovskij führte das Verfahren der Verfremdung ein, um damit darauf hinzuweisen, wie unsere moralischen und epistemologischen Vermögen durch die Kunst erweckt werden können. Er zitierte zwar aus Lev Tolstoj,[127] der ein Pferd als Erzähler über die gesellschaftliche Ordnung der Menschen sprechen ließ, er hätte aber auch genauso gut aus Mickiewicz' Darstellung der Geschichte der Neuzeit in *Bücher der polnischen Nation* zitieren können. Diese Darstellung der europäischen Ordnung entspricht der Beschreibung, die ein Kind, ein ‚Wilder' oder ein Bibelautor hätte formulieren können, dessen Bezugsrahmen das Bauernleben dargestellt hätte:

> Und diese nämlichen Leute, welche sagten, es sei eine Dummheit sich für den Glauben zu schlagen gegen die Heiden, diese nämlichen Leute schlugen sich für ein Stückchen Papier, *Traktat* genannt, und sie schlugen sich um Hafen und Stadt wie die Bauern sich schlagen mit Pfählen um die Grenzen der Erden, die sie nicht besitzen, und die besitzen ihre Herren.
>
> Und die nämlichen Leute, die sagten, es sei eine Dummheit in entfernte Länder zu gehen zur Verteidigung seiner Nächsten, diese nämlichen Leute fuhren übers Meer auf die Befehle ihrer Könige, und sie schlugen sich um eine Faktorei, und um einen Baumwollensack, und um einen Pfeffersack. Und die Könige verkauften sie fürs Geld in überseeische Länder.[128]

Die Tragödie erscheint im Licht ihrer Ökonomie als ein physiologisches Phänomen, aber auch ein metaphysisches; mit dem Adjektiv ‚supernatürlich' – oder ‚ideal-mimisch' – ist sie am besten zu bezeichnen. Von unten nach oben: Im Hinblick auf die physikalische Ausdehnung der Theaterkunst stellt A.W. Schlegel fest, der Mensch habe „eine große Anlage zur Mimik; indem er sich lebhaft in die Lage, Gesinnungen und Leidenschaften anderer versetzt, verähnlicht er sich ihnen, selbst unwillkürlich, in seinem Äußeren. Die Kinder gehen beständig aus sich heraus" (AW 30). Um die Schauspielkunst zu erfinden, reicht nur ein Schritt, „nämlich die mimischen Elemente und Bruchstücke aus dem geselligen Leben auszuschneiden und sie ihm gegenüber in *eine* Masse versammelt aufzustellen" (AW 30-31). Da das Theater der Natur zugehört, habe es die Eigenschaft, mit Einfachheit ins Leben zurückzukehren, um es zu verwandeln. Keine Revolution des Lebens ohne eine Reform des Theaters, so lautet das geteilte Motto des modernen Theaters und der professionellen Revolutionäre. Der Einfluss des Theaters auf das Leben der Zuschauer wird ihnen reflexiv auf der Bühne präsentiert. Als A.W. Schlegel den Chor beschreibt, verfährt er vorbildlich bezüglich der Logik der romantischen

127 Viktor Šklovskij, *Gamburskij sčet* (Moskva: Sovetskij pisatel', 1990), 65-66.

128 Mickiewicz, *Bücher der Polnischen* [*sic!*] *Nation und der Polnischen* [*sic!*] *Pilgerschaft*, übersetzt von J.P.B. Gaugen (Paris: Heideloff, 1833), 11.

Organizität als Rekursion der Gestalt. Der Chor wird einerseits „als der personifizierte Gedanke über die dargestellte Handlung, die verkörperte und mit in die Darstellung aufgenommene Teilnahme des Dichters als des Sprechers der gesamten Menschheit“ begriffen (AW 64). Andererseits stellt der Chor den Anteil der lebendigen Zuschauer am konzentrierten szenischen Leben dar; der Chor ist „der idealisierte Zuschauer. Er lindert den Eindruck einer tief erschütternden oder tief rührenden Darstellung, indem er dem wirklichen Zuschauer seine eigenen Regungen schon lyrisch, also musikalisch ausgedrückt entgegenbringt und ihn in die Region der Betrachtung hinaufführt“ (AW 65). Im romantischen Denkspiel ist diese doppelte Bestimmung des Chores als die distanzschaffende Reflexion und die lyrische Identifikation keine Äquivokation, zumal die beiden Seiten sich organisch widerspiegeln. In beiden Fällen wiederholt das Spektakel organisch die globale kommunikative Situation zwischen dem Autor und dem Publikum, nur dass die Perspektive gewechselt wurde. Es stellt den kreativen Prozess dar, der es als eine natürliche Entwicklung des generativen Urbilds hervorgebrachte, und zugleich bildet es die Rezeption ab und steuert sie. Darum repräsentiert der Chor sowohl den Dichter als auch den Zuschauer; indem er zwischen ihnen vermittelt, potenziert er die Darstellung und ermöglicht die virtuelle Heimsuchung des Lebens durch die Tragödie, was abermalig als Revolution angelegt und ausgelegt wird. Die Rekursion verwandelt die Rampe in lediglich eine weitere Stufe zwischen Niveaus, die alle das tragische Urbild reproduzieren.

Damit das Theater allerdings im gesellschaftlichen Leben etwas bewirken kann, muss es ein hohes Ansehen erlangen, und das wird es mit geringstem Aufwand schaffen, wenn es sich – als Kunst – eine himmlische Herkunft zuschreibt. Poetisch wird nämlich ein Schauspiel „dadurch, wodurch es auch Werke anderen Gattungen werden. Zuerst soll es ein zusammenhängendes in sich geschlossenes befriedigendes Ganzes sein“ (AW 34). Diese Bedingung der Geschlossenheit stammt aus der romantischen Logik der Organizität. „Allein dies ist nur die negative Bedingung der Form eines Kunstwerkes, wodurch es von den ineinander verfließenden und nie ganz für sich bestehenden Erscheinungen der Natur ausgesondert wird“ (AW 34-35). Hier stoßen wir auf eine sehr typische Äquivokation: Der romantische Super-Naturalismus kann nie entscheiden, ob die Qualität der Geschlossenheit ein Kunstwerk von *anderen* Naturerscheinungen oder von Naturerscheinungen überhaupt absondert. Im Weiteren verlässt August Wilhelm die graue Zone und tritt ins Reich der Ideen ein: „Zum poetischen Gehalte ist erforderlich, dass es Ideen, d.h. notwendige und ewig wahre Gedanken und Gefühle, die über das irdische Dasein hinausgehen, in sich abspiele und bildlich zur Anschauung bringe“ (AW 34-35). Es muss zur Vollendung der ökonomischen Anthropologie dem überirdischen Gedanken nicht nur eine intelligible, sondern auch eine emotionale Natur zukommen. Ideen sind nichts anderes als Reflexe des fühlenden und denkenden Körpers. Im Rahmen der Logik des Tausches kommt es zur Identifizierung der Begriffe, die Herder im berühmten *Shakespeare* schon vorher durchgeführt hat: der Geist wird nämlich mit dem Leben gleichgesetzt; die Puppe habe keinen Geist und damit kein Leben.[129]

Während das Drama sich – mit allen anderen Gattungen verglichen – am bequemsten als eine anthropologische Erscheinung erklären lässt, die im Rahmen des Systems der Bedürfnisse und der Befriedigungen funktioniert, konzentriert die Tragödie als Trägerin des Pathetischen und der Ideen das Theatralische; sie ist das Drama *κατ'* εξοχήν: „Es ist [...] nicht nötig, dass die Poesie des Witzes dramatisch sei. Die Tragödie als Poesie der Leidenschaft bedarf der sinnlichen dramatischen Darstellung, um auf das Gefühl der Menschen den tiefsten, kräftigsten Eindruck zu machen" – schrieb der junge Friedrich Schlegel.[130] Die Tragödie erlaubt es, ökonomische Prämissen der Kunst- und Literaturtheorie zusätzlich zu präzisieren, da sie *bestimmte* Bedürfnisse befriedigt. Die Natur dieser Bedürfnisse entscheidet allerdings darüber, ob die super-natürliche Natur des Menschen in aller Pracht zutage tritt. Die Tragödie fragt gerade nach diesem Grundkonflikt der menschlichen Super-Natur, in der sich das Unendliche mit dem Endlichen, die Freiheit mit der Körperlichkeit und Schicksalhaftigkeit versöhnen. Wie in den tragödientheoretischen Schriften Schillers aus der ersten Hälfte der 1790er Jahre steht die Vernunft mit ihren praktischen Zwecken für das Unendliche, während der Körper die Endlichkeit und damit Ort des Pathos umrisst. „Allein sobald wir uns Rechenschaft von unserm eignen Tun geben, nötigt uns die Vernunft, diesen Zweck wieder auf höhere, und so endlich auf den höchsten Zweck unseres Daseins zu beziehen: und hier bricht sich die unserm Wesen innewohnende Forderung des Unendlichen an den Schranken der Endlichkeit, worin wir befangen sind" (AW 41).

---

129 Herder, „Von deutscher Art und Kunst", *Sturm und Drang. Dichtungen und Theoretische Texte*, hg. von Heinz Nicolai (München: Winkler, 1971), Bd. 1, 306-307: „Und welches war der Zweck? Aristoteles hat's gesagt, und man hat genug darüber gestritten – nichts mehr und minder, als eine *gewisse* Erschütterung des Herzens, die *Erregung* der Seele in *gewissem Maß* und von *gewissen Seiten*, kurz! eine *Gattung Illusion*, die wahrhaftig! noch kein französisches Stück zuwege gebracht hat, oder zuwege bringen wird. Und folglich (es heiße so herrlich und nützlich, wie es wolle) griechisches Drama ist's nicht. Trauerspiel des Sophokles ist's nicht. Als Puppe ihm noch so gleich; der Puppe fehlt Geist, Leben, Natur, Wahrheit – mithin alle Elemente der Rührung – mithin Zweck und Erreichung des Zwecks – ist's also dasselbe Ding mehr?"

130 Schlegel, „Charakteristik der griechischen Komödie", 93.

Wie August Wilhelm Schlegel das schon im Fall der Paarbildung naiv/sentimentalistisch gemacht hat, die er durch den Besitz erklärte, ökonomisiert er auch hier die Begrifflichkeiten, denen Schiller sich bediente, als er das Tragisch-Erhabene beschrieb. Schiller bettete das Erhabene, das Burke und Kant vor allem in der Natur aufgespürt hatten, in die Tragödie ein, indem er behauptete, das eigentlich Tragische sei der Moment der Aufopferung der süßesten Neigungen, unseres endlichen Glückanspruches, auf dem Altar der unendlichen ethischen Pflicht. Und wenn wir etwas durch Schicksalsschläge verlieren, erscheint die Versöhnung damit erhaben, weil sie davon zeugt, der Mensch bestehe nicht nur aus dem an den endlichen Besitz eingestellten Komponenten. Wenn A.W. Schlegels Einbildungskraft ihm mögliche Illustrationen dieser von Schiller aufgestellten Regel souffliert, stammen alle Versinnlichungen des Erhabenen aus dem Gebiet des wirtschaftlichen Lebens, dessen emotionaler Wert umso mehr zu steigen scheint, je größer das Unternehmen, das Schaden davonträgt. Das Schicksal kann „durch einen Schlag uns alles Schwer-Erworbene rauben." Und wenn man beobachtet,

> wie mit jeder Erweiterung des Besitzes die Gefahr des Verlustes steigt, und wir den Tücken des feindseligen Zufalls nur umso mehr Blößen darbieten: dann muss jedes nicht dem Gefühl verschossene Gemüt von einer unaussprechlichen Wehmut befallen werden, gegen die es keine andere Schutzwehr gibt, als das Bewusstsein eines über das Irdische hinausgehenden Berufs. Dies ist die tragische Stimmung, und wenn die Betrachtung des Möglichen als lebendige Wirklichkeit aus dem Geiste heraustritt, wenn jene Stimmung die auffallendsten Beispiele von gewaltsamen Umwälzungen menschlicher Schicksale, vom Unterliegen des Willens dabei oder bewiesener Seelenstärke, in der Darstellung durchdringt und beseelt, dann entsteht tragische Poesie. Hieraus erhellt schon zum Teil, wie diese in unsrer Natur gegründet ist, und bis auf einen gewissen Grad wäre die Frage beantwortet, wie wir so traurige Darstellungen lieben, ja etwas Tröstliches und Erhebendes darin finden können. Jene Stimmung kommt nämlich bei tiefem Gefühl unvermeidlich vor, und von den Dissonanzen dieses Inneren, welche die Poesie nicht wegräumen kann, soll sie wenigstens eine idealische Auflösung darzubieten versuchen. (AW 42)

Die Tragödie wurde immer als eine paradoxale Form dargestellt, die dem menschlichen Verlangen nach dem Schönen abstoßende Objekte darbietet. Das Geheimnis der Tragödie wird durch die romantische Theorie auf diese Weise gelüftet, dass das Bedürfnis identifiziert wird, welches sie befriedigt, sei es auch lediglich stellvertretend und kompensatorisch.[131] Im oben angeführten Zitat

131 Die Tragödie stille den Hunger nach Wert und Würde: „Was in einem schönen Trauerspiel aus unsrer Teilnahme an den dargestellten Gewaltsamen Lagen und zerreißenden Leiden eine gewisse Befriedigung hervorgehen lässt, ist entweder das Gefühl der Würde

scheint die Tragödie vielen sehr verschiedenen Bedürfnissen zu entsprechen, den höchsten und den niedrigsten zugleich. Sie lasse die gemeinste Angst entladen und die nobelste Hingabe bewundern. Sie kann am kritischsten und am unkritischsten sein, als wäre sie aus den zwei entgegensetzen intellektuellen Anschauungen erwachsen. Die Tragödie ist die höchste aller Kunstformen, weil sie das möglichst weiteste Spektrum von Bedürfnissen deckt.

Aus dem Bedürfnis nach der Unendlichkeit und der Endlichkeit sollen daraufhin die wesentlichen Merkmale der tragischen Ästhetik abgeleitet werden, sowohl auf der Ebene des Dargestellten als auch auf der Ebene der Darstellung. Die beiden Ebenen werden durch die Super-Natürlichkeit des Menschen ohne Rest bestimmt. Auf der Ebene des Dargestellten, der Handlung nämlich, wiederholt A.W. Schlegel in einer post-Schiller'schen Sprache das, was schon Aristoteles behauptete: Die Träger der Handlungen können weder allzu natürlich sein und bloß instinktiv agieren noch zu übersinnlich angestimmt (zu gut). In beiden Fällen würde die Identifizierung scheitern. Außerdem muss man sich die technische Frage stellen: Wie sollte unter sittlich vollkommenen Menschen „ein Widerstreit stattfinden, den doch die Verwicklung des Dramas erfordert? Es werden Schwächen, Fehler, ja Verbrechen an ihnen geschildert, aber überall sind ihre Sitten über die Wirklichkeit hinaus geadelt, und jeder Person ist so viel Würde und Größe verliehen, als ihr Anteil an der Handlung es nur irgend gestattet" (AW 61). Das ist eine ganz andere ‚generative' Erklärung als diejenige, die Hegel und Hölderlin vorschlugen. Bei Hegel waren die Heroen einfach zu sittlich für die Welt, die sie sprengen mussten, indem sie handelten, genauso wie Hölderlins Ödipus zu ‚priesterisch' sprach und forschte.

Auf der Ebene des Darstellens gelingt es der Tragödie mit einer Leichtigkeit, die nur natürliche Dinge kennzeichnet, das zu erreichen, wonach die zukünftige Dichtung streben soll, die Friedrich Schlegel in *Lyceum* und *Athenäum* ankündigte. Die Tragödie hebt laut August Wilhelm Schlegel den Gegensatz zwischen sentimentalistischer und naiver Dichtung auf, indem sie das Endliche mit dem Unendlichen, das Reale mit dem Idealen in einem Ideal verbindet: „Den Griechen aber gelang es Idealität und Realität, oder [...] übermenschliche Hoheit und menschliche Wahrheit, in der Kunst auf das vollkommenste zu vereinigen und der Erscheinung einer Idee nachdrückliche Körperlichkeit zu geben" (AW 61). Dazu noch eine obligatorische politische

der menschlichen Natur, durch große Vorbilder geweckt, oder die Spur einer höheren Ordnung der Dinge, dem scheinbar unregelmäßigen Gange der Begebenheiten eingedrückt, und geheimnisvoll darin offenbart, oder beides zusammen" (AW 63).

Andeutung: „Sie stellen die Statue der Menschheit auf die ewige unerschütterliche Basis der sittlichen Freiheit" (AW 61).

Die Darstellung des Absoluten (der Freiheit) ist nur in einer absoluten Darstellung möglich, wo ein ideales strukturelles Gleichgewicht herrscht und eine organische Notwendigkeit, die keine überflüssigen Teile zulässt. Das Gefühl wirkt als ein lebendiges lebens- und einheitsspendendes Element des Ganzen, das alle Teile re-generieren. Die beiden Pole der tragischen Welt – die innere Freiheit und die äußere Notwendigkeit – werden

> erst durch den Gegensatz der anderen zur vollen Erscheinung gebracht. Da das Gefühl innerer Selbstbestimmung den Menschen über die unumschränkte Herrschaft des Triebes des angeborenen Instinktes erhebt, ihn mit einem Worte von der Vormundschaft der Natur losspricht, so kann auch die Notwendigkeit, welche er neben ihr anerkennen soll, keine bloße Natur-Notwendigkeit, sondern sie muss jenseits der sinnlichen Welt im Abgrunde des Unendlichen liegen, folglich stellt sie sich als die unergründliche Macht des Schicksals dar. (AW 61-62)[132]

7.8. Mickiewicz' Vollendung der polnisch-russischen Tragödie. Abschluss von *Ahnenfeier*, Tjutčevs Replik und Übergang zum russischen Terrorismus

Die ideelle, von den zwei Grundsätzen ausgehende Form der Tragödie, übertrug Mickiewicz in der zweiten Reihe seiner Vorlesungen am Collège de France (1843), die „der politischen Geschichte und der Literatur" gewidmet waren, auf die polnisch-russischen Beziehungen. Der Sinn der Geschichte zweier Nationen und damit des Slaventums entschließt sich ihm und seinem Publikum erst, nachdem diese Geschichte an das romantische Modell der Tragödie angepasst wurde. Der Sinns dessen, was Puškin 1831 als *спор славян между собою,/Домашний, старый спор, уж взвешенный судьбою/Вопрос*[133] („der innerslavische, häusliche, alte Streit, schon vom Schicksal durchdachte Frage") bezeichnete, stimmt mit dem Ziel der Tragödie überein, der ‚Versöhnung' ist.

---

132 AW 63: „Die wahre Ursache also, warum die tragische Darstellung auch das Herbste nicht scheuen darf, ist, dass eine geistige und unsichtbare Kraft nur durch den Widerstand gemessen werden kann, welchen sie in einer äußerlichen und sinnlich zu ermessenden Gewalt leistet. Die sittliche Freiheit des Menschen kann sich daher nur im Widerstreit mit den sinnlichen Treiben offenbaren."

133 Aleksandr Puškin, „Klevetnikam Rossii", *Sobranie sočinenij v 10 tomach* (Moskva: Gosudarstvennoe izdatel'stvo chudožestvennoj literatury, 1959), Bd. 2, 339.

Zwar bestimmt Mickiewicz – wie schon im Hegel-Kapitel ausführlich demonstriert wurde – das charismatische Wort und dessen gigantisches Theater in Kategorien, die eigentlich nur im Lichte der Hegelschen Philosophie und Goethe'schen Lehre intelligibel waren, aber *ce vaste drame*[134] beider Völker, das in diesem Welttheater aufgeführt wird, entstand der Wirkungssphäre der frühromantischen Tragödientheorie. Diese bestimmte sozusagen die religiöse Ausdehnung der messianischen Vision; es gab nämlich viele Schichten in dieser Heilsgeschichte, in der Polen die Rolle des Opfers und des Heilands spielte. Eine von ihnen stützte sich auf den Hegelschen Konflikt zwischen dem Öffentlichen und dem Häuslichen: Die Polen würden von Haus aus in die europäische Politik eindringen, aus der sie verbannt worden sind.[135] Die Polen seien also nach den Teilungen und dann nach dem Niedergang des Novemberaufstandes 1830 die Antigone der Weltpolitik. In den Pariser Vorlesungen 1843 bedient sich Mickiewicz der frühromantischen Tragödientheorie als prinzipielles Modell seiner Aktivität, der Welt- und der slavischen Gesichte eine Gestalt zu verleihen. Mickiewicz – der sich schon sehr früh, noch vor seinem Debüt mit August Wilhelm Schlegels Vorlesungen zum Drama vertraut machte[136] und sie so gründlich durchdachte, dass das Vorwort zu seinem Erstling *Ballady i romanse* (1822) den Eindruck macht, als hätte er die in Friedrich Schlegels Schriften zu findende philosophischen Quellen von August Wilhelms Konzeption gekannt[137] – eignete sich nicht nur das politisch-ästhetische Paradigma der Gewohnheit an. Den tragischen Konflikt zwischen den Polen und den Russen gestaltete er in den Vorlesungen erzählerisch als Konflikt zwischen zwei Prinzipien: Polen steht für die Freiheit und Russland für den Despotismus.[138] In der deutschen Romantik entsprach die tragische Form genau dem Konflikt dieser zwei intellektuellen Anschauungen – der der Freiheit und der der Bedingtheit. Die Tragödie modelliert den Konflikt und die Versöhnung dieser Gegensätze: Selbstbestimmung versus Fremdbestimmung. Gleichartig bei Mickiewicz: die Slaven müssen sich versöhnen, damit die ganze Welt versöhnt und errettet werden kann.

Die Verwurzelung von Mickiewicz' Vision der Geschichte und der messianischen Zukunft in der frühromantischen Tragödientheorie erscheint

134 Mickiewicz, *Pisma*, Bd. 9, 357.

135 Mickiewicz, *Bücher*, 24.

136 Tadeusz Naumowicz, „Adam Mickiewiczs ‚Vorwort' zu den ‚Balladen und Romanzen' und die deutsche Literatur um 1800", Ewa Mazur-Kębłowska, Ulrich Ott (Hg.), *Adam Mickiewicz und die Deutschen. Eine Tagung im Deutschen Literaturarchiv Marbach am Neckar* (Wiesbaden: Harrassowitz, 2000), 50-64.

137 Vgl. Michał Mrugalski, „Romantyzm: najnowszy antyk", 55-78.

138 Andrzej Walicki, *Polska, Rosja, marksizm* (Kraków: Universitas, 2011), 59.

noch stärker unter Berücksichtigung von Schellings Theorem der intellektuellen Anschauung: der Erfahrung einer großen Einheit des Subjekts mit dem Objekt außerhalb von Zeit, Raum und Urteil. Die Rückkehr in die ‚Welt des Urteils' erzwang die Wahl einer von zwei gegensätzlichen Interpretationen: Jeder musste sich entweder für den Dogmatismus der Unterwerfung unter das Objekt oder für den Kritizismus entscheiden, der von der absoluten Freiheit des Subjekts ausgeht. Für Schelling war also die Annahme der absoluten Freiheit oder der absoluten Bedingtheit, die Friedriech Schlegel zu den absoluten Prinzipien ausrief, eher praktischer Natur und als solche ein Ergebnis der intellektuellen Anschauung, die diesen Widerspruch aufhebt.

Mickiewicz – den Romantikern und Schelling folgend – stellte den russischen Grundsatz der Unterwerfung und den polnischen der Freiheit als einen großen Chiasmus dar: Die Russen hätten die Freiheit um der Kraft willen eingebüßt, während die Kraft der Polen an ihrer ‚goldenen Freiheit' zugrunde gegangen sei. Nun gilt es, die Kraft mit der Freiheit, die beiden Grundsätze der Tragödie, im Slaventum wiederzuvereinigen, damit die Slaven im Geiste der slavischen Revision des hegelschen Historismus die Welt erretten können.[139] (Mickiewicz betonte, dass sie an diesem Werk gemeinsam mit französischen Sozialisten und Bonapartisten arbeiten müssen.) Das Gefühl des Slaventums entspricht bei Mickiewicz der intellektuellen Anschauung Schellings, die die praktischen (politischen) Widersprüche aussöhnt.

Das Medium, in dem die Versöhnung der Grundsätze und der für sie stehenden Völker stattfindet, ist das charismatische, den ganzen Körper ergreifende Wort, dessen Resonanz mit Hegels und Goethes Theorien der theatralen Freiheit, die Sein und Schein vereinigt, bereits im Hegel-Kapitel beschrieben wurde. Die Grundsätze drücken sich nämlich vor allem im Ton der Sprache aus; der Ton sei die Facette des Wortes, in dem sich seine Kraft am klarsten offenbare. In Mickiewicz' Begriff des Tons treffen sich, auf Hegelsche Weise, die individuelle Intonation eines Redners oder einer Aussage und die systemische Prosodie der Sprache, in der die Aussage formuliert wird. In der zweiten Vorlesungsreihe erzählt Mickiewicz Anekdoten, wie der russische Ton Gehorsam von Soldaten erzwingt.[140] Es gibt aber auch Anekdoten zu diesem Thema über Mickiewicz selbst; eine von ihnen rufe ich an dieser Stelle ins Gedächtnis zurück, weil sie sich hervorragend eignet als

139 1833 hat Mickiewicz in einem Artikel aus der *Pielgrzym Polski* Russland als das Prinzip der Gefangenschaft, des Dogmatismus dargestellt: „O partii polskiej", *Dzieła*, Bd. 6, 95-99. Europa sei zerrissen zwischen der polnischen (freiheitlichen) und der russischen Partei.

140 Mickiewicz, *Pisma*, Bd. 9, 360.

die Urszene des Clinches der tragischen Grundsätze im damaligen Slaventum. Als Mickiewicz bei einem Treffen des ketzerischen Kreises der Sache Gottes, dessen charismatischen Gründer ‚Meister' Andrzej Towiański viele für einen zaristischen Einflussagenten im Milieu der polnischen Emigration hielten,[141] erzählte, dass der verstorbene Zar Alexander I. ihm, Mickiewicz, im Traum erschienen war und ihn gebeten hatte, dass der Kreis für die Seele des Zaren beten solle, konfrontierte der zweite polnische Nationaldichter Julisz Słowacki, ebenso Mitglied des Kreises, Mickiewicz mit der Behauptung, ihm war der polnische König Stefan Batory im Traum erschienen, der übrigens Iwan den Schrecklichen besiegte. In diesem Traum forderte Batory Słowacki dazu auf, nicht für den Moskowiter zu beten. Da packte Mickiewicz Słowacki am Kragen und warf ihn, auf Russisch „*пошел вон!*" schreiend, aus dem Haus.[142] „Geh weg! Fort! Dahin!" Der polnische Ton würde in dieser Szene nichts bezwecken – lassen Mickiewicz' Vorlesungen vermuten – da dieser seine Kraft verlor. Der Ton ähnelte anfangs, im Spätmittelalter, der französischen feudalen Diktion, mit der Zeit wurde er aber immer schwächer und blasser und erst Napoleons Message hat den polnischen Ton wieder verstärkt.[143] Jetzt aber bleibt Napoleon vorübergehend abwesend und seine Parusie wird erwartet. In diesem inter-nationalen Drama hilft der Franzose den Polen dabei, in ihre Rolle des Grundsatzes zurückzukehren und sich der russischen Bedingtheit gegenüberzustellen, währenddessen alle sowieso nach dem deutschen Skript der Tragödientheorie spielen.

In Mickiewicz' Messianismus, der sich auf die Tragödientheorie stützt und den er am Collège de France vortrug, operieren nicht nur zwei zu versöhnende Grundsätze der Freiheit und der Bedingtheit, sondern sie werden so dargeboten, dass sich die Versöhnung mit der Ecce-Ödipus-Urszene überlappen. Die Kenosis findet – wo sonst? – in Sibirien statt, dem Milieu, das der Entblößung der Helden entspricht, deren Schuld (Verblendung) im Übermaß an Stolz bestand. Die Hybris der Polen war ihr berüchtigter Stolz, für den sie büßen müssen, bevor die Versöhnung stattfinden kann. Der Weg zur Versöhnung wird mit dem Weg tiefer nach Sibirien hinein identifiziert, der bis nach Kamtschatka führt; Mickiewicz schildert diesen Weg mithilfe der Memoiren von „Generał Kopeć". Józef Kopeć nahm am Kościuszko-Aufstand

141 Bohdan Urbankowski, „Czy Towiański był szpiegiem?", *Adam Mickiewicz. Tajemnice wiary, miłości i śmierci* (Warszawa: Atena, 1999) [e-book].

142 Władysław Gołębiowski, *Mickiewicz odsłoniony i towiańszczyzna*, Paris 1844; Marek Jarosław Rymkiewicz, „Paszoł won, durak", Słowacki Encyklopedia (Warszawa: Sic!, 2004).

143 Mickiewicz, *Pisma*, Bd. 9, 360.

1796 teil, der der endgültigen Teilung Polens voranging. Kopeć' Erzählung[144] ist eine über die Anabasis; er steigt in die Hölle hinab. Schon am Anfang wird er in eine enge Kibitka geworfen, einen geschlossenen Wagen, in der der im Kampf verwundete Held weder aufrecht stehen noch sich hinlegen konnte. Sein Name wurde gegen eine Nummer getauscht; der Bevölkerung war es strengstens verboten, mit ihm zu sprechen. Er ist tragisch einsam – wie Ödipus vor seiner Verbannung, Antigone, Richard II. oder Konrad aus Mickiewicz' *Ahnenfeier III*, dessen „Große Improvisation" in der Gefängniszelle mit den Worten „Samotność – cóż po ludziach, czym śpiewak dla ludzi?" („Einsamkeit – Wozu Menschen? Wer ist ihnen der Sänger") beginnt. Kopeć' Einsamkeit ist vorschriftsmäßig und übermenschlich – er ist *comme rayé du nombre des vivants*[145] – da der russische Staat so unmenschlich sei: Die Kasematten in Smoleńsk ahmen mit Folterungen und Gedränge die Hölle nach.

In Sibirien angekommen verfällt der Held in die tiefste Einsamkeit, die mit der von Hölderlins Empedokles zu vergleichen wäre: Die Sträflinge führen nämlich *la vie avec la natur, la vie avec soi-même*. Ihre Einsamkeit nimmt in diesem Land bis zur totalen Isolierung zu, bis zur Aussonderung des Helden, die die tragischen Helden – schon bei Hölderlin – so verwüstete, dass sie den Platz für das Absolute, die Versöhnung der Freiheit mit der Notwendigkeit, schaffte: *le Malheur brise tous les liens qui les unissaient à la force matérielle et à la force intellectuelle de ce monde, les fait replier sur eux-mêmes, et les oblige à ne chercher la force qu'en eux-mêmes.*[146] So sah Ödipus vor der Verbannung, so Antigone vor dem Abmarsch in den Hungerkerker aus – diese tragische Selbstheit begeisterte noch Herman Cohen, Franz Rosenzweig, Walter Benjamin oder Martin Heidegger,[147] die sie als Vorbedingung der Geburt des Menschen als Menschen feierten. Mickiewicz' tragische Nacherzählung bedient sich nicht nur theologischer, sondern auch unverhüllt politischer Kategorien. In dieser totalen Entblößung können keine Klassenunterschiede und nationale Ressentiments überdauern; alle Polen werden Brüder und verbrüdern sich zugleich mit Russen, die auch alles verloren.[148] Die polnische Hybris und Verblendung – der Stolz oder die Prahlerei – wird in Sibirien bis zum Verlust des Namens erniedrigt; sie sind nur Nummern. Auch die Russen haben nichts mehr zu verlieren und so versöhnt sich das Prinzip der Freiheit in der tiefsten

---

144 Józef Kopeć: *Dziennik podróży przez całą wzdłuż Azję, lądem od portu Ochocka, oceanem przez Wyspy Kurylskie do Niższej Kamczatki, a stamtąd na powrót do tegoż portu na psach i jeleniach* (Wrocław: Frydlender, 1837).

145 Mickiewicz, *Pisma*, Bd. 9, 208-209.

146 Mickiewicz, *Pisma*, Bd. 9, 229-230.

147 Michael Gelven, „Heidegger and Tragedy", *boundary* 1976, 2(4), 554-568.

148 Mickiewicz, *Pisma*, Bd. 9, 230-231.

Demut mit dem Prinzip der Bedingtheit. Sie vereinigen sich im Gefühl, dass sie die Unterstützung und den Schutz der Vorsehung brauchen;[149] indem sie sich miteinander aussöhnen, söhnen sie sich mit dem Schicksal aus, das zu ihrer Vorsehung wird.[150] Diese Denkfigur, dass die Menschen nichts mehr ‚denn ihre Ketten' zu verlieren brauchen, um die gründliche, nicht nur politische, sondern auch ökonomische, den ganzen Menschen umfassende Revolution durchzuführen, wurde von Marx und Engels im *Kommunistischen Manifest* weiterentwickelt, nur tritt dort an die Stelle der politischen Verbannten Polens und Russlands das Proletariat auf.[151] Auf dieser Figur der Interesselosigkeit derer, die nichts besitzen, gründete noch Lukács das weltgeschichtliche Erkenntnisvermögen der Proletarier in *Geschichte und Klassenbewusstsein*, einem Buch, das die kritische Schule machte.[152] Der russische Revolutionär Aleksandr Gercen plädierte eine Dekade nach Mickiewicz leidenschaftlich für die Aussöhnung mit den Polen; er versuchte allerdings die Überlegenheit der Russen und die Gültigkeit ihres Anspruchs auf die Führung der slavischen Sache damit zu begründen, dass sie noch weniger als die Polen zu verlieren haben.[153] Polen hat nämlich eine reiche Geschichte, während Russland immer noch Mickiewicz' und Petr Čadaaevs ‚unbeschriebene Blatt' bleibt,[154] über das Mickiewicz im „Anhang" zu *Ahnenfeier III* schrieb. Gercen schaltete die romantische Vision von Geschichte als super-natürliche Ressource der Nation ein, um die Polen

149 Mickiewicz, *Pisma*, Bd. 9, 231.

150 Mickiewicz, Bücher, 35: „Polnischer Pilger, du warst reich, und siehe da, du leidest Armut und Elend, daß du nach der Zurückkunft in deine Heimat sagen könnest: die Armen und Elenden sind meine Miterben./ Pilger, du hast Rechte verliehen, und das Recht zur Krone gehabt, und siehe da, im fremden Lande bist du ausgeschlossen von dem Schutz der Rechte, damit du erkennest das Unrecht, und danach der Rückkehr in diene Heimat sagen könnest: die Fremden sind bei mir Mitgesetzgeber/ Pilger, du wärest gelehrt, und siehe da, die Wissenschaften, welche du zu schätzen musstest, sind für dich nutzlos geworden, und jene welche du gering schätztest, achtest du jetzt, damit du erkenntest was die Kenntnis dieser Welt ist und nach der Rückkehr in deine Heimat sagen könnest: Die Einfältigen sind meine Mitschüler."

151 Karl Marx, Friedrich Engels, „Manifest der kommunistischen Partei", *Werke*, Bd. 4, 492.

152 György Lukács, *Geschichte und Klassenbewusstsein, Werke* (Neuwied, Wien: Luhterhand, 1968), Bd. 2.

153 Andrzej Walicki, *Rosja, Polska, marksizm* (Kraków: Universitas, 2011), 86. Siehe Mickiewicz' Vorlesung vom 19.03.1844: Slaven als ein Volk, das nichts besitzt und alles Gott anvertraut hat.

154 Mickiewicz, *Dziady*, 268: „Kraina pusta, biała i otwarta/ Jak zgotowana do pisania karta." Die von Mickiewicz inagurierte Tradition der Darstellung Russlands als eines leeren weißen Blattes wude vom ersten russischen Philosophen Čaadaev 1838 fortgesetyt: „Петр Великий нашел у себя дома только лист белой бумаги и своей сильной рукой написал на нем слова Европа и Запад" (Petr Čaadaev, „Apologija sumašedšego", Filosofičeskie pis'ma, adresovannye dame, hg. von Andrej Teslja (Moskva: Ripol klassik, 2017), 137).

mit ihrem historischen Erbe so zu belasten, dass die interesse- und besitzloseren Russen als revolutionärere Revolutionäre ausfallen.[155] Mickiewicz betonte dagegen, dass die sibirische Entblößung keine Überlegenheit zulässt und dass jede Seite in solch einer Verbindung zweier Prinzipien sich selbst und mächtig, weil nicht entfremdet, wird: *Que la Russie est grand et fort! à condition de reconnaître ce qui constitue la grandeur et la force vraies.*[156] So wie laut Schelling Dogmatismus und Kritizismus einer gemeinsamen Quelle entsprießen, vereinigen sich Russen und Polen im Slaventum, welches das Ziel hat, Europa und das Leben zu erneuern.

Die Sitzung am 6. Mai 1842, in der Mickiewicz die Versöhnung mit den Russen nach dem Vorbild der Tragödie modellierte, wurde selbst als ein tragisches Spektakel dargestellt. Das Ereignis beschrieb Jules Michelet (wahrscheinlich der einflussreichste französische Historiker des 19. Jahrhunderts und zusammen mit Mickiewicz und Edgar Quinet Mitglied des sogenannten Triumvirats des Collège de France[157]) auf die Art und Weise, als hätte sich der amphitheatralisch angeordnete Hörsaal am Collège de France in eine tragische Bühne verwandelt, auf der der Dichter-Repräsentant der Nation sich in einer „erhabenen Anstrengung“ (*sublime effort*) vor dem Chor der Polen und dem französischen Publikum mit den Russen in einer super-natürlichen – ethnographischen und intellektuell-anschaulichen – *l'idée de l'origine commune* versöhnt.[158] Den Akt der Vergebung – die Polen sind die aktive Seite der Versöhnung, während die der Vorlesung beiwohnenden Russen wie vom Blitz erschlagen, sprachlos, niedergeschmettert (*foudroyés*) da sitzen – stilisiert Michelet nicht als einen nicht nur christlichen, sondern auch als einen heldenhaften Akt oder als Ausdruck der heroischen Herzenskraft, diejenigen zu lieben, die uns Leid zufügen.[159] Der mehr-als-wissende Professor Mickiewicz wird zum Ödipus and Christus in einem Körper.

---

155 Andrzej Walicki, „Mesjanizm Adama Mickiewicza a ‚rosyjski socjalizm' Aleksandra Hercena i religijna filozofia Włodzimierza Sołowjowa“, Łukasz Adamski, Sławomir Dębski (Hg.), *Myślą i słowem. Polsko-rosyjski dyskurs ideowy XIX wieku* (Warszawa: CPRDP, 2014), 45-64; Andrzej Walicki, „‚Rosyjski socjalizm' Aleksandra Hercena jako odpowiedź na mesjanizm polski“, *Polska, Rosja, marksizm*, 29-128.

156 Mickiewicz, *Pisma*, Bd. 9, 365.

157 Wiktor Weintraub: *Profecja i profesura*. Mickiewicz, Michelet *i* Quinet (Warszawa: PIW, 1975).

158 Jules Michelet, *Légendes démocratiques du Nord* (Paris: Calmann Lévy, 1877), 32: „son sublime effort pour amnistier la Russie, pour réconcilier les frères ennemis, Russes et Polonais, dans l'idée de l'origine commune.“

159 Jules Michelet, *Légendes démocratiques du Nord*, 25: „héroïques élans du cœur pour aimer qui nous fit souffrir.“

Die tragische Versöhnung rief eine kathartische und vor allem gewaltige Reaktion des erstaunten Publikums hervor. Es ist daran zu erinnern, dass es damals im Westen nicht so üblich war, zwischen dem russischen Volk und dem offiziellen Russland zu unterscheiden, wofür Lelewel, Mickiewicz, Bakunin und Gercen leidenschaftlich plädierten. Polen wurden im internationalen Kontext eher als Russlands Hauptgegner betrachtet und bestimmt nicht als die Brüder der Russen. Heinrich Heine zog eine bittere Bilanz der deutschen Polenbegeisterung, indem er schrieb:

> Der einzige Vorteil, den wir [den Polen] verdanken, ist jener Russenhass, den sie bei uns gesät und der, still fortwuchernd im deutschen Gemüte, uns mächtig vereinigen wird, wenn die große Stunde schlägt, wo wir uns zu verteidigen haben gegen jenen furchtbaren Riesen, der jetzt noch schläft und im Schlafe wächst, die Füße weitausstreckend in die duftigen Blumengärten des Morgenlands, mit dem Haupte anstoßend an den Nordpol, träumend ein neues Weltreich. [...] [D] as ist ein Dienst, den uns die Polen leisten, die jetzt als Propaganda des Russenhasses in der ganzen Welt umherwandern.[160]

Aber Mickiewicz' Publikum wurde nicht nur davon überrascht, dass der Pole über die Versöhnung mit den Russen spricht. Das Publikum, so Michelet, erfuhr ein Wunder, eine unerhörte, ungeheure Tatsache, „*et la sueur me vient d'y penser. Le Collège de France a été témoin de cette chose; sa chaire en reste sainte.*"[161] Was Mickiewicz' Lehrstuhl heiligte und verklärte, sodass er zum Altar, zur Thymele der tragischen Bühne wurde, war ein Opfer: Mickiewicz, der Repräsentant Polens, brachte zum „Opfer" (*immolation*) den absolut gerechtfertigten Hass,[162] so wie einmal, noch vor der Entstehung der Tragödie, der Priester den Sündenbock auf dem Altar schlachtete. Unter dem Blick der Franzosen, „*ébranlés jusqu'au fond de l'âme*",[163] verwandelten sich die Polen in einen für die Tragödie typischen Chor der Schutzflehenden,[164] Vertriebenen, Obdachlosen, *exilés, proscrits, condamnés.*[165] Die nackten Menschen, die ihr Vermögen, ihre Familien, alles verloren haben, wurden bereit, ihren Verfolgern zu vergeben. Michelet stellt die Frage, wie man es sich anmaßen könne, im

---

160 Heinrich Heine, „Ludwig Börne. Eine Denkschrift", *Werke und Briefe*, Bd. 6, 159-160; dank des Russenhasses werden die Polen von Engels als eine den anderen slavischen Völkern gegenübergestellte historische Nation konzipiert: Friedrich Engels, „Der demokratische Panslawismus", *Werke*, 270-286.

161 Michelet, *Légendes démocratiques du Nord*, 25.

162 Michelet, *Légendes démocratiques du Nord*, 25.

163 Michelet, *Légendes démocratiques du Nord*, 25.

164 Aischylos, *Ικέτιδες* [http://www.perseus.tufts.edu/hopper/text?doc=Perseus%3atext%3a1999.01.0015, Zugriff 30.9.2018].

165 Michelet, *Légendes démocratiques du Nord*, 25.

Namen der in diesem Grade Unglücklichen zu vergeben. Ist ihr Leiden nicht zu tief, um darüber den Schleier des Vergessens zu legen? Nur der charismatische Einzelne darf dies wagen. Nur Mickiewicz kann der Repräsentant aller Polen sein und im Namen der Unglücklichsten vergeben, weil er, so Michelet, derjenige ist, der am tiefsten verwundet ist und am stärksten fühlt.[166] Genau an dieser Stelle findet die Annahme, dass Michelet die Opfer Mickiewicz' als eine Tragödie inszeniert – die Annahme, die bisher auf Gedankenverknüpfungen basierte – eine philologische Bestätigung. Diese Form der tragischen Repräsentation der Nation durch den am stärksten Fühlenden stammt direkt aus Mickiewicz' *Ahnenfeier III*, wo der Held Konrad, mit Gott in der „Großen Improvisation" ringend, seinen Anspruch auf die Repräsentation des unglücklichen Volkes mit dem einzigartigen Vermögen des Gefühls begründet.

> Daj mi rząd dusz!
> [...]
> Teraz duszą jam w moję ojczyznę wcielony;
> Ciałem połknąłem jej duszę,
> Ja i ojczyzna to jedno.
> Nazywam się Milijon – bo za milijony
> Kocham i cierpię katusze.
> Patrzę na ojczyznę biedną,
> Jak syn na ojca wpleciónego w koło;
> Czuję całego cierpienia narodu,
> Jak matka czuje w łonie bole swego płodu.
> Cierpię, szaleję – a Ty mądrze i wesoło
> Zawsze rządzisz,
> Zawsze sądzisz,
> I mówią, że Ty nie błądzisz![167]

So werden *Dziady*, die Nationaltragödie Polens, am Collège de France aufgeführt und sogar vollendet, da der Text des Dramas im Moment der höchsten mystischen Spannung des Mystizismus und des Kulturpessimismus abbricht. Was in der Tragödie lediglich als eine durch die prophetische Diktion verzerrte Möglichkeit der Versöhnung angedeutet wird, wird am Collège de France oder

166 Michelet, *Légendes démocratiques du Nord*, 26.

167 Mickiewicz, *Dziady*, 163-165; Mickiewicz, *Ein Lesebuch*, 274, 277: „Gib mir [die Regierung über] die Seelen! [...] Nun aber hat meine Seele sich/ Einverleibt dem Lande mein;/ Mein Leib sog seine Seele ein:/ Mein Land und mein Leben ein einziges Ich./ Mein Name: Million – den Liebe und Pein/ Für Millionen schließ' ich in mich./ Ich sehe des Vaterlandes Wunden,/ Wie ein Sohn den Vater aufs Rad gebunden;/ Ich fühle des ganzen Volkes Los,/ Wie die Mutter den Schmerz der Frucht in Schoß./ Ich leide, rase! – Aber du,/ In thronender Weisheit, in seliger Ruh,/ Du herrschest immer,/ Du richtest immer –/ Und man sagt: du fehlst nimmer!"

vielmehr in Michelets Beschreibung, wo Professor Mickiewicz und der Held Konrad ineinander übergehen, verwirklicht.[168] In der Sprache der barocken Allegorie erzählt Michelet über den weißen und schwarzen Adler, die Staatswappen Polens beziehungsweise Russlands: *C'est le mystère de l'aigle blanc qui laisse pleuvoir son sang, et sauve l'aigle noir.*[169]

Mickiewicz inszenierte die Versöhnung zwischen Russen und Polen am 6. Mai 1842; die wohl berühmteste und die direkteste Antwort formulierte Fedor Tjutěv – der Dichter, Diplomat und Beamter, der später bis zur dritten Position in der Rangtabelle vorrückte – gemäß dem Paratext seines Gedichts am 16. September 1842. Dieses Gedicht trägt einen Titel, der ihn in den Bereich des Biblischen stellt, und zwar als eine Antwort auf die Apostelbriefe: „Épître à l'apôtre. Ot russkogo, po pročtenii otryvkov iz lekcij g-na Mickiewieviča" („Brief eines Russen an den Apostel. Nach der Lektüre von Fragmenten Herrn Mickiewicz' Vorlesungen").[170] Das Gedicht spielt damit an das utopische Konzept des Dritten Testaments an, eine Hoffnungsformation, welche auch in der im Hegel-Kapitel beschriebenen slavischen Philosophie der Tat zum Ausdruck kommt, die den Körper mit dem Geist in der Praxis zu vereinigen und damit die dritte Epoche – nach denen des bloßen Körpers beziehungsweise des körperfreien Geistes – anstrebte. Im Hinblick auf das Dritte Testament erfüllt die zwei ersten Strophen von Tjutčevs Gedichts das Bild Mickiewicz' als „Mann der unbezweifelbaren Berufung und der versöhnenden Liebe" („Муж несомненного призванья,/ Муж примиряющей любви"). Dieser Mann habe die Berufung des Dichters für einen neuen Bund mit Gott ausgetauscht: er werde zum Propheten, der ein Neueres Testament verkündet. Die Motivik des Gedichts bezeugt davon, dass Tjutěv die tragische Grundlage von Mickiewicz' Versöhnungsspektakel durchschaute, da er dem Propheten im auf das Tragische anspielende Register des Spektakels und des Orgiastisch-Dionysischen antwortet. Die optische Metaphorik überlappt sich mit einem dionysischen Imaginärem. Das Gedicht enthält einerseits die Gradation „[Deine? Unsere?] Augen haben gesehen", „Wir spüren die Annäherung des Lichts", „Wir spüren das Licht" („прозрели вежды", „Мы чуем приближенье света", „Мы чуем свет"). Und was erschient immer augenfälliger in diesem Licht? Die zweite

168 In den Vorlesungen identifizierte Mickiewicz den Heiland mit dem Meister Andrzej Towiański. Michelets Auslegung rettet das messianische Narrative von Mickiewicz, indem Michelet Towiański verschweigt und auf die früheren Selbstdeutungen Mickiewiczs zurückgreift, in denen er sich selbst mit dem Heiland aus *Ahnenfeier* identifizierte. Siehe: Seweryn Goszczyński: „Moja rozmowa z Mickiewiczem o sławnym 44 w jego Dziadach", Bohdan Wyżga (Hg.), *Mickiewiczowskie 44* (Warszawa-Lwów: Macierz Polska, 1923), 39-40.

169 Michelet, *Légendes démocratiques du Nord*, 26.

170 Fedor Tjutčev, *Polnoe sobranie stichotvorenij* (Leningrad: Sovetskij pisatel', 1987), 149.

Serie von Motiven, die oriastische. Tjutěv, damals ein Diplomat des Imperiums in München, möchte in den Vorlesungen von Mickiewicz eine Vereinigung der Slaven erblicken haben und möchte in Wirklichkeit eine Vereinigung der Slaven erblicken. So wie im älteren Neunen Testament nicht mehr Jude noch Grieche da sei, lässt das Neueste für die Russen und die Polen keinen Platz. Nur die „Slaven" sollen sein. Um die ‚Vereinigung' zu bezeichnen, benutzt Tjutěv das Verb *sovokupit'*, der im heutigen Russischen fast ausschließlich im Kontext der Erotik als Euphemismus für den Geschlechtsverkehr verwendet wird und der schon zu Tjutěvs Zeiten bestimmte Konnotationen hatte. Tjutěv lenkt die Aufmerksamkeit des Lesers auf das Verb, indem er das Wort ‚Verb' (*glagol*) in den Vordergrund rückt. Er stellt nämlich die prophetische Mission Mickiewicz' als die Wanderung eben des „begeisterten Verbes" als „Bote des Neuen Testaments" durch „die ganze slawische Welt" dar („И вдохновенный твой глагол,/ Как вестник Нового завета,/ Весь мир Славянский обошел"). Die vom „Verb" *sovokupit'* suggerierte Anspielung auf die dionysische Orgie wird durch den dreifachen phallischen Ausruf „Vosprian'!" „Erhebe dich!" desambiguiert:

> Воспрянь, разрозненное племя,
> Совокупись в один народ, –
>
> Воспрянь – не Польша, не Россия –
> Воспрянь, Славянская семья! –[171]

Dass wir hier mit einem phallischen Ausschrei zu tun bekommen, erscheint noch wahrscheinlicher, wenn der Leser oder die Leserin merkt, dass das Gedicht neben dem dreifachen Ausruf „Erhebe dich!" noch eine und nur eine weitere anaphorische Wiederholung enthält, nämlich die oben Zitierte Beschreibung Mickiewicz': „Muž… / muž" (‚Mann' beziehungsweise ‚Ehemann').

Die Bilder des Sehens und des Kopulierens umrahmt aber eine andere Figur der Sprache, eine segnende Wendung an den Propheten. Durch die Anwendung dieser Figur performt Tjutčev in diesem Gedicht die Art der Versöhnung, welche Mickiewicz am Collège de France andeutete, als er sich auf die polar unterschiedlichen Charaktere der russischen und der polnischen Sprache bezogen hat. Das Einzige, was aber das russische wörtliche Machtwort, diese Sprache des Befehls, mit der polnischen Geselligkeit in Einklang bringen könnte, wäre eben das Segnen, welches die Form des Imperativs mit dem Inhalt, der eine selige Gemeinschaftlichkeit zum Ausdruck bringt, verbindet. Tjutčevs Gedicht beginnt und endet mit dem Segen; es beginnt mit

171 „Erhebe dich, du zerstreuter Stamm,/ Vereinige dich in ein Volk,/ Erhebe dich – kein Russland, kein Polen –/ Erhebe dich, du Slavische Familie."

der generellen Formel: „Der himmlische Zar segne …“ („Небесный царь благослови…“); und es endet mit dem konkreten Inhalt des Segens, dass die göttliche Gnade über die erleuchtete Seele ruhe („Да над душою просветлевшей/ Почиет божья благодать!“). Diese Versöhnung aber erscheint höchst ambivalent. In Polen sagt man, dass der Diplomat ein Mensch ist, der ein ‚Verpiss-dich!‘ so formulieren kann, dass sich man auf eine schöne Reise freut. In diesem Gedicht kann wohl ein wahrer Diplomat sprechen, der auf eine sehr angenehme Art und Weise Mickiewicz informiert, dass Gott doch der Zar[172] oder der Zar Gott ist; dass der Gott-Zar seine Seele ständig überwacht; und dass das Imperium, welches Tjutčev repräsentiert, die Kontrolle über den Prozess der tragischen Versöhnung übernimmt, auch wenn Mickiewicz die augenscheinlich aktive Rolle des „(Ehe-)Mannes“ zusteht.

Die *anderen* Russen, die sich Mickiewicz' Schema der Versöhnung in der totalen Entbehrung zu eigen machten, waren aber nicht die postromantischen Dichter und Behörden, sondern die ‚adeligen Revolutionäre‘,[173] die volkstümlerischen Terroristen. Im letzten Kapitel stelle ich die Antwort auf Mickiewicz' Aufrufe und Rituale, die im Namen des ‚inoffiziellen Russlands‘, des zerstörend-lebensschaffenden Volkes, der Begründer des russischen Anarchismus Michail Bakunin erteilte. In dem Kapitel 2.2. beschrieb ich schon die unheimliche Ähnlichkeit zwischen Mickiewicz' tragischem Dichter-Held Konrad und Stepnjak-Kravčinskijs Darstellung des volkstümlerischen Terroristen der 1880-er Jahre. Schon das erste Manifest der revolutionären Jungend, Petr Zajčnevskijs *Molodaja Rossija*[174] aus dem Jahr 1862, spricht über die anbrechende revolutionäre Epoche in der Geschichte Russlands als einen Kampf zweier Grundsätze – das das Volk steht im krassen, grundsätzlichem Konflikt mit der regierenden Klasse, wobei das Volk durch das komplette Fehlen jeglicher Macht und jeglichen Eigentums charakterisiert wird. Wie bei Hölderlin, Mickiewicz und Marx entbehrt die revolutionäre Klasse alles und auch hier fällt die Revolutionierung auf gerade den Moment, in dem sie sich der eigenen Totalentbehrung bewusstwird. Die erdichteten Mitglieder der von Zajčnevskij erfundenen terroristischen Organisation sehnen sich nach der Selbstaufopferung, die die Einheit der Bewegung stärke und die Ankunft der endgültigen Konfrontation zweier Prinzipien beschleunige.

Wie genau soll aber die tragische Form in die Geschichte eingreifen?

---

172 Siehe die „Große Improvisation“ in *Ahnenfeier III* und die Urszene 2.2 in diesem Buch.

173 Siehe das Kapitel 2.1.

174 Petr Zajčnevskij, „Molodaja Rossija“, E.L. Rudnickaja (Hg.), *Revoljucionnyj radikalizm v Rossii: vek devjatnadcatyj* (Moskva: Archeografičeskij centr, 1997), 142-150.

7.9. Die Tragödie als das super-natürliche Kunstwerk

7.9.1. *Die absolute Darstellung*

Die griechische Tragödie besteht restlos aus *exchange*, der nicht nur zwischen sich verwandelnden Helden und dem Chor stattfindet, sondern auch zwischen den zwei Seiten eines Menschen, der natürlichen und der absoluten. Dadurch ist sie die ökonomischste, die – was den Genuss des Zuschauers angeht – effektivste und die organischste aller Formen. Sie ist auch ‚objektiv schön'. Friedrich Schlegels frühe Studien über die griechische Dichtung erkannten die griechische Tragödie als den Grundsatz der Kritik und der zukünftigen Poesie an (vgl. KA I 154 [66]). Die Erwartung, dass das Ideal, welches sich einmal schon konkretisierte, erneuert materialisiert werden kann, damit die Epoche der sentimentalistischen Dichtung überwunden zu Ende kommt, drückt sich darin aus, dass Schlegel der alten Tragödie ‚das *anwendbare* Objektive' attestiert:

> *Das allgemein anwendbare Objektive* in der griechischen Tragödie reduziert sich auf zwei Punkte. Das erste liegt in der Form, das andere in der Materie. *Das objektive der Form* ist die hohe Vollendung des Stils, die Würde, Kraft, Pracht und Erhabenheit der Sprache. Dies verdankt das griechische Drama seinem Ursprung aus der lyrischen Poesie. (Charakteristik 77)

Die erhabene Form, deren Eigenschaften demnächst angeführt werden, sei – soziologisch betrachtet – Gegenmittel gegen die Pöbelherrschaft. Die Leidenschaften weckt nämlich die Materie der Tragödie, der sich die absolute Form ironisch widersetzt, damit die organische Einheit besteht: „*Das objektive in der Materie* des griechischen Dramas ist das *Pathos*" (Charakteristik 78); das Pathos des Helden und des mit dem Dargestellten gemäß den Anweisungen des Chores mitleidenden und sich mit darstellenden Zuschauers.

Unter verschiedenen Darstellungen des Absoluten sei exklusiv die Sophokleische Tragödie eine absolute Darstellung. Eine andere Aktualisierung der absoluten Darstellung sind laut Friedrich Schlegel die Dialoge von Platon, der sein tragisches Jugendwerk in die Philosophie ausdehnte, nachdem er unter den Eindruck von Sokrates seine Tragödien verbrannt hatte. „Platon […] geht auf höchste Weisheit des Ausdrucks aus" (Zeitalter 50). Allein die griechische Tragödie stellt die Freiheit in einer objektiven, historisch verwurzelten Form dar; alle anderen Arten der absoluten Darstellung sind lediglich Projekte, die auf die faktische griechische Tragödie zurückgreifen. Im *Studium*-Aufsatz ernennt Friedrich Schlegel seine eigene Auffassung der Tragödie, die das Absolute *absolut* darstellt, zum Charakteristikum seiner Positionen, die ihn am entschiedensten von Friedrich Schiller als Autor des Traktats über die naive und sentimentalistische Dichtung unterscheiden. „Nicht jede poetische Darstellung des Absoluten ist sentimental. Im ganzen Gebiet der klassischen Poesie ist einzig die Darstellung des *Sophokles* absolut. Das Absolute wird auch z. B. im *Äschylus* und *Aristophanes* dargestellt“ (SA 212). ‚Anwendbar‘ wäre also die absolute Darstellung und nicht die Darstellung des Absoluten. Schiller rechnete pauschal die Tragödie oder – wie er sie nannte – ‚die pathetische Satire‘ zu den sentimentalistischen Künsten, die die Distanz zwischen der endlichen, naturalistischen Realität und dem unendlichen, intelligiblen Ideal hervorheben. Schlegels „absolute Darstellung“ sei dagegen ideal und real zugleich (KA I 212).

Die absolute Form der Tragödie beinhaltet, so meine These, die Lösung des kunst- und politikgeschichtlichen Rätsels, das die Frühromantik angesichts der Französischen Revolution quälte: Wie könnte das objektiv Schöne der Griechen unter den Bedingungen des modernen Interessanten wiedergeboren werden.[175] Das objektiv Schöne ist doch die sichtbargewordene Freiheit, die, im dynamischen Gleichgewicht gefangen, nicht in den Terror abrutscht; das objektiv Schöne appelliert als die Verbindung des Ideellen und Reellen an den ganzen super-natürlichen Menschen als ζῷον πολιτικόν – ein Tier, das nur in der Gemeinschaft frei sein kann. Die absolute Darstellung erschließt das Enigma der Revolution, indem sie organisch das Unendliche mit dem Endlichen verbindet. Was aber hat letztendlich die ‚Anwendbarkeit‘ dieses realen Ideals damit auf sich? Was kann wiederholt werden?

Die Kunst als solche sei unendlich perfektibel und ein absolutes Maximum sei in ihrer steten Entwicklung nicht möglich...

> aber doch ein bedingtes *relatives Maximum*, ein unübersteigliches *fixes Proximum*. Die Aufgabe der Kunst besteht nämlich aus zweierlei ganz verschiedenartigen Bestandteilen: teils aus bestimmten *Gesetzen*, welche nur ganz erfüllt oder ganz übertreten werden können, und teils aus unersättlichen, unbestimmten *Forderungen*, wo auch die höchste Gewährung noch einen Zusatz leidet. Jede wirklich gegebene *Kraft* ist einer Vergrößerung und jede endliche reale Vollkommenheit eines unendlichen Zuwachses fähig. In *Verhältnissen* aber findet kein Mehr oder Weniger statt; die *Gesetzmäßigkeit* eines Gegenstandes kann weder vermehrt noch vermindert werden. So sind auch alle wirklichen

175 SA 292-293: „*Nur dasjenige Kunstwerk, welches in der vollkommensten Gattung, und mit höchster Kraft und Weisheit die bestimmten ästhetischen und technischen Gesetze ganz erfüllt, den unbegrenzten Forderungen aber gleichmäßig entspricht*, kann ein unübertreffliches Beispiel sein, in welchem die vollständige Aufgabe der schönen Kunst so sichtbar wird, als sie in einem wirklichen Kunstwerke werden kann.“ (Hervorhebung von Schlegel); SA 276: „Die Geschichte der Griechischen Dichtkunst ist eine allgemeine Naturgeschichte der Dichtkunst; eine vollkommene und gesetzgebende Anschauung“ SA 288: „Das Urbild der Kunst und des Geschmacks.“

> Bestandteile der schönen Kunst einzeln eines unendlichen Zuwachses fähig, aber in der Zusammensetzung dieser verschiedenen Bestandteile gibt es unbedingte Gesetze für die gegenseitigen Verhältnisse. (SA 288)

Die absolute Darstellung präsentiert – indem sie irgendwelche bestimmte Inhalte darstellt, deren Intensität oder Schönheit variieren kann – zugleich gerade diese absoluten Verhältnisse ihrer Bestandteile. Sie präsentiert diese Verhältnisse, indem sie auch das Darstellen darstellt und sich reflexiv vermehrt. In diesem Sinne – im Sinne der rekursiven Wiederholung – ist die absolute Darstellung organisch. Die Tragödie bietet der Anschauung das Vorbild eines perfekten Netzes von Beziehungen innerhalb des Kunstwerkes an, eines Netzes, das durch ewig neue Elemente aktualisiert werden kann. Die „Urbilder" der Kunst scheinen durch die „Schlacke der Lokalität" durch (Zeitalter 59; vgl. SA 327-328, 331).

„Alle diese Bestandteile des Schönen – der Reiz, der Schein, das Gute – sind also einer gränzenlosen Vervollkommnung fähig. Für die gegenseitigen Verhältnisse dieser Bestandteile aber gibt es unwandelbare Gesetze" (SA 290). Die Gesetze der absoluten Verhältnisse werden in der Form der Tragödie, in jedem ihrer Bestandteile und im Ganzen rekursiv (organisch) aktualisiert. Das Gleiche wiederholt sich auf verschiedenen Niveaus der kommunikativen Situation innerhalb und außerhalb der dargestellten Welt; letzteres kommt durch die Handlungen des extradiegetischen Subjekts des Dramas zustande, dessen Transparenz besonders einfach den ‚empirischen' Autor durchblicken lässt. Das, was Heroen wiederfährt, und wie sie das aus dem Zusammenstoß mit dem Schicksal entstandene Leiden aktiv in eine Explosion der Freiheit verwandeln, *muss* dargestellt werden – um der absoluten Darstellung willen. Die Form wird aber durch die Versöhnung des Heros mit dem Schicksal gekrönt: Die Welt, in der das Schicksal waltet, wird dem Helden das Objekt seines Begehrens und seiner freien Wahl. Er befindet sich plötzlich im Reich der Freiheit. Der Held verfährt also wie der vollkommene Künstler, der den stumpfen Stoff in ein Gebilde der Freiheit verwandelt. Ein Künstler, der nach Kants *Kritik der Urteilskraft* kommt, darf nicht dies nicht wissen. Die Aufgabe der neuesten Kunst besteht darin, diese ‚intellektuelle Anschauung' des Ganzen (des Absoluten), die die Tragödien von Sophokles ermöglichen, dieses Gefühl der Freiheit organisch zu wiederholen und zwar mit Hilfe der neusten, reizendsten *devices*. Aber das ‚ewige Vorbild' des Verfahrens bleibt die griechische Tragödie, die Einheit und Mannigfaltigkeit am ökonomischsten kombiniert:

> Die notwendige Mannigfaltigkeit und Freiheit setzen der Vollkommenheit dieses Zusammenhanges enge Grenzen, und an Vollständigkeit der Verknüpfung ist hier gar nicht zu denken. *Vollständigkeit der Verknüpfung* ist der zweite große

> Vorzug der Poesie. Nur der Tragiker, dessen eigentliches Ziel es ist, den größten Umfang und die stärkste Kraft mit der höchsten Einheit zu verbinden, kann seinem Werke eine *vollkommne Organisation* geben, dessen schöner Gliederbau auch nicht durch den kleinsten Mangel, den geringsten Überfluß gestört wird. Er allein kann eine *vollständige Handlung*, das einzige unbedingte Ganze im Gebiete der Erscheinung, darstellen. Eine ganz vollbrachte Tat, ein völlig ausgeführter Zweck gewähren die vollste Befriedigung. Eine vollendete poetische Handlung ist ein in sich abgeschloßnes Ganzes, eine *technische Welt*.[176] (SA 296)

1804 hat Hölderlin eine solche *technische* oder aber mechanische Erzeugung der ‚Paarung' des Menschen und des Absoluten beschrieben und als Übersetzer nachgeahmt.

Aus Schlegels Konzept der absoluten Darstellung zog Adam Müller zwei Schlüsse, die die Ökonomie des Darstellens betreffen. Vorzugsweise betont Müller den Unterschied zwischen dem griechischen und dem modernen Theater. Das moderne Theater zielt auf Erzeugung einer Illusion der Natur, während die griechische Bühne nicht reproduktiv, sondern produktiv gewesen sei, indem sie das Entstehen der Darstellungen selbst präsentierte. *Natura naturans* war das griechische Theater, nicht *natura naturata*, und es war imstande, den Menschen als authentischen Homo Faber auftreten zu lassen, der seine Welten schafft, indem er Medien gestaltet.

> Das antike Theater wollte nichts anderes ausstellen als eben die Kunst, wollte keinen Genuss darbieten als eben einen Kunstgenuss. Höchste Vollendung der Sprache und des Tones war der Mittelpunkt, um den sich die ganze äußere theatralische Lust drehte: höchste Einfalt, Rundung und Tiefe in der poetischen Darstellung der längst bekannten Handlung war der Mittelpunkt. (DP 213)

Eben um der absoluten Darstellung willen, die der *natura naturans* gleichkommt, bedürfen wir laut Friedrich Schlegel einer neuen Mythologie, die aus dem Geist der neuen Naturwissenschaften entstehen und den unendlichen Realismus mit dem unendlichen Idealismus verbinden solle. Wir brauchen sie als Voraussetzung dafür, eine sich selbst darstellende Darstellung oder eine Darstellung ihres eigenen Darstellens zu schaffen (KA II 311-329); in diesem Kontext beruft sich Schlegel auf die spielerische, selbstgenügsame Seite des

---

176 SA 297: „Die *technische Richtigkeit* seiner Darstellung ist vollkommen, und die *Eurythmie*, die regelmäßige Verknüpfung seiner bestimmt und reich gegliederten Werke ist so *kanonisch*, wie etwa die Proportion des berühmten Doryphorus vom Polyklet. Die reife und ausgewachsene Organisation eines jeden Ganzen ist bis zu einer *Vollständigkeit* vollendet, welche auch nicht durch die geringste Lücke, nicht durch einen überflüssigen Hauch gestört wird. *Notwendig* entwickelt sich alles aus Einem, und auch der kleinste Teil gehorcht unbedingt dem *großen Gesetz des Ganzen*."

Mythos. Zu betonen ist die Erweiterung des Begriffes des Organischen von der Rekursion auf die *natura naturans*. Die Rekursion bezieht die Grenze des Fiktiven in einen kreativen Prozess ein, der im wiederholten Abgrenzen und Vereinigen besteht, so wie lebendige Organismen wachsen. Auch so lässt sich die tragische Furie des Teilens und Verbindens verstehen, von der Hölderlin schreibt.

Die absolute Darstellung muss zweitens eine einigende Einheit sein, die verschiedenste, mannigfaltigste Bedürfnisse und Vermögen des Menschen zusammenbringt, damit der Mensch sich als ein ganzer fühlt; sie leidet also an keiner, sie leidet keine Arbeitsteilung, keine Teilung überhaupt. Wie es später Richard Wagner macht, beweint Adam Müller den Zerfall der alten Tragödie in die separaten Künste der Oper und des Dramas, da dieser die ursprüngliche Einheit des Wortes, des Verstandes und des Gefühls zugrunde gerichtet hat. „[W]ie oben von dem antiken Ohr behauptet worden, dass es in dem Gefühl und in dem Verstande einem und demselben Herrn diente, so war das antike Auge, das sehende sowohl als das gesehene, sinnlich und sinnreich zugleich" (DP 216). Die absolute Anschauung der Tragödie war einem Zuschauer gewährt, der sich im Chor auf der Bühne selbst am klarsten spiegelte, da er als Mitglied des gut organisierten Staates poetischer produzierte als es in der Epoche des aufgehenden Kapitalismus möglich war. Die Teilung der absoluten Darstellung war ein Ausdruck oder – so würde ein Romantiker eher behaupten – *die* Ursache der drohend ins Blickfeld rückenden Arbeitsteilung (DP 214). Die moderne Arbeitsteilung hat die Teilung der Künste, die verschiedenen Bedürfnissen und Vermögen des Menschen entsprochen, zur Folge oder zur Voraussetzung gehabt (beides kann in der romantischen Logik richtig sein). Gleichzeitig mit der Spaltung des Menschen im Getriebe der geteilten Arbeit[177] – des Menschen, der schon bei Kant in getrennte Vermögen ohne einen sie einigenden Grundsatz zerfällt – ist eine Spaltung der absoluten Darstellung ins Dargestellte und Darstellende eingetreten.

> Nun aber kam es den Alten keineswegs auf gemeine Illusion an: was sie wollten, war zuerst höchste Verkörperung und Verwandlung des Worts und dann höchste Verkörperung und Veredlung der Tat und der Handlung. Wie beides erreicht wurde mit einem Schlage von demselben Künstler, was bei uns fabrikenmäßig getrennt in vier Künsten, in vier Funktionen einzelner Handwerker als Sprachkunst, Musik, Mimik und Tanzkunst ans Licht kommt. (DP 217)

„Fabrikenmäßig": Mit Voltaires *Ödipus*, vor allem mit Voltaires Meinung über Sophokles' *König Ödipus*, nämlich dass er im 18. Jahrhundert eigentlich

177 Müller, *Versuch einer neuen Theorie des Geldes*, 32.

kindisch wirkt, rechnet Müller wie ein hervorragender Physiokrat (oder einfach Edmund Burke) ab, der den Grundbesitz als die einzige Quelle des Reichtums anerkennt und das moderne Fabrikwesen als pures Böses abstempelt: „Nachdem er vermittelst der Dacierischen Übersetzung des Sophokleischen Oedipus diese Tragödie aus dem griechischen Boden herausgerissen, das, was ihm die Blüten an diesem Werke zu sein schienen, abgepflückt und in seiner Blumenfabrik, wie es sich versteht, einen neuen und bessern Oedipe in der Eil zustande gebracht hat" (DP 231). Andersmal schimpft Müller: „Die Gerüste nämlich, die man gewöhnlich Theater nennt, sind während des großen politischen Interregnums, in welchem wir leben, und wegen der Unentschiedenheit unseres Schicksals, um sie doch nicht ganz eingehen zu lassen, zweien betreibsamen Fabrikanten in Pension oder in Pacht gegeben worden: dem Iffland und dem Kotzebue" (DW 131). Die ersehnte Rückkehr der absoluten Darstellung würde der verhassten Arbeitsteilung, die das Wesen der modernen Gesellschaft ausmacht, aufheben; es scheint möglich, dass die höchste Spezialisierung als ein Resultat der vorläufigen Arbeitsteilung zu Einzelreizen beitragen würde, die von derjenigen wiedererlangten Form gestillt würden, die die absolute Struktur wiederfindet. Das Pathos der Aufhebung der Arbeitsteilung belebte noch die Autoren der *Deutschen Ideologie*; für sie, wie für Hegel, war die Kunst das Vorbild der guten Verdinglichung.

7.9.2. *Die (Ab-)Bildung des Menschengeschlechts*

Die 1797 geschriebene Vorrede zum Aufsatz *Über das Studium der griechischen Poesie* ist als der Brennpunkt von Friedrich Schlegels Theorie und damit der ganzen Romantik zu betrachten. Innerhalb der zwei Jahre, die zwischen der Fertigstellung des Haupttextes und dem Moment, als die Vorrede verfasst wurde, verflossen sind, ist Schillers *Über naive und sentimentalische Dichtung* erschienen. Die Vorrede, in der Schlegel seine Position gegenüber der Schiller'schen Sentimentalität bestimmt und dabei die absolute, das Reale mit dem Idealen vereinigende Darstellung postuliert, krönt Schlegels gräkomanische Phase und eröffnet die frühromantische, in der er zwischen dem Naiven und dem Sentimentalischen wird zu vermitteln versuchen, um die neue Originalität (ein spekulatives Wort, das von ‚origine', ‚Ursprung' kommt und zugleich etwas nie Dagewesenes konnotiert) hervorzurufen. Schillers Texte zur Ästhetik, vorzüglich seine Vorrede zur *Braut von Messina*,[178] drücken

178 Friedrich Schiller, „Über den Gebrauch des Chores in der Tragödie", *Sämtliche Werke*, hg. von Herbert G. Göpfert (München: Hanser, 1962), Bd. 2, Bd. 2, 816: „Die rechte Kunst ist nur diese, welche den höchsten Genuss verschafft. Der höchste Genuss aber ist die Freiheit des Gemütes in dem lebendigen Spiel aller seiner Kräfte." S. 817: „Wie aber nun die Kunst

verbaliter dasselbe Ziel aus wie die romantische Revolution: das Reale mit dem Idealen in einer Kunstform zu vereinigen,[179] die alle Bedürfnisse des Menschen befriedigt, der nicht mehr ein Makrokosmos des Makrokosmos, sondern ein Multiversum an sich darstellt. Die Gattung der Tragödie, die bei Schiller angeblich die Sentimentalität *par excellence* darstellt, verwandelt sich bei F. Schlegel ins Vorbild der Überwindung der neuzeitlichen Sentimentalität (inklusive Schiller) und zum Vorbote einer neuen Kunstepoche, die die Errungenschaften der naiven Antike mit der sentimentalistischen Neuzeit vereinigt. Gewiss bedeutet den Romantikern diese Kunstepoche auch eine neue Ordnung in der Politik und der Ökonomie.

Die Vorrede zum *Studium*-Aufsatz wird mit einem Passus gekrönt, der alle politisch-theoretischen Absichten der beginnenden Romantik in die Tragödie investiert, indem er die griechische Tragödie an der Schlüsselstelle der Geschichte platziert. Von der Tragödie her eröffnet sich eine neue Perspektive auf die Kunstgeschichte und die universelle Geschichte, da die Geschichte der Menschheit als eine Bildungsgeschichte verstanden wird. Die Tragödie eröffnet damit auch eine Möglichkeit der perfekten Staatskunst und der Ökonomie. Schlegels *dispositio* der geplanten, aber nie ausgeführten Fortsetzung vom *Studium*-Aufsatz hat den Gemeinplatz der historiographischen und -sophischen Kraft der Tragödie angekündigt, der in der *Phänomenologie des Geistes* sowie bei Wagner und Nietzsche am Werk ist. Tragödie markiert laut diesem Schema einen Knotenpunkt der Geschichte. Ihre Entstehung bedeutet eine weltgeschichtliche Katastrophe, das Ende der Antike.

---

zugleich ganz ideell und doch im tiefsten Sinne reell sein – wie sie das Wirkliche ganz verlassen und doch aufs genaueste mit der Natur übereinstimmen soll und kann, das ist's, was wenige fassen, was die Ansicht poetischer und plastischer Werke so schielend macht, weil beide Forderungen einander im gemeinen Urteil geradezu aufzuheben scheinen." Das Reale und das Ideale wurzeln wie später bei den Romantikern in der menschlichen Natur, Schiller ist also schon Anthropologe, S. 821: „Nun ist aber der Mensch so gebildet, dass er immer von dem Besondern ins Allgemeine gehen will, und die Reflexion muss also auch in der Tragödie ihren Platz erhalten. Soll sie aber diesen Platz verdienen, so muss sie das, was ihr an sinnlichem Leben fehlt, durch den Vortrag wieder gewinnen, denn wenn die zwei Elemente der Poesie, das Ideale und Sinnliche, nicht innig verbunden zusammen wirken, so müssen sie nebeneinander wirken, oder die Poesie ist aufgehoben. Wenn die Waage nicht vollkommen inne steht, da kann das Gleichgewicht nur durch eine Schwankung der beiden Schalen hergestellt werden."

179 Friedrich Wilhelm Joseph Schelling, *Philosophie der Kunst, Sämtliche Werke*, hg. von Karl Friedrich August Schelling (Stuttgart, Augsburg: Cotta, 1859), Bd. 5, 380 [43, 1, 14]: „Die Indifferenz des Idealen und Realen als Indifferenz stellt sich in der idealen Welt durch die Kunst."

Ihre Wiedergeburt würde mit der Ankunft der neuen eschatologischen Epoche zusammenfallen.

> Auf den Grundriß einer Geschichte der Griechischen Poesie soll, sobald als möglich eine Geschichte der *Attischen Tragödie* folgen. Sie wird nicht allein den *höchsten Gipfel*, welchen die klassische Poesie erreicht hat, genau bestimmen müssen, sondern auch die *Bildungsstufen* ihrer Geschichte am deutlichsten erklären können. Denn wie nach der Meinung des Platonischen Sokrates, was sittliche Vollkommenheit eigentlich sei, in der größern Masse des Staats sichtbarer ist, als im einzelnen Menschen: so sind die Bildungsgesetze der Griechischen Kunstgeschichte in der Attischen Tragödie, wenn ich mich so ausdrücken darf, mit größerer Schrift ausgeprägt./ Sind die Verhältnisse der Griechischen Poesie zur modernen und zur Griechischen Bildung überhaupt, ihre Bildungsstufen und Arten, ihre Gränzen und Bildungsgesetze bestimmt: so sind die Umrisse und der Entwurf des Ganzen vollständig verzeichnet./ Diese Sammlung wird in der Folge auch die *politische Bildung* der klassischen Völker umfassen. (SA 215)

Der griechischen Tragödie wohnt wegen ihres Vermögens zur absoluten Darstellung revelatorische Kraft inne. Da ihre sprachliche Form den Konflikt von Freiheit und Notwendigkeit sowie seine Lösung darstellt, sodass die eigentliche Super-Natur der das Sinnliche mit dem Intelligibillen verknüpfenden Sprache dabei hervortritt, vermag sie, den Grundsatz der menschlichen Bildung bloßzulegen, nämlich den „Kampf der Freiheit und Natur" (Wert 627). „Der Gegenstand der Historie ist das Wirklichwerden alles dessen, was praktisch notwendig ist" (KA II 178 [90]) und die Bedingung alles Praktischen ist Freiheit. Ohne Freiheit wäre doch keine praktische Philosophie (Ethik) als Theorie der Handlung möglich. Demnach parodiert Schlegel im Athenäums-Fragment 325 den berühmten Satz Simonides über stumme Poesie und sprechende Malerei, indem er die Geschichte eine werdende Philosophie nennt (die Philosophie dagegen sei eine vollendete Geschichte). Im *Studium*-Aufsatz beansprucht übrigens die Kunst den Raum, der in Fichtes System von der praktischen Philosophie besetzt wurde: Fichte und Schlegel stimmen zwar darin überein, dass Erkenntnis „eine Wirkung der Natur im Gemüt" sei. „[E]ine Wirkung des Gemüts in der Natur" ist hingegen nicht eine ethische Tat, wie es Fichte behauptete, sondern „ein Kunstwerk" (SA 267). Die Tragödie muss zum Kunstwerk des Kunstwerks ernannt werden, da sie genau diese Wechselwirkung des Gemüts und der Natur darstellt, indem sie die Taten von Helden im Raum und in der Zeit veranschaulicht. Wenn die Bildung das Werden der Freiheit ist, die sich gegen die natürliche Notwendigkeit durchsetzen muss, so ist die griechische Tragödie, wo die ethische, vernünftige Freiheit mit dem Schicksal und mit der vom Schicksal bedrohten eigenen süßen Schwäche ringt,[180] eine intellektuelle Anschauung der menschlichen Geschichtlichkeit. Diese entspringt nicht nur menschlicher Endlichkeit, wie Heidegger oder Gadamer es behaupten, sondern auch der Unendlichkeit des Menschen; somit entsteht ein organisches Ganze, unendlich und wohlgestaltet zugleich. Das Unendliche gemeinsam mit dem Endlichen sind Bestandteile der Bildung, die sich in der Tragödie darstellt:

> Bildung ist der eigentliche Inhalt jedes menschlichen Lebens, und der wahre Gegenstand der höhern Geschichte, welche in dem Veränderlichen das Notwendige aufsucht. So wie der Mensch ins Dasein tritt, wird er mit dem Schicksal gleichsam handgemein, und sein ganzes Leben ist ein steter *Kampf* auf Leben und Tod mit der furchtbaren Macht, deren Armen er nie entfliehen kann. Innig umschließt sie ihn von allen Seiten und läßt keinen Augenblick von ihm ab. Man könnte die Geschichte der Menschheit, welche die notwendige Genesis und Progression der menschlichen Bildung charakterisiert, mit militärischen Annalen vergleichen. Sie ist der treue Bericht von dem Kriege der Menschheit und des Schicksals. (SA 229-230)

Die Kriegsberichte bilden den epischen Zyklus, aus dem die Tragödie ihre Fabeln ausgeschnitten hat, sodass ihre Darstellung natürliche und übernatürliche Bedürfnisse der sich bildenden Menschheit befriedigte. Im Übrigen bedeutete das Wort ἔπος ‚das Wort', als ob schon der Name die Tatsache ins Licht rücken sollte, dass die Sprache selbst ein natürliches Werkzeug beim Durchbrechen in die Freiheit sei. Die Tragödie, die die natürliche Sprache verdichtet, sei eine reflexive Gattung, die die Möglichkeit der Darstellung des Sinns testet, den die Geschichte haben soll, um überhaupt erzählbar zu sein. „Der *Gipfel der natürlichen Bildung der schönen Kunst* bleibt daher für alle Zeiten das *hohe Urbild der künstlichen Fortschreitung*" (SA 293). Die griechische Tragödie, die die Bildung der Griechen vervollkommnete, erfüllte die Bedingung der Organizität, indem sie die ganze Geschichte der Bildung in knapper Form, kurz und bündig iterierte:

> Das Schauspiel, welches uns die griechische Bildung bei allen Wissenschaften und Künsten darbietet, wie sie gleich einer Pflanze frisch und kräftig aufschießen, sich in die herrlichsten Blüten entfalten und, wenn sie die höchste Blüte erreicht haben, welken und absterben – dies zeigt sich besonders auffallend bei der Tragödie. (Charakteristik 80)

180 Zum Kampf mit dem Schicksal und dem inneren Feind siehe SA 230: „sogar im Mittelpunkte seines eignen Wesens hat sein Feind – die ihm entgegengesetzte Natur – noch Wurzel gefasst. Es ist schon oft bemerkt worden: die Menschheit sei eine zwitterhafte Spielart, eine zweideutige Mischung der Gottheit und der Tierheit."

Demzufolge wiederholte Mickiewicz' Tragödie (*Ahnenfeier* plus die Pariser Performance) die Lehrtragödie der slavischen Geschichte, in der die polnische Freiheit mit der russischen Despotie ringt, die griechische Bildung, indem sie das Slawentum als ein organischer Bestandteil der universtellen Geschichte einbettete und damit die deutsche Historiosophie vervollständigte. Aus der Prämisse, dass die organische Tragödie die ganze Geschichte zusammenfasst, die ihrerseits einen Superorganismus der globalen Bildung ausmacht, der alle anderen Organismen vereinigt und eben darum die Struktur der organischen Tragödie wiederholen soll, lässt sich ganz einfach *ein* einheitliches Netz von Kategorien ‚deduzieren', mit deren Hilfe der historische Reichtum der Formen, die die Tragödie jemals annahm, ökonomisch zu umfassen sei.

> Der Gegenstand des Dramas überhaupt ist eine aus Menschheit und Schicksal gemischte Erscheinung, welche den größten Gehalt mit der größten Einheit verbindet. Der Zusammenhang des Einzelnen kann auf eine doppelte Weise zu einem unbedingten Ganzen vollendet werden. Entweder wird die Menschheit und das Schicksal in vollkommener Eintracht oder *in vollkommenem Streit* dargestellt. Das letzte ist der Fall in der philosophischen Tragödie. *Begebenheit* heißt jene gemischte Erscheinung, wenn das Schicksal überwiegt. Das *Objekt der philosophischen Tragödie* ist daher eine tragische Begebenheit, deren Masse und äußre Form ästhetisch, deren Inhalt und Geist aber philosophisch interessant ist. Das Bewusstsein jenes Streites erregt das Gefühl der *Verzweiflung*. Man sollte diesen sittlichen Schmerz über unendlichen Mangel, und unauflöslichen Streit nie mit *tierischer Angst* verwechseln: wiewohl die letztre im Menschen, wo das Geistige mit dem Sinnlichen so innigst verwebt ist, sich oft zu jener gesellt. (SA 248)

Die *philosophische* Tragödie, die die erhabene und sittliche Verzweiflung im Zuschauer erweckt, ist Vorfahrin von Benjamins ‚Trauerspiel'. Die vollkommene philosophische Tragödie kann keine andere sein als *Hamlet* selbst. Ihr antikes Komplement, das die Menschheit und das Schicksal in vollkommener Eintracht darstellt, sei die *ästhetische* Tragödie. Anhand der Tragödienarten lässt sich am einfachsten der Unterschied zweier bisheriger großer Epochen der Bildung darstellen. Sophokles repräsentiere die objektive Tragödie und damit die antike *objektive* Poesie als solche, Shakespeare vertritt dagegen die *interessante* Tragödie, die Tochter ihrer Epoche der künstlichen interessanten Dichtung gewesen sei (SA 215). Shakespeares philosophische Tragödie, „eine didaktische Gattung, die nicht nur den Verstand, sondern auch die Vernunft interessiert", sei der vollkommene Gegensatz zu der ästhetischen Tragödie der Griechen. Als „die Vollendung der schönen Poesie" bestehe die griechische Tragödie „aus lauter lyrischen Elementen, und ihr endliches Resultat ist die höchste Harmonie." Shakespeares interessante Tragödie als das höchste Kunstwerk der didaktischen Poesie bestehe „aus lauter charakteristischen Elementen, und ihr endliches Resultat ist die höchste Disharmonie. Ihre Katastrophe ist tragisch; nicht so ihre ganze Masse: denn die durchgängige Reinheit des Tragischen (eine notwendige Bedingung der ästhetischen Tragödie) würde der Wahrheit der charakteristischen und philosophischen Kunst Abbruch tun“ (SA 246).

Nicht nur passiv spiegeln die antike und die moderne Tragödie ihre Epochen. Diese passive Spiegelung historischer Kräfte erteilt ihnen eine eigene korrektive Kraft, den weiteren Verlauf der Geschichte zu beeinflussen. Schelling spornte seine Leserschaft an, ihre Nichtigkeit gegenüber der griechischen Tragödie zu spüren, die Ausdruck des griechischen öffentlichen Raumes sei, und daraus das kritische Unbehagen in und an der Schöpfung zu schöpfen; für Hegel wiederholten weltgeschichtlichen Katastrophen das tragische Bühnengeschehen. Hölderlin erwartete eine korrektive Wirkung auf die verpestete Gesellschaft Deutschlands von seinen Sophokles-Übersetzungen und postulierte, dass zwischen dem Altertum und der Moderne eine Spiegelsymmetrie herrsche. Die Athener tendierten dazu, schreibt auch Friedrich Schlegel, komische Elemente ihrer Tragödie beizumischen (man denke etwa an den Knecht in *König Ödipus* oder die auch von Hölderlin erwähnte Lächerlichkeit von Kreon am Ende der *Antigone*), wir hingegen, Bewohner der bürgerlichen Welt, „recht im Gegensatze der Alten, scheinen mehr Tragisches zu bedürfen, indem wir das Tragische in die bürgerliche Welt, die eigentlich dem Komischen zum Tummelplatz angewiesen war, einführen und so dem heroischen Lustspiel der Alten unser deutsches bürgerliches Trauerspiel gegenüberstellen“ (SA 247, 285, 286). Die Befriedigung dieses Bedürfnisses nach dem Tragischen erhöht reizend den Wert von Bürgertum.

Die geschichtliche Kraft der Tragödie spiegelt sich in der Tragödie selbst wider, in der Relation nämlich, die zwischen dem Helden und seinem Milieu herrscht. So wie die Tragödie aktiv auf ihre Umgebung wirkt und nicht nur der Wirkung derselben unterliegt, so ist in ihr die Relation zwischen den Protagonisten und der Umwelt dynamisch als der Wechselerweis präsentiert. In jeder wahren Tragödie – sei sie ‚objektiv‘ oder ‚interessant‘ – werden Begebenheiten, mit denen der Held um seine Freiheit kämpfen muss, ins *Schicksal* sublimiert.[181] Gemäß der Logik des Super-Naturalismus wird alles Natürliche um ein Pendant im Geistigen ergänzt, sodass ein zweideutiges Schicksal entsteht. In der philosophischen Tragödie unterliegt man laut Friedrich Schlegel am meisten eigenen Leidenschaften, die zum Schicksal geworden sind. Darum muss Hamlet sich so passiv verhalten und eben durch seine pathetische Passivität auf den Zuschauer wirken. Die objektive Tragödie besteht dagegen,

181 Über die Veränderung des Begriffs Schicksal siehe das Hegel-Kapitel.

im Einklang mit der *Poetik* Aristoteles', fast ausschließlich aus praktischen Reaktionen der Heroen auf schicksalhafte Begebenheiten, die am Ende zur Versöhnung führen:

> Der Begebenheiten, im Gegensatz der Handlungen, sind so wenig als möglich, und diese werden alle aus *Schicksal* hergeleitet. Der unaufhörliche notwendige Streit des Schicksals und der Menschheit aber wird durch eine andre Art von sittlicher Schönheit immer wieder in Eintracht aufgelöst, bis endlich die Menschheit, so weit es die Gesetze der technischen Richtigkeit verstatten, den vollständigsten Sieg davon trägt. (SA 300-301)

Die Versöhnung mit dem Schicksal bedarf auch der technischen Richtigkeit der Darstellung.

Friedrich Engels bezeichnete bekanntlich Freiheit als die „Einsicht in die Notwendigkeit".[182] Indem man die Naturgesetze und die Gesetze der zweiten Natur, der Nationalökonomie, erforscht, kann man eine sinnvolle, planmäßige Gesellschaft und eine ihr entsprechende Güterproduktion organisieren, sodass der Raum für Freiheit vergrößert oder sogar erschaffen wird. Die Beziehungen des Menschen und der Natur stellt laut den Romantikern die Tragödie dar. Da die *tragische* Versöhnung mit dem Schicksal kein fauler Kompromiss, sondern schon der Sieg der Freiheit ist, wiederholt Engels' Definition der Freiheit, der auch Marx zustimmen würde, die aus der romantischen Tragödientheorie. Diese verbindet Organizität mit revolutionärem Drang. Da der Zuschauer der griechischen Tragödie sich selbst sieht, wie er als der Chor die Handlungen der Heroen musikalisch, verbal, tänzerisch, mimisch mit-darstellt, wird die Tragödie auch ein paradoxaler Raum, in dem das Virtuelle mit dem Realen zusammentrifft. Die Freiheit, die der Fiktion zusteht, dringt in die Wirklichkeit ein.

Zu einem solchen Schluss musste nach den Regeln des romantischen Denkspiels auch Adam Müller kommen. Das Schicksal wirke mit seinen Schlägen monologisch, menschliche Wirkung auf die zwischenmenschliche Umgebung sei dialogisch, die Begegnung des Schicksals mit dem Menschen

---

182 Friedrich Engels, „Herrn Eugen Dührings Umwälzung der Wissenschaft", Marx, Engels, *Werke*, Bd. 20, 106: Engels zitiert Hegel: „Blind ist die Notwendigkeit nur, insofern dieselbe nicht begriffen wird." Und kommentiert: „Nicht in der geträumten Unabhängigkeit von den Naturgesetzen liegt die Freiheit, sondern in der Erkenntnis dieser Gesetze, und in der damit gegebenen Möglichkeit, sie planmäßig zu bestimmten Zwecken wirken zu lassen. Es gilt dies mit Beziehung sowohl auf die Gesetze der äußern Natur, wie auf diejenigen, welche das körperliche und geistige Dasein des Menschen selbst regeln – zwei Klassen von Gesetzen, die wir höchstens in der Vorstellung, nicht aber in der Wirklichkeit voneinander trennen können."

bedeute also die Entstehung der Tragödie oder der Komödie oder (in der Neuzeit) beider zugleich (DP 209). Bei Friedrich Schlegel herrschte das Gleichgewicht zwischen der Natur und der Freiheit in der alten Tragödie und der vollendeten Geschichte. Müller extrapolierte das Erlangen des Gleichgewichts auf das literarische System der Gattungen: Hier sollen die Tragödie und die Komödie sich gegenseitig ausgleichen und sich letztlich vereinigen, ein totales Drama schaffend (DP 210). Solch ein Drama würde nicht nur zwischen der Freiheit und dem Schicksal vermitteln, sondern es würde auch den Austausch des komischen Sieges des Charakters über das Schicksal mit seiner tragischen Niederlage gegen das Schicksal ermöglichen (die schon der wahrhafte Sieg ist) und so würde endlich die völlige „Indifferenz" auftauchen, die in Schellings *Philosophie der Kunst* als Vollendung der Tragödie und Kunst fungiert.[183]

Müller entwickelt Friedrich Schlegels Überlegungen zur tragischen Bildung weiter, indem er ein Modell der idealen tragischen Handlung vorschlägt, das auf dem Begriff des supernatürlichen Gleichgewichts basiert und das populäre dramatische Dreieck von Gustav Freytag vorwegnimmt.[184] Jede tragische Handlung soll laut Müller drei Momente umfassen: 1. Den Anfangspunkt, von dem aus die schwarzen Wolken sich über den heroischen Kopf sammeln; 2. die Katastrophe, „den höheren Todesmoment", wo das Schicksal die Oberhand gewinnt und endlich 3. den Auferstehungsmoment – hier beweist der Held seine Freiheit und zwar so, dass die Vollendung seiner Freiheit in einer höheren Wirklichkeit durchblitzt, obwohl (oder gerade weil) er wohl physisch sterben kann. Im ersten Teil herrscht die Natur und die Notwendigkeit, im zweiten ist die Freiheit dem Schicksal überlegen „und das Ende ist da, wo das Gleichgewicht wieder hergestellt ist, die Notwendigkeit und die Freiheit in ein göttliches Verhältnis oder vielmehr eine göttliche Verneinung treten, indem sie gegenseitig einander unterworfen erscheinen" (DP 223). Freiheit gewinnt also endgültig dank des Gleichgewichts mit der Notwendigkeit und der Unterwerfung unter die Notwendigkeit. Schelling erweist sich abermals als Begründer der romantischen Ästhetik des Tragischen.

Das ist aber nur Inhalt, lediglich eine Möglichkeit dafür, das Absolute darzustellen, und keine absolute Darstellung und darum im Grunde keine richtige Darstellung des Absoluten. Die großen Tragödientheoretiker Hölderlin und Hegel beteuerten, dass einzig die Zeit in der Tragödie sowohl als ihr eigenes Medium fungiert, in dem alles aufgeht, und zugleich als ihre schicksalhafteste Begebenheit dargestellt wird. Alles in der Tragödie dreht sich um die Zeit: um den festlichen Zeitpunkt der Aufführung, um die rasende Zeit der Handlung,

183 Schelling, *Philosophie der Kunst*, 690-693, 718-729.

184 Gustav Freytag, *Die Technik des Dramas* (Leipzig: Hirzel, 1872), 169-175.

welche von der Zeit der Aufführung erzwungen wird, und um die sprachlich-musikalische, rhythmische Form, die die Forman der Anschauung fühlbar macht. Die Tragödie entwickelt sich in der Zeit auf die Art und Weise, dass sie die Zeit als das verdichtet und mitdarstellt, was die Heroen zerstört und die eigentliche Voraussetzung des tragischen Darstellens ist. Friedrich Schlegel schlägt ein Modell der Zeitgestaltung vor, das in diesem Buch oft als ‚tragischer Chronotopos' bezeichnet wird. Der tragische Chronotopos Schlegels würde sehr passend die Poetik der slavischen Romantik beschreiben, mit ihrer Prädilektion zur Prophetie, zum apophantischen Zerreisen der Fiktion, das im Rahmen eines theatralischen Raumes stattfindet, worin die Toten einbrechen – sei es in *Boris Godunov*, sei es in *Ahnenfeier*. Der tragische Chronotopos muss für die Beschreibung der großen Geschichte der Menschheit (deren organischer Teil, ihr *myse-en-abime*, die tragische russisch-polnische Gesichte ist) taugen, wenn die Bildung erzählbar sein soll, so wie dieser Chronotopos für das verkleinerte Modell dieser Geschichte – für die griechische Tragödie – unentbehrlich ist. Der tragische Chronotopos vereinigt die Kontinuität des unendlichen Fortschreitens mit dem Schock der plötzlichen Umwälzung, und zwar einer solchen Umwälzung, die zwischen dem Dargestellten und dem Darstellen vermittelt, sodass sie eine absolute Darstellung stiftet. Der tragische Chronotopos ist eben die vollkommene Struktur, die nicht verbessert, sondern nur unter Beimischung neuer Reize und Regungen wiederholt werden kann.

In der Bildungsgeschichte muss, so Friedrich Schlegel, der Literaturhistoriker eine Form finden, die imstande wäre, endlose Differenzierung mit unvermitteltem Anfang zu verbinden. (Hätte es nie die griechische Tragödie gegeben, könnte man behaupten, es wäre unmöglich, solch eine Form zu konzipieren, geschweige denn zu konstruieren.)

> Die erhabene Bestimmung der modernen Poesie ist also nichts Geringeres als das höchste Ziel jeder möglichen Poesie […]. Das unbedingt *Höchste* kann aber nie ganz erreicht werden. Das äußerste, was die strebende Kraft vermag, ist: sich diesem unerreichbaren Ziele immer mehr und mehr zu nähern. Und auch diese *endlose Annäherung* scheint nicht ohne innere Widersprüche zu sein, die ihre Möglichkeit zweifelhaft machen. Die Rückkehr von entarteter Kunst zur echten, vom verderbten Geschmack zum richtigen scheint nur ein *plötzlicher Sprung* sein zu können, der sich mit dem *steten Fortschreiten*, durch welches sich jede Fertigkeit zu entwickeln pflegt, nicht wohl vereinigen lässt. (SA 255)

Die Aufgabe der Theorie und ihrer Poesie erscheint ebenso paradox wie die Tragödie selbst. Aber vom Gesichtspunkt der Ethik nach Immanuel Kant (und der Tragödientheorie nach Schiller) aus ist jede Tat ein plötzlicher Sprung: nichts geht der Tat voraus, nichts bedingt sie, das in der Zeit existiert und vorangehen konnte. Die Kant'sche Philosophie kennt nur das radikale Gute oder das radikale Böse, im Reich der Freiheit gibt es keine mildernden Umstände. Die Umstände oder das Schicksal geben einem Akteur zwar das Material zu Handlungen, d.h. sie geben ihm über das Begehrungsvermögen vermittelt mögliche Handlungszwecke an die Hand, er darf aber durch diese Umstände oder das Schicksal nicht determiniert sein, um verantwortlich und frei nach den Prinzipien des Moralgesetzes handeln zu können. Die Umstände erklären zwar, weshalb ein Akteur diese Handlungszwecke haben konnte, sie rechtfertigen aber nicht seinen Entschluss, einen bestimmten Zweck als Ziel einer Handlung zu setzen.

Weiterhin findet das plötzliche Einbrechen der Freiheit, die den normalen Ablauf der Zeit durchbricht, ein Äquivalent in den Bildern der Französischen Revolution. Wir haben schon gesehen, wie Friedrich Schlegel mit diesen Ähnlichkeiten spielt, als er, um das Geschäft der Kritik zu fördern, quasi eine Diktatur mit besonderer Befugnis vorschlägt. Die Kritik würde per Dekret regieren und letzten Endes die Rückkehr der Tragödie mit ihrer Objektivität ermöglichen:

> Die ästhetische Bildung nämlich ist von einer doppelten Art. Entweder die *progressive Entwicklung einer Fertigkeit.* Diese erweitert, schärft, verfeinert; ja sie belebt, stärkt und erhöht sogar die ursprüngliche Anlage. Oder sie ist eine *absolute Gesetzgebung,* welche die Kraft ordnet. Sie hebt den Streit einzelner Schönheiten, und fordert Übereinstimmung aller nach dem Bedürfnis des Ganzen; sie gebietet strenge Richtigkeit, Ebenmaß und Vollständigkeit; sie verbietet die Verwirrung der ursprünglichen ästhetischen Grenzen, und verbannt das Manirierte, wie jede ästhetische Heteronomie. Mit einem Worte: ihr Werk ist die *Objektivität.* (SA 270-271)

Ja, der Begriff der Revolution selbst ist zweideutig, was den Chronotopos anbelangt: „Oft wird dieser zyklische Revolutionsbegriff zugleich mit der linearen, dynamischen Auffassung der Revolution von ein und demselben verwandt."[185] Echte Bildung sei, lesen wir im letzten Athenäums-Fragment, eine paradoxale, analogisch-digitale (organische) Struktur: eine ununterbrochene Kette von Revolutionen. So wird das Leben einer sittlichen Person zur permanenten Parabase.

Das Modell des tragischen Chronotopos entspricht mindestens zwei mit der Zeitlichkeit assoziierten Paradoxa, die das Publikum der Französischen Revolution verwirren mussten: Einerseits wurde das Publikum mit dem

185 Karl Heinz Bohrer, *Plötzlichkeit. Zum Augenblick des ästhetischen Scheins* (Frankfurt am Main: Suhrkamp, 1981), 99.

irritierenden Papiergeld konfrontiert, das zunächst als Wechsel (Schuldschein) und zugleich als Geld funktionierte. Seine doppelte Natur bedeutete, dass der Tausch vertagt wurde und doch mit sofortiger Wirkung stattfand; die Ausdehnung der Zeitlichkeit fiel wie in der Tragödie mit dem Nu zusammen. Das Papiergeld war die Fülle und das Fehlen des Geldes.[186] Andererseits rief die Schreckensherrschaft – als Folge derselben Revolution, die die kirchlichen Güter in Papiergeld verwandte – einen ihr gegenwirkenden Plan auf den Plan – einen Plan, der zwar durch die Schreckensherrschaft provoziert wurde, der diese aber auf paradoxe Weise zurücknehmen möchte, sodass der historische Grund für diesen Plan dann gerade nicht mehr existiert. Einen solchen Plan finden wir beispielsweise bei Schiller, der die Menschheit allmählich mit Hilfe des Schönen, das Kant als Symbol des moralisch Guten (und somit der freien Tat) bestimmte,[187] auf eine stabile, gerade nicht in den Terror abstürzende Freiheit vorbereiten möchte. Fichte entdeckte sehr früh in Schillers Blueprint für die ästhetische Erziehung der Menschheit eine Aporie, die ausschließlich im tragischen Chronotopos gelöst werden könnte. Fichte – wahrscheinlich unter Rousseaus Einfluss[188] – fasst die Antinomie von Schillers politischer Ästhetik (oder ästhetischen Politik) zusammen: „Wenn es von der einen Seite nicht ratsam ist, die Menschen frei zu lassen, ehe ihr ästhetischer Sinn entwickelt ist, so ist es von der anderen Seite, diesen zu entwickeln, ehe sie frei sind."[189] Abermals muss eine langwierige Entwicklung mit dem plötzlichen Einbruch versöhnt werden, und zwar in einem politisch-ästhetischen Zusammenhang. Es scheint, als müsste selbst der Gedanke an die Revolution, an die Wende, kreisförmig sein. Rousseau, der der Tragödientheorie die Vision des allumfassenden Volksfestes und des ganzen Naturmenschen vererbt hat,[190] präfigurierte

186 Joseph Vogl, *Das Gespenst des Kapitals* (Zürich: Diaphanes, 2010), 73-76.

187 Immanuel Kant, *Kritik der Urteilskraft, Gesammelte Werke*, Bd. 5, 351-354.

188 „Damit ein werdendes Volk die gesunden Grundsätze der Politik schätzen und den grundlegenden Ordnungen der Staatsraison folgen kann, wäre es nötig, daß die Wirkung zur Ursache werde, daß der Gemeinsinn, der das Wer der Errichtung sein soll, die Errichtung selbst vorausgehe und daß die Menschen schon vor den Gesetzen wären, was sie durch sie werden sollen" (Jean Jacques Rousseau, *Vom Gesellschaftsvertrag oder die Grundsätze des Staatsrecht*, übersetzt von Hans Brockhardt (Stuttgart: Reclam, 1977), 47).

189 Johann Gottlieb Fichte, „Über Geist und Buchstabe in der Philosophie", *Gesamtausgabe. Reihe I: Werke*, hg. von Reinhard Lauth und Hans Gliwitzky (Stuttgart: Frommann-Holzboog: 1981), Bd. 6, 348; zur Kritik an Fichtes Kritik an Schiller siehe Dorotea Wildenburg, „‚Aneinander vorbei' Zum Horenstreit zwischen Fichte und Schiller", Wolfgang Schrader (Hg.), *Fichte und die Romantik. Hölderlin, Schelling, Hegel und die späte Wissenschaftslehre* (Amsterdam, Atlanta: Rodopi, 1997), 39.

190 Vgl. das Erste Buch in: Jean-Jacques Rousseau, *Émile ou De l'éducation* (Über den ganzen Menschen); und das Entstehungszusammenhang-Kapitel dieser Arbeit.

Schillers Ungereimtheiten. Die moralische und politische Freiheit ist nur in der idealen Gesellschaft möglich, die sich nicht in ihren Repräsentanten entfremdet, sondern sich selbst und zugleich ihre eigene theatralische Wiederholung (Re-Präsentation) ist. Die Freiheit bleibt solange unmöglich, bis alle Mitglieder der Gesellschaft ohne Ausnahmen das Gesetz anerkennen. Um einträchtig das Gesetz anerkennen zu können, müssen sie sich in der Tugend üben. „Nun können die Menschen jedoch nur tugendhaft werden durch das Gesetz der organisierten Republik."[191] Diese Aporie versucht Rousseau durch die Figur des *législateur* zu umgehen, der das Gesetz und die Tugend quasi aus dem Boden stampft. In den tragischen Visionen von Mickiewicz' *Ahnenfeier* und seinen Vorlesungen aufersteht der Gesetzgeber als der charismatische Völkerbefreier. Oft vermengt sich bei Mickiewicz der mythische Gesetzgeber mit dem Sponsor des *Code civil des Français*.

Kant behauptete unter dem Einfluss Rousseaus stehend, dass das Problem der Tugend und der Republik, der Einbruchs und der Kontinuität, „zugleich das schwerste [ist] und das, welches von der Menschengattung am spätesten aufgelöst wird."[192] Auch in dieser Hinsicht stellt die kritische Tragödientheorie ein Versuch dar, von Kant aufgeworfene Fragen quasi auf dem Gebiet der Ästhetik des Tragischen zu beantworten.

7.9.3. *Pathos und Ironie: Darstellung der Zeit*

Die Romantiker kannten zwei Verfahrensweisen, was die Darstellung des Mediums (der Zeit) innerhalb der im Medium der Zeit erscheinenden Darstellung anbelangt. Die Zeit lässt sich entweder durch das Pathos darstellen oder durch die Ironie. Die Zeit wird spürbar, wenn sie unerträglich wird oder umgekehrt, wenn sie überwindbar durch die Freiheit erscheint, die sich – dem Licht gleich, das sich im Medium (im Prisma) in Farben zerlegt – an der begrenzten und hastigen Handlungszeit bricht und sichtbar wird.

Das tragische Leiden nennt der junge Friedrich Schlegel ‚Pathos'. Zweifellos ist das ein geschichtlich geladener Begriff. Direkt vor der Entstehung der romantischen Theorie des Pathos übernahm Friedrich Schiller die aristotelischen Kategorien ‚Pathos' und ‚Ethos', um eine Proportion herzustellen, die seiner Theorie des tragischen Erhabenen entsprechen würde. Das Pathos ist bei Schiller Vorstufe (oder Auslöser) des Erhabenen: Desto deutlicher erscheint die moralische Freiheit, je größer das Leiden ist, das sie niederzuschlagen anstrebt. Im gelungenen Drama herrscht zuerst Pathos und

191 Zit. nach Walter Schulz, *Grundprobleme der Ethik* (Stuttgart: Neske, 1989), 126.

192 Immanuel Kant, „Idee zu einer allgemeinen Geschichte in weltbürgerlicher Absicht", *Gesammelte Werke*, Bd. 8, 22-23.

danach Freiheit des Charakters, die sich nur in der Form der Distanz zum eigenen Leiden offenbart.[193] Bei den Romantikern, für die sich von Schiller zu unterscheiden eine Sache auf Leben und Tod war, befreiten sich sowohl Pathos als auch Freiheit (in der Form von Ironie) aus dieser steifen Relation, in die sie Schiller schloss. Sie beginnen sich organisch zu wiederholen. Das Pathos wird ironisch, die Ironie pathetisch.

Was die Romantiker und den jungen Schlegel im Besonderen von der ganzen Tradition der Tragödientheorie von Aristoteles bis Hegel unterscheidet, ist, dass sie das Pathos dem Ethos nicht unterstellen. Das Pathos hat seinen eigenen ästhetischen Wert innerhalb der absoluten Darstellung. Mickiewicz' Konrad oder Mickiewicz-Konrad konnte seine historische Aufgabe nur als der Fühlende erfüllen; die Legitimation seiner Seelenherrschaft beruhte auf seiner Fähigkeit, zu leiden. Für den Romantiker ist das Pathos das Medium und die Message, da es die verkörperte Zeit ist. In dieser Hinsicht ist es nichts anderes als die Musik bzw. der Rhythmus: das Leiden macht die Zeit spürbar. Da das griechische Drama „eine Verbindung der Oper und des Dramas" war, „die bei uns geschieden sind" (Charakteristik 74), wirkt das musikalisch dargestellte und darstellende Leiden auf eigene Faust, und funktioniert nicht wie ein bloßer Auslöser des Erhabenen (Charakteristik 78). Es ist nämlich das durch das Darstellen ausgelöste Leiden, das den Mythos konstruiert (in dem Sinne, wie der Begriff später von Richard Wagner benutzen wird.)

> Durch diese musikalische Begleitung entstand natürlich ein ungewöhnlich hoher Grad von Leidenschaft und Gefühl – oder von *Pathos*, wie die Griechen die höchste Intensität und Kraft der Leidenschaft nannten. Dies ist das in der griechischen Tragödie durchaus Herrschende und in der Materie die Hauptsache. Denn ihm ist die Handlung, die Fabel, der Mythos untergeordnet, so wie auch die Charakteristik, welche die Griechen Ethos nennen, nach ihm modifiziert ist. Die Charakteristik nehmen die griechischen Tragiker wie sie schon in der Fabel angegeben war. Nicht hierin, sondern lediglich in der pathetischen Darstellung waren sie Erfinder. In keiner neueren Dichtung findet sich ein solches Pathos. Bei diesen ist die Handlung das Vorzüglichste und steht oft, wie z. B. bei Shakespeare, mit dem Pathos der tragischen Kraft in gleichem Maß. (Charakteristik 78)

Die romantische ist die erste moderne Tragödientheorie, die das Pathos als Dominante der Gattung Tragödie auffasst. Aus dieser Auffassung werden die Theoretiker der tragischen Gefühle schöpfen: Kierkegaard, Rosenzweig, Benjamin, Bohrer. Hier geht es um das Gefühl und die Einfühlung des

193 Diese Definition des Pathos ist freilich aus Schillers *Über das Pathetische* übernommen worden.

geschichtlich und biologisch bestimmten Zuschauers. Der ganzen Tradition der Tragödientheorie zuwider werden also die Handlung und ihre Charaktere (*Ethoi*) nicht in den Mittelpunkt der Aufmerksamkeit gestellt, sondern die pathetische Darstellung aus dem Geist der Musik rückt in den Vordergrund. Die pathetische Darstellung mit ihrem paradoxalen Genuss ist der Ausganspunkt, von dem aus die ganze Form, das ganze Entstehen und Wirken rekonstruiert wird: „die *Einheit der Handlung* [...] entsprang [...] bloß aus dem individuellen lyrischen Charakter ihres Dramas, denn lediglich dieser war der Grund, dass bei ihnen alle Gefühle entwickelt und ausgedrückt und nicht auch die Handlung erzählt wurde" (Charakteristik 83). Die innersten Eigenschaften der Handlung wurden auch vom Pathos her bestimmt. Die Einheit der Zeit und des Ortes soll um des Chores willen eingeführt werden, dessen Gesänge besonders pathetisch wirken. Das ganze System der Gattungen wiederholt organisch die Konstruktion der Tragödie. Die griechische Trennung des Komischen von dem Tragischen habe das Leiden „auf den höchsten Gipfel von Kraft und Intensität" getrieben.[194]

Friedrich Schlegel schlägt zwei Lösungen des Problems vor, wie das Pathos, das eigentlich die „objektive Materie" der Tragödie ausmache, nicht zur bloßen Darstellung werde, sondern zur erhabenen und „göttlichen" Darstellung (Charakteristik 78). Die absolute Darstellung begrenzt sich nicht darauf, das Gefühl des Erhabenen im Zuschauer zu erwecken, um ihn auf seine eigene transzendentale Ausrüstung zu beziehen: Die Darstellung selbst muss erhaben sein; da das Erhabene eine ästhetische, also rezeptive Kategorie ist, muss die Darstellung den Zuschauer einbegriffen, und zwar als seine Umrahmung, den Chor. Sie soll auch den Zuschauer herstellen, nicht nur passiv abbilden, sonst wäre sie begrenzt und nicht absolut sein. Die sinnliche Erscheinung gleicht der schöpfenden kraft. Die Romantiker identifizieren die organische Darstellung entweder mit der Inkarnation Christi oder zumindest mit der heiligen Geste des Offenbarens. Adam Müller klassifiziert die Tragiker danach, inwiefern ihr Werk die Strukturen der Menschenwerdung Gottes (oder vielmehr die Struktur der Erzählung von der Menschenwerdung) widerspiegelt. So wie die moderne christliche Tragödie alle Chancen habe, die griechische zu überbieten, sei Aischylos besser als Sophokles. „In dem erhabenen Protestantismus der

---

194 „Das *Leiden* und der *Schmerz* erhielten im griechischen Drama einen so hohen Grad von Kraft und Erhabenheit, weil es entweder Götter oder Halbgötter waren, die hier leidend dargestellt wurden. Das Leiden hatte einen göttlichen Charakter. Ein göttliches Leiden aber erfüllt uns zwar mit Furcht und Schrecken, jedoch auch mit Bewunderung und gibt eine hohe würdige poetische Anschauung. Mitleid und Mitgefühl erregt es indessen nicht, weil es zu erhaben ist."

Lebenskraft und der Freiheit gegen die Naturkraft und Tyrannei […] lässt sich eine viel reinere Beruhigung schöpfen als in der griechischen Religiosität, mit der die Tragödien des Sophocles sich schließen" (DP 229-230). Bei Müller fängt die lange Tradition an, die in der Tragödie eine Alternative zur griechischen heidnischen Religion findet und die ihre Vollendung bei Hermann Cohen, Franz Rosenzweig und Walter Benjamin findet. Ihr *non plus ultra* ist bestimmt die Feststellung Benjamins, der tragische Held sei im Leiden verstummt, weil er der Wahrheit bewusst geworden sei, dass er seinen Göttern überlegen sei.[195] Auch im Fall von Friedrich Schlegel kann man sagen, dass die Faszination an der Tragödie auch nach seiner Konversion zum Katholizismus nicht nachließ. 1812 trägt er vor: „Es ist an manchen Stellen der alten Dichter wohl zu bemerken, dass ihnen eine eigentliche Kenntnis und der richtige Begriff von Gott fehlte. Hatten sie aber diesen nicht, weil er ihnen und ihrer Zeit überhaupt nicht enthüllt war, so kann man doch ohne Ungerechtigkeit den größten und den besten unter ihnen, eine tiefgefühlte und oft bewundernswerte Ahndung des Göttlichen nicht absprechen" (Geschichte 35). – In diesem Zusammenhang ist es angemessen, an das wohl berühmteste Cento der Weltliteratur zu erinnern: *Χριστὸς Πάσχων*, die byzantinische Darstellung der Passion Christi, die ausschließlich aus Zitaten des Euripides gewebt worden ist.[196]

Die Ahnung des Göttlichen wird bei Sophokles von besonderem Pathos zur Erscheinung gebracht, so behauptet der junge Friedrich Schlegel fünfzehn Jahre vor der *Geschichte der alten und neuen Literatur*. 1797 nennt er es ‚das göttliche Leiden'. Nicht um das Leiden eines Gottes oder Halbgottes geht es Schlegel, sondern um das Leiden selbst und darum, wie es die Musik und die Zeit ausdehnt, konzentriert und organisiert. Das göttliche Leiden erinnert an die Hegelsche Negativität, die sich selbst negiert und so eine theatrale Welt aufführt. Wahrscheinlich spielt Schlegel auf dieselben platonischen Quellen an, an die Hegel, Schelling und Hölderlin anknüpften. Die alten Schriften von Platonikern haben das Leiden des von den Titanen zerrissenen Dionysos als eine allegorische Darstellung der Spaltung gedeutet, die dem Einem wiederfährt und die das Eine letztlich überwindet.[197] „Die Idee […] einer mit

195 Siehe das Kierkegaard-Kapitel.

196 Ružena Dostálová, „Die byzantinische Theorie des Dramas und die Tragödie *Christos paschon*", *Jahrbuch der österreichischen Byzantinistik* 1982, 3(32), 73-82.

197 Schelling las darüber schon 1831 vor: Friedrich Wilhelm Schelling, *Urfassung der Philosophie der Offenbarung*, hg. von Walter E. Ehrhardt, (Stuttgart: Meiner, 2004), 354-358; Schellings Auslegung aus den Berliner Vorlesungen machte Schule: Heinrich Eberhard Gottlob Paulus, *Die endlich offenbar gewordene positive Philosophie der Offenbarung; oder Entstehungsgeschichte, wörtlicher Text, Beurtheilung und Berichtigung der v. Schellingischen Entdeckungen über Philosophie überhaupt, Mythologie und Offenbarung des dogmatischen*

unendlichem Leiden behafteten Gottheit ist ganz im Geiste jeder Religion und Mythologie – auch ganz der Philosophie gemäß" schreibt Schlegel. Und weiter:

> Eine unendliche Einheit, die zugleich unendliche Fülle und Vielheit ist, ist natürlich innerlich und mit sich selbst in Zwiespalt, der sich zwar endlich in Harmonie auflösen wird, aber doch einstweilen als solcher vorhanden ist. Das Tragische in der griechischen Mythologie ist daher auch das einzige ihr eigentümliche Göttliche, da sonst alles Höhere, die Einheit, verlorengegangen, die Mysterien aber nicht eigenen, sondern höchst wahrscheinlich ganz fremden Ursprungs sind. (Charakteristik 79)

Das Leiden – das unendliche Zerrissen-Werden in der unendlichen Einheit, der Einheit von Zerrissenheit und Einheit, um Hölderlin und Hegel zu paraphrasieren – sei göttlich, absolut und eigentlich griechisch. Klassisch zu leben bedeutet also das tragische Pathos praktisch zu realisieren und in äußerster Zerrissenheit auszuharren. Im Übrigen erinnert dieses Mechanismus an Hölderlins Beschreibung des Wesens der Tragik, die er als das unendliche Teilen und das unendliche Vereinigung beschreibt sowie an diese Art der Rekursion, die in die *natura naturata* umschlägt. Göttlich wird das Leiden bei Schelgel, „wenn es uns als ganz ungeheuer, allgemein, unendlich, alles Maß überschreitend dargestellt wird. Die Darstellung ist dadurch zugleich allegorisch" (Charakteristik 79-80). Das Leiden ist absolut, wenn es

> durch nichts motiviert und durch keine Umstände und Verhältnisse des Lebens wahrscheinlich gemacht, weil es dem Erhabenen zuwider, sondern unbedingt aus der Natur des göttlichen Wesens hergeleitet. Je fabelhafter, märchenhafter herbeigeführt, desto besser, damit man es nur nie individuell, sondern allgemein und allegorisch nehme. Die Griechen nannten es Schicksal, die Notwendigkeit, indem diese über Götter, wie über Menschen unumschränkt waltete. Ein menschliches Leiden hingegen darf nicht unwahrscheinlich, übernatürlich herbeigeführt sein. (Charakteristik 80)

Die absolute Darstellung des Pathos wäre diejenige, die ihre eigene Künstlichkeit hervorheben würde; das menschliche Leiden muss seine eigene

---

Christenthums im Berliner Wintercursus von 1841-42 (Darmstadt: Leske, 1843) 597-600; die genauen Quellenangaben bei Proklos und anderen: Dieter Zeller, „Hellenistische Vorgaben für den Glauben an die Auferstehung Jesu?", Rudolf Hoppe, Ulrich Busse (Hg.), *Vom Jesus zum Christus. Christologischen Studien. Festgabe für Paul Hoffmann zum 65. Geburtstag* (Berlin, New York: De Gruyter, 1998), 81-82; Rudolf Kässner, „Narciss, oder Mythos und Einbildungskraft", *Sämtliche Werke*, hg. von Ernst Zinn, Klaus E. Bohnenkamp (Pfullingen: Neske, 1978), Bd. 4, 610-611; Otto Kern, *Orpheus. Eine religionsgeschichtliche Untersuchung* (Bremen: Unikum, 2012), 39-41.

‚Unzulänglichkeit' gegenüber dem Absoluten zur Schau stellen, um das schöne Wort von Goethe zu gebrauchen. Unbemerkt erreicht das höchste Pathos so eine Form, in der es mit der Ironie austauschbar ist, die auch in der Herablassung der eigenen Person und der eigenen Worte besteht.

Die deutschen Romantiker haben die tragische Ironie erfunden. Man kann sagen, dass die tragische Ironie eine Mittelstufe ist zwischen der berühmten romantischen Ironie, zu der die jungen Liberalen sich bekannt haben, und dem Proselytismus der späteren katholischen Konvertiten. Durch die tragische Ironie gelangte der liberale Schauspieler auf der großen Weltbühne zu seiner größten Rolle – *imitatio Christi*. Eine kleinere Bühne, ein Hörsaal in Dresden, wo Adam Müller seine *Vorträge über dramatische Poesie* hielt, diente dem romantischen Ironiker dazu, seine ästhetischen Erwägungen als eine allegorische Darstellung der Schönheit der christlichen Religion zu entpuppen (DP 236-237). Wer glaubt, behandelt die Kunst mit Ironie. Im Katholizismus haben die Romantiker die erträumte Verbindung der Antike mit der Neuzeit gefunden, die mithilfe der Ironie und des Pathos zustande kommt (und jetzt musste die Literatur sich nur doppelt und nicht dreifach teilen, nämlich in die neuere und alte Literatur, die millenaristische dritte Periode erübrigt sich). Ödipus präfigurierte anagogisch Christus, so wie Christus in der Urszene Ecce-Homo das letzte Epeisodion des *Oedipus rex* wiederholte; wie schön es wäre, wenn die griechische Tragödie das Alte Testament wäre? (Der Gedanke resoniert noch bei Vjačeslav Ivanov und Tadeusz Zieliński.)

Adam Müller spricht ironisch über zwei Gattungen der Ironie, „die komische Ironie und die tragische". Dass es die komische Ironie gibt, scheint offensichtlich zu sein; schon der Begriff kommt aus der Alten Komödie. Ebenfalls verlangt die Absolutheit der tragischen Darstellung, dass diese ironisch sei, um nichts vermissen zu lassen: „wie auch der wahre Ernst sich ironisch zeigen müsse, wie auch in der höchsten, ernsthaftesten, innigsten Hingebung an irgendeine Schönheit, sei es eine göttliche oder menschliche, das Gemüt immer seine Freiheit behaupten und diese offenbaren wie es seine Empfänglichkeit bewahren müsse für jede neue noch so verschiedene Gestalt" (DW 240). Das ist eben die Ironie, wie sie Müller sieht: die Offenbarung der Freiheit des Künstlers.

Die Feststellung, dass die absolute Darstellung ironisch sein muss, stammt aus den frühen Schriften Friedrich Schlegels[198] über die alte Literatur, deren Objektivität es in seinen interessanten Zeiten zu erneuern galt. Die komische Ironie ergänze den Wahn der Musen, der den Dichter entzückt;

198 Müller zitiert an dieser Stelle Friedrich Schlegel (DP 242).

ausdrücklich gesagt finde sich dieses bei Platon und Aristophanes.[199] Die tragische Ironie kommt als Tochter der Organizität und des Tausches zur Welt: Das allumfassende Leben müsse sich gegen etwas wenden, in einer Relation der Repräsentation stehen, da es aber das Einzige sei, was es gebe, müsse es sich gegen sich selbst wenden – und sich selbst vernichten und schöpfen. In diesem Prozesse erkennt man die Arbeit der (absoluten) Negation wieder, die bei Hegel, in einer reineren Form, den Schein mit dem Sein vermittelt und Welten aufführt. Da das allumfassende Leben sich bei Friedrich Schlegel als das göttliche Leiden präsentiert, erscheint der Umstand in einem neuen Licht, dass Hegel den tragischen Charakter seiner Logik betont, die eine pathetische Selbstspaltung des Begriffes beinhaltet.

Der romantische Begriff der tragischen Ironie zeigt sich jedoch subjektiver gefärbt als die Hegelsche Logik der Negation. Schon der Begriff der Ironie impliziert ein ironisches Subjekt, das sich an andere Subjekte wendet, die es verstehen oder missverstehen sollen. Adam Müller interessiert sich vor allem an der Einstellung des Dichters gegenüber seinem eigenen Schaffen. Erst im zweiten Schritt saugt das Drama diese Einstellung ein, wie etwa in der Relation, die den Politiker Antonio und Tasso bei Goethe verbindet, sodass auf dem Niveau der Handlung eine Allegorie des Staates und der Dichtung entstehe (DW 170-171). Die Ironie bleibt jedoch immer Selbstpräsentation des Dichters sowie seiner Freiheit und erweckt Freiheit in einem anderen Subjekt – im Zuschauer. Zweifellos unterscheidet sich die tragische Ironie der Romantiker von Hölderlins Zäsur, da jene die Darstellung nicht unterbricht, sondern gleichsam das ganze Drama umfasst. Sie wirkt permanent und dehnt sich über die ganze Masse der Handlung und des Rhythmus aus, die mit Vieldeutigkeit flimmern (SA 246). Die tragische Ironie wird am bittersten nach dem Ende der Handlung spürbar. So endet Goethes *Egmont* mit der Vision eines gerechteren als der irdische „himmlischen Gerichtshofs“. Nach der Logik des tragischen Chronotopos wird der Zuschauer aus der Zeit durch den Rhythmus herausgerissen, der doch nichts anderes als eine spürbar gewordene Zeit ist, und vor das himmlische Gericht gestellt. „[N]ur so, durch Betrachtung und Gefühl der Bewegung und des Fortschreitens, in denen allein die Schönheit zu erscheinen vermag, wird der Zuschauer in dieselbe harmonische Bewegung fortgerissen, die nicht nachlässt, obwohl das Werk endlich den irdischen Augen verschwindet“ (DP 153). Im Drama, das sich selbst als eine Allegorie demaskiert, werden alle schönen Gruppierungen der Personen und alle zwischenmenschlichen Beziehungen Sternbilder, aus denen der Wissende

199 In Friedrich Schlegels „Von den Schulen der griechischen Poesie“, „Über Grenzen des Schönen“ und „Über die Diotima“, KA I 3-19, 34-45, 97-98.

diese höhere Wahrheit lesen soll, die die Form der harmonischen supernatürlichen Bewegung hat. Das ist die mythische Synergie der tragischen Form:

> wenn jede der einzelnen Ideen, die das Drama erweckt, nach dem Fallen des Vorhangs wie ein einzelnes Gestirn zurückbleibt, und alle diese Gestirne deuten auf die unsichtbare, einfache, heilige Notwendigkeit, die diesen großen Schauplatz des Lebens mit dem Gedanken der Schönheit beseelt. (DP 146)

Den Gedanken an den „Gedanken der Schönheit" greift auch August Wilhelm Schlegel auf:

> Bei allen Erschütternden in diesen Gruppen liegt doch in ihrem Anblick etwas, das zu gesammelter Betrachtung einladet, und so lenkt uns auch die alte Tragödie auf die höchsten in den Kreis der Darstellung selbst mit aufgenommene Betrachtung über unser Dasein und seine nie ganz zu enträtselnde Bedeutung. (AW 71)

Das Tragische stellte also das absolute Netzwerk von Beziehungen dar, das zu „gesammelter Betrachtung" einlädt, wobei das Netzwerk erst dann zutage kommt, wenn die Begebenheiten absterben, das Drama endet.[200] Die ironischste Tragödie ist demzufolge *Ödipus der Tyrann*: Adam Müller hebt das Motiv des Rätsels in seiner Interpretation hervor. Dass das ganze Handeln in diesem Drama, also die Versuche, den Orakelspruch umzukippen, in das eigene Gegenteil umschlägt, ist schon ironisch genug.

> Was aber dieser Fabel eine große und furchtbare Deutung gibt, ist der wohl meistens dabei übersehene Umstand, dass es eben der Ödipus ist, welcher das von der Sphinx aufgegebene Rätsel, das menschliche Dasein betreffend, gelöst hat, dem sein eigenes Leben ein unentwirrbares Rätsel blieb, bis es ihn allzu spät auf die entsetzlichste Art aufgeklärt ward, da alles unwiederbringlich verloren war. Dies ist ein treffendes Bild anmaßlicher menschlicher Weisheit, die immer auf das Allgemeine geht, ohne dass ihre Besitzer davon die rechte Anwendung auf sich selbst zu machen wissen. (DP 92)

Adam Müller spricht hier das Gegenteil von Hölderlins Auslegung, laut der Ödipus die Katastrophe auf sich selbst herabzog, indem er einen allgemeingültigen Spruch auf sein Leben angewandt hat. Hier schützt hingegen die Anwendung vor dem Schicksalsschlag. Der Zuschauer soll laut Müller die allgemeine Wahrheit auf sich selbst beziehen, das heißt aber ironischerweise die tragische Katastrophe *in nuce* zu wiederholen. Der Zuschauer soll sich mit Ödipus identifizieren, der jene Wahrheit über sich selbst erkennt, dass er

200 Walter Benjamin, *Goethes Wahlverwandtschaften, Gesammelte Schriften*, Bd. 1, 125-127.

die Wahrheit über sich selbst nicht erkennen kann. Die Tragödie des Ödipus erscheint als eine Tragödie über die Tragödie, über das Theater und die Gesellschaft *at large*. Diese Verallgemeinerung oder rekursive Verschachtelung der Tragödie, sodass sie die Kunst des Lebens umfasst, bildet das Leitmotiv des kritischen Denkens und der kritischen Tragödientheorie.

Die Ironie bedeutet laut Adam Müller „*Offenbarung der Freiheit des Künstlers oder des Menschen*. Die Kritik redet den Künstler oder den Menschen also an: wie herrlich das sei, was du mir darstellst, wie groß und heilig die Idee, welche du mir verherrlichst, immer will ich wissen, ob du deine Freiheit behauptest" (DP 234). Und wie immer geht es hier um die praktische Ausdehnung der Kunst, um die schöne Tat oder um die menschliche Gemeinschaft, die ohne die Ironie (wie ohne das Geld) nie entstehen und bestehen kann: „Um das Handeln, nämlich die Gemeinschaft des Handelnden und Behandelten zu begreifen, müsse, behaupten wir, der Mensch mit freier Unparteilichkeit, mit wahrer Ironie über und in dem Gegensatz von Handelndem und Behandeltem schweben."[201] Ein echter Staatsmann soll ironisch sein, um das Gleichgewicht zwischen der Innen- und Außenpolitik zu erhalten – und sich um keinen geschlossenen Handelsstaat bemühen (LG 237).

7.9.4. *Zeit für eine Tragödie*

Für Friedrich Schlegels historischen Moment galt es, so schien es ihm seit 1795, die objektive Kunst erneuert einzuführen und die dritte Periode der Bildung zu inaugurieren, in der die objektive Theorie, die objektive Nachahmung und die objektive Kunst herrschen, ohne Leistungen und Reize der interessanten Kunst einbüßen zu müssen (SA 355). 1795 war „die Zeit [...] für eine wichtige Revolution der ästhetischen Bildung *reif*. Was sich jetzt nur erraten läßt, wird man künftig bestimmt wissen: daß in diesem wichtigen Augenblick unter andern großen Krisen, auch das Los der echten schönen Kunst auf der Waage des Schicksals entschieden wird" (SA 356). Der Augenblick scheint, wie das nun mal so mit dem Kairos ist, gefährlich, aber auch ‚günstig' zu sein. Lässt er sich nutzen, „so werden die Griechen und Römer nicht umsonst gelebt haben" (Wert 639). Friedrich Schlegel tauscht oft den Begriff der Revolution gegen denjenigen der Tragödie aus.[202] Novalis verglich frühromantische Fragmente einmal mit den Plakaten, die man im revolutionären Paris aufgehängt hatte.[203]

---

201 Adam Müller, „Prolegomena einer Kunst-Philosophie", *Kritische, ästhetische und philosophische Schriften*, Bd. 2, 174.

202 Vgl. KA II 187 [138], 205 [424], 206 [426], 207 [251], KA VIII 602, KA VIII 390.

203 Ralph-Rainer Wuthenow, „‚Echte revoluzionäre Affichen'? Zu den Fragmenten von Friedrich von Hardenberg", Karol Sauerland (Hg.), *Das Subversive in der Literatur, die Literatur als das Subversive* (Toruń: Wydawnictwo Uniwiersytetu Mikołaja Kopernika, 1997), 27-38.

Sie müssen wohl zur Aufführung der zurückgewonnenen Tragödie eingeladen haben.

Wer die Dichtung erneuern will, der muss laut dem jungen Friedrich Schlegel „nach einer *doppelten* Richtung“ forschen: „rückwärts nach dem ersten *Ursprunge* ihrer Entstehung und Entwicklung; vorwärts nach dem letzten *Ziele* ihrer Fortschreitung. Vielleicht gelingt es uns auf diesem Wege, ihre Geschichte vollständig zu erklären und nicht nur den *Grund*, sondern auch den *Zweck* ihres Charakters befriedigend zu deduzieren“ (SA 229). In der Sprache von Kants Philosophie wird hier gesagt, dass die Ästhetik, die sich den tragischen Chronotopos aneignet, das Reich der natürlichen Notwendigkeit mit dem Reich der ethischen Freiheit verbindet. Seinsgründe und deontologische Zwecke werden in einer neuen Einheit berücksichtigt. Die beiden Reiche zu versöhnen heißt aber eine objektive Tragödie aufzuführen, weil die griechische Tragödie als die einzige Form in der Geschichte die absolute Darstellung der Versöhnung von Freiheit und Notwendigkeit abbilden und bilden konnte. Friedrich Schlegel weist zwei Wege zur erlösenden Katastrophe: Man könnte erstens die Form der neueren interessanten Poesie sozusagen bis zum Schock steigern. Diesen Weg haben die Avantgardisten beschritten oder populäre postmodernistische Schriftsteller. Der zweite, eigentlich romantische Weg wäre die Steigerung des Inhaltes bis zur Philosophie (zur ‚vollendeten Geschichte‘), wie es Platon gemacht hat. Darum definiert oder entwirft Schlegel Romane als „sokratische Dialoge“ seiner Zeit (KA II 149 [26]), die dennoch auch eine dithyrambische Gattung sind (KA II 191 [165]). Durch die Steigerung des Philosophischen in den modernen Formen „wird die strebende Kraft, nachdem sie sich in Erzeugung einer übermäßigen Fülle des Interessanten erschöpft hat, sich gewaltsam ermannen, und zu Versuchen des Objektiven übergehen. Daher ist der echte Geschmack in unserm Zeitalter weder ein Geschenk der Natur noch eine Frucht der Bildung allein, sondern nur unter der Bedingung großer sittlicher Kraft und fester Selbständigkeit möglich“ (SA 254-255). Analoge Umwälzung des Interessanten ins Objektive rekurriert in der kritischen Tragödientheorie: so was passierte, als wir die Rückkehr der verdrängten Ökonomie bei Kant und Schlegel betrachteten. Der vollendete Gestalt-Wechsel findet im Rahmen des tragischen Chronotopos statt.

Die Steigerung der philosophischen Inhalte verformt die Tragödie, sodass sie zum Roman wird – so wie die Tragödie bei Platon in den Dialog verwandelt wurde – ohne des Netzes der absoluten Darstellung verlustig zu gehen. Die romantische Form κατ’ ἐξοχήν, der Roman, ist in der romantischen Kritik eine Wiedergeburt der Tragödie und nicht eine Fortsetzung des Epos unter Bedingungen des Bürgertums, wie es Hegel und die spätere

Literaturwissenschaft wollte, die den Roman meistens als eine epische und nicht tragische Gattung behandelte. Diesen romantischen Faden griffen nur György Lukács, die Russen Viačeslav Ivanov und Lev Pumpjanskij sowie ihr jüngerer Kollege Michail Bachtin auf – und nur, indem sie Dostoevskijs Romane als eine Fortsetzung der attischen Tragödie dar- und der epischen Tradition gegenüberstellten, die andere Schriftsteller, etwa Lev Tolstoj, weiterentwickelt hätten.[204] Zwar schreibt Ernst Behler, der Herausgeber der Schriften Schlegels, über die Tragödie: „Während der Periode des Athenäums tritt diese Gattung dann auffallend in den Hintergrund."[205] Aber diese zweifellos wahre Feststellung muss um die Beobachtung ergänzt werden, dass diese Periode sehr kurz ist, da 1797 der *Studium*-Aufsatz und 1800 *Gespräch über die Poesie* erscheinen, wo die griechische Tragödie die Hauptrolle spielt und auf eine *organische* Weise identisch mit dem Roman erscheint. Die griechische Tragödie verhielt sich in der fraglichen Periode vornehmlich aus politischen Gründen im Schatten. Das erhabene Schauspiel ist nur „einemmale und gleichsam von selbst, durch bloße Entwicklung der innern Lebenskraft" in einer solchen Umwelt entstanden, wo „in den Griechischen Verfassungen Republikanismus, in den Sitten Enthusiasmus und Weisheit, in den Wissenschaften, statt der mythischen Anordnung der Fantasie logischer und systematisierender Zusammenhang" herrschten (SA 286). In Schlegels Fragmenten wird die dramatische Form immer wieder mit der Demokratie und dem Zusammentreffen der Menschen, die über sich selbst entscheiden, assoziiert. Schlegel spricht von „reiner Freude am Sprechen und Sprechen lassen" (KA II 168 [17]), aus der das Drama entspringe, oder über die intellektuelle Anschauung der Freundschaft (KA II 226 [342]). Die griechische Tragödie ist eine durchaus politische Form und die Griechen waren in dem Grade politisch, wie die Modernen theologisch eingestimmt sind (also ohne Rest). Die korrektive Rolle der Tragödie in der Moderne bestehe dann darin, „eine andere praktische Geistestätigkeit, wie sie in neueren Zeiten auf diese Weise nicht mehr existiert", wiederzubeleben und d.h. eine Politik, „die ganz aus der republikanischen Verfassung, wo jeder Bürger sich als Teil des Staates betrachtete und über alles räsonierte,

---

204 Vgl. Andrej Belyj, *Tragedija tvorčestva. Dostoevskij i Tolstoj* (Moskva: Musaget, 1911); Oksana Kravčenko, „Koncepcija ‚romana-tragedii': polemika M. Bachtina s Vjač. Ivanovym", *Novyj filologičeskij vestnik* 2011, 1 (16), 120-128; Ilya Kliger, „Dostoevsky and the Novel-Tragedy: Genre and Modernity in Ivanov, Pumpyansky, and Bakhtin", *PMLA* 2011, 1(126), 73-87; Helen Muchnic, „The Concept of Tragedy in Russian and Soviet Literature", *Russian Review* 1964, 1(23), 25-34; Konstantin Frumkin, „Russkaja koncepcija tragedii", *Topos. Literaturno-filosofskij žurnal* (30.11.2010), http://www.topos.ru/article/7472 [Zugriff: 5.10.2018].

205 Ernst Behler, „Die Theorie der Tragödie in der deutschen Frühromantik", Richard Brinkmann (Hg.), *Romantik in Deutschland* (Stuttgart: Metzler, 1978), 572-83.

entsprang“ (Zeitalter 55). Diese organische „Verfassung machte die Griechen durchaus zu einem politisierenden und rhetorischen Volk. Der erste und vorzüglichste Gegenstand ihres Nachdenkens war Politik“ und sie „gab allem, der Poesie und Geschichte, besonders aber der Philosophie, einen eigentümlichen Charakter – so wie in neueren Zeiten, insofern schon im Christentum ein Keim zum Spekulieren liegt, religiöse Spekulation sich über alles verbreitete“ (Zeitalter 55). Der kommende Roman würde aus der Veredlung des tragischen Inhalts mit der Philosophie entstehen, die politisch ist, genauer gesagt aus der Veredlung eines solchen tragischen Inhalts, der seinerseits aus der Verbindung lyrischer und rhetorischer Elemente entstand (AW 73), wobei die Rhetorik in der Politik und dem Rechtwesen zuhause ist.

Dass *Wilhelm Meisters Lehrjahre* den Romantikern als eine Wiederbelebung der alten Tragödie galt, gerät im Zusammenhang der politischen Wirkung seiner Form zum Vorschein. In der Charakteristik *Über Goethes Meister* erkannte Friedrich Schlegel in Goethes Roman das tragische und politische Ideal der Repräsentation (Selbstpräsentation) wieder: „Wir sehen nun klar, dass es“ – das Werk – „nicht bloß, was wir Theater oder Poesie nennen, sondern das große Schauspiel der Menschheit selbst und die Kunst aller Künste, die Kunst zu leben, umfassen soll.“[206] *Wilhelm Meisters Lehrjahre* formt die Tragödie auf eine doppelte Art um.[207] Der Roman umfasst erstens das Theater und die Reflexion über das Theater, indem er von Schauspielern erzählt, die ihre Kunst aus vollem Halse reflektieren. Überdies stellt sich in den zwei letzten Büchern heraus, dass das ganze Leben der Schauspieler eine Inszenierung war, die von der Turmgesellschaft durchgeführt wurde. Nochmals hängt die bildende Kraft der Kunst für das Leben mit der Vermehrung der Erzählniveaus, Rekursion, *mise en abyme* zusammen. Darüber hinaus sah Schlegel in diesem Roman zu der Zeit seiner Goethe-Faszination die architektonischen Merkmale des absolut Schönen, die der Tragödie im Studium-Aufsatz zugeschrieben worden waren. In Goethes Roman, hinter den verschiedenen Begebenheiten des Sachgehalts, fand Schlegel die absolute Darstellung, den Wahrheitsgehalt: „Jeder notwendige Teil des einen und unteilbaren Romans wird ein System für sich. Die Mittel der Verknüpfung und der Fortschreitung sind ungefähr überall

206 KA II 143, vgl. „Die Konstitution betrifft die *Form der Fiktion* und die *Form der Repräsentation*. Im Republikanismus gibt es zwar nur ein Prinzip der politischen Fiktion, aber *zwei* verschiedene *Direktionen* des einen Prinzips, und in ihrer größten möglichen Divergenz nicht sowohl zwei reine Arten, als zwei entgegengesetzte *Extreme* der republikanischen Konstitution: die *aristokratische*, und die *demokratische*“ (KA VII 18-19).

207 Ilya Kliger, „Dostoevsky and the Novel-Tragedy, 76: „[Viačeslav] Ivanov's accounts of the rise of the novel and the end of tragedy link the two genres like a Mobius strip, a one-sided figure creating the illusion of having two sides.“

dieselben" (KA II 135). Die Form weist alle Merkmale des Organischen und des anwendbaren Schönen auf.

Als die absolute Darstellung verbindet der Roman die natürliche Notwendigkeit mit der übernatürlichen Freiheit, wie es ursprünglich und originell die griechische Tragödie gemacht habe, doch mit einem wichtigen Unterschied: Der Roman verkündet im klaren Text, dass diese Versöhnung eine ökonomische Natur hat. Die tragische Bildung des Bildungsromans, die die ganze Gattung nobilitierte, rekonstruiert Adam Müller, der Nationalökonom der Deutschen, umfangreich: *Wilhelm Meister* schaffe neue Bedürfnisse und Genüsse, indem der Roman die Entwicklung der tragischen Handlung wiederhole. Am Anfang lesen wir ein Gedicht, wo „die himmlische Poesie und das schmutzige, irdische Gewerbe, die schöne Freiheit des inneren Lebens und die widrigen Schranken der Außenwelt" gegenübergestellt wurden (DW 54). Die ganze Narration arbeitet daraufhin, diese beiden zu vermitteln. Die Freiheit des Heros wird mit der Außenwelt ausgesöhnt, genauso wie die Dichtung mit der Nationalökonomie. Im Gegensatz zu Hegels Tragödientheorie setzten die Romantiker alles auf die Relation des Heros mit der Umwelt. Für Hegel ist der Heros eine Art Verkörperung seiner Umwelt, Adam Müller behauptet dagegen, „die große Versöhnung des äußeren mit dem inneren Leben" (DW 55) sei erst ein Endergebnis der ganzen Lehre Wilhelms. Das werdende Selbstbewusstsein, welches der Bildungsroman darstellt, erkennt die wirtschaftliche Welt als den Raum seiner freien dichterischen Tätigkeit an: „Wie menschlich, wie glücklich sind in Meisters Lehrjahren jene beiden Figuren, die dem Jüngling am ersten Scheidewege seines Lebens begegnen, die Ökonomie und die Poesie am Ende unter den Gestalten der Theresie und der Natalie einander genähert" (DW 57). Das größte philosophische Vorhaben der Frühromantiker – die Verbindung des unendlichen Realismus Spinozas mit Fichtes unendlichem Idealismus – deutet Müller unter dem Einfluss des Romans als etwas, das für diese Vermittlung von Ökonomie und Poesie ausgetauscht werden kann.[208] *Wilhelm Meister Lehrjahre* bleibt in dieser Hinsicht kein Einzelphänomen, sondern drückt am prägnantesten die Inhalte aus, die viele damalige Romane zu vermitteln versuchten, auch so hochtrabende wie *Hyperion*:

> Tausendmal hab ich in meiner Herzensfreude gelacht über die Menschen, die sich einbilden, ein erhabener Geist könne unmöglich wissen, wie man ein

208 DW 59: „Physische Notwendigkeit und moralische Freiheit, äußere Bedingung und innere Forderung, ja selbst der große Geschlechtsunterschied aller philosophischen Arbeiten, Realismus und Idealismus, sind nichts als verschiedene Formen des Streites, der unsern unmittelbaren Wirkungskreisen so nahe, der so menschlich und dennoch in so unendlicher Beziehung auf das Göttliche in *Meisters Lehrjahren* geschlichtet wird."

> Gemüse bereitet. Diotima konnte wohl zur rechten Zeit recht herzhaft von dem Feuerherde sprechen, und es ist gewiss nichts edler, als ein edles Mädchen, das die allwohltätige Flamme besorgt, und, ähnlich der Natur, die herzerfreuende Speise bereitet. (HW XI 649)

Diotima ist Theresie und Nathalie in einem. Nicht nur auf der inhaltlichen Ebene – durch seine ständige Beschäftigung mit der Ökonomie,[209] leitet sich der Roman von der griechischen Tragödie her. Die Potenzierung des Inhalts nötigt zu einer neuen Darstellungsart und im Roman heftet ebenfalls der Chronotopos die Ebenen des Darstellens und des Dargestellten zusammen. Friedrich Schlegel hört in *Wilhelm Meisters Lehrjahre* – einem Roman, der eine Zeitbezeichnung im Titel exponiert – einen strukturellen „Reim", eine „symmetrische Wiederkehr des Gleichen", die „tragische Wirkung" hat (KA I 163 [124]). In der zeitlichen Gestaltung des Romans kehrt das tragische Schicksal samt dem tragischen Chronotopos zurück: wie kann eigentlich das Gleiche und das Absolute immer wieder zurückkehren? Das ist ein Paradox, das die Änderung und Unbeweglichkeit, Forstschritt und Sprung verbindet. Die paradoxe Natur dieses Chronotopos entfaltet auch die spirale Zeitgestaltung von *Hyperion*.

In Anbetracht der politisch notwendigen Wiederbelebung der Tragödie sei es die dringendste Aufgabe des Augenblicks, eine Philosophie des Romans auszuarbeiten, die sowohl Kritik als auch Inhalt des Romans wäre. Der Schlussstein aller Kunstlehre wäre laut Schlegel diese „Philosophie des Romans, deren erste Grundlinien Platos politische Kunstlehre enthält" (KA II 207-208 [252]). Vor allem enthalten sie, so die Vermutung, die späten *Nomoi* (Die Rechte), wo in einer erzählerischen Form unter anderem – allem, was das Politische umfasst – ein dramatisches Gespräch über das Drama präsentiert wird. Das Fragment zielt darauf, die Frage zu beantworten, wie das Verhältnis zwischen der Politik und der Dramatik sei:

---

209 Albrecht Koschorke, *Wahrheit und Erfindung. Grundzüge einer Allgemeinen Erzähltheorie* (Frankfurt am Main: Fischer, 2012), S. 214: „Diese *Schulung des Möglichkeitssinns* setzt die Kariere des Romans als literarischer Gattung seit dem 18. Jahrhundert in Beziehung zur Entstehungsgeschichte der Wahrscheinlichkeitsrechnung und zum Possibilissmus der Ökonomik – einer Wissenschaft, die ohnehin in hohem Maß Anleihen an literarischen Fiktionen nimmt." Vgl. Rüdiger Campe, *Spiel der Wahrscheinlichkeit. Literatur und Berechnung zwischen Pascal und Kleist* (Göttingen: Wallstein, 2012); Elena Esposito, *Die Fiktion der wahrscheinlichen Realität* (Frankfurt am Main: Suhrkamp, 2007); Peter Schnyder, *Alea. Zähler und Erzählen im Zeichen des Glückspiels* (Göttingen: Wallstein, 2009).

> Wenn aber von den Dichtern der Tragödie in unseren Landen, die man ja als erste Dichtung zu bezeichnen pflegt, irgend welche in unsere Stadt kommen und die Anfrage an uns richten sollten: liebe Fremdlinge, dürfen wir eure Stadt und euer Gebiet betreten oder nicht? Und dürfen wir unsere Dichtungen einbringen und euch vorführen?

Und die Antwort der Bürger an die dramatischen Dichter lautet:

> ihr trefflichsten Fremdlinge, wir selbst sind Dichter eines Dramas welches, so weit wir vermögen, das schönste und beste werden soll. Unsere ganze Staatsverfassung besteht nämlich in der Nachahmung des schönsten und besten Lebens, und eine solche soll eben nach unsern Begriffen das wahrhafte Drama sein. So sind wir denn Beide Dichter in dem gleichen Fache, und ihr habt uns als Nebenbuhler in der Kunst und als Mitbewerber um den Preis des schönsten Dramas anzusehen. Ein solches ist nämlich allein eine wahrhafte Gesetzgebung ins Werk zu setzen geeignet, und wir sind der Hoffnung, dass sie uns dies leisten werde.[210]

Das ist der Urszene aller Diskurse über die gesellschaftlichen Rollen der Mitglieder von Gesellschaften und über das Theater des Alltags; die Romantiker lesen Platon ganz wortwörtlich (und versuchen ihre Gegenwart mit Platon-Übersetzungen zu beeinflussen). Der tragische Agon spielt sich bei Platon nicht nur zwischen den Dramen ab, sondern auch zwischen der dramatischen und der prosaischen Form. Die vom jungen Friedrich Schlegel postulierte absolute Gesetzgebung der Literaturkritik stammt genauso aus den *Nomoi* wie das Bild der absoluten Repräsentation bei Hobbes und des alle Rampen abschaffenden Volksfestes, des Spektakels der direktesten Demokratie. Jean-Jacques Rousseau konzipierte dieses letzte Bild wahrscheinlich unter dem Eindruck von Platons Schriften, als er seine Heimatrepublik vor dem institutionellen Theater bewahren wollte, das d'Alembert ihr andrehen wollte.[211] Rousseaus Bild hat

---

210 „Wähnet daher nicht, daß wir es euch je ohne Weiteres gestatten werden eure Schaubühnen auf unserem Markte aufzuschlagen und eure Schauspieler, die mit ihren schönen Stimmen die unsrigen übertönen würden, auftreten und öffentlich zu Knaben und Weibern und zum ganzen Volke reden und über dieselben Einrichtungen nicht die gleiche Ansicht wie wir verkündigen zu lassen, sondern meistens und in den meisten Dingen das gerade Gegenteil. Vielmehr müssten ja wohl wir und der ganze Staat vollständig von Sinnen sein, wenn wir euch dies Alles zu tun verstatteten und nicht vielmehr zuvor durch die Behörde prüfen ließen ob ihr Schickliches gedichtet habt und was sich ziemt öffentlich vorgetragen zu werden. Drum, ihr Söhne und Sprösslinge der schmeichelnden Musen, werden wir erst eure Gesänge neben den unsrigen unsern Staatshäuptern zur Prüfung übergeben, und erst wenn diese finden, daß die euren gleiche oder sogar noch bessere Grundsätze enthalten euch einen Chor zur Aufführung bewilligen, im entgegengesetzten Falle aber, liebe Freunde, werden wir dazu nicht vermögend sein" (Platon, *Nomoi*, übersetzt von F. Susemihl (Stuttgart: Metzler, 1862), 817 B).

211 Siehe das Entstehungszusammenhang-Kapitel.

die Einbildungskraft von Revolutionären aus Frankreich und Wissenschaftlern aus der ganzen Welt, die von einer theatralischen Gegenkultur träumten, heimgesucht. Es reicht aus, das letzte Denkbild von Benjamins *Einbahnstraße* zu lesen, um sich davon zu überzeugen.[212] Erinnern wir an die unheimlichen Worte Rousseaus:

> Wie? Soll es in einer Republik denn gar kein öffentliches Schauspiel geben? Im Gegenteil, man braucht sogar viele. In den Republiken wurde das Schauspiel geboren, in ihrem Schoß sieht man es wahrhaft festlich blühen. [...] In frischer Luft und unter freiem Himmel sollt ihr euch versammeln und dem Gefühl eures Glücks euch überlassen. [...] Was werden aber schließlich die Gegenstände dieses Schauspiels sein? Was wird es zeigen? Nichts, wenn man will. Mit der Freiheit herrscht überall, wo viele Menschen zusammenkommen, auch die Freude. Pflanzt in der Mitte eines Platzes einen mit Blumen bekränzten Baum auf, versammelt dort das Volk, und ihr werdet ein Fest haben. Oder noch besser: stellt die Zuschauer zur Schau, macht sie selbst zu Darstellern, sorgt dafür, dass ein jeder sich im andern erkennt und liebt, dass alle besser miteinander verbunden sind. Ich brauche mich nicht auf die alten Griechen zu berufen, es gibt neuere, es leben noch heute welche, und ich finde sie mitten unter uns.[213]

Bei Rousseau herrscht die Menge (*affluence*) selbst und darum herrscht die Freude, der Genuss, aber auch der Wohlstand (*bien-être*): *Avec la liberté, partout où régne l'affluence, le bien-être y régne aussi.*[214] Adam Müller, dem *le bien-être* der Deutschen am Herzen lag, hat die platonische Philosophie der Prosa und Politik mit entwaffnender Einfalt umformuliert:

> Demnach müssen wir der Zukunft Menschen bilden, die frei sind wie ein Werk der Poesie; die sich selbst gefallen, die sich in sich selbst spiegeln, die gefühlt werden, wo nur Sinn für die Schönheit lebt, die verstanden werden, so weit ihre Sprache gesprochen wird – alles wie ein deutsches Gedicht. (IS 110)

Die Kunst, insofern sie kritisch gesteigert und reflexiv ist, verhilft dem Menschen aktiv zu werden, so aktiv, wie es die Helden des Dramas sind, deren ganze Existenz Wirken und Leiden ist. „Das war der erhabene Grundgedanke der Briefe über die ästhetische Erziehung der Menschheit von Schiller; jene Schönheit der menschlichen Natur zur Vermittlerin zu machen zwischen den Gedanken und Taten" (IS 104).

---

212 Benjamin, *Gesammelte Schriften*, Bd. 4, 146-148.

213 Jean-Jacques Rousseau, *Schriften*, Bd. 1, 462-463. Das französische Original zitiere ich im Entstehungszusammenhang-Kapitel.

214 Jean-Jacques Rousseau, *Oeuvres complètes* (Paris: Pléiade, 1995), Bd. 5, S. 115.

Die politische Tätigkeit begreifen die Romantiker als Repräsentation oder, genauer gesagt, als eine reflexive Selbstdarstellung. Die absolute Darstellung erzeugt das Dargestellte; sie erzieht das Publikum, indem sie es erzeugt und zeigt. Wie Thomas Hobbes zuvor und Kierkegaard später – der aus der Perspektive des 20. Jahrhunderts als der einflussreichte Philosoph der Politik seines Jahrhunderts gelten kann (nicht muss, aber kann) – behaupten die Romantiker, dass ein wahrer Signifikant ein Mensch sein muss, der für eine Gruppe steht; der vollkommene Repräsentant eines solchen menschlichen Repräsentanten wiederum ist Christus, der signifikante Signifikant.[215] Solch ein ideeller Repräsentant des Polentums war in Jules Michelets Augen Mickiewicz; Mickiewicz träumte von einen fühlenden, vom Pathos ergriffenen Repräsentanten, der für alle Völker stehen und sie in die messianische Zukunft führen würde. Die politisch-theologische Repräsentation liegt laut den Romantikern allen Zeichenrelationen zugrunde: außerhalb der Gesellschaft, die sich durch die politische Repräsentation bildet, gibt es keine Kommunikation und folgerichtig keine Zeichen.[216] Ein Mensch muss also zum Zeichen werden, wenn er auf andere wirken will. Ein Subjekt wird wirksam, indem es ein Zeichen für andere Zeichen wird; die Psychoanalyse beschäftigt sich mit genau dieser Art von Wirksamkeit und nicht umsonst bringt sie diese semiotische Wirksamkeit mit dem Leib oder Körper in Verbindung, sodass sich dem Verweis das Begehren beigesellt. Im ideellen System der Bedürfnisse und Befriedigungen begehren sich und kommunizieren alle mit allen, indem sie den Sinn für einen freien Genuss des Lebens (der Anderen) entwickeln. *Habeam corpus* gilt als der stiftende Akt der europäischen Vergesellschaftlichung, die durch gegenseitige Anerkennung der Freiheit des Anderen zustande kommt.

---

215 Siehe Novalis, *Schriften*, Bd. 2, 486-487 [Glauben und Liebe 15]. Die aktuelle Philosophie der Politik stellt fest, dass Anonymität die auffallendste Eigenschaft der modernen liberalen Demokratie ist (Pierre Rosanvallon, *Le Bon gouvernement*, Paris: Le Seuil, 2015).

216 Neben Skinners Lektüre von Hobbes Philosophie, die ich ausführlich im Hegel-Kapitel besprochen habe, siehe auch die Diskussion über den Unterschied zwischen *multitude* und *people*; nur *the people* ist eine Seite der (politisch) ursprünglichen Relation der Repräsentation und kann als eine Seite der Repräsentation wirken, agieren, spielen, to act. „A *people* is a *single* entity, with a *single will*; you can attribute *an act* to it. None of this can be said of a crowd. In every commonwealth the *People* Reigns; for even in Monarchies the *People* excercises power [*imperat*]; for the *people* wills through the will of *one man.* But the citizens, i.e. the subjects, are a *crowd.* In a *Democracy* and in an *Aristocracy* the citizens are a *crowd*, but the council is the *people*; in a *Monarchy* the subjects are a *crowd*, and (paradoxically) the King is the *people*" (*De Cive* XII.8, Hobbes, *On the Citizen*, übersetzt von Richard Tuck, Michael Silverthorne (Cambridge: CUP, 1998)). Vgl. Omar Atroga, „Hobbes's Concept of Multitude", *Hobbes Studies*, 2011 1(24), 5-14. Philip Pettit, *Made with Words: Hobbes on Language, Mind, and Politics* (Princeton, Oxford: PUP, 2009), 157-163.

Das ursprüngliche Zeichen ist laut Fichte der Leib: „Repräsentant des Ichs in der Sinnenwelt" – wie er ihn nennt.[217] Und wenn Fichte in der *Bestimmung des Gelehrten* behauptet, der Zweck aller Regierung sei, die Regierung überflüssig zu machen,[218] so impliziert er damit, dass alle Mitglieder der Gesellschaft sich selbst körperlich repräsentieren sollen und damit tätig werden. Für einen wesentlichen Unterschied zwischen der Regierung und dem Volk gibt es in der absoluten Darstellung keinen Platz. Hier ist der Marxsche Topos des Sich-Erübrigens der Partei und sogar des politischen Staates nach der gelungenen Revolution angesagt, verkündet, gebildet.[219] Wie man selbstständig bleiben und zugleich ohne Rest dem Ganzen der politischen Repräsentation angehören kann, lernt man aus der organischen Kunstlehre. Darum postuliert Adam Müller, eine konträre Position zum reifen Hegel einnehmend,[220] dass der Staat nach Gesetzen der Kunst gestaltet sein soll: „Es ist in der Staatskunst letztes uns höchstes Ziel, das was sie Schönheit nenne: und dass mein Begriff von der Schönheit auf die Staatskunst, welche ernst und notwendig in allen ihren Teilen erscheint, so gut passt, als auf die s. g. redenden und bildenden Künste, welche spielender und freier erscheinen, dies ist seine Probe" (IS 82). Kant schrieb: „Empirisch interessiert das Schöne nur in der Gesellschaft";[221] die Romantiker parodierten Kant: Absolut interessiert die Gesellschaft nur vom ästhetischen Standpunkt aus. Wenn der Mensch tätig unter Menschen auftritt, repräsentiert er sich – körperlich und gesellschaftlich. Die Nation muss sich auf der Weltbühne und der Theaterbühne repräsentieren, sonst zählt sie unter den Nationen nicht.

217 Johann Gottlieb Fichte, *Grundlage des Naturrechts* [1798], *Gesamtausgabe*, Bd. 3, 405. Diese Feststellung wiederholte Fichte nach etlichen Jahren in den Berliner Vorlesungen zur Rechtslehre: Johann Gottlieb Fichte, *Die späten wissenschaftlichen Vorlesungen: Vorlesungen über die Bestimmung des Gelehrten 1811, Rechtslehre 1812, Sittenlehre 1812*, hg. von Hans Georg von Manz et al. (Stuttgart, Bad-Cannstatt: Fromann-Holzboog, 2012), 107.

218 Johann Gottlieb Fichte, *Einige Vorlesungen über die Bestimmung des Gelehrten* [1794], *Werke*, Bd. 6, 306.

219 Karl Marx, *Ökonomisch-philosophische Manuskripte*, 533.

220 Während Hegel den Abstand von Modell (Kunstwerk) und Wirklichkeit (real bestehender Staat) betont, konzentriert sich Moritz auf die Möglichkeit der sinnlichen Erfahrung: „wir [können] z. B. mit dem Begriff vom Staat, ob derselbe gleich ein für sich bestehendes Ganze ist, dennoch den Begriff der Schönheit nicht wohl verknüpfen können, indem derselbe in seinem ganzen Umfange, weder in unseren äußeren Sinn fällt, noch von der Einbildungskraft umfasst, sondern bloß von unserem Verstande gedacht werden kann" (Karl Philipp Moritz, *Über die bildende Nachahmung des Schönen* (Braunschweig: Schul, 1788), 16).

221 Kant, *Kritik der Urteilskraft*, 296 [§ 41].

Den König der Neuzeit nannte Novalis einen „zum irdischen Fatum erhobenen Menschen".[222] Bei Adam Müller stellt sich heraus, dass der tragische Chronotopos sich nur in einer solchen Fiktion aktualisiert, die Demokratie mit der Monarchie verbindet. Die Konstruktion der Tragödie ist zwar eine Mischung aus Monarchie und Republikanismus, Adam Müller würde dennoch diese Theorien der Tragödie unterstützen, die behaupteten, dass die tragische Handlung eine Kritik der Monarchie zum Ausdruck bringt, ja den Übergang von der Monarchie zur Demokratie rechtfertigt:[223] „anfangs ragt in der langsamer schreitenden Handlung der Held allein hervor: [...] alles fängt nun [an], republikanisch zu gelten, die Handlungen, die Begebenheiten drängen sich, bis der Held siegt oder untergeht" (DP 156). Sein Traumdrama wäre jedoch eine vollkommene Verbindung der eher monarchistischen Tragödie mit der offeneren und demokratischeren Form der Komödie (DP 157, 244). Es fügt sich gut zusammen, dass die Urszene der politischen Metadramatik, die aus Platons *Nomoi*, dem aus Platons Sicht zweitbesten Staat gewidmet wurde, nämlich der Mischung aus Monarchie und Demokratie, da diese zweitbeste Verfassung für die Romantiker die allerbeste ist. Novalis pries diese Verfassung als *non plus ultra* der politischen Repräsentation hoch: „kein König ohne Republik, und keine Republik [kann] ohne König bestehen, dass beide so untrennbar sind, wie Körper und Seele, und dass ein König ohne Republik, und eine Republik ohne König, nur Worte ohne Bedeutung sind. [...] Der echte König wird Republik, die echte Republik König sein."[224] Der Einzige repräsentiert alle, die Menge repräsentiert dagegen – gleichartig wie im neuplatonischen Weltbild alles Zerstreute das Eine repräsentiert und sich nach dem Einen sehnt – den Einzigen. Der König steht für die absolute Freiheit der Entscheidung, das Volk für die Kontinuität der Bedingtheit oder für die Gefangennahme des Menschen durch die Zeit und in der Zeit; so wiederholt sich organisch die Konstruktion der Tragödie in der Konstruktion der idealen politischen Repräsentation, die nichts anderes als sich selbst präsentiert und damit den unendlichen Genuss bereitet. Nur in diesem Zusammenhang wird es verständlich, wie Mickiewicz den absoluten Republikanismus der Völker von einem charismatischen Heiland abhängig machen konnte. Dieselbe Verbindung von Republikanismus und absoluter Monarchie, Sozialismus und Bonapartismus kann man in der Darstellungsweise von Mickiewicz' Lieblingsroman *Wilhelms Meisters*

222 Novalis, *Schriften*, Bd. 2, 488 [Glauben und Liebe, § 18].

223 AW 64: „bei ihrem republikanischen Geiste gehörte für sie zur Vollständigkeit einer Handlung auch deren Öffentlichkeit ... republikanisierten sie gewissermaßen jene Heldenfamilien dadurch, dass sie bei ihren Verhandlungen entweder Älteste aus dem Volk oder andere Personen, die etwas Ähnliches vorstellen konnten, gegenwärtig ließen."

224 Novalis, *Schriften*, Bd. 2, 489 [22, siehe auch 18].

Lehrjahren beobachten. Friedrich Schlegel schreibt, auf Kants kategorischen Imperativ anspielend, über den Roman: „Wie ein gebildeter Mensch nicht bloß Zweck sondern auch Mittel ist für sich und für andre, so sollten auch im gebildeten Gedicht alle zugleich Zweck und Mittel sein. Die Verfassung sei republikanisch, wobei immer erlaubt bleibt, daß einige Teile aktiv, andre passiv seien" (KA II 183 [118]). Bei Heinrich Heine beweist genau diese Vollkommenheit des vollkommenen Republikanismus, der in Goethes Roman herrscht, dass in dieser Republik ein absoluter Monarch herrscht. Heine fängt mit der Feststellung an, dass in der republikanischen Form des Romans alle Bestandteile gleichberechtigt und mündig sind:

> Goethes größtes Verdienst ist eben die Vollendung alles dessen, was er darstellt; da gibt es keine Partien, die stark sind, während andere schwach, da ist kein Teil ausgemalt, während der andere nur skizziert worden, da gibt es keine Verlegenheiten, kein herkömmliches Füllwerk, keine Vorliebe für Einzelheiten. Jede Person in seinen Romanen und Dramen behandelt er, wo sie vorkommt, als wäre sie die Hauptperson. So ist es auch bei Homer, so bei Shakespeare. In den Werken aller großen Dichter gibt es eigentlich gar keine Nebenpersonen, jede Figur ist Hauptperson an ihrer Stelle.

Und genau dieses Demokratischste ist das Monarchischste:

> Solche Dichter gleichen den absoluten Fürsten, die den Menschen keinen selbständigen Wert beimessen, sondern ihnen selber, nach eigenem Gutdünken, ihre höchste Geltung zuerkennen. Als ein französischer Gesandter einst gegen den Kaiser Paul von Russland erwähnte, dass ein wichtiger Mann seines Reiches sich für irgendeine Sache interessiere, da fiel ihm der Kaiser streng in die Rede, mit den merkwürdigen Worten: „Es gibt in diesem Reiche keinen wichtigen Mann außer denjenigen, mit welchem Ich eben spreche, und nur solange Ich mit ihm spreche, ist er wichtig." Ein absoluter Dichter, der ebenfalls seine Macht von Gottes Gnade erhalten hat, betrachtet in gleicher Weise diejenige Person seines Geisterreichs als die wichtigste, die er eben sprechen lässt, die eben unter seine Feder geraten, und aus solchem Kunstdespotismus entsteht jene wunderbare Vollendung der kleinsten Figuren in den Werken Homers, Shakespeares und Goethes.[225]

Die absolute Diktatur fällt mit der absoluten Demokratie zusammen – die Ästhetik zeigt es noch deutlicher denn die Tagespolitik. Diese soll von jenen lernen.

225 Heine, *Werke und Briefe*, Bd. 3, 399.

7.9.5. *Geld werden (der romantische Schein)*

Das Kapitel schließe ich mit der Rekonstruktion des ‚dramatischen Besitzes' ab, sprich eines romantischen Models der Beziehung zwischen Menschen und Dingen, das sich durch die Möglichkeit eines Rollenaustausches auszeichnet. Nicht nur die Beziehungen unter den Menschen, sondern auch diejenigen zwischen Menschen und Dingen sowie zwischen Dingen untereinander werden in die Form des *dramatischen* Austausches eingeschrieben. Das Drama – seine Naturform oder sein Urphänomen – möchte ich dabei minimalistisch als eine Gestalt definieren, die eine durch aufeinander bezogene Aussagen von Protagonisten geschaffene Welt enthält und im Gange der Aufführung entfaltet. Die innere Dynamik dieser Gestalt, kraft derer sie sich im Zeitraum auffächert, entspringt der Zweiteilung der durch die Sprechakte geschaffenen Welt in die Sphäre des menschlichen, ethischen Handelns und die entfremdete, resistente Dingwelt, zuweilen auch als die äußere und die innere Natur aufgefasst. Die Struktur des dramatischen Konflikts des Menschen mit der Dingwelt stimmt mit dem Tragischen überein, das laut den Romantikern eine Konfrontation der menschlichen Freiheit mit dem Fatum (etwas Allzumenschlichem und Unmenschlichem zugleich) darstellt.

Prototypisch und sehr früh – in *Über das Studium der griechischen Poesie* (1795-1797) – formulierte Friedrich Schlegel diesen Topos, dass die Tragödie die Beziehungen von den Menschen untereinander und mit den Dingen modelliert, und zwar als eine Art Zweikampf zwischen dem Subjekt und seinem entfremdeten Produkt. Die griechische Tragödie drücke am klarsten das politische und ästhetische Wesen[226] der griechischen – der für alle Epochen gültigen – Bildung aus. Ich widerhole das Zitat aus der Vorrede zum Studium-Aufsatz: „Denn wie nach der Meinung des Platonischen Sokrates, was sittliche Vollkommenheit eigentlich sei, in der größern Masse des Staats sichtbarer ist, als im einzelnen Menschen: so sind die Bildungsgesetze der Griechischen Kunstgeschichte in der Attischen Tragödie, wenn ich mich so ausdrücken darf, mit größerer Schrift ausgeprägt" (SA 2015). Die Bildung ihrerseits bestehe im ständigen Fortschreiten der Freiheit durch den Konflikt zwischen Freiheit und Notwendigkeit, Menschheit und Natur: „*Bildung* oder Entwicklung der Freiheit ist die notwendige Folge alles menschlichen Tuns und Leidens, das endliche Resultat jeder Wechselwirkung der Freiheit und der Natur" (SA 230). Besonders folgenreich – „verhängnisvoll" möchte man fast schreiben – ist die Überlappung von Natur und Schicksal:

---

226 Christian Kirchmeier, „Einleitung", *Athenäum: Jahrbuch der Friedrich-Schlegel-Gesellschaft* 2018, Sonderheft: *Das Politische des romantischen Dramas*, hg. von Christian Kirchmeier, 1-23.

> So wie der Mensch ins Dasein tritt, wird er mit dem Schicksal gleichsam handgemein, und sein ganzes Leben ist ein steter *Kampf* auf Leben und Tod mit der furchtbaren Macht, deren Armen er nie entfliehen kann. Innig umschließt sie ihn von allen Seiten und läßt keinen Augenblick von ihm ab. Man könnte die Geschichte der Menschheit, welche die notwendige Genesis und Progression der menschlichen Bildung charakterisiert, mit militärischen Annalen vergleichen. Sie ist der treue Bericht von dem Kriege der Menschheit und des Schicksals. (SA 229-230)

Nicht nur wird der Natur infolge der Gleichsetzung mit dem Fatum sozusagen eine Intention zugeschrieben, und zwar eine kriegerische, sodass sie zwischen dem Allgemeinen, Gesetzmäßigen und dem Jemeinigen, Individuellen schwebt; sie präsentiert sich darüber hinaus als etwas im endgültigen Triumph der Freiheit, nach dem die Bildung strebt, Aufzuhebendes. Die Tragödientheorie der Wende ins neunzehnte Jahrhundert setzt sich tatsächlich mit beiden Themata auseinander: Hölderlin behauptet, dass das Unglück des Ödipus seinen Ursprung in einer Verwechslung der allgemeinen Sentenz des Orakels nahm, das sich generell zur guten Regierung äußerte, mit einer Aufforderung, in einer bestimmten Situation bestimmte Maßnahmen zu ergreifen. Ödipus deute nämlich den hermetischen Orakelspruch,[227] der „Richtet, allgemein, ein streng und rein Gericht, haltet gute bürgerliche Ordnung“ (HW XVI 252) bedeuten kann, in einer allzu spezifischen („geht ins besondere“, XVI 252), ja auf eine „priesterliche“ (HW XVI 252) Art und Weise, sodass der Spruch plötzlich zu besagen beginnt, dass die Stadt vom Makel des Mörders des Lajos gereinigt werden solle: „So wird der Orakelspruch und die nicht notwendig darunter gehörige Geschichte von Lajos’ Tode zusammengebracht“ schreibt Hölderlin (HW XVI 252). Hölderlin liest also die Tragödie von Sophokles als eine der hermeneutischen ‚Anwendung‘ des Allgemeingültigen auf eine Einzelsituation, gerade als Schleiermacher in Berlin die moderne Hermeneutik entwickelt. Schelling stellt hingegen in seinem 10. Brief über den Dogmatismus und den Kritizismus fest, dass die einzige Möglichkeit für die menschliche Freiheit, sich in dieser durchaus determinierten Welt zu offenbaren, darin besteht, das objektiv Bestehende als die eigene Schuld, das eigene Erzeugnis anzuerkennen.[228] Was aber den Leser beseelt, ist die Ähnlichkeit zwischen Schlegels ‚Bildung‘ und Marx ‚Arbeit‘, währenddessen sich der Mensch im ständigen Kampf mit der Natur als Gattungswesen bildet: „Die

227 „Geboten hat uns Phöbos klar, der König,/ Man soll des Landes Schmach, auf diesem Grund genährt,/ Verfolgen, nicht unheilbares ernähren“ (HW XVI: 89).

228 Friedrich Wilhelm Joseph Schelling, „Philosophische Briefe über Dogmatismus und Kriticismus“, *Historisch-Kritische Ausgabe*, hg. von Michael Baumgartner et al. (Stuttgart: Frommann-Holzboog, 1982), Bd. 3, 106-107.

Arbeit ist zunächst ein Prozeß zwischen Mensch und Natur, ein Prozeß, worin der Mensch seinen Stoffwechsel mit der Natur durch seine eigne Tat vermittelt, regelt und kontrolliert. Er tritt dem Naturstoff selbst als eine Naturmacht gegenüber. Die seiner Leiblichkeit angehörigen Naturkräfte, Arme und Beine, Kopf und Hand, setzt er in Bewegung, um sich den Naturstoff in einer für sein eignes Leben brauchbaren Form anzueignen. Indem er durch diese Bewegung auf die Natur außer ihm wirkt und sie verändert, verändert er zugleich seine eigne Natur."[229]

In der Tragödientheorie nach Kant, der dem Idealismus und der Romantik die Aufgabe auferlegte, in der Ästhetik Freiheit und Determinismus zu vereinbaren, in der kritischen Tragödientheorie also, zu der ich auch die dem objektiven Geist gewidmeten Passagen von Hegels *Phänomenologie des Geistes* rechne, sind die Ansätze der späteren großen Gedanken der kritischen Theorie vorhanden und zuhanden: die Geschichte der Menschheit als ein Kampf mit der inneren und äußeren Natur, der in unterschiedlichen angewandten (partikulären) Bewusstseinsformen seinen Ausdruck findet, sowie die Freiheit, verstanden als ein Einblick in die Notwendigkeit bzw. die bewusstgewordene Notwendigkeit. Der spezifische Beitrag der Romantik, so meine These, bestünde in der Theorie des Dings und des ‚dramatischen' Besitzes. Ein Prototyp des Dings wäre dabei für die Romantik die Ware: das vom Menschen geschaffene und ihm entfremdete Ding, das sein eigenes Leben führt und den Menschen in die Dingwelt verführt.

Im Folgenden möchte ich zeigen, wie bei Adam Müller – dem Hauptvertreter der politischen und ökonomischen Romantik und dem angesehenen Autor der Vortragsreihe *Über die dramatische Kunst* – sich das erste Mal das mächtigste Modell der kritischen Theorie mit Blick auf ihre Erklärungskraft und Verbreitung entwickelt wird; Müller begreift die Warenwirtschaft in der Gestalt des Warenfetischismus, der das Leben des ‚geselligen' Menschen entstellt. Die Identifizierung des Menschen mit dem Geld, vor allem mit seinem ‚geselligen Wert', wird von Müller als Gegenteil des Warenfetischismus gesetzt (den Begriff selbst benutzt er nicht, aber er – wie ich gegen Ende zeigen werde – paraphrasiert ihn, Marx' Ausführungen vorwegnehmend). Romantikern und Post-Romantikern zufolge, unter anderen Heinrich Heine und Karl Marx, befreit die Revolution den Menschen aus der Verdinglichung. Die Revolution wagt daher den gleichen „Sprung der Menschheit aus dem Reich der Notwendigkeit in das Reich der Freiheit",[230] auf den die griechische (laut Friedrich

229 Marx, *Das Kapital*, Marx, Engels, *Werke*, Bd. 23, 192.

230 Engels, *Die Entwicklung des Sozialismus von der Utopie zur Wissenschaft*, Marx, Engels, *Werke*, Bd. 19, 226.

Schlegel „objektive") Tragödie in der post-kantischen Theorie aus ist. Der junge Marx – und, wie ich gleich zeige, der alte ebenfalls – hing dem dramatischen Besitz an: „Der Mensch verliert sich nur dann nicht in seinem Gegenstand, wenn dieser ihm als menschlicher Gegenstand oder gegenständlicher Mensch wird. Dies ist nur möglich, indem er ihm als gesellschaftlicher Gegenstand und er selbst sich als gesellschaftliches Wesen, wie die Gesellschaft als Wesen für ihn in diesem Gegenstand wird."[231]

Das Kapital verbindet uns nicht nur mit der Vergangenheit, indem es als Effekt der Akkumulation erscheint, sondern auch miteinander – es steht für die potenzielle Befriedigung aller menschlichen Bedürfnisse, der hehren (geistigen) genauso gut wie der niedrigeren, der innigen und der geselligen. Ebenfalls sei der Staat seine eigene Gesichte und zugleich „das Bedürfnis aller Bedürfnisse des Herzens, des Geistes und des Leibes."[232] Was Adam Müller und andere Romantiker dazu veranlasst, ihr Theoretisieren über das Zeichen und das Theater auf das Gebiet der Nationalökonomie zu übertragen, sind die Begriffe des Bedürfnisses und der Befriedigung, welche den ganzen Menschen umfassen, sowie das Zeichen und das Kunstwerk sinnliche und ideelle Elemente vermittelt. Eben auf der Grundlage der dramatischen Kunst modellierte August Wilhelm Schlegel, der die Theorie der Bildung als Kampf der Freiheit mit der Natur/dem Schicksal implizit übernimmt, wie die Kunst den angeborenen menschlichen – sowohl den natürlichen als auch übernatürlichen – Bedürfnissen entspringt und entspricht, wobei die Tragödie die höchste, die befriedigendste Kunstform ist (AW 42, 63). Das Theater soll laut Adam Müller wie Goethes *Meister* zwischen dem Sacrum („Poesie") und dem Markt vermitteln: die Bedeutung der „Messe" sei nicht umsonst eine doppelte (DW 57, 127). Der Besitz ist dramatisch, da er eine Aktivität ist, die die Menschen in eine Gemeinschaft zusammenschließt, in der sie sich erst als Menschen (das heißt als Zeichen im ursprünglichen Sinne, Repräsentanten) fühlen und repräsentieren können.

Fichtes *Grundlage des Naturrechts* und *Der geschlossene Handelsstaat* beeinflussten entscheidend die Gestalt, die das Eigentum und das Besitzen für die Romantiker annahm. Fichte postuliert nämlich, dass das römische und französische Modell von Eigentum abgelehnt und durch die altdeutsche Verfassung ersetzt wird. Der Besitz soll nur relativ sein, jeder soll nur insofern besitzen, als er Mitglied der Gesellschaft ist, der das endgültige Eigentumsrecht zusteht.[233] Fichtes Staatslehre ist Wegbereiterin der panslavischen und

---

231 Marx, Karl, *Ökonomisch-philosophische Manuskripte*, 541.

232 Adam Müller, *Elemente der Staatskunst*, Bd. 1, 42.

233 Fichte, *Grundlage des Naturrechts*, 213.

der slawophilen Faszination für die Bauerngemeinschaft (*wspólnota gminna, obščina*). Es war der deutsche Baron August von Haxthausen,[234] der solch eine Form des geteilten Landbesitzes in Russland ausfindig machte; und es gab tatsächlich *obščina* oder *mir*, nur bedurfte es eines modernen Deutschen, um ihre Signifikanz für die Geschichte und die Zukunft festzustellen. Joachim Lelewel und Adam Mickiewicz behaupteten, dass es, *wspólnota gminna*, ein allgemein slavisches, panslavisches Phänomen ist, womit sie das slawophile Denken sowohl in seiner revolutionären (Michail Bakunin, Aleksandr Gercen) als auch konservativen Strömung inspirierten (Aleksej Chomjakov, Konstantin und Ivan Aksakov).[235] Noch Marx erkannte unter dem Eindruck der Bauerngemeinschaft die Möglichkeit des russischen Sonderweges an, der nicht durch den entwickelten Kapitalismus führt;[236] die romantischen Denkfiguren fand Marx fortwährend anziehend, allem voran der Besitz als Beteiligung. Der junge Marx – und, wie ich gleich zeigen werde, der alte ebenfalls – hing dem dramatischen Besitz an: „Der Mensch verliert sich nur dann nicht in seinem Gegenstand, wenn dieser ihm als menschlicher Gegenstand oder gegenständlicher Mensch wird. Dies ist nur möglich, indem er ihm als gesellschaftlicher Gegenstand und er selbst sich als gesellschaftliches Wesen, wie die Gesellschaft als Wesen für ihn in diesem Gegenstand wird."[237]

Der germanisch-slavische Besitz, für den die von der Theatralität besessenen romantischen Denker schwärmten, stand im Gegensatz zur liberalen Deutung des Besitzes als eines ‚Naturrechts' (John Locke), auch wenn der in dieser Hinsicht liberale Hegel den Besitz als eine dramatische, mit dem Wort (einem Wort des Vertrags) ins Leben gerufene Wirklichkeit darstellte.[238] Für die Romantiker in Deutschland und in den slavischen Ländern bedeutet die Freiheit die Kehrseite des Gemeinschaftlichen – sei es das kollektive Schaffen der Welt in der Bildung oder in der die Bildung rekursiv darstellenden Tragödie, sei es im Besitzen und (Sich-) Austauschen. Die Romantiker lehnen – Marx' Kritik der Hegelschen Rechtslehre vorwegnehmend[239] – die abstrakte Freiheit der amerikanischen und der französischen Deklaration der Menschenrechte

---

234 Walicki, „Między romantyzmem a pozytywizmem", *Polska, Rosja, marksizm*, 181-183.

235 Walicki, „Mesjanizm Admama Mickiewicza a ‚rosyjski socjalizm' Alkesandra Hercena, 45-64; Walicki, „Rosyjski socjalizm" Aleksandra Hercena, 29-128, Antoni Kamiński, „Joachim Lelewl a Michaił Bakunin", *Myślą i słowem*, 103-116.

236 Karl Marx, [Brief an V.I. Sassulitsch], Marx, Engels, *Werke*, Bd. 19, 242-243.

237 Marx, *Ökonomisch-philosophische Manuskripte*, 541.

238 Siehe das Hegel-Kapitel.

239 Marx, *Zur Kritik der Hegelschen Rechtsphilosophie. Kritik des Hegelschen Staatsrechts*, Marx, Engels, Werke, Bd. 1.

ab; Hegel zeigte, wie die abstrakte Freiheit den großen Terror entfesselte.[240] Dahingegen wechselt die gleichsam anwendbare Freiheit, wie sie Adam Müller konzipiert, ihre Gestalt in Bezug auf verschiedene Wirklichkeiten, in denen die Menschen leben: Es gibt „Freiheit des Menschen als Privatmann und Freiheit desselben als Mitglied eines Standes oder einer Korporation. Aus dem Wechselleben dieser beiden Formen erzeugt sich ewig wachsend die allen Gemeinwesen einzig wünschenswürdige Freiheit.[241] Man könnte an dieser Stelle Adam Müller eines Rückfalls in ein liberales Denken verdächtigen, das zwischen dem Öffentlich-Politischen und dem Privaten konsequent unterscheidet, hätte er nicht diese zwei Arten von Freiheit auf eine – wie sonst! – dramatische Art und Weise verflochten. Die Freiheit erscheint dramatisch, das heißt nur in Verhandlungen des Subjekts mit dem Staat – „Willkür des Staates und des privaten Mannes soll sich gegenseitig begrenzen." – und des Subjekts mit Mitbürgern: „Freiheit ohne Gegenfreiheit Anderer kann keine Wirkung hervorheben; also ist es eine unproduktive, folglich tote Freiheit, folglich nichts."[242] Der Besitz – wenn er eine der Freiheit analogische Struktur hat – wird zum Gespräch:

> Wenn also auch nur nach dem Eigentume gestrebt würde, so müssten die Menschen sich deshalb schon wie in ein großes Gewebe gegenseitig verschränken; jeder müsste in eine Wechselwirkung zu allen übrigen treten: Das Eigentum ließe sich nicht erweitern, ohne diese persönlichen Verpflichtungen zu vermehren. Wer diese Verpflichtungen zerrisse, schwächte auch das Eigentum und verursachte eine Wertminderung desselben. *Der erste Zweck der Nationalökonomie ist also Erhaltung, Belebung, Vereinigung des Verhältnisses der Personen und Sachen zueinander.*[243]

So wie das objektiv Schöne der griechischen Tragödie laut Friedrich Schlegel im Netzwerk organischer Verbindungen besteht, so integriert der Reichtum die Gesellschaft: Wie reich ihre Mitglieder sind, hängt davon ab, inwiefern die Gesellschaft die Urform des dramatischen Kunstwerk, das eine in einer gemeinsamen Tat geschaffene Wirklichkeit darbietet, erlangte. Nur der besitzt authentisch, der dazu bereit ist, sein Vermögen mit anderen zu teilen oder sich für das Allgemeinwohl aufzuopfern.[244]

---

240 Hegel, *Phänomenologie des Geistes, Werke*, Bd. 3, 431-441.

241 Adam Müller, *Vermischte Schriften über Staat, Philosophie und Kunst* (Wien: Tamasinische Buchhandlung, 1812), 237.

242 Müller, *Elemente der Staatskunst*, Bd. 1, 187.

243 Müller, *Versuch einer neuen Theorie des Geldes*, 19.

244 Müller, *Versuch einer neuen Theorie des Geldes*, 21-23.

Die erfolgreiche Wirtschaft verwirklicht das reale Ideal, das Friedrich Schlegel im *Lyceum* und *Athenäum* ankündigte: Wie das in der kommenden Kunstepoche wiedergeborene objektive Kunstwerk – und am treffendsten, am intensivsten erfüllt die sophokleische Tragödie die Bedingungen eines objektiven Kunstwerk dies tun würde, verbindet die Wirtschaft das Unendliche mit dem Endlichen in einer sichtbaren, ja schönen Form. Jeder Bürger des organischen Ganzen sowie der Monarch muss, so Müller, sowohl „augenblickliche Bedürfnisse für sein Haus“ als auch „das ewige Bedürfnis des Staats“ beachten.[245] Je größer das Bedürfnis, desto größer der Genuss der Befriedigung. Das Hauptbedürfnis des Menschen legt Müller folgendermaßen dar: „Der Mensch will sich vervollständigen, verewigen“. Der Ewigkeit selbst dienen „Speise und Trank“, „Seinesgleichen“, „Personen entgegengesetzten Geschlechts“, der „Staat“, die „Kirche“ und endlich der „Staatenverein in einem weltumfassenden Glauben“. Der Mensch verlangt nach der Ewigkeit der Dinge, er will also die Ewigkeit des Genusses, die ihm die christliche Religion nach dem Tod verspricht. Das Hauptbedürfnis des Menschen werde nur „durch allumfassende Liebe“ befriedigt, die ihre Gegenstände verewigt.[246] Um des unendlichen Genusses willen produziert *homo faber* – und reproduziert damit die super-natürliche Organizität seiner Gesellschaft, „da alle Produktion [...] eigentlich keinen Überschuss in Sachen, sondern nur den höheren Kreis, den höheren Glauben und die bürgerliche Gesellschaft und somit in letzter Instanz den höheren Glauben an die göttliche Idee, wodurch die bürgerliche Gesellschaft zu einem Ganzen wird, bezweckt.“[247]

In der Vereinigung von Augenblicklichem und Ewigem wird Müllers Modell aus dem Bereich der Theateranthropologie erkennbar, und zwar in seine Beschreibung der ‚dramatischen Natur‘. Es fehlt auch nicht an Nachfolgern: Adam Mickiewicz bestimmte während seiner Vorträge am Collège de France das Wesen des kommenden slawischen Theaters als eine enorme Bühne, auf der Lebende Verstorbenen und noch nicht Geborenen begegnen; diese Bestimmung des Theaters als einer Matrix des Nationalen übernahm er vom Heiligen Thomas und aus dem Katechismus der katholischen Kirche.[248] Derselbe Grundsatz der Kirchenlehre, den Mickiewicz als Ideal seines Theaters setzt, dient Müller dazu, Herders Definition des Volkes in der Sprache der Nationalökonomie zu reformulieren, sodass die Generationennachfolge in den Akkumulationsprozess umschlägt:

---

245 Müller, *Versuch einer neuen Theorie des Geldes*, 151.

246 Müller, *Versuch einer neuen Theorie des Geldes*, 105-117.

247 Müller, *Versuch einer neuen Theorie des Geldes*, 108-9.

248 Mickiewicz, *Dzieła*, Bd. 11, 116-126.

> ein Volk ist die erhabene Gemeinschaft einer langen Reihe von vergangenen, jetzt lebenden und noch kommenden Geschlechtern, die alle in einem großen, innigen Verbande zu Leben und Tod zusammenhängen, von denen jedes einzelne, und in jedem einzelnen Geschlechte wieder jedes einzelne menschliche Individuum den gemeinsamen Bund verbürgt und mit seiner gesamten Existenz wieder von ihm verbürgt wird.[249]

Die Rolle des Nationaldichters wäre also, sichtbar zu machen, wie das durch eine Gesellschaft akkumulierte Kapital – sowohl das geistige als auch das natürliche – die historische Ausdehnung einer Gesellschaft eröffnet Allgemein gesprochen: Das Drama – vor allem die attische Tragödie – ist den Romantikern ein organisch verkleinertes Modell des Marktes, dieses auf die Vergangenheit und auf die Zukunft verweisenden ‚Systems der Bedürfnisse', wie Hegel die bürgerliche Gesellschaft (den Arbeitsmarkt) bezeichnete.[250] Wahrscheinlich um des Ehrgeizes willen, das Modell so umfassend und so groß wie die zu modellierende Welt selbst zu machen, zeichnet sich die originelle romantische Dramaproduktion durch Weitschweifigkeit und Untauglichkeit für die Bühne aus. Und umgekehrt: Das Geld illustriert auf anschauliche Weise die Verbundenheit des Einzelnen mit seinen Zeitgenossen, Vorfahren und Nachkommen. Der endgültige Wert jeder Sache läge nicht im Tauschwert, sondern im „geselligem Wert": die Anlage einer Sache dazu, wirtschaftlichen Verkehr anzuregen. Adam Müller verführt den Menschen, der sich schön präsentieren will, dazu, zu Geld zu werden. Der tragische Grundsatz der romantischen Politik besagt, der Mensch ist nur da ganz Mensch, wo er Geld wird; nur so kann er im Geiste des dramatischen Besitzes zugleich akkumulieren und sich austauschen:

> Dass alle Individuen im Staate den Charakter des Geldes annehmen oder immer mehr zu wahrem Gelde werden; dass sich ihr wahrer Wert im Tausch, im Verkehr, im geselligen Leben, dass sich, wie ich es noch bezeichnender nannte, ihr bürgerlicher Charakter erhöhe: dahin geht das große und eigentlich nationale Streben des Staatwirtes. – Je mehr jedes einzelne Individuum im Staate, Sache oder Person, mit allen übrigen in Beziehung tritt, je mehr es sich also zu Gelde macht: umso konzentrierter und lebendiger wird der Staat, um so gewandter bewegt er sich, um so größere Kraftäußerungen kann er hervorbringen, umso mehr kann er produzieren.[251]

249 Müller, *Elemente der Staatskunst*, Bd. 1, 238.

250 Georg Wilhelm Friedrich Hegel, *Enzyklopädie der philosophischen Wissenschaften im Grundrisse, Werke*, hg. von Eva Moldenhauer, Karl Marcus Michel (Frankfurt am Main: Suhrkamp, 1989), Bd. 10, § 524-528; Hegel, *Grundlinien der Philosophie des Rechts, Werke*, hg. von Eva Moldenhauer, Karl Marcus Michel (Frankfurt am Main: Suhrkamp, 1989), Bd. 7, § 189-208.

251 Müller, *Elemente der Staatskunst*, Bd. 2, 199.

Müller widerspricht seinem Meister Burke,[252] indem er das Papiergeld dem Metallgeld vorzieht. Es geht Müller nicht nur darum, dass Metalle tot und leblos sind. Er würde sogar den Goldstandard verwerfen, da für ihn jede Währung nur so viel wert sein kann wie „das Vertrauen, das [ihr] entgegengebracht wird."[253] Das Papiergeld ist nur durch das Vertrauen der Bürger auf die organische Entwicklung des Staates gestützt. Kredit stammt von *Credo*.

Die Emission des Papiergeldes ist eine symbolische Handlung, die noch größere perlokutive Macht hat als die Transsubstantiation des Metalls zu Geld, die Leibniz und Hume faszinierte.[254] Das Papiergeld ist dramatischer als das Metallgeld. Eine dramatische Darstellung besteht aus Sprechakten, die die Welt des Dramas stiften – und was ist die Taufe, die Papier zur Währung macht, anderes als ein mächtiger Sprechakt? Dazu taucht das Geld in allen möglichen gesellschaftlichen Anlässen auf. Es wird von Müller mit Geschlechtsverkehr, mit dem Glauben und mit der Bewegung der Erde verglichen.[255] Indem das Geld seine Struktur unendlich wiederholt, beweist es, dass sie organisch ist, da die Romantiker mit dem Wort „organisch" die Rekursion bezeichnen. Organisch plus dramatisch gleich alttragisch. Um die *objektive* Tragödie herbeizuführen, müssen die Mitglieder der Gesellschafts-Repräsentation letztlich Geld werden, weil das Geld das Poetischste, weil das Geselligste, repräsentiert, das es gibt. Ob sich damit die übliche Geldwirtschaft erübrigt, sodass das Geld – wie es Karl Marx postulierte – in der vollkommenen Gesellschaft verschwindet, bleibt die Frage der romantischen Logik des Tausches. Die Antwort auf die Frage kann im Kontext dieser Logik nur bejaht werden: Wo die Menschen zum symbolischen Geld, mit geselligem Wert begnadet, werden, erübrigt sich die äußerliche Welt genauso wie das professionelle Theater. Alle spielen für alle und begnügen sich mit allen.

---

252 Burke, *Reflexions on the Revolution in France*, 278-279: „As to their [resp. the French] schemes of taxation [...]. When so little within or without is now found but paper, the representative not of opulence but of want, the creature not of credit but of power, they imagine that our flourishing state in England is owing to the bank-paper, and not the bank-paper to the flourishing condition of our commerce, to the solidity of our credit, and to the total exclusion of all idea of power from any part of the transaction. They forget that, in England, not one shilling of paper-money of any description is received but of choice; that the whole has had its origin in cash actually deposited; and it is convertible, at pleasure, in an instant, and without the smallest loss, into cash again. Our paper is of value in commerce, because in law it is of none."

253 Müller, *Versuch einer neuen Theorie des Geldes*, 232-235.

254 Vgl. Achermann, *Worte und Werte*, 275-276 (bei Hume handelt es sich um § 3.2.5 in *A Treatise of Human Nature*).

255 Achermann, *Worte und Werte*, 272-273.

Die Identifikation mit dem Geld ist der Anfang der neuen allumfassenden Tragödie, die eine antike Tragödie wiederholen und zur Vollendung des Bildungsprozesses führen soll, zum Sieg der Freiheit, die im Falle solchen Geldes die Kehrseite des Besitzens ist; diese Identifikation befreit die Menschen daher vom Fatum und bringt sie ins Reich der Zwecke. Das Fatum (die im Kampfe hervorgebrachte und zu überwindende Natur) bedeutet hier das erste Mal in der intellektuellen Geschichte Europas eine besondere Form der Produktion – Warenwirtschaft. Bei dem allgemein verachteten Adam Müller entwickelt sich das mächtigste Modell der kritischen Theorie (was Erklärungskraft und Verbreitung anbelangt); er begreift Warenwirtschaft als Warenfetischismus, der das Leben des geselligen Menschen entstellt.

Die Identifizierung mit dem Geld, vor allem mit seinem geselligen Wert, wird als Gegenteil des Warenfetischismus *avant la lettre* beabsichtigt (oder als Gegengift gegen den Fetischismus). Indem sich der Mensch ins ideale Geld einfühlt, löscht er die fatale Unterscheidung von Haben und Sein, Besitz und Existenz, als würde der gesellige Wert den Gebrauchs- und den Tauschwert einschließen, deren Verwechslung den Warenfetischismus herbeiführt. In der kapitalistischen Gesellschaft vertraut sich währenddessen der Mensch dem Kreisen des Geldes nicht emphatisch an, sondern er wird als Ware reproduziert, als Ware, die den Mehrwert mit ihrer Arbeit herstellt. Der kapitalistische Produktionsprozess – schreibt Karl Marx – „produziert also nicht nur Ware, nicht nur Mehrwert, er produziert und reproduziert das Kapitalverhältnis selbst, auf der einen Seite den Kapitalisten, auf der anderen den Lohnarbeiter."[256] Schon in Adam Müllers Schelten des Fatums der Warenwirtschaft beginnt die Ahnenreihe der allegorischen Gestalten der Modernität, der in Waren verhexten Menschen: Flâneur, Prostituierte, Journalist usw.[257] Bei Benjamin verwandeln sich die Begriffe der Ware und des Fetischismus in einen Zauberstaub, der es erlaubt, die moderne Situation zu enthüllen, damit die Hölle sichtbar wird, in der Menschen gebändigt und zu Waren verzaubert ihr Dasein fristen. Hätten sie mehr vom geselligen Wert gehabt und nicht nur den Ausstellungswert, der Waren zusteht, wären sie frei gewesen. Die Technik soll ihnen diesen Wert zurückgeben, indem sie eine neue Ekstase begünstigt.

256 Marx, *Werke*, Bd. 23, 604.

257 Walter Benjamin, „Charles Baudelaire. Ein Lyriker im Zeitalter des Hochkapitalismus", *Gesammelte Schriften*, Bd. 1, 509-690.

7.9.6. *Die Ware träumt von der Tragödie*

Die gesellschaftliche Welt, wie sie Adam Smith beschreibt, wird von Phantasmen gebaut. Intersubjektivität stellt er sich so vor, als ob Mitleid uns in die Zauberwelt überführe. Mitleid, Empathie sei der Kitt der Gesellschaft. Indem wir in der Gesellschaft leben und handeln, stellen wir uns stets nicht nur vor, wie es wäre, wenn wir an der Stelle des Nächsten wären, sondern wir versuchen auch die Beurteilung der Anderen vorwegzunehmen, sodass wir imstande sind, unser Verhalten daran anzupassen, was wir uns als die mögliche Beurteilung einbilden.[258] Intersubjektivität wird – schlussfolgert Müller – durch Empathie ermöglicht; dieses trägt uns in die von Phantasmen erschaffene Zauberwelt, in der wir entweder Geld oder Ware sein können. Wir verinnerlichen den externen Betrachter (*impartial spectator*) und stellen uns ständig aus oder lassen uns ständig ein.[259] Deswegen werden wir zur Ware, sogar Geld nimmt einen Warencharakter – welcher noch mit dem blasphemischen Namen Kredit belegt wird – an.

So verschiedene Denker wie Marx, Simmel oder der junge Lukács stimmen darüber überein, dass es infolge der Arbeitsteilung zur „Steigerung der Kultur der Dinge" und zum „Zurückbleiben der Kultur der Personen" kommt.[260] Dadurch entsteht die Simmel'sche „Tragödie der Kultur", in der sich Menschen mit ihren eigenen Produkten konfrontieren, die jetzt zu einer bedrückenden, überwältigenden Macht über ihr Leben geworden sind. Die intersubjektive Welt verfremdet sich so zur Welt der Waren, die sich einbilden, wie sie sich vor anderen Waren präsentieren, die sie nie gebrauchen und genießen können. Das Mitleiden, das in und an Tragödien trainiert wird, stößt uns noch tiefer in die Verdinglichung hinab. Die Gefangenschaft des Menschengeschlechts in der Warenhölle diagnostizierte Adam Müller schon 1816: „so ist klar, dass man eigentlich den handgreiflichen Sachen die Regierung der Welt übergibt und an eine in den Sachen verborgene, dunkle, anordnende Gewalt viel mehr als an die Persönlichkeit des Menschen und an seine Oberherrschaft über die Dinge glaubt."[261] Diese „dunkle Gewalt" beschreiben Müller und Marx, der Müller verschmähte, unisono als ein neues „Fatum", das es zu überwinden gilt, um die tragische Freiheit zu erlangen – in einer sinnlichen und übersinnlichen Welt zu erwachen, die die Sprachakte (Entscheidungen) der sich in ihren Beziehungen

---

258 Adam Smith, *The Theory of Moral Sentiments*, hg. von David D. Raphael, Alexander L. Macfie (Oxford: Oxford University Press, 1976), 12-23.

259 Adam Smith, *The Theory of Moral Sentiments*, 129-147.

260 Simmel, *Philosophie des Geldes*, 472-505.

261 Müller, *Versuch einer Theorie des Geldes*, 167-168.

repräsentierenden Protagonisten ins Leben gerufen haben. Um die Worte des angeblichen Erfinders des Warenfetischismus, Marx, heranzuziehen:

> Es ist nur das bestimmte gesellschaftliche Verhältnis der Menschen selbst, welches hier für sie die phantasmagorische Form eines Verhältnisses von Dingen annimmt. Um daher eine Analogie zu finden, müssen wir in die Nebelregion der religiösen Welt flüchten. Hier scheinen die Produkte des menschlichen Kopfes mit eignem Leben begabte, untereinander und mit den Menschen in Verhältnis stehende selbständige Gestalten. So in der Warenwelt die Produkte der menschlichen Hand.[262]

Die Menschen, die durch *exchange* und durch den Handel die Welt erobern wollen, fallen dem Fatum zum Opfer, das sich in Waren festsetzte und den geselligen Wert verdrängte. So Adam Müller:

> Es ist wirklich ein Geist, ein gewaltiger Geist in den Sachen, den sie in der bürgerlichen Gesellschaft und durch dieselbe erlangen. Dadurch, dass die ganze bürgerliche Gesellschaft eine solche Sache begehrt, wird sie erst für den einzelnen so wichtig und so fruchtbar, und so ist denn der Irrtum begreiflich, dass, lange nachdem die letzten Gefühle für das Gemeinwesen in dem einzelnen erstorben sind, er noch ein Gespenst desselben in den Sachen ehren, fürchten und schonen muss.[263]

Die mythische Gewalt kehrt zurück: Einerseits werden die Sachen „zu Götzen, zu Tyrannen des Menschen erhoben; die Neigung des Pöbels und die fatalistischen Theorien der Staatswirtschaft wenden sich zur Abgötterei der Sachen und zu sklavischer Unterwürfigkeit unter ihr vorgebliches Gesetz“, anderseits erniedrigt sich der Mensch zur Tyrannei über Sachen,[264] anstatt sich frei dem Umtauschen und Vermehren im Rahmen des schönen Besitzens und Produzierens zu widmen. Aus diesem romantischen Pathos speist sich der folgenreiche – der tragische – Gedanke von Marx, die Versklavung des Menschen durch die blinden Kräfte des Marktes (die „ökonomische Hörigkeit“, der auch der Kapitalist als „personifiziertes Kapital“ unterliegt[265]) lasse sich durch die Planwirtschaft – sprich die freiwillige oder erzwungene Organisation der Menschen – überwinden.[266] Marx postulierte im Grunde, man müsse die ganze Ökonomie authentisch dramatisch machen, angenommen, dass die

262 Karl Marx, *Das Kapital*, 86.
263 Müller, *Versuch einer Theorie des Geldes*, 169-170.
264 Müller, *Versuch einer Theorie des Geldes*, 170.
265 Marx, *Das Kapital*, 603, 619.
266 Vgl. Walicki, *Marxism and the Leap*, passim.

dramatische Wirklichkeit eine zwischenmenschliche sei: Alles was geschieht, ist Werk des Menschen und nicht der blinden Kräfte, mit denen man sich abfinden muss. Der Mensch ist zwar Produkt der Verhältnisse, aber die Verhältnisse schafft der Mensch selbst. Das Fatum dreht diese Beziehung um, sodass die von Menschen geschaffenen Verhältnisse den vereinzelten Menschen nach Gutdünken herstellen.

In der Genealogie der Modernität nimmt ein Bild, das Heinrich Heine beschrieb, die wichtige Stelle des Vermittlers zwischen Adam Müller und Karl Marx ein. Bei der Lektüre des folgenden Abschnitts aus seiner *Lutetia* (11. Dezember 1841), soll die Aufmerksamkeit der Fläche des Schaufensters zugewendet werden. Sie fungiert als ein Spiegel, in dem sich das Publikum beschaut, und zugleich als ein Durchgang zur Welt der Phantasmen; das Schaufenster ist eine Allegorie der ‚absoluten Darstellung', die laut Friedrich Schlegel nicht mit der „Darstellung des Absoluten" zu verwechseln ist und der Tragödie der Sophokles gebührt (SA 212), da aus der Fläche, wo sich die Blicke sammeln und auf den Anblick der Ware stoßen, die Vision der kommenden allumfassenden Tragödie entspringt. Der Spiegel operiert auf der Objekt- und der Metaebene; er spiegelt seiner Natur nach beliebige Objekte aber zugleich stellt er immer eine optische Verkehrung dar, eine Umkehrung aller Sachen, die man auch *revolutio* nennen kann:

> Jetzt, wo das Neujahr herannaht, der Tag der Geschenke, überbieten sich hier die Kaufmannsläden in den mannigfaltigsten Ausstellungen. Der Anblick derselben kann dem müßigen Flaneur den angenehmsten Zeitvertreib gewähren; ist sein Hirn nicht ganz leer, so steigen ihm auch manchmal Gedanken auf, wenn er hinter den blanken Spiegelfenstern die bunte Fülle der ausgestellten Luxus- und Kunstsachen betrachtet und vielleicht auch einen Blick wirft auf das Publikum, das dort neben ihm steht.

Der Flâneur positioniert sich also auf der Fläche des Spiegels …

> Die Gesichter dieses Publikums sind so hässlich ernsthaft und leidend, so ungeduldig und drohend, dass sie einen unheimlichen Kontrast bilden mit den Gegenständen, die sie begaffen, und uns die Angst anwandelt, diese Menschen möchten einmal mit ihren geballten Fäusten plötzlich dreinschlagen und all das bunte, klirrende Spielzeug der vornehmen Welt mitsamt dieser vornehmen Welt selbst gar jämmerlich zertrümmern! Wer kein großer Politiker ist, sondern ein gewöhnlicher Flaneur, der sich wenig kümmert um die Nuance Dufaure und Passy, sondern um die Miene des Volks auf den Gassen,

… und gibt nun Mienen und Grimassen wieder.

dem wird es zur festen Überzeugung, dass früh oder spät die ganze Bürgerkomödie in Frankreich mitsamt ihren parlamentarischen Heldenspielern und Komparsen ein ausgezischt schreckliches Ende nimmt und ein Nachspiel aufgeführt wird, welches das Kommunistenregiment heißt! Von langer Dauer freilich kann dieses Nachspiel nicht sein; aber es wird umso gewaltiger die Gemüter erschüttern und reinigen, es wird eine echte Tragödie sein.[267]

267 Heinrich Heine, *Lutetia, Werke und Briefe*, Bd. 6, 397-398.

Um 1848

Die neusten Revolutionen haben den großen Vorteil, Menschen auf die Schaubühne gebracht zu haben, die sich bisher ungerechterweise von der Führung der Angelegenheiten ausgeschlossen wähnten. Nun sie daran Teil erhalten, kommt die Unfähigkeit an den Tag. Sinnlosere Diskussionen als in der veranstalteten großen Versammlung in Frankfurt hat man nie gesehen.

F.W.J. Schelling, *Das Tagebuch 1848*

KAPITEL 8

Von Kierkegaard über Benjamin zu Adorno und jenseits

(Kierkegaards Tragödientheorie und die kritische Theorie – Alte und neue Tragödie – Theorie der nicht-tragischen Moderne und vier Wege aus ihr heraus – Die 1840er: Die Zeit des Trauerspiels. Słowackis Melancholie – Kierkegaard als Allegorie – Das dialektische Bild der Tragödie – Tragödie, Komödie und Posse)

Søren Kierkegaard hatte einen enormen Einfluss auf die kritische Tragödientheorie im 20. Jahrhundert, vielleicht den größten aller in dieser Arbeit behandelten Denker, da er sich als Negation der deutschen Romantik und des deutschen Idealismus stilisierte; die Negation hob allerdings das Negierte auf und dessen wichtige Züge hervor, so etwa Adorno in seiner Monographie Kierkegaards,[1] die ich zum Ausganspunkt für dieses Kapitel wähle: „Tatsächlich besteht die entscheidende Entdeckung Wiesengrunds darin" – schreibt Siegfried Kracauer in seiner enthusiastischen Rezension von Adornos Monographe – „dass Kierkegaard nicht, wie die bisherige Forschung im allgemeinen angenommen hat, das idealistische System Hegels aus den Angeln hebt, sondern dem Idealismus genau so verfallen ist wie Hegel selber. Die Existenzphilosophie Kierkegaards, deren protestantischer Einschlag in diesem Zusammenhang wohl zu Recht zurücktritt, wird von Wiesengrund als eine geschichtlich bedingte Endform des Idealismus enthüllt – eines Idealismus, der sich zwar im Christentum auslöschen will, aber dieses in Wahrheit vor der Zeit unterbindet."[2] – Die kritischen Denker des 20. Jahrhunderts wiederholten ihrerseits oft Kierkegaards Negation, wenn sie sich mit dem Ganzen oder der romantischen Potenzierung auseinandersetzten und diese doch bestätigten. Die implizite Attraktivität von Kierkegaard liegt in dieser Verkettung von Bruch und Kontinuation, wodurch der Aufbau seiner Philosophie der (transzendentalen) Ästhetik der geschichtlichen Tragödie entspricht; diese Verkettung verantwortet desgleichen den Erfolg Kierkegaards. Sich Abspalten

1 Theodor W. Adorno, *Kierkegaard. Konstruktion des Ästhetischen, Gesammelte Schriften*, hg. von Rolf Tiedemann (Frankfurt am Main: Suhrkamp, 1974), Bd. 2; fortan Zitate direkt im Haupttext, versehen mit dem Sigel KK.

2 Siegried Kracauer, „Der Enthüllte Kierkegaard", *Schriften*, hg. von Inka Mülder-Bach (Frankfurt am Main: Suhrkamp, 1990), Bd. 5.3, Bd. 5.3, 263.

 | DOI:10.30965/9783846766255_009

und doch im Mainstream bleiben ist ja eine *Win-win*-Situation, da beides die eigene Relevanz steigert.

Kierkegaard erarbeitete im Gravitationsfeld von Hegels Philosophie der Tragödie und der romantischen Tragödientheorie seine eigene Tragödienästhetik.[3] Er intendierte diese Ästhetik als eine Waffe gegen seine Vorläufer und zugleich gegen die gesellschaftlichen Entwicklungen der 1840er Jahre, die vom Völkerfrühling gekrönt wurden. An diesen Entwicklungen gab Kierkegaard den Idealisten und den Romantikern Mitschuld.[4] Daraus entspringt der Inhalt dieses Kapitels: Wenn die Tragödientheorie, wie sie Schelling, Hölderlin, Hegel, die Romantiker, Vischer oder aber Marx und Lassalle konzipierten, eine Theorie der Revolution ist, versuchte Kierkegaard mit seiner Tragödienästhetik, so meine These, eine Anti-Revolution (nicht Konterrevolution!) zu konstruieren – seine Tragödientheorie lief auf eine Revolution der Revolution hinaus, da die tatsächliche Revolution am Ende der 1840er Jahre ihm halbherzig schien, auf halbem Wege stecken geblieben. Andererseits verklagen nicht alle Konservativen alle Revolutionen wegen vermeintlicher Halbherzigkeit?

Die einflussreichsten linken Denker der ersten Hälfte des 20. Jahrhunderts – Lukács, Bloch und Benjamin, dann Adorno – begannen ihre respektiven Werdegänge mit einer Faszination für den erzkonservativen Kierkegaard, den Ideenspender der Rechten (Carl Schmitt etwa schrieb von Kierkegaard ausgiebig ab).[5] Karl Löwith stellte Kierkegaard in seinem klassischen Werk zur Geschichte der deutschen Philosophie auf eine Art und Weise dar, als verliefe zwischen Kierkegaard und Karl Marx eine Symmetrieachse.[6] Kierkegaard sei demnach ein Nachbild von Marx: Löwith betrachtet Marx und Kierkegaard

---

3 Vor allem in August Wilhelm Schlegels, *Vorlesungen über dramatische Kunst und Literatur*, hg. von Edgar Lochner (Stuttgart: Kohlhammer, 1966), Bd. 1, 95-96, wo Antigone als Einverleibung des Trotzes und der Stärke dargestellt wird.

4 Vgl. Klaus-Michael Kodalle, „Der non-konforme Einzelne. Kierkegaards Existenztheologie", Jacob Taubes (Hg.), *Religionstheorie und politische Theologie*, Bd. 1, *Der Fürst dieser Welt. Carl Schmitt und die Folgen* (München, Paderborn: Fink, 1983); Bruce H. Kirmmse, „Kierkegaard and 1848", *Pergamon. History of European Ideas* 1995, 1-3(20), 167-175; Bruce H. Krimmse, „Out with it! Modern Breakthrough, Kierkegaard and Denmark", Alistair Hannay, Gordon D. Marino (Hg.), *The Cambridge Companion to Kierkegaard* (Cambridge: CUP, 1998), 15-39; Martin J. Matuštík, „Kierkegaard as Socio-Political Thinker and Activist", *Man and World* 1994, 27, 211-224; Alistair Hannay, „Two Ways of Coming Back to Reality: Kierkegaard and Lukács", *Pergamon. History of European Ideas*, vol. 20 (1995), nr 1-3, 161-166.

5 Bartholomew Ryan, „Carl Schmitt and Søren Kierkegaard: Zones of Exception and Appropriation", Jon Stewart (Hg.), *Kierkegaard's Influence on Social-Political Thought* (London: Ashgate Publishing, 2011), 177-208; Burkhard Conrad, „Kierkegaard's Moment. Carl Schmitt and his Rhetorical Concept of Decision", *Redescriptions. Yearbook of Political Thought, Conceptual History and Feminist Theory*, vol. 12 (2008), 145-171.

6 Jorgen S. Veisland, *Kierkegaard and the Dialectics of Modernism* (New York: Peter Lang, 1985).

als zwei Pole – den sozialorientierten und den auf das Individuum eingestellten Pol – die aus der Spaltung der Einheit des Realen und Idealen entstanden, welche bei Hegel in ‚Individualität' und ‚Konkretheit' herrschte.[7] Da die Tragödientheorie im Rahmen der kritischen Theorie die Möglichkeitsbedingungen des wahren Individuellen aufspürte, das nur in einer nicht entstellten Gemeinschaft vorkommt, musste sie zwischen den beiden Polen – Kierkegaard und Marx – wirken.

Laut Löwith war die Deutung eines berühmten Spruchs von Hegel die Schibboleth, an der sich die Hegelschen Linken und Rechten untereinander erkannten und von den Kontrahenten unterschieden, nämlich der Gnome aus der Einleitung zu den *Grundlinien der Philosophie des Rechts*, die feststellt, dass alles, was wirklich ist, vernünftig ist und umgekehrt:[8] Hegel sagt nämlich über Platon: „eben das Prinzip, um welches sich das Unterscheidende seiner Idee dreht, [ist] die Angel [...], um welche die bevorstehende Umwälzung der Welt sich gedreht hat.

> Was vernünftig ist, das ist wirklich;
> und was wirklich ist, das ist vernünftig.

In dieser Überzeugung steht jedes unbefangene Bewusstsein wie die Philosophie, und hiervon geht diese ebenso in Betrachtung des *geistigen* Universums aus als des *natürlichen*."[9] Obwohl Kierkegaard kongruent mit den slavischen Philosophen und Mickiewicz behauptete, dass nicht Ansichten, wie sich die Deutschen das vorgestellt hätten, sondern nur große Menschen die Menschheit hätten erretten können, gehörte er eher der Hegelschen Linken an, da er im Gegensatz zur Hegelschen Rechten nicht glaubte, dass das, was seit 1800 Jahren besteht und die christliche Zivilisation genannt wird, vernünftig ist. Die christliche Zivilisation existiere nicht oder sie verdiene nicht zu existieren,[10] weil das Reich Gottes nicht unbedingt ein Bedürfnis nach einer

---

7 Karl Löwith, *Von Hegel zu Nietzsche, Gesammelte Schriften* (Stuttgart: Metzler, 1988), Bd. 4, 177-222; Dieter Henrich, *Between Kant and Hegel. Lectures on German Idealism*, hg. von David S. Pacini (Cambridge: Harvard University Press, 2008), 4.

8 Löwith, *Von Hegel zu Nietzsche*, 177.

9 Georg Wilhelm Friedrich Hegel, *Grundlinien der Philosophie des Rechts, Werke* (Frankfurt am Main: Suhrkamp, 1979), Bd. 7, 24-25.

10 Löwith, *Von Hegel zu Nietzsche*, 93 „Die Spaltung der Hegelschen Schule beruht also beiderseits darauf, dass die bei Hegel in *einem* metaphysischen Punkt vereinigten Sätze von der Vernunft des Wirklichen und der Wirklichkeit des Vernünftigen nach rechts und nach links vereinzelt wurden – zunächst in der Frage der Religion und dann in der Politik. Die Recht betonte, dass nur das Wirkliche auch das Vernünftige und die Linke, dass nur das Vernünftige auch das wirkliche sei, während bei Hegel der konservative

zivilisatorischen Tätigkeit habe. Das, was in den 1840er Jahren war, mit der griechischen Polis oder dem frühen Christentum zu vergleichen, bedeutete, die Falschheit des Bestehenden offenzulegen,[11] die viele – unter anderen Marx – als eine schlechte Theatralik auslegten. Bei Kierkegaard sind klare Umrisse der Dialektik von Neuerung und Archaik zu sehen, wie auch bei anderen führenden Gestalten der 1840er Jahre, etwa bei Marx, der ein paar Jahre später glaubte, in Edward Burnett Taylors *primitve cultures* eine Vorlage des zukünftigen marktfreien Kommunismus zu entdecken.[12] Kierkegaard dachte eher an das Christentum und ähnelte auch unter diesem Aspekt den slavischen Denkern und Dichtern bis hin zur russischen religiösen Renaissance in der ersten Hälfte des 20. Jahrhunderts. Der von der Idee des frühen charismatischen Christentums besessene Mickiewicz interpretierte während seiner Pariser Vorlesungen Hegels Maxime über die Vernünftigkeit des Wirklichen als das Glaubensbekenntnis eines verwerflichen Konservatismus: Deutsche Philosophen und deren Schüler Bronisław Trentowski würden das Bestehende entschuldigen und legitimieren, indem sie ihre Beschreibungen weit von der Praxis entfernt entfalteten.[13]

Die 1840er Jahre waren von einer Verschmelzung von Politik und Theologie gekennzeichnet, die ihren wahrscheinlich expressivsten Ausdruck in Kierkegaards Schriften gefunden hat. Selbst die Aufteilung auf die Hegelschen Linken und Rechten stammt, so Löwith, „der Form nach […] von der politischen Einteilung des französischen Parlaments und dem Gehalt nach von verschiedenen Ansichten in der Frage der Christologie" ab[14]. Kierkegaard sah in der Revolution von 1848 ein Spiegelbild der Reformation.[15] So wie die Reformation die Religion in die Politik verwandelt hätte, so sei die Politik im Laufe des Völkerfrühlings zur Religion geworden. Dass bedeutet aber, dass Feuerbachs Traum in Erfüllung gegangen ist: „Die Philosophie tritt an die Stelle der Religion" – schrieb Feuerbach 1842 – „aber damit tritt eben auch eine toto genere unterschiedene Philosophie an die Stelle der früheren. Denn *religiös* müssen wir wieder werden – aber das kann sie nur, wenn wir ein Höchstes in

und der revolutionäre Aspekt, formell mindestens, gleichgültig sind." Vgl. Georg Wilhelm Friedrich Hegel, *Enzyklopädie der philosophischen Wissenschaften 1*, Werke, Bd. 8, 367-370 [§ 213].

11 Löwith, *Von Hegel zu Nietzsche*, 93.

12 Vgl. Marcello Musto, „History, Production and Method in the 1857 ‚Introduction'", Marcello Musto (Hg.), *Karl Marx's ‚Grundrisse': Foundations of the Critique of Political Economy 150 Years Later* (London, New York: 2008), 27.

13 Adam Mickiewicz, *Pisma. Wydanie zupełne* (Paris: Martinet: 1860), Bd. 11, 161, 164.

14 Löwith, *Von Hegel zu Nietzsche*, 70.

15 Vgl. Kirmmse, *Kierkegaard and 1848*, passim.

unserer Anschauung haben, welches uns die Politik zur Religion macht."[16] (Bei Feuerbach ist die Politik Religion und nicht wie bei Napoleon – das Schicksal.) „Dieses Prinzip ist kein anderes – negativ ausgedrückt – als der *Atheismus*, d. i. das Aufgeben eines vom Menschen verschiedenen Gottes."[17] Der Eifer, der der Politik und der die Politik steuernden Philosophie einen religiösen Anschein verleiht, betrifft die philosophische Kritik der Religion, die zugleich die Kritik der Politik durchführt. Für den jungen Marx, der auch unter diesem Blickwinkel Kierkegaard ähnelt, stellt die Religionskritik den Anfang jeder kritischen Theorie dar. So schreibt er ein Jahr, nachdem die oben zitierten Worte aus Feuerbachs Feder geflossen waren:

> Es ist also die *Aufgabe der Geschichte*, nachdem das *Jenseits der Wahrheit* verschwunden ist, die *Wahrheit des Diesseits* zu etablieren. Es ist zunächst die *Aufgabe der Philosophie*, die im Dienste der Geschichte steht, nachdem die *Heiligengestalt* der menschlichen Selbstentfremdung entlarvt ist, die Selbstentfremdung in ihren *unheiligen Gestalten* zu entlarven. Die Kritik des Himmels verwandelt sich damit in die Kritik der Erde, die *Kritik der Religion* in die *Kritik des Rechts*, die *Kritik der Theologie* in die *Kritik der Politik*."[18]

Diese Identifikation des Politischen mit der Religion via ‚Entfremdung' überschreitet die tiefsten Gruben der 1840er Jahre, indem sie die religiösen Nationalisten (etwa die polnischen Romantiker oder die russischen Slawophilen) mit den internationalen Kommunisten vereinigt und als Auslöser revolutionärer Tätigkeiten fungiert, die die Entfremdung aufheben und die wahre Religion, die wahre Politik hätten restaurieren sollen. Auch Bakunin identifizierte, obwohl sein Konflikt mit Marx um die Frage, ob der politische (legale) Kampf zulässig oder empfehlenswert sei, zum Zerfall der ersten Internationalen letzten Endes geführt hat, alle bisherige Politik mit der Theologie, wobei er die Theologie und die Politik zerstören wollte.[19] Politische Mittel – vor allem der parlamentarische Kampf – seien des authentischen Revolutionärs nicht würdig, sagen Mickiewicz, Kierkegaard, Bakunin, Słowacki – all diejenigen, die um 1848 auf die Tragödientheorie zurückgriffen, um der negativen modernen Freiheit die alte positive gegenüberzustellen. Die

16 Ludwig Feuerbach, *Entwürfe zu einer neuen Philosophie*, hg. von Walter Jaeschke und Werner Schuffenhauer (Hamburg: Meiner, 1996), 123.

17 Feuerbach, *Entwürfe zu einer neuen Philosophie*, 44: vgl. Henning Ottmann, *Hegel im Spiegel der Interpretationen* (*Quellen und Studien zur Philosophie*), (Berlin, New York: De Gruyter, 1977), Bd. 1. *Individuum und Gemeinschaft bei Hegel*, 44-45.

18 Karl Marx, „Zur Kritik der Hegelschen Rechtsphilosophie. Einleitung", Karl Marx, Friedrich Engels, *Werke* (Berlin: Dietz, 1976), Bd. 1, 379.

19 Siehe das Słowacki-Wagner-Bakunin-Kapitel.

meisten polnischen und russischen Theoretiker der Praxis wollten damals von keiner anderen Politik wissen als von ihrer messianistischen (aus der Tragödientheorie abgeleitete) Ideologie. Ihre Revolution – wie die paradoxale Hyper- oder Konterrevolution Kierkegaards – bedeutende eine Rückkehr zum ursprünglichen Sinn der biblischen Lehre, zum Urchristentum, unter dessen Berücksichtigung der Mensch vielleicht eine wirklich christliche Zivilisation würde bauen können (angenommen, man setzt wie Mickiewicz die ‚Zivilisation' mit der ‚Opferbereitschaft' gleich[20]). Den Linken, den Narodniki, den Anarchisten – und zu einem gewissen Grad den Marxisten – schwebte eine noch primitivere, die vorchristliche Bauerngemeinschaft vor.

Die Kritik der religiösen Politik sowohl bei Marx als auch bei Kierkegaard (die im Kontext ihrer Epoche keine Ausnahmen waren) war mit einer besonderen Ästhetik korreliert, die in mindestens zwei Hauptpostulaten an die Tragödientheorie anschloss, da die Tragödie – vorzüglich *Antigone, Ödipus der Tyrann* und *Orestie* – nach den Bemühungen der Idealisten und der Romantiker als die Urszene der Negoziationen zwischen Religion und Politik (dem religiösen Einzelnen und dem Bürger) erschien. Das erste Postulat leitet sich von der Rangstellung der Tragödie als des absoluten, potentesten Kunstwerkes her, dass allerdings augenscheinlich in der von der Bourgeoise dominierten Gesellschaft nie vorkommt. Eine Kunst ist es, die Tragödie im modernen Sittlichen aufzuspüren. Es ist eine Forderung der nachromantischen „qualitativen Potenzierung", die laut Novalis das Erkennen eines hohen Sinnes im Gemeinen, eines geheimnisvollen Ansehens im Gewöhnlichen, der Würde des Unbekannten im Bekannten bedeutet,[21] sodass ein gemeiner Stoffballen in Marx Augen die Hieroglyphe des Weltgeheimnisses sein kann. Das Emblem dieser Potenzierung kann sowohl Marx' Ware sein, die den Rang eines Generalschlüssels zur Gesellschaft und der Natur erhält, als auch Kierkegaards Antigone, die in einem schweigsamen Kopenhagener bürgerlichen Mädel steckt, von der in Kierkegaards *Entweder-Oder. Ein Lebensfragment*

20 Mickiewicz empfahl den polnischen Flüchtlingen („Pilgern"). „Man sagt euch oft, dass ihr unter zivilisierten Völker seid, und dass ihr euch von ihnen zivilisieren sollt, aber ihr sollet wissen, dass diejenigen, welche euch von Zivilisation sprechen, selbst nicht verstehen, was sie reden. / Das Wort Zivilisation bedeutet Bürgertum von dem lateinischen Worte *civis* Bürger. Und Bürger heiß man einen Menschen, der sich opferte für sein Vaterland, wie Scaevola, Curtius und Daecius, und solche Selbstaufopferung hieß man Bürgertum. Es war das eine Heidentugend, weniger vollkommen als die Christentugend, welche befiehlt sich zu opfern nicht nur für sein Vaterland, sondern für alle Menschen; jedoch war es eine Tugend" (Mickiewicz, *Bücher des Polnischen* [*sic!*] *Volkes und der Polnischen* [*sic!*] *Nation*, übersetzt von P.J.B. Gauger (Paris: Heideloff, 1833), 41-42).

21 Novalis, *Werke*, hg. von Gerhard Schulz (München: Beck, 1987), 384-385 [Fragmente und Studien 1797-1798, § 37].

herausgegeben von Victor Eremita (*Enten-eller. Et Livs-Fragment, udgivet af Victor Eremita*, 1843) zu lesen ist. Das erste Postulat der Potenzierung spiegelt sich in der Theorie der tragischen Ironie, Ironie von Worten und Handlungen, Sprech- und Sprachakten wider,[22] die immer mehr bedeuten, als es dem Sprechenden und Handelnden scheint.

Das zweite Postulat beruht auf den Pflichtüberlegungen zum Unterschied zwischen der alten und der neuen Tragik, im Rahmen derer abermals eine Theorie der Moderne formuliert wurde. Der zweite Lehrsatz ruft nämlich zum Kampf gegen die Zerstückelung des modernen Lebens auf (welche durch den Vergleich mit dem ganzheitlichen Leben der Alten deutlich wird); die Fragmentierung des Lebens bedeutet Abstraktheit, weil nur der ganze Mensch konkret sein kann, während die getrennten Vermögen und Bedürfnisse den Menschen in die Unwahrheit stürzen. In diesem falschen Leben bietet sich die negative bürgerliche Freiheit als ein Maximum an. Die positive Freiheit und die Konkretheit, die sich modelhaft im tragischen Fest darbietet, sind ohne eine generelle Umwälzung des Bestehenden unvorstellbar. Abstraktion stammt vom lateinischen *abstrahere* – ‚trennen', ‚abziehen'. Die dramatische Trennung der 1840er Jahre war die Entfremdung nach Feuerbach: der Mensch sondert von sich selbst seinen besten Teil ab, seine sozusagen erhabensten Aspekte, und projiziert sie auf eine erdachte Gottheit. Diese falsche Idee seiner selbst ist für den Menschen aller Unglück Anfang. Darum – um des ganzen Menschen willen – muss der Atheismus die neue Religion des Menschen sein.

Der Kampf gegen die Zerstückelung und gegen die Religion (in all ihrer Abstraktheit) lässt sich auch – in den Begriffen der (transzendentalen) Ästhetik der Praxis – auf eine Beschäftigung mit der Allegorie als Gegenbild des Symbols und der ihn kennzeichnenden Einheit von Wahrnehmung und Wandlung zurückführen; solch eine Zurückführung hat Benjamin in seinem Barockbuch vorgeschlagen, wie ich noch demonstrieren werde. In seinem Essay über die Judenfrage nennt Marx die bürgerliche Gesellschaft im Klartext das Reich der Allegorien,[23] während Kierkegaard, worauf ich ausführlicher eingehe, in *Eine literarische Anzeige* (*En literair Anmeldelse*, 1846) Hegel als ein Symptom der Epoche allgemeiner Nivellierung und der Auflösung in Abstraktheit abserviert. Stell dir eine Zeichnung vor, auf der die ausschließlich aus Stechmücken bestehende Menschheit zu sehen ist, die sich spätabends, schwarz auf weiß, um eine Lampe zusammenballt, nachdem die Eule der Minerva ihren Flug begonnen hat, sodass ihr Versteck jetzt leer ist. Diese Lampe ist eine oder *die* Allegorie, denn sie trägt die Überschrift ‚Abstraktion'.

---

22 Siehe das Romantik-Kapitel.

23 Karl Marks, „Zur Judenfrage", Marx, Engels, *Werke*, Bd. 1, 370.

8.1. Kierkegaards Tragödientheorie und die kritische Theorie

Kierkegaards Rolle für die moderne kritische Theorie, vor allem mit Blick auf ihren tragödientheoretischen Aspekt, lässt sich am deutlichsten anhand des Buchs beobachten, das der sechsundzwanzigjährige Theodor W. Adorno 1933 veröffentlichte. In *Kierkegaard. Konstruktion des Ästhetischen* sieht der Leser heute eine ‚Dekonstruktion des Ästhetischen', da der Autor Kierkegaards Gedanken gegen sich selbst wendet, sodass in der erfolgenden Katastrophe, in der der Aufbau der Argumentation und die Logik der ‚Sphären' des menschlichen Lebens zusammenbrechen, die ‚Hoffnung' erscheint – heller als irgendwann später bei Adorno – obgleich schon hier ephemerisch. Oder andersrum: In Adornos Habilitationsschrift, deren Betreuer Paul Tillich war, bedient sich der kritische Gedanke all dessen, was er von Kierkegaard gelernt hat, um Kierkegaard zu bekämpfen. Statt diskrete Sphären auf dem dunklen Himmel auszubreiten, konstruiert Adorno eine Korrelation zwischen Kierkegaard und György Lukács (sowohl dem jungen, total von Kierkegaard beeinflussten Autor von *Die Seele und die Formen*,[24] als auch dem Verfasser von *Geschichte und Klassenbewusstsein*), Walter Benjamin, Siegfried Kracauer („Meinem Freunde Siegfried Kracauer" widmete Adorno die *Konstruktion des Ästhetischen* – im Gegenzug für Kracauers Widmung seines – laut dem Untertitel – „philosophischen Traktats" *Der Detektiv-Roman* (1925)[25] „Theodor W. Adorno, meinem Freunde"; hier übertrug Kracauer Kierkegaards Sphären-Schema auf die dargestellte Welt des Krimis), und last but not least Ernst Bloch, der die für die kritische Tragödientheorie bahnbrechende Verbindung zwischen Kierkegaard – der hier von Mozarts Don Giovanni, dem Helden von Kierkegaards Sphäre des Ästhetischen,[26] repräsentiert wird – und Hölderlins Kommentaren zu *Ödipus dem Tyrann* und *Antigone* hergestellt hat. So wie die Unterwelt bei Hölderlins Sophokles durch die Zäsuren – die Auftritte des Teiresias – in die Handlung einbrach, so bricht auch Don Giovannis Jetzt der Wollust in den Verlauf des Gewöhnlichen ein:

---

24 Jürgen Thaler, *Dramatische Seelen. Tragödientheorien im frühen zwanzigsten Jahrhundert* (Bielefeld: Aisthesis, 2003), 102, zitiert Lukács Brief von 21.11.1911 an Paul Ernst (den Helden des Tragödie-Essays aus *Die Seele und die Formen* (ebenfalls 1911)). In diesem Brief riet Lukács dem Dichter, dass er dessen Tragödie *Ariadne auf Naxos* so umgestaltet, damit sich das Recht und die Ethik als Vorletztes in Bezug auf etwas Göttliches entpuppen – ganz im Sinne von Kierkegaards super-ethischer Religion.

25 Als ein Ganzes wurde das Werk erst posthum publiziert.

26 Siehe die Einleitung.

> Don Giovanni verführt durchaus als Schöpfer der Wollust, treibt nicht nur das Metier seines Charakters identisch bis ans Ende, wie alle tragischen Personen, sondern dieser Charakter setzte ebenso zugleich ein Ungeheureres, Gott wenigstens als Fetisch des kurzen erotischen Jetzt. Urkraft bricht wieder in die bekannte Welt ein; es ist tragisch gleich, ob diese Urkraft als Wolf oder als Prophet in die Welt einbricht, ins Gedächtnis der Halbheitern, also die bereits bekannten Kulturzusammenhänge: Sie hat ihr Unbekanntes, noch nicht Gestelltes für sich, ihre Größe, ja eben die Lehre, dass im Subjekt noch nicht aller Tage Abend ist, und folglich ihre tragisch ebenso jubelnde Gewalt.[27]

So schloss Bloch Kierkegaard an sein eigenes kritisches Denken an: Die zwei Leerstellen der Zeit – die tragische Zäsur und der Orgasmus – greifen ineinander, sodass Don Giovanni (und nicht Il Commendatore) sich mit Sophokles' Teiresias überlappt. Sein Katalog der Frauen ähnelt dem Buche der Toten, über deren Erscheinen Teiresias entscheidet.

Die Konstellation von Kierkegaard, Kracauer, Bloch, Benjamin und Adorno nimmt gegenüber dem Ort, dem Heidegger und Jaspers sowie die Dezisionisten Carl Schmitt und Emanuel Hirsch, Kierkegaards Übersetzer und Kommentator, angehörten, den Gegenpol des ideengeschichtlichen Himmels ein.[28] Adornos Buch beweist, indem es fast alle zentralen Thesen seiner älteren Kollegen – Bloch, Kracauer und Benjamin – in Kierkegaards Schriften findet oder projiziert, dass das kritische Denken des 20. Jahrhunderts nicht ohne eine ambivalente Relation mit Kierkegaard möglich gewesen wäre. Sogar Jürgen Habermas musste rituell Kierkegaard preisen, obschon nichts so sehr an Kierkegaards ‚Geschwätz' erinnert als Habermas' Theorie der kommunikativen Handlung.[29] Mit Kierkegaards explizit erzkonservativen Denkfiguren konnte der große Mann beschwört werden, der dem Parlamentsgeschwätz ein Ende setzt. Adornos Buch erschien im Buchhandel am Tag Hitlers Machtergreifung.[30]

---

27 Zit. nach Thaler, *Dramatische Seelen*, 41.

28 Zur Person von Hirsch siehe Marcia Morgan, *Adorno's Reception of Kierkegaard*, http://www.sorenkierkegaard.nl/artikelen/Engels/095.%20Adorno's%20reception%20of%20kierkegaard.pdf [12.08.2017].

29 Jürgen Habermas, *The New Conservatism: Cultural Criticism and the Historians' Debate* (*Studies in Contemporary German Social Thought*) (Cambridge: CUP, 1989), 251.

30 Walter Kühlmann (Hg.), *Killy-Literaturlexikon. Autoren und Werke des deutschsprachigen Kulturraums* (Berlin, New York: De Gruyter, 2008), Bd. 1, 39; eine vollständige und zuverlässige Darstellung von Adornos Beschäftigung mit Kierkegaard ist Peter Šajda, „Tracing the Trajectory of Kierkegaard's Unintended Triumphs and Defeats", Jon Steward (Hg.), *Kierkegaard's Influence on Philosophy. Kierkegaard Research: Sources, Reception and Resources, vol 11* (Farnham, Burlington: Ashgate, 2012), Bd. 1, 3-48; der Sammelband enthält auch unter anderem die Aufsätze von Joseph Westfall über Walter Benjamin (49-66) und Alina Vaisfeld über Ernst Bloch (67-84).

In seinem Buch legt Adorno dar, dass Kierkegaards deklarierte Ästhetik – unabhängig davon, ob er über ästhetische Gegenstände, eine der Sphären des Lebens, das Leben eines Ästheten spricht oder ob er die Art und Weise abwägt, auf die das philosophische Mitteilen stattfinden kann (KK 24-25) – seinem eigenen Schreiben, seiner Praxis als Autor, nicht gerecht werden kann (KK 13) und eben nur in dieser Praxis wirkt die Philosophie erlösend. Kierkegaards ästhetische Überlegungen überschreiten nicht die Grenzen des Hegelschen Diskurses, ja die Grenzen werden verengt, wenn der Kultus der Innerlichkeit Hegels Entäußerung (Selbstinszenierung des Geistes) blockiert und Kierkegaard in den Normativismus des 18. Jahrhunderts verfällt (je innerlicher, desto besser, KK 30-31), wobei Kierkegaard den Normativismus nicht zu parodieren vermag, wie dies Friedrich Schlegel getan hatte, der in seine frühromantischen Fragmenten solange mit den Definitionen jonglierte, bis er bei den Lesern Schwindel erregte; der Schwindel erinnerte an den aus der Konfrontation des Endlichen mit dem Unendlichen entstandenen. Im besten Fall betreibt Kierkegaard laut Adorno eine rückständige Ästhetik, die streng zwischen Form und Inhalt unterscheidet; auch wenn er die Komik und die Tragik (das ‚Pathos') in Anbetracht des Widerspruchs zusammenführt (KK 27) oder (das ist nicht mehr Adornos Bemäkelung, sondern meine) wenn Kierkegaard zu glauben scheint, dass die Aufgabe des Kritikers im Verfassen langer, langweiliger Zusammenfassungen von Werken besteht; ebenso verfährt er in *Eine literarische Anzeige*.

Adornos Verachtung gegenüber Kierkegaards expliziter Ästhetik tarnt offensichtlich – laut der Volkspsychoanalyse des Westens – die Abhängigkeit seiner eigenen Theoreme von Kierkegaard. In diesem Kapitel werde ich demonstrieren, dass Kierkegaards Reflexionen über die Tragödie und die Posse die kritische Theorie direkt und entscheidend beeinflussten. Adornos Behauptungen zuwider waren gerade die Ergebnisse von Kierkegaards ästhetischen Forschungen für die kritische Theorie entscheidend – und nicht die stilistische Manier, die schon in den 1930ern peinlich erscheinen musste. Alles oder fast alles, was Adorno in Kierkegaards Schreiben findet, um es dann der expliziten Ästhetik Kierkegaards gegenüberzustellen, wurde sowieso schon im Klartext in dem Dialog, den die Pseudonyme in Kierkegaards kritischer Prosa führen, gesagt. Um im dialogischen Kierkegaard etwas zu finden, was er dem zum Monologisieren gezwungenen Kierkegaard-Strohmann gegenüberstellen kann, bedient sich Adorno der Prozeduren der destruktiven Kritik, die Walter Benjamin in seinem Essay über Goethes *Wahlverwandtschaften* (1924/25) und im *Ursprung des Deutschen Trauerspiels* (1928) ausarbeitete,[31] obschon Adorno nicht erwähnt, dass Benjamins Theorie der Allegorie – unter

31 So schon Kraucauer in „Der Enthüllte Kierkegaard", 265.

anderem, aber in entscheidendem Grade – eine ‚Potenzierung' der historisch-gesellschaftlichen Prozesse, die Kierkegaard in *Eine literarische Anzeige* (1846) beschreibt – der Nivellierung der Individualität, der Entstehung des ‚Publikums' mit seinem ‚Geschwätz' – ist; hinzu kommt noch die Zeitlichkeit der Angst, die Kierkegaard im *Begriff Angst* beschrieb und die Hölderlins Zäsur ähnelt. Die wichtigste Inspirationsquelle für Adorno war zweifelsohne Benjamins *Ursprung des deutschen Trauerspiels*. In dieser Arbeit wird das barocke Trauerspiel der griechischen Tragödie gegenüberstellt – genau diese Konfrontation überträgt Adorno auf Kierkegaards Werk, wenn er die Praxis gegen die Theorie aufwiegelt, sodass die Theorie zur Selbsttäuschung des Schriftstellers wird. Kierkegaard habe geglaubt, eine symbolische und tragische Kunst betrieben zu haben, während er in Wirklichkeit Formen schuf, die an allegorische Trauerspiele erinnerten.

In der expliziten Ästhetik Kierkegaards erkennen die Lesenden leicht die idealistische Ästhetik der griechischen Tragödie wieder, die Benjamin mit den Werkzeugen der Idealisten und des jungen Lukács, der unter enormem Einfluss seitens Kierkegaards stand, präparierte. Die von der zerstörenden und rettenden Kritik gefundene Ästhetik, die Kierkegaards literarisches Genie geschaffen hat und die dabei aber seiner eigenen Aufmerksamkeit entgangen ist, entspräche hingegen Benjamins Trauerspiel. Die griechische Tragödie – im Kontext von Benjamins Theorie doppelt-gemoppelt, da die Tragödie nur griechisch sein kann – beruht auf einer Opferideologie: genauso ist das Opfer die zentrale Figur bei Kierkegaard und in allen Abwandlungen des slavischen Messianismus. Zu der Zeit, als Kierkegaard über die Figuren nachdachte, die ich in diesem Kapitel analysiere, trug Mickiewicz, von Franz von Baader tief beeindruckt, am Collège de France vor, dass der Mensch keine, auch nicht die kleinste Tat vollbringen könne, ohne ein Opfer zu erbringen.[32] Die 1840er Jahre standen unter dem Stern des Opfers; vielleicht war es eine Konstellation von Tat und Leiden, die durch das Medium der Selbstaufopferung vermittelt werden sollten. Dies suggeriert Kierkegaards explizite Tragödientheorie.

Bei Kierkegaard wird die Vernunft, wie beim späten Schelling, der Positivität des Glaubens aufgeopfert, im sozialen Denken wird das Martyrium fetischisiert. Der Limes der Form des Trauerspiels wäre das Opfer, das eben damit als unerreichbares Phantasma gesetzt wird. Indem Adorno Benjamins Zweiteilung von Tragödie und Trauerspiel übernahm, polemisierte er nicht

32 Ryszard Zajączkowski, „Auf den Wegen der heiligen Revolution. Franz von Baader und Adam Mickiewicz", Eva Mazur-Keblowski, Urlich Ott (Hg.), *Adam Mickiewicz und die Deutschen: eine Tagung im Deutschen Literaturarchiv Marbach am Neckar* (Wiesbaden: Harrassowitz, 2000), 131.

nur gegen das Zerrbild der idealistischen Ästhetik, die in den Lehrbüchern versteinert war, sondern auch gegen Lukács, der sich, Lucien Goldmanns Behauptungen zum Trotz, in *Geschichte und Klassenbewusstsein* nicht von der Opferideologie befreit hatte[33] – einer Opferideologie idealistischer oder romantischer Abstammung oder einer, die unmittelbar von Kierkegaard zu ihm kam.[34] Der Leitstern für Benjamin und Adorno war der direkt gegen Lukács gerichtete Exkurs über die Tragödie, der in beiden Fassungen von Ernst Blochs *Geist der Utopie* (1918, 1823) enthalten ist.[35] Während Lukács in seinem einflussreichen Paul-Ernst-Essay aus *Die Seele und die Formen* (1911) die tragische Form als das Schauspiel für Gott bezeichnete, dem die ewigen Essenzen aller Dinge präsentiert werden,[36] behauptete Bloch, dass diese Qualität des Essenziellen, die an den tragischen Darstellungen auffällt, nicht in Präsentation extrazeitlicher Ideen (bzw. ‚Werten'), sondern in der entzündlichen Konzentrierung der historischen Zeit bestehe, in der eine jede Tragödie verfasst wurde. Ein Denkbild oder das anschauliche Modell der Tragödie skizziert Bloch als Gegenentwurf gegen den Realismus (Platonismus) Lukács':

> [Die Tragödie] ist keine hermetische Retorte, in der sich die Essenzen des Lebens ungestört ordnen und Metaphysik auf Abschlag bilden können, nichts durchdringende Enklave von reinlichster Metaphysik mitten im Weltprozess. Sondern man erkennt in der Tragödie jene gleichsam sauerstoffreichste, verdichtete, wohl gedichtete Stelle im Prozess, die das wirkliche, äußerlich-innerliche Leben, die verwirklichende Moral, den apokalyptischen Kern selber und nicht nur sein virtuelles Symbolbild stärker aufglühen lässt, weshalb eben die Tragödie völlig im Gegensatz zur übrigen Kunst nicht so sehr die Ichbegegnung als die Hemmnisbegegnung, die Satansbegegnung aus den Gründen der drohenden realen, absoluten Ichbegegnung darstellen kann.[37]

Das Utopische, das in der Tragödie reflektiert wird, überträgt Bloch aus dem Himmel der Ideen (bzw. dem Bereich der geltenden Werten) in den Weltprozess (ins Sein). Diese Annahme, die Tragödie habe die Kapazität, die eigene Epoche und zugleich die nicht metaphysischen Heilsmöglichkeiten

33 Lucien Goldmann, *Lukács und Heidegger. Nachgelassene Fragmente*, hg. von Youssef Ishaghpour (Darmstadt, Neuwied: Luchterhand, 1975), 94-95.

34 György Lukács, *Geschichte und Klassenbewusstsein, Werke* (Neuwied, Berlin: Luchterhand, 1968), Bd. 2, 216-217.

35 Ernst Bloch, *Geist der Utopie* (München, Leipzig: Duncker und Humboldt, 1918), 67-77 („Zur Theorie des Dramas").

36 György Lukács, „Metaphysik der Tragödie: Paul Ernst", *Die Seele und die Formen* (Berlin: Fleischel, 1911), 337-350.

37 Bloch, *Geist der Utopie*, 71.

zu mediatisieren, haben Benjamin und Adorno von Bloch übernommen und auch auf das allegorische Trauerspiel angewandt.

So lässt sich das Milieu kursorisch rekonstruieren, in dem sich Adornos kritisches Vorhaben bildete und sich seine Ausführungen entwickelte. Dieses Vorhaben gegenüber Kierkegaard fasst Adorno folgendermaßen zusammen:

> Wo seine Philosophie, im Selbstbewusstsein ihres mythischen Scheins, ‚ästhetische' Bestimmungen trifft, kommt sie der Realität am nächsten: der eigenen des Standes objektloser Innerlichkeit ebenso wohl wie der der fremden Dingen ihr gegenüber. [...] Wo aber seine Philosophie im Namen von Existenz den Stand objektloser Innerlichkeit und mythischer Beschwörung als substantielle Wirklichkeit versteht, verfällt sie dem Schein, den sie in der Tiefe der Versenkung leugnet. Schein, der in der Ferne der Bilder dem Denken als Gestirn der Versöhnung strahlt: im Abgrund der Innerlichkeit brennt er als verzehrendes Feuer. (KK 97-98)

> Die Sphärenordnung kehrt sich um. Wo Kierkegaard nichts vermutet als Diskontinuität und Kontingenz der vollendeten Schwermut, dort heftet sich der Naturtrieb, ist ihm selbst Erfüllung versagt, an die Namen seiner Gegenstände, und nirgends in seiner Philosophie insistiert Hoffnung hartnäckiger als in den ästhetischen Diapsalmen [die den ersten Band von *Entweder – Oder* eröffnen – M.M.], deren Vereinzelung, nach seinem Sphärenplan, doch daher rührt, dass dem Ästhetischen die Kontinuität nicht gelingen kann. (KK 176)

Kierkegaards Arbeiten, von denen Adorno und seine Kritiklehrmeister am meisten lernten, sodass sie mit Hilfe dieses Wissens Kierkegaards Texte aufzuspalten wussten, waren diejenige, die die Tragödientheorie enthalten. In geringerem Maße inspirierte sie aber die Arbeit, die als erste, quasi automatisch einfällt, wenn man ‚Kierkegaard' und ‚Tragödie' Seite an Seite denkt, eben *Furcht und Zittern* (*Frygt og Bæven*, 1843), in der der tragische Stoff explizit mit dem biblischen zusammengestellt wird, sodass das Schweigen von Agamemnon und Abraham, Wassermann und Hiob behandelt werden konnte; Kierkegaards Beschreibung des tragischen Schweigens beeinflusste vor allem Franz Rosenzweig, aus dessen *Stern der Erlösung*[38] Walter Benjamin seine Vision der griechischen, heidnischen Tragödie ableitete,[39] die im Schweigen des Helden kulminiert, einem Schweigen, das den Raum einer anderen, verklärten, erlösten Sprache quasi prophetisch verkündet. Auch die Universitätsaltphilologie wurde von Kierkegaards tragischem Schweigen

38 Franz Rosenzweig, *Der Stern der Erlösung* (Frankfurt am Main: Kaufmann, 1921), 94-106.

39 Walter Benjamin, *Ursprung des deutschen Trauerspiels, Gesammelte Schriften*, hg. von Rolf Tiedemann (Frankfurt am Main: Suhrkamp, 1991), Bd. 1, 286-289.

ergriffen – beispielsweise Stefan Srebrny,[40] der neben Tadeusz Zieliński das Interesse am klassischen Altertum in St. Petersburg am Vorabend der Entstehung der modernen Literaturtheorie weckte. – Die kritischen Denker wählten aber andere Vorbilder als den schweigenden Agamemnon oder den schweigenden Abraham (dem anderen Helden von *Furcht und Zittern,* dem Wassermensch, der zwischen der Menschheit und der Natur changiert, schenkt Adorno dagegen im entscheidenden Moment seiner Arbeit Aufmerksamkeit; siehe unten). Eine wichtigere Inspirationsquelle für die propagierte und angewandte Ästhetik der kritischen Theorie – ich möchte eine These aufstellen – waren drei andere Arbeiten Kierkegaards, die die Tragödientheorie betreffen, vor allem der Essay *Der Reflex des Antik-Tragischen in dem Modern-Tragischen,* der einen Teil von *Entweder-Oder. Ein Lebensfragment, herausgegeben von Victor Eremita* ausmacht (*Enten-eller. Et Livs-Fragment, udgivet af Victor Eremita,* 1843). Mit dem *Reflex des Tragischen* dialogisiert er die *Wiederholung* (*Gjentagelsen,* 1843), in der Kierkegaard die Posse bespricht. Eine Synthese des Tragischen und des Komischen bietet die etwas spätere Arbeit *Abschließende Unwissenschaftliche Nachschrift zu den Philosophischen Brocken* (*Afsluttende uvidenskabelig Efterskrift …,* 1848); hier ist die Theorie des Pathos und der Komik sowie des Humors zu finden, der als Inkognito der Religion das Pathos mit der Komik verbindet, damit das Ästhetische – bisher Höllische, weil Tantalische – errettet werden könne. Eine historiosophische Ästhetik des sozialen Lebens – ganz im Sinne von August Cieszkowski, Karol Libelt oder Edward Dembowski – wurde größtenteils in Kierkegaards anderen Texten zur Literatur formuliert und zwar als eine Theorie der sozialen Allegorie (moderne Sozialisierung als Allegorisieren). Es handelt sich freilich um die schon erwähnte *Literarische Anzeige* (*En literair Anmeldelse,* 1846) sowie um *Über meine Wirksamkeit als Schriftsteller* (*Synspunktet for min Forfatter-Virksomhed* 1848/59). In diesen Texten, die Fragen (und Antworten) der literarischen Ästhetik ausdrücklich formulieren, findet man Vorboten der fünf Grundverfahren der kritischen Theorie, die auch zu der Zeit wirksam waren, als Adorno Kierkegaard im Namen der angeblich nicht formulierten, sondern betriebenen Ästhetik zerlegte.

Lassen Sie mich diese fünf Verfahren kurz anführen und ihren konzeptuellen Aufbau kursorisch vorstellen, bevor ich sie weiter am Beispiel von Adornos Re- und Dekonstruktion von Kierkegaards Schaffen ausführlich darstelle. Das erste Verfahren besteht im Konfrontieren des Antiktragischen mit der Moderne

40 Danuta Ulicka, „Spekulative Geschichtsschreibung", *Die Welt der Slaven* 2016, LXI, 13: „Srebrny verstand es auch meisterhaft, das Verschwiegene und die Pausen aus dem Text herauszulesen."

und der modernen Trauer, wobei die Trauer eine Essenz (ein Medium) der Moderne in dem von Bloch vorgeschlagenen Sinne ist: Solch eine Gegenüberstellung von Tragik und Trauer bildet die Grundlage von Benjamins Trauerspielbuch, dem Meisterwerk des kritischen Denkens im 20. Jahrhundert. Die Konfrontation der antiken mit der modernen Tragödie war wohlgemerkt keine Erfindung Benjamins, auch keine von Kierkegaard, dem Autor von „Reflex des Antik-Tragischen im Modern-Tragischen". Letzterer hatte aber dieser Gegenüberstellung einen modernen Twist gegeben. Während seine Vorläufer Schiller, Schelling, Hegel oder die Frühromantiker sich auf die Freiheit und die Verwurzelung des tragischen Helden, auf das Einzelne und das Allgemeine, kurz – auf die Konstruktion des das Allgemeine mit dem Einzelnen vermittelnden Syllogismus konzentrierten, bewertete Kierkegaard das Ziel der Tragödie neu. Das Ergebnis der Tragödie war nicht mehr die logische ‚Versöhnung' des Einzelnen und des Allgemeinen im Medium des wahren Individuellen, das die Allgemeinheit und die Einmaligkeit vermittelt, sondern ein Affekt. Ein Affekt darüber hinaus, der der syllogistischen Vermittlung ausweicht und damit eine ganz andere Individualität verspricht (und folglich eine andere Gemeinde). Die Konfrontation zweier Tragödienarten präsentierte demgemäß zwei Affekte – das naive ‚Leid' und den sentimentalistischen ‚Schmerz', der eine Reflexion über das Leid ist. Benjamins Theorie des Trauer-Spiels beruht auf einem geistesverwandten Schema, laut dem der Affekt die Wesensdarstellung ersetzt, wobei Kierkegaards Beschreibung der dem Verfasser gegenwärtigen Epoche der Revolutionskomitees bei Benjamin in seine Beschreibung der vorgestellten Welt des Trauerspiels abgewandelt wurde.

Zweitens kann Kierkegaard gerade in den Texten zu Tragödie und Tragik der Notwendigkeit nicht entgehen, eine unmittelbare Verbindung zwischen dem Religiösen und dem Ästhetischen herzustellen: die Verknüpfung dieser beiden wird der Eschatologie zuteil. Das Investieren messianischer Hoffnungen in die Sphäre des Ästhetischen charakterisiert vorzüglich das kritische Denken des 20. Jahrhunderts; am wenigsten ziert sich Ernst Bloch in *Thomas Müntzer als Theologe der Revolution* aus dem Jahre 1921, wo er Kierkegaards Ausdrücke in das diesem verhasste revolutionäre Lager überführt, etwa: „die Seele bleibt wach, sie hält gerade in Furcht und Zittern an sich fest, und nur der darin tapfere, nüchterne Mensch wird selig."[41] Die Argumente dafür, dass die in der Kunst chiffrierte Erlösung auf keinen Fall in einem lächerlichen Ästhetizismus jenseits von Gut und Böse oder in einem Nirvana münden muss, wurden den

41 Ernst Bloch, *Thomas Münzer als Theologe der Revolution* (München: Wolf, 1921), 250.

kritischen Denkern von Herman Cohens *Ästhetik des reinen Gefühls* geliefert.[42] Cohen – die wichtigste Figur des Marburger Neukantianismus und einer der größten Philosophen der Wende zum 20. Jahrhundert, der Erfinder der modernen jüdischen Philosophie – kann als Bindeglied zwischen Immanuel Kants Kritizismus und dem kritischen Denken des frühen 20. Jahrhunderts betrachtet werden. Da Cohen sich in seinen späteren Schriften zur Religionsphilosophie von Kierkegaard inspirieren ließ, was vor allem in seiner Auffassung der attischen Tragödie als Negoziation von Kollektivschuld und Individuum bemerkbar ist (modellhaft in *Oresteia*), verhalf er seinen Lesern, den kritischen Denkern, auch an die andere, frühere Welle der Philosophie anzuknüpfen, die sich selbst als kritisch bezeichnete und nach Hegels Tod, vor allem in den 1840er Jahren, angeschwollen war (Bruno Bauer oder vor allem Ludwig Feuerbach mit seiner frühen Philosophie des Sinnlichen und des Dialogs).[43] Cohen zeigte, indem er die griechische Tragödie analysierte, wie die ethische Relation zwischen zwei Subjekten eine Vermittlung im ästhetischen Schein erfordert – in der Sphäre der gemeinschaftlich und sinnlich gestifteten und erlebten Fiktion. Die Ästhetik beweist sich nicht als Aufhebung des Ethischen, sondern als seine Bedingung oder mehr noch: in Cohens Kategorien waren die Aufführungen der Tragödie in Athen und die Offenbarung des Rechts auf dem Sinai ihrem Sinn nach deckungsgleich.[44]

Kierkegaards Schweigen war doch ein anderes als das des moralischen Bewusstseins. War Kierkegaard jemals wirklich ein Verführer, dann nur in den Momenten, in denen er die Beziehung zwischen der ästhetischen und der religiösen Sphäre bestimmte. Diese Stellen wirken auf die Denker des 20. Jahrhunderts, die sich um Kierkegaard drehen, berauschend, wie zahlreiche von mir angeführten Passagen aus Adorno beweisen werden, wenn Adorno wie ein Dionysos oder eine Pythia klingt. Die offizielle Doktrin der *Stadien auf des Lebens Weg* (*Stadier paa Livets Ve*i, 1845) besagt, dass die Religion die Ästhetik und die Ethik aufhebt, sodass das aus der Ästhetik stammende Gefühl unendlicher Möglichkeiten (der Modus *posse*) aufbewahrt und auf das Sein, *esse*,

42 Herman Cohen, *Ästhetik des reinen Gefühls* (Berlin: Cassirer, 1912), Bd. 1, 186-187, 359-367, Bd. 2, 58-85.

43 Ludwig Feuerbach, „Grundsätze der Philosophie der Zukunft", *Kleine philosophische Schriften (1842-1845)* (Leipzig: Meiner, 1950), 169: „Die *wahre* Dialektik ist *kein Monolog des einsamen Denkers mit sich selbst*, sie ist ein *Dialog zwischen Ich und Du.*"

44 Das Schweigen, das Kierkegaard zum Hauptmerkmal der Tragödie (auch in *Entweder-Oder*) und zugleich zum Wesen des moralischen und des religiösen Bewusstseins machte, stand in Hegels *Phänomenologie des Geistes* als Emblem dem „moralischen Bewusstsein" zu, das auf Kant'sche Weise mit dem Gesetz verbunden war; der Geist dagegen wusste, sich mit Hilfe des Befehls und der Klage auszudrücken PD 479

bezogen wird.[45] Kierkegaard verteidigt offiziell die Trennung von Ästhetischem und Ethischem sowie die Trennung der Beiden von der Religion; sind es doch verschiedene Sphären. Das heißt aber, dass er die Gefahr ihrer Mischung wahrnimmt – dass sie, kurz gesagt, oft durcheinandergeraten. Im „Reflex des Antik-Tragischen …“ schimpft er über die komische und dumme Epoche, die im Theater Erbauung, in der Kirche ästhetische Anregungen sucht (AA 145). In der *Unwissenschaftlichen Nachschrift* … schürt er mit dem Bild eines Priester-Schauspielers Angst bei seinen Lesern und versucht, die Religion mit Hilfe des Paradoxons vor der Ästhetisierung zu schützen:

> Der Leser möge sich daran erinnern: die Offenbarung ist am Geheimnis kenntlich, die Seligkeit am Leiden, die Gewissheit des Glaubens an der Ungewissheit, die Leichtigkeit an der Schwierigkeit, die Wahrheit an der Absurdität; wird das nicht festhalten, laufen das Ästhetische und Religiöse in eine gemeinsame Verwirrung zusammen. (UN 612)

Nur dass die Tragödie, obwohl sie in die Sphäre der Ästhetik gehört, von Kierkegaard mit Paradoxa bestimmt wird, die die Natur der Religion beschreiben. Das Handeln in der Tragödie stellt sich als das Leiden heraus, die Aufführung des Dramas dient dem Wahren des Geheimnisses. (Rosenzweig formuliert das, was er bei Kierkegaard las, so um, dass nur die Entdeckung des Dramas erlaubt, in der Dichtung zu schweigen.[46]) Obwohl der Dichter nur im Bereich der Einbildungskraft lebe und erst die Religion die wesentliche Beziehung zur Idee und zur Wirklichkeit herzustellen erlaube, präsentierte – welch ein Wunder! – manch ein Schriftsteller, etwa die Autorin der Novelle *To Tidsaldre* (*Zwei Epochen*), der Kierkegaards *Eine literarische Anzeige* gewidmet ist, eine Weltanschauung, die ein *confinium* zwischen dem Ästhetischen und dem Religiösen ausbreitet: Diese „Alltagsgeschichte“ ist „nicht eine reine Verständigkeit […], sondern Verständigkeit, welche in der Überredung durch Gefühl und Phantasie gemildert und veredelt wird.“[47] So wie Kierkegaards theistische Religion das moralische Recht auf den Status der vorletzten Sache herabstuft, da Gott die endgültige Barmherzigkeit und Gerechtigkeit ist oder hat, verbindet

45 Vgl. Helmuth Vetter, *Stadien der Existenz. Eine Untersuchung zum Existenzbegriff Søren Kierkegaards* (Wien: Herder, 1977), passim.

46 Rosenzweig, *Stern der Erlösung*, 98-99: „Das Tragische hat sich gerade deshalb die Kunstform des Dramas geschaffen, um das Schweigen darstellen zu können. In der erzählenden Dichtung ist das Schweigen die Regel, die dramatische kennt im Gegenteil nur das Reden, und dadurch erst wird das Schweigen hier beredt.“

47 Søren Kierkegaard, *Eine literarische Anzeige, Gesammelte Werke*, übersetzt von Emmanuel Hirsch, hg. von Emmanuel Hirsch und Hayo Gerdes (Düsseldorf, Köln: Dietrich, 1954), 20; forthin zitiert direkt im Haupttext mit den Sigel LA.

auch die Tragödie die strenge Vaterliebe mit der Mutterliebe, wodurch sie um ein Element der Kontinuität bereichert wird (AA 163-164). Dies sind bei weitem nicht alle Paradoxa des Ästhetischen, obschon ihre Matrix – neben der Religion – die Tragödie bleibt: In der *Wiederholung* ist der Dichter eine Ausnahme, welche „den Übergang bildet zu den eigentlich aristokratischen Ausnahmen, den religiösen Ausnahmen",[48] wie etwa der Märtyrer und der Held, der als Einziger die moderne Welt erretten können. In der *Unwissenschaftlichen Nachschrift* kommentiert Kierkegaard hingegen die eigene *Wiederholung*, indem er im Klartext behauptet, dass das poetische Einzelne in sich ein Spiegelbild der Religion präsentiere – nicht mehr oder weniger als das Bild der Individualität. Darum kann der tragische (und andererseits komische) Jüngling aus der *Wiederholung* „die regelmäßige Flexion des Allgemeinen" für alle und ein Vorbild für jeden sein (UN 410).

Ein zuverlässiges Verbindungsglied zwischen dem Religiösen und dem Tragischen (*pars pro toto* dem Ästhetischen) ist die Katharsis. Von ihren aristotelischen Bestandteilen privilegiert Kierkegaard die Angst (Furcht) gegenüber dem Mitleid. Der erlösenden Wirkung der Angst, die namentlich die eigene Sündhaftigkeit und den Anteil an der Erbsünde bewusst macht, widmete Kierkegaard ein separates Büchlein:[49] Im *Begriff Angst* (*Begrebet Angest*, 1844) bestimmt Kierkegaard die Angst in den Begriffen der Tragödientheorie, obschon die Gattung selbst nicht explizit behandelt wird: Die Angst bezieht sich auf das Schicksal und auf die Relation zwischen dem Allgemeinen und dem Einzelnen, sie entspricht also der vermittelnden und bewusstmachenden Funktion der Tragödie bei Hegel. Die von Natur aus tragische Angst erinnert bei Kierkegaard des Weiteren an Leitbilder seiner Theologie, etwa die Erbsünde. Was Sophokles' *Antigone* zur Tragödie und nicht bloß zu einem interessanten Drama über die Wahl von Werten macht, ist eigentlich die Heredität ihrer Schuld – sie leidet für die Schuld ihres Vaters und seiner Ahnen. Indem Kierkegaard die moderne Tragik auf das Leben in der bürgerlichen Gesellschaft projiziert, spielt er auf die christliche Erbsünde an, eine zur tragischen vererbten Schuld (die berühmtesten Fälle sind die Sippen der Labdakiden und Tantaliden[50]) analoge Erscheinung, die den Unter-

48 Søren Kierkegaard, *Die Wiederholung. Drei Erbaulichen Reden, Gesammelte Werke*, 5. und 6. Abteilung, 94.

49 Søren Kierkegaard, *Der Begriff Angst, Gesammelte Werke*, Abt. 11/12.

50 In den Tragödien um die Person Ödipus und Orestes respektive. Die Literaturgeschichte aus der Epoche hob öfters die „Erbsünde" von Tantaliden und Labdakiden zum Wesen des Tragischen empor: „Tragisch an sich ist, was sich von der Urgeschichte der Griechen in ihren Gesängen und Lidern erhalten hat; [...] verhängnisvoll werden der Sohn und der Enkel dahingezogen, dass sie büßen müssen für das Vergehen des Ahnherrn, und

schied zwischen Handeln und Leiden verwischt und ein Sühneopfer verlangt (AA 146). Das Problem mit der entehrten Leiche von Antigones Bruder sollte für die alten Griechen kein *non plus ultra* gewesen sein; Sophokles' Tragödie erzählte vor allem – darin liegt ihr Reiz und ihre Anziehungskraft – über den Fluch, mit dem die ganze Sippe der Labdakiden belegt wurde (AA 149-150). Die griechische Vorstellung des Schicksals, die die formidablen Konstruktionen tragischer Fabeln generiert, scheint Kierkegaard eine ästhetisch verdunkelte Erfahrung des Sündenfalls zu enthalten, ungefähr so wie die Ironie Sokrates' denen eine Vorahnung der christlichen Innerlichkeit schenkte, die sie haben konnten.

Den größeren Teil des Essays zur Tragödie aus dem ersten Band von *Entweder-Oder* widmet Kierkegaard dem Lavieren zwischen dem Pelagianismus der Moderne, die nur die ästhetische und rechtliche Verantwortung von Individuen für ihre eigenen Taten kennt, und der tragischen sowie der religiösen Kollektivschuld. Freilich widerspricht er sich, wie so oft, selbst, indem er an einer anderen Stelle behauptet, dass Jehova trotz allem allzu ethisch sei, als dass seine Urteile gegen Generationen für einen Tragiker ebenso interessant sein könnten wie das Vorgehen griechischer, *par excellence* ästhetischer Götter. An einer Stelle behauptet er, dass die Kreuzigung Christi die tiefste Tragödie, an einer anderen dagegen keine Tragödie, sondern Religion sei (AA 144, 147). Doch eines ist sicher: Die Tragödie führt zur Katharsis, und die affektiv-ästhetische Erschütterung des Individuums ist – liest man in *Eine literarische Anzeige* – immer geistigen Charakters, darum bringt die Weltanschauung der von Kierkegaard rezensierten *Zwei Epochen* Linderung und Heilung, die – so stellt sich das uns dar – der Endeffekt der Katharsis sind: „Eine geistige Erschütterung der Individualität ist ohne weiteres ein Zeichen für die entscheidenden religiösen Bestimmungen" (LA 21). In der Epoche, in der es nicht möglich sei, ein wahrer Christ zu sein, da die offizielle christliche Religion es verhindere, könnte vielleicht die Tragödie (würde sie sich erneuern lassen) die eigentliche Quelle geistiger Erschütterungen und Offenbarungen sein: „In dem Tragischen liegt eine Wehmut und zugleich eine Heilkraft, die man fürwahr nicht verschmähen sollte; und während man auf so un- und übernatürliche

so schießen sich ganze Reihen von Vergehungen und Gewalttaten an einander, die zum Teil nicht eher aufhören, als bis der ganzige Stamm vertilgt ist; zum Teil auch erst, nach langen Leiden, durch den letzten Spross des Hauses abgebüßt werden. Wem fallen hier nicht die Vergehungen des Hauses der Tantaliden und der Labdakiden ein, welche den tragischen Dichtern einen so reichhaltigen Stoff darboten?" (Gottlieb Christian Friedrich Mohnike, *Geschichte der Literatur der Griechen und Römer* (Greifswalt: Mauritius, 1813), Bd. 1, 351-352).

Weise, wie unsre Zeit es versucht, sich selbst (sein Sittliches Ideal) gewinnen will, verliert man sich selbst, und man wird einfach komisch“ (AA 141).

Die dritte Denkfigur von Kierkegaards Tragödientheorie, die die kritische Theorie des 20. Jahrhundert mitgestaltete, war diejenige, in der die Architektonik des Schreibens mit der Sendung, der proleptisch angenommenen praktischen und affektiven Reaktion des Lesers, zu einem Ganzen verschmilzt. Hier haben wir es mit einem klaren Fall zu tun, in dem die philosophische Ausführung den Vorrang von *dispostio* und *elocutio* gegenüber *inventio* postuliert; diese Konstruktion des Ästhetischen ist von der Tragödie geliehen, wie sie Kierkegaard beschrieb. Kracauer, Ernst Bloch, Walter Benjamin und Theodor W. Adorno wiesen in ihrer Argumentationsentwicklung und -präsentation eine Vorliebe für eine tragisch-ähnliche (wie Kierkegaard die Tragödie verstand) Form der Narration auf. Beinahe über den ganzen Umfang ihrer Ausführungen verdichten sie das Grauen, um ganz am Ende oder sogar nach dem Ende eine unmögliche und unabdingliche Hoffnung im Augenblick flimmern zu lassen. Diese von den nachhegelschen Lektüren der griechischen Tragiker geliehene Form der in der Nachhandlung schimmernden Versöhnung eignet sich sehr gut für das kritische Denken: Sie erlaubt, gnadenlos und ohne Illusionen das Grauen der Zeit, in der der Leser lebt, zu entdecken, um am Ende eine Rakete abzufeuern, deren Nachbild unter dem Augenlid als Leitstern aufleuchtet; dieses rekurrierende Bild der Rakete werden wir noch mehrmals zitieren. Die kritischen Denker der ersten Hälfte des 20. Jahrhunderts erlernten dieses Bild und das Verfahren, für das es steht, von Kierkegaard, indem sie Kierkegaard gegen Kierkegaard wandten, weil dessen Philosophie des ‚Augenblicks‘,[51] die beschreibt, wie die Ewigkeit in die Zeit einbricht, in einer entzauberten Welt unredlich klang. Eine unmittelbare Offenbarung oder Beschwörung des Heiligen irritiert Adorno und seine älteren Kollegen Kracauer und Benjamin. Gerade im Fehlen des offenen Bekenntnischarakters liegt die Überlegenheit des ästhetischen Augenblicks gegenüber dem ‚christlichen‘. Kierkegaard beschrieb den ästhetischen Augenblick in seinem Essay zu Mozarts Don Juan aus *Entweder-Oder* (dieser Augenblick wurde dann von Ernst Bloch mit Hölderlins Zäsur in Verbindung gebracht). Mozart führt laut Kierkegaard sein Publikum in

51 Freilich ist eine wichtige Quelle *Die Krankheit zum Tode*, ein Büchlein, das der Verzweiflung gewidmet ist (Søren Kierkegaard, *Die Krankheit zum Tode. Der Hohepriester – der Zöllner – die Sünderin, Gesammelte Werke*, 24. und 25. Abteilung). An dieser Stelle geht es mir aber um die Form des Diskurses und die Philosophie des Augenblicks überträgt sich in die Form, die die Kontinuität und den Abbruch vermitteln könnte, während die Philosophie der Verzweiflung lediglich das Material dem Schreiben liefern oder den allegorischen Stil motivieren kann.

> jene Ewigkeit ein, welche nicht außerhalb der Zeit liegt, sondern mitten in ihr, welche auch nicht durch irgend einen Vorhang den Augen der Menschen verhüllt wird, in welche die Unsterblichen nicht sowohl ein für allemal aufgenommen sind, als vielmehr beständig aufgenommen werden, während das lebende Geschlecht vor ihnen vorüber wandelt und die Augen zu ihnen erhebt, in ihrem Anblicke sich glücklich fühlt, und so zu Grabe geht, worauf das folgende Geschlecht wiederum durch ihr Anschauen gehoben und verklärt wird. Mit seinem Don Juan tritt er in die Kreise jener Unsterblichen, jener sichtbar Verklärten ein, welche keine Wolke den Augen der Menschen entzieht; durch Don Juan steht er in der vordersten Reihe. (AA 55)

Adorno greift eifrig das Motiv von Don Juan auf (KK 164), aber er ermuntert seinen Leser keineswegs, in der Sphäre des ungesättigten Begehrens zu bleiben, da die Zeit der reinen Sinnlichkeit sehr eng mit der höllischen Langeweile und der ewigen Wiederholung des Gleichen verwandt sein kann. Nachdem Bloch in *Geist der Utopie* die Ewigkeit des ephemerischen Don Juan in die Zeit einspannte und ihn in der Zäsur – dem für die gefühlte Kontinuität der Zeit notwendigen Einbruch der Unterwelt – platzierte, gewann Don Juan einen entschieden transgressiven Charakter – vor allem im Kontext der dürren Zwischenkriegszeit. Wir haben aber gesehen, dass Don Juan bei Bloch in Richtung Tragödie verschoben ist, weil sein Charakter dem griechischen Ethos und seine Lebenssphäre dem Hades entsprechen.

Noch versprechender muss den kritischen Denkern also die dritte – nach der rein theologischen und der rein ästhetischen – Auffassung des Augenblicks bei Kierkegaard erschienen sein; der Augenblick war diesmal weder unmittelbar ästhetisch noch direkt religiös, sondern geradezu tragisch. Der Augenblick leuchtete im Moment des Todes der modernen Antigone in „Reflex des Antik-Tragischen im Modern-Tragischen" auf, dem dritten Kapitel von *Entweder-Oder*, das dem Essay über Mozarts *Don Juan* unmittelbar folgte. Unverkennbar ist der Moment von Antigones Tod bei Kierkegaard ein Reflex der Hegelschen Beschreibung dessen, wie der Aufgang der Tragödie als der höchsten Kunstform und des vollkommenen Ausdrucks der griechischen Lebensform mit dem Moment des Untergangs der griechischen Sittlichkeit zusammenfällt.[52] Kierkegaard steigert aber die Szene des Todes affektiv, sodass die Verschmelzung des Religiösen mit dem Ästhetischen auffällig wird; der ästhetische Affekt transzendiert sich selbst in Richtung des Religiösen. Kierkegaards tragischer Moment versucht auf keinen Fall mit der Mission zu beeindrucken, und doch scheint er viel direkter und zugleich vieldeutiger als sein Vorläufer bei Hegel auf eine Erlösung hinzudeuten.

---

52 Siehe das Hegel-Kapitel.

> Nur im Tode kann sie Frieden finden. So ist ihr Leben einmal dem Leide geweiht, und sie hat dem Unheil, welches drohend und verhängnisvoll sich vielleicht in die folgende Generation fortgepflanzt hätte, gleichsam eine Schranke, einen Damm entgegengestellt. Nur in ihrem letzten Augenblick kann sie die Innigkeit ihrer Liebe eingestehen, kann sie bekennen, dass sie ihm angehöre – also in dem Augenblicke, wenn sie ihm nicht mehr gehört. (AA 169)

Diese Antigone scheint wie die griechische Tragödie bei Hegel selbst zu sein, die das Wesentliche an der Sittlichkeit, für die sie steht, in dem Moment ausdrückt, als die Sittlichkeit ihr Bestehen unwiderruflich verloren hat und dem Verfall ausgesetzt ist. Zu dieser Hegelschen Spannung zwischen Entelechie und Untergang, die jedoch bei Kierkegaard christlich stilisiert wird, kommt bei Kierkegaard noch die Zeitlichkeit der Angst, die ich in diesem Kapitel noch ausführlicher beschreiben werde und die zusammen mit dem tragischen Augenblick eine kritische Philosophie der Zeitlichkeit und Geschichte im 20. Jahrhundert konditioniert oder verkündet.

An der vierten Stelle – nach den Spannungen von Antikem und Modernem, Religiösem und Ästhetischen, Hoffnungslosen und Vollkommenen – möchte ich noch ein esoterisches Motiv ansprechen, das einer exakten Beschreibung entweicht, obwohl es sich in der literaturgeschichtlichen Perspektive eines Jorge Luis Borges oder eines Harold Bloom ziemlich deutlich abzeichnet.[53] Um das Motiv aufzudecken, muss der Leser Kierkegaard durch die Vermittlung von Franz Kafka betrachten, der seinerseits Kierkegaard verehrte.[54] Kafka, selbst ein

53 Es war unvermeidlich, dass sich die zwei Meister des Einfluss-auf-die-Vergangenheit-Diskurses endlich in einem Buch treffen, in dem Harold Bloom beweisen würde, er habe seinen Vorläufer erfunden: Harold Bloom, *Jorge Luis Borges* (New York: Chelsea House, 2004).

54 Vgl. Der Tagebuchseintrag vom 21. August 1913 (https://homepage.univie.ac.at/werner.haas/1913/tb13-021.htm; Zugriff. 3.11.2018): „Ich habe heute Kierkegaard Buch des Richters bekommen. Wie ich es ahnte, ist sein Fall trotz wesentlicher Unterschiede dem meinen sehr ähnlich zumindest liegt er auf der gleichen Seite der Welt. Er bestätigt mich wie ein Freund. Ich entwerfe folgenden Brief an den Vater, den ich morgen wenn ich die Kraft habe, wegschicken will." Das mag heißen, dass Kafkas Auseinandersetzung mit der Familiären Erbsünde in Zeichen von Kierkegaards Tragödientheorie entstanden ist. Am 27. August 1916 schreibt Kafka an sich selbst: „Lass auch den unsinnigen Irrtum, dass Du Vergleiche anstellst, etwa mit Flaubert, Kierkegaard, Grillparzer. Das ist durchaus Knabenart. Als Glied in der Kette der Berechnungen sind die Beispiele gewiss zu brauchen oder vielmehr mit den ganzen Berechnungen unbrauchbar, einzeln in Vergleich gesetzt sind sie aber schon von vornherein unbrauchbar. Flaubert und Kierkegaard wussten ganz genau wie es mit ihnen stand, hatten den geraden Willen, das war nicht Berechnung, sondern Tat. Bei Dir aber eine ewige Folge von Berechnungen ein ungeheuerlicher Wellengang von 4 Jahren" (https://homepage.univie.ac.at/werner.haas/1916/tb16-018.htm; Zugriff 3.11.2015). Benjamin zitiert Willy Haas: „Kafka kommt [...]

Held der kritischen Theorie des 20. Jahrhunderts, verband die Dimensionen, die laut Adorno Kierkegaards Schriften zersprengten. Die Fragen, mit denen sich die Tragödie auseinandersetzte – etwa Recht und Schuld, Erbschuld – verschmelzen bei Kafka auf eine wunderbare Weise mit der Farce und der reinen Möglichkeit (Posse und *posse* aus Kierkegaards *Wiederholung* und *Unwissenschaftlicher Nachschrift*). Es reicht hierfür Sancho Pansa, Odradek, den gewünschten Indianer oder den Verurteilten aus der *Stafkolonie* und was er tut, wie er Faxen macht, wenn er errettet, obschon nicht für unschuldig erklärt wird, zu nennen,[55] oder auch das letzte Kapitel *Des Verschollenen* (*Amerika*), in dem das Gericht (die Institution, wahrscheinlich das Jüngste Gericht) mit dem Essen verschiedener Gerichte durch die Mitglieder des gargantuischen „Naturtheaters von Oklahoma" verflochten wird. Die nahtlose Verbindung der rein theatralen Albernheit mit der Tragik von Recht und Gerechtigkeit war für die kritischen Denker das schwierigste und das verführerischste Moment in Kafkas Schaffen, da hier eine nicht konfessionelle und allgemeine Erlösung schimmert; auch die Erlösung der tragischen Form selbst, die endlich nicht mehr als ein Bewusstwerden im Moment der Katastrophe oder als eine katastrophale Umsetzung der Theorie erscheinen musste. Die Katastrophe wird possenhaft ausgeladen. Das Opfer ist hier immer noch unentbehrlich und von Schönheit beschienen,[56] aber es erweckt in den Kritikern nicht den Enthusiasmus, den die Nietzschenisten und die Christen für das Opfer hegen; es sind schon andere Affekte. Was der kritischen Theorie als unerreichbares Ideal erschien, fand Kafka bei Kierkegaard.

Im Folgenden möchte ich diese vier hier genannten Punkte näher untersuchen.

8.2. Alte und neue Tragödie

Hegel überließ die Modernität dem Roman (Ä III 392-393), denn er hoffte, dass die Tragödie in einem Staat, in dem die bürgerliche Gesellschaft operiert, nicht auferstehen und die Geschichte damit einen Stillstand erreichen kann. Nur Feinde dieser Gesellschaft sehnten sich nach der Wiedergeburt der Tragödie:

---

von Kierkegaard wie von Pascal, man kann ihn wohl den einzigen legitimen Enkel Kierkegaards und Pascals nennen. Alle drei habe das harte, blutig harte religiöse Grundmotiv: dass der Mensch immer im Unrecht ist vor Gott." (Benjamin, „Franz Kafka", *Gesammelte Schriften*, Bd. 2, 426).

55 Aus den Erzählungen „Die Wahrheit über Sancho Pansa", „Die Sorge des Hausvaters", „Wunsch, Indianer zu werden", „In der Strafkolonie".

56 Benjamin, „Franz Kafka", 413.

Słowacki, Norwid, Wagner, Nietzsche und Dostoevskij, welchen Lukács, Vjačeslav Ivanov und Tadeusz Zieliński als den neuen Tragiker stilisierten.[57]

Auch was die Präsenz der Tragödie in der Moderne anbelangt, rebellierte Kierkegaard gegen Hegel und die bürgerliche Gesellschaft, womit er nur seine Abhängigkeit von Hegel und der Gesellschaft, deren Sprecher Letzterer sein wollte, bestätigte. 1843 versuchte er im „Reflex des Antik-Tragischen in dem Modern-Tragischen", das Wesentliche an der antiken Tragödie in der Moderne aufzuspüren; er unternahm nämlich mit dieser Schrift „ein[en] Versuch, nachzuweisen, wie die Eigentümlichkeit des Antik-Tragischen sich in die moderne Tragik aufnehmen lasse, sodass in dieser das echt Tragische sich auspräge" (AA 136). Die Moderne tendiert aber zur Komik. Kierkegaards Beschreibung des Komischen der gegenwärtigen Gesellschaft ist schon wieder, wie so oft, Hegel verpflichtet, der in *Phänomenologie des Geistes* den Zerfall der griechischen Sittlichkeit als eine Zerstreuung der Gemeinschaft in ein komisches Aggregat von Individuen beschrieb.[58] Hegels hastige Beschreibung der griechischen Umstände in *Phänomenologie des Geistes* hinterlässt den Eindruck, die Aufführung der *Antigone* besiegelte oder beschleunigte das Zugrundegehen des klassischen Griechenlands, das der Welt von Aristophanes und Sokrates Platz machte: einer Welt der Menschen, die aus der Gemeinschaft in den zügellosen Individualismus hinausfallen. Das heißt, dass das bloß Subjektive nach dem Fall der Tragödie verabsolutiert wird. In den 1840er Jahren denkt Kierkegaard darüber nach, wie der Prozess der Desubstantialisierung noch rückgängig gemacht werden könnte:

> Jedes Individuum, mag es auch zu den Originalen gehören, ist und bleibt doch immer ein Kind Gottes, seiner Zeit, seines Volkes, seiner Familie, seiner Freunde, und hat erst hierin seine Wahrheit. Will es, in dieser seiner vielseitigen Relativität, dennoch das Absolute sein, so macht es sich lächerlich. Gibt dagegen ein solches Individuum diesen Anspruch auf, will es nur relativ sein, alsdann hat es *eo ipso* das Tragische an sich, auch wenn es das glücklichste Individuum wäre, ja, ich möchte fragen: erst dann ist das Individuum das glücklichste, wenn das Tragische ihm nicht abgeht. (AA 14)

Das Tragische wirkt hier als ein ästhetisches Gegengift gegen das Elend der Verabsolutierung des Bürgertums samt seiner Subjektivität; dieser Anspruch wirkt komisch, albern. Sich auf die eigene Zeitlichkeit einzulassen – wie Hegel in seinem Aphorismus, wie überhaupt Hegel – ist erhaben und tragisch. Hegel noch weiter folgend (Ä 3 475-476) erkennt Kierkegaard den ‚Charakter' als das

57 Siehe das Słowacki-Wagner-Nietzsche Kapitel und den Epilog.
58 Siehe das Hegel-Kapitel.

Medium zwischen der sittlichen Welt und der Kunst an, wobei die Moderne eine gewisse Laxheit des Charakters, der keine Stütze in der unantastbaren Sittlichkeit, in keinem Gott, keiner Zeit, keinem Volke, keiner Familie, keinem Freunde findet, mit sich bringe. Charakter bedeutet in manchen Sprachen nicht zufällig Schrifttyp, da das Wort – wie Kierkegaard erinnert – von χαράσσω, „ich grabe ein", „graviere", „ritze" stammt: Der Charakter kann böse sein (LA 82), aber die Moderne verwischt den Unterschied zwischen dem Guten und dem Bösen im Geschwätz, das im Erfinden immer neuer Ausreden für das Nichtstun besteht. Wer nichts tut, tut nichts Gutes oder Böses und dessen Charakter löst sich auf. Die antike Integrität des Charakters hing von der die Polis zusammenschweißenden Energie ab; der Ausdruck dieser Einigkeit der Gesellschaft sei die Einheit der tragischen Handlung gewesen.

Aristoteles zum Trotz, der den Charakter der Handlung als eine Funktion seiner Entwicklung unterordnete,[59] überschreitet der Charakter laut Kierkegaard das, was sich mit der Handlung ausdrücken lässt. Er tritt in sich selbst ein, um seine Tiefe zu ergründen. Diese öffne sich in der griechischen Tragödie nicht im Dialog, der die Handlung doch (abgesehen davon, was Hölderlin davon hielt) in Richtung Lösung vorantreibe und der durch die moderne Dramaturgie entwickelt würde, sondern im Chor und in der Kommos, im Klagelied, wobei die zwei Letzteren den modernen Dramaturgen verwehrt wären. Die Chorlieder und Monologe liest Kierkegaard als eine Andeutung der Existenz einer Innerlichkeit in der plastischen Welt der Griechen. Diese Innerlichkeit hätte bestimmt Sokrates Ironie geähnelt, die die Menschheit – laut Kierkegaards Erstlingswerk zur Ironie[60] – auf das (erste) Kommen Christi und die wahre religiöse Innerlichkeit vorbereitet hätte, so wie schon in der *Phänomenologie des Geistes* die Tragödie dem Herrn den Weg bereitete. Wären belebte Skulpturen im griechischen Theater aufeinandergetroffen, wie Hegel es meinte, sollte man sich genau anschauen, ob sie nicht Skulpturen des Silen waren, in dem sich hinter einem kleinen Türchen ein Schatz verbarg. Der Chorus gibt dem Zuschauer, so Kierkegaard, „jenes Mehr", „das in die Persönlichkeit nicht aufgehen will. Der Monolog stellt andererseits die lyrische Konzentration dar und enthält das Mehr, welches in Handlung und Situation nicht aufgeht" (AA 138). Eine kunstvolle Verbindung der leidenschaftlichen Lyrik mit der aus der Epik stammenden Handlung erlaube der tragischen Form, ein Gleichgewicht zwischen dem Individuellen und dem, was das Individuelle transzendiere, zu schaffen. Mit Letzterem meint Kierkegaard

59 Poet., 1450a20-23.

60 Søren Kierkegaard, *Über den Begriff der Ironie mit ständiger Rücksicht auf Sokrates, Gesammelte Werke*, Abt. 31.

einen allgemeineren Grund der Religion und Gemeinschaft, da „die alte Welt noch nicht in reflektierter Subjektivität lebte" (AA 139). Ein Individuum, ihr Name sei Antigone, bewege sich mit anmutiger Leichtigkeit und sei doch in der objektiven Instanz der Familie, des Ojkos, der Religion, des Schicksals verwurzelt – und diese allgemeinen Kräfte fordern sie am Ende zurück, tilgen sie als das Einzelne. Eine jede Handlung des tragischen Helden ist zweideutig: Handeln ist Leiden.

Kierkegaard sieht das alte Griechenland im *chiaroscuro*: Statt der Vorsehung glaubten die Griechen an das Schicksal, das eine Einheit der Notwendigkeit und des Zufalls ist.[61] Das Schicksal betraf den Helden so, dass dieser immer zugleich Täter und Opfer wurde. Der „Schoss" seines Niedergangs sei die objektive Sittlichkeit der Sippe, aber der Niedergang sei die Folge seines freien Handelns gewesen. Die Vermischung von Freiheit und Notwendigkeit wurde von der Konstruktion der Handlung ausgedrückt, die nach einem Zustand trachtet, der als „dichterische Gerechtigkeit" bezeichnet werden kann. Kierkegaard gab eine Definition dieser Gerechtigkeit („Unparteilichkeit"), auf die die tragische Handlung hinausläuft, als er in *Eine literarische Anzeige* den Handlungsausgang in der Novelle *Zwei Zeitalter* von Thomasine Gyllembourg beschrieb:

> Es gibt nichts Unerklärtes übrig, das den Zweifel weckte, keine Restschuld, die dichterisch nur gedeckt werden könnte durch einen Vorschuss der Poesie aus den ungeheuren Hilfsfonds der Einbildungskraft; vielmehr wird die Stimmung, die aus der Auflösung entspringt, ein Einklang des Ausbruches, der sich über den Gang der Vorsehung lyrisch verwundert, mit der Zustimmung des Verstandes, die da spricht: es hätte gar nicht anders sein können. (LA 35)

Die Tatsache, dass diese dichterische Gerechtigkeit nach dem romantischen Vorbild gestaltet wurde, sodass die Novelle die perfekte, ‚super-natürliche' Struktur der sophokleischen Tragödie wiederholt, wie es schon in den Augen der Romantiker Goethes *Wilhelm Meister* tat, fällt in dieser Beschreibung auf. An die romantische Auffassung der Tragödie (und der Revolution) erinnert bei Kierkegaard nicht nur die Einbettung der Phantasie im Bereich der Ökonomie (‚Vorschuss', ‚Hilfsfond der Einbildungskraft'), sondern vor allem die Präsenz des tragischen Chronotopos, der den Abbruch (das lyrische und affektive Wunder) mit der vernünftigen Kontinuität vereinigt.

61 Kierkegaard, *Der Begriff Angst*, 99: „denn Schicksal ist gerade Einheit von Notwendigkeit und Zufälligkeit. Das ist sinngemäß damit ausgedrückt, dass das Schicksal blind ist; denn der, welcher blind vorwärts geht, geht ebenso sehr notwendig wie zufällig. Eine Notwendigkeit, die sich ihrer selbst nicht bewusst ist, ist im Verhältnis zum nächsten Augenblick eben damit Zufälligkeit." Die Vorsehung annulliert das Schicksal.

Die moderne Tragödie – die Tragödie nach Shakespeare – störte (auch) dem Autor des „Reflexes ..." zufolge das merkwürdige Gleichgewicht von Schuld und Unschuld, indem sie den Helden mit mehr Verantwortung belastete, weil sie kein episches Milieu darzustellen fähig war, in dem sich die Taten verbreiten und wie ein Echo ihren Verursacher wiedererlangen würden. Der Held steht aus eigener Kraft und fällt wegen seiner Schulden. Er ‚reflektierte' (nicht mein Ausdruck) sich aus der schönen griechischen Sittlichkeit heraus, sodass er moralisch eindeutiger geworden ist – und deswegen nicht so viel ästhetisches Vergnügen bereitet als der im Halbdunkel verhüllte Grieche.

Den Unterschied zwischen der alten und der neuen Tragödie brachte Kierkegaard auf Affektives zurück: Die alte Tragödie bringt *Leid* mit sich, die neue dagegen *Schmerz*. Leid war als Bedingung des Mitleidens neben Furcht ein Bestandteil der antiken Katharsis. Die griechische Tragödie hätte somit eine stärkere katharsische Wirkung, da Leid in der alten Tragödie tiefer und Schmerz oberflächlicher war, während sich in der modernen die Proportion umkehrte, sodass Schmerz die Oberhand über das Leid gewinnt (AA 144). Kierkegaard vergleicht ganz nach dem Geschmack seiner Zeit die alten Griechen mit Kindern (Marx behauptet etwa, dass allen seinen Zeitgenossen „die kindische alte Welt als das Höhere" erscheint wegen der Befriedigung aller Bedürfnisse des ganzen Menschen, was die unter dem Zeichen des Kapitalismus stehende Moderne nicht leisten könne[62]). Wenn ein Kind das Leiden des Anderen sehe, empfinde es eher Leid als Schmerz. Schmerz sei nämlich ein Gefühl der Erwachsenen und der späten Menschheit – er bedeute einfach die Reflexion über das Leiden. Eben deswegen behauptet Kierkegaard, dass, je weiter der Begriff der Schuld innerhalb des Einzelnen liegt, je persönlicher sozusagen die Schuld wird, der Schmerz umso größer auf Kosten des Leides anwächst (AA 144). So wird auch das Ziel des Essays aus *Entweder-Oder* erlangt, namentlich das Wesen der Tragik gewonnen aus der Konfrontation der griechischen Tragödie mit der Moderne. Der Reflex vom Antik-Tragischen im Modern-Tragischen ist die Koexistenz von Schmerz und Leid in einer

62 Marx, *Grundrisse der Kritik der politischen Ökonomie*, Marx, Engels, *Werke*, Bd. 42, 396; vgl. die oft zitierten Worte aus „Zur Kritik der politischen Ökonomie", *Werke*, Bd. 13, 642-643: „Warum sollte die geschichtliche Kindheit der Menschheit, wo sie am schönsten entfaltet, als eine nie wiederkehrende Stufe nicht ewigen Reiz ausüben? Es gibt ungezogene Kinder und altkluge Kinder. Viele der alten Völker gehören in diese Kategorie. Normale Kinder waren die Griechen. Der Reiz ihrer Kunst für uns steht nicht im Widerspruch zu der unentwickelten Gesellschaftsstufe, worauf sie wuchs. Ist vielmehr ihr Resultat und hängt vielmehr unzertrennlich damit zusammen, dass die unreifen gesellschaftlichen Bedingungen, unter denen sie entstand und allein entstehen konnte, nie wiederkehren können."

changierenden Halbdurchsichtigkeit, über die sich nicht prädizieren lässt, ob sie eher ästhetisch oder eher religiös ist: „Das wahre tragische Leid fordert immer ein Moment von Schuld, der wahre tragische Schmerz ein Moment von Unschuld, jenes eine gewisse Durchsichtigkeit, dieser im Gegenteil ein gewisses Dunkel" (AA 147-148).

Um diese Proportion von Schuld und Unschuld, Leid und Schmerz zu bestimmen, erdenkt Kierkegaard in demselben Essay aus *Entweder-Oder* ein Gedankenexperiment – eine wahre moderne Tragödie, die alle Anforderungen der Tragik erfüllen würde. Es soll eine neue *Antigone* sein. Der moderne tragische Held muss auch eine Frau, eine Heldin sein, da – ich vermute – in der bürgerlichen Gesellschaft Frauen enger damit verbunden sind, was von der substantiellen Sittlichkeit übrig geblieben ist; die Gentlemen haben ihre Damen vor der schrecklichen Kondition des *citoyen* geschützt. Dem Griechenland aus Hegels *Phänomenologie des Geistes* entsprechend, repräsentiert der weibliche Teil der Gesellschaft das ökonomische und häusliche Wesen, die Seite der *bourgeois*, die Männer dagegen stehen für die abstrakteren Rechte des *citoyen*. Kierkegaards Antigone bewahrt einen Rest des substantiellen Leids, obschon, wenn sie den kleinen Rest retten will, die Heldin das ganze Theaterstück schlucken muss, sodass das tragische Ringen in ihrem Inneren stattfindet (AA 152) und ihr Leid nur im Medium des Schmerzes funktioniert. Die moderne Antigone wird als Trägerin der Sittlichkeit der neuen Allgemeinheit, der modernen Öffentlichkeit gegenüberstellt, indem sie sich in sich selbst, in ihr eigenes Schweigen hüllt.

Die Änderung der „Praxis" (des Stoffs)[63] im Vergleich zu ihrer antiken Vorläuferin besteht darin, dass nur Antigone und nur sie alleine in ganz Kopenhagen von Ödipus' Schuld weiß; sie weiß selbst nicht, ob Ödipus so viel über sich selbst weiß, wie sie über ihn weiß. Niemand weiß, dass und wie sie von der Schuld erfuhr. Ihr Heroismus lässt sich auf eine einzige Bemühung zurückführen. Sie hütet die Erinnerung an den Vater vor ihrem eigenen potenziellen Betrug. Sie nimmt sich vor ihrem eigenen Verrat in Acht und schweigt. Wie die antike Antigone setzt sie den „Opferkranz" auf (AA 154), der sie als die Geliebte von Geheimnis und Trauer auszeichnet. Sie widmet sich ganz der Trauer und – der antiken Antigone im Hungerkerker ähnelnd – befindet sich zwischen Leben und Tod, obschon sie im Gegensatz zu ihrer antiken Vorläuferin und zu Philoktet, dessen Wehgeschrei Lessings Argumentation im

63 In Aristoteles Definition ist die Tragödie eine Nachahmung einer Handlung, d.h. Praxis, „πρᾶξις, μίμησις πράξεως σπουδαίας καὶ τελείας μέγεθος ἐχούσης" (1499b).

Laokoon verstärkte,[64] die Tatsache nicht beklagt, dass niemand von ihrem Leid weiß. Ganz im Gegenteil, die neue Antigone freut sich darüber, dass niemand ihren Schmerz kennt, weil sie leidet, damit niemand davon wisse (AA 154-155).

So ungefähr sieht der Ausgangspunkt aus – der Charakter von Antigone, der hier sichtlich über die Handlung hinausragt. Ein dramatischer Konflikt wird erst damit initiiert, dass ein junger Mensch auf die Bühne tritt: Ein junger Mann, in den die neue Antigone hoffnungslos verliebt ist – und was bedeutet das Verliebtsein zur Zeit der Romantik oder des Biedermeier, wenn nicht das Bedürfnis, alles zu bekennen. Antigone wählte aber den Gegensatz einer Herzensergießung. Der Konflikt wird damit zwischen zwei Affekten – zwischen Schmerz und Liebe (AA 157) – und zwischen dem Bekenntnis und dem Schweigen ausgetragen. Seine Lösung ist dieser unmögliche Augenblick der ästhetischen und theologischen Erfüllung im Moment der Katastrophe – die dem Tod gegenwärtige Liebeserklärung, während dessen die Hoffnung wie eine Rakete in die Höhe schießt (sehr viel Hoffnung, nur nicht für die Heldin und ihren Geliebten). Von einer allgemeingesellschaftlichen Perspektive aus wäre diese Hoffnung, die die Tragödie dem mitteleuropäischen Teil der Menschheit in den 1840er Jahren bringt, eine auf die Erneuerung des wesentlichen Schweigens und des eigentlichen Bekennens in der vom Geschwätz besessenen modernen Welt; die Rettung aus dem Geschwätz käme, wie es scheint, durch die Erinnerung an die Erbsünde zustande. Das Bewusstwerden dieser überindividuellen Sünde würde wahrscheinlich eine Sehnsucht nach dem universellen Erlöser und einen anderen Gemeinschaftssinn mit sich bringen. Könnte das Einzelschicksal Antigones eine generelle Gültigkeit erlangen, würde sie die Märtyrerin des Glaubens, Schutzheilige der Kunst und eines Schweigens werden, das angeblich nur im Drama dargestellt werden kann. (Im Narrativen kann tatsächlich nur der Stil des Helden zum Vorschein kommen, es sein nur in der erlebten Rede; sein Schweigen schließt sich vor der Rede des Erzählers.)

Einen großen Eindruck auf die Schriften der kritischen Philosophen des 20. Jahrhundert hinterließ aber nicht nur das Liebesunglück von Kierkegaards Antigone, aus dem das Nachbild des Glücks im Augenblick des Untergangs entspringt, sondern auch die Beschreibung ihrer Angst. Epoche machte die spezifische Zeitlichkeit dieser tragischen Angst, eine Abwandlung des tragischen Chronotopos; diese war die zweite inspirierende Zeitgestaltung bei Kierkegaard neben den Variationen über den Begriff des Augenblicks. Während der

64 Gotthold Ephraim Lessing, „Laokoon, oder über die Grenzen der Malerei und Poesie. Mit beiläufigen Erläuterungen verschiedener Punkte der alten Kunstgeschichte", *Werke*, hg. von Herbert G. Göpfert (München: Hanser, 1970-1979), Bd. 6, 12-16, 30-40.

Tod von Antigone eben die Philosophie des glücklichen Augenblicks antrieb und die Zeitlichkeit dieses Todes deutlich aus Hegels Tragödientheorie abgeleitet war, war Kierkegaards Beschreibung der Zeitform von Antigones Angst der Ausgangspunkt für Walter Benjamins Beschreibung der Allegorie als einen ‚Ausdrucks', der die Zeit des Trauerspiels (und der Epoche, in der die Gattung geisterte) vom Nu von der griechischen Tragödie unterscheidet. Hölderlin drückte am deutlichsten den grundlegenden Gedanken aller kritischen Tragödientheoretiker aus, dass die Tragödie – sowohl die antike, als auch die moderne – die Zeit fühlbar macht. Ohne Hölderlins Sophokles-Kommentare zu kennen (die Wahrscheinlichkeit direkter Inspiration ist gleich null), konfrontiert Kierkegaard in seinem Essay, der eine Parallele zwischen zwei Arten der Tragödie aufstellt, zwei Gestalten der Zeitlichkeit miteinander. Er begnügt sich nicht mit einer Nebeneinanderstellung, sondern er bestimmt die Relation, die sie verbindet: Das ist die Errettung. Die Erlösung der Zeitlichkeit, wie diese sich in der Angst offenbart, also die Erlösung der Allegorie, soll der merkwürdige Augenblick des Sterbebekenntnisses sein. Nachdem Antigone ihr Schweigen bis zum Ende der Handlung, die aus Passivität und Leiden bestand, getragen hat, löst sie den Fluch auf – ihre Liebe aufopfernd, die Liebe, die mehr sie ist, als sie selbst. Das Loswerden der Liebe, die Antigones *trait unaire* war, richtet die Heldin zu Grunde, aber es setzt auch ihrer Angst ein Ende, die sich plötzlich in eine Vorahnung der Erlösung verwandelt. Denn Angst ist „eine Reflexion, und insofern vom Leide wesentlich verschieden. Angst ist das Organ, durch das jemand sich das Leid zu Herzen nimmt, es sich aneignet und assimiliert" (AA 150). Das Sittlich-Objektive wird verinnerlicht, ins Subjektive assimiliert, in den Schmerz verwandelt und im letzten Moment, aller Hoffnung zuwider, erlöst – typisch Kierkegaard. So lief auch die Geschichte Abrahams aus *Furcht und Zittern*.[65]

Als wollte sich Kierkegaard aber selbst dekonstruieren, unterläuft er eben dieses Schema des religiösen *deus ex machina*. In seiner Beschreibung, wie die Angst funktioniert, finden wir die Parade von Allegorien aus Juliusz Słowackis romantischer Phantasie über das Barock, dem unvollendeten Drama *Samuel Zborowski* aus den 1840er Jahren, oder aber aus deutschen Trauerspielen des Barocks: Angst treibt diese zerstreute Erregung und Verwirrung von Allegorien, die Kierkegaard in den *Schattenrissen* beschreibt, an (AA 173). Mit Bezug auf das Tragische verbindet die Angst den Moment mit dem leeren Andauern der Allegorie.

65 Søren Kierkegaard, *Furcht und Zittern, Werke Abt. 1*, passim.

> Aber die Angst hat in sich ein Moment, welches macht, dass sie noch stärker an ihrem Gegenstande haftet: denn sowie sie diesen liebt, so fürchtet sie ihn auch. Teils ist es ihr eigen, das Leib fort und fort und von allen Seiten zu betasten, um es immer völliger aufzudecken; teils liegt es in ihrer Art, in einem einzigen Nu das Leid gleichsam in Bewegung zu setzen, jedoch so, dass dieses plötzliche Nu sich augenblicklich in eine Zeitfolge auflöst. Angst in diesem Sinne ist ein echt tragischer Begriff. (AA 150)[66]

In der reißenden leeren Zeit, in der die Auflösung von Nu das Fortreißen nur spürbarer macht, gleitet die Angst entweder in die Vergangenheit, oder in die Zukunft, aber so, dass sie denjenigen, dessen Reflexion über Leid sie besessen hat, von der Gegenwart und seinem Selbst immer trennt (AA 151). Angst macht eine andere Selbstpräsenz als diejenige im plötzlichen Jetzt der Angst unmöglich. Die Angst dieser Katharsis, die Kierkegaard im „Reflex …" vorstellt, dient nicht der klassisch-idealistischen Herstellung des ganzen Menschen, sondern der Feststellung einer Lücke, die nur transzendent, durch ein Wunder gefüllt werden kann. Angst offenbart die Anthropologie des unheilbar nicht ganzen Menschen, die Anthropologie der Psalmen, des Jesaia. Nichtsdestominder funktioniert die Angst unter einem Aspekt, dem zeitlichen, analog zur griechischen Tragödie, wie sie Friedrich Schlegel beschrieben hat, das heißt als eine paradoxale Verbindung des reißenden Augenblicks und der konservativsten Kontinuität im Moment der Revolution. Die Drehbewegung von Kierkegaards Revolution ist aber Bekehrung in Angesicht des Transzendenten und nicht eine (Wieder-)Herstellung der absoluten Darstellung. Die Tragödientheorie gelangt bei Kierkegaard in ihre eigene Vorgeschichte in Jacobis Schriften.[67]

8.3. Die Theorie der nichttragischen Moderne. Pseudorevolution und vier Wege aus ihr heraus: Martyrium, Entscheidung, Schweigen, Steigerung der Allegorie

In der Moderne, wie sie Kierkegaard sieht und beschreibt, erscheint die Tragik als ein Wunder und eine seltene Gnade, sodass seine Tragödientheorie, da ihre Grundkategorie die Gnade und nicht die Tat war, eine Theorie der Praxis als Passivität mit sich brachte. Die negative Theorie der Handlung belehrte die an der Tragik interessierten Leser über die rettende Kraft des Nichtstuns. Der

66 Vergleiche damit Benjamins Beschreibung der allegorischen Zeitlichkeit: Benjamin, *Ursprung des deutschen Trauerspiels*, 340-344.

67 Siehe das Schelling-Kapital.

Mangel an Tragik in der modernen Kultur fand laut Kierkegaard Bestätigung im angeblich dramatischsten sozial-politischen Ereignis, das in sein bewusstes Leben als Autor fiel – die europäische Revolution 1848-49, in die der Vormärz mündete. Der zentrale Schauplatz der Revolution lag auf der Achse Frankreich–deutschsprachiger Raum–westslavische Länder (plus Ungarn), deswegen konnte Kierkegaard die Position des Zuschauers umso bequemer annehmen. In Dänemark manifestierte sich die Revolution in Massenforderungen nach einer Konstitution, denen Friedrich VII. im März 1849 nachgab.[68] Die Transformation der absoluten Monarchie in eine konstitutionelle wurde von der Schleswig-Holsteinischen Erhebung gegen die dänische Oberhoheit begleitet. Die Frankfurter Nationalversammlung und Preußen enttäuschten die Hoffnungen der deutschen Bevölkerung Dänemarks, an den Deutschen Bund angeschlossen zu werden, die die beiden politischen Kräfte anfangs erweckt und angestachelt hatten.[69] Es war eines von vielen Beispielen eines Enthusiasmus, der zunächst erweckt wurde, nur damit sich diejenigen, die ihn erzeugt hatten, von ihm distanzieren konnten. Gleichartig verhielt sich die Nationalversammlung gegenüber Polen.[70] Diese Gefühlsökonomie nimmt eine zentrale Stelle in Kierkegaards Beschreibung der 1840er Jahre ein, der ich in diesem Unterkapitel folge.

Kierkegaard betrachtete die Revolution – wie er in seinen *Tagebüchern* zu lesen gibt[71] – als das wichtigste Ereignis der Epoche und die Erfüllung der Prophezeiung, die er in seinen Werken zur ‚Literaturtheorie' formuliert hatte, allen voran in *Eine literarische Anzeige* und in *Reflex des Antik-Tragischen im Modern-Tragischen*. Am gewaltigsten schockierte ihn, dass sich die Epoche der Revolution kaum von der ihr vorangegangenen Epoche der Stagnation unterschied, als hätten in der Politik und der Kunst der beiden Perioden dieselben Kräfte gewirkt, Kräfte so mächtig und allgegenwärtig, dass sie der Aufmerksamkeit der Hauptpersönlichkeiten der Epoche, die von der Gewichtigkeit des von ihnen vollzogenen Durchbruchs überzeugt waren, entgingen. Die substantielle Tragik versickerte in der Kunst, die Revolution hörte auf, revolutionär zu sein, und alles – wie Karol Libelt in einem seiner besten Momente in der *Ästhetik* schrieb – ging von der Revolution zur Restauration über, und beide stürzten nur

68 Justine Davis Randers-Pehrson, *Germans and the Revolution of 1848-1849* (New York et al.: Peter Lang, 1999), 312-313.

69 Andreas von Bezold, *Die Schleswig-Holsteinische Erhebung 1848-1851: Im Spannungsfeld zwischen Deutschland und Dänemark* (Hamburg: Disserta 2014), 50-60.

70 Siehe die Einleitung.

71 Søren Kierkegaard, *Die Tagebücher*, hg. und übersetzt von Hayo Gardes (Düsseldorf, Köln: Diederich), Bd. 2, 197-232 („Tagebuch aus der Revolutionszeit. Dezember 1847 bis Mai 1848").

das Alte und bauten nie etwas Neues.[72] Mitten in der Suche und dem Ausschauhalten nach der neuen Epoche tat sich die gleiche Unsicherheit und Unklarheit der Begriffe auch in der Kunst kund. Auch hier, so Libelts Argumentation, „findet man die Verwirrung von Vorstellungen und den Kampf der sich gegenseitig widersprechenden Elemente. Die Inspiration der Meister ist meistens eine ausgeliehene; Glauben und Ehre fehlen wie Liebe und Bewunderung; es herrscht Mangel am organischen Wissen. Die Ironie gewinnt die Oberhand. Satire, Epigramm, Parodie und Karikatur."[73] Trotz der kritischen Einstellung zur eigenen Epoche engagierte sich Libelt, wahrscheinlich von der polnischen Öffentlichkeit angespornt, für alles, was Kierkegaard verachtete. Er nahm an Revolutionen, Parlamentssitzungen, Versammlungen und Kongressen wie dem Allslavischen Kongress in Prag teil, an der Liga Narodowa Polska (Polnische Nationalliga), die 1848 und gleich danach eine ‚zweite Regierung' des Großherzogtums Posen bildete und noch im Juni 1848 in Berlin von polnischen Abgeordneten im preußischen Parlament gegründet wurde.[74] Die zweite Regierung war eigentlich eine Philosophenregierung (in demselben Sinne, in dem der Krakauer Aufstand 1846 ein ‚Philosophenaufstand' und die Revolution von 1848 eine der ‚Intellektuellen' war), ihm stand August Cieszkowski vor, der Begründer der Philosophie der Tat, dessen prophetisches (proleptisches) Werk *Ojcze-nasz* (*Vaterunser*), genauer gesagt der erste Band dieses Werkes, gerade in Paris erschienen war. Hätte Kierkegaard Libelts Schriften gekannt (mit Cieszkowskis aufsehenerregenden *Prolegomena zur Historiosophie* (1838) muss er vertraut gewesen sein), hätte er sie des Verwischens des Unterschieds zwischen Revolution und Stagnation beschuldigt, denn dies sei die eigentliche Tätigkeit der revolutionären Komitees gewesen – die wesentlichen Unterschiede nur zu zerreden, anstatt sie prägnanter zu machen. Bei Mickiewicz hätte er sich schwerer getan, ein Urteil zu fällen, weil dieser wie Kierkegaard an die charismatische Führung glaubte und das Vertrauen der Deutschen in die Kraft der Ansichten für lächerlich hielt, obschon die unermüdliche revolutionäre Aktivität von Mickiewicz auf Kierkegaard abstoßend gewirkt

72 Siehe das Libelt-Kapitel.

73 „Jest i tu pomięszanie wyobrażeń i walka żywiołów, z sobą spornych. Natchnienia sztukmistrzów najczęściej pożyczane; brak wiary i cześci, brak miłości i podziwu, w ogóle brak wiedzy organicznej. Najwięcej ironia przemaga. Satyra, epigram, parodia i karykatura" (Karol Libelt, *Estetyka, czyli umnictwo piękne. Część ogólna. Filozofia i Krytyka* (Poznań: Żupański, 1875), Bd. 4, 148.

74 Vgl. Stefan Kiniewicz, *Dramat trzeźwych entuzjastów. O ludziach pracy organicznej* (Warszawa: Wiedza Powszechna, 1964), 81-84; G.P., „Projekt Ligi Narodowej Polskiej", *Dziennik Narodowy. Pismo poświęcone rozprawom politycznym, literackim i historycznym, krajowym i zagranicznym*, 1848 Nr. 141, 589.

haben könnte. Kierkegaards Tragödien- und Praxistheorie setzte schließlich auf Passivität und Leiden.

Um Mickiewicz, der zur Zeit der Revolution 1848 in Italien tätig war, schätzen zu können, hätte Kierkegaard an die Authentizität der damaligen Revolution glauben müssen; er wusste doch – so behauptete er selbst in *Eine literarische Anzeige* aus dem Jahre 1846 – eine wahre Revolution zu schätzen, zum Beispiel die Große Bürgerliche Französische Revolution. In *Eine literarische Anzeige* vergleicht Kierkegaard die wahre Revolution mit dem, was Ende 1840er Jahre stattfand. (Wie im „Reflex des Antik-Tragischen …" stellt er zwei Zeitalter nebeneinander.) In der Novelle *Zwei Zeitalter* von Thomasine Christine Gyllembourg-Ehrensvärd begeisterte Kierkegaard die Fertigkeit der Autorin, zu zeigen, wie sich der Charakter der Zeit im Kunstwerk spiegelt, in der Gestaltung der Charaktere, Ereignisse und vor allem der häuslichen Szenerie. Die Novelle wird zu einem Medium, das das wahre, nicht einseitige, weil im Persönlichen (Häuslichen) gebrochene, changierende Bild des Zeitalters liefert.[75] Der der Französischen Revolution gewidmete Teil der Novelle unterscheidet sich so krass von dem zweiten, dessen Thema der Alltag der Restauration ausmacht, dass sich Kierkegaard, nach dem Ursprung des Missverhältnisses suchend, berechtigt fühlt, eine Rezension seiner eigenen Zeit zu schreiben – und zugleich eine Ästhetik der Revolution (auf dem Hintergrund der ästhetisch betrachteten Restauration) zu entwerfen.

> Die Revolutionszeit ist wesentlich leidenschaftlich, daher ist ihr wesentlich Form eigen. Sogar die heftigste Äußerung einer wesentlichen Leidenschaft hat eben damit Form, denn da ist die Äußerung selbst Form und hat daher an ihrer Form wieder eine Entschuldigung, ein Versöhnendes. (LA 64)

Diese momentane Manifestation der Leidenschaft erinnert Kierkegaard an die Lyrik, in der sich die präziseste Form und die Unmittelbarkeit des Ausdrucks gegenseitig potenzieren (LA 66). Die Epoche der wahren Revolution habe Kultur und könne gewaltsam, wild, primitiv und rücksichtslos gegenüber allem sein, außer der sich einverleibenden Idee (LA 64-65); „indes der Rohheit

---

75 LA 32: „Die Novelle [fasst] mehr universal Grund [als eine malerische Darstellung – M.M.] in einem Etwas, das wesentlicher ist als die Hervorbringung selbst, wiewohl die Hervorbringung lediglich den Widerschein davon geben will. Zur Voraussetzung hat die Novelle die eigentümliche Totalität des Zeitalters, und das Dargestellte ist deren Widerschein im häuslichen Leben; von der Darstellung wendet sich der Gedanke zurück zur Totalität des Zeitalters, wie sie nunmehr auch in diesem Widerschein offenbar geworden ist. Das Zeitalter selbst aber hat der Verfasser (dem Vorwort zufolge) nicht darstellen wollen, seine Novelle liegt mitten inne zwischen der Eigentümlichkeit des Zeitalters, die vorausgesetzt ist, und der, welche nunmehr durch die Darstellung im Widerschein beleuchtet wird."

könnte sie weniger bezichtigt werden, eben weil ihr doch eine bestimmte Rücksicht eigen ist“ (LA 65). Die durch das Fehlen eines Ziels ausgelöste Rohheit zeichne dagegen besonders die Zeit der Stagnation aus. Die Leidenschaft der revolutionären Epoche zehre die Menschen auf, sodass sie sich im grellen Licht der Idee weniger deutlich präsentierten; die Idee monumentalisiere die Menschen, indem sie ihre Züge vereinfache. Nur in der Epoche der Restauration lässt die Zeit, die sich verlangsamt, einen Raum für des Autors „Meisterschaft der Darstellung und Schilderung“ der „Trivialität und Rohheit, mit solcher Wahrheit, dass es gerade das Interesse weckt“ (LA 33). Die in der Form der Revolution enthaltene Versöhnung beruht laut Kierkegaard auf Unmittelbarkeit – natürliche Beziehungen zwischen den Menschen werden wiederhergestellt, weil die Idee diese Beziehungen bestimmt und vermittelt. Im ästhetischen Schein, dem Niederschlag der Leidenschaft, findet Kierkegaard den „vorläufigen“ Ersatz des religiösen Rückhaltes (LA 68). Seine eigene Epoche kennt solch einen Schein nicht – sie ist „die Zeit der Anzeigen, die Zeit der gemischten Bekanntmachungen.“ Die Beziehung zwischen Revolution und Tragödie – zwischen der Ästhetik der Revolution und der des tragischen Dramas – sei in der Novelle durch die Verwurzelung in bestimmten Epochen bestätigt. Kierkegaards Epoche, die auf den großen Ausbruch am Ende der Dekade hinausläuft, sei pseudorevolutionär und deswegen komisch, nicht tragisch, wie es der wahren Revolution ziemte. Das Fehlen der Tragik – ihre Negation – bestimme den Charakter der Epoche, in der keine wahre Revolution möglich sei. Kurz gesagt: Grundsätzliche Defizite seiner Gegenwart bürgen für die Verknüpfung zwischen Ästhetik (Ethik und Theologie) des Dramas und der Philosophie der Politik.

Kierkegaard präsentiert ausdrücklich den komischen Charakter Europas vor 1848 in seinem Essay „Reflex des Antik-Komischen in dem Modern-Tragischen“. Diese Komik, die sich nach einem neuen Aristophanes sehne, entstamme der Isolierung von Individuen, die ausschließlich numerischen Wert hätten (AA 157). Daher ihre Vorliebe für das Zusammenschließen und Sich-Vereinigen zur Durchführung von Revolutionen oder Konterrevolutionen; und all diese Assoziationen seien zufällig und würden zu zufälligen Zwecken ins Leben gerufen. Das eigentliche, dauerhafte Ziel dieser Menschen und ihrer Gruppierungen scheine das Verwischen von Verantwortung zu sein, was extrem komisch in der französischen Julimonarchie zum Vorschein komme.

> Es ist noch in frischem Andenken, dass ein französischer Staatsmann, welchem das Portefeuille aufs Neue angeboten wurde, erklärte: er nehme es an, aber unter der Bedingung, dass der Staatssekretär verantwortlich gemacht werde. Der König von Frankreich ist, wie bekannt, nicht verantwortlich, dagegen ist es das Ministerium. Der Anspruch, den jener Minister machte, würde auf

> naturgemäßem Wege zuletzt dahin führen, dass die Nachtwächter oder die Kommissare der Straßenpolizei die Verantwortung übernehmen müssten. Wäre nicht diese tolle Verantwortlichkeitsgeschichte ein passendes Sujet für Aristophanes? Und anderseits, warum sonst haben Regierung und Regierende solche Scheu vor der Verantwortung, als darum, weil sie eine Oppositionspartei scheuen, welche selbst wieder in ähnlicher Skala die Verantwortung von sich schieben würde? (AA 137)

Das lediglich numerische Individuum, das keinen Anspruch auf die wesentliche Individualität, die mit der Verantwortung einhergeht, habe, sei ein Symptom des Zerfalls der Sittlichkeit, wenn so „das unsichtbare Band" bezeichnet werden kann, das die vormoderne Gesellschaft zusammengeschweißt hatte, jedoch von der Bourgeoisie „unbarmherzig zerrissen" worden sei, wie sich Karl Marx, das Nachbild Kierkegaards, 1848 im *Manifest der kommunistischen Partei* ausdrückte.[76]

Die Tragödie der neuen, von Kierkegaard ausgedachten Antigone, die unter der Erbsünde leidet (die eigentlich eine allgemeine, der ‚Sittlichkeit' gebührende Sünde sein soll), ist kaum möglich zu jener Zeit, in welcher man kein Christ – das heißt das qualitative Einzelne – sein kann. Eine Art Aristophanische Komik erfüllt die sozialen Räume einer Gesellschaft, die sich republikanisch wähnt und das heißt auf dem generellen Recht der numerischen, quantitativen Repräsentation beruhen will. Damit parodiert sie aber ständig das Martyrium Christi. Jedes zufällige Individuum begreift sich selbst als den Auserwählten und will die Welt erlösen, die bisher falsch eingerichtet war, aber keiner ist dazu fähig, die Verantwortung wahrzunehmen. Es entsteht eine komische Dissonanz von Messianismus und Verantwortungslosigkeit.

Diese verantwortungslose Repräsentation wäre nicht so komisch, würde sie sich nicht in der Tragik oder der Religion – das Problem der Unterscheidung zwischen den beiden ist das Verführerische an Kierkegaards Philosophie – widerspiegeln und in ihrer kleinmütigen Gestalt erscheinen. Die numerische pseudo-Repräsentation äfft nämlich die einzig legitime Repräsentation nach: den Christus, der für die Sünden der ganzen Menschheit gestorben und auferstanden ist, nachdem er am Schauspiel des Ecce-Homo teilgenommen hatte. Der polnische Messianismus von Mickiewiczs *Büchern des polnischen Volkes und der polnischen Pilgerschaft* oder von Karol Libelt, wenn er in seiner *Dziewica orleańska* („Jungfrau aus Orlean") den Berliner Polenprozess von 1847 als eine Wiederholung der Tragödie Christi und der Johanna stilisiert, kann zwar aus unserer Perspektive, aber nicht aus der von Kierkegaard als lächerlich

76 Karl Marx, Friedrich Engels, „Manifest der Kommunistischen Partei", Marx, Engels, *Werke*, Bd. 6, 464.

erscheinen. Es sei denn, Kierkegaard würde den Tätigkeiten polnischer Dichter und Philosophen den eigentlich christlichen Charakter absprechen; im Prinzip aber ist die *immitatio christi* die einzige richtige Repräsentation, das Sich-Opfern – die einzige wahre Tat. Auch die russischen Narodniki als späte Erben der Revolution von 1848 verglichen sich mit Jesus, der sich dem Volk für die Sünden der Väter (Sklavenbesitzer) opfern musste.[77]

Die Desubstanzialisierung des sozialen Lebens beschleunige sich, so Kierkegaard in seiner Rezension seiner Zeit, zu einer „revolutionäre[n], aber leidenschaftslose[n] und reflektierte[n] Zeit", in der die fundamentale Entscheidung – alles verwerfen oder alles behalten – unmöglich sei. Diese Epoche – und die Revolution 1848 würde das bestätigen – „verwandelt die Kraftäußerung in *ein dialektisches Kunststück: nämlich das, alles bestehen zu lassen, aber ihm hinterlistig seine Bedeutung zu entwinden; statt in einem Aufruhr gipfelt sie darin, die innerliche Wirklichkeit der Verhältnisse zu ermatten in einer Reflexionsspannung, welche gleichwohl alles bestehen lässt und das ganze Dasein in eine Zweideutigkeit verwandelt hat, welche in ihrer Tatsächlichkeit da ist, während dialektischer Trug privatissime eine heimliche Lesart unterschreibt – dass es nicht da ist*" (LA 82). Diese ausgelaugte Welt ist das Pendant des allegorischen Spektakels der Bourgeoisie, das vom jungen Karl Marx in seinem Judenfrage-Aufsatz verlacht wurde.[78] In der allegorischen Gesellschaft erfüllte sich Platons Traum (und stellte sich dabei als der schrecklichste Albtraum heraus), den die Romantiker träumten, der Traum vom allgemeinen Theater ohne Rampe, wo jeder Zuschauer und Schauspieler zugleich ist; im Schauspiel der 1840er Jahre wird aber das „*Wagestück der Begeisterung* [...] in die *Schaustellung von Kunstfertigkeit*" (LA 76) verwandelt: Alle sind in dieser Albtraumwelt durch die Repräsentation besessen. Die Repräsentation – es soll wiederholt werden – sei etwas zutiefst Christliches, da Jesus für Gott vor der Menschheit und für die Menschheit vor Gott gestanden habe und als Träger aller menschlichen Sünden gestorben sei, nur dass zu Kierkegaards Zeit jeder Repräsentant für alle sein wollte und gleichsam alle nichts repräsentieren wollten (vgl. LA 83-84).

In dieser quasi-revolutionären, aber gründlich leidenschaftslosen Wirklichkeit wird die Theatralisierung des Sozialen nicht wie in Marx' *18. Brumaire des Louis Bonaparte* zur Legitimierung und Modellierung entfaltet, wie als damals die Republikaner nicht wussten, was sie in dieser absolut neuen Situation zu tun hätten, und deswegen nach Vorbildern aus Titus Livius gegriffen hätten;

---

77 Andrzej Walicki, *Zarys myśli rosyjskiej. Od oświecenia do renesansu religijno-filozoficznego* (Kraków: Wydawnictwo UJ, 2005), 392-394.

78 Marx, Engels, *Werke*, Bd. 1, 347-377.

die Theatralisierung wird auch nicht vom romantischen Begehren nach der Ästhetisierung der Politik betrieben. Im Unterschied zu Hegel und Goethe unterstützt Kierkegaard nicht die aufsteigende neue Klasse der Bourgeoisie, die mit Pathos die Schranken zwischen Schein und Sein zersprengt. Wenn alles so schnell und sinnlos vor sich her laufe, verwandele der gesunde Menschenverstand (die ‚Verständigkeit') – als politisch-soteriologisch motivierter Kritiker des gesunden Menschenverstandes als der Matrix der Ideologie war Kierkegaard wie Marx Vorreiter von Antonio Gramsci, Leon Chwistek, Adorno oder aber dem uns zeitgenössischen Kilburn Manifesto[79] – „die Aufgabe selber in eine unwirkliche Kunstaufgabe […] und die Wirklichkeit in ein Theater" (LA 77). Der gesunde Menschenverstand als der Vorhang, der die Wirklichkeit verstellt, entspricht hier dem Nebel, der laut Adam Müller und später Marx das Medium des Warenfetischismus ist.[80] Das Produkt der beiden – des Verstandes und der Warenwirtschaft – ist eine ungesunde Theatralität des Sozialen. So wie laut Kopernikus ‚gutes Geld' durch ‚schlechtes Geld' verdrängt wird, so ersetzt die bürgerliche Selbstzufriedenheit, die mit einer gewissen Distanz einhergeht, die keine Innigkeit zulässt, die Sokratische, von der Entdeckung des Selbst begeisterte Ironie. Die tragische Ironie wird übrigens ebenfalls verhindert. Die Distanz verwandelt die Bürger in ein Publikum, dessen Hauptmerkmal die Unfähigkeit zur Verantwortung ist:

> Oder wofern ein Mann sich endlich an die Spitze eines begeisterten Unternehmens stellte und alsdann, was leicht genug zu erreichen ist (denn aufflammende Begeisterung und gescheite Apathie passen stets zu einander), ein gut Teil Menschen um ihn zusammen liefe, wofern er nunmehr an der Spitze dieser Schar auszöge – unter Siegesgesängen, bis dass er der Entscheidung und der Gefahr sich näherte – wenn er da sich umwendete, um ein begeisterndes Wort zu der Schar zu sprechen: so würde die ganze Szene sich verändert haben. Die *Teilnehmer* hätten sich klüglich in einen Haufen *Zuschauer* verwandelt, welche nun mit der großen Selbstzufriedenheit der Gescheitheit so täten, als wären sie diejenigen, die ihn mit List und Ironie hinausgelockt in die Begeisterung und dann mitgelaufen wären, um ihn zu begucken und anzuschauen. Und diese ungemeine Gescheitheit würde sie unter gegenseitiger Anerkennung unendlich befriedigen jeder großen Unternehmung gegenüber. (LA 7-88)

Kant, Fichte und Hölderlin nannten die Deutschen das ‚Publikum', das das Spektakel der Französischen Revolution beschaut habe, um das Beobachtete zu verinnerlichen, damit die deutsche Revolution, wenn sie endlich ausbräche,

79 Stuart Hall, Doreen Massey, Michael Rustin, *After Neoliberlism? The Kilburn Manifesto, Soundings. A Journal for Politics and Culture* 2013, https://lwbooks.co.uk/journals/soundings/manifesto.html, Zugriff. 3.11.2015.

80 Karl Marx, *Das Kapital. Erster Band, Werke*, Bd. 23, 86. Siehe auch das Romantik-Kapitel.

kein Zusammenprallen von abstrakten Ideen und unaufgeklärtem Vorhandensein werden würde, weil solch ein Aufeinandertreffen höchstens die Katastrophe der Schreckensherrschaft mit sich bringen könnte.[81] Diese Fixierung auf die passive Theatralik, die nicht von Praxis durchbrochen wurde, führte tendenziell zu der von den jungen Marx und Engels sarkastisch auseinandergenommenen „deutschen Ideologie", deren junghegelianische Vertreter, vorzugsweise Bruno Bauer, angeblich glaubten, dass lediglich eine Revolution der Vorstellungsarten ausreichen würde, um die realen Lebensbedingungen zu ändern.[82] Den gewissen Autismus der deutschen Ideologie verglich Kierkegaard mit einer parallelen Erscheinung, die infolge des Zusammenbruchs des revolutionären Publikums entstanden sei – mit einer Art Selbstvergessenheit, die im Prozess der Entleerung des Individuums zum Vorschein komme, das nur zu einer Ironie ohne Begeisterung fähig ist. Diese Entleerung parodiert schon wieder – wie die Repräsentation – die Kenosis Christi.

Bei Kierkegaard wird das Publikum samt seiner Presseorgane zu einem „Phantom" der totalen Nivellierung (LA 96-97); wie die verfallene Reflexion, die jetzt die Gestalt des Räsonnement annahm und der Entscheidung im Wege steht, statt sie vorzubereiten, verliert das Publikum alle positiven Konnotationen; revolutionär, leidenschaftlich und förmlich kann nur das Volk und kein Publikum sein. Ohne Leidenschaft und ohne deren Negation, ironische Distanz, hört das reflexive Publikum auf, die Hoffnung für und auf die zukünftige Menschheit zu sein. Es wird zu einem abstrakten Wesen, das die Leere und Dürftigkeit der Zeit vertieft oder symbolisiert. Auch unter diesem Aspekt, die Öffentlichkeit verleumdend, versucht Kierkegaard Hegels Gleichgewicht von Sozialem und Innerlichem ins Wanken zu bringen; Hegel hatte für das Publikum Worte von vollkommener Ambivalenz:

> Die öffentliche Meinung verdient [...] ebenso *geachtet* als *verachtet* zu werden, dieses nach ihrem konkreten Bewusstsein und Äußerung, jenes nach ihrer

---

81 Siehe das Entstehungszusammenhang-Kapitel.

82 „Ein wackrer Mann bildete sich einmal ein, die Menschen ertränken nur im Wasser, weil sie vom *Gedanken der Schwere* besessen wären. Schlügen sie sich diese Vorstellung aus dem Kopfe, etwa indem sie dieselbe für eine abergläubige, für eine religiöse Vorstellung erklärten, so seien sie über alle Wassersgefahr erhaben. Sein Leben lang bekämpfte er die Illusion der Schwere, von deren schädlichen Folgen jede Statistik ihm neue und zahlreiche Beweise lieferte. Der wackre Mann war der Typus der neuen deutschen revolutionären Philosophen" (Karl Marx, Friedrich Engels, *Die deutsche Ideologie. Kritik der neuesten deutschen Philosophie in ihren Repräsentanten Feuerbach, B. Bauer und Stirner und des deutschen Sozialismus in seinen verschiedenen Propheten*, Marx, Engels, *Werke*, Bd. 3, 13-14).

> wesentlichen Grundlage, die, mehr oder weniger getrübt, in jenes Konkrete nur scheint. Da sie in ihr nicht den Maßstab der Unterscheidung noch die Fähigkeit hat, die substantielle Seite zum bestimmten Wissen in sich heraufzuheben, so ist die Unabhängigkeit von ihr die erste formelle Bedingung zu etwas Großem und Vernünftigem (in der Wirklichkeit wie in der Wissenschaft). Dieses kann seinerseits sicher sein, dass sie es sich in der Folge gefallen lassen, anerkennen und es zu einem ihrer Vorurteile machen werde.[83]

Wie bei Hölderlin läuft also die große Erschütterung des großen Individuums auf eine „Vernunftsform, die [...] nachher, in humaner Zeit, als feste aus göttlichem Schicksaal geborene Meinung gilt" (HW XVI 419). Das Ziel der tragischen Erschütterung und des uferlosen Individualismus ist also laut Hölderlin und Hegel eine ‚bestimmte Negation' der öffentlichen Meinung, die sie als Institution bestätigt, saniert. Aber eine bittere Enttäuschung mit der Öffentlichkeit setzte sich zu Kierkegaards Zeit immer mehr durch; eine Verdammung derselben wurde sogar von John Stuart Mill geäußert, der generell als der eloquenteste Befürworter des Liberalismus gilt.[84] Kierkegaard behandelt das Problem des verfallenen revolutionären Publikums, indem er das Publikum seiner Zeit dem der Französischen Revolution gegenüberstellt. Damit wiederholt Kierkegaard eine Figur des revolutionären Diskurses. Präziser gesagt idealisierten die Jakobiner die öffentliche Meinung ihrer revolutionären Epoche und stilisierten diese Meinung zur Stimme der Tugend selbst, wobei sie zwischen einem wahren und einem heimtückischen, verbrecherischen, tyrannischen und durch Intrige gesteuerten Denken des Volkes unterschieden (das es auszumerzen galt),[85] während Georges Danton seinem tugendhaften und empörten Ankläger aus den Jakobinerreihen zufolge gesagt hätte: „Que m'importe! l'opinion publique est une putain, la postérité une sotisse!"[86] Solch eine Verachtung der Öffentlichkeit hat barocke Antezedenzien, sie wird beispielhaft in Pascals Vergleich der öffentlichen Meinung mit der Königin der

83 Georg Wilhelm Friedrich Hegel, *Grundlinien der Philosophie des Rechts oder Naturrecht und Staatswissenschaft im Grundrisse, Werke*, hg. von Eva Moldenhauer, Karl Markus Michel, Bd. 7, 484-485 [§ 318].

84 John Stuart Mill, *On Liberty* (London, New York, Melbourne: Walter Scott: 1989), 29-40.

85 Maximilien Robespierre, *Discours sur la liberté de la presse prononce à la societe des Amis de la Constitution le 11 Mai 1791* (http://gallica.bnf.fr/ark:/12148/bpt6k6264713m/f5.image; Zugriff, 5.11.2016).

86 *Projet, rédigé par Robespierre, du rapport fait à la Convention nationale par Saint-Just, contre Fabre d'Églantine, Danton, Philippeaux, Lacroix et Camille Desmoulins: manuscrit inédit, publié sur les autographes, avec des notes ... et un fac-similé, suivi d'une lettre de Mlle de Robespierre* (Paris: 1841), 10.

Welt ausgedrückt, hinter der der Tyrann stehe.[87] Nun schreibt Kierkegaard die Größe den Revolutionären von 1789 zu, während die ihm zeitgenössischen in die schlimmste Tyrannei, Intrige und Nivellierung verfallen seien.

Die Menschen der Französischen Revolution vereinigten sich – so Kierkegaards Theorie politischer Affekte – im Eifer; die leidenschaftslosen Revolutionäre der 1840er Jahre würden nur durch Neid verbunden. Neid ist wie die Gravitation bei Newton die grundlegende Kraft der neuen desubstanzialisierten und vereinzelten Gesellschaft. Wie der gealterte Karol Libelt, der in den 1860er Jahren in einer Rede zu Kopernikus' Geburtstag die Umschwünge der himmlischen Körper zum Vorbild für alle Revolutionen erhob,[88] da die Planeten im Sonnensystem die eigentliche Beziehung der Nähe und der Ferne bewahrten, versuchte auch Kierkegaard, zu der alten astronomischen Bedeutung der Revolution zurückzukehren:

> Die Harmonie der Sphären ist die Einheit davon, dass jeder Stern sich zu sich selbst und zum Ganzen verhält. Nimmt man eines der beiden Verhältnisse fort, so haben wir das Chaos. Jedoch in der Welt der Individuen ist das Verhältnis nicht für sich allein das Konstituierende, und daher gibt es zwei Formen. Nimmt man das Verhältnis zu sich selbst fort, so haben wir das tumultuarische Sachverhalten der Masse zu einer Idee; nimmt man aber auch das letztere Verhältnis fort, so haben wir Rohheit

– die das Publikum und seinen Neid kennzeichne (LA 66). Statt sich einem selbst zuzuwenden – und die eigentliche Relation zu sich selbst, wird durch die Relation zur abgelegenen Idee ermöglicht, die den Menschen mit anderen in einer wesentlichen Beziehung bewahrt – wendet sich ein jedes Mitglied des Publikums den anderen „in aufhaltender und trostlos zudringlicher nivellierender Wechselseitigkeit" zu (LA 67). Früher, auch zur Zeit der Französischen Revolution, seien die Menschen durch fröhliche und lustige Festlieder, aufständische Dithyramben und erhabene Rhythmen des religiösen Eifers zueinander gezogen worden; in den 1840ern haben Klatsch, Gerüchte, eingebildete Wichtigkeit und apathischer Neid die Rolle des unsichtbaren Bandes übernommen (LA 66). Der ästhetische Eifer sei einer „von Erfahrung schwatzende[n] Verständlichkeit" (LA 67) gewichen, deren Shows keine Freude, sondern Verbitterung bereiteten: Die tragische Fürsorglichkeit und Trauer wurden zu einer „gewisse[n], zählebige[n] verstockte[n] Ausdauer" (LA 67). Der „Neid der Reflexion", der alle in einem unschönen allegorischen

87 „Ainsi l'opinion est comme la reine du monde" – Blaise Pascal, *Pensées*, hg. von Philippe Sellier (Paris: Mercure de France, 1976) no. 200 [311].

88 Siehe das Libelt-Kapitel.

Schauspiel verbindet, hindert das Individuum daran, eine pathetische Entscheidung zu treffen, „und ist es dann beinahe als wolle es ihm gelingen, so bringt ihn der Reflexionswiderstand der Umgebung zum Stehen“ (LA 86). Kierkegaard stellt ein Publikum dar, das jedes Heldentum quasi selbstverständlich ausschließt – weil der Begriff Heldentum analytisch die Fähigkeit beinhaltet, Entscheidung und Verantwortung auf sich zu nehmen – trotz allem auf eine tragische, paradoxe Weise. Dies ist einer der wichtigsten und einflussreichen Momente seiner Dialektik: Die Gefahr seitens des Publikums ist so grauenvoll, dass aus ihr eine Rettung entspringen kann. Kierkegaards Narrativ zum Publikum entspricht der tragischen Handlung, in der sich die Hoffnung erst in dem Moment, in dem alle Hoffnung verloren ist, auftut. Diese Möglichkeit der Errettung aus dem Publikum wird dessen Mitglied von der widerlichsten Eigenschaft des Publikums garantiert – durch des Publikums Labilität, die dazu führt, dass das Publikum im Gegensatz zum Volk, dem Mann, der Gemeinschaft oder einer altertümlichen Volksversammlung so eigenschaftslos ist, dass es sich beliebig verändern,

> zum geraden Gegenteil werden [kann] und [...] dennoch dasselbe [sein] – das Publikum. Eben durch diese Abstraktion [...] wird das Individuum (sofern es nicht schon durch seine eigene Innerlichkeit gebildet worden ist) dazu gebildet (gesetzt, es gehe nicht unter), dass es im höchsten Sinne der Religiosität sich genügen lässt an sich selbst und seinem Gottesverhältnis, dass es an die Stelle der Einigkeit mit Publikum, welche alle die relativen Individualitätskonkretionen wegzehrt [sic!], die Einigkeit mit sich selber setzt, dass es, anstatt zu zählen und zu zählen, in sich selber Ruhe findet bei Gott. (LA 98)

Die Auflösung des Sittlichen ins Publikum muss bis zu Ende geführt werden – ein Ende, das entweder der totale Niedergang oder die Wiedergeburt wäre – so wie die Revolution und ihre Karikatur 1848 kritisch bis in alle Konsequenzen durchdacht werden müssen. Wie *Das Manifest der Kommunistischen Partei* (1848) postuliert Kierkegaard – zumindest in *Eine literarische Anzeige*, nicht immer ist er so eindeutig[89] – keine Rückkehr zu einem regressiven Muster, etwa zur vormodernen Gesellschaft, sondern die Flucht nach vorne, in Richtung der vollen Desubstantialisierung. „Es wird nicht angeknüpft an das gute Alte, sondern an das schlechte Neue“ – wie sich Bert Brecht einmal ausdrückte.[90] Zwar findet der Leser bei Kierkegaard kein Lob der zerstörerischen

89 Auch hier muss er das Wirken der Gnade und der Ausnahme zulassen – „sofern es nicht schon durch seine eigene Innerlichkeit gebildet worden ist“ – was die wissenschaftliche Herangehensweise von Marx und Engels ihrerseits nicht zulässt.

90 Bertolt Brecht, „[Die Essays von Georg Lukács]“, *Gesammelte Werke* (Frankfurt am Main: Suhrkamp, 1967), Bd. 19, 298.

Kraft der Bourgeoise, wie es im *Manifest der Kommunistischen Partei* enthalten ist,[91] dem zufolge ihre destruktive Wirkung auf die Tradition Raum für das komplett Neue vorbereite, doch ist der dänische Philosoph ebenfalls ein großer Anhänger der globalen Auflösung. Wenn jene endlich eintritt, löst sich ein jeder von allen gesellschaftlichen Bindungen ab, sodass sich auch das Publikum auflöst und alles Einzelne vereinzelt sein wird, wie der Mensch, der einzeln vor dem Gericht steht. – Damit stiftet Kierkegaard die Tradition des kritischen Denkens mit – von Kracauers „Ornament der Masse" zur *Dialektik der Aufklärung*.

Die Ästhetik des Tragischen, das Kierkegaard als einen negativen Hintergrund, auf dem das Elend der modernen Gesellschaft noch greller erscheint, und zugleich als ein Erzählmuster dient, erzwingt die Annahme, dass, wenn die Katastrophe – die Katastrophe einer Gesellschaft, die darin besteht, dass diese Gesellschaft der Tragik nicht gewachsen ist – mit der ganzen Rücksichtlosigkeit präsentiert wird, sich in der Vorstellung ein Nachbild der Rettung abzeichnet. Die von Adorno betonte Heterogenität von Kierkegaards Ästhetik fällt besonders ins Auge, wenn Kierkegaard die vier möglichen Auswege aus dieser Krise der Nivellierung umreißt, denen ich jetzt nachgehen möchte.

Zwei von diesen vier Versuchen repräsentieren die Ästhetik des Symbols und der antiken Tragödie, während der dritte als ein direkt konträrer zu den vorherigen, als die Errettung der Allegorie bezeichnet werden kann; der vierte schwebt an der Grenze zwischen Symbol und Allegorie. Diese Grenze zwischen den beiden zu den Benjaminschen ‚Ausdrücken' potenzierten Tropen, zwischen den Medien, um die sich dramatische Formen kristallisieren sollten, bedeutet in Kierkegaards vom Idealismus abhängigen Diskurs die Grenze zwischen der Tragödie der Alten und dem allegorischen Trauerspiel der abgenutzten Neuzeit; diese Korrelation der antiken Tragödie mit dem Symbol und des Trauerspiels mit der Allegorie wurde am deutlichsten bei Karl Solger zum Ausdruck gebracht, dem jung verstorbenen und von Hegel beweinten Genie des ästhetischen Denkens.[92] Auf der Seite der alten, dem

91 Marx, Engels, *Manifest der Kommunistischen Partei*, 462-477.

92 Karl Wilhelm Ferdinand Solger, *Vorlesungen über die Ästhetik*, hg. von K.W.L Heyse (Leipzig: Brockhaus, 1829), 129-135; die Tradition, die Tragödie – sei es antike oder moderne – wurde von Gottsched verstärkt, der die Tragödie definierte als „eine allegorische Fabel, die eine Hauptlehre zur Absicht hat (Johann Christoph Gottsched, „Die Schauspiele, und besonders die Tragödien sind aus einer wohlbestellten Republik nicht zu verbannen", *Ausgewählte Werke*, hg. von Philipp M. Mitchell (Berlin, New York: De Gruyter, 1976), Bd. 9, 494); der allegorische Charakter kann ach genetisch dargestellt werden: „Wie eine gute tragische Fabel gemacht werden müsse […]. Der Poet wählet sich einen moralischen

Symbol entsprechenden Tragödie stehen Kierkegaards Strategien der Entscheidung und des Schweigens; die Steigerung der Allegorie stellt sich ihnen entgegen und fällt in den Bereich des Trauerspiels. Am deutlichsten kommt die Steigerung des Allegorischen im Fall des Publikums zum Vorschein, dessen Nihilismus so gesteigert wird, bis er in eine Rettung seiner selbst umschlägt. An der Grenze zwischen Symbol und Allegorie hat sich die Ideologie des Märtyrertums angesiedelt. Die dritte Strategie – die Steigerung der Allegorie – hat Kracauer, Benjamin und Adorno in höchstem Grade inspiriert. Die anderen drei – Schweigen, Entscheidung, Märtyrertum – wurden von den kritischen Denkern des 20. Jahrhunderts verworfen und als Beschwörung des Mythos gebrandmarkt, die denjenigen, der eine von ihnen verfolgt, nur tiefer in die unaufgeklärte Naturverfallenheit hinabstoßen würde.

Als Nächstes charakterisiere ich kurz diese vier Strategien, aus dem allegorischen Publikum auszubrechen beziehungsweise das Allegorische zum Umschlagen zu provozieren in einer Reihenfolge ansteigender Wichtigkeit für das kritische Denken des 20. Jahrhunderts, beginnend also mit dem Dezisionismus. Dann gehe ich zum Schweigen und Märtyrertum über, bis ich bei der Steigerung der Allegorie anlange. Bei Kierkegaard sind diese vier Strategien sehr eng miteinander verflochten – so eng, dass sie jeden (proto-) dekonstruktionistischen Versuch, ein Verfahren gegen ein anderes zu wenden, auch den von Adorno, höchst problematisch machen, so problematisch, wie die echte Dekonstruktion (Derrida in den 1960er und 1970er Jahren) es gern hatte. Keine Strategie wird der Leser einfach los, keine lässt sich einfach so ausschließen; einmal als nichtkritisch abgestempelt, kehrt die Strategie trotzdem mit Volldampf zurück. Ein Beispiel: Zwar lästert Adorno über die Opferideologie, von der Kierkegaards Schriften voll sind, aber genau der Raum, in dem Kierkegaard das Märtyrertum platziert – der Ort, an dem es zur Berührung oder Überlappung der alten und der neuen Tragödie kommt – wird zum Ort ‚dialektischer Bilder'. Dieser mangelnden Konsequenz und den dialektischen Bildern wird das übernächste Unterkapitel gewidmet sein, das meiner These folgt, dass sich das Europa (vorzüglich Polen) der 1840er Jahre im barocken Trauerspiel wiedererkannt habe.

Kierkegaards Dezisionismus – seine erste Strategie – leitet sich direkt von Schellings Theorie des Tragischen ab. Der Dezisionismus nimmt an, dass das

Lehr-Satz, der er seinen Zuschauern auf eine sinnliche Art einprägen will. Dazu ersinnt er sich eine allgemeine Fabel; daraus die Wahrheit seines Satzes erhellt. Hiernächst sucht er in der Historie solche berühmte Leute, denen etwas Ähnliches begegnet ist: und von diesen entlehnet er die Nahmen, vor die Personen seiner Gabel, um derselben also ein Ansehen zu geben." (Johann Christoph Gottsched, *Versuch einer critischen Dichtkunst vor die Deutschen*, hg. von Karla Maria Guth (Berlin: Hoffenberg, 2014, 498).

Einzelne, indem es sich entscheidet, die Verantwortung für seine existentielle Lage auf sich zu nehmen, seine Freiheit bestätigt. Der Held beschließt – man erinnere sich an das Schelling-Kapitel – die Schuld für die unverschuldete Tat auf sich zu nehmen, sodass er aus der Ambiguität der unvollständigen Schuld und zweifelhaften Unschuld ausbricht. Ödipus winselt nicht, dass er nicht wusste, wen er totschlug und mit wem er schlief, und dass er alles vorgenommen hatte, um das Verbrechen zu vermeiden, sondern büßt gründlich – und so offenbart sich die Freiheit als eine Möglichkeit in der Welt der Bedingungen, unter denen Menschen handeln.

Kierkegaards Dezisionismus in der Gestalt, die er in Carl Schmitts politischer Theologie annahm,[93] beansprucht den Löwenanteil des ersten Kapitels von Benjamins Trauerspielbuch,[94] nur dass dieser Dezisionismus eine besondere (negative im dialektischen Sinne) Rolle spielt: Der Dezisionismus bringt alles zum Vorschein, was das Trauerspiel nicht sein kann, denn es ist nicht die griechische Tragödie und kann es nicht sein, da diese in der griechischen Welt und Sprache gewurzelt hatte. Die politische Theologie des Dezisionismus ist ein Spiegelbild des Trauerspiels. Vor dem lügnerischen Spiegel breitet sich eine Welt aus, die, voller dämonischer Intrigen, von der Erlösung ausgeschlossen ist. Der Souverän – oder sein Schatten auf der Bühne des Trauerspiels – kann die Entscheidung nicht fassen, in der doch die Erlösung steckt, denn – wie Kierkegaard sagt – „Entscheidung ist das kleine Zauberwort, das vom Dasein respektiert wird" (LA 70).

Die Entscheidung leitet sich aus der Leidenschaft ab, die der wahren Revolution ihre tragische Gestalt und ihre Helden verliehen hat: „Dass das entscheidende Entweder–Oder zur Stelle ist, liegt an dem auf entscheidendes Handeln gerichteten eigenen leidenschaftlichen Verlangen des Individuums, an dessen eigener innerer Tüchtigkeit" (LA 70). Trotz allen Begehrens nach der Tat lässt sich in der dargestellten Welt des Trauerspiels – so, wie Benjamin es beschreibt – keine endgültige Entscheidung fassen; diese sei der griechischen Tragödie vorbehalten. Das Bild des Tyrannen, der in *Ödipus der Tyrann* zum Herrn über das Schicksal wurde, nachdem er es als das von ihm Gewählte anerkannte, zeigt im Trauerspiel seine Kehrseite, auf die der passive Märtyrer

93 Karl Löwith, „Der okkasionelle Dezisionismus von Carl Schmitt", *Gesammelte Abhandlungen* (Stuttgart: Kohlhammer, 1960), 93-126; Conrad, „Kierkegaards Moment", passim; Henning Ottmann, „Carl Schmitt", Graf Karl Ballestrem, Henning Ottmann (Hg.), *Politische Philosophie des 20. Jahrhunderts* (München, Wien: Oldenbourg, 1990), 63; Hans-Martin Schönherr-Mann, *Was ist politische Philosophie?* (Frankfurt, New York: Campus, 2012) 78.

94 Benjamin, *Ursprung des deutschen Trauerspiels*, 245-253, 259-278.

gemalt ist.[95] Nachdem sein Gegenspieler, der Intrigant, eine Stellung im Hintergrund des Bildes bezogen hatte, erlangt er die Herrschaft über die Bühne.[96] Genau wie zu Kierkegaards Zeit: „Statt des Götterkindes der stillen wortkargen Entscheidung erzeugt die Generation einen Wechselbalg des Verstandes, der seine Sachen an den Fingern herzählen kann" (LA 71). An dieser Stelle, an der der Tyrann in den Märtyrer umschlägt, setzt Kierkegaards zweite Strategie ein, die des Martyriums.

Wenn Kierkegaard schreibt, dass seine Zeit weder Staatsmänner noch Generäle brauche, sondern nur Märtyrer, die sich aufopfern würden, damit der Mob zur Vernunft komme, scheint er die Poetik des Trauerspiels anzukündigen oder zu wiederholen (Letzteres wäre der Fall, wenn Benjamins Rekonstruktion der Wahrheitsgehalt der Gattung historischen Texten entspräche), nur dass das Trauerspiel die Dürftigkeit aller Opfer auf der Bühne anschaulich präsentierte, sodass es zur Entzauberung des Opfers beitrug. Oder aber Kierkegaards Vision des Märtyrers entsprach den für das *deutsche* Trauerspiel unerreichbaren Versionen der barocken Tragödie, etwa dem Drama Shakespeares[97] oder (vor allem) dem katholischen Märtyrerdrama, dem Märtyrer *Polyeuctes: Ein christliches* Trauerspiel von Pierre Corneille oder den großen Mysterien von Pedro Calderón de la Barca. Nicht nur im Falle Kierkegaards eröffnete sich ein „Moment der Erkennbarkeit", der seine Zeit mit den barocken Wunschvorstellungen des Martyriums in Verbindung brachte. Juliusz Słowacki übersetzte Calderons Meisterwerk *El príncipe constane*[98], dieses berühmteste Märtyrerdrama mit dem Titel *Książę niezłomny* versehend, in ebendem Jahr 1843, als Kierkegaard *Entweder-Oder* herausbrachte, wo er über die Desubstantialisierung der modernen Gesellschaft lästerte und im Tragischen nach Rettung suchte (mehr davon im nächsten Unterkapitel). Im „Reflex des Antik-Tragischen in dem Modern-Tragischen" legt Kierkegaard das antike Tragische auf die Art und Weise dar, dass dessen Beschreibung perfekt zum Märtyrertum passt, bestimmt besser als zur alten Tragödie: Jede Handlung ist in der Tragödie, so sieht das Kierkegaard, auch Leiden (AA 138). Das passive Leiden des Märtyrers wird also zum wesentlichen Handeln: Durch sein schmerzhaftes Leiden bekommen die Zuschauer Tragödie und Religion zurück. In der *Unwissenschaftlichen Nachschrift* ... behauptet Kierkegaard, dass die religiöse Tat Leiden sei und dass ihr Pathos aus dieser ihr eigenen Doppelheit aktiv/ passiv stamme (UN 612-613). Er überträgt also die eigene Formel der

95 Benjamin, *Ursprung des deutschen Trauerspiels*, 251-253.
96 Benjamin, *Ursprung des deutschen Trauerspiels*, 273-277.
97 Benjamin, *Ursprung des deutschen Trauerspiels*, 334-335.
98 Dt. *Der standhafte Prinz*, 1809; Übersetzung: August Wilhelm von Schlegel.

antik-tragischen Handlung auf die wahre Religion; das *tertium comparationis* ist das Opfer, das sich als Wirken durch das Maximum an Passivität definieren lässt und der zentrale Begriff des polnischen Messianismus und der polnischen Romantik ist.

Die dritte Strategie des Umgangs mit oder des Auswegs aus der Krise der 1840er Jahre (neben dem Opfer und der Entscheidung), das Fetischisieren des Schweigens, das Kierkegaard mit Cyprian Kamil Norwid teilte,[99] beeinflusste entscheidend die kritische Tragödientheorie des 20. Jahrhunderts. Kierkegaard verehrte das Schweigen, sodass er die moderne Antigone zum Schweigen zwang, obwohl ihr Prototyp sich durch seine Beredsamkeit und Geschicklichkeit im bildhaften Lamentieren auszeichnete; die Wirkung all dessen auf die kritische Tragödientheorie war wundersam. Das von Kierkegaard postulierte Schweigen wurde als ein Konstruktionsmerkmal auf die antike Tragödie projiziert, sogar als ihre Haupteigenschaft proklamiert. Die historische griechische Tragödie mit ihren lediglich drei Schauspielern auf der Bühne und ihrer reißenden Handlung war indes zu ökonomisch, um beträchtliche Mengen Schweigens zu präsentieren; außer dem Schweigen des Orestes in den Tragödien *Χοηφόροι* und *Εὐμενίδες* und den eloquenten Versicherungen des gefesselten Prometheus, dass er sein Geheimnis in Schweigen hüllen werde, ist das Schweigen nur in Gestalt des Mediums des Theaters auffindbar, in dem sich die Stimmen der Helden offenbaren und verbreiten. Es redet aber stets jemand, während Orestes schweigt. Kierkegaards Einfluss auf Rosenzweig, Lukács und Benjamin scheint so stark gewesen zu sein, dass er die aktuelle Perzeption von Werken so beeinträchtigte, dass alle seinen Leser in den griechischen Tragödien nach Spuren des heilsamen Schweigens suchten. In Kierkegaards „Reflex ..." gewinnt das Leben der modernen Antigone nur deswegen an Bedeutung, weil es „dem einen Zwecke geweiht [ist], durch ihr unverbrüchliches Schweigen tagaus tagein ihm", ihrem Vater „die letzte Ehre zu erweisen" (AA 157). Rosenzweig, Lukács und Benjamin lassen dann – mit nur kümmerlicher Unterstützung der griechischen Texte – den tragischen Helden schweigen. (Eine andere Inspirationsquelle war bestimmt Schillers Traktat *Über den Gebrauch des Chors in der Tragödie*,[100] wo der Autor der *Jungfrau von Orleans* über die Gesänge des Chores, während derer die Helden schwiegen, schreibt: „Auch die tragischen Personen selbst bedürfen dieses

99 Siehe das Norwid-Kapitel.

100 Friedrich Schiller, „Über den Gebrauch des Chores in der Tragödie", *Sämtliche Werke*, hg. von Herbert G. Göpfert (München: Hanser, 1962), Bd. 2, 815-823.

Anhalts, dieser Ruhe, um sich zu sammeln."[101]) Walter Benjamin selbst machte diese desperate Suche nach dem Schwiegen, an der er doch teilgenommen hatte, wenn nicht lächerlich, dann doch wenigstens zum Objekt einer Satire. In seiner 1931 geschriebenen Rezension von André Gides *Œdipe* bezieht sich Benjamin auf den in Deutschland herrschenden Diskurs:

> Übrigens kennzeichnet diese Stummheit nicht den Ödipus allein sondern den Helden der griechischen Tragödie überhaupt. Darum ist sie es, bei welcher immer wieder neuere Forscher verweilen. „Der Tragische Held hat nur eine Sprache, die ihm vollkommen entspricht: eben das Schweigen." Oder ein anderer Autor: Die tragische „Helden sprechen gewissermaßen oberflächlicher, als sie handeln". Oder ein dritter: „In der Tragödie besinnt sich der heidnische Mensch, dass er besser ist als seine Götter, aber diese Erkenntnis verschlagt ihm die Sprache, sie bleibt dumpf."[102]

Die zitierten Autoren sind Franz Rosenzweig, Friedrich Nietzsche und – das ist das Indiz der humoristischen Distanz – Benjamin selbst.[103] Aber noch eine Generation vor Nietzsche schrieb Kierkegaard über das Schweigen. Und wie Nietzsche erkannte er im Schweigen eine Chance auf die Wiedergeburt der Tragik und die Bekämpfung des räsonierenden Publikums, dessen Medium „privat-öffentliche [...] Geschwätzigkeit" (LA 107) darstelle.

Für eine direkte philologisch feststellbare Einfluss-Verbindung zwischen Nietzsche und Kierkegaard bürgt Schopenhauer als geteilte Quelle; Kierkegaard war von diesem dermaßen begeistert, dass er Freude ausdrückte, dass sie beide die gleichen Initialen, nur in umgekehrter Reihenfolge, hatten.[104] Nicht nur die Tragödie und ihr Schweigen sind gemeinsame Themen von Kierkegaard und Nietzsche, sondern auch die Wiederholung (ihre Möglichkeit und Notwendigkeit), die Geburt und Wiedergeburt. Der Begriff der Wiedergeburt schwebt auch bei Nietzsche zwischen dem Christentum und der Tragödie, deren Rückkehr unbedingt bewirkt werden soll, um die wahre Öffentlichkeit

---

101 Schiller, „Über den Gebrauch des Chores in der Tragödie", 821; Sebastian Wogenstein (*Horizonte der Moderne: Tragödie und Judentum von Cohen bis Lévinas* (Heidelberg: Winter, 2011), 205) nennt die Vorläufer des tragischen Schweigens bei Rosenzweig, aber er schweigt über Kierkegaard.

102 Walter Benjamin, „Ödipus oder der vernünftige Mythos", *Gesammelte Schriften*, Bd. 2, 394.

103 Walter Benjamin, „Schicksal und Charakter", *Gesammelte Schriften*, Bd. 2, 175.

104 Patrick Stokes, „Kierkegaard's Uncanny Encounter with Schopenhauer, 1854", Roman Kralik et al. (Hg.), *Kierkegaard and Great Philosophers. Acta Kierkegaardiana Vol. II* (Mexico: Sociedad Iberoamericana de Estudios Kierkegaardianos,2007), 68-79; Niels J. Cappelørn et al. (Hg.), *Schopenhauer – Kierkegaard: Von der Metaphysik des Willens zur Philosophie der Existenz* (Berlin, New York: De Gruyter 2011).

wiederherzustellen.[105] Und *last but not least* schrieb Kierkegaard die kürzeste Rezension von Nietzsches *Geburt der Tragödie*, lange bevor das Buch überhaupt konzipiert worden war: „Das ist ebenso, wie wenn man gegen eine Oper einwenden würde, sie sei keine Tragödie" (UN 407).

Kierkegaard definiert das Geschwätz, das seine revolutionäre, aber leidenschaftslose Epoche bestimmt, als „die Aufhebung des leidenschaftlichen Entweder-Oder zwischen Reden und Schweigen" (LA 104). In der leidenschaftlichen Epoche der wahren Revolution spreche man nur von einem – der Idee. Die Revolutionäre könnten also – wie es sich für Heroen ziemt – auch schweigen:

> Allein der, welcher wesentlich schweigen kann, vermag wesentlich zu reden, allein der, welcher wesentlich schweigen kann, vermag wesentlich zu handeln. Das Schweigen ist die Innerlichkeit. Schwatzen nimmt das wesentliche Reden vorweg, und das sich Äußern der Reflexion schwächt die Handlung durch Vorkauf. Wer aber wesentlich reden kann, weil er schweigen kann, er wird nicht das Vielfältige haben, darüber zu reden, sondern das Eine, und er wird Zeit finden zu reden und zu schweigen. (LA 104)

Rosenzweig und Benjamin würdigten das antike Schweigen, aber noch mehr – hier liegt ein wesentlicher Unterschied zwischen ihren Ansätzen und der Tragödientheorie des jungen Lukács – schätzten sie das Wort und das Kommunizieren; das Schweigen verdiente ihren Respekt, weil es das erste Verstummen des Menschen war – der sich auf diese passiv-intensive Weise den Dämonen entgegengesetzt habe, die bis dahin seine Götter waren – und es das wesentliche Sprechen und die Aufnahme der Sendung ermöglicht, also die Kommunikation. Das Schweigen des tragischen Helden breitet vor der Gemeinschaft die herrliche Vision aus, ein Vor- oder Nachbild des erlösenden Wortes. Der Vorrang des Wortes in Bezug auf das Schweigen findet sich auch in einer Ausformung von Kierkegaards Philosophie. Das Wort ist das Erlösende, während die Verschlossenheit im Begriff Angst mit der Dämonie assoziiert wird, obwohl die höchste Sphäre des geistigen Lebens das absolute Schweigen umgibt, das das religiöse Mysterium verhüllt und im Vergleich mit welchem alle ästhetische Verschlossenheit wie ein Kinderspiel erscheint (NP 413). „Das einzige, das die Verschlossenheit zwingen kann zu reden, ist entweder ein höherer Dämon [...] oder das Gute, welches schlechthin zu schweigen

105 Was Kierkegaard mit Nietzsche verbinden könnte, wäre die Kategorie der Geburt – und der Wiedergeburt des Antik-Tragischen.

vermag."[106] Die wahre Dichtung sei aus dem absoluten Schweigen geborenes Schweigen (LA 104-105).

Benjamin und Adorno sehnen sich jedoch nicht nach der Rückkehr des Schweigens, auch wenn sie das tragische Schweigen achten; ihnen steht die letzte und vierte Taktik Kierkegaards am nächsten. Sie steigern Allegorien und Pessimismus, bis diese in ihre Gegenteile umschlagen. Im letzten Abschnitt seines Trauerspielbuchs, dem als *„Ponderación misteriosa"* betitelten Abschnitt, versucht Benjamin in Calderons Drama die Zäsur zu finden, in der eine Mirage der Erlösung aufleuchtet: Dem deutschen Trauerspiel attribuiert er eine allegorische Form des Ausdrucks, die er mit der gefallenen Sprache gleichsetzt. Die gefallene Sprache sei nicht mehr eine Sprache der Namen, sondern eine des Gerichts; die zweite, urteilende Sprache „ist ‚Geschwätz' in dem tiefen Sinne, in welchem Kierkegaard dies Wort gefasst hat."[107] Bei Kierkegaard besteht eine Wesensgleichheit zwischen dem Geschwätz und dem Nivellieren, das ein Sieg der Abstraktion, des Publikums über das Einzelne ist. Für diese Wesensgleichheit bürgt bei Benjamin die allegorische Ausdrucksform, wobei Benjamin in seinem Unterfangen, die allegorische Desubstantialisierung als Ersatz des tragischen Schicksals der Moderne darzustellen, von Kierkegaard unterstützt wird: „die Nivellierung ist der Sieg der Abstraktion über die Individuen. Die Nivellierung ist in der modernen Zeit das für die Reflexion dem Schicksal im Altertum Entsprechende" (LA 90). Das Nivellieren scheint Kierkegaard viel schlimmer als das altgriechische Schicksal zu sein, da ihm kein heroisches Einzelnes mehr auch nur für einen kurzen Moment der verzweifelten Entscheidung Halt bieten kann. Die Zeit der Helden „ist vorüber" (LA 93). Die Nivellierung kann nur durch die religiöse Leidenschaft aufgehalten werden. So wie der in der Menschheitsgeschichte erste Widerstand gegen den Mythos – eine Ehre, die Denkern wie Hermann Cohen oder Franz Rosenzweig zufolge der Tragödie zuteilwurde – als ein wichtiger Vorbote der wahren Religion ausgelegt wurde, widersetzte sich der religiöse Sprung dem fatalen Wirken der Allegorie; die Religion würde demgemäß die Tragik erneuern, so wie die Tragik eine neue Religion nach sich ziehen würde. Die Gesellschaften des Altertums hätten sich um die Idee der Vollkommenheit und des Ruhms organisiert, während das Christentum auf der Repräsentation beruhe (Einer repräsentiert viele). Das neunzehnte Jahrhundert habe der Repräsentation die Idee der Gleichheit beigegeben (LA 90), weswegen die Repräsentation in eine rein numerische und damit in ihr eigenes Gegenteil übergegangen sei. Letzteres sei der Grund, warum die Moderne, wenn auch hoffnungslos und von der

106 Kierkegaard, *Der Begriff Angst*, 129.

107 Benjamin, *Ursprung des deutschen Trauerspiels*, 407.

Nivellierung verzehrt, sich doch hatte ereignen müssen (in der Modalität der glücklichen Katastrophe). Das alles müsse über die Menschheit kommen, damit sich die wahre Erlösung ereignen könne, die ohne Gleichheit unmöglich sei. Die Gleichheit sei letzten Endes eine religiöse Idee (LA 94).

Die wahre Revolution auszulösen bedeutet für Kierkegaard, die religiöse Leidenschaft in sich zu erwecken. Die Steigerung des Allegorischen, bis es ins Konkrete und doch nie Dagewesene umschlägt, zieht nach sich, dass man sich auf das Publikum verlassen muss, das mit seinem Medium des Geredes der eigentliche Faktor des Nivellierens ist. Damit übertrifft Kierkegaard, was die Anerkennung der Wichtigkeit des Publikums angeht, seine deutschen Lehrer, die dem Publikum angeordnet hatten, den Ausbruch der Freiheit im Ausland und in sich selbst gleichzeitig zu beobachten, um die eigene Veranlagung zum Republikanismus auszuloten.[108] Die wahre Revolution wäre nach Kierkegaard die absolute Verinnerlichung der Revolution, sodass die Revolution eine geistige Vision werden müsste, der *ponderación misteriosa* von Calderón ähnlich, die Benjamin auf der Vorlage von Kierkegaards Zäsur beschrieben hat als das Bild, das das Umschlagen des Allegorischen ins Heilsame auslöst.[109] Kierkegaards wahre Revolution muss jedoch die plastische Individualität der Alten zu Hilfe nehmen; diese Individualität bleibt die einzige vollkommene Individualität, die Kierkegaard sich vorstellen und auf sein wahres Christentum anwenden kann. Die wahre Revolution käme die vollkommene Verinnerlichung der griechischen Äußerlichkeit gleich, so wie das Drama von Kierkegaards Antigone ohne Rest auf die „zweite Bühne" (Freud)[110] übersetzt ist.

Das Nivellieren der Menschen ins Allegorische, wie es das Publikum tut, ist die Wurzel alles Bösen, aber Kierkegaard hofft – um es allegorisch auszudrücken – viele Wurzeln zu einem Trampolin zu verflechten, damit das Einzelne in ein höheres Leben springen kann, wenn es leidenschaftlich dorthin will. Dieser Sprung passiert auch – wie so vieles dem Tragischen Zugehörige – im Nu; die Unmittelbarkeit des Sprungs erinnert an den alten Jacobi und avisiert Calderóns Vision aus dem Finale des Trauerspielbuchs von Benjamin. Bei Kierkegaard sieht eine solche Vision der Erlösung so aus:

> Denn das höchste Komische ist eben, dass das einzelne Individuum ohne jede Zwischenbestimmung auf die unendliche Abstraktion der reinen Menschheit zurückgeführt werden soll, sofern alle individualisierenden Konkretionen der

---

108 Siehe das Entstehungszusammenhang-Kapitel.

109 Benjamin, *Ursprung des deutschen Trauerspiels*, 406-409.

110 Siegmund Freud, „Dostojewski und die Vatertötung", *Gesammelte Schriften*, hg. von Anna Freud (London: Imago, 1948), Bd. 14, 409.

> Organisation, welche vermöge der Relativität des Komische ermäßigen und durch relatives Pathos stärkend sind, weggezehrt worden sind. Dies aber ist wiederum der Ausdruck dafür, dass es die Rettung nur gibt durch die Wesentlichkeit der Religiosität im einzelnen Individuum. Und begeisternd wird es für ihn sein, zu begreifen, dass gerade die Verirrung dem Einzelnen, jedem im Besonderen, den Zugang zum Höchsten auftut, falls er hohen Sinn es will. Aber der Nivellierung muss ein Stehendes werden, sie muss herzu, ebenso wie das Ärgernis in die Welt kommen muss, durch welchen es kommt. (LA 93-94)

Das Komische geht in sein Gegenteil über. – Bisher lief die Nivellierung nur kursorisch, nicht total ab; die Dialektik der religiösen Aufklärung erzwingt, dass die Nivellierung bis ans Ende geführt wird, damit die Erlösung sowohl individuell, als auch allgemein zugänglich wird – solch eine Verbindung von Allgemeinheit und Individualität war im Altertum ein Ding der Unmöglichkeit.[111] Was Kierkegaard in seinen Anhängern erweckte, beschreibt Kafkas allegorische Erzählung vom „Wunsch, Indianer zu werden": Immer weiter und weiter nur nivellieren und attachieren, bis es nichts gibt, was in dieser Welt dauerhaft, solide und bürgerlich richtig erscheint: „Alles Ständische und Stehende verdampft, alles Heilige wird entweiht, und die Menschen sind endlich gezwungen, ihre Lebensstellung, ihre gegenseitigen Beziehungen mit nüchternen Augen anzusehen."[112] Kierkegaard erweckt den Wunsch, Indianer zu werden, in seinem Leser:

> Siehe, ist alles bereit, siehe, der Abstraktion Grausamkeit macht die Endlichkeit offenbar in ihrem Trug als solche, siehe des Unendlichen Abgrund tut sich auf, siehe der Nivellierung Sense lässt alle, jeden besonders, über die Klinge springen – siehe der Gott wartet! So spring denn zu in der Gottheit Arme. (LA 116)

8.4. Die 1840s: Das Zeitalter des Trauerspiels. Słowackis Melancholie

Bevor ich näher ausführe, wie Adorno in Kierkegaard einen barocken Allegoriker gefunden und diesen beschrieben hat – einen Allegoriker, in dessen Schriften erstaunlicherweise all die zentralen Motive aus Benjamins Trauerspielbuch vorhanden sind – möchte ich kurz die Perspektive erweitern. Auf diese Weise strebe ich an zu zeigen, dass die barocken Motive und die Theorie des Allegorischen, die die kritischen Denker bei Kierkegaard gefunden haben,

111 LA 99: „Das Trostlose im Altertum ist gewesen, dass der Ausgezeichnete war, was die andern *nicht* sein *konnten*, das Begeisternde wird werden, dass der, welcher religiös sich selber gewonnen, lediglich ist, was *alle* sein *können*." Hervorhebungen im Original.

112 Marx, Engels, *Manifest der Kommunistischen Partei*, 465.

mitnichten ein Resultat der Projektion eines modernistischen Begriffsnetzes in Kierkegaards Schriften waren. Fand Adorno wie früher Benjamin – seinen direkten Vorläufern Cohen, Rosenzweig, Lukács, Bloch, Kracauer folgend – die Hauptelemente des allegorischen ‚Ausdrucks' in Kierkegaards Schriften tatsächlich vor, sei es auch in virtuellem Zustand, so lag dies daran, dass Kierkegaards Epoche eine bestimmte Konstellation mit dem Barock bildete, was besonders bei Richard Wagner und vor allem Juliusz Słowacki – den beiden Helden des letzten Kapitels – augenfällig ist.

Laut Benjamins Barockbuch ist die Allegorie das Medium der Abstraktion schlechthin: Ein sinnliches Zeichen, das seine Sinnlichkeit und Konkretheit um des allgemeinen Begriffes willen, welchen es bezeichnet, einbüßt. Das Medium der Allegorie charakterisiert genauso wie die Oper, die im Barock entstand und die Scheidung von Sinn und Klang besiegelte, diese Epoche.[113] Richard Wagner behauptet in seiner Streitschrift *Die Kunst und die Revolution* (1848-49), dass die auch von den Frühromantikern beschriebene[114] Sprengung der tragischen Einheit in Oper und Drama ein Symptom der tiefsten Krise der Menschheit sei. Jene sei dumme Effekthascherei, diese völlig unartistisch und prosaisch. Das Neue Musikdrama aus den Bruchstücken der alten Tragödie hervorzurufen könnte der ‚verklärten' Apotheose der Allegorie gleich sein, von der Benjamin am Ende des *Ursprungs des deutschen Trauerspiels* in Bezug auf Calderón spricht, dessen Dramen angeblich eine solche Apotheose ausführen könnten, die dem deutschen Trauerspiel verweigert blieb.

Der polnische Dichter Juliusz Słowacki übersetzte zur selben Zeit, in der Kierkegaard die Ästhetik seiner Zeit schrieb, *Den Standhaften Prinzen* ins Polnische; Słowacki setzte nach barocken Vorbildern den Horizont in seinen eigenen Dramen sehr tief, wie auf den Gemälden von El Greco. Den Horizont, der die sinnliche von der übersinnlichen Welt trennt und beide zugleich verbindet, hat Mickiewicz in *Ahnenfeier* für die polnische Dichtung vorgezeichnet. Bei Mickiewicz waren diese zwei Welten ins vollkommene Gleichgewicht gebracht worden – so George Sand, als sie *Ahnenfeier III* mit Goethes

113 Walter Benjamin, „Die Bedeutung der Sprache in Trauerspiel und Tragödie", *Gesammelte Schriften*, Bd. 2, 137-140.

114 Siehe das Słowacki-Wagner-Bakunin-Kapitel; siehe auch Friedrich Schlegel, „Das lyrisch-dramatische Zeitalter", *Kritische Friedrich-Schlegel-Ausgabe*, Bd. 1, 74; Adam Müller, *Über die dramatische Kunst, Kritische, ästhetische und philosophische Schriften*, hg. von Walter Schroeder, Werner Siebert (Neuwied, Berlin: Luchterhand, 1967), Bd. 1, 213 und über die Tragödie – S. 217 „um den Klang der griechischen Tragödie zu verstehen, die moderne Tragödie und die Oper organisch vereinigt zu denken."

Faust und Byrons *Manfred* verglich.[115] Jener schien ihr allzu weltlich zu sein, dieser – zu abstrakt; erst bei Mickiewicz verknüpften sich die zynischste politische Intrige, die die Mechanismen des stalinistischen großen Terrors vorausahnt, und die reinste moralische Empörung über das übliche Schweigen Gottes miteinander. Das Schweigen provoziert einen metaphysischen Kampf des Dichters mit Gott in einer höheren Sphäre. Słowacki nimmt das kunstvolle Gebilde auseinander, so wie Kierkegaard und Marx Hegels und Goethes Gleichgewicht störten. Słowackis unvollendete Tragödie *Samuel Zborowski* dehnt etwa den Goethe'schen Prolog im Himmel aus, sodass der Prolog fast die Ausmaße des gesamten Dramas annimmt.[116]

Adorno hätte sehr wohl seine Hommage an Benjamins Tragödientheorie über Słowacki und nicht über Kierkegaard schreiben können. Słowacki widme ich das letzte Kapitel, in dem ich ihn mit den anderen Emblemen der 1840er Jahre, Michail Bakunin und Richard Wagner, zusammenstelle. Hier – im Kontext von Kierkegaards Schaffen und Benjamins Trauerspieltheorie – zeige ich nur, dass verschiedene Personen bei Słowacki Repliken aussprechen, die in Benjamins Barock-Buch zitiert oder sogar vom Kritiker selbst hätten formuliert werden können. Ich überspringe das Motiv der ‚Geisterstunde' in *Samuel Zborowski*, obwohl während dieser, also um Mitternacht, laut Benjamin die zwei Seiten der Allegorie, die abstrakte und die konkrete, miteinander kommunizieren.[117] Ich werde auch nicht beim Problem des tragischen und des nicht tragischen, kadaverhaften Schweigens verweilen, obwohl das berühmte Gedicht „Grób Agamenona" („Agamemnons Gruft", 1840) davon ausführlich spricht,[118] noch bei dem Festzug der Allegorien, der sich direkt von den Seiten von Benjamins Traktat in *Samuel Zborowski* gezogen zu haben scheint.[119] Fundamental sowohl für Benjamins Theorie als auch für Słowackis Dichtung ist hingegen die Konfrontation der griechischen Tragik mit der neuzeitlichen Trauer, die das Ursentiment der Allegorie ist. Diese Konfrontation wird von Słowacki in „Agamemnons Gruft" inszeniert und zwar zur ungefähr gleichen Zeit, zu der Kierkegaard nach dem Reflex des Antik-Tragischen im Modern-Tragischen sucht und seine Philosophie der Trauer formuliert.

---

115 George Sand, „Essai sur le drame fantastique: Goethe, Byron, Mickiewicz", *Revue de deux mondes*, 1er déc. 1839, Bd. 20, 593-645.

116 Juliusz Słowacki, *Samuel Zborowski. Dzieła*, hg. von Zdzisław Libera (Wrocław: Ossolineum, 1952), 207-309.

117 Benjamin, *Ursprung des deutschen Trauerspiels*, 312-315; Słowacki, *Samuel Zborowski*, 265-266.

118 Benjamin, *Ursprung des deutschen Trauerspiels*, 284-289; Słowacki, „Grób Agamemnonna".

119 Juliusz Słowacki, *Krąg pism mistycznych*, hg. von Alina Kowalczykowa (Wrocław, itd: Ossolineum, 1982), 179.

Der Dichter-Sprecher in „Agamemnons Gruft" tritt in die Ruinen der Aischylos'schen Tragödie ein (Agamemnons Tod inauguriert die Handlung der *Orestie*), um in der Gruft seine Trauer ertönen zu lassen. „Jak mi smutno! [...] Jak mi smutno!", wiederholt er seinen Refrain („Wie traurig bin ich, wie traurig")[120]. – Walter Benjamins Lektüre von Calderón verhilft uns wahrzunehmen, dass Słowacki bei Calderón, als er *Den standhaften Prinzen* übersetzte, sowohl die Beschreibung der modernen Trauer als auch die Verfahrensweise, Trauer und Melancholie zu überwinden, sucht und findet – und zwar durch die besondere Form der heroischen Passivität, welche auch Kierkegaards Antigone auszeichnete. Die Überwindung der Melancholie, die Słowacki Calderón nachdichtete, konnte er leider in seinen originalen Werken nicht wiederholen, eben darum bleiben sie nur imposante Ruinen eines gigantischen Vorhabens, das nicht zu Ende geführt werden konnte.

Die Ursache der Trauer der 1840er Jahre, gegen die es galt, *Den Standhaften Prinzen* nachzudichten, war, wie gesagt, die Nivellierung, deren grundlegender Aspekt auch eine bestimmte Entzweiung der Sprache, ihr Herabsinken ins Gerede, ist. So wie der einst ganze Mensch jetzt in (mindestens) zwei Welten wohnte, dem Übersinnlichen und dem Sinnlichen, die seine Vermögen auseinanderrissen, so wie die Tragödie laut Wagner in Drama und Oper zerfiel, so verselbständigten sich auch das lautliche und das semantische Elemente der Sprache; diesen Sprachprozess identifizierte Benjamin als Grund der Trauer im deutschen Trauerspiel:

> Lautliches ist und bleibt dem Barock ein rein Sinnliches; die Bedeutung ist in der Schrift zu Hause. Und das verlautbarte Wort wird nur gleichwie von einer unentrinnbaren Krankheit von ihr heimgesucht; im Austönen bricht es ab und eine Stauung des Gefühls, das sich zu ergießen bereit war, weckt die Trauer. Bedeutung begegnet hier und wird noch weiter begegnen als Grund der Traurigkeit.[121]

In *Książę niezłomny*, Słowackis Nachdichtung von *El Príncipe constante*, entspringt eine solch unergründlich grundlegende Trauer, die von der arabischen Prinzessin Feniksana empfunden wird, ihrer (der Trauer) eigenen Unaussprechlichkeit – diese Unmöglichkeit des Sinnes ist eine Kehrseite der Unmöglichkeit des Schweigens: Die Trauer ist der Teufelskreis der Bedeutsamkeit. Das Paradox der Trauer drückt sich durch das Sinnbild vom schweigenden

---

120 Juliusz Słowacki, *Dzieła*, Bd. 4, 74, ein sehr berühmter Fall der Wiederholung und Zersplitterung des Treuebekenntnisses ist „Hymn" [„Smutno mi Boże"], *Dzieła*, Bd. 1, 77-78 (die Phrase „Smutno mi, Boże" wird 9-mal wiederholt); Benjamin, *Ursprung des deutschen Trauerspiels*, 290-299; Walter Benjamin, „Trauerspiel und Tragödie", *Gesammelte Schriften*, Bd. 2, 133-137.

121 Benjamin, *Ursprung des deutschen Trauerspiels*, 383.

Spiegel, in Worten der Unwissenheit, Ausrufen und bedeutungslosen Seufzern aus:

FENIKSANA
Co jest? Selino,
Ach, gdybym ja sama zgadła!
Gdyby mi to od zwierciadła
Powiedziano! – ach, dziewczyno,
Wnet bym sama boleść własną
Nakarmiła do przesytu;
I widziała w sercu jasno.

Czuję tylko, że mnie kruszy
Jakiś smutek i tęsknota;
I że to jest męka duszy,
Męka duszy i zgryzota,
Gdy w uczuciach się tych miota,
Których czuciem czuć nie może.[122]

FENIKSANA
Was ist? Selino, ach!,
Konnte ich selbst das verraten!
Würde es mir vom Spiegel her
Gesagt! – ach! Mädchen,
Bald würde ich mein Schmerz im Alleingang
Bis zur Sättigung nähren;
Und im Herzen klar sehen.

Ich fühle nur, dass mich zerbricht
Irgendwelche Trauer und Sehnsucht;
Und dass es ein Seelenqual ist,
Seelenqual und Sorge,
Wenn [die Seele] sich in den Gefühlen hin- und herwirft,
die man mit dem Gefühl nicht fühlen kann.

Die letzten zwei Verse enthalten die exakte Formel für die Stauung des Gefühls: sich in Gefühlen hin- und herwerfen, die man mit dem Gefühl nicht fühlen kann. Melancholie als negatives Gefühl, Unbehagen an der Unmöglichkeit, Gefühle zu fühlen. Prinzessin Feniksana versinkt in Trauer, während der standhafte Prinz erlöst wird. Der Unterschied ihrer Schicksale drückt sich allegorisch im Gespräch über die Blumen, die Hieroglyphen des Geschicks sind, aus. Die Prinzessin ist eine Heidin; ihr ist bloß humanistisches, stoisches Wissen zugänglich. In Słowackis Calderón-Drama schütteln Mauren die moralischen Sentenzen der alten Griechen und Römer aus den Ärmeln: man müsse unter allen Umständen tapfer sein, an seiner Tugend festhalten, den Ablauf der Zeit und die Wechsel des Glücks gelassen hinnehmen. Der standhafte Prinz, ein Christ, weiß dagegen, dass es keine Erlösung, keine Befreiung von der Trauer im Alleingang, durch das Festhalten an der Tugend, gibt. Erlösung transzendiert Moral und Gelassenheit. Verklärung und Überwindung der Melancholie heißt dem Prinzen, aus der Zeit in die Ewigkeit zu treten – oder besser: sich aus der Zeit herausreißen zu lassen. So etwas erlangt der Mensch nicht mithilfe einer reinen Ethik: die einzige Möglichkeit zur Erlösung ist die *imitatio Christi* und das Vertrauen in die Gnade Gottes. Die Repräsentation des einzigen wahren Repräsentanten übertrumpft also das Anwenden des allgemeinen moralischen Gesetzes. Nur in Christus' Namen sterbend kann der Mensch wahrhaftig Herr seines eigenen weltlichen Schicksals werden und – um Słowackis *Nastał, mój*

122 Juliusz Słowacki, *Książę niezłomny. Dzieła*, Bd. 9, 261-262.

miły, wiek Eschylesowy [Das Zeitalter des Aischylos ist eingebrochen, mein Liebster] zu zitieren – eigene Trauer zu Kraft verdauen („w moc przetrawią w sobie – swoje smutki").[123]

Die Verklärung dieser Trauer, die Calderons Trauerspiele mitunter veranschaulichen, würde laut Benjamin die Allegorie samt ihrer Erscheinungsform auf der Bühne, dem Trauerspiel, erlösen. Da die Allegorie das eigentliche Medium der Neuzeit ist, würde ihre Erlösung auch eine Metamorphose der menschlichen Sprache hervorbringen, die dem Dichter für das Jetzt in höchstem Maße unzulänglich erscheint. Daher findet man bei Słowacki und etwa auch bei dem Richard Wagner der späten 1840er Jahre (dem Revolutionär) Theorien und erste praktische Proben der neuen vollkommenen Sprache. Es ist die Zeit, in der Letzterer seine Arbeit am Nibelungenzyklus beginnt. Die Sprache in die ursprüngliche Vollkommenheit zurückzubringen ist schon an sich sehr barock – es reicht, sich an die größten Wissenschaftler des Barocks wie Athanasius Kircher oder Gottfried Wilhelm Leibniz mit seiner *characteristica universalis* zu erinnern.[124] Der Stil der letzten Dichtungen Słowackis ist sehr kryptisch, weil syntaktisch verwickelt, was im Fall der polnischen Dichtung fast immer eine Nachahmung der barocken Muster bedeutet. In dieser undurchsichtigen Sprache beschreibt er im monumentalen und Fragment gebliebenen Gedicht *Król-Duch* (König-Geist) die Sprache der reinen Geister, die mit Blitzen und Lichtern kommunizieren.[125] Wagners Dichtung, die auch eine neue Form der Kommunikation durch das Gefühl darstellen wollte, hatte einen enormen Einfluss auf die deutsche Sprache. Es reicht hier zu erwähnen, dass Siegfried Kracauer Martin Buber und Franz Rosenzweig vorwirft, sie hätten in ihrer neuen deutsch-jüdischen Bibel-Übersetzung die biblische Sprache wagnerianisch gestaltet.[126] Wie seine barocken Vorfahren theoretisierte Wagner über die perfekte Sprache, die ihm Tonsprache ist: Tonsprache, die das Gefühl der „Stauung" befreien und die verlorene Harmonie des Geistes und der Materie wiederherstellen würde:

> Die Tonsprache ist Anfang und Ende der Wortsprache, wie das Gefühl Anfang und Ende des Verstandes, der Mythos Anfang und Ende der Geschichte, die Lyrik Anfang und Ende der Dichtung ist. Die Vermittlerin zwischen Anfang und

123 Słowacki, *Dzieła*, Bd. 1, 196.

124 Vgl. Umberto Eco, *Die Suche nach der vollkommenen Sprache*, übersetzt von Burkhard Kroeber (München: Beck, 1994), 153-186, 276-298.

125 Juliusz Słowacki, *Król-Duch. Dzieła*, Bd. 5, 60-62 [Rapsod 2, XIV-XVIII].

126 Siegfried Kracauer, „Die Bibel auf Deutsch. Zur Übersetzung von Martin Buber und Franz Rosenzweig", *Das Ornament der Masse. Essays* (Frankfurt am Main: Suhrkamp, 1963), 173-186.

> Mittelpunkt, wie zwischen diesem und dem Ausgangspunkte ist die Phantasie. (W IV 91)[127]

Słowackis Fantasie produziert aber immer wieder Bilder einer transzendentalen Intervention, die Ton, Gefühl und Mythos aus dem falschen Zusammenhang errettet. Weil natürlich nichts dergleichen bisher geschah, bleibt sein Spätwerk Fragment und Allegorie. Und der Dichter rebelliert nicht dagegen. Słowacki übernimmt sogar die apologetische Allegorese der Griechen und findet zum Beispiel bei Homer eine schönere Version der biblischen Schöpfung des Menschen.[128] Er erwartet zwar eine große Umwandlung der Sprache, aber die Erneuerung würde für ihn höchstwahrscheinlich nicht ein Verlassen der Allegorie und auch keine Rückkehr der mythischen Fülle des Namens bedeuten. Eines der Leitmotive seiner späten Dichtung ist die Statue des Saturn sowie drei Stufen der Allegorese, auf denen der Hermeneut diese Schöpfung der Dichterphantasie, den geflügelten Gott mit der Sense, der seine Kinder auffrisst, auslegen kann. Auf der ersten Stufe erweckt der Gott Schrecken bei den einfachen Leuten, die in ihm wortwörtlich einen Kinderfresser und einen starken, wilden Gott sehen. Die ‚heidnischen Rationalisten' glauben dagegen, dass die Saturn-Statue eine Allegorie der Zeit ist. Auf der dritten Stufe der Deutung verlassen wir zwar die Zeit, aber nicht unbedingt die Allegorese, weil wir eine Allegorie über die apokalyptische Überwindung der Allegorie oder, präziser gesagt, die Überwindung der Kluft von Sinn und Sinnlichkeit, die die Stauung des Gefühls verursacht, erhalten:

> Aber wir, die jetzt gefühlt haben, das das Materie nur das Kind unseres Geistes ist; und, obwohl in Stein verwandelt, muss sie dennoch durch unseren Geist geweiht und Gott dem Geiste wiedergegeben werden; in Saturn sehen wir das erste der christlichen Geheimnisse – das Wort, das Alpha und Omega der Welt in der Vision des heiligen Johanns ist. – Die endgültige Auferstehung der Körper, die wie heute figurativ so ausdrücken würden, dass ein Engel des Lichts mit der Sense und mit den Flügeln und der Zeit, die für die Völker abgemessen ist, durch die Tiefen des Himmels fliegt, Blut trinkt und Körper der Märtyrer des Herren, für das Wort gequält, frisst, bis sich der ganze Staub der Erde, durch das Martyrium in Asche verwandelt, am letzten Tag in seinem lichtenden Körper wiederfindet. […] So sieht Saturn aus für die Sehenden aus.[129]

127 Die Sigel bezieht sich auf Richard Wagner, *Sämtliche Schriften und Dichtungen. Volksausgabe* (Leipzig: Breitkopf & Härtel und C.F.W. Siegel (R. Linnemann)).

128 Juliusz Słowacki, *Krąg pism mistycznych*, hg. von Alina Kowalczykowa (Wrocław: Ossolineum, 1982), 255.

129 Słowacki, *Krąg pism mistycznych*, 244-245: „Lecz, my, którzyśmy teraz uczuli, że materia jest dzieckiem ducha naszego; a chociaż w kamień zamieniona, musi być wszakże przez ducha naszego wyświęconą i Bogu duchowi oddaną; widzim w Saturnie – pierwszą

Hier kehrt die Materie in den geistlichen Sinn zurück – wie aus der Verbannung – und stellt die schöpferische Sprache Gottes wieder her, die voll und konkret war – die Sprache der Namen. Słowackis Deutung der Saturn-Statue ist eine Beschreibung der apokalyptischen, durch das Martyrium ermöglichten Verklärung der trauerhaften Allegorie in ein ganz anderes Medium: Bei Słowacki handelt es sich nicht um eine Allegorie unter vielen – wie die Allegorie der Zeit – sondern um eine Allegorie hoch zwei. Die Allegorie des Wortes, die die ganze, durch die heilige Gewalt gebrannte Wirklichkeit in sich (zurück)aufsammelt, ist für Słowacki ein proleptisches Projekt der erretteten Allegorie – der Allegorie am jüngsten Tag. Benjamin versucht am Ende seines Buchs über das Trauerspiel, jene Gattung und die Allegorie in einem ebensolchen Licht des letzten Tages darzustellen.

Słowackis Spätlyrik versucht diese Emporhebung der abstrakten, in die Allegorie verwandelten Welt in ein proleptisches Reich der erretteten Allegorie (allegorische Apokatastasis) durchzuführen: Deswegen chiffriert der Dichter-Allegoriker Namen seiner Zeitgenossen in vielen seiner politischen, okkasionellen Dichtungen – z. B. „Ten sam duchowi płomienny szlak", „Proroctwo", „W ostatni dzień"[130] – sodass Dąbrowski eine Eiche (*dąb*), Różański eine Rose (*róża*), Kamieński ein Stein (*kamień*) und dergleichen werden. Solche allegorischen Gedichte, in denen Eigennamen öffentlicher Personen den Stoff des Allegorisierens bieten, schreibt er wahrscheinlich, damit sein Name ‚Słowacki' und seine verlagerte, durch Schwindsucht ins Durchsichtige vollgefressene Person selbst zur Allegorie werden: Die Allegorie des Wortes, *słowo*. Würde solch eine Umwandlung passieren, würde der Dichter eins mit der Statue des Saturns. Er würde zu einer Allegorie, die das Allegorische (die ganze Welt) erlöste. Das Leiden und das Handeln, Bedeuten und Verursachen würden sich endlich verflechten.

Wie in Benjamins Konzeption des allegorischen Bildes eröffnet sich eine Chance auf eine derartige Nachahmung der Vorbilder – auf die Einverleibung, die den Leib zurückgibt – im „Jetzt der Erkennbarkeit",[131] wenn zwei Epochen, etwa der spanische Barock und die polnischen 1840er Jahren, eine

z tajemnic chrześcijańskich – Słowo, które jest alfą i omegą świata w Jana świętego widzeniu. – Zmartwychwstanie ostateczne ciał – które dziś wyrażając figurą, rzeklibyśmy, że oto anioł jasny z kosą i ze skrzydłami i czasem wymierzonym dla narodów – przelatuje przez nieba otchłanie – pije krew i pożera ciała umęczonych Pańskich dla Słowa – aż cały proch ziemi męczeństwem przepopielony – znajdzie się w dniu sądnym ... w jego ciele świecącem ... a tak wygląda Saturn dla widzących Alegoria Saturna." Eine andere Version (eine andere Lektüre des Manuskripts): Słowacki, *Dzieła*, Bd. 12, 59-60.

130 Słowacki, *Dzieła*, Bd. 1, 200, 234, 235.

131 Walter Benjamin, *Passagenwerk, Gesammelte Schriften*, Bd. 5, 577-609.

Konstellation bilden. Schon Joachim Lelewel verglich Polen und Spanien: Die Alten hätten die Charaktere der Einzelnen nebeneinandergestellt, Lelewel schlägt dagegen vor, diese zwei Länder aus zwei Konfinien (Extremen) Europas zu vergleichen,[132] sodass man anhand des spanischen Schicksals die Folgen der polnischen Politik prognostizieren könnte. Słowacki nahm sich die spanisch-polnische Affinität zu Herzen und schrieb sogar das Gedicht „Chcesz wiedzieć, czym dziś byłby nasz kraj odzyskany/ W trzydziestym pierwszym roku – to patrz na Hiszpany/ A ujrzysz ziarno, które było w czasu łonie […]" (SW 600).[133] Polen, in Spanien gespiegelt, sieht nicht gut aus: Mickiewicz ist beispielweise der Intrigant in einem dunklen Drama, das er – so denkt er selbst – mit den Königen spielt. Polen wäre nach Słowacki ein Trauerspiel. Nicht nur politisch, sondern auch dichterisch betrachtet, war Spanien für Słowacki ein Vorbild. Calderón nachzudichten hieß für ihn Christus zu imitieren – die Allegorie des Worts werden und mit seinem Martyrium erretten, so wie Calderón, laut Benjamin, die allegorische Welt mit einem Bild der Apotheose zu erlösen wusste. Michał Budzyński zitiert Słowacki, der ihm erzählte, wie er sein Wissen über vergangene Inkarnationen erwarb:

> versuche so wie ich leiden, sich quälen wie – o! welche Tantalusqualen habe ich erlitten; als ich *Den standhaften Prinz* übersetzt habe, habe ich mich auf dem Boden gewälzt, ich habe mir eingebildet, ich bin dieser Prinz von Portugal, der für seine Heimat Leben aufgegeben hat und schleppe die Fesseln der Mauern. – Ich habe meine Brust aufgekratzt, den aus dem Boden gekehrten Staub habe ich geschluckt und zu Gott gerufen, er öffne mithilfe dieser Foltern meine Augen und mein Gemüt und erwecke das Gedächtnis der vergangenen Leben. Gott hat mich gehört und es gibt keinen Augenblick des vergangenen Lebens, der mir vor den Augen so lebendig nicht stehen würde wie dir die neuste Augenblicke, zehn oder fünf Jahre her.[134]

Beim Übersetzen von Calderón hätte Słowacki die *„Ponderación misteriosa"* erfahren müssen, die Vision, die dem deutschen Trauerspiel, so Benjamin, entsagt worden sei, weswegen diese Gattung oder dieses Medium eines kritischen Eingreifens benötige. Calderón wäre, weiter Benjamin folgend, dazu imstande, die Organisation der Szene zu jener allegorischen Totalität zu führen, „mit welcher in dem Bilde der Apotheose ein von den Bildern des Verlaufes

---

132 Joachim Lelewel, *Historyczna paralela Hiszpanii z Polską* [1837], hg. von Jan Kiniewicz (Warszawa: DIG, 2006).

133 „Willst du wissen, was aus unserem Land geworden wäre, hätten wir es/ im 1830 [also infolge des Januaraufstandes] wiedererlangt, schau dir die Spanier an/ und die wird das Korn sehen, das im Schoß der Zeit war."

134 Siehe das Słowacki-Kapitel.

artverschiedenes sich erhebt und der Trauer Einsatz und Ausgang zugleich weist."[135] Diese Artverschiedenheit meinte bei Słowacki das proleptische Bild des Wortes als die errettete-rettende Allegorie (wie das Saturnbild). Benjamins Theorie formte die ‚Zäsur'-Theorie aus Hölderlins Sophokles-Kommentaren um. Diese Zäsur übernahm später auch Adorno, um Benjamins Theorie des dialektischen Bildes fortzusetzen und auszubilden, das er mit einem Feuerwerk verglich, das plötzlich aufblitzt und sich selbst zerstört, indem er ephemerische Gestalten projizierte.[136] Adorno zitierte Kierkegaards Bild der Rakete aus den *Stadien auf dem Lebensweg* und verglich das Aufleuchten des Feuerwerks mit dem Licht der Hoffnung, das alle Dinge erhellt (KK 186). Das Bild der Rakete als eine Allegorie der Prolepse, die in einer Jetzt-Zeit das erlöste und erlösende Wort aufblitzen lässt, scheint in den 1840er Jahren verbreitet zu sein. Bei Słowacki wird es so ausgedrückt:

> du bist der Engelsburg in Rom ähnlich, die schwarz düster über Tiber steht, wenn aber eine Funke geworfen wird, verstreut die Burg in alle Richtungen rote und blaue Raketen und, in eine Menge der apokalyptischen Schlangen zerzaust wie der Kopf der feurigen Medusa, im Augenblick erscheint und verschwindet... dem Feuerwerk ähnlich hast du vor Helois' Augen alle geistigen Kräfte angezündet, eine Girlande der im Geiste gesammelten und zum Explodieren fertigen Leben... Was sage ich! In angestrengter und bittender Erniedrigung hast du deinen Geist auf den Boden ausgedehnt wie ein Teppich, der voll von Rosen, Perlen, und Edelsteinen ist.[137]

Das Leiden – oder die *imitatio* im Moment der Erkennbarkeit, sagt Słowacki, erlöst. Nur dass für Słowacki die Sache einfacher zu sein scheint als für die Kierkegaard-Leser im 20. Jahrhundert; so naiv das auch klingen mag, Słowacki

135 Benjamin, *Ursprung des deutschen Trauerspiels*, 409.

136 Theodor W. Adorno, *Ästhetische Theorie, Gesammelte Schriften*, hg. von Rolf Tiedemann (Frankfurt am Main: Suhrkamp, 1974), Bd. 7, 49-50; 125-126: „Prototypisch für die Kunstwerke ist das Phänomen des Feuerwerks, das um seiner Flüchtigkeit willen und als leere Unterhaltung kaum des theoretischen Blicks gewürdigt wurde [...]. Es ist apparition *kat' exochen*: empirisch Erscheinendes, befreit von der Last der Empirie als einer der Dauer, Himmelszeichen und hergestellt in eins, Menetekel, aufblitzende und vergehende Schrift, die doch nicht ihrer Bedeutung nach sich lesen lässt."

137 Juliusz Słowacki, *Krąg pism mistycznych*, 79; Słowacki, *Dzieła*, Bd. 11, 49: „podobny do zamku Świętego Anioła, który czarny stoi ponuro nad Tybrem, za rzuceniem zaś skry jednej rozpuszcza na wszystkie strony race czerwone i błękitne i rozczochrany mnóstwem węży apokaliptycznych jak głowa meduzy ognistej w jednej chwili pokazuje się i znika... podobny mówię temu fajerwerkowi, zapaliłeś razem przed Helios oczyma wszystkie władze duchowe, długą girlandą żywotów w duchu zebrane i do wybuchnięcia za lada skrą gotowe... Co mówię, w wysilonym upokorzeniu i prośbie rozciągnąłeś ducha swego po ziemi niby kobierzec pełny róż pereł i kosztownych kamieni."

und Kierkegaard wissen, wen sie letztendlich nachahmen sollen. Ihre Bilderwelt hat ein weiteres zentrales Bild – das Bild des gekreuzigten Christi.

Die Romantik – sei es die deutsche, sei es die polnische oder die russische, angenommen dass Dostevskij sie vollendet – geht vom großen Welttheater zur Nachahmung Christi über: das Schauspielerische verbleibt im Zentrum der sozialen Einbildungskraft, nur wird es zu anderen Zwecken genutzt. „Denn ich denke, Gott hat uns Apostel als die Allergeringsten hingestellt, wie zum Tode Verurteilte. Denn wir sind ein Schauspiel geworden der Welt und den Engeln und den Menschen." (1. Kor 4, 9) Genau solch ein Übergang vom *theatrum mundi* zum heiligen Schauspiel der *imitatio Christi* – die an die Biographie von Friedrich Schlegel oder der romantischen Helden Konrad und Koridan erinnert – findet in der Geschichte des portugiesischen Prinzen statt. Ob das Leben eines Christen oder das Leben Christi guten Stoff für eine Tragödie bietet, bleibt unklar. Richard Wagner plante ein großes Drama über Jesus, dessen Synopsis er Michail Bakunin zu erzählen versuchte, der nichts davon hören wollte.[138] Słowacki ist unschlüssig, manchmal scheint ihm die Heilsgeschichte das Tragischste, was es überhaupt je gab, manchmal findet er sie überhaupt nicht tragisch,[139] genau wie Kierkgeaard in seinem *Entweder-Oder*, erschienen im selben Jahr wie Słowackis *Standhafter Prinz*. – Das umgekehrte Verfahren ist aber bestimmt möglich: die frontale tragische Maske eine der Vorlagen oder die Vorlage schlechthin für die frontale Ikone des Jesus (vor allem die Ecce-Homo-Figur) war.[140]

Wie Kierkegaard und (meistens) Marx glaubt Słowacki, dass die Krise nicht durch Rückkehr gelöst werden kann; sie muss gesteigert werden. Słowacki glaubt nur an den schmerzhaften Fortschritt. Wie die Allegorie potenziert werden sollte, um in ihr Gegenteil umzuschlagen, so muss die Kunst total destruiert werden, um eine Erneuerung zu erfahren. Und sie muss – wie im ‚unvollendeten' *Geist-König* – als Ruine erscheinen.

Słowacki repräsentiert zwar die berüchtigte Opferideologie[141] im gleichen Grade wie Kierkegaard oder Wagner:

138 Richard Wagner, *Mein Leben*, hg. von Martin Gregor-Dellin (München: List, 1963), 399-400.

139 Siehe das Słowacki-Wagner-Bakunin-Kapitel.

140 Moshe Barasch, *Imago Hominis. Studies in the Language of Art* (Wien: Irsa, 1991), 53, 59-77. Siehe auch das Hölderlin-Kapitel.

141 Etwa: „Jedes Opfer ist eine Restauration, die von der geschichtlichen Realität Lügen gestraft wird, in der man sie unternimmt. Der ehrwürdige Glaube ans Opfer aber ist wahrscheinlich bereits ein eingedrilltes Schema, nach welchem die Unterworfenen das ihnen angetane Unrecht sich selber nochmals antun, um es ertragen zu können." Theodor W. Adorno, Max Horkheimer, *Dialektik der Aufklärung*, Adorno, *Gesammelte Schriften*, Bd. 3, 69.

I zacierpiałem – ale tak radośnie,
Że sto lat uśmiech trwał, a w myślach głusza;
Jam tylko rosnął i ofiary składał,
A sto lat we mnie duch – uśmiechem gadał.[142]

Und ich litt – aber so heiter,
dass das Gelächter ein hudert Jahre dauerte, und in den Gedanken – Wildnis,
Ich wuchs nur und opferte auf,
und ein hundert Jahre sprach der Geist in mir – durch das Lächeln.

Aber für Słowacki ist das (Selbst-) Opfer die Voraussetzung der Weiterschöpfung; geschöpft aber wird Neues und Unerhörtes – und so reißt uns das Opfer aus derselben Welt der ewigen Wiederkehr des Gleichen heraus, die stets neue Opfer braucht, um ihr Bestehen zu behaupten. Schon wieder findet sich auch in dieser kurzen Zusammenfassung von Słowackis mystischem Genetizismus eine Umformulierung des tragischen Chronotopos.

8.5. Kierkegaard als Allegorie

Adornos Kritik der Existenzialphilosophie – Kierkegaards Philosophie inbegriffen – bedient sich mancher Werkzeuge, die aus Kierkegaards Schriften entliehen wurden: Diese These habe ich in diesem Kapitel schon mehrfach wiederholt, jetzt gilt es, sie mit Beispielen zu begründen. Eine Rekonstruktion – auch eine so detailgetreue, wie die, die ich hier vorschlage – hätte es schwer, endgültig zu entscheiden, welche Denkfiguren direkt von Kierkegaard stammen und welche Adorno aus Schriften von Lukács, Benjamin, Kracauer und Bloch entlieh, für die Kierkegaards Kritik der Modernität eine ständige und manchmal heikle Inspirationsquelle war. Am stärksten war Adorno zweifellos von Benjamins Barockbuch beeinflusst. Sein *Kierkegaard. Die Konstruktion des Ästhetischen* macht stellenweise den Eindruck, Adorno hätte Fragmente vom *Ursprung des deutschen Trauerspiels* in das Buch einmontiert, so vollkommen beherrschte er Benjamins für die Beschreibung des barocken Dramas aufgestellten Bildercode. Nicht nur einzelne Denkfiguren übernimmt Adorno, sondern auch die Hauptachse des Buches, um die sich die ganze geschichtsdidaktische Argumentation dreht, namentlich die Gegenüberstellung von attischer Tragik und neuzeitlicher Affekt- und Sinnästhetik – *id est* der Ästhetik von Trauer samt ihrer allegorischen (sinnstiftenden) Ausrüstung. Adorno findet in Kierkegaard sowohl allegorische als auch tragische Motive, wobei er die Prädilektion der Tragödiendichter für den Mythos und die Opferideologie bloßstellt. Wenn man andererseits Adornos Lektüre kritisch liest, so wie er selbst Kierkegaard las, beweist er wider Willen,

142 Słowacki, *Dzieła*, Bd. 5, 72 [*Król Duch*, Rapsod 2, LV].

dass nur von der Tragödie – in ihrer attischen Version – Rettung erwartet werden kann. Die Dialektik der Aufklärung, die den Mythos versöhnen will, schält sich aus der Tragödientheorie heraus und kann nur in der Tragödie einen lichten Moment der Lösung erzeugen. Der von Benjamin betonte Unterschied zwischen Tragödie und Trauerspiel verkümmert, sodass die tragische Natur des im Trauerspiel zu Rettenden zu Tage kommt, wenn Adorno, indem er die Allegorie potenzieren will, das Potential der symbolischen Tragödie nutzt. So bringt er die Abstammung des Textes von Benjamins *Ponderación misteriosa* zutage, deren Wurzeln in Hölderlins Tragödientheorie – in seiner Theorie der Zäsur – stecken. Diese partielle Enthüllung der Wurzel ging mit Adornos philosophischer Expertise einher, der nicht nachlässig dialektisch zu denken vermochte und deswegen Benjamins Denkfiguren in einen dialektischen Zusammenhang brachte, während Benjamins Attraktivität für diejenigen, die Hegel überwinden möchten, meines Erachtens auf dessen fehlender methodologischer Konsequenz basierte.

Benjamin hatte sich bei Kierkegaard verschuldet, folglich ließ er sich so einfach auf Kierkegaard anwenden. Auch nach 1933, als Adornos Buch bereits erschienen war, setzt Benjamin die Übernahme von Kierkegaards Denkfiguren fort. Allein im Essay über die Hauptmotive von Baudelaire (1939) sind etliche Motive aus Kierkegaards *Entweder-Oder* und *Wiederholung* zu finden: Der Dichter als Fechtmeister (vgl. AA 257) – immer in Bezug auf den Blick – das Spektakel der Posse, das zu sehen für den Gebildeten „Lotterie spielen" heißt, „nur dass man nicht die Unannehmlichkeit hat, Geld zu gewinnen",[143] endlich die Dialektik der Erinnerung und des Vergessens, laut derer gerade das, was den großen, existenziell gestaltgebenden Eindruck macht, sich nicht aus dem zielorientierten operativen Gedächtnis abrufen lässt. Nur an belanglose Sachen kann beliebig erinnert werden: „Vergessen und Sich-Erinnern sind daher identisch und die künstlerisch hergestellte Identität des archimedischen Punktes, mit welchem man die ganze Welt emporhebt" (AA 231). Dem Hinweis von Kierkegaard folgend hob Benjamin die ganze traumatische Erfahrung der Moderne empor, die sich als ein vergessenes, aber immer mitgemeintes Nachbild von Baudelaires Bilderwelt in Zäsuren seiner Gedichte festgesetzt hatte. In Sachen des Gedächtnisses beruft sich Benjamin zwar auf Bergson, Proust und Freud,[144] aber ihre Modelle der Macht des Verdrängten wurden schon von Kierkegaard vorweggenommen, der auch dazu in der Gestalt des Verführers

143 Søren Kierkegaard, „Wiederholung", *Wiederholung. Drei erbauliche Reden, Gesammelte Werke*, Abteilung 5 und 6, 33.

144 Walter Benjamin, „Über einige Motive bei Baudelaire", *Gesammelte Schriften*, Bd. 1, 609-615.

aus *Entweder-Oder* das spezifisch moderne Zeitgefühl zum Ausdruck brachte, für das das Glücksspiel steht, das immer von Null beginnt und das die Zerstreuung des Lebens in Erinnerungen bedeutet, die kein Ganzes geben.[145] Erinnerung ohne Bildung. Hatte Benjamin tatsächlich viele seiner Figuren, mit deren Hilfe er das Trauerspiel und die Moderne begriff bei Kierkegaard gefunden, kann es nicht überraschen, dass Adorno diese Figuren, die Markenzeichen von Benjamins Schreiben zu sein scheinen, zurück auf Kierkegaard übertrug. Im Fall der späteren Essays, im Umkreis des Passagen-Projekts, kann Adorno seinerseits den älteren Kollegen Benjamin inspiriert haben, der sein Kierkegaard-Buch rezensiert und gepriesen hatte.[146] Auf dem Spiel – auf dem Hin-und-her zwischen den Schriften – stehen nicht nur Imponderabilien, wie die Vorliebe Benjamins für astrale Metaphorik, die Adorno auf Kierkegaards Anthropologie der Sphären projiziert (KK 130-132). Vorliebe ist eigentlich ein zu schwacher Begriff: Noch bevor Louis-Auguste Blanqui – genannt L'Enfermé, der ewige Gefangene und Autor des Büchleins *L'éternité par les astres* (1872), das, Benjamin zufolge, die Beständigkeit der barocken Melancholie, die auch die Berufsrevolutionäre des 19. Jahrhundert heimsuchte, beweisen sollte – in Benjamins Schriften zum Paris des 19. Jahrhunderts erscheint, schließt ein Bild des Sterns Benjamins Essay über die *Wahlverwandtschaften* (1925) ab;[147] *Zum Planetarium*, das jubilierende Finale der *Einbahnstraße* (1928),[148] verspricht die Erneuerung des Bundes mit dem All, den noch die alten Griechen unterhielten und der dank der neuen Technik wird erneut erfahren werden können. Es gab auch Konstellationen von Ideen aus der *Erkenntniskritischen Vorrede* zum *Ursprung des deutschen Trauerspiels* (1928),[149] die die eigentliche Methode der späteren Schriften bestimmte. Indem Adorno versucht, mit Hilfe der Hegelschen Dialektik den Wahnsinn der Methode Benjamins zu zähmen, platziert er den Begriff ‚Sternbild' an ein paar Stellen seiner Ausführung (KK 10-11, 34).[150]

Ohne Sterne gibt es jedoch kein Philosophieren, was schon Thales schmerzhaft erfahren hat, als er in ein Loch fiel, weil er die Sterne beobachtete, statt zu

---

145 Benjamin, „Über einige Motive bei Baudelaire", 631-637.

146 Walter Benjamin, *Gesammelte Schriften*, Bd. 3, 380-383: Diese Rezension stärkt der Konstruktion dieses Kapitel den (allegorischen) Rücken: „In diesem Buch liegt viel auf engem Raum. Leicht möglich, dass die späteren des Verfassers einmal aus diesem hier entspringen werden" (383).

147 Walter Benjamin, „Goethes Wahlverwandtschaften", *Gesammelte Schriften*, Bd. 1, 199-201.

148 Walter Benjamin, *Einbahnstraße, Gesammelte Schriften*, Bd. 4, 146-148.

149 Benjamin, *Ursprung des deutschen Trauerspiels*, 214-218, 225-228.

150 Das Sternbild ist ein populäres Denkbild in den 1930er Jahren: siehe Karl Mannheim, „Das Problem einer Soziologie des Wissens", *Wissenssoziologie. Auswahl aus dem Werk*, hg. von Kurt H. Wolff (Neuwied am Rhein, Berlin: Luchterhand, 1970), 308-309.

schauen, wohin er ging;[151] das Vorhandensein der Sternbilder und -metaphorik bei Kierkegaard, Benjamin und Adorno überrascht kaum und stellt eigentlich an sich noch nichts besonders Spezifisches dar. Doch im Dreieck Kierkegaard–Benjamin–Adorno kommen manche ziemlich gewaltigen Transfers zustande, die die drei Denker zu einem charakteristischen Gebilde verflechten. Adorno projiziert auf den dänischen Rentier, für den die Zeit Geld ist (auch wenn seine Zinsen für das Nichts-Tun, das ‚Leiden' und Sich-Gedulden ausgezahlt werden), die Figur des Flâneurs, die ganz zentral für das von Benjamin beschriebene Paris des 19. Jahrhunderts war; Baudelaires Dichtung war Benjamin ein psychoanalytisch zu ergänzender Höllenreiseführer. Das projizierte Bild des Flâneurs deckt sich nicht mit der Leinwand, es verbeugt, knickt und entstellt sich – darum wird Kierkegaard zu einer kleinstädtischen „Parodie des intendierten Dandytums", zu einer Parodie des Flâneurs (KK 18). Der Pariser Flâneur erkannte – laut Benjamins kanonischer Beschreibung – die Straße als seine eigene Wohnung an, indem er die Atmosphäre des Interieurs auf die Stadt ausbreitete, sodass Passagen sein Habitat wurden: Fragmente von Straßen, die zu Interieurs umgeformt wurden – dunkle, von Monstranzenreihen durchstrichene Tempel der Ware, in die sich der Flâneur im Akt der mythischen Mimikry verwandelte, sich ununterbrochen zur Schau stellend.[152] Auch das Phlegma des Flâneurs ist Funktion seines Ausstellungswertes.

In gewissem Sinne ist auch der Flâneur – wie Słowackis Saturn mit der Sense – eine Allegorie der Allegorie oder jedenfalls eine Verdichtung des Allgemeinallegorischen, in das die Welt versunken ist. In der kapitalistischen Gesellschaft ist ein jeder Ware, der sich selbst – zerstückelt und manchmal zur reinen Arbeitskraft reduziert – verkauft; wie die Hysterikerin erzählt auch die Ware demjenigen, der ihre Symptomatik lesen kann, nur über die Ätiologie seines eigenen bedauernswerten Zustandes. Nur dass der Flâneur die Identifikation mit der Ware so genießt, dass seine Wollust ihn als Zeichen besonders energetisch und auffällig macht. Er ist das Symptom der Gesellschaft und verrät am ehesten und vollständigsten ihr offensichtliches Geheimnis – das romantische Geheimnisvolle der normalsten Dinge und das Normalste am Geheimnisvollen. Des Flâneurs Lust verwandelt ihn in eine Hieroglyphe der europäischen Gesellschaft, die ihre Impulse und elektrisierende Bilder der eigenen Zukunft aus Paris bekommt, wo die größte Zahl an Flâneuren grassiert. Dem provinziellen Kopenhagener Flâneur Kierkegaard stehen dürftigere

---

151 Hans Blumenberg, *Das Lachen der Thrakerin. Eine Urgeschichte der Theorie* (Frankfurt am Main: Suhrkamp, 1978).

152 Walter Benjamin, „Das Paris des Second Empire bei Baudelaire", *Gesammelte Schriften*, Bd. 1, 537-570.

Warentempel zur Verfügung als die sagenhaften Pariser Passagen, sodass er sich mit dem Hereinholen der Straße in seine Wohnung zufriedenstellen muss, statt die Wohnung auf die Straße auszudehnen – und zwar das Hereinholen der Straße in die Wohnung mit Hilfe eines Reflexionsspiegels (KK 62). Der Reflexionsspiegel – ein oft angetroffenes Requisit und ein kleiner Bruder des Panoptikums – wurde am Fensterrahmen in den reicheren Straßen des 19. Jahrhunderts befestigt, wo die Menschen sich nicht so offen als Beobachter aus den Fenstern lehnen, wie man es in Arbeitervierteln beobachten konnte. Dieses optische Instrument, das noch in Strindbergs *Gespenstersonate* die Bühne in die Straße verwandeln sollte, dient dem Verführer dazu, das Exterieur auf seine Wohnung zu projizieren. Diese Verinnerlichung legt Adorno als ein Emblem von Kierkegaards Trauer aus (KK 63).

Die Wohnung, der Schauplatz bürgerlicher Trauerspiele, die immer Familientragödien sind, wird zur Bühne, auf der der kleinbürgerliche Flâneur die Rolle des Helden oder die des Märtyrers besetzt: Er erlöst die Welt, indem er sie zu Material für die Innerlichkeit umformt – ein Prozess, dessen Emblem der Reflexionsspiegel ist. Adorno nennt Kierkegaards „Subjektivität" einen „Schauplatz von Ontologie" (KK 35), auf dem Masken und Pseudonyme die ihnen zugeschriebenen Rollen vorspielen. Alle Geräte in der bürgerlichen Wohnung – ihres offiziellen Teils – sind jeglichen Gebrauchswertes beraubt und – nachdem sie nur Waren geworden sind – fungieren als reine Requisite, die reine Kulisse. So wie die Menschen laut Lukács G*eschichte und Klassenbewusstsein* in der kapitalistischen Gesellschaft verdinglicht werden,[153] verlieren die Dinge, wenn sie ins Warenhafte verfallen, ihre ‚Dinghaftigkeit', den Gebrauchswert, ihren qualitativen Wert. Sie verwandeln sich in Requisiten der allgemeinen Inszenierung, die sich in bürgerlichen Wohnungen anhäufen. Bei Marx werden Waren zu Allegorien des abstrakten Prozesses kapitalistischer Produktionsverhältnisse: „Diese Dinge stellen nur noch dar, dass in ihrer Produktion menschliche Arbeitskraft verausgabt, menschliche Arbeit angehäuft ist."[154] Diese Verdinglichung erkannte Benjamin als den Hauptwesenszug des Trauerspiels an, als er den Fetischismus zur treibenden und inhibierenden Kraft der im Trauerspiel dargestellten Welt machte: „Denn über das Menschenleben, ist es einmal in den Verband des bloßen kreatürlichen gesunken, gewinnt auch das der scheinbar toten Dinge Macht."[155] Dass die Allegorie mit der Ware zusammenfällt und das „bloße Kreatürliche" und

153 Georg Lukács, *Geschichte und Klassenbewusstsein. Studien über marxistische Dialektik* [1923] (Neuwied und Berlin: Luchterhand, 1968), Bd. 2, 257-397.

154 Karl Marx, *Das Kapital I, Werke*, Bd. 23, 52.

155 Benjamin, *Ursprung des deutschen Trauerspiels*, 311.

die Warenwirtschaft isomorph sind, beweist Benjamins in seinen späteren Arbeiten über das Paris des 19. Jahrhunderts, vor allem in „Zentralpark“, wo er nach Ähnlichkeiten zwischen dem Barock und dem entwickelten Kapitalismus sucht.[156]

Der Diskurs der Verdinglichung, den Lukács in die intellektuelle Szene der 1920er einführte, stütze sich auf die Sprache der 1840er Jahre, wo die Verdinglichung eine dominante Position einnahm. Diese zentrale Figur der christlichen Kenosis und von Hegels Philosophie wurde radikal im anthropologischen Diskurs der Hegelschen Linken säkularisiert.[157] An erster Stelle soll freilich Ludwig Feuerbachs Philosophie der Entfremdung genannt werden, die dann vom jungen Karl Marx aufgegriffen und bis zu jenem Moment, als er das Modell des Warenfetischismus formulierte, nicht losgelassen wurde. Als Lukács die Marxistische Philosophie Anfang der 1920er Jahre erneuerte, tauchte die Verdinglichung quasi automatisch wieder auf und wurde zum zentralen Begriff des kritischen Denkens. Benjamin und Adorno entdeckten die Verdinglichung auch bei Kierkegaard, in seiner Theatralik.

Dieser Prozess der warenhaften Theatralisierung, des Sich-Ausstellens wird am deutlichsten in der Beschreibung der Berliner Wohnung, die Constantin Constantinus in Kierkegaards *Wiederholung* anmietet. Die Wohnung liegt am Gendarmenmarkt. Auf den berühmten Platz mit den zwei Domen, Karl Friedrich Schinkels Schauspielhaus, Akademie der Wissenschaften, Schillers Denkmal (der Dichter wird von allegorischen Gestalten umkränzt) und dem Zitat von Hegel, dass er einen Berliner Witz der schönsten Gegend bevorzugt, ging *Des Vetters Eckfenster* in der Erzählung von E.T.A. Hoffmann (1822). Als Hoffmann selbst in einer solchen Wohnung mit Blick auf den Gendarmenmarkt lebte,[158] war der Platz tatsächlich noch ein Marktplatz, auf dem Waren gegen Geld – das Maß *aller* Dinge, das den Abstraktionsprozess antreibt – getauscht wurden. Wie der todkranke, an den Rollstuhl gefesselte Held seiner Erzählung, beobachtete der Autor das Schauspiel, wie Waren und Menschen auf dem Markt kreisten. Indem der Titelheld der Erzählung das Spektakel

---

156 Walter Benjamin, „Zentralpark“, *Gesammelte Schriften*, Bd. 1, 655-690.

157 Stefan Sullivan, *The Incarnate God from Hegel to Marx. A Thesis Submitted in Partial Fulfilment of the Degree of Doctor of Philosophy in Politics Oxford University*, St. Anthony's College, 1993, 177-236.

158 Alfred Mühr, *Rund um Gendarmenmarkt. Von Iffland bis Grundgens* (Berlin: STalling, 1965), 83-89; Bettina Schuler, *Berlin-Mitte – Porträt eines Bezirks* (Berlin: Gmeiner, 2014), E-Book, Kapitel 30 „Mit Wein und Gesang. E. T. A. Hoffmann und seine Zeit am Gendarmenmarkt“; siehe auch: Dietmar Schings, *Schauplatz Gendarmenmarkt 1800-1848: Heinrich von Kleist – Karl Friedrich Schinkel – E. T. A. Hoffmann – Søren Kierkegaard – Adolph Menzel* (Berlin: Vorwerk 8, 2010).

der Waren beobachtete, belehrte er den unerfahrenen jungen Cousin, der auf einem Hocker zu seinen toten Füßen saß, wie der Schein vom Sein im Theater des Lebens – auf dem Gendarmenmarkt spielte die ganze Stadtgesellschaft – zu unterscheiden ist.

Der sterbende und paralysierte Vetter erblickte aus der Loge des Eckfensters heraus die geheimen Beweggründe alltäglicher Besorgungen.

> „Dieser Markt", sprach der Vetter, „ist auch jetzt ein treues Abbild des ewig wechselnden Lebens. Rege Tätigkeit, das Bedürfnis des Augenblicks trieb die Menschenmasse zusammen; in wenigen Augenblicken ist alles verödet, die Stimmen, welche im wirren Getöse durcheinanderströmten, sind verklungen, und jede verlassene Stelle spricht das schauerliche: ‚Es war!' nur zu lebhaft aus."[159]

Für seinen Scharfsinn, mit dem er verborgene Motive der Ware zu durchdringen vermochte, zahlte der Vetter mit einer langen Agonie, der Tantalusqualen vorangingen, da er nichts essen und kaum ein Ding gebrauchen konnte, dessen Reigen er besser als jeder andere sah und beschrieb. Der Preis für das Wissen über die Dinge und über das Nichts, das auf dem menschenleeren Marktplatz eintritt, war, in ein Ding verwandelt zu werden; und eigentlich wurde er nicht ein Ding, sondern eine Ware, ein Requisit ohne jeglichen Gebrauchswert, ohne Genuss. – Zurück zur Constantinus' Berliner Wohnung: Der Punkt, von dem aus Constantin Constantinus in Kierkegaards *Wiederholung* den menschen- und warenleeren Gendarmenmarkt beobachtet, befindet sich schon – so scheint es – auf der anderen Seite des Spiegels:

> Zur Linken hat man eine Glastür, die in ein Kabinett führt. Man geht gerade aus, man ist in einem Vorzimmer. Innenwärts von diesem aus sind zwei Zimmer, ganz von der gleichen Form, ganz und gar gleich möbliert, dergestalt, dass man im Spiegel das Zimmer doppelt sieht.

Der Übersetzer selbst weiß nicht, ob es sich um zwei ähnliche Zimmer, oder um eine Spiegelung handelt; darauf habe Kierkegaard, so Adorno, abgezielt.

> Man setzt sich auf einen Stuhl am Fenster, man betrachtet den großen Platz, man sieht die Schatten der Vorübergehenden über die Mauern huschen, alles wandelt sich zu einer Bühnendekoration. Eine traumhafte Wirklichkeit dämmert im Hintergrund der Seele auf. Man spürt ein Verlangen, den Mantel überzuwerfen, sich leise an der Mauer hin zu schleichen mit spähenden Blicken,

159 E.T.A. Hoffmann, *Poetische Werke in sechs Bänden*, hg. von Hannsludwig Geiger (Berlin: Aufbau, 1963), Bd. 6, 772.

> auf jeden Laut merkend. Man tut es nicht, man sieht lediglich sich es tun in verjüngter Gestalt.[160]

Auch die Szenerie für die bürgerliche Antigone befand sich im Interieur, im ‚Innerlichen'. Wenn der Bürger die ganze Wirklichkeit mit Hilfe der ästhetischen Reflexion ins weiche, bequeme Innere projiziert, verwandelt sich das Äußerliche in eine theatrale Kulisse, auf deren Hintergrund der bürgerliche Ästhet seine moralistischen und unmoralischen Spiele, ausgedachte Verführungen usw. inszeniert. So wie bei Marx die Ware als Emblem der Moderne etwas Fortgeschrittenes und Archaisches zugleich ist, das uns in den „Ur-Nebel" versetzt,[161] aus dem Götter und das kontingente, vom Held nicht selbst gemachte und doch selbst gemachte Schicksal – das Fatum – auf die Welt gekommen sind, so wird in Kierkegaards häuslichem Theater laut Adorno immer das gleiche Spektakel über die in die Natur verwickelte Geschichte gespielt, die immer noch nicht die Menschengeschichte werden kann:

> Archaische Bilder gehen im Intérieur auf: das der Blume als des organischen Lebens; das des Orients als der namentlichen Heimat der Sehnsucht; das des Meeres als der Ewigkeit selber. Denn der Schein, zu welchem die Dinge ihre geschichtliche Stunde verdammt, ist ewig. Die gottesverlassene Schöpfung stellt mit der Zweideutigkeit des Scheins sich dar, bis die Wirklichkeit des Gerichts sie löst. (KK 65-66)

> [...] in der Wohnung schießen Ewigkeit und Geschichte zusammen. Höchst auffälliger Weise entstammen die Bilder dämonischen, naturbefangenen Trotzes aus der *Krankheit zum Tode* der Technik, obwohl doch die Krankheit gewiss eine der Kreatur und nicht eine des historischen Menschen sein soll. (KK 66-67)

Als Erster stellte Siegfried Kracauer in dem einzigen zu seinen Lebzeiten veröffentlichten Fragment („Hotelhalle", 1922/25) seines unvollendeten Traktats zum Detektivroman (1925)[162] Lukács' Konzeption der Verdinglichung mit der archaischen, mythischen Gefangenschaft in der Kollektivschuld zusammen. Die Hotelhalle ist für Kracauer die nivellierte Kirche eines Publikums, das aus Pseudo-Individuen bestehe, wobei die Ähnlichkeit mit der religiösen Gemeinschaft auf die vereinigende Kraft des Geheimnisses zurückgeht, nur dass im Detektivroman das Geheimnis ein Verbrechen ist. Die Hotelhalle enthält

160 Kierkegaard, *Wiederholung*, 25.

161 Marx, *Kapital 1*, 52.

162 Siegfried Kracauer, *Der Detektiv-Roman. Ein philosophischer Traktat* (Frankfurt am Main: Suhrkamp, 1979).

eine absolut immanente Welt, als hätte es keine Offenbarung gegeben.[163] Die Ursprünge des deutschen Trauerspiels in der Beschreibung Benjamins als eine Form der absoluten Immanenz und Schuldhaftigkeit und von Adornos Kierkegaard-Buch liegen in Kracauers Weimarer Essays; für die beiden Werke – genau wie für das ganze kritische Denken um die Frankfurter Schule – ist diese Assoziation der Verdinglichung mit der archaischen, mythischen kollektiven Schuld von fundamentaler Bedeutung. Deswegen ist für diese Denkströmung die Tragödie so zentral, beschäftigt sich diese doch mit der Kollektivschuld beziehungsweise der Erbschuld. Die Waren spielen bei Kierkegaard, der in seinem Tragödienessay *Reflex ...* für die Kollektivschuld schwärmte, ein Gespensterspektakel auf der Guckkastenbühne der Wohnung, sie warten aber auf das Gericht, das das Stück unterbrechen und es von Zweideutigkeit und Schein erlösen würde. Präziser gesagt will der Kritiker (Adorno) das Spiel unterbrechen, so wie Benjamin die Kritik mit dem Zerteilen von Kunstwerken verknüpfte.[164]

Adorno ist bestrebt, Kierkegaard als einen Barockdichter nach dem Rezept von Benjamins Trauerspielbuch darzustellen, indem er noch einmal die Nähe des barocken Melancholikers zum Pariser Spaziergänger und die Identität der Methode der Konstellation von Extremen bestätigt, die sowohl die geistige Lage im Schlesien des 17. Jahrhunderts als auch in Paris, der Hauptstadt des 19. Jahrhunderts, erkennbar machen sollte. Adorno zitiert zwar nebensächliche Beweise für die Verwurzelung Kierkegaards im Barock, dass nämlich der dänische religiöse Immoralist Pascal ähnele und sich selbst als barocken Denker bezeichne (KK 91), doch diese Belege sollen nur die Aufmerksamkeit des Lesers von Adornos Zaubertrick ablenken, der, bevor er das Kaninchen aus dem Hut zieht, es im Hut versteckt. Adorno deckt dem erstaunten Leser unheimliche Motive des barocken Trauerspiels auf, die über Kierkegaards philosophische Bücher zerstreut sind, und suggeriert, dass seine Entdeckung die historiosophische Macht der kritischen Methode beweise, obwohl er all die barocken Motive eigentlich aus dem ersten Kapitel von Benjamins Trauerspielbuch abschreibt. Der Trick geling nur, weil Benjamin seine politische Theologie des Barocks aus Kierkegaards und Carl Schmitts Motiven zusammengebastelt hatte, wobei letzterer sich auf Kierkegaards politische Bilderwelt stützte. – Auf keinen Fall ist aber diese Vision von Kierkegaard,

163 Siegfried Kracauer, „Die Hotelhalle", *Das Ornament der Masse*, 157-170 (zur Nivellierung: 163-164).

164 Benjamin, *Wahlverwandtschaften*, 125-127, *Ursprung des deutschen Trauerspiels*, 225-227, 357, 409; Walter Benjamin, „Karl Kraus", *Gesammelte Schriften*, Bd. 2, 359, 362. Diese destruktiven Ideen greift Adorno auf in „Parataxis: Zur späten Lyrik Hölderlins", *Gesammelte Schriften*, Bd. 11, 447-491.

dem Allegoriker, einfach anachronisch oder erzwungen; im vorletzten Unterkapitel wurde offensichtlich, dass es eine Gleichartigkeit des Barocks mit den 1840er Jahren gibt, die die Kontinuität der Zeit im Moment der Wiedererkennbarkeit zersprengt. Die Kontinuität der qualitativ gleichgültigen Zeit wurde von einer Kette aus Krisen – oder ‚Ursprüngen' – verdrängt, zwischen denen eine *correspondance* entsteht, die im Kontext der Tragödientheorie intelligibel wird. Die Konstellation von Barock, den 1840er Jahren (einer Epoche nach der klassischen Kunstperiode also) und der Weimarer Republik formt sich wie das „dialektische Bild", das laut Benjamin den Verlauf der Zeit, dieses leeren Behälters für gleichgeschaltete Ereignisse, wie Hölderlins Zäsur, wohl eine tragische Erfindung, zugunsten einer Wiedererkennbarkeit zweier (oder mehrerer) Momente abbricht.[165] Was die entfernten Momente zusammenbringt, ist nichts anderes als das Hauptthema der kritischen Tragödientheorie – namentlich der Unterschied zwischen der negativen, modernen Freiheit, die nur den geteilten und ins Innerliche verbannten, allegorischen Menschen vergnügt, und der positiven Freiheit, die die Griechen der tragischen Epoche angeblich erfahren hätten. Die zweite Freiheit wurde auf öffentlichen Plätzen kollektiv praktiziert, während die liberale nur das Gewissen des Bürgers und seine häuslichen Riten als Stütze hatte. Carl Schmitt, der eloquente Feind des Liberalismus, konnte sich im Rahmen dieser Logik der Wiedererkennbarkeit nur deswegen für Kierkegaard begeistern, weil er in ihm eine Verdichtung der barocken Motive verspürte: Der Barock war eigentlich die Epoche, in der mit den religiösen Kriegen das Problem des Gewissens und der religiösen Freiheit deutlich oder überhaupt erkennbar wurde. Benjamin hat das Barocke an Schmitt zum Ausdruck gebracht, welches dann von Adorno zurück auf Kierkegaard angewendet wurde. Auf diese Weise lässt sich die Genese des folgenden Zitats aus Adornos Kierkegaard-Buch rekonstruieren:

> Wie Strandgut an einer Insel werden an seine philosophische Landschaft Reste, längst vergangene Figuren der barocken Dramatik angespült, von deren Urbildern ihm allein Shakespeare – wofern man diesen dem Barock zuzählt – mochte geläufig sein. Die Konstituentien des Barockdramas, die Benjamin im *Ursprung des deutschen Trauerspiels* durch dessen Idee erschlossen hat, treten vollzählig versammelt auf in der Höhle seiner Philosophie. Der Tyrann kommt vor als mythisch-historische Person: bald Nero, bald Periander, bald Nebukadnezar geheißen [...]. Mit dem dialektischen Gegenbild des Tyrannen, dem Märtyrer, hat Kierkegaard sich geradezu identifiziert, und dessen Begriff herrscht seine späte Theologie so durchaus, dass in der letzten Polemik Martensen ihm mit Recht vorwerfen konnte, er setzte den ‚Wahrheitszeugen' dem ‚Blutzeugen' ohne

165 Benjamin, *Passagenprojekt*, 570-611, „Zentralpark", passim; Walter Benjamin, „Über den Begriff der Geschichte", *Gesammelte Schriften,* Bd. 1, 701-703.

> weiteres gleich. Barocke Intrigen sind nicht nur die Verführungsgeschichte, sondern auch die Loslösung des Quidam von der Geliebten, der Hamlet gleich bei ihr den Albernen spielt. Die Dialektik von Schwermut führt in den Darlegungen der ‚indirekten Methode' in der *Unwissenschaftlichen Nachschrift* und dem *Gesichtspunkt für meine Wirksamkeit als Schriftsteller* zu einer vollständigen Kasuistik und Apologie der Intrige. (KK 91-92)

Auch Kierkegaards Theologie scheint Adorno barock zu sein, insbesondere die Konzeption des Sprunges (die ihrerseits Benjamins Beschreibung der „*Ponderación misteriosa*" hätte beeinflussen können, das Aufspringen eines der Verlaufsbilder, das auf „der Trauer Einsatz und Ausgang zugleich weist"[166]). Die gegenüber Gottes Urteilen empfundene Ohnmacht – oder ein „prädestinatianischer Irrationalismus" (KK 142) – war laut Benjamin für die Melancholie barocker Dichter verantwortlich,[167] die sich aus der Welt in ihr Inneres und ihre Tatenlosigkeit zurückzogen. Aber als „entscheidender Barock-Zug" in Kierkegaards Schriften erscheint Adorno die Rolle, die das Bild des Gekreuzigten in Kierkegaards *Einübung im Christentum* hatte;[168] das Bild stehe für die Macht der Bilder überhaupt, die eigentlich die zentrale Frage des von Religionskriegen zerrissenen Barocks war (KK 187). Das Bild des Gekreuzigten wäre für Kierkegaards Philosophie das, was die Zäsur in Sophokles' Tragödie, die *Ponderación misteriosa* bei Calderón oder die Statue des Saturn bei Słowacki waren; dieses Bild wählte Adorno, um den Ablauf der Argumentation zu unterbrechen und die multidimensionale Konstruktion von Kierkegaards Denken im Nu zu demonstrieren. Die ursprüngliche Erfahrung der Kierkegaard'schen Philosophie sei also mit dem Bild verbunden (KK 188), oder besser – mit der Spannung zwischen verschiedenen Arten der Bildlichkeit: dem archaischen Bild, dem dialektischen, und der Allegorie, die eine Chance hat – dem archaischen Bild wurde diese nicht gegeben – das dialektische Bild zu werden. Das eigentliche Medium der Immanenz, in der der barocke Flâneur Kierkegaard fristet, bleibt die Allegorie; die philosophische Kritik hat als ihre erste Aufgabe, der allegorischen Poetik von Kierkegaards Schrifttum auf die Spur zu kommen und sie dann ins Dialektische zu potenzieren. Benjamin wiederholt in seinen Baudelaire-Essays, was er schon früher im großen Kafka-Aufsatz (1930) erschloss und explorierte,[169] namentlich den Inhalt der Erfahrung, die Ödipus mit der Macht des Mythos machte: dass gerade das Vergessene am stärksten auf das Denken und das Empfinden – die ganze (transzendentale) Ästhetik

---

166 Benjamin, *Ursprung des deutschen Trauerspiels*, 409.

167 Benjamin, *Ursprung des deutschen Trauerspiels*, 317-318.

168 Søren Kierkegaard, *Einübung im Christentum, Gesammelte Werke*, 26. Abteilung, 185-199.

169 Benjamin, „Franz Kafka", 415.

der Gegenwart – wirkt, nicht trotz, sondern gerade weil es sich nicht absichtlich erinnern lässt.[170] „Kierkegaard hat die Tiefe der Allegorie nicht theoretisch reflektiert." – schreibt Adorno in diesem Geist. – „Umso größer ist ihre Macht anzuschlagen in einem Werke, das aus den verborgensten Impulsen die gleiche Intention durchgehend zeigt, die sie nach den Kategorien der idealistischen Ästhetik verdammen müsste, welche es der manifesten Lehrmeinung nach vertritt" (KK 93-94).

Der Tiefen-Kierkegaard ist komplett allegorisch; Adorno vertraut in dieser Hinsicht dem zweiten Kapitel von Benjamins Traktat, der sich der Allegorie als ‚Ausdruck' widmet (d.h. als dem führenden Medium einer Epoche, dessen Funktion alle ausdrückbaren Inhalte sind). Der Schmerz, das „reflektierte Leid", das den Flâneur im Bühnenbild und Futteral der Wohnung gefangen hält, vermag nur allegorisch ausgedrückt zu werden: Die Trauer ist so innerlich – sagt Kierkegaard in den *Schattenrissen* – dass sie sich nicht der vollen symbolischen Repräsentation preisgibt, wenn im Symbol das Innere (Idee) dem Äußeren (Gestalt) entspricht.

> Also das reflektierte Leid kann kein Gegenstand künstlerischer Darstellung werden. Teils ist es nämlich nie einfach gegenwärtig, sondern beständig im Werden; teils ist das Äußere, das Sichtbare dabei ein Indifferentes, Gleichgültiges. Wenn demnach die Kunst sich nicht auf die Naivität beschränken will, von welcher man Beispiele in alten Büchern findet, wo man eine das, was sie vorstellen soll, ungefähr andeutende Figur erblickt, auf deren Brust eine Platte, ein Herz oder dergleichen sich zeigt, wo man dann alles bestens lesen kann: so muss man die poetische oder psychologische Behandlung anwenden, um auch dergleichen darzustellen. (AA 125)

Als taugten nur Kataloge allegorisch rekursiver Gestalten – mit einer Plakette versehen, auf der ‚Allegorie des Herzens' oder dergleichen die Allegorie erklärt – dazu, ein Wörterbuch der metonymischen Sprache zu verfassen. „Reflektiertes Leid" war im Essay „Reflex des Antik-Tragischen im Modern-Tragischen" Schmerz und damit der Tenor des Modern-Tragischen; das verinnerlichte Modern-Tragische ist des Weiteren die Folie für Benjamins allegorisches Trauerspiel. Das „reflektierte Leid" kann sich nie völlig in der Darstellung realisieren (genauso wie die Schrift den Klang der gefallenen Sprache bis hin zur Trauer staut), sodass es immer allegorisch unvollendet bleibt – im

170 Benjamin, „Franz Kafka", 415 Benjamin, „Franz Kafka", 428: „Das Zeitalter, in dem Kafka lebt, bedeutet ihm keinen Fortschritt über die Uranfänge. Seine Romane spielen in einer Sumpfwelt. Die Kreatur erscheint bei ihm auf der Stufe, die Bachofen als die hetärische bezeichnet. Dass diese Stufe vergessen ist, besagt nicht, dass sie in die Gegenwart nicht hineinragt. Vielmehr: gegenwärtig ist sie durch diese Vergessenheit."

Gegensatz zum Symbol, in dem – laut Goethe und Schelling – das Intelligible und das Materielle eins sind.[171] Adorno, der seinen Leser mit der Konsequenz seiner Ausführungen nicht quält, kritisiert manchmal Kierkegaard wegen der zahlreichen Vergehen gegen die idealistische Ästhetik, deren Zentralbegriff das Symbol ist. Kierkegaard sei im selben Maß Allegoriker wie die Autoren des barocken Trauerspiels, weil ein besonderes Treffen des Idealen und des Sinnlichen bei ihm nicht vorhanden sei: „es kommt bei ihm in jenen Schriften", die den Anspruch auf das Künstlerische erheben, „nirgends zum zündenden Aufprall von angeschauter Wirklichkeit und reflexiver Subjektivität, welcher eben das Formgesetz der deutschen romantischen Prosa ausmacht" (KK 13). Dieser Aufprall könnte nur im Fall der Strukturen passieren, die zwar auch allegorisch und reflektiert seien, aber dennoch die Zäsur – ein explosives Bild – beinhalteten, durch die sie aus der allegorischen Abstraktion herauskatapultiert würden; Kierkegaard sei dagegen ein hoffnungs- und auswegloser Allegoriker, der eine kritischen Intervention benötige, um errettet zu werden.

Kierkegaard versuchte allemal die Romantik zu wiederholen, indem er in *Wiederholung* auf „Des Vetters Eckfenster" anspielte. Zwar geht Adorno in seinem Kierkegaard-Buch auf die Erzählung von E.T.A. Hoffmann nicht ein, aber die dem Berliner Aufenthalt des Erzählers gewidmeten Fragmente von Kierkegaards *Wiederholung* lassen sich als eine Potenzierung der Erzählung Hoffmanns lesen. Infolge dieser Potenzierung (einer vermehrenden Wiederholung wie im Spiegel) wird die Wohnung zur Bühne, auf die, gleichsam vermittels eines Reflexionsspiegels, alles Äußerliche – Gesellschaftliche, Ökonomische – hin projiziert wird. Ein wichtiger Unterschied zu Hoffmanns Erzählung fällt auf, der aber eher quantitativ als qualitativ ist: Was dem Helden der *Wiederholung* zustößt, hört auf, eine Einverleibung des Geheimnisses zu sein, das bei Hoffmann vom Vetter durchdrungen, ausgelegt und dem Ich-Erzähler verkündet wird; bei Kierkegaard bekommt der Held nur Impulse, die die Wiederholung in seinem Inneren auslösen sollen. Als solche werden alle Gegenstände, Begebenheiten oder Situationen zu Allegorien, die an das

---

171 Johann Wolfgang Goethe, „Maximen und Reflexionen", *Werke. Berliner Ausgabe* (Berlin, Weimar: Aufbau), Bd. 18, 637; Schelling unterscheidet eigentlich zwischen dem Schematismus, Symbol und der Allegorie: Friedrich Wilhelm Joseph Schelling, *Philosophie der Kunst, Sämtliche Werke*, hg. von Karl Schelling (Stuttgart: Cotta, 1859), Bd. 5, 407: „Diejenige Darstellung, in welcher das Allgemeine das Besondere bedeutet, oder in welcher das Besondere durch das Allgemeine angeschaut wird, ist Schematismus./ Diejenige Darstellung aber, in welcher das Besondere das Allgemeine bedeutet, oder in welcher das Allgemeine durch das Besondere angeschaut wird, ist allegorisch./ Die Synthesis dieser beiden, wo weder das Allgemeine das Besondere, noch das Besondere das Allgemeine bedeutet, sondern wo beide absolut eins sind, ist das Symbolische."

Wissen des Allegorikers appellieren und ihn selbst zu einer allegorischen Figur machen. Kierkegaards Held muss nicht an den Rollstuhl gefesselt sein, um sich dem unendlichen Deuten zu weihen, er ist sehr beweglich, und doch ohne Rast und ohne Hoffnung in seinem die Traurigkeit freisetzenden Wissen gefangen. Erst am Ende des Buches interveniert die Gnade als *deus ex machina* oder im Stil des Buches Job und schenkt dem Helden eine wahre, symbolische, sinnvolle – also tragische oder sogar religiöse – Wiederholung.

Bei Kierkegaard hat sich die Idee nicht in die Begebenheiten einverleibt, behauptet Adorno; Kierkegaard erlangte die symbolische Fülle nicht. „Kierkegaards Ästhetische Figuren sind einzig Illustrationen seiner philosophischen Kategorien", die abstrakte Thesen wie Lesebuchbilder (KK 14) oder barocke Ikonologien veranschaulichten.[172] Kierkegaards Illustrationen abstrakter Ideen breiten vor dem Adorno gegenwärtigen Zuschauer eine interessante Ansicht aus:

> Ihnen allen haftet, vorm heutigen Beschauer, der eigentümliche Charakter von Schein an, der vielen Illustrationen aus der ersten Hälfte des neunzehnten Jahrhunderts eignet. In ihren Farben versteckt sich, in ihrem bürgerlichen Miniaturformat verkleinert sich die große Intention des Allegorischen, die in seiner Philosophie zu hoher Dignität gelangt, unvereinbar jedoch ist mit dem psychologischen Roman, der in seinen Anfängen ihn lockte. (KK 15)

Das gleiche Begriffsskelett finde der sezierende Kritiker in Kierkegaards verschiedenen Büchern, die mit verschiedenen Pseudonymem unterschieben wurden und verschiedenes Personal darstellten. So zeige sich beispielsweise Abraham als „ein allegorischer Name für die objektive, fast darf gesagt werden: physikalische Dynamik der Sphären" (KK 139). Auch jedes Pseudonym von Kierkegaard selbst – jeder Name des Subjekts, jede Schrift von Kierkegaard – sei lediglich die Allegorie einer Einstellung zum Sein, die sich sowieso bequemer in abstrakten Begriffen der Dialektik ausdrücken lässt, in denen jede dieser Masken konzipiert (gezeugt) wurde (KK 20). Das Beispiel von Kierkegaards Zeitgenosse Juliusz Słowacki, der unbedingt das Wort (*słowo*) werden wollte, bestätigt, dass Adornos Auslegung der onomastischen Tätigkeit von Kierkegaard, wenn nicht richtig, so doch zumindest historisch plausibel war.

Adorno stimmt der eigenen Intention von Kierkegaard zu, der seine eigentliche Thematik mit dem verglich, was an den Quellen der goldenen Zeit des allegorischen Schrifttums lag. Gemeint ist damit die frühchristliche Dichtung des späten Römischen Kaisertums (Prudentius mit seiner *Psychomachie* und

172 Vgl. Cornelia Logemann, Michael Thimann (Hg.), *Cesare Ripa und die Begriffsbilder der Frühen Neuzeit* (Zürich-Berlin: Diaphanes, 2010).

dergleichen Entdecker des Innerlichen).[173] In der *Wiederholung* legt Kierkegaard dem Leser nahe, dass sein eigenes theatralisches durch Masken vermitteltes Schreiben dem allegorischen Seelenkampf, den die frühchristlichen Dichter erfunden haben, ähnele:

> des Individuums Möglichkeit will nicht bloß hörbar werden, sie ist nicht wie die des Wetters bloß dahinfahrend, sie ist zugleich „gestaltend", deshalb will sie zu gleicher Zeit sichtbar werden. Jede seiner Möglichkeiten ist darum ein tönender Schatten. […] des Individuum will […] pathetisch sehen und hören, indes wohl zu merken sich selbst. Jedoch es will nicht wirklich sich selber hören, das geht nicht an.[174]

Das Einzelne will sich vor sich selbst inszenieren, und zwar allegorisch, indem es verschiedene Facetten seiner Persönlichkeit personifiziert. Es genießt es, eine „Vielfalt von Schatten, die sämtlich ihm gleichen"[175] um sich zu werfen und sich „vom Zauber des Theaters" bestrickt zu fühlen, der den Wunsch erweckt, es „wäre selber mit hineingerissen in jene künstliche Wirklichkeit, um […] sich selbst zu zerteilen in aller seiner möglichen Verschiedenheit von sich selbst, jedoch dergestalt, dass jede Verschiedenheit wiederum man selbst ist."[176] Die Inszenierung der Psychomachie, in der verschiedene Möglichkeiten (*posse*) der Existenz zusammenstoßen, wird später in den Handlungssträngen der *Wiederholung* als das Beiwohnen einer Posse umfasst.

Adorno – Benjamins Analysen des barocken Trauerspiels folgend – beschreibt die Allegorie als ‚Ausdruck', d.h. als ein holistisches Medium, das im Wesentlichen mit der (transzendentalen) Ästhetik der Geschichte übereinstimmt. Die (transzendentale) Ästhetik der Geschichte bestimmt zu einer bestimmten historischen Zeit den Zeitraum, in dem sich alle historischen Phänomene präsentieren. Sie ist also für die Perzeption der Epoche (*genitivus possessivus* und *objectivus* zugleich) ausschlaggebend – im Barock und in Kierkegaard nimmt sie die Gestalt der Allegorie an. Wie schon Benjamin[177] vergleicht Adorno die Allegorie mit der Schrift, indem er beim Allegoriker Kierkegaard ein archaisches Bild der Schrift entdeckt, in der die menschliche Existenz beschrieben wurde, sodass der ‚Schriftsteller' zugleich ‚Schriftleser' sein müsse, um eine Einstellung zur Existenz ausdrücken zu können (KK 38).

173 Hans Robert Jauß, „Form und Auffassung der Allegorie in der Tradition der *Psychomachia* (von Prudentius bis zum ersten *Romanz de la Rose*)", Hans Robert Jauß, Dieter Schaller (Hg.), *Medium aevum vivum. Festschrift Walther Bulst* (Heidelberg: Winter, 1960), 179-206.

174 Kierkegaard, *Wiederholung*, 29.

175 Kierkegaard, *Wiederholung*, 28.

176 Kierkegaard, *Wiederholung*, 27.

177 Benjamin, *Ursprung des deutschen Trauerspiels*, 350-361, 381-389.

„Der konstante Sinn aber des konstanten Textes ist bei Kierkegaard unverständlich: die Fülle der göttlichen Wahrheit für die Kreatur verstellt“ (KK 39); das Nachbild des absolut Konkreten der Sprache Gottes – „die Fülle der göttlichen Wahrheit“ – zerbröselt die Sprache des Menschen in eine unerschöpfliche Anzahl allegorischer Puzzlestücke, für die der Sinn – das Vorbild – entweder ein Postulat oder ein innerliches Geheimnis ist. Die Allegorie als ‚Ausdruck‘ konstruiert einen Bereich, der sich zwischen dem Subjekt und der Welt der Dinge ausdehnt (KK 40), sodass das entgeisterte Innere dem nicht wirklich dinghaften und dingfesten Äußeren entspricht (KK 53). Genau in diesem zwischen Welt und Ich positionierten Bereich regieren die berühmten Kierkegaard'schen Affekte uneingeschränkt, die sich letzten Endes – wie auf der Bühne des Trauerspiels – als Allegorien entpuppen. Angst ist Chiffre der Sünde, Verzweiflung bezeichnet Verdammnis (KK 40-41), während die Leidenschaft, die Ehrfurcht und die Melancholie auf der Vorderbühne ihr Letztes geben. Alle Affekte sind laut Adorno „Chiffren“, die eine verborgene Wahrheit vom Sein repräsentieren sollten, obschon sie selbst der nackten, bewegten Subjektivität angehören (KK 170). Ausgehend von diesen Hauptallegorie-Affekten setzt die Rettung der Allegorie ein (KK 145).

Die Rettung des Allegorischen beginne vorzüglich mit der Trauer, die Benjamin zum Grundaffekt des barocken Trauerspiels machte, weil die Entsinnlichung und Zerstückelung der Sprache sich in diesem Affekt am klarsten ausdrücken. Gerade dieser Affekt, der sich im Zentrum des allegorischen Ausdruckssystems befinde, verbinde den Melancholiker Kierkegaard mit der Geschichte, die er ablehnt; dank der Trauer werde Kierkegaard zum Symptom dessen, was er verdamme und verwerfe – seiner pseudorevolutionären Zeit. Die von der reflektierten Trauer abgesteckte Innerlichkeit belege die Geschichte mit einem Fluch und der historische Kierkegaard erkläre anlässlich der Revolution 1848-49 der Geschichte den Krieg (KK 54). Er ergreife die Gelegenheit, um zu jener Zeit, zu der die Politik sich in die Religion verwandle, dem historischen Denken eine Absage zu erteilen, auch wenn solch ein Denken noch seinen Essay über die antike und neue Tragödie oder *Eine literarische Anzeige* gestaltete (KK 55), die doch im Vergleich des Ehemaligen mit dem Neuen bestand; solch ein Vergleich – die Querelle – gilt schließlich allgemein als Ursprung des historischen Bewusstseins, das immer das Bewusstsein der Relativität eigener Positionen umfasst. Nach der Zäsur der Revolution setze Kierkegaard jedoch alles darauf, Christus gegenwärtig zu sein – er vertraue sich dem ‚Augenblick‘ an, der die ganze Zeit in einen Punkt kontrahiere, so wie die Wohnung den Raum durch Reflexion aufsauge und ihn verdichte (KK 66). Kierkegaard war nie besonders am Sozialen interessiert (abgesehen von der kollektiven Schuld) – im zweiten Teil von *Entweder-Oder* beschränkte sich seine Sozialphilosophie auf eine Erinnerung an Luthers Weisheit, dass unter Christen noch niemand an Hunger gestorben sei (KK 74). Die leidenschaftslose und formlose Revolution 1848 gestatte Kierkegaard aber, sich restlos und ohne Gewissensbisse ins Innere zu flüchten und von innen heraus an die Einzelnen zu appellieren, diese sollte ihre Selbstheiten real revolutionieren. Kant und Fichte, die den Topos der Deutschen als Publikum im Welttheater in Gang brachten, sowie der junge Hölderlin hatten noch hoffen können, dass die deutsche Revolution dank der momentanen Verinnerlichung der französischen Revolution gründlicher als alle vorherigen sein werde. Die Deutschen müssten nur die griechische Tragödie gut genug eindeutschen, damit das Fest der Revolution den Anbruch der positiven, anschaulichen Freiheit arrangiert. Hegel, dessen Innigkeit sich im Medium seiner Zeit in Mäßigung verwandelte, versteckte die deutsche Revolution in der Form des sich inszenierenden Staates, der die Tragödie der Revolution verhindert, während Schelling schon 1803 daran verzweifelte, dass das Tragische in die moderne Welt zurückkehren könnte. Nachdem in der polnischen Revolution (besser bekannt als der Novemberaufstand von 1830) die französische Julirevolution widerklang und Deutschland mit einer Welle der Polenbegeisterung überflutet wurde, warnte Heinrich Heine das deutsche Publikum vor der Plötzlichkeit der Revolution *à la polacca*:

> Eine Revolution ist ein Unglück, aber ein noch größeres Unglück ist eine verunglückte Revolution; und mit einer solchen bedrohte uns die Einwanderung jener nordischen Freunde, die in unsere Angelegenheiten alle jene Verwirrung und Unzuverlässigkeit gebracht hätte, wodurch sie selber daheim zugrunde gegangen. Ihre Einmischung wäre uns umso verderblicher geworden, da die deutsche Unerfahrenheit sich von den Ratschlägen jener kleinen polnischen Schlauheit, die sich für politische Einsicht ausgibt, gern leiten ließ und gar die deutsche Bescheidenheit, bestochen von jener flinken Ritterlichkeit, die den Polen eigen ist, diesen letztern die wichtigsten Führerstellen vertraut hätte.[178]

In Baden erfüllte sich 1849 diese Prophezeiung, wo Ludwik Mierosławski als Anführer der Aufständischen ernannt wurde; er benahm sich auch ganz im Sinne Kierkegaards, indem er sich weigerte, die Verantwortung für die Niederlage auf sich zu nehmen, und beizeiten seien Rücktritt einreichte. In den 1840ern, als die Verinnerlichung, diese Grundlage der Verantwortung, immer problematischer wurde – entweder als „deutsche Ideologie" zum Gespött gemacht (Marx und Engels) oder als nicht ernst genug verpönt (Kierkegaard) – freute sich Kierkegaard, dass die wahre (das heißt innere) Revolution

178 Heinrich Heine, „Ludwig Börne. Eine Denkschrift", *Werke und Briefe*, hg. von Hans Kaufmann (Berlin, Weimar: Aufbau, 1972), Bd. 6, 159.

von niemandem von außen her gesehen werden könne. Nur die absolute Verinnerlichung verteidigt das Wesentliche vor dem als Schimpfwort benutzten ‚Publikum'. Die Trauer, die der symbolischen Darstellung ausweicht, macht Kierkegaard – unter Adornos Feder – zur emblematischen Figur der 1840er und 1850er Jahre. „Unterm geschichtsphilosophischen Aspekt" – schreibt Adorno –

> ist Kierkegaard als psychologischer Einsamer am wenigstens einsam. Er selbst steht ein für einen Zustand, von dem er nicht müde wird zu beteuern, er habe die Wirklichkeit verloren. Selbst das Extrem des Solipsismus fällt in seine eigene philosophische Landschaft. [...] Nur Trümmer des Seienden rettet Subjektivität im Bilde des konkreten Menschen. In ihren schmerzlichen Affekten trauert sie als objektlose Innerlichkeit wie den Dingen so dem ‚Sinn' nach. (KK 46)

Kierkegaard selbst hat im zweiten Band von *Entweder-Oder* die Melancholie als Anzeichen seiner Zeit anerkannt (KK88). Das geschlossene Zimmer seiner Philosophie, in dem die unendlichen Züge der Allegorien grassieren, scheint eine Monade zu sein, die das Fest der Revolution spiegelt. Auf den festlichen – im ethnographischen Sinne – Charakter der Revolution wiesen im 20. Jahrhundert Mieczysław Porębski oder – viel ausführlicher – Mona Ozouf hin.[179] Die Revolution als eine Lebensform – dies kann allen voran über die Französische Revolution prädiziert werden – konzentrierte sich um allegorische Festzüge, die allen anderen Künstlern voran Jacques-Louis David gestaltete.[180] Die Französische war auch unter diesem Blickwinkel die Vorbildrevolution. 1922 prahlte Trockij vor den Lesern der *Pravda*, dass der junge Arbeiter- und Bauernstaat schon über seine eigenen Feste, Prozessionen, Shows und Paraden, seine ‚symbolistischen' (streng genommen allegorischen) Spektakel verfüge, eigene neue Staatstheatralität habe, die auf den ganzen Menschen wirke: nicht nur auf den Verstand, sondern auch auf das Gefühl und die Einbildungskraft.[181] Die als allegorische Umzüge angelegte Feste der Revolution wechseln also die Tragödie in der Rolle des Mediums ab, das den Menschen auf dem öffentlichen Platz reintegriert, ohne seine Multidimensionalität einzubüßen. Aber die Tragödie ließ sich nicht einfach wegschaffen.

---

179 Mieczysław Porębski, *Ikonosfera* (Warszawa: PIW, 1972), 119-120; vgl. Mona Ozouf, *La fête révolutionaire* (Paris: Gallimard, 1976) – zur Tragödie und die revolutionäre Feier – 33, 90-103.

180 Arnold Hauser, *Sozialgeschichte der Kunst und Literatur* (München: Beck, 1973), 662-701.

181 Lev Trockij, „Sem'ja i obrjadnost'", *Sočinenija* (Moskva-Leningrad: Gossudarstvennoe izdatel'stvo, 1927), Bd. 21, 39-40; vgl. Richard Stites, *Revolutionary Dreams: Utopian Vision and Experimental Life in the Russian Revolution* (New York: OUP, 1989).

8.6. Das dialektische Bild der Tragödie

Als Walter Benjamin *Hamlet* im *Ursprung des deutschen Trauerspiels* auslegte, sah er in Shakespeares Tragödie die Verwirklichung der Möglichkeit, die Melancholie des Helden in prophetische Fähigkeiten zu verwandeln.[182] „Als Schein aber ist mythische Schwermut nicht verworfen sondern dialektisch in sich selber" – harmonisiert Adorno mit Benjamin. – „In ihr verbirgt sich ‚Versöhnung'" (KK 90). Der Melancholiker liest die Schrift der Geschichte mit größerer Leichtigkeit als andere, zumal er selbst als Hieroglyphe der Geschichte mit ihr durch eine historiosophische Sympathie verbunden ist, auf die die philosophische Kritik so empfindlich reagiert (*verum factum* hoch zwei). Was unter dem Blick des auf das Ganze hin arbeitenden Idealismus als ein Haufen zerstreuter, unvergleichbarer, heterogener Bestimmungen des Ästhetischen erscheine, füge sich in den Augen des Melancholikers zu einem Muster – einem wohl irregulären, aber eben deswegen bedeutungsvollen (KK 180-181). Was der Idealismus ebnen und zuschneiden möchte, will der Allegoriker lesen und wie Sternenpositionen auslegen. Der Melancholiker sieht die Konstellation von Extremen, von der in der „Erkenntniskritischen Vorrede" zum *Ursprung des deutschen Trauerspiels* die Rede war.[183] Im Melancholiker, der – als die Kehrseite des Erlösers – eine Inkarnation der Allegorie (des ‚Ausdrucks') sei, treffe der ästhetische Schein auf die Wahrheit, die Natur (Humor) auf die Geschichte (KK 91); der Melancholiker stellt den Mittelpunkt des Mediums dar:

> Innerlichkeit ist das geschichtliche Gefängnis des urgeschichtlichen Menschenwesens. Der Affekt des Gefangenen ist die Schwermut. In Schwermut stellt Wahrheit sich dar, und die Bewegung von Schwermut ist die zur Rettung des verlorenen ‚Sinnes'. Freilich wahrhaft dialektische Bewegung. Denn wenn in Schwermut Wahrheit sich darstellt, so stellt sie doch der bloßen Innerlichkeit sich dar einzig als Schein. Wahrheit ist in ihr bloße Imagination gleich dem Genuss des Schwermütigen: „Der Genuss liegt nicht eigentlich im Genuss, sondern in der Vorstellung, die man dabei hat". (KK89)

In der Melancholie, der besten Leserin der allegorischen Schrift (sie selbst ist ein zentrales Zeichen dieser Schrift) würden – wenn nur die Vorsehung mitspielte und ihre Zustimmung gebe – Natur und Versöhnung kommunizieren. Es ist auf keinen Fall eine „erpresste Versöhnung"[184] der in sich geschlossenen Totalität. Diese Versöhnung ist vielmehr „wohlgeschieden", um an das schöne

182 Benjamin, *Ursprung des deutschen Trauerspiels*, 334-335.

183 Benjamin, *Ursprung des deutschen Trauerspiels*, 214-220.

184 Theodor W. Adorno, „Erpresste Versöhnung. Zu Georg Lukács' ‚Wider den missverstandenen Realismus'", *Gesammelte Schriften*, Bd. 11, 251-280.

Wort Hölderlins[185] zu erinnern: Aus der Schwermut, die doch das Scheiden voraussetzt, „kommunizieren Natur und Versöhnung; aus ihr“ – in der Schwermut – „erhebt dialektisch sich der ‚Wunsch‘, und seine Illusion ist der Widerschein von Hoffnung“ (KK 180).[186]. Die Bilder des Glücks lassen die Sehnsucht aufgehen, indem sie diesen Affekt erlösen (KK 199), was nicht „nähren“ oder „stillen“ bedeutet. Ein Verlust der Sehnsucht und vor allem der Bilder, mit denen sie zusammenhängt, wäre das Schrecklichste für das melancholische, existierende Einzelne. Man soll eher der Sehnsucht und ihren Bildern folgen: Der junge Marx hat in denselben 1840er Jahren über politisch-religiöse Leitbilder, denen man folgen muss, um den in ihnen enthaltenen Wunsch zu verwirklichen, geschrieben:

> Unser Wahlspruch muss also sein: Reform des Bewusstseins nicht durch Dogmen, sondern durch Analysierung des mystischen, sich selbst unklaren Bewusstseins, trete es nun religiös oder politisch auf. Es wird sich dann zeigen, dass die Welt längst den Traum von einer Sache besitzt, von der sie nur das Bewusstsein besitzen muss, um sie wirklich zu besitzen.[187]

Marx fährt fort, dass das angestrebte Bewusstwerden des Traums die „Selbstverständigung (kritische Philosophie) der Zeit über ihre Kämpfe und Wünsche“[188] sein soll. Adornos ‚dialektische Bilder‘, die im ‚Wunsch‘ aufleuchten, ähneln nicht nur der Marxschen Wiederholung des Archaischen, ins Unbewusste verdrängten in der modernsten, endgültigen klassenlosen Gesellschaft und der nach-religiösen Energie des kritischen Denkens.[189] Sondern auch: In Adornos Beschreibung spitzt sich das utopische Potenzial des Wunsches und seines Bildes zu – dementsprechend wird das gedämpft, was bei Marx als wissenschaftlich (im Sinne des 19. Jahrhunderts) und notwendig stilisiert wurde, sodass die von Abramowski am ausdrücklichsten beschriebene Doppelnatur des Sozialismus – einer Aufforderung und einer Wissenschaft zugleich – auseinanderfällt. Und dies war die Verbindung der Notwendigkeit und der Freiheit, um deren Willen das ästhetische Milieu der Tragödie sich als Medium

185 Siehe das Hölderlin-Kapitel.

186 KK 200: „Denn das ‚Ästhetische‘ lebt den Armen nicht in den Gestalten der Kunst, sondern den konkreten Bildern ihres Wunsches und ihnen eröffnen sich die Bilder in dessen opferloser Erfüllung.“

187 Karl Marx, „Briefe aus den Deutsch-Französischen Jahrbüchern“, Marx, Engels, *Werke*, Bd. 1, 346.

188 Marx, „Briefe aus den Deutsch-Französischen Jahrbüchern“, 346.

189 Vgl. Friedrich Engels, „Der Ursprung der Familie, des Privateigentums und des Staats. Im Anschluss an Lewis H. Morgan's Forschungen“, Marx, Engels, *Werke*, Bd. 21, S. 25-173.

andiente, in dem sich der Sozialismus am unübersehbarsten zeigte. Adornos dialektische Bilder rücken in die Nähe des proleptischen Mythos, wie ihn Anfang des 20. Jahrhunderts der französische Syndikalist Georges Sorel (oder Stanisław Brzozowski in Polen) konzipierte: „Der gesellschaftliche Mythos ist [...] die Zukunft, die sich selbst erschafft"[190] – schrieb Stanisław Brzozowski unter dem Einfluss von Sorel, der auch einen großen Eindruck auf Benjamins frühe Schrift *Zur Kritik der Gewalt* machte.[191] Die ‚dialektischen Bilder' erzeugen proleptisch den Wunsch, in dem das Bild aufgeht als des Wunsches Erlösung oder dessen Auslöser – damit fungiert das dialektische Bild als Gegenpol zu Platons extrazeitlichen Ideen. Das Reich dieser Ideen, dialektischer Bilder, ist im Gegensatz zu den platonischen Ideen

> nicht ewig, sondern historisch-dialektisch; es liegt nicht in klarer Transzendenz über der Natur, sondern geht dunkel auf in ihr; es ist nicht scheinlose Wahrheit, sondern verspricht widersinnig die unerreichbare in der Opposition ihres Scheins; es eröffnet sich nicht dem Eros, sondern erstrahlt in Zerfall. Im historischen Zerfall der mythischen Einheit unmittelbaren Daseins; in der mythischen Dissoziation des historisch Existierenden. (KK 181)

Die attische Tragödie war – laut dem alten Topos von *humaniora* – die erste Stelle, an der der Mythos mit der Geschichte konfrontiert wurde. Über Herodot, der als Vater der Geschichte und zugleich als Sophokles' Freund bezeichnet wird, pflegte man zu sagen, Athen sei sein Damaskus gewesen.[192] Unter dem Eindruck des Theaters des dionysischen Festes begann Herodot kritisch alte Sagen zu hinterfragen. Die Anfänge des historischen Bewusstseins – genauer gesagt, die alttragischen Wurzeln der historisch-dialektischen Schilderung und Modellierung – kommen auch bei Adorno zutage. Die Allegorie mit ihrer reflektierten Trauer kann sich nicht von selbst – mit Hilfe ihrer eigenen Zäsur – potenzieren und erlösen: Bei Benjamin brauchte das Trauerspiel den Kritiker (es habe „Anspruch auf Deutung"), der die ruinöse Ausstrahlung dieser Form des letzten, jüngsten Tages würdigen konnte.[193] Adorno ist, verworren wie seine Habilitationsschrift ist, nicht imstande, solche dialektischen Bilder zu

---

190 „Mit społeczny to budowanie życia w przyszłości, to przyszłość stwarzająca samą siebie" – Stanisław Brzozowski, *Legenda Młodej Polski. Studia o strukturze duszy kulturalnej* (Lwów: Połoniecki, 1910), 134.

191 Walter Benjamin, „Zur Kritik der Gewalt", *Gesammelte Schriften*, Bd. 2, 179-203.

192 Vgl. Michał Mrugalski, „The Birth of History from the Spirit of Greek Tragedy. Metahistory – Mythopoesis – Mythistory", *Interpretations. European Research Project for Poetics & Hermeneutics* 2010, 4, 195-220.

193 Benjamin, *Ursprung des deutschen Trauerspiels*, 409.

beschreiben, die exklusiv aus der Allegorie schießen und diese in Prophetie verwandeln. Der Weg von der Allegorie zu den dialektischen Bildern führt an die Ränder der Theorie der griechischen Tragödie – die Gebiete, innerhalb welcher sie an Benjamins Trauerspieltheorie grenzt.

Der Mythos macht das *fascinosum* von Kierkegaards Schreiben aus, behauptet Adorno, über dessen Schaffen das Gleiche zu prädizieren wäre (KK 19). Die anziehende und abstoßende Natur des Mythos zieht nicht nur Kierkegaard in seinen Bann, sondern auch alle kritischen Denker des frühen 20. Jahrhunderts; ihre Empfindsamkeit gegenüber dem Mythos wurde zusätzlich durch die Lektüre von Herman Cohen und Franz Rosenzweig gesteigert. Diese zwei Denker fanden das jüdische Erbe der Philosophie wieder, das sie explizit als die Kritik des Mythos – der Totalität von Ionien bis Jena – bestimmten. Kierkegaards Tropen und Denkfiguren seien Bilder, die den Mythos offenbarten und die zugleich seiner Zerlegung dienten. Adorno beschreibt in Bezug auf Kierkegaard drei Attribute des Mythos, die auch in Adornos späteren Schriften zyklisch zurückkehren werden – Immanenz, reine Spiritualität, Verlangen nach Opfern. Die ersten zwei Attribute drückt Kierkegaards Philosophie im Überfluss aus, nachdem sie den Hegelschen Geist, der das Subjektive und das Objektive umfasste, nicht so sehr überwunden, als in erster Linie in die Falle der Wohnung (die Allegorie des Subjektiven) gelockt hat (KK 20, 46, 49). Der Mensch ist eine Garçonnière, aber eine denkende Garçonnière. Adorno versucht sich schon in seinem Erstlingswerk, der *Konstruktion des Ästhetischen*, am Hauptproblem der 15 Jahre späteren *Dialektik der Aufklärung*: Wie nur verwickelt sich der Geist durch seinen naturfeindlichen Spiritualismus tiefer in die Natur (KK 156). (Eigentlich war das schon das Thema von Kracauer und Benjamin.) „Die immanente Spiritualität selber ist mythisch. Als mythische wird sie leibhaftig" – sagt Adorno über Kierkegaard (KK 81). Die magische Formel, die den Zugang zum Mythos zugleich verwehre und erlaube, sei – wie dies schon bei der Ausführung der Allegorie gezeigt wurde – der Warenfetischismus: „Verzaubert sind mit den Dingen die menschlichen Beziehungen und die Menschen selber" (KK 60). Die Relationen zwischen Menschen und anderen Dingen – die Relationen, die nicht durch die Vernunft durchleuchtet wurden, da sie als naturell und neutral anerkannt sind – halten Dinge und Menschen in der Warenform gefangen. Der Mythos und der Warenfetischismus sind bei den kritischen Denkern isomorph; deswegen kann die Kritik laut dem jungen Marx der 1840er Jahre ebenso gut von der Religion oder der politischen Ökonomie anfangen. Deswegen gilt die Kritik des Mythos, die die Tragödie durchführt, den modernen, verdinglichenden sozialen Beziehungen.

Der Mythos, betonte Hermann Cohen,[194] beruhe auf dem Opfer, das immer wieder wiederholt werden müsse – und immer umsonst, da die Erbschuld ständig verwischt werden muss und nie verwischt werden kann (KK 162). Das Opfer der Alten, das an den Quellen der Tragödie lag und das in der Tragödie in Frage gestellt wird, wenn nicht proleptisch, im Wunschbild, überwunden – dies wurde auf deren Bühne in Athen durch die Thymele, den Opferaltar, bezeichnet – sei zu Kierkegaards Zeit internalisiert und in eine Figur der idealistischen Dialektik verwandelt worden (KK 164).

> Das mythische Opfer wird bei ihm vollzogen vom Spiritualismus als der geschichtlichen Figur, welche Natur in seinem Denken annimmt. Es ist das Opfer bloßen Geistes, in den alle Wirklichkeit sich gewandelt hat. Das Modell dieses Opfers ist Paradoxie: eine Denkbewegung, vollzogen aus reinem Denken, das in ihr als Ganzheit negiert wird, um, geopfert, seinen vollkommenen Widerspruch, das ‚schlechthin Verschiedene' herbeizuziehen. (KK 161)

Die Vernunft durch Paradoxen dem reinen Geist zu opfern, habe Kierkegaard von Schelling gelernt (KK 152), dessen „positive Philosophie" – wie ich im Schelling-Kapitel darzustellen versuchte – schon in der Tragödientheorie keimte, in der auch die kritische Tragödientheorie ihren Anfang nimmt. Aber in Wirklichkeit gebe es keinen wesentlichen Unterschied zwischen Hegels negativer Philosophie einerseits und der Philosophie der Existenz andererseits. Sie werden durch ihren Opfercharakter auf einen gemeinsamen Nenner – den Mythos samt seiner kollektiven Schuld und dem Opfer – gebracht. Unter dem Blick von Adorno wird der mythische, nach Opfern verlangende Charakter des Idealismus sichtbar, der von Kierkegaards Ideologie nur vertieft und auf keinen Fall überwunden wurde, wie sich Kierkegaard einbildete, indem er wie ein blutender Słowacki zu Opfer und Märtyrertum aufrief. Das Opfer, das immer auch ein Opfer des Bewusstseins für die reine Spiritualität ist, sollte laut Kierkegaard den Überfluss der Abstraktion eindämmen – *quia absurdum*? Das intellektuelle Opfer wiederholt auf dem Niveau der Philosophie das Ritual, aus dem die griechische Tragödie entstanden ist, die auch den Mythos mit der Geschichte konfrontierte:

> Im intellektuellen Opfer erscheint am reinsten sein [des Systems von Kierkegaard – M.M.] mythischer Grund, am spontansten seine geschichtliche Funktion; beide treten auf dem Schauplatz Geist zusammen und dialogisieren

194 Diese Gegenüberstellung wurde in den 1930er Jahren in vollem Gang: Alfred Jospe, *Die Unterscheidung von Mythos und Religion bei Hermann Cohen und Ernst Cassirer in ihrer Bedeutung für die jüdische Religionsphilosophie* (Oppeln: Wiercimok, 1932).

> den Idealismus als historisches Trauerspiel mythischen Denkens. Er wird aber endlich als mythisch offenbar, indem er zwar sich selber aufhebt, den Anspruch auf Versöhnung jedoch, den er anmeldet, immanent nicht erfüllen kann. In ihm hat Natur, auf den menschlichen Geist zurückgeworfen, sich verhärtet und die Gewalt des Ursprungs usurpiert. Der Untergang, den der Idealismus selbst bereitet, vermag darum zwar vom Schein der Autonomie ihn zu befreien – Versöhnung als Katharsis ist dem vollkommen untergehenden nicht gewahrt. (KK 153)

Die Dialektik der Aufklärung wurde hier als das historische Trauerspiel des mythischen Denkens – ein merkwürdiges Aufeinandertreffen von Mythos und der Geschichte (in letzter Instanz der Allegorie als ‚Ausdruck') – dargestellt.[195] Die Philosophie Kierkegaards offenbart dem kritischen Blick, dass Allegorie und Mythos eins sind; dass die Allegorie der Mythos der Epoche der verdinglichten Menschheit ist, nicht zuletzt wegen ihrer Durchspiritualisierung und Entsinnlichung. Den alten Mythos dekonstruierte die attische Tragödie; kann der kritische Denker erwarten, dass unter seinem Blick das neue Fatum aus *Eine literarische Anzeige* – das Allegorische und Verdinglichte – ins Rettende umschlägt? Wenn sich gerade bei Kierkegaard, dem entschiedensten Fürsprecher des Martyriums, die höchste Möglichkeit der Überwindung des Opfers verbirgt, dann ist die Realisierung dieser Möglichkeit mit der Aufführung einer gelungenen Tragödie gleichbedeutend, die den Menschen kathartisch mit dem Mythos und den Mythos mit sich selbst versöhnen würde. Die attische Tragödie unterlag der κρίσις, dem Gericht der Bürger, das die wirksamste Tragödienreihe des Festivals auswählte. Trauerspiel wird laut Benjamin auch durch die die zerstörende und gerechte, apokalyptische Vernichtung zu schätzen wissende Kritik gerettet. *Per analogiam* spürt Adorno in Kierkegaards Requisitorium das Erwarten des Gerichts auf: „Die gottverlassene Schöpfung stellt mit der Zweideutigkeit des Scheins sich dar, bis die Wirklichkeit des Gerichts sie löst" (KK 66). Die philosophische Kritik, die das Werk einäschert, um einen Diamant daraus zu extrahieren – von Benjamin in seinen Büchern zu Goethes *Wahlverwandtschaften* und dem deutschen Trauerspiel bis hin zu den Thesen über den Begriff der Geschichte postuliert – improvisiert bei Adorno das Kafka'sche Gericht in der privaten Wohnung, unter Requisiten, die von der „historischen Dialektik" und der „ewigen Naturmacht" zu einem „wunderliche[n] Rätselbild" zusammengefügt werden. „Es muss aufgelöst werden von philosophischer Kritik, die den realen Grund seiner idealistischen

195 KK 163: Kierkegaards Tiefe „liege keinesfalls darin, dass er unter der Hülle idealistischer Denkformen einen absoluten religiösen Ursinn wiederherstellte. Er hat als ‚Ursinn' des Idealismus selber in dessen historischem Untergang mythischen Gehalt aufgehen lassen als einen zugleich historischen."

Innerlichkeit im Geschichtlichen wie im Vorzeitlichen zu erreichen sucht" (KK 69, vgl. KK 34). Kierkegaard dachte, dass das Gericht selbst die Erlösung bedeutet, da nicht *en masse* gerichtet werde. Man kann einen Massenmord ausführen, das Urteil betrifft nur das Einzelne (KK 123). „Es ist die Annahme der Wirklichkeit des Gerichts, in welcher der Schein der jähen geschichtlichen Figuren zugleich untergeht und sich erfüllt" (KK 67-68).

Adornos Kritik isoliert die dialektischen Bilder, die im Zusammenstoß des Mythos mit der Allegorie aufleuchten (die reine Allegorie wird also nicht von sich selbst potenziert, sondern mit der formgebenden Kraft der Tragödie konfrontiert). Die barocke Figur des Christus-Bildes ist das Hauptbeweisstück, um die Rolle der Bilder für Kierkegaard zu untermauern; es soll das letzte Bild des endgültigen Opfers sein, in dem die Kunst – das Ästhetische – aufgehoben wird (KK 189). Wenn Kierkegaard zuweilen auf Wünsche, Träume und Bilder verzichtet und eine bilderlose Philosophie zu betreiben versucht, wird der Tod ihr letztes Wort (KK 119). Mit der Erwähnung des stumpfen und unumkehrbaren Todes spielt Adorno feindselig auf Heidegger an, der sich zu dieser Zeit auch sehr viel aus Kierkegaards Schriften zu Nutze machte (‚Gerede', ‚Augenblick', ‚Angst', ‚Stimmung', ‚Nivellierung', ‚Entschlossenheit' usw.).[196] Für die kritischen Denker wird Heidegger für den Mythos und speziell für das Mythische an Kierkegaard stehen. Kierkegaard gegen sich selbst zu lenken bedeutet Kierkegaards kritisches Potenzial gegen Heidegger oder Schmitt zu wenden – Heideggers ‚Destruktion'[197] in eine Destruktion von Heideggers Kierkegaard zu verwandeln. Da sich Kierkegaard im Zentrum von Heideggers Projekt befindet, wird nichts anderes als Heideggers Seinsphilosophie dekonstruiert (dies betrifft wohlgemerkt auch Schmitt). Heideggers Bilder, wenn überhaupt welche vorhanden sind, sind genauso wie Gustav Jungs Archetype ‚archaische Bilder', die Benjamins ‚dialektischen' auf schärfste Weise gegenüberstehen.[198] Wenn die archaischen Bilder die dialektischen verdrängen, verschwinden der Wunsch und die „hoffnungswidrige Hoffnung" (KK 155-156), an deren Stelle die erpresste Versöhnung und das oppressivste – weil allumfassende – Sein tritt. Ich habe im Schelling-Kapitel bereits Kategorien eingeführt, die ich jetzt auf das dialektische Bild anwenden möchte: Die archaischen Bilder Heideggers stehen für den Dogmatismus, die Unterwerfung unter das Allumfassende,

---

196 Jean Wahl, „Heidegger et Kierkegaard", *Recherches philosophiques* 2 (1932-1933), 349-370; Calvin O. Schrag, „Heidegger on Repetition and Historical Understanding", *Philosophy East and West* 1979, 20, 287-95.

197 Vgl. Gisbert Hofmann, *Heideggers Phänomenologie. Bewusstsein – Reflexion – Selbst (Ich) und Zeit im Frühwerk* (Würzburg: Königshausen & Neumann), 114-117.

198 Andrew Samuels, *The Political Psyche* (London, New York: Routledge, 1993), 294-296.

während die dialektischen Bilder – als Erbe des Kritizismus – dieses tragische Treffen des unbedingt und absurd freien Selbst mit dem Sein fortsetzen.

Der entfernte Reflex der Tragik beleuchtet den Untergang mit einem Schimmer der Hoffnung. „Nur um der Hoffnungslosen willen ist uns die Hoffnung gegeben" – beendete Benjamin bekanntermaßen seinen Essay zu den *Wahlverwandtschaften*.[199] Diese Worte beziehen sich auf den Satz, „der, mit Hölderlin zu reden, die Zäsur des Werkes enthält und in dem, da die Umschlungenen ihr Ende besiegeln, alles inne hält, lautet: ‚Die Hoffnung fuhr wie ein Stern, der vom Himmel fällt, über, ihre Häupter weg'."[200] Die Helden werden des Sternes nicht gewahr, nur der Erzähler – eine erzählerische Ebene höher – hatte ihn im Focus. Er „sah" „diese paradoxeste, flüchtigste Hoffnung", wie sie „aus dem Schein der Versöhnung" auftauchte, wie – schon wieder Sternmetaphorik –

> im Maß, da die Sonne verlischt, im Dämmer der Abendstern aufgeht, der die Nacht überdauert. Dessen Schimmer gibt freilich die Venus. Und auf solchem geringsten beruht alle Hoffnung, auch die reichste kommt nur aus ihm. So rechtfertigt am Ende die Hoffnung den Schein der Versöhnung und der Satz des Platon, widersinnig sei es, den Schein des Guten zu wollen, erleidet seine einzige Ausnahme. Denn der Schein der Versöhnung darf, ja er soll gewollt werden: er allein ist das Haus der äußersten Hoffnung.[201]

Die Hoffnung ist freilich eine soteriologische; sie wahrscheinlich der Auferstehung der Toten, was der letzte Satz von Goethes Roman so ergreifend und ironisch ausdrückt: „So ruhen die Liebenden nebeneinander. Friede schwebt über ihrer Stätte, heitere, verwandte Engelsbilder schauen vom Gewölbe auf sie herab, und welch ein freundlicher Augenblick wird es sein, wenn sie dereinst wieder zusammen erwachen."[202] Die Helden sehen die Hoffnung nicht, da sie nur dem Erzähler zusteht, aber ihre historische Bedeutung offenbart sich erst dem Kritiker, der in Goethes Novelle das Tragische erblicken kann:

> Das Mysterium ist im Dramatischen dasjenige Moment, in dem dieses aus dem Bereiche der ihm eigenen Sprache in einen höheren und ihr nicht erreichbaren hineinragt. Es kann daher niemals in Worten, sondern einzig und allein in der Darstellung zum Ausdruck kommen, es ist das ‚Dramatische' im strengsten Verstande. Ein analoges Moment der Darstellung ist in den Wahlverwandtschaften der fallende Stern. Zu ihrer epischen Grundlage im Mythischen, ihrer

---

199 Benjamin, „Wahlverwandtschaften", 201.

200 Benjamin, „Wahlverwandtschaften", 199-200.

201 Benjamin, „Wahlverwandtschaften", 200.

202 Johann Wolfgang Goethe, *Wahlverwandtschaften, Werke. Hamburger Ausgabe*, hg. von Erich Trunz (Hamburg: Wagner, Beck, 1948-60,) Bd. 6, 490.

lyrischen Breite in Leidenschaft und Neigung, tritt ihre dramatische Krönung im Mysterium der Hoffnung.[203]

So wie in der frühromantischen Theorie Goethes *Wilhelm Meister Lehrjahre* eine Abwandlung der Tragödie war, so glaubt auch Benjamin in den *Wahlverwandtschaften* eine okkulte dramatische Struktur, in der der Mythos überwunden wird, gefunden zu haben – eine Tragödie samt ihrem Mysterium der Hoffnung um der Anderen willen.

Adorno greift das Motiv auf: Die tragische, hoffnungswidrige Hoffnung ist auch bei Kierkegaard durch Bilder, Sternbilder gegeben, da ohne Bilder – oder in den archaischen Bildern – die Atmosphäre der vollendeten Abstraktion, Spiritualität, Dogmatik, der Allegorie herrscht. Das mythische Denken, das bei Kierkegaard die Form der Allegorie annahm, ist laut Adorno kein im Konkreten verfangenes Denken; das Mythische ist umgekehrt das Medium der reinen Spiritualität, ohne antiplatonische Bilder, die aus dem Wunsch und der erwünschten, proleptischen Versöhnung auftauchen. „Die Vieldeutigkeit des schuldhaften Naturzusammenhangs, darin alles mit allem ungeschieden" – im Gegensatz zu Hölderlins „wohlgeschieden" – „kommuniziert, kennt keine wahrhafte Konkretion. Hier sind die Namen der geschaffenen Dinge verwirrt, und an ihrer statt bleibt der blinde Stoff oder das leere Zeichen zurück. [...] [Das Konkrete] ist der Funke, der vom äußersten Allgemeinbegriff zum Stoff des Dies-da im Namen überspringt und zündet" (KK 113). Der Name ist also die Stelle, an der der Mythos mit der Allegorie zusammenstößt und in dialektischen Bildern aufleuchtet.

Die Bilder des springenden Funkens, von Feuerwerken – „Erscheinung als apparition, die Himmelerscheinung" – die in Adornos Schriften bis zu der posthumen *Ästhetischen Theorie* aufleuchten,[204] stammen, wie das Kierkegaard-Buch beweist, aus der kritischen Tragödientheorie der Idealisten und Kierkegaards. Adorno greift auf die lange Zeit vergessenen Quellen dieser Theorie, die Ernst Bloch und Walter Benjamin schon vorher erschlossen hatten, vor allem auf Hölderlins Kommentare zu seinen eigenen Übersetzungen von *Ödipus dem Tyrannen* und *Antigone* zurück. Oben wurde diese merkwürdige Verbindung des Don Juan mit dem Sophokleischen Teiresias schon angesprochen, die Bloch knüpfte. Benjamin folgte Bloch auch in diesem Punkt. Hölderlins Zäsur übersetzte Benjamin nicht nur im *Wahlverwandtschaften*-Essay, sondern auch in die Sprache seiner „Erkenntniskritischen Vorrede" zum *Ursprung des deutschen Trauerspiels* und zwar gerade als ‚Ursprung'.

203 Benjamin, „Wahlverwandtschaften", 200-201.

204 Adorno, *Ästhetische Theorie*, 124 (die Theorie der Apparition: 124-146).

Der Ursprung, um den es sich in seinem Trakt handelt, ist ein dem Werden und Vergehen entsprungenes Bild[205] – analog zu dem Bild der „*Ponderación misteriosa*", das den Traktat abschließt und dessen Fehlen im deutschen Trauerspiel die destruktiv-rettende Intervention seitens des Kritikers provoziert. Nur dass der Ursprung die Konstellation von Bildern offenbart; das Aufeinanderfolgen von Bildern, das bei Hölderlin von der Zäsur zu Tage gefördert wurde, verwandelt sich in Benjamins Trauerspiel-Buch in eine Offenbarung der Nach- und Vorgeschichte des Konkreten, der ihm eigentlichen Historizität, die sich in der Form einer wohlgeschiedenen Konstellation fangen und zur Schau stellen lässt; der Unterschied zwischen Hölderlins leerer Form der Tragödie und Benjamins Konstellation lässt sich wahrscheinlich auf das Zusammenstoßen des Allegorischen (mythischen) mit dem Konkreten (dem Namen) zurückführen. So definiert Benjamin den Ursprung:

> Ursprung, wiewohl durchaus historische Kategorie, hat mit Entstehung dennoch nichts gemein. Im Ursprung wird kein Werden des Entsprungenen, vielmehr dem Werden und Vergehen Entspringendes gemeint. Der Ursprung steht im Fluss des Werdens als Strudel und reißt in seine Rhythmik das Entstehungsmaterial hinein. Im nackten offenkundigen Bestand des Faktischen gibt das Ursprüngliche sich niemals zu erkennen, und einzig einer Doppeleinsicht steht seine Rhythmik offen. Sie will als Restauration, als Wiederherstellung einerseits, als eben darin Unvollendetes, Unabgeschlossenes andererseits erkannt sein. In jedem Ursprungsphänomen bestimmt sich die Gestalt, unter welcher immer wieder eine Idee mit der geschichtlichen Welt sich auseinandersetzt, bis sie in der Totalität ihrer Geschichte vollendet daliegt. Also hebt sich der Ursprung aus dem tatsächlichen Befunde nicht heraus, sondern er betrifft dessen Vor- und Nachgeschichte.[206]

Der Ursprung des Trauerspiels wird dem Leser in Form einer Konstellation der ‚Extreme' dargestellt, einer Konstellation, die sich als ein Rebus über das Zeitalter liest, in der die Verdinglichung alles Kreatürlichen den Mythos in die Allegorie steigerte. Diese ‚Extreme' stammen aus dem ‚Entstehungsmaterial' des Trauerspiels: Das heißt einfach, dass die Extreme des Trauerspiels Themen und Figuren, Elemente einer vorgestellten Welt sind, die es aus der dumpfen Kontinuität der Handlung herauszufischen und in Bildern zusammenzufügen gilt. Die Doppeleinsicht des Kritikers erkennt im Trauerspiel eine aus wesentlich historischen Gründen gescheiterte Restauration der Tragödie und zugleich eine unabgeschlossene, proleptische Form des letzten Tages, deren Würdigung und Vollendung die Berufung der philosophischen Kritik ist.

205 Benjamin, *Ursprung des deutschen Trauerspiels*, 226.
206 Benjamin, *Ursprung des deutschen Trauerspiels*, 226.

Der Kritiker erhebt die Allegorie in den Rang des ‚Ausdrucks', der auch dem Namen – dem Symbol – zusteht. Da das ‚Entstehungsmaterial' des Trauerspiels bei Benjamin zwar größtenteils aus den barocken deutschen Dichtern und aus ihrer Hauptfigur, dem Tyrannen und Märtyrer, aber auch aus der Beschreibung des Ausdrucks in Kierkegaards Texten stammt, versucht Adorno solch einen Rettungsversuch bezüglich Kierkegaards anzugehen.

Eng verwandt mit dem Ursprung ist Benjamins Konzept des „Bildraumes" oder „Leibraumes"[207] aus seinem Surrealismus-Essay, dem ich eingangs dieser Arbeit die Rolle der regulativen Idee der kritische Tragödientheorie zuteilte – eines Raumes, der sich dort eröffne, wo das Spiel der „Metapher" (eigentlich des Als-Ob-Vergleichs), das die Dominante in der Programmpoetik der nicht-revolutionären Parteien sei, unter dem Einfluss des von den Surrealisten organisierten Pessimismus zusammenbreche. Was macht die Tragödie anderes, als den Pessimismus zu organisieren? Ohne die bürgerlichen Intellektuellen kann der neue proletarische Bild- und Leibraum nicht bestehen, da die proletarischen Künstler erst im siegreichen Bildraum der Revolution schaffen können. Aber in das Narrativ ihres Werdens – den Werdegang des bürgerlichen Künstlers – muss eine Zäsur hineingelegt werden: „In Wahrheit handelt es sich viel weniger darum, den Künstler bürgerlicher Abkunft zum Meister der ‚Proletarischen Kunst' zu machen, als ihn, und sei es auf Kosten seines künstlerischen Wirkens, an wichtigen Orten dieses Bildraums in Funktion zu setzen. Ja, sollte nicht vielleicht die Unterbrechung seiner ‚Künstlerlaufbahn' ein wesentlicher Teil dieser Funktion sein?"[208] Durch die Unterbrechung – die Zäsur im dem Vergehen geweihten Werden – rollt sich der Bildraum auf, der Raum der positiven, kollektiven und körperlichen Freiheit.

Noch eine weitere Version der für die Zwecke des historischen Materialismus gewonnenen Zäsur war bei Benjamin neben ‚Ursprung' und ‚Leibraum' das dialektische Bild, das eine „Dialektik im Stillstand"[209] darstellte: Eine Konstellation des Jetzt-Moments mit einem vergangenen Augenblick, die im „Augenblick der Erkennbarkeit"[210] aufleuchtet. Dass die aus dem „Fluss des Werdens" herausgeworfene Zäsur jetzt „Augenblick" heißt, also unter Kierkegaards Warenzeichen steht, zeugt von Benjamins Versuchen, Hölderlins Tragödientheorie in eine Heilsgeschichte einzuspannen, die nach Kierkegaard, nach dem Ausgang der (deutschen klassischen) Philosophie nach 1848 und nach dem Ausbleiben der Revolution geschrieben wird. Auch Adorno

207 Benjamin, *Gesammelte Schriften*, Bd. 2, 308-309.

208 Benjamin, *Gesammelte Schriften*, Bd. 2, 309.

209 Benjamin, *Passagenwerk*, 577-578.

210 Benjamin, „Über den Begriff der Geschichte", 695.

zeigt Hölderlin Ehrerbietung, indem er das Aufleuchten des Konkreten – das dialektische Bild, das zwischen den Polen des idiosynkratrisch Extremen und des begrifflich Abstrakten vorkommt – als „Zäsur" bezeichnet:

> Labyrinthisch verschlungen, lässt die Sphärendialektik dem Eintritt von Konkretion in ihren intermittierenden Zäsuren, in den Lichtschachten konkreter Erhellung je und je Raum. Die Figur aber, die insgesamt bildet, bedeutet als Chiffre den obersten Wiederspruch: ihren eigenen Untergang. (KK 149, siehe auch KK 144)

Adorno versucht an dieser Stelle vor seinem Leserpublikum den Übergang der Zäsur ins dialektische Bild zu inszenieren, in die angehaltene Dialektik, die – genauso wie bei Hölderlin – die Zeit aus dem Rhythmus und den Fugen bringt, sodass das Fließen selbst zum Vorschein kommt. Dieses reine Fließen – indem es sich nach der Art der Tragödientheorie nicht auf die reine theoretische Vernunft begrenzt, sondern sich mit der praktischen überlagert – nannten Kant und ihm folgend Fichte und Hölderlin ein „Gefühl".[211] Adorno greift diesen Gedanken an das Treffen des freien Ichs mit dem bedingten, beobachtenden Ich im „Gefühl" auf. Das Gefühl bringt er in Verbindung mit Kierkegaards Theorie der Affekte, vorzüglich seiner Tragödientheorie. Die Tragödientheorie nimmt auch bei Adorno ihre traditionelle Rolle der Vermittlerin zwischen Freiheit und Notwendigkeit wahr. Im reinen Gefühl, wie es bei Kierkegaard zum Ausdruck komme, lodert laut Adorno die Versöhnung der mythischen Natur mit der Geschichte empor (KK 145). Ein Zitat aus Kierkegaards *Stadien auf des Lebens Weg* (1845), das über ein Feuerwerk, das für einen Augenblick anhält, bevor es in leuchtende Bruchstücke aufgeht, berichtet, kommentiert Adorno:

211 Vgl. Rudolf Eisler, *Kant-Lexikon. Nachschlagewerk zu Kants sämtlichen Schriften, Briefen und handschriftlichen Nachlass* [1930], Stichwort „Ästhetik, *transzendentale* (der reinen praktischen Vernunft): Die Analytik (s. d.) der reinen theoretischen Vernunft geht von der sinnlichen Anschauung aus zu Begriffen der Gegenstände dieser Anschauung und endigt mit Grundsätzen. Die Kritik der praktischen Vernunft hingegen beginnt mit der Möglichkeit praktischer Grundsätze a priori, geht von diesen zu Begriffen der Gegenstände einer praktischen Vernunft und endigt beim moralischen Gefühle, d.h. beim Verhältnis der reinen praktischen Vernunft zur Sinnlichkeit. Die Analytik der praktischen Vernunft geht also von der Logik zur Ästhetik der reinen praktischen Vernunft. Während die theoretische ‚Ästhetik' zwei Teile hat (Lehre vom Raum und von der Zeit), verstattet die Ästhetik der praktischen Vernunft keine weitere Einteilung, da hier die Sinnlichkeit nicht als Anschauungsfähigkeit, sondern bloß als Gefühl betrachtet wird, KpV 1. T. 1. B. 3. H. Krit Beleuchtung … (II 115 f.)." Vgl. Immanuel Kant, *Gesammelte Werke. Akademieausgabe*, Bd. 15, 100; Bd. 21, 22.

> Nicht anders die Idee der ästhetischen Sphäre: freigesetzt von subjektiver Dialektik und weit sie überstrahlend, innehaltend in der Ewigkeit des Moments als scheinhafte Ganzheit, zerfallend das Licht der Hoffnung über den Dingen, denen sie zugehört wie die Rakete dem modernen Altertum von Pyrotechnik. (KK 186)

Die dialektischen Bilder springen, so möchte ich den Gedanken Adornos weiterführen, aus der Spannung zwischen zwei Epochen – der tragischen und der traurigen – und deren zwei ‚Ausdrücken'. Die Zäsur, die in der Tragödie die Form der Zeitlichkeit offenbarte, operiert jetzt auch im Geschichtsmaterialismus samt seinen Bildern, die immer unter Verdacht stehen, bloße Illustrationen abstrakter Begriffe zu sein (Allegorien). Die Zäsur wirkt nämlich so, dass sie sich jetzt (auch) in der Kluft zwischen den beiden ‚Ausdrücken' (allegorischem und symbolischem) lokalisiert und den absoluten Konkret des tragischen Wortes – oder sogar der tragischen Mysterienanschauung – mit der modernen Diskursivität vermittelt, indem sie zugleich ihre irreduzible Verschiedenheit augenscheinlich macht. Das dialektische Bild stellt immer Extreme – wie Komplementärfarben im Bild und Nachbild, die gemeinsam in das Gesehene hineingehen – zusammen. „Dialektik hält im Bild inne und zitiert im historisch Jüngsten den Mythos als das Längstvergangene: Natur als Urgeschichte" (KK 80). Dies klingt nicht so hochtrabend und beliebig, wenn das Bedürfnis – der leise Held der Tragödientheorie nach der Romantik – auf den Plan gerufen wird. Kazimierz Kelles-Krauz' *la loi de la rétrospection révolutionnaire* (1896), die besagte, dass alle revolutionären Bewegungen ihre Bilder der glorreichen Zukunft aus der entferntesten Vergangenheit schöpfen würden, begründete das Greifen nach Komplementärbildern durch das Bedürfnis.[212] Die in einer bestimmten Epoche nicht genährten Bedürfnisse und Wünsche lösen die Suche nach der Zeit aus, in der diese am einfachsten gestillt wurden.

Die Urgeschichte erzählt von der Naturverfangenheit der Menschheit, und diese Urgeschichte ist immer noch – dank der modernen Verdinglichung und ihrem Ausdruck, der Allegorie – die Geschichte der Menschheit. Darum nennt Adorno die Bilder, die – wie das Bild der Wohnung aus der *Wiederholung* – Dialektik und Mythos zur Schelling'schen Indifferenz führen, wahrhaft „antediluviale Versteinerungen" (KK 80). Die allegorische Auffassung der Geschichte richtet sich auf das Ewige, Natürliche, Immer-da-gewesene und zugleich auf die Grundlosigkeit der kontingenten Allegorie selbst. Benjamin – wie Goethe oder die Romantiker – kann die Allegorie nicht bestimmen, ohne

212 Kazimierz Kelles-Krauz, „La loi de la rétrospection révolutionnaire vis-à-vis de la théorie de l'imitation", *Annales* 1986, 2, 415-338.

sich auf eine andere Form negativ zu beziehen, die genauso Anspruch darauf erhebt, das Beständige auszudrücken:

> Während im Symbol mit der Verklärung des Unterganges das transfigurierte Antlitz der Natur im Lichte der Erlösung flüchtig sich offenbart, liegt in der Allegorie die *facies hippocratica* der Geschichte als erstarrte Urlandschaft dem Betrachter vor Augen. Die Geschichte in allem was sie Unzeitiges, Leidvolles, Verfehltes von Beginn an hat, prägt sich in einem Antlitz – nein in einem Totenkopfe aus.[213]

Adorno bezieht diese Beschreibung auf Kierkegaard: „Mythisch ist bei Kierkegaard Natur als Urgeschichte, zitiert in Bild und Begriff seiner historischen Gegenwart" (KK 80).

Adorno bezieht sich auf die Zäsur auch an der Stelle, an der er das klassische Beispiel von Kierkegaards Theorie des Tragischen – Agamemnon, den Helden von *Furcht und Zittern* – bespricht. Die Zäsur tritt hier in den Kontext von Formulierungen, die in Rosenzweigs *Stern der Erlösung* oder Benjamins *Wahlverwandtschaften*- und Trauerspielbüchern überhaupt nicht fehl am Platz wären; in beiden Fällen würden sich diese Worte auf die antike Tragödie beziehen:

> Das Schweigen wortloser Unterwerfung unters Schicksal, der stumme Kampf, den der Held dem Schicksal liefert, indem er unterliegt und unterliegend die Zäsur in den schicksalhaften Umkreis legt: das Wort des Dieners aber ist kein ästhetischer ‚Ausweg' sondern seine wesenlose Stimme das Echo des Schicksal selber, das dem schweigenden Helden im Vollzug sich kundtut. (KK 154)

Die Zäsur entspricht hier dem Schweigen, das laut Benjamin in der antiken Tragödie als ein Versprechen der verklärten Sprache (des Anti-Geredes) fungiert. Das Verstummen des Helden in der Tragödie schenke der kommenden Gemeinschaft das wesentliche Wort und das Schweigen, seine Kehrseite. Benjamin projiziert Kierkegaards Auffassung des Tragischen aus dem *Reflex* als eben etwas Passives, das nicht in der Handlung, sondern im Schweigen nistet, auf die griechische Tragödie:

> Tragik ist eine Vorstufe der Prophetie. Sie ist ein Sachverhalt, der nur im Sprachlichen sich findet: tragisch ist das Wort und ist das Schweigen der Vorzeit, in denen die prophetische Stimme sich versucht, Leiden und Tod, wo sie diese Stimme erlösen, niemals ein Schicksal im pragmatischen Gehalt seiner Verwicklung. [...]

213 Benjamin, *Ursprung des deutschen Trauerspiels*, 343.

> Der Gehalt der Heroenwerke gehört der Gemeinschaft wie die Sprache.
> [...]
> Im Angesicht des leidenden Helden lernt die Gemeinde den ehrfürchtigen Dank für das Wort, mit dem dessen Tod sie begabte – ein Wort, das mit jeder neuen Wendung, die der Dichter der Sage abgewann, an anderer Stelle als erneuertes Geschenk aufleuchtete. Das tragische Schweigen weit mehr noch als das tragische Pathos wurde zum Hort einer Erfahrung vom Erhabenen des sprachlichen Ausdrucks, die soviel intensiver im antiken Schrifttum zu leben pflegt als in dem späteren.[214]

8.7. Tragödie, Komödie und Posse

Die kritische Theorie stellt sich also Kierkegaards Frage: Wie spiegelt sich das Antik-Tragische im modernen Schmerz? Adorno selbst setzt seine eigene Kritik an Kierkegaards Subjektivismus mit Kierkegaards Kritik an der modernen Bestimmung des Tragischen gleich, die Kierkegaard nicht wirklich tragisch finde (KK 95). Diese Identifizierung mit dem Tragödientheoretiker Kierkegaard bringt Adorno zum Ausdruck, indem er Kierkegaards Fassung der Sage von Agnete und dem Wassermann[215] aus *Furcht und Zittern* (1843) kommentiert:

> Die „Veränderung", die Kierkegaard vornimmt, ist so klein und so vollkommen wie jemals nur eine den Sagenstoffen von den attischen Tragikern widerfuhr –

An dieser Stelle erinnere ich an die im Ausklang des letzten Unterkapitels zitierten Worte Benjamins; laut Benjamin wurde das neue Wort dem griechischen Volk durch jede neue Wendung, „die der Dichter der Sage abgewann" –

> der rätselvolle Schritt, der aus bloßer Natur führt, indem er doch in ihrem Leben verbleibt; die versöhnende Ablösung des Opfers. Dieses verschwindet, und an seiner Statt hält für ein Geringes Dialektik den Atem an; in ihren Fortgang legt sich die Zäsur, wie der Gedankenstrich vor „Und sieh!"[216] im graphischen Bilde sie wiedergibt. Freilich vorm Blick des existentiellen Kierkegaard gleitet

---

214 Benjamin, *Ursprung des deutschen Trauerspiels*, 297, 288.

215 Kierkegaard, *Furcht und Zittern*, 116-123.

216 Kierkegaard, *Furcht und Zittern*, 116-117: „O sieht! See, sie braust nicht, ihr wilder Ruf verstummt; des Wassermanns Kraft, die Leidenschaft der Natur, lässt ihn im Stich, es gibt eine Windstille, – und noch immer schaut Agnete auf ihn. Da sinkt der Wassermann zusammen, er kann der Macht der Unschuld nicht widerstehen, sein Element wird ihm untreu, er kann Agnete nicht verführen."

> Versöhnung hier bloß vorüber wie ein leuchtender Meteor, der die Erde nicht erreicht: als Entsagung dann bricht Opfer abermals in die flüchtig versöhnte Landschaft ein. (KK 172)

Alle Hauptrequisiten aus Adornos Wortschatz der Allegorien kreisen um die kleine Veränderung, die derjenigen ähnelt, die die tragischen Dichter vornahmen, als die dem Mythos das wesentliche Wort abgewannen. „Und sieh!" Ein dialektisches Bild – eine Atempause der Dialektik – rutscht Kierkegaard heraus, als er diese tragische Operation durchführt. Sicherlich ist diese Konstellation in höchstem Maße flüchtig, nicht nur deswegen, weil sie Kierkegaard unversehens gelingt. Sowohl die Tragiker als auch Kierkegaard können sich nur durch das Verstummen versöhnen oder mit dem Schweigen ein anderes Sprechen suggerieren, während laut Rosenzweig, Benjamin und auch Adorno ausschließlich die Sprache Ort und Organon der Versöhnung sein kann (KK 173). Die kritischen Denker des 20. Jahrhunderts beanstanden solidarisch den Fetischismus des Schweigens, der auch in Kierkegaards Tragödientheorie aus dem „Reflex ..." oder aus *Furcht und Zittern* präsent war: Das Schweigen kann kein Zweck an sich sein, sondern nur eine ‚Vorstufe der Prophetie', des neuen ‚Ausdrucks'. Analog wird Kierkegaard, der allegorisch für die Sehnsucht nach Schweigen und die Unmöglichkeit des Verstummens steht, zu einer Vorstufe der Rettung – ihn selbst muss also der kritische Denker auch retten, indem er sein Schaffen destruiert. Das eigentliche Musterbild dieses „rätselvolle[n] Schrittes, der aus bloßer Natur führt, indem er doch in ihrem Leben verbleit" (KK 172), ist auch hier die Tragödie.

Jetzt gilt es, über die Strategie des kritischen Schreibens zu schreiben. Wohin Adorno auch immer ging, Kierkegaard war dort schon vor ihm. Wählt Adorno die plötzliche Erlösung der Allegorie, wird seine Wahl nur ein Echo des Aufrufes aus der Literarischen Anzeige: „Springe in Gottes Arme direkt aus der Nivellierung." Wählt er dagegen den Weg der Tragödie – die kleinen Änderungen im epischen und mythischen Stoff – wiederholt er die Thesen des Kontrahenten, dessen Essay zum Tragischen er zitiert und nachahmt, weil er nur das in Kierkegaards Schriften Vorgefundene gegen Kierkegaard anwenden kann. Der dritte Weg, der in der *Konstruktion des Ästhetischen* erwähnt wird, namentlich der Weg der Posse, bleibt dem schwerfälligen Schriftsteller Adorno verwehrt. Er und Benjamin können lediglich beschreiben, wie konsequent Kierkegaards leidenschaftlicher Leser Franz Kafka diesen Weg der Posse gegangen ist, ohne jedoch diesen intertextuellen Bezug auf Kierkegaard zu betonen. Adorno preist bei Kafka, was er bei Kierkegaard gnadenlos beanstandet: Der Aspekt von Kierkegaards Ästhetik, gegen den Adorno machtlos bleibt, ist der von ihm im Klartext des Idealismus beschuldigte und zugleich der, der zur Beschreibung von Kafkas Schaffen am besten taugen würde, nämlich die auf dem Begriff des Widerspruchs beruhenden Bestimmungen des Tragischen und des Komischen. Kafka zeigte Benjamin und Adorno, dass der Mythos, der sich aus dem Opfer speist, nur durch eine Verbindung des Tragischen mit dem Komischen versöhnt werden könne. Bei Kafka sollte der Humor – in Gestalt der märchenhaften List – an der Stelle entspringen, wo der Ursprung des Tragischen und des Traurigen liegt, namentlich in der Verdinglichung, in der Verwandlung in ein Ding.[217] Was die Voraussetzung der Tragik und der Trauer ist – das dem Sein Unterliegen, dem Mythos, dem All, dem absoluten Objekt oder der Ware in der Moderne – färbt sich bei Kafka mit der Komik in der Gestalt der lustigen Mimikry, die die eigentlich Voraussetzung der meisten Spiele ist. Wenn Kafka aber auf diese Weise schrieb, wie Benjamin und Adorno feststellen, so verwirklichte Kafka, so meine These, die Voraussetzungen von Kierkegaards Ästhetik – vor allem aus der *Wiederholung* und der *Unwissenschaftlichen Nachschrift*. Die Ästhetik Kierkegaards war ihrerseits im philosophischen Diskurs der 1840er Jahre verwurzelt, für den die Verdinglichung eine zentrale Kategorie war, vor allem für Ludwig Feuerbachs Philosophie der Alienation, die dann vom jungen Karl Marx aufgegriffen und zuerst in seiner philosophischen Phase in den 1840er Jahre anthropologisch ausgearbeitet, nach der Enttäuschung von 1848-49 allmählich in die reife Konzeption des Warenfetischismus umgewandelt wurde. In den 1920er Jahren kamen dann Lukács, Bloch, Kracauer und Benjamin.

Kafkas Mix des aus der Volksfabel stammenden Humors von Mimikry mit der erhabenen Tragik (bzw. Trauer) der Verdinglichung frischt – wenn man das Problem auf Borges' Weise stellen darf – Kierkegaards Theorie der Posse auf.

217 Theodor Adorno, „Aufzeichnungen zu Kafka", *Gesammelte Schriften*, Bd. 10, 284-285: „Nicht Demut hat Kafka gepredigt, sondern die erprobteste Verhaltensweise wider den Mythos empfohlen, die List. Ihm ist die einzige, schwächste, geringste Möglichkeit dessen, dass die Welt doch nicht recht behalte, die, ihr recht zu geben. Wie der Jüngste im Märchen soll man ganz unscheinbar, klein, zum wehrlosen Opfer sich machen, nicht auf dem eigenen Recht bestehen nach der Sitte der Welt, der des Tausches, welcher ohne Unterlass das Unrecht reproduziert. Kafkas Humor wünscht die Versöhnung des Mythos durch eine Art von Mimikry. [...] Der Bann von Verdinglichung soll gebrochen werden, indem das Subjekt sich selbst verdinglicht. Was ihm widerfährt, soll es vollziehen." Auch hier schöpft Kierkegaard aus Benjamins Fundus, der in „Franz Kafka" schrieb: „Odysseus steht ja an der Schwelle, die Mythos und Märchen trennt. Vernunft und List hat Finten in den Mythos eingelegt; seine Gewalten hören auf, unbezwinglich zu sein. Das Märchen ist die Überlieferung vom Siege über sie. Und Märchen für Dialektiker schrieb Kafka, wenn er sich Sagen vornahm. Er setzte kleine Tricks in sie hinein; denn las er aus ihnen den Beweis davon, ‚das auch unzulängliche, ja kindische Mittel zur Rettung dienen können'" (415).

Die Posse – schreibt Kierkegaard (als Constantinus) in der *Wiederholung* – ist an einen Menschen gerichtet, der sich wünscht,

> sich selber produktiv zu verhalten zu der theatralischen Leistung. Während ihm daher weder Tragödie, noch Komödie, noch Lustspiel gefallen wollen, eben deshalb, weil sie vollkommen sind, wendet er sich der Posse zu.[218]

Die Posse passt nicht in die Schranken der Komödie, Tragödie oder Operette, weil sie nach dem reinen Bereich der Bewegung, des Narrentums trachtet, nach dem insularen Bereich, der sich als Schweigen nicht so sehr außerhalb der Sprache platziert, sondern eher außerhalb der eindeutigen Message. Eben diesen agilen Archipel oder diese Konstellation der Wünsche des Körpers, auf den ganzen Körper zerstreut, betrachtet und legt ein Publikum aus, das aus Einzelnen besteht: „Es gibt wohl keinen Menschen, der nicht eine Zeit gehabt hätte, da kein Reichtum der Sprache, keine Interjektion der Leidenschaft ihm Genüge tat, da kein Ausdruck, keine Gestikulation ihn zufriedenstellen, da nichts hinreichend scheinen konnte, es sei denn dass es sich in den absonderlichsten Sprüngen und Purzelbäumen ergangen hätte."[219] Das Schweigen, in dem der Körper seine Manöver durchführt, verzahnt sich nur in einer seiner vielen Dimensionen mit dem tragischen Trotz. Dieses Schweigen bedeutet vielmehr, sich einem dieser Augenblicke auszuliefern, in denen der Mensch „sich auf sein Zimmer" – das allegorische Zimmer, einen Teil der allegorischen Wohnung in der allegorischen Stadt –

> zurückziehen konnte, um sich ganz sich selber hinzugeben und eine unbeschreibbare humoristische Linderung darin zu finden, dass er in einer poetisch-malerischen Stellung auf einem Bein stand, oder die ganze Welt dem Tode und dem Teufel zu überlassen und alles mit einem Kreuzsprung zu erledigen.[220]

Eine Posse kann keine moralische Anstalt werden. Der Zuschauer einer szenischen Ableitung dieses Kammeryogas wird weder belehrt noch erzogen und doch wird er – als wirkte eine wahre, aktuell unmögliche Tragödie auf ihn – zum Individuum, das vorübergehend aus dem Mythos befreit wird; der Mythos nimmt hier die Gestalt der Verpflichtung gegenüber der Tradition an, die an den richtigen Stellen zum Staunen, Lachen und Gerührtsein usw. zwingt.[221] Die einzige Verpflichtung gegenüber der Tradition scheint für Kierkegaard im „Reflex des Antik-Tragischen …" die kollektive Schuld zu sein; der

---

218 Kierkegaard, *Wiederholung*, 31.
219 Kierkegaard, *Wiederholung*, 32.
220 Kierkegaard, *Wiederholung*, 32.
221 Kierkegaard, *Wiederholung*, 32-34.

„Schuldzusammenhang alles Lebendigen" ist aber der Mythos,[222] die Befreiung aus der Verpflichtung bedeutet also eine Sprengung des Mythos mit den Gesten der Fabel – so lässt sich Kierkegaards Gedankengang aus der Position und in der Sprache der kritischen Theorie rekonstruieren.

Die Posse rettet den Schauspieler und den Zuschauer vor einer Identität, die auf dem mythischen Zwang des Gedächtnisses sowie auf der Pression des Publikums basiert, das – aufgrund falscher Zusammenhänge zwischen Menschen und Ideen – die Einsamkeit in der Herde ausdrückt. Jeder Zuschauer der Posse muss auf eigene Gefahr entscheiden, ob er eine Beziehung damit knüpfen kann, was ihm präsentiert wird, „wohingegen er zur Rechten und zur Linken oder in den Zeitungen vergeblich eine Bürgschaft dafür suchen wird, dass er sich wirklich unterhalten hat."[223] Diese Spontaneität der Rezeption stammt nur scheinbar, so Adorno, aus dem Prinzip des alleinherrschenden Subjektivismus, das heißt dem Mythos und seiner modernen Ableitung, der Allegorie. Die Rezeption der Posse widersetzt sich wesentlich der mythischen Identität, da die Erste den momentanen Rührungen des Körpers folgt, die eine vereinheitlichende Synthese ausschließen und stattdessen flüchtige Wunschbilder emittieren. Die Bilder und ihre Menschen tauchen in einem „Überhaupt" auf (KK 184-185). „Überhaupt", „nach dem abstrakten Maßstab"[224] werden in der Posse Personen, Situationen, szenische Bewegungen und Dialoge gezeichnet:

> In der Posse [...] wirkt das untergeordnete Personal durch jene abstrakte Kategorie: ‚überhaupt', und erreicht dies durch eine zufällige Konkretion. Insofern ist man denn also nicht weiter gekommen als bis zur Wirklichkeit. Dies soll man auch nicht; aber der Zuschauer versöhnt sich komisch damit, diese Zufälligkeit Anspruch darauf erheben zu sehen, dass sie Identität sei, etwas, dass sie tut, indem sie in die Kunstwelt der Bühne eintritt.[225]

„Man kann daher ebenso gut wehmütig gestimmt werden" – in die Melancholie des Allegorikers verfallen – „wie außer sich sein vor Gelächter"[226] – kommentiert Kierkegaard diesen Anspruch auf Idealität, den die Zufälligkeit erhebt, als bekäme man in der Posse die Verbindung von Melancholie und Glück, die in dem hartnäckigen Insistieren von Benjamin und Adorno auf die Möglichkeit liegt, die Allegorie bis hin zu dem „Namen" zu potenzieren, zu spüren. Ein moderner Reflex der laut Aristoteles das Genie kennzeichnenden

222 Benjamin, „Zur Kritik der Gewalt", 175.
223 Kierkegaard, *Wiederholung*, 34.
224 Kierkegaard, *Wiederholung*, 33-34.
225 Kierkegaard, *Wiederholung*, 36.
226 Kierkegaard, *Wiederholung*, 34.

Verbindung von Melancholie und Manie[227] leuchtet in der Posse auf; die Posse präsentiert sich aber auf einer dünnen Schneide, von der aus man entweder in die eine oder in die andere Richtung fällt. Auf der Bühne der Posse defilieren Allegorien (,Uberhaupt'-Gestallten), die vom höllischen Zwang des Bedeutens und der Bedeutsamkeit befreit wurden – sie sind ihrer eigenen Leere bewusst und sie spielen mit der Leere. – Indem der Zuschauer die Allegorien bewundert, die ihre Kontingenz und ihren Anspruch auf allgemeine Gültigkeit parodistisch präsentieren, sieht er die wesentliche Gestalt der ihm gegenwärtigen Gesellschaft (wäre die Posse ein weiteres Spiegelbild in der *Wiederholung*?). Auf diese Weise haben die idealistischen Ästhetiken – inklusive Kierkegaards – die Essenz des Komischen bestimmt: Das Zufällige, das sich im Recht glaubt, seine Gesetze der Welt aufzudrängen. Aber dieses wahrhaft satirische Bild der Moderne beglückt den Zuschauer nicht so sehr, weil es inhaltlich zutrifft, sondern aufgrund der Befreiung des Spiels, der Geste aus dem mythischen Zwang der Bedeutung.

Die strenge Unterscheidung von Fiktion und Wirklichkeit fällt ebenso weg. Der ideale Zuschauer der Posse wäre der Bauer, der den Regenschirm im Zuschauerraum öffnet, wenn es auf der Bühne zu regnen anfängt. Oder die Menschen auf der Galerie, die „sich überhaupt ihrer selbst als Publikum nicht bewusst" werden,

> sondern sie wollen mit dabei sein unten auf der Straße oder wo die Szene sonst ist. Da dies sich mittlerweile der Entfernung wegen nicht machen lässt, so gebärden sie sich wie Kinder, die bloß die Erlaubnis haben, einen Auflauf auf der Straße sich vom Fenster aus anzuschauen.[228]

Das Verwischen der Grenze, die den Bereich des Ästhetischen von dem immer von innen, durch ein allegorisches Fenster, beobachteten regen Straßenleben trennt, wurde den naiven Zuschauern – und wer wird nicht naiv, wenn er der Posse beiwohnt[229] – schon im Namen der Gattung versprochen, den sie in den Mund nehmen, ohne ihn zu verstehen. Die „Posse" ähnelt der tragischen Ironie: Wenn sie sich jedoch im Milieu der philosophischen Ausdrucksweise befindet, ändert sie ihre Bedeutung, da *posse* auf Lateinisch „fähig, im Stande, potent sein, können" bedeutet. (Latein war damals die offizielle Sprache der

---

227 Aristoteles „Problem XXX, I"; Ludwig Binswanger, *Melancholie und Manie* (Pfullingen: Neske, 1960); Reinhard Boerner, „Temperament: Theorie, Forschung, Klinik" (Wiesbaden: Springer, 2014).

228 Kierkegaard, *Wiederholung*, 32.

229 Kierkegaard, Wiederholung, 34: „Keine Wirkung der Posse wird durch Ironie hervorgebracht, alles ist Naivität."

akademischen Philosophie, sodass Kierkegaard um die Möglichkeit kämpfen musste, seine Magisterarbeit zum Begriff der Ironie auf Dänisch zu verteidigen). In *Eine literarische Anzeige* macht Kierkegaard die Fähigkeit des Werkes, das ‚Wie' einer Epoche (ihre ‚(transzendentale) Ästhetik' oder ihr ‚Medium') zu begreifen und wiederzugeben, davon abhängig, ob es zwischen *posse* (Möglichkeit) und *esse* (Sein), geschickt schweben könne: Das ‚Wie' eines Zeitalters

> wird gewonnen mittels einer universelleren Anschauung, deren Schlussfolgerung durch einen Schluss von Möglichkeit (*posse*) auf Wirklichkeit (*esse*) erreicht werden und bestätigt werden durch den Schluss einer beobachtenden Erfahrung von Wirklichkeit (*esse*) auf Möglichkeit (*posse*). (LA 81)

An dieser Stelle beruft sich Kierkegaard auf die scholastischen Beweismethoden *ab posse ad esse* und *ab esse ad posse.*[230] Die Posse als ein theatralischer Ausdruck erweckt melancholische Trauer und närrisches Lachen und zwar dank ihres Schwebens zwischen dem Bühnenraum, der von der Last der Bedeutung befreiten Allegorie und der Wirklichkeit der Zuschauer, die kein durch die öffentliche Meinung zusammengeschlossenes Publikum bilden. Das Lachen erstarrt für einen Augenblick, wenn Kierkegaards Leser realisiert, dass laut der Tradition, deren starker Punkt Nikolaus von Kues war, nur Gott sowohl *posse* als auch *esse* umfasst. Er ist die Möglichkeit, die bis zum *esse* potenziert wird – Gott ist *Possest.*[231] Mit Ihm korrespondiert der Ästhet, der ausgebildete Meister in Stimmung, der sich in einem Zustand befindet, „in dem nicht eine einzige bestimmte Stimmung gegenwärtig ist, sondern eine Möglichkeit zu allen."[232] Es gibt also neben der Tragödie auch in der Posse augenscheinliche Aspekte, unten denen Glauben und Kunst isomorph sind.

Adorno klammert sich an die Posse, weil sie ihm als ein ‚Ausdruck' erscheint, der potent genug wäre, den Menschen sowohl vom mythischen Opfer als auch von der Komik der modernen Verantwortungslosigkeit zu befreien; er stellt demgemäß Constantinus' Beschreibung der Posse mit der Kritik der Tragödie und Komödie aus den *Stadien auf dem Lebensweg* zusammen. Das leicht bewaffnete Komische würde laut Kierkegaard an der Ethik vorbeilaufen, indem es zur Sorglosigkeit der Metaphysik eile. Das Komische lasse nämlich den Widerspruch nur insofern zu, als er Lachen erwecken könne. Das schwer bewaffnete Tragische bleibe dagegen in der ethischen Schwierigkeit stecken,

230 Vgl. Fritz Mauthner, *Wörterbuch der Philosophie* (Leipzig: Meiner, 1923), Bd. 1, 2-4.

231 Nicolai di Kusa, *Trialogus de possest, Opera omnia*, hg. von Renata Steiger (Hamburg, 1973), Bd. 11.

232 Kierkegaard, *Wiederholung*, 34.

sodass die Idee zwar gewinne, der Held aber dabei sterbe. Die beiden Ausdrucksformen sollen den Zuschauer in Verlegenheit bringen: Will er Held sein (will sich der Zuschauer mit dem Helden identifizieren), muss er gnadenlos ums Leben kommen; will er dagegen nicht um sein Leben fürchten, erwartet ihn ein noch schlimmeres Schicksal: Ein Teil des Publikums – der allgemeinen Komödie – zu sein. Adorno greift die explizite Ästhetik von Kierkegaard gerade an diesen Stellen auf, die sich der Tragödie und der Posse zuwenden. Er glaubt im Problem der Tragödie und in der Praxis der Posse eine Waffe dagegen zu finden, worum es Kierkegaard in seiner Kunstlehre geht und was Adorno am ästhetischen Mythos stört – die Logik der Sphären, das Paradoxon des Opfers.

> Tragik ist aber allemal Darstellung eines Opfers und Kierkegaards Kritik am Untergang des Helden brauchte vorm Opfer selbst nicht zu verstummen. Darum wird von ihm gelegentlich das ‚Ästhetische' gegen das ‚Religiöse' seines Ernstes verteidigt, der doch allein die Konsequenz aus opfernder Paradoxie vollbringt. (KK 185)

Jenseits des religiösen Ernsten – „jenseits" heißt, dass der Affekt überschritten werden muss – dehne sich die Dimension der Wünsche und ihrer Bilder aus.

Indem Adorno die Hoffnung in die Posse investiert, unterliegt er jedoch der bannenden Kraft von Kierkegaards Ästhetik, die er früher mehrfach denunziert hatte. Zwei Grundeigenschaften der Posse – das Überschreiten aller Grenzen zwischen dem ästhetischen Bereich der reinen Möglichkeit und dem realen Leben, sodass eine Konstruktion entsteht, der gegenüber Trauer und Heiterkeit gleichberechtigte Reaktionen sind – beziehen sich in *Wiederholung* sowohl reflexiv auf die dem Leser vorgelegte *Wiederholung*,[233] als auch auf das extra-literarische Leben: „Fahre fort, du Schauspiel des Lebens, das keiner eine Komödie, keiner eine Tragödie nenne, den keiner sah das Ende!"[234]. Wie der in die Tagespolitik samt ihrem Gerede engagierte Karol Libelt, der die Antithese

---

233 Kierkegaard, *Wiederholung*, 92: „Einem gewöhnlichen Rezensenten wird das Buch möglicherweise die erwünschte Gelegenheit geben, ausführlich Licht darüber zu verbreiten, dass es keine Komödie ist, keine Tragödie, kein Roman, kein Epos, kein Epigramm, keine Novelle, sowie es unverzeihlich zu finden, dass man vergeblich ein 1.2.3. herauszustellen sucht."

234 Kierkegaard, *Wiederholung*, 50. Vgl. UN 448, über die *Wiederholung*: „Eben derselbe Mensch, der mit seinem Verstand das Komische sieht, leidet auch das Tragische und wählt aus der Einheit des Komischen und des Tragischen heraus das Tragische. In der *Wiederholung* waren Ironie und Sentimentalität ins Verhältnis zueinander gebracht, in der Leidensgeschichte ist der Humor herausgebracht", S. 449: „Quidam ist selbst die Einheit des Komischen und Tragischen; doch er ist mehr als die Einheit, er ist nach ihr in Leidenschaft. Der Frater ist wesentlich Humorist und stellt gerade indem er abstoßt die neue Unmittelbarkeit heraus."

zu Kierkegaard darstellt, arbeitet Kierkegaard hier an einer Ästhetik des realen Seins. Solch eine Ästhetik wäre laut dem anderen Philosophenrevolutionär Edward Dembowski die höchste Philosophie, die die Hegelsche Philosophie des Geistes von der höchsten Stelle im System verdrängen würde.[235] Im Gegensatz zu den revolutionären Praxisästhetikern oder zu den späteren Avantgardisten verteidigt Kierkegaard die Autonomie der Kunst nicht als Laboratorium gesellschaftlicher Formen oder Formationen, sondern vor allem im Hinblick darauf, die Religion vor dem Verdacht zu verteidigen, sie sei ein ästhetisches Phänomen. Um die Unabhängigkeit der Sphäre der Religion zu bewahren, beruft Kierkegaard einerseits den areligiösen Ästheten ins Leben, anderseits ist er aber gezwungen, die Begriffe Pathos und Komik zu zersplittern, damit sie, in einer Version ihrer Existenz, nichts Gemeines mit der Kunst haben, der sie eigentlich zugehören, weil Kierkegaard die Religion ohne diese Begriffe nicht näher bestimmen kann. Wenn aber der Ästhet alles wie eine Komödie, Tragödie oder aber Posse behandelt, unterscheidet er sich nur sehr wenig von dem religiösen Menschen, der in Anbetracht Gottes lacht, trauert, oder beides zugleich macht. Der Ästhet hat wie Gott selbst den Sinn für alle Möglichkeiten.

Der Humor ist in der *Unwissenschaftlichen Nachschrift* – ähnlich wie die Posse in der *Wiederholung* – das Gleichgewicht von Komischem und Tragischem, nur dass hier nicht die Reaktionen der Zuschauer ins den Fokus rücken, sondern der Aufbau beider Kategorien. Manche Menschen, so Kierkegaard, haben mehr für die Komik übrig, während andere Wohlgefallen am Tragischen finden, aber der subjektive Denker weiß, dass das Leben genauso viel Komik wie Pathos einschließt. Das Pathos, das nicht von der Komödie abgesichert werde, werde zur Illusion, und die Komödie, die ihrerseits keine Unterstützung seitens des Pathos erhalte, stelle sich als unreif bloß (N 217). Ein wahrer Denker – fährt Kierkegaard fort – weiß, dass die Tragödie und die Komödie gleich seien, weil beide einen Widerspruch bedeuten, der überall auftritt, wo es Leben gibt – mit dem Unterschied, dass das Tragische der leidende Widerspruch enthält, während die Komik schmerzlos bleibt (N 709). Der Grundwiderspruch des Lebens sei natürlich die vom religiösen Menschen empfundene Unproportioniertheit zwischen dem Endlichen und dem Unendlichen, dem Werdenden und dem Ewigen. Ob diese Unproportioniertheit sich aber tragisch oder komisch ausdrücke, hänge – in dieser allegorischen Beschreibung der Komik und Tragik meldet sich wieder die Posse zum Wort – von der Position des Körpers gegenüber der Idee ab. Gerade wegen dieses Bezugs auf Positionen der Körper, der im Kontext der *Unwissenschaftlichen Nachschrift* einen nicht ernst genommenen und doch todernst gemeinten

235 Siehe das Hegel-Kapitel.

Unterschied zwischen Komödie und Tragödie einführt, gehört diese auf den Widerspruch gestützte Philosophie des Tragischen und Komischen nicht in die Mottenkiste der idealistischen Ästhetik, wo Adorno sie gerne sehen würde (KK 27). In dieser Widerspruchsästhetik nimmt doch der gleiche Körper aus der Posse die zentrale Stellung an, auf dem Wünsche und Bilder erscheinen. Der gleiche Körper – wage ich zu behaupten – der am öffentlichen Platz in den Offenbarungen der positiven, kollektiv-anschaulichen Freiheit sich beteiligen würde.

Der Körper bewegt sich relativ zur Idee. Wenn der Denker direkt in die Idee schaue, so könne er die Disproportion des Endlichen und des Unendlichen nur pathetisch umfassen; wende er jedoch der Idee den Rücken zu und erlaube ihr, ihr Licht von hinter seinem Rücken auf die Wirklichkeit zu werfen, löse sich die Komik aus. Deren Aspekte seien etwa das Duzen von Gott (die vertraulichste Form gelte ja eigentlich als die respektvollste, N 219) und die ständige Wiederholung des Gebets an den Ewigen (UN 221).[236] Die Komik des Glaubens – sowie dessen Tragik – ist ein weiteres romantisches Motiv bei Kierkegaard: Über die Komik der christlichen Religion sprach Adam Müller, als er den Begriff der tragischen Ironie ausführte (DP 238-239). Die Mischung der Tragik mit der Komik beschäftigt Bonaventura beständig in den *Nachtwachen*.[237] Marx hütet die Sauberkeit der Trennung zwischen der komischen Restauration und der tragischen Revolution, in deren Niederlagen die Hoffnung nistet; unter diesem Aspekt setzt Marx eine von der Romantik geformte Tradition fort, die unterdessen Kierkegaards Motivik, vor allem in *Eine literarische Anzeige*, vorwegnimmt. Letzterer hat doch voller Vorwurf die Leidenschaftlichkeit (die Tragik) der Französischen Revolution seiner Gegenwart der Restauration und Scheinrevolutionen gegenübergestellt. Auch das erschließt die (transzendentale) Ästhetik der Epoche. Heinrich Heines Beschreibung der Restauration quasi als ein Satyrspiel, das nach der Tragödie Napoleons komme, muss Marx bei der Formulierung der politischen Ästhetik der Revolution und der Restauration geholfen haben: Der größte Urpoet,

> der in seiner tausendaktigen Welttragödie den Humor aufs Höchste zu treiben weiß, wie wir es täglich sehen: – nach dem Abgang der Helden kommen die Clowns und Graziosos mit ihren Narrenkolben und Pritschen, nach den blutigen Revolutionsszenen und Kaiseraktionen kommen wieder herangewatschelt die

236 Kierkegaard, *Uniwissenschaftliche Nachschrift*, 710-711.

237 August Klingemann, *Nachtwachen von Bonaventura* (Frankfurt am Main: Insel, 1974), 96-97.

dicken Bourbonen mit ihren alten abgestandenen Späßchen und zartlegitimen Bonmots, und graziös hupft herbei die alte Noblesse mit ihrem.[238]

*

Die Denker und die Politiker der authentisch revolutionären Epoche – am Anfang des 19. Jahrhunderts – erklärten die Tragödie zu einem Modell der Integration des Wortes mit der Tat. Die Tragödientheorie spielte bei ihnen die Rolle der Theorie zur Relation von Theorie und Praxis. Kierkegaard benimmt sich ambivalent gegenüber der Tragödie. In *Entweder-Oder* wird die Tragödie eine passive Tat (eine Tatenlosigkeit und ein Schweigen gegen die durch Aussagen angetriebene Handlung), die die wahre Innerlichkeit offenbart; in der *Wiederholung* und, so meine Lesart, der *Nachschrift* vermengt Kierkegaard die Tragödie mit der Posse, gegenüber der man ebenso gut lachen wie weinen kann. Beide Gattungen führen kleine Veränderungen im Mythos (in der Allegorie) durch, die die Medialität, die Theatralik, des Sozialen offenlegt. Beide kündigen demjenigen, der Sinn für die Vorahnungen hat, eine neue Art der Freiheit *in praesentia, in corpore.*

Der junge Lukács schrieb über das „untragische Drama", das sich Ende des 19. verbreitet habe, vielleicht unter dem Eindruck dieser zwei Schriften von Kierkegaard, dass die untragischen Dramatiker (Maeterlinck, Shaw, Dehmel) durch die Anwendung von Märchenstrukturen (man denke an Kierkegaards Agnete und den Wassermann, die Adorno jedoch mit der attischen Tragödie assoziierte) und infolge des Durchbrechens des Ichs das Drama retten, indem sie die Tragödie zerstören – oder es vielmehr negieren und auf diese Weise bewahren.[239] Zusammen mit dem Drama retten die Nicht-Tragiker auch

238 Heinrich Heine, *Ideen. Das Buch Le Grand, Werke und Briefe*, hg. von Hans Kaufmann (Berlin, Weimar: Aufbau, 1972), Bd. 3, 161.

239 György Lukács, „Das Problem des untragischen Dramas", *Die Schaubühne* 1911, 7 (9), 231-234 [Nachdruck: Frank Benseler, Werner Jung (Hg.), *Lukács 1997. Jahrbuch der internationalen Georg-Lukács-Gesellschaft* (Bern: Peter Lang, 1997), 13-16]. Vgl. S. 14: „Das Märchen gibt eine dekorativ gewordene Metaphysik des goldenen Zeitlters: es ist aus dem Heiligsten, aus einer Sphäre, die hoch über Kunst und künstlerischer Ausdrucksmöglichkeit liegt, herabgestigen; es ist unheilig, weltlich geworden, um die Schöhnheit zu erreichen; es hat die tiefste (überkünstlerische) Lebensgestalltung auf die Oberfläche gebracht und wurde so, eben weil seine quellen die tiesten sind, ganz zur Oberfläche. Das Märchen, als vollendete Form, ist par excellence antimetaphysisch, untief, rein dekorativ. Die Anknüpfung des Dramas an das Märchen brint es – in einer bewussten, philosophischen und weniger religiösen Weise – in das Metapysische zurück: aus dem Tatbestand des Lebens wird hier eine neue Notwendigkeit, aus dem Märchenschicksal ein Schicksalerlebnis, Märchenmächten werden Lebensschicksale, aus dem pflanzenhaften

eine Möglichkeit der demokratischen Form des Dramas, die eine Form des gesellschaftlichen Beiseins und trotz allem[240] die eigentliche Leistung der Tragödie als eines gesellschaftlichen Phänomens ist. Benjamin und Adorno übernahmen diese Denkfigur, die im Märchen eine Rettung der tragischen, die Einzelnen gebärenden Form entdeckt, und verbanden diese Denkfigur mit einer anderen, der Lukács viel Energie widmete – der des Warenfetischismus: Wie schon ausführlicher bewiesen, entspricht die märchenhafte Komik der Mimikry dem tragischen Unterliegen dem absoluten Objekt gegenüber (wie prototypisch bei Schelling). An die Stelle von Schellings absolutem Objekt setzen die kritischen Denker den Mythos, den wörtlich gemeinten *deus sive natura*. Wie ehemals die Tragödie dem Mythos (dem absoluten Objekt) den ersten Hort des Menschlichen abgewann, indem sie sich als eine Nachahmung desselben präsentierte, so wird sie selbst ihrerseits vom Märchen gerettet, dessen Mimikry das Tragische mit dem Spielerischen, Launischen paart. Die Romantiker behaupteten schon, es gebe keine Tragik ohne Komik, kein Monarchisches ohne Populäres. Erneuert liegt die Rettung in der Steigerung der Gefahr – der Verdinglichung oder, bei Kierkegaard, der Nivellierung – bis sie in ihr Gegenteil umschlägt oder im dialektischen Bild zwei Extreme umfasst.

Kierkegaards Theorie der Posse erinnert an die Theorien der Erinnerung, mit denen sich Benjamin in *Über einige Motive bei Baudelaire* auseinandersetzen musste. Bei Bergson, Proust und Freud drangen das Reale und die ihm entsprechende Zeitlichkeit immer zufällig – aus Gnade – in die Welt der Gewohnheiten ein. Benjamins Sache war es, die Gesetze dieses scheinbaren Zufalls auf dem Material von Baudelaires Dichtung zu erforschen, um – wie Hölderlin es schon in Bezug auf die tragische Form der Zeitlichkeit sagte – nicht nur „den Geist der Zeit verstehen zu lernen, sondern ihn festzuhalten und zu fühlen, wenn er einmal begriffen und gelernt ist"; zur „μηχανή der Alten" zu erheben. Bei Benjamin wurde die Zäsur, die laut Hölderlin Auftritte des Repräsentanten der Unterwelt, Teiresias, markierte, zu den „unterirdischen Stößen", „von denen der Baudelairsche Vers erschüttert wird."[241] Diese Erschütterungen enthüllen die „innigen" Zusammenhänge von Baudelaires Dichtung, wie etwa die höllische Natur der Pariser Menge, die die Gedichte verdrängen.[242] Für die kritischen Tragödientheoretiker galt es auch, eine zuverlässige und wiederholbare Lehre

Ausgeliefertsein der Gestalten an äußere Mächte wir die resigniert übrwindende, unüberwindliche Lebensgeste des Weisen."

240 Lukács etwa stellt auf Seite 16 dem demokratischen untragischen Drama die Kastennatur der Tragödie; es ist höchst fragwürdig; die Gegenbeispiele zitiere ich in der Einleitung zu dieser Arbeit.

241 Benjamin, „Über einige Motive bei Baudelaire", 617.

242 Benjamin, „Über einige Motive bei Baudelaire", 618.

aus der kleinbürgerlichen Parodie auf Baudelaire, Kierkegaard, abzuleiten. Praktisch (in der Literatur) hat schon Kafka die Posse realisiert, indem er die von der Last der Bedeutung befreite Allegorie mit der Tragik verband; darin sah die kritische Theorie seinen Wert für ihre Zwecke, die ihre Zweckmäßigkeit eingebüßt hatten und nur wie Wunschbilder in manchen Kunstwerklektüren schimmerten. Kafkas Verurteilte und Narren betreten die Bühne gebadet in einen düsteren Glanz, der nichts anderes ist als der Reflex des Antik-Tragischen im Modern-Komischen.

KAPITEL 9

Ästhetische Prozesse: Friedrich Theodor Vischer – Georg Büchner – Karol Libelt – Nikolaj Černyševskij – Anatolij Lunačarskij

(Revolution, Gerichtsprozess und Theater – Slavische Philosophie – Konspiration – Die Ästhetik der Revolution – Die Revolution der Ästhetik – Der Polenprozess – Černyševskij kontingente Tragödien und Lunačarskijs Korrektur)

9.1. Revolution, Gerichtsprozess und Theater

Die *Ästhetik* von Karol Libelt ist ein seltsames Buch.[1] Es besteht aus zwei Teilen: einem allgemeintheoretischen und einem besonderen. Libelt hatte zwar vor, mehrere Bände zu schreiben, aber aus verschiedenen Gründen, vor allem wegen seiner parlamentarischen Beschäftigungen, hat er sich schließlich mit lediglich zweien begnügt. Der zweite, den besonderen ästhetischen Fragen gewidmete Band – erschienen 1854, obwohl schon in den 1840er Jahren konzipiert – ist ein Naturbuch oder ein Buch über die Natur. Libelt beschreibt dort auf fast 700 Seiten verschiedene Landschaften, Pflanzen, Tiere, Menschenrassen, Lebenssituationen. Der Verfasser stützte sich weitgehend auf den zweiten Teil der *Ästhetik* Theodor Vischers und auf Vischers Darstellung des Naturschönen als Objektivschönes[2] (dem Subjektivschönen der Phantasie und der subjektiv-objektiven Wirklichkeit der schönen Kunst entgegensetzt), aber wegen Libelts Vorliebe für umfangreiche Beschreibungen und Digressionen sowie gewisser zufälliger und struktureller Umstände sind die Proportionen der Materialverteilung andere. Was bei Vischer einen Aspekt der Schönheit ausmacht, die ihre eigentliche Vollendung in der subjektiv-objektiven Kunst findet, vor allem in der dramatischen Dichtung,[3] wird bei Libelt zum

1 Karol Libelt, *Filozofia i krytyka.* t. 4. *Estetyka, czyli umnictwo piękne*, t. 2, cz. 1. *Piękno natury* (Petersburg, Mohylew: Bolesław Maurycy Wolff, 1854); Karol Libelt, *Filozofia i krytyka.* t. 4. *Estetyka, czyli umnictwo piękne*, t. 2, cz. 2. *Piękno natury plastyczne* (Petersburg, Mohylew: Bolesław Maurycy Wolff, 1854).

2 Friedrich Theodor Vischer, *Ästhetik oder Wissenschaft des Schönen: Zum Gebrauch für Vorlesungen* (Stuttgart: Carl Mäcken, 1846-1858), Bd. 2.1, passim [§§233-378].

3 Vischer, *Ästhetik oder Wissenschaft des Schönen*, Bd. 3.2.5, 1375-1419 [§§ 895-920].

 | DOI:10.30965/9783846766255_010

einzigen Thema der besonderen Ästhetik. Er zitiert mehrmals Alexander, aber nicht Wilhelm von Humboldt, und übernimmt aus dessen Schriften sowohl die Erzählungen über Amazonien als auch Einfälle zur Physiognomik der Pflanzen. Laut dem ersten allgemeinen Band von Libelts *Ästhetik* kann man den Begriff der Kunst dreifach unterteilen: eine Kunst kann entweder plastisch – wie Architektur, Bildhauerei (Plastik) und Malerei – sein, ideal wie Musik und Dichtung, oder sozial.[4] Genau so unterteilt sich auch das Naturschöne; im zweiten Band seiner *Ästhetik* beschäftigt sich Libelt ausschließlich mit dem „plastischen Naturschönen": mit der Naturarchitektur, Naturplastik und Naturmalerei. Alles endet mit einer Darstellung der Farben, die sehr viel der Goetheschen Farbenlehre zu verdanken hat.

Man kann sagen, dass die Libeltsche Ästhetik der Natur das zurückgibt, was die nachkantische Ästhetik als solche der Natur und der Naturphilosophie weggenommen hat. Eine nachkantische Ästhetik wäre zum Beispiel ohne den Begriff des Organismus, der in der *Kritik der Urteilskraft* eine so große Rolle spielt, undenkbar.[5] Und auch die Kant'sche Philosophie des Schönen und des Erhabenen bezog sich primär auf Naturphänomene, oder, genauer gesagt, auf die Gefühle, die vor allem von Naturphänomenen erregt oder ausgelöst werden. Die kritische Philosophie Kants und die Französische Revolution, deren Koryphäen so viel über das Implementieren des *Naturrechts* gesagt und hoffentlich noch mehr nachgedacht haben, haben den Begriff der Natur und damit des Naturschönen irreversibel verändert. In *Dantons Tod* von Georg Büchner philosophieren die Girondisten ausgiebig und besonders gern über das *theatrum mundi*, das große Theater der Welt und das Theater der Natur: „Ich sage euch" – Ich sage euch – so Camille Desmoulins bei Georg Büchner –

> wenn sie nicht alles in hölzernen Kopieen bekommen, verzettelt in Theatern, Konzerten und Kunstausstellungen, so haben sie weder Augen noch Ohren dafür. Schnitzt einer eine Marionette, wo man den Strick hereinhängen sieht, an dem sie gezerrt wird und deren Gelenke bei jedem Schritt in fünffüßigen Jamben krachen – welch ein Charakter, welche Konsequenz! […]/ Setzt die Leute aus dem Theater auf die Gasse: die erbärmliche Wirklichkeit! – Sie vergessen ihren Herrgott über seinen schlechten Kopisten. Von der Schöpfung, die glühend, brausend und leuchtend, um und in ihnen, sich jeden Augenblick neu gebiert, hören und sehen sie nichts. Sie gehen ins Theater, lesen Gedichte und Romane, schneiden den Fratzen darin die Gesichter nach und sagen zu Gottes Geschöpfen: wie gewöhnlich! – Die Griechen wußten, was sie sagten, wenn

4 Karol Libelt, *Filozofia i krytyka*. t. 2. *Estetyka, czyli umnictwo piękne. Część ogólna* (Poznań: J.K. Żupański, 1849), 114.

5 Manfred Frank, *Der kommende Gott. Vorlesungen über die Neue Mythologie, I. Teil* (Frankfurt: Suhrkamp, 1982), 155-172.

> sie erzählten, Pygmalions Statue sei wohl lebendig geworden, habe aber keine Kinder bekommen.[6]

Der Mangel an Sinn für den ästhetischen Wert der Schöpfung wirkt irrevolutionär; dahingegen wirkt die Verfremdung, die die Welt sehen lässt, revolutionär. Jede Revolution, vor allem aber die Französische Revolution, erhebt unvermeidlich die Frage nach dem Theater der Welt und dem Theater der Politik, was bei Vischer oder Marx sehr prägnant ist.[7] Der erhabene Terror kann entweder als ein grausames Schauspiel betrachtet werden oder aber sogar als das entschiedene Ablehnen des großen Theaters des *ancièn regime*. So stellte Carl Schmitt das theatrale Pathos, welches das *ancien régime* charakterisierte, dem erhabenen revolutionären Ethos gegenüber.[8] Auch Georg Büchner konfrontiert die Girondisten, die das Theater, den Genuss und das Glück zu schätzen wussten, mit Robespierre. Robespierre kennt nur Tugend und Strafe, seine Reden und die Feste, die er veranstaltet, sind bis aufs Blut Allegorien,[9] die das Gefühl des Erhabenen zu wecken versuchen: „Die Waffe der Republik ist der Schrecken, die Kraft der Republik ist die Tugend – die Tugend, weil ohne sie der Schrecken verderblich, der Schrecken, weil ohne ihn die Tugend ohnmächtig ist"[10] – zitiert Büchner Robespierres berühmte Worte, die ich im Entstehungszusammenhang-Kapitel kontextualisiert habe. Terror und allegorische Abstraktheit des Stils stammen, suggeriert Büchner, aus der Ungeschicklichkeit Robespierres, was das Umsetzen der Theorie (Recht, Tugend) in die Praxis anbelangt: „Die Sünde ist im Gedanken. Ob der Gedanke Tat wird, ob ihn der Körper *nachspielt*, das ist Zufall."[11] Somit verfügt Robespierre über keine Theorie der Beziehung von Theorie und Praxis, was das Hauptanliegen der kritischen Tragödientheorie war.

In Darmstadt in den frühen 1830er Jahren trug Georg Büchner zu seinem „Polen-Rock" eine „rote Jakobiner-Mütze".[12] Das war seit 1830 das Kostüm der Freiheitsbewegung, als die Vertreibung Karls X., die Inthronisation Louis-Philippes als „König der Franzosen", die Revolution in Belgien und die Polnische Novembererhebung stattgefunden hatten. Karol Libelt absolvierte 1830 das Studium der Philosophie bei Hegel, war direkt nach der Julirevolution

6 Georg Büchner, *Sämtliche Werke, Briefe und Dokumente in zwei Bänden*, hg. von Henri Poschmann (Frankfurt am Main: Deutscher Klassiker Verlag, 1992), Bd. 1, 44-45.

7 Siehe das Marx-Engels-Lassalle-Kapitel.

8 Carl Schmitt, *Legalität und Legitimität* [1932] (Berlin: Duncker & Humblot, 1980), 12.

9 Mona Ozouf, *La fête révolutionnaire* (Paris: Gallimard, 1976), 69-70.

10 Büchner, *Sämtliche Werke*, 23.

11 Büchner, *Sämtliche Werke*, 35.

12 Georg Büchner, *Werke und Briefe* (München: dtv, 1990), 776.

in Paris und nahm am Novemberaufstand teil. Er bediente dieselbe Kanone wie Józef Kremmer (ein anderer berühmter Ästhetiker, späterer Professor der Jagiellonen-Universität in Krakau) und wurde mit dem silbernen Kreuz Virtuti Militari, dem höchsten Orden für militärische Verdienste in Polen, und der Beförderung zum Leutnant ausgezeichnet. Nach der Niederlage des Aufstands beobachtete Büchner in Straßburg die theaterhaften, dem Kreuzweg ähnelnden Prozessionen der ausgewanderten Polen und beschrieb sie ironisch in einem der Briefe an seine Familie, in vollem Bewusstsein des Inszenierungscharakters.[13] Der junge Richard Wagner wurde wiederum von den Durchzügen der geschlagenen Polen zur pathetischen Ouvertüre *Polonia* inspiriert, worin er das *Pieśń Legionów* (das später die polnische Nationalhymne wurde), den *Mazurek Trzeciego Maja* und andere polnische patriotische Lieder zitiert.

Eine Urszene der Revolution, die zugleich die Urszene der Tragödie ist, ist ein Gerichtsprozess: einmal Dantons Prozess, aber auch jener Prozess in Berlin im Jahre 1847, der „Polenprozess" genannt wird. Unter den seinerzeit Angeklagten war auch Karol Libelt, der sich selbst als ein „slavischer Philosoph" bezeichnete.[14]

Walter Benjamin zitierte, indem er die griechische Tragödie in die Sittlichkeit einbettete, Schillers *Die Kraniche des Ibykus*: „die Szene wird zum Tribunal."[15] Das Changieren zwischen der tragischen Bühne, die die Einbildungskraft der im Publikum versteckten Mörder des Ibykus anspricht, und dem Gericht bestätigt für Benjamin eine Art Identität der Institutionen, als potenziere das Theater das Gericht: „in jedem Falle ist die griechische Trilogie nicht wiederholbare Ostentation, sondern einmalige Wiederaufnahme des tragischen Prozesses in höherer Instanz."[16] Dass sowohl die Entwicklung der Handlung sich an der Vollstreckung der Gerechtigkeit richtet, als auch die dialogische Form zunächst in den Sprechgattungen des Gerichts zu beobachten war, das war und ist eine verbreitete Meinung. Drei entsprechende Zitate reichen als Unterstützung dieser These: „Sie negieren die poetische Gerechtigkeit, Schuld und Sühne [...]: eine Tatsache, wodurch die sittliche Weltordnung [...] aufgehoben ist" (Gerhart Hauptmann); „Sogar der Wechsel von Monolog und Dialog mahnt ans Gericht" (Emil Staiger); „Das dokumentarische Theater

13 Büchner, *Sämtliche Werke*, Bd. 2, 357-358.

14 Karol Libelt, *Filozofia i krytyka*, t. 1. *Kwestia żywotna filozofii. O samowładztwie rozumu. Część Krytyczna* (Poznań: J.K. Żupański, 1845).

15 Walter Benjamin, *Ursprung des deutschen Trauerspiels, Gesammelte Schriften*, hg. von Rolf Tiedemann (Frankfurt am Main: Suhrkamp, 1991), Bd. 1, 298.

16 Benjamin, *Ursprung des deutschen Trauerspiels*, 298.

kann die Form eines Tribunals annehmen" (Peter Weiß).[17] Schon August Wilhelm Schlegel erzählte über die gemeinsamen Ursprünge des Rechts und der dramatischen Dichtung bei den Griechen:

> Wie die ältesten Gesetzgeber ihre ordnenden Lehren und Vorschriften in abgemessenen Weisen erteilten; wie dies schon vom Orpheus, dem ersten Besänftiger des noch wilden Menschengeschlechts, fabelhaft gerühmt wird: so ist die gesamte alte Poesie und Kunst gleichsam ein *rhythmischer Nomos*, eine harmonische Verkündigung der auf immer festgestellten Gesetzgebung einer schön geordneten und die ewigen Urbilder der Dinge in sich abspiegelnden Welt. Die romantische hingegen ist der Ausdruck des geheimen Zuges zu dem immerfort nach neuen und wundervollen Geburten ringenden Chaos, welches unter der geordneten Schöpfung, ja in ihrem Schoße sich verbirgt.[18]

Die Dramentheorie sollte – das obige Zitat bestätigt es abermals – über mögliche Lösungen der Paradoxa forschen, die von der Kant'schen Philosophie und der Französischen Revolution samt ihrer Verlängerung in der Tragödie Napoleons aufgegeben wurden. Die Verbindung des Noumenalen und des Sinnlichen, die die Tragödie arrangieren sollte, kann auch mit dem Bild des Richtens näher bestimmt werden. Wenn Kants heuristische Metapher ein Aufgreifen des alten stoischen Topos ist – Seneca sprach mehrmals über den internen Gerichtshof des Gewissens[19] – bedeutet das Richten nicht etwas

---

17 Gerhart Hauptmann, *Die Ratten, Sämtliche Werke*, hg. von Hans-Egon Hass (Frankfurt am Main: Propyläen), Bd. 2, 778; Emil Staiger, „Dramatischer Stil: Spannung", Peter Langemeyer (Hg.), *Dramentheorie. Texte vom Barock bis zur Gegenwart* (Stuttgart: Reclam, 2011), 456; Peter Weiß, „Das Material und die Modelle. Notizen zum dokumentarischen Theater", *Dramentheorie*, 516; siehe auch: Thomas Wirtz, *Gerichtsverfahren: Ein dramaturgisches Modell in Trauerspielen der Frühaufklärung* (Würzburg: Königshausen u. Neumann, 1994), 1; Benjamin, *Ursprung des deutschen Trauerspiels*, 295; Richard van Dülmen, *Theater des Schreckens. Gerichtspraxis und Strafrituale der frühen Neuzeit* (München: Beck, 1988); Bernard J. Hibbits, „Making Motions: The Embodiment of Law in Gesture", Philip Auslander (Hg.), *Performance. Critical Concepts in Cultural and Literary Studies* (London, New York: Routledge,), Bd. 2, 124-153; Philip Auslander, „Legally Live", Auslander (Hg.), *Performance*, Bd. 2, 405-428; oder aber die Arbeiten, die im Rahmen des SFB 447 „Praxis von Gerichtsverfahren – Zur vergleichenden Mikrosoziologie von Strafgerichtsverfahren" entstanden sind.

18 August Wilhelm Schlegel, *Vorlesungen über dramatische Kunst und Literatur. Dritter Teil* (Heidelberg: Mohr und Winter, 1817), 14.

19 Etwa in Senecas *Ad Lucilium Epistulae Morales*, hg. von Richard M. Gummere (http://www.perseus.tufts.edu/hopper/text?doc=Perseus%3atext%3a2007.01.0080; Zugriff 17.02.2018), Briefe XXVIII: „Quidam vitiis gloriantur: tu existimas aliquid de remedio cogitare qui mala sua virtutum loco numerant? Ideo quantum potes te ipse coargue, inquire in te; accusatoris primum partibus fungere, deinde iudicis, novissime deprecatoris; aliquando te offende"; LXXI: „Quid erit haec virtus? iudicium verum et immotum".

Trockenes, das die Fantasie ausschließt, sondern engagiert und steigert die Einbildungskraft. In ihren geistigen Übungen gaben sich Stoiker Vorstellungen hin, die die Gerechtigkeit förderten;[20] eine dieser Vorstellungen, in die sich der Adept mit der ganzen Kraft der Einbildung einleben sollte, war wohlbemerkt die des Gerichts. Die Tragödie und das Gericht verbinden das freie Ich mit dem bedingten durch die Einbildungskraft, die bei Karol Libelt eine vornehmliche Funktion in der Ästhetik des Sozialen, der Natur und der Tragödie erfüllt. In diesem Kontext gewinnen Hegels Worte, die vielleicht zu Unrecht als eine Abservierung der modernen Tragödie gelesen wurden, namentlich dass ihr Held nur „kriminaljuristisches Interesse" erweckt, an Gewicht.[21] Auch auf Goethes Vergleich, mit dem der Dichter die Einstellung Napoleons zur Tragödie beschreibt, ist das Augenmerk zu lenken:

> Nun auf das Drama zurückkommend, machte Napoleon mehrfache sehr bedeutende Bemerkungen, die den Beweis lieferten, dass er die tragische Bühne mit der größten Aufmerksamkeit, gleich einem Kriminalrichter, betrachte, und die deutlich genug zeigten, wie tief er das Abweichen des französischen Charakters von Natur und Wahrheit empfinde. Auf die Schicksalsstücke übergehend, missbilligte er sie höchlich: „Sie haben einer dunkleren Zeit angehört; was will man jetzt mit dem Schicksal? Die Politik ist das Schicksal!"[22]

Als Philosoph, Revolutionär und Angeklagter in einem spektakulären Prozess ist Libelt eine in höchstem Maße symptomatische Figur, die es in Betracht zu ziehen gilt, will man die Ästhetik der Revolution sowie die romantische ästhetische Revolution begreifen.

Libelt glaubte, wie fast alle Linkshegelianer, dass er dazu beitragen könne, die Philosophie zu verwirklichen und dass erst diese Aufführung der Vernunft die eigentliche Revolution wäre. Hegels Spruch von der Vernünftigkeit des Realen und der Realität der Vernunft deuteten sie als Ziel, nicht als eine Beschreibung des Bestehenden. Laut Libelt führt der Königsweg zur wahren Philosophie über die Ästhetik, vor allem über die Theorie des Theatralischen und der Inszenierung. In diesem Kapitel möchte ich aber nicht eine Theorie des glücklichen Scheiterns darlegen, sondern das Scheitern dieser Tragödientheorie.

20 Pierre Hadot, *Die innere Burg: Anleitung zu einer Lektüre Marc Aurels*, übersetzt von Makoto Ozaki und Beate von der Osten (Frankfurt am Main: Eichborn, 1997), 62-86.

21 Georg Wilhelm Friedrich Hegel, *Grundlinien der Philosophie des Rechts oder Naturrechte und Staatswissenschaft im Grundrisse, Werke*, hg. von Eva Moldenhauer und Karl Markus Michel (Frankfurt am Main: Suhrkamp, 1986), Bd. 7, 278; siehe auch Georg Wilhelm Friedrich Hegel, *Ästhetik III, Werke*, Bd. 15, 543-545, 565-566.

22 Johann Wolfgang Goethe, *Gespräche*, hg. von Woldemar Biedermann (Leipzig: Biedermann, 1889-1896), Bd. 8, 222.

Nach den Kriterien, die Libelt selbst in seiner Ästhetik formulierte, lässt sich seine revolutionäre Tätigkeit eher als Komödie denn als Tragödie auffassen – derart krass war die Inkommensurabilität zwischen seiner Theorie und ihrer vermeintlichen Umsetzung (zwischen Idealität und „Nicht-Idealität").[23] Im Hinblick auf das Scheitern der kritischen Tragödientheorie, die sich als unpraktisch erwies, konfrontiere ich Libelts Denken mit der Theorie von Nikolaj Černyševskij, dessen Ästhetik der Tragödie ebenfalls auf Vischer basierte – nur dass Černyševskij die deutsche idealistische Tragödientheorie ablehnte, zu weit hergeholt und anachronistisch sei diese. Zwar hatten schon Schelling und Hegel behauptet, dass die Komödie die Krönung der Kunst sei und ihr die Wirklichkeit eröffne, indem sie die geschlossene tragische Form lockere oder sogar auflöse, doch konnten beide nicht vorhersehen, dass der deutsche Idealismus selbst den Stoff für eine blutige Posse abgeben würde.[24]

9.2. Slavische Philosophie

Die Vertreter der polnischen „slavischen Philosophie" – August von Cieszkowski (1814-1894), Bronisław Trentowski (1808-1869) und Karol Libelt – verstanden sich als Denker, die die einseitige Philosophie des deutschen Idealismus durch eine Theorie der Tat zu ergänzen hätten. Der Idealismus seinerseits hielt sich selbst für eine Antwort auf die Fehler der Französischen Revolution, aber die deutsche Antwort schien den polnischen Denkern zu einseitig, zu begrenzt, und bloß theoretisch.[25]

Die logisch notwendige Entäußerung des Geistes bestimmt den zwangsläufig theatralischen Charakter der Hegelschen Philosophie. Die Vernunft muss sich realiter *präsentieren*, aber anders als während der Französischen Revolution.[26]

---

23 „Zestawienie i rozwiązanie sprzeczności między idealnością a nieidealnością, jest zadaniem komiki. Trudność napisania dobrej komedii na tym właśnie kontraście dwóch sprzecznych pierwiastków zależy: rzeczywistej naturalności i ideału razem" (Libelt, *Filozofia i krytyka*, t.2, 389).

24 Vgl. dazu Kierkegaard: „In unserer Zeit hat die Hegelsche Philosophie dem Komischen das Übergewicht geben wollen, was bei der Hegelschen Philosophie besonders drollig erscheinen kann, da sie wohl am wenigsten vorm allem Philosophien imstande wäre, einem Stoß von dieser Ecke her standzuhalten" (Kierkegaard, *Entweder – Oder: Ein Lebensfragment* (Leipzig: Richter, 1883), 133-163); Søren Kierkegaard, *Philosophische Brosamen und Unwissenschaftliche Nachschrift* (München: Deutscher Taschenbuch, 2005), 217-224, 707.

25 Karol Libelt, *Dziewica Orleańska: Ustęp z dziejów Francji* (Poznań: J.K. Żupański, 1847), 15-17.

26 Siehe das Hegel-Kapitel.

Hatten die deutschen Idealisten im antiken griechischen Theater die Antwort auf Gottlosigkeit und Abstraktheit bzw. auf die durch Gottlosigkeit bedingte Abstraktheit der französischen, in die Revolution zum Ausdruck gekommenen Theorie gesucht, so wollten die polnischen Denker, insbesondere Libelt, die absolute Herrschaft der Vernunft in der deutschen Philosophie durch die vermehrte Anwendung des theatralischen Prinzips relativieren. Es scheint fast so, als wäre die Theatralisierung der Philosophie unvollendet geblieben, was die Polen ihrerseits zu Ende bringen müssten. Dazu sahen sie sich im Stande, weil sie sich mit Blick auf die ehemalige Adelrepublik und die anschließende Unterwerfung für „griechischer" hielten als die Deutschen.[27]

Libelt scheint Hegel von allen polnischen Philosophen am nächsten zu sein – nicht nur inhaltlich, sondern auch biographisch. Polnische Historiker nennen Libelt immer wieder den Lieblingsschüler Hegels.[28] Über Hegels Gefühle ist hier schwer zu richten. Libelt verteidigte tatsächlich 1830 unter Betreuung von Hegel eine Dissertation über Spinoza und Pantheismus (*De pantheismo in philosophia*,[29] zwei Jahre zuvor hatte Libelt einen renommierten Wettbewerb mit einem Aufsatz über Spinoza gewonnen). Außer Vorlesungen Hegels zu besuchen, studierte er intensiv Geografie bei Alexander von Humboldt und Sprachwissenschaft bei Franz Bopp.

Nach der Gymnasialreform, durchgeführt unter der Leitung Wilhelm von Humboldts, wurden klassische Sprachen und Literaturen zu den wichtigsten

---

27 Zur Affinität der Deutschen und Polen zu den alten Griechen vgl. Benedetto Croce, *Storia d'Europa nel secolo decimonono* (Milano: Adelphi, 1991), 102; Karol Libelt, *Rozprawy* (Kraków: Kirchmayer, 1869), 129, 52, 78, 117.

28 Zdzisław Grot, *Życie i działalność Karola Libelta: 1807-1875*. Warszawa, Poznań: Państwowe Wydawnictwo Naukowe, 1977, 19: „Sławny filozof darzył swego studenta pełnym zaufaniem i wysoko oceniał zalety jego umysłu i serca. Dał tego dowód, gdy z Saksonii przybył do Berlina jego dobry znajomy, z synem jedynakiem, dorastającym młodzieńcem, chorym na czarną melancholię. Wszelkie starania i kuracja sławnych lekarzy lipskich i drezdeńskich zawiodły. Ojciec, będąc w zażyłej przyjaźni z ówczesnym dziekanem wydziału filozoficznego – Heglem, udał się najpierw do niego, aby zasięgnąć porady, któremu lekarzowi powierzyć leczenie syna. Hegel, dowiedziawszy się, że choroba młodego człowieka jest jedynie ‚afektacją umysłową', odradził przyjacielowi wizytę lekarską, natomiast gorąco polecał mu oddanie syna pod opiekę osoby młodej, światłej, łagodnej i wyrozumiałej. Przekonał przyjaciela do tego rodzaju terapii i ten oddał syna pod opiekę Karola Libelta. Po kilku miesiącach, kiedy ojciec odwiedził syna, ujrzał młodzieńca, który najzupełniej odzyskał równowagę umysłu i właściwą wiekowi młodzieńczą swobodę i wesołość. Owym Saksończykiem był zapewne Richard Waldemar Frege, syn bankiera Christiana Gottlieba z Lipska, późniejszy profesor uniwersytetu."

29 Karol Libelt, *Samowładztwo rozumu i objawy filozofii słowiańskiej: O miłości ojczyzny, System umnictwa, O panteizmie w filozofii* (Warszawa: Państwowe Wydawnictwo Naukowe, 1967), 485. Zu Hegels Stellung zum Pantheismus: *Enzyklopädie III*, *Werke*, Bd. 10, 382-393 [§ 573], Walicki, *Filozofia polskiego romantyzmu* (Kraków: Universitas), 356-357.

Fächern in preußischen Schulen. Libelt hörte in Berlin Vorlesungen des klassischen Philologen Böckh, unter anderem 1830 einen Kurs über *Antigone*. In Berlin war auch die Bewegung der Philhellenen sehr stark. „Diese philhellene Stimmung hat sich später während des Novemberaufstands in eine polonophile verwandelt"[30] – schreibt Zdzisław Grot. Der deutsche Philhellenismus, anders als der englische, französische, oder italienische, wandte sich nicht den wirklichen und zeitgenössischen Griechen zu, die mit dem osmanischen Imperium kämpften, sondern der Hellas, den Ioniern und den Dorern – den Geschöpfen der klassischen Philologie, so Benedetto Croce.[31]

In seiner späteren Philosophie neigte Libelt dazu, Polen mit Griechenland und Rom zu identifizieren. In *Dziewica orleańska* (*Die Jungfrau von Orleans*, 1847) sowie in seinem Aufsatz über die Zivilcourage nennt Libelt die Griechen die Erfinder der Vaterlandsliebe und des Staats überhaupt (den sie als die verwirklichte Freiheit konzipierten).[32] Die Polen des 16. und 17. Jahrhunderts beschreibt Libelt so, als ob der Adel die Alten nachgeahmt oder zumindest ihr Aussehen und die direkte athenische Demokratie wiederholt habe. Das öffentliche Leben der Athener fassten progressive Denker vom jungen Schlegel bis hin zu Bachtin als ein Vorbild des Theaters in seiner höchsten Form auf: ein Theater ohne Rampe, wo jeder für alle Anderen spielt und sie simultan beobachtet. So sah laut Libelt auch die polnisch-litauische Adelsrepublik aus: das gesamte Leben der Polen würde wie das Leben der griechischen und römischen Bürger, nämlich ausschließlich öffentlich, geführt.[33] Die ‚polnische Freiheit' sei dementsprechend keine negative, liberale Freiheit des modernen Westens gewesen, sondern die positive, deren Wiederherstellung – so die These dieses Buches – die kritische Tragödientheorie modellierte. Die polnisch-griechische Parallele bei Libelt reicht weiter. So wie die Trojaner nach der Zerstörung ihrer Stadt verließen auch die Polen nach dem Novemberaufstand ihr Vaterland (vermutlich, um ein neues Rom in Paris zu gründen).[34] Nicht nur die Theatralität der Öffentlichkeit, die Vaterlandsliebe, die Mythos-Geschichte, sondern auch die polnische Sprache soll an die griechische erinnern. In seinem Aufsatz über die Vaterlandsliebe zitiert Libelt *Wstęp do gramatyki polskiej. Dzieło pozgonne w Warszawie 1817 r.* (*Einführung in die polnische Grammatik. Ein posthumes 1817 in Warschau veröffentlichtes Werk*) von Onufry Kopczyński, laut der die zwei berühmten Beispiele der Griechen und Römer es den Polen

30 Grot, *Życie i działalność Karola Libelta: 1807-1875*, 13.
31 Benedetto Croce, *Storia d'Europa nel secolo decimonono* (Milano: Adelphi, 1991), 1988.
32 Libelt, *Rozprawy*, 129.
33 Libelt, *Rozprawy*, 52.
34 Libelt, *Rozprawy*, 78.

nicht erlauben würden, hinsichtlich der Unsterblichkeit ihres Namens nicht zu verzweifeln. Von der geographischen Karte seien diese beiden berühmtesten Völker weggewischt worden, aber ihr Name glänze vor allen anderen im Bereich der politischen und moralischen Geschichte. Was hat ihnen diesen Ruhm beschert? Die Sprache. Eine Sprache voller Geschick, voller Wohlklang, voller Kraft, die am nächsten und am klarsten die dem Verstand und dem Herzen verstecktesten menschlichen Geheimnisse aufzeichne.[35]

Das Geschichtlichwerden und Sprachlichwerden der Vernunft impliziert auch die Notwendigkeit ihrer Inszenierung – die Gedanken gewinnen Charaktere und anschauliche Eigenschaften; im Falle der slavischen Philosophie sollen die Charaktere auch handeln. Die slavische Philosophie, wie sie Libelt versteht, soll in polnischer Sprache verfasst[36] werden und die Theatralik der deutschen idealistischen Philosophie nochmals steigern. Erstens betont die slavische Philosophie, wie im Weiteren zu rekonstruieren sein wird, die Tat, die Aktion wie die Handlung und erkennt das Handeln als ihr eigentliches Gebiet an. Zweitens realisieren hier auffälliger als bei Hegel die Akteure der Geschichte literarische Szenarien. Die ‚List der Vernunft' gerät zu den Peripetien im Drehbuch der Geschichte. Anders gesagt: Hegels christlicher Mythos verkleidete sich als Logos; bei den Polen hingegen trat er öffentlich als christlicher Mythos auf. Das beste Beispiel dafür ist die Historiosophie des Messianismus, besonders wie sie in *Dziewica orleańska*, einem Buch, das Libelt im Gefängnis schrieb, ihren Ausdruck findet. Libelt schreibt des Weiteren in seiner *Ästhetik* im Klartext, dass die Philosophie aus der Kunst abgeleitet werden sollte, und nicht umgekehrt. Die Einbildungskraft, nicht die Vernunft, macht die Macht des Geistes aus.

Als Libelt seine Version einer slavischen Philosophie konstruierte, versuchte er, die weltanschaulichen Entwürfe von Adam Mickiewicz und Bronisław Trentowski miteinander zu versöhnen. Diese beiden kämpften in den 1840er Jahren um die Herrschaft über die polnischen Seelen; es gab namentlich eine Epoche in der polnischen Kultur, in der die Philosophie es wagte, die Hand gegen die Poesie zu erheben. Die polnische Philosophie, deren Selbstbewusstsein sie als eine der Tat bestimmte, fühlte sich im Recht, die Richtlinien vernünftiger Handlungen zu bestimmen. Trentowski definierte in seinem polnischen Debüt[37] *Chowanna czyli System pedagogiki narodowej jako umiejętności wychowania, nauki i oświaty, słowem wykształcenia naszej*

35 Libelt, *Rozprawy*, 117.

36 Über die Rolle der Sprache für die nationale Philosophie: Jan Skoczyński und Jan Woleński, *Historia filozofii polskiej* (Kraków: WAM, 2010), 276.

37 Seine vorangegangenen Arbeiten hatte er auf Deutsch verfasst.

młodzieży (*Chowanna oder das System einer nationalen Pädagogik als Fähigkeit zu Erziehung, Aufklärung und Bildung, kurz zur Formung unserer Jugend*) die polnische nationale Philosophie folgendermaßen:

> Wir erklären Dir, dass unsere Philosophie eine polnische Philosophie ist, geschöpft aus polnischem Kopf und polnischer Brust, und sie unterscheidet sich dadurch von der deutschen Philosophie, dass sie nicht der Idee selbst hinterherjagt, was Du selbst sogar zurecht manchmal ein Phantom nennst, und auch nicht (wie die französische) der toten Realität selbst, die man mit dem Messer auf dem Tisch zerteilt, sondern eher der Wirklichkeit und dem Leben hinterher; dass sie nicht die spirituelle Welt wie die germanische, und auch nicht die materielle Welt, wie die romanische, sondern eine dritte Welt, die geradezu neu entdeckt wurde und den Namen der Slaven würdigen kann, d.h. die göttliche Welt vor Dir öffnet; sie ist eine Synthese, d.h. Praxis und Theorie in einem.[38]

Libelt ergänzt die praktische Einstellung der Theorie zur Wirklichkeit, die schon Trentowski und früher noch Cieszkowski eingenommen hatten, mit der auf der Dramentheorie aufbauenden politischen Mystik Mickiewiczs, der in seinen Pariser Vorlesungen das slavische Gemüt genauso definiert, wie Libelt die slavische Philosophie beschreibt – als die Einheit des Sinnlichen und des Intelligiblen: Demnach dürfe die slavische Philosophie die Einheit der sichtbaren Welt mit der unsichtbaren Welt nicht zerreißen, sondern müsse sich gerade die Verbindung dieser beiden Welten zur Grundlage machen.[39] (Das Echo von Mickiewiczs Modell des Wortes, das der ganze handelnde Mensch ist, ist bei Libelt ganz deutlich hörbar.)

Die slavische Philosophie setzt so sehr auf Handlung, dass Libelt den Gedanken als „[noch] nicht geschaffene Tat", „potenzielle Tat" bezeichnet.[40] Die deutsche abstrakte Philosophie hatte nach Libelt keine Kraft, von sich heraus zur Tat überzugehen, „aby wyjść z siebie do czynu." Im Gegensatz dazu nehme die slavische Philosophie Handlung, Tat und Leben als Grundbegriffe an. Die abstrakte deutsche Philosophie sei ein Symptom der Epoche: Sie sei

38 „Oświadczamy Ci, że nasza filozofia jest filozofią polską, z głowy i piersi polskiej czerpniętą i tym różni się od filozofii niemieckiej, że nie goni za samą ideą, co nazywasz po części i słusznie czasem widziadłem, ani też (jak francuska) za samą umarłą realnością, którą nożem ćwiartujesz na stole; ale raczej za rzeczywistością i życiem; że nie świat spirytualny, jak germańska, ani świat materialny, jak romańska, ale świat trzeci, niemal świeżo odkryty, mogący imię Słowian uświetnić, tj. świat boski roztwiera przed Tobą; że jest syntezą, tj. praktyką i teorią społem" (Bronisław Ferdynand Trentowski, *Chowanna*, Bd. 1, 5).

39 Karol Libelt, *Filozofia i krytyka*, Bd. 1. *Kwestia żywotna filozofii*, 110; Adam Mickiewicz, *Dzieła* (Warszawa: Państwowe Wydawnictwo Naukowe, 1955), Bd. 11, 133.

40 Karol Libelt, „czyn niestworzony", „potencjalny czyn", *Pisma pomniejsze* (Poznań: J.K. Żupański, 1849), Bd. 3, 142.

eine Philosophie von „zersplitterten und zerstückelten" Nationen, die im Namen der abstrakten Idee eines übernationalen Staates und im Namen der Götzen („bożyszcza") europäisches Gleichgewicht, bewaffneter Frieden und heiliger Bund geteilt worden seien.[41] Die Philosophie Hegels ahmte für Libelt den preußischen Staat nach, eine Beobachtung, die auch meine Analysen bestätigen und zugleich vertiefen. Die Ausarbeitung und Vollendung einer slavischen Philosophie würde dagegen die internationale Konstellation verändern, indem die Philosophie Polen als Staat wiederbeleben und endlich die internationale Politik aus dem Naturzustand (im Hobbesschen Sinn) herausführen würde, in dem Hegel[42] und seine Nachfolger sie belassen hätten, indem sie lediglich innerhalb eines Staates eine Rechtsordnung anerkannt und die internationalen Beziehungen dem Zufall und der Gewalt überlassen hätten:

> Jede Idee ist solange eine Abstraktion, ein Gedanke, solange sie nicht zur Tat wird. Und die Tat kann nur geschehen durch die Verkörperung einer Idee im Individuum oder im Volk, das in der Erfüllung dieser Idee seine Mission aufgreift.[43]

Libelt deutet die Weltgeschichte als Manifestation Gottes, die das neutestamentliche Szenario wiederhole (genauso wie das Neue Testament eine „typische" Wiederholung des Alten Testaments darstelle). Die Nationen hätten ihre je eigene Mission zu erfüllen. Die Weltgeschichte wird zum Weltgericht („Eine Mission ist der große Jüngste Tag."[44]), linear und revolutionär zugleich.[45] Die Metaphern des Theaters, welche die europäischen Sprachen durchziehen, hören in Libelts slavischer Philosophie auf, bloße Metaphern zu

---

41 Karol Libelt, *Filozofia i krytyka*, t.1, *Kwestia żywotna filozofii*, 97.

42 „Der Grundsatz des *Völkerrechts*, als des *allgemeinen*, an und für sich zwischen den Staaten gelten sollenden Rechts, zum Unterschiede von dem besonderen Inhalt der positiven Traktate, ist, dass die *Traktate*, als auf welchen die Verbindlichkeiten der Staaten gegeneinander beruhen, *gehalten werden* sollen. Weil aber deren Verhältnis ihre Souveränität zum Prinzip hat, so sind sie insofern im Naturzustande gegeneinander, und ihre Rechte haben nicht in einem allgemeinen zur Macht über sie konstituierten, sondern in ihrem besonderen Willen ihre *Wirklichkeit*. Jene allgemeine Bestimmung bleibt daher beim *Sollen*, und der Zustand wird eine Abwechslung von dem den Traktaten gemäßen Verhältnisse und von der Aufhebung desselben" (Georg Wilhelm Friedrich Hegel, *Grundlinien der Philosophie des Rechts*, 499 [§ 333]).

43 „Idea każda dopóty jest abstrakcyą, myślą, dopóki nie zostanie czynem. A czyn stać się tylko może, przez wcielenie się idei w jednostkę lub w naród, w spełnieniu tej idei posłannictwo swoje podejmujący" (Karol Libelt, *Wcielające się idee czasu* (Kraków: K. Wild, 1869), 6).

44 „Missya, to wielki sąd ostateczny" (Libelt, *Rozprawy*, 154).

45 „das Theater einer sich erfüllenden nationalen Mission" (Libelt, *Rozprawy*, 160).

sein und werden quasi-buchstäblich. Sie schweben sozusagen zwischen dem Metaphorischen und dem Wörtlichen. Infolge von Libelts Ästhetisierung der ganzen Welt verliert die Unterscheidung zwischen einem Figurativen und einem Wörtlichen jede Tragfähigkeit.

Der polnische Messianismus, dessen gemäßigter Vertreter Libelt war, ist auch in dieser Hinsicht theatral, da er den Nationen die Verwirklichung von fertigen Szenarien zuschreibt oder empfiehlt. Die polnische Nation soll den Tod und die Auferstehung Christi und sein Erlösungswerk aufführen. Die Revolutionäre in Frankreich spielten die Römer, Polen spielte den römischen Untertanen Jesus. Tot war das Land schon, jetzt mussten die Messianisten seine Auferstehung in einem globalen Passionsspiel beschwören. Die Selbstentfaltung Gottes im pantheistischen Idealismus der Deutschen hatte zumindest den Schein von logischer Notwendigkeit – der vielleicht auch ein „notwendiger Schein" war. Libelt verlässt sich völlig auf den Glauben an eine Wiederholung des biblischen Szenarios von Prozess, Tod, und Auferstehung. Die metataktische Logik der Negation macht bei Libelt einen *narravite turn*, so dass sie jetzt Kontingenz in Kauf nimmt: die einzige Notwendigkeit, die sie kennt, ist – wie in den dialektischen Bildern bei Adorno – durch die Kraft des Wunsches garantiert.

Auf eine Wiederholung, oder sogar doppelte Wiederholung der Erzählung von Jesus stützt sich die Konstruktion von *Dziewica Orleańska*, dem Buch, das Libelt geschrieben hatte, als er im Gefängnis den Polenprozess im Jahre 1847 erwartete. In dem Buch, das noch während des Prozesses erschien, suggeriert Libelt, dass zwischen drei Geschichten eine Isomorphie vorläge: zwischen der Erzählung von Jesus, derjenigen von Joanne d'Arc und derjenigen von den polnischen Angeklagten.[46] Libelt betrachtet und beurteilt den Prozess gegen Joanne d'Arc, als ob dieser ein Schauspiel wäre, das zum einen lyrisch, zum anderen dramatisch wirkt (es wird dramatisch, als sich der Konflikt von außen nach innen verschiebt und anfängt, sowohl Joanne als auch die Kirche zu zerreißen[47]). Die Geschichte der Jungfrau ist ein Drama mit ironischen Peripetien,[48] das ganze Spektakel ihrer Hinrichtung – eine „Tragödie".[49] Die biblische Erzählung von der Fleischwerdung Gottes haftet für den ganzen Historizismus und das Wörtlichwerden der Metaphern,[50] so dass dieselbe Tragödie von den polnischen Angeklagten, unter anderen geschichtlichen

46 Libelt, *Dziewica Orleańska*, 232, 275, 284, 311, 316.
47 Libelt, *Dziewica Orleańska*, 268.
48 Libelt, *Dziewica Orleańska*, 319.
49 Libelt, *Dziewica Orleańska*, 293.
50 Libelt, *Dziewica Orleańska*, 27.

Umständen, in ihrem wirklichen Leben aufgeführt werden kann. Oder es haftet nicht die biblische Erzählung selbst, sondern das Wiederholen, das die performative und theatralische Facette der Hegelschen Logik ausmacht, und damit den theatralen Charakter seines Systems.

Libelts philosophisches System, sein „system umnictwa",[51] wollte erreichen, was Hölderlin der bisherigen Philosophie mithilfe der Sophokleischen Tragödie zu geben beabsichtigt hatte, was der junge Hegel dem Kantischen Begriff des Rechts mithilfe des tragischen „Schicksals", oder was Schelling der negativen Philosophie Hegels mithilfe des Begriffs der Offenbarung hinzufügen wollte und was Hamann vorgeschwebt war, dessen Hauptgedanken Goethe folgendermaßen zusammenfasste: „Das Prinzip, auf welches die sämtlichen Äußerungen Hamanns sich zurückführen lassen, ist dieses: ‚Alles, was der Mensch zu leisten unternimmt, es werde nun durch Tat oder Wort oder sonst hervorgebracht, muß aus sämtlichen vereinigten Kräften entspringen; alles Vereinzelte ist verwerflich.' Eine herrliche Maxime! aber schwer zu befolgen."[52] Auch Mickiewicz plädierte für ein Gleichgewicht zwischen Geist und Seele, das er zuerst mit der griechischen, danach mit der römischen Kunst und endlich mit dem Kunstwerk der Zukunft identifizierte.[53] Libelt seinerseits wollte dem Abstrahieren, dem Abtrennen und Generalisieren eines einzigen Vermögens des Geistes ein Ende setzen und die Philosophie sinnlicher und vielfältiger machen. Seine Philosophie sollte eine Philosophie von Gestalten und Taten sein („filozofia kształtów i czynów"[54]), eine Philosophie, die Vernunft, Einbildungskraft und Wille vereinigt, wobei die Einbildungskraft als das Vermögen des geistigen Inszenierens eine zentrale Rolle spielen sollte: „władza ducha oblekająca myśl w kształt, treść w formę",[55] ein Vermögen, das den Gedanken in eine Gestalt kleidet, den Gehalt in eine Form.

Die metaphysische Einbildungskraft, *wyobraźnia*,[56] hat nach Libelt drei Attribute: für Gott ist *wyobraźnia* eine *obraźnia*, „Bildungskraft". Er schaffe

51 Vgl: Karol Libelt, *Filozofia i krytyka*, t. 3. *System umnictwa, czyli filozofii umysłowej*. cz. 1 (Poznań: J.K. Żupański, 1849), und Karol Libelt, *Filozofia i krytyka*, t. 3. *System umnictwa, czyli filozofii umysłowej*. cz. 2 (Poznań: J.K. Żupański, 1850).

52 Johann Wolfgang von Goethe, *Goethes Werke: Erstauflage Hamburger Ausgabe in 14 Bänden, vollständig, Textkritisch durchgesehen und mit Anmerkungen versehen von Erich Trunz* (Hamburg: Christian Wegner, 1948), Bd. 10, 514.

53 Adam Mickiewicz, *Dzieła* (Paryż: Księgarnia Luxemburgska, 1868), Bd. 4, 157-172; Mickiewicz, *Dzieła*, Bd. VII, 172-180.

54 Kazimierz Jarochowski, *Literatura poznańska w pierwszej połowie bieżącego stulecia* (Poznań: J. K. Żupański, 1884), 148.

55 Walicki, *Filozofia polskiego romantyzmu*, 376.

56 Zu Libelts hier referierter Doktrin der Einbildungskraft vgl. Walickis Zusammenfassung (*Filozofia polskiego romantyzmu*, 375-377).

damit die Welt, die Natur und die Völker mit ihren Missionen. In der Schöpfung wirke sie als *przeobraźnia*, als „Durchbildungskraft", die die Metamorphosen der Organismen beherrsche; beim Menschen werde sie zur *wyobraźnia*, zur Einbildungskraft im engeren Sinne. Durch *obraźnia* schaffe Gott Primärformen, die *przeobraźnia* der Schöpfung arbeite an transitiven Formen, und die *wyobraźnia* erzeuge abgeleitete Formen. Die ganze Welt sei Ausdruck oder Symbol Gottes und spreche seine Weisheit aus.[57] Jede Kreatur ist laut Libelt ein Gedanke Gottes, in ein sinnliches Gewand gekleidet. Wie Libelt die Semantik des Ausdrucks mit derjenigen des Symbols zu versöhnen versucht,[58] sucht er auch Spinozas *deus sive natura* mit der Schöpfung aus dem Nichts mittels des Begriffs der *creatio continua* zu vereinen. Das kontinuierliche Schöpfen helfe, eine Aufspaltung in Subjekt und Objekt zu vermeiden und damit den Pantheismus mit dem Theismus auszusöhnen: Das Wesen Gottes sei weder in der Welt noch außerhalb der Welt, weil die Welt für ihn keine Gegenständlichkeit ist.[59] Diese Theologie, die die polnische Metaphysik der Aktivität stützen soll, stützt sich ihrerseits auf den tragischen Chronotopos, der die Kontinuität mit rapiden Abbrüchen zu vermitteln suchte.

Die Einbildungskraft mit ihren drei genannten Attributen gestalte auch den Prozess der Geschichte und die gesellschaftlichen Systeme. Der Gehalt, *treść*, der Geschichte sei die Verwirklichung der ewigen Ideale Gottes. Die Ideale, die das menschliche Handeln steuern, seien *formy obraźnie*, Formen der Bildungskraft. Die Verfassungen der Menschen und ihre Rechtsverhältnisse stellten Formen der Einbildungskraft, *wyobraźnia*, dar. Das Handeln nimmt laut Libelt Formen der naturhaften *przeobraźnia* (Durchbildungskraft) an. Es sei das Leben des sozialen Körpers,[60] und die Vorstellung, dass das Leben dieses sozialen Körpers von der Natur und ihrer *przeobraźnia* gewährt wird, beweise auch das wörtliche Verstehen der traditionellen Metapher „Gesellschaft ist Körper". Hegels Begriff des Staates als zu abstrakt kritisierend definiert Libelt den Staat als eine Vereinigung

> [...] des materiellen und des geistigen Vaterlands, die Zusammenführung und die Ausbildung aller Funktionen des Volkskörpers und Volksgeistes in

---

57 Karol Libelt, *Filozofia i krytyka*, t. 1. *Kwestia żywotna filozofii*, 287.

58 Gilles Deleuze, *Spinoza et le problème de l'expression* (Paris: Minuit, 1968) bildet seine Argumentation beginnend von dem großen Unterschied zwischen der neuplatonischen Semiotik des Symbols und der modernen, für Spinoza charakteristischen Semiotik der Expression. Libelt vermischt diese beiden für gewöhnlich, siehe z. B. Libelt, *Filozofia i krytyka*, t. 3. *System umnictwa, czyli filozofii umysłowej*. cz. 1, 117.

59 Karol Libelt, *Filozofia i krytyka*, t. 3., cz. 1., 117.

60 Siehe Karol Libelt, *Wcielające się idee czasu*, Bd. I, 353.

> ein lebendiges, dauerndes, tätiges Volk. Das Leben des Volkes, dies ist unserer Meinung nach die vollständigste Definition des Staates.[61]

Das Leben der Menschen in einer Gesellschaft sei – ebenso wie das Naturleben – eine kontinuierliche Selbstoffenbarung Gottes, die dank kontinuierlicher Schöpfung stattfinde. Für Libelt ist der Begriff ‚Fortschritt' mit dem der Offenbarung identisch, und Fortschritt geschehe ausschließlich dramatisch: vermittels des Konflikts zwischen zwei Prinzipien: Demokratie und Aristokratie oder zwischen Konterrevolution und Revolution.[62] Die einzige mögliche Offenbarung sei letztlich die Revolution; und ist die Offenbarung, wie die Schöpfung, permanent, so sei es auch die Revolution: „Revolutionen sind in großem Maße eine Aussaat von Ideen und Gedanken, sie sind wie gesellschaftliche Stürme [...] die Offenbarung der gesellschaftlichen Idee."[63] Und weiter:

> Wir gehören nicht zu denjenigen, die die Revolution verteidigen und das Blutvergießen loben würden, dennoch lehren uns zweitausend Jahre Geschichte, dass nur durch dieses Mittel die Aussaat des Geistes in der Menschheit stattfindet ... Es gibt heute nur geringe Aussichten, dass die Menschheit auf dem Weg des Friedens ihr Glück findet.[64]

9.3. Konspiration

In den 1840er Jahren handelte Libelt in zwei einander entgegengesetzten, ja widersprüchlichen Richtungen, die später mit verfeindeten Gruppierungen polnischer Intelligenzija oder gar mit zwei Epochen der polnischen Kultur assoziiert wurden, nämlich mit dem Positivismus und der Romantik, wobei die letztere mit dem Prinzip *liberum conspiro* einhergeht, dessen Ablegung das Grundprinzip des Positivismus ausmacht. Einerseits betrieb und beförderte Libelt die so genannte „praca organiczna" (organische Arbeit), andererseits nahm er an einer Verschwörung, oder – wie er es während des sich daraus

61 „[...] materyalnej i duchowej ojczyzny w żywot ojczyzny; zlaniem i wykształceniem się wszystkich funkcyj ciała i ducha narodowego, w jeden żyjący, bytujący, działający naród. Żywot narodu, oto naszem zdaniem pełniejsza definicya państwa" (Libelt, *Rozprawy*, 132).

62 Karol Libelt, *Filozofia i krytyka*, t 3., cz.1., 263.

63 „Siejbą idei i pomysłów na wielką skale są rewolucje, jako burze społeczne" [...] „objawieni[e] idei społecznej" (Karol Libelt, *Wcielające się idee czasu*, Bd. 1, 171).

64 „Nie należymy do tych, co by stawali w obronie rewolucji i pochwalali krwi rozlew, atoli dwa tysiące lat dziejów poucza nas, że tym tylko środkiem odbywała się siejba ducha w ludzkości [...] mało jest dziś jeszcze widoków, aby na drodze pokoju uszczęśliwiała się ludzkość" (Libelt, *Wcielające się idee czasu*, Bd. 1, 171).

ergebenden Polenprozesses angab – an einer „geheimen Verbindung" teil. Er hatte dafür den Decknamen „Dziadek" (Großvater, Opa) angenommen. Libelt wurde von der Polnischen Demokratischen Gesellschaft (TPD) einberufen, die einen Aufstand auf polnischem Boden vorbereitete. Die Darstellungen von Historikern demonstrieren, dass die ganze Konspiration ein reines Chaos war und Libelt dieses Chaos lediglich verschlimmerte, indem er z. B. im Gegensatz zu Absichten der „Zentralisation" (der Führerschaft des TPD) Kontakte mit Joachim Lelewel unterhielt und ungeschickte Bemühungen unternahm, um die Vereinigung der Konfliktparteien zu einer Organisation, Polnische Demokratie genannt, zu befördern.[65] Die großpolnischen Verschwörer engagierten sich mehr im Kampf um die Führung der Verschwörung als in Vorbereitungen zum Aufstand.

Zu ungefähr derselben Zeit, als Libelt im Gefängnis saß und auf seinen Prozess wartete, ersetzten Marx und Engels im *Manifest der Kommunistischen Partei* die Nationen, in deren Kämpfen Hegel und seine polnischen Schüler den Motor der Geschichte gesehen hatten, durch Klassen: „Mit dem Gegensatz der Klassen im Innern der Nation fällt die feindliche Stellung der Nationen."[66] Die polnischen Aufständischen ihrerseits versuchten, Klassenkampf mit Nationalkampf zu verbinden – und genau diese Verschränkung der Prinzipien war eine Quelle von Konflikten zwischen ihnen. Außerdem tendierte Libelt bisweilen dazu, sein Denken und Handeln dem tragischen Chronotopos anzuvertrauen und die Permanenz der Revolution oder *creatio continua* mit gradualem Fortschritt zu identifizieren,[67] gewaltsame Umstürze mit den Kopernikanischen Umdrehungen der Himmelskörper zu assoziieren[68] oder politisch-ökonomische Probleme mit Problemen der Ethik zu vermischen. Diese strikt romantischen, auf die absolute Form der Sophokleischen Tragödie nach Friedrich Schlegel (den Libelt jedoch nicht zitiert, was wiederum nur die Durchsetzungskraft von Schlegels Ideen bestätigt) gestützten Denkmuster helfen uns zu verstehen, wie Libelt sich überhaupt gleichzeitig für die organische Arbeit und in einer

65 Zdzisław Grot, *Życie i działalność Karola Libelta*, 90.

66 Karl Marx und Friedrich Engels, *Das Manifest der Kommunistischen Partei*, Marx, Engels, *Werke* (Berlin: Dietz, 1974), Bd. 4, 45-46.

67 Siehe: Karol Liebelt, „Czas obecny i program *Dziennika Polskiego*" (07.06.1849), zit. n. Grot, *Życie i działalność Karola Libelta*, 103.

68 In seiner Rede zum Kopernikus-Jubiläum (1873) identifizierte Libelt das politische Denken von Kopernikus mit dem Traktat des „philosophischen Kopernikus", Immanuel Kant, *Zum ewigen Frieden*: Die Revolution der himmlischen Sphären (Kopernikus' Hauptwerk trug im Original den Titel *De Revolutionibus Orbium Coelestium*) sei das Vorbild für die internationale Harmonie (Zitiert bei Grot, *Życie i działalność Karola Libelta*, 204-205).

Verschwörung im praktischen Leben engagieren konnte, ohne erstere nur als eine Deckung oder als Theater zu betrachten.[69]

Der in seiner Haltung schwankende Libelt wurde von den entschlossenen Radikalen immerfort zum Handeln gezwungen, besonders von ihrem Führer Walenty Maciej Stefański, der die Befreiung Polens nicht unter der Leitung des Adels, sondern gegen die Adeligen plante. Mit Stefański hatten sich zwei andere Philosophen alliiert: Henryk Kamieński und Edward Dembowski (der so genannte „Czerwony Kasztelaniec"), die später eine enorme Rolle beim Krakauer Aufstand spielen sollten. Den Aufstand in Krakau sowie denjenigen in Posen (der Aufstand war dazu bestimmt, ganz Polen zu umfassen) hatte die Gruppe um Libelt vorbereitet, aber Libelt selbst wurde vor dessen praktischer Umsetzung verhaftet. Wenn alles gelungen wäre, wäre ihm die höchste zivile Autorität zuteil geworden, während Ludwik Mierosławski, der nicht nur ein berühmter Krieger und Stratege, sondern auch Historiker, politischer Publizist und Dichter war, das militärische Oberkommando übernommen hätte.

Der Krakauer Aufstand wurde wegen der Teilnahme Kamieńskis und Dembowskis, der dabei ums Leben kam, „Philosophenaufstand" genannt.[70] Die Österreicher hatten zwar auch die Möglichkeit, die Krakauer Verschwörer festzunehmen, wie die Preußen es mit Libelt, Mierosławski und anderen getan hatten, aber die österreichischen Behörden zogen es vor, den Ausbruch des Aufstandes zuzulassen, sodass sie die Krakauer Republik anschließend an Österreich anschließen konnten. Das von Libelt verfasste und vor seiner Festnahme nach Krakau geschickte Manifest kündigte am 22. Februar 1846 die Bauernbefreiung, Unterstützung für die Armen und die vollständige Gleichberechtigung der Juden an.

Der Krakauer Aufstand, diese Tat der polnischen Philosophie, dauerte eine Woche, bis zum 3. März, als die österreichische Armee in Krakau einmarschierte. Die Bauern, die sich weder in einer Klasse, noch in einer Nation wiederfanden, richteten dabei, von den österreichischen Behörden provoziert, das sogenannte Galizische Massaker (*rabacja galicyjska*) an, die den Aufstand ausbluten ließ.

9.4. Die Ästhetik der Revolution

Libelt begann mit der Arbeit an seiner *Ästhetik* zu der Zeit, als er Mitglied des geheimen Verbunds war, und setzte sie fort, als er in der Posener Zitadelle und

69 Karol Libelt, *Wcielające się idee czasu*, Bd. 5, 54; Grot, *Życie i działalność Karola Libelta*, 44.

70 Mehr dazu im Hegel-Kapitel.

später im Gefängnis Berlin-Moabit einsaß. Gleichzeitig arbeitete er an *Die Jungfrau von Orleans.* In seiner *Vorrede* zum ersten Band der *Estetyka czyli umnictwo piękne* berichtet Libelt, wie er – aus strukturellen Gründen – gezwungen gewesen sei, die Arbeit an der Ästhetik zu unterbrechen, um zunächst seine Philosophie der aktiven Einbildungskraft zu entwickeln; erst als er den Inszenierungscharakter der ganzen Welt festgestellt und begründet habe, sei er dazu bereit gewesen, seine Ästhetik fertig zu stellen.

Libelt erkannte – was damals modern, ja fast bahnbrechend war[71] – die Dramatik, d.h. die Kunst der theatralischen Inszenierung als ein selbständiges Gebiet der Kunst. Wenn die dramatische Dichtung in den Dienst des Theaters trete, höre sie auf, eine Kunst zu sein, und werde ein Mittel für eine andere Kunst, die *dramaturgia* heiße.[72] Die Produkte der *dramaturgia* seien nicht bloß Repräsentationen von Dramen (für Hegel war das Urteil des Publikum über die Aufführung lediglich ein „Prüfstein" des geschriebenen Dramas, Ä III 509), noch sind sie lediglich logische Vollendungen dramatischer Formen,[73] sondern auch oder vor allem selbständige Präsentationen. Im Gegensatz zur dramatischen Dichtung, die wie jede Dichtung eine ideelle Kunst sei und ihre Vollendung in der Phantasie finde, sei *dramaturgia* eine „schöne soziale Kunst"[74]. Das Produkt der schönen Sozialkünste sei „eine Idealisierung der sozialen Verhältnisse" und „das Theater wurde als die beste Schule der Nation, die Herzen und Gemüter veredelt, gewürdigt."[75] *Dramaturgia*, die Kunst der Inszenierung, sei also eine ästhetische Manifestation des Lebens durch die Tat („objaw estetyczny żywota przez czyn"[76]) – eine Manifestation des Lebens und der Dichtung zugleich: der Schauspieler stelle eine Daguerreotypie des Ideals des Dichters dar und sei auf der Bühne recht eigentlich das verkörperte dichterische Ideal oder ein Schlafwandler, der nicht aufgeweckt werden dürfe.[77]

---

71 Vischer, *Ästhetik oder Wissenschaft des Schönen*, Bd. 3.2.5, § 921-922.

72 Libelt, *Filozofia i krytyka*, t. 2, 311-312.

73 Ä III 519: „das Drama, indem es eine abgeschlossene Handlung in deren gegenwärtiger Entwicklung vorüberführt, bedürfte wesentlich einer vollständig sinnlichen Darstellung, welche sie kunstgemäß erst durch die wirkliche theatralische Exekution erhält. Damit die Handlung nun aber in diese äußere Realität eingehen könne, ist es notwendig, dass sie an sich selbst nach Seiten der poetischen Konzeption und Ausführung schlechthin bestimmt und fertig sei."

74 „sztuka piękna społeczna" (Libelt, *Filozofia i krytyka*, t. 2, 313).

75 „[...] idealizowanie społecznych stosunków", „teatr uważano, jako najlepszą szkołę narodową, ku uszlachetnieniu serca i umysłu mieszkańców" (Libelt, *Filozofia i krytyka*, t. 2, 310).

76 Libelt, *Filozofia i krytyka*, t. 2, 313.

77 Libelt, *Filozofia i krytyka*, t. 2, 91.

Ein weiteres Beispiel für einen Sozialkünstler, der eng mit dem Drama und der Dramatik verwandt sei, bilde der Redner: „Das Dramatische der Redner tritt stärker hervor, wenn sie in den Kampf um wichtige und große nationale Fragen treten.“[78]

> Das öffentliche Verfahren im Gerichtswesen und in den Parlamenten erhebt sie auf die Stufe des Dramatischen. Sie sind die großen Künstler des Volkes, denn das ganze Volk hört sie, und sogar andere Völker lauschen und betrachten interessiert eine solche Bühne. Fürwahr, ich sage euch, dies ist das wichtigste Drama, denn in ihm ist die größte Realität.[79]

Libelt hat sowohl im preußischen Parlament, in der Frankfurter Nationalversammlung 1848-1849, als auch vor Gericht während des Polenprozesses Reden gehalten. Seine und Mierosławskis Plädoyers wurden separat auf Polnisch und Deutsch veröffentlicht und genossen seinerzeit große Popularität. Die in drei verschiedenen Sprachen vorgetragenen Fassungen (Deutsch, Polnisch und Französisch) unterschieden sich erheblich voneinander.

Zwei Reden Mierosławskis, die französische und die polnische, waren beflügelnd und animierend gehalten, voller Überlegenheitsgefühl und von rhetorischen Tropen beziehungsweise Figuren durchsetzt. Mierosławski beginnt seine polnische Rede mit der Figur *finitio*, indem er *a priori* zu beweisen versucht, dass der vom Staatsanwalt formuliere Vorwurf, die polnischen Verschwörer hätten eine „Revolution *und* Anarchie“ vorbereitet, völlig absurd sei. Die Revolution sei nämlich im Gegensatz zur hässlichen Anarchie eine Synthesis, sie „sammelt alle Kräfte, welche die Anarchie zersprengt und verteilt. […] Die Revolution ist, wie jede Affirmation, in sich *eins*, die Anarchie, wie jede Negation, vielartig.“[80] Die Revolution bilde eine *ästhetische* Synthesis, die der Nation eine organische Einheit verleihe, sodass das Nationalleben sich in ein Kunstwerk, ein pathetisches Schauspiel verwandle:

78 „Dramatyczność mówców staje się wydatniejszą, gdy występują z sobą do walki w ważnych i wielkich kwestyach narodowych“ (Libelt, *Filozofia i krytyka*, t. 2, 316).

79 „Publiczne postępowanie w sądownictwie i na sejmach wynosi ich na to stanowisko dramatyczne. Oni są wielkimi artystami narodu, bo naród cały ich słyszy, a nawet i inne narody ciekawie przysłuchują się i przypatrują takiej scenie. Zaprawdę jest to najwyższy dramat, bo najwyższa w nim rzeczywistość“ (Libelt, *Filozofia i krytyka*, t. 2, 316).

80 Gustav Julius (Hg.), *Der Polenprozess. Prozess der von dem Staatsanwalte bei dem Königlichen Kammergerichte als Beteiligte bei dem Unternehmen zur Wiederherstellung eines polnischen Staates in den Grenzen vor 1772 wegen Hochverrats angeklagten 254 Polen* (*in erster Instanz*), *verhandelt im Gebäude des Staatsgefängnisses bei Berlin* (Berlin: Hanu, 1848), 49-50.

> Bei dem lebendigen Gotte, der uns und euch vor seinen Richterstuhl rufen wird! nicht wir haben Polen in Wiener- und München-Grätzer Tractate geschmiedet, nicht wir haben Frieden und Geduld unmöglich gemacht, nein, nicht wir, sondern eure Tractate, euer Verbrechen der Theilung Polens conspirirt seit 80 Jahren gegen euere Herrschaft. Wer ist Schuld daran, meine Herren? –
>
> O gewiss, wenn es Verschwörung ist, den Tag seiner Geburt zu verfluchen, und den Mutterschoss, der dem Druck ein Opfer erzeugt;
>
> Wenn es Verschwörung ist, zum tauben Himmel vergebens um Rache zu flehen für alle dem Vaterlande angethane Schmach;
>
> Wenn es Verschwörung ist, daran zu gedenken und es dem Andenken der Nachkommen zu überliefern, dass euere Väter die unseren heimtückisch anfielen, als diese auf den Feldern von Szczekocin und Wola mit ihrer Brust den Sturm des Moskoviterheers zurückschlugen;
>
> Wenn es Verschwörung ist, sich mit aller Kraft aus dem Abgrunde hervorzugraben, in den uns die drei Mächte gezwängt, damit wir wie niedriges Gewürm aus Leid und Wuth uns einander selbst aufzehrten;
>
> Wenn es Verschwörung ist, ein ganzes Jahrhundert mit Galle und Essig getränkt, am Kreuze zu schmachten, ohne die Möglichkeit, die Christus hatte, die Todesruhe einzugehen, oder zur Höhe der Versöhnung emporzusteigen: –
>
> Wenn alles dies Verschwörung war, dann verschwor sich das Land, aber das ganze Land, vom unmundigen Kinde bis zum Greise, von Denen die aus Gräbern uns zuflüstern dass der geknechtete Boden sie drücke, bis hinauf zu den Cherubim, die in die Nebel der Prophezeihung blicken, bevor sie hinabsteigen um für unser Gebein zu leiden und zu kämpfen.[81]

Mierosławskis negative Anspielung auf den Messianismus-Topos, auf die Identifizierung von Polen mit dem inkarnierten Gott als Klimax wird durch eine ganze Reihe von Paraphrasen vorbereitet. *Gradatio*, durch *anaphora* verstärkt, führt zur hyperbolischen Überbietung der Geschichte Jesu und weiter zur Vision der globalen Verschwörung, die das ganze gesellschaftliche Leben in ein Theater verwandle[82] – ein Theater, welches das Sichtbare mit dem Unsichtbaren, die Lebendigen mit den Noch- oder Schon-nicht-mehr-Lebendigen vereinige. Es ist ohne Zweifel die Rhetorik, die diese Annäherung der *Kunst* der Redner an die Dramatik und damit an die Dramaturgie ermöglicht.

Die allgemein vorherrschende Angst vor einem Komplott sensibilisiert für die mögliche Inszenierung des allzu Alltäglichen. Dies wird vor allem im Norwid-Kapitel sichtbar, wo ich das Drama *Hinter der Kulisse* (*Za kulisami*) bespreche. Aber der Ausbruch der Revolution bietet der Theatralisierung keinen Halt. Nicht nur die Anhänger der Revolution kostümieren sich, um das Ungehörte mythisch oder ritual zu rechtfertigen, sondern auch deren

81 Julius, *Der Polenprozess*, 54-57.

82 Stephen Greenblatt, *Will in the World: How Shakespeare Became Shakespeare* (New York: Norton, 2005).

Feinde – deren Kostüm ist dabei eine Imitation der Kostüme der Revolutionsanhänger. Robespierre etwa beschuldigte den Anarchisten und Atheisten Cloots: „Nous savons que, couvert des ombres de la nuit, tu as préparé avec l'évêque Gobel cette *mascarade philosophique.*"[83] Und als Robespieres Macht sich dem Ende zuneigte, sagte ihm Billaud-Verenne ins Gesicht : *„Il faut arracher le masque. J'aime mieux que mon cadavre serve de trône à un ambitieux que de devenir par mon silence, complice de ses forfaits."* Der verallgemeinerte Argwohn entschärft auf keinen Fall die Theatralität des Revolutionären bzw. totalitären Alltags; er zwängt die Bürger in diese Art der Schauspielerei hinein, die Czesław Miłosz in *Zniewolony umysł* (dt. *Verführtes Denken*) mit dem arabischen Wort *ketman* bezeichnete.[84]

Das Handeln von Rednern und Aktivisten sei nicht nur in dem Sinne „dramatisch", dass es über besondere expressive Eigenschaften verfüge, sondern auch ganz buchstäblich: Die eigentliche Erfüllung des Dramas als literarische Gattung beschreibt Libelt als Verwirklichung; es trachte nach seiner Verklärung in der außerkünstlerischen Wirklichkeit. Durch das Drama kehre die Dichtung insgesamt, genau in dem Moment, in dem sie ihre höchste Vollkommenheit erreicht, zu Natur und Geschichte zurück. Diese „Rückkehr" macht für Libelt die Definition des Dramas aus:

> Das Drama auf der Höhe der Kunst ist die Durchführung einer großen Idee, die die Seele des Dichters inspirierte, eine Idee benötigt die Wirklichkeit der Aktion, und deshalb eine Bühne. Der Dichter präsentiert sie deshalb vor einem historischen oder einem alltäglichen Hintergrund und führt Personen ein, die wirklich handeln. In ihnen, also in den dramatischen Künstlern, nehmen die Ideale ein irdisches Leben an, kehren in gewisser Weise zurück auf die Erde, von der sie als Wirklichkeiten ausgegangen sind, bevor sie sich in der Kunst idealisierten. Es scheint, die Regel von der Nachahmung der Natur hält hier endlich ihren triumphalen Einzug. Denn die Kunst, die im Drama ihren Höhepunkt und ihre vollständige Befreiung zu Leben und Tat erreichte, kehrt zur Natur zurück, denn natürlich wird sie zu Natur, indem sie in lebende Schauspieler übergeht.[85]

---

83 Zit. n. Alphonse de Lamartine, *Histoire des Girondins* (Bruxelles: Librairie Tarride, 1847), Bd. 7, 275-276.

84 Czesław Milosz, *Zniewolony umysł* [1953] (Paris: Instytut Literacki, 1980), 63; Czesław Miłosz, *Verführtes Denken*, übersetzt von Albert Loepfe (Frankfurt am Main: Suhrkamp, 1980), 64; zitiert ausführlich im Norwid-Kapitel.

85 „Dramat na szczycie sztuki jest przeprowadzeniem idei wielkiej, która duszę poety natchnęła, idea potrzebuje rzeczywistości akcyi, a zatem sceny. Przeprowadza ją poeta dla tego na tle dziejów lub życia powszedniego i wprowadza osoby, działające rzeczywiście. W nich, to jest w artystach dramatycznych, ideały nabierają życia ziemskiego, wracają niejako nazad do świata, z którego wyszły jako rzeczywistości zanim się z-idealizowały w sztuce. Prawidło naśladowania natury, zdaje się, że tu nakoniec odbywa wjazd swój

Die Wirklichkeit wiederum empfange das Drama anders als in Lassalles Tragödienideologie, gänzlich widerstandslos, ja herzlich, weil sie ihrerseits selbst – als Produkt der inszenierenden Einbildungskraft – ein *theatrum mundi*, ein *nahezu* buchstäbliches Welttheater sei. Darum ist der zweite Band von Libelts *Ästhetik* der Natur gewidmet, die als eine ästhetische Manifestation Gottes aufgefasst wird, und die Ästhetik wird unter seiner Feder wieder zur Wissenschaft von einer totalen Inszenierung. Nicht nur ist die Welt der Menschen für Libelt ein Theater, sondern sie präsentiert sich dem Menschen auch als ein Kunstwerk. Das Naturschöne unterscheide sich vom Kunstschönen, indem ersteres nicht nur unbeabsichtigt, sondern auch höchst veränderlich sei:

> [...] nahezu jeder Gegenstand der Natur durchläuft nicht nur verschiedene Schattierungen des Schönen, und wechselt vom Tragischen zum Komischen, sondern er geht sogar vom schönen und angenehmen zum hässlichen und unangenehmen Eindruck über, und umgekehrt.[86]

Darum wird das Leben der Natur von Libelt auch als eine „Bühne“, *scena*, als Bühne der Geburt und des Sterbens, d.h. des Übergangs zu neuem Leben[87] beschrieben und dem ewigen Leben der Kunst entgegengestellt. Das Leben der Kunst sei dahingegen das „Leben der Gesegneten“, *żywot błogosławionych*, das nie sterbe.[88] Die soziale Kunst eines Redners oder Aktivisten vermittle zwischen diesen beiden Reichen, indem sie das Leben selbst verschönere und ihm Dauerhaftigkeit verleihe – eine Art traditionelle und geschichtliche Unsterblichkeit.[89] Die Zeit zusammen mit dem Raum, die beiden Formen der transzendentalen Ästhetik Kants, gäben jeder Naturerscheinung eine quasiartistische Gestalt, die die Form mit dem Inhalt vereinige.

---

tryumfalny. Albowiem sztuka doszedłszy w dramacie szczytu swego i zupełnego wyzwolenia się do życia i czynu, wraca do natury, bo oczywiście staje się naturą, w żywych przechodząc aktorów“ (Libelt, *Filozofia i krytyka*, t. 2, 91). Eine dem hier Zitierten eklatant entgegengesetzte Behauptung findet sich gleich auf der nächsten Seite (Libelt, *Filozofia i krytyka*, t. 2, 92).

86 „[...] każdy niemal przedmiot natury przechodzi nie tylko różne odcienie piękna, i przerzuca się od tragiczności do komiczności, ale nawet przechodzi od pięknego i miłego, do szpetnego i niemiłego wrażenia, i przeciwnie“ (Karol Libert, *Filozofia i krytyka*, t. 4. *Estetyka, czyli umnictwo piękne*, t. 2, cz. 2. *Piękno natury plastyczne* (Petersburg, Mohylew: Bolesław Maurycy Wolff, 1854), 4).

87 Libelt, *Filozofia i krytyka*, t. 4, 2.

88 Libelt, *Filozofia i krytyka*, t. 4, 3.

89 Libelt, *Filozofia i krytyka*, t. 4, 3.

> Wenn man bedenkt, dass das Leben unaufhörliche Bewegung ist, und Bewegung die Gleichzeitigkeit von Raum und Zeit; dass bei näherer Bestimmung der Raum die Form, und die Zeit den Inhalt entfaltet; so ergibt sich, dass das Leben der Natur, als Bewegung begriffen, eine Legierung von Form und Inhalt ist.[90]

Die Kunst festige nur und verewige, was schon von sich aus ästhetisch gestaltet sei – nämlich die schönen Erscheinungen des Lebens. Das ganze Leben der Natur und das Leben der Menschen, die in der Natur wohnen und an der Natur arbeiten, um sie in Kultur umzugestalten, stellen sich laut Libelt wie ein Drama dar. Genauso wie Hegel über die griechische Tragödie sagt, dass sie die klassischen Statuen auf der Bühne belebe, beschreibt Libelt im zweiten Band seiner *Ästhetik* die Tiere als „dramatische Skulptur der Natur“: „sie sind schon keine toten Statuen mehr, sondern lebendige Gestalten, und also sowohl sich bewegende als auch handelnde, das heißt das ewig sich wiederholende Drama des tierischen Lebens aufführend.“[91] Das „tierische“ Drama neige dabei eher der Komödie zu:

> [...] während die statuenhafte Skulptur der Natur in Versteinerungen, wie in stummen Denkmälern verschwundener Welten, einen eher tragischen Charakter hatte, stellt die dramatische Skulptur der Natur in ihren lebendigen Gestalten im Allgemeinen einen eher komischen Charakter dar.[92]

Die höchste Form der Naturbildhauerei sei der Mensch, der eine Wohnung für den Geist darstelle.[93] Libelt beruft sich hier auf das zehnte Buch von Augustinus' *De civitate Dei*, wenn er den Menschen „das Vorbild der ganzen Schöpfung“ nennt. Die blumige Krone des Baumes habe sich in den sphärisch geformten Kopf verwandelt usw.[94]

Libelt betreibt selbst eine Ästhetik der Geschlechter: („Die Darsteller einer großen geschichtlichen oder gesellschaftlichen Idee können durchaus

90 „Zwarzywszy, że życie jest nieustającym ruchem, a ruch jednoczesnością przestrzeni i czasu; że w bliższym oznaczeniu przestrzeń formę, a czas treść wystawia; wypada, że życie natury, jako ruch pojmowane, jest stopem formy i treści“ (Libelt, *Filozofia i krytyka*, t. 4, 103).

91 „[...] nie są to już posągi martwe, ale kształty żywe, a więc i poruszające się i działające, czyli wykonywające wiecznie powtarzający się dramat żywota zwierzęcego“ (Libelt, *Filozofia i krytyka*, t. 4, 206).

92 „[...] kiedy skulptura posągowa natury w skamieniałościach, jako w niemych pomnikach zaginionych światów, nosiła charakter więcej tragiczny, skulptura natury dramatyczna, w żywych kształtach swoich przedstawia w ogóle charakter więcej komiczny“ (Libelt, *Filozofia i krytyka*, t. 4, 211).

93 Libelt, *Filozofia i krytyka*, t. 4, 349.

94 Libert, *Filozofia i krytyka*, t. 4, cz. 2, 8.

auch nur Männer sein, niemals aber nur Frauen [...]. [I]hr Ruhm wäre eine Erniedrigung der Männer, ihre Größe deren Niederträchtigkeit."[95]), eine Ästhetik der Rassen, die zu zitieren ich unschicklich finde, eine Ästhetik der Nationen (nicht der Staaten![96]), eine dramatische Ästhetik der Landschaften, die tragisch und ironisch wirken können, sowie eine Ästhetik der Epochen, die der aus Kierkegaards *Eine literarische Anzeige* ähnelt:

> [...] unterschiedliche Temperamente unterschiedlicher Epochen: In Zeiten des Wohlstands und des nationalen Reichtums herrscht für gewöhnlich eine leichtsinnige Sanguinik, so wie in Zeiten der Reaktion die Menschen in eine phlegmatische Gleichgültigkeit verfallen, und wenn es im Volk Energie gibt, dann sammeln die Völker ihre Kräfte. In solchen Epochen also geht das Temperament von der Plastizität zur Dramatik über.[97]

Das soziale Leben bietet viele Gelegenheiten, um es als eine dramatische Erscheinung zu betrachten. „Dramatisch" heißt bei Libelt immer „durch Konflikt geprägt". In unseren täglichen Kämpfen werden laut Libelt *sposoby myślenia*, Denkweisen, die den *dianioia* aus der aristotelischen *Poetik* entsprechen, und Charaktere (*ethos*) geformt. In den Kämpfen entstehe

> entweder das Tragische, wenn der starke Wille eines Menschen siegt und die Hindernisse zerbricht, oder aber wenn er einen erhabenen Tod stirbt; – oder aber es entsteht das Komische, wenn es zu einem Missverhältnis zwischen den Fähigkeiten und dem Gegenstand kommt, der bezwungen werden soll; dann wird die Physiognomie lächerlich, denn der Kampf ist ohne Kraft, das Unglück ohne Drohung; zum Beispiel ein ängstlicher Jude als Soldat ... Wenn der Mensch vom Kampf Abstand nimmt, die alte Sicht der Dinge, wie Täuschungen, verwirft, und, wie so viele andere, zu einer Maschine der allgemeinen und öffentlichen Lebensverhältnisse wird; bei einem solchen Stand der Dinge verwischen sich alle ästhetischen Eindrücke und uns erscheinen nur die gewöhnlichen, gleichgültigen Physiognomien der Menschen.

---

95 „Aktorowie wielkiej idei dziejowej, lub społecznej, mogą być sami mężczyźni, nigdy same kobiety [...] jej sława byłaby jego poniżeniem, jej wielkość charakteru jego nikczemnością" (*Filozofia i krytyka*, t. 4, cz. 2, 30); schon Säugetiere wirkten, je nach Geschlecht, komisch oder tragisch, je nach Geschlecht (Libelt, *Filozofia i krytyka*, t. 4, 299). Der Hermaphrodit als Lieblingsthema der griechischen Kunst und das *demi-être* als Lieblingsthema der Anhänger St. Simons (Libelt, *Filozofia i krytyka*, t. 4, cz. 2, 30); männliche Erhabenheit und weibliche Anmut (Libelt, *Filozofia i krytyka*, t. 4, cz. 2, 24-25).

96 Libelt, *Filozofia i krytyka*, t. 4, cz. 2, 45.

97 „[...] różne temperamenty różnych epok: W czasach dobrego bytu i bogactwa narodowego panować zwykła lekkomyślna sangwiniczność, jak w czasach reakcyj ludzie w flegmatyczne popadają zobojętnienie, a jeżeli jest energia w narodzie, ludy tenczas rachują się z siłami swojemi. W takich więc epokach, temperament z plastyczności przechodzi do dramatyczności" (Libelt, *Filozofia i krytyka*, t. 4, cz. 2, 69).

> Das ästhetische Interesse erwacht von neuem, wenn der Mensch aus diesem gewöhnlichen Modus ausbricht und sich auf die negative Seite der Moral hinüberwirft.[98]

Wie in Büchners *theatrum mundi* geht die ästhetische Wirkung der Welt mit der Revolution einher, angenommen, dass sie Gewohnheiten zerstört. Sich auf Roetscher berufend,[99] stellt Libelt fest, dass Charaktere, also aristotelische *ethoi*, den wichtigsten Bestandteil des Dramas ausmachten, wie dies die Beispiele von Molière und Shakespeare bewiesen.[100] Aber der Charakter sei zugleich das, was das Drama mit der Geschichte vermittle – oder mit Gesellschaft, Sittlichkeit und Klassenteilung. Mithilfe der Kategorie ‚Charakter', die auch für Kiekregaards Tragödientheorie von zentraler Bedeutung war, kehre das Drama zum Leben zurück, und die Kunst komme zum Abschluss. Wie der in der Einleitung zitierte Mochnacki, der meinte, die Tragödie müsse historisch sein, reserviert auch Libelt die Tragik für geschichtliche Phänomene:

> Erhabene, tragische Charaktere sind nur historische Charaktere: von starkem Willen, erhabenem Geiste, tiefem Gefühl, zum Beispiel ein Ritter im Kampf zwischen Liebe und Pflicht; ein vagabundierender Monarch; ein Verbrecher beim Ringen mit den moralischen Kräften einer Gesellschaft; eine Jungfrau oder eine Braut, die sich für eine große Idee opfert; ein rechtschaffener Ehemann, der dem neidischen Schicksal zum Opfer fällt; ein Wahnsinniger, der in seiner Umgebung Unglück säht; ein niederträchtiger Verräter, dem Tränen und Niederlagen das wilde Herz erfreuen; ein großer Mensch im Kampf mit den Vorurteilen seiner Zeit und so weiter. Die günstigsten Gegenstände für die dramatische Kunst liefern die Charaktere von begeisterten Liebenden, von Spekulanten unterschiedlicher Art, und von Zimmermädchen.[101]

---

98 „[...] albo tragiczność, gdy silna wola człowieka zwycięża i przełamuje zwady, lub ginie śmiercią wzniosłą; – albo się tworzy komiczność, gdy zachodzi niestosunek pomiędzy zdolnością a przedmiotem, który ma być pokonanym; fizyognomia wtenczas staje się śmieszna, bo walka jest bez siły, nieszczęście bez grozy; np. żyd bojaźliwy jako żołnierz [...] Gdy człowiek od walki odstępuje, dawne widzenia rzeczy, jako złudzenia, porzuca, i staje się, jak tylu innych, machiną powszednich i publicznych stosunków życia; wszelkie w takim stanie rzeczy estetyczne wrażenie się zaciera i przedstawiają nam się tylko zwyczajne, obojętne fizyognomie ludzi./ Interes estetyczny obudza się znowu, gdy się człowiek z tego zwyczajnego trybu wyłamuje i w ujemną stronę moralności przerzuca" (Libert, *Filozofia i krytyka*, t. 4, cz. 2, 72).

99 Heinrich Theodor Roetscher, *Cyclus dramatischer Charaktere oder die Kunst der dramatischen Darstellung* (Berlin: Thome, 1844).

100 Libert, *Filozofia i krytyka*, t. 4, t. 2, cz. 2, 74.

101 „Wzniosłe, tragiczne charaktery, są tylko charaktery dziejowe: silnej woli, wzniosłego ducha, głębokiego uczucia, np. rycerz w walce między miłością a powinnością; monarcha na tułactwie; zbrodniarz w zapasach z moralnemi potęgami społeczeństwa; dziewica, lub niewiasta poświęcająca się dla wielkiej idei; mąż prawy, padający ofiarą zawistnych losów;

Wie in der aristotelischen Ethik, wo Charakter sowohl dasjenige ist, was kreisförmig durch wiederholte Handlung gebildet wird, als auch das, was für eine Person die typischen Handlungen steuert,[102] bis es ihr Dämon wird, so zirkuliert Charakter bei Libelt zwischen der dramatischen Kunst und der dramatischen Gesellschaft, in der er mehrdimensional wirksam werde. Ideell manifestiere sich Charakter in Taten und Worten, plastisch – in physiognomischen Formen und mimischen Bewegungen von Menschen: den Bewegungen von Gesicht und Körper.[103] In der Gesellschaft würden Körper und Gesicht jedes Bürgers gleichsam Kostüm und Maske, Persona, und trügen zum Theater des Alltags bei, wie es Erving Goffman beschrieben hat.[104] Aber bei Libelt – im Gegensatz zu Goffman, der den Wirkungskreis seiner Theorie auf öffentliche Interaktionen begrenzt – wird die Selbstinszenierung allumfassend. Jede Tätigkeit – auch eine so unbedeutende wie das Blinzeln[105] – wird potenziell ein flüchtiges und dramatisches Kunstwerk. Unabhängig davon, ob das Blinzeln ein absichtliches Zeichen oder nur ein unbedingter Reflex sei: „[…] die ganze Welt ist eine Bühne: So beeinflusst denn alles, was nur menschlich ist und was nur Natur in

---

szaleniec rozsiewający w okół siebie nieszczęście; zdrajca podły, któremy łzy i klęski pociechą dzikiego serca; człowiek wielki w walce z przesądami czasu i t. p. Najwięcej przedmiotu dla sztuki dramatycznej nastręczają charaktery kochanków rozmiłowanych, spekulantów różnego rodzaju, subretek i pokojówek" (Libelt, *Filozofia i krytyka*, t. 4, cz. 2, 75).

102 Hendrik Lorenz, „Virtue of Character in Aristotle's Nicomachean Ethics", *Oxford Studies in Ancient Philosophy* 2009, 37, 177-212, Włodzimierz Galewicz, *Z Arystotelesem przez greckie tragedie: glosy i ilustracje do „Etyki nikomachejskiej"* (Kraków: Wydawnictwo Literackie, 2002).

103 Libert, *Filozofia i krytyka*, t. 4, t. 2, cz. 2, 78.

104 Erving Goffman, *The Presentation of Self in Everyday Life* (Gloucester: Peter Smith, 1999), passim.

105 „Mruganie powieką, używane jako mimiczne dawanie znaków, zwykle połączone z poruszeniem odpowiedniem głowy, podoba się jako wyraz wesołej filuteryi, która u dzieci mianowicie nader pociesznie wygląda. Mruganie naturalne, odbywające się bez woli i wiedzy naszej, jest rzeczywistą pięknością wzroku: jest nią nie tylko samo mgnienie oka przelotne, jakby błyskawicy, ale i to chwilowe przechodzenie od ciemni do światła, czem się piękne wrażenie jasnej rzeczywistości odświeża i podniecа" [Das Blinzeln, als mimisches Zeichen verwendet und für gewöhnlich verbunden mit einer entsprechenden Kopfbewegung, gefällt als Ausdruck einer fröhlichen Schalkhaftigkeit, die insbesondere bei Kindern überaus drollig aussieht. Das natürliche Blinzeln, dass ohne unseren Willen und unser Wissen stattfindet, ist eine wirkliche Schönheit des Blickes: Sie liegt nicht allein in dem flüchtigen Augenblick, einem Blitz gleich, sondern auch in jenem Übergang von der Dunkelheit zum Licht, durch den sich der schöne Eindruck der hellen Wirklichkeit auffrischt und erregt] (Libelt, *Filozofia i krytyka*, t. 4, t. 2, cz. 2, 90).

den menschlichen Dingen ist, den Charakter des Menschen und tritt plastisch hervor im Ausdrucksschönen."[106]

9.5. Die Revolution der Ästhetik

Libelts slavische Philosophie betrachtet die ganze Welt als Aufführung eines Dramas. Die Ästhetisierung von Natur und Gesellschaft geschieht auf einen Schlag: Auf einmal wird die Welt, inklusive der Natur (fast) wörtlich ein Theater, nicht bloß metaphorisch. Die plötzliche Umwälzung der Welt zu einer Inszenierung soll in der Philosophie und, weil die Philosophie eine wirklich wirkende sein wird, in der wirklichen Welt die Revolution vorantreiben. Der Ästhetik wird die entscheidende Rolle im philosophischen Umbruch zuteil, da die Kunst durch eine strukturelle Sympathie oder auch Übereinstimmung mit der Geschichte und den wirklichen Revolutionen verbunden sei:

> Der Kampf der neuen Prinzipien, der die Französische Revolution hervorgerufen hatte, teilt sich auch der Poesie mit. Schiller wurde durch dieses Element mächtig. *Die Räuber, Fiesko* und *Don Carlos* sind gleichsam die Antizipation der Ereignisse des Jahres 1789. Den gleichen Geist atmen die ersten Werke Goethes, *Werther*, der Anfang des *Faust*, *Götz von Berlichingen*.[107]

Eine neue Revolution in der Ästhetik soll sowohl die ganze Philosophie als auch das Leben verändern. In der Tat wollten die Fürsprecher der slavischen Philosophie eine Philosophie des Lebens oder lebendige Philosophie schaffen, durch die der Abstand zwischen Gedanke und Tat abgeschafft wird – wie im Drama, wo das Wort tätig sei und die zwischenmenschliche Welt erschaffe. Der philosophische dritte Stand, die Slaven (den Deutschen und Franzosen nachfolgend), würden jetzt – wie die französischen Revolutionäre – die Philosophie ins Leben setzen (d.h. sie inszenieren).

> Alles andere ist auf diese Metamorphose der schönen Künste vorbereitet, denn die ausschließliche Herrschaft der Vernunft lässt nach. Jenes „l'etat c'est moi" Ludwigs XIV. erfüllte sich in Hegels Behauptung „alles, was ist, ist vernünftig".

---

106 „[…] cały świat sceną: Tak więc wszystko, co tylko jest ludzkiego, i co tylko jest naturą w rzeczach ludzkich, spływa na charakter człowieka i uwydatnia się plastycznie w pięknie wyrazowym" (Libelt, *Filozofia i krytyka*, t. 4, cz. 2, 76).

107 „Walka nowych zasad, co wywołała rewolucyę francuską, udziela się także poezyj. Szyller wzrósł w potęgę na tym żywiole. *Rozbójnicy, Fiesko* i *Don Carlos* są niejako anticipacyą wypadków 1789 r. Tym samym duchem tchną pierwsze dzieła Goethego, *Werther*, początek *Fausta, Goetz z Berlichingen*" (Libelt, *Filozofia i krytyka*, t. 4, 126).

> Von diesem Kulminationspunkt der Alleinherrschaft der reinen Vernunft muss die Philosophie wieder herabsteigen, und neue Mirabeaus rufen: steigt herab zur Tat, zum Leben – denn das Leben hat nicht nur seine gleichberechtigten, sondern seine höheren Rechte.[108]

Libelt identifizierte sich schon in den frühen 40er Jahren mit Mirabeau, als er diesem seine eigene Definition der Tat zuschrieb, welche die preußischen Behörden überaus verärgert hatte. Libelts Definition der Tat lautete: Was der Einzelne nicht schaffen könne, das schafften zehn Leute oder hundert oder eine Nation. Die befreiende Tat war also für Libelt wie bei Marx und Engels mit Vereinigung identisch – *Proletarier aller Länder, vereinigt euch!* Die Synthese allein wirke revolutionär in einer zerstückelten Welt. Diese Definition der Tat bezeichnet also auch die positive Freiheit als anschauliche Vereinigung von vielen. Aber die eigentliche Bedingung der ästhetischen Revolution ist eine ganz andere Identifikation als die mit dem französischen Revolutionär, der selbst Cicero spielte und parodierte, noch mit der Menschenmenge auf dem öffentlichen Platz. Um eine Revolution in der Ästhetik auszulösen, müsse man sich mit Gott identifizieren. Spinoza forderte in seiner *Ethik*, alles, was ist, jedes Einzelne *sub specie aeternitatis* zu betrachten – wie es Gott selbst wahrnehme. Spinozas dritter Modus der Kognition wird bei Libelt zum panästhetischen Sehen der verklärten Ästhetik aus. Wer die Welt *sub specie aeternitatis*, also philosophisch betrachte, dem offenbare sie sich als ein Schauspiel von Gott für Gott.[109] Zwar räumt Libelt zu Beginn des zweiten Bands seiner *Ästhetik* ein: „Die Natur, in ihrer Unendlichkeit als Welt erfasst, ist wirklich eine Kunst und wahrlich die höchste schöne Kunst ... aber nur für den Schöpfer selbst",[110] nicht aber für die Menschen. Dennoch erklärt (oder verspricht) er dem Leser am

---

108 „Wszystko inne ku tej metamorfozie sztuk pięknych przygotowane, bo wyłączne panowanie rozumu ustaje. Owo Ludwika XIV *l'etat c'est moi* spełniło się w twierdzeniu Hegla *alles, was ist, ist vernünftig*. Z tej kulminacji samowładztwa czystego rozumu zstąpić filozofii przychodzi, i nowi Mirabeauwie wołają: zstąpcie do czynu, do życia – bo życie ma nietylko równe, ale wyższe prawa swoje" (Libelt, *Filozofia i krytyka*, t. 4, 42).

109 „jede wahre Tragödie [ist] ein Mysterium. Eine Enthüllung Gottes vor Gott ist ihr wirklicher innerer Sinn. Der ewig Stumme, immer unerlöste Gott der Natur und des Schicksals entlockt hier die im Leben verstummten Töne des Gottes, der im Menschen schläft; der immanente Gott erweckt den transzendentalen zum Leben" (György Lukács, *Die Seele und die Formen: Essays* (Berlin: Fleischel, 1911), 330-331). Der Einfluss des mittleren und späten Schelling ist bei Lukács, aber auch bei Libelt spürbar (Walicki, *Historia polskiego Romantyzmu*, 359).

110 „Natura w całej nieskończoności swojej, jako świat pojęta, jest rzeczywiście sztuką i to najwyższą sztuką piękna, bo jako dzieło zupełne stwórcy, wypłynęła z jego całkowitej wiedzy i woli. W tym altoli charakterze jest nią tylko dla samego twórcy" (Libelt, *Filozofia i krytyka*, t. 4, 2).

Ende seines Werkes, wenn er auf es zurückblickt und die Frage zu beantworten versucht, warum und wozu er überhaupt die ganze gute Welt in seiner Ästhetik zu beschreiben versucht hat, dass die Lektüre seiner Ästhetik eine *theoria*, eine göttliche Vision hervorzurufen vermöge:

> Es könnte so scheinen [...], dass die ästhetische Wissenschaft, die nach dem Naturschönen greift, nach einem für sich unangebrachten Gegenstand greift, da sie nicht fähig ist, es durch Worte wiederzugeben; und einer der langweiligsten Gegenstände wäre eine Abhandlung über einen Gegenstand, den jeder mit den Augen viel schneller und viel genauer erkennen kann. So wäre es wirklich, wenn die Ästhetik in diesem Teil ihres Gebiets nur beschreibend wäre und sie sich die Beschreibung des Naturschönen zum Gegenstand nehmen wollte. Sie beschreibt es nicht, sie erfasst es; sie dringt in sein Wesen ein und enthüllt unzählige in ihm versteckte Reichtümer; sie zerbricht die sieben Siegel, durch die das Schöne in der Natur verborgen lag. Denn das, was in der Heiligen Schrift gesagt wird, dass es Menschen gibt, die Augen zum Sehen haben und nicht sehen, die Ohren zum Hören haben und nicht hören, das kann man in der gesamten Ausdehnung seiner Bedeutung auf das Naturschöne anwenden. Tausende und Millionen Augen betrachten es und sehen nicht; Tausende sehen, und verstehen nicht. Man benötigt ein ästhetisches Auge, um es zu sehen, man benötigt eine poetische Seele, um es zu verstehen, man benötigt Fantasie, um es mit einer kurzen, deutlichen Wortskizze verständlich zu machen.[111]

Auch bei Spinoza muss derjenige, der aus der göttlichen Perspektive alle Dinge beobachtet, wissen, dass er nur zwei Attribute der Substanz kennt, nämlich Ausdehnung und Denken, während die Substanz selbst eine unendliche Zahl von Attributen habe. Die kommenden slavischen Philosophen der Praxis würden aber, so Libelt, nicht nur quasi göttlich alles, was ist, wahrnehmen und erfassen, sondern auch fast wie Gott sprechen lernen, weil es das schöpferische Wort Gottes sei, das den Unterschied zwischen Sprechen und

111 „Zdawałoby się [...], że umiejętność estetyczna dosięgająca po piękno natury, po niewłaściwy chwyta dla siebie przedmiot, albowiem go słowami oddać nie potrafi; i że jednym z najnudniejszych przedmiotów, byłoby rozprawianie o przedmiocie, który każdy oczyma daleko prędzej i daleko dokładniej poznawa. Takby było rzeczywiście, gdyby estetyka w tej części powiatu swojego była tylko opisującą, i chciała sobie wziąć za przedmiot opisywać piękno natury. Ona je pojmuje, nie opisuje; ona wnika w jego istotę i odsłania niepoliczone w niem utajone bogactwa; ona rozłamuje siedem pieczęci, któremi w naturze piękno zaklęte leżało. Albowiem co w piśmie świętym powiedziane jest, iż są ludzie, co mają oczy ku widzeniu a nie widzą, co mają uszy ku słyszeniu, a nie słyszą, to się w całej rozciągłości tego znaczenia da do piękna natury zastosować. Tysiące i miliony ócz na nie patrzą a nie widzą; tysiące widzą, a nie pojmują. Trzeba estetycznego oka aby je zobaczyć, trzeba poetycznej duszy, aby je pojąć, trzeba fantazyi, aby je krótkim, a wydatnym rzutem słów skreślić do zrozumienia" (Libert, *Filozofia i krytyka*, t. 4, cz. 2, 324-325).

Tun überwinde. Das Wort der polnischen Philosophen müsse, wenn diese die deutschen Idealisten überbieten wollten, das Wort Gottes darstellen. Dieses effektivste Wort, das darstellende Wort wäre das dramatischste: effektiv und selbstbewusst inszeniert zugleich.

„Inszenierung" ist für Libelt der einzige Begriff, der analog der Mechanik eines *gestalt switch* funktioniert. Alles könne sich in jedem Moment als Verstellung präsentieren: die Atmosphäre allgemeiner Verschwörung, wie sie im damaligen Polen vorherrschte, erleichterte diese Verwandlung des Alltäglichen in Theater; man sah es bei Shakespeare, man las es in Mierosławskis Rede. Es reiche aus, einer beliebigen Erscheinung eine Intention,[112] die sich hinter ihr verstecke, zuzuschreiben, um die Erscheinung in eine Inszenierung zu verwandeln. Libelt unterscheidet das Naturschöne vom Kunstschönen mithilfe des Begriffs vom „ästhetischen Wille", der im Künstler selbstbewusst sei, in der Natur dagegen unbewusst.

> Und so stellt das menschliche Alltagsleben häufig komische Szenen dar; diese Komik aber ist Natur, nicht Kunst, denn dabei hat niemand daran gedacht, komisch zu sein [...]. Ähnlich entsteht in der geschichtlichen Welt eine natürliche Tragik, verkörpert einzig durch den Zufall ... in den Darstellern dieser natürlichen Szenen gab es weder den Willen noch das Wissen um die ästhetische Positionierung des Körpers und die ästhetische Gruppierung.[113]

Doch es gebe Übergangsphänomene, die sich mal als Kunst, mal als Natur darstellten und besonders häufig im Bereich der Sozialkunst anzutreffen seien – Libelt erwähnt in diesem Zusammenhang eine schön angeordnete Gruppierung von Personen, die sowohl Kunst als auch Natur sein könne[114] – diese Übergangsphänomene bezeugen für ihn, dass ein Beobachter auch auf das Unwillkürliche einen Willen projizieren könne. Seinen eigenen Willen, der ein Wille zum notwendigen Schein sei, unterstelle er der Natur.

Ohne Projektion von Seiten der Adressatenfantasie entstehe überhaupt kein Kunstwerk. Innerhalb der allgemeinen Einbildungskraft unterscheidet Libelt

---

112 Martin Seel, „*Inszenieren als Erscheinenlassen.* Thesen über die Reichweite eines Begriffs", Josef Früchtl, Jörg Zimmermann (Hg.), *Ästhetik der Inszenierung. Dimensionen eines künstlerischen, kulturellen und gesellschaftlichen Phänomens* (Frankfurt am Main: Suhrkamp, 2001), 49-50.

113 „I tak potoczne życie ludzkie przedstawia wielokroć sceny komiczności; komika ta atoli jest naturą, nie sztuką, bo tam nikt nie myślał o tem, aby być komicznym [...]. Podobnie na dziejowym świecie tworzy się naturalna tragiczność, samym przypadkowym zbiegiem okoliczności upostaciowana [...] w aktorach tych scen naturalnych nie było ani woli, ani wiedzy estetycznego układu ciała i estetycznej grupy" (Libelt, *Filozofia i krytyka*, t. 4, 6).

114 „[P]iękne ugrupowanie osób, które może być już sztuką, już naturą" (Libelt, *Filozofia i krytyka*, t. 4, 3).

eine „ergänzende Fantasie", *fantazja uzupełniająca*. Die ergänzende Phantasie, die Vorfahrin der ‚Konkretisation', des zentralen Begriffs in der Literaturtheorie des 20. Jahrhunderts (Ingarden, die deutsche Rezeptionsästhetik, Eco und seine *opera aperta*), ist spezifisch für das Schaffen von Kunstwerken verantwortlich: Sie sei sowohl im ästhetischen Genie tätig als auch bei der Rezeption von Kunstwerken beteiligt.[115] Ohne sie könnten Kunstwerke nicht zu dem werden, was sie sind, weil sie die aktive Partizipation der Betrachter bräuchten, um nicht in einer Grauzone[116] zwischen formlosem Stoff und einem geformten Kunstwerk steckenzubleiben. Elemente eines materiellen Trägers (einer „ästhetischen Gegenständlichkeit") seien nur Auslöser für die ergänzende Fantasie, die anhand ihrer letztendlich ästhetische Objekte schaffe, wobei ein materieller Träger ein Teil der Natur oder gesellschaftlichen Lebens sein könne. Die Fantasie verwandle alltägliche Tätigkeit in ein Kunstwerk:

> Denn keine ästhetische Idee lässt sich, da sie von unendlicher Natur ist, als solche darstellen, sondern nur markieren, symbolisieren. Überall da, wo die Fantasie sie erblickt, ob in Werken der Kunst, in der Natur, in menschlichen Taten oder schließlich in den Bildern der eigenen Einbildungskraft, erfasst sie sie durch Ergänzung. Die ästhetische Gegenständlichkeit selbst, ausgedrückt in endlichen Formen, gibt nur Zeichen, Symbole der unendlichen Idee des Schönen in ihren verschiedenen Schattierungen. Man käme demnach ohne die Mitwirkung der ergänzenden Phantasie nicht aus, weder bei der direkten Gestaltung phantastischer Bilder in der Gegenständlichkeit, noch bei ihrer Reproduktion [im Rezipienten].[117]

Die Fantasie wirkt also sowohl beim Gestalten der fiktionalen Bilder als auch bei ihrem Reproduzieren im Rezipienten, damit das Kunstwerk final auf die ästhetische Idee bezogen werden kann. Im Vergleich zu den Rezeptionstheoretikern des 20. Jahrhunderts sagt Libelt kläglich wenig über die Struktur der Kunstwerke, in denen Unbestimmtheitsstellen das Wirken der Fantasie auslösen; wo aber seine Begriffe verschwommen sind, umfassen sie am meisten. Die ergänzende Fantasie ist in allen Erscheinungen tätig, die Libelts Ästhetik

115 Libelt, *Filozofia i krytyka*, t. 4, 18-19.

116 Libelt, *Filozofia i krytyka*, t. 4, 38, 40-41.

117 „Albowiem wszelka idea estetyczna, będąc natury nieskończonej, jako taka nie da się przedstawić, ale tylko naznaczyć, usymbolizować. Gdziekolwiek więc fantazya jej doziera, czy to w dziejach sztuki, czy w naturze, czy w czynach ludzkich, czy nareszcie w obrazach własnej wyobraźni, doziera przez dopełnienie. Sama przedmiotowość estetyczna, skończonemi formami wyrażona, podaje tylko znaki, symbola samej nieskończonej idei piękna w rozlicznych jej odcieniach. Nie mogło się zatem obejść bez współdziałania fantazyi dopełniającej, ani przy bezpośredniem kształtowaniu fantazyjnych obrazów w przedmiotowości, ani przy ich reprodukcji" (Libelt, *Filozofia i krytyka*, t. 4, 232).

behandelt. Ihre Struktur zu beschreiben, hieße deswegen die Struktur der Welt zu modellieren. Im Kontext des Polenprozesses sind die platonischen Wurzeln der Rezeptionsästhetik nicht wichtig, sondern etwas anderes: Die ergänzende Fantasie vermittelt nämlich auch und vor allem zwischen Libelts Tragödientheorie und dem Gerichtsverfahren, dem Polenprozess, der dank dessen selbst als eine ästhetische Erscheinung zu fungieren anfängt.

Die verbreitete Verbindung von Einbildungskraft und Gerichtsverfahren ist schon in der frühen Moderne bei Montesquieu (*L'Espirit des lois*, VI, 12) zu finden, der behauptet, dass die Einbildungskraft eine präventive Rolle spielen und die Menschen vom Verbrechen abhalten könne, es sei denn die allzu strengen Strafen die Empfindsamkeit dämpfen. Diese Feststellung lässt sich als ein formalistischer Ratschlag an Gesetzgeber und Richter lesen. Auch Pascal betonte den Anteil der Einbildungskraft an der Legitimation der Macht und des Rechts.[118] Es war aber Cessare Beccaria, der in *Dei delitti e delle pene* der Regierung eine regelrechte Disziplinierung der bürgerlichen Einbildungskraft als Programm vorschlug; und wer weiß, ob Raskolnikovs rege Einbildungskraft nicht von ebendiesem Traktat *Über Verbrechen und Strafen* angeregt wurde. Für Beccaria ist die Einbildungskraft

> das Medium, mit der von der Körperlichkeit des öffentlichen Spektakels abstrahiert und auf seine antizipierende Verinnerlichung umgeschaltet werden kann. Statt sich vom sichtbaren Schrecken und der Unerträglichkeit des einzelnen Leides überwältigen zu lassen, imaginiert man seine lautlose Allgegenwärtigkeit hinter Gefängnismauern, wechselt man den exzessiven Augenblick des Terrors gegen die ununterschiedene Dauer der Drohung aus: [...] Beccarias Verdienst liegt so in der Entdeckung der ästhetischen Imagination als Motor der Strafrechtspflege; dieser zugleich verinnerlichten wie intersubjektiv einsetzbarer Gewalt sei auf Dauer nicht zu widerstehen.[119]

Die Theorie der Einbildungskraft wurde im Rahmen der aufklärerischen Ästhetik des Theaters als einer pädagogischen Anstalt formuliert:

> Becaccias Einbildungskraft entstammt einem durch Tradition quasi institutionalisierten Wirkungskonzept und will auch kaum ihre Herkunft aus dem

---

118 „Qui dispense la réputation, qui donne le respect et la vénération aux personnes, aux ouvrages, aux lois, aux grands, sinon cette faculté imaginante? Combien toutes les richesses de la terre insuffisantes sans son consentement" (Pascal, *Pensées*, (éditions savantes : Faugère II, 47 à 53, I-I à V / Havet III.3 et III.19 / Michaut 601 / Brunschvicg 82 et 83 / Tourneur p. 173-6 / Le Guern 41 / Maeda II p. 13 / Lafuma 44 et 45 / Sellier 78), http://www.penseesdepascal.fr/Vanite/Vanite31-moderne.php; Zugriff 18.2.2016).

119 Thomas Wirtz, *Gerichtsverfahren: Ein dramaturgisches Modell in Trauerspielen der Frühaufklärung* (Würzburg: Königshausen u. Neumann, 1994), 4.

> poetologischen Reservoir verbergen. Das Ziel ist beiden gemeinsam: Abschreckung ist hier das Maß, nach dem sich eine gelungene Tragödie und ein gesellschaftlich nutzbringendes Urteil gleicherweise bemessen.[120]

Während sich die Ästhetik der Tragödie in Richtung der ästhetischen Vermittlung der Freiheit bewegt, geht die „Wirkungspoetik der Abschreckung“ in „in die Debatte der Strafrechtsreformen über: Die barocke Schreckensbühne verwandelt sich in ein abschreckendes Straftheater.“[121] Bei Libelt feiert die Gerichtseinbildungskraft ihren feierlichen Wiedereinzug in die Ästhetik, die sie nur vorläufig verlassen hatte, um für sie neue Gebiete zu erobern. In Russland, direkt vor der Oktoberrevolution, entwickelte Nikolaj Evreinov „parallel zu seiner Dissertation über Körperstrafen in der russischen Rechtspflege und Verwaltung“ seine Konzeption des Zusammenhangs von Theater und Schafott.[122] Evreinov veranstaltete nach der Revolution die zentralen revolutionären Volksfeste, die *larger than life* waren und in denen sich das Volk im Raum einer positiven Freiheit selbst erfahren durfte, wie es zum Beispiel den Winterpalast noch einmal stürmte, diesmal – im Unterschied zu der Nacht-und-Nebel-Aktion der Bolschewiki – richtig kollektiv.[123] Es nimmt nicht wunder, dass auch Evreinov seine Ästhetik der Natur verkündete. Der Ausgangspunkt seiner Abhandlung *Teatr kak takovoj* (*Theater als ein solches*, 1912) stellt der angeborene Instinkt des Theatralen dar, der das Theater, die Nachahmung in den vor-ästhetischen Bereich des Gesellschaftsstiftenden rückt.[124] Die letzte Konsequenz dieses Denkens zieht Evreinov 1924 im *Buch Teatr u životnych: O smysle teatral'nosti s biologičeskoj točki zrenija* (*Theater unter den Tieren. Über den Theatralitätssinn aus dem Standpunkt der Biologie*). Die kritische Theorie kehrte damit zu Vischer und Libelt zurück.

Und wir kehren zur Fantasie zurück, vor allem zu ihrer Beziehung zu der Tragödie und zu dem Gerichtsverfahren. Libelt konzentriert sich in einem solchen Maße auf die tragische lückenhafte (offene) Form, die die Mitwirkung der ergänzenden Phantasie induziert, dass er sehr tolerant, ja nachlässig wird,

120 Wirtz, *Gerichtsverfahren*, 9.

121 Carsten Zelle, *Angenehmes Grauen. Literaturhistorische Beiträge zur Ästhetik des Schrecklichen im achtzehnten Jahrhundert* (Hamburg: Meiner, 1987), 16.

122 Susanne Strätling, *Hand am Werk. Poetik der Poiesis in der russischen Avantgarde* (München: Fink 2017), 339; Nikolaj Evreinov, „Teatr i ešafot. K voprosu o proischoždenii teatra kak publičnogo instituta“, Vladislav Ivanov (Hg.), *Mnemozina. Dokumenty i fakty iz istorii russkogo teatra XX veka* (Moskva: Indrik, 1996), Bd. 1, 14-44.

123 Vg. Nikolaj Evreinov: *Sturm auf den Winterpalast*, hg. von Inke Arns et al. (Zürich: Diaphanes 2017).

124 Nikolaj Evreinov, „Teatr kak takovoj“, *Demon teatral'nosti*, hg. von A. Zubkov i V. Maksimov (Sankt-Peterburg: Letnij sad, 2002), 31-98.

wenn es um den Gegenstand der Tragödie geht. Der Gegenstand könne das Fatum der Griechen sein, die unergründlichen Urteile des christlichen Gottes oder auch der blinde Zufall (der Moderne?).[125] Mit einer dieser Kräfte oder mit irgendeiner anderen überlegenden Kraft müsse ein Individuum konfrontiert werden, sich romantisch potenzierend wie Schillers Wallenstein oder sich plastisch und stoisch auf sich selbst beschränkend.[126] Die tragische *Form* dagegen bestehe im Aufschub der unmittelbaren Konfrontation, die von vornherein entschieden sei. Das Tragische presse sich in eine Lücke der Zeit, die den Aufschub ausmache und die Zeit des Erwartens organisiere; die Tragik wäre damit ganz im Sinne von Schillers Wallenstein, von Puškin, Mickiewicz und Boris Ejchenbaum[127] die Kunst des Vertagens von etwas, das sich nicht abwenden lässt. Das Tragische sei ganz im noch Ungesagten, noch Ausgebliebenen, im noch Erwarteten, das bestimmt kommen wird:

> Das Tragische zum Beispiel beruht einzig auf solch einer Ergänzung. Das furchtbare und unerschütterliche Fatum der Alten, das mit der ganzen Grausamkeit einer unumkehrbaren Vorhersehung auf den menschlichen Angelegenheiten lastete, verlieh ihrer Bühne das Tragische. Ihr Drama entwickelte sich so wie eine schwarze Gewitterwolke sich zusammenzieht, elektrizitäts- und orkanschwanger, aus der ein Blitz herausschießen soll, Unglück und Tod bringend. Nicht der Blitz, der herausschießt, sondern diese seine Unsichtbarkeit in der Dunkelheit des sich zusammenbrauenden Unwetters, dieses ängstliche mit den Augen nach ihm Ausschauen, und seine drohende Erwartung – also die ergänzende Tätigkeit der Fantasie des Hörers oder Lesers – sind das Tragische. Deshalb sollte die Tragödie – metaphorisch gesprochen – gleich zu Beginn den Horizont unserer Einbildungskraft mit solchen meteorologischen Anzeichen besetzen, so dass die Fantasie aus ihnen sofort auf das Aufkommen eines Unwetters schließt, dessen fürchterlichen Ausgang immer neue Umstände, gleich immer schrecklicheren Vorboten, ankündigen sollten. Der Tod selbst ist nicht tragisch, aber die Wege und Pfade, auf denen die unsichtbare Parka oder die rachsüchtige Nemesis wandeln und nach ihrem ausgewählten Opfer greifen, bilden das Tragische; – denn in diesem langsamen Anschwellen der sich erfüllenden Vorsehung ist auch die Fantasie erfüllend, sie erfüllt und sieht ihr Schreiten und ergänzt das ganze Bild der Schicksalhaftigkeit, deren rechte Hand, wie die rechte Hand einer verärgerten Gottheit, aus dem Dunkel der unsichtbaren Welt in die sichtbare Welt greift. Ein Mord, der auf der Bühne ausgeübt wird, macht keinerlei tragischen Eindruck.[128]

---

125 Libelt, *Filozofia i krytyka*, t. 4, 407.

126 Libelt, *Filozofia i krytyka*, t. 4, 408.

127 Siehe den Epilog.

128 „Tragiczność np. na takiem dopełnieniu jedynie polega. Straszliwe i niewzruszone fatum starożytnych, które ciężyło całą okropnością niecofnionego przeznaczenia na sprawach ludzkich, nadawało tragiczność ich scenie. Ich dramat rozwijał się jak się zbiera czarna chmura nawalna, elektrycznością i orkanem brzemienna, z której ma wypaść piorun,

> […] die Phantasie der Zuschauer ergänzt diese ganze furchtbare Wirklichkeit in allen Farben und macht sie tragisch. Die Handlung selbst, vor den Augen der Zuschauer auf der Bühne aufgeführt, wäre rührselig oder lächerlich. Sowohl in der Haupthandlung als auch in den Nebensträngen, überall wird das Tragische durch Ergänzung erreicht.[129]

Nur das Erwarten ist tragisch. Das Geschehen selbst wirkt komisch oder rührselig, besonders wenn die Form das Thema des harten Schicksals nicht zu umfassen vermag.

9.6. Der Polenprozess

Der Polenprozess war der erste öffentliche politische Prozess in Preußen, aber das Urteil, das gefällt wurde, war bereits das dritte in Libelts Leben. In den 1830er Jahren musste er für die Teilnahme am Novemberaufstand viereinhalb Monate im Gefängnis verbringen. Beim zweiten Mal war er wegen einer anderen, früheren Konspiration, die er zusammen mit den Szumans organisiert hatte, angeklagt. Die preußischen Behörden in der Provinz hatten von Libelt handgeschriebene Briefe abgefangen, aber er entkam der Strafe, indem er behauptete, er hätte die Nachricht abgeschrieben, ohne sie zu verstehen.

Bei der Untersuchung, die dem Polenprozess 1847 voranging, hatten die Angeklagten zwei widersprüchliche Taktiken verfolgt – die Taktik der vollen Transparenz und die des Verschweigens und des Widerstands. Erstere hatte Mickiewicz, mit einem genialen Sinn für Theatralität, den Verschwörern

---

nieszczęście i śmierć niosący. Nie ten piorun, co wypada, ale ta jego niewidzialność w ciemnościach ściągającej się burzy, to wyglądanie go trwożliwe, i spodziewanie się groźne – czyli dopełniająca czynność fantazyi słuchacza lub czytelnika – jest tragicznością. Dlatego tragedya zaraz na wstępie horyzont wyobraźni naszej takiemi znakami meteorologicznemi – mówiąc w przenośni – zająć powinna – aby z nich fantazya od razu wnosiła nadejście burzy, której straszliwe rozwiązanie się coraz nowe okoliczności, jako coraz groźniejsze jej zwiastunki zapowiadać powinny. Śmierć sama nie jest tragiczną, ale drogi i ścieszki, któremi niewidzialna Parka albo mściwa Nemesis postępuje i po ofiarę wybraną i upatrzoną sięga, stanowi tragiczność; – albowiem w tem wolnem nabrzmiewaniu dopełniającego się przeznaczenia jest oraz fantazya dopełniającą, ona je przenika i widzi jego kroczenie i dopełnia sobie cały obraz fatalności, której prawica, jakby prawica zagniewanego bóstwa, z ciemni niewidzialnego świata w świat widzialny sięga. Mord na scenie dokonany nie robi żadnego wrażenia tragicznego" (Libelt, *Filozofia i krytyka*, t. 4, 232-233).

129 „[…] fantazya widzów całą tę okropną rzeczywistość we wszystkich kolorach sobie dopełnia i robi ją tragiczną. Sama operacya przed oczy widzów na scenie wystawiona, byłaby ckliwą albo śmieszną. Zgoła tak w okolicznych jak głównych rzutach tragedyi, wszędzie tragiczność osięga się przez dopełnienie" (Libelt, *Filozofia i krytyka*, t. 4, 233).

durch Konstancja Łubieńska vorgeschlagen. Seine mystische Aufforderung zu voller Aufrichtigkeit, die Bewunderung bei den Völkern wecken und in letzter Konsequenz eine europäische Revolution provozieren sollte, wurde anfänglich von Mierosławski akzeptiert. Libelt lehnte seinerseits die theatralische Taktik des Patriotismusgeständnisses völlig ab: Diese Taktik wurde ihm zufolge entweder aus Verrat oder aus Dummheit erdacht. Libelt zufolge sollte in der Untersuchung behauptet werden, es sei zu keiner Tat gekommen – die Verschwörer wurden verhaftet, bevor sie etwas tun konnten – also gäbe es auch nichts zu gestehen. Die Gedanken wurden ja nicht in Taten umgesetzt. Außerdem band ein geheimer Eid die Verschwörer und verpflichtete sie zum Schweigen. Als der Prozess näher rückte, gewann Libelts Taktik die Oberhand und Mierosławski widerrief seine früheren kühnen Geständnisse.

Als Libelt an der Reihe war, seine Verteidigungsrede zu halten, sah das Publikum einen Mann aufstehen, der alle Eigenschaften des Komischen an sich trug, so wie Aristoteles diese Kategorie im fünften Kapitel seiner *Poetik* beschreibt. Laut Aristoteles Definition sei das Lächerliche „ein mit Hässlichkeit verbundener Fehler, der indes keinen Schmerz und kein Verderben verursacht, wie ja auch die lächerliche Maske hässlich und verzerrt ist, jedoch ohne den Ausdruck von Schmerz."[130] Eine Bekannte von Libelt, Bibiana Moraczewska, beschrieb ihn folgendermaßen:

> [V]on hässlichem Äußeren, wie nur wenige Menschen, wenn auch nicht krumm und kein Krüppel, nur ein plattes Gesicht mit breiter Nase, blass, überaus pockennarbig, die Haare blond gekräuselt, von recht hoher Gestalt, irgendwie grobschlächtig von den Armen an aufwärts, aber in den kleinen, blauen Augen voller Seele, und der Klang der Stimme so lieblich wie ein schönes Instrument.[131]

Es muss gewesen sein, als ob ein Schauspieler mit geschulter Stimme durch eine komische Charaktermaske spräche. Was Libelt in seinem Plädoyer vorbrachte, war im Grunde ein Dementi der ganzen slavischen Nationalphilosophie, sowohl in ihrer ästhetischen als auch in ihrer praktischen Dimension, die freilich unzertrennlich sind, aber eben darum schaffte es Libelt, beide in ein und demselben Moment zu leugnen. Damit verneinte er auch die kritische Tragödientheorie als die Theorie des Anschaulichwerdens von Ideen.

---

130 Aristoteles, *Poetik: Griechisch/ Deutsch*, übersetzt von Manfred Fuhrmann (Leipzig: Reclam, 1994), 1449ab.

131 „[...] powierzchowności brzydkiej, jak mało ludzi, lubo nie krzywy ani żaden niedołęga, tylko twarz płaska z szerokim nosem, blada, niezmiernie ospowata, włosy blond kędzierzawe, figura dość wysoka, jakaś klocowata w ramionach do góry, ale w oczach małych, niebieskich pełno duszy, a dźwięk mowy tak miły, jak piękny instrument" (Grot, *Życie i działalność Karola Libelta*, 4).

Zuerst wiederholt er detailliert die Argumente seines Anwalts, dann geht er zum allgemeinen Teil seiner Rede über. Hier aber versucht er, nicht im Publikum Schrecken vor und Mitleid für die polnische Niobe zu wecken, wie Mierosławski – Aischylos und Sophokles nachahmend[132] – es getan hatte. Sondern er betreibt viel eher Haarspalterei, indem er vermittels analytischer Definitionen (*finitio*) aufzuweisen versucht, dass z. B. die ‚Zentralisation' (*centralizacja*) des Demokratischen Vereins nicht zugleich öffentlich und geheim tätig sein könne, weil beides sich gegenseitig ausschließe. Oder dass eine öffentliche Organisation gar keine geheime Filiale haben könne. Oder dass, abgesehen von Frankreich, wo der Verein seinen Sitz hatte, er gar keine „Mitglieder", sondern nur „Anhänger" vereinigen könne. „Spisek" bedeute „geheime Verbindung", „Verschwörung" sei „sprzysiężenie" – und nur Verschwörung sei rechtlich verboten. Insgesamt behauptet Libelt, dass es immer nur um Ideen gegangen sei und nicht um Praxis: Die gesamte Konspiration sei bloße Schwärmerei, ein Diskussionsforum gewesen. Libelt, der slavische Philosoph, plädiert in Gegenwart von Deutschen für eine Trennung von Worten und Taten, indem er behauptet, dass nur Taten bestraft werden können, nicht aber Worte, die ja *nur* Worte seien. Er verwirft die alte positive Freiheit der altertümlichen Polen, die keinen wesentlichen Unterschied zwischen Sprechen, Erscheinen und Tun kannten und beruft sich auf die negative Meinungsfreiheit des Liberalismus, für die sich die Macht nicht interessieren sollte. Libelt leugnet sogar das Minimum der Moral, wie es Derrida später bestimmen sollte:[133] Die Bindungs- und Verpflichtungskraft der Signatur, mit der man eine Verantwortung für das annimmt, was man signiert.

Libelt hatte das Manifest des Demokratischen Vereins zwar unterzeichnet, aber das Manifest spräche *nur theoretisch* über einen Aufstand oder eine Auferstehung Polens. Es diene „ausschließlich der Propaganda von Ideen". „Ich glaube auch nicht, dass durch die Unterzeichnung dieses Manifests irgend eine Verbindlichkeit praktisch für dieses Ereignis zu wirken übernommen worden ist."[134] In einem Anfall von Akribie trennt Libelt Ideen von Handeln, Wille von Taten, Worte von Dingen, und so fasst er seine Verteidigungslinie zusammen:

> Die Angeklagten […] waren keine Mitglieder des demokratischen Vereins, auch keine Mitglieder einer im Lande förmlich organisierten Verschwörung; sie sind

---

132 Julius, *Der Polenprozess*, 34.

133 Jacques Derrida, „Signature, événement, contexte", *Marges de la philosophie* (Paris: Minuit, 1972), 365-393.

134 Julius, *Der Polenprozess*, 324.

> [...] nur Anhänger demokratischer Ideen, und waren bereitwillig das Unternehmen der Zentralisation mit ihren Kräften zu unterstützen.[135]

Aber es sei noch nichts passiert – bloß Ideen und Bereitschaft, reine Potenzialität, die nicht in Kinesis übergeht. In seiner Rede stellt sich Libelt als Spiegelbild von Büchners Robespierre-Kant dar: „Die Sünde ist im Gedanken. Ob der Gedanke Tat wird, ob ihn der Körper *nachspielt*, das ist Zufall."[136] Libelt kennt jetzt auch keinen Übergang von den Gedanken zu den Taten mehr (und die theatralische slavische Philosophie sollte doch genau diesen Übergang erzeugen), sondern will nur Taten strafen lassen, während Robespierre bloß Gedanken anklagte und die Taten dem Zufall überließ. Der slavische Philosoph macht einen großen Schritt rückwärts und verleugnet die ganze Entwicklung der theatralischen Philosophie von Kant, den deutschen Idealisten bis hin zu ihren slavischen Schülern, die mit der Kraft dramatischer und theatralischer Konzepte Praxis mit Theorie zusammenführen wollten. Am Ende seiner Rede beruft sich Libelt, rekapitulierend und direkt an die Richter appellierend, auf die einzige ästhetische Kategorie, die Robespierre gekannt und umgesetzt habe – auf das Erhabene, das er im Kantschen Sinne als das Gefühl der Achtung für das Recht und die Gerechtigkeit versteht.

> Ja, meine Herren, es ist ein Polenprozess, der hier vor Ihnen verhandelt wird. So werden ihn die Annalen der Geschichte benennen, in die auch Ihr Urtheil eingezeichnet wird, so werden ihn die kommenden Generationen benennen.
>
> Ist aber die Sache selbst an sich eine höhere und erhabenere, so ist es auch ein höheres und erhabeneres Rechtsgefühl, welches ich bei Ihnen, hohe Richter, im gegenwärtigen Prozesse in Anspruch nehme; – ein Rechtsgefühl, wie jenes, welches die Brust Pitt's durchdrungen hat, in fast adäquaten Verhältnissen zur Zeit des nordamerikanischen Befreiungskrieges. Im Bewusstsein der Kraft, aber auch dieses Rechtsgefühles hat damals dieser große Staatsmann der englischen Nation die bekannten Worte zugerufen, welche ich als Schlussstein zu meiner Vertheidigung nehme: „In einer gerechten Sache zertretet Amerika in Staub, aber in dieser hier, wäre es eine schreiende Ungerechtigkeit."[137]

Vielleicht aber hat Libelt seine ganze Palinodie der slavischen Philosophie nur vorgetäuscht? Vielleicht hat er die Rolle eines *eirons* gespielt? Der Appell an das Gefühl des Erhabenen, der seine Rede beschloss, hatte jedenfalls keinen Erfolg. Libelt wurde „als Urheber" am 2. Dezember 1847 zu 20 Jahren Freiheitsentzug und Beschlagnahmung seines Eigentums verurteilt. Zwei Todesurteile

---

135 Julius, *Der Polenprozess*, 331.

136 Büchner, *Sämtliche Werke*, 35.

137 Julius, *Der Polenprozess*, 333.

wurden verkündet, eines davon gegen Mierosławski. Am 3. Dezember hielten Marx und Engels ihre im Hegel-Kapitel ausführlich zitieren Polen-Reden. Am 3. März 1848 begannen in Köln, am 6. März in Breslau Straßenkämpfe. Am 18. März errichteten Berliner Arbeiter Barrikaden, die Armee eröffnete das Feuer. Am 20. März wurden die polnischen Sträflinge von einer jubilierenden Menge – „vielleicht 10000 Menschen" – befreit, was einen der Höhepunkte der Märzrevolution darstellte.[138] Frauen und Verwandte der Insassen kamen ins Gefängnis Moabit, begleitet von einer Menschenmasse. Eine feierliche Prozession bildete sich vom Gefängnis bis zur Stadt. Henryk Szuman erzählte später:

> Beim Oranienburger Tor wurden sogar die Pferde aus den Fahrzeugen ausgespannt, hinter welchen in einer Reihe die Gefangenen gingen, und neben ihnen und hinter ihnen unter unaufhörlichen Rufen: „Es lebe die Freiheit! Es lebe die Brüderlichkeit!", eine undurchdringliche Menschenmenge. Der Zug ging durch die Friedrichsstraße und die Linden vor das Schloss, um dem König öffentlich Dank für die gewährte Amnestie abzustatten, und danach ging es zurück vor die Universität, wo, nachdem sie abgesessen hatten, Mierosławski in französischer, und Libelt in deutscher Sprache dem Volk für das erwiesene Mitgefühl dankten, die Ideen der Freiheit und der Bürgerrechte und der Verbrüderung der Völker hochleben ließen, worauf die Menge wieder mit Hochrufen auf die Freiheit antwortete.[139]

---

138 Peter Oliver Loew, *Wir Unsichtbaren. Geschichte der Polen in Deutschland* (München: Beck, 2014), 70-71; Franz Mehring, „Die polnische Frage", *Gesammelte Schriften* (Dietz: Berlin, 1960), Bd7, 35-36: „Es gehörte nun zu den ersten Akten der Berliner Märzrevolution, dem Könige die Begnadigung der verurteilten Polen zu entreißen. Sie wurden am 20. März von der begeisterten Menge in Moabit abgeholt und in einem großen Triumphzuge unter dem Wehen deutscher und polnischer Fahnen bis vor das Schloss geleitet. Im ersten und frischen Sturm der revolutionären Leidenschaft herrschte durchaus die richtige Empfindung vor, dass Polens Sieg Deutschlands Sieg, Polens Fall auch Deutschlands Fall sei; selbst das Frankfurter Vorparlament erklärte bei allem sonstigen Mangel an politischer Einsicht, dass die Wiederherstellung Polens eine heilige Pflicht der deutschen Nation sei. Die Wiederherstellung Polens war im Wesen der Dinge aber nichts anderes als ein Kampf mit Russland auf Leben und Tod, und so konfus Friedrich Wilhelm IV. sonst sein mochte, so stellte er die Frage doch in aller Klarheit und Schärfe, als ihn am 24. März eine Deputation aus der Provinz Posen mit dem Erzbischofe Przyluski an der Spitze aufsuchte."

139 „Od Bramy Oranienburskiej wyprzężono nawet konie i pojazdy te, za którymi szli w szeregu więźniowie, a obok nich i za nimi wśród nieustających okrzyków: niech żyje wolność! niech żyje braterstwo!, ciżba ludu nieprzejrzana. Szedł pochód przez Fryderykowską ulicę i Lipy przed zamek, aby złożyć królowi publiczne podziękowanie za udzieloną amnestię, a potem z powrotem przed uniwersytet, gdzie wysiadwszy, Mierosławski we francuskim, a Libelt w niemieckim języku dziękowali ludowi za okazaną sympatię, wynosili idee wolności i swobód obywatelskich i zbratania się narodów, ano co znów tłumy wiwatami na wolność odpowiadały" (Grot, *Życie i działalność Karola Libelta*, 110).

Ein moderner Historiker rekonstruiert:

> Der König wurde auf den Balkon gerufen und gezwungen, seine Mütze zur Begrüßung der Gefangenen abzunehmen. Guttry erinnert sich, dass die Menge sich daraufhin an Libelt wandte, auf dass dieser die Forderungen formuliere, mit welchen sie vor den König treten sollten, und er sagte: eine Konstitution, Freiheit der Presse und Gleichberechtigung für alle Bürger der Monarchie. Der König sollte sich in einer kurzen Ansprache positiv zu den Forderungen des Volkes äußern.[140]

In der Natur oder der Gesellschaft ändert sich alles blitzschnell, wie Libelt selbst sagt, und geht vom Schönen ins Hässliche, vom Erhabenen ins Komische über. Noch in Berlin wird Libelt als Abgeordneter des Nationalkomitees unter der Leitung von Erzbischof Leon Przysłuski kooptiert. Die Deputation war verpflichtet, dem König die Forderung nach Souveränität der polnischen Länder vorzulegen, aber sie ignoriert dieses Mandat einfach und bittet bloß um Reorganisation und Autonomie. Danach, zurück in Großpolen, unterschreibt Libelt im Namen des Komitees die Abrüstungskonvention in Jarosław und beendet damit faktisch den Völkerfrühling im Großherzogtum. Diesmal erkennt er die Bindungskraft der eigenen Signatur an und will tragödienhaft, „ödipal", die ganze Verantwortung für die vor jedem Kampf beschlossene Niederlage auf sich nehmen. Er tritt vor der versammelten Armee auf, um ihr zu verkündigen, dass sie gerade aufgelöst worden sei. Die Bauern werfen sich mit Sensen auf ihn, da sie ihn für einen Verräter halten. Danach bekennt er öffentlich seinen Verrat, versucht fieberhaft den Aufstand zu retten und wiederzubeleben, schließt enge Bekanntschaft, fast eine Freundschaft mit dem sich in einer schweren Phase des Mystizismus befindenden Słowacki, und spielt prozedurale Spielchen auf dem Prager Kongress, der dann brutal auseinandergetrieben wird. Das dramatische Leben geht indes unbeirrt weiter.

9.7. Černyševskijs kontingente Tragödien und Lunačarskijs Korrektur

Muss man aber überhaupt nach einer Ordnung, nach einem Plan im Tragischen suchen? Nikolaj Černyševskij verweigert dem Tragischen jegliche Musterhaftigkeit: „Das Tragische ist das im menschlichen Leben Schreckliche: dies scheint

140 „Króla przywołano na balkon i zmuszono do zdjęcia czapki na powitanie więźniów. Guttry wspomina, że tłumy zwracały się wtedy do Libelta o sformułowanie żądań, z jakimi mają wystąpić do króla, a on odpowiadał: o konstytucję, o wolność prasy i równouprawnienie dla wszystkich mieszkańców monarchii. Król miał w krótkim przemówieniu ustosunkować się pozytywnie do żądań ludu" (Grot, *Życie i działalność Karola Libelta*, 61).

eine vollständige Definition des Tragischen im Leben und in der Kunst zu sein."[141] – schreibt Černyševskij in seiner Dissertation *Ästhetische Beziehungen der Kunst zur Wirklichkeit* (*Estetičeskie otnošenija iskusstva k dejstvitel'nosti*, 1855), die mindestens an drei Stellen einen Dialog *in absentia* mit Libelts Ästhetik knüpft. Die wegweisende Figur der russischen Intelligenzija – eigentlich erfand Libelt den Begriff ‚Intelligenz' als Bezeichnung für eine Gruppe von Menschen[142] – schreibt erstens eine Ästhetik des Lebens, die zweitens von Theodors Vischers Ästhetik abhängt. Černyševskij war auch drittens Angeklagter in einem politischen Prozess gegen eine konspirative Bewegung – mit dem Unterschied, dass sein Prozess den russischen Gepflogenheiten folgend kein öffentlicher war. Seine Festsetzung und seine Verbannung – sein Verschwinden also und nicht sein Erscheinen – bestimmen ästhetisch diese maßgebliche Gestalt und ihre Wirkung auf folgende Generationen, die vor allem auf seinem im Gefängnis geschriebenen Roman *Was tun?* (*Čto delat'?*, 1863) passiert, einer sui generis Ästhetik der Praxis oder „behavioral Text"[143] der russischen Intelligenzija. In diesem Roman modelliert Černyševskij die erwünschte Zukunft als eine Art Assoziation jünger Menschen (eine Art Falanster), was formaliter der positiven Freiheit entspricht, die allerdings nicht tragisch oder anti-tragisch wirkt. Der Roman wird als Vorläufer der Lebenskunst der Moderne und der Avantgarde mit Vladmir Solov'evs theurgischen Werken parallelisiert;[144] Solov'ev verfasste übrigens seine Gedanken über den Menschen-Künstler, der das Werk der Schöpfung unter anderen in einer Abhandlung, deren Titel dem des Werkes von Černyševskij ähnelt – „Die Schönheit in der Natur" („Krasota v prirode").[145] Eine säkulare und eine mystische Leseart der Lebenskunst, beide definitiv nicht tragisch, auch wenn jede auf ihre eigene Weise. Ebenso die Kunsttheorie des Konstruktivismus, der die von Černyševskij aufgeworfene Aufgabe wiederaufnahm, das Ästhetische solle realitätsaffin im Sinne nutzbringend sein, entbehrte jegliche Tragik.

---

141 Nikolaj Černyševskij, *Estetičeskie otnošenija iskusstva k dejstvitel'nosti* (*dissertacija*), *Sobranie sočinenij v pjati tomach* (Moskva: Pravda, 1974), Bd. 4, 73: „Трагическое есть ужасное в человеческой жизни, кажется, будет совершенно полным определением трагического в жизни и в искусстве."

142 Karol Libelt, „O miłości ojczyzny", *Samowładztwo rozumu*, 61-62.

143 Irina Paperno, *Chernyshevsky and the Age of Realism. A Study in the Semiotics of Behavior* (Stanford: Stanford University Press, 1988).

144 Vgl. Olga Matich, „The Symbolist Meaning of Love: Theory and Practice" und Irene Masing-Delic, „Creating the Living Work of Art. The Symbolist Pygmalion and its Antecedents", Irina Paperno, Joan Delaney Grossman (Hg.), *Creating Life. The Aesthetic Utopia of Russian Modernism* (Stanford: Stanford University Press, 1994), 24-50 und 51-82.

145 Vladimir Solov'ev, „Krasota v prirode", *Sočinenija v dvuch tomach* (Moskva: Mysl', 1990), Bd. 2, 351-389.

Wer das Fehlen des Tragischen in der positiven Vision Černyševskijs zu begreifen versucht, sollte zu seiner Dissertation *Ästhetische Beziehungen der Kunst zur Wirklichkeit* greifen. Černyševskij führt in der Dissertation seinen Skeptizismus gegenüber der tragischen Ordnung als einer möglichen Grundlage einer Ästhetik der Praxis weiter aus: „Häufig suchen wir nur aus Gewohnheit in jedem großen Kunstwerk" – und im Leben –

> nach ‚dem notwendigen Zusammentreffen von Umständen', ‚der notwendigen Entwicklung einer Handlung aus dem Wesen der Handlung selbst' und wir finden auf Teufel komm raus eine ‚Notwendigkeit im Verlauf der Ereignisse', wo sie überhaupt nicht vorhanden ist, etwa in den meisten Tragödien von Shakespeare.[146]

All die von Černyševskij mit Hintergedanken angeführten Floskeln beziehen sich auf die deutsche Ästhetik, als deren Repräsentant Theodor Vischer auftritt, da seine „Ästhetik heute als die beste in Deutschland gilt".[147] Der größtenteils der Tragödie gewidmete Band 3.2.5 von Vischers *Ästhetik* ist erst 1857 – zwei Jahre also nach dem Abschluss von Černyševskijs Dissertation – erschienen, deswegen bezieht sich Černyševskij in seinen Ausführungen auf den ersten Band (1846), der die Theorie des Erhabenen enthält. In diesem Rahmen fungiert das Tragische als „die höchste, die tiefste Art des Erhabenen",[148] welche das Objektiv-Erhabene mit dem Subjektiv-Erhabenen versöhne.[149] Die Theorie der Tragik gleicht also einer Theorie des In-der-Welt-Wirkens durch ein begehrendes Subjekt und des Im-Subjekt-Wirken durch eine turbulente Welt. Erneuert fällt der Tragödie die Aufgabe zu, zwischen der Absicht und der gesetzmäßigen Realität zu vermitteln.

Wegen dieser ihrer pragmatischen Ausdehnung spielen die in der „heutigen" Wissenschaft vorherrschenden Konzepte des Tragischen, so Černyševskij, nicht nur in der Ästhetik, sondern auch in vielen anderen Wissenschaften (z. B. in der Geschichte) eine sehr wichtige Rolle und sie würden sogar „mit

---

146 Černyševskij, *Estetičeskie otnošenija*, 74: „часто только по привычке доискиваться во всяком великом произведении искусства ‚необходимого сцепления обстоятельств', ‚необходимого развития действия из сущности самого действия' мы находим, с грехом пополам, ‚необходимость в ходе событий' и там, где ее вовсе нет, например, в большей части трагедий Шекспира."

147 Černyševskij, *Estetičeskie otnošenija*, 50: „В изложении буду я строго следовать Фишеру, которого эстетика ныне считается наилучшею в Германии."

148 Černyševskij, *Estetičeskie otnošenija*, 50: „Но, говоря о возвышенном, до сих пор мы не касались трагического, которое обыкновенно признают высшим, глубочайшим родом возвышенного."

149 Friedrich Theodor von Vischer, *Ästhetik oder Wissenschaft des Schönen* (Reutlingen und Leipzig: Mäcken, 1846), Bd. 1, §§ 117-146.

alltäglichen Lebenskonzepten" (*обиходными понятиями о жизни*) verschmelzen. Eben deswegen halte er für angebracht, sie detailliert darzulegen, um sie dann einer Kritik zu unterziehen.[150] Die Darlegung geschieht in Gestalt eines Pseudozitats: Černyševskij setzt einen Absatz in Anführungszeichen, in dem er Vischer aber nicht zitiert, sondern lediglich mehrere Paragrafen[151] zusammenfasst. Die Anführungszeichen konnotieren damit eine Distanznahme, das Sprechen in einer fremden Stimme.

Indem Černyševskij eine Auswahl aus Vischers Ausführungen trifft, stellt er in seiner Paraphrase die Ästhetik des Handelns in den Vordergrund. Das Subjekt sei von Natur aus ein aktives Wesen. Indem es handle, übertrage es seinen Willen auf die Außenwelt und gerate dadurch in Konflikt mit dem Gesetz der Notwendigkeit, das in der Außenwelt souverän herrsche. Die Handlung des Subjekts sei durch sein Individuum-Sein begrenzt und verletze daher die absolute Einheit des objektiven Zusammen-Hängens der Welt.[152] Das Subjekt betätige eine Kette unvorhersehbarer Ereignisse, in denen es seine Tat und seinen Willen nicht wiedererkennen kann. Die Versöhnung bestehe darin, dass es die Beziehung all dieser Phänomene mit seiner Tat anerkenne und sich dafür verantwortlich fühle (*должен признавать необходимую связь всех этих последующих явлений со своим поступком и чувствовать себя в ответственности за них.*) Wie in Hegels *Phänomenologie des Geistes*, auf die sich Vischer stützt, tritt das Leiden als unfehlbares Symptom der Schuld auf, und zwar ein bis zum Untergang gesteigertes Leiden. Freilich zeichnet sich diese zu kritisierende deutsche Ästhetik durch die Dialektik des heiteren Scheiterns aus, die in jedem richtig großen Leiden einen höheren, meistens pädagogischen Plan erkennbar macht. Die Handlung (*дело*) des Subjekts gehe nur scheinbar vollständig unter, indem es sterbe. Eine objektive Reihe von Konsequenzen überlebe den Tod des Subjekts und verschmelze mit der Alleinheit (*всеобщее единство*), indem sie sich nach und nach von ihrer individuellen Begrenzung, sozusagen ihrer Subjektivismus befreie. Wenn das sterbende Subjekt dieses Bewusstsein der Wahrhaftigkeit seines

150 Černyševskij, *Estetičeskie otnošenija*, 50: „Господствующие ныне в науке понятия о трагическом играют очень важную роль не только в эстетике, но и во многих других науках (напр., в истории), даже сливаются с обиходными понятиями о жизни. Поэтому я считаю не излишним довольно подробно изложить их, чтобы дать основание своей критике."

151 Eigentlich fasst Černyševskij Vischers Ausführungen von §117-138 zusammen.

152 Černyševskij, *Estetičeskie otnošenija*, 50: „Субъект по своей природе существо деятельное. Действуя, он переносит во внешний мир свою волю и тем самым приходит в столкновение с законом необходимости, владычествующим во внешнем мире. Но действие субъекта необходимо запечатлено индивидуальною ограниченностью и потому нарушает абсолютное единство объективной связи мира."

Leidens gewinne und wisse, dass sein Werk mit seinem Tod nicht zugrunde gehe, sondern gereinigt werde und triumphiere, dann sei die Versöhnung vollständig.[153]

Laut Černyševskij werde das Konzept des Tragischen in der deutschen Ästhetik mit dem des Schicksals vermengt, sodass das Tragische an der Lebensgeschichte einer Person gewöhnlich als „Kollision der Person mit dem Schicksal", als eine „Einmischung des Schicksals" dargestellt werde.[154] Černyševskij betrachtet die deutsche Tragödientheorie als eindeutig unkritisch, da die Annahme des Unterschieds zwischen dem Schicksal und dem Tragischen eine notwendige Bedingung der Kritik am Schicksal durch die Tragödie darstelle. Was Černyševskij aber dezidiert an der Standarddarstellung des ‚Schicksals' in „neueren europäischen" Büchern ablehnt, ist nicht ihre unkritische Ausrichtung, sondern umgekehrt der Versuch, den Begriff des Tragischen mithilfe „unserer" wissenschaftlichen Konzepte zu erklären, sogar mit ihnen in Verbindung zu bringen. Diese Verwechslung gelte es zu beseitigen.[155] Černyševskij bemerkt nicht, dass die neueren Bücher beabsichtigen, mithilfe dieser Vermengung die Tragödie als Kritik des primitiven Schicksals zu positionieren. Den Bezug von Tragödientheorien auf die Gegenwart pauschal abzulehnen heißt ihm die Aufklärung zu fördern, da er die aufklärerische Wirkung der Tragödie nicht beachtet.

Ein lebendiges und echtes Konzept des Schicksals sei unter den alten Griechen (d.h. unter den Griechen vor dem Aufkommen der Philosophie) vertraut gewesen und herrsche immer noch unter vielen Völkern des Orients vor.[156] Die neueste Ästhetik des Tragischen scheine daher das Ergebnis eines

---

153 Černyševskij, *Estetičeskie otnošenija*, 51-52: „Но дело субъекта погибает только по видимому, погибает не совершенно; объективный ряд последствий переживает погибель субъекта и, мало-помалу сливаясь с всеобщим единством, очищается от своей индивидуальной ограниченности, полученной от субъекта. Если субъект, погибая, усвояет себе это сознание правдивости своего страдания и того, что дело его не погибает, а очищается и торжествует его погибелью, то примирение полно."

154 Černyševskij, *Estetičeskie otnošenija*, 56: „…понятие трагического в немецкой эстетике соединяется с понятием судьбы, так что трагическая участь человека представляется обыкновенно как ‚столкновение человека с судьбою', как следствие ‚вмешательства судьбы'."

155 Černyševskij, *Estetičeskie otnošenija*, 56: „Понятие судьбы обыкновенно искажается в новых европейских книгах, старающихся объяснить его нашими научными понятиями, даже связать с ними, потому необходимо представить его во всей чистоте и наготе. Оно через это избавится от несообразного смешения с понятиями науки, в сущности ему противоречащими, и выкажет всю свою неосновательность, которая прячется при новейших переделках его на наши нравы."

156 Černyševskij, *Estetičeskie otnošenija*, 56: „Живое и неподдельное понятие о судьбе было у старинных греков (т. е. у греков до появления у них философии) и до сих пор живет у многих восточных народов."

Wunsches zu sein, das Unversöhnliche zu versöhnen – die fantastischen Ideen der halbwilden mit den wissenschaftlichen Konzepten der modernen Menschen.[157]

Černyševskijs Darstellung des Schicksals stiftet einerseits eine Tradition, der auch etwa der am Beginn dieses Buchs zitierte Aufsatz von Anatolij Lunačarskij „Vor dem Antlitz des Schicksals. Zur Philosophie der Tragödie" („Pered licom roka. K filosofii tragedii", 1903-1905) angehört. Die Ähnlichkeit beider Argumentationsgänge aber bringt andererseits den Gedanken auf, Černyševskij könne verblendet sein. Wenn er glaubt, das Bewusstsein eines ‚Halbwilden' zu rekonstruieren, projiziert er die Denkschemata der modernen Wissenschaft (das Prinzip der stationären Wirkung oder des kleinsten Energieaufwands) auf die primitive Konzeption des Schicksals. So verfuhr auf jeden Fall Lunačarskij, der das Schicksal mit der Ersparung von Energie, die Tragödie hingegen mit der Innovation innerhalb der gesetzmäßen Welt korrelierte, da letztere die großen luziferischen Rebellen (wie Prometheus) darstelle. Sie gehen unten, machen dabei aber einen Unterschied, initiieren neue Kausalketten und neue Welten – allem voran Kritik und Technik.[158] Laut Černyševskij verstehen die primitiven Menschen, welche alleine über ein authentisches Schicksalskonzept verfügen, folgendermaßen den Verlauf des menschlichen Lebens: Wenn ich keine Vorsichtsmaßnahmen gegen das Unglück treffe, kann ich überleben; aber wenn ich Vorsichtsmaßnahmen treffe, werde ich mit Sicherheit zugrunde gehen und dies genau aufgrund dessen, was mich meiner Meinung nach eigentlich hätte erretten sollen.[159] Je leiser du fährst, desto weiter kommst du, wie die Russen sagen; dieses Sprichwort wirbt für den Weg des kleinsten Widerstandes *avant la lettre*.

Černyševskijs Verallgemeinerung des Ödipus-Mythos nimmt Lunačarskij in der Gestalt der Mäßigungsreligion und -philosophie (*filosofija mery*) wieder auf: „Das Ideal der Mäßigung zu verkünden, es zum Wesen ihrer Kultur zu machen, es zu vergöttern, es zu verherrlichen – dies hat die Hellenenseele gefordert, in der ein unkontrollierbarer Impuls lebte, all die turbulenten

---

157 Černyševskij, *Estetičeskie otnošenija*, 56: „новейших эстетиков о трагическом, представляясь следствием стремления согласить непримиримое – фантастические представления полудикого и научные понятия, – страждут такою же несостоятельностью, как и понятие новейших эстетиков о трагическом."

158 Anatolij Lunačarskij, „Pered licom roka (K filosofii tragedii)", *Etjudy kritičeskije i polemičeskije* (Moskva: Idzanie žurnala „Pravda", 1905), 44. Zitiert in der Einleitung.

159 Černyševskij, *Estetičeskie otnošenija*, 58: „если я не буду принимать никаких предосторожностей против несчастия, я могу уцелеть, и почти всегда уцелею; но если я приму предосторожности, я непременно погибну, и погибну именно оттого, в чем искал спасения."

Leidenschaften eines Menschen, der seinen von solch ungezügelten Pferden angetrieben Streitwagen geschickt kontrollieren musste."[160] Wie bei Hölderlin dämmt die klare Form der Griechen das himmlische Feuer; der Unterschied besteht darin, dass bei Lunačarskij die Form zum Schicksal (Nemesis) wird:

> Wenn ein Mensch die Grenze der Mäßigung überscheitet und stirbt – das ist gut, das ist ein ewiges Gesetz, denn Maß ist das Ziel und das Glück und der Stolz des Menschen. Nein, die Natur ist kein grausames sinnloses Chaos – sie wird von wunderschönen Gottheiten bewohnt, die auf ihre Weise auch voller Mäßigung sind und eifersüchtig ihre Grenzen schützen. Der leidenschaftliche Geist von Prometheus, dem gottlosen Kämpfer, dem militanten Führer der Menschen, der Geist einer offensiven, rein menschlichen Kultur, inspiriert die Hellenen insgeheim zu einem tiefen Mitgefühl, aber der Hellene eilt, den Tyrannen Zeus, der es der Menschheit nicht erlaubt, sich zu entwickeln, in einen gerechten König zu verwandeln; er eilt, die unerbittliche Hand zu küssen, die ihm an den Ort weit weg von der Schwelle des glücklichen Olymp weist. Der Grieche muss moderat sein, damit er leben, langsam genießen und... sterben kann.[161]

Im Gegensatz zu Černyševskijs Gleichsetzung von Tragischem und Schicksal bezieht sich die Tragödie laut Lunačarskij auf die von Zeus verordnete Welt objektiv kritisch, könnten die Tragiker von den Sophisten empörte Konservative sein. Sie inszenieren den Zweikampf zweier Prinzipien – des Prometheischen Stolzes und der elementaren Kräfte – welche dann später in der Gestalt von Furcht und Mitleid einen vollständigen Sieg in Philosophie und Religion errängen.[162] Dies sei die Rolle der wissenschaftlichen und kritischen

---

160 Lunačarskij, „Pered licom roka (K filosofii tragedii)", 40: „Провозгласить идеал умеренности, сделать из него сущность свой культуры, обожествить его, прославить его – этого требовала душа Эллина, в которой жил неудержимый порыв, все бурные страсти человека и которому нужно было искусно управлять своею колесницеи, везомой такими необузданными конями."

161 Lunačarskij, „Pered licom roka", 40-41: „человек гибнет, перешагнув границу умеренности, – это хорошо, это вечный закон, ибо мера есть цель, и счастье, и гордость человека. Нет, природа не жестокий бессмысленный хаос, – она населена прекрасными божествами, по–своему тоже полными меры, ревниво оберегающими свои границы. Страстный дух Прометея–богоборца, воинствующего вождя людей, дух наступательной, чисто–человеческой культуры, внушает эллину втайне глубокую симпатию, но он спешит превратить тирана Зевса, не дающего развернуться роду человеческому, в справедливого царя, спешит облобызать неумолимую руку, указывающую ему место так далеко от порога счастливого Олимпа. Надо быть умеренным, чтобы можно было жить, потихоньку наслаждаться и... умереть."

162 Lunačarskij, „Pered licom roka", 43: „Нельзя сомневаться, что в борьбе с учениями софистов, с новой смелой Элладой трагики хотели застращать человека картинами неминуемого крушения гордецов; но в цветущую эпоху они добивались совершенно противоположного, как свидетельствует сам Аристотель. Дух афинской

Philosophie, zwischen der Naturwissenschaft und dem ethischen Impuls zu vermitteln.

Laut Černyševskijs aber passt das Schcicksal so wenig zu unseren Konzepten, dass die Tragödie für uns nur als etwas Fantastisches Interesse habe; die Tragödie sei für uns kein Modell des kritischen Nachdenkens darüber, was zu tun sei, sondern lediglich ein entstelltes Märchen. Die von der deutschen Ästhetik unternommene Einführung des Konzepts des Schicksals in die Wissenschaft vermittels der ästhetischen Ansicht erfolge zwar mit außerordentlicher Nachdenklichkeit und zeuge von der großen Kraft des Geistes – aber dieser tiefgreifende Versuch sei trotzdem ein entscheidender Beweis dafür, dass solche Bestrebungen niemals erfolgreich sein können: Die Wissenschaft könne den Ursprung der fantastischen Meinungen eines halbwilligen Menschen nur erklären, aber nicht mit der Wahrheit in Einklang bringen.[163]

Und dann versucht der junge Intelligenzler die tragische Weltanschauung mithilfe anekdotischer Beweisstücke zu kippen, was weder im Bereich der Metaphysik, die jeder Erfahrung voransteht, noch der Wissenschaft große Aussichten auf Erfolg hat, weil es ebenso vulgär wie methodologisch verfehlt ist. Große Menschen würden mal leiden und mal nicht, manchmal werde ein Verstoß gegen die Sittlichkeit bestraft, manchmal aber nicht.[164] Die Tragödie sei kein Modell oder kein Narrativ, das nachzuahmende Urszenen darbiete, sondern pures, zufälliges Leiden.

Wer ist verblendeter – Libelt, der an die tragische Ästhetik der Praxis glaubt, oder Černyševskij, der an sie nicht glaubt, weil er sich als Wissenschaftler wähnt? Nach 1848 herrscht ein tiefgreifender Skeptizismus, dessen Hegemonie

---

трагедии, как борьбы двух начал – Прометеевской гордыни и стихийных сил, – угас, когда *страх и сострадание* одержали полную победу в философии и религии."

163 Černyševskij, *Estetičeskie otnošenija*, 58-59: „Подобный взгляд на человеческую жизнь так мало подходит к нашим понятиям, что имеет для нас интерес только фантастического; трагедия, основанная на идее восточной или старинной греческой судьбы, для нас будет иметь значение сказки, обезображенной переделкою. А между тем все представленное нами изложение понятий о трагическом в немецкой эстетике есть только опыт привести понятие о судьбе в согласие с понятиями современной науки. Это введение понятия о судьбе в науку посредством эстетического воззрения на сущность трагического было сделано с чрезвычайным глубокомыслием, свидетельствующим о великой силе умов, трудившихся над примирением чуждых науке воззрений на жизнь с понятиями науки; но эта глубокомысленная попытка служит решительным доказательством того, что подобные стремления никогда не могут быть успешны: наука может только объяснить происхождение фантастических мнений полудикого человека, но не примирить их с истиною. Понятие о судьбе родилось и развилось следующим образом."

164 Černyševskij, *Estetičeskie otnošenija*, 60-73.

über die Gedanken und wahrscheinlich über die Taten darin besteht, dass sich ohne die Tragödie eine Theorie der Praxis nicht formulieren lässt, auch wenn die Tragödie jede Theorie der Praxis behindert. Noch der wohl wichtigste Kulturpolitiker der frühen Sowjetunion Lunačarskij unterliegt dem Zwang, sich mit der Tragödie auseinanderzusetzen.[165]

165 Mehr dazu im Schelling-Kapitel.

KAPITEL 10

Bare Münze der Ironie. Die Arbeit der Darstellung und die Produktion des Alltäglichen in Cyprian Kamil Norwids Spätdramaturgie

(Tragische und ökonomische Ironie – Das Medium des Theaters – Parabasen: von der hohen Tragödie zum Alltag – Die reflexive Poetik von Norwids späten Dramen. Theorie und Arbeit des Schweigens – Das Kreisen der Ironie)

Lecz stało się to przez oną ukrytą
Potęgę czasów, gdy w żyjących wnika
Aktorami czyni ich dramatu –
Co się rozwija jak cień, lub pąk kwiatu.
Norwid, *Quidam*, VI[1]

Cyprian Kamil Norwid (1821-1888) konstruierte seine Dramen auf die Weise, dass sie den Übergang des Tragisch-Pathetischen und Tragisch-Wunderbaren ins Alltägliche modellieren. Andererseits wird die alltägliche Praxis – vor allem die Arbeit – auf eine subtile Weise, die ich in diesem Kapitel rekonstruieren möchte, romantisiert. Es fällt ein: in der Theorie (der in Norwids theoretischen Schriften ausgedrückte Absicht) hinter diesen Dramen, die das Einrichten der dramatischen Modelle motiviert, wiederholt sich die romantische Tragödientheorie aus den ersten Jahren des 19. Jahrhunderts:

> Indem ich dem Gemeinen einen hohen Sinn, dem Gewöhnlichen ein geheimnisvolles Ansehn, dem Bekannten die Würde des Unbekannten, dem Endlichen einen unendlichen Schein gebe, so romantisiere ich es. – Umgekehrt ist die Operation für das Höhere, Unbekannte, Mystische, Unendliche – dies wird durch diese Verknüpfung logarythmisiert – es bekommt einen geläufigen Ausdruck.[2]

1 „Es passierte aber durch diese versteckte/ Gewalt der Zeit, die, indem sie in die die Lebendigen eindringt,/ jene in Schauspieler in einem Drama verwandelt/ – das sich wie ein Schatten oder eine Blume entwickelt."

2 Novalis, „Fragmente und Studien 1797-1798", *Werke*, hg. von Gerhard Schulz (München: Beck, 1987), 385.

 DOI:10.30965/9783846766255_011

Norwids exzentrische Stellung im Leben und in der Literaturgeschichte korrespondiert mit der doppelten Bewegung des Romantisierens. Er schrieb viele seiner wichtigsten Werke in der Emigration in Italien, Paris, Großbritannien und den USA, und zwar zu einer Zeit, als die polnische Kultur ‚im Land' (der Schwerpunkt lag in der romantischen Epoche auf der Emigrationskultur, aber er verschob sie allmählich, sodass Norwid in einem marginalisierten Paris starb) nach dem gescheiterten Januaraufstand 1863 einen Cordon sanitaire rund um die *politische* Romantik errichtete; die dominierenden Warschauer Positivisten (Realisten) legten Lippenbekenntnisse der Verehrung für die romantische Poesie ab, die jedoch von der ernstzunehmenden Praxis abgeschnitten wurde. Jerzy Jedlicki zeigte, wie die Positivisten die romantische Poesie kanonisierten, indem sie sie in den goldenen Käfig zwangen.[3] Die Großautoren der positivistischen Periode veranschaulichten die verführerische Kraft und die Schädlichkeit der Romantik für die Politik (Bolesław Prus, *Omyłka*, 1884-1885), Zivilisation und Arbeit (Henryk Sienkiewicz, *Latarnik*, 1881). Die Parolen der ‚organischen Arbeit' oder der ‚Arbeit an den Grundlagen' verdrängten die romantischen Projekte der Gesellschaftsästhetik; der Begriff des Organischen widerfuhr tiefgreifende Veränderung, sprich die Amputation des Super-Natürlichen. Die zivilisatorische Verspätung gegenüber dem Westen sollte nachgeholt, eine moderne Nation nach den damaligen naturwissenschaftlichen Gesetzen kultiviert werden. Der fremde, abgestoßene, ewig gestrige und zugleich futuristische, aus der Zukunft kommende Dichter Norwid, drückte mit seiner Profanation der erhabenen Tragik um der Erhebung der Arbeit willen als einer der ersten und am klarsten das prosaische Bestreben seiner Zeit aus. Sein berühmtester Gedichtzyklus *Vade-mecum* vollendet er 1865, als der Positivismus dämmerte. Im Wort „An den Leser" verkündete er explizit, dass die Poesie normaler wird und sich auf die Positionen der Kunst zurückzieht, nachdem sie in der Romantik A und O war, die unter anderem die Zuständigkeitsgebiete von Journalismus (Politik und Sittlichkeit), Ökonomie (Bauernfrage) und Malerei (Visionen) annektierte: „Mit einem Wort, ich denke, dass wir in eine neue Epoche übergehen werden, die, wie ich zu sagen wage, *normaler* sein wird – denn die Poesie *als Kraft* hält jegliche Zeitbedingungen aus; aber sie hält sie nicht gleichermaßen *als Kunst* aus. Sicher gewinnt sie an Macht in dem Maße, als sie die Tätigkeiten anderer und ihr verwandter vertritt, die das Ihrige nicht tun. Aber indem sie auf diesem

3 Jerzy Jedlicki, *A Suburb of Europe: Nineteenth-century Polish Approaches to Western Civilization* (Budapest: CEUP, 1999), 211-212.

Wege an Macht gewinnt, verliert sie an Kunst."[4] Im Gegenzug verhindert der als der letzte große Romantiker anerkannte und ständig an die profane Arbeit erinnernde Norwid die von den Realisten (Positivisten) durchgeführte Kanonisierung der Romantik, infolgedessen die Romantik als eine nicht dinggebundene, träumerische Weltanschauung erscheinen soll.

10.1. Tragische und ökonomische Ironie

Norwids Gedicht *Ironia* stammt aus *Vade-mecum* (1865); in ihm wird die Ironie[5] als ein Epiphänomen der harten Arbeit (am Kunstwerk und am sozialen Ideal) dargestellt sowie als Schutzschild oder Tarnung im Kampf mit dem Status quo, dessen Verteidiger sich der Psychologiewaffe von *peur du ridicule* bedienen:

1.	1.
Żeby to można arcydzieło	Könnte man doch ein großes Werk
Dłutem wyprowadzić z grubych brył –	Grobem Stein mit dem Meißel entheben,
I żeby dłuto nie zgrzytnęło,	Und brauchte der Meißel zu knirschen nicht,
Ni młot je ustawicznie bił a bił!...	Der Hammer nicht anhaltend schlagen und schlagen!...
2.	2.
Żeby to tchem samym harmonii	Könnte man doch mit bloßem Hauch der Harmonie
Można było kręcić wozów oś,	Die Achsen der Wagen drehen,
I bez s-krzypnięcia wstecz ironii	Und ohne das Rückwärts-Knarren der Ironie
Żeby się udało zrobić coś ...	Könnte man's schaffen, etwas zu machen ...

4 Cyprian Kamil Norwid, *Vade-Mecum: Gedichtzyklus. Polnisch-Deutsch*, übersetzt und hg. von Rolf Fieguth (München: Fink, 1981), 75.

5 Die am meisten zitierten Arbeiten über Norwids Konzept der Ironie sind Stefan Kołaczkowski, „Ironia Norwida" [1933], *Pisma wybrane*, hg. von Stanisław Pigoń, *Pisma wybrane* (Warszawa: PIW, 1968), t. Bd. 1, 131-166; Barbara Wosiek, „Ironia w liryce Norwida", *Roczniki Humanistyczne KUL* 1958, 1(6), 176-266; Jan Błoński, „Norwid wśród prawnuków", *Twórczość* 1967, Nr. 5, 67-94; Jadwiga Puzynina, „Ironia jako element języka osobniczego", Jerzy Brzeziński (Hg.), *Język osobniczy jako przedmiot badań lingwistycznych* (Zielona Góra: Wyd. UZG, 1988), 35-44; Arent van Nieukerken, *Ironiczny konceptyzm. Nowoczesna polska poezja metafizyczna w kontekście anglosaskiego modernizmu* (Kraków: Universitas, 1997); Agata Seweryn, *Światłocienie i dysonanse. O Norwidzie i tradycji literackiej* (Lublin: Wydawnictwo KUL, 2013), 271-304.

3.
Och! Jakże *spałby sobie człowiek,*
Wyższy nad skargi ustawiczne,
Lecz cóż? – gdy jeszcze i u powiek

Roz-siędą się sny ironiczne!!...

4.
Uczucie zwiedza bez ironii
Szlaki *bite cudzym cierpieniem,*
Lecz kto był *pierwej tam,* wie o niéj,
Że jest – koniecznym bytu cieniem.

5.
Ty myślisz może, że wiek złoty
Bez walk, sam, przyjdzie do
ludzkości –
A gdzież?... powiodą pierw te *cnoty,*
Od których cofa strach śmieszności!...

3.
Ach! wie *sanfte schliefe der Mensch, der*
Überm Lamento, dem ständigen, stünde,
Doch wie? – wenn ihm noch an den
Lindern
Ironische Träume ein sich nisten!!...

4
Gefühl besucht ohne Ironie
Wege, die *fremdes Leiden geschlagen.*
Doch wer dort *eher* war, weiß von ihr,
Dass sie – der notwendige Schatten des
Seins ist.

5.
Du denkst vielleicht, dass die goldene Zeit
Kampflos, selbst, kommt zu der
Menschheit –
Ach wo? ... führen erst die *Tugenden* hin,
Vor denen abschreckt Lächerlichkeit!...[6]

In der zweiten Strophe überlappt sich die Ironie mit dem Knarren von Rädern, die außerhalb des Gedichts durch die Schwerkraft und die Reibung verursacht wird. Es werden denn das Knarren der Ironie, das Schlagen des Hammers und das Knirschen des Meißels parallelisiert – anderen Symptomen, die die Anwendung dieser physikalischen Kräfte in der zweckmäßigen Arbeit begleiten. Beim Schaffen von Kunstwerken und großen Ideen, denen die Menschheit folgen soll, kann auch eine physische Anstrengung, eine Energieinvestition nicht entbehren. Die niedere, arbeitsaffine Seite des Ideals ruft die Ironie auf den Plan.

Der/die im Gedicht Sprechende scheint sich zu einer anderen Konzeption der Ironie zu bekennen als diejenige, die die deutsche Frühromantik formulierte, die hochherrschaftlich anmutet. Wir haben darüber hinaus von Hegel, Kierkegaard und Paul de Man gelernt, dass die romantische Ironie der Ausdruck der Tatlosigkeit schlechthin ist.[7] Die frühromantische Ironie entspringe der Unmöglichkeit des Handelns, welche ein egoistisches und schwaches modernes Subjekt empfinde, welches dazu Allmachtträume träumt, die ihm das Handeln

---

6 Cyprian Kamil Norwid, *Pisma wszystkie*, hg. von Juliusz W. Gomulicki (Warszawa: PIW, 1971), Bd. 2, 54-55; die deutsche Vassung: Cyprian Kamil Norwid, *Vade-Mecum: Gedichtzyklus*, 121.

7 Georg Wilhelm Friedrich Hegel, *Ästhetik 1, Werke*, hg. von Eva Moldenhauer und Karl Markus Michel (Frankfurt am Main: Suhrkamp, 1986), Bd. 13, 93-99; Søren Kierkegaard, *Über den Begriff der Ironie mit ständiger Rücksicht auf Sokrates*, übersetzt von Emanuel Hirsch, *Gesammelte Werke*, von E. Hirsch (Düsseldorf, Köln: Diederichs, 1961), Abt. 31; Paul de Man, „The Concept of Irony", *Aesthetic Ideology*, hg. von Andrzej Warminski (Minneapolis, London: University of Minnesota Press, 1996), 163-184.

ersetzen. In diesem Sinne wäre „Die Große Improvisation" aus Mickiewicz' *Ahnenfeier III* ironisch, nicht aber Norwids Dichtung. Wer aber dem Hinweis folgt, den Norwids Gedicht „Ironia" gibt, und gezielt nach der Verbindung der Ironie mit der Arbeit sucht, entdeckt in den Schriften der deutschen Frühromantiker, mit denen Norwid nicht selbstverständlich assoziiert wird,[8] retroaktiv eine neue Konzeption der ökonomischen Ironie der Darstellung. Durch Norwids Dichtung wird auch die frühromantische Ironie produktiver, weltlicher (weniger aus der großen Welt, weniger vornehm) und tätiger. Wenn wir wiederum das neue Modell der politisch-ökonomischen Romantik auf Norwid zurückbeziehen, entdecken wir eine unerwartete theoretische Schlüssigkeit in Norwids Werk, das der neuerworbenen Kohärenz zu Trotz heterogen und dialogisch bleibt. Die Wechselwirkung zwischen dem polnischen Dichter, den Hans-Robert Jauß mit Baudelaire und mit keinem deutschen Dichter zusammenstellte,[9] und der deutschen Romantik ist eine Win-Win-Situation.

In diesem Kapitel wird zuerst der ökonomische Charakter der romantischen Literaturtheorie noch einmal in gekürzter Form dargelegt, der am deutlichsten zum Vorschein tritt, wenn Texte von Norwid und den deutschen Romantikern interferieren. Diese wiederholte Rekonstruktion des Ökonomischen an der frühromantischen Tragödientheorie bringt einen Erkenntnis- und Erfahrungsehrwert, weil sie diesmal quasi von Norwids Perspektive aus und im Hinblick auf den zweiten Schritt durchgeführt wird. Im diesem zweiten Schritt werde ich nämlich demonstrieren, wie sich die Arbeit der romantischen und tragischen Ironie, die schon von den Frühromantikern festgestellt wurde, in Norwids späten Dramen präsentiert. Es stellt sich plötzlich heraus, dass sie ohne die Konzeption der ökonomischen Romantik komplett unverständlich waren, obwohl diese nicht vergegenwärtige Unverständlichkeit niemanden störte, wer die angestrengte Arbeit der Deutung im Schweiße seines Angesichts ausführte. In weiteren Schritten rekonstruiere ich die drei Hauptverfahren, die dein Übergang des Erhaben-Tragischen ins Alltägliche veranschaulichen beziehungsweise betätigen: Parabase, Schweigen und Loop (Schleife).

Die Staatsräson der deutschen Frühromantik, war es, ihre Identität und Originalität zu behaupten angesichts der Gefahr, als Nachahmer Friedrich Schillers anerkannt zu werden, nachdem dieser 1795 seine Abhandlung über

8 Sogar Arent van Nieukerken, der Autor der kühnsten Zusammenstellung, attestiert Norwid lediglich vermittelte Kenntnisse der Frühromantiker: „Romantyzm jenajski, Cyprian Norwid, Walter Benjamin i Friedrich Creuzer. Symbol i alegoria", *Prace Filologiczne* 2017, nr 10/7, s. 259-278.

9 Hans Robert Jauß, „Vorwort", Norwid, *Vade-Mecum: Gedichtzyklus*, 13-21.

die naive und die sentimentalische Dichtung veröffentlichte.[10] Der Punkt des romantischen Angriffs auf Schiller war dessen Auffassung des Ideals, das bei ihm konstitutiv für die Definition der modernen (sentimentalischen) Dichtung war. Während Schiller das Ideal als eine Ableitung der Kant'schen „regulativen Idee" setzte, als etwas also, was unendlich und aller Wahrscheinlichkeit nach unerreichbar ist[11] – und gut so, weil es das Trachten nach dem Unerreichbaren ist, das zählt – setzt der junge Friedrich Schlegel alles auf die Theorie des „realen Ideals" bzw. des „anwendbaren Objektiven" (*Athenäum* 412; *Athenäum* 51).[12] Die Unerreichbarkeit des Ideals bei Schiller beraube, laut Schlegel, die Kunst und die Kunsttheorie der praktischen Dimension: sie werden zum chinesischen Bonzen, der nur seine Nase kontempliert (*Athenäum* 121). Als Schiller in den Briefen über die ästhetische Erziehung der Menschheit (auch 1795) eine politische Philosophie vorschlug, stellte Friedrich Schlegel sie dar, als sei sie in der Wirklichkeit eine Philosophie des Vertagens und der Nichttätigkeit gewesen.[13]

Die Frühromantik pflegte das Selbstbild einer Philologie der realen Praxis, welche auch das Ideal einbegreift. „Klassisch zu leben, und das Altertum

---

10 Friedrich Schiller, „Über naive und sentimentalistische Dichtung", *Sämtliche Werke*, hg. von Herbert G. Göpfert (München: Hanser, 1962), Bd. 5, 694-779.

11 Friedrich Schiller, *Über naive und sentimentalistische Dichtung*, 417-418: „Dieser Weg, den die neueren Dichter gehen, ist übrigens derselbe, den der Mensch überhaupt sowohl im einzelnen als im ganzen einschlagen muß. Die Natur macht ihn mit sich eins, die Kunst trennt und entzweiet ihn, durch das Ideal kehrt er zur Einheit zurück. Weil aber das Ideal ein Unendliches ist, das er niemals erreicht, so kann der kultivierte Mensch in *seiner* Art niemals vollkommen werden, wie doch der natürliche Mensch es in der seinigen zu werden vermag. Er müßte also dem letzteren an Vollkommenheit unendlich nachstehen, wenn bloß auf das Verhältnis, in welchem beide zu ihrer Art und zu ihrem Maximum stehen, geachtet wird. Vergleicht man hingegen die Arten selbst miteinander, so zeigt sich, daß das Ziel, zu welchem der Mensch durch Kultur *strebt*, demjenigen, welches er durch Natur *erreicht*, unendlich vorzuziehen ist. Der eine erhält also seinen Wert durch absolute Erreichung einer endlichen, der andre erlangt ihn durch Annäherung zu einer unendlichen Größe."

12 Vgl. Friedrich Schlegel, *Kritische Ausgabe seiner Werke*, hg. von Ernst Behler et al. (Paderborn: Schöningh, 1958), Bd. 2, 6-7, 247 [*Athenäum* 412], 211 [*Athenäum* 51]; weitere Zitate aus den Athenäum-Fragmenten direkt im Haupttext.

13 Günter Oesterle, „Friedrich Schiller und die Brüder Schlegel", *Monatshefte*, vol. 97, No. 3: *Begegnungen mit Schiller/ Encounters with Schiller* (Fall, 2005), 461-467; Peter-André Alt, *Schiller: Leben – Werk – Zeit* (München: Beck, 2000), 313-323; 47-51; York-Gothart Mix, „A. W. Schlegels Positionierung im literarischen Feld um 1800 (Bürger, Schiller, Voß)", York-Gothart Mix, Jochen Strobel (Hg.), *Der Europäer August Wilhelm Schlegel: Romantischer Kulturtransfer – romantische Wissenswelten* (Berlin, New York: De Gruyter, 2010), 47-51; Michał Mrugalski, „Romantyzm. Najnowszy antyk. Greckie źródło niemieckiego i polskiego romantyzmu", *Gotycyzm. Prace Filologiczne* 2010, 3(9), 55-78.

praktisch in sich zu realisieren, ist der Gipfel und das Ziel der Philologie" (Athenäum 147); die wahre und ankommende Philosophie sei die Poesie verbunden mit der Praxis (Athenäum 153). Diese Maxime soll Goethes *Wilhelm Meister* verwirklicht haben, indem er die Dichtung mit der Ökonomie versöhnte, Natalie mit Theresie (DW 57); so fasst der Roman „nicht bloß, was wir Theater oder Poesie nennen, sondern das große Schauspiel der Menschheit selbst und die Kunst aller Künste, die Kunst zu leben" um (KA II 143). Adam Müller zog die letzten Konsequenzen aus den Prämissen der Frühromantiker. Sein wissenschaftlicher Werdegang „schwebt" zwischen der Kunsttheorie und der politischen Ökonomie, die den Romantikern zufolge die lebendige (real praktizierte) Theorie der vernünftigsten Praxis ist.

Der Grundbegriff des romantischen Denkspiels, der die Richtung und die Reihenfolge aller Gedankenbewegungen bestimmt, ist der *Tausch*. Das ganze frühromantische philosophisch-philologische Cluster lässt sich aus dem Begriff ‚Tausch' ableiten und auf den Tausch zurückführen. Der Tausch wird durch den *Mangel* in Gang gesetzt – anthropologisch oder sozialwissenschaftlich gesehen wird der Mangel in der modernen Gesellschaft zum „System der *Bedürfnisse*" (und *Befriedigungen*), wie Hegel die Grundlage der ‚bürgerlichen Gesellschaft' bezeichnet, des anti-tragischen Puffers also, der zwischen der Familie und dem Staat vermittelt.[14] Wie werden sehen, wie die Tragödientheorie und -praxis Norwids eben diesen Puffer (die durch den Austausch und die Arbeit zusammengeschlossene bürgerliche Gesellschaft) als den Ort der neuen, ‚weißen' Tragik bestimmt.

Der im vorletzten Gedicht aus *Vade-mecum* „Fortepian Szopena. Do Antoniego C." („Chopins Fortepiano. An Antoni C.") Sprechende greift die romantische (Kunst-)Anthropologie u auf. Das reale Ideal des Kunstwerks, benannt hier *„Dopełnienie"* (*„Ergänzung"*) beziehungsweise *„Doskonałe-wypełnienie"* („Vollkommene-Erfüllung"), enthüllt immer die Kondition des Mangels, die dieser Welt gebührt. Die großen Kunstwerke bezeichnen nur die Fülle; sie konnotieren also ihr Nichtvorhandensein:

O! Du – *Vollkommene-Erfüllung*,
welches immer und wo? ist Dein … Zeichen …
In *Phidias*? In *David*? oder in *Chopin*?
Oder in *Aischylos'* Szene?…
Immer – rächt sich an dir – *Mangel*:
– Erdballs Prägung ist – Lücke:
Ergänzung?… schmerzt ihn!…

14 Hegel, *Enzyklopädie der philosophischen Wissenschaften im Grundrisse*, § 524-528; Hegel, *Grundlinien der Philosophie des Rechts*, § 189-208.

Er will *beginnen*[,]
Will lieber immer auswerfen vor sich – das Angeld!
– Ähre?... wenn reif sie wie ein goldner Komet,
Rüht mählich ein Wind sie,
Sie stäubt einen Weizenkornregen,
Die Vollkommenheit selbst zerfegt sie ...[15]

Eine andere Benennung dieses Mangels, den die Fülle hervorbring, ist Ironie – so die Lektion im Gedicht „Rzecz o wolności słowa“ („Über die Meinungsfreiheit“ oder wörtlich „Über die Freiheit des Wortes“, 1869),[16] wo diese als „społeczności wina“ bestimmt wird – die Schuld der Gemeinschaft. Die absolute, göttliche Fülle wäre bestimmt etwas Besseres als die Ironie; das Schlimmste aber zu sein, scheint dem im Gedicht Sprechenden der falsche Ernst, der eine Fülle ohne Ironie spielt. Auch die Jenaer Romantiker messen den Austausch betätigenden Mangel am Ideal der Fülle, der Ganzheit.[17]

Das System von Mängeln und Genüssen kommt – so die Romantiker – am deutlichsten auf dem Gebiet der Kunst zum Vorschein (daher die Analogie der Poesie mit der Ökonomie und die Prädilektion für Ästhetiken der Gesellschaft). Vor allem das Theater, besonders die Tragödien liefern ein anschauliches Beweisstück für die romantische Anthropologie der Bedürfnisse: die Tragödie gilt als die höchste aller Formen, weil sie die meisten Bedürfnisse, sowohl die sinnlichen, als auch die übersinnlichen, befriedigt. Die Kunst und die Religion werden von den Romantikern mit den ökonomischen Begriffen des Bedürfnisses und der Befriedigung beschrieben (daher der Eindruck, dass die Kunst und die Religion gegeneinander austauschbar sind; dadurch überlappt die Romantik mit der klassischen Antike samt ihrer ‚Kunstreligion‘). Diese Art des ökonomischen Umfassens erhabenster Phänomene ist dank der Expansion der Bedürfnisse möglich geworden, etwa durch die Erweiterung des Selbsterhaltungstriebs auf das ewige Leben.

Der den Tausch betätigende Mangel wird am Ideal der Ganzheit, Komplettheit, Vollständigkeit gemessen. Als Komplement des Mangels entsteht das Gespenst der Ganzheit, letztere ist immer bipolar. Das reale Ideal funktioniert nach dem Gesetz der dualistischen, polaren Ganzheit: ein pures Ideal,

15 Norwid, *Vade-mecum*, s. 214-215: „O! Ty ... *Doskonałe-wypełnienie*,/ Jakikolwiek jest Twój i gdzie?... znak .../ Czy w *Fidiasu*? *Dawidzie*? czy w *Szopenie*?/ Czy w *Eschylesowej* scenie?.../ Zawsze – zemści się na tobie ... Brak/ – Piętnem globu tego – niedostatek:/ *Dopełnienie*?... go boli!.../ On – *rozpoczynać* woli/ I woli wyrzucać wciąż przed się – zadatek!/ – Kłos?... gdy dojrzał – jak złoty kometa –/ Ledwo że go wié w ruszy –/ Dészcz pszenicznych ziarn prószy,/ Sama go doskonałość rozmieta ...“

16 Cyprian Kamil Norwid, „Rzecz o wolności słowa“, *Pisma wszystkie*, Bd. 3, 598.

17 Schlegel, „Charakteristik der griechischen Tragödie“, 79.

„niedrigerer" Realität beraubt, wäre inkomplett, es wäre also nicht ideal. Die Romantiker sehen überall die real-idealen Dubletten: in der Sprache (Signifikat-Signifikant), in der Anthropologie (sinnliche-übersinnliche Bedürfnisse), in der Kunstlehre (Reiz des Körpers, Anteil am Ideenreich). Auch die politische Ökonomie der Romantiker ist aus zwei Hälften zusammengesetzt: aus der *oeconomia divina*, die eine Erlösungslehre ist, und aus der Wirtschaftslehre.[18] Der ideale Staat soll sich, laut Adam Müller, um beide Bereiche kümmern, sodass seine Bürger satt erlöst werden. Die Erlösungslehre und die Wirtschaftslehre sollen eng beieinander liegen und sich einander genau entsprechen, aber zugleich sollen sie sich voneinander unterscheiden, sonst gäbe es keine Dublette. Dies entspricht dem Spiel der Hetero- und Homogenität, dessen Wirksamkeit das Demetrius-Kapitel rekonstruiert. In Norwid heißt diese im Demetrius-Kapitel verfolgte eigene Fremdheit beziehungsweise dieses fremde Eigensein der Idee, die ihr eine *agency* spendet, Ironie. Genau der (Un-)Vergleichbarkeit der Dublette, etwa Heilsökonomie vs. Wirtschaftslehre, entspringt Norwids „Rückwärts-Knarren" der Ironie, wie man den Eindruck des unhintergehbaren Mangels und des unaufhörlichen Austauschs aller Zeichen und Bedeutungen bezeichnen kann. Aus allen Künsten soll sich die griechische Tragödie mit der Beziehung zweier Hälften der menschlichen Dublette am intensivsten beschäftigt haben – mit dem Ringen der Freiheit mit der Bedingtheit. Da die Geschichte laut Romantikern eine Geschichte der fortschreitenden Freiheit war, die mit dem Fatum der Bedingtheit kämpfen musste, stellte die Tragödie den Sinn der ganzen Geschichte in der Miniatur dar.

Der Grundbegriff des romantischen Denkspiels, der Tausch, ist stets mithilfe des Adjektivs ‚produktiv' näher bestimmt und diese seine Produktivität sollten wir im ursprünglichen ökonomischen Sinne verstehen. Dass das Zirkulieren von Zeichen produktiv ist und immer Bedeutungsgewinn bringt, ist seit Leibniz das *tertium comparationis* des Vergleichens der Sprache mit dem Geld; die Sprache ist (wie) das Geld, weil der Umlauf des Geldes die Ursache seiner Vermehrung ist. Die monetarisch-ironische Theorie des Gedankentausches wurde in der Romantik eine von Grund auf dramatische Theorie. Die Produktivität des Denkens und des Sprechens entstammt laut Friedrich Schlegel aus dem ständigen Austausch zweier Grundsätze, zweier Intuitionen (Anschauungen)[19] – einer absoluten Anschauung des Realen und einer des Idealen. Die Ironie stellt sich somit heraus als Medium des theatralischen Spiels und der härtesten physischen Arbeit, die der Produktion der Welt. Sie

18 Müller, *Die Elemente der Staatskunst*, Bd. 1, 85.

19 Friedrich Schlegel, *Kritische Ausgabe*, Bd. 18, 521 [22].

drückt in keinem Fall Müßiggang einer ohnmächtigen, egoistischen Seele aus, wie uns Hegel und Kierkegaard die Brüder Schlegel zu lesen gelehrt haben.[20] Die Ironie ist der Umlauf von Zeichen, die ständig Zeichen vermehrt und diese Vermehrung der Anschauung darbietet, indem sie den Überschuss der Signifikaten gegenüber dem Bezeichneten aufzeigt. Die Ironie leistet die Arbeit der Darstellung, die ursprünglich theatralisch ist, das heißt die eigene Nachahmungskraft und Konventionalität mit darstellt. In dieser zutiefst theatralischen Wirklichkeit wird der Mensch ein Zeichen für andere Zeichen und ein Körper für andere Körper, beides im System der Mängel und Bedürfnisse verfangen. Darum spricht die romantische Anthropologie Adam Müllers von monologischen, dialogischen und dramatischen Naturen,[21] die ganze Persönlichkeit mit einer Form szenischer – körperlichen und symbolischen – Präsenz identifizierend; darum begreifen die Romantiker die politische Tätigkeit als die Repräsentation. Adam Müller schlug ein reales Ideal für Mitglieder der idealen Gesellschaft vor, die eine Gesellschaft des vollkommenen Spektakels sein soll. Wer am Spektakel ohne die Abgrenzung der Schauspieler vom Publikum teilnehmen will, wo jeder jeden und alle genießt, indem er sich in der Wechselwirkung mit den anderen repräsentiert, der soll Geld werden.[22]

Die ideale Realität ist die dramatischste: körperlich präsent und komplett durch die Sprachakte (Entscheidungen) der sich in ihren Beziehungen repräsentierenden Protagonisten ins Leben gerufen. Nicht zufällig ähnelt die Grundannahme der Marxschen Fetischismuskritik, dass nämlich Produkte menschlicher Handlung nicht als von den Menschen unabhängige Kräfte aufgefasst werden sollen,[23] der romantischen Tragödientheorie. Das reale Ideal kondensiert die emanzipatorischen Energien der von der Französischen Revolution ausgelösten Bewegungen. Erst die höchstmögliche Dramatisierung der Beziehungen mit Menschen gibt Dingen ihre sinnlichen Qualitäten, ihren Gebrauchswert zurück – es wäre schwer ein prägnanteres Beispiel der romantischen, ironischen Dublette zu finden. Die romantische (ach die idealistische) Tragödientheorie ist zu einer begrifflichen Matrix geworden, aus welcher alle Bilder einer solchen Revolution abgeleitet werden müssen, die zur Befreiung aus der Verdinglichung in die dramatische Welt der *exchange* und der Sinnlichkeit führen will. Vom Tauschwert zum geselligen Wert, vom Selbstausstellen zum allerseitigen Gebrauch (Genuss) führt der Weg, auf dem

---

20 Hegel, *Ästhetik 1.*, 93-99; Kierkegaard, *Über den Begriff der Ironiet*, 302 und passim.

21 Adam Müller, „Monologische, dialogische und dramatische Naturen", *Kritische, ästhetische und philosophische Schriften*, Bd. 1, 141-143.

22 Müller, *Elemente der Staatskunst*, Bd. 2, 199.

23 Karl Marx, *Das Kapital, Werke*, Bd. 23, 86.

man auch Dinge (Waren) an die zwischenmenschliche, dramatische Realität anschließen soll, ohne jedoch ihre Dinglichkeit – die Steinheit von Stein – aus den Augen zu verlieren. Dies wird nicht nur von dem Begriff *Arbeit* ermöglicht, von dem Hegel einen vorbildlichen Gebrauch gemacht hat, sondern auch die romantische Identifizierung der Sprache mit dem Geld und der Vergangenheit mit dem Kapital. – Das Geistige Kapital sei die Vergangenheit, die in den Dingen haust, und – wie Bourdieu sagt – die Kraft der Geschichte sorge dafür: „dass nicht alles gleich möglich oder gleich unmöglich ist."[24] Das geistige Kapital muss die Ironie der Dinge und der Zeit sein, von der Norwid in seinem langen Gedicht über die Freiheit des Wortes, „Rzecz o wolności słowa" schrieb.[25] Ironie sei „społeczności winą", die Schuld der Gesellschaft. Das Kapital würde also das „Rückwärts-Knarren der Ironie" verursachen, das ertöne, immer wenn die reine Tätigkeit der Arbeit auf den unentbehrlichen Widerstand der zweiten Hälfte des Realideals trifft. Es ist kaum überraschend, dass die deutschen Romantiker die Konzeption der tragischen Ironie formuliert haben – als die Theorie der Relation des Helden mit seiner Umgebung.

Die griechische Tragödie bestehe restlos aus *exchange*, die nicht nur zwischen dem sich verwandelnden Helden und dem Chor stattfindet, sondern auch zwischen den zwei Seiten eines Menschen, der Natürlichen und der Absoluten. Darum befriedige die Tragödie alle, sowohl natürliche als auch übernatürliche Bedürfnisse. Die absolute Darstellung gelang laut Friedrich Schlegel bisher nur einmal: im Falle von Sophokles. Dass die Darstellung absolut war, bedeutet, dass die Verhältnisse ihrer Bestandteile unübertreffbar waren, nur Bestandteile könnten vervollständigt werden. Die Aufgabe der neuesten Kunst bestünde darin, diese ‚Anschauung' des Absoluten, die die Verhältnisse von Bestandteilen in den ironischen Tragödien von Sophokles ermöglichen, dieses Gefühl der Freiheit zu wiederholen, und zwar mit Hilfe der neuesten, reizendsten Verfahren in Bestandteilen. Eine gleiche Rolle wie die Schlegel'sche ‚absolute Darstellung' spielt bei Norwid die Theorie der Urgestalten, deren prägnanteste Aktualisierung in seiner ‚weißen Tragödie' *Pierścień wielkiej-damy* (*Der Ring der großen Dame*) gelingt.

Die größte aller romantischen Ironien ist die Umwälzung der Kunst um der Kunst willen in das Ökonomische schlechthin. Das von Kant geforderte Ausschließen aller ökonomischen Faktoren – des Interesses, des Bedürfnisses, der praktischen Zweckmäßigkeit – aus dem Prozess des ästhetischen Urteilens trägt dazu bei, dass das Beurteilen des Schöhnen ins eigene Gegenteil

24 Pierre Bourdieu, „Ökonomisches Kapital, kulturelles Kapital, soziales Kapital", Reinhard Kreckel (Hg.), *Soziale Ungleichheiten* (*Soziale Welt. Sonderband 2*), Göttingen 1983, 184.

25 Cyprian Kamil Norwid, „Rzecz o wolności słowa", *Pisma wszystkie*, Bd. 3, 598.

umschlägt, nämlich in die ökonomische Tätigkeit: in die Befriedigung aller Bedürfnisse, allen Interesses durch die vollkommene Schönheit, die die absolute Zweckmäßigkeit und keine besondere, keine partikuläre aufweist. Erst die absolute Zweckmäßigkeit kann „ohne Zweck" werden, da sie keinen Zweck außer sich selbst haben kann.

Norwids theoretische Schriften hängen von der Theorie der Frühromantik in dem Grade ab, dass es kaum Erkenntnisgewinn verspricht, sie mit ihren Vorbildern zu vergleichen.[26] Es lohnt sich dagegen sehr, die Geschwisterrelation zwischen Norwids Theorie und seinem Theater in Betracht zu nehmen. Die produktive Ironie generiert die Darstellung in Norwids Dramen, indem sie das Intelligible an mindestens virtuelle Darstellerkörper annähert und sich selbst in den Dramen – in Theorie und Praxis – präsentiert und repräsentiert. Im Gegensatz zu den Brüdern Schlegel ist es Norwid gelungen, das hervorragende Theoriedrama zu erschaffen, eben darum gilt es, das Übergehen der Theorie in die literarische Fiktion, das ausschließlich dank der Ironie möglich ist, auszuloten. Die Ironie offenbart sich vor allem im Drama, das die ökonomischste und die am meisten sozial vermittelte aller Künste ist.[27] Die Ironie präsentiert sich ausdrücklich in der Gestaltung der Zeit und des Wortes, d.h. des Schweigens, da das Schweigen laut Norwids Theorie und Praxis den wichtigsten Teil des Sprechens und des Dramas darstelle. Norwids Ironie ist eine christliche. Christus war insofern Sokrates überlegen, als dass er während seines Prozesses vor Pilatus schweigen konnte.

---

26 Norwids „Widowiska w ogóle uważane" (*Pisma wszystkie*, Bd. 6, 388-394) fassen A.W. Schlegls *Vorlesugen über dramatische Kunst* zusammen, indem sie ihre zentralsten anthropologischen Thesen wiederholen (390: die Handlung stammt aus dem innerlichen Bedürfnis nach Tätigkeit im Leben, sie drückt den Geist der Allgemeinheit aus. Von Adam Müller übernahm Norwid die Dreiteilung: Monolog-Dialog-Trilog (oder das volle Drama) und ihren Bezug auf Tugenden).

27 Zur ökonomischen Rolle des Rings in Lessings *Minna von Barnhelm* siehe Joseph Vogl, *Kalkül und Leidenschaft. Poetik des ökonomischen Menschen* (Berlin, Zürich: Diaphanes, 2004), 116-118; und in Anbetracht der folgenden Ausführungen siehe auch Joseph Vogl, *Das Gespenst des Kapitals* (*minima oeconomica*) (Berlin, Zürich: Diaphanes, 2011), 139: „Die Poetik des Theaters koinzidiert also im 18. Jahrhundert mit der Struktur eines Wissens von sozialen, politischen bzw. ökonomischen Ordnungen dort, wo sie sich um jene Übergange und Verwandlungen kristallisiert, die die Manifestationen von Zufallsereignissen, unbewussten Kohäsionen und Interdependenzen in den Stand vertraglicher, repräsentativer und personaler Verhältnisse transformieren und damit ein Theater des Gesellschaftsvertrags und des gegebenen Worts begründen."

10.2. Das Medium des Theaters

Für Norwid ist das Theater fast ein Synonym der Zivilisation. Die Geschichte der Menschheit – schreibt er im Traktat „Über die Kunst (für die Polen)" – verläuft zwischen zwei Einfachheiten. Der Zeitpfeil reicht von der natürlichen Primitivität bis zur vollkommenen Einfachheit, von der uns die Evangelien berichten.[28] Das Fortschreiten der Menschheit in der Richtung der Einfachheit wäre ohne den überaus wichtigen Anteil der Kunst unmöglich.[29] Die Bildungsgeschichte ist eine Geschichte der Konflikte, aus denen sich die noch nicht perfekte Gesellschaft zusammensetzt: Der „*Strom* der Kunst im Leben" wird also mithilfe derjenigen Kunst reguliert, die sich mit Konflikten und Versöhnungen beschäftigt: der dramatischen Kunst, die – als Anstalt und Schock in Einem – den langsamen, stockenden und sprunghaften Fortschritt der Moral am wirksamsten reguliert. Die Relation des Menschen mit seiner Umgebung wird von Norwid anderswo als das tägliche Drama des Zeitlichen bezeichnet.[30]

Die Reflexivität des Dramas als zentrales gesellschaftliches Phänomen begrenzt sich weder darauf, dass das *stage drama* das *social drama* wiederholt und verdichtet.[31] Noch wird der Reichtum der Reflexivität von dem Tatbestand erschöpft, den die deutschen Romantiker, aber auch Norwids Pariser Altersgenosse Baudelaire verherrlichten, dass sich alle im gesellschaftlichen Theater gegenseitig beobachten und beurteilen.[32] Die Gesellschaft des Spektakels selbst sei laut Norwid im Schweben gefangen und eben der Zustand der Suspension verleiht der Gesellschaft die Form des dramatischen Werkes. Die Mitglieder der noch nicht durch die Einfachheit erlösten Gesellschaft seinen weder vollkommen selbstlos, wie es der Höhlenmensch gewesen ist, noch seien sie durchaus selbstsüchtig wie manche *salonières*. Jeder und alle konzentrieren sich, so Norwid, auf sich selbst, indem sie nach außen greifen; jedes Aus-sich-selbst-Treten ist auch die Rückkehr in sich selbst.[33]

---

28 Das Schema ähnelt Kleists Dialektik aus dem Essay „Über das Marionettentheater". Zur Rezeption von Kleist in der polnischen Sprache im 19. Jahrhundert siehe Andrea Meyer-Fraatz, *Die slavische Moderne und Heinrich von Kleist: zur zeitbedingten Rezeption eines Unzeitgemäßen in Russland, Polen und Kroatien* (Wiesbaden: Harrassowitz 2002), 153-155 (Kleist sei trivialisiert worden, aber betrifft das auch Norwid, der im Vielen weitsichtiger war denn seine Zeitgenossen?).

29 Norwid, *Pisma wszystkie*, Bd. 4, 340.

30 Norwid, „Milczenie", *Pisma wszystkie*, Bd. 5, 226.

31 Vgl. Victor Turner, *From Ritual to Theatre. The Human Seriousness of Play*, (New York: PAJ Publications, 1982), 61-88; Victor Turner, *On the Edge of the Bush. Anthropology as Experience* (Tuscon: University of Arizona Press, 1985), 291-301.

32 Charles Baudelaire, „Fusées", *Oeuvres completes* (Paris: Gallimard/La Pléade, 1954), 1189.

33 Norwid, *Pisma wszystkie*, Bd. 4, 340-341.

In dieser Hinsicht ist diese zwischenmenschliche Struktur ein Analogon der Schlegel'schen transzendentalen progressiven Universalpoesie. Woran immer sie (die Poesie, die Gesellschaft) sich wendet, wendet sie sich zugleich an ihre eigenen Möglichkeitsbedingungen. Das Umgekehrte gilt zum Glück auch: zu sich selbst gelangt man nur durch das Fremde.

Das der sich dramatisch entwickelnden Gesellschaft gewidmete Werk Norwids entwickelte sich ebenfalls. In seinem späteren dramatischen Werk kann man die Verlagerung des Schwerpunkts vom dargestellten *Konflikt* auf die *Darstellung* des Konflikts beobachten. Präziser gesagt: der spätere Norwid interessierte sich eher für die allgemeine dramatische (theatralische) Struktur der Gesellschaft als für die Einzelkonflikte und partiellen Versöhnungen, da jede Versöhnung nur vorläufig sein kann, bis die konfliktlose Einfachheit wiederhergestellt ist. Obgleich seine Dramaturgie unverändert das alltägliche Drama des Zeitlichen darstellte, machte der frühere Norwid den Konflikt, der die Epoche definierte, sichtbar;[34] der spätere Norwid konzentrierte sich dagegen auf die reflexive Präsentation des Mediums selbst, in der sich der Konflikt entwickelte (oder sich kaum entwickelte). Das Spätdrama demonstriert die künstlerische Beschaffenheit der zeitgenössischen, ‚prosaischen', augenscheinlich nicht tragischen Gesellschaft, indem es seine eigene Konstruktion und Zweckmäßigkeit reflektiert.

Im Frühwerk werden Protagonisten konfrontiert, etwa Krakus i Rakuz;[35] im Spätwerk dagegen die ganzen Dramen, die Diptychone bilden: *Tyrtej* (*Tyrtaios*) und *Za kulisami* (*Hinter der Kulisse*, ca. 1865), *Pierścień wielkiej-damy czyli ex-machina-Durejko* (*Der Ring der großen Dame oder ex machna Durejko*) und *Miłość czysta u kąpieli morskich* (*Die reine Liebe bei Meerbaden*, ca. 1872). Zwei Dramen formieren jetzt eine nach dem romantischen Grundsatz des ergänzenden Kontrasts funktionierende Ganzheit. Wegen dieser Akzentverschiebung schreibt Norwid im Vorwort zu *Der Ring der großen Dame ...*, dass ihn im Gegensatz zu Aleksander Fredro gesellschaftliche Konflikte nicht interessieren, wenn man sie so versteht, dass verschiedene Gesellschaftsschichten sich gegenseitig beobachten und auslachen. In der Form der ‚weißen Tragödie' (der ‚hohen Komödie'), deren Realisation er hiermit anbietet, soll die

34 „Uwidamiał" – ein Neologismus in der Einführung zum Drama *Zwolon* (*Pisma wszystkie*, Bd. 4, 23-93).

35 In der Tragödie *Krakus. Książę nieznany* (*Krakus. Der unbekannte Fürst*, 1851, 1861). Vgl. die deutsche „Erstübertragung" (aber laut dem „Vorwort des Herausgebers" auf S. 6: keine „Übersetzung"!) Cyprian Kamil Norwid, *Krakus. Der unbekannte Fürst. Eine Tragödie* (Borchen: Möllman, 2014).

zivilisatorische gesellschaftliche Ganzheit sich selbst betrachten, als wende sie sich mittels des allgemeinen „Gewissens" zu sich selbst.[36]

Das Dramatische ist das Bild der Wahrheit im Werden, kurz: der Wahrheit. – Norwid fasst die Wahrhaftigkeit des Dramas auf in den romantischen Kategorien der Dublette. Die zwei Pole ziehen sich immer an und aus ihrer unangepassten Komplementarität entsteht Ironie, die eine notwendig dramatische Natur aufweist. Norwid schreibt in einem Brief, es liege in seinem Naturell, dass ihm jedes angetroffene Phänomen sofort an den entsprechenden Gegensatz erinnert: „Diese Ironie begleitet meinen Geist wie Mephisto den Faust."[37] Jede Schönheit habe ihre eigentliche Hässlichkeit, jede Gemeinheit fordere eine ihr entsprechende Vornehmheit auf. Diese Wahrheit über die Wahrheit, dass sie nämlich das nur theatralisch darzustellende Ganze ist, wird *von* Norwids Dramen ausgedrückt, indem sie *in* den Dramen, von den Protagonisten, zum Ausdruck gebracht wird. So z. B. im Diptychon *Tyraios/Hinter der Kulisse* sprechen die Wahrheit die Schauspieler und die Begebnisse in *Hinter der Kulisse* aus, die die Kulisse in einem Theater ist, wo der erste Teil der dramatischen Dublette, die historische Tragödie *Tyrtaios* aufgeführt wird. Im Theater, hinter der Kulisse eben, wurde ein Maskenball organisiert, der schon von Natur aus einen Charakter des verallgemeinerten Theaters hat, in dem jeder und jede zugleich schauspielt und zuschaut. Norwid steigert jedoch die Theatralität des Maskenballs im Theater, indem er ihn als eine historische Allusion anlegt. Vorbilder des Balls waren diejenige, die die russischen Beamter während des Januaraufstands und direkt nach seinem Untergang in Warschau

36 Norwid, *Pisma wszystkie*, Bd. 5, 186, vgl. Bd. 5, 425.

37 Norwid, *Pisma wszystkie*, Bd. 5, 367. „Albowiem mam w naturze, iż każde zjawisko napotkane przypomina mi zaraz odpowiadającą mu sprzeczność, i ta ironia jest duchowi mojemu jako Mefistofeles Faustowi towarzysząca. Każdą rzecz piękna skoro spotkam, przypomina mi się zaraz szkaradność jej przeciwna – i odwrotnie." Vgl. Viktor Šklovskij, *Theorie der Prosa*, übersetzt von Gisela Drohla (Frankfurt am Main: Fischer, 1966), 92 zitiert Fielding: „Notwendigerweise wird uns dies zu Erschließung einer neuen Wissenschaftsader führen, die – sollte sie bereits früher entdeckt worden sein – unserer Erinnerung nach von keinen klassischen oder modernen Schriftsteller erschlossen worden ist. Diese Ader ist nichts anders als die des Kontrastes, die durch alle Werke der Schöpfung läuft und wahrscheinlich unsere ästhetischen Werturteile maßgebend mitbestimmt – die über das Naturschöne wie über das Kunstschöne. Denn was demonstrieren die Schönheit und die Erhabenheit so eindringlich wie ihr Gegenteil? So sticht die Schönheit des Tages und des Sommers ab von den Schrecken des Winters und der Nacht. Und ich glaube, dass der Mensch, der lediglich die beiden ersten gesehen hätte, nur einen sehr unvollkommenen Begriff von ihrer Schönheit bekommen haben würde."

veranstalteten;[38] diese Bälle – diese vorübergehenden Aufhebungen der Norm – sollten die Normalität inszenieren. Hinzu kommt die Tatsache, dass manche Gäste keine einfach verkleideten Gäste waren, sondern Gendarmen, die wegen der niedrigen Frequenz als maskierte Gäste verkleidet wurden. Außerdem traten Spitzel des Besatzers auf sowie Agenten der aufständischen Regierung, die sich ebenso tarnten, indem sie sich auffällig verkleideten.[39] Die Situation der Okkupation und der allgegenwärtigen Verschwörung steigert noch die übliche Theatralität der Gesellschaft.

Wie diese Steigerung in Polen der 1840er Jahre ausgesehen hat, habe ich im vorherigen Kapitel beschrieben; in die Zukunft blickend erkennt der Leser in Norwids *Hinter den Kulissen* die Ursprünge dieses Habitus, das Czesław Miłosz in Bezug auf das stalinistische Europa mit dem aus der islamischen Jurisprudenz geliehenen Begriff ‚ketman' (eigentl. *kitmān*, كِتْمان, Geheimnis, Arkanum). ‚Ketman' ist das Schauspiel, die die Menschen unter dem ideologischen Terror spielen:

> Aktorstwo dnia codziennego tym się różni od aktorstwa w teatrze, że wszyscy grają przed wszystkimi i wiedzą nawzajem o sobie, że grają. To, że ktoś gra, nie jest mu poczytywane za ujmę i nie dowodzi bynajmniej jego nieprawowierności. Chodzi o to tylko, żeby grał dobrze, bo umiejętność dobrego wejścia w swoją rolę stanowi dowód, że ta część jego osobowości, na której buduje swoją rolę, jest w nim dostatecznie rozwinięta. [...] Świadoma gra, jeżeli się ją uprawia dość długo, rozwija te cechy osobnika, którymi się w swojej aktorskiej pracy najchętniej posługuje. Tak biegacz, który został biegaczem, bo miał dobrze uformowane nogi, rozwija jeszcze bardziej nogi ćwicząc się w bieganiu.[40]

---

38 Allgemein zum Ball-Zwang der russischen Teilungsmacht vor und nach dem Januaraufstand: Bolesław Oleszkiewicz, *„Dziady", historia, romantyzm* (Gdańsk: słowo/obraz terytoria, 2008), 17-20.

39 Norwid, *Pisma wszystkie*, Bd. 4, 410-411.

40 Czesław Miłosz, *Zniewolony umysł, Dzieła zbiorowe* (Paryż: Instytut Literacki, 1985), Bd. 3, 64: „Die Alltags-Schauspielerei unterscheidet sich auch insofern von der des Theaters, als alle vor allen spielen und alle voneinander wissen, dass sie sich etwas vormachen. Dass einer eine Rolle spielt, wird ihm nicht als Unehrenhaftigkeit angerechnet und beweist noch keineswegs ketzerische Gesinnung. Wesentlich ist nur, dass er gut spielt, denn die Fähigkeit, sich mit seiner Rolle zu identifizieren, erbringt den Beweis, dass der Teil seiner Persönlichkeit, auf den er seine Rolle aufbaut, schon hinreichend entwickelt ist. [...] Die bewusste Schauspielerei entwickelt mit der Zeit diejenigen persönlichen Züge des betreffenden Menschen, deren er sich in seiner schauspielerischen Tätigkeit am liebsten bedient, so wie ein guter Läufer, der von vornherein gute sportliche Anlagen besitzt, sie durch bewusstes Training verbessert" (Czesław Miłosz, *Verführtes Denken*, übersetzt von Alfred Looepfe (Frankfurt am Main: Suhrkamp, 1980), 65).

Durch die ominöse Kraft der Gewöhnung wird die Rolle zum eigentlichen Habitus des Menschen, der unterscheidet nicht mehr, was eigen und was fremd ist; die Gewöhnung spart Lebensenergie und das mit der Ausgabe der Energie assoziierte Leiden – sodass das Schauspiel das wird, was ich in dieser Arbeit mit dem Begriff ‚(transzendentale) Ästhetik der Praxis' unter Rückgriff auf Bourdieus ‚Habitus' und Hegels ‚Sittlichkeit' näher zu bestimmen versuchte: die zweite Natur, eine Lebens*form*, die Anschauungen und Entscheidungen bestimmt.[41] In Miłosz' moralistischen Kategorien, die auch Norwid auf keinen Fall fremd wären: Die Gewöhnung bringt Erleichterung und Knechtschaft mit sich. Die Entstehung dieser Denkfigur der bösartigen Gewohnheit habe ich im Romantik-Kapitel näher verfolgt.

Omegitt, der Verfasser von *Tyrtaios*, der auf dem Ball inkognito auftritt, obwohl alle sein Inkognito sowieso durchschauen und wissen, dass sich hinter der Maske er, der Autor des gefloppten Dramas, versteckt, wird von einem als Domino verkleideten Spitzel gefragt: „Woher kommt die Macht der Wahrheit". Und Omegitt antwortet aufrichtig: „Sie kommt aus ihrer *Ganzheit* ... d.h. sie kommt daher, dass die Wahrheit die Idee ist, die das mit ihr gleiches Zeugnis unaufhörlich herbeiführt."[42] Aber der die Wahrheit der romantischen Dublette ausdrückende Omegitt scheint genauso wie der Spitzel, der ihn wie Pilatus nach der Wahrheit fragt, zweifach oder sogar dreifach verkleidet zu sein: vorerst imitiert er Christus, nur dass er keine Kraft hat, mit Schweigen auf die Frage nach der Wahrheit zu antworten. (Martin Luther kommentierte dieses Fragment des Johannes-Evangelum (XVIII 38): „*Ironia est*"[43].)

---

41 Miłosz, *Zniewolony umysl*, 65: „Po dłuższej zaprawie następuje tak ścisłe zrośnięcie się z rolą, że nie da się już odróżnić, co jest własne, a co przybrane, i małżonkowie w łóżku rozmawiają sloganami wiecu. Zrośnięcie się z narzuconą rolą przynosi ulgę i pozwala na zmniejszenie napięcia czujności. Właściwe odruchy we właściwej chwili pojawiają się już automatycznie. Występuje to również w literaturze." *Verfühtes Denken*, 65: „Nach einiger Zeit ist man mit seiner Rolle so verwachsen, dass sich nicht mehr unterscheiden lässt, was eigen und was angelernt ist, und selbst Eheleute sprechen miteinander im Jargon der politischen Versammlung. Das enge Verwachsensein mit der aufgezwungenen Rolle schafft eine gewisse Erleichterung, weil die Spannung und Aufmerksamkeit nun etwas gelockert werden kann. Man weiß, die richtigen Reflexe werden sich im gegebenen Augenblick automatisch einstellen. Wir begegnen dieser Erscheinung auch in der Literatur."

42 Norwid, *Pisma wszystkie*, Bd. 4, 532: „Zaś moc prawdy skąd idzie? Omegitt: Pochodzi z jej *Całości* ... a przeto stąd, że prawda *jest Ideą powodującą nieustannie równe sobie świadectwo* ...".

43 *D. Martin Luthers sowohl in deutscher als auch lateinischer Sprache verfertigte* [...] *Sämtliche Schriften*, hg. von Johann Georg Walch (Saale: Gebauer, 1749), Bd. 21, 810 und weiter: „Ist eine Spottrede, als wollte er sagen: willst du von der Wahrheit reden, so bist du verloren." Willst du aber nicht, dann kompromittierst du dich.

Als *porte-parole* trägt Omegitt darüber hinaus die Worte vor, die Norwid selbst, wahrscheinlich den berühmten Spruch des Häretikers (Pantheisten) Hegel über das Ganze, das das Wahre sei, nachahmend, in seinem Traktat „Wort und Buchstabe" („Słowo i litera") niedergeschrieben und unterzeichnet hat: „die WAHRHEIT IST ERST DIE DAS MIT IHR GLEICHES ZEUGNIS UNAUFHÖRLICH VERURSACHENDE IDEE – in der Weise [...] findet sie ihren eigenen *Ort* und eben darum ist sie die *Macht*", im (meta)physischen oder auch politischen Sinne.[44] Ich versuche nun den Gedanken Norwids zu explizieren: Die ganze Wahrheit ist ironisch und produktiv – produktiv ist sie, weil ironisch – das heißt, sie verarbeitet die Theorie zum Theater, das das Wesen der Gesellschaft ausmacht, und das Theater zur Theorie, die der Gesellschaft als das allumfassende Gewissen dienen kann. So erlangt die Wahrheit den Raum und die Macht.

Dass ein Protagonist die Theorie des Ganzen ausspricht, die ihn ins Leben gerufen hat, entspricht der „Parabase" aus Friedrich Schlegels Definition der Ironie: „Die Ironie ist eine permanente Parekbase."[45] Bei Norwid ist diese Parabase genauso unaufhörlich und punktuell zugleich, zählbar und nicht zählbar wie die Ironie(n) selbst. In seinen theoretischen Schriften identifiziert Norwid die Parabase, die doch ein Bestandteil der alten Komödie ausmacht, eher mit dem Ursprung und dem Ziel der Tragödie,[46] die als ein Monolog des Dichters auf der Weltbühne debütiert hat, wenngleich für ihn die Gattungsbezeichnungen „die weiße Tragödie" und *la haute comédie* synonym sind. (Auch unter diesem Aspekt betrachtet ist Norwid sehr romantisch.) Als Beweis dafür, dass die Parabase wirklich jeder Zeit oder die ganze Zeit eingreifen kann oder auch eingreift, können die Worte dienen, die die alberne Modistin Nicka im frühen Drama *Schauspieler* (*Aktor*, 1861-1864) sagt und damit die wichtigsten Merkmale der Poetik Norwids späten Dramen oder der tragischen Poetik schlechthin dem Regisseur oder dem Leser souffliert: (*auf die Uhr schauend*) „die Zeit hastet so schnell/ Dass nichts übrig bleiben kann – außer der Ironie!"[47] Die Modistin zitiert ungenau Nowrids „Epilog" aus *Vade-mecum*, datiert 1859: „O! ja, o! ja,

---

44 Norwid, *Pisma wszystkie*, Bd. 6, 327: „Prawda dopiero: jest IDEĄ NIEUSTANNIE POWODUJĄCĄ-RÓWNE-SOBIE-ŚWIADECTWO – skutkiem czego, ponieważ nieustannie równe sobie wywołuje świadectwo, nie tylko że jest ona dopiero na miejscu swoim, ale jest, i dlatego właśnie, mocą. Że zaś Ideą i mocą (a mocą mającą miejsce swoje) jest, więc koniecznie i władzą stawa się."

45 Friedrich Schlegel, *Kritische Ausgabe*, Bd. 18, 585 (Phil. Lehrjahre, Nr. II 668).

46 Norwid, *Pisma wszystkie*, Bd. 6, 393; wie bei Benjamins Beschreibung der Zäsur am Ende von Ursprung des deutschen Trauerspiels bezieht sich hier Norwid auf Calderóns Tragödien.

47 Norwid, *Pisma wszystkie*, Bd. 4, 432: „czas tak szybko goni,/ Że może nie zostać nic, prócz ironii!"

mein Lieber ... die Zeit geht ... der Tod jagt,/ Und wer wird nach uns weinen – wer? – außer der *Ironie*,/ Die einz'ge Gestalt, die ich ganz als lebendige kannte,/ Die große Dame, immer etwas schief gekleidet,/ Stille Aschen rührend mit leichtem Füße,/ Mit rotem Zopf, mit dem roten Gesicht des Mondes."[48] Die Allegorie der schräg gekleideten „*Ironia*" (auf Polnisch groß geschrieben, daher hypostasiert) verwandelt sich in eine schräge Bühnengestalt, die über die Ironie spricht. Diese Parabasis oder Kryptoparabasis (ist diese paradox oder absurd?) erklärt – trotz der exponentiellen Vermehrung des Sinnesmehrwerts – doch viel: Warum z. B. die Tragödie *Krakus* den Untertitel *Rennen* (*Wyścigi*) trägt oder warum Norwids Zeitgenossen seine ausgefeilten raffinierten Werke als vorläufige Produkte der Eile und des patriotischen Eifers empfanden.[49] Wie sich jede Gruppe auf der Bühne plötzlich als ein organisierter Chor entpuppen kann, so kann sich jeder Protagonist oder jeder Chor direkt oder indirekt, im Modus der tragischen Ironie, an das Publikum wenden und die paradoxale Rolle eines *porte-parole*, der immer aus der Rolle fällt, beanspruchen. Der Zeit bei Norwid widmen wir später mehr Zeit und Aufmerksamkeit und die Parabasen werden aus der ganzen Argumentation schlüpfen.

Die Parabasen sind die paradoxalen Räume des kreishaften Verarbeitens der Dramentheorie zum Theoriedrama und des Theoriedramas zur Dramentheorie. In dem ökonomischsten aller Dramen Norwids, der weißen Tragödie, deren Titel *Der Ring der großen Dame oder ex machina Durejko* das Kreisen betont, taucht im Finale der Grundbegriff der Romantik, „der Tausch", auf (*wymiana, zamiana, zastępstwo*). Er kommt plötzlich aus den Mündern der Protagonisten, die damit Parabasen beziehungsweise Instanzen der tragischen Ironie aufmachen. Zuerst wird der Ring, dessen Kreisen und dessen Verschwinden Katalysator der Peripetien und der Erkenntnisse war, auf einem Leuchter gefunden: „er hat die Kerze herabgestoßen und ihr Schein durch das Diamant ersetzt" (*świecę strącił i zastąpił jej blask – dyjamentem*, III, 5). In der nächsten Szene des Dramas, dessen Handlung das klassische Schema des Liebhaberaustauschs aktualisiert, diskutieren Mak-Yks und die Gräfin. Wenn die zwei sich mit der Eheschließung verbinden werden, wird sich der Ring der Handlung schließen. Mak-Yks versucht das Ende zu vertagen (damit die Zeit als Form merklich wird), indem er den Heiratsantrag der Gräfin nicht sofort annehmen will. Er hätte den Antrag nicht verdient: Für den Prinzen aller

48 Norwid, *Vade-mecum. Gedichtziklus*, 232-233: „O! tak, o! tak, mój drogi... czas idzie... śmierć goni,/ A któż zapłacze po nas – kto? – prócz *Ironii*./ Jedyna postać, którą wcale znałem żywą,/ Pani wielka i zawsze w coś ubrana krzywo,/ Popioły ciche stopą lekką ruszająca,/ Z warkoczem rudym, twarzą czerwoną miesiąca."

49 Mieczysław Inglot, *Norwid. Z dziejów recepcji twórczości* (Warszawa: PWN, 1983), 240-242.

Schützen würde er sich ausgeben, weil gerade als er zielte, der Blitz den Kopf des Falken traf. Er würde, meint er damit, unverdienterweise glücklich. Die Gräfin antwortet: „Hör mal! Das ist die Sache des Mannes, vorläufige erhabene Augenblicke in den fließenden und ebenen Lebenszug zu verwandeln."[50] Hiermit erklärt die Gräfin in einer Tragödie den Sinn und die Funktion der Tragödien, eben das Erhabene in den fließenden Alltag (*potoczność*) umzuwandeln, sodass sie dramatische Konflikte der Gesellschaft vermitteln und gewissenhaft besänftigen, bis sich die Kunst selbst erübrigen wird: dann nämlich, wenn sie ohne Rest gegen die alltägliche Arbeit austauschbar wird.

In seinen Dramen und den theoretischen Schriften fehlen Darstellungen der besänftigenden Funktion von fiktiven Formen nicht.[51] In dieser Parabase, die den Ring der Handlung zugleich eröffnet und abschließt, wiederholt die Gräfin die Feststellungen aus Norwids Einführung zum Drama, in dem sie auftritt. Die Feststellungen, die der Dichter und seine Heroine aussprechen, beziehen sich auf die Form der „weißen Tragödie". Die Form der weißen Tragödie ist darum so schwierig, weil diese „empfindsamen Augenblicke", die die übliche Tragödie mit dem deutlichen und roten Blut zu markieren vermag, hier von dem nackten, großen Ernst ersetzt werden.[52] Wenn die Gräfin den Austausch des Erhabenen gegen das Alltägliche lobt, schlägt sie Mak-Yks nicht nur die Heirat vor, sondern auch die Form der weißen Tragödie, die ihr gemeinsames Leben annehmen soll. So verwandelt sich mit Hilfe der Parabase die Tragödie in ein Drama, das die über die Bedingungen der dramatischen Produktion der Gesellschaft forschende Theorie des Dramas ist. Damit entsteht die immer wieder von der kritischen Tragödientheorie postulierte rekursive Form, die einen Sprung über die Grenze der Darstellung ermöglicht, ohne die Grenze zu annullieren.

10.3. Parabasen: von der hohen Tragödie zum Alltag

Mit dem Begriff „heroische Philosophie" bezeichnet Norwid sein Traumprodukt: eine Kunstform, die die Alltäglichkeit mit dem tragischen Pathos verbindet. Historisch gesehen würden Platons Dialoge „die heroische Philosophie" repräsentieren, die auch für die deutsche Frühromantik das Vorbild

50 Norwid, *Pisma wszystkie*, Bd. 5, 299-300: Mak-Yks: „Podałby się za *strzelców-książęcia*/ Dlatego że właśnie, gdy on celił,/ Piorun odbił sokołowi gowę [...]". Hrabina (groźnie): „Słuchaj! Mężczyzny to jest rzeczą/ Zamieniać doraźne wzniosłe chwile/ W potoczysty i równy ciąg życia."

51 Vgl. Norwid, *Pisma wszystkie*, Bd. 6, 341-342.

52 Norwid, *Pisma wszystkie*, Bd. 5, 187.

der neuen romanhaften Form waren.[53] Der platonische Dialog gewöhnlicher Menschen, die man auf der athenischen Straße treffen konnte und die nach dem ungekannten Gott, der Wahrheit und der Tugend unter weltlichen und alltäglichen Bedingungen (*doczesnych i arcypotocznych*) gefragt und gesucht hätten, sei eine direkte und letzte Konsequenz von Aischylos' olympischen Dialogen. Beide Formen dienen, so Norwid, der Darstellung der übermenschlichen, heiligen Idee.[54] Das platonische Gespräch, ernst und ironisch zugleich, in dem noch der Widerhall des titanischen Ringens aus Aischylos' Tragödie dröhnt, sei die Form, die Norwids Dramen erneuern sollen.[55]

Kraft des Prinzips der wahrhaften Ganzheit – „das Wahre ist das Ganze" – kann die Darstellung des Alltäglichen das Unendliche auffordern, so wie sich bei Goethe (und in der Natur) die komplementären Farben gegenseitig hervorrufen. Norwid verstreut Parabasen der dialogischen Ganzheit-Theorie über seine Dramen, zum Beispiel in *Zwolon*: „die Einheit des Seins, es ist das Endliche und das Unendliche zusammen. Das ist die Wiege, das ist der Sarg."[56] Auch Norwids Versuche auf dem Gebiet der philosophischen Anthropologie stellen den Menschen als eine solche Dublette von Endlichem und Unendlichem dar. Darum müsse der Tod des Menschen entweder heroisch (göttlich) sein, oder tierisch.[57] Eben der Konflikt der Alltäglichkeit mit der Ewigkeit löst die permanente Parabase aus: in jeder Stille klingt der Donner, so Norwids Klepoatra.[58]

Die Parabasen (oder eine ständige Parabase in unzählbaren Gestalten) haften Theorie an Praxis, indem sie den Austausch zwischen den beiden Sphären – von den niederen und den hehren Bedürfnissen – behandeln. Wie die Torhüterin Salome in *Der Ring der großen Dame* ... sagt: „Man aber soll ETWAS auch dem Himmel GEBEN,/ Sogar ein Wölkchen riechenden Rauchs .../ Auch wenn der Mensch nichts von sich selber geben kann,/ Der alles *quasi ausgeliehen* hat."[59] Dieses Aneinanderhaften beider Sphären wird auf eine besonders prägnante Weise im Spätdrama *Kleopatra i Cezar*

53 Vgl. Ernst Behler, *Frühromantik* (Berlin, New York: de Gruyter, 1992), 244-254; Andreas Anrdt, „Schleiermacher und Platon", Friedrich Schleiermacher, *Über die Philosophie Platons*, hg. von Peter M. Steiner (Hamburg: Meiner, 1996), VII-XXII.

54 Norwid, „Milczenie", *Pisma wszystkie*, Bd. 5, 225, vgl. Bd. 5, 224-239.

55 Norwid, *Pisma wszystkie*, Bd. 5, 224, 239.

56 Norwid, *Pisma wszystkie*, Bd. 3, 45-46: *„A ta myśl, czyli prosta – nie wiem – jedność bytu,/ A to zarazem jest skończone, razem nieskończone* ... To kolebka – to truna!"

57 Norwid, „Słowo i litera", *Pisma wszystkie*, Bd. 4, 311.

58 Norwid, *Pisma wszystkie*, Bd. 5, 54.

59 Norwid, *Pisma wszystkie*, Bd. 1, 214: „Alić COŚ należy DAĆ ... i niebu -/ Choćby dymu wonnnego obłoczek.../ Jeśli nic dać z siebie nie może człek,/ Wszystko *jakby pożyczone* mając."

(*Kleopatra und Cäsar*) dargestellt. Der Römer Aelius Cinna und der Ägypter Eukast besprechen in einem authentischen *mise-en-abime* den Grundkonflikt des Dramas: denjenigen zwischen Theorie und Praxis. Der Römer Aelius Cinna sagt: „Mir schien vor einer Weile, dass ich mich an Musik berausche,/ Jetzt – am Weihrauch ... Ist das der Tag der *Theorie*?" Der Ägypter Eukast antwortet darauf abseits: „Unser ganz Ägypten ist immer eine einzige *Theorie*." Der Römer: „*Praxis* ist Rom."[60]

Dies ist wohlbemerkt nicht ein Problem dieses besonderen Dramas, sondern des Dramas und der Dramentheorie überhaupt. In *Kleopatra und Cäsar* wird die Beziehung von Theorie und Praxis erotisch gefärbt. Die Theorie, für die die melancholischen, am Tod haftenden Ägypter stehen, wird dazu im Drama autoironisch und etymologisch als Schauspiel verstanden. Auf diese Weise geht im Drama die Theorie ins Drama über, in δράω, in ein Tun, das es leider nicht mehr gibt:

> Eukast:
> „Eheu! Teorie zniknęły
> Klasyczne, owe szczero-egipskie: na przykład
> ‚*O krokodylu łzami zalanym z miłości,*
> *W dwudziestu siedmiu strofach, z chorały i gesty*',
> Któż by to dziś potrafił?..."[61]
>
> („Eheu! Klassische Theorien sind/ Verschwunden, die urägyptische, zum Beispiel/ *Über ein Krokodil, der sich vor Liebe mit Tränen begoss,/ In siebenundzwanzig Strophen, mit Chören und Gesten*/ Wer wäre heute imstande...")

Mithilfe dieses von Eukast zitieren Untertitels der „klassischen Theorie" bettet Norwid rekursiv den Selbstbezug in den Selbstbezug ein, da er selbst seine *Kleopatra* als „eine historische Tragödie mit der Angabe von Gesten" im Untertitel bezeichnete.[62]

Norwids Ironie operiert im Raum der unbedingten Unvereinbarkeit zweier Seiten der Dublette. Als das Paradebeispiel dafür soll die Miniatur *Słodycz* (*Süßigkeit*, 1855-56) herangezogen werden. In dieser „Tragödie in einer Szene" versucht Norwid zu demonstrieren, dass weder Blutigkeit noch formelle Größe die Tragödie definiert, sondern gerade diese Inkompatibilität des

60 Norwid, *Pisma wszystkie*, Bd. 5, 59: Aelius Cinna: „Zdało mi sie przed chwilą poić się muzyką,/ Teraz wonią kadzideł... czy to dzień *teorii*?"/ Eukast na stronie i z głębi sceny: „Nasz cały Egipt jedną *teorią* jest zawsze."/ Cinna (na stronie): „*Praktyką* – Rzym."

61 Norwid, *Pisma wszystkie*, Bd. 5, 78-79.

62 „... *z uwzględnieniem gestów dramatycznych i onych ciągu.*" Es gibt auch Chöre in dieser Tragödie.

Himmlischen und des Irdischen, die jedoch ohne einander nicht existieren können. Die Form ist eine des Gesprächs der alten vornehmen Römer über die neue christliche Religion. Nicht der Märtyrertod der ersten Christen wird hier als das schlechthin Tragische dargestellt, sondern das Fehlen des Namens für die Aura, die diesen ihren Tod umgibt. So löst die Ironie eine Katachrese aus, die die ‚Handlung' oder vielmehr den Gedankengang dieser Tragödie gestaltet. *Christianitas* und *chrestos* werden von erlesenen Römern verwechselt, wenn sie über den Märtyrertod von Christen sprechen. Hinzu kommt das griechische χρήστος (‚Süsigkeit'), was laut Norwids Helden mit den lateinischen Worten *christianitas* und *chrestianius* harmonisiert, und daraus das französische *douceur* ergibt, die polnische *słodycz*, eben Süßigkeit. In der Mirkotragödie gibt es keine Schuld, es gibt nur einen Mangel – das Fehlen des Wortes, aus dem die Bewegung von Zeichen resultiert.[63]

Der Bruch in der Dublette ist auch die Bedingung der Schönheit. Das polnische *piękno*, behauptet Norwid, entstammt der Verbindung von *pieśń* und *jęk – Lied* und *Ächzen, Stöhnen*.[64] Schon Norwids Zeitgenosse Kraszewski sagte, dass auch die schönsten Gedichte von Norwid einen Makel haben, obwohl er nicht begriff, dass der schöne Schein von dem Makel, *jęk*, abhängt. In der Mitte des 20. Jahrhunderts bemerkte Kazimierz Wyka, dass es einem sehr schwer fällt, Norwids Gedichte auswendig zu lernen, weil unser Gedächtnis die Tendenz aufweist, seine Makel zu verwischen.[65] Wenn wir aber das Ächzen der Ironie ausglätten, verschwindet auch die Schönheit.

Die höhere Halbsphäre braucht die niedrigere. Das *reale* Ideal der Frühromantiker ist für Norwid das einzige wahre Ideal. Wenn die Darstellung die niedrigere Sphäre nicht berücksichtigt, entsteht der „schmutzige Idealismus", wie ihn Jerzy in einer selbstreflexiven Parabase im selbstreflexiven Drama *Schauspieler* nennt.[66] Ein Idealismus, der kein Realismus ist, ist schmutzig, wohl weil verlogen und lästerlich. Auch der hungrige Intellektuelle Mak-Yks in *Der Ring der großen Dame ...* zitiert den höchst praktischen[67] und (zumindest für Russen und Polen) erzromantischen Dichter Byron: „Mit recht sagt *Byron*,

---

63 Norwid, *Pisma wszystkie*, Bd. 5, 383: „I stąd ta pewna... *słodycz*!... bo nie znam nazwiska/ Rzeczy, której *istoty* nie poznałem z bliska..."

64 Norwid, *Pisma wszystkie*, Bd. 6, 349.

65 Vgl. Inglot, *Norwid*, 222-223.

66 Norwid, *Pisma wszystkie*, Bd. 4, 370: „Co zaś do nizin prawdy, dodam, że jeżeli/ Maluje się tak ściśle jak niski realizm,/ Czemu nie spytać, skąd też kochankowie mieli/ Czasu dość od prac dziennych? Lub skąd co jeść wzięli? Inaczej jest to tylko *brudny*-idealizm."

67 In seinen Vorlesungen über Juliusz Słowacki nennt Norwid Byron „der Sokrates der Dichter" oder „der Sokrates unter den Dichtern" („Byron – *Sokratesem jest poetów*"), da er es konnte, das dichterische Element („żywioł poetyczny") ins Leben und in die Tat umsetzen wusste. „*Ecce poeta*!" (Norwid, *Pisma wszystkie*, Bd. 6, 415).

dass die Tapferkeit/ der Alten oft/ von guter Verdauung abhing!...[68] Klingt es wie der Zynismus?[69] Aber wem?/ Denjenigen, die auf die Tragödie von weitem schauen/ und sich nie dem Fatum nähren,/ Nie mit Fingern die Götzen tasten,/ Und eben darum werden sie Götzendiener!“[70] In *Tyrtaios* wird die Wahrheit des Ganzen allegorisch ausgedrückt: der Dichterheld muss die Blume, die er Eginea als Zeichen der Liebe in ihren Garten wirft, mit einem Stein belasten. Ohne die Belastung würde die Blume nicht über die Mauer fliegen.

Als Norwid in seinen Spätdramen von der Darstellung von Konflikten zur Selbstdarstellung des Mediums, wo die Konflikte ausgetragen werden, überging, hat sich auch die Natur dieser dargestellten Konflikte verändert. In den früheren Dramen waren es eher nationale Konflikte, die die Sphäre der puren Ideologie zerrissen hätten, in den späteren eher ökonomische Gegensätze, die man mit der niedrigeren Hälfte der romantischen Dublette – mit Hegels Oikos – assoziieren kann. Die in der niedrigeren Sphäre ausgetragenen Kämpfe sollen in den Spätdramen die Anschauung des puren Ideals auffordern, damit die ganze Dublette offenbart wird. In dieser Hinsicht ist der *Schauspieler* besonders lehrreich. Seine ganze Handlung, die eine Geschichte des Übergangs vom schlechten Schauspiel zur guten (elaborierten) Schauspielkunst ist, wird vom Bankrott des Bankers Glücksman in Gang gebracht. Der finanzielle Mangel betätigt die verallgemeinerte Theatralität, indem Graf Jerzy zuerst „im echten Leben“ spielen muss, und zwar indem er (wie der Dichter *in Hinter der Kulisse*) die Normalität vortäuschen muss, um die naive Mutter und die Schwester zu schonen, sodass sie nichts vom Bankrott erfahren. Erst später erlernt den Beruf des Schauspielers, um produktiv zu sein und sein Geld mit *exchanges* auf Bühne statt auf der Börse zu verdienen. Die irdische Schuld setzt die Handlung und die Theatralität in Tätigkeit um, das Gebet hingegen, das

68 „One of the first penances I ever imposed on myself was to learn the philosophical section of *War and Peace* by heart. That was of course before I would dodge about in the rigging of the Cabbala like a St Jago's monkey. But then the other day I realized that the only thing I remembered about the whole book was that Napoleon's leg twitched“ (Malcolm Lowry, *Under the Volcano* (New York: New American Library, 1966), 109).

69 Zum Kynismus und Diogenes – den Themen, die Friedrich Schlegel aufgeworfen wurden (Heinrich Niehues-Pröbsting, *Der Kynismus des Diogenes und der Begriff des Zynismus* (Frankfurt am Main: Suhrkamp, 1988), 300) – wendet sich Norwid auch im Essay „Milczenie“ („Schweigen“), in dem er beweist, dass der Kynismus nicht nur das klare Bewusstsein der Konventionalität aller Konventionen, sondern auch die Einstellung des Philosophen auf Praxis bedeutet (*Pisma Wszystkie*, Bd. 6, 224-225).

70 Norwid, *Pisma wszystkie*, Bd. 5, 227: „Słusznie *Byron* mówi: że odwaga/ Mężów starożytnych po wielokroć/ Od strawności dobrej zależała!.../ Wybrzmiewa to jak cynizm... komu?... im,/ Którzy, na tragedię patrząc z dala,/ Nie zbliżając się do *Fatum* nigdy/ I nie dotykając palcem bożków,/ Przez to właśnie stają się bałwochwalcami!“

den letzten Akt abschließt, bedeutet für Jerzy, wie er selbst sagt, den Anfang der Zurückzahlung seiner Schulden.[71] So schließt sich der Ring der Handlung.

Norwid, den deutschen Frühromantikern folgend, suggeriert nicht, dass der Umlauf des Geldes und der Wertpapiere eine Fiktion ist, die all die Realität aus der Realität aussaugt.[72] Ganz im Gegenteil: Im *Schauspieler* (*Aktor*) destabilisiert das *Fehlen* an Geld die Situation, sodass die Realität in die Künstlichkeit abstürzt. Es ist die *Unterbrechung* des Geldumlaufs, die den Realitätssinn aussetzt. Wenn das Geld aus dem Haus Jerzys verschwindet, gerät die Zeit als die allererste *out of joint*. Nach dem Bankrott wartet Jerzy auf die Druckwelle, die sein Haus umreißen würde: es ist zu spät und zu früh zugleich, er steckt in der tragischen, ödipalen Muße nach der Katastrophe und vor dem Verlust des alten Lebens, darum muss er sich selbst spielen. Norwid oder Jerzy parodiert Hamlets Monolog (II 2), in dem der Schauspieler auf die Konstruktion des *Globe*-Theaters anspielt: *that this goodly frame, the earth, seems to me a sterile promontory; this most excellent canopy, the air – look you, this brave o'erhanging firmament, this majestical roof fretted with golden fire – why, it appears no other thing to me than a foul and pestilent congregation of vapors*. Jerzy: „Die Burg ist eine Kulisse hinter uns,/ die auf der Leinwand gemalt ist ... Dieser abgelegene Ort ist die Szene,/ Die Tragödie findet in meinem Herz statt ... Die Zuschauer sind nicht im Zuschauerraum,/ Während der wesentliche Dialog meistens abseits getragen wird."[73]

Der große Meister der Schauspielkunst, Gotard Pszon-kin, führt Jerzy aus der Falle, indem er ihm die Rolle des fiktionalen Hamlets im professionellen Theater anbietet. In einer Serie der Parabasen referiert Gotard seine Kunsttheorie: es gäbe zwei gute Theatralitäten, aber Jerzy ist zwischen ihnen in

---

71 Norwid, *Pisma wszystkie*, Bd. 4, 337.

72 So zum Beispiel Siegried Kracauer in „Über den Schauspieler", *Schriften*, hg. von Inka Mülder-Bach, Bd. 5.2, 231-232: „Die moderne kapitalistische Entwicklung treibt ihre Träger ins Schauspielertum hinein. Mit der wachsenden Herrschaft des Finanzkapitals über das Industriekapital vollzieht sich die wachsende Ablösung der kapitalistischen Funktionäre von der Materie. Die Produzenten substantieller Werte verlieren ihre überragende Stellung im Wirtschaftssystem, der Industrielle gleicht mehr und mehr einem Bauer. Ein Zeichen dieses Strukturwandels ist die Wirkung von Fabrikanlagen. Sie ragen für das moderne Empfinden nicht wie Fremdkörper in die Landschaft, sondern verschmelzen mit ihr zur organischen Einheit. [...] Auch der Generaldirektor ist heute ein Angestellter. Er bekleidet einen führenden Posten in der Produktion, wurzelt aber nicht in ihr, sondern ist viel eher eine Art von Verbindungsoffizier zwischen den Finanzgruppen und den ruhenden Stoffen, also ein Funktionär unverankerter ökonomischer Gewalten."

73 Norwid, *Pisma wszystkie*, Bd. 4, 360: „Zamek jest dekoracją za nami w oddali/ Malowaną na płótnie ... sceną – to ustronie,/ Tragedia – w sercu moim ... widzów nie ma w Sali,/ A istotny dialog pogłownie *na stronie*."

der Schwebe gefangen, *en souffrance* so zu sagen, und muss erlöst werden. Die guten Theatralitäten sind die alltägliche und die professionelle. Im Alltag sieht Gotard überall Tragödien; den größten Eindruck macht auf ihn das Lieblingsbild Norwids, das bei ihm immer wieder zurückkehrt – das Erntefest, das Gotard Pszon-kin eine „Theorie" nennt, aus der die Tragödie als Gattung entstanden sein soll.[74] Jerzy kann nicht einfach aus seiner privaten Tragödie ins natürliche Theater zurückkehren. Sein Weg zur Normalität muss kreisartige Gestalt annhemen und durch die Bühne und das *stage drama* führen. Gotard, dessen Reflexionen die anfangs zitierten Ansichten Norwids aus dem Traktat „Über die Kunst (für die Polen)" über den zivilisatorischen Weg von einer Einfachheit zur anderen spiegeln, weiht Jerzy in die Schauspielkunst ein, er erhebt Jerzy zur Professionalität und zur Werkstatt, um ihm die alltägliche Welt zurückzugeben. Wenn Jerzy reflexiv sich selbst zuwendet, sieht er, dass sein Pathos – solange er in der Schwebe zwischen der Natur und der Kunst bleibt – nichts anderes als Unzeitgemäßheit ist. Da er sich mit seinem Spiel vor der Mutter und der Schwester nicht verraten darf, muss er sich selbst immer beobachten und kontrollieren und sehen, was er macht, *bevor* er es macht.[75] Genau dieser Abstand von sich selbst, der auch als ein Fehlen beschrieben sein soll, soll von der Kunst behoben werden, indem sie dem Subjekt einen äußerlichen Bezugspunkt schafft. Dank der fremden Identität, erlangt der Schauspieler seine eigene wieder und kehrt – vermittels des professionellen Theaters – ins *social drama* als ein vollwertiges Mitglied der Gesellschaft, die für die Romantiker in der Repräsentation besteht. So funktioniert im *Schauspieler* der Transfer des Tragischen ins Alltägliche, von dem die Gräfin in *Der Ring der großen Dame…* zum Mak-Yks sprach.

---

74 Siehe Norwid, *Pisma wszystkie*, Bd. 6, 357: „Niedawno – dom więzienny jeden odwiedziłem,/ A teraz jedne blizkie miejsce historyczne,/ Gdzie widziałem tragedie leżące pod pyłem,/ Całe, chiche i dumne… dziś prozę uliczną/ Przebiegałem, gdy jeszcze niedawno, pomnę,/ Patrzyłem na *Dożynki – chóry* wiekopomne/ Cereryjskie szły nucąc do-śpiewem teorii/ Przed-dialogowanej, najstarszej w historii!/ Stary Goethe doprawdy płakałby/ Eschylus/ Z dala stałby i dumał, kładąc w usta stylus", siehe auch Bd. 4, 368, „Tragedia jest w historii, a w życiu jest drama", und Bd. 5, 79, Bd. 3, 440: „I stąd największym prosty lud poetą,/ Co nuci z dłońmi ziemią brązowymi", Bd. 4, 342-343.

75 Norwid, *Pisma wszystkie*, Bd. 6, 368: Jerzy wartet auf den Schauspieler Pszon-kin, der auf der Bühne spielt und deswegen – wie in Goethes *Wilhem Meister* (siehe das Hegel-Kapitel) sich selbst sein kann: „‚*Położenie tragiczne*' – a moje? – a wasze?/ Dlatego że, sam grając, innych grą nie straszę,/ Dlatego że ma głowa, i serce powoli/ Przepękają, bez tętna, gdy słowa me liczę,/ Słysząc je, nim wypowiem, by minąć, co boli,/ I widząc wzrok swój prędzej niż wy me oblicze!/ Dlatego że kulisy zrobione ruchome,/ Przenoszę je i stawiam z tej lub z owej strony –/ Dlatego wam są deski sceny niewidome/ I żyjemy jak w domu… tylko dom – zmyślony […]/ Gdy za wami, a przez step nie znany wam, chodzę/ I właśnie przeto *łudzę*, że nie ja was *zwodzę*!/ Ot, śniadajcie spokojnie, pokąd czuwam w progu."

Die romantische Volkstümlichkeit macht nur einen Aspekt der allgemeinen politischen Ökonomie der Romantik aus. Da Norwids spätere Stücke, in denen sich das Medium selbst (re-) präsentiert, weniger national als ökonomisch sein sollten, kehrt Norwid das Projekt der Nationaltragödie um, das Słowacki in seinen Einführungen zur *Balladyna* und zur *Lila Weneda* formulierte.[76] Ja, er kehrt eigentlich sein eigenes frühes Programm um, das gewissermaßen eine Wiederholung, schonungsvoller formuliert, eine Fortsetzung des Programms von Słowacki war. In der Einführung zum frühen Drama *Krakus* definierte Norwid die Tragödie noch als das Sichtbarmachen der geschichtlichen oder der sozialen Fatalität, die einer Epoche oder einer Zeit eigentümlich ist; die Tragödie leiste also Hilfsarbeit im Progress der Moralität und Wahrheit; deswegen hätte sie die den Ernst des Rituals genossen.[77] Die Tragödie soll also beim frühen Norwid eine Präsentation von nationalen oder sozialen Konflikten sein, die eine Nation auszeichnen. In der Einführung zur späten „historischen Tragödie" *Kleopatra i Cezar* bekennt er sich hingegen zu seinem Unglauben am nationalen Charakter des tragischen Stoffes (das beziehe sich nicht nur auf Shakespeare und Calderón, die oft exotische oder altertümliche Themen wählten; auch die Griechen hätten ihre Tragödien als himmlische Erscheinung und nicht als nationale Sagen betrachtet).[78] National solle der Gesichtspunkt (*punkt zapatrywania się*) sein, unter dem wir den tragischen Stoff betrachten, und den eigenen Gesichtspunkt und die eigene Sichtweise stellt der tragische Dichter mit dar. *Correctio*: Er stellt diese Sichtweise – seine eigene Betrachtung – in erster Linie dar.

10.4. Die reflexive Poetik von Norwids späten Dramen. Theorie und Arbeit des Schweigens

Norwids Darstellung des eigenen Sehens hebt drei Bestandteile des theatralischen Mediums hervor: Chor, Zeit und Schweigen, das unter den Dichtarten ausschließlich im Drama darstellbar sei.

Obschon der späte Norwid den Plan verworfen hat, große nationale Mysterien zu schaffen, verzichtete er nie auf den Chor. *Tyrtaios* hat zehn Chöre,

---

76 Juliusz Słowacki, *Dzieła*, hg. von Julian Krzyżanowski (Wrocław: Ossolineum, 1952), Bd. 7, 7-9, 285-291.

77 Norwid, *Pisma wszystkie*, Bd. 4, 161: „*tragedia jest to uwidomienie fatalności historycznej albo socjalnej narodowi albo wiekowi jakowemu wyłacznie właściwej* – a przeto, zważając ją tak, to jest jako pomocniczą w postępie moralności i prawdy pracę, nie dziwi mnie bynajmniej, iż tragedia mieć mogła i musiała powagę nieledwie obrządkową."

78 Norwid, *Pisma wszystkie*, Bd. 5, 9.

in *Hinter der Kulisse*, in *Kleopatra i Cezar*, in *Der Ring der großen Dame* treten „Standchöre" oder Schnellchöre. Ihre Vorbilder fand Norwid bei Mickiewicz (*Bal u Senatora* oder die Teufel in *Dziady*) aber vor allem bei Goethe in der *Klassischen Walpurgisnacht* aus *Faust II*, in der das Thema Geld und Wirtschaft immer wieder auftaucht.

Goethes *Faust* war auch eines der Vorbilder, an denen sich Norwid orientierte, indem er seine Konzeption der Ganzheit und der quasi automatischen Ergänzung der nicht präsenten Seite der Dublette ausarbeitete. Beim späteren Norwid präsentiert der Chor die Heiligkeit der Kunst und zugleich ihre ökonomische Natur. Der tragische Chor sei doch ursprünglich der Chor der Erntearbeiter gewesen, in das alltägliche Leben und in die alltägliche Arbeit eingetaucht.[79] Die Gegenwart des Chores gegenüber dem dramatischen Geschehen betont – als erster formulierte es Schiller, Nietzsche wiederholte es zu der Zeit, als Norwid seine Spätdramen schrieb – die Künstlichkeit des dramatischen Kunstwerkes.[80] Als Rahmen ist der Chor im Drama Bedingung und Marker seines ästhetischen oder fiktionalen Charakters. Mithilfe des Chors betont das Drama, dass es *nur* ein abgerissenes, abstraktes Modell der Welt enthält. Das Hervorheben des eigenen Ersatzcharakters ist – glaube ich – die Verfahrensweise der produktiven Ironie, die Dramen und die Gesellschaft samt ihren *social dramas* generieren soll. Die Ironie produziert idealiter den ganzen – doppelten – Menschen, der sich zwar mit seiner Verdoppelung aussöhnte, aber nicht auf die Weise, dass diese Doppelheit ihn nicht mehr beunruhigt. Die Gewohnheit ist den Romantikern der schlimmste Feind der Kunst und Menschheit

Aus der Produktivität der Ironie entsprang die *analogia prima* der Frühromantik zwischen der Ironie und dem Organismus.[81] Das Wesen des Organischen sei es, dass die Struktur eines jeden Teils die Struktur des Ganzen wiederholt. Weil das Theater so organisch und natürlich ist, kann es mit Einfachheit ins gesellige Leben zurückzukehren, um es zu verwandeln. Dazu dient auch der Chor. Der Einfluss des Theaters auf das Leben der Zuschauer wird ihnen reflexiv auf der Bühne präsentiert, indem das Spektakel die globale kommunikative Situation, in der es stattfindet, organisch wiederholt. Der Chor stellt das Publikum dar, was schon A.W. Schlegel postulierte, und zwar so, dass der Chor das Geschehen vom Standpunkt der Moral kommentiert. Im Chor

---

79 Zum Ursprung der Poesie und Musik in dem Arbeitsrhytmus siehe Karl Bücher, *Arbeit und Rhythmus* (Leipzig: Tuebner, 1899), 299-337.

80 Friedrich Nietzsche, *Die Geburt der Tragödie aus dem Geiste der Musik, Werke*, hg. von Karl Schlechta (München: Hanser, 1954), Bd. 1, 45-47, Nietzsche beruft sich auf Schillers Vorrede zu Braut von Messina.

81 Siehe das Romantik-Kapitel.

und dank des Chores wird dem Publikum sein Selbstbewusstsein präsentiert. Die Bestimmung des Menschen, die hier offenbart wird, nennt Norwid das „Priestertum“. Der Mensch sei ein unbewusster und unreifer Priester, sagt er im Gedicht *Sfinks*.[82] Er reift und er wird bewusster durch die theatralische Vermittlung. Zwischen der Bühne und dem Publikum wird das Priestertum des Publikums gesetzt.[83]

Der Chor präsentiert dementsprechend den Ramen, der den Menschen vom Bereich der Kunst abgrenzt und zugleich ihn daran anschließt, und zwar als jemanden, der ganz weltlich und zugleich eingeweiht unterwegs ist.

Nun zum Thema Zeit, die wie der Chor vor allem im Drama mit dargestellt ist. *Kleopatra und Cesar* inszeniert den Konflikt zwischen Zeit und Ewigkeit, aus dem die Ironie entsteht. Als Repräsentanten der Dublettenhälften treten das Testament des verstorbenen Vaters auf, nach dem Kleopatra ihren Bruder heiraten soll, und die Modernität, die aufbrach, als er auf die Bühne trat. Cäsar ist Repräsentant der flüchtigen Seite der Moderne und stößt auf den Widerstand des Ewigen. Als wäre das Trauerspiel ein Spiel der Verstorbenen, die ihr ewiges Leben in ägyptischen Gräbern führen, gegen die Lebendigen; und die Kontrahenten der Toten, die Römer – Cesar und später sein Nachfolger als Kleopatras Geliebter Marcus Antonius – sind ziemlich robust. Mit Cesar sei das Genius der Zeit in Ägypten angekommen – sagt Eukast. – Zodiakus habe beschleunigt.[84] „Der beste Stilist“, Cesar, dessen Prosa noch zu Norwids Zeit als Vorbild des treffenden Ausdrucks gepriesen wurde, spreche wie ein Blitz, da die Epoche keine Verzögerungen mag.[85] Diese Doppelheit, die aus dem Treffen der Römer auf die Ägypter resultiert, wird von einem allegorischen Bau repräsentiert: Kleopatra lässt die Pyramide, die die Gruften ihrer Vorfahren umfasst, so ausbauen, dass sie jetzt einen Zirkus als Fassade hat; die spielerische Fassade kann jedoch sehr schnell mit Hilfe der neuesten Baukunst wieder in die Pyramide umgestaltet werden. Und der Zirkus wird am Ende des Spiels wirklich abgebaut (metaphorisch gesagt), wenn die Zeit, die groß ist, auch die regen Römer verschluckt.[86]

Die Tragik von *Kleopatra und Cesar* lässt sich im Hinblick auf die Zeitlichkeit am treffendsten in der Logik der Dublette beschreiben. Die beiden Titelhelden hätten ein reales Ideal erschaffen und die Theorie mit der Praxis, die Ewigkeit mit der Zeitlichkeit verbinden können, aber sowohl Kleopatra als

82 Norwid, *Pisma wszystkie*, Bd. 2, 5-6.

83 Norwid, *Pisma wszystkie*, Bd. 6, 391: „kapłaństwo publiczności“.

84 Norwid, *Pisma wszystkie*, Bd. 5, 57: „Z Cezarem do Egiptu przyszedł czasu geniusz/ I w zodyjaku mnogo przyspieszył“.

85 Norwid, *Pisma wszystkie*, Bd. 5, 61: „Ta epoka w niczym/ nie cierpi odwłok…“.

86 Norwid, *Pisma wszystkie*, Bd. 5, 130, 138-139.

auch Cesar gingen direkt nach dem erhabenen Augenblick, als die Vereinigung möglich schien, getrennte Wege. Der zweite Versuch Kleopatras, sich mit Rom zu verbinden – diesmal via Mark Antonius – ist von vornherein zum Scheitern verurteilt. Der Tragische Chiasmus besteht darin, dass Cesar aus praktischen Gründen der aktuellsten Gegenwart verlangt, dass Kleopatra den Willen der Toten erfüllt und ihren Bruder heiratet.[87]

Im Drama lässt sich auch das Schweigen – das dritte Verfahren, wie man die Anschauung darstellt – am fühlbarsten von allen literarischen Gattungen zur Schau bringen;[88] dies hängt nicht nur mit dem rein Szenischen wie der Chor, sondern auch mit dem Zeitcharakter des Dramas zusammen. Die tragische und ironische Beschleunigung, die das Fehlen an der Zeit, die typisch tragische Unzeitgemäßheit oder Verfrühtheit bedeutet, wird bei Norwid oft als der Mangel am Wort dargestellt. Es ist auch eine Version des Bedürfnisses, die den dramatischen *exchange* herbeibringt. Das vollkommene Wort Adam – seine schaffende Sprache der Eigennamen – wird nur in Norwids frühen Stücken problematisiert: In *Wanda* etwa oder in *Hrabina Palmyra* (*Gräfin Palmyra*). Im späteren *Schauspieler* wird der mystische Name, den man verehrt, nur ironisch als ein Vorfahre des Firmenschilds und der Marke erwähnt.[89] Nicht mehr die volle Sprache (*la parole pleine*) ist Komplement des fehlerhaften Wortes, sondern – wie bei Kierkegaard – das Schweigen. Das Schweigen ist das Medium für das Wort, in dem es aufstrahlen kann. Von Anfang an – vom frühesten erhaltenen dramatischen Versuch an – hat die Relation, die das Schweigen mit dem Reden verbindet, einen ökonomischen Charakter. Schon in der ersten dramatischen Probe *Chwila myśli* (*Gadenkenmoment*) heißt es: Schreiben bedeutet, die Worte zu verkaufen und zu verraten. In *Tyrtaios* kann die lakonische Rede, die Rede der Spartiaten, nicht in den Austausch treten (die Alltäglichkeit bedeutet hier das Reich des Austausches). Das Wort der Spartiaten bricht den Austausch ab, weil Norwid es als „przestanek“ (Satzzeichen oder Anhalten) der Menschenrede bezeichnet.[90] Sparta entspräche der Zäsur der Sprachgeschichte, dank derer sich nicht nur das Gesagte, sondern auch das Sprechen selbst – durch das Schweigen – zeigt. Der Bankier

---

87 Norwid, *Pisma wszystkie*, Bd. 5, 86.

88 Rosenzweig, *Stern der Erlösung*, 98-99: „Das Tragische hat sich gerade deshalb die Kunstform des Dramas geschaffen, um das Schweigen darstellen zu können. In der erzählenden Dichtung ist das Schweigen die Regel, die dramatische kennt im Gegenteil nur das Reden, und dadurch erst wird das Schweigen hier beredt.“ Ausführlicher dazu im Kirkegaard-Kapitel.

89 Norwid, *Pisma wszystkie*, Bd. 4, 372.

90 Norwid, *Pisma wszystkie*, Bd. 4, 496.

Gluckschnell in *Gräfin Palmyra* behauptet, der Umlauf des Goldes ist die Dichtung unserer Zeit.[91]

Nur im Drama kann geschwiegen werden und eben darum ist das gute Verständnis vom Schweigen Bedingung eines gelungenen Dramas. „In jedem Drama, in dem mehr als eine Person auftritt, ist das Schweigen dem Sprechen quantitativ überlegen" – bemerkte Anna Krajewska.[92]

Um diese Wechselbeziehung des Wortes und des Schweigens darzustellen, konfrontiert Norwid in *Tyrtaios* den athenischen Dichter Tyrtaios mit den schweigsamen Spartiaten, die Tyrtaios zum Kampf führt, wie es das Orakel befahl, aber sie erleiden eine Niederlage. Die in Norwids Drama eingeführte Niederlage der Spartiaten (in Wirklichkeit gewannen sie im zweiten Messenischen Krieg, als Tyrtaios tätig war) entspricht diesen Abwandlungen des heroischen Mythos, die die Tragiker in Athen durchführten und die laut Adorno auch Kierkegaard in seinem Märchen über Agnete und den Wassermann unternahm.[93] (Die Niederlage polonisierte darüber hinaus den griechischen Dichter.)

Es war jedoch Jesus' Ironie, die am konsequentesten auf dem Schweigen basierte – das vor allem in der Ecce-Homo-Szene durchdringend und eklatant war. Sowohl die Geschichte Jesus', als auch Sparta seien Zäsuren in der Geschichte der Menschheit und der Sprachgeschichte.[94] So wirkt der Römer laut Kleopatra nicht mittels Worten, sondern seiner *gravitas*: Blitz und Donner wirft er nur in Pausen – stellt die beeindruckte Kleopatra fest.[95] In den Abhandlungen *Milczenie* (*Das Schweigen*) und *Białe kwiaty* (*Die weißen Blumen*) beschäftigt sich Norwid mit der vermittelnden Rolle des Schweigens im menschlichen Sprechen überhaupt und insbesondere im Drama, das das Wirken des Schweigens sowie die Tätigkeit (Passivität) selbst darstellt. Das allgegenwärtige Schweigen, das alle Worte umgibt, ist dafür verantwortlich, dass die Natur der Sprache dialogisch ist, was in Norwids System Synonym der Dramatik ist. „Die Sprache, *weil sie Sprache ist*, muss unbedingt *dramatisch* sein! Wie könnte sie sonst Sprache sein? Sogar der *Monolog* ist ein Gespräch – mit

---

91 Norwid, *Pisma wszystkie*, Bd. 4, 311; vgl. Bd. 4, 13.

92 Anna Krajewska, „Milczenie w dramacie", Janusz Degler (Hg.), *Problemy teorii dramatu i teatru* (Wrocław: Wydawnictwo Uniwersytetu Wrocławskiego, 2003), Bd. 1., 139: „w każdym dramacie, w którym występuje więcej niż jedna osoba, milczenie ilościowo przeważa nad mową."

93 Siehe das Kierkegaard-Kapitel.

94 Norwid, *Pisma wszystkie*, Bd. 4, 497.

95 Norwid, *Pisma wszystkie*, Bd. 5, 54 „Wielka sensu powagą i ciała – Rzymianin,/ Jak planeta, wywiera działanie – nie gromem!/ Jemu grom sam upada w przestankach, jakoby/ W wytwornego w dykcji pisarza heksametr!…"

sich selbst oder mit dem Geist der Dinge."[96] Das dramatische Fortschreiten des Sinns findet nur im Schweigen statt, genauso wie die echte Bedeutung der Ironie immer im Schweigen verweilt und eilt. Beide bewegen sich in Sprüngen. Die Ironie verschiebt sich in das Schweigen, vor dem Gesprochenen zurückweichend, Distanz nehmend. Technisch gesehen sei die Bedeutung jedes Satzes das Verschwiegene des vorherigen Satzes.[97] Darum erhebt Norwid das Schweigen zum Wesen des authentischen Dramas und vergleicht es mit dem *basso* in der Musik und der Farbe Weiß auf der Palette des Malers.[98] In einer der früheren Parabasen sagt einer der Helden, der Mensch sei sich dessen nicht bewusst, dass die Grenzen seiner Worte immer noch Worte sind, wovon auch immer er spricht; die Grenzen der Worte sind nämlich bedeutsam. Das Schweigen definiert er als produktive Grenze des Wortes.[99] Das Schweigen ermöglicht die produktive Ironie oder die ironische Produktivität.

Wenn die späten Dramen das Darstellen selbst darstellen sollten, müssen sie das große Schweigen zur Erscheinung bringen. Norwid musste anders gesagt die brennende Frage beantworten, *how not to do things with words*. Als Antwort hat er die Theorie und die Praxis der „weißen Worte" vorgeschlagen, die – indem sie scheinbar nichts bewirken – ihrer eigenen Machtlosigkeit und damit dem Schweigen erscheinen lassen, in dem dramatische Entscheidungen gefällt werden. Auf das Schweigen und den Tod Christi hinweisend, beschreibt Norwid die geschichtliche Umkehrung der Beziehung von Wort und Kraft. In der Antike sei die Kraft das Wort gewesen; die Kraft begründe noch heute die prinzipielle Schönheit antiker Meisterwerke. Im Christentum würde dagegen das Wort zur Kraft, und jetzt bilde die christliche Zivilisation keine plastischen Meisterwerke, sondern hebe eher Kraftlosigkeit, Unparteilichkeit, Meisterwerke der Wahrheit hervor.[100] Die Poetik der Tragödie hätte sich entscheidend verändert, sodass die Tragödie schließlich ‚weiß' werden könne. Die christliche

96 Norwid, *Pisma wszystkie*, Bd. 5, 232: „Mowa, *dlatego że jest mową*, musi być nieodzownie *dramatyczną*! I jakże byłaby inaczej mową? *Monolog* nawet jest rozmową ze sobą albo z duchem rzein der Kleopatra … dargestelltzy."

97 Norwid, *Pisma wszystkie*, Bd. 5, 232: „dugie zdanie to pierwszego zdania niewygłoszone przemilczenie"; vgl. Bd. 5, 226.

98 Norwid, „Białe Kwiaty", *Pisma wszystkie*, Bd. 6, 190: „Dramy prawdziwej nie może być, ilekroć się zatraci pojęcie dramatycznej *ciszy* i pojęcia jej natur – czyli, *jaśniej* tłumacząc, albo raczej *szerzej* tłumacząc założenie powyższe: kiedy się straci *basso* w muzyce, a kolor biały na palecie malarza… Nadawanie stanowczego kierunku i stopnia *ciszy* w dramatyzowaniu jest dla dzieła tej natury czym w obrocie planety niedotkliwa i niewidzialna planety *oś*."

99 Vgl. Norwids Parabasen in *Krakus* und einem Variant von *Kleopatra, Pisma wszystkie*, Bd. 4, 172: „Człek nie wie, mówiąc o tem i owem,/ Że słów granice są jeszcze słowem."

100 Norwid, „Rzecz o wolnosci słowa", *Pisma wszystkie*, 560.

Ironie diktiere das Drama der gedankenlosen, farblosen, weißen Worte.[101] Dass diese bescheidenen Worte plötzlich, durch die Berührung dessen, was in der Situation verschwiegen wurde, zur Bedeutsamkeit gelangen, ist Norwids Version der tragischen Ironie.

In Norwids späten Dramen wirken die Protagonisten nicht mit Worten. In den Worten interpretieren sie langatmig das, was im Schweigen zwischen ihnen und über sie hinweg passierte. Alle warten auf eine stille Intervention einer nicht bekannten höheren Instanz in die Alltäglichkeit und manchmal glaubt man, dass sie wirklich (im Drama) stattgefunden hat. Die Arbeit der Deutung, mit der sich alle Hauptheldden von Norwids Dramen plagen, ist rekursiv, organisch und ironisch in *Der Ring der Großen Dame* dargestellt, in der Szene, wo Magdalena die Lücken in Szeligas Telegramm auffüllt.[102] Auffüllen von Leerstellen (Roman Ingardens ‚Unbestimmtheitsstellen'), damals auch von Libelt zum Wesen des Tragischen auserkoren, scheint bis dato, ein unverzichtbarer Bestandteil der Rezeptionsästhetik auszumachen. Wenn nur derselbe Szeliga ein bisschen später merkt, dass sein Leben schon vor Längerem zu Grunde gegangen ist, sodass er in einer Mirage fortlebte, spricht er mit Magdalena über das Wetter. Worte bewegen die Handlung nicht, die Menschen sind immer schon von ihrem eigenen Schweigen überholt worden. So funktioniert das Schicksal bei Norwid. Der Leser oder der Zuschauer ist genauso bestürzt wie die Protagonisten, die kraftlos philosophieren und interpretieren, indem sie zum Publikum ihrer *vita activa* werden. Was macht Kleopatra im ersten Akt, als sie erfährt, dass die Römer nahen? Wozu dient ihre List? Weswegen hat sie den Palast verlassen, wenn sie so schnell wie möglich zurückkehrt, kaum haben die Römer auf der Bühne ein paar Worte gewechselt? Protagonisten sind eher Zuschauer als Täter und eben darum können sie so anstandslos Schnellchöre bilden. Die Deutung, die sie aussprechen, ist aber immer unzeitgemäß. Entweder kann die Deutung mit den Ereignissen nicht Schritt halten, oder sie entpuppt sich als ein Gerücht, ein *voreiliges* Urteil.[103] Und doch träumten die Alten, die in der *Kleopatra...* dargestellt wurden, von Göttern, die *gleichzeitig* schlussfolgern, agieren und wollen, ohne die menschliche Unzeitgemäßheit: „Das Merkmal der Götter ist,/ nicht schneller zu denken als zu handeln und zu wollen."[104] Den Menschen bleibt es, mit Wörtern zu spielen, Etymologien zu konstruieren, Worte zu teilen und überraschend zusammenzusetzen. Nur in

---

101 Norwid, *Pisma wszystkie*, Bd. 5, 191: „drama wyrazów bezmyślnych, bezkolorwych, *białych.*"

102 Norwid, *Pisma wszystkie*, Bd. 5, 227-237.

103 Norwid, *Pisma wszystkie*, Bd. 5, 80: „Aleksandrii to przymiot lub wada, że wszystko/ Uprzedza się mówieniem skorym albo wieszczym."

104 Norwid, *Pisma wszystkie*, Bd. 5, 146: „Przymiotem jest bogów/ Nie skorzej rozumować niż działać i woleć."

diesem Sinne zieht die Handlung in die Sprache um – als vollkommenes Spiel von Gegenreden. Die Sprache Gottes, in der das Wollen sich in der Tat und in dem Klang völlig ausdrückt, bleibt aber aus.

Das postdramatische Theater, das die Begriffe ‚Ziel der Handlung', ‚Dialog', ‚Monolog' in Frage stellt,[105] kann sich mittels der Gesten auf der Bühne oder in der Lektüre aktualisieren. Darum beinhalten die Untertitel von Norwids wichtigsten späten Stücken den Hinweis auf Gesten, die in den Didaskalien herausgearbeitet werden. Und oft ist es so, dass die Protagonisten, indem sie eine Geste mit der Hand machen, ihr Schicksal besiegeln.[106] Ihre Gesten sind aber immer sehr sparsam und werden als sehr sparsam beschrieben; sie erstarren beinahe. Hegel hat die griechische Tragödie als Belebung von weißen Skulpturen bezeichnet, die plötzlich auf der Bühne eintreten.[107] Norwids weiße Worte sind ebenso eine Passage: „hindurch geht das Drama in die Skulptur über."[108]

10.5. Das Kreisen der Ironie

In Norwids späten Dramen wohnt der Zuschauer dem Übergang des Tragischen ins Alltägliche bei. Die merkwürdige Schönheit, die Norwid vorschwebt, besteht dank der Präsenz des Prosaischen im Dichterischen und das Prinzip umfasst auch den die Arbeit des Gedächtnisses sabotierenden Versbau. Anders gesagt müssen die beiden Seiten der Dublette in der Dichtung präsent sein, sodass die Dichtung sich in der prosaischen Wirklichkeit einbetten könnte. Friedrich Schlegel hat das ideale Ideal Schillers, das Norwid das „schmutzige Ideal" nannte, mit einem chinesischen Bonzen verglichen, der nur die Spitze seiner Nase kontempliert und außerdem praktisch für die Katz ist. Norwid tauscht nur das Geschlecht aus, der Sinn des Bildes bleibt aber gleich: Die Dichtung, die vergisst, dass sie wirklich etwas machen soll, vergisst die gesunde Ästhetik; sie ähnele einer schwerfälligen chinesischen Schönheit, die zu fett sein, um

105 Hans-Thies Lehmann, *Postdramatisches Theater* (Frankfurt am Main: Verlag der Autoren, 1999); das anti-dramatische Element finden wir schon im frühen *Zwolon*, in dem es – laut dem Autor – weder Ziel der Handlung, noch Monologe noch die dramatische Polyfonie gibt, sondern eine (Menschen-)Menge der Leerstellen – der Stille – des einsames Getümmels: „Jakoż nie dramat *serc i głosów* wielu,/ Pozaplatanych gałęźmi żywota,/ Przez który świeci jasny błękit celu –/ Ni monologu jest to czarna grota,/ Gdzie myśl jak Kain brnie lub Iskarionta:/ Lecz raczej (ucha niech to nie skaleczy),/ Tłum pustek – ciszy – wrzawa samotniczej" (Norwid, *Pisma wszystkie*, Bd. 4, 32).

106 Cf in *Kleopatra* – Norwid, *Pisma wszystkie*, bd. 5, 50, 78-79, 88.

107 Siehe das Hegel-Kapitel sowie das Demetrius-Kapitel.

108 Norwid, „Białe kwiaty", *Pisma wszystkie*, Bd. 6, 190-191: „tędy drama w rzeźbę przechodzi."

sich bewegen zu können, und wegen der Maniküre nichts berühren darf. *„Aber Nausikaa, die königliche Tochter bei Homer, ist eben darum so schön"* – setzt Norwid fort – *„weil sie an den Fluss geht, um die Wäsche zu waschen.* [...] *Es gibt eine Portion der Nützlichkeit, die die Bedingung der Schönheit ist."*[109]

Im *Schauspieler I* findet auf der Bühne, nachdem Jerzy schon die Profession des Schauspielers erlernt hat, „blutige Arbeit"[110] statt; blutiger Schweiß von Schauspielern garantiert, dass die Methode, mit der sie die Fiktion aktualisieren, die Wahrheit ist, da die Methode der gewöhnlichen, alltäglichen Arbeit gleichkommt – einer, bei der man schwitzt. So behauptet der Meister Gotard Pszonk-Kin: „Das Handwerk hat die Wahrheit, im Leben gibt es das Handwerk,/ Weil die *Alltäglichkeit* existiert – ohne sie würde nichts wachsen!/ Aber die Werkstatt soll im Werk nur insofern sichtbar sein,/ Inwiefern in der korrekten Sprache die Schreibweise wirkt:/ Nicht mehr."[111] Der Buchstabe belebt die in den Automatismus zu verfallen drohende Worte und Phrasen, er ist keine Gruft für die Gedanken. Die Schrift verjüngt die Sprache, indem sie die Etymologie bewahrt und nötigenfalls an sie erinnert. Orthographische Fallen sind Grabstätten der Spracharchäologie. Das Ideal der Sprache sei auch als eine Dublette, eine aus Artikulation und Schrift zu betrachten, wie im Gedicht „Dwa Guziki" („Zwei Knöpfe"): *„mowa-piękna* zawsze i wszędzie polega/ *Na wygłoszenu słowa zarazem ponętnie/ I tak zarazem, że się pisownię postrzega.*/ Po tej to zgodzie, jak po nieomylnym piętnie,// *Poznać pojedynczości* obcowanie z *prawem.*/ *Ducha? – z literą*, nocnej głębokości – z jawem."[112] Das heißt: Das Wort solle verführerisch vorgetragen werden und zugleich auf die Weise, dass die Orthographie – wahrscheinlich auch die Interpunktion, vor allem die Interpunktion – bemerkbar werde. An der Eintracht könne man beglaubigt erkennen: die Einzelheit koexistiere mit dem Recht, während der Geist sich mit dem Buchstaben, die nächtliche Tiefe – mit dem Wachzustand versöhne.

Jede Dublette – auch die Phonetik/ Graphemik der Sprache – funktioniert und vereinigt ihre Seiten dank des unaufhörlichen Austausches zwischen den beiden Hemisphären des realen Ideals. Der Umlauf als eine Tätigkeit wird – wie die Zeit – das Thema und die Form der Norwidschen Spätdramen.

---

109 Norwid, *Pisma wszystkie*, Bd. 5, 558: „Poezja, która zapomina o tym, że *ona coś robić powinna* – zapomina przez to samo o zdrowej estetyce. [...] *Ale Nausika, córka królewska u Homera, dlatego jest taka piękna, iż do rzeki chodzi prać bieliznę*! [...] *Jest pewna porcja utylitarności, która jest warunkiem piękna.*"

110 Norwid, *Pisma wszystkie*, Bd. 4, 331: „praca krwawa".

111 Norwid, *Pisma wszystkie*, Bd, 4, 37: „Rzemiosło zaś ma prawdę, jest w życiu rzemiosło/ Bo jest *potoczność* – bez niej nic by nie urosło!/ Lecz rzemiosło w utworze widne być powinno,/ Ile w poprawnej mowie pisownia jest czynną:/ Nie więcej."

112 Vgl. Norwid, *Pisma wszystkie*, Bd. 2, 127.

Er erscheint sehr früh, schon in der *1001en Nacht*, wo der Umlauf der Briefe und Affekte sehr plötzlich durch die Ungleichzeitigkeit zum Stehen gebracht wird. Oder das Kreisen von Büchern in der einaktigen Komödie *Auto-da-fé*, Büchern, die niemand liest, sondern alle Autoren tauschen sie statt der Gedanken aus. Norwid widmet seine Tragödie *Tyrtaios* der Stadt Warschau – im Austausch gegen einen Stein, auf dem das Blut und die Träne nicht glänzen. (Ein solcher Stein war schon damals eine Unmöglichkeit.)

Die besten Werke – lesen wir in der Einführung zu *Der Ring der großen Dame...* – würden in Form von Sprichwörtern in Umlauf gebracht: „sie werden zu *Formen des Sprechens*."[113] Das ironische Gegenbild fehlt auch nicht. Der lächerlich praktische Richter Durejko in *Der Ring...* unterscheidet zwischen guten, nützlichen Büchern und leeren Phrasen: „Die ersten lehren oder ein Buchhandler tauscht sie schnell gegen eine runde Summe aus;/ Aber die anderen, wozu mit Verlaub sind sie?/ Wozu, möchte ich wissen, griechische Fabeln?"[114] Die Rolle solcher Gestalten wie Durejko besteht bei Norwid darin, den Einspruch des Rezipienten zu fordern und damit die ganze Wahrheit herbeizuführen. In mehreren Parabasen unterstreichen etwa Mak-Yks aus *Der Ring der großen Dame...* oder Kleokarp aus *Tyrtaios* die Produktivität der intellektuellen Arbeit.[115] Das lange Dialoggedicht *Promethidion* stellt nachdrücklich fest, dass die Verbindung der intellektuellen und der physischen Arbeit die chronische Unzeitgemäßheit vorbeugt. In *Promethidion* wird auch das volle Modell des Arbeitsumlaufs durch die beiden Hemisphären der Dublette formuliert: Die Liebe ruft die Schönheit hervor, die Schönheit „zur Arbeit entzückt",[116] die Arbeit dient der Auferstehung, die das höchste Werk der Liebe ist, bei der der ganze Umlauf angefangen hat. Die Liebe kehrt gesteigert zurück und der Kreis kann von Neuem beginnen.

Die Form des Kreises versuchte Norwid vorzüglich der weisen Tragödie *Der Ring der großen Dame...* zu verleihen. In diesem Werk kreist der Ring zwischen Helden, indem sich die Handlung samt dem ganzen Personal um sein Kreisen herum dreht. Der Kreis ist für Norwid eine emblematische Form, die man Archetyp nennen kann. Ein Archetyp aktualisiere sich zu verschiedenen Zeiten unterschiedlich, aber es sei immer derselbe Kreis, ob er sich

---

113 Norwid, *Pisma wszystkie*, Bd. 5, 185: „stają się *formami mówienia.*"

114 Norwid, *Pisma wszystkie*, Bd. 5, 202: „Tamte uczą... lub księgarz je szybko/ Na okrągłe pieniądze przemienia;/ Te są (za pozwoleniem) do czegóż?.../ Na cóż, rad bym wiedział: *greckie baśnie*?"

115 Norwid, *Pisma wszystkie*, Bd. 4, 486; Norwid, *Pisma wszystkie*, Bd. 5, 197 („*Mało-czynnym*! niech mnie ktoś nazywa...").

116 Norwid, *Pisma wszystkie*, Bd. 3, 440: „Piękno na to jest, by zachwycało/ Do pracy": „Schöhnheit existiert um zu begeistern/ Zur Arbeit."

in der chaldäischen Astrologie mitteile oder im englischen Zahnrad.[117] Der Kreis sei die polnische Form schlechthin. Norwid benennt in der Abhandlung *Piast und seine Revolution* (seine Umkehrung) den mythischen Begründer Polens Piast Kołodziej als den Erfinder des Rads in unserem Teil der Welt. Den sieben Weisen der Griechen gleich habe Piast damit die Kommunikation und Zentralisation erfunden.[118] Der Kreis ist die schöne Gestalt von Praxis und Wirklichkeit: das reale Ideal. „Ohne den Akt gibt es keinen Kreis“ – schreibt Norwid. „Der Kreis ist die Folge des Aktes.“[119] „Der Kreis ist die erste Form, durch die die Form in die Bewegung übergeht.“ Norwid vergleicht den Kreis mit dem Buchstaben: die Beiden seien die wahre Form, wodurch sich die Form in den Akt verwandelt.[120] Das griechische „κάλλος“ soll mit dem *koło*, dem *Kreis* verwandt sein.[121] Im Drama kreist der Ring der Dame als Pfand in einem Salonspiel (beginnend im Akt 3., Szene 1), in dem die Gäste sich in Hälften teilen; die Hälften wechseln sich ab – immer verschwindet eine im anderen Zimmer. Die Personen kreisen noch schneller, nachdem der kostbare Ring verloren geht und verschwindet, und als er endlich wieder auftaucht, verwandelt er sich in einen Verlobungsring, der die Gräfin mit dem Intellektuellen Mak-Yks bindet. Die vier Hauptpersonen tauschen ihre Partner aus und jede Umdrehung des Partnerschaftsrads wird mit einer Geste angedeutet. Die Personen geben sich abermals die Hand, als ob sie im Kreis tanzen würden: die ausgestreckten Hände gleichen den Naben (*piasty*).

Diesem Archetyp, dem schönen und wirksamen Kreis, gebührt es nun, sich als die weiße Tragödie *Der Ring der großen Dame* zu aktualisieren, die die Bahn des Tragischen (ab)bildet, das einen großen Bogen macht, indem es sich ins Alltägliche umformt. Der umfangreichste Kreis beschreibt die allgemeine Gewissenswende, über die Norwid in der Einführung zum Drama sagt, dass sie die Form der weißen Tragödie als eine Form von der gesellschaftlichen Selbstreflexion bedingt. In der weißen Tragödie beobachtet sich die Gesellschaft durch das Medium des Gewissens. In dem Raum, der durch den großen Kreis des Gewissen abgegrenzt wurde, treten zahlreiche kleinere Kreise auf. Magdalena macht der Gräfin Vorwürfe, dass sie ihr Sentiment gegenüber Szeliga verraten hat: „ich habe daran so schwer arbeiten müssen,/ Indem ich die Richtung eures Gesprächs umgedreht habe/ wie ein *Zahnrad* in

117 Cyprian Kamil Norwid, „O sztuce (Dla Polaków)“, *Pisma wszystkie*, Bd. 6, 348.
118 Cyprian Kamil Norwid, „Piast i jego rewolucja“, *Pisma wszystkie*, Bd. 4, 304.
119 Norwid, *Pisma wszystkie*, Bd. 4, 302.
120 Norwid, *Pisma wszystkie*, Bd. 5, 300-302.
121 Norwid, „O sztuce (Dla Polaków)“, *Pisma wszystkie*, Bd. 6, 348.

der Fabrik …/ So ungeschickt haben Sie *sich verraten.*“[122] Nicht nur Themen werden umgedreht, sondern auch die Wortstellung, wie hier in einer schönen Anadiplose eines Schnellchores, der ringsum über den Ring spricht:

> Pierścień pani podoba się wszystkim,
> – Wszystkim podoba się pierścień.[123]

Das Umstellen der Worte ist nur ein Beispiel des allgegenwärtigen Austausches und Umkehrens, das die Dominante der weißen Tragödie ausmacht. In *Der Ring der großen Dame…* dehnt sich eine Welt aus, wo Frauen stellvertretend für andere böse sind und wo man dies Erziehung nennt, obwohl Magdalena das Wort „Erziehung“ gegen einen anderen Ausdruck austauschen will, der auch eine dämonische Umkehrung bezeichnet: „der Golgatha des Antichristen!…“[124] Vor allem tauscht die weiße Tragödie das Wunder des Tragischen gegen das Alltägliche. Das Wunderbare oder das Zufällige löst sich auf wie diese Feuerwerke, die dem Ball Glanz verleihen und deren Form „der Ring und nicht Zero“ genannt wird.[125] Die weiße Tragödie selbst wurde als Medium des Übergangs der Tragischen Form ins Alltägliche beabsichtigt – der ganzen Form samt der Entwicklung, die jene hohe Form charakterisiert, dem dramatischen Knoten, und der Konfliktlösung.[126] So soll dank des Theaters im Theater das *Theater ohne das Theater* entstehen. Die reflexive, im romantischen Sinne ironische Selbstdarstellung des Mediums führt zur neuen Lebenskunst im Alltag. Eine längere dialogische Parabase in *Kleopatra und Cesar* gibt zu, dass die Vermittlung zwischen der tragischen Form und dem Alltäglichen darum überhaupt möglich ist, weil das künstlerische Handwerk – austauschbar für ‚Schrift‘ und ‚Ironie‘ – den Alltag innerhalb dieses titanischen Ausnahmezustands vertritt, der die Tragödie ist. Als Beweisstück dient diesmal ein Gespräch aus *Kleopatra.*

---

122 Norwid, *Pisma wszystkie,* Bd. 5, 258: „Musiałam się potem upracować,/ Tokiem waszych obracając rozmów,/ Jak *zębatym-kołem* gdzieś w fabryce…/ Tak niezręcznie *zdradziłaś się,* pani!“

123 Norwid, *Pisma wszystkie,* Bd. 5, 273: „Ihr Ring gefällt allen,/ Allen gefällt Ihr Ring.“

124 Norwid, *Pisma wszystkie,* Bd. 5, 244: „*Golgota antychrystusowa!…*“

125 Norwid, *Pisma wszystkie,* Bd. 5, 255: „My w sztuce nic *‚zerem‘* nie zowiemy,/ Lecz: *‚pierścieniem‘.*“

126 Norwid, „Znicestwienie narodu“, *Pisma wszystkie,* Bd. 7, 90: „w tragedii właśnie dlatego brzmi *patos,* że w niej istotnego *serio* nie ma. I że gdyby tragedia była serio, tedy miałaby tylko sam ciąg i rozwój (albowiem *serio* jest to właśnie *sam ciąg i rozwój,* sama potoczność), lecz nie miałaby ona ani węzła dramatycznego, ani finalego aktu…/ Ani tragedia, ani komedia nie stanowią wcale żywiołów serio – te nie wrażeń, lecz sumienia dotyczy naśmiewki i lamenty mogą zobojętnieć, serio nigdy.“

Kalligion:
Dla mężów, którzy są
godni nazwania tego, sama nie-Fortuna
Jest tylko przeciw-marszem albo odpoczynkiem.

Fortunius:
Tak to brzmi!… niekoniecznie się sprawdza zarówno,
A dowodem: że gdyby tak wiodły się rzeczy,
Nie byłoby na świecie *tragedii* …

Kalligion:
Tragedia!
Zaiste, że jest boską i że jest *obrzędną* …
Jak była na początku swego na świat przyjścia.
Zawsze ona wyjątkiem! – piorunem Olimpu:
Wszelako i tragicznaość ma swój wątek …[127]

Die Tragödie hat also ihre Kunst, ihr Handwerk, ihren Alltag. Die Tragödie gehört dem Alltag an, indem sie den tragischen Chronotpos aufweist, der das Plötzliche mit dem Fortschreitenden verbindet. Sie muss also ins Gewöhnliche – in eine andere Gattung – übergehen, sie muss verblassen, weiß werden, um es revolutionieren zu können.

127 Vgl. Norwid, *Pisma wszystkie*, Bd. 5, 42: „Kalligion: Für die Männer, die/ ihren Namen verdienen, ist das Un-Glück selbst/ Nichts als Gegen-Marsch oder Innehalten./ Fortunius: Das klingt gut, muss aber nicht unbedingt zutreffen,/ ein Beweis dagegen wäre, dass es keine Tragödie gäbe,/ Wäre das der Fall./ Kalligion: Tragödie!/ Sie ist wahrhaft göttlich und *feierlich*…/ wie sie am ersten Tag war./ Sie ist immer Ausnahme! Ein Donner aus dem Olymp./ Nichtdestotrotz hat auch die Tragik ihren Plot…“.

KAPITEL 11

„Das Zeitalter des Aischylos ist angebrochen, mein Lieber“. Wagner, Bakunin, Słowacki über die griechische Tragödie und die schöpferische Zerstörung

(Die Zeit der heiligen Anarchie – Ruine/Wiederbelebung – Die Tragödie gegen das Recht – Wir sind die vollkommenste Tragödie)

Nastał, mój miły, wiek eschylesowy:	Das Zeitalter des Aischylos ist angebrochen, mein Lieber:
Poemata się rodzą, wielkie, ciemne,	Dichtungen werden geboren, groß und dunkel,
Na skrzydłach złotych straszne bogów głowy	Auf goldenen Flügeln kommen die schrecklichen Häupter der Götter
Jak Samuele wychodzą podziemne.	Wie Samuels aus der Unterwelt hervor.
Ale nie widzi, kto w duchu nie nowy	Doch es sieht nicht, wer im Geiste nicht neu
Albo kto serce ma w sobie nikczemne,	oder ein gemeines Herz hat,
Taki – nie słyszy – ech śpiewanych w niebie,	Der – hört nicht – die Echos, im Himmel gesungen,
Ale ma swoje wieszcze – podług siebie ...[1]	Doch hat seine Dichter – nach seinem Bilde...

Ob die 1840er Jahre eine Zeit für Aischylos und somit eine Zeit für die Tragödie waren, wie Juliusz Słowackis Gedicht behauptet, kann anhand charakteristischer und besonders dramatischer „Urszenen“ der Epoche erläutert werden, an denen die – explizit oder implizit formulierte – Theorie der Tragödie und des Trauerspiels deutlich wird, die Wahrnehmung und Verhalten der Akteure bestimmt. Die kritischen Tragödientheorien gingen davon aus – wie schon Goethe anlässlich seiner Konzeption des Urphänomens behauptet hatte – dass der Abstand zwischen Theorie und Praxis nur einer falschen Betrachtungsperspektive entspringe. Richard Wagner zufolge sagt jeder tragische Held zum Chor: „was ihr in Meinungen und Sprüchen feiertet, das stelle ich euch als unwiderleglich wahr und notwendig dar.“[2] Aufgrund

1 Juliusz Słowacki, *Wiersze. Nowe wydanie krytyczne* (Poznań: UAM, 2005), 391. Fortan zitiert direkt im Haupttext, versehen mit dem Sigel SW und arabischen Seitenzahlen.

2 Richard Wagner, *Sämtliche Schriften und Dichtungen. Volksausgabe* (Leipzig o.J.: Breitkopf & Härtel und C.F.W. Siegel (R. Linnemann), Bd. 3, 268; fortan als Sigel W mit römischen

DOI:10.30965/9783846766255_012

dieser praktischen Ausrichtung sind die ästhetischen Theorien zugleich Theorien des Staates, der Politik und der Religion. In diesem Kapitel betrachte ich die romantisch-anarchistische Strömung der kritischen Tragödientheorie. Die ‚Taten' dieser Theorie wollen auf Einmal zerstören und schaffen: sie heben einerseits die zerstörerische Potenz der griechischen Tragödie hervor, die den Mythos und die ‚Sittlichkeit' zum Fall brachte, kündigen andererseits die destruktiven, umstürzlerischen Tendenzen der modernen Kunst das erste Mal mit einer solchen Intensität und Klarheit an.[3]

Die folgenden Ausführungen bestehen aus vier Unterkapiteln. Zunächst werden die charakteristischen Elemente der Urszenen sowie die Elemente der Identifizierung und Gegenüberstellung herausgearbeitet, die der romantisch-anarchistischen Theorie und Praxis Gestalt verliehen. Im zweiten Teil geht es um die konkreteste Identifizierung dieser Theorie: die Gleichsetzung von Zerstörung und Schöpfung (Erneuerung). Im dritten Teil rückt ein besonders wichtiges Objekt schöpferischer Zerstörung in den Mittelpunkt: das Recht und seine nivellierende Kraft, die die ganze sinnliche Wirklichkeit in ein Aggregat abstrakter Allegorien verwandelt. Im vierten Teil wird die Totalität der planvollen neuen Tragödie gezeigt, die eine neue Form menschlichen Zusammenlebens hervorbringen soll: eine neue organische Ordnung, in Platons Worten aus den *Rechten*: „die vollkommenste Tragödie". Zuletzt kehren die Urszenen zurück, und zwar in Form eines Fragments aus Wagners Autobiographie, anschließend an dessen politische Dramenkonzeption bzw. die „verständliche Darstellung des Mythos" als Darstellung des ewig gegenwärtigen Lebens, gegeben vor dem Volk als eben diesem ewigen Leben; das Volk erneuert sich durch die Kontemplation dieses Dramas, und das heißt seiner selbst (Wagner beschreibt eine patriotische Orgie der Polen). Die Urszene aus dem Leben Wagners hat *stricte* mythischen, dionysischen, zerstörerischen, sexuellen, kriegerischen, politischen Charakter.

Bandzahlen und arabischen Seitenzahlen nachgewiesen. (Hier konzentriere ich mich vor allem auf die theoretischen Schriften aus den Jahren 1849-1852 – *Die Kunst und die Revolution, Das Kunstwerk der Zukunft, Oper und Drama*, die unmittelbar nach den ersten Fassungen des Nibelungenmythos (und der Dresdner Revolution) entstanden und den Auftakt zu den großen Tragödien bildeten.)

3 Die Tradition wurde so stark, dass Anfang des 20. Jahrhunderts Tragik zum Synonym für Apokalyptik wurde. Vgl. Jürgen Thaler, *Dramatische Seelen. Tragödientheorien im frühen zwanzigsten Jahrhundert* (Bielefeld: Aisthesis, 2003), 10.

11.1. Die Zeit der heiligen Anarchie

Als 1848 in Großpolen die Revolution ausbrach, fuhr der Dichter Juliusz Słowacki mit ein paar jungen Gefährten aus Paris nach Posen. Großpolen schien ihm, wie er in einem Brief an einen französischen Freund berichtete, „das Theater des edelsten Krieges“, den Thermopylen ähnlich. Das Volk kämpfe gegen die ganze Übermacht Preußens, trotz adliger Bemühungen, die Kraft des Volkes um jeden Preis zu neutralisieren. „Ich hätte mir nicht träumen lassen“, schreibt er, „dass das Volk so sein kann. Es birgt den Keim der neuen Epoche. Seine Bildung ist eine Gabe Gottes. Seine jetzige Erhebung (*élévation*) ist ein Wunder [...] [Das Volk] überbietet die Kameraden des Leonidas und beschämt die adeligen Gelbschnäbel, die es führen wollen.“[4] Typisch für die 1840er Jahre und besonders für den sogenannten Völkerfrühling war, dass das Komitee in Posen endlose Sitzungen damit zubrachte, über die Frage zu diskutieren, ob das Volk zum Kampf oder doch eher zum Stillhalten aufgerufen werden sollte. Julian Klaczko erinnert sich an eine Sitzung des Komitees vom April 1848:

> Plötzlich [...] öffnete sich die Tür und eines der Mitglieder (ich erinnere mich nicht mehr welches) brachte einen dunkelhäutigen Brünetten mit feinen Zügen, mit welkem, dunklem Gesicht und schwindsüchtiger Röte auf den eingefallenen Wangen herein, und statt ihn den Versammelten vorzustellen, begann er vielmehr, sie ihm der Reihe nach vorzustellen. Endlich dann, als er uns alle vorgestellt hatte, fügte er mit der Hand auf ihn weisend laut hinzu: „Słowacki, Poet“. Man entwickelte die ganze Sache vor dem Neuankömmling nochmals von Beginn an. Libelt verlas den ganzen Aufruf erneut, Stefański pries ihn wie zuvor an, der Bischof und Potworski widersprachen ihm wieder unter Tränen... Daraufhin steht Slowacki auf [...] und mit vor der Brust verschränkten Armen begann er, mit erhobener Stimme zu sprechen: „Was denkt ihr? Scheint euch, dass es heute so wie ehedem Kanonen, Regimenter und Offiziere braucht? Ich verkünde euch, dass heute das Zeitalter der heiligen Anarchie gekommen ist.“ Er wollte weitersprechen, doch Stefanski unterbrach ihn unvermittelt... Er warf sich ihm in Entzückung zu Füßen und rief, die Hände nach ihm ausstreckend: „Meister! Ein großes Wort hast du gesprochen.“[5]

---

4 Juliusz Słowacki, *Dzieła*, hg. von Juliusz Krzyżanowski (Wrocław: Ossolineum, 1952, Bd. 14), 315; fortan als Sigel SD mit römischen Bandzahlen und arabischen Seitenzahlen nachgewiesen.

5 „Wtem [...] otworzyły się drzwi i jeden z członków (już nie pamiętam który) wprowadził jakiegoś smagłego bruneta o delitaktnych rysach, o wyschłej, śniadej twarzy z suchotniczymi rumieńcami na zapadłych policzkach i zamiast przedstawić go zgromadzonym, zaczął po koeliei przedstawiać ich jemu. W końcu dopiero, gdy już zdążył przedstawić nas wszystkich, dodał głośno, wskazując nań ręką: ‚Słowacki, poeta‘. Wytoczono przed nowo przybyłym całą psprawę od początku. Libelt odczytał powtórnie całą odezwę, Stefański, jak poprzednio, gardłował za nim, biskup i Potworowski znów mu oponowali z płaczem... Na to wstaje

Das Zeitalter des Aischylos wäre somit das Zeitalter der heiligen Anarchie. Die politische Anarchie wurde mit der Kunst schon in Friedrich Schlegels Studium-Aufsatz 1795-1797 in modellierenden Zusammenhang gebracht.[6]

Ein anderes Erinnerungsfragment aus der Epoche stammt aus Richard Wagners Autobiographie:

> Noch einmal am Palmsonntage des neuen Jahres 1849 erlebte ich eine schöne Genugtuung. Die Kapelle hatte, um sich einer großen Einnahme zu versichern, nochmals zur Aufführung der Neunten Symphonie *Beethovens* gegriffen; alles bot seine besten Kräfte auf, diese zu einer der schönsten zu machen; das Publikum nahm sie mit offenbarer Begeisterung auf. Der Generalprobe hatte heimlich und vor der Polizei verborgen *Michael Bakunin* beigewohnt;

– nach den Revolutionen in Großpolen und Prag versteckte sich Bakunin in Dresden unter dem Decknamen „Dr. Schwarz" –

> er trat ohne Scheu nach der Beendigung derselben zu mir an das Orchester, um mir laut zuzurufen, daß, wenn alle Musik bei dem erwarteten großen Weltenbrande verlorengehen sollte, wir für die Erhaltung dieser Symphonie mit Gefahr unseres Lebens einzustehen uns verbinden wollten. Wenige Wochen nach dieser letzten Aufführung schien dieser „Weltenbrand" von den Straßen Dresdens aus sich wirklich entzünden zu wollen, und *Bakunin*, mit welchem ich bis dahin in sonderbarer und ungewöhnlicher Weise in näheren Umgang getreten war, schien dabei wirklich das Amt eines Oberfeuerwerkers übernehmen zu sollen.[7]/ Bereits seit längerer Zeit hatte ich die Bekanntschaft dieses sehr ungewöhnlichen

---

Słowacki [...] i stojąc z rękoma skrzyżowanemi na piersiach, zaczął mówić podniesionym głosem: ‚Cóż wy myślicie? Wam się zdaje, że dzisiaj potrzeba jeszcze jak dawniej armat, pułków, oficerów? A ja wam powiadam, że dzisiaj przyszła epoka świętej anarchii'. Chciał mówić dalej, ale mu nagle przerwał Stefański [...] rzucił mu się w zachwycie do nóg i wyciągając ręce krzyczał: ‚Mistrzu! Wielkie słowo rzekłeś!...'' (Zit. nach Paweł Hertz, *Portret Słowackiego* (Warszawa: Biblioteka Narodowa, 2009), 209-210).

6 Eine Verbindung von Anarchie und der modernen Kunst hat Friedrich Schlegel in seinem Studium-Aufsatz aufgestellt *Kritische-Ausgabe*, hg. von Ernst Behler et al. (Paderborn, Zürich: Schönigh, Thomas, 1979), Bd. 1, 219, 221, 224: „Schon oft erzeugte ein dringendes Bedürfnis seinen Gegenstand; aus der Verzweiflung ging eine neue Ruhe hervor, und die Anarchie ward die Mutter einer wohltätigen *Revolution*. Sollte die ästhetische Anarchie unsres Zeitalters nicht eine ähnliche *glückliche Katastrophe* erwarten dürfen? Vielleicht ist der *entscheidende Augenblick* gekommen, wo dem Geschmack entweder eine gänzliche Verbesserung bevorsteht, nach welcher er nie wieder zurücksinken kann, sondern notwendig fortschreiten muß; oder die Kunst wird auf immer fallen, und unser Zeitalter muss allen Hoffnungen auf Schönheit und Wiederherstellung echter Kunst ganz entsagen."

7 Wagner meint hier die Dresdner Revolution, die am 3. Mai 1849 ausbrach. Sein Biographer Joachim Köhler behauptet, Wagner und Bakunin seien unter den Führern der Revolution gewesen: Joachim Köhler, *Der letzte der Titanen: Richard Wagners Leben und Werk* (Berlin: Claassen, 2001), 292-293.

> Menschen gemacht. Schon vor Jahren war mir sein Name aus den Zeitungen unter außerordentlichen Umständen aufgestoßen. Als Russe war er in einer Pariser Polenversammlung aufgetreten mit der Erklärung, ob Russe oder Pole gelte nichts, aber ob man ein freier Mann sein wolle, gelte alles.[8]

Für den Auftritt bei der Polenversammlung am 29. November 1847 in Paris bezahlte Bakunin mit seiner Deportation aus Frankreich, auf der die russische Botschaft bestand. Bakunins Rede krönte sein Interesse an der „slavischen Sache“; seine Begeisterung für die slavische Verbrüderung entstand unter dem Einfluss Lelewels, die Rede an die Polen stützte sich auf eine Broschüre für die Russen, die Lelewel und Mickiewicz direkt nach der Niederlage des Novemberaufstands fünfzehn Jahre früher geschrieben hatten.[9] Auch Słowacki war bei der Polen-Versammlung anwesend.[10] Die drei – Bakunin, Wagner und Słowacki – gehörten demselben Milieu an. Bakunin und Wagner waren in Dresden Kampfgenossen und Freunde, aber Bakunin besuchte auch Słowacki in seiner Pariser Wohnung. Wagner traf Słowacki zudem höchstwahrscheinlich 1842 in Paris auf einer Soirée bei dem Verleger Januszkiewicz.[11] Die Polenversammlung 1847 fand in einem besonderen politischen Moment statt, nämlich unmittelbar vor der Februarrevolution in Paris, als die ganze Zeit politische Bankette für mehrere hundert republikanisch eingestimmter Gäste veranstaltet wurden.

> Die französischen Revolutionäre riefen ununterbrochen den Namen Polens an. Die Befreiung Polens bedeutete die Befreiung der Gesellschaft. Lamartine weinte, Lodru-Rollin donnerte, Flocon senkte die Stimme, wenn er das Wort „Polen“ aussprach. Und dann ertönten Applaus und Jubel: „Es lebe hoch!“[12]

Die Rede Bakunins auf der Polenversammlung machte einen solch starken Eindruck auf Słowacki, dass er ihr am nächsten Tag ein Gedicht widmete

---

8 Richard Wagner, *Mein Leben* (München: List, 1963), 450.

9 Bakunin war der einzige Russe beim Slavenkongress in Prag 1848; Michail Bakunin, „Slavjanskij vopros“, *Izbrannye sočinenija* (Peterburg-Moskva: Golos truda, 1920), Bd. 1; Michail Bakunin, *Reči i stat'i po slavjanskomu voprosu, Izbrannye sočinenija*, Bd. 3. Zum Treffen mit Joachim Lelewel vgl. H. Stowasser, *Freiheit pur. Die Idee der Anarchie, Geschichte und Zukunft* (Frankfurt am Main: Eichborn, 1995), 195-199.

10 Eugeniusz Sawrymowicz (Hg.), *Kalendarz życia i twórczości Juliusza Słowackiego* (Wrocław: Zakład Narodowy im. Ossolińskich, 1960), Nr. 1314.

11 Jarosław Marek Rymkiewicz, *Słowacki. Encyklopedia* (Warszawa: Sic!, 2004).

12 „Francuscy rewolucjoniści nie przestawali wymawiać imienia Polski. Wyzwolenie Polski to wyzwolenie społeczne. Lamartine płakał, grzmiał Lodru-Rollin, Flocon zawieszał głos, wypowiadając słowo: Polska. Wtedy rozlegały się oklaski i okrzyki: ‚Niech żyje!‘“ Hertz, *Portret Słowackiego*, 198.

(„Prąd sprawy idzie przez Boga zaczęty …“, SW 492). Die Feindschaft Bakunins gegenüber dem Zarismus und Zar Nikolaj persönlich berührte eine empfindliche Seite bei Słowacki, da dieser aus dem Towiański-Kreis – einer religiösen Sekte, zu der auch Mickiewicz gehörte – ausgetreten war, als der „Meister“ (Towiański) wahrhaft christlich dazu aufforderte, für die Seele des verstorbenen Bruders von Nikolaj, des Zaren Aleksandr, zu beten. Währen der Versammlung anlässlich des 17. Jahrestages des polnischen Novemberaufstands bezeichnete Bakunin den Zaren als

> Unterdrücker, erbittertsten Gegner, persönlichen Feind Polens, Henker so vieler Opfer (*Bravo! Bravo! Bravo!*), Räuber Ihrer Freiheit, [der] aus Haß sowohl und Instinkt, als auch aus Politik mit wahrhaft teuflischer Ausdauer Sie verfolgt, – würden Sie den wohl als Ihren Bruder annehmen? (*Geschrei von allen Seiten: Nein! nein! nein!*)[13]

Interessant sind die „Denkbilder“[14], die das Inventio von Bakunins Rede kristallisieren: sie stehen alle im Einklang mit der Bilderwelt der polnischen romantischen Dichtung, vor allem aus *Księgi narodu polskiego i pielgrzymstwa polskiego* (*Bücher der polnischen Nation und der polnischen Pilgerschaft*) von Mickiewicz und vielleicht aus Słowackis *Anhelli*:

> Sie [die Polen – M.M.] sind unsre [der Russen – M.M.] Heiligen, unsre Helden, die Märtyrer unsrer Freiheit, die Propheten unsrer Zukunft! (*Beifall.*) Von ihren Galgen herab und selbst aus den Steppen Sibiriens, wo sie noch seufzen, sind sie unser Heil, unser Licht, die Quelle aller unsrer guten Eingebungen, unsere Schutzwache gegen den verwünschten Einfluß des Despotismus und unser Beweis für Sie und für die ganze Welt gewesen, daß Rußland in sich selbst alle Elemente der Freiheit und der wahren Größe enthält! Schande, Schande dem von uns, der das nicht anerkennen sollte! (*Stürmischer Beifall.*)

Von besonderer Bedeutung für das Verständnis der polnischen und russischen Geschichte ist für Bakunin die Theorie der Tragödie, die immer wieder von „Schicksal“ und vom entscheidenden Moment der ‚Versöhunung‘, in dem das Schicksal aufgehoben werden kann, spricht. Wie Mickiewicz solch eine Versöhnung am Collège de France inszenierte, erzählte ich unter Rückgriff auf Michelet im Romantik-Kapitel. Zu eben solcher Versöhnung, die das Fatum

---

13 *Russland wie es wirklich ist. Der 17. Jahrestag der Polnischen Revolution. Eine Rede gesprochen in der zu Paris am 29. November 1847 zur Feier dieses Jahrestages gehaltenen Versammlung von M. Bakunin, russischen Flüchtling* (Mannheim: Hoff, 1848); Michail Bakunin, *Izbrannye sočinenija*, Bd. 3, 39-46.

14 Im Sinne etwa von Britta Leifeld, *Das Denkbild bei Walter Benjamin: Die unsagbare Moderne als denkbares Bild* (Frankfurt am Main: Peter Lang, 2000).

bricht, ruft Bakunin die Polen und die Russen auf und somit wiederholt er Mickiewicz' Ritual, indem er auf dessen und Lelewls Aufruf an die Russen als quasi ihr Repräsentant antwortet. Dem am meisten fühlenden und deswegen legitimen Repräsentanten Polens antwortet der Wütendste, der somit für das inoffizielle Russland, das Volk, steht. (Als Versandte des offiziellen Russlands antwortete auf Mickiewicz Fedor Tjutčev mit einem Gedicht, das im Romantik-Kapitel zer- und ausgelegt wurde.)

> Durch ein verhängnisvolles und unvermeidliches Geschick, durch eine lange dramatische Geschichte, deren traurige Folgen wir Alle jetzt zu tragen haben, an einander gekettet, haben unsre beiden Länder sich lange Zeit verwünscht. Aber die Stunde der Wiedervereinigung hat geschlagen: es ist Zeit, dass unsre Mißhelligkeiten ein Ende nehmen. (*Beifall.*)

Um aus dem Gefängnis des Schicksals auszubrechen, muss es – typisch für die 1840er Jahre – zur Vereinigung kommen. „Alles Vereinzelte ist verwerflich“, sagt Goethe, Hamann zusammenfassend.[15] In der Epoche, in der Vereinigung in einer zerstückelten Welt an sich schon eine revolutionäre Handlung bedeutet, beenden auch Marx und Engels das *Manifest der kommunistischen Partei* mit der Beschwörung der defektiven Realität: „Proletarier aller Länder, vereinigt euch!“ Das Schicksal des geteilten Polen gewinnt im Rahmen dieser politischen Mystik – die Mystik besteht doch in der Vereinigung – symbolische Kraft, die allen Revolutionsversuchen den Charakter der kultischen Handlungen verleiht. Bakunin spricht zu den versammelten Polen:

> Ja, weil Sie die Feinde des Kaisers *Nicolas* sind, die Feinde des offiziellen Rußlands, deßhalb sind Sie von selbst, auch ohne es zu wollen, die Freunde des russischen Volks. (*Beifall.*)/ So lange wir getrennt blieben, haben wir uns gegenseitig gelähmt, vereinigt werden wir für das Gute allmächtig sein. Nichts wird unserm gemeinsamen Handeln widerstehen können./ Die Wiedervereinigung Rußlands und Polens ist ein unermeßliches Werk und Werth, daß man sich ihm ganz weihe. Es ist die Befreiung von sechzig Millionen Menschen, es ist die Befreiung aller Slavischen Völker, welche unter einem fremden Joch seufzen; es ist endlich der Sturz, der unwiderrufliche Sturz des Despotismus in Europa. (*Beifall.*)/ Möge er denn kommen, dieser große Tag der Wiedervereinigung, – der Tag, an dem die Russen, durch dieselben Empfindungen mit Euch vereint, für dieselbe Sache und gegen denselben Feind kämpfend, das Recht haben werden, mit Euch Euer Nationallied anzustimmen, jene Hymne der Slavischen Freiheit:/ „Jeszcze Polska nie zginęła!“/ „Noch ist Polen nicht verloren!“/ (*Ein Sturm von Beifallsbezeugungen begleitete diese letzten Worte, und eine lange und lebhafte Bewegung folgte auf die Rede.*)

---

15 Johann Wolfgang Goethe, *Aus Meinem Leben: Dichtung und Wahrheit, Werke* (Hamburg: Christian Wegener, 1948), Bd. 10, 514.

Diese Mischung aus Zerstörung und Schöpfung, Bruch und Vereinigung musste Słowacki gefallen, entsprach sie doch seinem dichterischen Bilderdispositiv. Das Einzige, was er an Bakunin nicht mochte, und dies war ihm keine Kleinigkeit, war dessen Areligiosität. Słowackis Einbildungskraft erregte sich an Visionen *heiliger* Vernichtung von apokalyptischer Dimension. Weltgeschichte war ihm ein andauernder Weltuntergang und Weltschöpfung zugleich. Im Einklang mit seiner Rolle als frommer und von Gott auserwählter Apokalyptiker sprach er in dem Bakunin-Gedicht „Prąd sprawy idzie przez Boga zaczęty" von Robespierres und Mongolen, also von zweideutigen Figuren. Das erlösende Leiden, dessen Vorbote und erstes Symptom Bakunin sei, erforderte eine Erfüllung im Geist, die nicht Terroristen und Barbaren, sondern nur Słowacki, der Dichter-Seher und Aischylos unter den Anarchisten selbst bewirken könne. Sein damaliger junger Assistent Zygmunt Szczęsny Feliński, der in der Folgezeit Warschauer Erzbischof werden sollte, erzählte von Bakunin, er mute in seiner Salonkleidung wie ein verkleideter Pugačev an (der Anführer des nach ihm benannten Kosaken- und Bauernaufstands von 1773 bis 1775), der anderntags die Führung einer wilden, zum Massaker eilenden Horde zu übernehmen beabsichtige. „Słowacki sagte über ihn, er würde in weißen Handschuhen und mit einem Lächeln Despotenköpfe mit der Axt abhacken, als ob es ein Salonspielchen wäre."[16]

In demselben Milieu – demselben Medium – arbeitete und lebte Richard Wagner. Schon 1904 verglich der Kritiker Ignacy Matuszewski Słowacki mit Wagner.[17] Matuszewski zitierte dabei Mallarmé,[18] der Wagner als *rêverie d'un poète français* bezeichnete, um zu beweisen, dass Wagners Werk ein Traum des späten Słowacki gewesen sei, der seine mystischen Dichtungen nicht zu Ende bringen konnte. 2011 inszenierte Natalia Korczakowska in Warschau Słowackis unvollendete epische Dichtung *Król-Duch* (*Geist-König*) als einen

16 Zygmunt Szczęsny Feliński, *Pamiętniki ks. Zygmunta Szczęsnego Felińskiego arcybiskupa warszawskiego: Część pierwsza 1822-1851* (Kraków: Zgromadzenie Rodziny Maryi, 1897), 308-310.

17 Ignacy Matuszewski, *Słowacki i nowa sztuka (modernizm): twórczość Słowackiego w świetle poglądów estetyki nowoczesnej: studyum krytyczno-porównawcze* (Warszawa: Gebethner i Wolff, 1902), 193-207; Siehe auch Manfred Kridl, „O twórczości dramatycznej Wagnera", *Wiadomości Literackie* 1933, 14, 3.

18 Matuszewski, *Słowacki*, 196; in Russland erlangte Wagner Popularität vor allem unter den Symbolisten: Aleksej Žerebin, „Estetičeskaja utopija Vagnera v ocenke russkich simvolistow", Nadežda Grigor'eva, Schamma Schahadat, Igor' P. Smirnov und Irina Wutsdorff (Hg.), *Das Konzept der Synthese im russischen Denken. Wiener Slawistischer Almanach Sonderband 76*, München, Berlin, Wien 2010; vgl. auch Rolf-Dieter Kluge, „Richard Wagner in Russland. Ein Überblick über den Verlauf der Rezeption seines Werks", *Die Welt der Slaven* 1998, XLIII, 271-284.

Traum Wagners. In ihrem Szenario liest Wagner *Król-Duch*, will die Dichtung auf die Bühne bringen und macht sich Notizen, die dann im Jetzt – in der Zeit der Aufführung – Jerzy Grotowski zu entschlüsseln versucht. Słowacki verbindet mit Wagner nicht nur eine Faszination für Zerstörung und Vereinigung, genau genommen für die Vereinigung dieser Kräfte; man kann die Nähe zwischen den zwei Dramatikern auch auf der kunstideologischen Ebene aufzeigen. Beide schwärmten von einer (a) *neuen Sprache*, die (b) *das Gefühl* ausdrückt. Der Begriff des „Gefühls“, vor allem „Liebe“ und „Trauer“, spielte eine zentrale Rolle in ihrer Kunsttheorie und –praxis, ähnlich wie bei Kierkegaard in den 1840er Jahren, vor allem in dessen Deutung der Antigone-Figur. Auch die Vereinigung – sprich die Revolution – findet, so Bakunin, im Medium der ‚Empfindung', des ‚Gefühls'. Beide boten anregende (c) Antworten auf den romantischen Sozialismus im Frankreich der 1830er und 1840er Jahre, aus dem Andrzej Walicki zufolge der polnische Messianismus entstanden ist;[19] dem französischen Sozialismus „verdankt Wagner viel“.[20] Słowacki und Wagner waren extrem antibourgeois eingestellt: sie wollten (d) die bestehende Moral und *Gewohnheit* sowie „die alte[n] Verträge“ (Nietzsche) widerlegen, und gleichzeitig waren sie (e) *Nationalisten* im ähnlichen Sinne wie die „narodniki“, *Volkstümler*. Wagner und Słowacki drückten in ihren Werken (f) einen *Genetismus* Hegelscher oder Schellingscher-frühromantischer Herkunft aus, der dramaturgisch den Abstand zwischen Sprache und Tat abschafft. Ihr Genetismus, der eine besondere Theorie der Sprachverwendung war, operierte mithilfe (g) des außerordentlich gestalteten *Gedächtnisses*, seien es „Leitmotive“ oder „Erinnerungsmotive“ bei Wagner, sei es allumfassende Mneme des Geist-Königs und seiner Avatare. Sie teilten eine wahrhaft christliche (h) Besessenheit bezüglich der *Aufhebung des Rechts*[21] und dieser Obsession folgen (i) ihre Obsession vom *Weltuntergang* und vom (j) heilenden Leiden der *Opfer*: Siegfried, Król-Duch, Christus, książę niezłomny („Der standhafte Prinz“ von Calderón, den Słowacki nachdichtete, SD IX 257-374[22]), wie Dionysos selbst oder der Märtyrer aus dem Tyrann, der König aus *The Golden*

19 Andrzej Walicki, *Filozofia a mesjanizm: Studia z dziejów filozofii i myśli społeczno-religijnej romantyzmu polskiego* (Warszawa: Państwowy Instytut Wydawniczy, 1970); Andrzej Walicki, *Mesjanizm Adama Mickiewicza w perspektywie porównawczej* (Warszawa: IFiS PAN, 2006); Andrzej Walicki, *Filozofia polskiego romantyzmu* (Kraków: TAiWPN UNIVERSITAS, 2009).

20 Manfred Frank, *Mythendämmerung: Richard Wagner im frühromantischen Kontext* (München: Wilhelm Fink, 2008), 32.

21 In diesem Kontext ist das unvollendete späte Drama *Agezylausz* zu lesen (SD X 123-193).

22 Vgl. Katarzyna Mroczkowska-Brand, „Słowacki i Calderón *Książę niezłomny*: Od imitacji idealnego rycerza do imitacji Chrystusa (studium translatologiczne“, Maria Cieśla-Korytkowska et al. (Hg.), *Juliusz Słowacki – Poeta europejski* (Kraków: Universitas, 2000).

Bough, wie Osiris oder der Gott des Frühlings – all die Figuren zeichnet eine kreishafte Bewegung des Falls aus, der hoch oben zur Wiedergeburt und Erlösung führt. Was sie jedoch unterschied, war ihre emotionale Einstellung zum Kapital. Der ganze *Ring* Wagners präsentiert die fatalen Folgen der Akkumulation (der Appropriation) des Rheingoldes,[23] während Słowacki an der Pariser Börse spielte und das Leben eines Kapitalisten dem eines Landbesitzers vorzog (SD XIII 568).[24] Słowackis Vorliebe für Liberalismus und Kapitalismus spiegelt sich in seiner mystischen Theorie und in der Poetik seiner Dichtungen wieder, die alles auf den auflösenden Fortschritt setzen und nicht konservativ an der Wiederherstellung eines primitiven Urzustandes festhalten.

Die Form der Schriften des späten Słowacki erinnert an das Musikdrama Wagners: alles zieht sich fast ohne Ende, Leitmotive kehren wieder, z. B. Blitze, Regenbögen, die Statue des Saturn, die in mehreren Schriften auftaucht. Riesige *quasi*-Arien, wie das Plädoyer im Drama *Samuel Zborowski*, entsprechen berühmten Szenen aus Wagners Musikdramen. Die Ähnlichkeit ist jedoch undeutlich, was natürlich der unvollendeten Natur des Werks von Słowacki geschuldet ist. Sein mystisches Spätwerk wurde von einem prominenten Kritiker Kazimierz Wyka folgendermaßen beschrieben:

> Das Erkenntnisunterfangen, das, ausgehend von den von Słowacki erreichten Grundlagen, die ganze Geschichte und das ganze menschliche Wissen umfassen sollte, überforderte die Möglichkeiten eines einzelnen Geistes. Darum zerstreute es sich in die Skizze eines unvollendeten Bauwerks, das jedoch genau das Vorhaben des Architekten erkennen ließ.[25]

Kazimierz Wyka kannte mutmaßlich die letzten Sätze von Walter Benjamins Meisterwerks *Ursprung des deutschen Trauerspiels* nicht:

---

23 Frank, *Mythendämmerung*, 71-78.

24 „Das Glück des Menschen jedoch, das dem geistigen und paradiesischen Glück am nächsten kommt, besteht in seiner Freiheit, in der mit Macht verbundenen Freiheit. Und diese Freiheit ist in den Flügeln, und die Flügel, die uns auf der Erde halten, ist das Kapital." Vgl. a: Sawrymowicz, *Kalendarz*, Nr. 1492; P. Hertz, *Portret Słowackiego*, 223-224. Siehe auch: Hanjo Kesting, *Das Pump-Genie: Richard Wagner und das Geld* (Frankfurt am Main: Eichborn, 1997) sowie das Romantik- und das Norwid-Kapital.

25 „Przedsięwzięcie poznawcze, które wychodząc z osiągniętych przez Słowackiego podstaw miało ogarnąć całą historię i wiedzę ludzką, przerastało możliwości jednego umysłu. Dlatego rozsypało się w zarys budowli nieukończonej, ale dającej dokładnie poznać zamierzenia architekta" (Kazimierz Wyka, „W kręgu *Genezis z Ducha*", *Pamiętnik Literacki* 1955, 4(46), 352-353).

> Weil aus den Trümmern großer Bauten die Idee von ihrem Bauplan eindrucksvoller spricht als aus geringen noch so wohl erhaltenen, hat das deutsche Trauerspiel des Barock den Anspruch auf Deutung. Im Geiste der Allegorie ist es als Trümmer, als Bruchstück konzipiert von Anfang an. Wenn andere herrlich wie am ersten Tag erstrahlen, hält diese Form das Bild des Schönen an dem letzten fest.[26]

Wykas Charakteristik von Słowacki klingt wie ein Echo in der barocken Ruine. Nur spricht Benjamin über eine unbestimmte, theologisch konzipierte Erlösung der Allegorie, während die polnische Kritik zu Anfang des 20. Jahrhunderts (insbesondere Konstanty Jellenta) die Ruinenform als eine proleptische Struktur bestimmte; diese erfordert nicht so sehr die messianische Erlösung à la Abschluss von Benjamins Abhandlung als vielmehr – proleptisch eben – die Tat des Lesers, der von verschiedenen Transmissionen ergriffen wird, die aus allen Richtungen durch eine solch offene Form fließen.[27]

Bei Słowacki wurde Zerstörung zum wirklichen Bestandteil seines Schaffens, was die Vorgehensweise der Avantgarde im 20. Jahrhundert vorwegnahm.[28] In

---

26 Walter Benjamin, *Ursprung des deutschen Trauerspiels, Gesammelte Schriften*, hg. von Rolf Tiedemann (Frankfurt am Main: Suhrkamp, 1974), Bd. 1, 409.

27 Cezary Jellenta, „Nie pieśń sen, a pieśń mocarza. Tok energii w poezji polskiej“, Maria Podraza-Kwiatkowska (Hg.), *Programy i dyskusje literackie Młodej Polski* (Wrocław: Ossolineum, 1977), 627-629; vgl. Michał Mrugalski, „Vers une stylistique de l'acte. La querelle de Karol Irzykowski et Stanisław Brzozowski à propos du *Trésor* de Leopold Staff dans le contexte des philosophies polonaise et allemande“, übersetzt von Katia Vandenborre, *Slavistica Bruxellensia* 2015, 11, 1-27.

28 Walter Fähnders, „Anarchismus und Boheme“, Rainer Barbey, Heribert Tommek (Hg.), *Literatur und Anarchie: Das Streben nach Herrschaftsfreiheit in der europäischen Literatur vom 19. bis 21. Jahrhundert* (Heidelberg: Synchron 2012), 12-31; Hans Sedlmayr, „Ästhetischer Anarchismus in Romantik und Moderne“, *Epochen und Werken: Gesammelte Schriften zur Kunstgeschichte* (Mittenwald: Mäander-Kunstverlag, 1982), Bd. 3, 264: „Im Grunde ist der ästhetische Anarchismus viel gefährlicher als der politische. [...] Der ästhetische Anarchismus aber hat sich, ohne als solcher ernannt worden zu sein, seit den zwanziger Jahren des 20. Jahrhunderts mehr und mehr ausgebreitet und in den sechziger Jahren einen Höhepunkt an Aggressivität und Destruktion erreicht.“ Vgl. auch Antonin Artaud, *Das Theater und sein Double* (Frankfurt am Main: Fischer, 1979), 45: Die Poesie sei in dem Maße anarchistisch, in dem sie eine metaphorische Sprache sei. Auch in den Wissenschaften hat sich der Anarchismus ausgebreitet. Brechts Gehilfe Paul Feyerabend, der vom griechischen Theater fasziniert war, das er als einen unmittelbaren Ausdruck der direkten Demokratie verstand, versuchte den Dialog als eine philosophische Form wiederzubeleben, indem er den erkenntnistheoretischen Anarchismus proklamierte: Vgl. Paul Feyerabend, *Against Method* (London: Verso Press, 2003); Kazimir Malevič, „O Musee“, Aage A. Hansen-Löve, Boris Groys (Hg.) *Am Nullpunkt: Positionen der russischen Avantgarde* (Frankfurt am Main: 2005), 204-205: „Das Leben weiß, was es tut, und wenn es danach strebt zu zerstören, dann soll man sich nicht einmischen, denn in dieser Störung verbauen wir den Weg zu neuen Vorstellungen eines uns geborgenen Lebens.“ Deswegen

der *Götterdämmerung* erzählt Wagner lediglich von der letzten Stunde einer Welt, Słowacki aber hat die Apokalypse in sein Schaffen so eingebaut, dass die heilige Vernichtung[29] seines Nicht-Werks[30] aufgeführt wird. Wagners prächtige Dramen demonstrieren, was die mystischen Schriften von Słowacki hätten werden können, wenn der von der Ruine ablesbare Plan realisiert worden wäre. Zwar bemerkt Manfred Frank mit Recht, dass Wagners Musikdramen eine Selbstdemontage des Mythos darstellen, seine Selbstkompromittierung und das „Hinausspringen aus der Totschlägerreihe"[31], wie Kafka die mythische Narration nannte, aber solche Destruktionen des Mythos haben eben auch schon die griechischen Tragödien dargestellt.[32] Auf die attische Tragödie, die in einem für die griechische Kultur entscheidenden Moment entstanden ist, kann man Franks Charakteristik der Dramen Wagners übertragen: „Abdankung des Mythos unter dem Schein der Mythologie".[33] Wenn Wagner die Zerstörung in sein Schaffen wirklich miteinbezogen hat, so bedeutet das, dass er eine echte Tragödie schuf, die eine mythenschaffende Destruktion des Mythos ist[34] – woran Słowacki scheiterte, obwohl sein Scheitern das Prinzip

soll man alte Bilder verbrennen. Kazimir Malevič, „Kubismus – der Zerstörer der Idee des Dings", Anke Henning (Hg.), *Über die Dinge. Texte der russischen Avantgarde* (Hamburg: Fundus, 2010), 38: „Ungegenständlichkeit [...] ist ein kosmischer neutraler Zustand"; Walter Koschmal, „Vom politischen zum ästhetischen Anarchismus der Avantgarde", *Zeitschrift für Slawistik* 2013, 4(58), 462-480.

29 Vgl. Gershom Scholem, *Judaica 5. Erlösung durch Sünde*, hg. von Michael Brocke (Frankfurt am Main: Suhrkamp), 90, 95, 107-109; Paul Tillich, *Das Dämonische: Ein Beitrag zur Sinndeutung der Geschichte* (Tübingen: Mohr, 1926), 9: Das Dämonische sei „die Einheit von formschöpferischer und formzerbrecherischer Kraft."

30 Vgl. R. Barthes, „Vom Werk zum Text", *Rauschen der Sprache. Kritische Essays IV*, übersetzt von Dieter Hornig (Frankfurt am Main: Suhrkamp, 2005), 64-72.

31 Frank, *Mythendämmerung*, 18, 65.

32 Darum ist für Wolfram Ette (*Kritik der Tragödie. Über dramatische Entschleunigung* (Weilerswist: Velbrück, 2011) jede „Tragödie „eine „Selbstkritik der Tragödie" (S. 11); schon die ersten Tragödien, die die Gattung gründen, eine Aufhebung des Tragischen sind (S. 35-215). Um die banale Paradoxie zu vermeiden, die von dem wesentlichen Selbstbezug der kritischen Tragödientheorie ablenken kann, unterscheide ich hier zwischen der Tragödie und dem Mythos und nehme an, die Tragödie sei eine Kritik des Mythos.

33 Frank, *Mythendämmerung*, 86.

34 Wagner selbst behauptete, er habe eine neue Tragödie und keine neue Mythologie geschaffen: „mit dem ungeheuren Reichtum von Momenten, in ein bündiges Drama zusammenfasst, so ist eine Tragödie von der erschütterndsten Wirkung geschaffen" (R. Wagner, *Sämtliche Briefe*, hg. von Gertrud Strober, Werner Wolf (Leipzig: Fischer, 1976-2008), Bd. 4, 175). Siehe auch: Hartmut Reinhardt, „Eine Tragödie von der erschütterndsten Wirkung: Richard Wagners *Der Ring des Nibelungen* als Beitrag zur Dramatik des 19. Jahrhunderts", Daniel Fulda, Thorsten Valk (Hg.), *Die Tragödie der Moderne. Gattungsgeschichte – Kulturtheorie – Epochendiagnose* (Berlin: Walter de Gruyter, 2010), 127-159.

der künstlerischen Zerstörung radikalisiert, auf eine andere Ebene hebt. „Fail again. Fail better“, wie es bei Samuel Beckett heißt: Słowacki ist fast perfekt gescheitert und so ist ein extrem offener Text entstanden. Anderseits aber zeigt sich an Słowacki, was Wagners Pracht verbirgt und was Nietzsche zu enthüllen versuchte, nämlich, dass Wagners Dramen sich in der Abstraktion dissoziieren, indem sie bloße Illustrationen der „Idee“ oder einer „Ideologie“ sind. Diese sinnliche Illustration einer abstrakten Idee heißt Allegorie und ist im höchsten Grade für den Barock und das barocke Trauerspiel charakteristisch. Słowacki ist gewillt, in einer Ruine der Welt zu leben, die von einer göttlichen Katastrophe zeugt. Der junge Benjamin schreibt 1916, dass die Trauer des Trauerspiels ihre Auflösung in der Musik finde.[35] Nietzsche aber sagte über Wagner, und die Zusammenstellung Wagners mit Słowacki verdeutlicht dies nun – dass die allegorische Trauer auch die Musik auflöse, weshalb sie aufhöre, absolut zu sein.[36]

11.2. Ruine/ Wiederbelebung

Bakunins Theorien und seine Person verkörperten die für die neuere Kunst und das Selbstbewusstsein moderner Künstler charakteristische Kopplung von Schaffen und Zerstören. Bakunin sprach ausdrücklich davon, dass die Passion des Schaffens der des Zerstörens gleich sei.[37] Das tragische Zeitalter der heiligen Anarchie konzentriert die Erfahrungen der vergangenen Zeit; das Niederreißen der Altstadt, das allen neuen Konstruktionen vorausgehen muss, stellt das Leitmotiv von Descartes' *Discours de la Méthode* dar, der mit Recht als Gründungstext der Modernität betrachtet werden kann. 1853, direkt nach der Revolution von 1848 und gleichsam als eine Antwort auf sie, beginnt Georges-Eugène Hausmann den Umbau von Paris, der Hauptstadt des 19. Jahrhunderts. – Im Frühjahr 1849 bereiten Wagner und Bakunin sich auf die Dresdner Revolution vor und führen lange Gespräche, während sie durch

35 Walter Benjamin, „Die Bedeutung der Sprache in Trauerspiel und Tragödie“, *Gesammelte Schriften*, Bd. 2, 138.

36 Reinhardt, *Eine Tragödie von der erschütterndsten Wirkung*, 128-129 (Friedrich Nietzsches und Thomas Manns Meinungen).

37 Michail Bakunik, „Die Reaction in Deutschland. Fragment eines Franzosen“, *Deutsche Jahrbücher für Wissenschaft und Kunst*, 17-21 Oktober 1842; Zitiert nach: James Goodwin. *Confronting Dostoevsky's Demons: Anarchism and the Specter of Bakunin in Twentieth-Century Russia* (New York: Peter Lang, 2010), 208: Vgl. Hubert van den Berg, *Avantgarde und Anarchismus. Dada in Zürich und Bern* (Heidelberg: Winter, 1999), 10.; Hugo Ball, *Sämtliche Werke und Briefe*, Bd. 4: *Michael Bakunin: ein Brevier* (Göttingen: Wallstein, 2010).

die Gegend wandern und die Natur genießen. Sie streiten darüber, was wichtiger für die zukünftige Menschheit sei – die Vernichtung der Unnatur oder das naturgemäße Aufbauen der neuen Gesellschaft:

> Musste ich mit meinen Hoffnungen für eine künftige künstlerische Gestaltung der menschlichen Gesellschaft ihm gänzlich unpraktisch in der Luft schwebend erscheinen, so lag es bald am Tage, dass seine Annahmen in betreff der unerlässlichen Zerstörung aller vorhandenen Kulturinstitutionen zum mindesten nicht weniger unbegründet waren.[38]

Zwei haltlose Konstruktionen, die sich gegenseitig in der Luft stützen, indem sie einander abstoßen. Auch Słowacki nennt den Geist, der die Welt gestaltet, den „Zerstörer-Engel" (in *Genezis z Ducha*: „Anioł Niszczyciel"; SD XII,11) oder den „Ewigen Revolutionär": „A nikt z ruin nie korzysta,/ Jeno wszczynający ruch/ Wieczny Rewolucjonista,/ Pod męką ciał – leżący *duch*!" (SW 383) Die einzige Sünde des Geistes heißt „zleniwienie", das „Faulwerden": die Sorge um die Nachhaltigkeit der Formen und um die eigene Bequemlichkeit. Alles andere ist erlaubt und gerechtfertigt, weil es zur Veränderung führt (SD XII 14). In seinen Memoiren stellt Wagner Bakunin als von Feuer und Brand besessen dar, während zwei der vier Tragödien, die den *Ring* bilden, mit gigantischen Bränden enden.

> Hierfür berief er sich auf die kindisch-dämonische Freude des russischen Volkes am Feuer, auf welche schon *Rostopschin* sein Stratagem gegen Napoleon beim Brande von Moskau berechnet hatte. Er meinte, dem russischen Bauern, in welchem die natürliche Güte der bedrückten menschlichen Natur sich am kindlichsten erhalten habe, sei nur beizubringen, daß die Verbrennung der Schlösser seiner Herren mit allem, was darin und daran, vollkommen gerecht und Gott wohlgefällig sei, um eine Bewegung über die Welt hervorzurufen, aus welcher mindestens doch eben die Zerstörung alles dessen hervorgehen müsse, was, aus dem tiefsten Grunde beleuchtet, selbst dem philosophischsten Denker des zivilisierten Europas als eigentlicher Quell des Elendes der ganzen modernen Welt erkenntlich sein müßte. Diese zerstörende Kraft in Bewegung zu setzen, dünkte ihm das einzig würdige Ziel der Tätigkeit eines vernünftigen Menschen.[39]

Die restliche Arbeit kann man mit gutem Gewissen der Natur überlassen. Ehe die Natur und die natürliche Ordnung wiederkehren können, muss die Zivilisation, wie wir sie kennen, abgerissen werden. Diese Gedankenfiguren gewannen 1849 an Realität und symbolischer Signifikanz zugleich, als während der Revolution in Dresden das alte Opernhaus niederbrannte.

38 Wagner, *Mein Leben*, 455.

39 Wagner, *Mein Leben*, 452.

Wenn nicht Wagner der Brandstifter war, so sollte er – laut der aristotelischen Wahrscheinlichkeitsregel – es doch gewesen sein.

Laut Bakunin reicht der bloße Gedanke, auf den die Deutschen so viel gesetzt hätten, nicht, um die Menschheit zu emanzipieren – benötigt sei die pure Rebellion.[40] Wie auch der in der Einleitung zitierte Lunačarskij unter Verweis auf die tragischen Figuren von Prometheus und Lucifer postulierte, wird auch laut Bakunin ein Mensch wird zum Menschen erst dank der Rebellion. Nicht von ungefähr also dient Satan als Vorbild für die Menschheit: er verkörpert den ewigen Rebellen, den ersten Freidenker und den ersten Kämpfer für die Emanzipation der Welten. „Wenn es Gott gäbe, müsste man ihn zerstören" – parodiert Bakunin Voltaires „Si Dieu n'existait pas, il faudrait l'inventer."[41] Bakunin selbst behauptete, dass die Entwicklung der Menschheit aus drei Stufen bestehe: Tierheit, Gedanke und Rebellion. Er verfasste vermutlich den berühmten *Revolutionären Katechismus* und unterstützte Sergej Nečajev, diese Verkörperung der zerstörerischen Vernunft, die die kritische Zielstrebigkeit des Verstandes mit der dämonischen Determination unerkennbarer Herkunft verbindet; nach Nečajevs Vorbild gestaltete Dostoevskij Petr Verchovenskijs in *Dämonen*. Auch in Słowackis Drama *Samuel Zborowski* ist der Weltgeist („Duch Globowy") mit Luzifer eins; als Król-Duch sich in Popiel verkörpert, fordert er mit seinen abscheulichen Verbrechen den Himmel heraus; Wagners Wotan dagegen braucht als Gott einen Menschen, Siegfried, der gegen ihn und sein Recht rebelliert und zu Friedrich Engels Idol[42] wird.

Auch der Nomadismus der modernen Kunst – der die paradoxe Kehrseite ihrer Volkstümlichkeit ausmacht – findet seinen Ausdruck in den politischen Flüchtlingen Bakunin, Słowacki und Wagner. Bakunin stellt ein allegorisches Emblem der Unruhe dar. In seiner berühmten, im Gefängnis geschriebenen *Beichte* für den Zaren gestand er, dass ihm das ruhige Leben zutiefst verhasst sei; dass er immer von etwas Phantastischem, von Abenteuer, Bewegung, Handeln, Kampf träume; dass er in der Atmosphäre der Ruhe ersticke.[43] Damit habe er, glabut Isaiah Berlin, den Gehalt und die Qualität seines ganzen Werkes

---

40 Andrzej Walicki, *Zarys myśli rosyjskiej od oświecenia do renesansu religijno-oświeceniowego* (Kraków: Universitas, 2005), 407-408, 357.

41 Michail Bakunin, *Knuto-Germanskaja imperija i social'naja eevoljucija, Izbrannye sočinenija*, Bd. 2, 147.

42 Richard Sorg, „Wie umgehen mit Richard Wagner?", http://www.marx-engels-stiftung.de/Texte/Richard_Sorg-Wagner.pdf [Zugriff 19.2.2016]; Über Engels als Autor eines Libretto siehe Johann-Günther König, „Friedrich Engels' *Rienzi*", Ossietzky 3/2010, http://www.sopos.org/ossietzky/ausgabe.php3?id=208 [Zugriff 12.1.2016].

43 Michail Bakunin, *Michail Bakunins Beichte aus der Peter-Pauls-Festung an Zar Nikolaus I: gefunden im Geheimschrank des Chefs der III, Abteilung der Kanzlei der früheren Zaren zu Leningrad*, Übers. W. Polonski, Hrsg. Kurt Kersten (Frankfurt am Main: Insel, 1972).

auf den Punkt gebracht.[44] Wagner berichtet, dass Bakunin nichts von seinen Kunsttheorien oder Libretti hören wollte:

> Meine Nibelungenarbeiten wollte er nicht kennenlernen. Ich hatte damals, von der Lektüre der Evangelien angezogen, einen für die ideale Bühne der Zukunft entworfenen Plan zu einer Tragödie „Jesus von Nazareth" verfasst; *Bakunin* bat mich, ihn mit der Bekanntmachung damit zu verschonen; da ich ihn durch einige mündliche Andeutungen meines Planes dafür zu gewinnen schien, wünschte er mir Glück, bat mich aber völlig inständig, *Jesus* jedenfalls als schwach erscheinen zu lassen. In betreff der Musik riet er mir in allen Variationen die Komposition nur eines Textes an: der Tenor solle singen: „Köpfet ihn!", der Sopran: „Hängt ihn!" und der Basso continuo: „Feuer, Feuer!" Nun wurde ich mir doch wieder eines seltsam behaglichen Gefühls über diesen ungeheuerlichen Menschen bewusst, als ich ihn eines Tages dazu brachte, die ersten Szenen meines „Fliegenden Holländers" von mir sich vorspielen und vorsingen zu lassen. Als ich eine Pause machte, rief er, nachdem er mir aufmerksamer als irgendein andrer zugehört, zu: „Das ist ungeheuer schön!" und wollte immer mehr davon hören.[45]

Der Holländer erscheint als eine salonfähige Version des Ewigen Juden, der nirgendwo verweilen kann, weil er Jesus Christus auf dessen Weg zur Kreuzigung verspottet hat. Dass Bakunin sich mit dem Ewigen Juden identifizierte, bestätigt auch Ivan Turgenev, der Bakunin in seinem Roman *Rudin* porträtierte.[46]

Als Bakunin nach der Dresdner Revolution sieben Jahre im russischen Kerker saß, alle seine Zähne verlierend, fand er gewisse Erleichterung, so erzählt er selbst, wenn er *in mente* die Legende von Prometheus nachspielte, den Aischylos in seinem *Gefesselten Prometheus* darstellte, wie er wegen des Feuerraubs büßt, auf immer in skythische Eisenketten gelegt, aber sein Geheimnis, das Geheimnis des zukünftigen Göttersturzes und der Weltzerstörung, nicht verraten will.[47] In der Tat war die Zeit, in der Bakunin den Bewohnern von Dresden das Feuer brachte, in dem das alte Opernhaus niederbrannte, das Zeitalter eines Aischylos. In seiner Streitschrift *Die Kunst und die Revolution* aus dem Jahr 1849 bezeichnet Wagner, dessen *idée fix* die Aufhebung der Oper

---

44 Isaiah Berlin, *Russian Thinkers* (London: Hogarth, 1978), 111.

45 Wagner, *Mein Leben*, 454.

46 Rudin wird auch als Ewiger Jude darsgestellt: Ivan Turgenev, *Rudin, Polnoe sobranie sočinenij i pisem v tridcati tomach* (Moskva: Nauka, 1978), Bd. 5, 321: „Молчи! – продолжал Лежнев. – Каждый остается тем, чем сделала его природа, и больше требовать от него нельзя! Ты назвал себя Вечным Жидом… А почему ты знаешь, может быть, тебе и следует так вечно странствовать, может быть, ты исполняешь этим высшее, для тебя самого неизвестное назначение: народная мудрость гласит недаром, что все мы под богом ходим…".

47 James Goodwin, *Confronting Dostoevsky's Demons*, 37.

und die Wiederholung der alten Tragödie war, den *Prometheus* von Aischylos als die „tiefsinnigste aller Tragödien“ – unmittelbar im Anschluss an die vorhergehende Darstellung der Tragödie als das höchste denkbare Kunstwerk. Das athenische Volk kommt ins Theater, um *Prometheus*

> [aufgeführt] zu sehen, um sich vor dem gewaltigsten Kunstwerke zu sammeln, sich selbst zu erfassen, seine eigene Tätigkeit zu begreifen, mit seinem Wesen, seiner Genossenschaft, seinem Gotte sich in die innigste Einheit zu verschmelzen, und so in edelster, tiefster Ruhe *das* wieder zu sein, was es vor wenigen Stunden in rastloser Aufregung und gesondertster Individualität ebenfalls gewesen war. (W III 11)

Wie schon bei Hegel und den Frühromantikern, bei Mickiewicz (und noch früher bei Hobbes, der Cicero gelesen hatte, und später bei Hermann Cohen) geht die Beziehung der theatralischen Repräsentation ihren Seiten, dem Volk und dem Repräsentanten, voran.[48] Die Beziehung zwischen den Gliedern, die eine Beziehung mit der Fiktion ist, schafft in logischer Ordnung ihre Elemente. Der Heros repräsentiert das Volk auf der Bühne, so dass das Volk sich reflexiv begreifen kann, und er leidet, um es zu befreien; Wissen und Leiden wirken befreiend. Der Heros ist nachgerade eine Projektion des nach Freiheit trachtenden Volkes:

> Das Volk, das im Anfange sein Staunen über die weithin wirkenden Wunder der Natur in den Ausrufen lyrischer Ergriffenheit äußert, verdichtet, um den staunenerregenden Gegenstand zu bewältigen, die weitverzweigte Naturerscheinung zum Gott, und den Gott endlich zum Helden. In diesem Helden, als dem gedrängten Bilde seines eigenen Wesens, erkennt es sich selbst, und seine Taten feiert es im Epos, im Drama aber stellt es selbst sie dar. Der tragische Held der Griechen schritt aus dem Chor heraus und sprach zu ihm zurückgewandt: „Seht, so tut und handelt ein Mensch, was ihr in Meinungen und Sprüchen feiertet, das stelle ich euch als unwiderleglich wahr und notwendig dar. (W III 268)

Diese Untrennbarkeit von Handeln, Sprechen und Denken, die die tragische Bühne darstellt, faszinierte auch alle kritischen Tragödientheoretiker. Hegel aber, um den prominentesten zu nennen, galten die letzten Philosophen als die eigentlichen Zuhörer der tragischen Ironie, da nur sie ihre historische Rolle zu deuten imstande waren. Das Volk fasste Hegel nicht als ein zerstörendes und schaffendes Element auf, denn für Hegel bestand die eine Hälfte des Volkes

48 Quentin Skinner, „Hobbes on Representation“, *European Journal of Philosophy*, 2005, 2(13), 155-184; Hanna Pitkin, „Representation“, Terence Ball, James Farr und Russel L. Hanson (Hg.), *Political Innovation and Conceptual Change* (Cambridge: Cambridge University Press, 1989), 209-240.

aus der Regierung, und die andere Hälfte war kein Element der Anarchie, sondern repräsentierte ebenfalls ein Recht – das Recht der niedrigeren Götter, der Familie, die Gesetze der Ökonomie. Die zwei Hälften der Gesellschaft stützen sich gegenseitig und können einander eben darum niederreißen und die klassische Welt Athens mit sich ziehen. Das Offizielle und das Inoffizielle halten sich wechselseitig *in check* – und die unabdingbare Zerstörung dieses Gleichgewichts macht den Stoff der tragischen Handlung aus.

Bei Bakunin, Wagner und Słowacki hingegen funktionieren das Volk und dessen frevelhafte Repräsentanten auf der tragischen Bühne anders, sie wenden sich gegen die offizielle Macht. Sie sind aggressive Nachgeborene der tragischen Ironie, wie sie der junge Friedrich Schlegel entwarf, der immer versuchte, organisch zu denken: Das allumfassende Leben müsse sich an etwas wenden, in einer Relation der Repräsentation stehen, da es aber das Einzige ist, was es gibt, müsse es sich gegen sich selbst wenden – und sich selbst vernichten und schöpfen.[49] Bei den drei Spätromantikern Bakunin, Wagner, und Słowacki – inwiefern sind sie für die ganze Generation der 1840er Jahre repräsentativ– entsteht die Aggression, die das romantische einfärbt, aus einer Art „gnostischer Frustration“: das Lebendige kann sich nicht frei entwickeln, etwas Positives, ein „stählernes Gehäuse“ hindert die freie Entwicklung, so dass sich die Reflexion destruktiv einen Weg bahnen muss. Weggereinigt werden müssen die Abstraktion und die Gewohnheit, denen das damalige Publikum (die Gesellschaften Europas) anheimgefallen ist.

Das zerstörende und zugleich schaffende Element, das die Theorien und Werke aller drei romantischen Anarchisten als Schlussstein zusammenhält, bildet eben das Volk. Das Volk ist das Organische, das Lebendige. Für Słowacki ist das Volk Gott und Vater und Tat (SW 181-182). Bakunin verließ sich, was die künftige Gesellschaft nach der Katastrophe anbelangt, völlig auf das Volk und seine „organischen“ Institutionen.[50] Auch Słowacki und Wagner hielten fest, dass die von ihnen erträumte zukünftige Verfassung eine organische sein sollte.[51] Alle drei setzten das Volk mit der Tat gleich: Słowacki und Wagner bestätigen das Diktum des jungen Lukács, wonach sich in den Tragödien die Abstraktionen der Philosophie in Taten verwandelten, da sie schon vorher von

49 KA I 3-19, 34-45, 97-98.

50 Die Kategorie des „Organischen“ und „Anorganischen“ spielt eine wichtige Rolle vor allem in *Gott und der Staat* (Michail Bakunin, *Bog i gosudarstvo, Izbrannye sočinenija*, Bd. 1) sowie im „Katechismus des Revolutionärs“.

51 Vgl. SD XII 22-24; vgl. Augustinus, De Civitate Dei, 30-31. In *Samuel Zborowski* sagt Diana über Luzifer: „Die ganze Erde ist ein Roman/ Seines Lebens…“; SD X 243.

der Kultur (vom kollektiven Bewusstsein) aufgesaugt worden seien.[52] Die Tat ist das sich kontemplierende Volk. Wagner (wie Słowacki, vgl. SD XIII 472) versteht unter dem Volk das griechische und das künftige Publikum des künftigen Dramas.

> Bei dem Volke ist alles Wirklichkeit und Tat; es *handelt*, und freut sich dann im Denken seines Handelns. So jagte das heitere Volk von Athen die trübsinnigen Söhne des kunstsinnigen Peisistrates bei einer hitzigen Veranlassung zu Hof und Stadt hinaus, und bedachte dann, wie es bei dieser Gelegenheit ein sich selbst angehörendes, freies Volk geworden sei; so stellte es die Bretter der Bühne auf, schmückte als Tragöde sich mit Gewand und Maske eines Gottes oder Helden, um selbst Gott oder Held zu sein, und die *Tragödie* war erschaffen, deren Blüte es mit wonnigem Bewusstsein von seiner Schöpferkraft genoß, deren metaphysischen Grund aufzusuchen es aber der kopfzerbrecherischen Spekulation unsrer heutigen Hoftheaterdramaturgen rücksichtlos genug allein überließ. (W III 104-105)

Mit dem Volk und dem Helden ist es wie mit der Destruktion und der Konstruktion; sie stützen einander, aber ohne, dass eines von beiden stabilen Grund unter sich hätte. Das ewige Volk, das das vollkommene Kunstwerk aus sich selbst hervorbringen kann, müsste erst geschaffen werden – und zwar mithilfe eines ideellen Kunstwerks, denn das gegenwärtige Publikum sei verdorben und verlange nach abstraktem Kitsch. Dieses Publikum trenne die Kunst von der Religion, es bestehe nicht aus der ganzen Bevölkerung, sondern ausschließlich aus den Wohlhabenden, und es delegiere nicht seine Vertreter auf die Bühne wie das athenische Volk, sondern eine besondere Klasse spezialisierter Bühnenproletarier (die heutige Bildung sei krank, denn wir könnten weder tanzen noch singen und seien insofern nicht bühnentauglich). Es scheint, als ob die moderne Arbeitsteilung aufgehoben werden müsste, um ein gelungenes Kunstwerk und eine gelungene Repräsentation zu schaffen.

> Die griechische Tragödie fasste in Chor und Helden das Publikum und das Kunstwerk zusammen: dieses gab sich in ihr mit dem Urteile über sich – als gedichtete Anschauung – zugleich dem Volke, und genau in dem Grade reifte das Drama als Kunstwerk, als das verdeutlichende Urteil des Chores in den Handlungen der Helden selbst sich so unwiderleglich ausdrückte, dass der Chor von der Szene ab ganz in das Volk zurücktreten, und dafür als belebender und verwirklichender Teilnehmer der Handlung – als solcher – selbst behilflich werden konnte. (W III 268)

52 György Lukács, *Entwicklungsgeschichte des modernen Dramas* (Neuwied: Luchterhand, 1981), 541.

Die Natur aber kehrt bevorzugt in den Zustand der Ruine zurück. Unkraut wuchert in verlassenen Schlössern, Kirchen, Theatern, Städten, die Natur scheint auf ihr Recht zu pochen. Die griechische Tragödie konnte laut Wagner das natürlichste und vollkommenste Kunstwerk sein, weil sie von Beginn an der Ruine des homerischen Epos entwachsen sei, als eine echte Kunst des Volkes. Dies ist Wagners eigene, obschon von Friedrich Schlegel inspirierte Geburt der Tragödie durch das Volk aus Trümmern und Bruchstücken:

> Als Solon Gesetze gab und Peisistratos eine politische Hofhaltung einführte, suchte man bereits nach den Trümmern des untergegangenen Volksepos, und richtete sich das Gesammelte zum Gebrauch der Lektüre her – ungefähr wie in der Hohenstaufenzeit die Bruchstücke der verlorengegangenen Nibelungenlieder. Ehe diese epischen Gesänge zum Gegenstande solcher literarischen Sorge geworden waren, hatten sie aber in dem Volke, durch Stimme und Gebärde unterstützt, als leiblich dargestellte Kunstwerke geblüht [...]. Diese episch-lyrischen Darstellungen bilden das unverkennbare Mittelglied zwischen der eigentlichen ältesten Lyrik und der Tragödie, den normalen Übergangspunkt von jener zu dieser. Die Tragödie war daher das in das öffentliche politische Leben eintretende Volkskunstwerk, und an ihrem Erscheinen können wir sehr deutlich das voneinander abweichende Verfahren in der Weise des Kunstschaffens des Volkes und des bloß literargeschichtlichen Machens der sogenannten gebildeten Kunstwelt wahrnehmen. Als nämlich das lebendige Epos zum Gegenstande kritischliterarischer Vergnügungen des peisistratischen Hofes wurde,[53] war dieses im Volksleben in Wahrheit bereits verblüht, – aber nicht etwa, weil dem Volke der Atem ausgegangen, sondern weil es das Alte bereits zu überbieten, aus unversiegbarer, künstlerischer Fülle das unvollkommene Kunstwerk schon zu dem vollkommeneren auszudehnen vermochte. Denn während jene Professoren und Literaturforscher im fürstlichen Schlosse an der Konstruktion eines *literarischen Homeros* arbeiteten, mit Behagen an ihrer eigenen Unproduktivität sich dem Staunen über ihre Klugheit hingaben, vermöge deren sie einzig das Verlorengegangene und nicht im Leben mehr Vorhandene zu verstehen vermochten, – brachte *Thespis* bereits seinen Karren nach Athen geschleppt, stellte ihn an den Mauern der Hofburg auf, rüstete die *Bühne, betrat* sie, aus dem Chore des Volkes *herausschreitend*, und *schilderte nicht mehr*, wie im *Epos*, die Taten der Helden, sondern *stellte sie selbst als dieser Held dar*. (W III 104)

Im berühmten Gedicht „Grób Agamemnona" („Das Grab des Agamemnon"), in dem Słowacki, auf die *Orestie*-Tetralogie von Aischylos anspielend, Polen vor das Gericht der alten Griechen lädt, findet man das Bild eines Lichtstrahls, der in die Grabruine eindringt und sich in eine Saite aus Homers Leier verwandelt. Der Dichter greift in die Saite,

---

53 Eric A. Havelock, *The Muse Learns to Write. Reflections on Orality and Literacy from Antiquity to the Present* (New Haven, London: Yale University Press, 1986).

By ją ułowić i napiąć, i drżącą	Um sie zu fangen und zu spannen, und die Zitternde
Przymusić do łez i śpiewu, i złości	Zu Tränen zu zwingen und Gesang und Zorn
Nad wielkim niczym grobów i milczącą	Über dem großen Nichts der Gräber und der schweigenden
Garstką popiołów: – ale w moim ręku	Handvoll Asche: – in meiner Hand aber
Ta struna drgnęła i pękła bez jęku. (SW 652-653)	Zuckte die Saite und barst ohne Laut.

Obwohl das Homerische Epos abgestorben und zerfallen ist, wird die Ruine bei Słowacki zum Geburtsort und Schauplatz des vollkommeneren Kunstwerkes und der neuen Welt, in der die neue Menschheit wohnen könnte. So auch zum Beispiel in dem späten Gedicht, das mit der Zeile beginnt „Jak dawniej – oto stoję na ruinach“ (SW 570): „Wie einst – stehe ich hier auf den Ruinen“. Es ist Morgendämmerung, und der sprechende Visionär weiß, dass am Abend der Natur und der ganzen Schöpfung, dem Ganzen überhaupt, eine Verklärung widerfahren wird. Das Temporaladverb „wie damals“ verweist wohl auf die Zeit, als Słowacki die großen nationalen Tragödien zu schaffen versuchte, oder es kann auch die Zeit der Kindheit meinen, von der er in der Vorrede zur Tragödie *Balladyna* spricht, einer Vorrede, die die Form des Briefes an Zygmunt Krasiński – den „Dichter der Ruinen“, wie ihn Słowacki nennt – annimmt:

> Wie oft träumte ich, als ich auf das alte Schloss blickte, das mit seinen Ruinen den Berg meines Heimatstädtchens krönte, dass ich eines Tages auf den Kranz der gezackten Mauern Gespenster, Geister und Ritter verteilen würde; dass ich die verfallenen Säle wieder aufbauen und durch die Fenster mit dem Feuer blitzender Nächte beleuchten, die Gewölbe das alte „Leider!“ des Sophokles wiederholen heißen würde! Dafür wird mein Name im Rauschen des unter dem Berg fließenden Baches gehört werden, und es wird sich gleichsam ein Regenbogen aus meinen Gedanken über den Schlossruinen erheben.[54] (SD VIII 8)

In dieser Vision ist wohlgemerkt das Zauberschloss zugleich zerstört und wiedererrichtet.

Auch im zweiten Brief an den „Dichter der Ruinen“, diesmal der Tragödie *Lilla Weneda* beigefügt, vergleicht Słowacki sein Werk mit den *Eumeniden* von

54 „Bo ileż to razy patrząc na stary zamek, koronujący ruinami górę mego rodzinnego miasteczka, marzyłem, że kiedyś w ten wieniec wyszczerbionych murów nasypię widm, duchów, rycerzy; że odbuduję upadłe sale i oświecę je przez okna ogniem piorunowych nocy, a sklepieniom każę powtarzać dawne Sofoklesowskie ‚niestety!‘ A za to imię moje słyszane będzie w szumie płynącego pod górą potoku, a jakaś niby tęcza z myśli moich unosić się będzie nad ruinami zamku.“

Aischylos (SD VII 286) und mit Werken von Euripides. Seine eigene Tragödie wäre dann eine Ruine der euripidischen Form, die mit einem polnischen Legendenstoff gefüllt ist (SD VII 288). Alle drei griechischen Meistertragiker werden von Słowacki in seiner Vorrede zu den polnischen Nationaltragödien herangezogen, sie wirken an der Wiederbelebung der griechischen Tragödie und an der Wiederherstellung des geteilten Polen mit. Słowacki liebte es generell, Polen mit Griechenland zu vergleichen.[55] Wäre Moskau wirklich, wie es die offizielle Propaganda seit Ivan III. wollte, das Dritte Rom,[56] so würde Polen das eroberte Griechenland verkörpern.[57] Laut *Król-Duch* ist Polen die Reinkarnation des Geistes der Griechen.[58] – Aber auch das neue Drama Wagners ist die Auferstehung der Tragödie, und die neue organische Verfassung, der Bakunin mithilfe seiner vernichtenden Tätigkeit Platz schaffen wollte, würde die naturgemäße Genese des griechischen politischen Systems wiederholen. Dieses System, so schrieb Słowacki in *Genesis z ducha*, werde im Klee präfiguriert, dessen Blätter alle gleich seien. Im Übrigen sei die Sozialgeschichte in der ganzen Natur präfiguriert.

Bei Słowacki bedeutet die Erneuerung der Welt die Erneuerung des Theaters (und umgekehrt), weil seine mystische Vision der Weltschöpfung und Weltzerstörung sich nur in Metaphern aus dem Bereich des Theaters darstellen lässt – was auch bedeuten kann, dass das Theater, wie wir es kennen, nur der Ruine einer göttlichen Tragödie gleichkommt. Genesis der Welt ist ein theatralisches Sich-selbst-erscheinen-lassen und Wieder-die-Bühne-verlassen; die Darsteller tragen *personae*, Masken, die schon Cicero mit den sozialen Rollen gleichsetzte. So kündigt Słowacki an, was sich alles in einem (unvollendeten) großen Gedicht über die Naturgeschichte der Menschheit befinden sollte:

---

55 Maria Kalinowska, „Słowackiego greckie sny o Polsce", Maria Cieśla-Korytkowska et al. (Hg.), *Juliusz Słowacki – Poeta europejski* (Kraków: Universitas, 2000), 15-27; Maria Kalinowska, *Grecja romantyków: Studia nad obrazem Grecji w literaturze romantycznej* (Toruń: Wydawnictwo UMK, 1994).

56 Das Bild ist ein bisschen komplizierter: Der der offiziellen Staatsideologie misstrauische Slawophile setzt dem latinisierten Westen das griechische Russland gegenüber. Vgl. v.a. Walicki, *Zarys myśli rosyjskiej*, 189-190.

57 Vgl. das griechische Kostüm von Krasińskis *Irydion*; Słowacki schrieb in *List drugi do księcia A. Czartoryskiego*: „Bezwingen wir die Römer, die an die Unterwerfung der Welt denken, mit dieser unserer griechischen Idee, die daran arbeitet, den Himmel auf die Erde zu bringen" (SD XII 311).

58 *Król-Duch* stellt nach Norwid den Konflikt zwischen dem asiatischen „Ich" und dem polnischen „Wir" dar, das von dem griechischen Gemeinschaftssinn stamme. Vgl. Marek Adamiec, „Norwidowska lekcja *Króla-Ducha*", Maria Janion, Maria Żmigrodzka (Hg.), *Słowacki mistyczny: Propozycje i dyskusje* (Warszawa: Państwowy Instytut Wydawniczy, 1981), 129-135.

Duchy pokażę,	Geister werde ich zeigen,
Jako na się wkładały różne piękne twarze	Wie sie verschiedene schöne Gesichter anlegten,
Po globie się szukały – aż z błąkań się onych	Sich auf Erden suchten – bis aus jenen Irrungen
Stanie powieść – harmonii pełna nieskończonych,	Ein Roman wird – voll von unendlichen Harmonien,
Jednością ... oświecona wywodną – jak słońcem.[59]	Erleuchtet von ... bewiesener Einheit – wie von der Sonne.

Die Naturgeschichte der Menschheit besteht aus einer Abfolge von Masken. Zum König aller Masken, Hüllen und Gewänder des Geistes („Królową mask, powłok i szat duchowych") ernennt Słowacki den Tod, das „Recht der Form" (SD XII 17). In diesem Theater ahmen die Menschen alte Vorbilder nach, so dass die Zeit des Aischylos voll von „Maryjusze, Cezary i Robespierry" (SW 381) sei, wie im Übrigen auch Karl Marx bezüglich der Pariser Umwälzungen 1848-49 festgestellt hat. In der Quasi-Ewigkeit, die für die Ruine charakteristisch ist, fungiert immer wieder derselbe *cast of characters*. Alle Raumstrukturen, besonders die organischen, drücken den inneren Charakter der Dinge aus (SD XII 20-21). Der Dichter arbeitet – hier wiederholt Słowacki eine berühmte von Mickiewicz formulierte Definition – an der Aufführung oder besser: Einführung der geistigen Welt in die sichtbare: Der Dichter sei darum geehrt, weil er Sichtbarkeit mit Unsichtbarkeit verbinde und durch ihn die größten Geister wirken würden.[60]

11.3. Die Tragödie gegen das Recht

In Ivan Turgenevs Debütroman *Rudin* arbeitet der Titelheld, der Bakunin porträtieren sollte,[61] an einem Aufsatz über das Tragische in der Kunst und im Leben – mit besonderer Berücksichtigung der romantischen Liebe,[62]

59 Juliusz Słowacki, *Dzieje Sofos i Heliona*, DW 15, 122.

60 Juliusz Słowacki, *Krąg pism mistycznych*, hg. von Alina Kowalczykowa (Wrocław: Zakład Narodowy im. Ossolińskich, 1982), 82; auf die ganze Nation erweitert, S. 85; als Grundsatz der Form, 80-81.

61 Vgl. Lydia Ginsburg, *On Psychological Prose*, übersetzt von Judson Rosengrant (Princeton: Princeton University Press, 1991), 47-48.

62 Ivan Sergeevič Turgenev, *Rudin*, 250: „Что я буду делать? Окончу мою большую статью – вы знаете – о трагическом в жизни и в искусстве [...] Впрочем, я не совсем еще сладил с основною мыслью. Я до сих пор еще не довольно уяснил самому себе трагическое значение любви./ Рудин охотно и часто говорил о любви. Сначала при слове любовь – m-lle Boncourt вздрагивала и навастривала уши, как старый полковой конь, заслышавший трубу, но потом привыкла и только, бывало, съежит губы и

aber in der Wirklichkeit (des Romans) lässt er sich über das von ihm sehr abstrakt gedachte Tragische aus, um ein junges, unschuldiges Mädchen zu verführen. Er ähnelt Kierkegaards Verführer, der sich auch der Macht der Abstraktion bediente, um Cordelia in seinen Bann zu ziehen. Damit wird die verführerische Macht der Abstraktion, die in den 40er Jahren sehr stark war, in diesen Werken exemplarisch dargestellt. Diese Kraft ist so mächtig, dass sie lebendige Menschen in Allegorien verwandelt – etwa Kierkegaard selbst, der in Adornos Beschreibung zu jemandem wurde, der eine Allegorie ist oder sich als eine stilisiert. Für Słowacki – wie für Turgenev – wird Bakunin eine Allegorie dieser Kraft der Abstraktion, verführerischer und zerstörerischer zugleich – eine Allegorie der Allegorie.

Zwei Kräfte können sich der Abstraktion widersetzen: Bakunin spricht in *Gott und Staat* über die soziale Revolution und über die Antike; Wagner ist spezifischer: Er verfasste die von Nietzsche popularisierte historiosophische Erzählung über den Verlust der Konkretheit, der mit dem Fall der Tragödie ansetzt. Für das Herrschen der Abstraktion über das menschliche Leben sind, so Wagner, Christentum (W III 15-16, 105-106) und die vergeisterte, entkörperte Philosophie (W III 106) verantwortlich, die nach dem Fall der attischen Tragödie und des athenischen Naturstaates grassierten. Nietzsche wird später den Prozess als die Geschichte des Sokratismus nacherzählen. Auch Słowacki polemisiert in *Beniowski* gegen die Philosophie als solche, die für ihn die Person Bronisław Trentowski verkörpert. Die Philosophie wird von Słowacki allegorisch als Fäulnis oder als eine Leiche in Seidenkleidern versinnbildlicht;[63] Wagner kann über das Herrschen der Allegorie nicht anders sprechen als mithilfe von Allegorien:

> Der Philosophie, und nicht der Kunst, gehören die zwei Jahrtausende an, die seit dem Untergang der griechischen Tragödie bis auf unsre Tage verflossen. Wohl sandte die Kunst ab und zu ihre blitzenden Strahlen in die Nacht des unbefriedigten Denkens, des grübelnden Wahnsinns der Menschheit. Doch dies waren nur Schmerzens- und Freudenausrufe des Einzelnen, der aus dem Wuste der Allgemeinheit sich rettete und als ein aus weiter Fremde glücklich Verirrter zu dem einsam rieselndem, kastalischen Quelle gelangte, an dem er seine durstigen Lippen labte, ohne der Welt den erfrischenden Trank reichen zu dürfen; oder es war die Kunst, die irgend einem jener Begriffe, ja Einbildungen

---

с расстановкой понюхает табаку./ – Мне кажется, – робко заметила Наталья, – трагическое в любви – это несчастная любовь.“

63 In *Beniowski* polemsiert Słowacki mit dem führenden Philosophen der Romantik Trentowski (SD XI 229-230): „Ach świecie mój złoty, nie próchniej,/ Nie filozofuj ... jak trup się w atłasy/ Nie strój ... na słowo duchowe nie głuchnij,/ Bo te północne Walkirie i Assy,/ Z Samojedami gotowe do akcji,/ Z Orędownika śmieją się redakcji“.

> diente, welche die leidende Menschheit bald gelinder, bald herber drückten, und die Freiheit des Einzelnen wie der Allgemeinheit in Fesseln schlugen; nie aber war sie der freie Ausdruck einer freien Allgemeinheit selbst: denn die wahre Kunst ist höchste Freiheit, und nur die höchste Freiheit kann sie aus sich kundgeben, kein Befehl, keine Verordnung, kurz kein außerkünstlicher Zweck kann sie entstehen lassen. (W III 13)

Die drei Ritter der wütenden Abstraktion seien Mode, Maschine und Industrie, die das Wesen der „modernen Kunst" ausmachen würden, die ausschließlich auf finanziellen Erfolg eingestellt sei. – Słowacki, wie Kierkegaard, würde noch Komitees und Parlamente hinzufügen, die nur dem Geschwätz und der Nivellierung (Gleichschaltung) dienten: der Mensch verliere seine Eigenschaften und gewinne nur eine numerische Wichtigkeit. Gegen diese nummerische Nivellierung tauge laut Słowacki nur eine Form politischer Organisation: die altpolnische Form der *konfederacja* (DW XII 359-363). Vor allem die Vorbild-Konföderation von Bar (1768), die Słowacki die mystisch-pathetischen Zerstörungstragödien *Ksiądz Marek* (*Priester Marek*, 1843) und *Sen srebrny Salomei* (*Salomeas silberner Traum*, 1844) darstellte, betonte ihren religiösen, katholischen Charakter. Wenn Friedrich Nietzsche den älteren, konservativen Wagner provozieren will, nennt er ihn „Revolutionär" und „Christ". Wir sehen, wie diese Vorwürfe in Nietzsches *Der Fall Wagner*, miteinander verflochten, eine christlich-revolutionäre Einheit bilden:

> Ich erzähle noch die Geschichte des „Rings". [...] Auch sie ist eine Erlösungsgeschichte: nur dass diesmal Wagner es ist, der erlöst wird. – Wagner hat, sein halbes Leben lang, an die *Revolution* geglaubt, wie nur irgendein Franzose an sie geglaubt hat. Er suchte nach ihr in der Runenschrift des Mythus, er glaubte in *Siegfried* den typischen Revolutionär zu finden. – „Woher stammt alles Unheil in der Welt?" fragte sich Wagner. Von „alten Verträgen": antwortete er, gleich allen Revolutions-Ideologen. Auf deutsch: von Sitten, Gesetzen, Moralen, Institutionen, von alledem, worauf die alte Welt, die alte Gesellschaft ruht. „Wie schafft man das Unheil aus der Welt? Wie schafft man die alte Gesellschaft ab?" Nur dadurch, dass man den „Verträgen" (dem Herkommen, der Moral) den Krieg erklärt. *Das tut Siegfried.* Er beginnt früh damit, sehr früh: seine Entstehung ist bereits eine Kriegserklärung an die Moral – er kommt aus Ehebruch, aus Blutschande zur Welt...[64]

Da Nietzsche seine polnische Herkunft hervorhob oder auch vortäuschte, dürfte er gewusst haben, dass eine solche Mischung aus Christentum und Revolution „typisch polnisch" ist. Andrzej Towiański etwa glaubte, dass die

64 Friedrich Nietzsche, „Der Fall Wagner", *Werke*, hg. von Karl Schlechta (München: Hanser, 1954), 910-911.

Französische Revolution – „die erste Bewegung, die der Welt das Ankommen der höheren Epoche offenbarte“ – auf „dem Weg der Stärke und Strafe Gottes“ die endgültige Barmherzigkeit und Gnade vorbereitet habe.[65] Słowacki schloss sein frühes mystisches Gedicht „Tak mi Boże dopomóż“ („So hilfe mir Gott“) mit dem Datum „Lipca 13.“ – das heißt: Am 13 Juli, am Vorabend der Zerstörung der Bastille. Für eine Weile empfand er Towiańskis neochristliche Lehre als eine Art kopernikanische Revolution (SD XIII 183). Mickiewicz betet in den *Büchern der polnischen Nation und der polnischen Pilgerschaft* (sprich Verbannung und Emigration) um den allgemeinen, paneuropäischen Krieg für die Freiheit der Völker. Sogar Cyprian Kamil Norwid, der einzige gute Katholik in der Geschichte der polnischen Literatur, spricht in seiner Dichtung *Rzecz o wolności słowa* („Rede über die Freiheit des Wortes“) über die Zerstörung, die genauso wie das Schaffen ihr Prinzip in der Auferstehung habe.

Für sie ist die Revolution eine notwendige Reinigung, eine Zerstörung der alten Regierungen, die ihre Macht auf Abstraktion und Gewohnheit stützen. Genau das wirft Nietzsche Wagner vor, wenn er sagt, dass der kein Anhänger von Schopenhauers Philosophie, sondern ein heimlicher Hegelianer sei und, ach du Schreck, ein Optimist, der die Erlösung erwartet. (Meines Erachtens war Ludwig Feuerbach der wichtigste Denker für ihn wie für Bakunin.) Wagner hat laut Nietzsche nur nachträglich das Projekt des *Rings* „ins Schopenhauerische“ übersetzt, da seine ursprüngliche Idee auf Fortschritt ausgerichtet war. So seien Handlung und Musik nur oberflächlich pessimistisch geworden.[66] Nietzsche machte überdies den heimlichen Hegelianismus für Wagners fortwährende Versenkung ins Allegorische verantwortlich.[67] Wagner verführe die Jugend mit seinen Abstraktionen. Das betreffe auch seine Musik, die eine „Idee“ darstelle.

In Wagners ästhetischen Schriften aus der Zeit der Revolution ist Hegels Einfluss tatsächlich in der Hinsicht entscheidend, dass die Geschichte generell als das Fortschreiten der Freiheit dargestellt wird: dieses Ideal schwebte sowohl Hegel als auch den Frühromantikern vor, die allesamt die Tragödie als Modell des Strebens nach der Freiheit (der ‚Bildung‘) betrachteten. Der Sklave im Altertum, der für die freien Griechen arbeitete, damit sie sich mit den Künsten beschäftigen konnten,

65 Andrzej Towiański, „Biesiada z Janem Skrzyneckim“, *Pisma*, hg. von Stanisław Falkowski, Karol Baykowski (Turin: Eigenverlag, 1882), Bd. 1, 14: „Rewolucja Francuska 1789 roku była pierwszym ruchem objawiającym światu zbliżanie się epoki wyższej; ruch ten na drodze siły i kary Bożej, gotował świat do epoki Miłosierdzia i Łaski.“

66 Nietzsche, „Der Fall Wagner“, 911, 924.

67 Nietzsche, „Der Fall Wagner“, 924-925.

> ist nun die verhängnisvolle Angel alles Weltgeschickes geworden. Der Sklave hat, durch sein bloßes, als notwendig erachtetes Dasein als Sklave, die Richtigkeit und Nichtigkeit aller Schönheit und Stärke des griechischen Sondermenschentums aufgedeckt, und für alle Zeiten nachgewiesen, dass *Schönheit und Stärke, als Grundzüge des öffentlichen Lebens, nur dann beglückende Dauer haben können, wenn sie allen Menschen zu eigen sind.* (W III 26)

Eine schlechte Verfassung verdirbt die Kunst, wenn sie sie nicht im Keim erstickt. Darum ist das Kunstwerk der Zukunft genauso universal wie die kommende Freiheit. Es gebe dem Kunstwerk der Griechen eine ihm eigentliche Gestalt, die dieses nie hatte:

> Aber eben die *Revolution*, nicht etwa die *Restauration*, kann uns jenes höchste Kunstwerk wiedergeben. Die Aufgabe, die wir vor uns haben ist unendlich viel größer, als die, welche bereits einmal gelöst worden ist. Umfaßte das griechische Kunstwerk den Geist einer schönen Nation, so soll das Kunstwerk der Zukunft den Geist der freien Menschheit über alle Schranken der Nationalitäten hinaus umfassen; das nationale Wesen in ihm darf nur ein Schmuck, ein Reiz individueller Mannigfaltigkeit, nicht eine hemmende Schranke sein. (W III 30)

Aber die Revolution wird auch in dem Sinne eine Reformation sein, dass die neue Kunst die Religion erneuern wird: man muss das Schöne, aber auch „egoistische“, „nur dem Luxus“ entsprechende „Gewand der *speziell hellenischen* Religion“ „zu dem Bande der Religion der Zukunft, der der *Allgemeinsamkeit*, erweitern“ (W III 62-63), sodass es weder Griechen noch Juden, weder Sklaven noch Freie gibt. Darüber schwärmte der Heilige Paulus im Galater-Brief (3, 28). Wagner fügt dieser Religion des Künstlerischen ein Glaubensbekenntnis hinzu: „Das Kunstwerk ist die lebendig dargestellte Religion; – Religionen erfindet aber nicht der Künstler, die entstehen nur aus dem *Volke*“ (W III 63).

Die lebendigste Darstellung der Religion, so Wagner, sei die griechische Tragödie gewesen; diese habe die „originelle“ Religion in Verlegenheit gebracht, solch eine Vollkommenheit habe die Kunst des Volkes erreicht. In den 1920er Jahren sagte Juliusz Osterwa, ein großer Regisseur des polnischen Theaters und Mentor des jungen Karol Wojtyła, dass das Theater für jene bestimmt sei, denen die Kirche nicht genüge.[68] Genauso ist es laut Wagner im klassischen Athen gewesen:

> Die Tragödie war somit die zum *Kunstwerke* gewordene religiöse Feier, neben welcher die herkömmlich fortgesetzte wirkliche religiöse Tempelfeier notwendig an Innigkeit und Wahrheit so sehr einbüßte, dass sie eben zur gedankenlosen

68 Juliusz Osterwa, *Z zapisków*, hg. von Ireneusz Guszpit (Wrocław: Wiedza o Kulturze, 1992), 44.

> herkömmlichen Zeremonie wurde, während ihr Kern im Kunstwerke fortlebte. (W III 132)

Im öffentlichen Leben der Griechen diente die Tempelreligion nur äußerlichen, politischen Zielen, wie der Prozess des Sokrates oder der der Strategen nach der Schlacht bei den Arginusen es beweisen. Und so habe das Theater die Religion ersetzt – in der Funktion eines Raums der gemeinschaftlichen gegenseitigen Erkennung und Anerkennung, in dem das Publikum sich selbst beobachtet, indem es die Heroen bewundert. Der Schauspieler als derjenige, der die „Volksgenossenschaft" repräsentiert, sei zum Priester geworden: der Kern der griechischen Religion sei nämlich der Mann (W III 132). So ist auch der griechische Dichter laut Wagner Priester, genauso wie die Künstler der Zukunft, die eine neue Religion stiften müssen.

Der Niedergang der Tragödie bedeutete die Zertrümmerung des griechischen Naturstaates und seine Auflösung in den politischen Staat, was als die schrecklichste Form von Sklaverei erschien – Jesus musste sterben, um diesen Staat in Frage zu stellen:

> Körperliche Gestalt gewann der christliche Mythos [...] an einem persönlichen Menschen, der um des Verbrechens an Gesetz und Staat willen den Martertod erlitt, in der Unterwerfung unter die Strafe Gesetz und Staat als äußerliche Notwendigkeiten rechtfertigte, durch seinen freiwilligen Tod zugleich aber auch Gesetz und Staat zu Gunsten einer inneren Notwendigkeit der Befreiung des Individuums durch Erlösung in Gott aufhob. (W IV 36)

Jesus ist als Erlöser nur dann akzeptabel – ja tragisch – wenn er als Anarchist und Revolutionär auf die Weltbühne tritt. Ecce homo rebellis. Die griechische Tragödie erzählt als die höchste bisher bekannte Form der Religion den Mythos vom Kampf des Einzelnen mit dem Staat und der bürgerlichen Gesellschaft der Griechen. Wagner stützt sich in seiner *Antigone*-Deutung eher auf August Wilhelm Schlegel denn auf Hegel, obwohl er die Haltung Schlegels zuspitzt. Wagner ist klar, dass auch die bürgerliche Gesellschaft seiner Zeit zu Grunde gehen muss, damit das neue, unallegorische und anti-christliche Kunstwerk sowie die neue Religion entstehen können. Bei Sophokles fallen Ödipus und Jokaste der „Gewohnheit" anheim, einer allegorischen Gestalt, die Wagner als dämonische Herrin der bürgerlichen Gesellschaft im politischen Staat darstellt. In der Psychomachie, die Wagner allegorisch erzählt, kämpft die böse Gewohnheit gegen den guten – weil natürlichen – Instinkt des Individuums.

Ödipus geht unter, von den Spießern verraten und verdammt. Erst in der *Antigone* wird die Menschheit revolutionär erlöst, indem der Instinkt die Gewohnheit besiegt, obwohl er mit dem Tod bezahlt. In Gestalt Kreons

> sehen wir den Staat, der unmerklich aus der Gesellschaft hervorgewachsen war, aus der Gewohnheit ihrer Anschauung sich genährt hatte und zum Vertreter dieser Gewohnheiten insofern wurde, dass er eben nur sie, die abstrakte Gewohnheit, deren Kern die Frucht und der Widerwille vor den Ungewohnheiten

– zum Beispiel dem Inzest –

> ist, vertrat. Mit der Kraft dieser Gewohnheit ausgestattet, wendet der Staat sich nun vernichtend gegen die Gesellschaft selbst zurück, indem er die natürliche Nahrung ihres Daseins in den unwillkürlichen und heiligsten sozialen Gefühlen ihr verwehrt. (W IV 58)

Entgegen der Kraft der Alienation, die die natürliche Nahrung der Gewohnheit ist, tritt Antigone auf, mit reiner Menschenliebe ausgestattet, mit einer Liebe, die das Recht aufhebt, einer Liebe, die stärker als das Recht ist: „Aus den Trümmern der Geschlechts-, Eltern- und Geschwisterliebe, welche die Gesellschaft verleugnet und der Staat verneint hatte, wuchs, von den unvertilgbaren Keimen aller jener Liebe genährt, die reichste Blume *reiner Menschenliebe* hervor“ (W IV 63). Der verdrängte Instinkt sei in ihr oder durch sie zurückgekehrt, indem sie „nach der Notwendigkeit der Liebe“ frei gehandelt habe: „sie wusste, dass sie dieser unbewussten zwingenden Notwendigkeit der *Selbstvernichtung aus Sympathie* zu gehorchen hatte; und in diesem Bewusstsein des Unbewussten war sie der vollendete Mensch, die Liebe in ihrer höchsten Fülle und Allmacht“ (W IV 63). Sie fordere die Scheinheiligkeit ihrer Mitbürger heraus, die den Akt des nicht bewussten Inzests nicht hätten dulden können, wo sie doch sie den bewussten Sohnesmord des Königs Laios verschwiegen hätten: „Und siehe! – *der Liebesfluch Antigones vernichtete den Staat!*“ (W IV 63)

Antigone habe also mehr für Kunst und Religion getan als Jesus, obgleich der Gedanke von der Liebe, die das Recht überholt und suspendiert, den Schriften Paulus’ entstammt und schon vor Wagner von antinomischen Sekten, etwa den Frankisten, zur Maxime gemacht worden war. „Erlösung durch Sünde“ heißt es bei Gershom Scholem: in der messianischen Zeit gelten die alten Gebote nicht, die Liebe hat sie annulliert. Das destruktive Potenzial, das die griechische Tragödie gegen den Mythos (gegen die alte Religion) einsetzte, wurde von Wagner auf die bürgerliche Gesellschaft übertragen, so dass jetzt die bürgerliche Familie eine mythische Dimension gewinnt. Dank seiner naiven und anachronischen Deutung der *Antigone* fällt Wagner die Ehre zu, ein Vorläufer von James Joyces, Franz Kafka oder Bruno Schulz zu sein. Ihre Mitbürger hätten, so Wagner, Antigone heuchlerisch und feige empfohlen, sich mit dem Tod zu versöhnen, wenn sie ihren Kreuzweg betrete. Als sich ihr Schicksal erfüllte, wurde sie zu einer Märtyrerin der Anarchie. Darum wendet sich Wagner an sie: *„Heilige Antigone! Dich rufe ich nun an! Lass Deine Fahne wehen, daß wir unter ihr vernichten und erlösen*“ (W IV 63-64).

In Wagners *Antigone*-Deutung stehen sich nicht zwei gleichwertige Rechte gegenüber, wie es bei Hegel der Fall ist, sondern das Recht mit seiner Gewohnheit wird von der „heiligen Anarchie“ (Słowacki) bezwungen. In Wagners *Ring* muss Wotan, den sein eigenes Gesetzt versklavte (wie auch die Götter des griechischen Mythos und Epos Sklaven des Fatums waren), Siegfried, seinen Menschensohn oder Menschenenkel ins Leben rufen – nicht ohne Inzest – damit Siegfried als ein Gegenbild des tragischen Jesus und der heiligen Antigone die alten Verträge vernichte und die Welt erlöse. Diesmal endet aber alles pessimistisch oder schlicht tragisch: das Recht, dem Schicksal gleich, triumphiert und das Publikum sieht den Weltuntergang. Das Zeitalter gehört tatsächlich Aischylos, über den Friedrich Schlegel schrieb, dass seine tragische Stimmung mit der Vernichtung der alten Götter zusammenhängt.[69]

In *Genesis z ducha* von Słowacki spielt der *Duch globowy*, der Weltgeist, eine analoge Rolle zu Wagners Wotan. Dieser reflexiv entzweite Geist entspricht aber ebenso Siegfried. Auch er legt ein Gesetz fest und ordnet sich diesem unter, seine eigene Freiheit aufopfernd, jedoch hört er nicht auf, sich neue Transgressionen auszudenken, weil er das alte Recht nur als eine Stufe in seinem Aufstieg zur Vollendung benutzt (SD X 10). Wenn wir uns im Zeitalter des Aischylos befinden, ist es auch Zeit für dessen Tragödie *Die Eumeniden*, in der das Publikum gewahr wird, wie das alte Recht der Rache durch ein neues, göttlicheres und humaneres ersetzt wird. So stellt Słowackis unvollendetes Drama *Samuel Zborowski* im letzten Aufzug dar, wie bei einem Prozess im Himmel der barocke Zänker und ‚Anarchist‘ Samuel Zborowski, der von Kanzler Jan Zamoyski im Namen des Gesetzes geköpft worden war, seinen Ankläger anklagt. Der Prozess vor Gott oder vor den Göttern ist die Ur-Szene der Tragödie schon bei Aischylos. Zborowskis Anwalt vertritt das göttliche Rechtsverständnis:

Nie, prawo stoi pod naszym zarządem,	Nein, das Recht steht unter unserer Verwaltung,
pókiśmy mali … to jest naszym panem,	Solange wir klein sind … ist es unser Herr,
Lecz gdyśmy silni – to nam pod kolanem	Doch wenn wir stark sind – liegt es uns zu Füßen
Jak wywrócony anioł ognia leży. (SD X 289)	Wie ein gestürzter Feuerengel.

69 Friedrich Schlegel, *Geschichte der alten und neuen Literatur*, KA VI 33.

Dem Anwalt des anarchistischen Zborowski geht es dabei auch um das Naturrecht, da er unmittelbar danach über Wunder spricht, die ja immerhin eine Aussetzung der Naturgesetze darstellen. Als ein solches Wunder erscheint Słowacki auch das *liberum veto*. Anarchie ist heilig. In demselben Plädoyer sagt dieser Anwalt, der zugleich auch Luzifer und Dichter ist, dass die Vision aus der Johannes-Apokalypse, in der die Frau mit dem Drachen ringt, die allegorische Darstellung eines Polen sei, das Gesetz und herrschende Ordnung abschafft.

> Cóż jest smok?... prawidło ... (SD X 293)   Was ist der Drache?... das Gesetz ...

11.4. Wir sind die vollkommenste Tragödie

> So ist die Kunst des Dichters zur *Politik* geworden: keiner kann dichten, ohne zu politisieren. Nie wird aber der Politiker Dichter werden, als wenn er eben aufhört, Politiker zu sein: in einer rein politischen Welt nicht Politiker zu sein, heißt aber so viel, als gar nicht existieren; wer sich jetzt noch unter der Politik hinwegstiehlt, belügt sich nur um sein eigenes Dasein. Der Dichter kann nicht eher wieder vorhanden sein, als bis wir keine Politik mehr haben. (W IV 53)

Wagner erinnert den Lesern an die berühmte Szene, die sich zwischen Goethe und Napoleon I. auf dem Erfurter Fürstenkongress abgespielt habe, dem Zusammentreffen Napoleons mit dem russischen Zaren Aleksandr I. im Jahre 1808. Jeden Tag blickte Napoleon aus seiner Loge auf das Publikum, das größtenteils aus europäischen Herrschern bestand und sich versammelt hatte, um die prachtvollen Theateraufführungen der Comédie Française im Kaisersaal zu sehen. Napoleon empfing Goethe in Erfurt, diskutierte mit ihm über *Die Leiden des jungen Werthers* und verlieh ihm das Kreuz der Ehrenlegion; er kommentierte die Begegnung mit dem Ausspruch „Voilà un homme!“, was auf das biblische „Ecce homo“ anspielte. Wenn sie Literatur besprachen, insbesondere das Drama (an jenem Abend wurde Voltaires Trauerspiel *Mahomet* gegeben), äußerte sich Napoleon herablassend über Schicksalsstücke: „Was, sagte er, will man jetzt mit Schicksal, die Politik ist das Schicksal!“

> *Napoleon* sprach es aus. Er sagte zu Goethe: die Stelle des *Fatums* in der antiken Welt vertrete seit der Herrschaft der Römer die *Politik*. – Verstehen wir den Ausspruch des Büßers von St. Helena wohl! In ihm faßt sich in Kürze die ganze Wahrheit dessen zusammen, was wir zu begreifen haben, um auch über Inhalt und Form des Dramas in das Reine zu kommen. (W IV 53)

Das moderne Fatum, das sich in Inhalt und Form des Dramas niederschlägt, ist jene Politik, die im Rahmen des modernen politischen Staates entstanden ist:

> Das Fatum der Griechen ist die innere *Naturnotwendigkeit*, aus der sich der Grieche – *weil er sie nicht verstand* – in den willkürlichen politischen Staat zu befreien suchte. *Unser Fatum* ist der willkürliche politische Staat, der sich uns *als äußere Notwendigkeit* für das Bestehen der Gesellschaft darstellt, und aus dem wir uns in die Naturnotwendigkeit zu befreien suchen, weil wir sie verstehen gelernt, und als die Bedingung unseres Daseins und seiner Gestaltungen erkannt haben. (W IV 53-54)

Das neue organische Kunstwerk soll die Aufhebung dieses Fatums dramatisch darstellen, muss also eine erneuerte oder revolutionierte Tragödie sein, da in der Antike der Gattung Tragödie der Kampf des Einzelnen gegen eine verhängnisvolle Allgemeinheit (etwa die Gewohnheit, die Abstraktion) vorbehalten war. Der Staat bilde inzwischen nur eine gleichschaltende Macht, mit der der Einzelne im Namen des Sohnes und der Antigone ringen soll. Die Abschaffung des Staates bedeutet bei Wagner die Rückkehr der Religion zu ihrem natürlichen Wesen: „Der Untergang des Staates kann vernünftigerweise nichts Anderes heißen, als *das sich verwirklichende religiöse Bewusstsein der Gesellschaft von ihrem rein menschlichen Wesen*" (W IV 72). Die Religion, die auf der Ruine des Staates wachsen wird, ist die des Individualismus, der Natur, Jugend, „Gefühlswerdung des Verstandes". Die neue Religion der Kunst brauche ihren eigenen Mythos. Die Hervorbringung dessen ist die Bestimmung des Dichters:

> Wollen wir nun den Wert des Dichters nach dessen höchstem denkbarem Vermögen genau bezeichnen, so müssen wir es *den aus dem klarsten menschlichen Bewußtsein gerechtfertigten, der Anschauung des immer gegenwärtigen Lebens entsprechend neu erfundenen, und im Drama zur verständlichsten Darstellung gebrachten Mythos* nennen. (W IV 88)

Der Dichter müsse also den neuen Mythos erzeugen – den neuen, wie ihn Wagner nennt, Roman und diesen Roman in einer neuen Tragödie darstellen, genauso wie es in Griechenland geschehen sei, wo die Tragödie organisch aus den Fragmenten des Mythos herausgewachsen sei. Wie in den *Nomoi* von Platon, der die subversive Fähigkeit der Kunst zu schätzen wusste, oder in Rousseaus *Lettre à d'Alembert sur les spectacles* sei das neue soziale Leben das größte Kunstwerk: die „herrliche Menschentragödie", die kein anderes Thema brauche als sich selbst. Das neue Kunstwerk würde die Menschheit sein – die vom Künstler gestaltete oder neu geborene Menschheit.

> Die Tragödien werden die Feste der Menschheit sein: in ihnen wird, losgelöst von jeder Konvention und Etikette, der freie, starke, und schöne Mensch die Wonnen und Schmerzen seiner Liebe feiern, würdig und erhaben das große Liebesopfer seines Todes vollziehen. (W III 35)

Wie bei Słowacki besteht bei Wagner das höchste Glück des Menschen im (Selbst-)Opfer. Die Tragödie und das Leben sollen sich gegenseitig durchdringen. Die Bühnenrampe wird dadurch aufgehoben, dass die volle Identifikation des Publikums mit den Schauspielern erreicht wird – denn es könne keine feste Trennung zwischen dem Schauspieler und dem Publikum geben, sei doch das Kunstwerk der Zukunft die *klassenlose* Gesellschaft. Alle würden Künstler und Kunstwerk sein. Das vernichtende und schaffende Volk, das die ganze Gesellschaft aufsaugen und jede Form der Verfremdung zersprengen würde, vor allem die verfluchte spießige Gewohnheit, würde das neue, sich selbst erzeugende Kunstwerk sein. Sich selbst tragisch aufopfernd würde das Volk sich selbst und seine Feinde (Staat, Gewohnheit, Kommerz und andere Allegorien) erlösen, indem es – das klingt fast wie Adorno – „den Zusammenhang zerreißen wird, der einzig die Bedingungen der Herrschaft der Unnatur ausmacht“ (W III 54). Diesen Zusammenhang nannte man Schicksal; das neue Kunstwerk wäre eine endgültige Tragödie, in der das neue Kollektiv – mit der gigantischen Aufopferung – das „Schicksal versöhnt“.

Auch Słowacki erzählt von der zukünftigen Apokastasis, einer allgemeinen Erlösung, die keine Ausnahmen zulassen werde. Er erwartet auch von sich selbst, besonders von seinen späten Dramen, die er wahrscheinlich wegen seiner eigenen Erwartungen ihnen gegenüber nicht vollenden konnte, dass sie die bestehende sozial-politische Ordnung zerstören und sie durch ein neues Drama der Gesellschaft würden ersetzen können. Im Geiste der Allegorie liest Słowacki Homer so, als sei das in der *Ilias* vorgestellte, von Zeus beherrschte Götterreich eine Figur im Sinne der biblischen Hermeneutik, die die französische konstitutionelle Monarchie ankündigt (SD XII 309). Jetzt gelte es aber eine neue, göttliche, ganz von den schon bekannten verschiedene Form, die Gott selbst enthüllte (SD XII 313), zu gestalten, und zwar nach dem neuen Grundsatz aller Politik, nämlich nach der niemandem heute bekannten Wissenschaft vom Erkennen der Geister, welche der Heilige Paulus zu den Gaben des Heiligen Geistes zählt (SD XII 313). Die Gnade des politischen Stiftens – als eine Gabe des Heiligen Geistes – sei dem sehr ähnlich, was die deutschen Denker den Deutschen als reifste Reaktion auf die Französische Revolution empfahlen: der Verinnerlichung, die die Deutschen angeblich von Luther gelernt hätten und die dazu diene, eine gründlichere, vollkommene und endgültige Revolution vorzubereiten. Die Polen, so Słowacki, sollten auch die homerischen Franzosen nicht nachäffen, sondern in der Ruhe unseres Geistes eine wahrhafte Revolution vorbereiten – eine heilige und polnische Revolution, und bewirken, dass sie mit aller göttlichen Majestät, in Himmelsflammen – ausbreche (SD XII 318-319). Die Revolution werde auch die polnische Sprache der schöpferischen Sprache Gottes annähern, indem sie sich von der verdammten Sprache der deutschen Philosophie entfernen werde (SD XII 318-319). Dass die ganze Denkfigur der Revolution im Geiste, die die authentische Revolution vorbereiten soll, und zwar durch die Kontemplation der griechischen Dichtung, der Tragödie, deutscher Abstammung ist, stört Słowacki nicht. Wie Bakunin versucht er, alles Deutsche zu vernichten, indem er das Erbe der deutschen Philosophie und Dichtung propagiert.

Słowackis Utopie ist barock angelegt: So wie jeder Christ Christus imitieren soll, so soll auch die Verfassung den katholischen Himmel nachahmen (SD XII 309-320). Angeblich von Gott inspiriert, will Słowacki das künftige Volk nach dem Ebenbild der Heiligen Dreieinigkeit gestalten. Echt revolutionär greift er in die polnische Vergangenheit, um sie in die Zukunft zu projizieren. Nach dem Vorbild der Dreieinigkeit wurde laut Słowacki die alte parlamentarische Form der polnischen Adelskonföderation gebildet, indem diese von drei Personen geführt wurde: Verwalter, Ideologe und Soldat. Das erneuerte revolutionäre System verbindet Biologismus mit Föderalismus – dies sind zwei Merkmale des Denkens von Bakunin. Das inspirierte System, das Słowacki vom Geist erhielt, besteht seinem Wesen nach aus *konfederacja* und *liberum veto* – ungefähr wie die frühchristliche Zeitempfindung aus der Spannung zwischen dem Katechon (ὁ Κατέχων), dem Behälter, und der Apokalypse, die die Kontinuität der Zeit bricht, erwuchs. Wie das *veto* zur Konföderation verhielt sich der Ausnahmezustand zum Alltag, das Wunder zum normalen Gang der Dinge; zusammengesetzt entsprechen sie dem tragischen Chronotopos, wie ihn die kritische Tragödientheorie als (transzendentale) Ästhetik der Praxis begreift.

Das *Liberum veto* war ein Einspruchsrecht im polnischen Parlament, dem Sejm. Jeder Abgeordnete hatte im 17. und 18. Jahrhundert die Möglichkeit, durch einen einzelnen Einspruch (*veto*) einen Beschluss zu verhindern oder zu Fall zu bringen, da Entscheidungen einstimmig gefällt werden mussten. Als Konföderation bezeichnete man dagegen eine Allianz von Adligen, meist im Widerstand gegen den König. Historisch gesehen war die von Słowacki entworfene Verbindung des *liberum veto* mit dem Konföderationsgedanken absurd. Erstens war allgemein anerkannt, dass die Institution des *liberum veto* entscheidend zur polnischen Teilung beigetragen hatte: im 17. und 18. Jahrhundert reichte es bekanntlich, nur einen Abgeordneten zu bestechen, um das ganze Land im Griff zu halten. Solche Kleinigkeiten interessierten Słowacki aber nicht, genauso wie die Tatsache, dass Konföderation und *liberum veto* einander in Wirklichkeit rechtlich ausschlossen.[70] Im 18. Jahrhundert beriet der

---

70 Andrzej Jezierski, Cecylia Leszczyńska, *Historia gospodarcza Polski* (Warszawa: Key Text, 2003), 39-41; Jerzy Michalski, *Rousseau i sarmacki republikanizm* (Warszawa: PWN, 1977), 78-113.

Sejm mehrmals „in konföderativer Verpflichtung“, um eben ein *liberum veto* zu vermeiden. Auch diese unmögliche Verbindung des Abbruchs mit Kontinuität und Beständigkeit wiederholt die Form des absoluten Kunstwerkes, wie es Friedrich Schlegel anhand von Sophokleischen Tragödien zu entwerfen versuchte. Das ist der tragische Chronotopos, den die Demetrius-Urszene, in der Schiller, Puškin und Mickiewicz spielten, in den Vordergrund rückte. Dieser Chronotopos soll laut den kritischen Tragödientheoretiker gleichermaßen der Tragödie und der Revolution eigen sein.

Die Verfassung Słowackis bleibt genauso paradox, wie sie barocker Abstammung ist (barocker Abstammung zu sein heißt sich als antik ausgeben): Die Verbindung von *liberum veto* und Konföderation verhieß ihm die wirkliche organische Freiheit. Die Abgeordneten im Parlament würden zu Boten der föderierten Provinzen, die ganze Politik würde sich ohne Gewalt abspielen.[71] Im Gleichklang mit Wagner fantasiert Słowacki über die absolute Abschaffung der Opfer im uralt-neuen Kunstwerk des Staates: Jesus würde in einem solchen Polen nie gekreuzigt werden. Nur im polnischen sozialen Drama der Konföderation würde er ein V*eto* gegen die bestehende Ordnung einbringen können, und die Fahne der neuen Idee angehoben haltend eine christliche Konföderation in ihrem Name gründen, deren Diplomatie der Aussendung der Apostel entspricht.[72]

Słowacki versuchte natürlich sein System in die Realität umzusetzen; sonst wäre er kein romantischer Dichter und noch viel weniger ein Tragödientheoretiker gewesen. Bevor Słowacki 1848 im Gefolge der Februarrevolution mit seinen Versuchen, eine Konföderation zu begründen,[73] begann, brachte er mehrmals sein Veto ein, als seine Brüder aus Towiańskis Sekte um die Seele des Zaren Alexander beteten (darum entzückte ihn Bakunins unversöhnliche Feindschaft gegenüber dem Zarenreich). Słowacki schickte Briefe an seine Brüder, in denen er seinen Einspruch – sein „geistiges Veto“ – verkündet (SD XIV 227; SD XIV 281). Da sein brüderliches Veto den anderen Towiański-Anhängern verheimlicht geblieben sei, habe es zwar aller sichtbaren Wirkung entbehrt, jedoch zwei Jahre lang in der Welt des Geistes die polnische Sache wirksam verteidigt (SD XII 285). Wenn Słowacki den Kreis verflucht und mit seiner Vernichtung droht, wird seine dichterisch-politische Einbildungskraft derjenigen, die Wagner manifestierte, sehr ähnlich. Sein Veto sei „eine Feuermauer“, die den unter dem Deckmantel der Geheimhaltung mit schrecklichen und abscheulichen Dingen beschäftigten Kreis umschliesse (SD XII 286).

71 Feliński, *Pamiętniki*, 281.
72 Feliński, *Pamiętniki*, 281.
73 Sawrymowicz, *Kalendarz*, Nr. 1364.

Man erinnere sich nur an Brunhildes Einschlafen in der *Walküre*, hinter der Feuermauer, die Siegfried später überwindet, oder an den Weltenbrand, der die *Götterdämmerung* besiegelt. Als aber Słowacki während der Revolution 1848 eine Konföderation unter Führung der Heiligen Dreifaltigkeit stiften wollte,[74] die aus dem Dichter Mickiewicz, dem Soldaten Karol Różycki und dem Verwalter Władyslaw Dzwonkowski bestanden hätte, erkannte Mickiewicz, der den Vorschlag ablehnte, den anarchischen Charakter des Unternehmens, konkret: den Mangel an *arche*, an einem vereinigenden Grundsatz.[75] Polen konnte aber im 19. Jahrhundert ausschließlich eine Anarchie sein oder die schrecklichste Tyrannei, weil es nach der Teilung nur noch ein Gespenst oder eine Idee war. Für Wagners mythisches Ideal sowie für das Scheitern dieses Ideals, das in Abstraktion und Allegorie kollabiert, sind die Polen mitverantwortlich. Das suggeriert Wagner selbst, als er die Ur-Szene seiner künstlerischen Bildung aus dem Jahr 1832 beschreibt, in der die polnischen Ritter und Rebellen, Veteranen des Novemberaufstands, in eine organisch paarweise organisierte Orgie geraten, mit der sie die Idee der nicht existenten, aus der Zukunft ankommenden Heimat weihen. Das Publikum, das die patriotischen Lieder hört, wird zu einem dionysischen Spektakel für den jungen Künstler, der des puren Lebens ansichtig wird, das sich durch die orgiastischen Ritter offenbart, um es später in seiner Musik als den „zur verständlichsten Darstellung gebrachten Mythos“ erscheinen zu lassen.

> Nun kam der dritte Mai heran. Achtzehn noch in Leipzig anwesende Polen vereinigten sich zu einem Festmahle in einem Gasthause der Umgegend von Leipzig: dort sollte dieser der polnischen Erinnerung so teure Jahrestag ihrer Verfassungsgründung gefeiert werden. Nur die Vorsteher des Leipziger Polenkomitees und, aus besonderer Rücksicht und Liebe, auch ich, waren hierzu eingeladen. Es war ein unvergeßlich eindrucksvoller Tag. Das Mahl der Männer ward zum Gelage: eine aus der Stadt bestellte Blechmusik spielte unausgesetzt die polnischen Volkslieder, an welchen sich, unter dem Vorgesang eines Litauers (*Zan*), die Gesellschaft jubelnd und klagend beteiligte. Namentlich erweckte das schöne „Dritte-Mai“-Lied einen erschütternden Enthusiasmus. Weinen und Jauchzen steigerten sich zu einem unerhörten Tumulte, bis sich die Gruppen auf die Rasenplätze des Gartens lagerten und dort zerstreute Liebespaare bildeten,

---

74 SD XII 318: „a trójcę mu jedną Bożą, w trójcach konfederackich powtórzoną… i na wszystkich wieżach kraju siedzącą pokazał“ (hat ihm die einzige göttliche Dreieinigkeit gezeigt, die in allen Dreieinigkeiten der Konföderation wiederholt wurde und auf allen Türmern saß).

75 Feliński, *Pamiętniki*, 344-47.; Sawrymowicz, *Kalendarz*, Nr. 1417.

in deren schwelgerischem Liebesgespräche das unerschöpfliche Wort *„Oiczisna"* (Vaterland) die Losung war, bis endlich der Schleier eines großherzigen Rausches alles in Nacht hüllte. – Der Traum dieser Nacht bildete sich später in mir zu einer Orchesterkomposition in Ouvertürenform, mit dem Titel *„Polonia"*, aus: das Schicksal dieser Arbeit werde ich gelegentlich berichten.[76]

76 Wagner, *Mein Leben*, 69.

KAPITEL 12

Epilog: Russland und Polen um 1917 und die Umgestaltung der kritischen Tragödientheorie in die moderne Literaturtheorie als Theorie der Avantgarde

(Gegenüber der Revolution – Gegenüber dem Kantianismus – Tragische Geschichte der Geisteswissenschaften)

12.1. Gegenüber der Revolution

Um 1917 nimmt die kritische Tragödientheorie zwei aufeinander wirkende Hauptgestalten an: Einerseits schlägt sie in eine Praxis der kollektiven Anschauung um, welche die Wirklichkeit weniger mimetisch abbildet als bildet und damit anschaulich positive Freiheit zum Ausdruck bringt. Andererseits geht sie in die moderne – ‚formalistische' oder ‚ästhetische' – Literaturtheorie über, welche immer mehr als ein lebendiges Phänomen und nicht als eine bloße Ansammlung von Ansichten erscheint, sofern die Theorie mit der Praxis der kollektiven Anschauung als ihre Ergründung und Begründung in Zusammenhang gebracht wird. In der Urszene der modernen Literaturtheorie liest Viktor Šklovskij 1913 auf der Bühne des Sankt-Peterburger Künstlerkabaretts Streunender Hund performativ einen Vortrag über die Rolle des Futurismus in der Literaturgeschichte, der später unter dem Titel „Die Auferstehung des Wortes" („Voskrešenie slova", 1914) bekannt zum Gründungstext der Literaturtheorie wird. Der an den futuristischen Aufführungen des befreiten Wortes partizipierende Aufsatz nimmt das Hauptproblem der alten kritischen Tragödientheorie wieder auf: das der Verbindung von Autonomie und historischer Folgerichtigkeit. Die Formalisten und ihre Nachfolger vereinigen sich in meistens mehr als weniger inoffiziellen ‚Kreisen' und ‚Gesellschaften', um sich mit dem tragischen Chronotopos auseinanderzusetzen, der Abbruch und Kontinuität, Autonomie und Gesetzmäßigkeit zusammenführt.

Kazimierz Wóycicki – der Spitzenreiter des polnischen ‚Formalismus' – schrieb 1914 im Anschluss an Karl Vossler[1] vom Unterschied zwischen

1 Kazimierz Wóycicki, *Historia literatury i poetyka* (Warszawa: TNW, 1914), 48-65; Karl Vossler, „Das Verhältnis von Sprachgeschichte und Literaturgeschichte", *Logos* II (1911-12): 167-178.

 | DOI:10.30965/9783846766255_013

extrinsischer und intrinsischer Literaturgeschichte; letztere habe ihre „eigenen Probleme und spezielle autonome Entwicklung“,[2] und diese unterschieden sich von den sozialen und psychologischen Bedingungen, mit denen sich die extrinsische Literaturgeschichte beschäftigt. Eine analoge Zweiheit gebe es auch in der Philosophiegeschichte, die einerseits den Spiegelungen sozialer Stimmungen und Weltanschauungen in den Ideenkonstruktionen folgt, während sie andererseits der Eigendynamik der abstrakten Problemgeschichte nachgeht. Wóycicki nimmt an, dass die von ihm entworfene ‚Poetik‘ extrinsische und intrinsische Literaturgeschichte aufeinander beziehen und miteinander versöhnen soll,[3] denn diese beinhalte objektive und subjektive Komponenten.[4] Wie Kant in seiner Beschreibung des ästhetischen Urteils und Goethe in der Lehre vom Urphänomen,[5] nimmt Wóycicki an, dass die objektive (intrinsische) Form des ästhetischen Objekts mit dem kognitiven Apparat eines in Welt und Gesellschaft eingebetteten Subjekts korrespondiert und diesen Apparat anregt.[6]

Die kritische Tragödientheorie wurde seit ihren Anfängen in der deutschen Philosophie des ausgehenden 18. Jahrhunderts als prototypischer Mediator zwischen externer und interner Ideengeschichte aufgefasst. Die Poetik wiederholt rekursiv im Kleinen diese allgemeine Theorie der Relation zwischen Praxis und Theorie der Praxis. Und eben deswegen erscheint sie als typisch für ihre Zeit und als ausschlaggebend für die Zukunft der Disziplin. Die ‚Poetik‘ sowie die ganze mit ihr verbundene intellektuelle Formation der modernen Literaturtheorie haben darüber hinaus den Anspruch auf ihre eigene extrinsische und intrinsische Geschichte, verfasst nach den besten Vorbildern der Vermittlung beider Bereiche.

Die Idee, dass die kritische Tragödientheorie zum Aufkommen moderner Literaturtheorie beigetragen hat und gleichzeitig die Verbindung des sozialen und historischen Hintergrunds von Literaturtheoretikern mit den intrinsischen Entwicklungen der autonomen Disziplin der Literaturtheorie verstehen und ausdrücken lassen kann, verdanke ich unter anderem Boris Ejchenbaums

2 Wóycicki, *Historia literatury i poetyka*, 51: „Własne problematy i autonomiczną specjalną historię.“

3 Wóycicki, *Historia literatury i poetyka*, 59.

4 Wóycicki, *Historia literatury i poetyka*, 59.

5 Wóycicki, *Historia literatury i poetyka*, 64: Wóycicki beschließt sein Werk mit einem Zitat aus Goethes Gedicht, beginnend mit „Wär nich das Auge sonnehaft,/ Die Sonne könnt’ es nicht erblicken.“

6 Wóycicki, *Historia literatury i poetyka*, 61.

Essay „Über Tragödie und Tragisches" von 1919.[7] In diesem korrespondieren die Grundvoraussetzungen des Russischen Formalismus als eines theoretischen Flügels der Avantgarde mit dem tragischen Chronotopos seiner Entstehungszeit. Das heißt aus Sicht einer extrinsischen Geistesgeschichte: Die Wiederholungen revolutionärer Situationen provozieren immer neuer Versionen der kritischen Tragödientheorie.

Ich möchte nun diesen Epilog um Ejchenbaums Aufsatz wie um eine Zentralsäule errichten, die eine das Panoramabild beherbergende Rotunde stützt. Das Tragelement funktioniert allerdings als ein Teil des immersiven Bildes der alten dionysischen Orgien.

Zu Beginn seines Essays scheint Ejchenbaum nur der nächste in einer langen Reihe von Denkern zu sein, die das Genre der Tragödie als zugehörig zu Situationen von Revolution und Bürgerkrieg auffassten – zu nennen wären da Schelling, Hölderlin, Hegel, Marx, Engels, Lassalle, Vischer u.a. Auch eine Vielzahl der prominenten Zeitgenossen Ejchenbaums, darunter der klassische Philologe Tadeusz Zieliński,[8] dessen Sohn, der Dramatiker, Theaterspezialist und Übersetzer Adrian Piotrovskij, sowie der Kopf der Staatakademie der Kunstwissenschaften (GAChN), Petr Kogan,[9] nahmen in (vor-)revolutionären Zeiten eine Renaissance tragischer Situationen, Formen, Gefühle und Interpretationen wahr. In den großen Massenfestivitäten der Revolution, oft im Anschluss an Vjačeslav Ivanovs Konzeption des Theaters als einer gemeinschaftlichen Handlung/ eines gemeinschaftlichen Dramas (*sobornoe dejstvie*) ohne Rampe bezeichnet als ‚Mysterien', wiederholten sich nicht nur die *fêtes révolutionnaires* der Französischen Revolution, sondern auch das sehr wohl tragische Narrativ einer Kette segensreicher Niederlagen auf dem Weg zum Endsieg.[10] James R. von Geldern beschreibt das erste dieser Mysterienspiele, eine Eulogie der Revolution, das 1918 in Voronež aufgeführt wurde und von einem grob zeitgenössischen Zeugen so zusammengefasst wurde:

7 Boris Ejchenbaum, „O tragedii i tragičeskom", *Skvoz' literaturu. Sbornik statej* (Leningrad: Academia, 1924), 73-83; diese wichtige Essaysammlung enthält die prägenden Werke zu *skaz* und Versologie.

8 Tadeusz Zieliński, „Sofokles i tragedia bohaterska", *Sofokles i jego twórczość tragiczna*, übersetzt von Koło Klasyków U.W. (Kraków: KSW, 1928), 1-114, das Essay, das die Tragödie in eine postkoloniale Perspektive stellt, endet mit einem Verweis auf moderne Antigones (Vera Zasulič?, Sof'ja Perovskaja?) und Kreons; übrigens verfassre Zieliński die Einleitung zu diesem Band mit polnischen Übersetzungen seiner russischen Einleitungen zu Sophokles' Tragödien „während des Karnevals [w zapusty] von 1928".

9 Petr Kogan, *V preddverii grjaduščego teatra* (Moskva: Pervina, 1921), 13-17, 22-28, 33-35.

10 Für das prägnanteste Narrativ siehe James R. von Geldern, „Putting the masses in Mass Culture: Bolshevik Festivals, 1918-1920", *The Journal of Popular Culture* 1998, 31(4), 123-144.

> As the curtain was raised there was complete darkness on stage. Suddenly the sacrificial altar located center-stage on a platform was illuminated [= thymele – M.M.]. A chorus dressed in Greek tunics was distributed along the base of the platform. The show opened with a musical introduction [prologos – M.M.]. Then the chorus begins to sing, explaining in the song the hard life of the oppressed people. Then the leader [coryphée? – J.R. v. Geldern] appears near the altar, and between him and the chorus a dialogue [kommos – M.M.] on the power and oppressiveness of Capital begins. All this is accompanied by music and ballet numbers.[11]

Diese Aufführung, in der allegorische Figuren des bösen wie des guten Schicksals auftraten, stellt eindeutig eine Pastiche der griechischen Tragödie dar, in der das Kapital als Platzhalter für das Schicksal fungiert.[12]

Dass die kollektive Handlung, die Revolution, quasi gewohnheitsmäßig die tragödienaffine Reaktion provozierte – oder: dass man die eigene Revolution als eine tragische, kollektive Handlung und nicht als die Nacht-und-Nebel-Aktion, die sie war, sehen und zeigen wollte[13] – das lag an der Beharrlichkeit der tragischen (transzendentalen) Ästhetik der Praxis. Vor dem Ausbruch der Revolution hatten zahlreiche Anhänger von Wagners ‚Kunstwerk der Zukunft' bzw. Nietzsches ‚Wiedergeburt der Tragödie', oder aber – wie Józef Piłsudski in

11 James R. von Geldern, *Festivals of the Revolution, 1917-1920: Art and Theater in the Formation of Soviet Culture* (PhD diss., Brown University, 1987), 53.

12 Zur tragischen Bühne zur Zeit der Revolution siehe auch Daniel C. Gerould, „Revolution as Art: Soviet Mass Spectacles and the Paris Commune", *PAJ: A Journal of Performance and Art* 2015 37(2), 91-92; Aleksej Gvozdev und Adrian Piotrovskij, „Petrogradskie teatry i prazdnestva v epochu voennogo kommunizma", *Istorija sovetskogo teatra: Očerki razvitija*, hg. von V.E. Rafalovič (Leningrad: GIChL, 1933), Bd. 1, 264-290.

13 Susan Buck-Morss, *Dreamworld and Catastrophe. The Passing of Mass Utopia in East and West* (Cambridge: MIT Press, 2000), 140: „‚Revolutions are the festivals of the oppressed and the exploited,' Lenin wrote in 1905. But the physical violence of revolutions separates them decisively from carnivalistic play. Whereas carnivals are ritual repetitions, revolutions are one-time-only events meant to change permanently the arrangement of social life. Revolutions disregard the carnival's social boundedness and overshoot parodic reversal, spilling out of the spatial and temporal constraints that are meant to contain collective discontent. To be sure, revolutionary actions are full of symbolic meanings, and their icons produce a powerful visual culture. But they lack a full sense of spectatorship because their immediate audience is the very enemy they are attempting, violently, to annihilate. Only later, with events of revolutionary commemoration, does their spectacularity come into its own. In place of firearms there are fireworks; in place of secrecy, there is display. If revolutions break from the past, their celebration returns to it, dramatized with all theatrical effects." Laut der kritischen Tragödientheorie passieren gerade die Revolutionen nur in ihren oder dank ihrer kollektiven Kommemorationen, die den Ereignissen den revolutionären Sinn verleihen. Erst durch die theatralische Kommemoration kann ihr Aspekt, das kommemorierte Ereignis, als nicht theatralisch erscheinen. Darin besteht unter anderem der tragische Chronotopos.

Bezug auf die Wiederherstellung Polens – Liebhaber von Słowackis Dichtung diese Reaktionsschleife verbreitert.[14]

Die russischen Symbolisten verbanden die Vision der Kunst als Theurgie, die den Prozess der Weltschöpfung zu Ende bringt, die sie von Nikolaj Fedorov und Vladimir Solov'ev geerbt haben,[15] mit der Wagnerschen Inspiration.[16] Neben Vjačeslav Ivanov, auf den ich noch augenblicklich eingehe, formulierten die zwei wichtigsten Symbolisten der zweiten Generation ihre auf Wagners Kunstwerk der Zukunft fußenden Visionen einer kollektiven Kunst, die das Leben revolutionieret.[17] Andrej Belyj verkündet in seinem Essay „Revolution und Kultur" aus dem Jahre 1917 eine Revolution des Geistes (*revoljucija ducha*), die die soziale und kulturelle (künstlerische) Revolutionen fusioniert.[18] Das Drehbuch des Anarchismus um 1848 nimmt Belyj nicht nur mittels seines Verweises auf den Revolutionären Wagner[19] wieder auf, sondern indem er die von unten, aus dem Untergrund kommende Zersprengung aller fortbestehenden, toten Formen,[20] mit der aus der Biologie stammenden Konzeption der „Involution" (*involjucija*) verbindet, die er als „die Verkörperung des Geistes

---

14 Siehe Kapitel 11.

15 Irene Masing-Delic, „Creating the Living Work of Art. The Symbolist Pygmalion and its Antecedents", Irina Paperno, Joan Delaney Grossman (Hg.), *Creating Life. The Aesthetic Utopia of Russian Modernism* (Stanford: Stanford University Press, 1994), 51-82; Olga Matich, „The Symbolist Meaning of Love: Theory and Pracitce", Irina Paperno, Joan Delaney Grossman (Hg.), *Creating Life*, 24-50; Michael Hagemeister, *Nikolaj Fedorov. Studien zu Leben, Werk und Wirkung* (München: Sagner, 1989); Tatjana Petzer, „Symbol und Theurgie: Zur Transformationsästhetik Der Russischen Moderne", *Poetica* 2013, ¾, 347-75; Tatjana Petzer, „Auferweckung als Programm. Entgrenzungen des Lebendigen in der russischen Moderne", Katrin Solhdju, Ulrike Vedder (Hg.), *Das Leben vom Tode her. Zur Kulturgeschichte einer Grenzziehung* (Paderborn: Wilhelm Fink, 2015), 117-137.

16 Schon 1904 stellte Andrej Belyj Solov'evs Theurgie, die die Kunst mit der Mystik vereinigt, als Vervollkommnung oder *telos* von Nietzsches Weisheit, wo sie ihren tragischen (sprich Wagnerschen) Gipfel erlangt: „Соединение вершин символизма как искусства с мистикой Владимир Соловьев определял особым термином. Термин этот – теургия. […] Мудрость Ницше на более углубленной, сравнительно с трагизмом, стадии понимания можно определить как стремление к теургии" (Andrej Belyj, „Simvolizm kak miroponimanie", *Simvolizm kak miroponimanie* (Moskva: Respublika, 1994), 253).

17 Zur ‚Revolution' in der Kunstprogrammatik der Epoche siehe: Vladimir Feščenko, „Revoljucija: transfer koncepta meždu russkim avangardom i zapadnoj intellektual'noj tradiciej", Kornelija Ičin (Hg.), *Utopičeskij upadok. Iskusstvo v sovetskuju epochu* (Belgrad: Filologičeskij fakul'tet universiteta v Belgrade, 2018), 14-32; Kornelija Ičin (Hg.), *Iskusstvo i revoljucija: sto let spustja* (Belgrad: Filologičeskij fakul'tet universiteta v Belgrade, 2019).

18 Andrej Belyj, „Revoljucija i kul'tura", Jurij Stepanov et al. (Hg.) *Semiotika i avangard: antologija* (Moskva: Akademičeskij proekt, 2006), 346-358.

19 Belyj, „Revoljucija i kul'tura", 349.

20 Belyj, „Revoljucija i kul'tura", 346.

in die Bedingungen des organischen Lebens" definiert.[21] Ein Jahr darauf griff auch Aleksandr Blok das anarchistische Pathos auf, indem er in dem Aufsatz „Kunst und Revolution (anlässlich des Schaffens von Richard Wagner)" zu einer neuen Organisation der Kunst (*novaja organizacija iskusstva*) aufrief, die das Vorbild (*pervoobraz*) der zukünftigen Gesellschaft sein soll, in der das Walten der positiven Freiheit leicht zu erkennen ist: Nur die große Weltrevolution, die die jahrhundertealte Lüge der Zivilisation wegschafft und das Volk (in dem Wagner, Słowacki und Bakunin das zerstörerisch-kreative Prinzip sahen) auf die Höhe der künstlerischen Menschheit erhebe, könne den Menschen die ganze Fülle der freien Kunst zurückgeben.[22]

Wagners Gedanken aus dem 1840er Jahren gewinnen unheimliche Resonanz. Sogar Lev Tolstoj, der sich in seiner breit rezipierten Abhandlung *Čto takoe iskusstvo?* (*Was ist Kunst?*, 1897) zwar über Wagner lustig macht, entwirft aber ganz im Geiste des Kunstwerks der Zukunft eine Konzeption von Kunst als kollektiver sinnlicher und energetischer Handlung.[23] Dabei betrachtet Tolstoj ganz wie Wagner die moderne Kunst als dekadent und energielos und bevorzugt das Volkstümliche – und eben wegen dieser Wagner-Affinität fällt Tolstoj in die Kategorie der Wegbereiter der Wiedergeburt der kritischen Tragödientheorie.

In einer interessanten Verdrehung der in der ersten Hälfte des 19. Jahrhunderts herrschenden Verhältnisse legten inzwischen die Deutschen die aufführende Tätigkeit an den Tag, während Franzosen und Slaven – am eloquentesten taten dies Romain Rolland[24] und Vjačeslav Ivanov – von einem universellen Volksfest ohne Rampe lediglich phantasieren konnten. Während also Georg Fuchs[25] 1910 und 1911 Max Reinhardts Inszenierungen von Ödipus Rex und Orestie in seine zyklischen Münchener Volksfestspiele einbettete, um sie Teil eines durch das Volk vollbrachten Kollektivschaffens werden

---

21 Belyj, „Revoljucija i kul'tura", 350: „воплощение[] духа в условия органической жизни".

22 Aleksandr Blok, „Iskusstvo i revoljucija (po povodu tvorenija Richarda Vagnera)", *Sobranie sočinenij v 8 tomach* (Moskva, Leningrad: Gosudarstvennoe izdatel'stvo chudožestvennoj literatury, 1962), Bd. 6, 21: „Возвратить людям всю полноту свободного искусства может только великая и всемирная Революция, которая разрушит многовековую ложь цивилизации и поднимет народ на высоту артистического человечества."

23 Siehe Oleg Aronsons Einleitung zur neuen Ausgabe von *Was ist Kunst*? Lev Tolstoj, *Čto takoe iskusstvo*?, hg. von Ivan Aksenov und Dmitrij Potemkik (Moskva: V-A-C Press, 2020).

24 Romain Rolland, *Le théâtre du peuple: Essai d'esthétique d'un nouveau* théâtre (Paris: Albin Michel, 1903).

25 Georg Fuchs, *Die Schaubühne der Zukunft* (Berlin: Schuster und Loeffler, 1905); Georg Fuchs, *Die Revolution des Theaters: Ergebnisse aus dem Münchener Künstler-Theater* (München: Müller, 1909).

zu lassen,[26] arbeitete Ivanov daran, wie sich im Angesicht von Wagners Kunstwerk der Zukunft (dieses schwebte auch Fuchs vor[27]) die Geste der slavischen Philosophie der Tat (Cieszkowski, Dembowski, Mickiewicz, Gercen, Bakunin)[28] wiederholen lassen würde. Er nahm die Postulate der Philosophie der Tat[29] wieder auf, ohne sich auf sie zu berufen; sie wurden also verinnerlicht und ans Unbewusste angeschlossen. Das mythenschöpfende kollektive Handeln des trans-medialen Spektakels sollte laut Ivanovs Plänen aus seiner kritischen, von Wagner repräsentierten Phase in eine organische überführt werden.[30] Die deutsche Abstraktheit sollte in einem die slavische dritte Renaissance[31] repräsentierenden Kunstwerk der Zukunft verkörpert und handlungsfähig gemacht, die Spaltung von Zuschauen und Machen, Theorie und Praxis durch die solidarische Tat überbrückt werden. Das Individuum sollte zum Partikel eines mächtigen Dionysoskörpers werden, wie es einmal im Dithyrambus war.[32] Auf diese Weise würde eine Kunst entstehen, die die Wirklichkeit nicht abbildet, sondern verändert – ein Motiv, das Nikolaj Evreinov, der profilierte Urheber des revolutionären Massenspektakels,[33] wieder aufnahm, indem er sogar die Vergangenheit, etwa die Erstürmung des Winterpalastes, in ein ausgefallenes Ereignis verwandelte.[34] Dass die Kunst die Wirklichkeit nicht nachahmt, sondern proaktiv – und am liebsten durch kollektive Sinnlichkeit – umgestaltet, war der Leitgedanke der Avantgarde. Mit Blick auf die Anschaulichkeit der positiven kollektiven Freiheit intensivieren die Avantgardisten lediglich den Ausdruck der Figuren, an denen die von ihnen herablassend abservierten Vorläufer wie die Romantiker und die Symbolisten arbeiteten. Oder sie heben diese Figuren auf eine andere Ebene, da die Dichtung der

26 Erika Fischer-Lichte, *Theatre, Sacrifice, Ritual. Exploring Forms of Political Theatre* (London/New York, 2005), 46-68.

27 Lenz Prütting, *Die Revolution des Theaters. Studien über Georg Fuchs* (München: Kitzinger, 1971), 70-89; vgl. den Titel von Fuchs' *Schaubühne der Zukunft*.

28 Siehe das Hegel-Kapitel.

29 Siehe das Hegel-Kapitel.

30 Vjačeslav Ivanov, „Predčuvstvija i predvestija. Novaja organičeskaja epocha i teatr buduščego" [1906], *Sobranie sočinenij* (Brussels: Foyer Oriental Chretien, 1974), Bd. 2, 76-103.

31 Vgl. Nina Braginskaja, „Slavjanskoe vozroždenie antičnosti", Sergei Zenkin (Hg.), *Russkaja teorija, 1920-1930-e gody: materialy 10-ch Lotmanovskich čtenij* (Moskva: RGGU, 2004), 49-80.

32 Ivanov, „Predčuvstvija i predvestija", 93.

33 Nikolaj Evreinov, „Teatralizacija žizni. Ex kathedra", *Demon teatral'nosti*, hg. von A. Zubkov und V. Maksimov (Sankt-Peterburg: Letnij sad, 2002), 43-68.

34 Nikolaj Evreinov, *Sturm auf den Winterpalast*, hg. von Inke Arns et al. (Zürich: Diaphanes 2017).

Avantgarde außerhalb des Theatralen nicht existiert: sogar gedrückt soll sie durch ihre typographische Gestaltung an die Performance erinnern.

Eine andere folgenreiche Kritik von Wagners Kunstwerk der Zukunft – neben der Ivanovs – formulierte Wassily Kandinsky, welcher Wagners Theorie als nicht anarchistisch genug verwarf. So fasste Hugo Ball die Kritik in einem Vortrag in der Galerie Dada zusammen:

> Im ‚Blauen Reiter' hat Kandinsky eine Kritik des Wagnerschen ‚Gesamtkunstwerks' geschrieben zugunsten des Monumental-Kunstwerks der Zukunft.[35] Seine Kritik richtet sich gegen die Veräußerlichung jeder einzelnen der von Wagner zum Gesamtkunstwerk herangezogenen Künste, die nur zur Steigerung des Ausdrucks, zur Unterstreichung und Bekräftigung des Ausdrucks, zuwider den ihnen immanenten Kunstgesetzen verwandt wurden. Kandinskys Idee einer monumentalen Bühnenkomposition geht von entgegengesetzten Voraussetzungen aus. Ihm schwebt ein Gegeneinander der einzelnen Künste, eine symphonische Komposition vor, in der die einzelnen auf ihr Wesentliches zurückgeführten Künste als Elementarformen nur die Noten abgeben zu einer Konstruktion oder Komposition auf der Bühne, die jede der einzelnen Künste als selbstständiges Darstellungsmaterial gelten läßt und aus der Mischung dieses gereinigten Materials ein neues Kunstwerk das Monumentalkunstwerk der Zukunft schafft.[36]

Kandinsky kritisiert also das Prinzip der Dominante, dessen Walten zur Alienation und Vereinzelung der Modalitäten des Anschaulichen führe, das zudem seiner theoretischen Dimension beraubt werde. Erst nach Wegschaffung dieser auf Gewalt basierenden Hierarchie könne das theatrale Kunstwerk, in dem die Einzelkünste einen neuen ‚Leibraum' (Benjamin) des freien Spiels erschaffen, in das Gesellschaftliche eine positive Freiheit einführen.

Eben in diesem intellektuellen Klima stellt Ejchenbaum auf der ersten Seite seines Essays über die Tragödie und das Tragische aus dem Jahre 1919 fest, dass die russische Literatur nun zum ersten Mal in ihrer Geschichte zur Kreation einer Tragödie fähig sei (also, im formalistischen Jargon, zur „Lösung des Problems" der „Russischen Tragödie"[37]). In der damaligen literarischen und außerliterarischen Situation müssen die Werke von, um nur einen Namen herauszugreifen, Sumarokov oder – horribile dictu! – Puškins *Boris Godunov*

35 Wassily Kandinsky, „Über Bühnenkomposition", Wassily Kandinsky, Franz Marc (Hg.), *Der Blaue Reiter. Zweite Auflage* (Müncher: Piper, 1914), 108-109.

36 Hugo Ball, „Kandinsky. Vortrag, gehalten in der Galerie Dada", *Der Künstler und die Zeitkrankheit* (Frankfurt am Main: Holzinger, 1984), 41-54, hier 52.

37 Ejchenbaum, „O tragedii i tragičeskom", 73: „Русская трагедия – проблема еще не разрешенная. Но кажется, что мы все ближе и ближе подходим к ней."

nicht tragisch genug gewirkt haben – letzteres Werk erwähnt Ejchenbaum nicht einmal. In Wirklichkeit übernimmt aber Ejchenbaum den tragischen Chronotopos, den ich in dem Kapitel zu Schiller-Puškin-Mickiewicz anhand von Ejchenbaums Essay rekonstruiere. Indem er unbewusst Hölderlins Umformulierung des aristotelischen Narrativs von der Entstehung des tragischen Dramas aus der tragischen Ode wiederholt, die bei Hölderlin zur intimen und „innigen" Form wird,[38] sieht Ejchenbaum in der zeitgenössischen Dichtung – in erster Linie bei Osip Mandel'štam – ein Potential, den Fokus der russischen Literatur weg von intimen, häuslichen und familiären (*intimnye, semejnye*) hin zu größeren, öffentlichen Formen zu verschieben, in Anlehnung an den Französischen Klassizismus des 17. Jahrhunderts und an Schillers späte Dramen, welche dieser nach dem Formulieren seiner von Kant inspirierten Tragödientheorie verfasst hatte.[39]

Der Weg von der Lyrik zur Bühne führt über den Chor. Die Verbreitung chorischer Deklamationen, etwa als Untermalung der großen *subbotnik*-Volksfeste, beschrieb der Formalist Sergej Bernštejn als die „natürliche und gesunde Frucht des revolutionären Zeitalters."[40] Und laut Ivanov mangelt es dem Musikdrama Wagners eben am Chor als Vermittler zwischen der Orchester und den Schausteller, damit sein Kunstwerk der Zukunft organisch und wirksam werden konnte.[41]

Der Weg der tragischen Ode aus dem Schatten ins Licht der Öffentlichkeit wiederholt auf einer anderen Ebene den Lebenslauf und die Lebensweise der zentralen Figuren der Theoriegeschichte. Il'ja Kalinin[42] und Aleksandra

---

38 Ejchenbaum, „O tragedii i tragičeskom", 74: Während Aristoteles vom Choralgesang des Dithyrambos spricht, betont Hölderlin die *Innigkeit* einer tragischen lyrischen Ode, aus der heraus sich die zutiefst öffentliche Form des Drama entwickeln sollte. Innig und Choral zugleich – ein ideal der positiven Freiheit.

39 Schillers theoretische Hauptaussagen zur Tragödie, die nach der Publikation aller drei kritischen Werke Kants geschrieben wurden, sind „Über den Grund des Vergnügens an tragischen Gegenständen" (1790/ 91), „Über die tragische Kunst" (1790/ 91), „Vom Erhabenen" (1793), „Über das Pathetische" (1793), „Über das Erhabene" (1801), *Sämtliche Werke* (München: Hanser, 1962), Bd. 5, 358-371; 372-394; 512-537; 792-809; das tragische Stück, anhand dessen Ejchenbaum diese Grundsätze beurteilt, ist *Wallenstein* (1798-1799).

40 Sergej Bernštejn, „Zvučaščaja chudožestvennaja reč' i ee izučenie", *Poetika. Vremennik Otdela slovesnych isskustv GIII* 1 (1926), 42.

41 Vjačeslav Ivanov, „Predčuvstvija i predvestija", 99.

42 Il'ja Kalinin, „Nauka i revoljucija (meždu predmetom i opytom)", *Neprikosnovennyj zapas. Debaty o politike i kul'ture* 2009, 5 (69), Zugriff 19.08.2015, http://magazines.russ.ru/nz/2009/5.

Berkieta[43] bringen das für den frühen Formalismus zentrale Verfremdungsverfahren nicht nur mit der heftigen Mangelerfahrung des Bürgerkriegs in Verbindung, während derer der Hunger die Perzeption erschwert habe, sondern erinnern uns auch daran, wie Roman Jakobson, Viktor Šklovskij und Jurij Tynjanov poetische Sprache (bzw. Verssprache) und Revolution parallelschalteten.[44] Kalinin teilte den ersten, die frühen Arbeiten enthaltenden Band der von ihm herausgegebenen Šklovskij-Gesamtausgabe in Kapitel, die nach unterschiedlichen Revolutionen betitelt sind: „Revolution im Leben/ des Lebens" (*revoljucija (v) žiznii*), „Revolution der Form", „Revolution der Zeit", „Revolution des Fakts", „Revolution der Medien", „Das Denkmal der Revolution". Jakobson schreibt in seinem bahnbrechenden Essay über „Die neueste russische Dichtung" von 1921 davon, dass die poetische und emotionale Sprache deswegen, weil sie „revolutionärer" sei als die kommunikative Sprache, Klang und Bedeutung einander stärker annähere.[45] Ein anderer Mitbegründer des Moskauer Linguistischen Kreises Grigorij Vinokur schreibt andererseits in einer respektablen sprachwissenschaftlichen Arbeit der faktischen Sprache der Revolution die utopischen Eigenschaften zu, welche den kritischen Tragödientheoretikern vorschwebten, als sie über das Aufheben des Unterschieds zwischen Absicht und Umsetzung theoretisierten. Die Phraseologie der Revolution hätte die Revolution ermöglicht, indem die Operationen an Phrasen politischen Handlungen entsprochen hätten. Keine zusätzlichen Assoziationen hätten den Übergang von Wort zu Tat gebremst.[46]

---

43 Aleksandra Berkieta, „Rewolucja w dyskursie formalistów", unveröffentlichtes Kapitel der Doktorarbeit *Brakujące spoiwo. Moskiewskie Koło Lingwistyczne w budowaniu nowoczesnego literaturoznawstwa.*

44 Jurij Tynjanov, *Problema stichotvornogo jazyka*, 35: „обычно оказываются фактами сопряжения, комбинации одного ряда с другим (ср. указанное В. Шкловским обращение к ‚младшим ветвям', частью – к комическим видам)"; 38, 62, 172; dies war eines der von den Warschauer Formalisten vor dem Zweiten Weltkrieg ins Polnische übersetzten Fragmente, gedacht als Teil der überhaupt ersten Antologie des Russischen Formalismus: Jurij Tynianow, „Zagadnienie języka wierszy", übersetzt von Franciszek Siedlecki und Zygmunt Saloni, Maria Renata Mayenowa, Zygmunt Saloni (Hg.), *Rosyjska szkoła stylistyki* (Warszawa: PWN, 1970), 70-92; Jurij Tynjanov, „O Chlebnikove", *Problema stichotvornogo jazyka*, 283-299, hier: 291, 296.

45 Vgl. Roman Jakobson, „Novejšaja russkaja poezija. Nabrosok pervyj: Podstupy k Chlebnikovu", *Selected Writings*, vol. 5, 304: „В языках эмоциональном и поэтическом языковые представления (как фонетические, так и семантические) сосредоточивают на себе большее внимание, связь между звуковой стороной и значением тесней, интимней, и язык в силу этого революционней, поскольку привычные ассоциации по смежности отходят на задний план."

46 Grigorij Vinokur, „O revoljucionnoj frazeologii (odin iz voprosov jazykovoj politiki)", *LEF* 1923, 3, 104-118, hier: 106.

Die Erschwerung der Kommunikation oder die radikale Vereinfachung – alles müsse sich aus der Revolution herleiten.

Die entscheidende und gleichzeitig rätselhafteste Frage bezüglich der Wiedergeburt der kritischen Tragödientheorie in der doppelten Gestalt einer kollektiven Sinnlichkeit, die die Welt gestaltet, und der Literaturtheorie betrifft nun die Beziehung von politischen und ästhetischen Revolutionen, die sich am hegelianischen Prinzip der doppelten Negation zu orientieren scheint: die ästhetische Revolution, die die Literaturtheorie auslotet, ist der echten politischen und ökonomischen Revolution nicht unverwandt, in der Art, wie Lawrence Olivier nicht nicht-Hamlet ist.[47] Weder wird die Revolution geradlinig von der Straße in die Poetik oder auf die Bühne verfrachtet, noch entwickelt sich die Ästhetik rein für sich selbst, bar jeder Beziehung zur Erfahrung der Zeit. Weder bilden die kollektiven Mysterien das revolutionäre Handeln ab, noch schweben sie frei in der Luft, ohne der tatsächlichen Revolution Schwung und Gestalt zu verleihen. Zumindest der Intention nach: die Künstler schalten die Politiker für die Unzulänglichkeit der realen Revolution gegenüber dem Ideal einer dritten „Revolution der Form".[48] Genauso verhalten sich die ‚intime', raffinierte Literatur zum Massenspektakel und das Massenspektakel zur Literatur – sie sind jeweils nicht die einfache Negation ihres Visavis, ganz im Gegenteil. Die von der nach der Autonomie trachtenden Literaturtheorie beschriebene Kunst ist nicht nicht-autonom, wie die neue Disziplin nicht nichtselbständig gegenüber der Psychologie, Soziologie, politischen Geschichtsschreibung ist.

Nun zurück zum Ausgangspunkt – Ejchenbaums Essay von 1919 über Tragödie und Tragisches. Ejchenbaums Vorhersage einer Rückkehr der Tragik, die durch eine eingehende Analyse von Schillers tragischer Theorie und Praxis im fraglichen Aufsatz sowie eine Studie zum Auftauchen der Tragödie in Bloks lyrischer Poesie[49] noch untermauert wurde, löste einen Strom formalistischer Forschungen zum Drama im französischen und russischen Klassizismus und der Romantik aus, insbesondere zu (hoher und niedriger) Tragödie und zu ihrem populären Gegenstück – dem Melodrama.[50] Die formalistische Tragödienforschung umfasste Arbeiten von Leningrader wie Moskauer

47 Siehe das Hegel-Kapitel.

48 van Geldern, *Festivals of the Revolution*, 37-38 zitiert u.a. Belyj, Blok, Rafalovič, Malevič, El Lissitsky, Vasilij Kamenskij, und Mgebrov.

49 Boris Ejchenbaum, „Tragedii Šillera v svete ego teorii tragičeskogo", „Sud'ba Bloka", *Skvoz' literaturu*, 85-151, 216-232.

50 Vgl. Adrian Piotrovskij, „Melodrama ili tragedija!", *Teatr. Kino. Žizn'*, hg. von E. Dobina (Leningrad: Iskusstvo, 1969), 63-65.

Forschern: Boris Tomaševskij,[51] Boris Jarcho,[52] Grigorij Gukovskij[53] (in den vierziger Jahren einer von Jurij Lotmans Initiatoren in die Literaturwissenschaft[54]), Sergej Baluchatyj[55] und Jurij Tynjanov.[56] Viktor Šklovskij schloss in seinen Arbeiten zu Tragödie, Komödie und Melodrama,[57] zeitgenössischem Drama und Theater,[58] sowjetischen Massenspektakeln[59] und Zirkus an Ejchenbaums Denkweise an, wobei besonders letztgenannte Analyse stark auf Ejchenbaums Tragödientheorie aufbaute: ‚Erschwerung' (*zatrudnennost'*) und ‚Bremsen' (*tormoženie*), die Šklovskij als zentrale Bestandteile der ansonsten formlosen Zirkuskunst identifiziert,[60] gestalteten zuerst bei Ejchenbaum die tragische Zeitempfindung.

Ansonsten sollte man bei der Behandlung der Tragödientheorie der Zwanziger solche Zeitgenossen des Formalismus erwähnen wie den Hölderlinübersetzer Jakob Golosovker, Leonid Grossmann und die Mitglieder des sogenannten Bachtin-Kreises. Selbstredend versuchten die Formalisten nicht, wie es die Symbolisten oder Bachtins Umkreis zu tun pflegten, den modernen Roman durch Vergleiche mit der griechischen

---

51 Boris Tomaševskij, *Teorija literatury. Poetika* (Moskva: Aspekt Press, 1999), 116-150; Boris Tomaševskij, „Francuzskaja melodrama načala XIX veka", *Poetika. Vremennik Otdela slovesnych isskustv GIII* 2 (1927), 55-82.

52 Boris Jarcho, „Komedii i tragedii Kornelja (Etjud po teorii žanra)", „Raspredelenie reči v pjatiaktnoj tragedii (k voprosu o klassicizme i romantyzme)", *Metodologija točnogo literaturovedenija: Izbrannye trudy po teorii literatury*, hg. von Maksim Šapir (Moskva: Jazyki slavjanskich kul'tur, 2006), 403-549, 550-610.

53 Grigorij Gukovskij, „Lomonosov, Sumarokov, škola Sumarokova", „O Sumarokovskoj tragedii", „O russkom klassicizme", „Racine en Russie au XVIIIe siècle (La critique et les traducteurs)", „Racine en Russie au XVIIIe siècle (Les imitateurs)", *Rannye raboty po istorii russkoj poezii XVIII veka*, hg. von Viktor Živov (Moskva: Jazyki Russkoj Kul'tury, 2001), 40-72, 214-228, 227-328, 329-247, 348-367.

54 Lidia Lotman, „On byl našim professorom", *NLO* 2002, 22, http://magazines.russ.ru/nlo/2002/55/lotm.html [Zugriff: 19.07.2016].

55 Sergej Baluchatyj, „K poetike melodramy", *Poetika. Vremennik Otdela slovesnych isskustv GIII* 3 (1927), 63-86.

56 Jurij Tynjanov, „*Argivjane*, neizdannaja tragedija Kjuchel'bekera", „O parodii", *Poetika. Istorija literatury. Kino*, hg. E. Togges et al. (Moskva: Nauka, 1977), 93-117, 284-309 (letzteres behandelt Sumarokov).

57 Viktor Šklovskij, „Komičeskoe i tragičeskoe", *Gamburskij sčet. Stat'i – vospominanija – esse (1914-1933)* (Moskva: Sovetskij pisatel'), 113-115.

58 Vgl. Viktor Šklovskij, „Sovremennyj teatr", *Gamburskij sčet*, 103-119.

59 Vgl. Viktor Šklovskij, „Drama i massovye predstavlenija", „Papa, eto – budil'nik", „Kollektivnoe tvorčestvo", „O psichologičeskoj rampe", „O gromkom golose", *Gamburskij sčet*, 85-86, 86-87, 88-89, 90-91, 91-92.

60 Ejchenbaum, „O tragedii i tragičeskom", 79-83; Viktor Šklovskij, „Isusstvo cirka", *Gamburskij sčet*, 106-107.

Tragödie aufzuwerten – stattdessen beschäftigten sie sich mit sinnbildlichen formalistischen Problemen, die anhand der Tragödie modellhafte Klarheit erlangten – wie dem Mechanismus der literarischen Evolution, und hier insbesondere der Beziehung der Tragödie zu Komödie und Melodrama,[61] den Reaktionen der Zeitgenossen als korrekte Perspektive zur Feststellung der evolutionären Rolle eines Phänomens[62] (kontrapunktiert durch die Annahme, dass die Bestandteile der Vergangenheit nur vom Standpunkt der Gegenwart aus *kenntlich* sind: Referenzen zum Film und zu den Futuristen wurden zu Gemeinplätzen bei der Beschreibung der Evolution der tragischen Form[63]), den artistischen Formen der Raum-Zeit,[64] dem konstruktiven Prinzip von Konflikt und Kontrast, der Rolle von Emotionen[65] und Moral[66] in der Kunst, der unverbindlichen Theatralik des Melodramas und ihrer Erschwerung in der anspruchsvollen Tragödie, der Pantomime, der Geste als Nabelpunkt literarischer Signifikanz[67] sowie zu guter Letzt dem *zaum'*.[68] Die Annäherung von Formalismus und Tragödie wird sogar noch motivierter durch den Umstand, dass auch der Initiator des Formalismus in Polen, Kazimierz Wóycicki, oft auf die Tragödie verweist, um seine zentralen Ansichten zu Stil und Komposition zu untermauern, gleichwohl er zu dieser Zeit die Arbeit der russischen Formalisten und deren ähnliche Positionen zum Tragischen nicht gekannt haben kann.

Während zum Beispiel der Symbolist Vjačeslav Ivanov (in einer Ontologisierung von Hegels Logik und Ästhetik) ekstatisch von einer Dyade schrieb, die Teil eines Einen sei und sich im ewigen Kampf der Geschichte

61 Vgl. Ejchenbaum, „O tragedii i tragičeskom", 73-75; Tomaševskij, „Francuzskaja melodrama načala XIX veka", passim; Boris Jarcho, „Komedii i tragedii Kornelja (Etjud po teorii žanra)", „Raspredelenie reči v pjatiaktnoj tragedii (k voprosu o klassicizme i romantyzme)"; Šklovskij „Komičeskoe i tragičeskoe"; Tynjanov, „‚Argivjane', neizdannaja tragedija Kjuchel'bekera"; Tynjanov, „O parodii".

62 Vgl. Tomaševskij, „Francuzskaja melodrama načala XIX veka", 55-57.

63 Vgl. Ejchenbaum, „O tragedii i tragičeskom", 73; Tomaševskij, *Teorija literatury. Poetika*, 138; Šklovskij, „Komičeskoe i tragičeskoe".

64 Vgl. Ejchenbaum, „O tragedii i tragičeskom", 78-83; Baluchatyj, „K poetike melodramy", 73-81; Tomaševskij, „Francuzskaja melodrama načala XIX veka", 60.

65 Vgl. Ejchenbaum, „O tragedii i tragičeskom"; Baluchatyj, „K poetike melodramy", 63-67 und passim.

66 Gukovskij, „O Sumarokovskoj tragedii", 220, behauptet sogar, dass Rancines Tragödien die Kategorie der Moral überwunden hätten! (Vgl. Gukovskij, „Racine en Russie au XVIIIe siècle (Les imitateurs)", 352.)

67 Vgl. Šklovskij, „Komičeskoe i tragičeskoe", 114-115; Tomaševskij, „Francuzskaja melodrama načala XIX veka", 62-69.

68 Vgl. Tomaševskij, „Francuzskaja melodrama načala XIX veka", 78.

entfalte,[69] nahmen die ironisch und nominalistisch gesinnten Formalisten den Konflikt als die Konstante der literarischen Evolution wahr – dieser würde meistens mithilfe der Parodie ausgetragen. Die Formalisten reduzierten, wenn man so will, die Essenz der Tragödie auf ihren funktionalen Kern und machten diesen zur strukturellen Basis ihrer Theorie von Rezeption und literarischer Evolution (siehe Unten). Der tragische Kern muss für ihre Zeitgenossen aber bemerkbar geblieben sein, erkannte doch Lev Vygotskij treffend die Shakespeare'sche Tragödie und Katharsis als Erfüllung und Vervollkommnung der formalistischen Ästhetik, in der Kunst wie im Leben,[70] während gleichzeitig Bachtin die Inkonsistenzen der formalen Schule zu beheben suchte, indem er den Begriff der Architektonik als Mediator zwischen Form und Inhalt einführte, für welchen das Tragische als eine Motivation dramatischer Form das aussagekräftigste Beispiel sei.[71]

Die russischen Formalisten arbeiteten an Forschungsinstitutionen, in deren bedeutenden Abteilungen für Theaterstudien die Tragödie im Mittelpunkt stand. In Moskau stand der revolutionäre Tragödientheoretiker Petr Kogan der Staatakademie der Kunstwissenschaften (GAChN) vor, und in St. Petersburg gab es am Staatlichen Institut für Kunstgeschichte (GIII)[72] nicht nur eine Theaterabteilung, sondern auch die Höheren Staatlichen Kurse in Kunstwissenschaften (Vysšie gosudarstvennye kursy iskusstvovedenija, VGKI). Zum Direktor dieser Kurse wurde Tadeusz Zielińskis Sohn Adrian Piotrovskij ernannt, dessen Name man mit der Wiederaufnahme griechischer tragischer Festivitäten unter der Revolution verbindet, im Zuge derer er eine

69 Vjačeslav Ivanov, „Suščestvo tragedii", *Dionis i pradionisijstvo. Issledovanija* (SPB: Aletejja, 1994), 295-306.

70 Lev Vygotkskij, *Psichologija iskusstva*, hg. von Vjačeslav Ivanov (Moskva: Iskusstvo, 1986), 205-329.

71 Michail Bachtin, „Problema soderžanija, materiala i formy v slovesnom chudožestvennom tvorčestve", *Voprosy literatury i estetiki*, hg. von Vadim Kožinov (Moskva: Chudožestvennaja literatura, 1975), 19-21.

72 Der Gründer und langzeitige Chef des Instituts Valentin Zubov neigte dazu, revolutionäre Zeiten im Einklang mit Hegels Tragödientheorie zu begreifen. Seine Beschreibung des Gesprächs mit dem führenden Bolschewiken Urickij erinnert an Kreons Befragung von Antigone unter Vorbehalt dessen, was Hölderlin und Hegel über die Inkongruenz und gegenseitige Ausschließlichkeit von deren Weltanschauungen sagten: „По своему содержанию этот допрос не представлял особого значения, но этот разговор между двумя существами, принадлежавшими к двум совершенно разным мирам, совершенно неспособными понять друг друга и одинаково глубоко убежденными в справедливости присущего им миропонимания, был достоин античной трагедии." Valentin Zubov, *Stradnye gody Rossii (1917-1925)*, http://you1917-91.narod.ru/zubov.html#002 [Zugriff 01.07.2016].

neue „theatrokratische“ Gesellschaft begründet werden sollte.[73] Mag es also sein, dass die Formalisten selbst recht schweigsam waren, was das Theater angeht, so machte ihr Schweigen doch nur andere Stimmen deutlicher hörbar. Als Piotrovskij in den Dreißigern gezwungen war, seine Idee einer Renaissance der Antike zu widerrufen, denunzierte er die Praxis einer Erneuerung altgriechischer Theaterinszenierungen als „formalistisch“[74] (im erweiterten Sinne, aber trotzdem *nicht ohne* Bezug auf die Schule der Literaturwissenschaft).

Nun kommen wir zum dritten und nicht zum letzten Mal zu Ejchenbaums Tragödientheorie zurück. Als Ejchenbaum hierin 1919 die Geburt der Tragödie in der russischen Literatur beschrieb, wiederholte er das typische formalistische Schema literarischer Evolution: Evolution ist aus dieser Sicht nichts anderes als ein Kampf des Häuslichen mit dem Öffentlichen, anders gesagt – eine Invasion der öffentlichen Sphäre durch die Nicht-Anerkannten. Die intime, ‚innige‘, familiäre Lyrik revolutioniert das offizielle russische Gattungssystem, sodass die Tragödie aus dem Clash emergiert. Dies fasst Hegels Theorie der Tragödie zusammen, in der diese ein Modell für die bürgerliche Revolution abbildet, im Zuge derer der Privatmann, das Subjekt der Ökonomie, die öffentliche Ordnung der reinen Politik herausfordere – oder aber Marx’ Darstellung, der zufolge die Ökonomie mit der Politik in Konflikt gerät.

Ohne dabei die Unterschiede zwischen den beiden Kulturen zu vergessen, muss man doch feststellen, dass die russische und die polnische Literaturtheorie beide dem revolutionären Untergrund entwachsen sind. Sergej Stepnjak-Kravčinskijs *Das unterirdische Russland* umfasste auch den Privislanskij Kraj (wie das Königtum Polen damals quasi offiziell hieß), den Andrzej Strugs *Untergrundmenschen* bevölkerten (*Ludzie podziemni*, so war eine von dessen Kurzgeschichtensammlungen über die Kämpfer der Polnischen Sozialistischen Partei betitelt).[75] Die revolutionäre polnische *inteligencja* teilte mit ihrem russischen Gegenpart die Schuldgefühle gegenüber dem Volk, den revolutionären Eifer und die bewusste Abhängigkeit von revolutionären Ideen aus Deutschland.[76] In den Hegel-, Romantik- und

---

73 Adrian Piotrovskij, „Teatr vsego naroda. Teatral’nyj kružok“, *Žizn’ iskusstva*, 20-21 May 1920, 1.

74 Nina Braginskaja, „Slavjanskoe vozroždenije antičnosti“, 60.

75 Andrzej Strug, *Ludzie podziemni* [*1908*] (Warszawa and Kraków: Mortkowicz, 1930); Sergej Stepnjak-Kravčinskij, „Rossija pod vlast’ju carej. Podpol’naja Rossija“, *Sobranye Sočinenija v 2-ch tomach*, hg. von N. Pirumovoj, M. Perper (Moskva: Chudožestvennaja literatura, 1987), Bd. 1, 338-514; vgl. Marina Mogil’ner, *Mifologija podpol’nogo čeloveka: radykal’nyj mikrokosm w Rossii načala XX veka kak predmet semiotičeskogo analiza* (Moskva: NLO, 1999).

76 Denis A. Sdvižkov, *Das Zeitalter der Intelligenz. Zur vergleichenden Geschichte der Gebildeten in Europa bis zum Ersten Weltkrieg* (Göttingen: Vandenhoeck & Ruprecht,

Słowacki-Bakunin-Wagner-Kapiteln verfolgten wir, wie Polen und Russen gemeinsam und auf die deutsche Theorie zurückgreifend den revolutionären Populismus ausarbeiteten, eine Art progressive Slawophilie. Das Leben im Untergrund dachten sie sich als eine Form des Winterschlafs vor dem finalen Aufbegehren, das ökonomisch, feminin, dionysisch, populär sein würde. Tadeusz Zieliński, Vjačeslav Ivanov, Innokentij Annenskij, Maksim Vološinov und andere predigten im Russland um 1905 die dritte Renaissance der Antike, samt deren tragischer Haltung und deren Festivitäten – und diese Auferstehung sollte unter den Slaven stattfinden.[77] In Polen sah zur selben Zeit der Chefideologe der „neoirredentistischen"[78] Polnischen Sozialistischen Partei, Kazimierz Kelles-Kraus nicht nur die nächste Renaissance in der Bewegung für Selbstbildung und *home-schooling*, sondern auch Bachofens Arbeiten zum Matriarchat als die Vorausdeutung einer kommenden Regenerierung der Kultur.[79] Diese Prophezeiungen einer kulturellen Revolution waren jeweils doppelte Verneinungen der gewaltvollen Revolutionen auf den Straßen.

Die russischen und polnischen Theoretiker teilten die Erfahrung der Revolution von 1904-1905.[80] Maciej Adamski zufolge stellte die Revolution von 1905 erst die Bedingungen her, unter denen Literaturtheorie in den russisch okkupierten polnischen Gebieten entstehen konnte, als sie die polnische Sprache zurück an die Schulen brachte. Darüber hinaus sollten diese Schulen das schillersche Ideal der ästhetischen Erziehung des ganzen Menschen

2006), 58-59, 125-130; Bohdan Cywiński, *Rodowody niepokornych* (Warszawa: PWN, 2010), 90-91.

77 Die zweite Auflage von Zielińskis *Drevnij mir i my* (*Iz žizni idej*, Bd. 2) (SPB: Stasjulevič, 1911), 378-412, endet mit einem dem Andenken Annenskijs gewidmetem Essay und einem anderem mit dem Titel „Vince, sol!", das das Kommen einer slavischen Renaissance prophezeit; letztere trägt das Datum 6. März 1905; zum ersten Mal erwähnte Zieliński die Idee einer dritten Renaissance in „Antičnyj mir v poezii A.N. Majkova", *Russkij vestnik* 1899, 7, 140.

78 Sdvižkov, *Das Zeitalter der Intelligenz*, 119.

79 Kelles-Krauz hielt in Zakopane die Vorlesungsreihe „Die moderne soziale Bewefung als eine zweite Renaissance" (Tymothy Snyder, *Nationalism, Marxism, and Modern Central Europe. A Biography of Kazimierz Kelles-Krauz (1872-1905)* (Cambridge: Harvard University Press, 1997), 215); Kazimierz Kelles-Krauz, „J. J. Bachofen (1861-1901): Aus den Studien über die Quellen des Marxismus. Vortrag, gehalten an der Université Nouvelle in Brüssel", *Die neue Zeit: Wochenschrift der deutschen Sozialdemokratie* 1902, 1(17), 517-524; Wiktor Marzec, „Momenty polityczności. Kazimierz Kelles-Kraus – między dialektyką dziejów a stanowieniem polityki demokratycznej", *Internetowy Magazyn Filozoficzny Hybris* 16 (2012). http://cejsh.icm.edu.pl/cejsh/element/bwmeta1.element.hdl_11089_1400 [Zugriff 10.6.2020].

80 Vgl. Berkieta, „Rewolucja w dyskursie".

verfolgen,[81] welches eben die doppelte Negation der Revolution ist. Adamski fokussiert sich in seiner Einleitung zu Wóycickis Vorlesungen auf die Zeit vor 1905 und die noch früheren Ursprünge der Literaturtheorie in Polen, als die geheime Selbstbildungsaktivität blühte, deren größter Teil in der Bildung von Frauen bestand.[82] Das ursprüngliche Umfeld der polnischen Literaturtheorie lag an den Rändern des offiziellen öffentlichen Lebens, und diese waren von Frauen bevölkert – hier gab es die *pensja*, eine reinen Frauenschule, und die inoffizielle „Fliegenden Universität", die man manchmal als „babski", „Weiberuniversität" bezeichnete, weil sie ursprünglich von und für Frauen etabliert worden war.

In nuce war die Literaturtheorie ein Modernisierungswerk, das unter inoffiziellen, familiären und häuslichen Bedingungen von Privatmännern und gerade in Polen auch von Frauen getragen wurde, und das in einer revolutionären Situation beziehungsweise im Untergrund stattfand. Professoren an der Weiberuniversität waren nichtsdestotrotz Männer, die im Ausland studiert hatten, und die ihr soziales Engagement mit dem Schreiben pathetischer Prosagedichte über die Pflichten des Intelligenzlers verbanden.[83] Ihre Vorlesungen – und in diese Tradition gehören Wóycickis Vorlesungen zu Stil- und Literaturgeschichte – fanden in privaten Salons statt, die mit polnisch-patriotischen Memorabilia vollgestellt waren[84] und das Interieur des Landhauses in Soplicowo imitierten, das im ersten Buch von Mickiewiczs Nationalepos *Pan Tadeusz* beschrieben wird. Wóycickis Essays und Vorlesungen sind dementsprechend voll von Beispielen aus der polnischen romantischen Literatur. Selbst eine Form von Poesie, die dem russischen *zaum'* entspricht, wird hier unter Rückgriff auf einen romantischen Poeten illustriert, und zwar auf die ruthenisch angehauchten Verse Jan Bohdan Zalewskis. Aus der Weiberuniversität heraus entwickelte sich die Wolna Wszechnica Polska, zu deren Absolventen Victor Erlich gehörte, der erste Monograph der Formalistisch-Strukturalistischen Schule in Ost- und Ostmitteleuropa.[85] Sinnbildhaft steht unter Wóycickis *Jedność stylistyczna dzieła poetyckiego* (*Stilistische Einheit des*

81 Maciej Adamski, „Szkoła, polityka i estetyka literacka – o początkach nowoczesnej teorii literatury", Maciej Adamski, Włodzimierz Bolecki, Wojciech Soliński (Hg.), *Współczesne dyskursy konfliktu. Literatura – język – kultura* (Warszawa: IBL PAN, 2015), 26.

82 Maciej Adamski, „Wstęp", Wóycicki, *Wykłady ze stylistyki i historii literatury*, hg. von Maciej Adamski (Warszawa: IBL, 2016), 7-22.

83 Cywiński, *Rodowody niepokornych*, 80-85.

84 Vgl. Sdvižkov, *Das Zeitalter der Intelligenz*, 133.

85 Victor Erlich, *Child of a Turbulent Century* (Chicago: Northwestern University Press, 2006), 120-130.

Poetischen Werks) – mit einiger Wahrscheinlichkeit der Urtext der polnischen Literaturtheorie – folgendes Datum: 8. März 1914.[86]

Aus dem genetischen Link zwischen dem Aufkommen der modernen polnischen Literaturtheorie und den Lebensumständen der Untergrundmänner und -frauen erklärt sich auch eine seltsame Pause in der Entwicklung dieser intellektuellen Bewegung. Nach Wóycickis Pionierleistungen zwischen 1913 und 1920 scheint die formalistische Bewegung ihren Schwung zu verlieren. Erst nach 1935, als die politische Situation in Polen wieder so angespannt ist, dass das Land am Rande einer Revolution steht, entsteht die Schule der „Polnischen Formalisten". Dem Zeugnis ihres Hauptrepräsentanten, Stefan Żółkiewski, zufolge, wurden auf deren halboffiziellen Treffen sowohl die Bauernstreiks als auch Carnaps *Der logische Aufbau der Welt*[87] diskutiert (zwischen beiden Realitäten besteht, wenn überhaupt, einzig eine Beziehung der gegenseitigen (doppelten) Negation). Vielleicht wurde auch das Interview diskutiert, dass der Autor der *Untergrundmenschen*, Andrzej Strug, ungefähr zur selben Zeit gab. Daraus: „Heißt das, dass die ‚Untergrundmenschen', die hervorgetreten sind [und sich dem öffentlichen Leben zugewandt haben], nachdem Polen seine Unabhängigkeit wiedererlangt hatte, wieder in den Untergrund gehen sollten?" „In ihren Seelen sind sie da schon seit langer Zeit."[88]

Eine unerwartete Wendung in Ejchenbaums Ausführungen rechtfertigt nun meine vielleicht gewagte Assoziation von dessen Formalismus mit der politisierten, wenn nicht gar politischen Tragödientheorie, als Bestandteil der revolutionären Lebensform. Ejchenbaum geht nämlich alsbald von einer Behandlung seiner eigenen literarischen Gegenwart über zu seinem eigentlichen Thema, zur Ästhetik der schillerschen Dramen, und gleichzeitig dazu, wie Schillers Ästhetik der reinen Tragödie eine Vorahnung des russischen Formalismus darstelle:

> All diese Prophezeiungen und Fragen [die kommende russische Tragödie betreffend] dienten mir nur als ein Vorwand, um über die Tragödie und Schiller sprechen zu dürfen. Der Leser liebt die Motivation [*motivirovka*], selbst wenn diese paradox ist. Ich weiß nicht, ob ich recht habe. Aber ich weiß jetzt, warum ich darüber sprechen will.[89]

---

86 Der Internationale Frauentag wird seit 1910 gefeiert.

87 Stefan Żółkiewski, „O Franciszku Siedleckim", Franciszek Siedlecki, *Pisma*, hg. von Maria Renata Mayenowa and Stefan Żółkiewski (Warszawa: PIW, 1989), 5.

88 Edward Boyé, „Rozmowa z Andrzejem Strugiem", *Wiadomości Literackie* 1933, 22(493), 2: „Znaczyłoby to, że ‚ludzie podziemni', którzy po niepodległości wyszli na powierzchnię życia, winni znowu zejść do podziemi?" „W duszach swoich zeszli już dawno."

89 Ejchenbaum, „O tragedii i tragičeskom", 74: „Все эти пророчества и вопросы – для того, чтобы иметь право говорить о трагедии и о Шиллере. Читатель любит мотивировку,

Im OPOJaZ war es üblich, enorm persönlich zu werden, wenn man sich auf die Metaebene begibt, auf der ein Formalist die literaturtheoretischen Begriffe auf seine eigene wissenschaftliche Praxis anwendet, und in einem Atemzug von seinen Verfahren und seinem Verlangen zu sprechen (beispielhaft wäre hier Šklovskij, wo der von Cervantes' zwanghaftem Abschweifen so angesteckt wird, dass er selbst von seinem Thema abkommt – eben dem Thema des Abschweifens als A und O des Erzählens. Er wendet sich dann wiederum Cervantes' Erzähltechnik zu, um methodologische Hilfe zu erhalten[90]). Auch Ejchenbaums Narrativ zieht sich an dieser Stelle zusammen, sodass sich in der Verfremdung Persönliches und Begriffsgeschichtliches verschränken. Auf dieser personalisierten Metaebene wendet Ejchenbaum das Verfahren der Verfremdung auf das Genre der Tragödie an – das Erstaunen in dieser Betrachtung gleicht dem, dass er bei der Betrachtung seiner sich rasant verändernden Umwelt empfunden haben muss (diesen Vergleich und diese Modalität suggeriert das Verfahren der intimen Metasprache). Er verwendet das Verfahren der Verfremdung also, um die von Schiller und anderen gestellte Frage nach der Quelle unseres Genusses tragischer Stoffe neu zu stellen:

> „Furcht und Mitleid" – ist das nicht komisch, ist das nicht dumm, Zuschauer in einem Raum zu versammeln und ihnen einen Abend lang verschiedene Rollen vorzuspielen, nur damit sie sich fürchten und jemanden bemitleiden?[91]

Hier wendet ein Literaturtheoretiker einen entscheidenden *priem* von Literatur auf seine eigene theoretische Tätigkeit an: das Verfremdungsverfahren. Wann immer ein Diskurs in solcher Weise zwischen Literarischem und Theoretischem changiert, zwischen Extrinsischem und Intrinsischem, Sozialem und Ästhetischem, zwischen theoretischen und literarischen Diskursen, politischer Revolution und ‚literarischer Evolution', da können wir annehmen, dass die kritische Tragödientheorie am Werk ist, und kraft der Automastismen der intellektuellen Geschichte. Wie die Urpflanze in jedem Unkraut, so wiederholt sie sich in allen möglichen Negationen zwischen Theorie und Praxis.

хотя бы она была и парадоксальна. Прав ли я – не знаю. Но теперь понятно, почему хочется говорить именно об этом."

90 Viktor Šklovskij, „Kak sdelan Don-Kichot", *O teorii prozy* (Moskva: Federacija, 1929), 110-111, vgl. 230.

91 Ejchenbaum, „O tragedii i tragičeskom", 75: „‚Страх и сострадание' – да не смешно ли, не дико ли собирать зрителей в зал и целый вечер играть перед ними роли для того, чтобы они страшились и сострадали?"

12.2. Gegenüber dem Kantianismus

Die Begriffsstruktur des formalistischen Diskurses in Russland und Polen demonstriert im Kleinen, wie die kantische Ästhetik – als Mediator zwischen den beiden Polen der kritischen Philosophie, Freiheit und Determination – zum Hervorbringen der kritischen Tragödientheorie tendiert. Bezieht man den Formalismus[92] somit auf die Tradition der Tragödientheorie, wird der formalistische Diskurs des frühen zwanzigsten Jahrhunderts kohärenter – seine Elemente und ihre Beziehungen zueinander erscheinen als ‚motiviert'.

Ejchenbaum sagt 1919 in seinem Essay zu Tragödie und Tragischem, dass – so versteht er Schiller – der Zuschauer bei einer Tragödie nicht bloßes Mitleid empfinden solle, sondern ein Vergnügen an der eigenen Fähigkeit zum Verspüren von Mitleid.[93] Kantianismus pur: Der Zuschauer, befreit von persönlicher Verantwortung für die Vorgänge auf der Bühne, beobachtet reflexiv, wie die tragischen Verfahren in ihm Emotionen wecken sollen, wäre er sich nicht immer bewusst, dass er es hier mit einer ästhetischen Erscheinung zu tun hat. Er genieße das ungezwungene Spiel seiner Fähigkeiten. Der tragischen Kunst, so Ejchenbaum, dienten Emotionen als Material für Konstruktionen, die künstlerisch Genuss erzeugen sollen.[94] Im Prozess der künstlerischen Gestaltung würde dieser Inhalt aber zerstört, die Emotion aufgehoben. Hierbei bezieht sich Ejchenbaum auf Schillers berühmtes Dictum, demzufolge ein echter Meister seine Meisterschaft beweise, indem er eine Form schaffe, die den Inhalt aufhebt. Je herausragender der zu vernichtende Inhalt, desto großartiger das Kunstwerk, dem diese Aufgabe gelingt.[95] Im Falle der Tragödie, so der Schiller-Leser Ejchenbaum, bedeute dies, dass ihr Zuschauer die

---

92 Zur Beziehung des Formalismus zum Neukantianismus siehe Patrick Flack, „Between Literature and Philosophy: Russian Formalism and the Neo-Kantians", *Wiener Slawistischer Almanach* 2015, 76, 87-96.

93 Ejchenbaum meint das Verständnis eines „Vergnügen[s] des Mitleids" aus Schillers „Über die tragische Kunst", 274-277.

94 Ejchenbaum, „O tragedii i tragičeskom", 75-76.

95 Friedrich Schiller, „Über die ästhetische Erziehung des Menschen in einer Reihe von Briefen", *Sämtliche Werke*, vol. 5, Brief 22, 638-639: „Der Inhalt, wie erhaben und weitumfassend er auch sei, wirkt also jederzeit einschränkend auf den Geist, und nur von der Form ist wahre ästhetische Freiheit zu erwarten. Darin also besteht das eigentliche Kunstgeheimnis des Meisters, *daß er den Stoff durch die Form vertilgt;* und je imposanter, anmaßender, verführerischer der Stoff an sich selbst ist, je eigenmächtiger derselbe mit *seiner* Wirkung sich vordrängt, oder je mehr der Betrachter geneigt ist, sich unmittelbar mit dem Stoff einzulassen, desto triumphierender ist die Kunst, welche jenen zurückzwingt und über diesen die Herrschaft behauptet."

Entwicklung und Belebung seiner geistigen Veranlagerungen genieße.[96] Er genieße den Umstand, dass die Tragödie *fähig* ist, Mitgefühl zu generieren, weil sie mit seinen geistigen Fähigkeiten korrespondiert, und er erwartet kein Gefühl an sich, sondern bestimmte Verfahren, *priemy*, die ein solches generieren würden.[97] Auf der ersten Seite der Einleitung zu dieser Arbeit zitiere ich Kants Behauptung, die ästhetische Anwendung der Urteilskraft beziehe die von den Verpflichtungen gegenüber der Erkenntnis oder der Moral befreiten Vermögen aufeinander, sodass die Reflexivität Freiheit und Notwendigkeit miteinander zu verknüpfen vermöge.[98]

Auch wenn Ejchenbaum in seinem Essay zu Tragödie und Tragischem Theodor Lipps nicht erwähnt, so korrespondiert sein Begriff des Mitgefühls als Beziehung des Zuschauers zur Handlung und ihrer Inszenierung doch mit einem Verständnis des *Mitleidens*, wie man es bei Lipps finden kann,[99] dessen Ästhetik der *Einfühlung* oft von vorurteilsbeladenen Kommentatoren missinterpretiert wird, die einem untechnischen, alltäglichen Verständnis von ‚Einfühlung' erliegen, sie als vulgäres Psychologisieren auffassen, als ein Suhlen in einem Strom von Gefühlen, die fiktive Figuren „durchleben". Dabei repräsentiert Lipps die post-kantische energetische Rezeptionsästhetik; für ihn ist tragisches Mitleid – er schließt hier auch Goethe an – weder eine Lektion in menschlichem Schicksal, noch eine Gelegenheit, sich emotional gehen zu lassen, sondern eine Art ästhetische Immersion, in dem sich der Organismus an seinen eigenen, durch einen Form aktivierten Fähigkeiten vergnügt. Lipps Tragödientheorie, besonders seine Behandlung des Mitleids, stellt ein weiteres entscheidendes Beispiel dafür dar, wie ein rein ästhetischer Ansatz gleichzeitig revolutionär wirkt. „[D]er Versuch vor allem, ‚trostreiche' Gedanken für die Wirklichkeit aus dem Kunstwerke zu ziehen, [ist] nicht geistreicher als der Versuch, das Kapital, das man im Traume gewonnen, im wachen Leben auf Zinsen zu legen."[100] Nicht die Erwähnung von Kapital setzt diese gewitzte Bemerkung mit der Revolution in Verbindung, sondern das Wesen der zurückgewiesenen „*trostreichen* Gedanken", das aus Sicht der damals gültigen Tragödientheorie in einer Akzeptanz des Status quo besteht, den man als schicksalhaft wahrnimmt – dies stimmt exakt mit Max Horkheimers Definition unkritischer

96 Ejchenbaum, „O tragedii i tragičeskom", 77.
97 Ejchenbaum, „O tragedii i tragičeskom", 77-79.
98 Immanuel Kant. *Kritik der Urteilskraft, Gesammelte Werke. Akademieausgabe* (Berlin: Reimer, 1911), Bd. 5, 287.
99 Theodor Lipps, *Der Streit über die Tragödie* (Hamburg, Leipzig: Voss, 1891), 41-46.
100 Lipps, *Der Streit über die Tragödie*, 6.

Theorie und Bertold Brechts Definition der Tragödie überein.[101] Entgegen der traditionellen Theorie von Katharsis eben als einer Versöhnung mit dem Status quo besteht nun der revolutionäre Akt der ästhetischen Theorie darin, zu sagen: „Die Tragödie vergegenwärtigt überhaupt keine allgemeine Gedanken. Sie vergegenwärtigt nur sich selbst."[102] – und damit macht sie es möglich, das Leben lebendiger wahrzunehmen. Das Mitleid, eine negative Kategorie in der Art von Kants Erhabenem, lässt die Lebensenergie des Subjekts im Zuge einer ästhetisch sublimierten und dadurch sicheren Identifikation mit einem zerstörten Wert oder Leben anschwellen.[103] Da Lipps Mitleid einen ästhetischen Genuss darstellt, der auf etwas basiert, das als schwierig, schmerzhaft oder verletzt wahrgenommen wird, erinnert es nicht nur an Kants Erhabenes mit seiner „Hemmung" und „Ergiessung", sondern auch an die negativen Nachbilder in Goethes Farbenlehre, die alles Gesehene begleiten. Natürlich korrespondiert es auch mit dem grundlegenden russisch-formalistischen *priem* des Erschwerens der Wahrnehmung, *zatrudnenija vosprijatija*,[104] und steht somit den verschiedenen energetischen Modellen von Ästhetik entgegen, die auf der Erleichterung der Wahrnehmung basieren (Spencer, Avenarius, Potebnja, Petrażycki, Veselovskij[105], Baudouin de Courtenay[106] u.a.).

Das tragische *Mitleid* ist eine höhere Form von Empathie, die sich – Kants Erhabenem nicht unähnlich – als Reaktion auf eine im Objekt verortete Schwierigkeit durchs Hemmen und Eindämmen geistiger Energien gestaltet; diese Energien können in der Folge mit umso größerem Schwung in den geistigen Selbstgenuss reinvestiert werden.[107] Diese Art des Selbstgenusses sei – bekräftigt Lipps – holistischer als die Empfindung der Schönheit, da unsere Veranlagung zum moralischen Verhalten einen Widerstand brauche,

101 Max Horkheimer, „Traditionelle und kritische Theorie", *Gesammelte Schriften* (München: Fischer, 1988), Bd. 4, 178, 203-205; Jürgen Habermas, „Kritische und konservative Aufgaben der Soziologie", *Theorie und Praxis. Sozialphilosophische Studien* (Frankfurt am Main: 1971), 290-306; Vgl. Christoph Menke, *Tragödie im Sittlichen. Gerechtigkeit und Freiheit nach Hegel* (Frankfurt am Main: Suhrkamp, 1996), 20-21; Bertolt Brecht, „K-Typus und P-Typus in der Dramatik", *Gesammelte Werke* (Frankfurt am Main: Suhrkamp, 1967), vol. 16, 540-544.

102 Lipps, *Der Streit über die Tragödie*, 12.

103 Lipps, *Der Streit über die Tragödie*, 43.

104 Šklovskij, *O teorii prozy*, 11, 13, 15, 21, 48, 49; Šklovskij, „Iskusstvo cirka".

105 All diese Namen zitiert Šklovskij polemisch in „Iskusstvo kak priem", *O teorii prozy*, 8-11.

106 Jan Baudouin de Courtenay, „O ogólnych przyczynach zmian językowych", *Dzieła wybrane*, hg. von Witold Doroszewski (Warszawa: PWN, 1974), Bd. 1, 50-95.

107 Theoder Lipps, *Ästhetik. Psychologie des Schönen und der Kunst* (Hamburg and Leipzig: Voss, 1903), Bd. 1, 564-566: tragisches Mitleid sei die höchste Form von Verständnis und Empathis, weil sie das Gefühl des Werts eines Menschen ist, der im Leiden zum Vorschein kommt.

um sich zu offenbaren. Eben weil die erschwerte und zugleich autonome Tragödien*form* alltägliche Interessen ausklammert und unsere Aufmerksamkeit auf den Prozess von Wahrnehmung und Reaktion (*Mitleid*) lenkt, erlaube sie uns „die Macht des Guten in einer Persönlichkeit zu genießen", unserer Persönlichkeit.[108] Dass Ejchenbaums Antwort auf die ewige Frage nach dem Genuss an der Tragödie der von Lipps sehr ähnelt, ist offensichtlich. Dass dies auch die Ideologie der Verfremdung und der Erschwerung als Ganzes betrifft – umso mehr. Diese Gedanken gehen zweifelsohne auf Kant zurück.

Um psychologistische Kategorien aus der Epoche zu verwenden: Ejchenbaum und Lipps sind durch Ähnlichkeit assoziiert, und diese Assoziation ist durch die deutschen Theorien der ersten Hälfte des 19. Jahrhunderts motiviert. Bei Wóycicki hingegen muss man von Kontiguität oder echtem Einfluss Lipps' auf seine Beschreibung der stilistischen Einheit des poetischen Werkes sprechen. Wóycicki zitiert Lipps als den Denker, der den entscheidenden Schritt hin zu einem Verständnis stilistischer Einheit gemacht habe – er habe die Verbindung zwischen Form und Inhalt ins Verhältnis gesetzt. Inhalt und Form, so Lipps, korrelieren:

> Man kann gar nicht von einem künstlerischen Inhalte reden, ohne eben damit implizite von einer bestimmten Form, dadurch er eben zum Inhalte und zu diesem Inhalte wird, mitzureden. Und man kann ebensowenig von einer künstlerischen Form reden, ohne dass man zugleich den Inhalt mitmeint, dessen Daseinsweise eben diese Form ist; kurz beide Begriffe des Inhaltes und der Form sind korrelate Begriffe.[109]

So wie tragisches Mitleid die verdichtete Form ästhetischer Einfühlung ist, ist jedes Kunstwerk Form – und doch ist die Tragödie formaler, denn sie ist intensiver. Einer solchen Sichtweise neigt Ejchenbaum zu, wenn er feststellt, dass, vergleicht man alle Kunstwerke, in der Tragödie die formalsten Masken an der Konstruktion der Handlung teilnehmen.[110] Manche trieben diese an, manche behinderten sie. Der tragische Chronotopos, den ästhetische Verfahren auslösen, welche die Handlung vorantreiben bzw. ihre Entwicklung behindern, korreliert laut Šklovskijs Auffassung vom Verfahren des Erschwerens mit dem autonomen Wert der künstlerischen Erfahrung: das Erschweren der Form verlängert die Dauer der Wahrnehmung, wobei der Wahrnehmungsprozess in Bezug auf Kunst eben autotelisch ist und aufrechterhalten werden

---

108 Lipps, *Der Streit über die Tragödie*, 78.

109 Wóycicki, *Jedność stylowa utworu poetyckiego*, 18. Wóycicki stellt eine Verbindung her zu Lipps' *Ästhetik*, 1906, vol. 2, 96.

110 Ejchenbaum, „O tragedii i tragičeskom", 80-81.

muss.[111] Wenn Šklovskij den autonomen Wert von Kunst auf Zeit bezieht, legt er eine Tradition offen, in der Kant der Erste war, der den autotelischen Charakter der Form mit dem Betrag der Wahrnehmungszeit verband: da eine schöne Form keinen *raison d'être* außerhalb ihrer selbst hat, liegt ihr einziger Wert daran, beim Subjekt einen Zustand möglichst lange aufrechtzuerhalten, in dem Imagination und Intellekt mit dem Erleben der Form beschäftigt sind – dieses Streben macht den *inneren* Zweck von Form aus. „Sie hat aber doch Causalität in sich, nämlich den Zustand der Vorstellung selbst und die Beschäftigung der Erkenntnißkräfte ohne weitere Absicht zu erhalten. Wir weilen bei der Betrachtung des Schönen, weil diese Betrachtung sich selbst stärkt und reproducirt: welches derjenigen Verweilung analogisch (aber doch mit ihr nicht einerlei) ist, da ein Reiz in der Vorstellung des Gegenstandes die Aufmerksamkeit wiederholentlich erweckt, wobei das Gemüth passiv ist."[112] Im vitalistischen Paradigma entspricht Zeit dem ästhetischen Eigenwert. Roman Jakobson gestand ein, dass die russischen Formalisten ihr Verständnis des künstlerischen Wertes von Zeit den Studien Zielińskis zu Homer und der griechischen Literatur verdankten.[113] Die Tragödie ist formaler als andere literarische Formen, weil sie intensiver ist und die Zeit somit fühlbarer macht (laut Hölderlin hat die Tragödie keinen Inhalt außer Formen von Zeit bzw. deren Intensität).

Wóycicki weist in seinen Vorlesungen eifrig darauf hin, dass, obwohl jedes Werk sich durch formale Einheit auszeichne, das Drama – „im Widerspruch zu anderen Genres!" – besonders konsistent und kompakt sei.[114] Den Unterschied zwischen künstlerischer Schöpfung und anderen Möglichkeiten, Material zu organisieren (etwa nach logischen Prinzipien) belegt Wóycicki mithilfe von Mickiewiczs Tragödie *Ahnenfeirer* (*Dziady*).[115] Wóycickis Definition zufolge beruht die stilistische Einheit eines Werkes auf den bestimmten Beziehungen bestimmter Elemente zueinander.[116] Diese kann man am besten unter Bezug auf die Tragödie erklären: So demonstriert Antigone in ihrem

111 Šklovskijs „Iskusstvo kak priem", 13: „прием затрудненной формы, увеличивающий трудность и долготу восприятия, так как воспринимательный процесс в искусстве самоцелей и должен быть продлен."

112 Immanuel Kant, *Kritik der Uteilskraft*, 222.

113 Roman Jakobson, *Formalistická škola a dnešní literární věda ruská: Brno 1935*, hg. von Tomáš Glanc (Praha: Academia, 2005), 33.

114 Wóycicki, *Wykłady ze stylistyki i historii literatury*, 280: „cechą zasadniczą utworu dramatycznego, w odróżnieniu od innych, jest ta konieczność, konsekwencja, z jaką jedne czyny wypływają z drugich."

115 Wóycicki, *Jedność stylowa utworu poetyckieogo*, 10.

116 Wóycicki, *Wykłady ze stylistyki i historii literatury*, 157-158, 190.

Verhältnis zu Kreon eine Beziehung der Äquivalenz,[117] ebenfalls jedoch illustriert Antigone – Goethe selbst interpretiert sie in einem von Wóycicki zitierten Gespräch mit Eckermann so – ein äußerst kunstvolles Fehlen von Äquivalenz: dies ist die Dominante, das „monarchistische" Element, dass sich alle anderen Elemente einer Form unterwirft, die dank der Hierarchie auf eine Summe ihrer Teile reduziert werden können.[118] Mit Hilfe von Goethe zeigt Wóycicki wie alle Elemente von Sophokles' Tragödie der Aufgabe untergeordnet sind, die Vortrefflichkeit von Antigone zu demonstrieren. In ähnlicher Weise sind auch Beziehungen wie künstlerische Implikationen und Kontrast am sichtbarsten in der Tragödie.[119] In Bezug auf die Elemente solcher Beziehungen stellt der Held das wichtigste Element eines Werkes dar, den Wóycicki nicht nur dramatisch auffasst, als eine kämpfende, aktive Persönlichkeit, sondern auch tragisch – als ein Feld, auf dem der naturalistische Determinismus seiner Zeit mit Sichtweisen aufeinanderprallt, die den Helden handlungsorientierter verstehen.[120]

Auf diese Weise erklärt oder *motiviert* die kritische Tragödientheorie – die ursprünglich als eine Reaktion auf Kant formuliert worden war – die bemerkenswertesten Besonderheiten der Version einer post-kantischen Ästhetik, die der Formalismus war: Autonomie, Verfremdung, Erschweren, Einheit, Dominante, Fokus auf das Zeitliche und Intensität.

Die im Geiste des 19. Jahrhunderts physiologisierte Ästhetik des Kantianismus verbindet die modernen Literaturtheorie mit dem zweiten Spross der kritischen Tragödientheorie – der dionysischen, sich mitteilenden Körperlichkeit. Die Begründer des Formalismus, Wilhelm Wundt, Zieliński, Juliusz Tenner, William James, Bernštejn und schließlich Aleksandr Veselovskij stellen den mimisch-mimetischen, gestikulierenden Körper in den Vordergrund, und zwar als Bedingung der Kommunikation und des ästhetischen Erlebnisses. Die Körperlichkeit hinterlässt ihre Spuren (Wóycickis *piętno*[121]) nicht nur in der Vortrags- und Rhythmustheorie und der poetischen Phonetik im Allgemeinen, sondern auch in der für den Formalismus grundlegenden Unterscheidung zwischen praktischer und poetischer (oder später Vers-) Sprache.[122]

117 Wóycicki, *Jedność stylowa utworu poetyckieogo*, 10.

118 Wóycicki, *Jedność stylowa utworu poetyckiego*, 11-12, vgl. 17, 21-22. Lipps spricht vom „Prinzip der monarchischen Unterordnung", Lipps, *Ästhetik*, Bd. 1, 53-90.

119 Wóycicki, *Wykłady ze stylistyki i historii literatury*, 272-273.

120 Wóycicki, *Wykłady ze stylistyki i historii literatury*, 211.

121 Wóycicki, *Jedność stylowa utworu poetyckiego*, 13.

122 Ausführlicher dazu: Michał Mrugalski, „Styl – semantyka – pragmatyka", Danuta Ulicka (Hg.), *Wiek teorii. Stulecie badań literackoteoretycznych w Polsce* (Warszawa: IBL, 2020), Bd. 1, 231-286.

12.3. Tragische Geschichte der Geisteswissenschaften

Die formalistische Literaturgeschichte modelliert Hegels Konflikt zwischen Antigone und Kreon rekursiv und neurotisch nach. Sie wird vom Konflikt angetrieben und beruht unzweifelhaft und vorsätzlich auf eben diesem Konflikt. „[D]ie ganze Geschichte des russischen syllabo-tonischen Verses" – so Osip Brik – „[ist] ein Kampf gegen den Syllabismus für die reine Tonik."[123] Ein Kampf gegen das rechnerische Prinzip und für einen reinen dynamischen Impuls. Brik illustriert die typisch formalistische Modellbildung, die auf einer feindlichen Spaltung innerhalb des Begriffes beruht. Eine der beiden Seiten wird obendrein typischerweise mit dem Inoffiziellen, Häuslichen, gar Femininen assoziiert, während die Gegenseite sich im Zentrum eines ganzen sozial-literarischen Systems verschanzt. (Boris Paramonov wies auf die Ähnlichkeit zwischen Formalismus und hegelscher Logik hin, auch wenn er andere Aspekte der Theorie im Sinne hatte.[124]) So sei das Melodrama zum konstruktiven Modell der romantischen Tragödie geworden, so behandelte auch Tynjanov die Gattungen Brief und Ode.[125] Als Antriebskraft dieser konfliktgetriebenen Literaturgeschichte dient die Parodie. Tynjanov, der die Parodie in diesen Rang innerhalb der literarischen Evolution hob, blickt in den letzten Sätzen seines prägenden Essays auf die Entstehung der alten Komödie aus der Tragödie zurück und gleichzeitig zu Hegel: „Die Parodie besteht im dialektischen Spiel mit dem Verfahren. Entsteht aus der Parodie einer Tragödie eine Komödie, so kann eine Parodie der Komödie zur Tragödie werden."[126]

Aber die Analogie der Literaturgeschichte (bzw. -evolution) zum tragischen Narrativ endet nicht bei ihrem konfliktgetriebenen Wesen. In Ejchenbaums Buch über Lermontov von 1924 führt die Annahme, dass die Literaturgeschichte im Grunde eine Aneinanderreihung von Konflikten sei, zur Entstehung des zweifachen – oder schlicht widersprüchlichen – typisch tragischen Chronotopos. Genau wie in den beiden Tragödien *Hamlet* und

123 Osip Brik, „Ritm i sintaksis" Wolf-Dieter Stempel (Hg.), *Texte der Russischen Formalisten* (München: Fink, 1972), Bd. 2, 178: „Вся история русского силлаботонического стиха – это борьба против силлабизма за чистую тонику."

124 Boris Paramonov, „Formalizm: metod ili mirovozzrenie?", *Novoe literaturnoe obozrenie* 1995, 14, 35-52.

125 Jurij Tynjanov, „Oda kak oratorskij žanr", „Literaturnyj fakt", „O literaturnoj evoljucii", *Poetika. Istorija literatury. Kino*, 227-252, 255-269, 270-281.

126 Jurij Tynjanov, „Dostoevskij i Gogol' (k teorii parodii)", *Poetika. Istorija literatury. Kino*, 266: „Пародия вся – в диалектической игре приемом. Если пародией трагедии будет комедия, то пародией комедии может быть трагедия"; Tynjanovs „zur Parodie" (*Poetika. Istorija literatury. Kino*, 284-309) gehört der Strömung der formalistischen Studien zur Tragödie an, da es unter anderem Sumarokovs Tragödien behandelt.

Wallenstein, deren Analyse den zweiten Teil von Ejchenbaums Tragödienessay ausfüllt, gibt es in der Literaturgeschichte eine Kraft, die Veränderung und Entwicklung ankurbelt, und gleichzeitig eine zweite, zurückbindende oder bremsende Kraft. Letztere verlangsamt weniger die Bewegung der Literaturgeschichte, als dass sie deren Helden aus dem Strom des Werdens herausreißt, sodass sie als eindeutige Modelle erscheinen, als Essenz des literarischen Prozesses oder als Masken der namenlosen Kräfte der Literaturgeschichte. Der Literaturhistoriker erforsche nämlich nicht die Bewegung in der Zeit, sondern die Bewegung an sich – ein dynamischer, unteilbarer und unterbrochener Prozess, der wegen dieser seinen Qualitäten keine Zeit beinhalte und sich in der Zeit nicht ändern könne. Seine Gesetze würden über die Grenzen der Einzelepochen hinweg überall und immer gelten. Die Geschichte sei die Wissenschaft des Konstanten, Unveränderlichen, Unbeweglichen, auch wenn sie das Veränderliche, die Bewegung untersuche. Sie könne nur insofern die Wissenschaft sein, als sie die Bewegung in ein Diagramm zu verwandeln vermöge.[127] Dass in der Tragödie auf der Bühne Wesentliches aufscheint; dass ihr Realismus dem Platonischen ähnelt, das war schon immer ein Gemeinplatz in der Kritik.[128] Literaturgeschichte erscheint unter Ejchenbaums strengem Blick nur insofern wissenschaftlich, als dass sie die Essenz des Konfliktes aufzeigt, der den ewig wiederkehrenden grundlegenden Mechanismus aller literaturgeschichtlichen Entwicklung darstellt.

Innerhalb dieser Art Literaturgeschichte, in der die Namen von Schriftstellern einzig Masken von Kulthelden sind, markiert Lermontov einen Raum, in dem Realismus und Romantik kollidieren.[129] In typischer Art für Texte, in denen Echos der klassischen kritischen Tragödientheorie nachhallen, bezieht Ejchenbaum diesen Konflikt, der den Namen Lermontovs trägt, auf die Revolution. Genauer gesagt stellt er Lermontov an deren Stelle: „die Zeit der Revolution war noch nicht gekommen, aber die Notwendigkeit der Reform

127 Boris Ejchenbaum, *Lermontov. Opyt istoriko-literaturnoj ocenki* (Leningrad: Leningrad, 1924), 8: „Мы изучаем не движение во времени, а движение как таковое – *динамический* процесс, который никак не дробится и никогда не прерывается, но именно поэтому *реального* времени в себе не имеет и измеряться временем не может. Историческое изучение открывает динамику событий, законы которой действуют не только в пределах условно выбранной эпохи, но повсюду и всегда. В этом смысле, как это ни звучит парадоксально, история есть наука о постоянном, о неизменном, о неподвижном, хотя имеет дело с изменением, с движением. Наукой она может быть только в той мере, в какой ей удается превратить реальное движение в чертеж.“

128 Am bekanntesten ist György Lukács, „Metaphysik der Tragödie: Paul Ernst“, *Seele und Formen. Essays* (Berlin: Fleischel, 1911), 330.

129 Ejchenbaum, *Lermontov*, 10.

verspürte man in absoluter Klarheit."[130] Der „Zeit der Revolution" widmet sich wiederum Ejchenbaums frühere Studie *Der junge Tolstoj* (*Molodoj Tolstoj*, 1922); Lev Tolstoj führt das Verfahren der Verfremdung eben als Waffe im Kampf gegen die Romantik ein, mit ihm vernichtet er in seinen frühen Werken über den Kaukasus die romantische Aura. In diesem Kampf werden Tolstojs Schlachtszenen verfremdet, indem der Erzähler die Perspektive eines Helden einführt, der nicht versteht, was passiert, was wichtig ist und was nicht: „so wird die ‚Verfremdung' der Schlacht-Themas motiviert, auf diese Weise wird die romantische Aura zerstört"[131] – so Ejchenbaum.

Aber gleichzeitig schlägt Tolstoj hier die Romantik mit ihren eigenen Waffen, kommt doch die Figur der Verfremdung eben aus der Romantik, von, sagen wir, August Wilhelm Schlegel, Percy Bysshe Shelley, Adam Mickiewicz und Richard Wagner.[132] Das Verfahren, mit dem Tolstoj die Romantik kompromittieren wollte, hatten die Romantiker benutzt, um die Identität der Wiedergeburt zu erhalten, eine Identität, die auf ständiger Selbstüberwindung fußte. Auch in Puškins *Putešestvie v Arzrum* (*Reise nach Arzrum* aus dem Jahre 1835; einer Reise in ebenden mystifizierten Kaukasus, in dem Tolstoj seine militanten Verfremdungstechniken anwandte) praktizierte – attestiert Jurij Tynianov – der Erzähler Verfremdung, obgleich der Name dieses Verfahrens sich in Tynjanovs Artikel aus dem Katastrophenjahr 1936 nicht findet. Puškins Erzähler handle so, als „weigere der Autor sich, die Hierarchie der beschriebenen Objekte und Geschehnisse zu beurteilen, Wichtiges und Unwichtiges zu unterscheiden. All dies verzerrt die Perspektive."[133] Die Stellung der ‚Verfremdung' innerhalb der formalistischen Literaturgeschichte korrespondiert mit der tragischen ‚Versöhnung': Beide Seiten des Konflikts – Romantisches und Anti-Romantisches – kämpfen mit dem gleichen Mittel und für das Gleiche,

---

130 Ejchenbaum, *Lermontov*, 12: „Для революции время еще не наступило, но необходимость реформы ощущалась уже совершенно ясно."

131 Boris Ejchenbaum, *Molodoj Tolstoj* (Peterburg and Berlin: Gržebin, 1922), 93: „Так мотивируется ‚остраннение' батальной темы, так разрушается романтический ореол."

132 Omri Ronen, *Serebrianyj vek kak umysel i vymysel* (Moskva: OGI, 2000), 127-128; Svetlikova, *Istoki russkogo formalizma*, 75-77, 81-82. Es ist bekannt, dass Puškin in einem Brief an Žukovskij von April 1825 Dichtung selbst als Zweck von Dichung bezeichnete: „Ты спрашиваешь, какая цель у ‚Цыганов'? Вот на! Цель поэзии – поэзия… ‚Думы' Рылеева и целят, а все невпопад." (Puškin, *Sobranie sočinenij* (Moskva: Chudožestvennaja literatura, 1960), Bd. 9, 155); in „Poet i tolpa" wird die Kategorie von *pol'za*, Nutzen, ebenfalls verunglimpft.

133 Jurij Tynjanov, „O *Putešestvii v Arzrum*", *Puškin: Vremennik Puškinskoj komissii*, AN SSSR (Moskva und Leningrad: AN SSSR, 1936), 67: „Автор как бы отказывается судить о иерархии описываемых предметов и событий, о том, что важно и что не важно, в итоге чего получается искажение перспективы."

die Verfremdung, die die Wahrnehmung anregt und die Sicht auf das Leben verändert. „Tolstojs Schlachtbeschreibungen in *Krieg und Frieden* zeigen deutliche Spuren der Beschäftigung ihres Autors mit Puškins Prosa, genauer gesagt mit der *Reise nach Arzrum*" – schreibt Tynjanov.[134]

Und somit war die formalistische Literaturgeschichte so weitgehend der Tragödie nachmodelliert, dass sie sich den Kampf des Inoffiziellen und Privaten gegen das Anerkannte und Etablierte auf die Fahnen schrieb, was schlussendlich den Umstand offenlegte, dass beide Seiten bloß Inkarnationen einer einzigen monumentalisierenden Kraft, der Literaturgeschichte, sind, die ewig unter verschiedenen Masken und Namen wiederkehrt. Genau sein immerwährendes Wesen, in dem sich Wechsel und Beständigkeit vereinen, verbindet den tragischen Chronotopos, den die formalistische Literaturgeschichte sich angeeignet hat, mit der Revolution.

Doch der Formalismus war selbst eine tragische Angelegenheit, wiederholte doch seine Geschichte (*res gestae*) die Schemata, die seine Literaturtheorie produziert hatte. Ob in Ejchenbaums Essay oder im Formalismus als Ganzem: das Tragische funktioniert als ein Übergang zwischen den autonomen, wissenschaftlichen Modellen und der extrinsischen Geschichte einer Schule. Konkret erinnerte die Ausrufung des Formalismus an eine tragische Rebellion des Häuslichen gegen das Offizielle. Die von den Formalisten meistzitierten Quellen waren Zeugnisse, in denen Dichter über ihr Handwerk sprachen (*pro domo sua*). Diese Dichter waren entweder persönliche Freunde der Formalisten, oder ihre zitierbaren Briefe an Freunde waren an die Öffentlichkeit gelangt, oder sie hatten wie Goethe persönliche Gespräche mit Jüngeren geführt, welche letztere später publizierten. In anderen Worten, das Wissen, mit dem die Formalisten an die Öffentlichkeit traten, bezog sich auf das private und berufliche, das ökonomische Leben von Dichtern. Das einstmals Häusliche und Weibliche, von einer Generation zur nächsten, vom Meister zum Schüler vererbt, wurde nun zu einer öffentlichen und politischen Angelegenheit. Es stellt sich die Frage, ob das zu einem tragischen Ausgang geführt hat – zu Niedergang und Wiedergeburt, oder wenigstens einem Aufblühen des Lebens?

Unsere Narrative über den Formalismus folgen den Linien tragischer Fabeln. Mit Jakobsons „Von einer Generation, die ihre Dichter vergeudet hat" („O pokolenii, rastrativšem svoich poetov", 1930) begann ein Prozess des

---

134 Tynjanov, „O *Putešestvii v Arzrum*", 67: „Батальные описания Толстого в *Войне и мире*, носят явные следы изучения прозы Пушкина, – а именно, изучения *Путешествия в Арзрум*."

Tragisch-Machens der Geschichte[135] der frühen Literaturtheorie: Seine Darstellung dessen, wie eine große mythische Zeit, die Zukunft nach Art der Futuristen, mit dem Alltag (*byt*) aufeinanderprallt, bezieht sich implizit auf Tadeusz Zielińskis Deutung von Sophokles' heroischen Tragödien eben als ein Aufeinanderprallen von großer mythischer Zeit und Alltag (*byt*).[136] Jakobson schätzte Zielińskis Modell, stützte er doch seine Propagandaschrift „The Beginning of National Self-Determination in Europe" (1945) darauf, in der er die mythische Vergangenheit eines Großmähren, in dem die Menschen sich spontan und frei selbst organisierten, der anschließenden Geschichte des Kontinents entgegen stellte.[137]

Ejchenbaum machte bekannterweise den Begriff des *byt* zur Basis seiner Literatursoziologie;[138] in seinem „Literarischer Alltag" („Literaturnyj byt", 1927) erzählt er gleichfalls eine Geschichte davon, wie der revolutionäre Eifer der futuristisch-formalistischen Formation abklingt und den Weg frei macht für die profanen Nebenschauplätze des Literaturlebens. In gewisser Weise legt er damit die Grundlage für Jakobsons Narrativ vom Aufeinanderprallen von mythischer Zeit und Alltag. Und doch zielt Ejchenbaums Wurf tiefer, mutet

135 Ein neueres Beispiel des Tragischmachens der Theoriegeschichte: Christopher Rocco, „Conclusion. The Tragedy of Critical Theory", *Tragedy and Enlightenment. Athenian Political Thought and the Dilemmas of Modernity* (Berkeley: University of California Press, 1997), 171-208; in der Literaturgeschichte drückt Walter Muschgs *Tragische Literaturgeschichte* [1948] (Zürich: Diogenes, 2006) das Bewusstsein der tragischen Vorlage der Geschichtsschreibung am klarsten aus.

136 Roman Jakobson, „O pokolenii, rastrativšem svoich poetov", *Selected Writings*, hg. von Stephen Rudy und Martha Taylor (The Hague: Mouton, 1979), vol. 5, 355-381; Glaubt man Maria Depperman, so war Andrej Belyjs Essay aus dem Jahr 1908 „Fridrich Nicše" (*Simvolizm kak miroponimanie* (Moskva: Respublika, 1994), 177-194) das konzeptuelle Gerüst von Jakobsons Bestandsaufnahme von Formalismus/ Futurismus und deren Konflikt mit ihrer Zeitgenossenschaft (Maria Deppermann, „Nietzsche in der Sowjetunion. ‚Den begrabenen Nietzsche ausgraben'", *Nietzsche-Studien. Internationales Jahrbuch für die Nietzsche-Forschung*, Bd. 27, 1998/99, 492). Ich würde sagen, dass Belyjs Essay zur Philosophie Nietzsches, dieses angeblichen Zukunftsmenschen in der Maske eines Zeitgenossen, half, die von Zieliński beschriebene große mythische Zeit aus einer fiktionalen, nie gewesenen Vergangenheit in die Zukunft zu bewegen, die mythisch wurde. Aber für Zieliński war die mythische Vergangenheit eine Maske oder ein Kostüm für den Traum von der Zukunft; die heldenhafte Vergangenheit war mythisch, weil sie eine Projektionsfläche für zukunftsbesessene Männer war (*Sofokles i jego twórczość tragiczna*, 4-6). Außerdem sehen sowohl Jakobson als auch Zieliński im *byt*, dem „Alltag", den Hauptfeind der mythischen Zeit, während das Wort *byt* bei Belyj nicht ein Mal auftaucht.

137 Diese Assoziation kam mir bei einem Vortrag von Tomáš Glanc auf.

138 Boris Ejchenbaum, „Literaturnyj byt", *O literature* (Moskva: Sovetskij pisatel', 1987), 428-436.

romanhafter oder – wenn man Norwid anführen darf – weißtragisch an. Es scheint so, als würde Ejchenbaum – ausgehend von ebendem Moment der Erkennbarkeit, mit dem er sein Essay zu Tragödie und Tragischem begonnen hat – gelassen vom Ende der revolutionären und tragischen Phase von Dichtung und Kritik in Russland berichten und davon, wie sich das Interesse der Forscher und Leser von konflikthafter Evolution und intensiver Form zu den prosaischeren Problemen des materiellen Wohlergehens, quasi einer ‚bürgerlichen Gesellschaft' der Dichter verschiebt. Hier verbindet sich der Triumph des Alltags über die Zügellosigkeit von Formalismus und Futurismus mit epischer Distanz – krass unterschiedlich von den klagenden Tönen Jakobsons. Aber sogar in Ejchenbaums romanhaften Herangehensweise an die Geschichte des Formalismus und an dessen Forschung zur Entwicklung der Literatur finden sich Elemente der Tragödie, so zum Beispiel die Gleichsetzung des *byt* mit einem Kampf zwischen verschiedenen Gruppen[139] bzw. dem Schicksal, *sud'ba*, eines Autos.[140] Der *byt* gleicht einem großen Schauspiel von Konflikten, in dem jeder lebende Autor sich eine Maske von dessen *obraz* (Bild/ Abbild) anziehen muss, um teilnehmen zu können.

Es überrascht nicht, dass viele, wenn nicht die meisten historischen Narrative über den Formalismus oder die frühe Literaturtheorie im Großen und Ganzen tatsächlich von der Tragödientheorie geprägt sind, dies aber inkonsequent, weil mechanisch, aus einer Denkgewohnheit heraus, die sich seit dem Beginn des neunzehnten Jahrhunderts auszubilden begann. Üblicherweise wiederholten die Historiographen implizit Friedrich Schlegels Interpretation der Tragödie als eines Modells für die *Bildung* der Menschheit: der heroische Formalismus, der im Namen der Freiheit (Autonomie) und der Einheit der Literaturwissenschaften auftrat, erhob sich gegen den trägen Positivismus des neunzehnten Jahrhunderts, der die Literatur als Folge heteronomer, sozialer und psychologischer Ursachen behandelte, nur um selbst von eben diesem Positivismus unter der Maske eines (pseudo-)marxistischen Genetizismus geschlagen zu werden. Erst nach diesem tragischen Tod konnte der Formalismus triumphieren, wurde er zu Zukunftswissen und beeinflusste sogar den

139 Ejchenbaum, „Literaturnyj byt", 433-436; Aage A. Hansen-Löve, „‚Bytologija' meždu faktami i funkcijami", *Revue des études slaves* 1985, 1(57), 91-103 (zur *‚bor'ba* im *byt'* 96-103); Jurij Tynjanov schrieb schon 1924, dass in einer Zeit literarischer Kämpfe und Revolutionen, wenn eine alte Formation ihren Schwung verloren hat, aber sich noch keine neue eine Vormachtstellung im literarischen Feld etablieren konnte, der literarische *byt* an die Stelle echter Literatur tritt (Jurij Tynjanov, *Problema stichotvornogo jazyka. Stat'i* (Moskva: Sovetskij pisatel', 1965), 172-173, Endnote 1).

140 Vgl. Ejchenbaum, „Sud'ba Bloka"; Hansen-Löve, „‚Bytologija' meždu faktami i funkcijami", 96-98.

Marxismus. Die französischen Theoretiker*innen, auf die es in der Erzählung ankommt, waren schließlich allesamt links und formalistisch gesinnt; damit wiederholten sie auf einem höheren Niveau das Schicksal der Gründungsväter (oder -onkel).

In letzter Zeit aber hat das romanhafte Modell Ejchenbaums die Oberhand gewonnen: Die Ideengeschichte meidet bei der Beschreibung der Epoche die Tragödie samt deren fest umrissenen Gegensätzen, angetrieben von einem Ehrgeiz, das Bild komplexer zu machen und neue Helden und Herangehensweisen einzuführen. Nichtsdestotrotz bringt der romanhafte Ansatz erstens das Risiko mit sich, den Umstand zu übersehen, dass eben *tragische* Simplizität immer die erste Wahl formalistischer Historiker (und sogar Ejchenbaums) war. Und zweitens, genauso wie sich in Ejchenbaums Roman über den *byt* tragische Konflikte von Masken verbergen, so findet sich auch in der romanhaften Auflösung des geradlinigen Narrativs von der Evolution des Formalismus ein tragisches Narrativ, das darüber hinaus uns einbezieht. Wer immer sich dem Studium all der zahllosen Details der Epoche widmet, der tendiert dazu, diese große, mythische und geradezu lächerlich reiche Vergangenheit, bevölkert von einer Masse charismatischer Charaktere, der armseligen Gegenwart gegenüberzustellen, in der die Politik nicht mehr so politisch ist, wie sie es schon war – der Postkolonialismus hat nicht diese Neugier und diesen Wagemut, eine echte sexuelle Revolution wurde unter dem Dirigat der Gender Studies durch akademistische Kategorisierungsfuror ersetzt, und so weiter und so fort. Somit geht der Ansatz, dem tragischen Narrativ zu entkommen, nach hinten los, und das Gespenst des Konflikts zwischen mythischer Zeit und stumpfsinnigem Alltag erhebt sich erneut. Tragisch ist die einzige Entschuldigung und *motirovka* des Interesses für diese antiquierten Theorien.

Gleichwohl waren die kritischen Tragödientheorien proleptische Konstruktionen: sie ließen Raum für eine Entscheidung des Lesers zwischen Freiheit und Passivität. Unter ihrem Einfluss wird es den Ideenhistorikern und -historikerinnen schwer, der Frage auszuweichen, ob wir das tragische Schema in unseren Narrativen bewusst hervorheben wollen – oder es vollständig aufgeben.

Sigelverzeichnis

Ä	Hegel, Georg Wilhelm Friedrich. *Vorlesungen über die Ästhetik I-III, Werke*, hg. von Eva Moldenhauer, Karl Marcus Michel (Frankfurt am Main: Suhrkamp, 1989), Bd. 13-15.
AA	Kierkegaard, Søren. *Entweder-Oder: Ein Lebensfragment, herausgegeben von Victor Eremita, Gesammelte Werke*, übersetzt von Emmanuel Hirsch, hg. von Emmanuel Hirsch, Hayo Gerdes (Düsseldorf, Köln: Dietrich, 1954), Abt 1.
AW	Schlegel, August Wilhelm. *Vorlesungen über dramatische Kunst und Literatur, Kritische Schriften und Briefe*, hg. von Edgar Lohner (Stuttgart: Kohlhammer, 1966), Bd. 5-6.
Charakteristik	Schlegel, Friedrich. „Charakteristik der griechischen Tragödie“, *Kritische Friedrich-Schlegel-Ausgabe*, hg. von Ernst Behler (München, Paderborn, Wien, Zürich: Schöningh, 1967), Bd. 11, 75-86.
DW	Müller, Adam. *Vorlesungen über die deutsche Wissenschaft und Literatur, Kritische, ästhetische und philosophische Schriften*, hg. von Walter Schroeder, Werner Siebert (Neuwied, Berlin, Luchterhand, 1967), Bd. 1, 13-140.
Geschichte	Schlegel, Friedrich. *Geschichte der alten und neuen Literatur, Kritische Friedrich-Schlegel-Ausgabe*, hg. von Ernst Behler (München, Paderborn, Wien, Zürich: Schöningh, 1967), Bd. 6.
HW	Hölderlin, Friedrich. *Sämtliche Werke. Frankfurter Ausgabe*, hg. von Dietrich Eberhard Sattler et al. (Frankfurt am Main, Basel: Stroemfeld/ Roter Stern, 1975-2008).
IS	Müller, Adam. *Von der Idee der Schönheit, Kritische, ästhetische und philosophische Schriften*, hg. von Walter Schroeder, Werner Siebert (Neuwied, Berlin, Luchterhand, 1967), Bd. 2, 9-152.
KA	Schlegel, Friedrich. *Kritische Friedrich-Schlegel-Ausgabe*, hg. von Ernst Behler (München, Paderborn, Wien, Zürich: Schöningh, 1967).
KK	Adorno, Theodor W. *Kierkegaard. Konstruktion des Ästhetischen, Gesammelte Schriften*, hg. von Rolf Tiedemann (Frankfurt am Main: Suhrkamp, 1974), Bd. 2.
LA	Kierkegaard, Søren. *Eine literarische Anzeige, Gesammelte Werke*, übersetzt von Emmanuel Hirsch, hg. von Emmanuel Hirsch, Hayo Gerdes (Düsseldorf, Köln: Dietrich, 1954), 17. Abteilung.
LG	Müller, Adam. „Lehre vom Gegensatze“, *Kritische, ästhetische und philosophische Schriften*, hg. von Walter Schroeder, Werner Siebert (Neuwied, Berlin, Luchterhand, 1967), Bd. 2, 195-250.

OMR	Charyšnikov, Aleksandr (Hg.). *Očerki realističeskogo mirovozzrenija: Sbornik statej po filosofii, obščestvennoj nauke i žizni* (Sankt-Peterburg: Izdatel'stvo S. Dorovatovskogo i A. Čarušnikova, 1905).
PI	Novgorodcev, Petr (Hg.). *Problemy idealizma. Sbornik statej* (Moskva: Izdanie Moskovkogo psichologičeskogo obščestva, 1902).
PK	Hegel, Georg Wilhelm Friedrich. *Philosophie der Kunst. Vorlesung von 1826*, hg. von Annemarie Gethman-Siefert, Jeong-Im Kwon, Karsten Berr (Frankfurt am Main: Suhrkamp, 2004).
SA	Schlegel, Friedrich. „Über das Studium der griechischen Poesie", *Kritische Friedrich-Schlegel-Ausgabe*, hg. von Ernst Behler (München, Paderborn, Wien, Zürich: Schöningh, 1967), Bd. 1, 205-367.
SD	Słowacki, Juliusz. *Dzieła*, hg. von Juliusz Krzyżanowski (Wrocław: Ossolineum, 1952).
SW	Słowacki, Juliusz. *Wiersze. Nowe wydanie krytyczne* (Poznań: UAM, 2005).
UN	Kierkegaard, Søren. *Unwissenschaftliche Nachschrift*, übersetzt von B. und S. Diedrichsen, *Philosophische Brosamen und Unwissenschaftliche Nachschrift*, hg. von Hermann Diem, Walter Rest (München: dtv, 2005).
W	Wagner, Richard. *Sämtliche Schriften und Dichtungen. Volksausgabe* (Leipzig: Breitkopf & Härtel und C. F. W. Siegel (R. Linnemann)).
Wert	Schlegel, Friedrich. „Vom Wert des Studiums der Griechen und Römer", *Kritische Friedrich-Schlegel-Ausgabe*, hg. von Ernst Behler (München, Paderborn, Wien, Zürich: Schöningh, 1967), Bd. 1, 621-642.
WM	Goethe, Johann Wolfgang. *Wilhelm Meisters Lehrjahre, Werke*, hg. von Erich Trunz (Hamburg: Wagner, 1948-60), Bd. 7.
Zeitalter	Schlegel, Friedrich. „Das lyrisch-dramatische Zeitalter", *Kritische Friedrich-Schlegel-Ausgabe*, hg. von Ernst Behler (München, Paderborn, Wien, Zürich: Schöningh, 1967), Bd. 11, 46-97.

Bibliografie

ab Arnim, Ioannes [Johannes von Arnim] (Hg.). *Stoicorum Veterum Fragmenta* (Stuttgart: Teubner, [1903-1905]).

Abramowski, Edward. „Pierwiastki indywidualne w socjologii", *Metafizyka doświadczalna i inne pisma*, hg. von Stanisław Borzym (Warszawa: PIW, 1980), 121-237.

Abramowski, Edward. „Zagadnienia socjalizmu", *Zagadnienia socjalizmu. Wybór pism*, hg. von Krzysztof Mazur (Kraków: UJ, 2012), 45-124.

Abrams, Meyer H. *The Mirror and the Lamp: Romantic Theory and the Critical Tradition* (Oxford: OUP, 1971).

Achermann, Erich. *Worte und Werte: Geld und Sprache bei Gottfried Wilhelm Leibniz, Johann Georg Hamann und Adam Müller* (Tübingen: Niemeyer, 1997).

Achmatova, Anna. „Dve novye povesti Puškina", *O Puškine. Stat'i i zametki* (Leningad: Sovetskij Pisatel', 1977), 192-206.

Adamiec, Marek. „Norwidowska lekcja *Króla-Ducha*", Maria Janion, Maria Żmigrodzka (Hg.), *Słowacki mistyczny: Propozycje i dyskusje* (Warszawa: Państwowy Instytut Wydawniczy, 1981), 129-135.

Adams, Edward. *Narrative Dynamics in Paul: A Critical Assessment*, hg. von. Bruce W. Longenecker (Westminster: John Knox Press, 2002).

Adamski, Maciej. „Szkoła, polityka i estetyka literacka – o początkach nowoczesnej teorii literatury", Maciej Adamski, Włodzimierz Bolecki, Wojciech Soliński (Hg.), *Współczesne dyskursy konfliktu. Literatura – język – kultura* (Warszawa: IBL PAN, 2015), 13-32.

Adamski, Maciej. „Wstęp", Kazimierz Wóycicki, *Wykłady ze stylistyki i teorii literatury*, hg. von Maciej Adamski (Warszawa: IBL PAN, 2016), 7–22.

Addison, Joseph; Richard Steele. *The Spectator*, hg. von Adam Chalmers (New York: Appleton, 1879).

Adorno, Theodor W. *Ästhetische Theorie, Gesammelte Schriften*, hg. von Rolf Tiedemann (Frankfurt am Main: Suhrkamp, 1974), Bd. 7.

Adorno, Theodor W. „Aufzeichnungen zu Kafka", *Gesammelte Schriften* (Frankfurt am Main: Suhrkamp, 1974), Bd. 10, 254-287.

Adorno, Theodor W. „Erpresste Versöhnung. Zu Georg Lukács'. *Wider den missverstandenen Realismus*", *Gesammelte Schriften*, hg. von Rolf Tiedemann (Frankfurt am Main: Suhrkamp, 1974), Bd. 11, 251-280.

Adorno, Theodor W. *Kierkegaard. Konstruktion des Ästhetischen, Gesammelte Schriften*, hg. von Rolf Tiedemann (Frankfurt am Main: Suhrkamp, 1974), Bd. 2.

Adorno, Theodor W. „Offener Brief an Rolf Hochhuth", *Gesammelte Schriften*, hg. von Rolf Tiedemann (Frankfurt am Main: Suhrkamp, 1974), Bd. 11, 591-598.

Adorno, Theodor W. „Parataxis. Zur späten Lyrik Hölderlins", *Gesammelte Schriften*, hg. von Rolf Tiedemann (Frankfurt am Main: Suhrkamp, 1974), Bd. 11, 447-491.

Adorno, Theodor W. „Zum Klassizismus von Goethes Iphigenie", *Gesammelte Schriften*, hg. von Rolf Tiedemann (Frankfurt am Main Suhrkamp, 1974), Bd. 11, 495-514.

Adorno, Theodor W., Horkheimer, Max. *Dialektik der Aufklärung*, in Adorno, *Gesammelte Schriften* (Frankfurt am Main: Suhrkamp, 1974), Bd. 3.

Agamben, Giorgio. *Herrschaft und Herrlichkeit – Zur theologischen Genealogie von Ökonomie und Regierung. Homo sacer II.2*, übersetzt von Andreas Hiepko (Frankfurt am Main: Suhrkamp, 2013).

Agamben, Giorgio. *Homo sacer: Die souveräne Macht und das nackte Leben*, übersetzt von Hubert Thüring (Frankfurt am Main: Suhrkamp, 2002).

Aischylos. *Ἑπτὰ ἐπὶ Θήβας*, http://www.perseus.tufts.edu/hopper/collection?collection=Perseus%3Acorpus%3Aperseus%2Cwork%2CAeschylus%2C%20Seven%20Against%20Thebes [Zugriff 30.9.2018].

Aischylos. *Ἱκέτιδες*, http://www.perseus.tufts.edu/hopper/text?doc=Perseus%3atext%3a1999.01.0015 [Zugriff 30.9.2018].

Aischylos. *Ὀρέστεια α, Ἀγαμέμνων*, http://www.perseus.tufts.edu/hopper/collection?collection=Perseus%3Acorpus%3Aperseus%2Cwork%2CAeschylus%2C%20Agamemnon [Zugriff 30.9.2018].

Aischylos. *Ὀρέστεια β, Χοηφόροι*, http://www.perseus.tufts.edu/hopper/collection?collection=Perseus%3Acorpus%3Aperseus%2Cwork%2CAeschylus%2C%20Libation%20Bearers [Zugriff 30.9.2018].

Aischylos. *Ὀρέστεια γ, Εὐμενίδες*, http://www.perseus.tufts.edu/hopper/collection?collection=Perseus%3Acorpus%3Aperseus%2Cwork%2CAeschylus%2C%20Eumenides [Zugriff 30.9.2018].

Aischylos. *Πέρσαι*, http://www.perseus.tufts.edu/hopper/collection?collection=Perseus%3Acorpus%3Aperseus%2Cwork%2CAeschylus%2C%20Persians [Zugriff 30.9.2018].

Aischylos. *Προμηθεὺς δεσμώτης*, http://www.perseus.tufts.edu/hopper/collection?collection=Perseus%3Acorpus%3Aperseus%2Cwork%2CAeschylus%2C%20Prometheus%20Bound [Zugriff 30.9.2018].

Alt, Peter-André. *Schiller, Leben – Werk – Zeit* (München: Beck, 2000).

Altcappenberg, Heinrich Schulze et al. (Hg.). *Karl Friedrich Schinkel (1781-1841). Geschichte und Poesie* [Ausst-Kat., Kunsthalle der Hypo-Kulturstiftung] (München: 2012).

Amann, Wilhelm. *„Die stille Arbeit des Geschmacks": Die Kategorie des Geschmacks in der Ästhetik Schillers und in den Debatten der Aufklärung* (Würzburg: Königshausen & Neumann, 1999).

Anczyc, Władysław; Kazimierz Wyka. *Historia literatury polskiej dla klas X. Cz. 1. Romantyzm* (Warszawa: PZWS, 1954).

Anderson, Perry. *Considerations on Western Marxism* (London: New Left Books, 1976).

Anonym. „Die Reaction in Deutschland. Fragment eines Franzosen", *Deutsche Jahrbücher für Wissenschaft und Kunst*, Oktober 1842, 17-21.

Anonym. „Projekt Ligi Narodowej Polskiej", *Dziennik Narodowy. Pismo poświęcone rozprawom politycznym, literackim i historycznym, krajowym i zagranicznym*, Nr. 141, 1848, 589.

Anonym. *Russland wie es wirklich ist. Der 17. Jahrestag der Polnischen Revolution. Eine Rede gesprochen in der zu Paris am 29. November 1847 zur Feier dieses Jahrestages gehaltenen Versammlung von M. Bakunin, russischen Flüchtling* (Mannheim: Hoff, 1848).

Arendt, Hannah. *The Human Condition* (Chicago: CUP, 1998).

Arendt, Hannah. *Über die Revolution* (München: Piper, 1974).

Arendt, Hannah. *Vita activa* (München: Piper, 1983).

Aristoteles. *Die Nikomachische Ethik*, übersetzt und hg. von Olaf Gigon (München: dvt, 1972).

Aristoteles. *Physik*, übersetzt von C. H. Weisse (Leipzig: Barth, 1829).

Aristoteles. *Περὶ ποιητικῆς*, http://www.perseus.tufts.edu/hopper/collection?collection=Perseus%3Acorpus%3Aperseus%2Cwork%2CAristotle%2C%20Poetics [Zugriff 12.3.2015].

Aristoteles. *Poetik. Griechisch und deutsch*, hg. und übersetzt von Manfred Fuhrmann (Stuttgart: Reclam, 1982).

Arndt, Andreas. *Dialektik und Reflexion: Zur Rekonstruktion des Vernunftbegriffs* (Hamburg: Meiner, 1996).

Arndt, Andreas. „‚Neue Unmittelbarkeit'. Zur Aktualisierung eines Konzepts in der Philosophie des Vormärz", *Philosophie und Literatur im Vormärz: Der Streit um die Romantik (1820-1854)*, hg. von Walter Jaeschke (Hamburg: Meiner, 2013), 207-233.

Artaud, Antonin. *Das Theater und sein Double* (Frankfurt am Main: Fischer, 1979).

Arvatov, Boris. „Theater als Produktion", *Kunst und Produktion. Entwurf einer proletarisch-avantgardistischen Ästhetik (1921-1930)*, hg. von Hans Günter, Karla Hielscher (München, Wien: Hanser, 1972), 85-88.

Atroga, Omar. „Hobbes's Concept of Multitude", *Hobbes Studies* 2011, 1(24), 5-14.

Attridge, Derek. „This Strange Institution Called Literature. An Interview with Jacques Derrida", *Acts of Literature*, hg. von Derek Attridge (New York: Routledge, 1992), 33-75.

Augustinus. *De Civitate Dei contra paganos libri XXII* (London: Society for Promoting Christian Knowledge, 1924).

Auslander, Philip. „Legally Live“, Philip Auslander (Hg.), *Performance. Critical Concepts in Cultural and Literary Studies* (London, New York: Routledge, 2003), Bd. 2, 405-428.

Avtonomova, Natalia. *Lacan avec les philosophes* (Paris: Michel, 1991).

Baader, Franz. „Über das durch die Französische Revolution herbeigeführte Bedürfnis einer neuen und innigen Verbindung der Religion mit der Politik“, *Sämtliche Werke.* Nach der Ausgabe Franz Hoffmanns von 1850-1860 als PDF-Version aufbereitet und korrigiert von Johannes Saltzwedel (Hamburg 2013), 11-28 [http://www.venturus.de/vframe.htm?vbaad.htm; Zugriff 25.6.2015].

Bachtin, Michail. „Avtor i geroj v estetičeskoj dejatel'nosti“, *Sobranie sočinenij* (Moskva: Russkie Slovari, 1995), Bd. 1, 63-268.

Bachtin, Michail. „Dopolnenija i izmenenija k *Rable*“, *Sobranie sočinenij* (Moskva: Russkie Slovari, 1995), Bd. 5, 86-96.

Bachtin, Michail. „K filosofii postupka“, *Sobranie sočinenij* (Moskva: Russkie Slovari, 1995), Bd. 1, 5-62.

Bachtin, Michail. „Problema soderžanija, materiala i formy v slovesnom chudožestvennom tvorčestve“, *Voprosy literatury i estetiki*, hg. von Vadim Kožinov (Moskva: Chudožestvennaja literatura, 1975), 6-71.

Bachtin, Michail. „Ritorika, v meru svoej lživosti ...“, *Sobranie sočinenij* (Moskva: Russkie Slovari, 1995), Bd. 5, 63-70.

Backer, Dirk (Hg.). *Kapitalismus als Religion* (Berlin: Kadmos, 2003).

Baczko, Bronisław. *Comment sortir de la terreur. Thermidor et la Révolution* (Paris: Gallimard, 1989).

Baczko, Bronisław. *Człowiek i światopoglądy* (Warszawa: Książka i Wiedza, 1965).

Bakhurst, David. „Reflections on activity theory“, *Educational Review*, Vol. 61, Nr. 2, Mai 2009, 197-210.

Bakunin, Michail. *Gott und der Staat, Ausgewählte Schriften* (Berlin: Kramer, 2007), Bd. 1.

Bakunin, Michail. *Izbrannye sočinenija* (Moskva: Knigoizdatel'stvo Sojuza anarcho-sindikalistov „Golos truda“, 1919/ 1920).

Bakunin, Michail. *Michail Bakunins Beichte aus der Peter-Pauls-Festung an Zar Nikolaus I: gefunden im Geheimschrank des Chefs der III, Abteilung der Kanzlei der früheren Zaren zu Leningrad*, übersetzt von W. Polonski, hg. von Kurt Kersten (Frankfurt am Main: Insel, 1972).

Balcerzan, Edward. „Perspektywy ‚poetyki odbioru‘“, Janusz Sławiński (Hg.), *Problemy socjologii literatury* (Wrocław: Ossolineum, 1971), 79-108.

Baldry, Harold Caparne. *Le Théâtre tragique des Grecs*, übersetzt von J.-P. Darmon, Préface de Pierre Vidal-Naquet (Paris: Maspero, 1975).

Ball, Hugo. „Kandinsky. Vortrag, gehalten in der Galerie Dada“, *Der Künstler und die Zeitkrankheit* (Frankfurt am Main: Holzinger, 1984), 41-54.

Ball, Hugo. *Sämtliche Werke und Briefe*, Bd. 4: *Michael Bakunin: ein Brevier* (Göttingen: Wallstein, 2010).

Baluchatyj, Sergej. „K poetike melodramy", *Poetika. Vremennik Otdela slovesnych isskustv GIII* 3 (1927), 63-86.

Barasch, Moshe. *Imago Hominis. Studies in the Language of Art* (Wien: Irsa, 1991).

Barba, Eugenio; Nicola Savarese. *A Dictionary of Theater Anthropology. The Secret Art of the Performer* (Oxon: Routledge, 2006).

Barbour, John D. „Tragedy and Ethical Reflection", *The Journal of Religion* 1983, 1(63), 1-25.

Barner, Wilfried et al. (Hg.), *Texte zur modernen Mythentheorie* (Stuttgart: Reclam, 2007).

Barthes, Roland. *La Chambre claire. Note sur la photographie* (Paris: Seuil, 1980).

Barthes, Roland. „Vom Werk zum Text", *Rauschen der Sprache. Kritische Essays IV*, übersetzt von Dieter Hornig (Frankfurt am Main: Suhrkamp, 2005), 64-72.

Bartoszyński, Kazimierz. „Zagadnienie komunikacji literackiej w utworach narracyjnych", Janusz Sławiński (Hg.), *Problemy socjologii literatury* (Wrocław: Ossolineum, 1971), 127-148.

von Bassermann, Gabriele. „‚Verborgenen Sinn enthält das Schöne!' Zur Liebes- und Schönheitsthematik in den frühen Fassungen von Hyperion-Texte", Roland Duhamel, Guillaume van Gemert (Hg.), *Nur Narr? Nur Dichter? Über die Beziehungen von Literatur und Philosophie* (Würzburg: Königshausen & Neumann, 2008).

Baudelaire, Charles. „Fusées", *Oeuvres completes* (Paris: Gallimard/La Pléiade, 1954), 1145-1167.

Baumgärtel, Patrick. *Mythos und Utopie: zum Begriff der ‚Naturgeschichte der Zerstörung' im Werk W.G. Sebalds* (Bern: Peter Lang, 2009).

Bechtel, Michael. *„Polen-Debatte in der Paulskirche: ‚Gesunder Nationalegoismus' setzt sich durch"*, http://www.bdzv.de/veranstaltungen/alle-termine-archiv/veranstaltungsarchiv/1998/freiheit-schuelerwettbewerb-der-deutschen-zeitungen/zum-thema/michael-bechtel24-juli-polen-debatte-in-der-paulskirche-gesunder-nationalegoismus-setzt-sich-durch/ [Zugriff 17.12.2015].

Beck, Adolf. „Der Tübinger Freiheitsbaum 1793. Eine Legende", *Schwäbische Heimat* 1978 3(29), 152-158.

Behler, Ernst. „Die Auffassung des Dionysischen durch die Brüder Schlegel und Nietzsche", *Nietzsche-Studien* 1983, 12, 335-354.

Behler, Ernst. „Die Theorie der Tragödie in der deutschen Frühromantik", Richard Brinkmann (Hg.), *Romantik in Deutschland* (Stuttgart: Metzler, 1978), 572-83.

Behler, Ernst. *Frühromantik* (Berlin, New York: de Gruyter, 1992).

Behler, Ernst. *Klassische Ironie, romantische Ironie, tragische Ironie. Zum Ursprung dieser Begriffe* (Darmstadt: Wissenschaftliche Buchgesellschaft, 1972).

Behler, Ernst. „Sokrates bei der griechischen Tragödie. Nietzsche und die Brüder Schlegel über den Ursprung der Moderne“, *Nietzsche-Studien* 1989, 18, 141-157.

Behler, Ernst. *Unendliche Perfektibilität: europäische Romantik und Französische Revolution* (Paderborn: Schöningh, 1989).

Beiser, Frederick C. *The Fate of Reason: German Philosophy from Kant to Fichte* (Cambridge: Harvard University Press, 2009), 109-126.

Beissner, Friedrich. *Hölderlins Übersetzungen aus dem Griechischen* (Stuttgart: Metzler, 1961).

Belinskij, Vissarion. „Boris Godunov“, *Polnoe sobranie sočinenij* (Moskva: Izdatel'stvo Akademii Nauk, 1955), Bd. 7, 505-534.

Belinskij, Vissarion. „Razdelene poezii na rody i vidy“, *Sobranie sočinenij v 9-ti tomach* (Moskva: Chudožestvennaja literatura, 1976), Bd. 3, 294-350.

Belyj, Andrej. „Fridrich Nicše“, *Simvolizm kak miroponimanie* (Moskva: Respublika, 1994), 177-194.

Andrej Belyj, „Revoljucija i kul'tura“, Jurij Stepanov et al. (Hg.) *Semiotika i avangard: antologija* (Moskva: Akademičeskij proekt, 2006), 346-358.

Belyj, Andrej. „Simvolizm kak miroponimanie“, *Simvolizm kak miroponimanie* (Moskva: Respublika, 1994), 244-254.

Belyj, Andrej. *Tragedija tvorčestva. Dostoevskij i Tolstoj* (Moskva: Musaget, 1911).

Benjamin, Walter. „Das Kunstwerk im Zeitalter seiner technischen Reproduzierbarkeit. Erste Fassung“, *Gesammelte Schriften* (Frankfurt am Main: Suhrkamp, 1990), Bd. 1, 431-470.

Benjamin, Walter. „Das Paris des Second Empire bei Baudelaire“, *Gesammelte Schriften*, hg. von Rolf Tiedemann (Frankfurt am Main: Suhrkamp, 1990), Bd. 1, 537-570.

Benjamin, Walter. *Das Passagen-Werk, Gesammelte Schriften*, hg. von Rolf Tiedemann (Frankfurt am Main: Suhrkamp 1990), Bd. 5.

Benjamin, Walter. „Der Sürrealismus. Die letzte Momentaufnahme der europäischen Intelligenz“, *Gesammelte Schriften*, hg. von Rolf Tiedemann (Frankfurt am Main: Suhrkamp, 1990), Bd. 2, 295-310.

Benjamin, Walter. „Dichtermut-Blödigkeit. Zwei Gedichte von Friedrich Hölderlin“, *Gesammelte Schriften*, hg. von Rolf Tiedemann (Frankfurt am Main: Suhrkamp, 1990), Bd. 2, 105-126.

Benjamin, Walter. „Die Bedeutung der Sprache in Trauerspiel und Tragödie“, *Gesammelte Schriften*, hg. von Rolf Tiedemann (Frankfurt am Main: Suhrkamp, 1990), Bd. 2, 137-140.

Benjamin, Walter. „Einbahnstraße“, *Gemeinsame Schriften*, hg. von Rolf Tiedemann (Frankfurt am Main: Suhrkamp, 1990), Bd. 4, 83-148.

Benjamin, Walter. „Erfahrung und Armut“, *Gesammelte Schriften*, hg. von Rolf Tiedemann (Frankfurt am Main: Suhrkamp 1991), Bd. 2, 213-219.

Benjamin, Walter. „Franz Kafka“, *Gesammelte Schriften*, hg. von Rolf Tiedemann (Frankfurt am Main: Suhrkamp 1991), Bd. 2, 409-438.

Benjamin, Walter. „Goethes Wahlverwandtschaften“, *Gesammelte Schriften*, hg. von Rolf Tiedemann (Frankfurt am Main: Suhrkamp, 1990), Bd. 1, 123-202.

Benjamin, Walter. „Karl Kraus“, *Gesammelte Schriften*, hg. von Rolf Tiedemann (Frankfurt am Main: Suhrkamp, 1990), Bd. 2, 354-367.

Benjamin, Walter. „Kierkegaard. Das Ende des philosophischen Idealismus“, *Gesammelte Schriften* hg. von Rolf Tiedemann (Frankfurt am Main: Suhrkamp, 1990), Bd. 3, 380-383.

Benjamin, Walter. „Ödipus oder der vernünftige Mythos“, *Gesammelte Schriften*, hg. von Rolf Tiedemann (Frankfurt am Main: Suhrkamp, 1990), Bd. 2, 391-394.

Benjamin, Walter. „Schicksal und Charakter“, *Gesammelte Schriften*, hg. von Rolf Tiedemann (Frankfurt am Main: Suhrkamp, 1990), Bd. 2, 171-179.

Benjamin, Walter. „Über den Begriff der Geschichte“, *Gesammelte Schriften*, hg. von Rolf Tiedemann (Frankfurt am Main: Suhrkamp, 1990), Bd. 1, 691-706.

Benjamin, Walter. „Über einige Motive bei Baudelaire“, *Gesammelte Schriften*, hg. von Rolf Tiedemann (Frankfurt am Main: Suhrkamp, 1991), Bd. 1, 605-654.

Benjamin, Walter „Ursprung des deutschen Trauerspiels“, *Gesammelte Schriften*, hg. von Rolf Tiedemann (Frankfurt am Main: Suhrkamp, 1990), Bd. 1, 279-281.

Benjamin, Walter. „Was ist das epische Theater.“ *Gesammelte Schriften*, hg. von Rolf Tiedemann (Frankfurt am Main: Suhrkamp, 1990), Bd. 2, 519-539.

Benjamin, Walter. „Zentralpark“, *Gesammelte Schriften* (Frankfurt am Main: Suhrkamp, 1990), Bd. 1, 655-690.

Benjamin, Walter. „Zur Kritik der Gewalt“, *Gesammelte Schriften*, hg. von Rolf Tiedemann (Frankfurt am Main: Suhrkamp, 1990), Bd. 2, 179-203.

Benjamin, Walter; Scholem, Gershom. *Briefwechsel 1933-1940*, hg. von Gershom Scholem (Frankfurt am Main: Suhrkamp, 1988).

Berdahl, Robert M. *The Politics of the Prussian Nobility: The Development of a Conservative Ideology, 1770-1848* (Princeton: PUP, 2014).

Berding, Helmut. „Die Ausstrahlung der Französischer Revolution auf Deutschland“, Holger Böning (Hg.), *Französische Revolution und deutsche Öffentlichkeit. Wandlungen in Presse und Alltagskultur am Ende des achtzehnten Jahrhunderts* (München et al.: Saur, 1992), 3-16.

Berdjaev, Nikolaj. *Sub specie aeternitatis. Opyty filosofskie, socialnye i literaturnye (1900-1906)* (Sankt-Peterburg: Pirožkov, 1907).

Bergson, Henri. *Das Lachen*, übersetzt von Julius Frankenberger, Walter Fränzel (Jena: Eugen Diederichs Verlag, 1914).

Berkieta Aleksandra, *Brakujące spoiwo. Moskiewskie Koło Lingwistyczne w budowaniu nowoczesnego literaturoznawstwa* [Manuskript].

Berlin, Isaiah. *Russian Thinkers*, hg. von Henry Hardy, Aileen Kelly (London: Hogarth, 1978).

Berlin, Isaiah. *The Roots of Romanticism* (Princeton: Princeton University Press, 1999).

Berman, Antoine. *The Experience of the Foreign. Culture and Translation in Romantic Germany* (Albany: SUNY-Press, 1992).

Berman, Antione. „Translation ant the Trials of the Foreign", übersetzt von Lawrence Venuti, Lawrence Venuti (Hg.), *The Translation Studies Reader* (London, New York: Routledge, 2000), 284-297.

Bernacki, Włodzimierz et al. (Hg.), *Historia myśli politycznej XIX i XX wieku. Antologia* (Kraków: Dante 2000).

Bernštejn, Sergej. „Zvučaščaja chudožestvennaja reč' i ee izučenie", *Poetika. Vremennik Otdela slovesnych isskustv GIII* 1 (1926), 41-53.

Bertaux, Pierre. *Hölderlin und die Französische Revolution* (Frankfurt am Main: Suhrkamp, 1969).

Besançon, Alain. *The Rise of the Gulag. Intellectual Origins of Leninism*, übersetzt von Sarah Matthews (New York: Continuum, 1981).

Bestužev, Nikolaj. „Vospominanie o Ryleeve", M.K. Azadovskij (Hg.), *Vospominanija Bestuževych* (Moskva-Leningrad: Izdatel'stvo Akademii Nauk SSSR, 1951), 7-41.

Betz, Albrecht. „Commodity and Modernity in Heine and Benjamin", *New German Critique* 1984, 33, 179-188.

Beutlin, Wolfgang. „‚Dass du voranginqst auf der erhabenen Bahn'. Die Französische Revolution im Medium des Vergleichs mit der Reformation und deren Re-Interpretation im Lichte von 1789", Erhard Lange (Hg.), *Französische Revolution und Deutsche Klassik. Beiträge zum 200. Jahrestag* (Weimar: Böhling, 1989).

von Beyme, Klaus. *Geschichte der politischen Theorien in Deutschland 1300-2000* (Luxemburg, Berlin: Springer 2009).

von Beyme, Klaus. *Politische Theorien im Zeitalter der Ideologien: 1789-1945* (Wiesbaden: Springer, 2002).

von Bezold, Andreas. *Die Schleswig-Holsteinische Erhebung 1848-1851: Im Spannungsfeld zwischen Deutschland und Dänemark* (Hamburg: Disserta 2014).

Bhaba, Homi. *The Location of Culture* (London: Routledge, 1994).

von Biedermann, Woldemar Freiherr (Hg.). *Goethes Gespräche* (Leipzig: Divan, 1889-1896).

Bindman, David. „Revolution. Eine Nation erfindet sich neu", Mareike Bückling, Eva Mongi-Vollmer (Hg.), *Schönheit und Revolution. Klassizismus 1770-1820* (München: Hirmer, 2013), 176-183.

Bindman, David. „Das Umreißen einer Idee. Ein künstlerischer Neubeginn", Mareike Bückling, Eva Mongi-Vollmer (Hg.), *Schönheit und Revolution. Klassizismus 1770-1820* (München: Hirmer, 2013), 190-196.

Binswanger, Ludwig. *Melancholie und Manie* (Pfullingen: Neske, 1960).

Bismarck, Otto. *Briefe* (Göttingen: Vandenhoeck & Ruprecht, 1970).

Blickle, Peter. *Der Bauernkrieg. Die Revolution des Gemeinen Mannes* (München: Beck, 2006).

Bloch, Ernst. „Das bindende Unterbrechen“, *Die Tübinger Einleitung in die Philosophie, Gesamtausgabe* (Frankfurt am Main: Suhrkamp, 1970), Bd. 13, 279-330.

Bloch, Ernst. *Das Prinzip Hoffnung, Gesamtausgabe* (Frankfurt am Main: Suhrkamp, 1959), Bd. 5.

Bloch, Ernst. *Geist der Utopie* (München, Leipzig: Duncker und Humboldt, 1918).

Bloch, Ernst. *Thomas Münzer als Theologe der Revolution* (München: Wolf, 1921).

Blok, Aleksandr. „Iskusstvo i revoljucija (po povodu tvorenija Richarda Vagnera)“, *Sobranie sočinenij v 8 tomach* (Moskva, Leningrad: Gosudarstvennoe izdatel'stvo chudožestvennoj literatury, 1962), Bd. 6, 21-25.

Błoński, Jan. „Norwid wśród prawnuków“, *Twórczość* 1967, Nr. 5, 67-94.

Bloom, Harold. *Jorge Luis Borges* (New York: Chelsea House, 2004).

Blumenberg, Hans. *Arbeit am Mythos* (Frankfurt am Main: Suhrkamp, 1979).

Blumenberg, Hans. *Das Lachen der Thrakerin. Eine Urgeschichte der Theorie* (Frankfurt am Main: Suhrkamp, 1978).

Blunde, Andy. *An Interdisciplinary Theory of Activity* (Leiden, Boston: Brill, 2010).

Blunde, Andy. „Psicología cultural soviética“, *Revista de Estudios Sociales* 40(40), 127-134.

Boal, Augusto. *Theatre the Oppressed,* übersetzt von Charles A. und Maria-Odilia Leal McBride, Mily Fryer (London: Pluto, 2000).

Bocheński, Joseph Maria. *Der sowjetrussische dialektische Materialismus (Diamat)* (Bern: Francke, 1960).

Bodmer, Johann Jacob. „[Über das Trauerspiel] (Brief von 1729)“, Peter Langemeyer (Hg.), *Dramentheorie. Texte vom Barock bis zur Gegenwart* (Stuttgart: Reclam, 2011), 77-84.

Boerner, Reinhard. *Temperament: Theorie, Forschung, Klinik* (Wiesbaden: Springer, 2014).

Bogdanov, Aleksandr. *Filosofija živogo opyta. Populjarnye očerki* (Petrograd: Semenov, 1912).

Aleksandr Bogdanov, *Iskusstvo i rabočij klass* (Moskva: Izdanie žurnala Proletarskaja kul'tura, 1918).

Bohrer, Karl Heinz. *Das absolute Präsens: die Semantik ästhetischer Zeit* (Frankfurt am Main: Suhrkamp, 1996).

Bohrer, Karl Heinz. *Das Tragische: Erscheinung, Pathos, Klage* (München: Hanser 2009).

Bohrer, Karl Heinz. *Plötzlichkeit. Zum Augenblick des ästhetischen Scheins* (Frankfurt am Main: Suhrkamp, 1981).

Boldt, Hans. „Hegel und die konstitutionelle Monarchie“, *Verfassung und Revolution: Hegels Verfassungskonzeption und die Revolutionen der Neuzeit.* Hegel-Studien-Beiheft 42, hg. von Elisabeth Weisser-Lohmann, Dietmar Köhler (Hamburg: Meiner, 2000), 167-209.

Boldyrev, Ivan. „Formalismus Hemmungslos? Die Rezeption von Hegels Tragödientheorie bei H.F.W. Hinrichs“, Andreas Arndt et al. (Hg.), *Gebrochene Schönheit: Hegels Ästhetik – Kontexte und Rezeptionen* (Berlin, New York: De Gruyter, 2014), 185-198.

Bömelburg, Hans-Jürgen. „Imaginationskonzepte und Nationkonstrukte zwischen Sarmatismus und Romantik: Jan Paweł Woronicz und Julian Ursyn Niemcewicz“, Alfred Gall (Hg.), *Romantik und Geschichte: polnisches Paradigma, europäischer Kontext, deutsch-polnische Perspektive* (Wiesbaden: Harrassimotwitz, 2007), 71-79.

Börne, Ludwig. *Briefe aus Paris. Sämtliche Schriften*, hg. von Inge und Peter Rippmann (Düsseldorf: Melzer, 1964), Bd. 3, 3-869.

Borowska, Małgorzata et al. (Hg.). *Filhellenizm w Polsce. Rekonesans* (Warszawa: UW, 2007).

Borowski, Mateusz. „Spielen als denken/ denken als spielen. Performativität als Paradigma des polnischen Theaters“, Mateusz Borowski, Małgorzata Sugiera (Hg.), *Theater spielen und denken. Polnische Texte des 20. Jahrhunderts* (Frankfurt am Main, 2008), 11-36.

Borsche, Tilman. „Die innere Form der Sprache. Betrachtungen zu einem Mythos der Humboldt-Herme(neu)tik“, Hans Werner Schaft (Hg.), *Wilhelm Humboldts Sprachdenken. Symposium zum 150. Todestag* (Essen: Hobbing, 1971), 47-65.

Bothe, Henning. „Vom Versuch ein deutscher Tyrtäus zu sein“, *Text und Kritik* 1996, 7, 118-131.

Bouillon, Hardy. „Ökonomische Freiheit. Eigentum und Wohlfahrtsstaat bei Kant“, *Aufklärung und Kritik* 1999, 2, 10-26.

Bourdieu, Pierre. *Ce que parler veut dire: L'économie des échanges linguistiques* (Paris, Fayard: 1982).

Bourdieu, Pierre. *Die Regeln der Kunst. Genese und Struktur des literarischen Feldes* übersetz von Bernd Schwibs, Achim Russer (Frankfurt am Main: Suhrkamp, 1999).

Bourdieu, Pierre. „Esquisse d'une théorie de la pratique“, *Esquisse d'une théorie de la pratique. Précédé de „Trois études d'ethnologie kabyle“* (Paris: Libraire Dros, 1972), 157-243.

Bourdieu, Pierre. „Le marché des biens symboliques“, *L'Année sociologique* Troisième série, Vol. 22 (1971), 49-126.

Bourdieu, Pierre. „Ökonomisches Kapital, kulturelles Kapital, soziales Kapital“, Reinhard Kreckel (Hg.), *Soziale Ungleichheiten* (*Soziale Welt. Sonderband* 2), 183-198.

Bourdieu, Pierre; Marie-Claire Bourdieu. *Manet. Eine symbolische Revolution. Vorlesungen am Collège de France 1998-2000*, hg. von Pascale Casanova et al., übersetzt von Achim Russer, Bernd Schwibs (Berlin: Suhrkamp, 2015).

Bourdieu, Pierre. „The Social Conditions of the International Circulation of Ideas“, Richard Shusterman (Hg.) *Bourdieu: a Critical Reader* (Oxford, Malden, MA: Blackwell Publishers Ltd, 1999), 220-228.

Boyé, Edward. „Rozmowa z Andrzejem Strugiem“, *Wiadomości Literackie* 1933, 22(493), 2.

Braginskaja, Nina. „Slavjanskoe vozroždenie antičnosti“, Sergei Zenkin (Hg.), *Russkaja teorija, 1920-1930-e gody: materialy 10-ch Lotmanovskich čtenij* (Moskva: RGGU, 2004), 49-80.

Brandes, Georg. *Ferdinand Lassalle* (London: William Heinemann, 1911).

Bransen, Jan. *The Antinomy of Thought: Maimonian Scepticism and the Relation between Thoughts and Objects* (Dordrecht, Boston: Kluwer, 1991).

Brauer, Ursula. „Friedrich Hölderlin und Isaac von Sinclair. Stationen einer Freundschaft“, Uwe Beyer (Hg.), *Hölderlin: Lesarten seines Lebens, Dichtens und Denkens* (Würzburg: Königshausen & Neumann, 1997), 19-48.

Brauer, Ursula. *Isaac von Sinclair. Eine Biographie* (Stuttgart: Klett-Cotta, 1993).

Braun, Eberhard; Felix Heine; Uwe Opolka. *Politische Philosophie. Ein Lesebuch. Texte, Analysen, Kommentare* (Reinbek bei Hamburg: Rowohlt, 2008).

Braunthal, Julius. *Geschichte der Internationale* (Hannover: Dietz, 1961), 252-390.

Brecht, Bertolt. „[Die Essays von Georg Lukács]“, *Gesammelte Werke* (Frankfurt am Main: Suhrkamp, 1967), Bd. 19, 296-298.

Brecht, Bertolt. „Dreigespräch über das Tragische“, *Gesammelte Werke* (Frankfurt am Main: Suhrkamp, 1967), Bd. 15, 309-313.

Brecht, Bertolt. „Kritik der Einfühlung“, *Gesammelte Werke* (Frankfurt am Main: Suhrkamp, 1967), Bd. 15, 240-252.

Brecht, Bertolt. „K-Typus und P-Typus in der Dramatik“, *Gesammelte Werke* (Frankfurt am Main: Suhrkamp, 1967), Bd. 16, 540-544.

Brecht, Bertolt. „Rede über die Funktion des Rundfunks. Der Rundfunk als Kommunikationsapparat“, *Gesammelte Werke* (Frankfurt am Main: Suhrkamp, 1967), Bd. 16, 127-134.

Brecht, Bertolt. „Über experimentelles Theater“, *Gesammelte Werke* (Frankfurt am Main: Suhrkamp, 1967), Bd. 15, 285-305.

Brecht, Bertolt. „Vergnügungstheater oder Lehrtheater?“, *Gesammelte Werke* (Frankfurt am Main: Suhrkamp, 1967), Bd. 15, 262-272.

Breuer, Joseph; Sigmund Freud. *Studien über Hysterie* (Leipzig und Wien: Franz Deuticke, 1885), 223-269.

Breuer, Stefan. *Max Webers tragische Soziologie. Aspekte und Perspektiven* (Tübingen: Mohr/ Siebeck, 2006).

Brik, Osip. „Ritm i sintaksis“, Wolf-Dieter Stempel (Hg.), *Texte der Russischen Formalisten* (München: Fink, 1972), Bd. 2, 162-221.

Brinkmann, Richard. „Deutsche Frühromantik und die Französische Revolution“, *Deutsche Literatur und Französische Revolution. Sieben Studien* (Göttingen: Vandenhoeck und Ruprecht, 1974), 172-191.

Brodziński, Kazimierz. *O klasyczności i romantyczności, tudzież o duchu poezji w polskiej*, hg. von Aleksander Łucki (Kraków: Biblioteka Narodowa, 1957).

Brook, Andrew. „Kant's View of the Mind and Consciousness of Self", Edward N. Zalta (Hg.), *The Stanford Encyclopedia of Philosophy* (Fall 2013 Edition), http://plato.stanford.edu/archives/fall2013/entries/kant-mind/ [Zugriff 23.7.2017].

Brumlik, Micha. „Jacob Taubes und die kritische Theorie", Richard Faber et al. (Hg.), *Abendländische Eschatologie. Ad Jacob Taubes* (Würzburg: Königshausen & Neumann, 2001), 473-484.

Brzozowski, Stanisław. „Antoni Czechow", *Kultura i życie. Zagadnienia sztuki i twórczości. W walce o światopogląd* (Lwów: Połoniecki, 1907), 87-121.

Brzozowski, Stanisław. „Der Geschichtsmaterialismus als Kulturphilosophie. Ein philosophisches Programm", *Die neue Zeit: Wochenschrift der deutschen Sozialdemokratie*. 2. Bd. (1907), H. 31, Nr. 31, 153-160.

Brzozowski, Stanisław. *Filozofia romantyzmu polskiego* (Lwów: Spółka Akcyjna Wydawnnicza, 1924).

Brzozowski, Stanisław. *Legenda Młodej Polski. Studia o strukturze duszy kulturalnej* (Lwów: Połoniecki, 1910).

Buchez, Philippe Joseph Benjamin; Prosper Charles Roux. *Histoire parlementaire de la Révolution française ou Journal des Assemblées Nationales depuis 1789 jusqu'en 1815* (Paris: Paulin, 1834).

Büchner, Georg. *Sämtliche Werke, Briefe und Dokumente in zwei Bänden*, hg. von Henri Poschmann (Frankfurt am Main: Deutscher Klassiker Verlag, 1992).

Buck-Morss, Susan. *Dreamworld and Catastrophe. The Passing of Mass Utopia in East and West* (Cambridge: MIT Press, 2000).

Bühler, Pierre. *Kreuz und Eschatologie: eine Auseinandersetzung mit der politischen Theologie, im Anschluss an Luthers theologia crucis* (Tübingen: Mohr Siebeck, 1981).

Bulgakov, Sergej. *Filosofija chozjajstva* (Moskva: Institut russkoj civilizacii, 2009).

Bulgakov, Sergej. *Tragedija filosofii (filosofija i dogmat), Sočinenija v dvuch tomach* (Moskva: Nauka, 1993), Bd. 1.

Butler, Judith. *Antigone's Claim: Kinship Between Life and Death* (New York: Columbia University Press, 2000).

Burke, Edmund. *Reflections on the Revolution in France and on the Proceeding in Certain Societies in London Relative to That Event in a Letter Intended to Have Been Sent to a Gentleman in Paris*, (New York: P.F. Collier and Son, 1909-1914).

Burke, Kenneth. *A Grammar of Motives* (Berkeley, Los Angeles: UC Press, 1967).

Burke, Kenneth. *A Rhetoric of Motives* (Berkeley, Los Angeles: UC Press, 1950).

Burke, Kenneth. *Language as Symbolic Action. Essays on Life, Literture, and Method* (Berkeley, Los Angeles: UC Press, 1966).

Büscher, Wolfgang. *Berlin-Moskau. Eine Reise zu Fuß* (Reinbek bei Hamburg: Rohwolt, 2003).

Bussière, Georges. *Études historiques sur la révolution en Périgord* (Paris: Libraire Historique des Provinces, 1908).

Buttner, Frank et al. (Hg.). *Vernunft - Freiheit – Offenbarung. Der Streit zwischen Jacobi und Schelling 1811/1812* (München: Fink, 2015).

Čaadaev, Petr. *Filosofičeskie pis'ma, adresovannye dame*, hg. von Andrej Teslja (Moskva: Ripol Klassik, 2017).

Campbell, Peter R. et al. (Hg.). *Conspiracy in the French Revolution* (Manchester: Manchester University Press, 2010).

Campe, Rüdiger. „Erscheinen und Verschwinden. Metaphysik der Bühne in Hölderlins Empedokles", Bettina Menke, Christoph Menke (Hg.), *Tragödie – Trauerspiel – Spektakel. Recherche Nr. 38* (Berlin: Theater der Zeit, 2007), 53-71.

Campe, Rüdiger. *Spiel der Wahrscheinlichkeit. Literatur und Berechnung zwischen Pascal und Kleist* (Göttingen: Wallstein, 2012).

Cancick, Hubert. „Text and Context: The Four Personae (masks, roles) of Man (Panaitios - Cicero) (Cicero, De officiis, 1, 107, 115)", Albert I. Baumgarten et al. (Hg.), *Self, Soul, and Body in Religious Experience* (Leiden: Brill 1998), 335-446.

Cancik, Hubert. *Europa – Antike – Humanismus: Humanistische Versuche und Vorarbeiten*, hg. von Hildegard Cancik-Lindemaier (Bielefeld: Transcript, 2014).

Carlson, Marvin. *Speaking in Tongues: Languages at Play in the Theatre* (Ann Arbor: University of Michigan Press, 2009).

Carlson, Marvin. *Theories of the Theatre: A Historical and Critical Survey from the Greeks to the Present* (Ithaca: Cornell University Press, 1984).

Cassidy, Julie. *The Enemy on Trial. Early Soviet Courts on Stage and Screen* (DeKalb: Northern Illinois University Press 2000).

Cassirer, Ernst. „Die ‚Tragödie der Kultur'", *Zur Logik der Kulturwissenschaften: fünf Studien* (Hamburg: Felix Meiner, 2011), 108-134.

Cassirer, Ernst. „Kant und Rousseau", *Rousseau, Kant, Goethe* (Hamburg: Felix Meiner, 1991), 3-62.

Cassirer, Ernst. *Die Philosophie der symbolischen Formen* (Darmstadt: Wissenschaftliche Buchgesellschaft, 1953).

Cassirer, Ernst. *Vom Mythus des Staates* (Hamburg: Meiner, 2002).

Ceccarelli, Paola. *Ancient Greek Letter Writing: A Cultural History (600 BC-150 BC)* (Oxford, OUP, 2013).

Charlier, Robert. *Heros und Messias: Hölderlins messianische Mythogenese und das jüdische Denken* (Würzburg: Könighaus und Neumann, 1999).

Chlebnikov, Velimir. „An die Maler der Welt", *Werke*, hg. von Peter Urban (Reinbek: Rowohlt, 1985), Bd. 2, 311-316.

Chlebnikov, Velimir. „Chudožniki mira", *Tvorenija*, hg. von M. Poliakov et al. (Moskva: Sovetskij pisatel', 1986), 619-623.

Chmielowski, Piotr. *Filozoficzne poglądy Mickiewicza* (Warszawa: Sikorski, 1899).

Chmielowski, Piotr. *Kobiety Mickiewicza, Słowackiego i Krasińskiego* (Kraków: Zwoliński, 1895).

Chodasevič, Vladislav. *Poetičeskoe chozjajstvo Puškina* (Leningrad: Mysl', 1924).

Cieszkowski, August. *Ojcze nasz* (Poznań: Leitgeber, 1906), Bd. 1-4.

Cieszkowski, August. *Prolegomena zur Historiosophie* (Berlin: Veit, 1838).

Cieszkowski, August. *The Desire of All Nations. Being an English Edition (Abridged) of August Cieszkowski's Our Father (Ojcze Nasz)*, übersetzt von William John Rose (London: Student Christian Movement, 1919).

Ciołkosz, Adam. *Karol Marks a powstanie styczniowe* (London: Teki Historyczne, 1963).

Clayton, John Douglas. *Ten' Dimitrija: opyt pročtenija puškinskogo „Borisa Godunova"*, übersetzt von L.G. Semenova, J.E. Sakulin (Sankt-Peterburg: Akademičeskij projekt, 2007).

Cohen, Hermann. *System der Philosophie. Dritter Teil: Ästhetik des reinen Gefühls* (Berlin: Cassirer, 1912).

Conquest, Robert. *Der große Terror: Sowjetunion 1934-1938* (München: Langen Müller, 2001).

Conrad, Burkhard. „Kierkegaard's Moment. Carl Schmitt and his Rhetorical Concept of Decision", *Redescriptions. Yearbook of Political Thought, Conceptual History and Feminist Theory*, vol. 12 (2008), 145-171.

Conrad, Joseph. *Under Western Eyes* (New York: Doubleday, 1924).

Constant, Benjamin. „De la liberté des Anciens comparée à celle des Modernes (célèbre discours prononcé en 1819)", *Écrits politiques*, hg. von Marcel Gauchet (Paris: Gallimard, 1997), 591-619.

Constant, Benjamin. „Quelques réflexions sur la tragédie de Wallstein et sur le théâtre allemande", https://obvil.sorbonne-universite.fr/corpus/critique/constant_reflexions-wallstein [Zugriff 9.02.2019].

Cooper, Andrew. *The Tragedy of Philosophy. Kant's Critique of Judgement and the Project of Aesthetics* (New York: SYNU, 2016).

Cooper, Anthony Ashley. „The Moralists, a Philosophical Rhapsody", *Characteristics of Men, Manners, Opinions, Times*, hg. von Lawrence E. Klein (Cambridge: CUP, 1999), 231-338.

de Courtenay, Jan Baudouin. „O ogólnych przyczynach zmian językowych", *Dzieła wybrane*, hg. von Witold Doroszewski (Warszawa: PWN, 1974), vol. 1, 50-95.

Critchley, Simon. „I Want to Die, I Hate My Life – Phaedra's Malaise", *New Literary History*, vol. 35, Winter 2004: „Rethinking Tragedy", 17-40.

Croce, Benedetto. *Geschichte Europas im neunzehnten Jahrhundert*, übersetzt von Karl Vossler, Richard Peters (Zürich: Europa, 1935).

Croce, Benedetto. *Storia d'Europa nel secolo decimonono* (Milano: Adelphi, 1991).

Cürsgen, Dirk. *Phänomenologie der Poiesis* (Würzburg: Königshausen und Neumann, 2012).

Curtius, Ernst Robert. *Europäische Literatur und lateinisches Mittelalter* (Bern: Francke, 1948).

Cywiński, Bohdan. *Rodowody niepokornych* (Warszawa: PWN, 2010).

Cywiński, Stanisław. „Literatura a filozofia", *Myśl Narodowa*, Nr. 1, 1930.

Charyšnikov, Aleksandr (Hg.). *Očerki realističeskogo mirovozzrenija: Sbornik statej po filosofii, obščestvennoj nauke i žizni* (Sankt-Peterburg: Izdatel'stvo S. Dorovatovskogo i A. Čarušnikova, 1905).

Černyševskij, Nikolaj. „Estetičeskie otnošenija iskusstva k dejstvitel'nosti (dissertacija)", *Sobranie sočinenij v pjati tomach* (Moskva: Pravda, 1974), Bd. 4.

[Černyševskij, Nikolaj] Tschernyschewski, Nikolai. „Skizze zur Gogolperiode in der russischen Literatur", *Das Schöne ist das Leben. Ausgewählte Schriften*, hg. von Gabriela Cari und Ulf Lehmann (Berlin: Dietz, 1989), 117-136.

Čubarov, Igor'. *Kollektivnaja čuvstvennost'. Teorii i praktiki levogo avangarda* (Moskva: Izdatel'skij dom Vysšej školy ekonomiki, 2014).

Dadlez, E.M. „Pleased and Afflicted: Hume on the Paradox of Tragic Pleasure", *Hume Studies* 2004, 2, 213-236.

Dällenbach, Lucien. *Le récit spéculaire. Essai sur la mise en abyme* (Paris: Seuil, 1977).

DaMatta, Roberto. „Karnawał równości i karnawał hierarchii", übersetzt von Leszek Kolankiewicz, *Konteksty. Polska Sztuka Ludowa* 2002, 3/4, 171-179.

David, Claude. „Goethe und die Französische Revolution", *Deutsche Literatur und Französische Revolution. Sieben Studien* (Göttingen: Vandenhoeck und Ruprecht, 1974), 63-86.

Davies, Norman. *Im Herzen Europas. Geschichte Polens*, übersetzt von Friedrich Griese (München: Beck, 2006).

de Bæcque, Antoine. „Rire après la Terreur. Alphonse Martainville, comique muscadin", Alain Vaillant (Hg.), *Esthétique du rire* (Nanterre: Presses universitaires de Paris Nanterre, 2012), 153-190.

de Beistegui, Miguel; Simon Sparks (Hg.). *Philosophy and Tragedy* (London, New York: Routledge, 2000).

de Certeau, Michel. *Kunst des Handelns*, übersetzt von Ronald Voullié (Berlin: Merve, 1988).

de Man, Paul. „The Concept of Irony", *Aesthetic Ideology*, hg. von Andrzej Warminski (Minneapolis, London: University of Minnesota Press, 1996), 163-184.

de Saussure, Ferdinand. *Linguistik und Semiologie. Notizen aus dem Nachlass. Texte, Briefe, Dokumente*, hg. von Johannes Fehr (Frankfurt am Main: Suhrkamp, 1997).

de Saussure, Ferdinand. *Cours de linguistique générale*, hg. von Charles Bally, Albert Sechehaye, Albert Riedlinger (Paris: Payot, 1971).

de Spinoza, Baruch. *Ethik. In geometrischer Weise behandelt in fünf Teilen*, übersetzt von Jakob Stern (Leipzig: Reclam, 1975).
de Tocqueville, Alexis. *De la démocratie en Amérique* (Paris: Pagnerre, 1848).
de Tocqueville, Alexis. *L'Ancien régime et la révolution* (Paris: Michel Lévy Frères, 1856).
de Unamuno, Miguel. *Das tragische Lebensgefühl*, übersetzt von Robert Firese (München: Meier & Jessen, 1925).
Debord, Guy. *La Société du Spectacle* (Paris: Gallimard, 1992).
Dedner, Burghard. „Dionysos versus Bacchus. Die wissenschaftliche Verdrängung einer Erinnerung", Bodo Plachta (Hg.), *Literatur als Erinnerung: Winfried Woesler zum 65. Geburtstag* (Berlin, New York: De Gruyter), 21-34.
Degler, Janusz (Hg.). *Problemy teorii dramatu i teatru* (Wrocław: Wydaw. Uniwersytetu Wrocławskiego, 2003).
Deißner, David. „Hegels wilde Jahre in der Philosophen-WG", *Die Welt*, 25.3.2007, http://www.welt.de/wams_print/article776836/Hegels-wilde-Jahre-in-der-Philosophen-WG.html [Zugriff: 17.6.2015].
Deleuze, Gilles. *Spinoza et le problème de l'expression* (Paris: Minuit, 1968).
Dembowski, Edward. „Kilka słów o poemacie dramatycznym samorodnym", *Pisma*, hg. von Anna Śladkowska, Maria Żmigrodzka (Warszawa: PWN, 1955), Bd. 3, 314-323.
Dembowski, Edward. „O dramacie dzisiejszym w piśmiennictwie polskim", *Pisma*, hg. von Anna Śladkowska, Maria Żmigrodzka (Warszawa: PWN, 1955), Bd. 3, 411-445.
Dembowski, Edward. „Rys rozwinięcia się pojęć filozoficznych w Niemczech", *Pisma*, hg. von Anna Śladkowska, Maria Żmigrodzka (Warszawa PWN, 1955), Bd. 1, 386-391.
Dennes, Maryse. „Die Hauptthesen Gustav Špets zur Wort- und Ausdrucksstruktur und ihre Anwendung als methodologisches Prinzip (insbesondere an der GAChN)", Aage A. Hansen-Löve, Brigitte Obermayer, Georg Witte (Hg.), *Form und Wirkung. Phänomenologische und empirische Kunstwissenschaft in der Sowjetunion der 1920er Jahre* (München: Fink, 2012), 55-71.
Derrida, Jacques. „Before the Law", *Acts of Literature*, übersetzt von Derek Attridge (New York: Routledge, 1992), 181-220.
Derrida, Jacques „Die Struktur, das Zeichen und das Spiel im Diskurs der Wissenschaft vom Menschen", *Die Schrift und die Differenz* (Frankfurt am Main: Suhrkamp, 1976), 422-442.
Derrida, Jacques. „Economimesis", übersetzt von R. Klein, *Diacritics* 1981 2(11), 3-25.
Derrida, Jacques. „La parole soufflée", *L'écriture et la différence* (Paris: Seuil, 1967), 253-292.
Derrida, Jacques. „Le théâtre de la cruauté et la clôture de la représentation", *L'écriture et la différence* (Paris: Seuil, 1967), 341-368.
Derrida, Jacques. „Signature, événement, contexte", *Marges de la philosophie* (Paris: Minuit, 1972), 365-393.

Deppermann, Maria, „Nietzsche in der Sowjetunion. ‚Den begrabenen Nietzsche ausgraben'", *Nietzsche-Studien. Internationales Jahrbuch für die Nietzsche-Forschung* 1998/99, Bd. 27, 481-514.

di Giovanni, George. *Freedom and Religion in Kant and His Immediate Successors. The Vocation of Humankind. 1774-1800* (Cambridge: CUP, 2005).

Diakov, Vladimir [Diakow, Władimir A.]. „Edward Dembowski i rewolucyjne spiski na początku lat czterdziestych XIX wieku", übersetzt von Wiktoria Śliwowska, *Pamiętnik Literacki* 1973, 2(64), 261-283.

Diakov, Vladimir [Diakow, Władimir A.]. „Literackie zainteresowania konspiratorów polskich z lat trzydziestych i czterdziestych XIX wieku", übersetzt von Janina Sidorska, *Pamiętnik Literacki* 1974, 4(65), 209-215.

Diamond, Elin (Hg.). *Performance and Cultural Poetics* (London, New York: Routledge, 1996).

Diels, Hermann (Hg.). *Fragmente der Vorsokratiker. Griechisch und Deutsch* (Berlin: Wiedmann, 1906-1922).

Dilthey, Wilhelm. „Jahresbericht von der 1887 und 1888 erschienenen Literatur über die deutsche Philosophie seit Kant", *Zur Geschichte des 19. Jahrhunderts, Gesammelte Schriften* (Göttingen: Vandenhoeck und Ruprecht, 1970), Bd. 15, 317-325.

Dilthey, Wilhelm. *Das Erlebnis und die Dichtung. Lessing, Goethe, Novalis, Hölderlin. Vier Aufsätze* (Leipzig: Teubner, 1906).

Dmitrieva, Nina. *Russkoe neokantianstvo: „Marburg" v Rossii. Istoriko-filosofskie očerki* (Moskva: ROSSPEN, 2007).

Dostálová, Ružena. „Die byzantinische Theorie des Dramas und die Tragödie *Christos paschon*", *Jahrbuch der österreichischen Byzantinistik* 1982, 3(32), 73-82.

Dostoevskij, Fedor. *Besy, Polnoe sobranie sočinenij v tridcati tomach* (Leningrad: Nauka, 1972-1990), Bd. 10.

Dostoevskij, Fedor. *Brat'ja Karamazovy, Polnoe sobranie sočinenij v tridcati tomach* (Leningrad: Nauka, 1972-1990), Bd. 14-15.

Dostoevskij, Fedor, „Zapiski iz podpol'ja", *Polnoe sobranie sočinenij v tridcati tomach* (Leningrad: Nauka, 1972-1990), Bd. 5, 99-179.

Dowd, David L. *Pageant-Master of the Republic: Jacques-Louis David and the French Revolution* (Lincoln: University of Nebraska Press, 1948).

Downes, Paul. *Democracy, Revolution, and Monarchism in Early American Literature* (Cambridge: CUP, 2002), 31-57.

Dreßen, Wolfgang (Hg.). *Bürgerkrieg in Baden. Chronik einer Revolution* (Berlin: Wagenbach, 1975).

Drews, Peter (Hg.). *Herder und die Slaven, Materialien zur Wirkungsgeschichte bis zur Mitte des 19. Jahrhunderts* (München: Sagner, 1990).

Drews, Peter. *Schiller und die Slaven* (München: Sagner, 2005).

Dubos, Jean-Baptiste. *Réflexions critiques sur la poésie et sur la peinture* (Paris: Mariette, 1740).

Dupont, Florence. *L'insignifiance tragique. „Les Choéphores" d'Eschyle. „Électre" de Sophocle. „Électre" d'Euripide* (Paris: Gallimard, 2001).

van Dülmen, Richard. *Theater des Schreckens. Gerichtspraxis und Strafrituale der frühen Neuzeit* (München: Beck, 1988).

Dunning, Chester S.L., Caryl Emerson (Hg.). *The Case for Pushkin's Original „Comedy"* (Madison: University of Wisconsin Press, 2006).

Dürrenmatt, Friedrich. „Theaterprobleme", Peter Langemeyer (Hg.), *Dramentheorie. Texte vom Barock bis zur Gegenwart* (Stuttgart: Reclam, 2011), 467-475.

Dybizbański, Marek. *Tragedia polska drugiej połowy XIX wieku – wzorce i odstępstwa* (Poznań: Wydawnictwo Poznańskie, 2009).

Dziedzic, Anna. „Edwarda Abramowskiego dwie koncepcje sumienia", *Etyka* 2003, 46, 63-76.

Eagleton, Terry. *Holy Terror* (Oxford: Oxford University Press, 2005).

Eagleton Terry. *Sweet Violence. The Idea of the Tragic* (Hoboken: Blackwell, 2002).

Easterbrook, T.W. „Innis and Economics", *Canadian Journal* of *Economics* and *Political Science* 1953, 3(19), 304-315.

von Ebner-Eschenbach, Marie. „Der Kreisphysikus", *Gesammelte Werke*, hg. von Johannes Klein (München: Winkler, 1956-1958), Bd. 3, 254-306.

von Ebner-Eschenbach, Marie. „Jakob Szela", *Gesammelte Werke*, hg. von Johannes Klein (München: Winkler, 1956-1958), Bd. 3, 82-112.

Eco, Umberto. *Die Suche nach der vollkommenen Sprache*, übersetzt von Burkhard Kroeber (München: Beck, 1994).

Eichner, Hans. *Friedrich Schlegel im Spiegel seiner Zeitgenossen*, hg. von Hartwig Mayer, Hermann Patsch (Würzburg: Königshausen & Neumann, 2012).

Eisler, Rudolf. *Kant-Lexikon. Nachschlagewerk zu Kants sämtlichen Schriften, Briefen und handschriftlichen Nachlass*, http://www.textlog.de/kant-lexikon.html [Zugriff 2.2.2014].

Eisler, Rudolf. *Wörterbuch der philosophischen Begriffe* (Berlin: Mittler & Sohn, 1904).

Ejchenbaum, Boris. „Kak sdelana Šinel' Gogolja", *O proze* (Leningrad: Chudožestvennaja Literatura, 1969), 306-326.

Ejchenbaum, Boris. *Lermontov. Opyt istoriko-literaturnoj ocenki* (Leningrad: Leningrad, 1924).

Ejchenbaum, Boris. „Literaturnyj byt", *O literature* (Moskva: Sovetskij pisatel', 1987), 428-436.

Ejchenbaum, Boris. *Molodoj Tolstoj* (Peterburg and Berlin: Gržebin, 1922).

Ejchenbaum, Boris. „O tragedii i tragičeskom", *Skvoz' literaturu. Sbornik statej* (Leningrad: Akademia, 1924), 73-83.

Ejchenbaum, Boris. „Sud'ba Bloka", *Skvoz' literaturu. Sbornik statej* (Leningrad: Akademia, 1924), 216-232.

Ejchenbaum, Boris. „Tragedii Šillera v svete ego teorii tragičeskogo", *Skvoz' literaturu. Sbornik statej* (Leningrad: Akademia, 1924), 85-151.

Eleuter [Jarosław Iwaszkiewicz]. „O Sofoklesie Zielińskiego niektóre uwagi", *Wiadomości Literackie* 1928, 32, 4.

Elis, Damien P. „The Reading of Orpheus. The Orphic Agronautica and the Epic Tradition", *Roman and Greek Imperial Epic*, Michael Pasqualis (Hg.), *Roman and Greek Imperial Epic* (Herakleion: Crete University Press, 2007), 170-192.

Engels, Friedrich. „Der demokratische Panslawismus", Karl Marx, Friedrich Engels, *Werke* (Berlin: Dietz, 1972), Bd. 6, 270-286.

Engels, Friedrich. „Der Deutsche Bauernkreig", Karl Marx, Friedrich Engels, *Werke* (Berlin: Dietz, 1972), Bd. 7, 327-413.

Engels, Friedrich. „Der Ursprung der Familie, des Privateigentums und des Staats. Im Anschluss an Lewis H. Morgan's Forschungen", Karl Marx, Friedrich Engels, *Werke* (Berlin: Dietz, 1972), Bd. 21, 25-173.

Engels, Friedrich. „Die Entwicklung des Sozialismus von der Utopie zur Wissenschaft", Karl Marx, Friedrich Engels, *Werke* (Berlin: Dietz, 1972), Bd. 19, 177-228.

Engels, Friedrich. „Die Polendebatte in Frankfurt" [Neue Rheinische Zeitung, Nr. 70 vom 9. August 1848], Karl Marx, Friedrich Engels, *Werke* (Berlin: Dietz, 1972), Bd. 5, 319-363.

Engels, Friedrich. „Herrn Eugen Dührings Umwälzung der Wissenschaft", Karl Marx, Friedrich Engels, *Werke* (Berlin: Dietz, 1972), Bd. 20, 1-303.

Engels, Friedrich. „Ludwig Feuerbach und der Ausgang der klassischen deutschen Philosophie", Karl Marx, Friedrich Engels, *Werke* (Berlin: Dietz, 1972), Bd. 21, 259-307.

Engeström, Yrjö; Reijo Miettinen. „Introduction", *Perspectives on Activity Theory*, hg. von Yrjö Engeström et al. (Cambridge: Cambridge University Press, 1999), 1-16.

Erjavec, Aleš (Hg.), *Aesthetic Revolutions and Twentieth-Century Avantgarde Movements* (Durham, London: Duke University Press, 2015).

Erlich, Victor. *Child of a Turbulent Century* (Chicago: Northwestern University Press, 2006).

Esposito, Elena. „Die normale Unwahrscheinlichkeit der Medien: der Fall des Geldes", Stefan Münker, Alexander Roesler (Hg.), *Was ist ein Medium?* (Frankfurt am Main: Suhrkamp, 2008), 112-130.

Esposito, Elena. *Die Fiktion der wahrscheinlichen Realität* (Frankfurt am Main: Suhrkamp, 2007).

Ette, Wolfgang. *Kritik der Tragödie. Über dramatische Entschleunigung* (Velbrück: Weilerswirst, 2011).

Evreinov, Nikolaj. *Sturm auf den Winterpalast*, hg. von Inke Arns et al. (Zürich: Diaphanes 2017).

Evreinov, Nikolaj. „Teatralizacija žizni. Ex kathedra", *Demon teatral'nosti*, hg. von A. Zubkov, V. Maksimov (Sankt-Peterburg: Letnij sad, 2002), 43-68.

Evreinov, Nikolaj. „Teatr i ešafot. K voprosu o proischoždenii teatra kak publičnogo instituta", Vladislav Ivanov (Hg.), *Mnemozina. Dokumenty i fakty iz istorii russkogo teatra XX veka* (Moskva: Indrik, 1996), Bd. 1, 14-44.

Evreinov, Nikolaj. „Teatr kak takovoj", *Demon teatral'nosti*, hg. von A. Zubkov i V. Maksimov (Sankt-Peterburg: Letnij sad, 2002), 31-98.

Fähnders, Walter. „Anarchismus und Boheme", Rainer Barbey, Heribert Tommek (Hg.), *Literatur und Anarchie: Das Streben nach Herrschaftsfreiheit in der europäischen Literatur vom 19. bis 21. Jahrhundert* (Heidelberg: Synchron 2012), 12-31.

Fanon, Frantz. *Schwarze Haut, weiße Masken* (Frankfurt am Main: Suhrkamp, 1985).

Fayard, Jean-François. *Les 100 jours de Robespierre* (Paris: Grancher, 2005).

Fel'dman, David, Anna Ščerbina, „Grani skandala: povest' A.I. Tarasova-Rodionova *Šokolad* v političeskom kontekste 1930-ch godov", *Voprosy literatury* 2007, no. 5, http://magazines.russ.ru/voplit/2007/5/fe8.html [3.09.2018].

Feliński, Zygmunt Szczęsny. Pamiętniki ks. Zygmunta Szczęsnego Felińskiego arcybiskupa warszawskiego: Część pierwsza 1822-1851 (Kraków: Zgromadzenie Rodziny Maryi, 1897).

Fesser, Gerd. „Ein preußischer Mythos", *Die Zeit*, Nr. 51/2008, http://www.zeit.de/2008/51/A-Reformen [Zugriff: 17.03.2020].

Feščenko, Vladimir. „Revoljucija: transfer koncepta meždu russkim avangardom i zapadnoj intellektual'noj tradiciej", Kornelija Ičin (Hg.), *Utopičeskij upadok. Iskusstvo v sovetskuju epochu* (Belgrad: Filologičeskij fakul'tet universiteta v Belgrade, 2018), 14-32.

Feuerbach, Ludwig. *Entwürfe zu einer neuen Philosophie*, hg. von Walter Jaeschke, Werner Schuffenhauer (Hamburg: Meiner, 1996).

Feuerbach, Ludwig. *Kleine philosophische Schriften (1842-1845)* (Leipzig: Meiner, 1950).

Feyerabend, Paul. *Against Method* (London: Verso Press, 2003).

Fichte, Johann Gottlieb. „Beitrag zur Berichtigung der Urteile des Publikums über die französische [sic!] Revolution", *Sämtliche Werke*, hg. von Immanuel Hermann Fichte (Berlin: Veit und Comp., 1845), Bd. 6, 39-288.

Fichte, Johann Gottlieb. „Der geschlossene Handelsstaat", *Sämtliche Werke*, hg. von Immanuel Hermann Fichte (Berlin: Veit, 1845), Bd. 3, 389-513.

Fichte, Johann Gottlieb. *Die späten wissenschaftlichen Vorlesungen: Vorlesungen über die Bestimmung des Gelehrten 1811, Rechtslehre 1812, Sittenlehre 1812*, hg. von Hans Georg von Manz et al. (Stuttgart, Bad-Cannstatt: Fromann-Holzboog, 2012).

Fichte, Johann Gottlieb. „Einige Vorlesungen über die Bestimmung des Gelehrten", *Sämtliche Werke*, hg. von Immanuel Hermann Fichte (Berlin: Veit, 1845), Bd. 6, 291-345.

Fichte, Johann Gottlieb. „Grundlage der gesamten Wissenschaftslehre", *Sämtliche Werke*, hg. von Immanuel Hermann Fichte (Berlin: Veit und Comp., 1845/1846), Bd. 1, 83-298.

Fichte, Johann Gottlieb. „Grundlage des Naturrechts aus den Prinzipien der Wissenschaftslehre", *Sämtliche Werke*, hg. von Immanuel Hermann Fichte (Berlin: Veit und Comp., 1845), Bd. 3, S. 1-385.

Fichte, Johann Gottlieb. „Reden an die deutsche Nation", *Sämtliche Werke*, hg. von Immanuel Hermann Fichte (Berlin: Veit, 1845), Bd. 5, 259-499.

Fichte, Johann Gottlieb. *System der Sittenlehre nach den Prinzipien der Wissenschaftslehre* (Jena, Leipzig: Gabler, 1789).

Fichte, Johann Gottlieb. „Über Geist und Buchstabe in der Philosophie", *Gesamtausgabe. Reihe I: Werke*, hg. von Reinhard Lauth, Hans Gliwitzky (Stuttgart: Frommann-Holzboog: 1981), Bd. 6, 333-361.

Fichte, Johann Gottlieb. „Versuch einer Kritik der Offenbarung", *Sämtliche Werke*, hg. von Immanuel Hermann Fichte (Berlin: Veit und Comp., 1845), Bd. 5, 114-272.

Fichte, Johann Gottlieb. *Versuch einer neuen Darstellung der Wissenschaftslehre: Vorerinnerung, Erste und Zweite Einleitung, Erstes Kapitel* (Hamburg: Meiner, 2014).

Fichte, Johann Gottlieb. „Von der Sprachfähigkeit und dem Ursprunge der Sprache", *Sämtliche Werke*, hg. von Immanuel Hermann Fichte (Berlin: Veit und Comp., 1845), Bd. 8, 301-341.

Fiećko, Jerzy. „Hetman Żółkiewski i rok 1610 w tradycji romantycznej", *Slavia Occidentalis* 2015, 72/2, 137-155.

Fink, Gonthier-Louis (Hg.). *Les romantiques allemands et la Révolution française* (Strasbourg: Recherche Germaniques, 1989).

Fischer, Peter (Hg.), *Reden der Französischen Revolution* (München: dtv, 1974).

Fischer, Otokar. „Zur Ideengeschichte des *Konrad Wallenrod*", *Germanoslavica: Zeitschrift für germano-slawische Studien* 1931-1932, 1, 55-76.

Fischer-Lichte, Erika. „Inszenierung und Theatralität", Herbert Willems, Martin Jurga (Hg.), *Inszenierungsgesellschaft. Ein einführendes Handbuch*, (Opladen: Westdeutscher Verlag, 1998), 81-90.

Fischer-Lichte, Erika. *Theatre, Sacrifice, Ritual. Exploring Forms of Political Theatre* (London/New York, 2005).

Flack, Patrick. „Between Literature and Philosophy: Russian Formalism and the Neo-Kantians", *Wiener Slawistischer Almanach* 2015, 76, 87-96.

Flashar, Hellmut. „Die Entdeckung der griechischen Tragödie für die deutsche Bühne", Otto Pöggeler, Annemarie Gethmann-Siefert (Hg.), *Kunsterfahrung und Kulturpolitik in Berlin Hegels. Hegel-Studien*, Beiheft 22 (Bonn: Bouvier, 1983), 285-308.

Flashar, Hellmut. *Inszenierung der Antike. Das griechische Drama auf der Bühne der Neuzeit* (München: Beck, 2009).

Flaubert, Gustave. *Oeuvres: L'Éducation sentimentale. Trois contes. Bouvard et Pécuchet* (Paris: Gallimard, 1952).

Förster, Eckhart; Yitzhak Y. Melamed (Hg.), *Spinoza and German Idealism* (Cambridge: CUP, 2012).

Forster, Georg. *Parisische Umrisse, Werke in vier Bänden* (Leipzig: Insel, 1971).

Foucault, Michel. „Die Wahrheit und die juristischen Formen", *Schriften zur Literatur*, hg. von Daniel Defert et al. (Frankfurt am Main: Suhrkamp, 2003), 286-304.

Foucault, Michel. *Sexualität und Wahrheit*, Bd. 2: *Der Gebrauch der Lüste*, übersetzt von Ulrich Raulff, Walter Seitter (Frankfurt am Main: Suhrkamp 1989).

Foucault, Michel. *Sexualität und Wahrheit*, Bd. 3: *Die Sorge um Sich*, übersetzt von Ulrich Raulff, Walter Seitter (Frankfurt am Main: Suhrkamp 1989).

Foucault, Michel *Sexualität und Wahrheit*, Bd. 4: *Die Geständnisse des Fleisches*, übersetzt von Andrea Hemminger (Berlin: Suhrkamp, 2019).

Fraenkel, Ernst. „Universitas litterarum und pluralistische Demokratie", *Universität und Demokratie. Universitätstage 1967*, hg. von der Freien Universität Berlin (Berlin: De Gruyter, 1967), 5-19.

Franko, Ivan. „Edvard Dembovs'kij i Teofil Višn'ovs'kij", *Zibrannja tvoriv u 50-i tomach* (Kyjiv: Naukova dumka, 1985), Bd. 46.1, 367-374.

Frank, Manfred. *Der kommende Gott. Vorlesungen über die Neue Mythologie, I. Teil* (Frankfurt am Main: Suhrkamp, 1982).

Frank, Manfred. *Eine Einführung in Schellings Philosophie* (Frankfurt am Main: Suhrkamp, 1985).

Frank, Manfred. *Einführung in die romantische Ästhetik – Vorlesungen* (Frankfurt am Main: Suhrkamp, 1985).

Frank, Manfred. *Mythendämmerung: Richard Wagner im frühromantischen Kontext* (München: Wilhelm Fink, 2008).

Frank, Manfred; Gerhard Kurz (Hg.). *Materialien zu Schellings philosophischen Anfängen* (Frankfurt am Main: Suhrkamp, 1975).

Freiligrath, Ferdinand. „Abschiedswort der Neuen Rheinischen Zeitung", *Neue Rheinische Zeitung. Organ der Demokratie*, Nr. 301, 29 Mai 1849, 1.

Freud, Sigmund. „Dostojewski und die Vatertötung", *Gesammelte Werke. Chronologisch geordnet*, hg. von Anna Freud et al. (London: Imago, 1948), Bd. 12, 7-26.

Freud, Sigmund. „Entwurf einer Psychologie", *Gesammelte Werke. Chronologisch geordnet*, hg. von Anna Freud et al. (London: Imago, 1948), Nachtragband, 373-486.

Freytag, Gustav. *Die Technik des Dramas* (Leipzig: Hirzel, 1872).

Friederici, Hans Jürgen. *Ferdinand Lassalle. Eine politische Biographie* (Berlin: Dietz, 1985).

Fröschle, Hartmut. *Goethes Verhältnis zur Romantik* (Würzburg: Königshausen & Neumann, 2002).

Frumkin, Konstantin. „Russkaja koncepcija tragedii", *Topos. Literaturno-filosofskij žurnal* (30.11.2010) http://www.topos.ru/article/7472, [Zugriff 10.4.2018].

Fuchs, Georg. *Die Revolution des Theaters: Ergebnisse aus dem Münchener Künstler-Theater* (München: Müller, 1909).

Fuchs, Georg. *Die Schaubühne der Zukunft* (Berlin: Schuster und Loeffler, 1905).

Fulda, Daniel. „Zwischen Assimilation und Selbstbehauptung. Die jüdisch-deutsche Aneignung der Tragödie in der klassischen Moderne", Daniel Fulda, Thorsten Valk (Hg.), *Die Tragödie der Moderne. Gattungsgeschichte – Kulturtheorie – Epochendiagnose* (Berlin, New York: De Gruyter 2010), 207-233.

Fulda, Daniel; Thorsten Valk. „Einleitung", Daniel Fulda, Thorsten Valk (Hg.), *Die Tragödie der Moderne. Gattungsgeschichte – Kulturtheorie – Epochendiagnose* (Berlin, New York: De Gruyter 2010), 1-20.

Fulda, Hans Friedrich. *Hegel* (München: Beck, 2003).

Furet, François „Schreckensherrschaft", François Furet, Mona Ozouf (Hg.), *Kritisches Wörterbuch der Französischen Revolution* (Frankfurt am Main: Suhrkamp, 1996), 193-215.

Gadamer, Hans Georg. „Das Erbe Hegels", Hans Georg Gadamer, Jürgen Habermas, *Das Erbe Hegels* (Frankfurt am Main: Suhrkamp, 1980), 35-83.

Gadamer, Hans Georg. „Die Idee der Hegelschen Logik", *Gesammelte Werke* (Tübingen: Mohr, 1987), Bd. 3, 65-86.

Gadamer, Hans Georg. „Hegel und die antike Dialektik", *Gesammelte Werke* (Tübingen: Mohr-Siebeck, 1985), Bd. 3, 3-28.

Gadamer, Hans-Georg. „Text und Interpretation", *Gesammelte Werke* (Tübingen: Mohr/Siebeck, 1985), Bd. 2, 330-360.

Gadamer, Hans-Georg. *Wahrheit und Methode. Grundzüge einer philosophischen Hermeneutik, Gesammelte Werke* (Tübingen: Mohr-Siebeck, 2010), Bd. 1.

Galewicz, Włodzimierz. *Z Arystotelesem przez greckie tragedie: glosy i ilustracje do „Etyki nikomachejskiej"* (Kraków: Wydawnictwo Literackie, 2002).

García, J.M. González; Ralf Konersmann, „Theatrum Mundi", Joachim Ritter et al. (Hg.), *Historisches Wörterbuch der Philosophie* (Basel: Schwabe, 1998), Bd. 10, 1051-1054.

Garsztecki, Stefan. „Mickiewicz' Messianismus und romantisches deutsches Sendungsbewusstsein", Zdzisław Krasnodębski, Stefan Garsztecki (Hg.), *Sendung und Dichtung. Adam Mickiewicz in Europa* (Hamburg: Krämer, 2002), 127-170.

Geismann, Georg. „Kant als Vollender von Hobbes und Rousseau", *Der Staat* 1982, 21, 161-189.

von Geldern, James R. „Festivals of the Revolution, 1917-1920: Art and Theater in the Formation of Soviet Culture" (PhD diss., Brown University, 1987).

von Geldern, James R. „Putting the masses in Mass Culture: Bolshevik Festivals, 1918-1920", *The Journal of Popular Culture* 1998, 31(4), 123-144.

Gellrich, Michelle. *Tragedy and Theory. The Problem of Conflict since Aristotle* (Princeton: Princeton University Press, 1988).

Gelven, Michael. „Heidegger and Tragedy", *boundary* 1976, 2(4), 554-568.

Genette, Gérard. *Die Erzählung*, übersetzt von Andres Knop (Paderborn: Fink).

Genette, Gérard. *Palimpseste. Die Literatur auf zweiter Stufe*, übersetzt von Wolfram Bayer, Dieter Hornig (Frankfurt am Main: Suhrkamp, 1996).

Genieva, Katerina. „Principy šekspirovskoj dramaturgii u Puškina", *Vestnik Evropy* 2010, 28, 239-247.

George, Stefan. *Tage und Taten. Aufzeichnungen und Skizzen, Gesamt-Ausgabe der Werke* (Berlin: Bondi, 1933), Bd. 17.

Gercen, Aleksandr. *Byloe i dumy 1852-1866*, čast' iv, *Sobranie sočinenij v tridcati tomach* (Moskva: Izdatel'stvo Akademii nauk SSSP, 1956), Bd. 9.

Gercen, Aleksandr. *Dilentantizm v nauke, Sobranie sočinenij* (Moskva: Izdatel'stvo Akademii nauk SSSP, 1956), Bd. 3, 5-88.

[Gercen, Aleksandr]. *Vom anderen Ufer. Aus dem Russischen* [*sic!*] *Manuskript* (Hamburg: Hoffman und Campe, 1850).

Gercen, Aleksandr. *S togo berega, Sobranie sočinenij*, Bd. 6, 7-142.

Gerhardt, Volker; Reinhard Mehring; Jana Rinder. *Berliner Geist: Eine Geschichte der Berliner Universitätsphilosophie bis 1946* (Berlin, New York: De Gruyter, 1999).

Gerould, Daniel C. „Revolution as Art: Soviet Mass Spectacles and the Paris Commune", *PAJ: A Journal of Performance and Art* 2015, 37(2), 91-92.

Gervinus, Georg Gottfried. „Einleitung in die Deutsche Jahrbücher", Bernd Hüppauf (Hg.), *Literaturgeschichte zwischen Revolution und Reaktion. Aus den Anfängen der Germanistik 1830-1870* (Frankfurt am Main: Athenäum, 1972), 58-70.

Geyer, Dietrich. „Ostpolitik und Geschichtsbewusstsein in Deutschland", *Vierteljahreshefte für Zeitgeschichte* 1986, 2(34), 147-159.

Ginsburg, Lydia. *On Psychological Prose*, übersetzt von Judson Rosengrant (Princeton: Princeton University Press, 1991).

Ginzburg, Carlo. *Das Schwert und die Glühbirne, Picassos „Guernica"*, übersetzt von Reinhard Kaiser (Frankfurt am Main: Suhrkamp 1999).

Gödde, Günter. „Therapeutik und Ästhetik – Verbindungen zwischen Breuers und Freuds kathartischer Therapie und der Katharsis-Konzeption von Jacob Bernays", Martin Vöhler, Dirck Linck (Hg.), *Grenzen der Katharsis in den modernen Künsten. Transformationen des aristotelischen Modells seit Bernays, Nietzsche und Freud* (Berlin, New York: De Gruyter, 2009), 63-92.

Godechot, Jacques. *Les Institutions de la France sous la Révolution et l'Empire* (Paris: PUF, 1968).

Goethe, Johann Wolfgang. *Aus meinem Leben. Dichtung und Wahrheit, Gesammelte Schriften*, hg. von Erik Trunz (Hamburg: Wegner, 1948), Bd. 9-10.

Goethe, Johann Wolfgang. *Begegnungen und Gespräche*, hg. von Ernst und Renate Grumach (Berlin, New York: De Gruyter, 1999).

Goethe, Johann Wolfgang. *Campagne in Frankreich 1792, Werke*, hg. von Erich Trunz (Hamburg: Wagner, 1948-60), Bd. 10, 188-363.

Goethe, Johann Wolfgang. „[Einleitung zu:] Thomas Carlyle, *Leben Schillers*", *Gesammelte Schriften*, hg. von Siegrfried Seidel (Berlin: Aufbau, 1960), Bd. 18, 398-412.

Goethe, Johann Wolfgang. *Gedenkausgabe der Werke, Briefe und Gespräche* (Stuttgart, Zürich: Artemis, 1949-1965).

Goethe, Johann Wolfgang. „German Romance", *Gesammelte Schriften*, hg. von Siegrfried Seidel (Berlin: Aufbau, 1960), Bd. 18, 394-397.

Goethe, Johann Wolfgang. *Gespräche*, hg. von Woldemar Biedermann (Leipzig: Biedermann, 1889-1896).

Goethe, Johann Wolfgang. „Maximen und Reflexionen", *Gesammelte Schriften*, hg. von Siegrfried Seidel (Berlin: Aufbau, 1960), Bd. 18, 475-681.

Goethe, Johann Wolfgang. „Nachlese zu Aristoteles' Poetik", *Gesammelte Schriften*, hg. von Siegrfried Seidel (Berlin: Aufbau, 1960), Bd. 18, 121-125.

Goethe, Johann Wolfgang. „Naturformen der Dichtung", *Gesammelte Schriften*, hg. von Siegrfried Seidel (Berlin 1960: Aufbau), Bd. 3, 232-234.

Goethe, Johann Wolfgang. „Vorschlag zur Einführung der deutschen Sprache in Polen. Um eine höhere Kultur der niederen Klassen zu bewirken", *Sämtliche Werke*, hg. von Karl Richter (München: Hanser), Bd. 4.2., 20-23.

Goethe, Johann Wolfgang. *Wahlverwandtschaften, Werke*, hg. von Erich Trunz (Hamburg: Wagner, 1948-60), Bd. 6, 242-490.

Goethe, Johann Wolfgang. *Wilhelm Meisters Lehrjahre, Werke*, hg. von Erich Trunz (Hamburg: Wagner, 1948-60), Bd. 7.

Goethe, Johann Wolfgang. *Wilhelm Meisters Wanderjahre, Werke*, hg. von Erich Trunz (Hamburg: Wagner, 1948-60), Bd. 8.

Goethe, Johann Wolfgang. „Zum Shakespeares Tag", *Werke*, hg. von Erich Trunz (Hamburg: Wagner, 1948-60), Bd. 12, 224-228.

Goethe, Johann Wolfgang; Schiller, Friedrich. „Über epische und dramatische Dichtung", Goethe, *Gesammelte Schriften*, hg. von Siegrfried Seidel (Berlin: Aufbau, 1960), Bd. 17, 326-328.

Goffman, Ervin. *The Presentation of Self in Everyday Life* (New York: Anchor Books, 1959).

Gogotišvili, Ludmila. „Die innere Form als sprachlicher Algorithmus im Denken Gustav Špets", Aage A. Hansen-Löve, Brigitte Obermayer, Georg Witte (Hg.), *Form und Wirkung. Phänomenologische und empirische Kunstwissenschaft in der Sowjetunion der 1920er Jahre* (München: Fink, 2013), 19-92.

Goldhill, Simon. *Love, Sex and Tragedy: How the Ancient World Shapes Our Lives* (Chicago: University of Chicago Press, 2004).

Goldhill, Simon. *Performance Culture and Athenian Democracy* (Cambridge: Cambridge University Press, 1999).

Goldhill, Simon. *Rethinking Revolutions through Ancient Greece* (Cambridge: Cambridge University Press, 2006).

Goldhill, Simon. *Sophocles and the Language of Tragedy* (Oxford: Oxford University Press, 2012).

Goldmann, Lucien. *Der verborgene Gott: Studie über die tragische Weltanschauung in den ‚Pensées' Pascals und im Theater Racines*, übersetzt von Hermann Alois (Frankfurt am Main: Suhrkamp 1985).

Goldmann, Lucien. *Lukács und Heidegger. Nachgelassene Fragmente*, hg. von Youssef Ishaghpour (Darmstadt, Neuwied: Luchterhand, 1975).

Gołębiowski, Władysław. *Mickiewicz odsłoniony i towiańszczyzna*, Paris 1844.

Goodwin, James. *Confronting Dostoevsky's Demons: Anarchism and the Specter of Bakunin in Twentieth-Century Russia* (New York: Peter Lang, 2010).

Gorelik, George. „Bogdanov's tektologia, General System Theory, and Cybernetics", *Cybernetics and Systems: An International Journal* 1987, 2(18), 157-75.

Gor'kij, Maksim. „Ot ‚vragov obščestva' – k gerojam truda", *Sobranie sočinenij v 30 tomach* (Moskva: 1949-1956), Bd. 27, 507-580.

Gor'kij, Maksim. Leopol'd Averbach, Semen Firin (Hg.). *Belomorsko-Baltijskiii kanal imeni Stalina: Istorija stroitel'stva*, 1931-1934 gg. (Moskva: OGIZ, 1934).

Goszczyński, Seweryn. „Moja rozmowa z Mickiewiczem o sławnym 44 w jego Dziadach", Bohdan Wyżga (Hg.), *Mickiewiczowskie 44* (Warszawa-Lwów: Macierz Polska, 1923), 39-40.

Gottlieb, Gabriele. „Class and Capital Punishment in Early Urban North America", Simon Middleton, Billy G. Smith (Hg.), *Class Matters: Early North America and the Atlantic World* (Philadelphia: UPP, 2008).

Gottsched, Johann Christian. *Versuch einer kritischen Dichtkunst, durchgehend mit den Exempeln unserer besten Dichter erläutert* (Leipzig: Breitkopf, 1751) [Faksimile hergestellt von Darmstadt: Wissenschaftliche Buchgesellschaft, 1962].

Gottsched, Johann Christoph. „Die Schauspiele, und besonders die Tragödien sind aus einer wohlbestallten Republik nicht zu verbannen", *Ausgewählte Werke*, hg. von Philipp M. Mitchell (Berlin, New York: De Gruyter, 1976), Bd. 9, 492-500.

Gottsched, Johann Christoph. *Versuch einer critischen Dichtkunst vor die Deutschen*, hg. von Karla Maria Guth (Berlin: Hoffenberg, 2014).

Gourd, Jean-Jacques. *Le phénomène, esquisse de philosophie générale* (Paris: Alcan, 1888).

Gramsci, Antonio. *Gefängnishefte*, Bd. 6: *Philosophie der Praxis*, hg. und übersetzt von Wolfgang Fritz Haug (Hamburg: Argument, 1994).

Grätz, Katharina. „Der Übergang vom Alten zum Neuen. Hölderlins Geschichtsauffassung in seiner Tragödie *Der Tod des Empedokles*", *Text und Kritik* 1996, 7, 99-117.

Greenblatt, Stephen. *Will in the World: How Shakespeare Became Shakespeare* (New York: Norton, 2005).

Grégoire, Henri. *Historie patriotique des arbres de la liberté* (Paris: Havard, 1833).

Gregor-Dellin, Martin. *Richard Wagner. Sein Leben. Sein Werk. Sein Jahrhundert* (München/ Zürich: Piper, 1980).

Greiffenhagen, Martin. *Das Dilemma des Konservatismus in Deutschland* (München: Piper, 1971).

Greiner, Bernhard. *Die Tragödie. Eine Literaturgeschichte des aufrechten Ganges. Grundlagen und Interpretationen* (Stuttgart: Kröner, 2012).

Greven, Michael Th. *Kritische Theorie und historische Politik* (Wiesbaden: Springer, 1994).

Griewank, Karl. *Der neuzeitliche Revolutionsbegriff. Entstehung und Geschichte*, hg. Ingeborg Horn-Staiger (Frankfurt am Main: Suhrkamp, 1973).

Grimm, Jacob. *Deutsche Grammatik. Erster Teil* (Göttingen: Dieterische Buchhandlung, 1822).

Grot, Zdzisław. *Życie i działalność Karola* Libelta: 1807-1875 (Warszawa, Poznań: Państwowe Wydawnictwo Naukowe, 1977).

Grübel, Rainer. „Sinn versus Präsenz: ‚(Innere) Form' bei Špet, in der GAChN, im Formalismus und bei Bachtin", Aage A. Hansen-Löve, Brigitte Obermayer, Georg Witte (Hg.), *Form und Wirkung. Phänomenologische und empirische Kunstwissenschaft in der Sowjetunion der 1920er Jahre* (München: Fink, 2013), 19-54.

Grzebałkowska, Magdalena. *Wytrąceni z milczenia* (Wołowiec: Czarne, 2013).

Gudkova, Violetta. „Komu mešali učenye ili kak razgonjali teasekciju GAChN", *NLO* 2015 4(134), http://magazines.russ.ru/nlo/2015/4/14g.html [Zugriff 23.12.2015].

Gukovskij, Grigorij. *Rannye raboty po istorii russkoj poezii XVIII veka*, hg. von Viktor Živov (Moskva: Jazyki Russkoj Kul'tury, 2001).

Gulyga, Arsenij. *Schelling* (Moskva: Molodaja gvardija, 1984).

Gulyga, Arsenij. „Wir leben im Zeitalter des Kosmismus", *Deutsche Zeitschrift für Philosophie* 1992 8(40), 870-881.

Günther, Frank. *Unser Shakespeare: Einblicke in Shakespeares fremd-verwandte Zeiten* (München: dtv, 2016).

Günther, Timo. „‚Dionysos'. Zur Konjunktur einer neuplatonischen Denkfigur im Tragödiendiskurs der Moderne", *Die Tragödie der Moderne. Gattungsgeschichte – Kulturtheorie – Epochendiagnose*, hg. von Daniel Fulda, Thorsten Valk (Berlin, New York: De Gruyter, 2010), 161-175.

Gvozdev, Aleksej; Adrian Piotrovskij. „Petrogradskie teatry i prazdnestva v epochu voennogo kommunizma", V.E. Rafalovič (Hg.), *Istorija sovetskogo teatra: Očerki razvitija* (Leningrad: GIChL, 1933), Bd. 1, 264-290.

Haakonssen, Knud. „Introduction. The Coherence of Smith's Thought“, Knud Haakonssen (Hg.), *The Cambridge Companion to Adam Smith* (Cambridge: CUP, 2006), 1-21.

Habermas, Jürgen. „Hegels Kritik der Französischen Revolution“, *Theorie und Praxis. Sozialphilosophische Studien* (Frankfurt am Main: Suhrkamp, 1978), 128-147.

Habermas, Jürgen. „Hermeneutische und analytische Philosophie. Zwei komplementäre Spielarten der linguistischen Wende“, *Wahrheit und Rechtfertigung. Philosophische Aufsätze* (Frankfurt am Main: Suhrkamp, 1999), 65-101.

Habermas, Jürgen. „Kritische und konservative Aufgaben der Soziologie“, *Theorie und Praxis. Sozialphilosophische Studien* (Frankfurt am Main: 1971), 290-306.

Habermas, Jürgen. „Naturrecht und Revolution“, *Theorie und Praxis. Sozialphilosophische Studien* (Frankfurt am Main: Suhrkamp, 1978), 89-127.

Habermas, Jürgen. *The New Conservatism: Cultural Criticism and the Historians' Debate* (*Studies in Contemporary German Social Thought*) (Cambridge: CUP, 1989).

Habermas, Jürgen. „Universität in der Demokratie – Demokratisierung der Universität“, *Universität und Demokratie. Universitätstage 1967*, hg. von der Freien Universität Berlin (Berlin: De Gruyter, 1967), 67-79.

Hadot, Pierre. „Exercices spirituels“, *École pratique des hautes études, Section des sciences religieuses. Annuaire* 1975-1976, 84, 25-70.

Hadot, Pierre. *Die innere Burg: Anleitung zu einer Lektüre Marc Aurels*, übersetzt von Makoto Ozaki, Beate von der Osten (Frankfurt am Main: Eichborn, 1997).

Hagemeister, Michael. *Nikolaj Fedorov. Studien zu Leben, Werk und Wirkung* (München: Sagner, 1989).

Hagen, Wolfgang. „Zur Archäologie der marxistischer Literatur- und Geschichtstheorie. Die sogenannte ‚Sickingen'-Debatte“, Heinz Schlaffer (Hg.), *Literaturwissenschaft und Sozialwissenschaften 4: Erweiterung der materialistischen Literaturtheorie durch Bestimmung ihrer Grenzen* (Stuttgart: Metzler, 1974), 7-108.

Halbwachs, Maurice. *Les cadres sociaux de la mémoire* (Paris: Presses Universitaires de France, 1952).

Hall, Stuart; Doreen Massey; Michael Rustin. „After Neoliberlism? The Kilburn Manifesto, Soundings“, *A Journal for Politics and Culture* 2013, https://lwbooks.co.uk/journals/soundings/manifesto.html [Zugriff: 3.11.2015].

Hall, Stuart. „Cultural Studies: Two Paradigms“, Richard Collins et al. (Hg.), *Media, Culture & Society. A Critical Reader* (Thousand Oaks: Sage, 1986), 33-48.

Halpern, Richard. *Eclipse of Action. Tragedy and Political Economy* (Chicago and London: University of Chicago Press, 2017).

Hamann, Johan Georg. *Sokratische Denkwürdigkeiten für die lange Weile des Publikums zusammengetragen von einem Liebhaber der langen Weile* (Amsterdam [i.e. Königsberg], 1759).

Hamann, Johan Georg. „Metakritik über den Purismum [sic!] der reinen Vernunft“, *Schriften*, hg. von Friedrich Roth (Leipzig: Reimer, 1825), 1-16.

Hamann, Johann Georg. *Briefe, Schriften*, hg. von Friedrich Roth (Berlin: Reimer, 1821).

Hamann, Johann Georg. *Briefwechsel*, hg. von Walther Ziesemer, Arthur Henkel (Wiesbaden: Insel 1955-1957), Bände 4-7, hg. von Arthur Henkel (Wiesbaden, Frankfurt am Main: Insel 1957, 1965-1979), Bände 1-3.

Hamann, Johann Georg. *Kreuzzüge des Philologen, Sämtliche Werke*, hg. von Josef Nadler (Wien: Herder 1950), Bd. 2.

Hamilton, Christopher. *A Philosophy of Tragedy* (London: Reaktion, 2016).

Hamlin, Cyrus. „‚Schönheit als Erscheinung‘. Schiller und Hölderlin between Kant and Hegel“, Hans-Friedrich Fulda, Rolf-Peter Horstmann (Hg.), *Hegel und die Kritik der Urteilskraft* (Stuttgart: Klett-Cotta, 1990), 13-44.

Hannay, Alastair. „Two Ways of Coming Back to Reality: Kierkegaard and Lukács“, *Pergamon. History of European Ideas* 1995, 1-3 (20), 161-166.

Hansen-Löve, Aage A. „‚Bytologija‘ meždu faktami i funkcijami“, *Revue des études slaves* 1985, 1(57), 91-103.

Harada, Tetsushi. *Politische Ökonomie des Idealismus und der Romantik: Korporatismus von Fichte, Müller und Hegel* (Berlin: Duncker & Humblot, 1989).

Harding, Neil. „Legal Marxism“, Tom Bottomore (Hg.), *The Dictionary of Marxist Thought* (London: Blackwell, 1991), 307-308.

Hardt, Michael; Antonio Negri. *Common Wealth. Das Ende des Eigentums* (Frankfurt am Main: Campus, 2010).

Harten, Hans. *Transformation und Utopie des Raums in der Französischen Revolution* (Basel: Birkhäuser, 1994).

Hartung, Günter. „Jacob Taubes und Walter Benjamin“, „Jacob Taubes und die kritische Theorie“, Richard Faber et al. (Hg.), *Abendländische Eschatologie. Ad Jacob Taubes* (Würzburg: Königshausen & Neumann, 2001), 113-129.

Hartung, Klaus. „Corso-Avenue-Boulevard. Die Utopie des Boulevards“, *Boulevards. Die Bühnen der Welt* (Berlin: Siedler, 1997), 13-56.

Hauptmann, Gerhart. „Griechischer Frühling“, *Sämtliche Werke*, hg. von Hans-Egon Hass (Berlin: Propyläen, 1996), Bd. 7, 9-129.

Hauser, Arnold. *Sozialgeschichte der Kunst und Literatur* (München: Beck, 1973).

Havelock, Eric A. „Oral Composition in the Oedipus Tyrannus of Sophocles“, *New Literary History* 1984, 1(16), 175-197.

Havelock, Eric A. *The Muse Learns to Write. Reflections on Orality and Literacy from Antiquity to the Present* (New Haven, Massachusetts London: Yale University Press, 1986).

Haym, Rudolf. *Hegel und seine Zeit. Vorlesungen über Entstehung und Entwicklung, Wesen und Werth der Hegel'schen Philosophie* (Hildesheim: Olms, 1962).

Hebbel, Friedrich. „Mein Wort über das Drama! Eine Erwiderung an Professor Heiberg in Kopenhagen“, *Werke*, hg. von Gerhard Fricke et al. (München: Hanser, 1963), 545-576.

Hegel, Georg Wilhelm Friedrich. „Aphorismen aus Hegels Wastebook“, *Werke*, hg. von Eva Moldenhauer, Karl Marcus Michel (Frankfurt am Main: Suhrkamp, 1989), Bd. 2, 540-567.

Hegel, Georg Wilhelm Friedrich. *Enzyklopädie der philosophischen Wissenschaften im Grundrisse I-III, Werke*, hg. von Eva Moldenhauer, Karl Marcus Michel (Frankfurt am Main: Suhrkamp, 1989), Bd. 8-10.

Hegel, Georg Wilhelm Friedrich. *Frühe politische Systeme. System der Sittlichkeit. Über die wissenschaftlichen Behandlungsarten des Naturrechts. Jenaer Realphilosophie*, hg. von Gerhard Göhler (Frankfurt am Main: Ullstein, 1974).

Hegel, Georg Wilhelm Friedrich. *Grundlinien der Philosophie des Rechts, Werke*, hg. von Eva Moldenhauer, Karl Marcus Michel (Frankfurt am Main: Suhrkamp, 1989), Bd. 7.

Hegel, Georg Wilhelm Friedrich. *Jenaer Systementwürfe: Naturphilosophie und Philosophie des Geistes*, hg. von Rolf-Peter Horstmann (Hamburg: Meiner, 1987).

Hegel, Georg Wilhelm Friedrich. *Phänomenologie des Geistes, Werke*, hg. von Eva Moldenhauer, Karl Marcus Michel (Frankfurt am Main: Suhrkamp, 1989), Bd. 3.

Hegel, Georg Wilhelm Friedrich. *Philosophie der Kunst. Vorlesung von 1826*, hg. von Annemarie Gethman-Siefert, Jeong-Im Kwon, Karsten Berr (Frankfurt am Main: Suhrkamp, 2004).

Hegel, Georg Wilhelm Friedrich. „Über die wissenschaftlichen Behandlungsarten des Naturrechts, seine Stelle in der praktischen Philosophie und sein Verhältnis zu den positiven Rechtswissenschaften“, *Werke*, hg. von Eva Moldenhauer, Karl Marcus Michel (Frankfurt am Main: Suhrkamp, 1989), Bd. 2, 434-531.

Hegel, Georg Wilhelm Friedrich. *Vorlesungen. Ausgewählte Manuskripte und Nachschriften* (Hamburg: Meiner, 1983).

Hegel, Georg Wilhelm Friedrich. *Vorlesungen über die Ästhetik I-III, Werke*, hg. von Eva Moldenhauer, Karl Marcus Michel (Frankfurt am Main: Suhrkamp, 1989), Bd. 13-15.

Hegel, Georg Wilhelm Friedrich. *Vorlesungen über die Geschichte der Philosophie I-III, Gesammelte Schriften, Werke*, hg. von Eva Moldenhauer, Karl Marcus Michel (Frankfurt am Main: Suhrkamp, 1989), Bd. 18-20.

Hegel, Georg Wilhelm Friedrich. *Vorlesungen über die Philosophie der Geschichte, Werke*, hg. von Eva Moldenhauer, Karl Marcus Michel (Frankfurt am Main: Suhrkamp, 1989), Bd. 12.

Hegel, Georg Wilhelm Friedrich. *Vorlesungen über die Philosophie der Religion I-II, Werke*, hg. von Eva Moldenhauer, Karl Markus Michel, (Frankfurt am Main: Suhrkamp, 1986), Bd. 16-17.

Hegel, Georg Wilhelm Friedrich. *Wissenschaft der Logik I-II, Werke*, hg. von Eva Moldenhauer, Karl Marcus Michel (Frankfurt am Main: Suhrkamp, 1989), Bd. 5-6.

Hegel, Georg Wilhelm Friedrich, Friedrich Hölderlin, Friedrich Schelling. „Das älteste Systemprogramm des deutschen Idealismus“, *Werke*, hg. von Eva Moldenhauer, Karl Marcus Michel (Frankfurt am Main: Suhrkamp, 1989), Bd. 1, 234-237.

Heidegger, Martin. *Einführung in die Metaphysik, Gesamtausgabe* (Frankfurt am Main: Klostermann, 1983), Bd. 40.

Heim, Dieter. *Die Revolution von 1848/49* (München: Beck, 2007).

Heine, Heinrich. *Die romantische Schule, Werke und Briefe*, hg. von Hans Kaufmann (Berlin, Weimar: Aufbau, 1972), Bd. 5, 7-164.

Heine, Heinrich. *Ideen. Das Buch Le Grand, Werke und Briefe*, hg. von Hans Kaufmann (Berlin, Weimar: Aufbau, 1972), Bd. 3, 124-190.

Heine, Heinrich. „Ludwig Börne. Eine Denkschrift“, *Werke und Briefe*, hg. von Hans Kaufmann (Berlin, Weimar: Aufbau, 1972), Bd. 6, 85-229.

Heine, Heinrich. „Lutetia. Berichte über Politik, Kunst und Volksleben“, *Werke und Briefe*, hg. von Hans Kaufmann (Berlin, Weimar: Aufbau, 1972), Bd. 6, 233-584.

Heine, Heinrich. „Über Polen“, *Werke und Briefe*, hg. von Hans Kaufmann (Berlin, Weimar: Aufbau, 1972), Bd. 3, 559-588.

Heinrich Heine, *Zur Geschichte der Religion und Philosophie in Deutschland, Werke und Briefe*, hg. von Hans Kaufmann (Berlin, Weimar: Aufbau, 1972), Bd. 5, 191-300.

Heinz, Marion (Hg.), *Herders Metakritik. Analysen und Interpretationen* (Stuttgart: Frommann-Holzboog, 2013).

Heinz, Marion. „Herders Metakritik“, Marion Heinz (Hg.), *Herder und die Philosophie des deutschen Idealismus* (Amsterdam, Atlanta: Rodopi, 1997), 89-106.

Helcel, Antoni Zygmunt. „O teoretycznej i praktycznej oświacie. Jako wstęp do Kwartalnika“, *Kwartalnik Naukowy* 1835, 1/I, 1-26.

Hemsterhuis, Frans. *Lettres de Socrate à Diotime. Cent cinquante lettres du philosophe néerlandais Frans Hemsterhuis à la Princesse de Gallitzin*, hg. von Marcel Franc Fresco (Frankfurt am Main et al: Verlag der deutschen Hochschulschriften, 2007).

Henke, Christoph. *Common Sense in Early 18th-Century British Literature and Culture: Ethics, Aesthetics, and Politics, 1680-1750*, (Berlin, Boston: De Gruyter, 2014).

Henning, Anke. „Katharsis der Moderne. Georg Lukács’ Ästhetik“, Martin Vöhler, Dirck Linck (Hg.), *Grenzen der Katharsis in den modernen Künsten. Transformationen des aristotelischen Modells seit Bernays, Nietzsche und Freud* (Berlin, New York: De Gruyter, 2009), 139-174.

Henrich, Dieter. *Between Kant and Hegel. Lectures on German Idealism*, hg. von David S. Pacini (Cambridge: Harvard University Press, 2008).

Henrich, Dieter et al. (Hg.). *Die Gegenwart der Griechen im neueren Denken. Festschrift für Hans-Georg Gadamer zum 60. Geburtstag* (Tübingen: Mohr (Siebeck), 1960).

Henrich, Dieter. *„Die Philosophie in der Sprache“*, http://www.information-philosophie.de/?a=1&t=584&n=2&y=1&c=1 [Zugriff 23.5.2010].

Henrich, Dieter. *Fluchtlinien. Philosophische Essays* (Frankfurt am Main: Suhrkamp, 1982).

Henrich, Dieter. „Formen der Negation in Hegels Logik", *Hegel-Jahrbuch* 1974, 245-256.

Henrich, Dieter. „Hegels Logik der Reflexion. Neue Fassung", *Hegel-Studien. Beihefte 1978*, XVIII, 203-324.

Henrich, Dieter. „Hegel und Hölderlin", *Hegel im Kontext* (Frankfurt am Main: Suhrkamp, 1971), 9-40.

Henrich, Dieter. „Leutwein über Hegel. Ein Dokument zu Hegels Biographie", *Hegel-Studien* 1965, III, 40-77.

Henrich, Dieter. *The Course of Remembrance and Other Essays on Hölderlin*, hg. von Eckhart Förster (Stanford: SUP, 1997).

Henrich, Dieter. Wolfgang Iser, „Entfaltung der Problemlage", Dieter Henrich, Wolfgang Iser (Hg.), *Funktionen des Fiktiven. Poetik und Hermeneutik X* (München: Fink, 1983), 9-14.

Herder, Johann Gottfried. *Adrastea, Sämtliche Werke*, hg. von Bernhard Suphan (Berlin: Weidmannsche Buchhandlung, 1885), Bd. 23.

Herder, Johann Gottfried. *Briefe zur Beförderung der Humanität, Sämtliche Werke*, hg. von Bernhard Suphan (Berlin: Weidmannsche Buchhandlung), Bd. 17-18.

Herder, Gottfried. „Über die neuere deutsche Literatur. Erste Sammlung von Fragmenten. Eine Beilage zu den Briefen, die neueste Literatur betreffend", *Sämtliche Werke*, hg. von Bernhard Suphan (Berlin: Weidmannsche Buchhandlung), Bd. 1, 161-259.

Herder, Johann Gottfried. „Verstand und Erfahrung. Eine Metakritik zur Kritik der reinen Vernunft, erster Theil"; „Vernunft und Sprache. Eine Metakritik zur Kritik der reinen Vernunft, zweiter Theil", *Sämtliche Werke*, hg. von Bernhard Suphan, (Berlin: Weidmannsche Buchhandlung, 1885), Bd. 21.

Herder, Johann Gottfried. *Von deutscher Art und Kunst. Sturm und Drang. Dichtungen und Theoretische Texte*, hg. von Heinz Nicolai (München: Winkler, 1971), Bd. 1.

Herder, Johann Gottfried. *Ideen zur Philosophie der Geschichte der Menschheit, Sämtliche Werke*, hg. von Bernhard Suphan (Berlin: Weidmannsche Buchhandlung, 1885), 13-14.

Hertz, Paweł. *Portret Słowackiego* (Warszawa: Biblioteka Narodowa, 2009).

Herwig, Henriette. „Schiller und Hölderlin. Die ‚Neuen Briefe über die ästhetische Erziehung'", Jürgen Bolten (Hg.), *Schillers Briefe über die ästhetische Erziehung* (Frankfurt am Main: Suhrkamp, 1984), 290-313.

Herzberg, Wilhelm. *Das Hambacher Fest. Geschichte der revolutionären Bestrebungen in Rheinbayern um das Jahr 1832* (Ludwigshafen: Berisch, 1908, Nachdruck Köln: Paul-Rugenstein Verlag, 1982).

Heuner, Ulf (Hg.). *Klassische Texte zur Tragik* (Berlin: Parodos, 2006).

Hess, Moses. „Philosophie der Tat", *Philosophische und sozialistische Schriften 1837-1850*, hg. von Wolfgang Mönke (Berlin: Akademie, 1961), 210-240.

Hibbits, Bernard J. „Making Motions: The Embodiment of Law in Gesture", Philip Auslander (Hg.), *Performance. Critical Concepts in Cultural and Literary Studies* (London, New York: Routledge, 2003), Bd. 2, 124-153.

Hillgruber, Michael. *Die pseudoplutarchische Schrift „De Homero". Kommentar zu den Kapiteln 74-218* (Berlin, New York: De Gruyter, 1999), 224-227.

Hinderer, Walter (Hg.). *Sickingen-Debatte: ein Beitrag zur materialistischen Literaturtheorie* (Darmstadt, Neuwied: Luchterhand, 1974).

Hinrichs, Hermann Friedrich Wilhelm. *Das Wesen der antiken Tragödie in ästhetischen Vorlesungen durchgeführt an den beiden Ödipus des Sophokles im Allgemein und an der Antigone insbesondere* (Halle: Ruff, 1827).

Hobbes, Thomas. *De Cive/ On the Citizen*, übersetzt von Richard Tuck, Michael Silverthorne (Cambridge: CUP, 1998).

Hobbes, Thomas. *Elements of Law Natural and Politic*, hg. von Ferdinand Tönies (London: Cass, 1969).

Hobbes, Thomas. *Leviathan*. Reprinted from the Edition of 1651 (Oxford: Clarendon Press, 1929).

Hobbes, Thomas. *Man and Citizen (De Homine and De Cive)*, hg. von Bernard Gert (New York: Anchor Books, 1972).

Hobsbawm, Eric. *The Age of Revolution: Europe: 1789-1848* (New York: Vintage, 1996).

Höfele, Andreas. *No Hamlets: German Shakespeare from Nietzsche to Carl Schmitt* (Oxford: Oxford University Press, 2016).

Hoffmann, E.T.A. *Poetische Werke in sechs Bänden*, hg. von Hannsludwig Geiger (Berlin: Aufbau, 1963).

Hoffmeister, Johannes (Hg.). *Briefe von und an Hegel* (Hamburg: Meiner, 1969).

Hoffmeister, Johannes (Hg.). *Dokumente zu Hegels Entwicklung* (Stuttgart: Frommann, 1936).

Hofmann, Gert. *Dionysos Archemythos. Hölderlins transzendentale Poiesis* (Tübingen, Basel: Francke, 1996).

Hofmann, Gisbert. *Heideggers Phänomenologie. Bewusstsein – Reflexion – Selbst (Ich) und Zeit im Frühwerk* (Würzburg: Königshausen & Neumann, 2005).

Hofstadter, Douglas R. *Gödel, Escher, Bach. An Eternal Golden Braid* (New York: Basic Books, 1979).

Hofstadter, Douglas R. *I Am a Strange Loop* (New York: Basic Books, 2007).

Hölderlin, Friedrich. *Sämtliche Werke und Briefe*, hg. von Günter Mieth (Berlin: Aufbau, 1970).

Hölderlin, Friedrich. *Sämtliche Werke und Briefe*, hg. von Jochen Schmidt (Frankfurt am Main: Hanser, 1992).

Hölderlin, Friedrich. *Sämtliche Werke. Frankfurter Ausgabe*, hg. von Dietrich Eberhard Sattler et al. (Frankfurt am Main, Basel: Stroemfeld/ Roter Stern, 1975-2008).

Hölderlin, Friedrich. *Sämtliche Werke. Stuttgarter Ausgabe*, hg. von Friedrich Beißner (Stuttgart: Kohlhammer, Cotta, 1943-85).

Hölderlin, Friedrich. *Sämtliche Werke. Historisch-kritische Ausgabe*, hg. von Norbert Hellingrath, Friedrich Seebass, Ludwig Pigenot (Berlin: Propyläen, 1922).

Holl, Herbert. „Hölderlin et Heidegger, Hölderlin et Fichte, la mesure et Diotima: l'Innigkeit comme ressentir transcendantal", *Études Germaniques* 2/2007 (n° 246), 473-478.

Hörisch, Jochen. *Kopf oder Zahl. Die Poesie des Geldes* (Frankfurt am Main: Suhrkamp, 1999).

Horkheimer, Max. „Traditionelle und kritische Theorie", *Gesammelte Schriften* (München: Fischer, 1988), Bd. 4, 20-35.

Huizing, Klaas. *Frau Jette Herz. Roman* (München: Albrecht Knaus, 2009).

von Humboldt, Wilhelm. „Über die gegenwärtige französische tragische Bühne", *Prophyläen. Eine periodische Schrift herausgegeben von Goethe*, Bd. 3.1, 1800.

Hume, David. „Of Tragedy", *Four Dissertations* (London: Millar, 1757), 185-200.

Hume, David. *An Enquiry concerning the Principles of Morals*, hg. von Tom L. Beauchamp (Oxford: Clarendon Press, 1999).

Hutcheson, Francis. *Sittenlehre der Vernunft*, übersetzt von G.E. Lessing (Leipzig: Wendler, 1756).

Hutter, Axel. „Vernunftglaube. Kants Votum im Streit um Vernunft und Glauben", Walter Jaeschke, Brigit Sandkaulen (Hg.), *Friedrich Heinrich Jacobi: Ein Wendepunkt der geistigen Bildung der Zeit* (Hamburg: Meiner, 2004), 241-256.

Ičin, Kornelija (Hg.). *Iskusstvo i revoljucija: sto let spustja* (Belgrad: Filologičeskij fakul'tet universiteta v Belgrade, 2019).

Inglot, Mieczysław. *Norwid. Z dziejów recepcji twórczości* (Warszawa: PWN, 1983).

l'Internationale Situationniste et des étudiants de Strasbourg, *De la misère en milieu étudiant considérée: sous ses aspects économique, politique, psychologique, sexuel et notamment intellectuel et de quelques moyens pour y remédier*, https://aufhebung.fr/textes/internationale-situationniste/de-la-misère-en-milieu-étudiant.pdf [Zugriff 06.06.2018].

Irmscher, Johannes. *Zur Antikerezeption der Französischen Revolution* (Weimar: FR und Deutsche Klassik, 1989).

Irzykowski, Karol. „Czyn i słowo", *Czyn i słowo oraz Fryderyk Hebbel jako poeta konieczności. – Lemiesz i szpada przed sądem publicznym. Prolegomena do charakterologii*, hg. von Andrzej Lam (Kraków: Wydawnictwo Literackie, 1980).

Irzykowski, Karol. „Fryderyk Hebbel jako poeta konieczności", *Czyn i słowo oraz Fryderyk Hebbel jako poeta konieczności. – Lemiesz i szpada przed sądem publicznym.*

Prolegomena do charakterologii, hg. von Andrzej Lam (Kraków: Wydawnictwo Literackie, 1980).

Iser, Wolfgang. *Fingieren als anthropologische Dimension der Literatur* (Konstanz, Konstanzer Universitätsreden 175, 1990).

Israel, Jonathan. *Revolutionary Ideas. An Intellectual History of the French Revolution from „The Rights of Man" to Robespierre* (Oxford, Princeton: OUP, 2014).

Ivanov, Vjačeslav. „Dostoevskij i roman-tragedija", *Sobranie sočinenij* (Brussels: Foyer Oriental Chretien, 1987) Bd.4, 401-444.

Ivanov, Vjačeslav. „Predčuvstvija i predvestija. Novaja organičeskaja epocha i teatr buduščego", *Sobranie sočinenij* (Brussels: Foyer Oriental Chretien, 1974), Bd. 2, 76-103.

Ivanov, Vjačeslav. „Suščestvo tragedii", *Dionis i pradionisijstvo. Issledovanija* (Sankt-Peterburg: Aletejja, 1994), 295-306.

Jacob, Joachim. „Tragische Fülle. Kultur, Erinnerung und Apokalypse bei Georg Simmel", *Apokalypse und Erinnerung in der deutschjüdischen Kultur des frühen 20. Jahrhunderts*, hg. von Jürgen Brokoff, Joachim Jacob (Göttingen: Vandenhoeck und Ruprecht, 2002), 39-57.

Jacobi, Friedrich Heinrich. *David Hume über den Glauben oder Idealismus und Realismus: ein Gespräch* (Breslau: Loewe, 1787).

Jacobi, Friedrich Heinrich. *Über die Lehre des Spinoza in Briefen an Herrn Moses Mendelsohn* (Breslau: Löwe, 1789).

Jacobs, Wilhelm G. *Schelling lesen* (Stuttgart: Frommann-Holzboog, 2004).

Jacobs, Wilhelm G. *Zwischen Revolution und Orthodoxie? Schelling und seine Freunde im Stift und an der Universität Tübingen. Texte und Untersuchungen* (Stuttgart-Bad Cannstatt: Frommann-Holzboog, 1989).

Jaeschke, Walter. *Der Streit um die Romantik (1820-1854)* (Hamburg: Meiner, 1999).

Jaeschke, Walter. *Hegel-Handbuch: Leben – Werk – Schule* (Stuttgart: Metzler, 2003).

Jäger, Hans-Wolf. „Enthusiasmus und Schabernack. Über Wirkungen der französischen Revolution im deutschen Alltag", Holger Böning (Hg.), *Französische Revolution und deutsche Öffentlichkeit: Wandlungen in Presse und Alltagskultur am Ende des achtzehnten Jahrhunderts* (Berlin, New York: De Gruyter, 1992), 399-418.

Jakobson, Roman. *Formalistická škola a dnešní literární věda ruská: Brno 1935*, hg. von Tomáš Glanc (Praha: Academia, 2005).

Jakobson, Roman. „Novejšaja russkaja poezija. Nabrosok pervyj: Podstupy k Chlebnikovu", *Raboty po poetike* (Moskva: Progress, 1987), 272-316.

Jakobson, Roman. „O pokolenii, rastrativšem svoich poetov", *Selected Writings*, hg. von Stephen Rudy, Martha Taylor (The Hague: Mouton, 1979), Bd. 5, 355-381.

Jakobson, Roman. „The Statue in Puškin's Poetic Mythology", *Selected writings* (The Hague: Mouton, 1979), Bd. 5, 237-280.

James, David. *Rousseau and German Idealism. Freedom, Dependence, and Necessity* (Cambridge: CUP, 2013).

Janion, Maria. „‚Cześć i dynamit.' Literatura a rewolucja", Maria Janion, Maria Żmigrodzka (Hg.), *Literatura polska wobec rewolucji* (Warszawa: PIW, 1971), 5-20.

Janion, Maria. „Czyn i klęska. Rzecz o tragizmie", *Gorączka Romantyczna* (Warszawa: PWN, 1975), 5-40.

Janion, Maria. „Literatura a spisek", *Pamiętnik Literacki* 1976, 4(67), 23-61.

Janion, Maria. „Rewolucja literacka a rewolucja polityczna", *Prace wybrane* (Kraków: Universitas 2001), Bd. 4, 254-325.

Janion, Maria. „Romantyczni jakobini: Dembowski – Berwiński", *Pamiętnik Literacki* 1971 2 (62), 3-30.

Janion, Maria. „Tragizm", *Romantyzm, rewolucja, marksizm: colloquia gdańskie* (Gdańsk: Morskie, 1972), 5-30.

Janion, Maria. „Tragizm *Konrada Wallenroda*", *Romantyzm. Studia o ideach i stylu* (Warszawa: PIW, 1969), 9-48.

Janke, Wolfgang. „Limitative Dialektik. Überlegungen im Anschluss an die Methodenreflexion in ‚Fichtes Grundlage 1794/95 § 4'", *Fichte-Studien* 1990, 1, 9-24.

Jaramillo, Luis Eduardo Hoyos. *Der Skeptizismus und die Transzendentalphilosophie. Deutsche Philosophie am Ende des 18. Jahrhunderts* (Freiburg, München: Alber, 2008).

Jarcho, Boris. „Komedii i tragedii Kornelja (Etjud po teorii žanra)", *Metodologija točnogo literaturovedenija: Izbrannye trudy po teorii literatury*, hg. von Maksim Šapir (Moskva: Jazyki slavjanskich kul'tur, 2006), 403-549.

Jarcho, Boris. „Raspredelenie reči v pjatiaktnoj tragedii (k voprosu o klassicizme i romantyzme", *Metodologija točnogo literaturovedenija: Izbrannye trudy po teorii literatury*, hg. von Maksim Šapir (Moskva: Jazyki slavjanskich kul'tur, 2006), 550-610.

Jarochowski, Kazimierz. *Literatura poznańska w pierwszej połowie bieżącego stulecia* (Poznań: J. K. Żupański, 1884).

Jaspers, Karl. *Philosophische Logik, Bd. 1. Von der Wahrheit* (München: R. Piper & Co, 1947).

Jauß, Hans Robert. „Form und Auffassung der Allegorie in der Tradition der Psychomachia (von Prudentius bis zum ersten Romanz de la Rose)", Hans Robert Jauß, Dieter Schaller (Hg.), *Medium aevum vivum. Festschrift Walther Bulst* (Heidelberg: Winter, 1960), 179-206.

Jean Paul. „Vorschule der Ästhetik", Werke, hg. von Eduard Berend (München: Hanser, 1959-1963), Bd. 5.

Jellenta, Cezary. „Nie piesń sen, a piesń mocarza. Tok energii w poezji polskiej", Maria Podraza-Kwiatkowska (Hg.), *Programy i dyskusje literackie Młodej Polski* (Wrocław: Ossolineum, 1977), 627-629.

Jezierski, Andrzej; Cecylia Leszczyńska. *Historia gospodarcza Polski* (Warszawa: Key Text, 2003).

Jospe, Alfred. *Die Unterscheidung von Mythos und Religion bei Hermann Cohen und Ernst Cassirer in ihrer Bedeutung für die jüdische Religionsphilosophie* (Oppeln: Wiercimok, 1932).

Juchnowski, Jerzy et al. (Hg.), *Polska myśl polityczna XIX wieku: wybór tekstów źródłowych z komentarzem* (Wrocław: Wydawnictwo UWr, 2003).

Julius, Gustav (Hg.). *Der Polenprozess. Prozess der von dem Staatsanwalte bei dem Königlichen Kammergerichte als Beteiligte bei dem Unternehmen zur Wiederherstellung eines polnischen Staates in den Grenzen vor 1772 wegen Hochverrats angeklagten 254 Polen (in erster Instanz)/ verhandelt im Gebäude des Staatsgefängnisses bei Berlin* (Berlin: Hanu, 1848).

Kafka, Franz. *Briefe und Tagebücher*, https://homepage.univie.ac.at/werner.haas/ [Zugriff 2.2.2016].

Kalembka, Sławomir. *Polska myśl polityczna w dzielnicy pruskiej w XIX wieku. Zbiór studiów* (Toruń: UMK, 1990).

Kalinin, Il'ja. „Nauka i revoljucija (meždu predmetom i opytom)", *Neprikosnovennyj zapas. Debaty o politike i kul'ture* 2009, 5(69), http://magazines.russ.ru/nz/2009/5 [Zugriff 19.08.2015].

Kalinowska, Maria. „Słowackiego greckie sny o Polsce", Maria Cieśla-Korytkowska et al. (Hg.), *Juliusz Słowacki – Poeta europejski* (Kraków: Universitas, 2000), 15-27.

Kalinowska, Maria. *Grecja romantyków: Studia nad obrazem Grecji w literaturze romantycznej* (Toruń: Wydawnictwo UMK, 1994).

Kamenskij, Zachar. *Russkaja filosofija načala XIX veka i Šelling* (Moskva: Nauka, 1980).

Kamieński, Henryk [Psedonym: Filaret Prawdowski]. O *prawdach żywotnych narodu polskiego* (Bruksela: Młodecki, 1844).

Kamiński, Antoni A. „Joachim Lelewel a Michaił Bakunin", Łukasz Adamski, Sławomir Dębski (Hg.), *Myślą i słowem. Polsko-rosyjski dyskurs ideowy XIX wieku*, (Warszawa: Centrum Polsko-Rosyjskiego Dialogu i Porozumienia, 2014), 103-116.

Kammer, Stephan. „Eins und doppelt. Goethes Poetik der Ambiguität", Frauke Berndt, Stephan Kammer (Hg.), *Amphibolie, Ambiguität, Ambivalenz* (Würzburg: Königshausen und Neumann, 2009), 157-182.

Kandinsky, Wassily. „Über Bühnenkomposition", Wassily Kandinsky, Franz Marc (Hg.), *Der Blaue Reiter. Zweite Auflage* (Müncher: Piper, 1914), 103-113.

Kant, Immanuel. *Anthropologie in pragmatischer Hinsicht, Gesammelte Werke. Akademieausgabe* (Berlin: Reimer, 1911), Bd. 7, 117-333.

Kant, Immanuel. „Beantwortung der Frage: Was ist Aufklärung?", *Gesammelte Werke. Akademieausgabe* (Berlin: Reimer, 1911), Bd. 8, 33-42.

Kant, Immanuel. *Die Metaphysik der Sitten, Gesammelte Werke. Akademieausgabe* (Berlin: Reimer, 1911), Bd. 6, 203-492.

Kant, Immanuel. „Die Religion innerhalb der Grenzen der bloßen Vernunft“, *Gesammelte Werke. Akademieausgabe* (Berlin: Reimer, 1911), Bd. 6, 1-202.

Kant, Immanuel. *Grundlegung zur Metaphysik der Sitten, Gesammelte Werke. Akademieausgabe* (Berlin: Reimer, 1911), Bd. 4, 385-464.

Kant, Immanuel. *Kritik der praktischen Vernunft, Gesammelte Werke. Akademieausgabe* (Berlin: Reimer, 1911), Bd. 5, 1-164.

Kant, Immanuel. *Kritik der reinen Vernunft – zweite Auflage, Gesammelte Werke. Akademie-Ausgabe* (Berlin: Reimer, 1900), Bd. 3.

Kant, Immanuel. *Kritik der Urteilskraft, Gesammelte Werke. Akademieausgabe* (Berlin: Reimer, 1911), Bd. 5, 165-487.

Kant, Immanuel. „Idee zu einer allgemeinen Geschichte in weltbürgerlicher Absicht“, *Gesammelte Werke. Akademieausgabe* (Berlin: Reimer, 1911), Bd. 8, 15-32.

Kant, Immanuel. „Streit der Fakultäten“, *Gesammelte Werke. Akademieausgabe* (Berlin: Reimer, 1911), Bd. 7, 1-116.

Kant, Immanuel. „Prolegomena zu einer jeden künftigen Metaphysik, die als Wissenschaft wird auftreten können“, *Gesammelte Werke. Akademieausgabe* (Berlin: Reimer, 1911), Bd. 4, 365-383.

Kant, Immanuel. „Zum ewigen Frieden. Ein philosophischer Entwurf“, *Gesammelte Werke. Akademieausgabe* (Berlin: Reimer, 1911), Bd. 8, 341-386.

Kantor, Tadeusz. „Die PUPPEN tauchen auf“, Manfred Brauneck (Hg.), *Theater im 20. Jahrhundert. Programmschriften. Stilperioden. Kommentare* (Reinbek bei Hamburg: Rowohlt, 2009), 190-195.

Kantorowicz, Ernst. *The King's Two Bodies: A Study in Medieval Political Theology* (Princeton: PUP).

Kaprow, Allan. „Notes on the Creation of a Total Art“, *Essays on the Blurring of Art and Life* (Berkeley – Los Angeles – London: UOC Press, 1993), 10-13.

Kassner, Rudolf. „Narziss, oder Mythos und Einbildungskraft“, *Sämtliche Werke*, hg. von Ernst Zinn, Klaus E. Bohnenkamp (Pfullingen: Neske, 1978), Bd. 4, 63-93.

Kasztelowicz, Stanisław; Stanisław Eile (Hg.). *Stefan Żeromski. Kalendarz życia i twórczości* (Kraków: Wydawnictwo Literackie, 1961).

Kaufmann, Walter A. *Tragedy and Philosophy* (Princeton: Princeton University Presss, 1992).

Kautsky, Karl. „Akademiker und Proletarier“, *Die neue Zeit: Wochenschrift der deutschen Sozialdemokratie*, 1900-1901, 2. Bd. (1901), H. 29, S. 89-91.

Kautsky, Karl. *Die Diktatur des Proletariats* (Wien: Brand, 1918).

Kautsky, Karl. „Die Revision des Programms der Sozialdemokratie in Oesterreich“, *Die neue Zeit: Wochenschrift der deutschen Sozialdemokratie*, 1901-1902, 1. Bd. (1902), H. 3, S. 68-82.

Kelles-Krauz, Kazimierz. „Czym jest materializm ekonomiczny?“, *Pisma wybrane*, hg. von Julian Hochfeld (Warszawa: Książka i Wiedza, 1962), Bd. 1.

Kelles-Krauz, Kazimierz. „J. J. Bachofen (1861-1901): Aus den Studien über die Quellen des Marxismus. Vortrag, gehalten an der Université Nouvelle in Brüssel", *Die neue Zeit: Wochenschrift der deutschen Sozialdemokratie* 1902, 1(17), 517-524.

Kelles-Krauz, Kazimierz. „La loi de la rétrospection révolutionnaire vis-à-vis de la théorie de l'imitation", *Annales* 1986, 2, 415-338.

Kemp, Wolfgang. „Das Revolutionstheater des Jacques-Louis David. Eine neue Interpretation des Schwurs im Ballhaus", *Marburger Jahrbuch für Kunstwissenschaft* 1986, 21, 165-184.

Kennedy, Gavin. „Adam Smith and the Invisible Hand: From Metaphor to Myth", *Econ Journal Watch* 6(2) 2009, 239-263.

Kern, Otto. *Orpheus. Eine religionsgeschichtliche Untersuchung* (Bremen: Unikum, 2012).

Kesting, Hanjo. *Das Pump-Genie: Richard Wagner und das Geld* (Frankfurt am Main: Eichborn, 1997).

Kieniewicz, Stefan. *Powstanie styczniowe* (Warszawa: PWN 1983).

Kieniewicz, Stefan. *Dramat trzeźwych entuzjastów. O ludziach pracy organicznej* (Warszawa: Wiedza Powszechna, 1964).

Kieniewicz, Stefan. *Ruch chłopski w Galicji w 1846 roku* (Wrocław: Ossolineum, 1951).

Kierkegaard, Søren. *Der Begriff Angst, Gesammelte Werke,* übersetzt von Emmanuel Hirsch, hg. von Emanuel Hirsch, Hayo Gerdes (Düsseldorf, Köln: Dietrich, 1954), 11. und 12. Abteilung.

Kierkegaard, Søren. *Die Krankheit zum Tode. Der Hohepriester – der Zöllner – die Sünderin, Gesammelte Werke,* hg. von Emanuel Hirsch, Hayo Gerdes (Düsseldorf, Köln: Dietrich, 1954), 24. und 25. Abteilung.

Kierkegaard, Søren. *Die Tagebücher*, hg. und übersetzt von Hayo Gerdes (Düsseldorf, Köln: Diederich 1980).

Kierkegaard, Søren. *Die Wiederholung. Drei Erbaulichen Reden, Gesammelte Werke,* übersetzt von Emanuel Hirsch, hg. von Emanuel Hirsch, Hayo Gerdes (Düsseldorf, Köln: Dietrich, 1954), 5. und 6. Abteilung.

Kierkegaard, Søren. *Eine literarische Anzeige, Gesammelte Werke,* übersetzt von Emanuel Hirsch, hg. von Emanuel Hirsch, Hayo Gerdes (Düsseldorf, Köln: Dietrich, 1954), 17. Abteilung.

Kierkegaard, Søren. *Einübung im Christentum, Gesammelte Werke,* übersetzt von Emanuel Hirsch, hg. von Emanuel Hirsch, Hayo Gerdes (Düsseldorf, Köln: Dietrich, 1954), 26. Abteilung.

Kierkegaard, Søren. *Furcht und Zittern, Gesammelte Werke,* übersetzt von Emanuel Hirsch, hg. von Emanuel Hirsch, Hayo Gerdes (Düsseldorf, Köln: Dietrich, 1954), 1. Abteilung.

Kierkegaard, Søren. *Über den Begriff der Ironie mit ständiger Rücksicht auf Sokrates, Gesammelte Werke,* hg. von Emanuel Hirsch, Hayo Gerdes (Düsseldorf, Köln: Dietrich, 1954), 31. Abteilung.

Kierkegaard, Søren. *Unwissenschaftliche Nachschrift*, übersetzt von B. und S. Diedrichsen, *Philosophische Brosamen und Unwissenschaftliche Nachschrift*, hg. von Hermann Diem, Walter Rest (München: dtv, 2005).

King, John E. *David Ricardo* (Basingstoke: Palgrave Macmillan, 2013).

Kirchner, Werner. *Der Hochverratsprozess gegen Sinclair. Ein Beitrag zum Leben Hölderlins* (Frankfurt am Main: Insel, 1969).

Kirchmeier, Christian. „Einleitung", *Athenäum: Jahrbuch der Friedrich-Schlegel-Gesellschaft 2018, Sonderheft: Das Politische des romantischen Dramas*, hg. von Christian Kirchmeier, 1-23.

Kirmmse, Bruce H. „Out with it! Modern Breakthrough, Kierkegaard and Denmark", Alistair Hannay, Gordon D. Marino (Hg.), *The Cambridge Companion to Kierkegaard* (Cambridge: CUP, 1998), 15-39.

Kirmmse, Bruce H. „Kierkegaard and 1848", *Pergamon. History of European Ideas* 1995, 1-3(20), 167-175.

Kittler, Friedrich A. „Die Stadt ist ein Medium", Hans Ulrich Gumbrecht (Hg.), *Die Wahrheit der technischen Welt. Essays zur Genealogie der Gegenwart* (Berlin: Suhrkamp, 2013), 181-197.

Kittler, Friedrich; Cornelia Vismann. „Goethes Gabe", *Vom Griechenland* (Berlin: Merve, 2001), 113-138.

Kiwitz, Peter. *Lebenswelt und Lebenskunst: Perspektiven einer kritischen Theorie des sozialen Lebens* (München: Fink, 1986).

Klausnitzer, Ralf. *Poesie und Konspiration. Erziehungssinn und Zeichenökonomie von Verschwörungsszenarien in Publizistik, Literatur und Wissenschaft 1750-1850* (Berlin, New York: De Gruyter, 2007).

Klein, Richard (Hg.). *Narben des Gesamtkunstwerks. Wagners Ring der Nibelungen* (München: Fink, 2001).

Kleinschmidt, Erich. *Die Entdeckung der Intensität: Geschichte einer Denkfigur im 18. Jahrhundert* (Göttingen: Wallenstein, 2004).

Klenner, Hermann. „Des Königs Universität und Hegels König. Eine Bagatelle", *Topos* Nr. 19 http://toposzeitschrift.de/19_klenner.htm [Zugriff 5.8.2015].

Kliger, Ilya. „Dostoevsky and the Novel-Tragedy: Genre and Modernity in Ivanov, Pumpyansky, and Bakhtin", *PMLA* 2011 1(126), 73-87.

Klimek, Sonja. *Paradoxes Erzählen. Die Metalepse in der phantastischen Literatur* (Paderborn: Mentis, 2010).

Klingemann, August. *Nachtwachen von Bonaventura* (Frankfurt am Main: Insel, 1974).

Klönne, Arno. *Die deutsche Arbeiterbewegung. Geschichte, Ziele, Wirkungen* (München: dtv, 1989).

Klossowski, Pierre. „Sade, mein Nächster", übersetzt von Gabrielle Ricke, Ronald Voullié, Ursula Pia Jauch (Hg.), *Sade. Stationen einer Rezeption* (Frankfurt am Main: Suhrkamp, 2014) 182-183.

Kluge, Rolf-Dieter. „Richard Wagner in Russland. Ein Überblick über den Verlauf der Rezeption seines Werks“, *Die Welt der Slaven* 1998, XLIII, 271-284.

Kluge, Rolf-Dieter. „„Für Polens Freiheit‘. Schwäbische Dichter und die polnische Emigration 1831“, Rolf-Dieter Kluge (Hg.), *Von Polen, Poesie und Politik. Adam Mickiewicz 1798-1855* (Tübingen: Attempto, 1999), 33-53.

Knigge, Adolph. *Umgang mit Menschen* (Hannover: Schmidtsche Buchhandlung, 1788).

Kodalle, Klaus-Michael. „Der non-konforme Einzelne. Kierkegaards Existenztheologie“, Jacob Taubes (Hg.), *Religionstheorie und politische Theologie, Bd. 1, Der Fürst dieser Welt. Carl Schmitt und die Folgen* (München, Paderborn: Fink, 1983), 198-126.

Koehler, Benedikt. *Ästhetik der Politik. Adam Müller und die politische Romantik* (Stuttgart: Klett-Cotta, 1980).

Kogan, Petr. „Socialističeskij teatr v gody revoljucii“, *Vestnik teatra*, 1919, Nr. 40, 3-4, http://teatr-lib.ru/Library/Kogan/V_preddverii/#_Toc274156863 [Zugriff 28.1.2016].

Kogan, Petr. *V preddverii grjaduščego teatra* (Moskva: Pervina, 1921).

Köhler, Joachim. *Der letzte der Titanen: Richard Wagners Leben und Werk* (Berlin: Claassen, 2001).

Kojève, Alexandre. *Introduction à la lecture de Hegel*, hg. von Raymond Queneau (Paris: Gallimard, 1947).

Kolerov, Modest. *Sbornik „Problemy idealizma“ (Moskva: 1902). Istorija i kontekst* (Moskva: Tri kvadrata, 2002).

Kołaczkowski, Stefan. „Ironia Norwida“, *Pisma wybrane*, hg. von Stanisław Pigoń (Warszawa: PIW, 1968), Bd. 1, 131-166.

Kołaczkowski, Stefan. *Stanisław Wyspiański (Rzecz o tragedia i tragizmie)* (Poznań-Warszawa: Fiszer i Majewski, 1922).

Kołakowski, Leszek. *Main Currents of Marxism. Its Rise, Growth, and Dissolution*, übersetzt von Paul Stephen Falla (New York, London: Norton & Company, 2005), Bd. 1-3.

Konersmann, Ralf. „Rolle“, Joachim Ritter et al. (Hg.), *Historisches Wörterbuch der Philosophie* (Basel: Schwabe, 1992), Bd. 8, 978-988.

Konersmann, Ralf. „Welttheater als Daseinsmetapher“, *Der Schleier des Timanthes. Perspektiven der historischen Semantik* (Frankfurt am Main: Fischer, 1994), 84-199.

König, Johann-Günther. „Friedrich Engels‘ Rienzi“, *Ossietzky* 3/2010, http://www.sopos.org/ossietzky/ausgabe.php3?id=208 [Zugriff 12.1.2016].

Kopeć, Józef. *Dziennik podróży przez całą wzdłuż Azję, lądem od portu Ochocka, oceanem przez Wyspy Kurylskie o Niższej Kamczatki, a stamtąd na powrót do tegoż portu na psach i jeleniach* (Wrocław: Frydlender, 1837).

Koropeckyj, Roman. *Adam Mickiewicz. The Life of a Romantic* (Ithaka, London: Cornell University Press, 2008).

Koschmal, Walter. „Vom politischen zum ästhetischen Anarchismus der Avantgarde“, *Zeitschrift für Slawistik* 2013, 4(58), 462–480.

Koschorke, Albrecht. *Wahrheit und Erfindung. Grundzüge einer Allgemeinen Erzähltheorie* (Frankfurt am Main: Fischer, 2012).

Kościuszko, Tadeusz. „Odezwa do obywatelów", *Jego odezwy i raporta*, hg. von Ludwik Nabielak (Paris: Księgarnia Luxemburska, 1871), Bd. 1, 30-52.

Kościuszko, Tadeusz. „Raport narodowi polskiemu po zwycięstwie pod Racławicami", *Jego odezwy i raporta*, hg. von Ludwik Nabielak (Paris: Księgarnia Luxemburska, 1871), Bd. 2, 12-44.

Koselleck, Reinhart. „Historia Magistra Vitae. Über die Auflösung des Topos im Horizont neuzeitlich bewegter Geschichte", *Vergangene Zukunft. Zur Semantik geschichtlicher Zeiten* (Frankfurt am Main: Suhrkamp, 1979), 38-66.

Koselleck, Reinhart. „Linguistic Change and the History of Events", *The Journal of Modern History* 1989 4(61), 649-666.

Koselleck, Reinhard. *Preußen zwischen Reform und Revolution. Allgemeines Landrecht, Verwaltung und soziale. Bewegung von 1791 bis 1848* (Stuttgart: Klett, 1975).

Koselleck, Reinhart. „Revolution als Begriff und als Metapher. Zur Semantik eines einst emphatischen Worts", *Begriffsgeschichten. Studien zur Semantik und Pragmatik der politischen und sozialen Sprache* (Frankfurt am Main: Suhrkamp, 2006), 240-251.

Koselleck, Reinhart. „Über die Theoriebedürftigkeit der Geschichtswissenschaft", Werner Conze (Hg.), *Theorie der Geschichtswissenschaft und Praxis des Geschichtsunterrichts* (Stuttgart: Klett Cotta, 1972), 10-28.

Koselleck, Reinhart. *Zeitschichten. Studien zur Historik* (Frankfurt am Main: Suhrkamp, 2003).

Kosim, Jan (Hg.). *Dokumente zur Geschichte der deutsch-polnischen Freundschaft 1832-1839* (Berlin: Akademie, 1982).

Koziełek, Gerard (Hg.). *Polenlieder. Eine Anthologie* (Stuttgart: Reclam, 1982).

Koziełek, Gerard (Hg.). *Deutsche Romantik und Französische Revolution* (Wrocław: UWr, 1990).

Koziełek, Gerhard. *Das Polenbild der Deutschen 1772-1848* (Heidelberg: Winter, 1989).

Kozina, E. „Tragedija", *Literaturnaja enciklopedija v 11 tomach* (Moskva: Chudožestvennaja literatura, 1929-1939), 359-377.

Kracauer, Siegfried. *Der Detektiv-Roman. Ein philosophischer Traktat* (Frankfurt am Main: Suhrkamp, 1979).

Kracauer, Siegfried. „Der Enthüllte Kierkegaard", *Schriften*, hg. von Inka Mülder-Bach (Frankfurt am Main: Suhrkamp, 1990), Bd. 5.3, 263-267.

Kracauer, Siegfried. „Die Bibel auf Deutsch. Zur Übersetzung von Martin Buber und Franz Rosenzweig", *Das Ornament der Masse. Essays* (Frankfurt am Main: Suhrkamp, 1963), 173-186.

Kracauer, Siegfried. „Die Hotelhalle", *Das Ornament der Masse. Essays* (Frankfurt am Main: Suhrkamp, 1963), 157-170.

Kracauer, Siegfried. „Über den Schauspieler", *Schriften*, hg. von Inka Mülder-Bach (Frankfurt am Main: Suhrkamp, 1990), Bd. 5.2, 231-234.

Kracauer, Siegfried. „Über Erfolgsbücher und ihr Publikum", *Schriften*, hg. von Inka Mülder-Bach (Frankfurt am Main: Suhrkamp, 1990), Bd. 5.2, 334-342.

Kraft, Herbert. „Schillers *Demetrius* als Schicksalsdrama. Mit einer Bibliographie *Demetrius in deutscher Dichtung*", Ulrich Gaier, Werner Volke (Hg.), *Festschrift für Friedrich Beißner* (Bebenhausen: Rotsch, 1974), 226-236.

Krajewska, Anna. „Milczenie w dramacie", Janusz Degler (Hg.), *Problemy teorii dramatu i teatru* (Wrocław: Wydawnictwo Uniwersytetu Wrocławskiego, 2003), Bd. 1, 93-103.

Krakowiak, Józef Leszek. *Tragizm ludzkiej egzystencji jako problem filozoficzny* (Warszawa: Scholar, 2005).

Krämer, Hagen. „Ehernes Lohngesetz", http://wirtschaftslexikon.gabler.de/Definition/ehernes-lohngesetz.html [Zugriff 29.5.2015].

Kraszewski, Józef Ignacy. *Mistrz Twardowski. Powieść z podań gminnych* (Lwów: Gubrynowicz i Schmidt, 1874).

Kravčenko, Oksana. „Koncepcija 'romana-tragedii': polemika M. Bachtina s Vjač. Ivanovym", *Novyj filologičeskij vestnik* 2011 1 (16), 120-128.

Kremer, Józef. „Najcelniejsze filozoficzne nauki o duszy przed sądem krytycznym obecnej nam filozofii", *Dzieła* (Warszawa: Lewental 1879), Bd. 13, 38-41.

Kreuzer, Johann (Hg.). *Hölderlin-Handbuch. Leben – Werk – Wirkung* (Stuttgart: Metzler, 2002).

Kridl, Manfred. „O twórczości dramatycznej Wagnera", *Wiadomości Literackie*, Nr. 14, 1933.

Kropotkin, Petr. *Memoiren eines Revolutionärs*, autorisierte Übersetzung von Max Pannwitz (Frankfurt am Main: Insel, 1973).

Krukowska, Halina. *Noc romantyczna. Mickiewicz, Malczewski, Goszczyński* (Gdańsk: słowo / obraz terytoria, 2011).

Kruse, Matthias Werner. *Pan Twardowski oder Der polnische Faust* (Frankfurt am Main: Eichborn, 1981).

Krzywicki, Ludwik. „Idea a życie", *Studia socjologiczne*, hg. von Adam Schaff (Warszawa: PIW, 1951), 41-149.

Krzywicki, Ludwik. „Rozwój społeczny wśród zwierząt i rodzaju ludzkiego", *Pisma socjologiczne*, hg. von Adam Schaff (Warszawa: PIW, 1951), 150-230.

Kubacki, Wacław. *Arcydramat Mickiewicza. Studia nad 3 cz. Dziadów* (Kraków, M. Kot: 1951).

Kuber, Johannes. „Strukturwandel des deutschen Nationalismus? Die Haltung der Frankfurter Nationalversammlung zu den nationalen Minderheiten am Beispiel der Posen-Debatte", *aventinus nova*, Nr. 40, http://www.aventinus-online.de/neuzeit/restauration-und-revolution-1815-1849/art/Strukturwandel/html/ca/23459c6708aa5dda19b5c88b42239296/indexee27.html?tx_mediadb_pi1%5BmaxItems%5D=10 [Zugriff 10.8.2015].

Kubik, Andreas. *Die Symboltheorie bei Novalis: eine ideengeschichtliche Studie in ästhetischer und theologischer Absicht* (Tübingen: Mohr Siebeck, 2006).

Kühlmann, Walter (Hg.). *Killy-Literaturlexikon. Autoren und Werke des deutschsprachigen Kulturraums* (Berlin, New York: De Gruyter, 2008).

Kurz, Gerhard. *Mittelbarkeit und Vereinigung. Zum Verhältnis von Poesie, Reflexion und Revolution bei Hölderlin* (Stuttgart: Metzler, 1975).

Lacan, Jacques. *Les quatre concepts fondamentaux de la psychanalyse*, hg. von Jacques-Allain Miller (Paris: Seuil, 1973).

Lacan, Jean. *L'Éthique de la psychanalyse*, hg. von Jacques-Allain Miller (Paris: Seuil, 1986).

Lakoff, George; Mark Johnson. *Philosophy in the Flesh: The Embodied Mind and its Challenge to Western Thought* (New York: Basic Books, 1999).

de Lamartine, Alphonse, *Histoire des Girondins* (Bruxelles: Librairie Tarride, 1847).

Lande, Lawrence; Tim Congdon. „John Law and the invention of paper money", *RSA Journal* 1991, Vol. 139, No. 5414, 916-928.

Lapidge, Michael. „Stoic Cosmology", John M. Rist (Hg.), *The Stoics* (Cambridge: CUP, 1978), 180–184.

Laplanche, Jean; Jean-Bertrand Pontalis. *Das Vokabular der Psychoanalyse* (Frankfurt am Main: Suhrkamp, 1973).

Lassalle, Ferdinand. „Arbeiterprogramm. Über den besonderen Zusammenhang der gegenwärtigen Geschichtsperiode mit der Idee des Arbeiterstandes", *Gesammelte Reden und Schriften*, hg. von Eduard Bernstein (Berlin: Paul Cassirer, 1919), Bd. 2, 147-202.

Lasson, Georg. „Kreuz und Rose. Ein Interpretationsversuch", *Beiträge zur Hegelforschung* (Berlin: Trowitsch und Sohn, 1909), Bd. 1, 43-70.

Lazarowicz, Klaus; Christopher Balme (Hg.). *Texte zur Theorie des Theaters* (Stuttgart: Reclam, 2008).

Le Vine, Victor T. „Violence and the Paradox of Democratic Renewal: A Preliminary Assessment", David C. Rapoport und Leonard Weinberg (Hg.), *The Democratic Experience and Political Violence* (New York, London: Routledge, 2013), 261-292.

Lefebvre, Henri. *La production de l'espace* (Anthropos: Paris, 2001).

Lehman, Hans-Thies. *Das Politische Schreiben. Essays zu Theatertexten* (Berlin: Recherchen, 2003).

Lehman, Hans-Thies. *Postdramatisches Theater* (Frankfurt am Main: Verlag der Autoren, 1999).

Lehman, Hans-Thies. *Tragödie und dramatisches Theater* (Berlin: Alexander, 2013).

Leibniz, Gottfried Wilhelm. *Unvorgreifliche Gedanken, betreffend die Ausübung und Verbesserung der deutschen Sprache. Zwei Aufsätze*, hg. von Uwe Pörksen (Stuttgart: Reclam, 1984).

Leifeld, Britta. *Das Denkbild bei Walter Benjamin: Die unsagbare Moderne als denkbares Bild* (Frankfurt am Main: Peter Lang, 2000).

Lelewel, Joachim. *Historyczna paralela Hiszpanii z Polską*, hg. von Jan Kiniewicz (Warszawa: DIG, 2006).

Lenhard-Schramm, Niklas. *Konstrukteure der Nation: Geschichtsprofessoren als politische Akteure in Vormärz und Revolution 1848/49* (Münster: Waxmann, 2014).

Lenin, Vladimir. „Die nationale Frage in unserem Programm", *Werke* (Dietz: Berlin, 1975), Bd. 6, 452-460.

Lenin, Vladimir. „Čto delat'? Nabolevšie voprosy našego dviženia", *Polnoe sobranie sočinenij* (Moskva: Izdatel'stvo Političeskoj Literatury, 1969), Bd. 6, 1-192.

Lenin, Vladimir. „Doklad V s'ezdu RSDRP po povodu peterburgskogo raskola i svjazannogo c nim učreždenija partijnogo suda", *Polnoe sobranie sočinenij* (Moskva: Izdatel'stvo Političeskoj Literatury, 1969), Bd. 15, 291-308.

Lenin, Vladimir. „Dve taktiki social-demokratii v demokratičeskoj revoljucii", Lenin, *Polnoe sobranie sočinenij* (Moskva: Izdatel'stvo Političeskoj Literatury, 1960), Bd. 11, 1-131.

Lenin, Vladimir. *Materializm i empiriokriticizm. Kritičeskie zemetki ob odnoj reakcjonnoj filosofii, Polnoe sobranie sočinenij* (Moskva: Izdatel'stvo političeskoj literatury, 1968), Bd. 18.

Lenin, Vladimir. „Zwei Taktiken der Sozialdemokratie in der demokratischen Revolution", Lenin, *Werke* (Berlin: Dietz, 1957), 1-130.

Lenk, Kurt. „Das tragische Bewusstsein in der deutschen Soziologie", *Kölner Zeitschrift für Soziologie und Sozialpsychologie* 1964, 2, 257-287.

Lessing, Gotthold Ephraim. „Die Erziehung des Menschengeschlechts", *Werke*, hg. von Herbert G. Göpfert (München: Hanser, 1979), Bd. 8, 489-510.

Lessing, Gotthold Ephraim. „Ernst und Falk. Gespräche für Freimäurer", *Werke*, hg. von Herbert G. Göpfert (München: Hanser, 1970), Bd. 8, 451-488.

Lessing, Gotthold Ephraim. *Hamburgische Dramaturgie, Werke*, hg. von Herbert G. Göpfert (München: Hanser, 1970), Bd. 4

Lessing, Gotthold Ephraim. „Laokoon, oder über die Grenzen der Malerei und Poesie. Mit beiläufigen Erläuterungen verschiedener Punkte der alten Kunstgeschichte", *Werke*, hg. von Herbert G. Göpfert (München: Hanser, 1970-1979), Bd. 6, 7-187.

Lessing, Gotthold Ephraim; Friedrich Nicolai; Moses Mendelssohn. „Briefwechsel über das Trauerspiel", Gotthold Ephraim Lessing, *Werke*, hg. von Herbert G. Göpfert (München: Hanser, 1970), Band 4, 155-227.

Lévi-Strauss, Claude. *Les structures élémentaires de la parenté* (Berlin, New York: De Gruyter, 2002).

Levy, David M.; Sandra J. Peart. „Adam Smith and the State: Language and Reform", *The Oxford Handbook of Adam Smith*, hg. von Christopher J. Berry, Maria Pia Paganelli, Craig Smith (Oxford: OUP, 2012), 372-392.

Libelt, Karol. *Dziewica Orleańska: Ustęp z dziejów Francji* (Poznań: J.K. Żupański, 1847).

Libelt, Karol. *Filozofia i krytyka. t. 1. Kwestia żywotna filozofii. O samowładztwie rozumu. Część Krytyczna* (Poznań: J.K. Żupański, 1845).
Libelt, Karol. *Filozofia i krytyka. t. 2. Estetyka, czyli umnictwo piękne. Część ogólna* (Poznań: J.K. Żupański, 1849).
Libelt, Karol. *Filozofia i krytyka. t. 3. System umnictwa, czyli filozofii umysłowej. cz. 1* (Poznań: J.K. Żupański, 1849).
Libelt, Karol. *Filozofia i krytyka. t. 3. System umnictwa, czyli filozofii umysłowej. cz. 2* (Poznań: J.K. Żupański, 1850).
Libelt, Karol. *Filozofia i krytyka. t. 4. Estetyka, czyli umnictwo piękne, t. 2, cz. 1. Piękno natury* (Petersburg, Mohylew: Bolesław Maurycy Wolff, 1854).
Libelt, Karol. *Filozofia i krytyka. t. 4. Estetyka, czyli umnictwo piękne, t. 2, cz. 2. Piękno natury plastyczne* (Petersburg, Mohylew: Bolesław Maurycy Wolff, 1854).
Libelt, Karol. *Pisma pomniejsze* (Poznań: J.K. Żupański, 1849).
Libelt, Karol. *Rozprawy* (Kraków: Kirchmayer, 1869).
Libelt, Karol. *Samowładztwo rozumu i objawy filozofii słowiańskiej: O miłości ojczyzny, System umnictwa, O panteizmie w filozofii* (Warszawa: Państwowe Wydawnictwo Naukowe, 1967).
Libelt, Karol. *Wcielające się idee czasu* (Kraków: K. Wild, 1869).
Lichtenberg, Georg Christoph. *Aphorismen* (Berlin: Leitzmann, 1902).
Lifšic, Michail. „Čelovek tridcatych godov", *V mire estetiki* (Moskva: Izobrazitel'noe iskusstvo, 1985), 189-312.
Lifšic, Michail (Hg.). *K. Marx i F. Engels ob iskusstve* (Moskva: Iskusstvo, 1957).
Lifšic, Michail. „Veter istorii", *Sobranie sočinenij v trech tomach* (Moskva: Izobrazitel'noe iskusstvo, 1984), Bd. 1, 292-299.
Link, Jürgen. *Hölderlin-Rousseau: Inventive Rückkehr* (Opladen, Wiesbaden: Westdeutscher, 2013).
Lipoveckij, Mark. „Trikster i ‚zakrytoe' obščestvo", *NLO* 2009, 100, http://magazines.russ.ru/nlo/2009/100/li19.html [03.09.2018].
Lipps, Theodor. *Ästhetik: Psychologie des Schönen und der Kunst* (Hamburg, Leipzig: Voss, 1903-1906), Bd. 1-2.
Lipps, Theodor. *Der Streit über die Tragödie* (Hamburg, Leipzig: Voss, 1891).
Locke, John. *Two Treatises of Government. The Works in Three Volumes: to which is Now First Added, The Life of the Author [by Jean Le Clerc], and a Collection of Several of His Pieces*, hg. von Mr. Desmaizeaux (London: Birth et al., 1751), Bd. 2.
Loew, Peter Oliver. *Wir Unsichtbaren. Geschichte der Polen in Deutschland* (München: Beck, 2014).
Logemann, Cornelia; Michael Thimann (Hg.). *Cesare Ripa und die Begriffsbilder der Frühen Neuzeit* (Zürich, Berlin: Diaphanes, 2010).

Löhrer, Guido; Christian Strub; Hartmut Westermann (Hg.). *Philosophische Anthropologie und Lebenskunst: Rainer Marten in der Diskussion* (München: Fink, 2005).

Loraux, Nicole. „Épouses tragiques, épouses mortes. La mort des femmes dans la tragédie grecque“, *La Femme et la mort. Groue de recherches interdisciplinaire d'études des femmes* (Touluse: Presses Universitaires de Mirail, 1984), 31-58.

Loraux, Nicole. *Façons tragiques de tuer une femme* (Paris: Hachette, 1985).

Lord, Beth. *Kant and Spinozism: Transcendental Idealism and Immanence from Jacobi to Deleuze* (London: Palgrave Macmillan, 2011).

Lorenz, Hendrik. „Virtue of Character in Aristotle's Nicomachean Ethics“, *Oxford Studies in Ancient Philosophy* 2009, 37, 177-212.

Losurdo, Domenico. *Zwischen Hegel und Bismarck. Die achtundvierziger Revolution und die Krise der deutschen Kultur* (Berlin: Akademie, 1993).

Lotman, Jurij. „Istoriko-literaturnyj kommentarij“, Aleksandr Puškin, *Boris Godunov, tragedia*, red. S.A. Fomičeva (Sankt-Petersburg: Akademičeskij projekt, 1996), 129-359.

Lotman, Jurij. *Russlands Adel. Eine Kulturgeschichte von Peter I. bis Nikolaus I.* (Köln: Böhlau, 1997).

Lotman, Lidija. „On byl našim professorom“, *NLO* 2001, 22, http://magazines.russ.ru/nlo/2002/55/lotm.html [Zugrif 19.07.2016].

Löwith, Karl. „Der okkasionelle Dezisionismus von Carl Schmitt“, *Gesammelte Abhandlungen* (Stuttgart: Kohlhammer, 1960), 93-126.

Löwith, Karl. *Von Hegel zu Nietzsche, Gesammelte Schriften* (Stuttgart: Metzler, 1988), Bd. 3.

Löwith, Karl. *Weltgeschichte und Heilsgeschehen, Gesammelte Schriften* (Stuttgart: Metzler, 1988), Bd. 2.

Lowry, Malcolm. *Under the Volcano* (New York: New American Library, 1966).

Loxley, James. *Performativity* (London, New York: Routledge, 2007).

von der Lühe, Irmela. „Das bürgerliche Trauerspiel“, Werner Frick (Hg.), *Die Tragödie: eine Leitgattung der europäischen Literatur* (Göttingen: Wallenstein, 2003), 202-216.

Luhmann, Niklas. *Die Kunst der Gesellschaft* (Frankfurt am Main: Suhrkamp, 1995).

Luhmann, Niklas. *Die Politik der Gesellschaft* (Frankfurt am Main: Suhrkamp, 2000).

Luhmann, Niklas. *Schriften zu Kunst und Literatur*, hg. von Niels Werber (Frankfurt am Main: Suhrkamp, 2008).

Lukacs [sic!], Georg. „Karl Marx und Friedrich Theodor Vischer“, *Deutsche Zeitschrift für Philosophie* 1953, Bd. 1, Heft JG, 473-515.

Lukács, György. „Das Problem des untragischen Dramas“, *Lukács 1997. Jahrbuch der internationalen Georg-Lukács-Gesellschaft*, hg. von Frank Bensele und Werner Jung (Bern: Peter Lang, 1997), 13-16.

Lukács, György. „Der Bolschewismus als moralisches Problem“, *Brecht-Jahrbuch* 1979, 15-16.

Lukács, György. *Der junge Hegel. Über die Beziehung von Dialektik und Ökonomie* (Zürich, Wien: Europa, 1948).

Lukács, György. *Die Seele und die Formen* (Berlin: Fleischel, 1911).

Lukács, György. „Die Theorie des Romans: ein geschichtsphilosophischer Versuch über die Formen der großen Epik“, *Zeitschrift für Ästhetik und allgemeine Kunstwissenschaft*, Jg. 11, 1916, Heft 3, 225-272, Heft 4, 390-431.

Lukács, György. *Entwicklungsgeschichte des modernen Dramas* (Neuwied: Luchterhand, 1981).

Lukács, György. *Geschichte und Klassenbewusstsein. Studien über marxistische Dialektik, Werke*, hg. von György Markus, Frank Benseler (Neuwied: Luchterhand, 1968), Bd. 2.

Lukács, György. „Metaphysik der Tragödie“, *Die Seele und die Formen. Essays* (Berlin: Fleischel, 1911), 325-373.

Lukács, György. *Moses Hess und die Probleme in der idealistischen Dialektik* (Leipzig: Hirschfeld, 1926).

Lukács, György. *Probleme der Ästhetik* (Neuwied, Berlin: Luchterhand, 1969).

Lunačarskij, Anatolij. „Metamorfoza odnogo myslitelja“, *Etjudy kritičeskie i polemičeskie* (Moskva: Idzanie žurnala „Pravda“, 1905), 284-345.

Lunačarskij, Anatolij. „Pered licom roka (K filosofii tragedii)“, *Etjudy kritičeskije i polemičeskije* (Moskva: Idzanie žurnala „Pravda“, 1905), 36-110.

Luther, Martin. *Tischreden* (Berlin: Gebauersche Buchhandlung, 1848).

Luther, Martin. *Von der Freyheith eines Christenmenschen* (*De libertate christiana*), https://www.luther2017.de/de/martin-luther/texte-quellen/lutherschrift-von-der-freiheit-eines-christenmenschen/ [Zugriff 10.12.2016].

Luther-Bibel (1912), http://bibeltext.com/l12/matthew/27.htm [Zugriff 14.7.2015].

Lüthy, Michael. „Struktur und Wirkung in der Performance-Kunst“, Martin Vöhler, Dirck Linck (Hg.), *Grenzen der Katharsis in den modernen Künsten. Transformationen des aristotelischen Modells seit Bernays, Nietzsche und Freud* (Berlin, New York: De Gruyter, 2009), 199-231.

Luxemburg, Rosa. „Adam Mickiewicz“, *Gesammelte Werke*, hg. von Dr. G. Radczun et al. (Berlin: Aufbau, 1970), Bd. I/1, 305-315.

Luxemburg, Rosa. „Die Ordnung herrscht in Berlin“, *Gesammelte Werke*, hg. von Dr. G. Radczun et al. (Berlin: Dietz, 1979), Bd. 4, 531-532.

Luxemburg, Rosa. „Die russische Revolution“, *Politische Schriften*, hg. von Ossip K. Flechtheim (Frankfurt am Main: Europäische Verlagsanstalt, 1968), Bd. 3, 106- 141.

Luxemburg, Rosa. „Lassalles Erbschaft“, *Die Gleichheit* (*Stuttgart*), 23. Jg. 1913, Nr. 18.

Machajski, Jan Wacław. *Pracownik umysłowy i inne pisma* (Warszawa: WUW, 2016).

Mack, Manfred. „Adam Mickiewicz in deutscher Sprache. Ein bibliographischer Überblick“, Bonifacy Miązek (Hg.), *Adam Mickiewicz, Leben und Werk* (Peter Lang, 1998), 409-414.

Mähl, Jans Joachim. *Die Idee des goldenen Zeitalters im Werk des Novalis: Studien zur Wesensbestimmung der frühromantischen Utopie und zu ihren ideengeschichtlichen Voraussetzungen* (Tübingen: Niemeyer, 1994).

Maier, Christian. „Urszene“, Wolfgang Mertens, Bruno Waldvorgel (Hg.), *Handbuch psychoanalytischer Grundbegriffe* (Stuttgart: Kohlhammer, 2002), 775-777.

Maier, Hans. *Revolution und Kirche. Zur Frühgeschichte der christlichen Demokratie* (Freiburg: Herder, 1988).

Maitte, Bernard. *La Lumière* (Paris: Seuil, 1981).

Maker, William. *Hegel and Aesthetics* (Buffalo: SUNY Press, 2000).

Malevič, Kazimir. „Kubismus – der Zerstörer der Idee des Dings“, Anke Henning (Hg.), *Über die Dinge. Texte der russischen Avantgarde* (Hamburg: Fundus, 2010), 35-41.

Malevič, Kazimir. „Über das Museum“, Aage A. Hansen-Löve, Boris Groys (Hg.), *Am Nullpunkt: Positionen der russischen Avantgarde* (Frankfurt am Main: 2005), 203-210.

Mann, Thomas. *Betrachtungen eines Unpolitischen* (Berlin: Fischer, 1920).

Mannheim, Karl. „Das konservative Denken. Soziologische Beiträge zum Werden des politisch-historischen Denkens in Deutschland“, *Wissenssoziologie. Auswahl aus dem Werk*, hg. von Kurt H. Wolff (Neuwied: Luchterhand, 1970), 408-507.

Mannheim, Karl. „Das Problem einer Soziologie des Wissens“, *Wissenssoziologie. Auswahl aus dem Werk*, hg. von Kurt H. Wolf (Neuwied: Luchterhand, 1970), 308-387.

Mannheim, Karl. *Ideologie und Utopie* (Frankfurt am Main: Suhrkamp, 1969).

Männlein-Robert, Irmgard. „Poetik: Komödie und Tragödie (VII 796e-817e)“, Christoph Horn (Hg.), *Platon: Gesetze/ Nomoi* (Berlin: Akademie, 2013), 123-142.

Malia, Martin. *Alexander Hercen and the Birth of Russian Socialism, 1812-1855* (Cambridge: Harvard University Press, 2014)

Marneros, Andreas. *Irrsal! Wirrsal! Wahnsinn! Persönlichkeit, Psychose und psychische Konflikte in Tragödien und Mythen* (Stuttgart: Schattauer, 2013).

Marten, Rainer. *Lebenskunst* (München, Fink: 1993).

Martin, Nicholas. „Nietzsche's Goethe: In Sickness and in Health“, *Publications of the English Goethe Society* 2008, Vol. lxxvii, No. 2 2008, 113-124.

Martow, Julius. „Marx und der Staat“, Karl-Heinz Neumann (Hg.), *Marxismus Archiv, Bd. 1 Marxismus und Politik* (Frankfurt am Main: Makol, 1971), 456-470.

Marx, Karl. „Briefe aus den Deutsch-Französischen Jahrbüchern“, Karl Marx, Friedrich Engels, *Werke* (Berlin: Dietz, 1960), Bd. 1, 337-346.

Marx, Karl. „Das Elend der Philosophie. Antwort auf Proudhons *Philosophie des Elends*“, übersetzt von E. Bernstein und K. Kautsky, Karl Marx, Friedrich Engels, *Werke* (Berlin: Dietz, 1976), Bd. 4, 63-182.

Marx, Karl. *Das Kapital. Bd. 1*, Karl Marx, Friedrich Engels, *Werke* (Berlin: Dietz, 1974), Bd. 23.

Marx, Karl, „Das philosophische Manifest der historischen Rechtsschule", Karl Marx, Friedrich Engels, *Werke* (Berlin: Dietz, 1960), Bd. 1, 78-85.

Marx, Karl. „Der achtzehnte Brumaire des Louis Bonaparte", Karl Marx, Friedrich Engels, *Werke* (Berlin: Dietz, 1976), Bd. 8, 111-207.

Marx, Karl. „Der Bürgerkrieg in Frankreich", Karl Marx, Friedrich Engels, *Werke* (Berlin: Dietz, 1976), Bd. 17, 313-365.

Marx, Karl. „Die Klassenkämpfe in Frankreich 1848-1850", Karl Marx, Friedrich Engels, *Werke* (Berlin: Dietz, 1960), Bd. 7, 9-107.

Marx, Karl. „Grundrisse der Kritik der politischen Ökonomie", Karl Marx, Friedrich Engels, *Werke* (Berlin: Dietz: 1983), Bd. 42, 396.

Marx, Karl. „Kritik des Gothaer Programmes", Karl Marx, Friedrich Engels, *Werke* (Berlin: Dietz: 1983), Bd. 19, 13-32.

Marx, Karl. *Ökonomisch-philosophische Manuskripte*, Karl Marx, Friedrich Engels, *Werke* (Berlin: Dietz, 1960), Ergänzungsband, 1. Teil.

Marx, Karl. „Thesen über Feuerbach", Karl Marx, Friedrich Engels, *Werke* (Berlin: Dietz, 1969), Bd. 3, 5-6.

Marx, Karl. „Zur Judenfrage", Karl Marx, Friedrich Engels, *Werke* (Berlin: Dietz, 1976), Bd. 1, 347-377.

Marx, Karl. „Zur Kritik der Hegelschen Rechtsphilosophie. Einleitung", Karl Marx, Friedrich Engels, *Werke* (Berlin: Dietz, 1976), Bd. 1, 378-391.

Marx, Karl. „Zur Kritik der Hegel'schen Rechtsphilosophie. Kritik des Hegelschen Staatsrechts", Karl Marx, Friedrich Engels, *Werke* (Berlin: Dietz, 1976), Bd. 1, 203-333.

Marx, Karl. „Zur Kritik der politischen Ökonomie", Karl Marx, Friedrich Engels, *Werke* (Berlin: Dietz, 1971), Bd. 13, 7-160.

Marx, Karl; Friedrich Engels. *Die deutsche Ideologie. Kritik der neuesten deutschen Philosophie in ihren Repräsentanten Feuerbach, B. Bauer und Stirner und des deutschen Sozialismus in seinen verschiedenen Propheten*, Karl Marx, Friedrich Engels, *Werke* (Berlin: Dietz, 1976), Bd. 3.

Marx, Karl; Friedrich Engels. „Manifest der Kommunistischen Partei", Karl Marx, Friedrich Engels, *Werke* (Berlin: Dietz, 1976), Bd. 4, 459-493.

Marx, Karl; Friedrich Engels. „Reden auf der Gedenkfeier in Brüssel am 22. Februar 1848 zum 2. Jahrestag des Krakauer Aufstandes von 1846", Karl Marx, Friedrich Engels, *Werke* (Berlin: Dietz, 1976), Bd. 4, 519-525.

Marzec, Wiktor. „Momenty polityczności. Kazimierz Kelles-Kraus – między dialektyką dziejów a stanowieniem polityki demokratycznej", *Internetowy Magazyn Filozoficzny Hybris* 16 (2012). http://cejsh.icm.edu.pl/cejsh/element/bwmeta1.element.hdl_11089_1400 [Zugriff 10.6.2020].

Masing-Delic, Irene. „Creating the Living Work of Art. The Symbolist Pygmalion and its Antecedents“, Irina Paperno, Joan Delaney Grossman (Hg.), *Creating Life. The Aesthetic Utopia of Russian Modernism* (Stanford: Stanford University Press, 1994), 51-82.

Matich, Olga. „The Symbolist Meaning of Love: Theory and Pracitce“, Irina Paperno, Joan Delaney Grossman (Hg.), *Creating Life. The Aesthetic Utopia of Russian Modernism* (Stanford: Stanford University Press, 1994), 24-50.

Matthiessen, Kjeld. „Wilhelm von Humboldt und das Studium des Altertums“, Gerhard Lohse (Hg.), *Aktualisierung von Antike und Epochenbewusstsein. Erstes Bruno Snell-Symposium der Universität Hamburg am Europa-Kolleg* (München, Leipzig: Saur, 2003), 179-197.

Matuštík, Martin J. „Kierkegaard as Socio-Political Thinker and Activist“, *Man and World* 1994, 27, 211-224.

Matuszewski, Ignacy. *Słowacki i nowa sztuka (modernizm): twórczość Słowackiego w świetle poglądów estetyki nowoczesnej: studyum krytyczno-porównawcze* (Warszawa: Gebethner i Wolff, 1902).

Mauss, Marcel. *Schriften zum Geld*, hg. von Hans Peter Hahn, Mario Schmidt, Emanuel Seitz, übersetzt von Eva Moldenhauer (Frankfurt am Main: Suhrkamp, 2015).

Mauthner, Fritz. *Wörterbuch der Philosophie* (Leipzig: Meiner, 1923).

McLellan, David. *The Young Hegelians and Karl Marx* (London: McMillan, 1970).

Mead, Georg Herbert. *Mind, Self, and Society: From the Standpoint of a Social Behaviorist* (Chicago CUP, 2009).

Mehring, Franz. „Die polnische Frage“, *Gesammelte Schriften* (Detz: Berlin, 1960), Bd. 7, 35-61.

Meier, Lars. *Konzepte ästhetischer Erziehung bei Schiller und Hölderlin* (Bielefeld: Aisthesis, 2015).

Meinecke, Friedrich. *Weltbürgertum und Nationalstaat. Studien zur Genesis des deutschen Nationalstaates* (München, Berlin: Oldenbourg, 1911).

Menke, Christoph. „Ästhetik der Tragödie. Romantische Perspektiven“, Bettine Menke, Christoph Menke (Hg.), *Tragödie – Trauerspiel – Spektakel. Recherchen* 2007, 38, 179-198.

Menke, Christoph. *Tragödie im Sittlichen. Gerechtigkeit und Freiheit nach Hegel* (Frankfurt am Main: Suhrkamp 1996).

Menninghaus, Winfried. „Die frühromantische Theorie von Zeichen und Metapher“, *The German Quarterly* 1989, 1(62), 48-58.

Methlagl, Walter. „Versunken in das sanfte Seitenspiel seines Wahnsinns. Zur Rezeption Hölderlins im Brenner vor 1815“, Walter Methlagl et al. (Hg.), *Untersuchungen zum Brenner. Festschrift für Ignaz Zangerle zum 75. Geburtstag* (Salzburg: Otto Müller, 1981).

Meyer, Anne-Rose (Hg.). *Vormärz und Philhellenismus* (Bielefeld: Transcript, 2013).

Meyer-Fraatz, Andrea. *Die slavische Moderne und Heinrich von Kleist: zur zeitbedingten Rezeption eines Unzeitgemäßen in Russland, Polen und Kroatien* (Wiesbaden: Harrassowitz 2002).

Mejerhol'd, Vsevolod [Wsewolod Meyerhold]. „Aus einer Rede während einer Diskussion über Die schöpferische Methode des Meyerhold-Theaters", *Schriften*, übersetzt von M. Schilov et al. (Berlin: Henschelverlag, 1979), Bd. 2.

Michalski, Jerzy. *Rousseau i sarmacki republikanizm* (Warszawa: PWN, 1977).

Michelet, Jules. *Légendes démocratiques du Nord* (Paris: Calmann Lévy, 1877).

Mickiewicz, Adam. *Bücher der Polnischen [sic!] Nation und der Polnischen [sic!] Pilgerschaft*, übersetzt von J.P.B. Gaugen (Paris: Heideloff, 1833).

Mickiewicz, Adam. „O partii polskiej", *Dzieła*, hg. von Julian Krzyżanowski (Warszawa: Czytelnik, 1955), Bd. 6, 95-99.

Mickiewicz, Adam. „Posiedzenie Zgromadzenia Narodowego", *Dzieła*, hg. von Julian Krzyżanowski (Warszawa: Czytelnik, 1955), Bd. 12, 118-119.

Mickiewicz, Adam. *Cours de littérature slave professé au Collège de France I-IV, Pisma. Wydanie zupełne*, hg. von Julian Klaczko (Paris: Martinet, 1860), Bd. 7-11.

Mickiewicz, Adam. *Die Bücher des Polnischen [sic!] Volkes und der Polnischen [sic!] Pilgerschaft, übersetzt von P.J.B. Gauger* (Paris: Heiderloff, 1833).

Mickiewicz, Adam. *Die Totenfeier. Ein Poem*, übersetzt von Siegfried Lipiner, Walther Victor (Hg.), *Mickiewicz. Ein Lesebuch für unsere Zeit* (Weimar: Volksverlag, 1955), 239-339.

Mickiewicz, Adam. *Dziady. Dzieła*, hg. von Julian Krzyżanowski (Warszawa: Czytelnik, 1955), Bd. 3.

Mickiewicz, Adam. *Konrad Wallenrod. Powieść historyczna z dziejów litewskich i pruskich, Dzieła*, hg. von Julian Krzyżanowski (Warszawa: Czytelnik, 1955), Bd. 2, 67-150.

Mickiewicz, Adam. *Konrad Wallenrod. Geschichtliche Erzählung aus Litauens und Preussens Vorzeit*, übersetzt von Arthur Ernst Rutra (bearbeitet), Walther Victor (Hg.), *Mickiewicz. Ein Lesebuch für unsere Zeit* (Weimar: Volksverlag, 1955), 179-378.

Mickiewicz, Adam. „Puschkin und die literarische Bewegung in Rußland", Walther Victor (Hg.), *Mickiewicz. Ein Lesebuch für unsere Zeit* (Weimar: Volksverlag, 1955), 497-504.

Mieth, Günther. *Friedrich Hölderlin: Dichter der bürgerlich-demokratischen Revolution* (Würzburg: Könighaus und Neumann, 2001).

Mill, John Stuart. *On Liberty* (London, New York, Melbourne: Walter Scott: 1989).

Miller, J. Hillis. *Narrative and its Discontents: Problems of Closure in the Traditional Novel* (Princeton: Princeton University Press. 1981).

Miller, Jörn. „Der Mensch als Marionette: Psychologie und Handlungstheorie", Christoph Horn (Hg.), *Platon: Gesetze – Nomoi* (Berlin: Akademie, 2013), 45–66.

Miłosz, Czesław. „Bieliński i jednorożec", *Wielkie pokuszenie* (Toruń: Archiwum emigracji, 2001), 31-48.

Miłosz, Czesław. *Verführtes Denken*, übersetzt von Alfred Looepfe (Frankfurt am Main: Suhrkamp, 1980).

Miłosz, Czesław. *Zniewolony umysł, Dzieła zbiorowe* (Paryż: Instytut Literacki, 1985), Bd. 3.

Mitchell, Leslie G. „Introduction", Edmund Burke, *Writings and Speeches*, hg. von L.G. Mittell, William B. Todd (Oxford: OUP, 2003), Bd. 8, 1-51.

Mittermüller, Christian. *Sprachskepsis und Poetologie: Goethes Romane ‚Die Wahlverwandtschaften' und ‚Wilhelm Meisters Wanderjahre'* (Tübingen: Niemeyer, 2008).

Mix, York-Gothart. „Wilhelm Schlegels Positionierung im literarischen Feld um 1800 (Bürger, Schiller, Voß)", York-Gothart Mix, Jochen Strobel (Hg.), *Der Europäer August Wilhelm Schlegel: Romantischer Kulturtransfer – romantische Wissenswelten* (Berlin, New York: De Gruyter, 2010), 45-56.

Mochnacki, Maurycy. „O tragedii i tragiczności", *Reforma* 1903, XIII(121), 1.

Mochnacki, Maurycy. *Powstanie narodu polskiego w r. 1830 i 1831* (Wrocław: Zygmunt Schletter, 1850).

Mochnacki, Maurycy [Mauritz]. *Über die Revolution in Deutschland* (Paris: Pinnard, 1830).

Mogil'ner, Marina. *Mifologija podpol'nogo čeloveka: radykal'nyj mikrokosm w Rossii načala XX veka kak predmet semiotičeskogo analiza* (Moskva: NLO, 1999).

Mohnike, Gottlieb Christian Friedrich. *Geschichte der Literatur der Griechen und Römer* (Greifswald: Mauritius, 1813).

Moore, Gerald. *Politics of the Gift: Exchanges in Poststructuralism* (Edinburgh: EUP, 2011).

Morawski, Stefan. „The Aesthetic Views of Marx and Engels", *The Journal of Aesthetics and Art Criticism* 1970, 3(28), 301-314.

Morgan, Marcia. *Adorno's Reception of Kierkegaard*, http://www.sorenkierkegaard.nl/artikelen/Engels/095.%20Adorno's%20reception%20of%20kierkegaard.pdf [Zugriff 12.08.2014].

Moritz, Karl Philipp. „Über die bildende Nachahmung des Schönen", *Werke in zwei Bänden*, hg. von Jürgen Jahn (Berlin, Weimar: Aufbau, 1973), 255-290.

Morris, Marcia A. *Writing the Time of Troubles. False Dmity in Russian Literature* (Boston: Academic Studies Press, 2018).

Mouffe, Chantal; Ernesto Laclau. *Hegemonie und radikale Demokratie. Zur Dekonstruktion des Marxismus*, übersetzt von Michael Hintz, Gerd Vorwallner (Wien: Passagen, 2012).

Mounier, Jacques. *La Fortune des écrits de Jean-Jacques Rousseau dans les pays de langue allemande de 1782 à 1813* (Paris: PUF, 1980).

Mroczkowska-Brand, Katarzyna. „Słowacki i Calderón *Książę niezłomny*: Od imitacji idealnego rycerza do imitacji Chrystusa (studium translatologiczne)", Maria Cieśla-Korytkowska et al. (Hg.), *Juliusz Słowacki – Poeta europejski* (Kraków: Universitas, 2000), 113-127.

Mrugalski, Michał. „Die Macht der Gewohnheit. Der mathematische und ästhetische Formalismus von Leon Chwistek im Kampf gegen die Phänomenologie und die Langeweile", übersetzt von Christian Nastal, *Schwerpunkt: polnische Literaturtheorie. Welt der Slaven. Internationale Halbjahresschrift für Slavistik*, hg. von Michał Mrugalski, Schamma Schahadat, Jahrgang 61 (2016), Heft 1, 164-190.

Mrugalski, Michał. „Romantyzm. Najnowszy antyk. Greckie źródło niemieckiego i polskiego romantyzmu", *Gotycyzm. Prace Filologiczne* 2010, 3(9), 55-78.

Mrugalski, Michał. „The Birth of History from the Spirit of Greek Tragedy. Metahistory – Mythopoesis – Mythistory", *Interpretations. European Research Project for Poetics & Hermeneutics* 2010, 4, , 195-220.

Mrugalski, Michał. „Vers une stylistique de l'acte. La querelle de Karol Irzykowski et Stanisław Brzozowski à propos du *Trésor* de Leopold Staff dans le contexte des philosophies polonaise et allemande", übersetzt von Katia Vandenborre, *Slavistica Bruxellensia* 2015, 11, 1-27.

Mrugalski, Michał. „Styl – semantyka – pragmatyka", Danuta Ulicka (Hg.), *Wiek teorii. Stulecie badań literackoteoretycznych w Polsce* (Warszawa: IBL, 2020), Bd. 1, 231-286.

Muchnic, Helen. „The Concept of Tragedy in Russian and Soviet Literature", *Russian Review* 1964, 1(23), 25-34.

Mueller-Vollmer, Kurt. „Humboldts Bildungspolitik und die Französische Revolution", Friedrich A. Kittler, Manfred Schneider, Samuel Weber (Hg.), *Diskursanalysen 2: Institution Universität* (Opladen: Westdeutscher Verlag, 1990), 63-81.

Mühr, Alfred. *Rund um Gendarmenmarkt. Von Iffland bis Grundgens* (Berlin: Stalling, 1965).

Mukařovský, Jan. „Zum heutigen Stand einer Theorie des Theaters", Klaus Lazarowicz, Christopher Balme (Hg.), *Texte zur Theorie des Theaters* (Stuttgart: Reclam, 2008), 87-99.

Müller, Adam. *Die Elemente der Staatskunst* (Berlin: Sander 1809).

Müller, Adam. „Fragmente über die dramatische Poesie und Kunst", *Kritische, ästhetische und philosophische Schriften*, hg. von Walter Schroeder, Werner Siebert (Neuwied, Berlin: Luchterhand, 1967), Bd. 1, 141-157.

Müller, Adam. „Lehre vom Gegensatze", *Kritische, ästhetische und philosophische Schriften,* hg. von Walter Schroeder, Werner Siebert (Neuwied, Berlin: Luchterhand, 1967), Bd. 2, 195-250.

Müller, Adam. „Prolegomena einer Kunst-Philosophie", *Kritische, ästhetische und philosophische Schriften*, hg. von Walter Schroeder, Werner Siebert (Neuwied, Berlin: Luchterhand, 1967), Bd. 2, 151-187.

Müller, Adam. *Über die dramatische Kunst, Kritische, ästhetische und philosophische Schriften*, hg. von Walter Schroeder, Werner Siebert (Neuwied, Berlin: Luchterhand, 1967), Bd. 1, 141-291.

Müller, Adam. „Über einen philosophischen Entwurf von Herrn Fichte, betitelt der geschlossene Handelsstaat", *Neue Berlinische Monatsschrift*, Dezember 1801.

Müller, Adam. *Vermischte Schriften über Staat, Philosophie und Kunst* (Wien: Tamasinische Buchhandlung, 1812).

Müller, Adam. *Versuch einer neuen Theorie des Geldes mit besonderer Rücksicht auf Großbritannien* (Leipzig, Altenburg: Brockhaus, 1816).

Müller, Adam. „Vom Organismus in Natur und Kunst", *Kritische, ästhetische und philosophische Schriften*, hg. von Walter Schroeder, Werner Siebert (Neuwied, Berlin: Luchterhand, 1967), Bd. 1, 33-37.

Müller, Adam. „Von der Notwendigkeit einer theologischen Grundlage der gesamten Staatswissenschaften und der Staatswirtschaft insbesondere", *Gesammelte Schriften* (München: Franz, 1839), Bd. 1.

Müller, Adam. *Von der Idee der Schönheit, Kritische, ästhetische und philosophische Schriften*, hg. von Walter Schroeder, Werner Siebert (Neuwied, Berlin: Luchterhand, 1967), Bd. 2, 9-152.

Müller, Adam. *Vorlesungen über die deutsche Wissenschaft und Literatur, Kritische, ästhetische und philosophische Schriften*, hg. von Walter Schroeder, Werner Siebert (Neuwied, Berlin: Luchterhand, 1967), Bd. 1, 13-140.

Muller, Paul. *Untersuchungen zum Problem Der Freimaurerei Bei Lessing, Herder und Fichte* (Bern: Haupt, 1965).

Murguía, Adolpho. „Abhängigkeit und Selbstbehauptung. Bemerkungen zum Streit zwischen Hegel und Schleiermacher – Ein Beitrag zur Systematik des deutschen Idealismus", J. Oroz Arizcuren et al. (Hg.), *Navicula Tubingensis: studia in honorem Antonii Tova* (Tübingen: Narr, 1984), 309-318.

Muschg, Walter. „Deutschland ist Hamlet", *Die Zeit*, 24. April 1964 und 1. Mai 1964, http://www.zeit.de/1964/17/deutschland-ist-heimat; http://www.zeit.de/1964/18/deutschland-ist-hamlet-ii [Zugriff 11.12.2015].

Muschg, Walter. *Tragische Literaturgeschichte* (Zürich: Diogenes, 2006).

Musto, Marcello. „History, Production and Method in the 1857 'Introduction'", Marcello Musto (Hg.), *Karl Marx's 'Grundrisse': Foundations of the Critique of Political Economy 150 Years Later* (London, New York: 2008), 3-32.

Namier, Lewis Bernstein. *1948. The Revolution of Intellectuals* (Oxford: OUP, 1992).

Nancy, Jean-Luc. „Note sur le terme ‚biopolitique'", *La création du monde ou la mondalisation* (Paris: Galilée, 2002), 137-143.

Namowicz, Tadeusz. „Adam Mickiewiczs ‚Vorwort' zu den *Balladen und Romanzen* und die deutsche Literatur um 1800", Ewa Mazur-Kębłowska, Ulrich Ott (Hg.), *Adam*

Mickiewicz und die Deutschen. Eine Tagung im Deutschen Literaturarchiv Marbach am Neckar (Wiesbaden: Harrassowitz, 2000), 50-64.

Neiman, Susan. *The Unity of Reason: Rereading Kant* (Oxford: OUP, 1994).

Neubauer, Kai. *Heinrich Heines heroische Leidenschaften. Anthropologie und Sinnlichkeit von Bruno bis Feuerbach* (Stuttgart: Metzler, 2000).

Nicieja, Stanisław S.; Mariusz Patelski. „Rok 1846 we Lwowie. Stracenie Kapuścińskiego i Wiśniowskiego i ich kult we Lwowie“, Michał Śliwa (Hg.), *Rok 1846 w Galicji. Ludzie wydarzenia tradycje. Zbiór studiów* (Kraków: Wydawnictwo Naukowe WSP, 1997), 77-100.

Nicolai di Kusa. *Trialogus de possest, Opera omnia*, hg. von Renata Steiger (Hamburg, 1973), Bd. 11.

Nicolin, Günther (Hg.). *Hegel in Berichten seiner Zeitgenossen* (Hamburg: Meiner, 1970).

Niehues-Pröbsting, Heinrich. *Der Kynismus des Diogenes und der Begriff des Zynismus* (Frankfurt am Main: Suhrkamp, 1988).

Niels J. Cappelørn et al. (Hg.). *Schopenhauer – Kierkegaard: Von der Metaphysik des Willens zur Philosophie der Existenz* (Berlin, New York: De Gruyter 2011).

Nietzsche, Friedrich. „David Strauß. Der Bekenner und der Schriftsteller“, *Werke*, hg. von Karl Schlechta (München: Hanser, 1954), Bd. 1, 137-209.

Nietzsche, Friedrich. „Der Fall Wagner“, *Werke*, hg. von Karl Schlechta (München: Hanser, 1954), Bd. 2, 903-939.

Nietzsche, Friedrich. „Vom Nutzen und Nachteil der Historie für das Leben“, *Werke*, hg. von Karl Schlechta (München: Hanser, 1954), Band 1, 219-230.

Nietzsche, Friedrich. *Die Geburt der Tragödie aus dem Geiste der Musik, Werke*, hg. von Karl Schlechta (München: Hanser, 1954), Bd. 1, 9-134.

Nietzsche, Friedrich. *Götzen-Dämmerung, Werke*, hg. von Karl Schlechta (München: Hanser, 1954), Bd. 2, 941-1033.

Nietzsche, Friedrich. *Zur Genealogie der Moral. Eine Streitschrift, Werke*, hg. von Karl Schlechta (München: Hanser, 1954), Bd. 2, 762-900.

van Nieukerken, Arent. *Ironiczny konceptyzm. Nowoczesna polska poezja metafizyczna w kontekście anglosaskiego modernizmu* (Kraków: Universitas, 1997).

Norwid, Cyprian Kamil. *Krakus. Der unbekannte Fürst. Eine Tragödie* (Borchen: Möllman, 2014).

Norwid, Cyprian Kamil. *Pisma wszystkie*, hg. von Witold Gomulicki (Warszwa: PIW, 1971-1976).

Norwid, Cypiran Kamil. *Vade-Mecum: Gedichtzyklus. Polnisch-Deutsch*, übersetzt und hg. von Rolf Fieguth; mit einem Vorwort von Hans-Robert Jauß (Munchen: Fink, 1981).

Novalis, *Schriften. Die Werke Friedrich von Hardenbergs*, hg. von Paul Kluckhohn, Richard Samuel (Stuttgart: Kohlhammer, 1968).

Novalis, *Werke*, hg. von Gerhard Schulz (München: Beck, 1987).

Novgorodcev, Petr (Hg.). *Problemy idealizma. Sbornik statej* (Moskva: Izdanie Moskovkogo psichologičeskogo obščestva, 1902);

Nuttall, Anthony D. *Why Does Tragedy Give Pleasure?* (Oxford: Oxford University Press, 1996).

Oberparleiter-Lorke, Elke. *Der Freiheitsbegriff bei Rousseau: Rousseaus praktisches System der Freiheit im Kontext der deutschen Transzendentalphilosophie und eines modernen, interpersonalen Freiheitsbegriffs* (Würzburg: Königshausen & Neumann, 1997).

Odyniec, Antoni Edward. *Listy z podróży z Warszawy do Rzymu* (Warszawa: Gebethner i Wolff, 1875).

Oesterle, Günter. „Friedrich Schiller und die Brüder Schlegel", *Monatshefte*, vol. 97, No. 3, *Begegnungen Mit Schiller / Encounters with Schiller* (Fall, 2005), 461-467.

Oesterle, Günter. „Schiller und die Romantik. Eine kontroverse Konstellation zwischen klassizistischer Sympoesie und romantischer Sympolemik", Walter Hinderer (Hg.), *Friedrich Schiller und der Weg in die Moderne* (Würzburg: Könighausen und Neumann, 2006), 401-420.

Olender, Maurice. *Les Langues du Paradis. Aryens et Sémites: un couple providentiel* (Paris: Seuil, 1989).

Oleszkiewicz, Bolesław. „Dziady", historia, romantyzm (Gdańsk: słowo/obraz terytoria, 2008).

Osińska, Katarzyna. *Teatr rosyjski wobec tradycji. Kontynuacje, zerwania, transformacje* (Gdańsk: słowo/obraz terytoria, 2009).

Ospovat, Kirill. *Terror and Pity: Aleksandr Sumarokov and the Theater of Power in Elizabethan Russia* (Boston: Academic Studies Press, 2016).

Osterwa, Juliusz. *Z zapisków*, hg. von Ireneusz Guszpit (Wrocław: Wiedza o Kulturze, 1992).

Osterwald, Birgit. *Das Demetrius-Thema in der russischen und deutschen Literatur. Dargestellt an A. P. Sumarokovs „Dimitrij Samozvanec", A. S. Puskins „Boris Godunov" und F. Schillers „Demetrius"* (Münster: Aschendorff, 1982).

Ostrowska, Joanna. „Teatr", *'68 – polityka, kontestacja, kontrkultura, enviroment, ulica*, Hanna Wróblewska et al. (Hg.), „Teatr", *'68 – polityka, kontestacja, kontrkultura, enviroment, ulica* (Warszawa: Zachęta Narodowa Galeria Sztuki, 2008), 59-66.

Ottmann, Henning. „Carl Schmitt", Graf Karl Ballestrem, Henning Ottmann (Hg.), *Politische Philosophie des 20. Jahrhunderts* (München, Wien: Oldenbourg, 1990), 61-88.

Ottmann, Henning. „Die Rose im Kreuz der Gegenwart", *Hegel-Jahrbuch* 1999, 142-161.

Ottmann, Henning. *Geschichte des politischen Denkens* (Stuttgart: Metzler, 2008).

Ottmann, Henning. *Hegel im Spiegel der Interpretationen* (*Quellen und Studien zur Philosophie*) (Berlin, New York: De Gruyter, 1977).

Ozouf, Mona. *La fête révolutionaire 1789-1799* (Paris: Gallimard, 1976).

Paramonov, Boris. „Formalizm: metod ili mirovozzrenie?“, *Novoe literaturnoe obozrenie* 1995, 14, 35-52.

Parker, Andrew; Eve Kosofsky Sedgwick (Hg.). *Performativity and Performance* (London, New York: Routledge, 1995).

Pascal, Blaise. *Pensées*, hg. von Philippe Sellier (Paris: Mercure de France, 1976).

Pater, Walter. „Shakespeare's English Kings“, *Appreciations. With an Essay on Style* (London, New York: Macmillan, 1895), 185-204.

Paulus, Heinrich Eberhard Gottlob. *Die endlich offenbar gewordene positive Philosophie der Offenbarung; oder Entstehungsgeschichte, wörtlicher Text, Beurtheilung und Berichtigung der v. Schellingischen Entdeckungen über Philosophie überhaupt, Mythologie und Offenbarung des dogmatischen Christenthums im Berliner Wintercursus von 1841-42* (Darmstadt: Leske, 1843).

Peter, John. *Vladimir's Carrot: Modern Drama and the Modern Imagination* (London: Deutsch, 1987).

Peter, Stefanie. „Warum die Polen Zombies und Vampire lieben“, http://www.welt.de/kultur/literarischewelt/article130596264/Warum-die-Polen-Zombies-und-Vampire-lieben.html [Zugriff 12.8.2015].

Pettit, Philip. *Made with Words: Hobbes on Language, Mind, and Politics* (Princeton, Oxford: PUP, 2009)

Petzer, Tatjana. „Symbol und Theurgie: Zur Transformationsästhetik Der Russischen Moderne“, *Poetica* 2013, ¾, 347-75.

Petzer, Tatjana. „Auferweckung als Programm. Entgrenzungen des Lebendigen in der russischen Moderne“, Katrin Solhdju, Ulrike Vedder (Hg.), *Das Leben vom Tode her. Zur Kulturgeschichte einer Grenzziehung* (Paderborn: Wilhelm Fink, 2015), 117-137.

Pfister, Manfred. „Germany is Hamlet: The History of a Political Interpretation“, *New Comparision* 1986, 2, 106-126.

Pfister, Manfred. *The Theory and Analysis of Drama*, übers. von J. Halliday (Cambridge: Cambridge University Press, 1988).

Pinker, Steven. *The Language Instinct. How the Mind Creates Language* (New York: William Morrow, 1994).

Piotrovskij, Adrian. „Melodrama ili tragedija!“, *Teatr. Kino. Žizn'*, hg. von E. Dobina (Leningrad: Iskusstvo, 1969), 63–65.

Piotrovskij, Adrian, „Teatr vsego naroda. Teatral'nyj kružok“, *Žizn' iskusstva*, 20–21 May 1920, 1.

Pirker, Theo (Hg.). *Die Moskauer Schauprozesse 1936-1938* (München: dtv, 1963).

Pitkin, Hanna. „*Representation*“, Terence Ball, James Farr, Russel L. Hanson (Hg.), *Political Innovation and Conceptual Change* (Cambridge: Cambridge University Press, 1989), 209-240.

Platon. „Philebos“, übersetzt von Ludwig von Georgii, *Sämtliche Werke.* vol 3 (Berlin: Lambert Schneider, 1940).

Platon. *Nomoi*, übersetzt von Friedrich Susemihl (Stuttgart: Metzler, 1862).

Platon. *Sämtliche Werke*, übersetzt von Friedrich Schleiermacher et al., hg. von Erich Loewenthal (Berlin: Lambert Schneider, 1940).

Plessner, Helmuth. *Die verspätete Nation: Über die politische Verführbarkeit bürgerlichen Geistes* (Stuttgart: Kohlhammer, 1959).

Plotnikov, Nikolaj. „Kant i Nicše", Irina Grifcova, Nina Dmitrieva (Hg.), *Neokantianstvo nemeckoe i russkoe: meždu teoriej poznanija i kritikoj kultury* (Moskva: 2010), 373-378:

Plotnikov, Nikolaj. „Struktura kak ključevoe ponjatie germenevtičeskogo iskusstvoznanija. K istorii nemecko-russkich idejnych svjazej 1920-ch gg.", *Logos* 2010, (75), 35-51.

Pocock, John G.A. „The Political Economy of Burke's Analysis of the French Revolution", *Historical Journal* 1982, 25, 331-49.

Pöggeler, Otto. „Hegel und die Französische Revolution", *Verfassung und Revolution. Hegels Verfassungskonzeption und die Revolutionen der Neuzeit. Hegel-Studien-Beiheft 42*, hg. von Elisabeth Weisser-Lohmann und Dietmar Köhler (Hamburg: Meiner, 2000), 210-225.

Pöggeler, Otto. *Hegels Kritik der Romantik* (München: Fink, 1997).

Poole, Adrian. *Tragedy: Shakespeare and the Greek Example* (Blackwell, 1987).

Pol, Wincenty. *Dzieła wierszem i prozą* (Lwów: Richter, 1878).

Porębski, Mieczysław. *Ikonosfera* (Warszawa: PIW, 1972).

Proudhon, Pierre Joseph. *Bekenntnisse eines Revolutionärs um zur Geschichtsschreibung der Februarrevolution beizutragen*, hg. von Günter Hillmann (Reinbek bei Hamburg: Rowohlt, 1969).

Prütting, Lenz. *Die Revolution des Theaters. Studien über Georg Fuchs* (München: Kitzinger, 1971).

Przybylski, Ryszard. *Krzemieniec. Opowieść o rozsądku zwyciężonych* (Warszawa: Wydawnictwo Sic!, 2003).

Puškin, Aleksandr. *Boris Godunov, tragedija*, hg. von S.A. Fomičeva (Sankt-Peterburg: Akademičeskij projekt, 1996).

Puškin, Aleksandr. *Sobranie sočinenij* (Moskva: Chudožestvennaja literatura, 1960).

Puzynina, Jadwiga. „Ironia jako element języka osobniczego", Jerzy Brzeziński (Hg.), *Język osobniczy jako przedmiot badań lingwistycznych*, (Zielona Góra: Wyd. UZG, 1988), 35-44.

Rammelmeyer, Alfred. „Dostojevskijs [sic!] Begegnung mit Belinskij (Zur Deutung der Gedankenwelt Ivan Karamazovs): Teil II", *Zeitschrift für Slavische Philologie* 1952, 2 (21), 273-292.

Rancière, Jacques. „The Aesthetic Revolution and its Outcomes", *New Left Review* 2003, 14, 133-151.

Randers-Pehrson, Justine Davis. *Germans and the Revolution of 1848-1849* (New York et al.: Peter Lang, 1999).

von Ranke, Leopold (Hg.). *Denkwürdigkeiten des Staatskanzlers Fürsten von Hardenberg* (Leipzig: Duncker & Humblot, 1877).

Ranke, Wolfgang. *Theatermoral: moralische Argumentation und dramatische Kommunikation in der Tragödie der Aufklärung* (Würzburg: Königshausen & Neumann, 2009).

Ratajczakowa, Dobrochna. *W krysztale i płomiemienu. Studia i szkice o dramacie i teatrze* (Wrocław: Wydawnictwo UWr, 2006), Bd. 1.

Rau, Johannes. *Rede vom 10. März 2000 das Memmingener Bauernparliament 1525*, http://www.bundespraesident.de/SharedDocs/Reden/DE/Johannes-Rau/Reden/2000/03/20000310_Rede.html [Zugriff 29.12.2015].

Reinhardt, Hartmut. „Eine Tragödie von der erschütterndsten Wirkung: Richard Wagners *Der Ring des Nibelungen* als Beitrag zur Dramatik des 19. Jahrhunderts", Daniel Fulda, Thorsten Valk (Hg.), *Die Tragödie der Moderne. Gattungsgeschichte – Kulturtheorie – Epochendiagnose* (Berlin: Walter de Gruyter, 2010), 127-159.

Reinhardt, Karl. „Hölderlin und Sophokles", *Krise des Helden. Beiträge zur Literatur und Geistesgeschichte* (München: dtv), 89-106.

Rewes, Ewa (Hg.). *Miasto w sztuce – sztuka miasta* (Kraków: Universitas, 2010).

Rey, Wilhelm H. *Deutschland und die Revolution. Der Zerfall der humanistischen Utopie in Theorie und Drama* (Bern, New York: Peter Lang, 1987).

Riccoboni, Antoine François. *L'art du théâtre, Á madame **** (Paris: Simmon, Giffart, 1750).

Ricoeur, Paul. *Sur la traduction* (Paris: Bayard, 2004).

Ricouer, Paul. *Die Interpretation. Ein Versuch über Freud* (Frankfurt am Main: Suhrkamp, 1969).

Rioux, Jean-Pierre. *La révolution industrielle 1780-1880* (Paris: Seuil, 1971).

Ritter, Joachim. *Hegel und die Französische Revolution* (Frankfurt am Main: Suhrkamp, 1996).

Ritter, Joachim. „Hegel und die Reformation", *Metaphysik und Politik. Studien zu Aristoteles und Hegel* (Frankfurt am Main: Suhrkamp, 2003), 310-317.

Robespierre, Maximilien. *Discours sur la liberté de la presse prononce à la societe des Amis de la Constitution le 11 Mai 1791*, http://gallica.bnf.fr/ark:/12148/bpt6k6264713m/f5.image [Zugriff 5.11.2015].

[Robespierre, Maximilien.] *Projet, rédigé par Robespierre, du rapport fait à la Convention nationale par Saint-Just, contre Fabre d'Églantine, Danton, Philippeaux, Lacroix et Camille Desmoulins: manuscrit inédit, publié sur les autographes, avec des notes ... et un fac-similé, suivi d'une lettre de Mlle de Robespierre* (Paris: 1841).

Robespierre, Maximilien. „Sur le rapport des idées religieuses et morales avec les principes républicains et sur les fêtes nationales", *Oeuvres de Robespierre*, hg. von Auguste Vermorel (Paris: Cournol, 1867), 308-336.

Rochol, Hans. „Einleitung", Søren Kierkegaard, *Der Begriff Angst: Eine schlichte psychologisch-hinweisende Erwägung in Richtung auf das dogmatische Problem der Erbsünde von Vigilius Haufniensis*, hg. von Hans Rochol (Hamburg: Meiner, 1984), V-LXXX.

Rocco, Christopher. „Conclusion. The Tragedy of Critical Theory", *Tragedy and Enlightenment. Athenian Political Thought and the Dilemmas of Modernity* (Berkeley: University of California Press, 1997), 171-208.

Roetscher, Heinrich Theodor. *Cyclus dramatischer Charaktere oder die Kunst der dramatischen Darstellung* (Berlin: Thome, 1844).

Rogovin, Vadim. *1937: Stalin's Year of Terror*, übersetzt von Frederick S. Choate (Oak Park: Mehring Books, 1998).

Roguski, Piotr. „Mickiewiczs Bücher des polnischen Volkes und der polnischen Pilgerschaft als Diskurs über die Freiheit 1830-1833", Eva Mazur-Keblowski, Ulrich Ott (Hg.), *Adam Mickiewicz und die Deutschen* (Wiesbaden: Harrassowitz, 2000), 138-149.

Rokem, Freddie. „Theatrical and Transgressive energies", Philip Auslander (Hg.), *Performance. Critical Concpets in Literary and Cultural Studies* (London, New York: Routledge 2003), Bd. 1, 291-308.

Rolland, Romain. *Le théâtre du peuple: Essai d'esthétique d'un nouveau théâtre* (Paris: Albin Michel, 1903).

de Romilly, Jacqueline. *Héros tragiques, héros lyriques* (Paris: Fata Morgana, 2000).

de Romilly, Jacqueline. *Le Temps dans la tragédie grecque* (Paris: Vrin, 1971).

de Romilly, Jacqueline. *La tragédie grecque* (Paris: Quadrige, 2014).

Ronen, Omri. *Serebrjanyj vek kak umysel i vymysel* (Moskva: OGI, 2000).

Rorty, Richard. *The Linguistic Turn: Recent Essays in Philosophical Method* (Chicago, London: University of Chicago Press, 1967).

Rosanvallon, Pierre. *Le Bon Gouvernement* (Paris: Le Seuil, 2015)

Rosenshield, Gary. *Physical Pain and Justice. Greek Tragedy and the Russian Novel* (Lanham: Lexington Books, 2017).

Rosenmeyer, Thomas G. *Senecan Drama and Stoic Cosmology* (Berkeley: UCP, 1989).

Rosenzweig, Franz. *Der Stern der Erlösung* (Frankfurt aam Main: Kaufmann, 1921).

Rosenzweig, Franz. *Hegel und der Staat*, hg. von Frank Lachmann (Berlin: Suhrkamp, 2010).

Rousseau, Jean-Jacques. „Abhandlung über den Ursprung und die Grundlagen der Ungleichheit", *Schriften*, übersetzt und hg. von Henning Ritter (München, Wien: Ullstein, 1978), Bd. 1.

Rousseau, Jean-Jacques. *Bekenntnisse*, übersetzt von Ernst Hardt (Berlin, Wiegandt & Grieben, 1907).

Rousseau, Jean-Jacques. „Brief an d'Alembert", *Schriften*, hg. von Henning Ritter (München: Hanser, 1978), Bd. 1, 341-474.

Rousseau, Jean-Jacques. „Considérations sur le gouvernement de Pologne, et sur sa réformation projetée", *Collection complète des oeuvres*, hg. von Paul Moultou, du Peyron (Genève: NN, 1780-1789), Bd. 2.

Rousseau, Jean-Jacques. *Du contrat social ou Principes du droit politique* (Paris: Union Générale d'Éditions, 1963).

Rousseau, Jean-Jacques. *Emile ou de l'éducation* (Paris, Néaulme, 1762).

Rousseau, Jean-Jacques. „Le Discours sur l'origine et les fondements de l'inégalité parmi les hommes", *Oeuvres complètes* (Paris: Armand-Aubrée, 1832), Bd. 1.

Rousseau, Jean-Jacques. *Les Confessions* (Paris: Charpentier, 1841).

Rousseau, Jean Jacques. *Vom Gesellschaftsvertrag oder die Grundsätze des Staatsrecht*, übersetzt von Hans Brockhardt (Stuttgart: Reclam, 1977).

Rousseau, Jean-Jacques. *La Nouvelle Héloise, Oeuvres complètes. Littérature* (Paris: Dupont, 1824), Bd. 2.

Rudnickaja, Evgenija; Aleksandr Tartakovskij (Hg.). *14 dekabrja 1825 goda i ego istolkovateli* (*Gercen i Ogarev protiv barona Korfa*) (Moskva: Nauka, 1994).

Ruge, Arnold; Theodor Echtermeyer, „Der Protestantismus und die Romantik. Zur Verständigkeit über die Zeit und ihre Gesetze", *Hallische Jahrbücher* 1839, Nr. 245 und 246, http://www.ub.uni-koeln.de/cdm/search/collection/hallische [Zugriff 12.9.2015].

Ryan, Bartholomew. „Carl Schmitt and Søren Kierkegaard: Zones of Exception and Appropriation", Jon Stewart (Hg.), *Kierkegaard's Influence on Social-Political Thought* (London: Ashgate Publishing, 2011), 177-208.

Ryan, Lawrence. „‚Was bildet aber, stiften die Dichter.' Zu Hölderlins Konzeption von ‚Bildung'", *Hölderlin-Jahrbuch*, Bd. 36 (Eggingen: Isele, 2008-2009), 49-52.

Ryan, Lawrence. „Hölderlin und die Französische Revolution", *Deutsche Literatur und Französische Revolution. Sieben Studien* (Göttingen: Vandenhoeck und Ruprecht, 1974), 129-148.

Rymkiewicz, Jarosław Marek. „Mochnacki. Ostrygi i rewolucja. Trzy fragmenty", Marta Piwińska (Hg.), *Romantycy i Europa. Marzenia, doświadczenia, propozycje* (Warszawa: IBL, 2006), 70-89.

Rymkiewicz, Jarosław Marek; Dorota Siwicka; Alina Witkowska; Marta Zielińska. *Mickiewicz. Encyklopedia* (Warszawa: Bertelsmann, 2001).

Rymkiewicz, Jarosław Marek. *Słowacki. Encyklopedia* (Warszawa: Sic!, 2004).

Safranski, Rüdiger. *Romantik: Eine deutsche Affäre* (Frankfurt am Main: Fischer, 2009).

Šajda, Peter. „Tracing the Trajectory of Kierkegaard's Unintended Triumphs and Defeats", Jon Steward (Hg.), *Kierkegaard's Influence on Philosophy. Kierkegaard Research: Sources, Reception and Resources, vol 11* (Farnham, Burlington: Ashgate, 2012), Bd. 1, 3-48.

Salat, Jakob. *Über den Geist der Philosophie mit kritischen Blicken auf einige der neueren und merkwürdigen Erscheinung im Gebiete der philosophischen Literatur* (München: Lentner, 1803).

Saller, Reinhard. *Schöne Ökonomie: die poetische Reflexion der Ökonomie in frühromantischer Literatur* (Würzburg: Königshausen & Neumann, 2007).

Salzani, Carlo. „In a Messianic Gesture. Agamben's Kafka", Brendan Moran, Carlo Salzan (Hg.), *Philosophy and Kafka* (Plymouth: Lexington, 2013), 147-163.

Samuels, Andrew. *The Political Psyche* (London, New York: Routledge, 1993).

Sand, George. „Essai sur le drame fantastique: Goethe, Byron, Mickiewicz", *Revue de deux mondes*, 1er déc. 1839, Bd. 20, 593-645.

Sandkühler, Hans Jörg. „Einleitung. Positive Philosophie und demokratische Revolution", Friedrich Wilhelm Joseph Schelling, *Das Tagebuch 1848. Rationale Philosophie und demokratische Revolution*, hg. von Hans Jörg Sandkühler (Hamburg: Meiner, 1990), V-LXIV.

Sawrymowicz, Eugeniusz (Hg.). *Kalendarz życia i twórczości Juliusza Słowackiego* (Wrocław: Zakład Narodowy im. Ossolińskich, 1960).

Schadewaldt, Wolfgang. „Die Empedokles-Tragödie Hölderlins. Ein Vortrag", *Antike und Gegenwart. Über die Tragödie* (München: dtv, 1966), 97-112.

Schadewaldt, Wolfgang. „Hölderlins Übersetzungen des Sophokles", *Antike und Gegenwart. Über die Tragödie* (München: dtv, 1966), 113-174.

Schäfer, Martin J. *Szenischer Materialismus. Dionysische Theatralität zwischen Hölderlin und Hegel* (Wien: Passagen, 2003).

Schahadat, Schamma. *Das Leben zur Kunst machen. Lebenskunst in Russland vom 16. bis zum 20. Jahrhundert* (München: Fink, 2004).

Scharfschwerdt, Jürgen. *Friedrich Hölderlin. Der Dichter des „deutschen Sonderwegs"* (Stuttgart: Kohlhammer, 1994).

Schechner, Richard. *Between Theater and Anthropology* (Philadelphia: Pennsylvania University Press, 1985).

Schechner, Richard. *Performance Theory* (London, New York: Routledge, 2003).

Scheler, Max. „Zum Phänomen des Tragischen", *Abhandlungen und Aufsätze* (Leipzig: Weisse Bücher 1915), Bd. 1, 275–315.

Schelling, Friedrich Wilhelm Joseph. *Das Tagebuch 1848. Rationale Philosophie und demokratische Revolution*, hg. von Hans Jörg Sandkühler (Hamburg: Meiner, 1990).

Schelling, Friedrich Wilhelm Joseph. *Philosophie der Kunst, Sämtliche Werke*, hg. von Karl Friedrich August Schelling (Stuttgart, Augsburg: Cotta 1859), Bd. 5.

Schelling, Friedrich Wilhelm Joseph. „Philosophische Briefe über Dogmatismus und Kriticismus", *Historisch-Kritische Ausgabe*, hg. von Michael Baumgartner et al. (Stuttgart: Frommann-Holzboog, 1982), Bd. 3, 47-112.

Schelling, Friedrich Wilhelm Joseph. „Philosophische Untersuchungen über das Wesen der menschlichen Freiheit und die damit zusammenhängenden Gegenstände", *Sämtliche Werke*, hg. von Karl Friedrich August Schelling (Stuttgart, Augsburg: Cotta 1859), Bd. 7, 429-512.

Schelling, Friedrich Wilhelm. *Urfassung der Philosophie der Offenbarung*, hg. von Walter E. Ehrhardt (Stuttgart: Meiner, 2004).

Schelling, Friedrich Wilhelm Joseph. „Vom ich als Prinzip der Philosophie oder über das Unbedingte im menschlichen Wissen", *Sämtliche Werke*, hg. von Karl Friedrich August Schelling (Stuttgart, Augsburg: Cotta 1859), Bd. 1, 149-244.

Scherer, Peter. *Das Problem des Todes in der Philosophie* (Darmstadt: Wissenschaftliche Buchgesellschaft, 1979).

Schiller, Friedrich. „Briefe über Don Karlos", *Sämtliche Werke*, hg. von Wolfgang Riedel (München: dtv, 2004), Bd. 4, 180-197.

Schiller, Friedrich. *Demetrius, Sämtliche Werke*, hg. von Wolfgang Riedel (München: dtv, 2004), Bd. 3, 9-104.

Schiller, Friedrich. „Tragödie und Komödie", *Sämtliche Werke*, hg. von Wolfgang Riedel (München: dtv, 2004) Bd. 5, 1017.

Schiller, Friedrich. „Über das Erhabene", *Sämtliche Werke*, hg. von Herbert G. Göpfert (München: Hanser, 1962), Bd. 5, 792-809.

Schiller, Friedrich. „Über das Pathetische", *Sämtliche Werke*, hg. von Herbert G. Göpfert (München: Hanser, 1962), Bd. 5, 512-537.

Schiller, Friedrich. „Über den Gebrauch des Chores in der Tragödie", *Sämtliche Werke*, hg. von Herbert G. Göpfert (München: Hanser, 1962), Bd. 2, 815-823.

Schiller, Friedrich. „Über den Grund des Vergnügens an tragischen Gegenständen", *Sämtliche Werke*, hg. von Herbert G. Göpfert (München: Hanser, 1962), Bd. 5, 358-371.

Schiller, Friedrich. „Über die ästhetische Erziehung des Menschen in einer Reihe von Briefen", *Sämtliche Werke*, hg. von Herbert G. Göpfert (München: Hanser, 1962), Bd. 5, 569-669.

Schiller, Friedrich. „Über die tragische Kunst", *Sämtliche Werke*, hg. von Herbert G. Göpfert (München: Hanser, 1962), Bd. 5, 372-394.

Schiller, Friedrich. „Über naive und sentimentalistische Dichtung", *Sämtliche Werke*, hg. von Herbert G. Göpfert (München: Hanser, 1962), Bd. 5, 694-779.

Schiller, Friedrich. „Vom Erhabenen", *Sämtliche Werke*, hg. von Herbert G. Göpfert (München: Hanser, 1962), Bd. 5, 486-511.

Schiller, Friedrich. „Was kann eine gute stehende Schaubühne eigentlich wirken", *Sämtliche Werke*, hg. von Herbert G. Göpfert (München: Hanser, 1962), Bd. 5, 818-832.

Schings, Dietmar. *Schauplatz Gendarmenmarkt 1800-1848: Heinrich von Kleist – Karl Friedrich Schinkel – E. T. A. Hoffmann – Søren Kierkegaard – Adolph Menzel* (Berlin: Vorwerk 8, 2010).

Schings, Hans-Jürgen. *Der mitleidigste Mensch ist der beste Mensch. Poetik des Mitleids von Lessing bis Büchner* (München: Beck, 1980).

Schlegel, August Wilhelm. „Briefe über Poesie, Silbenmass und Sprache", *Kritische Schriften und Briefe*, hg. von Edgar Lohner (Stuttgart: Kohlhammen, 1962), Bd. 1, 141-180.

Schlegel, August Wilhelm. *Vorlesungen über dramatische Kunst und Literatur, Kritische Schriften und Briefe*, hg. von Edgar Lohner (Stuttgart: Kohlhammer, 1966), Bd. 5-6.

Schlegel, Friedrich. „Charakteristik der griechischen Komödie“, *Kritische Friedrich-Schlegel-Ausgabe*, hg. von Ernst Behler (München, Paderborn, Wien, Zürich: Schöningh, 1967), Bd. 11, 86-97.

Schlegel, Friedrich. „Charakteristik der griechischen Tragödie“, *Kritische Friedrich-Schlegel-Ausgabe*, hg. von Ernst Behler (München, Paderborn, Wien, Zürich: Schöningh, 1967), Bd. 11, 75-86.

Schlegel, Friedrich. „Das lyrisch-dramatische Zeitalter“, *Kritische Friedrich-Schlegel-Ausgabe*, hg. von Ernst Behler (München, Paderborn, Wien, Zürich: Schöningh, 1967), Bd. 11, 46-97.

Schlegel, Friedrich. *Geschichte der alten und neuen Literatur, Kritische Friedrich-Schlegel-Ausgabe*, hg. von Ernst Behler (München, Paderborn, Wien, Zürich: Schöningh, 1967), Bd. 6.

Schlegel, Friedrich. *Geschichte der Poesie der Griechen und Römer, Kritische Friedrich-Schlegel-Ausgabe*, hg. von Ernst Behler (München, Paderborn, Wien, Zürich: Schöningh, 1967), Bd. 1, 395-568.

Schlegel, Friedrich. *Kritische Ausgabe seiner Werke*, Bd. 3. *Charakteristiken und Kritiken II.* 1802 – 1829. hg. von Ernst Behler (Paderborn: Schöningh, 1975).

Schlegel, Friedrich. *Literary Notebooks 1797-1801*, hg. von Hans Eichner (Toronto: UOT, 1957).

Schlegel, Friedrich. *Philosophische Lehrjahre, Kritische Friedrich-Schlegel-Ausgabe*, hg. von Ernst Behler (München, Paderborn, Wien, Zürich: Schöningh, 1967), Bd. 18.

Schlegel, Friedrich. „Über das Studium der griechischen Poesie“, *Kritische Friedrich-Schlegel-Ausgabe*, hg. von Ernst Behler (München, Paderborn, Wien, Zürich: Schöningh, 1967), Bd. 1, 205-367.

Schlegel, Friedrich. „Über die Diotima“, *Kritische Friedrich-Schlegel-Ausgabe*, hg. von Ernst Behler (München, Paderborn, Wien, Zürich: Schöningh, 1967), Bd. 1, 97-98.

Schlegel, Friedrich. „Über die Unverständlichkeit“, *Kritische Friedrich-Schlegel-Ausgabe*, hg. von Ernst Behler (München, Paderborn, Wien, Zürich: Schöningh, 1967), Bd. 2, 363-373.

Schlegel, Friedrich. „Über Grenzen des Schönen“, *Kritische Friedrich-Schlegel-Ausgabe*, hg. von Ernst Behler (München, Paderborn, Wien, Zürich: Schöningh, 1967), Bd. 1, 34-35.

Schlegel, Friedrich. „Versuch über den Begriff des Republikanismus“, *Kritische Friedrich-Schlegel-Ausgabe*, hg. von Ernst Behler (München, Paderborn, Wien, Zürich: Schöningh, 1967), Bd. 7, 11-25.

Schlegel, Friedrich. „Von den Schulen der griechischen Poesie“, *Kritische Friedrich-Schlegel-Ausgabe*, hg. von Ernst Behler (München, Paderborn, Wien, Zürich: Schöningh, 1967), Bd. 1, 3-19.

Schlegel, Friedrich. „Von den Organen der griechischen Poesie. Deduktion des Rhythmus“, *Kritische Friedrich-Schlegel-Ausgabe*, hg. von Ernst Behler (München, Paderborn, Wien, Zürich: Schöningh, 1967), Bd. 11, 218-225.

Schlegel, Friedrich. „Vom Wert des Studiums der Griechen und Römer“, *Kritische Friedrich-Schlegel-Ausgabe*, hg. von Ernst Behler (München, Paderborn, Wien, Zürich: Schöningh, 1967), Bd. 1, 621-642.

Schleiermacher, Friedrich. *Hermeneutik und Kritik: mit einem Anhang sprachphilosophischer Texte Schleiermachers*, hg. von Manfred Frank (Frankfurt am Main: Suhrkamp, 1977).

Schleiermacher, Friedrich. *Über die Philosophie Platons*, hg. von Peter M. Steiner (Hamburg: Meiner, 1996).

Schmidt am Busch, Hans C. *Religiöse Hingabe oder soziale Freiheit: Die saint-simonistische Theorie und die Hegelsche Sozialphilosophie* (Hamburg: Meiner, 2007).

Schmidt, Christina. *Tragödie als Bühnenform: Einar Schleefs Chor-Theater* (Bielefeld: Transcript, 2014).

Schmidt, Jochen. „Hölderlins dichterische Rezeption der stoischen Ethik und Naturphilosophie“, *Text und Kritik* 1996, 7, 33-49.

Schmidt, Jochen. *Kommentar zu Nietzsches „Die Geburt der Tragödie“* (Berlin, New York: De Gruyter, 2012).

Schmitt, Carl. *Der Leviathan in der Staatslehre des Thomas Hobbes* (Köln: Hohenheim, 1982).

Schmitt, Carl. *Hamlet oder Hekuba. Der Einbruch der Zeit in das Spiel* (Stuttgart: Klett-Cotta, 2008).

Schmitt, Carl. *Legalität und Legitimität* (Berlin: Duncker & Humblot, 1980).

Schmitt, Carl. *Politische Romantik* (München, Leipzig: Duncker & Humblot, 1925).

Schmitter, Elke; Matthias Matussek. „Hegel hat gewonnen. Ein Gespräch mit den Philosophen Peter Sloterdijk, Konrad Paul Liessmann und Rüdiger Safranski“, *Der Spiegel* 2.4.2007, http://www.spiegel.de/spiegel/print/d-51074774.html [Zugriff 2.02.2017].

Schmitz, Christine. „‚Denn Auch Niobe …‘: die Bedeutung der Niobe-Erzählung in Achills Rede (Ω 599-620)“, *Hermes* 2001, 2(129), 145-157.

Schnyder, Peter. *Alea. Zähler und Erzählen im Zeichen des Glückspiels* (Göttingen: Wallstein, 2009).

Schoeps, Hans-Joachim. *Das andere Preußen. Konservative Gestalten und Probleme im Zeitalter Friedrich Wilhelm IV, Gesammelte Schriften* (Hildesheim: Olms, 2001).

Scholem, Gershom. *Judaica 5. Erlösung durch Sünde*, hg. von Michael Brocke (Frankfurt am Main: Suhrkamp).

Schönherr-Mann, Hans-Martin. *Was ist politische Philosophie?* (Frankfurt, New York: Campus, 2012).

Schopenhauer, Artur. *Die Welt als Wille und Vorstellung, Werke*, von Arthur Hübscher (Zürich: Diogenes, 1977), Bd. 2.

Schrag, Calvin O. „Heidegger on Repetition and Historical Understanding", *Philosophy East and West* 1979, 20, 287-295.

Schreedhar, Susanne. „Authorisation and Alienation", S.A. Lloyd (Hg.), *The Bloomsbury Companion To Hobbes* (London, New York: Bloomsbury, 2013).

von Schubert, Gotthilf Heinrich. *Ansichten von der Nachtseite der Naturwissenschaft* (Dresden: Arnold, 1808).

Schuler, Bettina. *Berlin-Mitte – Porträt eines Bezirks* (Berlin: Gmeiner, 2014).

Schulte, Jörg. „Aleksandr Puškin, Adam Mickiewicz und die klassische Antike", Alexander Bierich, Thomas Bruns, Henrieke Stahl (Hg.), *Gedächtnisraum Literatur – Gedächtnisraum Sprache: Europäische Dimensionen slavischer Geschichte und Kultur. Festschrift für Svetlana und Gerhard Ressel* (Frankfurt am Main: Peter Lang, 2020), 391-407.

Schulz, Helga. *Europäischer Sozialismus – immer anders* (Berlin: BWV, 2014).

Schulz, Walter. *Grundprobleme der Ethik* (Stuttgart: Neske, 1989).

Schulze, Brigitte. „Prometheus in Polen. Nationalisierung und Internationalisierung des Mythos um 1900", Udo Schöning (Hg.), *Internationalität nationaler Literaturen* (Göttingen: Wallenstein, 2000), 239-265.

Sdvižkov, Denis. *Das Zeitalter der Intelligenz. Zur vergleichenden Geschichte der Gebildeten in Europa bis zum Ersten Weltkrieg* (Göttingen: Vandenhoeck & Ruprecht, 2006).

Sebastian, Wogenstein. *Horizonte der Moderne: Tragödie und Judentum von Cohen bis Levinas* (Heidelberg: Winter, 2011).

Sedlacek, Klaus-Dieter. *Emergenz: Strukturen der Selbstorganisation in Natur und Technik* (Zürich: BoD, 2013).

Sedlmayr, Hans. „Ästhetischer Anarchismus in Romantik und Moderne", *Epochen und Werken: Gesammelte Schriften zur Kunstgeschichte* (Mittenwald: Mäander-Kunstverlag, 1982), Bd. 3.

Seel, Martin. „Inszenieren als Erscheinenlassen. Thesen über die Reichweite eines Begriffs", Josef Früchtl, Jörg Zimmermann (Hg.), *Ästhetik der Inszenierung. Dimensionen eines künstlerischen, kulturellen und gesellschaftlichen Phänomens* (Frankfurt am Main: Suhrkamp, 2001), 48-62.

Segal, Charles. *Euripides and the Poetics of Sorrow. Art, Gender, and Commemoration in Alcestis, Hippolytus, and Hecuba* (Durham, London: Duke University Press, 1993).

Segal, Charles. *Myth, Poetry, Text. Interpreting Greek Tragedy* (Ithaca, London: Cornell University Press, 1986).

Segal, Charles. „Signs, Magic and Letters in Euripides' Hippolytus", Ralph Hexter, Daniel L. Seldon (Hg.), *Innovations of Antiquity* (London: Routledge, 1992), 420–456.

Segal, Charles. „Tragedy, Orality, Literacy", Bruno Gentili, Giuseppe Paioni (Hg.), *Oralità: Cultura, Letteratura, Discorso: Atti del Convegno Internazionale* (Roma: Edizioni dell'Ateneo, 1986), 199-231.

Seibt, Gustav. *Goethe und Napoleon: eine historische Begegnung* (München: Beck, 2008).

Seibt, Gustav. *Mit einer Art von Wut. Goethe in der Revolution* (München: Beck, 2014).

Seidl, Müller Walter. „Deutsche Klassik und Französische Revolution", *Deutsche Literatur und Französische Revolution. Sieben Studien* (Göttingen: Vandenhoeck und Ruprecht, 1974), 39-62.

Semm, Markus. *Die Sache Selbst in Hegels System* (München: Grin, 2008).

Seneca, L. Anneaus. *Philosophische Schriften*, hg. von Otto Apelt (Hamburg: Meiner 1998).

Seneca, L. Anneaus. *Ad Lucilium Epistulae Morales*, hg. von Richard M. Gummere, http://www.perseus.tufts.edu/hopper/text?doc=Perseus%3atext%3a2007.01.0080 [Zugriff 17.02.2016].

Šestov, Lev. *Dostoevskij i Nicše (filosofija tragedii)* (Sankt-Peterburg: Stasjulevič, 1903).

Seweryn, Agata. *Światłocienie i dysonanse. O Norwidzie i tradycji literackiej* (Lublin: Wydawnictwo KUL, 2013).

Shaw, Michael. „The Female Intruder: Women in Fifth Century Drama", *Classical Philology* 1975, 70, 255-266.

Shatz, Marshall S. *Jan Waclaw Machajski. A radical critic of the Russian intelligensia and socialism*, https://libcom.org/history/jan-waclaw-machajski-radical-critic-russian-intelligensia-socialism-marshall-s-shatz [letzter Zugriff 16.10.2019].

Siemann, Wolfram. *Vom Staatenbund zum Nationalstaat: Deutschland 1806-1871* (München: Beck, 1995).

Siemek, Marek. *Die Idee des Transzendentalismus bei Fichte und Kant* (Hamburg: Meiner 1984).

Simmel, Georg. „Das Geld in der modernen Cultur", *Aufsätze und Abhandlungen 1984 bis 1900*, hg. von Heinz-Jürgen Dahme und David P. Frisby (Frankfurt am Main: Suhrkamp, 1992), 178-196.

Simmel, Georg. „Das Problem des Schicksals", *Die Geisteswissenschaften. Wochenschrift für das gesamte Gebiet der Philosophie, Psychologie, Mathematik, Religionswissenschaft, Geschichtswissenschaft, Sprach- und Literaturwissenschaft, Kunstwissenschaft, Rechts- und Staatswissenschaft, Gesellschaftswissenschaft, Volkswirtschaftslehre und Statistik, Militärwissenschaft, Länder- und Völkerkunde, Pädagogik* 1. Jg. Heft 5, ausgegeben am 29. Oktober 1913, 112-115.

Simmel, Georg. „Der Begriff und die Tragödie der Kultur", *Logos. Internationale Zeitschrift für Philosophie der Kultur* 1911-1912, 2, 1-25.

Simmel, Georg. *Philosophie des Geldes*, hg. von David P. Frisby, Klaus Christian Köhnke (Frankfurt am Main: Suhrkamp, 1989).

Simmel, Georg. „Zur Philosophie des Schauspielers", *Das Individuelle Gesetz. Philosophische Exkurse*, hg. von Michael Landmann (Frankfurt am Main: Suhrkamp, 1987), 75-95.

Skarga, Barbara. *Narodziny pozytywizmu polskiego 1831-1864* (Warszawa: PWN, 2013).

Skinner, Quentin. *Die drei Körper des Staates*, übersetzt von Karin Wördemann (Göttingen: Wallstein, 2012).

Skinner, Quentin. „Hobbes on Representation", *European Journal of Philosophy* 2005, 2(13), 155-184.

Skinner, Quentin. *Reason and Rhetoric in the Philosophy of Hobbes* (Cambridge: CUP, 1996).

Šklovskij, Viktor. *Theorie der Prosa*, übersetzt von Gisela Drohla (Frankfurt am Main: Fischer, 1966).

Šklovskij, Viktor. *Gamburgskij sčet. Stat'i – vospominanija – esse (1914–1933)* (Moskva: Sovetskij pisatel', 1990).

Šklovskij, Viktor. *Ejzenštejn* (Moskva: Iskusstvo, 1973).

Šklovskij, Viktor. „Iskusstvo cirka", *Gamburgskij sčet. Stat'i – vospominanija – esse (1914–1933)* (Moskva: Sovetskij pisatel', 1990), 106-107.

Šklovskij, Viktor. „Iskusstvo kak priem", *O teorii prozy* (Moskva: Federacija, 1929), 7-23.

Šklovskij, Viktor. „Kak sdelan Don-Kichot", *O teorii prozy* (Moskva: Federacija, 1929), 110–111.

Šklovskij, Viktor. „Komičeskoe i tragičeskoe", *Gamburskij sčet. Stat'i – vospominanija – esse (1914–1933)* (Moskva: Sovetskij pisatel', 1990), 113–115.

Šklovskij, Viktor. „Sovremennyj teatr", *Gamburskij sčet. Stat'i – vospominanija – esse (1914–1933)* (Moskva: Sovetskij pisatel', 1990), 103–119.

Skoczyński, Jan; Jan Woleński. *Historia filozofii polskiej* (Kraków: Wydawnictwo WAM, 2010).

Słowacki, Juliusz. *Dzieła*, hg. von Juliusz Krzyżanowski (Wrocław: Ossolineum, 1952).

Słowacki, Juliusz. *Krąg pism mistycznych*, hg. von Alina Kowalczykowa (Wrocław: Zakład Narodowy im. Ossolińskich, 1982).

Słowacki, Juliusz. *Wiersze. Nowe wydanie krytyczne* (Poznań: UAM, 2005).

Smith, Adam. *An Inquiry into the Nature and Causes of the Wealth of Nations* (The University of Adelaide, 2014), https://ebooks.adelaide.edu.au/s/smith/adam/s64w/ [Zugriff 23.9.2015].

Smith, Adam. *Lectures on Jurisprudence. Glasgow Edition of the Works and Correspondence of Adam Smith* (1981-87), Bd. 5, 1-580.

Smith, Adam. *The Theory of Moral Sentiments*, hg. von David D. Raphael, Alexander L. Macfie (Oxford: OUP, 1976).

Snyder, Tymothy. *Nationalism, Marxism, and Modern Central Europe. A Biography of Kazimierz Kelles-Krauz (1872–1905)* (Cambridge: Harvard University Press, 1997).

Söffing, Werner. *Deskriptive und normative Bestimmungen in der Poetik des Aristoteles* (Amsterdam: Grüner, 1981).

Solger, Karl Wilhelm Ferdinand. *Vorlesungen über Ästhetik*, hg. von Ludwig Heyse (Leipzig: Brockhaus, 1829).

Solov'ev, Vladimir. „Krasota v prirode", *Sočinenija v dvuch tomach* (Moskva: Mysl', 1990), Bd. 2. 351-389.

Sophokles, *Oedipus in Kolonos*, übersetzt von Arnold Ruge (Jena: Schmid, 1830).

Sophokles, *Αἴας*, http://www.perseus.tufts.edu/hopper/text?doc=Perseus%3atext%3a1999.01.0183 [Zugriff: 10.2. 2016].

Sophokles, *Ἀντιγόνη*, http://www.perseus.tufts.edu/hopper/text?doc=Perseus%3atext%3a1999.01.0185 [Zugriff: 10.2. 2016].

Sophokles, *Ἠλέκτρα*, http://www.perseus.tufts.edu/hopper/text?doc=Perseus%3atext%3a1999.01.0187 [Zugriff: 10.2. 2016].

Sophokles, *Φιλοκτήτης*, http://www.perseus.tufts.edu/hopper/text?doc=Perseus%3atext%3a1999.01.0193 [Zugriff: 10.2. 2016].

Sophokles, *Οἰδίπους τύραννος*, http://www.perseus.tufts.edu/hopper/text?doc=Perseus%3atext%3a1999.01.0191 [Zugriff: 10.2. 2016].

Sophokles, *Οἰδίπους ἐπὶ Κολωνῷ*, http://www.perseus.tufts.edu/hopper/text?doc=Perseus%3atext%3a1999.01.0189 [Zugriff: 10.2. 2016].

Soppa, Sebastian. *Scheiternde Subjektivität: das unglückliche Bewusstsein bei Hegel und Kierkegaard* (Berlin: Logos, 2010).

Sorg, Richard. „*Wie umgehen mit Richard Wagner?*", http://www.marx-engels-stiftung.de/Texte/Richard_Sorg-Wagner.pdf [Zugriff 19.2.2016].

Špet, Gustav. *Filosofskoe mirovozzrenie Gercena* (Petrograd: Kolos, 1921).

Spinoza, Baruch. *Theologisch-politische Abhandlung*, übersetzt von J.H. von Kirchmann (Berlin: L. Heimann, 1870).

Spinoza, Baruch. *Ethik. In geometrischer Weise behandelt in fünf Teilen*, übersetzt von Jakob Stern (Leipzig: Reclam, 1975).

Spitzer, Leo. „Das Eigene und das Fremde. Über Philologie und Nationalismus", *Lendemains* 1993, 69/70, 179-191.

Spitzer, Leo. „Geistesgeschichte vs. History of Ideas as Applied to Hitlerism", *Journal of the History of Ideas*, 1944, 2, 191-203.

Staiger, Emil. „Dramatischer Stil: Spannung", Peter Langemeyer (Hg.), *Dramentheorie. Texte vom Barock bis zur Gegenwart* (Stuttgart: Reclam, 2011), 453-457.

Staiger, Emil. *Stilwandel. Studien zur Vorgeschichte der Goethezeit* (Zürich: Atlantis, 1963).

Stalin, Josef. *Über Dialektischen und Historischen Materialismus, vollständiger Text und kritischer Kommentar von Irina Fetscher* (Berlin: Aufbau, 1961).

Stanislowski, Volker. *Natur und Staat. Zur politischen Theorie der deutschen Romantik* (Wiesbaden: Springer, 1979).

Starobinski, Jean. *L'invention de la liberté, 1700-1789* (Genève: Skira, 1964).

Starobinski, Jean. „Sur quelques Symboles de la Révolution française", *La Nouvelle Revue Française*, 1968, 16(188), 41-67.

Starobinski, Jean. *Les Emblèmes de la Raison* (Paris: Flammarion, 1973).

States, Bert O. „Performance as Metaphor", Philip Auslander (Hg.), *Performance. Critical Concepts in Literary and Cultural Studies* (London, New York: Routledge, 2003), Bd. 1, 108-137.

Steila, Daniela. „Istorija i idealy: Značenie nekotorych neokantianskich tem v sporach russkich marksistov na rubeže XIX i XX vekov", Irina Grifcova, Nina Dmitrieva (Hg.), *Neokantianstvo nemeckoe i russkoe: meždu teoriej poznanija i kritikoi kultury* (Moskva: ROSSPEN, 2010), 328-362.

Stein, Edmund. *Judaizm a hellenizm. Z powodu książki prof. Tadeusza Zielińskiego pt. „Hellenizm a judaizm"* (Kraków, Warszawa: Związek Stowarzyszeń Humanitarnych B'nei B'rith w Rzeczypospolitej Polskiej, 1927).

Steiner, George. *Antigones. How the Antigone Legend Has Endured in Western Literature, Art, and Thought* (Yale: YUP, 1996).

Steiner, George. *The Death of Tragedy* (Yale: YUP, 1961).

Stepnjak-Kravčinskij, Sergej. *Das unterirdische Russland. Portraits und Skizzen aus der Wirklichkeit*, übersetzt aus dem Italienischen von Max Trautner (Bern: Rudolf Jenni's Buchhandlung, 1884).

Stepnjak-Kravčinskij, Sergej. „Rossija pod vlast'ju carej. Podpol'naja Rossija", *Sobranye Sočinenija v 2-ch tomach*, hg. von N. Pirumovoj, M. Perper (Moskva: Chudožestvennaja literatura, 1987), vol. 1, 338–514.

Stiening, Gideon. *Epistolare Subjektivität. Das Erzählsystem in Friedrich Hölderlins Briefroman „Hyperion oder der Eremit in Griechenland"* (Berlin, New York: De Gruyter, 2005).

Stierle, Kalheinz. „Zwei Hauptstädte des Wissens: Paris und Berlin", Otto Pöggeler, Annemarie Gethmann-Siefert (Hg.), *Kunsterfahrung und Kulturpolitik im Berlin Hegels* (Hamburg: Felix Meiner, 2016), 83-111.

Stites, Richard. *Revolutionary Dreams: Utopian Visions and Experimental Life in the Russian Revolution* (Oxford: OUP, 1989).

Stokes, Patrick. „Kierkegaard's Uncanny Encounter with Schopenhauer, 1854", *Kierkegaard and Great Philosophers. Acta Kierkegaardiana Vol. II*, hg. von Roman Kralik et al. (Mexico: Sociedad Iberoamericana de Estudios Kierkegaardianos, 2007), 68-79.

Stowasser, Horst. *Freiheit pur. Die Idee der Anarchie, Geschichte und Zukunft* (Frankfurt am Main: Eichborn, 1995).

Strack, Friedrich; Martina Eicheldinger (Hg.). *Fragmente der Frühromantik* (Berlin, Boston: DeGruyter, 2011).

Strätling, Susanne. *Hand am Werk. Poetik der Poiesis in der russischen Avantgarde* (München: Fink, 2017).

Strauß, David Friedrich. *Der Romantiker auf dem Throne der Cäsaren, oder Julian der Abtrünnige. Ein Vortrag* (Mannheim: Wassermann, 1847).

Strauss, Leo. *Natural Right and History* (Chicago: University of Chicago Press, 1953).

Strauss, Leo. *Naturrecht und Geschichte* (Frankfurt am Main: Suhrkamp, 1977).

Strauss, Leo. *On Tyranny. An Interpretation of Xenophon's „Hiero"* (New York: Political Science Classics, 1948).

Strug, Andrzej. *Ludzie podziemni* (Warszawa and Kraków: Mortkowicz, 1930).

Struve, Petr (Hg.). *Iz glubiny. Sbornik statej o russkoi revoljucii* (Moskva: Izdatel'stvo Moskovskogo universiteta, 1918).

Suder, Brigitte. „L'être perfectible. La formation du cadre stalinien par le ‚travail sur soi'", *Genèses: Sciences sociales et histoire* 51/2 (2003), 93-113.

Sudolski, Zbigniew. *Mickiewicz. Opowieść biograficzna* (Warszawa, Ancher, 1997).

Sudolski, Zbigniew. *Słowacki. Opowieść biograficzna* (Warszawa, Ancher, 1999).

Sullivan, Stefan. *The Incarnate God from Hegel to Marx. A Thesis Submitted in Partial Fulfilment of the Degree of Doctor of Philosophy in Politics Oxford University* (St. Anthony's College, 1993).

Sumarokov, Aleksandr. *Dimitrij Samozvanec. Tragedija predstavlena v pervyj raz v 1771 godu fevralja 1 dnja na Imperatorskoj Teatre v Sanktpeterburge* (Leningrad: Sovetskij pisatel': 1957).

Svetlikova, Ilona, *Istoki russkogo formalizma. Tradicii psichologizma i formal'naja škola* (Moskva: NLO, 2005).

Świderska, Małgorzata. „Mickiewicz und die russische Literatur. Puschkin, Karolina Pawlowa, Dostojewski", Rolf-Dieter Kluge (Hg.), *Von Polen, Poesie und Politik. Adam Mickiewicz 1798-1855* (Tübingen: Attempto, 1999), 267-296.

Świętochowski, Aleksander. „Praca u podstaw", Stanisław Fita (Hg.), *Publicystyka okresu pozytywizmu 1860-1900* (Warszawa: IBL PAN, 2002), 146-153.

Świętochowski, Aleksander. Praca organiczna", Stanisław Fita (Hg.), *Publicystyka okresu pozytywizmu 1860-1900* (Warszawa: IBL PAN, 2002), 229-332.

Szondi, Peter. *Theorie des modernen Dramas, Schriften*, hg. von Wolfgang Fietkau (Frankfurt am Main: Suhrkamp, 1978).

Szondi, Peter. *Versuch über das Tragische* (Frankfurt am Main: Suhrkamp, 1961).

Szujski, Józef. *Maryna Mniszchówna: dramat w dwóch częściach* (Kraków: Przegląd Polski, 1876).

Szyrocki, Marian. „Zur Mickiewicz-Rezeption in Deutschland", Bonifacy Miązek (Hg.) *Adam Mickiewicz, Leben und Werk* (Frankfurt am Main: Peter Lang, 1998), 395-408.

von Thadden, Elisabeth. „Rotwein für Hegel. Ein Gespräch mit dem Theologen Friedrich Wilhelm Graf“, *Die Zeit*, 26. Dezember 2006, http://www.zeit.de/2006/52/Graf [Zugriff 23.06.2015].

Thaler, Jürgen. *Dramatische Seelen. Tragödientheorien im frühen zwanzigsten Jahrhundert* (Bielefeld: Aisthesis, 2003).

Thaler, Jürgen. *Ein Kriseln geht durch unsere schüttere Zeit: zur Transformation des Karnevals in den Schriften von Florens Christian Rang (1864-1924)* (Wien: facultas. wuv / maudrich, 1996).

Thielicke, Heltmut. *Glauben und Denken in der Neuzeit: die großen Systeme der Theologie und Religionsphilosophie* (Tübingen: Mohr, 1988).

Thiers, Adolphe. *Histoire de la Révolution française* (Brüssel: Hauman, 1840).

Tillich, Paul. *Das Dämonische: Ein Beitrag zur Sinndeutung der Geschichte* (Tübingen: Mohr, 1926).

Tilliette, Xavier. *Schelling. Biografie* (Stuttgart: Klett-Cotta, 2004).

Tjupa, Valerij. „‚Boris Godunov‘ i žanrovaja priroda tragedii“ [2009], https://cyberleninka.ru/article/v/boris-godunov-i-zhanrovaya-priroda-tragedii [Zugriff 13.09.2016].

Tjutčev, Fedor. *Polnoe sobranie stichotvorenij* (Leningrad: Sovetskij pisatel‘, 1987).

Todorov, Tzvetan. *Poétique, Qu'est-ce que c'est le structuralisme?* (2), hg. von François Wahl, Oswald Ducrot (Paris: Seuil, 1973).

Toller, Ernst. *Eine Jungend in Deutschland* (Berlin: Hofenberg, 2016).

Tolstoi, Lew. „Was ist Kunst?“, *Über Literatur und Kunst*, übersetzt von Günter Dalitz (Frankfurt am Main: Rödebert, 1980).

Tolstoj, Lev. „Čto takoe iskusstvo?“, *Sobranie sočinenij v 22 t.* (Moskva: Chudožestvennaja literatura, 1983), Bd. 15, 41-224.

Tolstoj, Lev. *Čto takoe iskusstvo?*, hg. von Ivan Aksenov, Dmitrij Potemkik (Moskva: V-A-C Press, 2020).

Tomasello, Michael. *Die Ursprünge der menschlichen Kommunikation* (Frankfurt am Main: Suhrkamp, 2012).

Tomaševskij, Boris. „Francuzskaja melodrama načala XIX veka“, *Poetika. Vremennik Otdela slovesnych isskustv GIII* 2 (1927), 55–82.

Tomaševskij, Boris. *Teorija literatury. Poetika* (Moskva: Aspekt Press, 1999).

Tonger-Erk, Lily. *Actio: Körper und Geschlecht in der Rhetoriklehre* (Berlin, Boston: DeGruyter, 2012).

Toniak, Ewa. *Śmierć bohatera. Motyw śmierci heroicznej w polskiej sztuce i literaturze od powstania kościuszkowskiego do manifestacji 1861* (Gdańsk: słowo/obraz terytoria, 2015).

Towiański, Andrzej. „Biesiada z Janem Skrzyneckim“, *Pisma*, hg. von Stanisław Falkowski, Karol Baykowski (Turin: Eigenverlag, 1882), Bd. 1.

Tretiak, Józef. *Mickiewicz i Puszkin. Studya i szkice* (Warszawa: Wende, 1906).

Trockij, Lev. „Sem'ja i obrjadnost'", *Sočinenija* (Moskva-Leningrad: Gos. Izd-vo, 1927), Bd. 21, 39-43.

Trentowski, Bronisław Ferdynand. *Chowanna, czyli system pedagogiki narodowej jako umiejętności wychowania, nauki i oświaty, słowem: wykształcenia naszej młodzieży* (Poznań: Łukasiewicz, 1846).

Troeltsch, Ernst. *Der Historismus und seine Probleme: Erstes Buch: Das logische Problem der Geschichtsphilosophie (1922), Kritische Gesamtausgabe*, hg. von Friedrich Wilhelm Graf (Berlin, Walter de Gruyter, 2008), Bd. 16.

Turgenev, Ivan. *Rudin, Polnoe sobranie sočinenij i pisem v tridcati tomach* (Moskva: Nauka, 1978), Bd. 5.

Turner, Victor. *From Ritual to Theatre. The Human Seriousness of Play* (New York: PAJ Publications, 1982).

Turner, Victor. *On the Edge of the Bush. Anthropology as Experience* (Tuscon: University of Arizona Press, 1985).

Turner, Victor. „The Anthropology of Performance", Victor Turner (Hg.), *The Anthropology of Performance* (New York: PAJ, 1987), 1-36.

Tynjanov, Jurij. „*Argivjane*, neizdannaja tragedija Kjuchel'bekera", *Poetika. Istorija literatury. Kino*, hg. von E. Togges et al. (Moskva: Nauka, 1977), 93–117.

Tynjanov, Jurij. „O Chlebnikove", *Problema stichotvornogo jazyka. Stat'i* (Moskva: Sovetskij pisatel', 1965)., 283-299.

Tynjanov, Jurij. „O parodii", *Poetika. Istorija literatury. Kino*, hg. von E. Togges et al. (Moskva: Nauka, 1977), 284–309.

Tynjanov, Jurij. „O ‚Putešestvii v Arzrum'", *Puškin: Vremennik Puškinskoj komissii, AN SSSR* (Moskva and Leningrad: AN SSSR, 1936), 57-73.

Tynjanov, Jurij. *Problema stichotvornogo jazyka. Stat'i* (Moskva: Sovetskij pisatel', 1965).

Tynjanov [Tynianow], Jurij. „Zagadnienie języka wierszy", übersetzt von Franciszek Siedlecki, Zygmunt Saloni, in: Maria Renata Mayenowa, Zygmunt Saloni (Hg.), *Rosyjska szkoła stylistyki* (Warszawa: PWN, 1970), 70–92.

Uhrig, Hermann. *Hölderlins „Empedokles" und die Französische Revolution* (Nordhausen: Bautz, 2016).

Ulicka, Danuta. „Spekulative Geschichtsschreibung", *Die Welt der Slaven* 2016, LXI, 84-105.

Unfried, Berthold. „Selbstkritik im Stalinismus. Erziehungsmittel und Form des Terrors", Wladislaw Hedeler (Hg.), *Stalinistischer Terror 1934-41. Forschungsbilanz* (Berlin: BasisDruck, 2002), 159-178, 163.

Unfried, Berthold. *„Ich bekenne". Katholische Beichte und sowjetische Selbstkritik* (Frankfurt am Main: Campus, 2006).

Urbankowski, Bohdan. „Czy Towiański był szpiegiem?“, *Adam Mickiewicz. Tajemnice wiary, miłości i śmierci* (Warszawa: Atena, 1999) [e-book].

Urmson, J.O. „Darstellung auf der Bühne“, Dieter Henrich, Wolfgang Iser (Hg.), *Theorien der Kunst* (Frankfurt am Main: Suhrkamp, 1992), 551-568.

Uspenskij, Boris. „Istorija i semiotika (Vosprinjatie vremeni kak semiotičeskaja problema)“, *Izbrannye trudy* (Moskva: Gnozis, 1994), Bd. 1, 9-49.

van den Berg, Hubert. *Avantgarde und Anarchismus. Dada in Zürich und Bern* (Heidelberg: Winter, 1999).

Varwig, Freyr Roland. „‚Auch ist Sprache das Schauspiel selber …‘ Studien zur Hermeneutik der Sprechsituation bei Karl Philipp Moritz“, *Ars Rhetorica* (Berlin et al.: LIT, 2012).

Veisland, Jorgen S. *Kierkegaard and the Dialectics of Modernism* (New York: Peter Lang, 1985).

Veit, Moritz. *Saint Simon und der Saintsimonismus: allgemeiner Völkerbund und ewiger Friede* (Leipzig: Brockhaus, 1834).

Vernant, Jean-Pierre. „Ebauches de la volonté dans la tragédie grecque“, *Mythe et tragédie en Grèce ancienne,* hg. von Jean-Pierre Vernant, Pierre Vidal-Naquet (Paris: Maspero, 1977), Bd. 1, 41-74.

Vernant, Jean-Pierre. „Le moment historique de la tragédie en Grèce: quelques conditions sociales et psychologiques“, *Mythe et tragédie en Grèce ancienne,* hg. von Jean-Pierre Vernant, Pierre Vidal-Naquet (Paris: Maspero, 1977), Bd. 1, 5-20.

Vernant, Jean-Pierre. „Tensions et ambiguïtés dans la tragédie grecque“, *Mythe et tragédie en Grèce ancienne,* hg. von Jean-Pierre Vernant, Pierre Vidal-Naquet (Paris: Maspero, 1977), Bd. 1, 21-40.

Vetter, Helmuth. *Stadien der Existenz. Eine Untersuchung zum Existenzbegriff Søren Kierkegaards* (Wien: Herder, 1977).

Vieira, Mónica Brito. *The Elements of Representation in Hobbes: Aesthetics, Theatre, Law and Theology in the Construction of Hobbes's Theory of the State* (Leiden: Brill, 2009).

Vinokur, Grigorij. „O revoljucionnoj frazeologii (odin iz voprosov jazykovoj politiki)“, *LEF* 1923, 3, 104-118.

Vischer, Friedrich Theodor. *Ästhetik oder Wissenschaft des Schönen: Zum Gebrauch für Vorlesungen* (Stuttgart: Carl Mäcken, 1846-1858).

Vischer, Friedrich Theodor. *Über das Erhabene und Komische, ein Beitrag zu der Philosophie des Schönen* (Stuttgart: Imle und Krauß, 1837).

Vischer, Friedrich Theodor. „Über das ‚interesselose Wohlgefallen‘ an der Literatur“, Bernd Hüppauf (Hg.), *Literaturgeschichte zwischen Revolution und Reaktion. Aus den Anfängen der Germanistik 1830-1870* (Frankfurt am Main: Athenäum, 1972), 71-77.

Višnevskij, Vsevolod. *Optimističeskaja tragedija, Novyj Mir* 1933, 2, 29-60.

Vogel, Juliane. „Verstrickungskünste, Lösungskünste. Zur Geschichte des dramatischen Knotens", *Poetica: Zeitschrift für Sprach- und Literaturwissenschaft* 2008, 40, 269-288.

Voges, Michael. *Aufklärung und Geheimnis: Untersuchungen zur Vermittlung von Literatur- und Sozialgeschichte am Beispiel der Aneignung des Geheimbundmaterials im Roman des späten 18. Jahrhunderts* (Berlin, New York: De Gruyter, 1987).

Vogl, Johann Nepomuk. *Twardowski, der polnische Faust: Ein Volksbuch* (Wien: Kober und Markgraf, 1861).

Vogl, Joseph. *Das Gespenst des Kapitals (minima oeconomica)* (Berlin, Zürich: Diaphanes, 2011).

Vogl, Joseph. *Kalkül und Leidenschaft. Poetik des ökonomischen Menschen* (Berlin, Zürich: Diaphanes, 2004).

Vorländer, Karl. *Immanuel Kant. Der Mann und das Werk* (Hamburg: Meiner, 1924).

Vossler, Karl. „Das Verhältnis von Sprachgeschichte und Literaturgeschichte", *Logos* II (1911–12), 167-178.

Vygotskij, Lev. *Psichologija iskusstva*, hg. von Vjačeslav Ivanov (Moskva: Iskusstvo, 1986).

Wagner, Richard. *Mein Leben* (München: List, 1963).

Wagner, Richard. *Sämtliche Briefe*, hg. von Gertrud Strober, Werner Wolf (Leipzig: Fischer, 1976-2008).

Wagner, Richard. *Sämtliche Schriften und Dichtungen. Volksausgabe* (Leipzig o.J.: Breitkopf & Härtel und C. F. W. Siegel (R. Linnemann)).

Wahl, Jean. „Heidegger et Kierkegaard", *Recherches philosophiques*, vol 2 (1932-1933), 347-370.

Walicki, Andrzej. „Cieszkowski a Hercen", Bronisław Baczko (Hg.), *Polskie spory o Hegla 1830-1860* (Warszawa: PWN, 1966), 153-203.

Walicki, Andrzej. *Filozofia a mesjanizm: Studia z dziejów filozofii i myśli społeczno-religijnej romantyzmu polskiego* (Warszawa: Państwowy Instytut Wydawniczy, 1970).

Walicki, Andrzej. *Filozofia polskiego romantyzmu* (Kraków: Universitas, 2009).

Walicki, Andrzej. „Główne idee romantycznego mesjanizmu w Polsce", *Mesjanizm Adama Mickiewicza w perspektywie porównawczej* (Warszawa: IFiS PAN, 2006), 15-44.

Walicki, Andrzej. *Idee i ludzie. Próba autobiografii* (Warszawa: Instytut Historii Nauki PAN).

Walicki, Andrzej. „Marks i Engels o sprawie polskiej. Koncepcja narodu i ujęcie kwestii narodowej", *Polska, Rosja, Marksizm* (Kraków: Universitas, 2011), 129-176.

Walicki, Andrzej. *Marxism and the Leap to the Kingdom of Freedom: The Rise and Fall of the Communist Utopia* (Stanford: SUP, 1995).

Walicki, Andrzej. „Mesjanizm Adama Mickiewicza a 'rosyjski socjalizm' Aleksandra Hercena i religijna filozofia Włodzimierza Sołowjowa", Łukasz Adamski, Sławomir

Dębski (Hg.), *Myślą i słowem. Polsko-rosyjski dyskurs ideowy XIX wieku* (Warszawa: CPRDP, 2014), 45-64.

Walicki, Andrzej. „Między romantyzmem a pozytywizmem“, *Polska, Rosja, marksizm* (Kraków: Universitas, 2011), 177-228.

Walicki, Andrzej. „Pisma filozoficzne Cieszkowskiego z lat 1838-1842 w kontekstach intelektualnych epoki“, August Cieszkowski, *Prolegomena do historiozofii, Bóg i palingeneza oraz mniejsze pisma filozoficzne z lat 1838-1842*, hg. von Jan Garewicz, Andrzej Walicki (Warszawa: PWN, 1972).

Walicki, Andrzej, „'Rosyjski socjalizm' Aleksandra Hercena jako odpowiedź na mesjanizm polski“, *Polska, Rosja, marksizm* (Kraków: Universitas, 2011), 29-128.

Walicki, Andrzej. *Stanisław Brzozowski and the Polish Beginnings of Western Marxism* (Oxford: Clarendon Press, 1989).

Walicki, Andrzej. „Stanisław Brzozowski i rosyjscy 'neomarksiści' początku XX wieku“, Andrzej Walicki, Roman Zimand (Hg.), *Wokół myśli Stanisława Brzozowskiego* (Kraków: Wydawnictwo Literackie 1974), 195-220.

Walicki, Andrzej. *The Controversy over Capitalism: Studies in the Social Philosophy of Russian Populists* (Oxford: OUP, 1969).

Walicki, Andrzej. *Zarys myśli rosyjskiej. Od oświecenia do renesansu religijno-filozoficznego* (Kraków: Wydawnictwo Uniwesystetu Jagiellońskiego, 2005).

Wandel, Uwe Jens. *Verdacht von Demokratismus? Studien zur Geschichte von Stadt und Universität Tübingen im Zeitalter der Französischer Revolution* (Tübingen: Mohr, 1981, 60-61).

Wasylewski, Stanisław. *Historie lwowskie* (Lwów: Wydawnictwo Polskie, 1921).

Weber, Max. „Wissenschaft als Beruf“, *Gesammelte Aufsätze zur Wissenschaftslehre* (Tübingen: Mohr, 1922).

Weber, Rolf (Hg.). *Revolutionsbriefe 1848/ 49* (Leipzig: Reclam, 1973).

Weintraub, Wiktor. *Profecja i profesura. Mickiewicz, Michelet i Quinet* (Warszawa: PIW, 1975).

Weiß, Peter. „Das Material und die Modelle. Notizen zum dokumentarischen Theater“, Peter Langemeyer (Hg.), *Dramentheorie. Texte vom Barock bis zur Gegenwart* (Stuttgart: Reclam, 2011), 511-517.

Weißberg-Cybulski, Alexander. *Hexensabbat. Russland im Schmelztiegel der Säuberungen* (Frankfurt am Main: Verlag der Frankfurter Hefte, 1951).

Wilamowitz-Moellendorff, Ulrich. *Platon* (Berlin: Wedimannsche Buchhandlung, 1920).

Wildenburg, Dorotea. „‚Aneinander vorbei' Zum Horenstreit zwischen Fichte und Schiller“, Wolfgang Schrader (Hg.), *Fichte und die Romantik. Hölderlin, Schelling, Hegel und die späte Wissenschaftslehre* (Amsterdam, Atlanta: Rodopi, 1997), 27-41.

Wiles, David. *Theatre and Citizenship: The History of a Practice* (Cambridge: CUP, 2011).

Wilf, Steven. *Law's Imagined Republic: Popular Politics and Criminal Justice in Revolutionary America* (Cambridge: CUP, 2010).

Williams, Raymond. *Modern Tragedy* (London: Chatto & Windus, 1966).

Williams, Raymond. *The Long Revolution* (London: Chatto & Windus, 1961).

Winckelmann, Johann Joachim. „Beschreibung des Torso im Belvedere zu Rom", *Ausgewählte Schriften*, hg. von Karl Maria Guth (Berlin: Hofenberg, 2014), 44-48.

Winckelmann, Johann Joachim. *Gedanken über die Nachahmung der griechischen Werke in der Malerei und Bildhauerkunst, Werke in einem Band*, hg. von Helmut Holtzhauer (Berlin, Weimar: Aufbau, 1969), 1-38.

Winkler, John J. „The Ephebes' Song: Tragôidia and Polis", *Representations* 1985, 11, 26-62.

Winkler, Heinrich August. *Geschichte des Westens: Von den Anfängen in der Antike bis zum 20. Jahrhundert* (München: Beck, 2011).

Winniczuk, Lidia. *Ludzie, zwyczaje i obyczaje starożytnej Grecji i Rzymu* (Warszawa: PWN, 2008).

Wirtz, Thomas. *Gerichtsverfahren: Ein dramaturgisches Modell in Trauerspielen der Frühaufklärung* (Würzburg: Königshausen und Neumann, 1994).

Wirtz, Thomas. „‚Vom Geiste der Speculation'. Hermeneutik und ökonomischer Kredit in Weimar", *Athenäum* 1998, 8, 10-32.

Wiśniewski, Wojciech. „Jeszcze o Macieju Boguszu Stęczyńskim i rabacji 1846 roku. Nieznany poemat o rzezi galicyjskiej", *Płaj* 2006, 32, 27-45.

Wolin, Richard. *Walter Benjamin: An Aesthetic of Redemption* (Berkeley, Los Angeles, London: University of California Press, 1994).

Woodhouse, Montague. *Christopher, The Philhellenes* (Fairleigh Dickinson University Press 1971).

Wosiek, Barbara. „Ironia w liryce Norwida", *Roczniki Humanistyczne KUL* 1958, 1(6), 176-266.

Wóycicki, Kazimierz. *Historia literatury i poetyka* (Warszawa: TNW, 1914).

Wóycicki, Kazimierz. *Jedność stylowa utworu poetyckiego. Sprawozdania z posiedzeń Towarzystwa Naukowego Warszawskiego: Wydział I i II*, Warszawa 1914.

Wóycicki, Kazimierz. *Wykłady ze stylistyki i teorii literatury*, hg. von Maciej Adamski (Warszawa: IBL, 2016).

Wrzesiński, Wojciech (Hg.). *Polska myśl polityczna XIX i XX wieku* (Wrocław: Ossolineum).

Wülfing, Wulf. „‚Eine der größten Verwirklichungen des Individuums im okzidentalen Sinn'. Zum Napoleon-Mythos von Goethe zum Hofmannsthal als einem Weg aus der Provinzialität", Udo Schöning (Hg.), *Internationalität nationaler Literaturen: Beiträge zum ersten Symposion des Göttinger Sonderforschungsbereichs 529* (Göttingen: Wallstein, 2000), 222-238.

Wunderlich, Frank. *Kant und die Bewusstseinstheorien des 18. Jahrhunderts* (Berlin: De Gruyter, 2005).

Wuthenow, Ralph-Rainer (Hg.). „„Echte revoluzionäre Affichen‘? Zu den Fragmenten von Friedrich von Hardenberg“, Karol Sauerland (Hg.), *Das Subversive in der Literatur, die Literatur als das Subversive* (Toruń: Wydawnistwo Uniwiersytetu Mikołaja Kopernika, 1997), 27-38.

Wyka, Kazimierz. „W kręgu *Genezis z Ducha*“, *Pamiętnik Literacki* 1955, 4(46), 343-382.

Young, Julian. *The Philosophy of Tragedy. From Plato to Žižek* (Cambridge: Cambridge University Press, 2013).

Zacharov, Nikolaj, *Šekspirizm russkoj klassičeskoj literatury: tezaurusnyj analiz* (Moskva: Izdatel'stvo Moskovskogo gumanitarnogo universiteta, 2008).

Zadow, Mario Alexander. *Karl Friedrich Schinkel: Leben und Werk* (Fellbach: Menges, 2003).

Petr Zajčnevskij, „Molodaja Rossija“, E.L. Rudnickaja (Hg.), *Revoljucionnyj radikalizm v Rossii: vek devjatnadcatyj* (Moskva: Archeografičeskij centr, 1997), 142-150.

Zajączkowski, Ryszard. „Auf den Wegen der heiligen Revolution. Franz von Baader und Adam Mickiewicz“, Eva Mazur-Keblowski, Ulrich Ott (Hg.), *Adam Mickiewicz und die Deutschen: eine Tagung im Deutschen Literaturarchiv Marbach am Neckar* (Wiesbaden: Harrassowitz, 2000), 127-137.

Zajewski, Władysław. *Walki wewnętrzne ugrupowań politycznych w powstaniu listopadowym* (Gdańsk: GTN, 1967).

Zarych, Elżbieta. *Romantycy, myśliciele, inspiratorzy. Badania nad wpływem filozofii niemieckiej – od Kanta do Hegla – na literaturę polskiego romantyzmu* (Gdańsk: słowo / obraz terytoria, 2010).

Zeitlin, Froma I. „Playing the Other: Theater, Theatricality, and the Feminine in Greek Drama“, *Representations* 1985, 11. 63-94.

Zelle, Carsten. *Angenehmes Grauen. Literaturhistorische Beiträge zur Ästhetik des Schrecklichen im achtzehnten Jahrhundert* (Hamburg: Meiner, 1987).

Zeller, Dieter. „Hellenistische Vorgaben für den Glauben an die Auferstehung Jesu?“, Rudolf Hoppe, Ulrich Busse (Hg.), *Vom Jesus zum Christus. Christologischen Studien. Festgabe für Paul Hoffmann zum 65. Geburtstag* (Berlin, New York: De Gruyter, 1998), 71-92.

Zeltner, Hermann. *Schelling* (Stuttgart: Frommann, 1954).

Zieliński, Tadeusz. „Antičnyj mir v poezii A.N. Majkova“, *Russkij vestnik* 1899, 7, 138-157.

Zieliński, Tadeusz. *Cicero im Wandel der Jahrhunderte* (Leipzig, Berlin: Teubner, 1912).

Zieliński, Tadeusz. „Drevnij mir i my“, *Iz žizni idej* (SPB: Stasjulevič, 1911), Bd. 2, 378–412.

Zieliński, Tadeusz. „Sofokles i tragedia bohaterska“, *Sofokles i jego twórczość tragiczna*, übersetzt von Koło Klasyków U.W. (Kraków: Krakowska Spółka Wydawnicza, 1928), 1–114.

Zimmermann, Jörg. „Mutmaßungen über die Regie des Lebens. Stationen einer Metaphysik der Inszenierung“, Josef Früchtl, Jörg Zimmermann (Hg.), *Ästhetik der Inszenierung. Dimensionen eines künstlerischen, kulturellen und gesellschaftlichen Phänomens* (Frankfurt am Main: Suhrkamp, 2001), 103-125.

Žerebin, Aleksej. „Ėstetičeskaja utopija Vagnera v ocenke russkich simvolistov“, Nadežda Grigor'eva et al. (Hg.), *Das Konzept der Synthese im russischen Denken. Wiener Slawistischer Almanach Sonderband 76*, München, Berlin, Wien 2010, 100-123.

Żeromski, Stefan. *Snobizm i postęp* (Warszawa, Kraków: Mortkowicz, 1926).

Żółkiewski, Stefan. „O Franciszku Siedleckim“, Franciszek Siedlecki, *Pisma*, hg. von Maria Renata Mayenowa, Stefan Żółkiewski (Warszawa: PIW, 1989).

Żółkiewski, Stefan. *Spór o Mickiewicza* (Wrocław: Ossolineum, 1952).

Zubov, Valentin. *Stradnye gody Rossii (1917–1925)*, http://you1917-91.narod.ru/zubov.html#002 [Zugriff 01.07.2016].

Žukovskij, Vasilij; Aleksandr Puškin. *Na vzjatie Varšavy. Tri stichotvorenija* (Sankt-Peterburg: Pečatano v voennoj tipografii, 1831).

Życzyński, Henryk. *Teoria dramatu. Systematyczny wykład, obejmujący zasady kompozycji i techniki dramatycznej, oraz charakterystykę stylów i gatunków w poezji dramatycznej, uzupełniony wzorami krytycznego rozbioru utworów dramatycznych* (Cieszyn: Kresy, 1922).

Żynis, Bernadetta. „Niewystarczalność – o wybranych aspektach cielesności u Mickiewicza“, Michał Kuziak (Hg.), *Romantyzm i nowoczesność* (Kraków: Universitas, 2009), 231-256.

Register